# HISTÓRIA GLOBAL
## DA
# ARQUITETURA

ASSOCIADO

```
C539h   Ching, Francis D. K.
            História global da arquitetura / Francis D. K. Ching, Mark
        Jarzombek, Vikramaditya Prakash ; tradução: Alexandre
        Salvaterra. – 3. ed. – Porto Alegre : Bookman, 2019.
            xiv, 850 p. color. il. ; 28 cm.

            ISBN 978-85-8260-511-0

            1. Arquitetura. I. Jarzombek, Mark. II. Prakash,
        Vikramaditya. III. Título.

                                                          CDU 72
```

Catalogação na publicação: Karin Lorien Menoncin – CRB 10/2147

**FRANCIS D.K. CHING**

MARK JARZOMBEK · VIKRAMADITYA PRAKASH

# HISTÓRIA GLOBAL DA ARQUITETURA

3ª EDIÇÃO

**Tradução:**

Alexandre Salvaterra

Arquiteto e Urbanista pela Universidade Federal do Rio Grande do Sul

Porto Alegre
2019

Obra originalmente publicada sob o título *A Global History of Architecture*, 3rd Edition
ISBN 9781118981337 / 1118981332
All Rights Reserved. This translation published under license wtih the original Publisher John Wiley & Sons,Inc.
Copyright ©2017 by John Wiley & Sons.

Gerente editorial: *Arysinha Jacques Affonso*

*Colaboraram nesta edição:*

Editora: *Denise Weber Nowaczyk*

Capa: *Márcio Monticelli* (arte sobre capa original)

Leitura final: *Amanda Jansson Breitsameter*

Editoração: *Clic Editoração Eletrônica Ltda.*

Reservados todos os direitos de publicação, em língua portuguesa, à
BOOKMAN EDITORA LTDA., uma empresa do GRUPO A EDUCAÇÃO S.A.
Av. Jerônimo de Ornelas, 670 – Santana
90040-340 Porto Alegre RS
Fone: (51) 3027-7000 Fax: (51) 3027-7070

Unidade São Paulo
Rua Doutor Cesário Mota Jr., 63 – Vila Buarque
01221-020 São Paulo SP
Fone: (11) 3221-9033

SAC 0800 703-3444 – www.grupoa.com.br

É proibida a duplicação ou reprodução deste volume, no todo ou em parte, sob quaisquer
formas ou por quaisquer meios (eletrônico, mecânico, gravação, fotocópia, distribuição na Web
e outros), sem permissão expressa da Editora.

IMPRESSO NO BRASIL
*PRINTED IN BRAZIL*

# Prefácio

O que é uma história global da arquitetura? Não existe, evidentemente, uma resposta única, assim como não há apenas uma maneira de definir palavras como global, história e arquitetura. No entanto, o significado dessas palavras não é completamente aberto, e aqui elas atuam como vetores que nos ajudam a construir as narrativas deste volume. Enfim, com esta obra esperamos provocar uma discussão sobre aqueles termos e, ao mesmo tempo, oferecer uma estrutura que o estudante possa usar para começar a discussão na sala de aula.

Este livro transcende as restrições necessárias da sala de aula, onde, em um ou dois semestres, o professor tem de limitar o que ensina com base em diversos fatores. O leitor deve entender que sempre há algo que ele ainda não compreende perfeitamente. Embora qualquer obra deste tipo seja obrigada a ser seletiva quanto ao que pode incluir, tentamos representar uma ampla área do globo, com toda a sua diversidade. Ao mesmo tempo, contudo, o livro não visa a ser uma enciclopédia de tudo que já foi construído, nem pressupõe que exista um princípio universal que governe toda a arquitetura. Para nós, as edificações incluídas são mais do que meros monumentos da conquista humana. Consideramos tais edificações elementos que nos permitem apreciar a complexa inter-relação dos contextos social, político, religioso e econômico em que estão inseridas. Na medida do possível, enfatizamos os contextos urbanos tanto quanto os materiais e as superfícies das construções. Também tentamos dar atenção à qualidade e à quantidade. Desse ponto de vista, a palavra global que usamos no título do livro não é tanto um constructo geográfico, mas um horizonte da erudição. Nesse sentido, este livro não trata da soma de todas as histórias locais. Sua missão se limita à disciplina da arquitetura, que nos força a ver conexões, tensões e associações que transcendem as chamadas perspectivas locais. Sob esse aspecto, nossa narrativa é apenas uma dentre as muitas possíveis.

A sincronia serviu como um poderoso arcabouço para nossa discussão. Por exemplo, assim como o Palácio Gyeongbok, em Seul, é hoje celebrado como modelo da arquitetura coreana tradicional, é interessante observar que ele também pertence a um movimento de construção eurasiano que se estendeu do Japão (Vila Imperial de Katsura), passando pela China (Pequim e os túmulos Ming), até a Pérsia (Isfahan), a Índia (Taj Mahal), a Turquia (Complexo de Solimão, o Magnífico), a Itália (Basílica de São Pedro e a Vila Rotonda), a França (Chambord) e a Rússia (Catedral da Assunção). Em certos casos, poderíamos pressupor que as informações fluíram de um lugar para o outro, mas esse tipo de movimento em si não é uma exigência para que a arquitetura possa ser chamada de "global". Basta-nos saber, antes de tudo, que essas edificações são contemporâneas entre si, mas que cada uma tem sua história específica. Se houver conexões adicionais resultantes do comércio, da guerra ou de outras formas de contato, para nós elas serão secundárias à questão da contemporaneidade.

Isso não significa que nossa história seja exclusivamente sobre prédios e terrenos individuais, e sim que existe um intercâmbio entre explicar como um prédio funciona e como ele se posiciona no mundo de suas influências e conexões. Desse modo, tentamos ser fiéis às especificidades de cada edificação e, ao mesmo tempo, reconhecer que todo projeto de arquitetura sempre se insere em um mundo maior – e inclusive uma visão de mundo mais ampla – que o afeta direta e indiretamente.

Nossa tendência, originária no século XIX, de enxergar a história através da lente do estado nacional muitas vezes dificulta a visualização desses panoramas globais. Além disso, diante da economia globalizada, hoje cada vez mais hegemônica, a tendência dos historiadores (e frequentemente dos arquitetos) a nacionalizar, localizar, regionalizar e mesmo microrregionalizar a história – talvez como atos significativos de resistência – pode nos tornar cegos à sincronicidade e interconectividade das realidades globais que já existem há muito tempo, antes de nossa globalização atual. Como seriam os turcos atuais se tivessem permanecido no Leste da Ásia? O movimento de pessoas, ideias, alimentos e riquezas tem nos vinculado uns aos outros desde os primórdios da História. Assim, sem negar a realidade dos estados nacionais e de suas reivindicações a histórias e identidades únicas, resistimos à tentação de direcionar nossas narrativas para que se adequem a parâmetros nacionalistas. A arquitetura indiana, por exemplo, talvez tenha algumas características consistentes desde sua gênese até os dias de hoje, mas quais seriam exatamente esses traços é menos óbvio do que se poderia imaginar. O fluxo do budismo indiano até a China, a abertura do comércio para o Sudeste da Ásia, o estabelecimento dos mongóis no Norte, a chegada do Islã pelo Leste e a colonização inglesa são apenas algumas das conexões mais evidentes que ligam a Índia, para o bem ou para o mal, a acontecimentos globais. Mais do que a suposta tipicidade da arquitetura indiana, são essas relações e a arquitetura delas resultante que mais nos interessam. Além disso, a Índia historicamente foi dividida em inúmeros reinos, que, como a Europa, poderiam facilmente ter se transformado em nações independentes, como de fato ocorreu em certos casos. A dinastia chola do século X na península indiana, por exemplo, não foi apenas um império, mas também possuía uma visão de mundo bastante peculiar. Ao escrever a história desses reinos, tentamos preservar suas identidades distintas e, ao mesmo tempo, registrar como eles refletem suas próprias imaginações globais.

*Grosso modo*, nosso objetivo é ajudar os estudantes de arquitetura a desenvolverem uma compreensão de como a produção arquitetônica sempre está relacionada, ao mesmo tempo, com suas especificidades temporais e geográficas. Mais especificamente, descrevemos essas interdependências de modo a enfatizar aquilo que consideramos ser a inevitável modernidade de cada período histórico. Frequentemente pensamos no passado longínquo como algo que flui lentamente de uma era a outra, entre dinastias ou reis – e apenas vemos nossa história recente como algo que se desenvolve em um ritmo mais acelerado. Desde essa perspectiva teleológica, o presente é o clímax da civilização, e a história se torna uma narrativa em progresso, avaliada conforme os valores do presente. Em contraste com isso, tentamos apresentar cada período histórico em termos de seus próprios desafios, e a história da arquitetura como a narrativa das mudanças sucessivas, muitas vezes radicais, precipitadas pelo advento de novos materiais, novas tecnologias, situações políticas instáveis e ideais estéticos e religiosos em mutação. Essas mudanças, assinaladas de diversas formas em épocas diferentes, sempre desafiaram a norma de um modo que

# Prefácio

hoje, em nosso próprio tempo, chamaríamos de moderno.

A urbanização suméria do delta do Eufrates tornou obsoleta a antiga economia, centrada na aldeia, das Montanhas de Zargos. A introdução do ferro no século IX a.C. marcou o fim do poder egípcio, permitindo o súbito domínio do panorama cultural e arquitetônico por sociedades antes relativamente marginais sob o ponto de vista global, como os dórios, os etruscos e os núbios. A invasão mongol do século XIII pode ter destruído muita coisa, mas trouxe consigo um desenvolvimento sem precedentes. A expansão bantu em direção ao sul da África e a expansão polinésia no Pacífico foram tão radicais em sua época quanto a colonização do planeta por parte dos europeus, que se costuma considerar mais efetiva e rápida. Ao nos concentrarmos na modernidade de cada exemplo histórico, usamos a perspectiva global para destacar o drama da mudança histórica, em vez de considerar a arquitetura como algo movido por tradições e essências.

Quanto ao termo "arquitetura", poucos teriam qualquer dificuldade em distingui-la das demais artes, como a pintura e a escultura, mas do que a arquitetura de fato se constitui sempre tem sido tema de grande debate, particularmente entre arquitetos, historiadores da arquitetura e críticos. Alguns argumentam que a arquitetura nasce da necessidade de nos protegermos do clima, outros que é uma expressão de desejos simbólicos, ou que se manifesta plenamente apenas quando embasada em tradições locais. Neste livro, ainda que sem eliminar precipitadamente a discussão, esperamos que o leitor comece a ver a arquitetura como um tipo de produção cultural. Nesse sentido, esta obra complementa o livro *Architecture of First Societies* (Wiley, 2013), que analisa com profundidade a história dos mundos pré-agrícolas e a transição para a agricultura.

Aqui, sempre que apropriado, enfatizamos as questões relacionadas ao patrocínio, uso, significado e simbolismo, e tentamos traçar um panorama histórico de cada época e contexto, e, ao mesmo tempo, cobrir as características formais salientes dos prédios. Evidentemente, palavras como cultura e civilização estão, como a própria palavra arquitetura, sujeitas a contestação e terão sentidos diferentes em contextos distintos. Contudo, apesar dessas ambiguidades, consideramos a civilização algo inimaginável sem os edifícios, que desfrutam de *status* especial em virtude de sua função religiosa, governamental, industrial ou residencial. Assim como os processos de domínio das técnicas da agricultura ou da domesticação de animais, a arquitetura surgiu em nossa pré-história e continuará sendo até o fim parte integral da expressão humana.

Uma vez que analisamos principalmente prédios de alta qualidade, não tivemos espaço para cobrir com detalhes o desenvolvimento histórico dos espaços vernaculares e domésticos. Isso não se deu por não reconhecermos a importância desses espaços, mas porque queríamos manter uma linha de raciocínio consistente que nos permitisse ver a história da arquitetura relacionada com a história das ideias, tecnologias, teorias, religiões e política. Cada capítulo apresenta o conjunto de termos que configura a produção arquitetônica e o sentido daquela época. Talvez as mudanças em certos lugares sejam mais drásticas que em outros, mas em todos os casos procuramos explicar as causas. Por exemplo, durante certo período, os faraós do Egito antigo mandaram construir pirâmides; depois, pararam e passaram a construir templos colossais. O leitor precisa compreender o raciocínio político que exigiu essa mudança. O budismo foi se transformando à medida que avançou pelo Leste e Sudeste da Ásia, e a arquitetura budista foi mudando da mesma maneira. Os templos escavados na rocha, em Ellora, não surgiram num vácuo, mas a tecnologia da escavação em rocha jamais havia sido empregada naquela escala e, no século XIII, já havia desaparecido. Nesse sentido, pedimos aos leitores que façam comparações na arquitetura não só entre diferentes lugares, mas também entre diferentes épocas.

## A organização do livro

Em vez de preparar capítulos sobre determinados países ou regiões, como Índia, Japão ou França, organizamos a obra por cortes cronológicos. Dezoito seções cronológicas estruturam este livro, começando em 3500 a.C. e terminando em 1950 d.C. Cada seção marca não o início do período, mas o centro aproximado do período abordado pelo respectivo capítulo. A seção 800 d.C., por exemplo, cobre o período de 700 d.C. a 900 d.C. Contudo, não fomos rígidos quanto ao escopo de cada seção. Por razões de coerência, não hesitamos, quando preciso, em incluir material anterior ou posterior aos limites prescritos pelo corte cronológico. Cada período deve, portanto, ser visto mais como uma orientação dentro da complexidade do rio fluido da história do que como um marcador cronológico preciso.

Começamos cada seção com uma introdução de uma página sobre as forças históricas que marcaram o período estudado. A seguir, inserimos um mapa e uma linha do tempo que situam todas as construções mais importantes que discutiremos. Depois seguem discussões sobre prédios individuais e sobre grupos de edifícios em uma série de pequenas subseções assinaladas por uma localidade subcontinental relevante, a saber: Leste da Ásia, Sudeste da Ásia, Sul da Ásia, Ásia Ocidental, Europa, África, América do Norte, América Central ou América do Sul.

Dispusemos os cortes cronológicos de acordo com sua própria lógica interna em vez de organizá-los na mesma ordem. Apesar das dificuldades que isso pode impor, adotamos essa estratégia para lembrar os leitores de que o globo, na verdade, não começa no Oriente nem no Ocidente, mas pode ser visto como iniciando-se em qualquer lugar. Distribuímos a sequência de subseções do modo que foi necessário para manter a continuidade da narrativa em cada capítulo. Muitas vezes, a continuidade se dá meramente pela adjacência geográfica em outros casos, relacionamos subseções a fim de deixar claras questões historiográficas como a influência e o fluxo de ideias, ou os contrastes entre os reinos.

As subseções individuais, que podem ocupar tanto uma quanto quatro ou cinco páginas, são concebidas como pequenos estudos de caso que fazem sentido por si sós. Esses textos podem ser lidos de modo independente. Além de garantir que os fatos relevantes e as descrições de cada projeto significativo que abordamos foram cobertos adequadamente, enfatizamos os investimentos cultural e global de seus autores. Por exemplo, uma discussão da Alta Renascença consiste em páginas sobre a Praça do Capitólio (Piazza del Campidoglio), a Igreja de Jesus (il Gesù), a Vila Farnese, Il Redentore, as vilas paladianas e os Uffizi. A quantidade de estudos de caso que acompanha cada discussão sobre uma civilização não é uniforme. Às vezes são seis outras apenas um ou dois. Essas diferenças refletem em grande parte nosso julgamento sobre a importância do material e a disponibilidade da literatura a respeito. Na verdade, existe grande disparidade na disponibilidade de informações. Sabemos muito sobre as antigas civilizações da Mesopotâmia, mas nossos conhecimentos sobre a civilização pré-colombiana são surpreendentemente limitados. Um arqueólogo com quem falamos estimou que apenas 15% dos sítios pré-colombianos tenham sido escavados. Também há muitos outros sítios arqueológicos que não podem ser escavados por estarem em países assolados por guerras, além daqueles inacessíveis pela falta de fundos ou relevância por parte de algumas nações. Um quadro total da história da arquitetura ainda constitui, portanto, um sonho que está longe de se realizar.

Os desenhos incluídos no livro foram pensados como parte integrante da narrativa.

# Prefácio

Não apenas ilustram o texto, mas também buscam narrar, por si mesmos, uma história. Nem tudo no texto está ilustrado e, às vezes, foram empregados desenhos para apresentar informações não fornecidas no texto. Tentamos fazer disso uma vantagem, dividindo, em cada página, o espaço físico e epistemológico entre texto e imagem de forma tão equilibrada quanto possível. As figuras também testemunham o atual declínio do desenho como arte em uma era de projetos realçados pela fotografia e computação. Embora uma faculdade talvez não queira organizar seu currículo conforme os cortes cronológicos que usamos, talvez ainda assim ela considere útil fazer cortes e colagens seletivas de subseções selecionadas juntas, para adequá-los a sua narrativa histórica. Essas seleções podem ser geográficas, ou de outro tipo. Mais uma vez, o fato de que as subseções foram concebidas como estudos de caso permite que possam ser lidas de modo coerente, ainda que não se siga a sequência apresentada no livro.

Ao tentar adotar um padrão único para a nomenclatura, terminologia e ortografia, um livro como este enfrenta problemas quase intransponíveis, especialmente quando se trata de termos de origem não ocidental. Uma mesquita pode, por exemplo, ter denominações distintas nas línguas inglesa, árabe, persa ou no hindi. Qual delas deveríamos usar? Seria melhor dizer Nijo-jo ou Castelo Nijo (o sufixo jo em japonês significa castelo)? Deveríamos chamar um pagode de ta, como se diz em chinês, ou insistir no nome convencional em nosso idioma? Em geral, tentamos usar os nomes mais comuns nas publicações acadêmicas.*

Seria bobagem abandonar o termo grego para aquelas construções egípcias denominadas pirâmides, vocábulo que deriva da palavra grega *pyramidos* para certo tipo de pão, mas gostaríamos de sugerir que Angkor Wat seja chamada por seu verdadeiro nome, Vrah Vishnulok, para citar um exemplo de exceção à regra. Uma vez escolhida determinada ortografia para um nome próprio, tentamos continuar a usá-la de modo consistente. Entretanto, em várias oportunidades utilizamos propositalmente termos não portugueses, mesmo quando a palavra é de uso corrente na língua pátria. Fizemos isso sempre que achamos que a tradução seria equivocada, ou quando a discussão de uma prática linguística local contribui para uma explicação etimológica esclarecedora. Nossa aspiração é promover o desenvolvimento de um vocabulário mais diversificado e adequado para a arquitetura mundial. O idioma, como a arquitetura, é algo vivo, com limites pouco claros, e, portanto, reflete o *status* da arquitetura como significante cultural multifacetado.

Para concluir, gostaríamos de reconhecer que, ao preparar e escrever este livro, e tendo desfrutado de cada etapa desse processo, fomos constantemente lembrados de nossa ignorância sobre muitos assuntos. Os diálogos com colegas foram especialmente valiosos, assim como as viagens a alguns dos locais de que tratamos. Contudo, um trabalho como este só pode ser, em última análise, o início de um longo processo de aprimoramento. Portanto, pedimos aos leitores que assim desejaram que entrem em contato para mostrar imprecisões e questões que deveriam ser incluídas em edições subsequentes, ou para iniciar um diálogo sobre a história, o mundo e nosso lugar dentro dele.

---

*N. de T.: Na tradução desta obra optou-se por utilizar as denominações consagradas no Brasil, salvo quando o nome mais comum de uma edificação ou de um elemento arquitetônico está muito equivocado e dificulta o entendimento. Um exemplo seria o que muitos denominam "Porta de Ishtar" adotou-se Portão de Ishtar, por se tratar de um grande portal de uma muralha defensiva, e não de uma mera "porta". Em alguns casos também preferiu-se traduzir o nome de certos prédios que os brasileiros ainda deixam em língua estrangeira (ao contrário dos estudiosos e tradutores portugueses e de outros países), para facilitar a leitura, pronúncia e compreensão (e talvez acrescentar o nome original), como no caso do Museu de História da Arte (Kunsthistorisches Museum) vienense.

# Sumário

**3500 a.C.   1**
   Centros Rituais   6
   Os Primórdios da Civilização Chinesa   8
      O Centro Ritual de Niuheliang   8
   Mehrgarh e os Primeiros Assentamentos do Vale
   do Rio Indo   11
   As Redes de Povoados da Mesopotâmia e dos Balcãs   12
      Catal Hüyük   12
      Tell es-Sawwan   14
      Eridu e Uruk   15
   O Egito Pré-Dinástico e do Início das Dinastias   19
   A Evolução Europeia   21
      Newgrange   22
      Carnac   24

**2500 a.C.   25**
   A Civilização dos Vales dos Rios Indo e Ghaggar-
   Hakra   30
      Mohenjo-Daro   31
   Margiana   33
   Os Primeiros Impérios da Mesopotâmia   34
      O Zigurate de Ur   36
   Egito: O Antigo Império   38
      As pirâmides de Gizé   41
      Templo do Vale de Quéfren   44
   Arquitetura e Alimentos   45
   Stonehenge   46
   Os Templos Megalíticos de Malta   48
   As Primeiras Civilizações da América do Sul   50
      Caral   51

**1500 a.C.   53**
   Os Minoicos e Cnossos   60
   Egito: O Novo Império   64
      Waset (Tebas)   64
      Templo Mortuário da Rainha Hatshepsut   70
      Templo de Luxor   71
      Abu Simbel   72
      As colunas e os pilares egípcios   73
      Os métodos egípcios de projeto de arquitetura   74
   O Império Hitita   75
      Hattusas   76
   A Civilização Micênica   77
      O Tesouro de Atreu   79
   Poverty Point   80
   A China da Dinastia Shang   81
   As Civilizações dos Altos Andes   84

**800 a.C.   87**
   Os Olmecas   90
      San Lorenzo e La Venta   92
   Chavín de Huántar   94
   A Idade do Ferro   96
   Os Etruscos   97
      A religião etrusca   98
      Os templos etruscos   100
   Grécia: O Período Geométrico   101
      O surgimento da forma do templo grego   103
      O Templo de Poseidon   104
   O Reino de Cuche (Núbia)   105
   Sabá/Sa'abia   106
   O Templo de Salomão   107
   A China da Dinastia Zou   108
      O complexo para rituais   109
   A Invasão Ariana e Varanasi   111
   O Império Neoassírio   113
      Babilônia   115

**400 a.C.   117**
   O Império Aquemênida (Persa)   120
      Pasárgada e Persépolis   121
   A Grécia e o Mediterrâneo   124
      O templo grego   124
      Atenas   129
      O Partenon   131
      O Erecteu   134
      A ordem jônica   136
      O Telestério em Elêusis   138
      Delfos   139
      O Templo de Apolo em Delfos   140
   A Era Helenística   141
      Delos   142
      Priene   142
      Pérgamo   144
      O Santuário de Atena em Lindos   145
      Templo de Apolo em Dídima   146
      Os Ptolomeus   147
      Templo de Hórus   147
   A Dinastia Máuria e os Primórdios do Budismo   148
      As cavernas das Colinas de Barabar   149
   China: O Período dos Estados Combatentes   150
      O Palácio de Xianyang   151
      A tumba de Zeng Hou Yi   152

# SUMÁRIO

**0   153**
- Fundação de Roma   158
  - O Templo de Fortuna Primigênia, em Preneste   160
  - A vila urbana dos romanos   162
  - Os túmulos republicanos   163
- Bibracte   164
- A Roma de César Augusto   166
  - O Foro de Augusto   167
  - Os túmulos Tholoi   168
  - Vitrúvio   169
  - Os capitéis coríntios   169
- A Roma pós-Augusto   170
  - O Palácio de Domiciano   172
  - O Coliseu   174
  - Os foros imperiais   175
- Os Túmulos Escavados na Rocha   177
  - Petra   178
- O Palácio Norte de Masada   180
- Taxila, a Cosmópole de Gandara   181
- A China da Dinastia Qin   182
  - O Túmulo do Primeiro Imperador   183
  - A Grande Muralha da China   184
- A Evolução do Budismo Mahayana   185
  - O complexo de Sanchi   185
  - O *Vihara* de Abhayagiri   188
  - As Grutas de Junnar   189
- Os Maias   191
  - Os túmulos de poço de Teuchitlán   191
  - Nakbe   194
  - El Mirador   195

**200 d.C.   197**
- O Império Romano   202
  - Éfeso   204
  - Mileto   205
  - O teatro romano   206
  - O Panteon   207
  - A Vila de Adriano   210
  - As superfícies verticais romanas   212
  - As termas romanas   214
  - As partes das termas romanas   215
  - O Palácio de Diocleciano   216
  - Baalbek   218
- O Império Parta   220
- Axum   220
- A Estupa de Amaravati   222
- O Salão *Caitya* de Karli   223
- Anuradhapura   224
- A China da Dinastia Han   225
  - O complexo para rituais Mingtang-Biyong   226
- Teotihuacán   228
  - O Templo da Serpente Emplumada   230
- As Civilizações Moche e Nazca   231
  - As linhas de Nazca   233
- As Sociedades do Norte da Amazônia   234
- Os Montes de Hopewell, Ohio   235

**400 d.C.   237**
- As Cavernas de Ajanta   244
- O Estabelecimento do Budismo Chinês e da Ásia Central   247
  - As cavernas de Mogao   248
  - As cavernas de Yungang   249
  - Os cuchitas de Bamiyan   250
- O Império Sassânida   251
  - Os templos do fogo de Zoroastro   252
- A Renascença Hindu   254
- O Templo de Mahabodhi   256
- Sigiriya   257
- Os Pyus, Mons e Funan   258
- A Ascensão do Cristianismo   259
  - Martyria   261
  - A Basílica de São Pedro, Roma   261
  - Os primeiros batistérios   263
- A Era Pós-Constantino   264
- O Túmulo de Teodorico, o Grande   265
- Japão: O Período Kofun   266
- Os Zapotecas de Oaxaca   268
  - Monte Albán   269

**600 d.C.   271**
- A Era de Justiniano   278
  - Hagia Sophia   280
  - Os capitéis bizantinos   283
- A Arquitetura Armênia   284
  - Santa Hripsime   285
  - A Catedral de Zvartnots   286
- Vishnu (Deogarh) e Elefanta   286
- Os Cinco Rathas   289
  - O Templo da Costa em Mamallapuram   290
- O Sudeste Asiático   291
  - My Son   292
- As Dinastias Sui e T'ang   293
  - Daxing (Chang'an)   293
  - O Palácio Daming   294
  - O Templo-Pagode de Songyue   296
- O Período Nara do Japão   297
  - Ise Jingu   297
  - Horyu-ji   301

**800 d.C.   303**
- A Ascensão do Islamismo   312
  - A Mesquita Omíada   313
  - Bagdá   314
  - A Grande Mesquita de Samarra   314
  - A Grande Mesquita de Córdoba   316
  - A Cúpula da Rocha   318
- As Mahaviharas de Nalanda   319
- Os Templos de Rajasimhesvara e Virupaksha   320
- O Templo de Kailasnath em Ellora   322
- Samye, Tibete   324
- A Indonésia em uma Encruzilhada   325
  - Borobudur   326
- Os Reinos Hindus do Camboja   328

# Sumário

    Hariharalaya   329
    Mahendraparvata (Monte Meru)   329
    Siem Reap (Rio Ganges)   329
    Indratataka (Mar de Indra)   329
    Bakong   330
O Budismo Coreano   331
O Mosteiro de Foguang   332
A Europa e os Carolíngios   334
    A planta do Mosteiro de São Galo   334
    São Riquier   336
    Capela Palatina   336
Tikal   338
As Cidades-Estados Maias   341
    Copán   342
Tiahuanaco   344
Quirigua   346
Guayabo   346

## 1000 d.C.   347

A Uxmal Maia   356
Cahokia   358
Serpent Mound   359
Pueblo Bonito   360
Os Turcos Seljúcidas   362
    O Han do Sultão   363
    A Grande Mesquita de Isfahan   364
    As primeiras madrasas   366
Muqarnas   367
Os Fatímidas   368
A Ascensão dos Reinos Rajputanos   370
    Rani-ni-Vav, Patan   370
    O Templo do Sol em Modhera   372
    Os chandellas   374
    O Templo de Khandariya Mahadeva   375
    O tantrismo   376
    Os Vastu-Shastras   377
    O Reino de Orissa e o Templo do Lingaraj   378
    Os jainistas   380
    Os templos jainistas do Monte Abu   381
Cholamandalam   382
    Dakshinameru (Templo de Rajarajeshwara)   382
Polonnaruwa   384
A China da Dinastia Song   386
    O Templo da Mãe Sábia   387
    O Pagode de Ferro   388
A Dinastia Liao   388
    Mu-ta   388
    O Mosteiro de Dulesi   389
O Budismo da Terra Pura (Amidismo)   391
O Renascimento Bizantino   392
    A Rússia de Kiev   393
    Armênia   394
    O Complexo de Sanahin   395
A Alemanha Otoniana   396
    A Catedral de Speyer   398
Os Normandos   399
    A Catedral de Durham   399

    A Catedral de Cantuária   401
    A Catedral de Cefalù   402
As Igrejas de Peregrinação   403
Toscana   404
    A Catedral de Pisa   405
    O Batistério de Parma   406

## 1200 d.C.   407

Vrah Vishnulok (Angkor Wat)   416
    Angkor Thom e Preah Khan   418
O Reino de Pagan   420
O Sanju-Sangen-Do   422
O Santuário de Itsukushima   423
A Dinastia Song do Sul   424
    Yingzhao Fashi   425
O Império Mongol   426
    A China da Dinastia Yuan   426
Délhi   428
    Tughlaqabad   429
    Quwwat-ul-Islam   429
A África   431
    O Sultanato Mameluco   432
    Lalibela   434
    O Grande Zimbábue   436
    As mesquitas do Mali   437
A Abadia de Fontenay   438
A Escandinávia Medieval   440
Europa: A Idade Média Clássica ou Plena   441
    O projeto de catedrais   442
    As Catedrais de Amiens e Bourges   443
    Notre-Dame de Reims   444
    Catedral de Exeter   445
    As prefeituras italianas   446
    Siena   446
    As ordens mendicantes   448
O Sultanato Násrida e a Alhambra   449
O Império Tolteca   452
Chichén Itzá   452

## 1400 d.C.   455

As Américas   460
    Os hopis   460
    As sociedades de Nova Inglaterra   462
    Tenochtitlán   463
    Os incas   465
    Machu Picchu   467
A República de Veneza   469
O Império Otomano   470
    O Complexo Médico de Beyazit   471
    O Palácio Topkapi   472
A Renascença Italiana   474
    A Catedral de Florença   475
    As *loggie* florentinas   476
    San Lorenzo   476
    O Palácio Medici   478
    O Palácio Rucellai   479
    Santo André de Mantua   480

# SUMÁRIO

    A Vila Medici   481
    Tempietto de San Pietro   482
Os *Châteaux* Franceses   482
O Sultanato Mameluco   484
    O Complexo do Mausoléu do Sultão Qaitbay   485
A Dinastia Timúrida   486
Os Sultanatos do Decã   488
    Pândua   488
    A Jami Masjid de Ahmedabad   488
    A Mesquita da Sexta-Feira de Gulbarga   490
A China da Dinastia Ming   491
    A Cidade Proibida   491
    Monte Wudang   494
    Templo do Paraíso   494
    Templo Dabao-en ou Torre de Porcelana de Nanjing   495
A Dinastia Joseon   496
O Japão dos Muromachi   497
    O Kinkakuji   498
    Ginkakuji   499
Ayutthaya   500

## 1600 d.C.   501

A Arquitetura do Bloco Econômico Eurasiano   501
O Xogunato Tokugawa   504
    O Nikko Toshogu   505
    Nijo-jo   506
    Katsura Rikyu (Vila Imperial de Katsura)   508
Os Túmulos Ming   512
O Palácio de Potala   516
As Viagens de Zheng He   519
Os Mogóis   520
    O Túmulo de Humayun   520
    Fatehpur Sikri   521
    Buland Darwaza   522
    Diwan-i-Khas   523
    O Rauza-i-Munavvara (Taj Mahal)   524
Vijaynagara   527
Bijapur   529
Isfahan   530
O Complexo de Solimão, O Magnífico   533
As Novas Igrejas do Kremlin   535
    A Igreja da Ascensão   536
Os Dogons do Mali   537
Palladio   539
    A Vila Rotonda   540
A Itália Barroca   542
    O Campidoglio (Monte Capitólio)   542
    A Basílica de São Pedro   545
    A Igreja de Santo André al Quirinale (Santo André no Monte Quirino)   550
    Il Gesù   550
A Invasão Espanhola das Américas   552
    Os átrios   553
Os Fortes Coloniais   554
Amsterdã   556

A Prefeitura de Amsterdã   557
A Place Royale   558
A Inglaterra Elisabetana   559
    Banqueting House (Casa de Banquetes)   561
A Igreja de São Domingo   561
Ryoanji   562

## 1700 d.C.   563

O Colonialismo   568
    As *haciendas* ou fazendas coloniais   571
    A nova cultura urbana colonial europeia   572
O Louvre e o *Hôtel*   573
Castelo de Versalhes   576
São Petersburgo   578
O Racionalismo e a Idade da Razão   580
    O Observatório de Paris   580
    O Hotel dos Inválidos (Hôtel des Invalides)   581
Johann Balthasar Neumann e a Nova Neresheim   582
A China e o Iluminismo Europeu   584
    O gongyuan e o jinshi   584
    Jardins Stowe e o Templo dos Valorosos Britânicos   585
    Sans Souci   586
A Pequim dos Qing   588
    Beihai   590
    Yuanmingyuan   590
A Dinastia Joseon da Coreia   591
Os Mallas do Nepal   592
A Odoi de Kyoto e Shimabara   593
Edo (Tóquio)   594
Os Nayakas de Madurai   595
Jaipur   597
Mesquita de Nurosmaniye, Istambul   598
A Igreja Anglicana   599
    Santa Maria de Woolnoth   601
Os Whigs e o Revivalismo Palladiano   602
    Sinagoga de Touro, Newport   603
    Plantação Shirley, Virgínia   604

## 1800 d.C.   605

Tash-Khovli   610
Jaipur e o Fim do Império Mugal   611
Darbar Sahib   613
Wat Pra Kaew   614
O Neoclassicismo *Versus* o Romantismo   616
    Laugier, Rousseau e o nobre selvagem   619
    Santa Genoveva   620
    Ledoux e Boullée   621
    Os cemitérios napoleônicos   624
    Jean-Nicolas-Louis Durand   625
    O Neoclassicismo jeffersoniano   626
    Monticello   626
Washington, D.C.   627
O Nacionalismo   629
    O Museu Altes   630
A Calcutá Colonial: A Esplanada   632

# Sumário

O Edifício dos Escritores  632
A Saint John's Church  633
A Casa do Governo  634
O Historicismo Grego  634
O Capitólio do estado do Tennessee  635
Metcalfe Hall  636
A Revolução Industrial  637
Albert Dock  638
As prisões panópticas  639
As casas de trabalho (*workhouses*)  640
Os Shakers  641
August Welby Pugin e o Edifício do Parlamento Inglês  642
Eugène-Emmanuel Viollet-Le-Duc  644
A Preservação Arquitetônica  645
A Biblioteca Santa Genoveva  646
Kanamaru-Za  648
A Visão Universal de Qianlong  650
Chengde  651
Jardim de Qingyi  653
As Sinagogas  654

## 1900 d.C.  657

A Arquitetura do Setor Público  662
Os London Law Courts (Foros de Justiça de Londres)  664
As Estações Ferroviárias  665
O Ateneu  666
Os Museus Nacionais  667
As Feiras Mundiais  668
O Movimento Artes e Ofícios Global  669
Artes e Ofícios na Índia: o Estilo Indo-Sarraceno  670
O movimento Artes e Ofícios na Califórnia  673
O Central Park  674
A Paris de Haussmann  675
As Galerias  677
A École des Beaux-Arts (Escola de Belas-Artes) de Paris  678
As Mansões de Chettinad  680
O Modernismo Colonial  681
Henry Hobson Richardson  682
O Bangalô Global  684
O Estilo Shingle  684
A Arquitetura dos *Campi* nos Estados Unidos  686
Casa Tassel, Art Nouveau  687
A Ascensão do Profissionalismo  688
As Plantas do Movimento Internacional da Cidade Bonita  688
Walter Burley Griffin  690
O Movimento da Cidade-Jardim  691
O Movimento Beaux-Arts Internacional  692
Os Arranha-Céus  693
O Edifício Wrigley  694
A Casa Batlló  695
Frank Lloyd Wright  697
Taliesin Leste  698

A Tomada de Territórios Africanos  699
O Museu Nacional de Kyoto  700
A Catedral de Myongdong  700
O Edifício da Hong Kong And Shanghai Banking Corporation (corporação Bancária de Hong Kong e Xangai – HSBC)  700
O Concreto  701
Adolf Loos  703
A Estética Industrial  704
A Deutsche Werkbund  705
O Concreto Alemão  706
O Expressionismo  707
Nova Délhi  710
Mombaça  711
Asplund e Lewerentz  712
Frank Lloyd Wright e o Historicismo Maia  713
O Kampung Holandês  714
O Movimento de Stijl  715
O Edifício de Escritórios da Friedrichstrasse  716
O Construtivismo Russo  717
A Torre de Tatlin  718
O Pavilhão Soviético  719
A Bauhaus  720
Le Corbusier e o Livro *por uma Arquitetura*  722
A Villa Savoye  722
A Casa Lovell  724

## 1950 d.C.  725

O Modernismo  726
O Weissenhof Siedlung  730
As casas usonianas  732
O Congresso Internacional de Arquitetura Moderna  733
O Pavilhão Suíço  734
O Pavilhão de Barcelona  735
O Palácio dos Sovietes  737
Rockefeller Center  738
A Tchecoslováquia  739
Touba  740
O Modernismo Nacional, Ancara  741
O Modernismo nacional, Tel Aviv, Israel  741
O Pavilhão Japonês  742
Villa Mairea  742
A Casa da Cascata (Fallingwater)  744
O Modernismo brasileiro  745
O Modernismo fascista, Itália  747
A Prefeitura de Säynätsalo  749
A Biblioteca do Instituto de Tecnologia de Illinois, Chicago  750
A Casa Farnsworth  751
A Casa Eames  752
A Galeria de Arte da Universidade de Yale  753
O Modernismo nacional, Brasília  754
O Modernismo nacional, Chandigarh, Índia  756
A Capela de Ronchamp  759
O Museu Guggenheim  760

# Sumário

　　　Equística   761
　　　A Ópera de Sydney   762
　　　Eero Saarinen   763
　　　O arranha-céu de aço e vidro   764
　　　O Modernismo latino-americano   766
　　　O Modernismo nacional, Cuba   768
　　　O Instituto Salk   769
　　　O Modernismo nacional, Bangladesh   770
　　　O Metabolismo   771
　　　O Brutalismo   772
　　　A *Archigram*   773
　　　Buckminster Fuller   774
　　　A arquitetura da contracultura   776
　　　O Modernismo nacional, Nigéria   777
　　　O Modernismo do sul da Ásia   778
　　O Pós-Modernismo   780
　　A Casa Magney   786

**A globalização atual**   787

**Glossário**   801
**Bibliografia**   811
**Créditos das ilustrações**   821
**Índice**   825

# 3500 A.C.

1.1 Uma cabana !Kung

## INTRODUÇÃO

Por um milhão de anos, os seres humanos viveram da caça, pesca e coleta de alimentos. Da perspectiva de nosso mundo atual avançado, tendemos a olhar para esse passado e nos perguntar como seria possível sobreviver frente a todas as dificuldades então enfrentadas. Já chamamos esses povos de selvagens ou bárbaros e, depois, de primitivos. Mais recentemente, passamos a denominá-los de caçadores-coletores, como se tudo o que fizessem fosse buscar alimentos. Contudo, os !Kung, que vivem no Deserto de Kalahari, em Botsuana, há centenas de milhares de anos, passam apenas 40% de seu tempo caçando ou coletando alimentos. Em outros momentos, eles fazem o que a maioria de nós faria: socializam, dançam, cozinham e descansam.

No Kalahari, o mongongo (*Schinziophyton rautanenii*), uma árvore que produz nozes saborosas e nutritivas aos milhares, prolifera-se em bosques com vários quilômetros de distância. Tubérculos podem ser desenterrados, e manadas migram pelo território, sendo presas fáceis para um caçador habilidoso e suas setas envenenadas. Os !Kung vivem em acampamentos que são reconstruídos anualmente perto de poços de água sazonais. As mulheres fazem palhoças ao redor da fogueira do acampamento, em geral à sombra de uma grande árvore. Esses abrigos não são exatamente para serem habitados, pois as pessoas costumam viver principalmente a céu aberto, mas servem como depósitos para ferramentas e locais de proteção solar nos dias mais quentes. O mundo moderno pouco respeita seus veneráveis ancestrais. Em virtude de deslocamentos forçados, da mineração de seus territórios e da construção de cercas através de seus territórios, a sobrevivência do povo !Kung nas próximas décadas está seriamente ameaçada. E não é o mundo natural que a coloca sob perigo, mas nosso mundo civilizado.

# 3500 A.C.

À medida que as populações se expandiram, novos grupos surgiram para formar outras comunidades no vale vizinho ou um pouco mais além de um rio ou litoral. Dessa maneira, os primeiros grupos de pessoas saíram da África há cerca de 1,5 milhão de anos, e um segundo grupo, nossos ancestrais, partiu por volta de 60000 a.C. para colonizar lenta, mas persistentemente, todo o globo, alcançando a extremidade meridional da América do Sul em cerca de 13000 a.C. As pessoas da primeira sociedade humana, contudo, não eram nômades, como se pressupõe erroneamente. Em vez disso, elas costumavam viver dentro de territórios definidos e conhecidos por elas, caçando, pescando e deslocando-se sazonalmente entre acampamentos de inverno, próximos a rios, e acampamentos de verão, em locais mais altos. Os antigos habitantes da Austrália, por exemplo, se deslocavam em ciclos previsíveis: em certos períodos do ano, viviam relativamente isolados; em outros, reuniam-se para grandes eventos sociais e cerimoniais do ano.

Durante a Era Glacial (*circa* 25000 a.C.–*circa* 15000 a.C.), os seres humanos enfrentaram um fenômeno diferente de qualquer coisa que já testemunhamos. O clima extremamente frio, que enviou geleiras continentais gigantescas, com quilômetros de profundidade, para o sul da região polar, afetou a Europa em particular. Contudo, os habitantes de lá não foram embora, e isso não ocorreu por eles estarem presos, mas porque essas áreas haviam se tornado um paraíso para os caçadores, com ursos, leões e, acima de tudo, enormes manadas de cavalos, renas e mamutes se deslocando pelos prados. A Cultura Gravetiana foi a primeira que aprendeu como dominar o frio. Eles aprenderam como tratar o couro e usar agulhas para criar roupas, botas e jaquetas forradas com pelegos. Em grandes festivais, reuniam-se perto de cavernas, onde artistas haviam pintado imagens luminosas de animais nas paredes e tetos. Que forma de mágica esses locais produziram ainda é desconhecido, mas a qualidade da expressão artística é considerada impressionante mesmo nos dias de hoje. Os animais foram pintados não como se estivessem mortos, mas como criaturas se movendo e respirando, e foram feitos por artistas que haviam dedicado toda sua vida se aperfeiçoando. À medida que o clima aqueceu, os caçadores se deslocaram para o leste, cruzaram a Sibéria e, por volta de 13000 a.C., cruzaram o Alasca para entrar nas planícies abertas da América do Norte. Eles eram membros da Cultura Clóvis, que caçava mamutes até que esses foram todos mortos, e, então, passaram a caçar bisões. Suas paisagens sagradas incluem o Cânion Seminole, no Texas, com sua antiga arte rupestre representando xamãs e o espírito dos animais sagrados.

O aquecimento do clima elevou o nível dos mares, separando o Japão da China e a Inglaterra da Europa continental. Surgiram enormes rios, pântanos e florestas, cujas riquíssimas fauna e flora atraíram os humanos para a beira dos rios. Poderíamos chamar esse período de uma era de abundância. Em Lepenski Vir, ao longo do Rio Danúbio, surgiu um assentamento de cabanas triangulares. As pessoas de lá pescavam esturjões, um peixe que tinha, em média, 3 metros de comprimento. Por que sair para caçar quando um peixe que você pegava podia alimentar toda a comunidade? As florestas circundantes forneciam uma grande variedade de frutas silvestres, cogumelos e frutas oleaginosas que completavam a dieta. E essas vilas não eram comunidades solitárias. Aldeias similares contornavam a beira dos rios, e seus habitantes viajavam de barco para se reunirem em eventos cerimoniais.

Do outro lado do mundo, surgiu uma nova e próspera sociedade, ao longo da costa noroeste do Canadá. Era um sítio favorável por diversas razões. Aquele era um bolsão de clima relativamente ameno, devido aos ventos que cruzavam o Oceano Pacífico; também se localizava na rota migratória de baleias, e milhares de salmões subiam rio acima para desovar. Os gigantescos cedros, que eram sagrados para os haida, forneciam material para suas casas e barcos. Para eles, uma árvore não era apenas "madeira". Seu cerne avermelhado e seu aroma doce indicavam uma conexão com o mundo dos espíritos. Assentamentos lineares surgiram ao longo do litoral, sendo formados por grandes casas comunitárias voltadas para a água e ocupadas por clãs. Cada uma delas era um diagrama sagrado desenhado com base no cosmo, pois, para os haida, esse se dividia em três zonas xamanísticas: o mundo do céu, a terra e o submundo oceânico. A estrutura do prédio consistia em gigantescas vigas, que frequentemente tinham mais de 50 centímetros de diâmetro e venciam toda a largura da casa, que variava entre 7,5 e 15 metros. Essas traves eram sustentadas por colunas entalhadas para representar importantes antepassados da família ou seres sobrenaturais associados à história familiar. As paredes externas eram feitas com tábuas também de cedro distribuídas horizontalmente entre colunas cravadas aos pares.

Não foram somente os rios e litorais que atraíram a habitação humana, resultando nas primeiras comunidades sedentárias: também houve o surgimento das grandes florestas tropicais. Os bambuti, no Congo, ainda hoje prestam homenagens a um espírito da floresta, Jengi, cujo poder acreditam se emanar pelo mundo inteiro. Jengi é visto como uma figura paternal e um guardião. Essa sociedade se organiza ao redor de lares formados por um esposo, uma esposa e seus filhos, formando assentamentos que podem chegar a cerca de 50 moradores. As mulheres constroem as palhoças, que têm o formato de um cesto invertido e são feitas de uma estrutura de galhos cobertos com folhas. Outras culturas silvícolas se desenvolveram no Brasil, na América Central e no Sudeste da Ásia.

A partir de aproximadamente 10000 a.C., em certos locais, começaram a mudar as grandes tradições da primeira sociedade humana, que haviam sustentado os humanos por tanto tempo. Em vez de caçarem animais, as pessoas passaram a criá-los, e, em vez de coletar e proteger as plantas, elas começaram a domesticar algumas selecionadas e a cultivá-las em campos organizados. Essas mudanças alteraram o imaginário do mundo espiritual. Os rebanhos, em particular, eram vistos como deuses vivos, exigindo cuidados diários e uma cultura de respeito. Eles não eram mortos para o consumo de sua carne, mas sacrificados para marcar eventos especiais na vida comunitária. Entre os dinka, no Sudão, um homem conhece cada cabeça de seu rebanho

**1.2 Assentamento haida, Canadá**

# Introdução

1.3 A vida em uma aldeia

1.4 Produção de cerâmica

por um nome próprio, canta para ela e inclusive dorme com ela por longos períodos de tempo. O gado é sacrificado somente em ocasiões especiais, como casamentos ou funerais. Embora hoje restem apenas algumas poucas sociedades centradas na criação de gado, o impacto dessa visão de mundo ainda pode ser percebido até mesmo nas religiões contemporâneas.

De mesma importância foi a passagem da coleta de plantas para o surgimento da agricultura. O arroz no sul da China e leste da Índia; o painço (milho miúdo) na África e norte da China; o trigo e a cevada no Levante; e o milho na Guatemala – todos esses cultivares são apenas alguns exemplos dos milhares de tipos de plantas de que os seres humanos passaram a cuidar com muito esforço e dedicação. A transformação conjunta de nosso relacionamento com os animais e as plantas resultou em um novo estilo de vida: a vida agropastoril. Embora hoje chamemos esse período de nascimento da agricultura, temos de lembrar que os grãos cultivados, como o arroz e a cevada, não eram plantados como sendo meros alimentos. Eles eram deuses. A produção de alimentos hoje se tornou tão secular que esquecemos que o nascimento daquilo que conhecemos como agricultura coincidiu com profundas transformações que deificaram certos alimentos e, portanto, podemos dizer que isso garantiu uma ética de trabalho adequada e complexa que foi necessária para sua produção. O impacto sobre as mulheres foi particularmente profundo. Colher cereais, moê-los, armazená-los e cozê-los eram, em grande parte, tarefas femininas, assim como a cerâmica, a produção de cestas e, é claro, a criação das crianças.

O surgimento das culturas pastorais e agrícolas produziu sociedades baseadas em aldeias, que se organizavam ao redor de líderes de clãs ou tribos com poderes variáveis, conforme as circunstâncias. Essas aldeias eram cuidadosamente organizadas a fim de atender às necessidades dos animais, lidar com o calendário da plantação e colheita e produzir os equipamentos necessários para a vida cotidiana, como as vasilhas e os recipientes que armazenavam os grãos e a água e permitiam a fermentação e o cozimento. Todas essas atividades eram orientadas por práticas rituais e regras não escritas de comportamento, mas que determinavam o destino de tudo. Uma sociedade de aldeões não podia surgir em qualquer lugar. Ela exigia a combinação exata de um solo adequado ao cultivo, pasto para o gado, florestas para lenha e terrenos mais altos para se caçar – além, é óbvio, de água e sal.

Os planaltos da Mesopotâmia eram perfeitos para tais sociedades agropastoris, e, por volta de 9000 a.C., aldeias compactas começaram a se espalhar ao longo das encostas dos grandes rios desses planaltos. Uma expansão similar ocorreu ao longo do Sahel, na África, onde o sorgo era o principal cultivo, assim como no sopé das montanhas do Baluchistão (cevada), no norte da China (painço) e ao longo do Rio Yangtze (arroz). Em cerca de 5000 a.C. esses locais também já estavam bem estabelecidos como comunidades profundamente distintas do mundo da primeira sociedade humana, que era seu vizinho, ainda que certos aspectos das tradições mais antigas fossem preservados por elas. Enquanto a tradição agropastoril da Mesopotâmia, do Vale do Indo, da China e do Egito se manteve confinada a seus nichos ecológicos, surgiu uma transformação notável na Europa, onde, entre 9000 e 4000 a.C., culturas agropastoris se deslocaram lentamente ao longo dos rios e litorais, chegando inclusive a alcançar o norte da Irlanda. Nesse país, os recém-chegados prosperaram e construíram uma das mais incríveis estruturas de sua época, Newgrange, um enorme monte artificial com uma câmara sagrada em seu interior, projetada de modo a receber os primeiros raios de sol no solstício de inverno.

1.5 Pastoreio

# 3500 A.C.

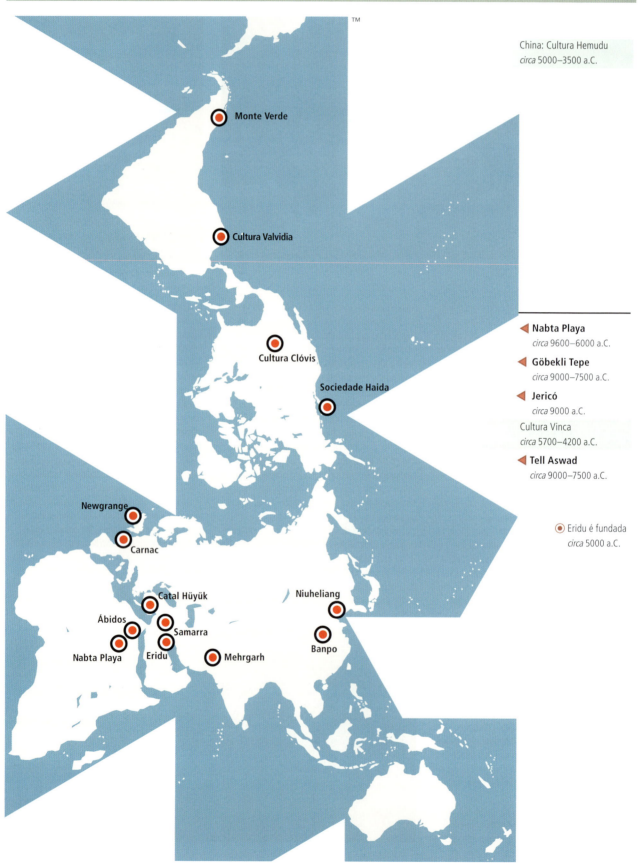

# Introdução

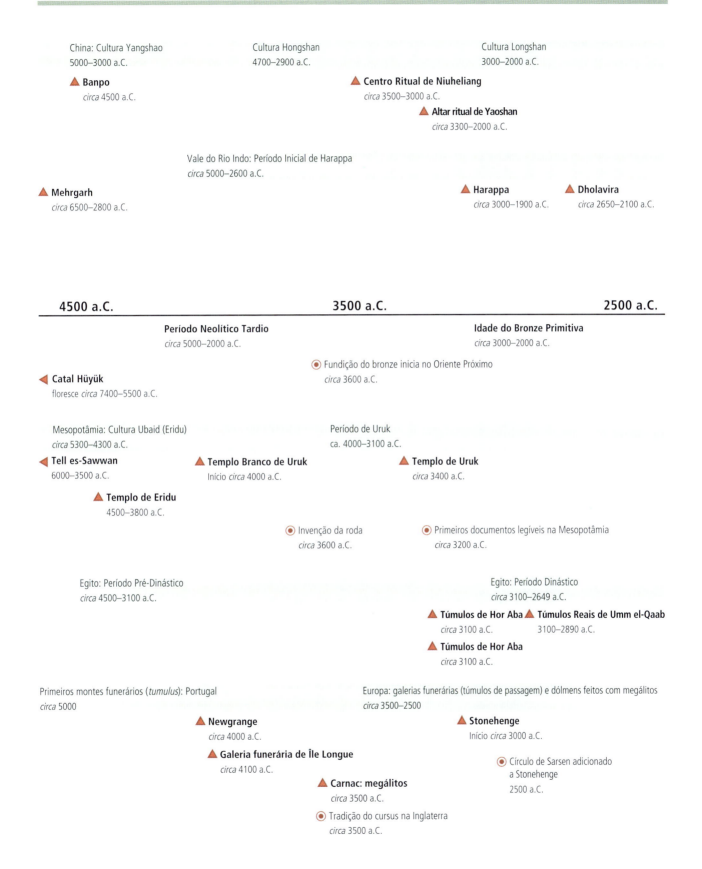

# 3500 A.C.

## CENTROS RITUAIS

No ambiente agropastoril, os seres humanos passaram a pensar e a agir de modo diferente daquele de seus ancestrais da primeira sociedade. As florestas tinham de ser derrubadas; a argila precisava ser recolhida para a produção de potes, que, então, eram cozidos em fornos; os celeiros deviam ser construídos; os animais exigiam cuidados; a lã precisava ser colhida e transformada em tecido; as plantas, que outrora eram consideradas como alimentos, agora eram vistas como ervas daninhas que tinham de ser retiradas dos jardins e dos campos de cultivo. As prioridades precisavam ser estabelecidas; as crianças deviam aprender os papéis que futuramente lhes caberiam, como adultas; e os sacerdotes tinham de garantir a boa-vontade dos deuses. Os costumes tinham de ser respeitados quando se tratava de posição social, encontrar um companheiro e construir uma casa. Os rebanhos eram ameaçados pelas doenças e pelos predadores, e as plantações podiam ser perdidas por uma peste ou pela falta de cuidado. Os grãos podiam apodrecer, e as tribos vizinhas às vezes atacavam. A sincronização de esforços que uma aldeia exigia, a estratificação das atividades de cada gênero humano e a criação de um novo conjunto de deuses poderosos que mantinham uma comunicação privilegiada com as elites produziu um tipo de revolução cognitiva. A coesão que isso exigia é impressionante, e, em muitas partes do globo, a vida das aldeias ainda é o amálgama que mantém uma sociedade unida.

Um dos primeiros sítios em que vemos essas transformações – Nabta Playa – localizava-se no Sul do que hoje é o Egito, cerca de 80 quilômetros a oeste de Abu Simbel. Hoje é um deserto inóspito, mas em 9000 a.C. situava-se junto a um grande lago em cujas margens os animais pastavam. O local apresentava um círculo de esbeltas pedras colocadas de pé, onde as mais importantes foram colocadas em duplas. Em comparação com Stonehenge, construído 6.000 anos depois, o círculo é pequeno, com cerca de quatro metros de diâmetro, mas sua finalidade era similar: organizar o tempo de acordo com as estações do ano. Dois pares de pedras se alinham no eixo norte–sul verdadeiro; os outros dois, no eixo nordeste–sudoeste. Esses pares de pedras ajudavam na observação dos movimentos do Sol e da constelação de Orion. Os sacerdotes e seus clãs provavelmente passaram a morar de modo permanente em Nabta Playa, cuja população aumentava em certos períodos com a chegada sazonal de tribos de pastores vindas de longe, que chegavam com seus rebanhos para grandes celebrações. Em cerca de 3500 a.C., porém, Nabta Playa tornou-se cada vez mais árido. O lago secou e local foi abandonado. O êxodo populacional do Deserto da Núbia desempenhou

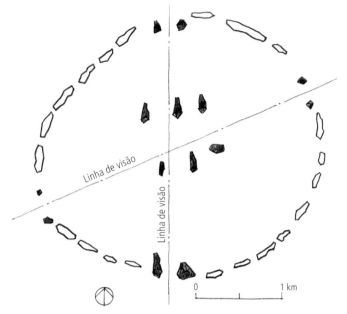

**1.6 Planta: Nabta Playa, Egito**

importante papel no surgimento de uma diferenciação social nas culturas pré-dinásticas do Vale do Nilo. Um importante elo entre o Egito e o antigo culto do gado bovino de Nabta Playa foi o culto a Hathor, a deusa da fertilidade.

Outro sítio de rituais existia no alto de uma colina, perto do povoado de Urfa, no Sudeste da Turquia. Neste local, hoje também árido, outrora havia uma exuberante floresta. Seu estrato mais antigo parece remontar a cerca de 9000 a.C. Essas estruturas, chamadas de Gobekli Tepe, compreendem vários muros circulares de alvenaria de pedra seca, cada um contendo pilares monolíticos de pedra calcária com até três metros de altura. Como não existem indícios de que havia qualquer cobertura, supõe-se que os círculos constituíam câmaras de ritual a céu aberto. Hoje eles costumam ser chamados templos, mas é improvável que fossem locais utilizados por um clero com práticas religiosas organizadas. Não se sabe o que ocorria nesses locais, mas é muito provável que as práticas se relacionassem com os cultos a ancestrais e que tais recintos também fossem dedicados a rituais mortuários. Os pisos eram feitos com uma substância similar ao concreto, feita com calcário polido. Um banco baixo se estende ao longo das paredes internas dos círculos. Os pilares ostentam figuras detalhadas, em relevo, de raposas, leões, vacas, javalis, garças, patos, escorpiões, formigas e cobras, todas executadas com grande habilidade, demonstrando que, mesmo sem o uso de instrumentos metálicos, um trabalho de precisão já era possível nessa época tão remota.

Se acrescentarmos a esses dois sítios o Centro Ritual de Niuheliang no Norte da China (c. 3500–3000 a.C.), com suas numerosas plataformas e estruturas e, é claro, Stonehenge (*circa* 3000 a.C.), teremos quatro centros rituais – embora seja certo que existam inúmeros – que serviram de local de reunião e, posteriormente, de centro religioso para comunidades recém-assentadas. Niuheliang será tratado neste capítulo, e Stonehenge, talvez o último dos grandes centros rituais primitivos, será discutido no próximo capítulo.

Por volta de 3500 a.C., algo bastante surpreendente aconteceu em quatro locais da Terra: grupos de pessoas desenvolveram algo que hoje chamamos de cidade. Essa transformação não foi tão natural como seria de supor, embora tenha dependido de milhares de anos de vida em aldeias e da coesão necessária associada a essa. Na Mesopotâmia, os fazendeiros das colinas inicialmente se mantiveram afastados dos vastos e exuberantes pântanos dos Rios Tigre e Eufrates. No entanto, certo dia um grupo intrépido deve ter tentado sua sorte. Após escolherem uma pequena colina, eles removeram os juncos, plantaram cevada e cavaram canais, atividades que deram muito trabalho. E foi um sucesso, com base na simples premissa de que, ao fazer uma única coisa bem-feita – cultivar cevada –, os habitantes de um lugar isolado poderiam trocar esse produto por tudo aquilo que não tinham. Eles inventaram a roda, para acelerar as viagens; criaram a escrita, para documentar as transações comerciais; criaram deuses na escala de suas cidades, para protegê-las; lançaram os

# INTRODUÇÃO

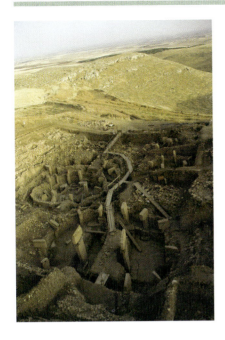

1.7 Göbekli Tepe, perto de Urfa, Turquia

1.8 Elam, uma cidade mesopotâmica típica, com sua muralha e torres, representada em um baixo-relevo comemorativo da conquista e destruição da cidade pelo rei assírio Assurbanipal em 647 a.C.

fundamentos das leis e normas; e construíram muros para defender seus preciosos excedentes de grãos, dos quais toda a operação dependia. Portanto, as primeiras cidades da Mesopotâmia foram experimentos em uma paisagem extrema. Elas eram governadas por uma elite, com a maior parte do trabalho sendo feita por escravos das regiões próximas que haviam sido conquistadas. Algumas cidades prosperaram, outras não, mas, com o passar do tempo, o poder e a riqueza que elas criaram para si próprias selou o destino delas como um todo. No Egito, a história é similar, mas, nesse caso, o surgimento das cidades – que mais se pareciam com vilas se espalhando – foi a consequência do influxo rápido de refugiados do Deserto do Saara, que se expandia. Até cerca de 5000 a.C. o Nilo era um rio selvagem e pouco utilizado, mas, com o clima mais seco que criou o deserto, milhares de pessoas vieram para suas margens, trazendo consigo seus animais e seus talentos como agricultores. Assim, com o passar do tempo, transformaram o Rio Nilo em um paraíso fértil. A intensidade desse fenômeno foi o prenúncio de uma elite de governantes que, no início, eram chefes, mas depois se tornaram deuses.

Na Índia, ao longo do Rio Indo, também surgiram cidades ainda mais magníficas, pois, ao contrário da Mesopotâmia e do Egito, onde o material de construção era principalmente tijolo de adobe (seco ao sol), nesse caso os habitantes usavam tijolo queimado em fornos, que, além de ser mais duradouro, também lhes permitiu construir mais próximo do rio e criar espelhos d'água, sistemas de drenagem e casas de múltiplos pavimentos. Os navios oriundos dessas cidades comerciavam com os mesopotâmicos ao norte.

Na China, o desenvolvimento das cidades ocorreu de maneira levemente distinta. Comunidades de aldeões haviam se formado ao sul das regiões pantanosas que circundam a Baía de Hangzhou e o estuário do Rio Yangtze, onde se podia cultivar arroz. Vilas também surgiam ao norte, onde as pessoas há muito tempo haviam descoberto o valor do painço, uma planta resistente que cresce nas encostas das colinas. Aqui as pessoas usaram uma forma de arquitetura bem-conhecida pelos nórdicos desde 25000 a.C., a casa semienterrada. Em parte subterrânea, em parte construída sobre o solo com uma superestrutura de colmo sustentada por colunas e lintéis, essas edificações comunitárias eram secas e quentes, concentrando uma variedade de rituais. Contudo, ao contrário das cidades da Mesopotâmia, que eram centros de importação e exportação, essas densas vilas eram mais independentes quando assumiram a escala de cidades grandes. Havia áreas para a manufatura de cerâmica e peças de bronze, assim como espaços reservados para as elites.

Essas primeiras cidades geraram uma concentração de riqueza e poder que teve implicações significativas no destino da humanidade e, inclusive, na definição que os seres humanos usavam para si próprios: "civilizados". Contudo, seja qual for a mágica que elas criaram na imaginação humana, a natureza experimental desses centros urbanos não deve ser esquecida. Sim, foram construídas cidades, mas elas também foram feitas para serem destruídas. Os chineses, na verdade, destruiriam suas cidades constantemente; a cada nova dinastia, a antiga capital costumava ser queimada ou arrasada, e seus habitantes eram forçados a se mudar para outro local. Os mesopotâmicos e egípcios glorificavam sua destruição das cidades inimigas, e, então, isso sempre ocorreu – inclusive continua acontecendo em nossos dias.

Embora as aglomerações urbanas tenham conseguido trazer até suas órbitas de influência grande parte dos recursos disponíveis, por volta do ano 3500 a.C. elas abarcavam apenas um percentual minúsculo da população mundial, que talvez não passasse de 0,001%. A maioria das pessoas vivia em sociedades baseadas em aldeias dispersas, e muitas outras moravam em um mundo onde sequer existia agricultura, como os seres humanos vinham fazendo há centenas de milhares de anos.

# 3500 A.C.

## OS PRIMÓRDIOS DA CIVILIZAÇÃO CHINESA

Na China, a passagem para o mundo agrícola ou aldeão ocorreu por volta de 9000 a.C. No entanto, não se pode dizer que tenha havido uma "origem" única da civilização chinesa. Na verdade, o que ocorreu foi um desenvolvimento multinuclear e gradual que, no início, surgiu de modo um tanto independente, com a ênfase, no Sul, sendo dada ao cultivo de arroz, e, no Norte, ao painço e à criação de porcos. O arroz selvagem foi domesticado nas margens pantanosas e no delta do Rio Yangtze. O painço, que prefere um clima mais frio, cresce naturalmente nas encostas de colinas, onde, com o passar do tempo, também foi domesticado. Os porcos desempenharam um papel importante nas aldeias desde os primórdios dessa civilização, e, junto com as ovelhas, já haviam sido introduzidos nas culturas do norte da China em cerca de 5000 a.C., senão antes disso. Por volta de 4000 a.C., especialmente no Norte, surgiram comunidades regionais e bem organizadas, ainda que pequenas. Elas incluíram a cultura Hongshan (4700–2900 a.C.) ao norte da Baía de Bohai, no centro da Mongólia e na Província de Hebai, e a cultura Yangshao (5000–3000 a.C.), na Província de Henan. Geograficamente, entre as duas, mas se desenvolvendo mais tarde, estava a cultura Longshan (3000–2000 a.C.), nas áreas centrais e mais baixas do Rio Amarelo. O surgimento de muralhas ao redor de comunidades é um indicativo inequívoco de que o cenário político estava bastante instável. Ao Norte, as aldeias costumavam ser compostas de casas semienterradas que, sejam grandes, sejam pequenas, remontam a 20000 a.C., ou mesmo antes. As casas semissubterrâneas eram utilizadas em todo o centro da Ásia pelos caçadores das estepes. Os povos meridionais desenvolveram casas sobre palafitas, uma resposta natural para o solo pantanoso dos campos de arroz.

### O Centro Ritual de Niuheliang

A cultura Hongshan, com suas vilas dedicadas principalmente ao cultivo de painço e à criação de porcos, localizava-se ao longo dos rios Laoha, Yingjin e Dailing, que deságuam na Baía de Bohai. Ainda que estivesse espalhada por um grande território, a vida ritual da comunidade provavelmente focava uma paisagem sagrada na qual uma montanha conhecida na região como Zhushan (ou "Montanha do Porco") deve ter tido um papel importante, pois sua silhueta é visível ao sul. O centro ritual consistia em, pelo menos, 14 montes e altares mortuários no cume de várias colinas. Essas construções datam de cerca de 3500 a.C., mas devem ter se tornado importantes mesmo antes dessa época.

1.9 Os primórdios da agricultura chinesa

Apesar de os rituais serem realizados naquele centro para as elites, a extensa área desse local sagrado sugere que a audiência para o ritual abrangia todos os povoados da cultura hongshan. Esse centro talvez tenha atraído suplicantes de regiões ainda mais distantes. Um prédio-chave era uma estrutura conhecida como Templo da Deusa, embora seu propósito seja desconhecido. Suas paredes, feitas com galhos entrelaçados e cobertas com barro socado, inclinavam-se para dentro, formando um espaço em forma de túnel. Seu corpo principal tinha 25 metros de extensão, desenvolvendo-se do sul ao norte, e espaços secundários se projetavam dele. Nas faces externas, as fundações remanescentes mostram que as superfícies das paredes eram cobertas com desenhos geométricos em alto-relevo, pintados de amarelo, vermelho e branco, evidenciando que o prédio se destacava na paisagem por suas cores vivas. Em sua extremidade norte havia um único cômodo independente. As escavações feitas no local revelaram partes de um corpo feitas de argila, incluindo uma cabeça, um tronco e braços, talvez pertencentes a uma divindade protetora ou deusa (da qual teria se originado o nome do sítio).

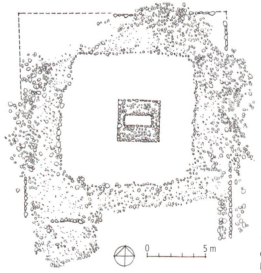

1.10 Planta: Cairn com túmulo de pedras, Centro Ritual de Niuheliang, sítio dos túmulos II

# LESTE DA ÁSIA

Outra estrutura que interessa aos arqueólogos é uma colina artificial na entrada do vale. No nível do terreno, o monte é rodeado por um anel de alvenaria de pedregulho regular branco. Outro anel de pedras brancas insere-se à meia altura do monte; um terceiro situa-se próximo ao topo. Entre os artefatos encontrados perto do alto do monte há primitivos caldeirões de cerâmica para fundição de cobre. Como o alto de uma colina seria um local inusitado para derreter cobre, a estrutura parece ter sido destinada a rituais. Os cemitérios nas colinas demarcavam os extremos norte e sul do nascer da Lua a leste. No conjunto, esse centro já continha os elementos essenciais do culto chinês aos antepassados — montes funerários de pedra, plataformas e um templo para rituais —, como fica evidente, por exemplo, nos túmulos da Dinastia Ming, construídos 5 mil anos depois.

Nos vales do Rio Amarelo, vemos o surgimento de vários povoados compactos, como Banpo

1.11 Reconstrução da aldeia Banpo, China

(perto da cidade atual de Xi'an), que data de cerca de 4500 a.C. e pertencia à cultura yangshao. A vila era cercada por um fosso ou vala de 5 a 6 metros de largura, provavelmente usado para drenagem e defesa. As casas eram edificações circulares de barro e madeira, com coberturas de colmo e beirais, construídas sobre fundações rasas, com escavações para fogueiras no centro. As entradas eram com rampas em declive que conduziam à moradia. Essas moradias semissubterrâneas, com peles de animais cobrindo o piso e as paredes externas para o isolamento térmico, eram locais confortáveis para se viver. Se as vigas de madeira fossem mantidas secas e a cobertura de colmo fossem bem conservadas, uma casa semissubterrânea podia durar cerca de 20 anos.

Os mortos eram sepultados no fundo de grutas sagradas próximas ou em covas simples localizadas em um cemitério comunitário, mas fora da vila. Supõe-se que as crianças eram enterradas em urnas colocadas do lado de fora, mas junto a suas casas. No vilarejo havia grandes praças abertas e buracos no solo para armazenamento, e, no centro do assentamento, existia um grande salão, provavelmente o centro da comunidade ou clã, que era construído com peças de madeira pesadas. Uma área da aldeia era reservada para a fabricação de cerâmica, indicando o surgimento de ofícios especializados. As peças de cerâmica eram utilizadas não apenas na vida cotidiana, mas também nos rituais mortuários.

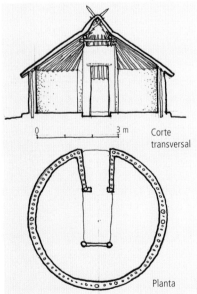

1.12 Reconstrução de uma moradia circular de Banpo

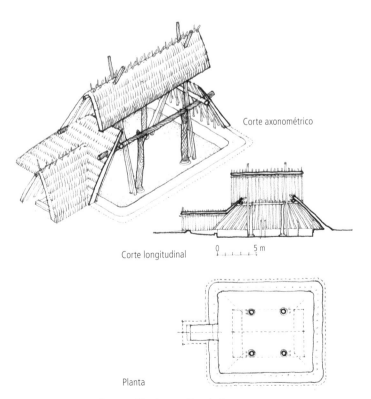

1.13 Reconstrução de um salão de reuniões de Banpo

# 3500 A.C.

Em matéria de religião, as culturas hongshan e yangshao eram xamanísticas. O xamã é um intermediário entre o mundo natural e o espiritual, movimentando-se entre essas duas esferas quando está em transe. Um túmulo datado de cerca de 4000 a.C. possivelmente pertencia a um desses sacerdotes. Consistia em um recinto único quadrangular, com um espaço lobulado nos fundos. Sob o chão de terra batida está enterrado um homem ladeado pela silhueta de um tigre, de um lado, e pela de um dragão, de outro, ambos muito belos e cuidadosamente elaborados com centenas de conchas. Os dragões e os tigres, ainda importantes no simbolismo confucionista chinês, são considerados protetores tanto na vida quanto na morte. As cadeias de montanhas, em especial as que contêm picos proeminentes, são associadas aos dragões.

Ao longo do Rio Yangtze, os fazendeiros haviam feito do arroz seu principal alimento já por volta de 5000 a.C., senão antes. Eram plantações que envolviam enormes quantidades de trabalho, pois implicavam campos nivelados e o monitoramento cuidadoso dos níveis de água. A primeira cultura a dominar o cultivo do arroz foi a hemudu. Em virtude da natureza pantanosa de seus territórios, os hemudu construíam casas elevadas, que serviam tanto como moradias quanto como armazéns. Essas casas também eram centros para rituais. Esse tipo de construção foi levado pelos plantadores de arroz para outras partes do mundo, especialmente o Japão e as Filipinas.

Na época da cultura liangzhu (3400–2250 a.C.), situada no delta do Rio Yangtze, podemos testemunhar o surgimento de numerosas pequenas cidades. Algumas, como Shijiahe, eram muradas; outras, não. Algumas eram centros regionais circundados por aldeias, outras eram mais autônomas. Uma cidade perto de Yuhang, ao sul da moderna Xangai, mostra que essas cidades eram bem grandes, chegando a ocupar até três milhões de metros quadrados. Acredita-se que uma cidade com formato próximo do retangular, com cerca de meio quilômetro de comprimento, situada alguns quilômetros a leste da moderna Pingyao, era a capital do reino. Ela tinha uma muralha fortificada e um sistema planejado de irrigação.

As plataformas de taipa de pilão (terra socada), sobre as quais eram construídos os palácios e templos de então, já eram uma característica

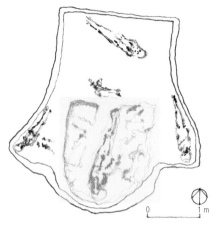 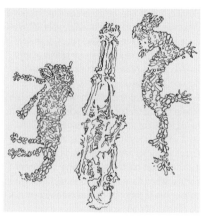

**1.14** Figuras humanas, de tigres e de dragões encontradas em um túmulo de Xishuipo, província de Henan, China

típica da arquitetura chinesa. Essas plataformas (chamadas *hang-t'u*) eram criadas pela compactação de camadas sucessivas de terra, de 12 a 14 centímetros, com o uso de pilões ou malhos de madeira ou de pedra, resultando em um material muito sólido e duradouro. Contudo, uma vez que os palácios e templos construídos sobre tais bases eram feitos de madeira, nada restou da superestrutura. Um altar ritual da cultura liangzhu em Yaoshan, situado a oeste do Lago Tai, dá-nos algumas indicações sobre como eram os edifícios religiosos da época. Um fosso define o recinto sagrado quadrado, de 25 metros de lado, em cujo centro há uma plataforma de 6 por 7 metros construída de taipa de pilão de terra vermelha, pois essa cor era considerada particularmente sacra. Os arqueólogos encontraram nesse local 12 túmulos supostamente de sacerdotes, dispostos em duas fileiras sob o piso do recinto sagrado. Ainda não se sabe para que essa plataforma era utilizada, mas o mais provável é que nela fossem realizados o culto dos antepassados e rituais com oferendas. A essa altura, o uso do jade em objetos religiosos e devocionais já era comum a todas as culturas chinesas; entretanto, a qualidade do jade de liangzhu era extraordinária. Embora as fontes dessa pedra preciosa fossem várias, uma delas eram os desertos montanhosos da atual província de Xinjiang, no noroeste da China.

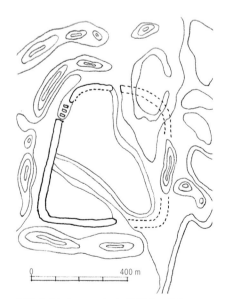

**1.15** A cidade murada de Shijiahe, China

# ÁSIA OCIDENTAL

**1.16 Localização das civilizações Mehrgarh e Harappa, no vale do Rio Indo**

Esse período se caracteriza pela elaboração da cerâmica e os primórdios da metalurgia do cobre, a produção de contas de pedra e a criação de lacres com osso entalhado. O nascimento da escrita se deu na forma de grafitos feitos em peças de cerâmica, por volta de 3500 a.C.

**1.17 Planta de situação de Mehrgarh, Paquistão**

## MEHRGARH E OS PRIMEIROS ASSENTAMENTOS DO VALE DO RIO INDO

Embora haja evidências de ocupação neolítica da Índia já em 10000 a.C., suas culturas sedentárias começaram a surgir por volta de 7000 a.C., nas colinas ao leste das Montanhas do Baluchistão, no atual Paquistão. Esse era um ambiente agropastoril típico de sua época, permitindo o cultivo do solo nas encostas acima do rio, o pastoreio nos campos planos do vale e a caça nas colinas e montanhas. Por volta de 6500 a.C., uma comunidade aparentemente destacou-se, tornando-se a primeira de uma longa linha de ambientes protourbanos que em breve ali surgiriam. Conhecida como Mehrgarh, ela se situava estrategicamente acima da Planície de Kachi, a sudeste da atual Quetta, perto de Bolan Pass, um importante ponto de acesso que conectava o Sul da Ásia ao resto do continente. Sua história de 5 mil anos iniciou com um povoado e culminou em um centro regional de comércio que cobria, em seu período áureo, uma área de 200 hectares.

Por volta de 3500 a.C., seus ocupantes já dominavam o cultivo de diversos grãos. A silhueta dessa cidade era dominada por prédios de tijolo, que provavelmente seriam celeiros e foram projetados como estruturas retangulares com recintos múltiplos distribuídos ao longo de um extenso corredor mais ou menos centralizado. A ausência de portas sugere que os grãos eram depositados pelo topo, como se faz em um silo.

Embora a presença desses celeiros denote certo grau de organização social, não há evidências de templos dominantes ou estruturas para rituais, e os próprios celeiros não estavam alinhados com as edificações contíguas. Ainda assim, é evidente que os celeiros eram o centro da vida social e ritual dessa cidade. Fora de um desses celeiros, ao longo de sua parede oeste, foram encontrados vestígios de uma grande fogueira com centenas de grãos carbonizados. Ao longo da parede sul, os arqueólogos encontraram remanescentes das ferramentas e brocas de pedra da oficina de um cortador de pedra-sabão ou esteatita. No lado leste, havia pilhas de ossos de animais misturados com cinzas, indicando a presença de abates intensos. Isso significa que a vida era organizada ao redor dos celeiros sagrados. Os depósitos de grãos também eram associados a práticas mortuárias: ossos humanos, possivelmente de sacerdotes, foram encontrados enterrados em seus corredores e espaços intermediários. Os arqueólogos encontraram cerca de 360 desses túmulos, nos quais os defuntos, às vezes enterrados com cestos carbonizados, portavam objetos funerários, inclusive ornamentos requintados. Esses ornamentos eram de materiais trazidos de longas distâncias, como conchas, lápis-lazúli e turquesa.

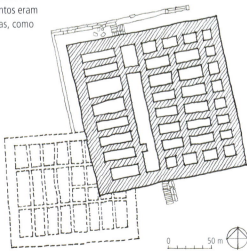

**1.18 Planta: Celeiros de tijolo de barro, Mehrgarh II**

11

# 3500 A.C.

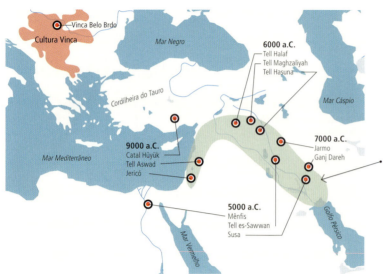

A palavra Mesopotâmia vem das palavras gregas *mesos* e *potamas* e significa "entre rios", denominando a fértil planície entre os rios Tigre e Eufrates.

O Crescente Fértil é uma região agrícola que se estende ao longo da base da Cordilheira do Tauro e dos Montes Zagros, em um amplo arco que parte da costa oriental do Mediterrâneo até o atual Iraque.

**1.19** Crescente Fértil: Uma antiga e densa rede de cidades e aldeias

## AS REDES DE POVOADOS DA MESOPOTÂMIA E DOS BALCÃS

A transformação para a agricultura centrada no vilarejo ocorreu no Levante por volta de 9000 a.C. Durante alguns séculos de clima frio, duas plantas em particular pareciam prosperar: o trigo e a cevada. Os moradores locais descobriram como cuidar desses cereais em campos cada vez maiores. Isso, combinado com a domesticação de ovelhas e cabras e o pastoreio de gado, resultou em uma cultura muito distinta daquela de seus ancestrais. Os rituais foram modificados, assim como os papéis atribuídos a cada gênero. As linhagens de clãs ou tribos se tornaram importantes, e com isso surgiram os chefes tribais, que administravam a complexa sequência de atividades com a ajuda de especialistas em rituais. Por volta de 8000 a.C., havia se formado uma rede de povoados agropastoris nos planaltos do Levante, que de lá se difundiram para o leste e as terras altas acima do Rio Eufrates e, posteriormente, para o norte, nos Balcãs.

### Catal Hüyük

À medida que as comunidades de povoados se desenvolveram nas colinas do Levante e nas terras altas voltadas para os Rios Tigre e Eufrates, uma *commodity* se tornou particularmente requisitada: a obsidiana. Essa rocha vulcânica negra, com suas arestas vivas, podia ser utilizada para produzir pequenas lâminas, que eram fixadas nas foices. Isso reduzia muito o tempo de plantação. O problema é que a obsidiana era um produto raro, oriundo das montanhas da Anatólia. Um assentamento urbano extraordinário se tornou um dos principais fornecedores de obsidiana. Conhecida como Catal Hüyük, a cidade (perto da cidade atual de Konya, Turquia) remonta a 7400 a.C. Estima-se que, no terceiro milênio a.C., sua população fosse de cerca de oito mil habitantes. A cidade se localizava no centro de um vale amplo e bem irrigado e junto a um rio que desaguava em um lago vizinho. Hoje, tanto esse lago quanto o rio já não existem. Os vestígios descobertos pelos arqueólogos são apenas uma pequena fração da cidade que acompanhava as encostas da colina.

A cidade consistia em casas com lajes planas de cobertura construídas muito próximas entre si, formando uma única massa de arquitetura, sem ruas ou passarelas. Incrivelmente, as paredes, que eram de argila reforçada por grandes pilares de carvalho, não eram compartilhadas, ou seja, onde vemos uma parede, na verdade, são dois planos, um para cada moradia. Ainda não se descobriu por que isso ocorreu. Os moradores se deslocavam pela cidade caminhando sobre as coberturas e, para entrar em suas casas, desciam por escadas de marinheiro. A luz incidia nos interiores através de pequenas janelas na parte superior das paredes. Se uma família falecesse, sua casa permanecia abandonada durante um período, deixando vazios no tecido urbano, até que posteriormente o espaço era reocupado. A moradia típica possuía um grande cômodo conectado a outros recintos menores, para armazenamento. O cômodo principal era equipado por bancos longos, fornos e recipientes, e suas dimensões eram generosas: 5 por 6 metros. As paredes eram rebocadas e muitas também eram

**1.20** Um típico povoado montanhês do Irã

12

# ÁSIA OCIDENTAL

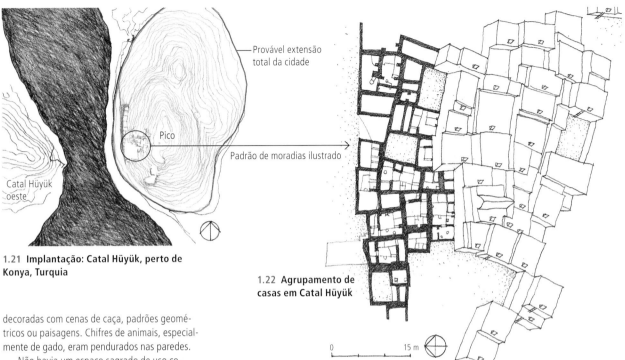

1.21 Implantação: Catal Hüyük, perto de Konya, Turquia

1.22 Agrupamento de casas em Catal Hüyük

decoradas com cenas de caça, padrões geométricos ou paisagens. Chifres de animais, especialmente de gado, eram pendurados nas paredes.

Não havia um espaço sagrado de uso comunitário no centro da cidade. Cada moradia continha seu próprio altar, que consistia em uma parede decorada com cornos de touro. Em alguns casos, os pares de chifres foram colocados na argila, na borda de plataformas, ou incorporados em bancos. Os defuntos de uma família eram enterrados nesse mesmo cômodo, incluindo os ossos no altar. (Os corpos eram deixados no exterior até que apenas restassem os ossos.) Parece que, com o passar do tempo, algumas casas se tornaram mais capelas para os ancestrais de um clã do que moradias propriamente ditas.

1.23 Desenho de um touro na parede de um altar de Catal Hüyük

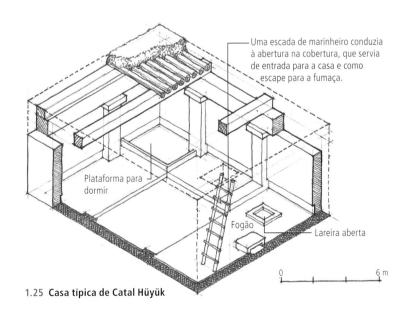

1.25 Casa típica de Catal Hüyük

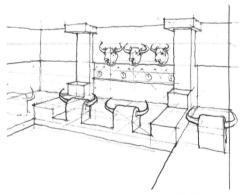

1.24 Representação de altar em Catal Hüyük

# 3500 A.C.

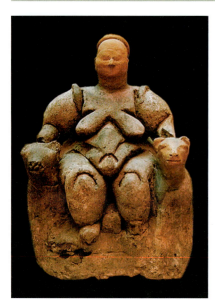

**1.26** Estatueta de terracota representando uma deusa sentada de Catal Hüyük

A principal deidade era a mãe deusa. Em vários locais da cidade foram encontradas estatuetas representando-a, feitas com materiais variados. Uma dessas figurinhas, notável por sua tridimensionalidade, mostra uma mulher obesa sentada e em trabalho de parto. A cadeira na qual ela se senta tem braços com o formato de leões. A estatueta representava fecundidade e regeneração, e fazia parte do culto popular à deusa mãe, típico das sociedades mediterrâneas e europeias do final da Idade da Pedra e início da Idade do Bronze.

Catal Hüyük ficava na extremidade norte da crescente zona de urbanização que cobria de Jericó (em Israel) a Tell Aswad (na Síria) e Susa (no Irã). Jericó era uma grande cidade – provavelmente a maior de toda a área. Assim como Catal Hüyük, ela se beneficiava das minas da região. Susa se beneficiava de uma rede bem-estabelecida de povoados vizinhos nos Montes Zagros, que se constituía em uma fonte próxima de metais. O Rio Karun, tão importante quanto os Rios Tigre e Eufrates, conectava a cidade ao resto do mundo: grãos, figos e limões eram cultivados nos amplos vales ribeirinhos.

## Tell es-Sawwan

Naquela época, o clima na Mesopotâmia era mais ameno do que o de hoje, o que significa que os vistosos vales dos Rios Tigre e Eufrates eram muito diferentes do que os desertos que hoje ocupam a região. Nas terras altas, as florestas eram intercaladas por estepes e savanas ricas em flora e cheias de cabras, javalis, cervos e raposas. Os fazendeiros trabalhavam no vale, mas a comunidade vivia nas colinas, mais fáceis de fortificar. Os pastores viviam nas estepes entre as fazendas e os desertos. Nas áreas em torno do Mar Negro, encontraríamos um tecido similar de habitações, exceto pelo fato de que lá os moradores descobriram que suas colinas continham obsidiana, cobre e sal, que se tornaram importantes produtos de comércio. Por volta de 5000 a.C., esses dois mundos já haviam se constituído como formações culturais reconhecíveis: a civilização vinca, na Romênia, e a Samarra, no Iraque. Poucos locais se destacavam como Jericó (em Israel) e Tell Aswad (na Síria, 30 km a leste-sudeste de Damasco), que eram maiores que os demais. Também era importante Catal Hüyük, na Turquia, que era uma fonte-chave de obsidiana, um vidro vulcânico que era necessário para a confecção de lâminas de foices.

Um dos mais importantes agrupamentos de aldeias que remontam a esse período (6000–2500 a.C.) situava-se a leste de uma zona agrícola alimentada por chuvas abundantes, que se estende em arco a noroeste da extremidade norte do Golfo Pérsico, ao longo das encostas dos Montes Zagros. Entre esses povoados havia Tell es-Sawwan, na margem esquerda do Rio Tigre, perto de Samarra. Ela começou como uma aldeia que se tornou fortificada, crescendo, com o passar dos anos, até se transformar em uma comunidade significativa. Seu mapa mostra uma hierarquia clara, com os prédios importantes na metade sul. O prédio central é simétrico e tem um salão ou corredor que conduz até o centro. Ele foi construído em uma etapa posterior do desenvolvimento da vila. Seu propósito é desconhecido, mas ele provavelmente era um celeiro. Há sete ou oito casas com estábulos próximos para ovelhas e cabras. Os materiais de construção básicos eram barro e madeira. O barro era misturado com gravetos e seco em um molde, formando tijolos crus (adobe), uma inovação que ainda hoje é característica da região. Os cômodos eram ortogonais, medindo, em média, cerca de 1,5 por 2 metros. As coberturas praticamente planas eram feitas de vigas de carvalho, sobre as quais se colocava uma camada de galhos e junco, que era vedada com lama, betume e gesso. As superfícies internas das paredes eram decoradas com estuque de gesso, que já havia sido desenvolvido em 7000 a.C. e que continuaria sendo uma parte central da construção de edificações de toda a região. Nos abundantes afloramentos rochosos de gesso do norte do Iraque e da Síria, blocos de pedra eram minerados, empilhados e queimados para formar um pó branco fácil de transportar. Esse material de construção não era utilizado apenas no local: ele também era um importante produto de exportação. O desenvolvimento do comércio de peças de artesanato, objetos de cerâmica, materiais de construção e objetos de metal estimulou a economia da região, desempenhando um papel-chave em direção à especialização do trabalho e ao desenvolvimento urbano. A cultura samarra produzia grãos em abundância, que, então, eram exportados para os arredores.

Embora frequentemente pensemos na região dos Rios Tigre e Eufrates como o berço da civilização urbana, a verdade é que a civilização (se é que esse termo complexo e estranho possa ser empregado, ao menos nessa área) foi o produto de uma cultura combinada na qual algumas pessoas cultivavam grãos e outras mineravam. A imagem frequentemente repetida do "Crescente Fértil" é inadequada, a não ser que a ela acrescentemos o "Crescente de Metais" que ela também abarcava. Na Mesopotâmia, o grão e o metal eram commodities que se reforçavam. As principais áreas produtoras de cobre se estendiam do Mar Cáspio, cruzando a Anatólia e circundando o Mar Negro.

Uma importante sociedade dos primórdios da Idade do Cobre, conhecida como Cultura Vinca, floresceu entre 5500 e 4000 a.C. em uma área que vai da atual Bósnia à Romênia. Enquanto os mesopotâmicos desenvolveram paredes de tijolos de barro não cozidos (adobe) e revestidas de gesso, para proteção contra umidade, os Vinca viviam em casas retangulares e independentes, feitas de pau-a-pique. As coberturas eram de palha e inclinadas. Seu mundo ritual era intenso. Os Vinca tinham altares domésticos com uma variedade de estranhas deidades entalhadas, que governavam a fertilidade, comunicavam-se com os ancestrais ou transmitiam augúrios.

# ÁSIA OCIDENTAL

1.27  Estatueta Vinca

1.28  Localização de Eridu e Uruk

A Cordilheira do Tauro, no leste da Anatólia, famosa por suas minas de estanho, desempenhou um papel igualmente importante na economia da Ásia Ocidental, pois esse metal era necessário, junto com o cobre, para a fabricação de bronze. Embora as áreas produtoras de cobre fossem abundantes, as de estanho eram mais raras. Uma antiga mina de estanho foi descoberta em um terreno conhecido como Göltepe, que era um grande povoado entre aproximadamente 3290 e 1840 a.C. Seus mineiros, usando túneis estreitos, traziam minério de cassiterita à superfície, onde ele era esmagado, lavado e fundido como carvão vegetal em pequenos cadinhos, ao contrário das grandes fornalhas características das fundições de cobre. Medindo os enormes depósitos de escória (600.000 toneladas em uma das pilhas), os pesquisadores concluíram que esse era um importante sítio durante o início e meados da Idade do Bronze.

O metal passou a ter um papel crucial nas relações internacionais a partir do terceiro milênio antes de Cristo. Por volta de 2350 a.C., Sargão da Acádia invadiu a Anatólia, saindo de sua base na planície para garantir rotas de comércio. Em registros que foram encontrados, ele se gabava de que uma única caravana carregava cerca de 12 toneladas de estanho, que podia produzir 125 toneladas de bronze – o suficiente para equipar um grande exército de então. Hoje geralmente se aceita que a mineração foi responsável pelo intenso desmatamento e teve importante papel na desertificação da Ásia Ocidental.

## Eridu e Uruk

Feita essa introdução, agora será mais fácil entender o sucesso das primeiras cidades às margens dos Rios Tigre e Eufrates. Embora os povoados cobrissem a área do Levante até o norte da Síria e o Iraque, poucas pessoas se aventuravam a entrar nesses charcos cobertos por juncos altos, que eram úteis para se usar pequenas embarcações e coletar sapé – e pouco mais do que isso. Era uma paisagem inóspita, que não contava com madeira para a construção de vigas de cobertura, nem com metais ou mesmo pedras. Ainda assim, por volta de 5000 a.C., já vemos as primeiras tentativas de transformar esse cenário. As sociedades abriram mão de parte de sua dependência em um estilo de vida integrado e com base apenas na agropecuária e caça, cujo objetivo era produzir enormes excedentes de grãos, que poderiam ser trocados por outras coisas. Essas cidades não eram seculares. Elas eram construídas sob o comando das deidades, que, por sua vez, patrocinavam a produção de excedentes agrícolas. Na mitologia mesopotâmica, jamais eram os humanos que criavam as cidades, mas os próprios deuses.

Voltemos à esfera dos humanos. É interessante destacar que a criação desses lugares estava intimamente relacionada com os avanços técnicos. Os Rios Tigre e Eufrates, ao contrário do Nilo, inundavam antes da colheita, em abril e maio, o que tornava os baixios inviáveis para a agricultura. Os sedimentos trazidos pelos rios tendiam a construir plataformas naturais que os fazendeiros podiam reforçar, permitindo que o leito dos canais se tornasse um pouco mais alto do que o campo circundante. Os fazendeiros podiam então fazer aberturas nos diques, para enviar água aos canais de irrigação, como ainda fazem nos dias de hoje. As fotografias aéreas têm recentemente comprovado a longa extensão desses antiquíssimos canais e diques, com alguns alcançando mais de 100 quilômetros de comprimento.

1.29  Um pântano iraquiano

# 3500 A.C.

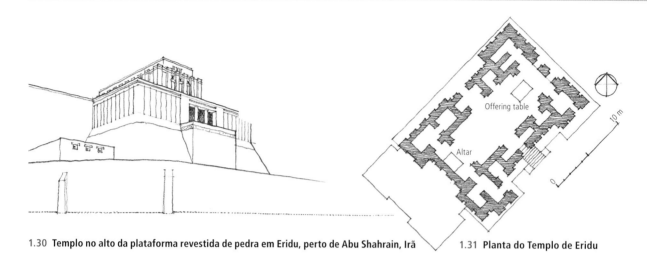

1.30 Templo no alto da plataforma revestida de pedra em Eridu, perto de Abu Shahrain, Irã

1.31 Planta do Templo de Eridu

O relacionamento com os rios era delicado e perigoso. O sistema era vulnerável a enchentes e guerras; além disso, exigia cuidados constantes. Registros encontrados em Ur tratam constantemente de obras de manutenção. Mas os investimentos valiam a pena. Em poucos séculos, a área se tornou uma potência econômica sem paralelo em qualquer parte do mundo, exceto o Egito. Embora essas cidades sejam discutidas em relação aos progressos da agricultura, o que realmente vemos são cidades que atendem às necessidades impostas por centros de exportação e importação.

Eridu e Uruk eram, de certo modo, cidades *modernas* que dependiam de uma única economia – o cultivo de cereais –, mas que exigiam o controle e a movimentação de bens. Faz sentido, então, afirmar que foi aqui que a roda passou a ser largamente utilizada para o transporte de cargas por longas distâncias, e que os pesos padronizados foram inventados nesse período. Outra inovação foi uma das grandes conquistas da civilização: a escrita, que foi criada para o fim prático de registrar transações comerciais e realizar inventários. Concomitantemente, desenvolveu-se o sistema jurídico e a arquivologia. Evidências desse impacto podem ser encontradas ainda hoje em vestígios de palavras profundamente impregnadas na linguagem atual. Em Ur, o título antigo para "rei" é *lugal*, provável origem da palavra latina *lex* e da inglesa *legal*. Outra antiga palavra da Mesopotâmia, *pala*, relativo às vestes da realeza, é a raiz de nossa palavra "palácio".

Observa-se também o surgimento de um complexo mundo religioso, sintonizado com a vida igualmente complexa da civilização urbana. A deusa mãe, que reinara em muitos lugares por toda a Eurásia, tinha agora de competir com um elenco crescente de presenças divinas, que incluía poderosos deuses masculinos que amarravam firmemente a sociedade a uma rede de obrigações. Significativamente, acreditava-se que a deusa mãe, Apsu, que controlaria os oceanos, havia sido "morta" por seu filho, Ea, a terra, que separara suas águas rebeldes em câmaras. Concomitantemente a essa mudança, houve o surgimento de uma classe de sacerdotes responsável por todos os aspectos da sociedade, da religião à administração e tecnologia. Essa classe de religiosos era responsável não somente pela comunicação adequada com os deuses por meio de oferendas de alimentos, sacrifícios e rituais, mas também lhe incumbia a arquitetura de prédios cada vez maiores, para dramatizar seu poder.

A cultura que primeiro começou a controlar os rios Tigre e Eufrates, já em 5000 a.C., foi conhecida como Ubaida. Por volta de 3000 a.C., os que faziam parte dela foram sobrepujados pelos sumerianos, que em grande medida foram os primeiros a inovar, substituindo as velhas e arraigadas tradições por outras, mais organizadas. Eridu localizava-se na margem do Eufrates, no delta, que hoje está tão recoberta pelo acúmulo de sedimentos aluviais que o antigo sítio se encontra a 90 quilômetros do rio. Originariamente, contudo, Eridu tinha acesso fácil a barcos que vinham do sul.

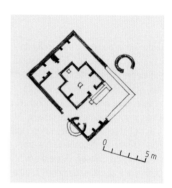

1.32 Templo XVI–XVIII de Eridu

O templo de Eridu foi reconstruído 17 vezes (4500–3800 a.C.), em versões cada vez maiores e mais altas diretamente erguidas sobre a anterior, resultando em uma edificação gigantesca, uma verdadeira montanha de tijolos. O templo mais antigo era um edifício simples em forma de caixa, com um altar na parte de trás e um forno ao ar livre na frente, onde se preparavam as oferendas. O último templo, posicionado sobre um enorme plinto de tijolos de argila, foi pintado com cores vibrantes e podia ser visto a quilômetros de distância. Ele tinha sua forma definida por contrafortes ritmicamente espaçados e, embora fosse ortogonal, seu perímetro era irregular. Uma escadaria no centro do lado mais largo levava à entrada, onde um vestíbulo pouco profundo dava acesso a um grande cômodo centralizado, mais largo do que profundo. Os espaços de apoio, que provavelmente eram utilizados como relicários, estavam nas quinas.

# ÁSIA OCIDENTAL

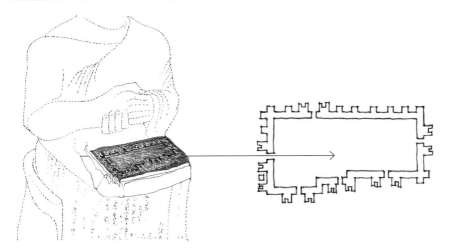

1.33 Estátua do rei Gudea de Eridu, com uma planta de templo esculpida em uma placa de pedra em seu colo

A principal deidade era Ea, o filho da deusa mãe Apsu; e não era somente um deus da terra, mas também se manifestava nas "águas doces". Ele era visto como engenhoso, pois "evita os obstáculos em vez de superá-los, desviando deles e, ainda assim, alcançando seus objetivos". Ea, que em certos relatos criava seres humanos ao misturar sua própria essência à de seu irmão, Enlil (o deus da terra e da tempestade), também era adorado como o deus da sabedoria e um amigo da humanidade. Perto de um altar para oferendas de Eridu foram encontradas espinhas de peixe e imagens de Ea vestindo um manto com escamas de peixe. Em um texto escrito um pouco depois, lê-se:

> Quando Ea se ergueu os peixes subiram à superfície e o adoraram,
>
> Ele ficou de pé, uma maravilha até as profundezas...
> Para o mar parecia que o fascínio estava sobre ele;
> Para o Grande Rio, o terror parecia flutuar à sua volta
> Enquanto o vento sul revolvia as profundezas do Eufrates.*

*Jacobsen, Thorkild. "Sumerian Mythology, a Review Article." *Journal of Near Eastern Studies*, 5, 1946, p. 140.

O Templo de Eridu serviu como um importante protótipo para esforços posteriores: uma estátua feita cerca de mil anos depois, em 2150 a.C., mostra a planta de um templo com atributos similares. Não se trata de um esboço, mas de um desenho preciso, com portas e pilastras registradas, tudo em escala. A planta está colocada no colo do rei Gudea, de Lagash, e, por sua exatidão e precisão, não deixa dúvida sobre o planejamento dedicado a esses antigos projetos de templos. Sua posição no colo do rei também prova que a planta em si era mais do que apenas um recurso dos construtores: isso expressava a reivindicação do monarca à sua legitimidade e à sua função sacrossanta.

Uruk se desenvolveu em uma cidade significativa e grande, e é possível que tenha abrigado uma população de 50 mil habitantes. A cidade era dedicada ao deus Anu, uma divindade celeste recém-surgida e importante associada ao número um, e, portanto, à matemática e ao comércio. Seu templo, o chamado Templo Branco, foi iniciado por volta de 4000 a.C. e ampliado ao longo dos séculos seguintes. Ele repousava sobre um amplo terraço no alto de um monte artificial, de contorno irregular, que se erguia 13 metros acima da vasta paisagem de campos e brejos da planície circundante. O acesso se dava por uma escadaria na elevação nordeste.

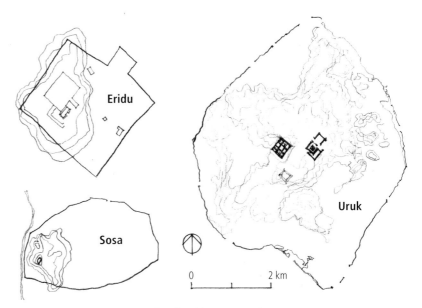

1.34 Comparação entre os tamanhos de Eridu, Susa e Uruk

# 3500 A.C.

1.35 Mosaicos do Templo do Cone de Pedras, distrito de Eanna, Uruk, próximo a Samawa, Iraque

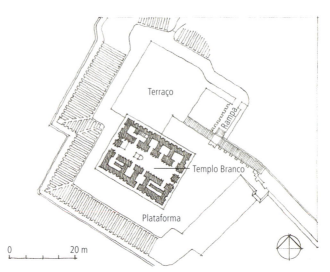

1.36 Planta: Templo Branco de Uruk

A forma geral do Templo de Uruk (o Templo Branco) era mais simples do que a do Templo de Eridu, mas, como em Eridu, também nele era preciso passar por um curto vestíbulo para se chegar ao grande salão. Em Uruk, contudo, havia, em um canto, uma plataforma ou altar ao qual se tinha acesso por meio de uma escada estreita. Perto do centro havia uma mesa de oferendas junto à qual se construiu uma lareira baixa, semicircular. A oeste do prédio havia outro templo construído de pedra trazida das montanhas do oeste. Seu propósito e a razão de sua planta peculiar ainda são desconhecidos.

Nessa época, os construtores da Mesopotâmia descobriram como usar fornos para enrijecer tijolos, telhas e tubos de drenagem. Os mesopotâmios podem ter desenvolvido essa técnica por conta própria, mas o mais provável é que a tenham aprendido com a Civilização do Vale do Indo, com a qual certamente mantinham contato e a qual já vinha utilizando tijolos cozidos há algum tempo. Como a madeira para os fornos era escassa nos pântanos da Mesopotâmia, os tijolos eram artigo de luxo. Eles eram usados principalmente em palácios, templos e portais, dos quais o mais famoso era o Portão de Ishtar, na Babilônia. Os fornos consumiam enormes quantidades de madeira, esgotando esse recurso. Hoje se acredita que isso teria contribuído para a expansão do deserto atualmente dominante nessas regiões. O uso de tijolos nas fundações de Uruk indicava o *status* do prédio, e a muralha de tijolos cozidos da cidade era vista pelos mesopotâmios como um dos aspectos mais extraordinários de Uruk. Perto do início da epopeia de Gilgamesh, poema épico composto mais tarde, no terceiro milênio a.C., pode-se ler:

> Contempla sua parede, que brilha como o cobre,
>
> Examina sua muralha interna, que ninguém pode igualar!
>
> Toca a pedra da soleira da entrada – data dos tempos antigos!
>
> Aproxima-te do Templo de Eanna, a residência de Ishtar,
>
> A que nenhum rei ou homem depois igualou!
>
> Sobe na muralha de Uruk e caminha em volta.
>
> Examina seus alicerces e inspeciona cuidadosamente a alvenaria de tijolo.
>
> Não foi tudo isso feito de tijolos cozidos ao forno,
>
> E os próprios Sete Sábios não elaboraram sua planta?*
>
> *Maureen Gallery Kovacs (trad. para o inglês). *The Epic of Gilgamesh*. Stanford University Press, Stanford, 1985, p. 3.

# ÁFRICA

1.37 O Egito das primeiras dinastias

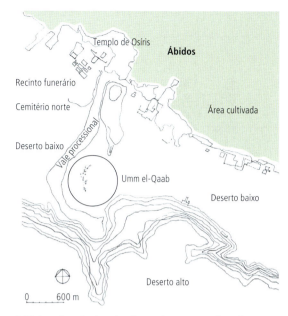

1.38 Localização dos túmulos reais em Umm el-Qaab, Ábidos, Egito

## O EGITO PRÉ-DINÁSTICO E DO INÍCIO DAS DINASTIAS

O Norte da África foi outrora uma vasta zona fértil, com savanas e pastagens, povoada por seres humanos desde tempos remotos. Foi aqui, como vimos ao discutir Nabta Playa, que o gado foi domesticado pela primeira vez. Contudo, no sexto milênio antes de Cristo, o intenso aquecimento climático que atingiu o mundo inteiro transformou pouco a pouco essa região africana nas intermináveis extensões de areia que hoje denominamos Deserto do Saara. Suas populações migraram para o oeste, em direção ao Marrocos, à Espanha e mais além, ou para o leste, para as margens do Nilo. A densidade da população do Rio Nilo era diferente da que existia, na época, em qualquer outra parte do mundo. O fato de não ter afetado o sistema social se explica por vários fatores, entre eles porque as elites regionais logo aprenderam a impor-se como divinas, assegurando mecanismos para proteger e isolar seu poder. Isso significa que a religião egípcia nunca passou por uma fase ctônica, baseada nas deusas mães e cavernas, comuns em muitas partes da Eurásia e do Mediterrâneo, como as ilhas de Creta e Malta, por muito tempo. Desde o início, a religião egípcia pertencia apenas à sua elite. Não havia narrativas épicas sobre o destino da comunidade, e sim mitos sobre os atos heroicos de reis, que passavam a tocha da sucessão à geração seguinte. Isso explica como pôde se desenvolver com tanta rapidez um complexo panteão de divindades, que incluía desde a bovina Hathor até Ptah e Amon, de caráter mais abstrato. Apenas no Novo Império (1540–1069 a.C.) a religião egípcia passou a ter um papel social mais abrangente.

Outro fator que permitiu estabilizar a ordem social egípcia vigente foi o fato de que o Nilo transbordava após a colheita, em meados de outubro: mais pessoas trabalhando nos campos significava que mais alimentos eram produzidos. Porém, contrapondo-se à celebração da água e do alimento, para os egípcios existia o assustador poder da terra, que por fim sepulta os seres vivos. A vida e a morte, o rio e as montanhas de areia passaram a se associar, íntima e naturalmente, em torno da mitologia da soberania divina, que tudo abarca.

Os túmulos da Primeira Dinastia (3100–2890 a.C.) localizam-se em Ábidos, uma importante cidade antiga situada cerca de 100 quilômetros a jusante de Tebas. Ficam fora da cidade, aos pés de um imponente penhasco. Neste, um desfiladeiro abre-se repentinamente na rocha, e, segundo alguns estudiosos, essa abertura era considerada uma passagem para o reino dos mortos. O local era acessado por uma rota processional que vinha de um templo do vale. Os túmulos mais antigos, de Narmer e Aha, são recintos subterrâneos relativamente simples revestidos de tijolos e com uma cobertura de madeira ao nível do solo. O túmulo de Aha compreende três câmaras repletas de provisões para uma vida luxuosa na eternidade. Provavelmente, elas eram formadas por grandes cortes de carne bovina, aves aquáticas recém-abatidas, pães, figos secos e jarros de cerveja ou vinho, todos ostentando o selo oficial de Aha. Ao lado dessa tumba, mais de 30 sepulturas subsidiárias para seus servos e seus animais foram criadas em três fileiras alinhadas. O túmulo da rainha Merneith (*circa* 2900 a.C.) encontra-se quase todo no subsolo, como o de seus predecessores, mas nele os armazéns fazem parte da estrutura principal, na forma de cômodos estreitos e alongados.

Os sepulcros subsidiários também integram esse projeto, como uma espécie de moldura situada a uma distância respeitosa das câmaras principais da tumba da soberana. Essa emolduração é aberta a sudoeste, provavelmente para que o espírito do falecido pudesse sair por essa abertura rumo ao desfiladeiro. O túmulo do governante seguinte, Den, torna ainda mais explícita essa conexão com o penhasco. Embora a entrada principal esteja a leste, há uma câmara especial ao lado da tumba, com uma escada separada que conduz novamente à superfície na direção oeste.

# 3500 A.C.

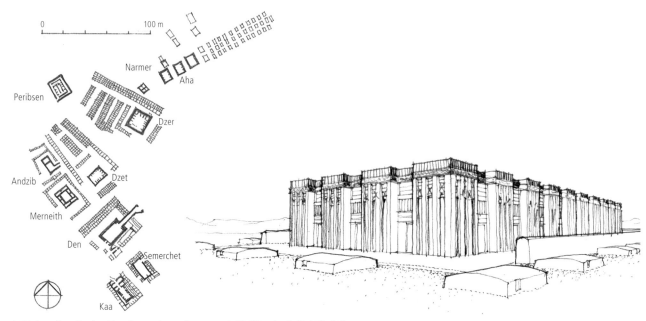

1.39 Localização dos túmulos reais em Umm el-Qaab, Ábidos, Egito

1.40 Túmulo do Rei Djed, Sacara

O projeto e a decoração desses túmulos prenunciam claramente a criação da mastaba (palavra árabe que significa "margem, encosta do rio"). O mais imponente deles foi o do rei Djed em Sacara (circa 3100 a.C.), nos arredores de Mênfis. Há quem acredite que o complexo desenho nos nichos das paredes representava construções de madeira ou junco; outros sugerem uma influência da Mesopotâmia ou do Oriente Próximo. Apenas as cinco câmaras centrais, cavadas na terra, constituem o túmulo. Tudo era coberto e rebocado, para parecer uma plataforma sólida, mas colorida, disposta contra a areia. Havia uma bancada baixa ao redor da superestrutura, na base da principal parede externa. Nessa plataforma, foram engastadas cerca de 300 cabeças de touro modeladas em argila, mas com cornos de verdade. A fachada foi pintada de branco, enquanto os painéis mais internos dos grandes nichos, de vermelho.

Neste estágio primitivo da cultura egípcia não havia uma arquitetura típica para os templos, como a encontrada nas cidades da Mesopotâmia, onde as práticas religiosas, muito evidenciadas pelos zigurates, unificavam vastos segmentos sociais. Em vez disso, à arquitetura cabia definir a interface entre a vida e a morte para os membros da elite egípcia. Sua função social era, portanto, mais limitada, mas seu propósito não poderia ser mais espetacular. Para os chineses, a morte envolvia a transmissão da memória familiar e podia ser associada espacialmente aos altares ou santuários domésticos e aos frágeis templos de madeira construídos sobre montes artificiais de terra. No Egito, a morte – em termos religiosos – era apenas um evento importantíssimo para o governante. O espírito dele (ou, às vezes, dela) pairava majestosamente acima das banalidades domésticas e familiares, em uma casa simulada, construída de modo especial, contendo todos os instrumentos necessários para uma vida confortável. Era de grande preocupação o que ocorria dentro dessa "casa" e a maneira como o espírito se deslocava, comia e bebia, pois se acreditava que isso determinava o curso da história neste mundo e no além. Ainda assim, a "casa" era apenas parte da equação. No Egito, a morte tinha uma face interna e outra externa. Na escala da paisagem, o aspecto interno da casa era completamente ocultado pelo externo. Oitenta por cento da mastaba do rei Djed não passava de um conjunto sombrio de paredes e espaços que interligavam essas duas escalas. A tarefa do arquiteto consistia essencialmente em conferir unidade às manifestações internas e externas da morte do governante.

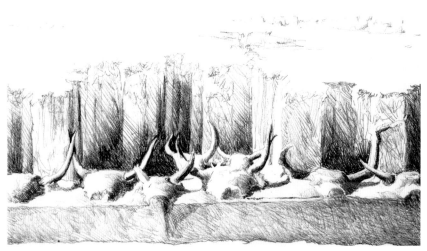

1.41 Chifres de touro na base do Túmulo 3504, Sacara, Egito

# EUROPA

1.42  Culturas megalíticas, 4800–1200 a.C.

## A EVOLUÇÃO EUROPEIA

A complexa geografia europeia, com seus perfis litorâneos, seus rios e suas cadeias de montanhas, tornou improvável a emergência, ali, de uma única civilização coesa, como ocorreu no Egito, na China e na Índia. Além do mais, na Europa, devido à dificuldade de transplantar os cereais para o norte, com suas diferenças climáticas, o processo de povoamento só se completou por volta de 3500 a.C. Por terem se desenvolvido sem possuir como pano de fundo a "história" do domínio da agricultura, as culturas europeias não se centraram nas linhagens familiares matriarcais, através das quais necessariamente se transmitia tal conhecimento, mas nos clãs, capazes de unir comunidades na defesa, na guerra e no comércio. Isso explica por que os europeus só muito mais tarde desenvolveram uma cultura centrada em templos ou, no mesmo sentido, uma cultura sacerdotal mais complexa.

Contudo, ao contrário da Mesopotâmia, onde a morte era um evento relativamente informal, ou do Egito, onde a morte como passagem para a vida eterna era essencialmente reservada para as elites, os europeus glorificaram a morte ao redor das linhagens de clãs, construindo uma variedade de estruturas de pedra e colinas artificiais em lugares que preservavam a memória do clã e serviam como locais para cerimônias, reuniões e comércio. Os cairns (montes funerários) ou as galerias funerárias, por exemplo, consistiam em uma passagem feita de grandes pedras, às vezes ornamentadas com entalhes e pinturas e moldadas por toneladas de dejetos e argila. Há exemplos em toda a Europa – em Portugal, na Sardenha, na França, na Inglaterra e até bem mais ao norte, na Noruega –, bem como no Marrocos, cobrindo o período entre 5000 a.C. e 2500 a.C. Os túmulos portugueses estão entre os mais antigos. Os tetos de algumas câmaras centrais eram feitos com falsas abóbadas: as pedras avançavam em balanço, umas sobre as outras e em direção ao centro, até se encontrarem no topo. Um exemplo dessas galerias funerárias ou túmulos de passagem pode ser encontrado na Île Longue, sul da Bretanha, França.

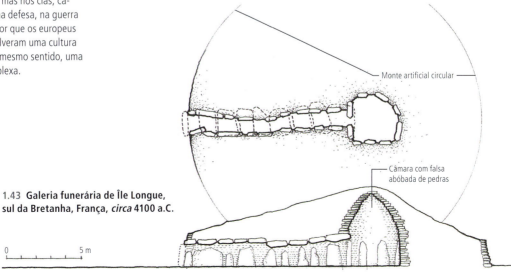

1.43  Galeria funerária de Île Longue, sul da Bretanha, França, circa 4100 a.C.

# 3500 A.C.

## Newgrange

Das várias construções que foram feitas na Europa daquela época, poucas se comparam à grande colina artificial de Newgrange, que remonta a cerca de 4000 a.C. Não se tratava de um túmulo. Newgrange era basicamente um relógio com um único ponteiro, projetado para marcar o solstício de inverno do fim de dezembro (no Hemisfério Norte), indicando a passagem da estação e a promessa de um novo período, e, ao mesmo tempo, marcando um momento particularmente poderoso para se entrar em contato com o espírito dos ancestrais. Milhares de pessoas de diversos clãs convergiam ao sítio para dançar, festejar, comprar e vender gado e – acima de tudo – realizar cerimônias em memória dos falecidos. A estrutura não estava isolada, mas inserida em uma paisagem sagrada, com várias colinas na vizinhança, e seria utilizada por vários séculos. Ela foi construída junto ao talude oeste do Rio Boyne.

Planta

Implantação

**1.44 Newgrange, Irlanda**
Fonte: Timothy Cooke, Geraldine Stout e Matthew Stout, *Newgrange* (Cork University Press, Cork, 2008), p. 46.

# EUROPA

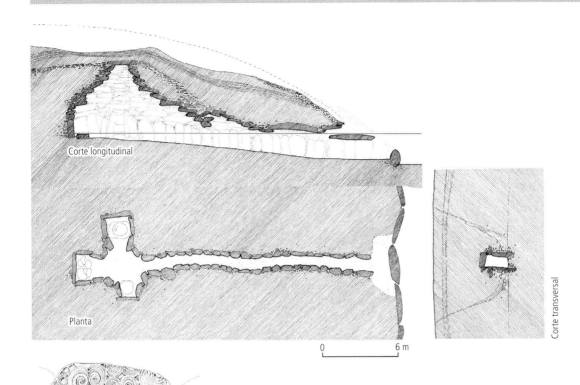

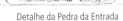

Detalhe da Pedra da Entrada

**1.45 Newgrange, Irlanda**
Fonte: Timothy Cooke, Geraldine Stout e Matthew Stout, *Newgrange* (Cork University Press, Cork, 2008), p. 46.

O monte principal tem aproximadamente 80 metros de diâmetro e é circundado, em sua base, por uma fileira de 97 pedras. A mais impressionante dessas pedras é a Pedra de Entrada, extremamente decorada. A entrada do monte conduz a uma passagem com 19 metros de comprimento feita com grandes pedras, a qual nos leva a uma pequena câmara em forma de cruz, cujo teto foi feito com uma falsa abóbada de pedras. A enorme estrutura de pedra foi coberta com toneladas de argila, e suas laterais, com quartzo branco. Aparentemente, as pessoas trouxeram as pedras dos veios de quartzo de colinas a cerca de 160 quilômetros ao sul e lançaram-nas no monte durante um ritual. Infelizmente, a reconstrução moderna do sítio colocou as pedras contra uma parede de concreto, dando a falsa impressão de que existiria uma parede. Na aurora do solstício de inverno, um feixe de luz solar entra na câmara interna por meio de uma abertura oculta na cobertura do corredor de entrada. Essa é uma obra de engenharia notável e que servia como um poderoso símbolo da vitória inevitável da vida contra a morte, talvez prometendo uma nova vida aos espíritos dos mortos.

# 3500 A.C.

## Carnac

O sítio de Carnac, assim chamado em virtude de uma aldeia francesa perto da qual se localiza, consiste em um conjunto de mais de 3.000 pedras eretas em diferentes alinhamentos entre si. O que teria motivado as pessoas a arrastar pedras de várias toneladas de um local a quilômetros de distância e colocá-las neste sítio em particular? Os fins seriam celestiais? Isso é muito provável, mas ninguém sabe ao certo. Também é possível que os clãs tenham trazido as pedras como parte de um trabalho espiritual em memória de seus ancestrais. Seja como for, o terreno consiste em diferentes alinhamentos de pedras, incluindo os alinhamentos de Ménec (11 fileiras de pedras convergentes distribuídas em uma faixa de 1.165 por 100 metros), o alinhamento Kerlescan (um grupo menor, com 555 pedras, mais para o leste) e os alinhamentos Petit-Ménec (um conjunto muito menor, mais a leste de Kerlescan). Também existem vários dólmens distribuídos na área. Um dólmen é um monumento funerário composto de um conjunto de pedras verticais coroadas por uma pedra na horizontal. Eles geralmente são considerados como sendo túmulos; mas o solo ácido da Bretanha decompôs todos os ossos dos defuntos. Alguns dólmens forma cobertos por um monte de solo, enquanto outros foram deixados nus. O Dólmen Crucuno é encimado por uma gigantesca pedra de remate, com várias toneladas.

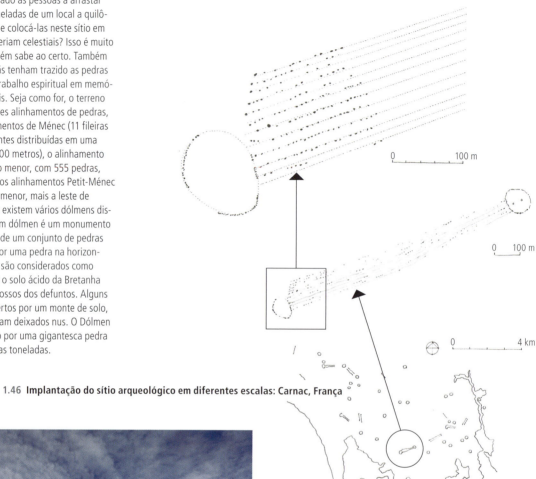

**1.46** Implantação do sítio arqueológico em diferentes escalas: Carnac, França

**1.47** Alinhamento das pedras, Carnac, França

**1.48** Dólmen Crucuno, Carnac, França

# 2500 A.C.

2.1 **Ásia Central:** os contatos emergentes em *circa* 2500 a.C.

## INTRODUÇÃO

No início do terceiro milênio antes de Cristo, as várias civilizações formadas nos arredores dos rios estavam prontas para uma rápida evolução cultural. Na época, havia seis focos principais de cultura: Egito, Mesopotâmia, Margiana, o Indo, China e Europa. Em todos esses lugares, surgiam elites que regiam não apenas com a força, mas com algum tipo de bênção divina ou dos ancestrais. Em termos gerais, quando as coisas iam bem, isso se atribuía aos deuses; quando havia problemas, era um sinal de que os deuses tinham sido desagradados.

As cidades da Mesopotâmia eram as mais atípicas, uma vez que foram criadas no contexto de uma paisagem inóspita de pântanos que foram convertidos em terras agrícolas. As primeiras cidades mesopotâmicas podem ser consideradas como sociedades de risco, baseadas na aposta de que a produção de grandes excedentes de cereais lhes permitiria trocá-los por outros produtos que não lhes estavam prontamente disponíveis. Assim, essas cidades se tornaram centros rituais por si sós, nos quais a relação com o sacro era organizada e determinada com precisão calêndrica. As elites que governavam a cidade eram formadas por devotos de um complexo panteão de deuses, os quais, por sua vez, "governavam" todos os aspectos da natureza, inclusive aqueles humanos. As elites operavam em íntima aliança com uma classe de sacerdotes, para os quais eram construídos gigantescos templos na forma de montanhas artificiais, erguendo-se sobre terraços coloridos. Os zigurates de Eridu e Ur eram, de longe, os maiores prédios dessa época, testemunhando a riqueza que fluía até suas cidades. Eram edificações de prestígio, feitas tanto pelo esforço das "deidades" como dos seres humanos. As cidades que foram construídas ao redor consistiam em um denso tecido de casas. A maioria dos prédios era de tijolos de barro não cozido (adobe) e tinha coberturas de madeira. Fora das muralhas da cidade, ao longo dos canais, podia-se ver uma vasta rede de pequenas aldeias, que eram controladas por um templo. Essas cidades tinham limites quanto ao alcance de sua autoridade, assim se mantinham sob tensas alianças com as cidades similares rio acima e abaixo.

O Egito, menos suscetível a invasões, desenvolveu uma clara estrutura de poder dinástico e um conjunto consistente de tradições religiosas desde muito cedo. Além disso, devido à sazonalidade da agricultura local, os agricultores podiam ser intimados pelos faraós para trabalhos forçados em seus projetos de edificação. O Templo Mortuário de Djoser, construído numa escala sem precedentes, foi um dos primeiros edifícios monumentais de pedra erigidos em todo o mundo. O domínio da alvenaria de pedra é uma das grandes contribuições egípcias à arquitetura. O amplo complexo respondia à intricada cosmologia utilizada por suas elites egípcias. O prédio foi construído para um faraó falecido, mas que era considerado como ainda "vivo" e, portanto, precisava da ilusão de reinar eternamente. Seu espírito era incorporado em uma estátua, chamada de escultura Ka, que era submetida a um ritual em que era alimentada e protegida em uma câmara especial, de modo que pudesse ver o pôr-do-sol, a oeste, através de um pequeno orifício.

# 2500 A.C.

Enquanto isso, por volta de 2500 a.C., as pessoas estavam descendo das Colinas do Baluchistão e ocupando os vales ribeirinhos que definem a fronteira leste do subcontinente sul-asiático – do Vale do Indo e dos rios, hoje secos, Ghaggar-Hakra. A região do Indo/Ghaggar-Hakra foi a primeira civilização urbana no verdadeiro sentido dessa palavra. O motivo para seu sucesso é óbvio. O vale de 900 quilômetros de extensão é fechado no norte e no sul por grandes faixas de montanhas e desertos áridos e sem chuvas. Ele pode ser considerado como um grande oásis linear. Nesse local, a irrigação era mais fácil do que na Mesopotâmia, e a abundância de árvores desde cedo permitiu o desenvolvimento de tijolos cozidos, que conseguiam resistir melhor do que os tijolos de adobe à destruição causada pela água. Foram encontradas mais de mil cidades grandes e pequenas distribuídas em 650 mil quilômetros quadrados, uma área equivalente à da França atual. Embora essas cidades estivessem distantes umas das outras, elas compartilhavam um idioma e um sistema padronizado de pesos e medidas. Foram descobertos milhares de selos de terracota representando uma grande variedade de formas humanas, animais e míticas, cada uma com marcas distintivas, que possivelmente sejam as letras de um alfabeto. Aparentemente, seus habitantes, sobre os quais ainda sabemos muito pouco, chamavam-se Meluhha ou algo parecido – pelo menos é assim que os mesopotâmicos contemporâneos os denominavam. Seus navios levavam tijolos, contas, madeira, metais e lápis-lazúli para as cidades da Mesopotâmia, no norte do Golfo Pérsico, onde tais produtos eram raros. Não se sabe qual a natureza dos produtos que eles importavam, pois poucos objetos mesopotâmicos foram encontrados no vale do Indo. A área entre Mesopotâmia e o Indo também era urbanizada por cidades como Tepe Yaha e Jiroft, no outrora amplo e fértil Vale de Soghun. Tepe Yaha era especializada na extração de uma pedra muito apreciada e utilizada para vasilhas de ritual. Não muito distante estava Jiroft, uma cidade ainda maior, cuja principal atividade econômica era a produção de uma valiosa pedra salpicada de dourado: o lápis-lazúli.

Essa zona de interconexão se relacionava com uma quarta área civilizatória que vinha se desenvolvendo ao redor do Rio Oxus e que era conhecida como a Cultura Adronovo. Inicialmente, ela se baseava em vilarejos, mas duas grandes cidades foram posteriormente construídas (nos atuais Turcomenistão e Uzbequistão). Elas não apenas cobriam uma vasta área como também foram projetadas com enorme precisão geométrica. A área, baseada nas estepes da Ásia, era o centro de muitas comunidades de pastores.

Na China, a Dinastia Xia, a primeira de que se tem notícia, surgiu por volta de 2100 a.C. Ali se encontrava uma civilização horizontal formada por aldeias e cidades unificadas em torno de complexos palatinos. Um desses complexos é o de Erlitou (1900–1500 a.C.). Localizado junto ao Rio Yi, um tributário do Rio Luo, Erlitou estava na base de montanhas e servia como uma interface entre a área montanhosa rica em minérios e as planícies ricas em cereais. O complexo do palácio era circundado por uma muralha de terra apiloada com 2 metros de espessura, que a reservava como um centro para cerimônias aos ancestrais das elites. Os longos rituais realizados por estas exigiam recipientes e instrumentos especiais, o que significava que artesãos precisavam viver nas imediações. Dessa maneira, as cidades chinesas emergiram como consequência das atividades econômicas relacionadas aos palácios, e não relacionadas aos templos, como na Mesopotâmia. Contudo, em ambos os casos, as elites governavam grandes extratos populacionais em virtude de suas associações com os deuses e as divindades ancestrais. Porém, enquanto na Mesopotâmia os rituais importantes era como que espetáculos públicos, na China eles tinham prestígio por serem extremamente privativos.

Enquanto isso, a Europa entre 5000 e 3500 a.C. havia lentamente se transformado em um mundo agropastoril de povoados interligados. Sistemas políticos maiores jamais haviam se desenvolvido, ou seja, não havia um poder centralizado nem algo que pudesse ser chamado de cidade. Era um mundo ainda governado por paisagens sagradas e culto aos ancestrais. Os sítios mais famosos são Carnac, na França, Stonehenge, na Inglaterra, e Newgrange, na Irlanda. Ainda havia centenas de sítios menores, da Escócia a Portugal. Por volta de 2800 a.C., começou a dispersão do povo da Cultura do Vaso Campaniforme, cujas origens ainda são motivo de discussão, mas que muito provavelmente vieram dos Balcãs. Eles foram assim denominados em virtude dos recipientes para beber muito típicos de sua cultura. Conhecido por sua habilidade em metalurgia, esse povo deixou vestígios em várias localidades. Ele chegou à Inglaterra, onde encontrou sítios como Stonehenge, que conquistou e redesenhou, orientando-o em relação ao Sol, em vez da Lua. Embora, em termos físicos, essa fosse mais uma questão de "sintonia fina", são imponderáveis as implicações culturais que essa reorientação pressupõe. Stonehenge tornou-se uma enorme área cerimonial desde 3000 a.C., quando foi construído o primeiro círculo de pedras, e atraía pessoas de muito longe. Lá elas aguardavam pelo momento sagrado do solstício de inverno, quando o contato com os ancestrais era mais propício. Bem mais ao sul, na ilha mediterrânea de Malta, surgiu uma cultura surpreendente, que construiu grandes "cavernas" moldadas com toneladas de terra. Essa pequena ilha chegou a ter cerca de 12 de tais estruturas, que provavelmente eram utilizadas como locais onde os suplicantes, sob o efeito de cânticos e drogas alucinogênicas, entravam em transe. Como o número desses templos é muito superior àquele de que a população local poderia necessitar, é muito provável que essa fosse uma área sagrada que também atendia às pessoas das comunidades mediterrâneas do entorno, que chegavam de barco. Stonehenge e Malta representam os últimos desses campos sagrados. Em outros lugares, o mundo ritual cada vez mais era atraído às zonas urbanas. Na verdade, a grande façanha das culturas mesopotâmicas era exatamente fazer das cidades centros para rituais.

Com a exceção da zona agropastoril que cobria toda a região do Deserto do Saara, do leste ao oeste, o resto da África ainda era ocupado pela primeira sociedade humana, assim como toda a América. Ainda assim, os povos da América não devem ser tachados de "caçadores-coletores". Muitas de suas comunidades haviam se tornado sociedades prósperas. Os povos da Costa Noroeste do Canadá, por exemplo, evoluíram de aproximadamente 3000 a.C. até a chegada dos europeus, no século XVIII, tornando-se uma das mais duradouras culturas da primeira sociedade no continente americano. Outro local importante era a área a norte do delta do Rio Mississippi. A inundação anual desse rio permitia que grandes cerimônias anuais ocorressem em um penhasco voltado para o rio, chamado de Poverty Point, onde um gigantesco monte artificial, aparentemente com o formato de um pássaro, foi construído. Parece que diferentes tribos ajudaram a construir esse morro trazendo argila em cestos de seus locais de origem. A leste do grande morro havia uma área para dança, com 300 metros de largura, circundada por sulcos elevados, onde eram erguidas tendas temporárias. A construção comunitária desses sítios cerimoniais tão grandes se tornou um importante aspecto do que hoje é chamado de Cultura do Mississippi, que durou até o século XVI.

No Peru, testemunhou-se uma transformação extraordinária. Agricultores ousados deixaram seus terraços nas encostas das montanhas andinas para ocupar os vales áridos ao longo da Costa do Pacífico. Seu objetivo era bastante claro. Os camponeses recém-chegados canalizaram a água dos rios para cultivar algodão e, então, poder fazer redes de pesca e usar abóboras como boias. Mas eles não eram pescadores. Os pescadores viviam no litoral e comercializavam com os camponeses recém-chegados de uma maneira benéfica para ambos os grupos. Esse

# Introdução

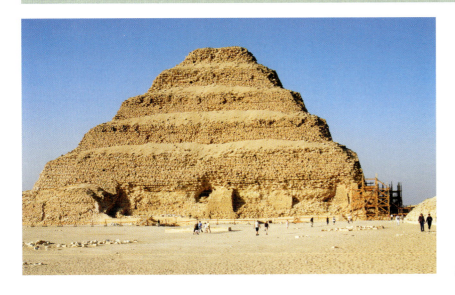

2.2  **Pirâmide de Djoser, Sacara, Egito**

era um esquema inovador e extraordinário que surgiu pela primeira vez em um local hoje chamado de Caral, a cerca de 200 quilômetros ao norte de Lima.

O Complexo Mortuário de Djoser e os templos de Malta evidenciam um modo de entender o poder criativo da arquitetura como fonte de modelos. Hoje, quando falamos de modelos na arquitetura, estamos nos referindo a maquetes físicas ou eletrônicas, que são apenas recursos práticos para o desenvolvimento de um projeto. No entanto, a história da arquitetura está repleta de estruturas que servem como modelos construídos. O Complexo Mortuário de Djoser é acessado por meio de um portal que conduz a um corredor de colunas pintadas para parecerem juncos colossais. O visitante é literalmente induzido a atravessar uma maquete em escala colossal das margens pantanosas do rio Nilo que simboliza não somente a transição entre a vida e a renovação, como também a diferença entre as escalas humana e divina. Os egípcios continuaram construindo modelos em escala monumental desse tipo: suas colunas sempre são grandes modelos de buquês de flores, ricamente pintados e (ao menos no princípio) emitindo uma fragrância divina. As obras de arquitetura como modelos são ainda mais óbvias em Malta, onde os templos são modelos de cavernas, propositalmente escuros e misteriosos. Os malteses também fizeram algumas das mais antigas representações conhecidas dos prédios na história. O propósito dessas pequenas maquetes, que não têm mais do que alguns centímetros de largura, é desconhecido, mas já se sugeriu que talvez elas servissem como lembranças oferecidas aos devotos após uma visita ao local. Uma coisa é certa: elas eram mais do que meros ornamentos; elas eram partes vivas dos templos, que, por sua vez, eram entidades vivas. Assim, um modelo era uma maneira inequívoca de estabelecer uma conexão entre seu dono e a força vital do templo. O uso da arquitetura como modelo permaneceu sendo um elemento-chave de seu propósito principal. Até mesmo as estruturas escalonadas de Caral são modelos das montanhas sagradas que foram criadas para aumentar o poder da paisagem.

2.3  **Templo Mnajdra, Malta**

# 2500 A.C.

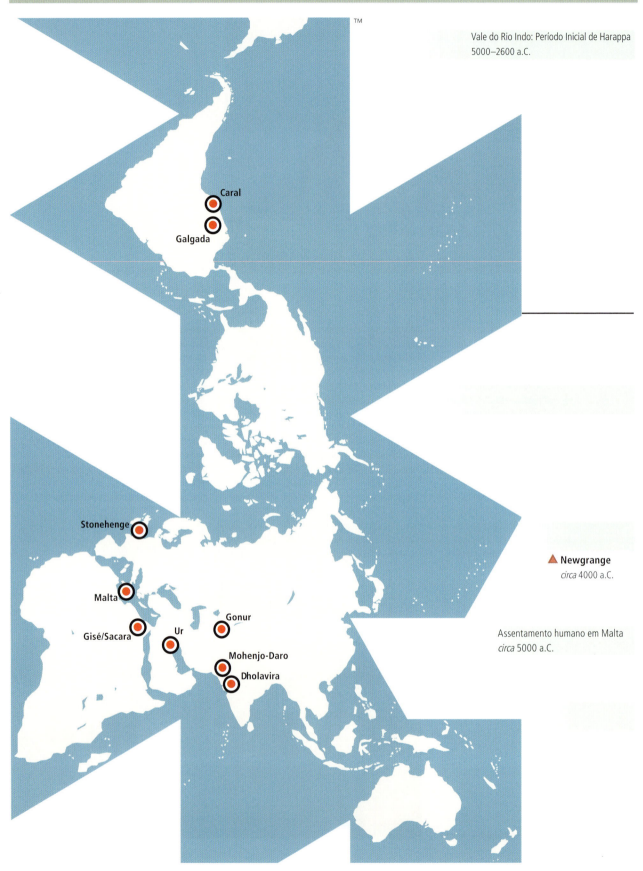

# INTRODUÇÃO

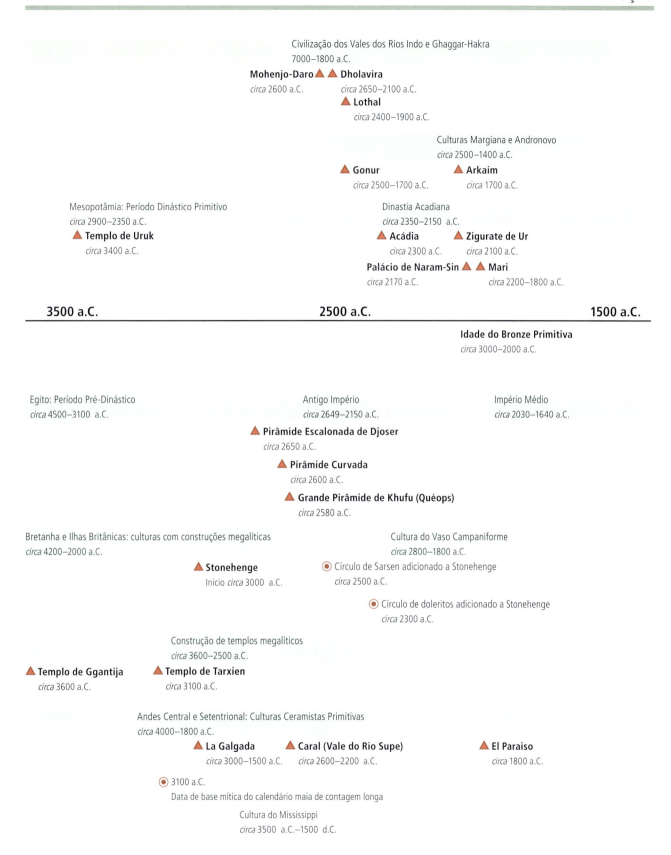

# 2500 A.C.

## A CIVILIZAÇÃO DOS VALES DOS RIOS INDO E GHAGGAR-HAKRA

A civilização do Indo/Ghaggar-Hakra passou por quatro estágios básicos de desenvolvimento:

1. A urbanização do Vale do Rio Ghaggar-Hakra, *circa* 2800 a.C.
2. A ascensão e o predomínio de quatro cidades: Harappa, Mohenjo-Daro, Rakhigarhi e Ganweriala – *circa* 2500 a.C.
3. A nova urbanização das áreas ao sul e ao leste, *circa* 2200 a.C.
4. A reurbanização do Rio Ghaggar-Hakra após o declínio, *circa* 1700 a.C.

O período ao redor de 2500 a.C. foi principalmente de expansão e prosperidade por toda a Ásia Ocidental e o Vale do Rio Indo. Sem dúvida, as cidades ao longo do Rio Ghaggar-Hakra estavam sendo ampliadas, e seus construtores se tornavam proficientes em hidrologia. Tijolos de barro cozidos eram utilizados para construir gigantescas plataformas, que serviam como bases para as cidades e para suas muralhas de defesa, além de ajudar no controle das inundações. E, o mais importante de tudo, foram desenhados sistemas de drenagem elaborados e interconectados, para o escoamento das águas pluviais. Um dreno central sob o principal portão de Harappa ainda está de pé. Todavia, o Rio Indo transbordou muitas vezes, e cada alagamento cobriu a cidade com uma espessa camada de silte (lodo). Harappa foi reconstruída no mesmo local pelo menos oito vezes. Calcula-se que sua população tenha alcançado cerca de 50 mil habitantes.

Havia também cidades especializadas, com portos, e outras construídas em torno de minas. A cidade de Dholavira precisou resolver um problema de engenharia hidráulica oposto ao de Harappa: como estava localizada numa região muito seca durante parte do ano, a questão não era afastar as águas das enchentes, mas garantir o armazenamento de água para o período de estiagem. A solução foi construir uma série de barragens e reservatórios estrategicamente situados, que, durante as cheias, retinham a água em gigantescos lagos artificiais retangulares, mas rasos, ao redor da cidade. No verão, quando faltava água, esses reservatórios eram abertos. Em Lothal, uma cidade portuária, a água passava por uma comporta e penetrava num grande tanque retangular que, alguns supõem, servia de doca seca para navios de uso marítimo.

As cidades maiores se dividiam em cidade alta, situada em terreno mais elevado, que continha grandes palácios e espaços cerimoniais, e cidade baixa, onde ficava a maior parte das moradias. A cidade alta em geral possuía sua própria muralha, que ficava dentro da muralha principal que rodeava a cidade como um todo. Em Dholavira, a muralha externa tinha mais de 9 metros de espessura. Os sepultamentos costumavam ser realizados sob montes de terra artificiais nos arredores da cidade. Embora esteja evidente que essas cidades possuíam uma hierarquia social e uma classe dirigente forte (o que é confirmado pelo fato de serem divididas em setores com casas mais amplas e outros com casas menores), não há fortes indícios de uma realeza centralizada e semelhante à do Egito, da Mesopotâmia e da China na mesma época. Do mesmo modo, não havia templos de grande tamanho.

Quanto ao sistema religioso, os selos de terracota encontrados mostram grande variedade de animais mitológicos – em particular o unicórnio. Há também a representação de uma divindade primitiva semelhante ao Shiva hindu, às vezes sentada na posição do lótus. Ela apresenta chifres de touro na cabeça e parece ser adorada por todos os tipos de animais. Também há uma enorme quantidade de esculturas dedicadas à fertilidade e à procriação.

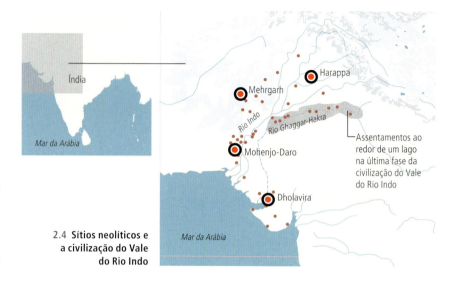

2.4 **Sítios neolíticos e a civilização do Vale do Rio Indo**

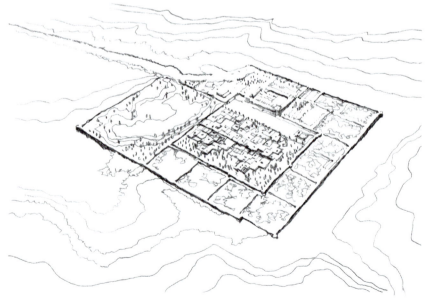

2.5 **Planta de situação de Dholavira, Blachau, Índia**

# SUL DA ÁSIA

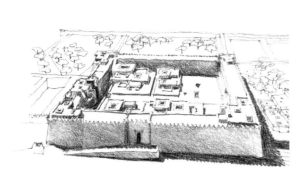

2.6 Vista reconstruída de Dholavira

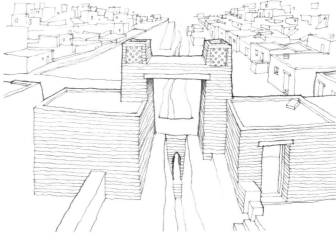

2.7 Um dos portões de entrada de Harappa, próximo a Sahiwal, Paquistão

No começo do segundo milênio antes de Cristo, o Rio Ghaggar-Hakra começou a secar. Ainda se discutem as razões desse fenômeno, mas supõe-se que um terremoto no Himalaia fez que um dos seus principais tributários mudasse de curso e passasse a desaguar no Indo, deixando de alimentar o Rio Ghaggar-Hakra. Suas águas passaram a se acumular em um lago, o que possibilitou o surgimento de uma bem-sucedida comunidade à sua volta. Em um período posterior, também o lago secou, e iniciou-se, então, a fase final desse período e o abandono de toda a região dos Rios Indo e Ghaggar-Hakra. Não se sabe ao certo para onde foi sua população, mas a maioria dos habitantes provavelmente seguiu na direção leste, se distribuindo nas planícies do Rio Ganges. Parte dela, entretanto, talvez tenha ido para oeste e se estabelecido em lugares tão longínquos quanto a Assíria, provocando um efeito cascata de rupturas que repercutiu até mesmo no Egito.

## Mohenjo-Daro

Mohenjo-Daro era a mais importante cidade do sul do Vale do Rio Indo. Esse rio, que nasce nos Altos Himalaias, com frequência está sujeito a grandes represamentos, resultantes da queda de blocos de gelo e deslizamentos de terra que, durante algum tempo, retêm a água, mas acabam cedendo, causando imensas inundações-relâmpago. Como prevenção contra esse fenômeno, as duas maiores áreas construídas de Mohenjo-Daro foram erigidas bem no alto, sobre uma plataforma de tijolo; o sistema de drenagem foi planejado para escoar rapidamente grandes volumes de água por meio de uma série de enormes galerias. (Na verdade, a área de Mohenjo-Daro propriamente dita recebe pouquíssima chuva.) Sob as ruas principais foram feitos drenos por onde a água corria para tanques de sedimentação, que podiam ser acessados e limpos.

Os bairros de Mohenjo-Daro eram voltados para o centro. Nas ruas principais viam-se paredes praticamente cegas de casas alinhadas, e mesmo as vias secundárias em geral não tinham nenhuma moradia importante com aberturas voltadas diretamente para a rua. Acessadas apenas por vielas, as casas eram configuradas em torno de pátios abertos. As maiores costumavam ter dois pavimentos, com o nível superior construído em madeira. O número de cômodos nas casas variava muito: de dois a mais de 20. Vários dos cômodos continham poços, e os recintos maiores também tinham quartos de banho e bacia sanitária.

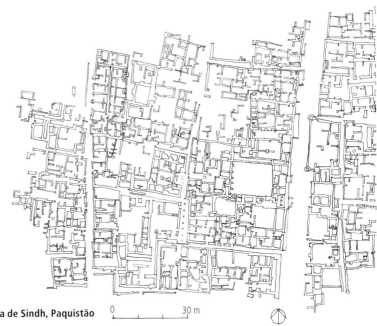

2.8 O tecido urbano de Mohenjo-Daro, Província de Sindh, Paquistão

# 2500 A.C.

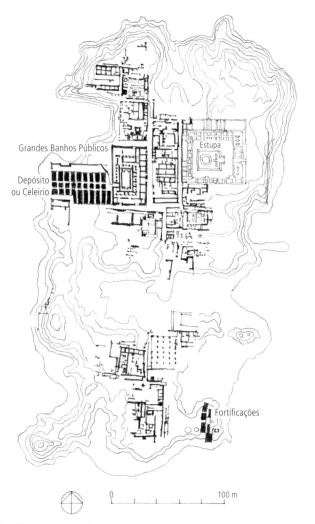

2.9 **Planta da cidade alta de Mohenjo-Daro**

Situado no cruzamento das ruas principais, que corriam nas direções Norte-Sul e Leste-Oeste, os Grandes Banhos Públicos de Mohenio-Daro provavelmente seriam o centro social e ritual da cidade. O acesso à sua piscina, de 12 por 7 metros, com 3 metros de profundidade, era possível por meio de escadas colocadas de modo simétrico ao norte e ao sul. O conjunto era circundado por um canal de água estreito, mas profundo. Uma descarga de água no canto conduzia a um dreno em mísula que finalmente desembocava na planície circundante. A piscina era delimitada por tijolos cozidos e impermeabilizada com uma camada de betume. Embora os tijolos cozidos certamente fossem feitos no local, o betume deve ter vindo da Mesopotâmia. Esse último material de construção era evidentemente muito valioso, portanto seu uso nos Grandes Banhos Públicos são outra indicação da importância do prédio. A piscina era circundada por uma colunata de tijolo, atrás da qual se encontravam cômodos de vários tamanhos, e um deles inclusive tinha um poço. A estrutura inteira era dotada de um segundo pavimento em madeira, embora o pátio central, onde ficava a piscina, provavelmente não fosse coberto. O acesso era controlado com cuidado. Havia uma única entrada pelo Sul, e próximo a ela foram encontradas urnas funerárias contendo cinzas, presumivelmente de pessoas importantes.

Apenas podemos fazer conjecturas sobre as práticas sociais que levaram à construção de um prédio como esse, mas a simples presença dos Grandes Banhos Públicos indica a importância da água e dos banhos rituais para a ideologia dos habitantes de Mohenjo-Daro, temas ainda presentes no hinduísmo atual. A oeste do complexo de banhos públicos, há um prédio com recintos sem portas e entrecruzados por estreitos canais de ventilação. Os arqueólogos inicialmente imaginaram que isso seria um celeiro, mas evidências mais recentes sugerem que talvez fosse um depósito para múltiplos usos. Além disso, sua proximidade aos banhos públicos provavelmente tinha algum motivo importante.

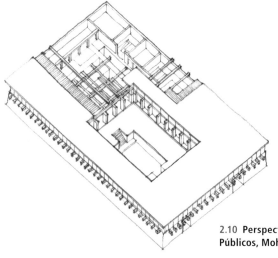

2.10 **Perspectiva axonométrica dos Grandes Banhos Públicos, Mohenjo-Daro**

# ÁSIA CENTRAL

## MARGIANA

Hoje, os sopés da Cordilheira do Turkmen-Khorasan, perto do Mar Cáspio, são uma área solitária e relativamente pouco povoada, mas, milhares de anos atrás, eram cobertos por estepes, constituindo-se em uma área perfeita para o pastoreio, junto com o cultivo da terra ao longo do rio. A região também constitui o centro de longínquas conexões de rotas comerciais que ligam a Ásia inteira a um conjunto de civilizações que cobriam do Egito à Mesopotâmia e da Índia até mesmo à China. A área é conhecida como a civilização de Margiana, mas também chamada de Complexo Arqueológico da Báctria-Margiana (CABM). A maior parte do Complexo Arqueológico da Báctria-Margiana se situa na Rússia e no Turcomenistão atuais.

Essa civilização consistia em mais de 300 assentamentos nos vales que formam os promontórios do Rio Oxus. Gonur, ao longo do Rio Murghab, parece ter sido sua capital. Ela possuía um templo ou cidadela e um palácio constituído por vários edifícios, separados por uma distância de cerca de 300 metros. O palácio tinha formato de um quadrângulo quase perfeito (media 120 por 125 metros) e era circundado por uma muralha defensiva, com torres em intervalos regulares. Fora dele havia vários altares baixos e ao ar livre, o que sugere que eram usados para os ritos do fogo. Não há sinal de estátuas de divindades. Para chegar à sala do trono, era preciso cruzar dois longos salões de audiência e virar à esquerda duas vezes. O setor residencial do palácio localizava-se no centro e tinha dois pátios a oeste. Havia também uma capela e um complexo mortuário. Curiosamente, foi identificado um conjunto de cômodos sem portas e completamente repletos de areia limpa do rio. O propósito simbólico desses espaços extraordinários ainda não foi revelado, mas talvez fizessem parte do primeiro palácio, que fora protegido por um ritual. Uma longa escadaria levava à cobertura desses recintos, indício de que tivesse algum uso para rituais. Na decoração das paredes do palácio, os arqueólogos observaram fortes semelhanças com a arte da Ásia Ocidental, da Anatólia e até a arte minoica. É evidente que se tratava de pessoas que tinham fortes vínculos com o Ocidente e a Ásia Central. Será que migraram de lá, como acreditam alguns? Ou faziam parte de um grupo maior de civilizações? O distrito do templo, em forma de paralelogramo, passou por várias fases de desenvolvimento; seu forte central pertence à última fase.

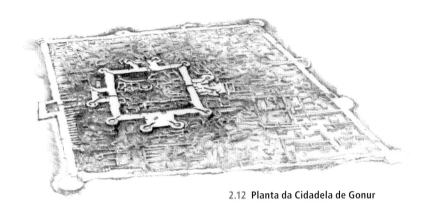

2.12 **Planta da Cidadela de Gonur**

A oeste do sítio arqueológico havia um enorme cemitério com cerca de cinco mil túmulos. Tudo indica que os corpos não eram enterrados imediatamente após a morte; antes, eram purificados pelo fogo. Essa descoberta surpreendente levou os arqueólogos a supor um vínculo com o desenvolvimento posterior do zoroastrismo, que também pregava a purificação do cadáver antes do sepultamento. O destino dessa cultura ainda é objeto de intensas discussões. Alguns estudiosos sustentam que, com o esgotamento da ecologia local, seus habitantes migraram para a Mesopotâmia e para a Índia, contribuindo para as convulsões sociais que esses locais sofreram entre 1600 e 1200 a.C.

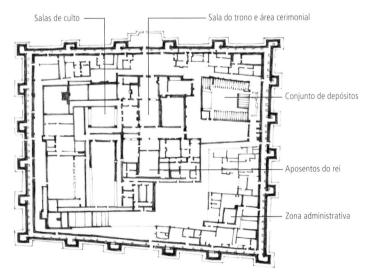

2.11 **Planta de situação: Gonur, próximo a Mary, Turcomenistão**

# 2500 A.C.

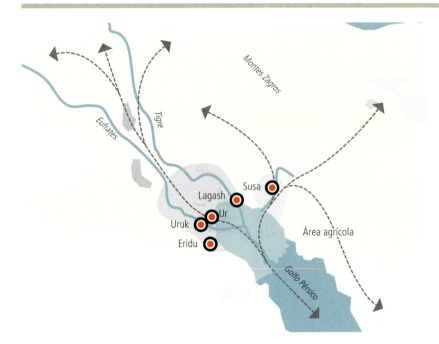

**2.13 A Baixa Mesopotâmia dos primeiros tempos**

Eridu, Ur, Uruk, Lagash e, mais a leste, Susa, à margem do Rio Karun, constituíam uma unidade econômica maior que comerciava com a Índia, ao sul; com Sialk, uma cidade produtora de metais do outro lado dos Montes Zagros; e também, evidentemente, com destinos situados ao norte. Em Lagash, os arqueólogos descobriram os vestígios de um armazém que continha não apenas suprimentos de cereais e figos, como também recipientes, armas, esculturas e numerosos outros objetos relacionados ao uso e à administração de um palácio e de um templo. Embora essas cidades pareçam pequenas, pelos padrões de hoje, na época, ao lado de Mênfis, no Egito, provavelmente seriam as maiores do mundo. A economia dos sumérios, portanto, tinha dois focos: um voltado para o norte, baseado na Mesopotâmia, e outro voltado para o sul, dedicado ao comércio com os protopersas e as cidades do Rio Indo.

## OS PRIMEIROS IMPÉRIOS DA MESOPOTÂMIA

Não se sabe quando os acadianos começaram a entrar no centro da Mesopotâmia, ou qual eram suas origens, mas, em 2300 a.C., eles já predominavam nos arredores da atual Bagdá e mais ao norte, ao longo dos rios. Sargão, um rei acadiano que governou por volta de 2334 a 2279 a.C., redefiniu o panorama político mesopotâmico. Essa foi a primeira centralização de poder com êxito de que se tem conhecimento na região. A ideia de lealdade cívica, centrada na aldeia, tão importante para os antigos sumerianos, foi substituída pelo conceito de lealdade a um único soberano, e Sargão tomou medidas que reduziram propositadamente o poder dos chefes de clã locais. Esse novo conceito de poder aparece na figura de uma cabeça que representa um governante acadiano, encontrada na cidade de Nínive. A escultura é notável por seus traços marcantes, barba artisticamente trançada e postura majestosa. A boca, de onde fluíam os pronunciamentos sobre direito e governança, é tão expressiva quanto os olhos, outrora incrustados de pedras, o que resultava numa imagem enérgica, em contraste marcante com as figuras sumérias, que tinham os olhos abertos e expressão tranquila e contemplativa. A capital de Sargão, Acádia, localizava-se às margens do Rio Eufrates, 30 quilômetros ao sul da atual Bagdá.

Por volta de 2150 a.C., a Dinastia Acadiana foi destituída pelas tribos oriundas das montanhas a nordeste, que desceram à planície e em nada contribuíram para a civilização que saquearam. A sobrevivência da Mesopotâmia passou subitamente a depender dos reinos sumerianos situados ao antigo sul, que aceitaram o desafio, repelindo os invasores das montanhas e unificando o reino sob a liderança dos reis de Ur. Esses reis, pertencentes à Terceira Dinastia (2112–2004 a.C.), aceitaram muitas das inovações que haviam sido criadas sob o reinado de Sargão. Essas cidades sumerianas não mantinham comunicação apenas com as cidades ao longo do Golfo Pérsico, como as dos elamitas, mas provavelmente também com as cidades que ficavam na região do Alto Eufrates. Os soberanos de Ur concebiam o poder real como privilégio concedido pelo paraíso e oferecido a uma cidade de cada vez, mas apenas por um período limitado. Não existia a concepção de uma entidade política única que abrangesse uma nação, no sentido atual. Os governantes eram essencialmente administradores a serviço dos deuses, que lhes ofereciam proteção e orientação. Os templos, contudo, eram os principais proprietários da terra, o que significava, para todos os fins práticos, que os sacerdotes controlavam e organizavam a mão de obra necessária à construção e manutenção dos canais e valas. Os sacerdotes eram, em suma, os administradores da economia e da infraestrutura da cidade.

**2.14 Estátua representando a cabeça de governante acádio**

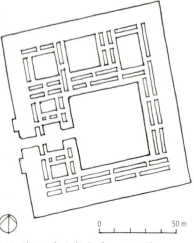

**2.15 Planta do Palácio de Naram-Sin**

# Ásia Ocidental

2.16 Grupo de estátuas do Templo de Abu, Tell Asmar, Iraque

A estrutura política caracterizava-se, desse modo, como um tipo de socialismo teocrático sob o qual todas as pessoas – do escravo ao sacerdote – trabalhavam em suas funções, sempre a serviço da cidade-estado. O principal deus era Anu. Abaixo dele havia Enlil, deus da terra ou da tempestade, e Ea, deus da água, que havíamos encontrado em Eridu. Nanna, o deus da Lua, que reinava supremo em Ur, pertencia a um grupo de deuses de nível ligeiramente inferior. Ele contava o tempo e proporcionava a fertilidade. Os principais membros do panteão atuavam como divindades protetoras de cidades, enquanto as divindades de hierarquia inferior eram associadas a centros urbanos menores. Havia mais de 3 mil outros deuses e demônios, que regiam até objetos inanimados, como picaretas e fôrmas de tijolo. A facilidade com que surgiam e desapareciam deuses e deusas menores e a mudança dos seus nomes dificultam falar em um panteão especificamente mesopotâmico. Algumas dessas divindades eram compartilhadas por várias regiões, outras pertenciam a cultos locais. Pensava-se que essa população divina se reunia regularmente em assembleia e fazia acordos que subordinavam todas as divindades às mais importantes. O templo era o domicílio do deus, e não simplesmente um lugar onde os súditos podiam entrar em contato com as potências divinas. Contudo, uma das principais funções dos sacerdotes era a interpretação dos augúrios, com forte influência sobre todas as esferas de atividades da sociedade sumeriana.

A religião mesopotâmica era carregada de superstições e comportamentos por elas regidos. A vida no além era retratada como um estado triste e lamentável, e os mortos eram considerados potencialmente hostis em relação aos vivos. Assim, realizavam-se rituais para apaziguar os mortos, mas a arquitetura funerária era incomum. O relacionamento de uma pessoa com os deuses baseava-se principalmente no cumprimento de seus deveres no aqui e agora e no princípio da vigilância constante. Para a manufatura de estátuas de culto, por exemplo, um texto que adaptamos ligeiramente diz o seguinte:

> Quando fizeres estátuas de corniso, irás ao bosque ao amanhecer. Pegarás um machado de ouro e uma serra de prata e, com um incensório, uma tocha e água benta, consagrarás a árvore... Varrerás o chão, borrifando-o com água limpa, e montarás uma mesa dobrável. Sacrificarás um carneiro e oferecerás o quarto dianteiro e o tecido gorduroso e o assado, espalharás tâmaras e farinha fina, farás um bolo de xarope e manteiga, derramarás cerveja: ajoelhar-te-ás, e ficarás de pé perante a árvore de corniso e recitarás a fórmula mágica: "Perversa é a vasta estepe". Com o machado de ouro e a serra de prata, tocarás a árvore de corniso e a cortarás com uma machadinha e a aspergirás com água; depois, removerás o material depositado, te ajoelharás e partirás a árvore em pedaços.*

*Franz A. M. Wiggermann. *Mesopotamian Protective Spirits: The Ritual Texts*. Styx, Groningen, Países Baixos, 1992, resumido das pp. 7–9.

O indivíduo, então, esculpia as estátuas como se estivessem "vestidas com suas próprias roupas, segurando na mão direita um galho de corniso carbonizado em ambas as extremidades e, com a mão esquerda, abraçando o peito".

Depois de o escultor escrever seu nome nas estátuas, pedia-se a ele que as levasse para casa a fim de realizar o ritual de purificação, colocando-as "num pedestal na postura de caminhar, para afastar os espíritos malignos". Solicitava-se então a ele que tocasse várias partes da casa, enquanto recitava fórmulas mágicas e realizava outros rituais prescritos. Colocavam-se estátuas como essas nos templos, o que criava um ambiente visual e oracular carregado, onde os olhos do suplicante buscavam estabelecer um forte vínculo entre o profano e o sagrado. Da direção oposta vinham os comandos silenciosos dos deuses, traduzidos verbalmente pelos sacerdotes. Esse convívio era praticado de maneira mais grandiosa nos zigurates.

# 2500 A.C.

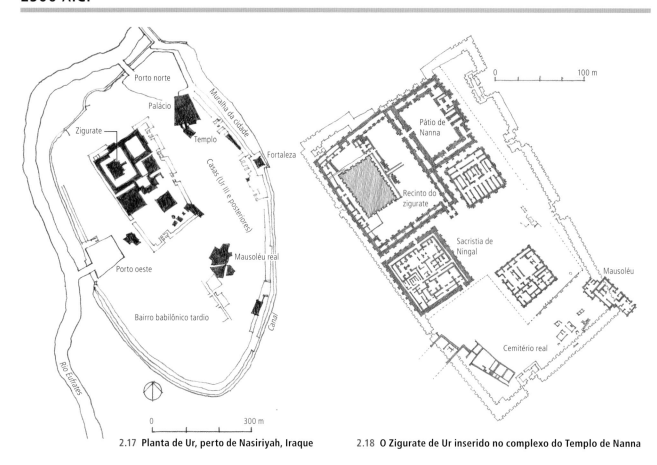

2.17 Planta de Ur, perto de Nasiriyah, Iraque

2.18 O Zigurate de Ur inserido no complexo do Templo de Nanna

## O Zigurate de Ur

O Zigurate de Ur era uma das construções mais imponentes de sua época, e seus vestígios ainda subsistem em Tall al Muqayyar, Iraque, 42 quilômetros ao sul da Babilônia. Alguns desenhos de reconstrução mostram-no como um objeto isolado na paisagem, semelhante a uma pirâmide egípcia. Contudo, na verdade, ele era cercado por amplas paredes a leste e dentro dele existia um grande santuário quadrado dedicado a Ningal, esposa divina de Nanna. Próximo dali havia um foro de justiça. Todo o conjunto era fechado por suas próprias muralhas defensivas.

O zigurate media 65 por 100 metros na base, tinha 21 metros de altura e consistia em três terraços, sendo o santuário sagrado o último. Embora a ornamentação do zigurate ainda não esteja confirmada, já se sabe que o edifício não era o volumoso amontoado de tijolos que hoje vemos na reconstrução do século XX.

Três escadas monumentais erguiam-se em sua lateral nordeste, convergindo para um vestíbulo coberto por uma marquise e situado no topo da primeira plataforma, 20 metros acima do nível solo. Daí a escada central prosseguia para o segundo e o terceiro estágios. Apesar de sua organização axial, o eixo não se prolongava até a arquitetura circundante. O acesso ao pátio não era pela frente, mas diagonalmente, a partir de um portão situado em um canto. Os tijolos muito singelos da reconstrução atual podem nos dar uma impressão equivocada da construção. Os lados eram alisados com reboco e pintados, ilustrando uma narrativa cosmológica na qual a personagem principal era Apsu, deus das águas primordiais, que havia gerado o céu e a terra. Apesar de sua importância, Apsu foi derrotado e morto por Ea, que o transformou em águas subterrâneas paradas ou estagnadas. O terraço inferior do zigurate, que representava Apsu, era pintado de branco. O terraço seguinte, provavelmente preto, representava Ea dominando as águas e flutuando sobre elas. O nível mais alto, vermelho, representava o ar aquecido pelo sol. Acredita-se que os azulejos azuis encontrados no sítio tenham vindo do templo, no alto, pois representavam o céu azul sobre a terra. O que tornava essa estrutura tão inovadora, do ponto de vista arquitetônico, é que seus elementos — as escadas, as plataformas e o próprio templo — já não apareciam dispostos como uma só massa, como em Uruk, mas incluídos em um projeto unificado e marcado pelo uso das cores. A simulação geográfica fora substituída por uma abstração arquitetônica.

O início de uma construção dessa escala era acompanhado de elaborados rituais, nos quais o rei moldava o primeiro tijolo e carregava o primeiro cesto de terra. Esse ato de consagração era celebrado enterrando-se estatuetas de cobre em forma de cavilhas nas fundações. O trabalho pesado era feito por escravos levados das

# ÁSIA OCIDENTAL

regiões conquistadas, prática comum na época. A estrutura era feita de tijolos quadrados achatados, assentados com betume. Tramas de junco embebidas em betume encaixavam-se horizontalmente em vários níveis, para proporcionar coesão e proteger contra os esforços verticais de cisalhamento. Os tijolos eram marcados com uma inscrição onde se lia: "Ur-Nammu, rei de Ur, que construiu o templo de Nanna".

Foi comprovado em Ur que os zigurates também tinham uma função de matrimônio simbólico, pois lá o zigurate estava vinculado a um curso de água a um pequeno templo situado seis quilômetros a oeste da cidade e dedicado à deusa mãe Ninkhursag. Ela era representada pela vaca, e Nanna, o deus da Lua que reinava sobre Ur, era algumas vezes representado como um touro. Uma vez ao ano, Ninkhursag, a Dama da Montanha, seja representada por estátuas, seja por uma sacerdotisa, era trazida à cidade em procissão e conduzida ao santuário do alto do zigurate para consumar seu casamento, enquanto, do lado de fora, prosseguiam os sacrifícios e os cânticos. Concepções semelhantes existiam no hinduísmo e na Grécia Antiga, com a celebração do casamento místico, o hierogamos (de *hiero*, sagrado; e *gamos*, casamento). Ninkhursag representava, portanto, a tradição mas antiga de deusas, que havia sido preservada e incorporada às mitologias mais complexas, necessárias depois da mudança para os pântanos da Mesopotâmia.

A cidade de Ur tinha formato praticamente oval, e o Rio Eufrates corria em suas laterais. Havia ancoradouros ao norte e a oeste, e o complexo do templo era configurado por eles. Assim como acontecia nas cidades da Mesopotâmia, as paredes circundantes destinavam-se tanto a impressionar quanto a proteger. De seus baluartes podiam se ver as vastas áreas de campos cultivados em todas as direções, bem como as aldeias dos trabalhadores agrícolas que nelas trabalhavam. Também eram comuns os jardins e pomares perto dos muros. Investia-se muito esforço no projeto e na instalação dos portões, ladeados por torres decoradas no topo com faixas de escudos. Ao cruzar o portão, o visitante imediatamente se deparava com uma cidade densamente construída. Entretanto, não há muitas evidências de um planejamento urbano organizado. As estradas reais foram projetadas só mais tarde.

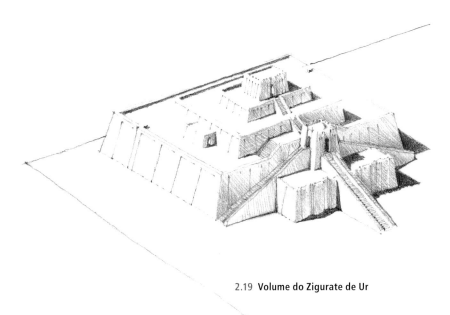

2.19 **Volume do Zigurate de Ur**

As ruas eram travessas estreitas e caminhos de 2 ou 3 metros de largura usados não apenas como espaços de circulação, mas também como lugares convenientes onde atirar o lixo, prática que seria comum mesmo na Europa Medieval. Como as janelas eram raras, as vielas estreitas formavam canais curvos, apenas pontuadas por portas e animadas por telheiros de meia água onde se vendiam mercadorias ou alimentos.

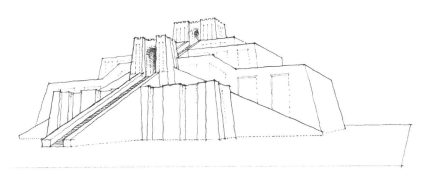

2.20 **Vista artística a partir do noroeste do Zigurate de Ur**

# 2500 A.C.

2.21 Egito, *circa* século III a.C.

2.22 Planta do complexo mortuário de Djoser, Sacara, Egito

## EGITO: O ANTIGO IMPÉRIO

Embora os egípcios de uma época posterior relatassem que sua história antiga surgiu após a unificação do Alto e do Baixo Egito, as evidências arqueológicas sugerem que a unificação foi um processo gradual, que se prolongou por vários séculos. Dessa unificação surgiu o que os próprios egípcios de períodos posteriores chamariam de Antigo Império, cuja capital era Mênfis. A nova unidade política, combinada com o rápido desenvolvimento da escrita hieroglífica e uma poderosa burocracia, foi o estágio final da transformação do Egito numa sociedade complexa, estruturada verticalmente, com população de vários milhões de agricultores e escravos. Já se calculou que, no terceiro milênio antes de Cristo, o Vale do Nilo produzia o triplo do necessário para suprir suas necessidades. Desde muito cedo, havia trabalhadores de sobra, muito além dos necessários para garantir a autossuficiência da região. Logo um enorme exército de escravos, trabalhadores braçais, técnicos, burocratas e cozinheiros passou a ser empregado exclusivamente em projetos para a realeza. E não faltava material de construção. A pedra era abundante no Alto e no Baixo Nilo: o vibrante granito vermelho de Assuã, o mármore branco de Gebel Rokham, o basalto negro de Faium — sem falar nos vários tipos de arenito macio da Núbia, transportados rio abaixo. Um gigantesco obelisco de granito vermelho, com 41 metros de comprimento, ainda é encontrado deitado de lado, em uma pedreira perto de Assuã. A pedra pode parecer um material de construção óbvio, mas a diferença entre uma rocha e uma placa de mármore polido é enorme, e os egípcios foram os primeiros a dominar a arte da cantaria.

Na Terceira Dinastia do Antigo Império já se garantira, com Djoser (2686–2613 a.C.), a estabilidade política do Egito. Nesse período, foram executados projetos de arquitetura em relação aos quais os futuros governantes mediriam suas realizações. O complexo mortuário de Djoser, situado sobre uma leve colina a oeste de Mênfis, ao norte de Saqquara, era fechado por uma muralha de 277 por 544 metros e orientado precisamente de acordo com os quatro pontos cardeais (veja a Figura 2.22). Esse grande muro, de pedra branca, atingia a imponente altura de 10,5 metros. Sua função era mais simbólica do que de defesa: destinava-se a proteger o complexo mortuário contra o "caos" do desordenado mundo exterior. Havia quinze portais: três na face norte, três na sul, quatro na leste e — curiosamente — cinco na oeste. Contudo, apenas um deles era usado como entrada. O prédio ainda é cercado de mistério. Sem dúvida, o faraó falecido ainda era considerado vivo, mas, como suas percepções eram limitadas, seu novo mundo divino podia ser simulado em partes estratégicas.

Ingressava-se no conjunto pela extremidade sul da lateral leste da muralha. O visitante cruzava um corredor com um metro de largura, passando a outro, mais estreito e delimitado por duas colunatas adossadas a contrafortes de uma parede, que se projetavam no espaço e sustentavam um pesado teto de pedra (veja as Figuras 2.24 e 2.25). Essas colunas provavelmente são as colunas monumentais de pedra mais antigas da história da arquitetura. Elas apresentam

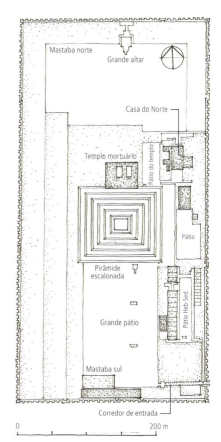

2.23 Planta do Complexo Mortuário de Djoser

38

# ÁFRICA

2.24 Corte transversal do corredor de entrada do complexo mortuário de Djoser

2.25 Corredor de entrada do complexo mortuário de Djoser

caneluras e simulam um feixe de juncos, e sua dimensão colossal impunha ao visitante a diferença de escala que separa o mundo divino do mortal.

Esse corredor de entrada sombrio conduzia ao pátio sul, em frente à pirâmide escalonada (veja a Figura 2.23). Esse era o pátio do Festival de Sed, onde se encenavam corridas cerimoniais. Nos séculos anteriores ao Antigo Império, o rei tinha de provar que era forte e capaz de governar realizando uma corrida para cada uma das províncias sob seu poder. Se fracassasse, seria sacrificado num ritual religioso. Daí deriva o nome Sed (ou "Festival da Matança"). Na época do Antigo Império, essa prática já não existia, mas continuava sendo um importante elemento dos atributos simbólicos da realeza. Djoser concebeu o complexo como uma tribuna para rememorar esse evento, que durava cinco dias e terminava com uma corrida cerimonial de encerramento. Originalmente, devia ser realizado no trigésimo ano do governo de cada rei, mas isso nem sempre ocorria. Ramsés II celebrou seu Sed em grande estilo, convidando dignitários estrangeiros.

Como Djoser não viveu o suficiente para celebrar esse ritual, o pátio foi planejado para que o evento pudesse ser realizado por ele após seu falecimento. Isso é confirmado pelo fato de que o complexo continha duas mastabas: uma na extremidade sul, junto à muralha, uma espécie de falsa mastaba, e a outra, pertencente a Djoser, ao norte. As duas edificações possuem plantas de sepultura quase idênticas, com um aposento no fundo de um poço de 28 metros de profundidade fechado por uma laje de granito que pesa 3 toneladas. Na mastaba situada ao sul, os arqueólogos encontraram uma parede decorada com pequenos azulejos azuis, cujo esmalte ainda hoje brilha, como há 4 mil anos. Neles aparece representada uma esteira de junco presa a postes de pedra que imitam madeira. O conjunto cria a ilusão de um aposento externo protegido por uma marquise. Entre as duas seções de azulejos há um grande relevo de pedra em que Djoser aparece representado "disputando" a corrida cerimonial.

A mastaba norte era coberta por uma superestrutura de pedra com quatro degraus levemente inclinados. Mal bem acabara de ser construída, decidiu-se ampliá-la novamente. Com o acréscimo de material na direção norte, ela foi transformada em uma estrutura de 60 metros de altura, com seis níveis. O primeiro Templo Mortuário, situado atrás dessa pirâmide escalonada, também foi reconstruído e ampliado. A leste havia outro pátio, ladeado por capelas em ambos os lados, uma para cada província egípcia. Atrás delas erguiam-se as fachadas de dez altos edifícios falsos, que imitavam prédios administrativos ou, mais provavelmente, celeiros. Suas superfícies eram ornamentadas com esbeltas colunas, que imitam feixes de junco. Do outro lado, veem-se colunas embutidas com fustes de ângulos suaves, sustentando capitéis em forma de sinos, que replicam o formato da flor do papiro. Assim como as colunas em forma de junco, o papiro também tinha um valor simbólico. A parte norte do complexo era dominada por um altar monumental no qual se realizavam oferendas diárias – uma representação metafórica do lugar de oferendas do céu norte. Numa pequena capela posicionada contra o lado norte da pirâmide havia uma estátua de Djoser em tamanho natural, em que ele aparece vestido com um manto de sacerdote no Festival de Sed, uma barba cerimonial e a coroa do ritual. Sentado na câmara escura, o faraó podia assistir, através de dois pequenos orifícios na parede, ao nível dos olhos da estátua, às cerimônias que se realizavam no pátio. Essa é a escultura do Ka, e o prédio não faria sentido algum sem ela, a qual corporificava o espírito ainda vivo do rei. A estátua tinha de ser assistida e receber alimentos e bebidas. Embora talvez houvesse uma escultura do Ka perto do altar, outras foram colocadas no Templo Mortuário. Se qualquer coisa acontecesse com a escultura do Ka, o espírito do morto jamais seria readmitido no além. O princípio dos ancestrais vivos é antiquíssimo e comum à maioria das culturas de toda a África e Eurásia. Aqui, contudo, é a Ka do faraó que reina supremo sobre o mundo dos ancestrais.

# 2500 A.C.

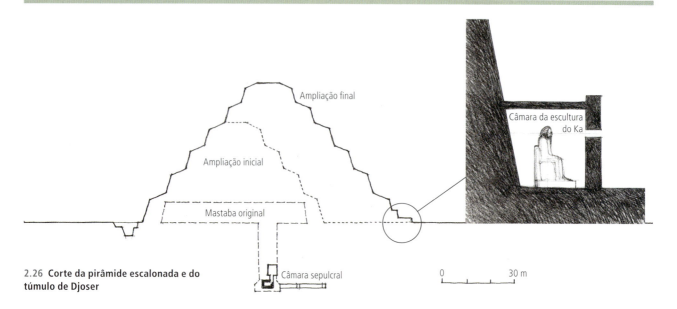

2.26 Corte da pirâmide escalonada e do túmulo de Djoser

Esse edifício representa uma mudança na ideia de morte, e as práticas religiosas a ela associadas também começaram a se transformar. As mastabas dos faraós, de pouca altura, já não eram consideradas dignas de seus governantes, que agora se igualavam aos deuses. No idioma egípcio clássico, a palavra que designava o túmulo na verdade significava "casa da eternidade" ou, a rigor, "casa para a eternidade". As pirâmides com certeza eram construídas para durar eternamente, mas agora tinham outra definição: "o lugar de onde se ascende". Isso talvez explique os degraus, que constituíam uma forma literal do hieróglifo egípcio em questão, mostrando um conjunto de degraus colossais.

Depois de Djoser, a instituição dos faraós começou a afirmar sua narrativa cosmológica com força e precisão crescentes. Um dos lugares onde isso se evidencia é num centro de culto ao deus-falcão Menthu, não longe de Medamud, cidade provinciana situada cinco quilômetros a nordeste de Karnak, em Tebas. O santuário, que data de aproximadamente 2500 a.C., consistia num recinto com a forma aproximada de um losango, com 83 metros no lado mais extenso, cercado por um alto muro com um portão a leste. O interior contém um bosque e dois morros funerários, que poderiam ser interpretados como os montes primevos que aparecem sobre as águas do caos.

Com Snefru (2613–2589 a C.), que reinou durante a Quarta Dinastia, ocorreu a rápida maturação do protótipo de Medamud. Entretanto, Snefru teve de fazer várias tentativas. Seu primeiro projeto foi a pirâmide escalonada de Meidum. A localização das duas câmaras mortuárias era inovadora. Separadas horizontalmente no complexo de templos de Djoser, aqui elas aparecem colocadas uma sobre a outra; a inferior representa o aspecto ctônico da religião egípcia. Snefru abandonou o edifício depois de quinze anos de trabalho e iniciou a construção de outro complexo de pirâmides maior, 50 quilômetros ao norte, perto de Dahshur. Originalmente planejado para alcançar a imponente altura de 150 metros, o projeto era demasiado ousado, e o terreno cedeu sob parte da construção. No esforço para salvar o edifício, os projetistas acrescentaram uma dobra ou ângulo destinado a reduzir o peso e a declividade da face, daí o seu nome atual: Pirâmide Curvada.

O fracasso obrigou Snefru a pedir a seus construtores que retomassem a pirâmide escalonada de Meidum. Acrescentaram-lhe uma camada que a transformou numa verdadeira pirâmide, mas, dessa vez, só depois de preparar cuidadosamente o terreno. (Na época da Roma Antiga, o revestimento de pedra foi retirado para fazer argamassa, assim é possível ver sua forma original.) Contudo, isso não bastou para Snefru, que construiu uma terceira pirâmide pouco mais de três quilômetros ao norte da Pirâmide Curvada. Não tão íngreme como as anteriores, é chamada de Pirâmide Vermelha, em virtude da tonalidade avermelhada de sua pedra, e aí Snefru foi realmente sepultado. A construção foi tão cuidadosa que, apesar do peso de dois milhões de toneladas de pedra sobre os tetos das câmaras, até hoje não surgiram rachaduras. As proporções harmoniosas de sua forma e a perfeição do sistema de câmaras mortuárias fizeram dela um modelo para os túmulos subsequentes.

2.27 Escultura do Ka de Djoser

# ÁFRICA

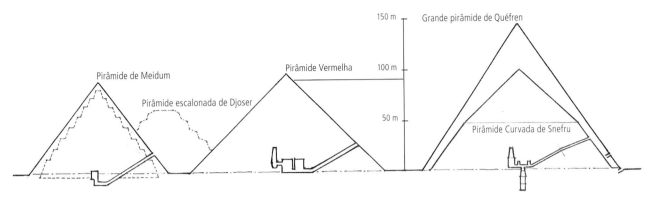

2.28 Comparação em escala das pirâmides egípcias

## As pirâmides de Gizé

As pirâmides são os únicos resquícios colossais de uma extensa arquitetura ritual que incluía templos, percursos elevados, ancoradouros, santuários e, inclusive, tumbas especiais para os barcos sagrados que carregavam o sarcófago e outros objetos. O corpo do faraó era trazido pelo Rio Nilo em um barco fúnebre até um templo no vale. Esse consistia em um arranjo intricado, mas praticamente simétrico, de galerias e pátios, em cujo centro situava-se um pátio monumental com 12 estátuas colossais em nichos, ao longo do perímetro. Atrás do pátio havia uma fileira de cinco capelas, que continham as barcas sagradas que haviam trazido o sarcófago e outros objetos Nilo abaixo, vindo de Mênfis. Depois de o corpo ter sido adequadamente preparado, o ataúde era deslizado até o templo mortuário, onde se realizavam outros ritos, inclusive preces diárias, encantamentos e oferendas. O caixão, cercado de um opulento cortejo fúnebre, era levado à pirâmide e colocado no sarcófago de pedra que havia sido construído em sua câmara mortuária. O faraó, os vasos canopos contendo suas vísceras e objetos variados de sua propriedade eram colocados na câmara mortuária e eram feitas as oferendas. Então, o cortejo fúnebre deixava a pirâmide e a entrada era lacrada. No centro cosmológico desse sistema existia a crença no deus-sol Ra, criador de todas as coisas. De acordo com a lenda, ele criou a si mesmo a partir de um monte de terra que emergiu do oceano primordial. O filho de Snefru, Quéops, identificava-se a tal ponto com o deus-sol que seus sucessores se referiam a si próprios com o novo título real: "Filho de Ra".

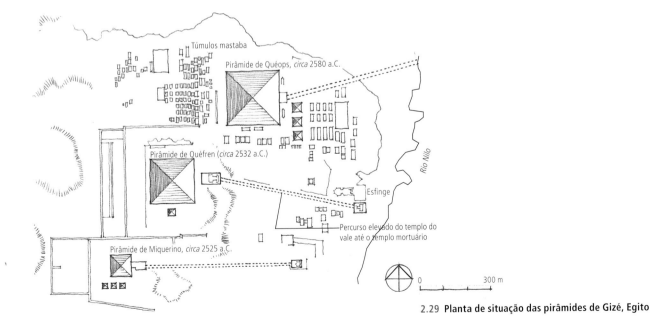

2.29 Planta de situação das pirâmides de Gizé, Egito

# 2500 A.C.

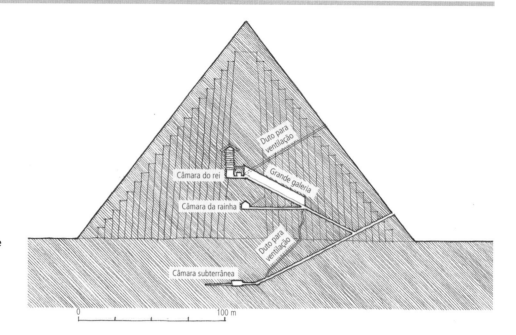

2.30 **Corte na Grande Pirâmide de Quéops (Khufu)**

Quando os engenheiros se dedicaram à construção da Grande Pirâmide de Khufu (Quéops), eles não se arriscaram e escolheram fundações de rocha sólida. Sua orientação, tão próxima do norte verdadeiro, já levantou a questão de como os antigos egípcios conseguiam tal precisão. Sobre esse alicerce de pedra foram assentados 6 milhões de toneladas de alvenaria de blocos sólidos, consistindo em 2,3 milhões de pedras individuais. O núcleo era em sua maior parte do calcário amarelo obtido nas pedreiras da região mais próxima, enquanto as pedras do revestimento eram de calcário branco, obtido nas pedreiras de Tura e Masara, nas margens orientais do Rio Nilo, nos arredores do Cairo atual. O revestimento externo de pedras foi encaixado com tal precisão que os lados pareciam uma chapa polida cintilando ao sol.

Embora os egípcios fossem matemáticos extremamente competentes, há muita controvérsia sobre os sistemas matemático e astronômico empregados no projeto das pirâmides. Além disso, as medidas externas da pirâmide não são perfeitamente conhecidas, pois a superfície externa foi sendo retirada ao longo dos anos. Entretanto, os especialistas geralmente concordam que os lados da pirâmide têm cerca de 440 cúbitos reais egípcios e sua altura teria sido de aproximadamente 280 cúbitos reais. A face de cada triângulo da pirâmide faz intersecção com o solo a um ângulo de pouco menos de 51,5 graus. Isso significa que a altura do triângulo, da superfície até o pico, é $\Phi$ (fi) (a seção ou proporção áurea, igual a 1,61803399) e que a altura vertical da pirâmide no centro é a raiz quadrada de $\Phi$. Acredita-se também que os ângulos das passagens internas, assim como a localização das várias câmaras, tenham sido definidos matematicamente. Existem ainda evidências fortes de que a disposição geral das três pirâmides não é casual, mas insere-se em um projeto geométrico unificador.

# ÁFRICA

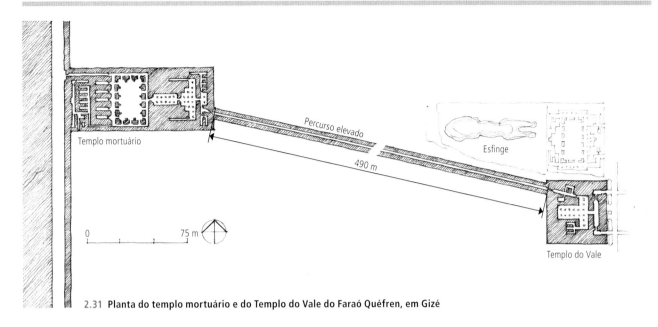

2.31 Planta do templo mortuário e do Templo do Vale do Faraó Quéfren, em Gizé

A câmara mortuária superior (para o rei), feita de granito, fica isolada no interior da pirâmide; cinco subcâmaras superiores, com vigas de granito que pesam até 40 toneladas cada uma, servem para transmitir os esforços de compressão que, sem essas vigas, seriam impostos pela massa de pedras acima. A câmara mortuária mais no alto tem uma cobertura de duas águas de blocos de calcário. Do centro das paredes do norte e do sul da câmara mortuária, estreitos corredores falsos apontam para o céu ao norte e ao sul, oferecendo à alma do falecido um percurso direto para o céu. Supõe-se que o corredor norte também permitiria simbolicamente que o vento norte, que é revigorante, soprasse para baixo até alcançar o corpo do rei. O recinto abaixo da câmara mortuária destinava-se a abrigar a escultura do Ka de Quéops. Embora a estátua tenha se perdido, relatos antigos a descrevem como a figura de um homem, em pedra verde, de pé no interior do nicho. Esse aposento recebeu dos primeiros exploradores o nome equivocado de Câmara da Rainha, mas não poderia ter servido de túmulo, por não possuir um sarcófago de pedra nem ter sido lacrado com um alçapão ou tampão de pedra. Um aspecto singular dessa pirâmide é a câmara subterrânea escavada em suas fundações de rocha maciça. Ao contrário da precisão da estrutura superior, essa câmara foi projetada para ter aparência grosseira e desordenada. Seu propósito é claramente ritual, mas ainda permanece desconhecido.

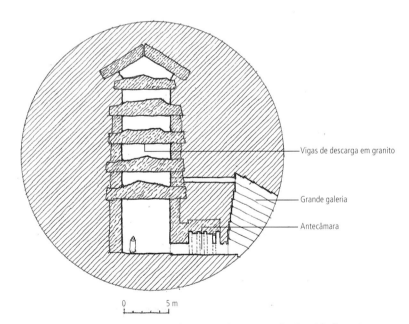

2.32 Corte da Câmara do Rei, Grande Pirâmide de Quéops

# 2500 A.C.

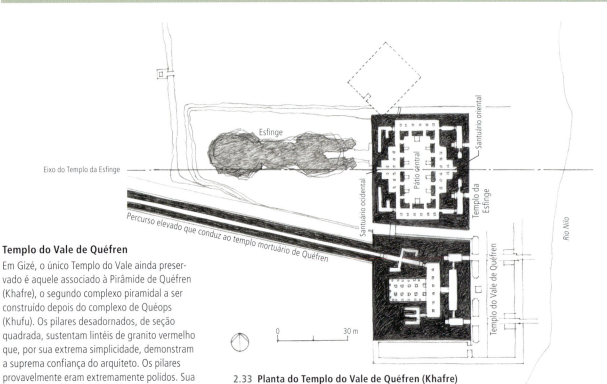

2.33 **Planta do Templo do Vale de Quéfren (Khafre)**

**Templo do Vale de Quéfren**

Em Gizé, o único Templo do Vale ainda preservado é aquele associado à Pirâmide de Quéfren (Khafre), o segundo complexo piramidal a ser construído depois do complexo de Quéops (Khufu). Os pilares desadornados, de seção quadrada, sustentam lintéis de granito vermelho que, por sua extrema simplicidade, demonstram a suprema confiança do arquiteto. Os pilares provavelmente eram extremamente polidos. Sua perfeição retilínea contrasta com as fiadas mais orgânicas das pedras gigantescas que constituem a parede. Não se sabe qual seria o significado dessa diferenciação. O piso é de alabastro. A câmara principal acomodava 23 esculturas de Quéfren (Khafre). Vista de fora, a rígida ortogonalidade do prédio não denota o complexo arranjo do interior. Na verdade, a interface entre o exterior e o interior é maciça, preenchida por enormes pedras calcárias; parece até que os interiores foram escavados na própria terra. Ao lado desse templo está a famosa Esfinge, cujo propósito e significado ainda são um mistério.

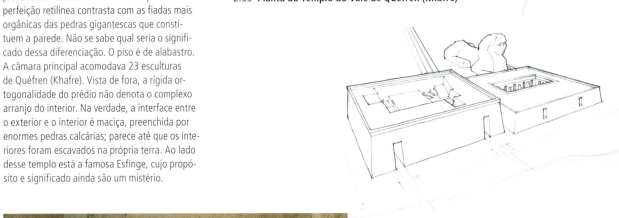

2.34 **Perspectiva do Templo do Vale de Quéfren**

2.35 **Interior do Templo do Vale de Quéfren**

44

# ÁFRICA

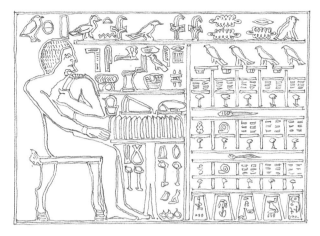

**2.36 Estela egípcia**
Uma estela de pedra mostra um personagem real fazendo uma refeição fúnebre, sentado junto a uma mesa de oferendas coberta com os pães que lhe haviam sido trazidos. No chão, a seu lado, há pequenas plataformas com vasilhas contendo incenso e unguentos, figos e vinho.

## ARQUITETURA E ALIMENTOS

Tanto para a sociedade mesopotâmica quanto para a egípcia, a comida não era sustento apenas para os homens, mas também para os deuses. As oferendas eram dispostas em frente da escultura do Ka, em seu nicho, para prover para a difícil viagem a realizar. Consistiam em carne, aves assadas, pão, frutas, legumes, cerveja e vinho, tudo obtido nos próprios jardins que pertenciam ao templo. O abate dos animais, feito longe da vista dos deuses, era supervisionado pelos sacerdotes. Sob uma perspectiva antropológica, pode-se dizer que essa equação era necessária para a coesão social e política. Na Mesopotâmia também há indícios disso: o próprio zigurate era um tipo de plataforma elevada para realizar banquetes. Um texto informa que "ao cair da noite, na cobertura do alto templo do zigurate [...] quando desponta (a estrela do) o grande Anu celeste", o banquete devia ser servido em uma mesa dourada dedicada a Anu e sua esposa Antum, bem como aos sete planetas. Davam-se instruções extremamente precisas para a alimentação e o entretenimento dos deuses. Carne de boi, de carneiro e de aves e cerveja da melhor qualidade, juntamente com vinho "servido em uma jarra de ouro", eram-lhes oferecidas.

**2.37 Estatueta de mulher levando oferendas**

Embora as oferendas de alimentos, tanto mesopotâmicas quanto egípcias, incluíssem sobretudo pães, bebidas e produtos abundantes na região, era raro os habitantes da Mesopotâmia sacrificarem animais, pois estes não eram naturalmente abundantes na planície aluvial. Entre os egípcios, eram frequentes os sacrifícios de animais, que consistiam em oferendas – em especial de gazelas, antílopes, gansos, patos e pombos – obtidas sobretudo com a caça. A carne era oferecida assada ou cozida. Acreditava-se que a perna e o coração tinham um efeito particularmente revigorante sobre o Ka. Ao contrário dos gregos, os egípcios não praticavam a matança e sangria de animais "à vista" dos deuses, mas a carne chegava a eles já totalmente cozida. Essa diferença é reveladora. Os egípcios imaginavam o Ka como um deus vivo e sensível, ou que ao menos poderia ser seduzido a voltar à vida por meio da oferenda de saborosos petiscos. Os gregos, como discutiremos depois, viam o sacrifício de modo muito diferente.

Na Mesopotâmia, alimentos eram preparados quase que ininterruptamente para as cerimônias dos templos. Há documentos que listam exaustivamente os preparativos necessários, desde a engorda dos carneiros e bois até o cuidado com tâmaras, figos, bolos de frutas, aves e legumes. Na Grécia, foi somente no período do Novo Reino dos micênicos, e, posteriormente, dos dórios, que se veria o abate múltiplo de animais de grande porte, como touros. Além disso, para os gregos, os animais sacrificados só podiam provir de rebanhos domesticados, como de gado bovino e ovino. O sacrifício continuaria a ser importante, mas sobretudo de forma simbólica, no judaísmo e no cristianismo. O hinduísmo é uma das poucas religiões modernas que ainda conservam as oferendas rituais de alimentos aos deuses, embora sejam proibidos os sacrifícios de carne.

# 2500 A.C.

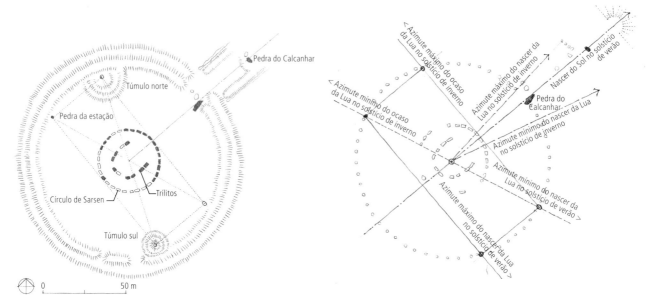

2.38  Planta de Stonehenge, *circa* 2500 a.C.

2.39  Reorientação de Stonehenge feita pelo Povo do Vaso Campaniforme

## STONEHENGE

A estrutura de Stonehenge que hoje vemos constitui, na verdade, uma combinação de suas últimas duas fases e foi construída entre 2500 e 1800 a.C., o que a torna mais ou menos contemporânea a Ur, na Mesopotâmia, e ao fim da época das pirâmides do Egito. Isso é importante porque há uma tendência a exagerar o primitivismo de Stonehenge, quando, na verdade, foi uma estrutura relativamente avançada da Idade do Bronze. Além disso, Stonehange deve ser contextualizada como a última de uma linhagem de paisagens sagradas artificiais, ou seja, construídas pelo homem, uma tradição que tinha pelo menos 2.000 anos. Newgrange foi um sítio similar que era um importante atrativo regional para cerimônias, mas é, no mínimo, mil anos anterior a Stonehenge. Como atualmente o sítio encontra-se isolado no campo, é difícil visualizá-lo como uma paisagem sagrada. No contexto imediato de Stonehenge, podiam ser vistas centenas de montes fúnebres, alguns remontando ao quarto milênio antes de Cristo.

A primeira versão de Stonehenge, que data de cerca de 3000 a.C., era similar à das estruturas circulares da época, exceto pelo fato de ter impressionantes 100 metros de largura, com dois ou três espaços deixados abertos para permitir o acesso ao centro do círculo. Foram construídos dois alinhamentos: um astronômico, com a entrada a nordeste, voltada para a direção onde nasce a Lua, no extremo norte, e o outro que indica o ponto cardeal sul da outra passagem.

Em cerca de 2500 a.C., a estrutura foi modificada pelo Povo do Vaso Campaniforme, povo assim chamado por causa dos belos recipientes que fabricavam, encontrados em suas aldeias e túmulos. Eles preencheram vários quilômetros ao redor da área com seus morros funerários circulares e fundaram uma nova cidade a nordeste de Stonehenge, hoje chamada de Durrington Walls, protegida na época por muralhas defensivas circulares cuja secção transversal media 480 metros. A riqueza desse povo é evidente em seus túmulos. Em um deles, os arqueólogos encontraram ornamentos de ouro, bem como broches de bronze da Boêmia, contas de faiança azul do Egito e contas de âmbar da Europa Central.

O centro da cosmologia da Cultura do Vaso Campaniforme era a relação entre a fundição de minério e o Sol. Por essa razão, eles precisaram redesenhar Stonehenge, transformando sua orientação de lunar em solar. Para isso, giraram o eixo, quase imperceptivelmente, 3 graus para o leste, para que coincidisse com o nascer do Sol no solstício do verão, segundo pesquisa de Gerald S. Hawkins, em colaboração com John B. White. Esse povo também sobrepôs ao círculo uma estrutura retangular, medindo 33 por 80 metros, por meio do acréscimo de quatro grandes pedras que indicavam o nascente e o poente no verão e no inverno. Embora a função exata dessas pedras seja motivo de controvérsia, sabe-se que a latitude de Stonehenge é a única na Europa onde essa combinação seria possível.

A mudança mais significativa atribuída ao Povo do Vaso Campaniforme foi o acréscimo de um anel interior de sessenta grandes pedras de dolerito. Essas pedras são escuras, densas, têm granulação média e são mais duras inclusive do que granito. A cerca de um quilômetro ao norte de Stonehenge, os membros da Cultura do Vaso Campaniforme construíram também um *cursus*, como o chamam os arqueólogos — um retângulo de três quilômetros de extensão e 100 metros de largura, ligeiramente chanfrado nas extremidades. Criado por meio da escavação de um fosso, o *cursus* tem orientação leste-oeste. Apesar de construído com simplicidade, foi desenhado com extrema precisão. Seu objetivo é desconhecido, embora haja outros *cursi* espalhados pela região, alguns anteriores à chegada da Cultura do Vaso Campaniforme. Certamente não se tratava de uma pista de corrida, como o nome poderia sugerir. Como o lado leste era associado ao nascer do Sol e o oeste, ao pôr do sol, pode-se supor que o *cursus* tivesse importante papel na expressão ritual da vida e da morte. Seria um caminho para as almas?

# EUROPA

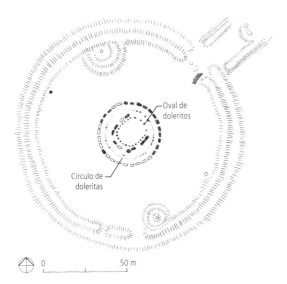

2.40 Planta: Stonehenge, *circa* 2200 a.C.

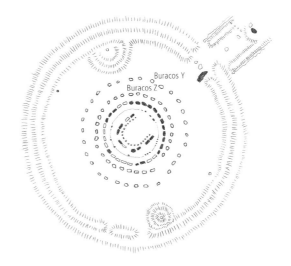

2.41 Planta: Stonehenge, *circa* 1800 a.C.

Mal o Povo do Vaso Campaniforme havia completado sua obra, por volta de 2300 a.C., e Stonehenge sofreu outra transformação, ainda mais impressionante. Os novos projetistas já não pertenciam à mesma cultura, mas integravam uma cultura comandada por grandes soberanos, cujos numerosos cemitérios foram acrescentados à paisagem em torno de Stonehenge. Sua origem é ainda mais misteriosa do que a do Povo do Vaso Campaniforme. Os novos soberanos retiraram as pedras de dolerito que o Povo do Vaso Campaniforme havia instalado e acrescentaram o hoje famoso Círculo de Sarsen, de trílitos. (Sarsen é o nome das grandes pedras do arenito regional.) Esse anel, com 33 metros de diâmetro, era composto de 30 enormes pedras, com peso médio de 26 toneladas. O transporte dos blocos de seu sítio de origem, a 30 quilômetros de distância, já seria, por si só, uma façanha. Particularmente notável foi o esforço dispensado no preparo das pedras. Movendo-se em uníssono e usando macetas de pedra movimentadas por meio de cordas, os trabalhadores golpeavam a superfície dos blocos de rocha para pulverizar as saliências, primeiro com macetas tão grandes quanto abóboras, depois, com outras de dimensões que iam diminuindo, até chegar a ferramentas do tamanho de bolas de tênis. Após terem finalmente alisado as superfícies, outras equipes entravam em cena, esfregando-as com grandes pedras chatas, para a frente e para trás, como um carpinteiro que lixa uma superfície de madeira. Terminada essa tarefa, obtinham-se colunas que mediam 4,1 metros de altura, 2,1 de largura e 1,1 de espessura. Essas peças eram coroadas por trinta lintéis de 6 a 7 toneladas, que formavam um círculo contínuo no topo.

A precisão era impressionante. Uma vez instalados, os topos dos lintéis nunca se desnivelaram mais de 10 centímetros da horizontal. Um trabalho em pedra tão esmerado não é comum em outros círculos de pedras (*henges*) ingleses, que geralmente eram obtidos na região, talvez porque se considerasse que possuíam uma presença mágica, ctônica. O Círculo de Sarsen constituía uma obra de engenharia de um tipo especial, pois era, na realidade, algo semelhante a uma carpintaria em pedra. Talvez os projetistas buscassem replicar em pedra um protótipo de madeira, ou desejassem realçar o poder estrutural de pedra, adotando nela as técnicas mais conhecidas da marcenaria.

Na última fase de transformação de Stonehenge, algumas das pedras de dolerito que haviam sido retiradas do sítio foram colocadas de volta. Parte delas foi assentada no Círculo de Sarsen, e outra, distribuída em formato de ferradura. Essa figura era rara na Inglaterra, mas não do outro lado do Canal da Mancha, na Bretanha. Isso tem levado a muita especulação, mas é quase certo que, nessa fase, o Sul da Inglaterra e a Bretanha francesa formassem uma única região cultural.

Acredita-se que, como resultado do resfriamento do clima, a cultura que construiu Stonehenge teria voltado a ser uma sociedade de vilarejos, com pouca capacidade para dar continuidade às grandes realizações arquitetônicas de seus antepassados. Nos restos nebulosos desse legado emergiu uma cultura druida que praticamente em nada contribuiu para o patrimônio arquitetônico da Inglaterra.

A maneira pela qual Stonehenge era utilizado é tema de debates há bem mais de um século, e novas teorias continuam surgindo. Já se supôs que o sítio era um relógio celestial — um relógio com apenas um ponteiro, que marcava o início do ano. Hoje, essa concepção parece por demais limitada para a compreensão do conjunto. Ele era um sítio mágico, um terreno no qual as pessoas se reuniam para entrar em contato com os ancestrais, enterrar seus mortos física e ritualmente e, ao mesmo tempo, participar de cerimônias, festejar e dançar.

# 2500 A.C.

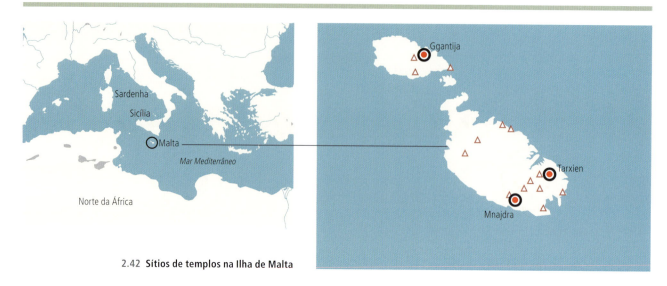

2.42 Sítios de templos na Ilha de Malta

## OS TEMPLOS MEGALÍTICOS DE MALTA

Por volta de 4000 a.C., colonizadores chegaram ao arquipélago maltês, uma série de ilhas rochosas entre a costa da Sicília e o norte da África. Ali criaram fazendas e comercializaram ferramentas, pederneiras, obsidiana e outros materiais não nativos com os moradores da Sicília e da Sardenha. Hoje, sem a tecnologia atual, a Ilha de Malta seria relativamente inóspita, pois possui poucas árvores e nenhuma fonte de água natural. No entanto, na Antiguidade, devem ter existido lá fontes naturais e um ambiente propício à agricultura, pois os malteses prosperaram durante mil anos, entre 3500 e 2500 a.C., sendo mais ou menos contemporâneos ao Antigo Império egípcio.

No Egito houvera uma rápida mudança para uma cosmologia complexa, controlada pela elite. Em Malta, a religião girava apenas em torno do antiquíssimo culto da deusa mãe. Malta não deve, contudo, ser considerada mais primitiva, e sim um lugar onde o culto da deusa não apenas sobreviveu, mas prosperou. É também improvável que Malta estivesse completamente isolada. Na verdade, o grande número de templos, que excedia muito às necessidades da população local, sugere que a ilha era uma espécie de destino religioso. As pessoas vinham à ilha para visitar seus oráculos e se comunicarem com os ancestrais. Aparentemente, as cerimônias envolviam dormir e sonhar.

Os templos encontrados apresentam características em comum. Suas paredes externas eram feitas de megálitos toscos, não trabalhados, assentados verticalmente no solo, numa disposição elíptica. Ainda é um mistério como tais pedras maciças, de muitas toneladas, foram levadas até os locais dos templos. Os arqueólogos encontraram trilhas paralelas pelas quais as pedras poderiam ter sido arrastadas, possivelmente sobre pedras redondas usadas como roletes, mas esses percursos não levam ao templo, seguindo um percurso lógico; as trilhas ziguezagueiam pela paisagem e nem sempre são paralelas.

No espaço interno dos templos, pedras locais eram cuidadosamente escolhidas, afeiçoadas e dispostas a fim de criar câmaras lobuladas, cujas superfícies algumas vezes eram rebocadas e, então, pintadas. O espaço entre as duas camadas que constituíam as paredes externas era preenchido com terra e cascalho. A seguir, pelo exterior, o conjunto era trabalhado para assumir o formato de monte, constituindo uma colina artificial com caverna. Ainda se discute como esses espaços eram cobertos. Túmulos neolíticos feitos com falsas cúpulas — construídas com o avanço gradual de cada fiada de pedras — podem ser encontrados na Espanha e em Portugal, mas, como em Malta esse tipo de cobertura de pedra está ausente, é provável que as cúpulas fossem sustentadas por vigas de madeira. Uma maquete de túmulo, feita pelos próprios construtores antigos, mostra que esses edifícios não eram projetados de maneira arbitrária, mas seguiam um protótipo claro. Esse minúsculo modelo, do tamanho de uma caixinha de fósforos, é a maquete de arquitetura mais antiga já encontrada. Seu propósito é desconhecido, mas é possível que fosse um tipo de suvenir, mostrando que seu dono realmente havia visitado o templo e participado de sua cerimônia.

A natureza dos rituais para os quais se construíram essas estruturas se perdeu na história, mas as estatuetas de deusas ctônicas de corpos volumosos que foram encontradas nos sítios arqueológicos provam a existência de um culto dedicado à fertilidade, morte e renovação. As deidades, às vezes sentadas em posição ereta, outras vezes adormecidas, não diferem dos

2.43 Deusa Adormecida encontrada no templo subterrâneo de Hal Saflieni

48

# EUROPA

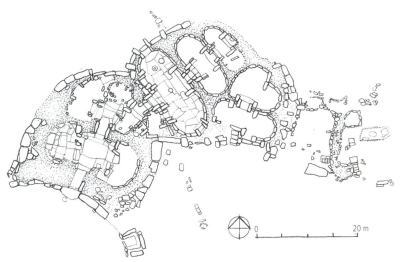
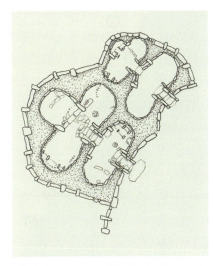

**2.44** Plantas dos complexos de templos de Malta, desenhados na mesma escala e orientação: Ggantija (acima, à esquerda) e Tarxien (acima, à direita)

próprios templos: são figuras arredondadas, de cócoras, que abrigam um mundo corpóreo, interior, bastante misterioso. Ossos de animais e estatuetas testemunham as oferendas e os sacrifícios rituais provavelmente associados ao culto. Muitos templos continham altares de pedra esculpidos ou independentes. A maioria possuía pedras para libações, com poços para oferendas de líquidos à terra. Os templos construídos em um período posterior tinham uma espécie de praça na frente e possuíam bancos de pedra, indicando que eram usados para reuniões comunais, nas quais as pessoas aguardavam por anúncios feitos pelos sacerdotes ou, talvez, por sua vez para ingressar no recinto sagrado.

O templo mais antigo e mais bem conservado de Malta é Ggantija, que pertence a um agrupamento de templos situado na Ilha de Gozo. Esse templo foi usado continuamente por centenas de anos, e sua parte mais antiga data de cerca de 3500 a.C. Era um templo duplo, com quase 30 metros de comprimento, o qual tinha piso de massa de calcário moído, que formava uma superfície dura, semelhante à do concreto. Os portais de uma câmara a outra eram imensas estruturas na forma de coluna e lintel feitas com megálitos. O exterior era simples, mas monumental. O núcleo com desenho em planta semelhante a um trevo que está a oeste foi construído primeiramente. Duas outras câmaras lobuladas foram acrescentadas depois, em cada lado da passagem de entrada. Mais tarde construiu-se um segundo templo, adjacente ao primeiro e incorporado ao monte original. Não se sabem exatamente os motivos para isso. Talvez a população local tivesse crescido e esgotado a capacidade do templo, ou uma colheita abundante houvesse levado os agricultores a reiterar seus agradecimentos à deusa terra. Sejam quais forem as razões, de geração em geração os malteses regularizaram e ampliaram o projeto, testando, refinando e reproduzindo a forma arquetípica em escalas distintas, com diferentes orientações solares e um número variável de câmaras.

O Templo de Tarxien, construído aproximadamente em 2500 a.C., é o mais complexo dos templos remanescentes. A imponente fachada côncava do templo principal compunha-se de pedras finamente assentadas, com blocos maiores na base e menores junto ao teto, que se projetavam formando uma pequena cornija. No interior foram construídos pares de câmaras simétricas, cada vez mais profundas com o passar dos séculos. Cada uma delas comunicava-se com a seguinte por meio de portais trilíticos duplos e passagens interligadas. Situado em um local próximo a Mnajdra, há um conjunto de três templos do mesmo período, elevados e voltados para um pátio oval (veja a Figura 2.46). O templo ao sul é alinhado de tal forma que quando o Sol nasce, no equinócio, seus raios iluminam o eixo principal do templo.

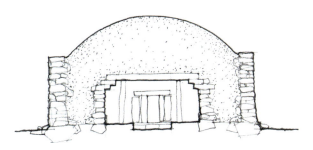

**2.45** Corte em um típico templo maltês

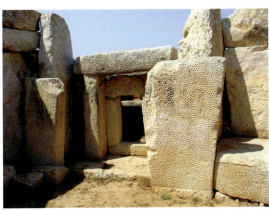

**2.46** Complexo dos Templos de Mnajdra, Malta

# 2500 A.C.

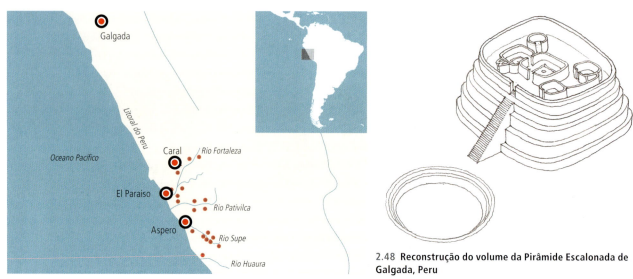

2.47 Os primeiros assentamentos peruanos

2.48 Reconstrução do volume da Pirâmide Escalonada de Galgada, Peru

## AS PRIMEIRAS CIVILIZAÇÕES DA AMÉRICA DO SUL

Durante a Era Glacial, entre 30000 e 10000 a.C., populações nômades da China e da Mongólia cruzaram as então existentes pontes terrestres formadas pelo Estreito de Bering. Fixaram-se primeiro nas grandes planícies da América do Norte e, então, mais ao sul, ao longo da costa do Oceano Pacífico. Em 10000 a.C., já haviam alcançado a extremidade inferior da América do Sul. (Sugeriu-se recentemente, também, que outra leva populacional poderia ter migrado da Europa para o oeste, acompanhando a borda da plataforma de gelo do Atlântico. Essa hipótese se baseia nas semelhanças entre as pontas de flechas das duas regiões.) Em toda a América, do Norte ao Sul, a estrutura social dos ameríndios continuou a ser a de caçadores-coletores até algum momento entre 5000 e 3400 a.C. Então, na América Central, ocorreram as primeiras tentativas de assentamentos permanentes e do cultivo de plantas como milho, abacate, pimentão, amaranto, abóbora e feijão. Por volta de 2500 a.C., surgiram aldeias com abrigos feitos de pau-a-pique (taipa de sopapo), e, em cerca de 1500 a.C., aparecem os primeiros objetos de cerâmica.

Os povos autóctones da América podem ser classificados por zonas ecológicas. As culturas mais antigas se encontravam nas vastas pradarias da América do Norte, mas não se sabe se nessa época elas já haviam desenvolvido o tepi (a tenda cônica) como sua habitação típica. Culturas prósperas já haviam se desenvolvido ao longo da Costa do Pacífico, no Canadá; nas regiões sulinas do litoral do Oceano Atlântico, na região atual dos Estados Unidos (da Geórgia à Flórida); nas grandes áreas alagadiças da parte baixa do Rio Mississippi; e, por fim; nas grandes florestas tropicais da Mesoamérica e Amazônia. Ao redor de 3500 a.C., os povos do delta do Rio Mississippi começaram a construir grandes colinas, como parte da cultura de suas cerimônias. Eles foram os primeiros a construir esse tipo de monte artificial na América. Essa atividade foi uma tentativa de criar paisagens cerimoniais que pudessem atrair pessoas de muito longe, para a realização de rituais. Ela permaneceu sendo uma tradição nas áreas meridionais da América do Norte até a chegada dos colonizadores europeus.

Por volta de 3500 a.C., importantes transformações também ocorriam nas planícies ocidentais da Amazônia, e é para lá que agora nos voltamos, pois elas possuem a chave das transformações que logo aconteceriam no Peru e, depois, na Mesoamérica. As florestas tropicais abrigavam uma variedade assombrosa de plantas e animais, o que as tornava uma importante incubadora de redes sociais humanas. As pessoas formaram tribos e desenvolveram a técnica agrícola do desmatamento seguido da queimada para cultivar com mais facilidade caju, cacau e castanha-do-Pará, além da importantíssima mandioca, que era utilizada em pães, sopas e bebidas fermentadas. Esse processo começou lentamente a partir de aproximadamente 10000 a.C., quando as florestas tropicais começaram a se expandir. Os grupos humanos foram empurrados em direção a lugares cada vez mais altos, em direção às montanhas, onde encontraram a batata, talvez por volta de 5000 a.C. Esses povos, contudo, não são considerados agrícolas, pois, pelo que se sabe, não desenvolveram a irrigação, um dos elementos associados à agricultura. Isso mudou ao redor de 3000 a.C., quando um grupo de intrépidos agricultores ocupou um vale elevado dos Andes que ainda hoje parece absurdamente árido e remoto e iniciou uma comunidade agrícola baseada na irrigação. Tirando partido do declive do vale, eles canalizaram os córregos e direcionaram sua água horizontalmente para suas hortas. O método funcionou, e, em breve, o vale arenoso havia se transformado em um paraíso de jardinagem. Essas atividades jamais foram meros "trabalhos agrícolas", e sim parte de uma paisagem sagrada. Hoje já se sabe como tal paisagem foi definida. Os arqueólogos chamam esse local La Galgada — e o assentamento não tinha nada de aleatório: era organizado ao redor de um poderoso clã familiar e de seus líderes, os pajés (ou xamãs). Além disso, para enfatizar a autoridade da linhagem do clã, com o passar

# AMÉRICA DO SUL

2.49  Ruínas atuais de Galgada

2.50  Praça circular rebaixada, Caral, Peru

do tempo os anciões desenvolveram uma forma arquitetônica única, o monte dos ancestrais. Os líderes de um clã, que provavelmente eram os próprios pajés, reuniam-se em um abrigo similar a um banho turco, uma câmara com cobertura plana que podia acomodar cerca de 15 indivíduos. A ideia dessas saunas úmidas, um fenômeno quase universal, foi desenvolvida na Sibéria e trazida até a América por seus primeiros imigrantes. Em Galgada, quando o líder ou cacique falecia, era submetido a um ritual de mumificação na posição fetal e enterrado nessa casa comunitária, que, então, era enterrada e servia de base para a construção de um novo abrigo. Com o passar dos séculos, o morro ficou cada vez mais alto, assumindo o formato de um monte escalonado. Sua superfície era rebocada e provavelmente pintada de vermelho.

Embora a história da agricultura seja frequentemente contada como sendo uma história do Peru, na realidade ela é a história dos amazonenses, que, com seus milhares de anos de experiência, deram o passo em direção àquilo que chamamos de agricultura ao se deslocarem para as montanhas e, com o desenvolvimento da irrigação, passaram a dominar o cultivo da terra.

## Caral

A experiência de Galgada foi tão bem-sucedida que logo outros grupos estavam se empenhando para transformar montanha em campos agrícolas. O grupo mais ambicioso abraçou o que poderíamos chamar de uma "missão quase impossível": transformar o deserto inabitável do litoral do Peru em uma planície fértil. Essa faixa litorânea já sustentava comunidades de pescadores há milhares de anos. Esse era um dos melhores locais de pesca do mundo, mas suas comunidades de pescadores eram isoladas e somente podiam comercializar com o norte e o sul. Então, os moradores do planalto chegaram à planície aluvial do Rio Supe e, em poucas décadas, tornaram a área um dos primeiros grandes centros agrícolas do Peru. Essa área, conhecida como Caral, começou a ser ocupada por volta de 2600 a.C. Os agricultores trouxeram consigo duas plantas em particular, pois eles sabiam que os pescadores precisavam delas: o algodão e a abóbora. O algodão era necessário para a confecção das redes de pesca; a abóbora, para fazer boias. Em suma, os agricultores forneceram equipamentos avançados para os pescadores, que, por sua vez, retribuíram com peixes. Esse era um arranjo brilhante, mas exigia um regime rigoroso por parte dos trabalhadores agrícolas do Vale do Rio Supe. No centro de sua comunidade estava a aristocracia dos xamãs, que governava com uma mistura de direito hereditário e divino a partir de uma gigantesca praça central. Essa praça, de aproximadamente 500 por 175 metros, era configurada por um extenso conjunto de edifícios que inclui seis grandes montes que formam plataformas, uma série de montes menores e duas grandes praças circulares rebaixadas – tudo em uma ribanceira voltada para o rio e seus campos agrícolas. Essas construções eram pintadas com cores vivas, o que as destacavam contra os verdejantes campos abaixo e o cinza amarelado das áridas montanhas acima. O centro ritual provavelmente era controlado por uma classe especial de sacerdotes, que certamente realizava eventos todos os dias. Acredita-se que alguns eventos envolviam a comunidade como um todo, em festivais com danças, música e banquetes que duravam vários dias. Os arqueólogos encontraram flautas feitas com penas de condor e ossos de pelicano, bem como cornetas de ossos de lhama ou veado. O sítio tinha conjuntos de moradias formalmente distribuídas, para a elite. O resto dos habitantes – isto é, os agricultores – vivia em um grupo de vijarejos com casas de cobertura de palha, perto dos campos que se distribuíam por todo o vale.

# 2500 A.C.

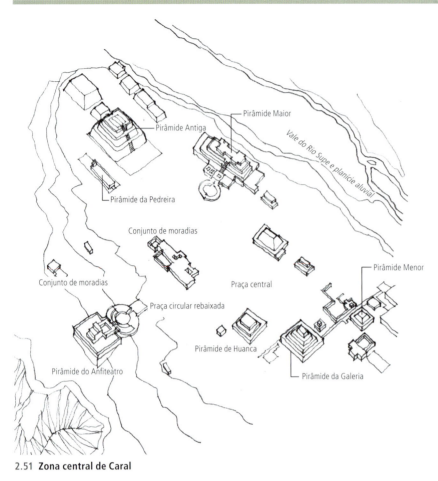

2.51 **Zona central de Caral**

A Pirâmide Maior, o monte-plataforma mais alto de Caral (medindo 160 por 150 metros e 18 de altura), está empoleirada na extremidade norte do sítio, exatamente na borda do terraço voltado para o vale. Ela foi construída em duas etapas principais. Primeiro, foi erigido o monte artificial, enchendo-se sacos tramados de junco com pedras cortadas (como se fossem gabiões). Depois, a superfície externa do monte foi coberta com múltiplas camadas de reboco colorido. Cinco outros montes-plataforma com formato de pirâmide unem-se a ela, formando uma praça em formato de C e orientada para o sul. Logo após a sua entrada, no centro de uma plataforma baixa, encontra-se uma praça circular rebaixada, com 50 metros de diâmetro

Enquanto a praça principal, configurada por plataformas bem acima do nível natural do vale, transmite a impressão de um vasto espaço cercado que lembra um platô elevado junto a um vale, a praça circular rebaixada, que se assemelha às *kivas* posteriores da América do Norte, reproduz esse espaço em menor escala, correspondendo, talvez, aos elementos inferiores da vida terrena. Embora as estruturas cerimoniais das antigas civilizações andinas tenham forma semelhante à de uma pirâmide e sejam em geral chamadas de pirâmides, uma denominação mais adequada seria montes-plataforma. Isso porque não foram conceitualmente planejadas como pirâmides, com um volume interno, mas como uma série de plataformas de solo. (A palavra *pirâmide* deriva de um termo grego usado para descrever as construções egípcias.) Não se conhece o nome que os ameríndios atribuíam às suas construções. Ainda assim, usaremos a palavra "pirâmide" para os casos em que a convenção já a tenha consagrado como parte de seu nome.

2.52 **Caral e seu contexto**

# 1500 A.C.

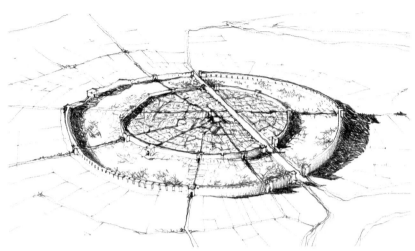

3.1 **Reconstrução da cidade de Mari, Síria**

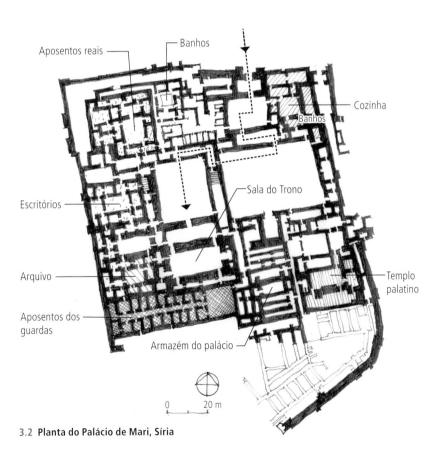

3.2 **Planta do Palácio de Mari, Síria**

## INTRODUÇÃO

Como hoje seria diferente nosso mundo se não existissem o camelo e o cavalo! O impacto do camelo foi percebido primeiro. Tradicionalmente, todos os grandes centros econômicos haviam se baseado em barcos e carroças tracionadas por bois como o principal meio de transporte. Com os camelos, os comerciantes agora podiam cruzar os desertos e as montanhas que cobrem milhares de quilômetros de leste a oeste e dividem a Ásia em Norte e Sul. Em meados do segundo milênio antes de Cristo, caravanas com até 600 animais já percorriam regularmente as rotas de comércio que cruzavam as planícies dos desertos. O primeiro lugar a aproveitar esse comércio foi uma cidade chamada Mari. Localizada na área que hoje é a Síria, na margem oeste do Rio Eufrates, ela prosperou como centro comercial e cidade-estado de 2900 a.C. a 1759 a.C. Ela estava na metade do percurso entre o Golfo Pérsico e as extremidades montanhosas do Rio Eufrates. Em outras palavras, foi projetada como um atalho até o Mar Mediterrâneo e, portanto, estava em um ponto perfeito para receber e distribuir mercadorias. Ainda assim, essa não era uma cidade convencional, no sentido dos antigos assentamentos mesopotâmicos. Na verdade, ela não produzia nada: era um entreposto comercial, um núcleo de transbordo do terceiro milênio antes da Era Cristã. Também faz sentido que ela fosse um círculo perfeito.

Acredita-se que o palácio de Mari tenha sido construído pelo Rei Zimri-Lim (reinado entre 1779–1757 a.C.). O palácio tinha, mais ou menos em seu centro, uma enorme sala do trono, na qual havia uma estátua de uma virgem segurando uma jarra d'água da qual realmente jorrava água. Seu objetivo era impressionar o visitante, mostrando-lhe que aqui, no meio do deserto, a água podia ser jogada fora. Atrás da sala do trono, protegida por um conjunto de aposentos para a guarda, havia áreas de armazenamento especiais, onde o rei mantinha seus bens mais preciosos. Perto dela estava a área destinada aos burocratas, que registravam o que entrava e saía da cidade. Compare Eridu com Mari: a primeira era um centro para rituais projetado para a produção de excedentes agrícolas e que dependia de uma economia de permutas feita principalmente pela via naval (em canais e portos marítimos) e por carroças de bois; a segunda dependia da circulação rápida de mercadorias. Mais de 25.000 tabuletas dos arquivos de Mari chegaram até nós, incluindo relatórios econômicos e textos jurídicos. Os registros descrevem uma abundância inacreditável de materiais e alimentos cruzando pela cidade, desde especiarias valiosas, como coentro, cominho, açafrão e cravo; e até mesmo gelo, um item de luxo importado das distantes montanhas. Os registros também mostram que as coisas nem sempre eram perfeitas. Há cartas que descrevem as dificuldades de se deslocar uma carga com cerca de 360.000 litros de cevada. Outro registro relata como uma quantidade de farinha que havia sido embarcada para alimentar um exército fora destruída por formigas.

# 1500 A.C.

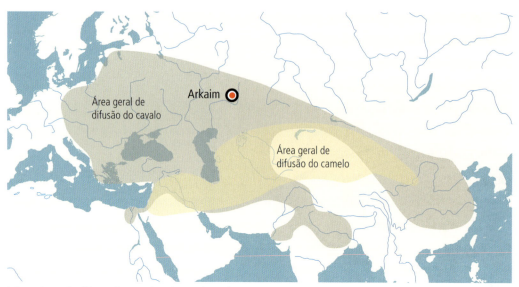

3.3 As áreas de difusão do camelo e do cavalo na Ásia e no Leste Europeu por volta de 1300 a.C.

3.4 Estátua de uma deusa da água encontrada no Palácio de Mari

Nesse período histórico, o camelo ainda era um fenômeno praticamente restrito à Mesopotâmia, mas seu uso se difundiu para o leste até chegar à China, quando seu impacto começou a ser percebido ao redor de 800 a.C., durante a dinastia Zou. A nova rede transcontinental se tornaria a máquina econômica da Eurásia até a chegada do colonialismo no século XVI.

No segundo milênio antes da Era Cristã, outro quadrúpede entrou em cena: o cavalo. Domesticado por volta de 3000 a.C. nas vastas estepes eurasianas, o cavalo desempenhou um papel muito dinâmico na história até muito perto de nossos dias. E isso não é somente porque ele é um animal rápido; ele também conferia uma vantagem militar significativa, uma vez que os cavaleiros armados com arcos e flechas agora dominavam de modo incontestável. De fato, em meados do segundo milênio antes de Cristo, a Ásia Central – da sociedade do Complexo Arqueológico da Báctria-Margiana (CABM), no atual Turcomenistão, até a região de Ghaggar-Hakra, ao sul, no Vale do Rio Indo – entrou em um período de tumultos e declínio. Um desastre ecológico – a seca do Rio Ghaggar-Hakra – certamente contribuiu para o surgimento de um vácuo político. Igualmente importante à instabilidade desse período foi a chegada de grandes grupos de pessoas que se denominavam árias, ou arianos (como hoje são conhecidos), vindo para norte da Índia. Como suas edificações eram de madeira, e não de tijolo, poucas evidências tangíveis desse período de instabilidade e turbulência chegaram até nós. Os recém-chegados trouxeram consigo não apenas cavalos, mas também uma tradição oral de mitologias e lendas sagradas. Por volta de 1500 a.C., esses textos já estavam reunidos e escritos. Esses são os primórdios do chamado Período Védico, que recebeu esse nome em razão dos Vedas, palavra indo-europeia sânscrita que significa "conhecimento".

A Ásia Ocidental também passava por uma fase de transformação e instabilidade. A Assíria, a Babilônia e outras cidades mesopotâmicas foram arrasadas por invasores de procedência desconhecida, os mitanis e os cassitas, oriundos do norte ou do leste. Situação semelhante envolveu o chamado Povo do Mar, que conquistou o delta do Nilo (*circa* 1300–1200 a.C.) e com os quais os egípcios aprenderam a construir bigas (carros de guerra) e a aperfeiçoar seus arcos. Entre os recém-chegados na Ásia Ocidental também estavam os hititas, que se estabeleceram na Anatólia por volta de 1600 a.C. Na região Centro-Norte, eles fundaram Hattusas, uma capital com numerosos templos. Importaram escribas da Síria para registrar seus anais em escrita cuneiforme, criando volumosos arquivos estatais. Os hititas e os egípcios tornaram-se as principais potências terrestres da Ásia Ocidental.

# Introdução

3.5 Uma caravana de camelos na Mongólia

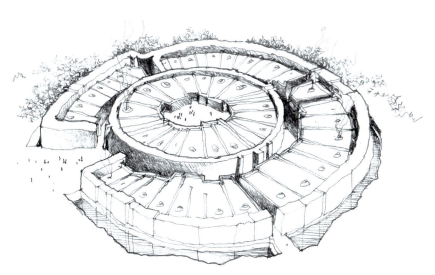

3.6 Reconstrução da cidade de Arkaim, Rússia

O período entre 1206 e 1150 a.C. foi turbulento, pois testemunhou o colapso cultural dos reinos micênicos, do Império Hitita na Anatólia e na Síria e do Novo Império no Egito. Quase todas as cidades existentes entre Pylos e Gaza foram violentamente destruídas, e muitas foram abandonadas a partir de então. A capital hitita foi incendiada e abandonada por volta de 1200 a.C., e jamais reocupada.

Há uma explicação possível para os problemas que assolaram os reinos de meados do segundo milênio antes de Cristo: o desenvolvimento de uma tecnologia de apoio ao cavalo, a biga. As mais antigas bigas totalmente desenvolvidas de que se tem conhecimento vêm de túmulos da cultura Andronovo, no atual Cazaquistão, por volta de 2000 a.C. Esse povo se dedicou à metalurgia do bronze em uma escala industrial e realizava complexos rituais funerários, que incluíam o enterro de bigas e cavalos. No passado, haviam sido principalmente pastores, mas, com o aquecimento global e o avanço das estepes, voltaram-se cada vez mais para a criação de cavalos. É fácil pressupor, portanto, que as bigas eram extremamente valorizadas e um elemento-chave de novas mitologias relacionadas ao mundo espiritual. Com o passar dos anos, esses assentamentos ficaram maiores e se desenvolveram em uma série de pequenas cidades, algumas circulares, outras quadradas. Arkaim (*circa* 1700 a.C.), por exemplo, era protegida por duas muralhas circulares concêntricas, a maior com 160 metros de diâmetro e 4 metros de espessura. Elas foram construídas com taipa pilão (terra socada em fôrmas de madeira) e revestidas de tijolos de adobe. Essa cidade fortificada tinha quatro portões, sendo o mais largo na orientação sudoeste e os outros três orientados para os pontos cardeais. A comunidade consistia em 35 casas construídas lado a lado, sem recuos laterais, com fundos para a muralha externa e entrada pela rua principal do conjunto. (Veja a Figura 3.6.) São antagônicas as interpretações sobre a função desse lugar, mas a maioria dos arqueólogos acredita que se tratava de um centro administrativo ou cerimonial com alguns habitantes permanentes – talvez sacerdotes – e uma população oscilante que ali se reunia para ocasiões especiais.

# 1500 A.C.

3.7 Ramsés em sua biga, baixo-relevo em Abu Simbel, perto de Philae, Egito, *circa* 1260 a.C.

3.8 Uma vala funerária Zou, com biga ocidental escavada em Zhangjiapo, Condado de Chang'an, China

As bigas se difundiram rapidamente, mas os que mais as aproveitaram foram os povos das estepes. Elas também foram levadas para o Egito pelo chamado Povo do Mar, que facilmente derrotou o lendário exército egípcio. Foi somente quando os egípcios desenvolveram uma versão mais moderna da biga sob o reino de Ramsés II que estes conseguiram virar o jogo. Ramsés ordenou que o retratassem em um baixo-relevo de seu templo de Abu Simbel orgulhosamente conduzindo uma biga na batalha contra os hititas (veja a Figura 3.7). Mais ou menos na mesma época, a biga e tudo aquilo que ela implicava em termos de prestígio e poder chegou à China de Zou, que derrotou e substituiu a dinastia Shang. Os Zou eram originários de uma província oeste, portanto já tinham a biga. Vários de seus sítios funerários com bigas foram encontrados, como o de Hougang, na província de Henan (*circa* 1200 a.C.) (veja a Figura 3.8). Como uma classe de guerreiros, os Zou desenvolveram um sistema social que geralmente é conhecido como feudalismo, no qual os nobres governavam os agricultores, enquanto os mercadores eram um grupo fora da pirâmide social e mal eram considerados pessoas. Aqui encontramos algumas semelhanças inegáveis com a cultura védica, baseada nas bigas, que já estava começando a se desenvolver na Índia mais ou menos no mesmo período.

A biga era um símbolo de prestígio: a "limousine" de então. Tanto na mitologia hindu como na pérsica, a maioria dos deuses é retratada conduzindo-a. Bigas gigantescas, com três pavimentos, ainda hoje são arrastadas pelas ruas de Puri, Índia, na celebração anual de Jagannath, o "Lorde do Universo", uma deidade adorada pelos hindus principalmente do nordeste da Índia.

3.9 Uma biga ou carruagem de quatro rodas no Templo Vitthala, Vijayanagar, Índia, *circa* 1500 a.C.

# INTRODUÇÃO

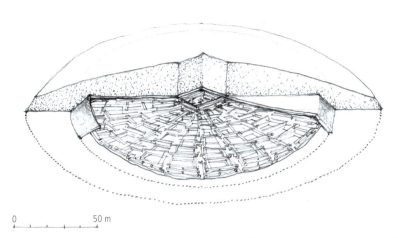

3.10 **Subestrutura de madeira com túmulos para o chefe, sua esposa e seus cavalos, Arzhan, Rússia**

Na Grécia, as primeiras representações de cavaleiros na arte micênica datam de cerca de 1300 a.C., o que faz sentido em termos de sua difusão a partir da Ásia Central. Porém, os dórios, que invadiram a Grécia por volta de 1200 a.C. vindo das estepes, trouxeram consigo uma cultura de cavalos e bigas ainda mais elaborada. O deus Apolo conduzia sua biga através do céu todos os dias, trazendo o Sol consigo. Com o passar do tempo, o povo das estepes que permaneceu na Ásia e no Leste Europeu formou um grupo conhecido como os citas e passou a prosperar como comerciantes e metalúrgicos. Na estepe aberta, eles construíram morros funerários conhecidos como *gargals*, *cairns* ou *kurgans*. Milhares dessas construções foram feitas entre a Europa e o norte da China, remontando ao terceiro milênio antes de Cristo. A maioria encontra-se perto de um rio, como é o caso do *kurgan* de Maikop, junto ao Rio Belaya, relativamente próximo ao Mar Negro (*circa* 2500 a.C.); o *Kurgan* 4, perto do Rio Volga, em Kutuluk, próximo a Samara, Rússia (*circa* 2400 a.C.); e o *kurgan* de Novovelichkovskaya (*circa* 2000 a.C.) às margens do Rio Ponura. O *kurgan* mais espetacular, conhecido como Arzhan (*circa* 650 a.C.), situa-se em um amplo vale da República de Tuva, Rússia, a cerca de 60 quilômetros a noroeste de Kyzyl. Trata-se de uma estrutura de pedra, com 4 metros de altura e 120 metros de diâmetro. As pedras cobrem uma construção rasa de paredes de madeira, distribuídas de modo radial e contendo os sepulcros de diversas pessoas e seus cavalos, sendo que inclusive esses eram ornamentados de modo espetacular com joias de ouro. A estrutura de pedra central, em formato de disco, era circundada por outros discos menores, cada um provavelmente construído por um clã em homenagem a seu líder. É muito provável que enormes encontros ocorressem ali para prestar tributo a líderes de clãs, fazer negócios, socializar e festejar.

Apesar das rupturas de então, o comércio continuou a prosperar, especialmente ao longo da costa do Mar Mediterrâneo. Documentos descobertos em Ugarit mencionam um largo espectro de mercadorias – trigo, azeitonas, cevada, tâmaras, mel, vinho, cominho, além de cobre, estanho, bronze, chumbo e ferro – trazidas de locais tão longínquos quanto o atual Afeganistão e o centro da África. Embora fosse uma cidade comercial, Ugarit parece ter se especializado na coleta de conchas dos moluscos marítimos do gênero Murex, usadas para a fabricação de um pigmento púrpura muito procurado. A madeira das florestas do Levante era outro importante produto de exportação para Ugarit.

Enquanto isso, nos Andes, a transformação experimental do árido e infértil Vale de Caral em um paraíso para a agricultura estava sendo copiado nos vales a Norte e Sul, inclusive no Vale do Rio Supe, a Norte. Nos centros rituais então construídos havia enormes complexos em forma de U, cujos elementos continuariam fazendo parte da linguagem arquitetônica peruana durante milênios. Ao contrário de Poverty Point, que resultou de um esforço comunitário, esses centros peruanos foram construídos para poderosas elites, que governavam como deuses acima de uma população de agricultores servis. Seu sucesso dependia dos excessos de produção de vegetais como algodão, batata e abóbora.

3.11 **Hélio, o Deus Sol**

# 1500 A.C.

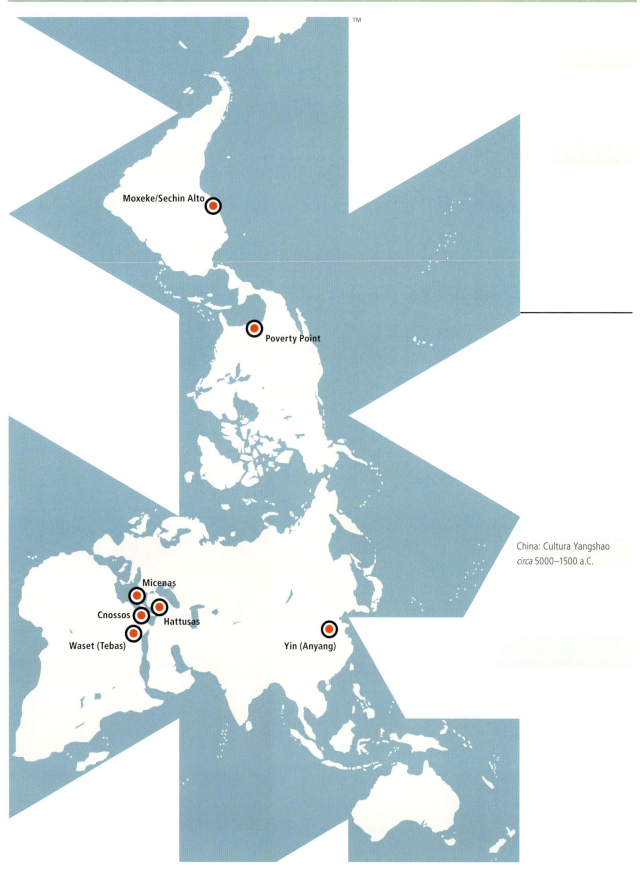

China: Cultura Yangshao
*circa* 5000–1500 a.C.

58

# Introdução

Cultura Minoica
*circa* 3000–1200 a.C.

▲ **Palácio de Cnossos**
*circa* 1600 a.C.

Grécia: Período Geométrico
*circa* 900–700 a.C.

Egito: Antigo Império
*circa* 2649–2150 a.C.

Império Médio
*circa* 2030–1640 a.C.

Novo Império
*circa* 1550–1070 a.C.

Terceiro Período Intermediário
*circa* 1070–712 a.C.

▲ **Grande Pirâmide de Khufu (Quéops)**
*circa* 2590 a.C.

▲ **Complexo de Templos de Karnak**
Início *circa* 1550 a.C.

▲ **Vale dos Reis**
*circa* 1500–1100 a.C.

▲ **Templo Mortuário da Rainha Hatshepsut**
*circa* 1470 a.C.

▲ **Templo de Luxor**
*circa* 1350 a.C.

▲ **Abu Simbel**
*circa* 1264–1244 a.C.

| **2500 a.C.** | **1500 a.C.** | **500 a.C.** |
|---|---|---|

**Idade do Bronze Primitiva**
*circa* 3000–2000 a.C.

**Média Idade do Bronze**
*circa* 2000–1600 a.C.

**Baixa Idade do Bronze**
*circa* 1600–1200 a.C.

**Idade do Ferro**
*circa* 1200-580 a.C.

Império Hitita
*circa* 1600–1180 a.C.

▲ **Hattusas**
*circa* 1600 a.C.

Citas
*circa* 900 a.C.–400 d.C.

Cultura Micênica
*circa* 1600–1100 a.C.

▲ **Tesouro de Atreu**
*circa* 1250 a.C.

▲ **Babilônia**
*circa* 1800 a.C.

▲ **Palácio de Micenas**
*circa* 1300 a.C.

China: Dinastia Xia
*circa* 2070–1600 a.C.

China: Dinastia Shang
*circa* 1600–1050 a.C.

China: Dinastia Zou
*circa* 1046–771 a.C.

▲ **Zhengzhou**
*circa* 1700–1400 a.C.

▲ **Túmulos Shang em Anyang**
*circa* 1400–1100 a.C.

Sudeste da América do Norte: Período Arcaico
*circa* 8000–2000 a.C.

Sudeste da América do Norte: Período Formativo
*circa* 1000 a.C.–500 d.C.

▲ **Poverty Point**
*circa* 1800–700 a.C.

Cultura Casma/Sechin
*circa* 3600–200 a.C.

▲ **Sechin Alto**
*circa* 2000–1500 a.C.

▲ **Moxeke**
*circa* 1800–900 a.C.

# 1500 A.C.

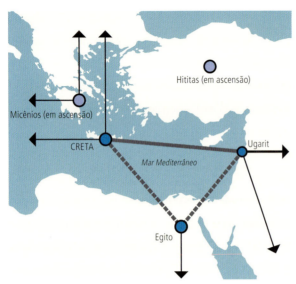

3.12 Rotas de comércio, *circa* 1600 a.C.

3.13 Sítios minoicos em Creta

## OS MINOICOS E CNOSSOS

O tumulto no interior da Mesopotâmia beneficiou as economias do leste do Mediterrâneo, que cresceram em importância. Entre os principais beneficiários estavam os minoicos de Creta, que criaram a primeira talassocracia do mundo, uma economia comercial marítima. Eles ligaram as economias mediterrâneas da Ásia Ocidental e do Egito aos emergentes mercados da Grécia e de outras partes da Europa. Sua arquitetura palatina (Cnossos, Festas, Mallia e Zakros) foi concebida de acordo com princípios muito distintos daqueles da Mesopotâmia. Os minoicos pareciam não se preocupar em demasia com sistemas defensivos, o que indica que suas práticas comerciais tinham natureza pacífica. Do mesmo modo, nunca sofreram aquelas tensões econômicas e políticas que resultaram em cosmologias complexas. Seus territórios não eram inóspitos: não sofriam com desertos ou inundações. Portanto, despontaram na história ainda envolvidos em práticas religiosas ctônicas, mais intimistas e menos formais do que os sistemas rígidos dominantes no Egito e na Mesopotâmia. Seus lugares sagrados eram ligados a elementos da paisagem.

Com o passar do tempo, contudo, a religião cretense se tornou mais complexa, e surgiram fortes deidades masculinas, em particular o Zeus cretense, um deus da fertilidade que falecia anualmente e, então, renascia em um festival sagrado. Ele assumia a forma de um touro, animal que era o elemento central do festival chamado Thiodaisia, durante a qual as cidades renovavam seus votos de aliança entre si. Esses ritos incluíam grandes bebedeiras e banquetes e aconteciam na paisagem natural ou diante dos palácios principais, em espaços especiais semelhantes a teatros. Os festivais tinham caráter alegre e expressavam o contentamento com a vida, traços também presentes na arte minoica, como se vê nos murais de seus palácios. Três cavernas eram particularmente importantes em seu culto: a caverna do Monte Dicte (ou caverna de Dicte), perto da aldeia de Psicro; a caverna de Zeus (ou caverna do Monte Ida), perto de Anogeia; e a caverna de Eileitia, dedicada à deusa do nascimento. Na caverna de Dicte, fria e úmida mesmo no calor do verão, com uma poça de água cercada de estalactites, celebravam-se rituais desde os primórdios da ocupação de Creta. A caverna de Eileitia é atualmente um sítio cristão, ainda visitado pelas mulheres cretenses. Uma procissão se dirigia ao topo da montanha, rumo a um santuário especial no qual oferendas eram "feitas em alimento" a uma fenda na rocha. Atualmente, uma procissão anual ainda faz o percurso rumo ao cume do monte, no Festival de Afendis Christos — um exemplo de como o cristianismo buscou anular os cultos "pagãos" apropriando-se de seus antigos ritos e costumes. A caverna mais intimamente associada ao mito cretense da criação é a do Monte Ida, onde Rea, mãe da Terra, deu à luz Zeus. O mito descreve-o sendo pajeado pelas ninfas e protegido por jovens contra o pai, o lendário Cronos. Zeus gerou, então, Minos, que se tornou rei de Cnossos e de Creta.

3.14 Ruínas da estrutura para rituais da caverna de Eileitia, perto de Amnisos, Creta

# EUROPA

O festival de Thiodaisia envolvia uma dança na qual os participantes davam saltos mortais sobre um touro bravo, conforme as vívidas representações encontradas nas paredes do palácio. Tanto homens como mulheres são retratados realizando esses saltos. Em uma representação, o homem gira no ar e espera para ser apanhado nos braços abertos de uma mulher. Devido ao fato de toda a paisagem ser considerada sagrada, os minoicos não construíram templos, mas palácios. O maior foi erguido em Cnossos em torno de 2000 a.C., sobre um povoado neolítico anterior. Foi reconstruído e ampliado em 1700 a.C., depois de um grande terremoto. O palácio continha residências, cozinhas, depósitos, banheiros, salas cerimoniais, oficinas e santuários. Havia sofisticadas instalações de infraestrutura, sistemas de ventilação e condutos para as águas freáticas. Os arqueólogos encontraram presas de elefantes oriundas da Síria e lingotes de cobre de Chipre armazenados nos porões.

Embora não se conheça o papel desempenhado pelo rei-sacerdote que se presume ter reinado ali, é evidente que o palácio, com seus muitos tipos e tamanhos de espaços internos, seus terraços, seus pátios e suas plataformas, reunia um mosaico de atividades relacionadas entre si. Ele era ao mesmo tempo palácio, armazém, fábrica e centro religioso. O palácio de Cnossos se desenvolvia em torno de um pátio central retangular, com vários pontos de acesso. O pátio era cercado de galerias elevadas, permitindo a observação do seu interior. Em função das galerias, janelas, pórticos, escadas e portas articuladas, a inter-relação visual entre o espaço interno e o externo mostra-se particularmente intricada, mais do que em qualquer outra arquitetura palaciana da época.

Flanqueando o pátio, encontrava-se a sala do trono, com seus bancos de gipsita ao longo das paredes norte e sul, com um lugar para colocar um trono de madeira, mais tarde substituído por outro de gipsita. As paredes de estuque vermelho estão cobertas de imagens de grifos, animais lendários com cabeça e asas de águia e corpo de leão, os quais se acredita que simbolizavam força e vigilância. O piso era pintado de vermelho. Os bancos, embora com altura de assentos, eram provavelmente utilizados para depositar oferendas votivas. Em frente ao trono havia uma pia lustral, à qual se chegava descendo uma escada, que pode ter servido a ritos de iniciação. A sala inferior, mantida no escuro, possivelmente destinava-se, segundo alguns estudiosos, a simular uma caverna sagrada. Em torno desse recinto ficavam os vários depósitos já mencionados, alguns dos quais eram para objetos preciosos empregados nas cerimônias. Todo o conjunto de câmaras, no total de dezesseis, foi planejado como uma unidade autônoma, que tinha uma entrada pública pelo pátio, mas também uma escada privada que o ligava ao pavimento superior.

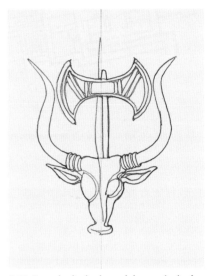

3.15 O machado duplo ou *labrys*, principal símbolo da religião minoica-micênica, erguido sobre uma cabeça de touro

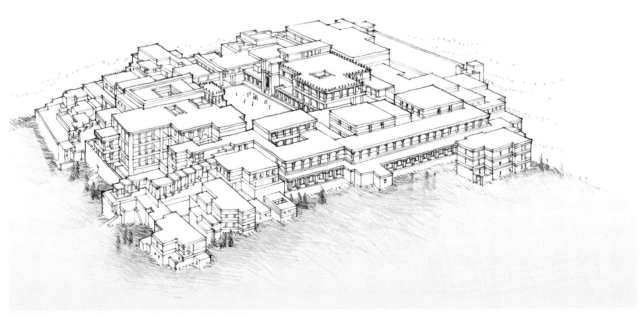

3.16 Vista aérea de Cnossos, perto de Heraklion, Creta

# 1500 A.C.

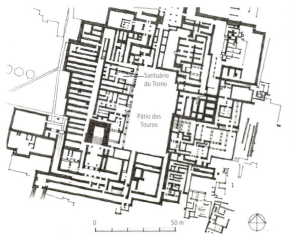

3.17 Planta do Santuário do Trono de Cnossos

3.18 Sala do Trono, Palácio de Cnossos

As colunas minoicas eram particularmente diferentes. Feitas de madeira, elas se afinavam em direção à base e eram pintadas de vermelho; os capitéis, azuis, possuíam perfis cúbicos. Nos cômodos principais, as paredes de pedra recebiam um acabamento feito com uma fina camada de reboco e eram pintadas com uma técnica semelhante à dos afrescos. Nelas eram representadas cenas com animais e plantas e a vida marinha, extraordinariamente vibrantes e belas. A arte minoica foi uma das primeiras em que aparece representado o movimento humano. As principais cores empregadas eram o preto (xisto carbonífero), o branco (hidróxido de cal), o vermelho (hematita), o amarelo (ocre), o azul (silicato de cobre) e o verde (azul e amarelo misturados).

Embora os palácios necessitem, por definição, de acesso controlado, a entrada do Palácio de Cnossos era mais do que uma sequência de portões e antecâmaras: constituía-se em um espaço teatral linearmente ampliado. O ponto de partida era o pórtico a oeste, que consistia em uma única coluna posicionada entre paredes, representação icônica da deusa mãe. Desse ponto seguia-se em direção ao sul, para um terraço com ampla vista para o Monte Juktas. Nenhum visitante deixaria de notar ali a referência ao Zeus cretense. Por uma abertura no meio da descida do terraço, desviava-se da montanha e se entrava em uma série de salas oficiais que conduziam a um salão cheio de colunas, iluminado por um clerestório, desenhado como uma caixa dentro de outra. Esse salão, por sua vez, abria-se para um lance de escadas e era ladeado por uma galeria com colunas destinada aos espectadores. No alto da escada havia um vestíbulo com duas portas cerimoniais, à direita e à esquerda do eixo, que conduziam a outro salão. No fundo desse salão, uma porta dava acesso a uma escada que descia em ângulo reto em direção à rota processional, até o pátio central. Nada tão extraordinário em termos espaciais seria projetado por muito tempo.

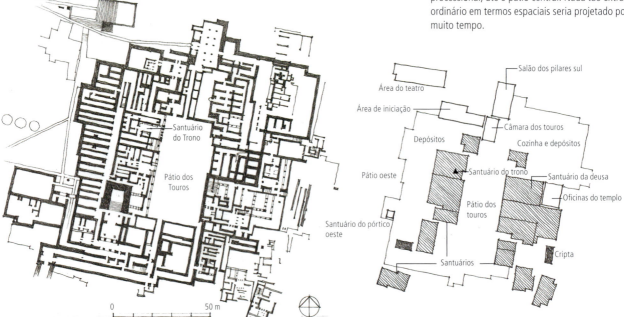

3.19 Planta baixa do nível do pátio central, Palácio de Cnossos

3.20 Planta esquemática do Palácio de Cnossos

# EUROPA

Descendo as escadas, o visitante via do outro lado do pátio um santuário dedicado à deusa mãe. Era uma estrutura imponente, com uma larga escada cerimonial que subia através de uma colunata e conduzia a um patamar em frente a uma parede com portas e pilastras. Do lado de dentro havia uma sala espaçosa, medindo 18,5 por 15 metros, com oito pilastras de seção variável dispostas em torno de um quadrado central, provavelmente aberto na parte de cima. Uma estátua situava-se contra uma parede ao fundo. As paredes eram ricamente decoradas com cenas de pugilismo, lutas com touros e mais grifos. Pode-se imaginar o pátio central como um platô posicionado na intersecção entre a sala do trono rebaixada e o espaço do culto elevado com claraboia.

No meio do pátio havia um pequeno altar para a queima de oferendas e, em um canto, uma grande pedra circular com cavidades, provavelmente também destinada a oferendas. Talvez fosse nesse espaço que se encenasse a cerimônia do touro, observada pelos espectadores dos numerosos balcões e galerias.

Foram descobertos outros palácios e diversos santuários em picos de montanhas da ilha, como aquele do Monte Juktas, claramente ligado às práticas de culto de Cnossos. Esse santuário era um foco de peregrinação e estava provavelmente associado a cerimônias que legitimavam a soberania dos reis de Cnossos.

O desaparecimento dos minoicos foi decorrência sobretudo das erupções vulcânicas ocorridas na Ilha de Thera (a moderna Santorini), nas suas proximidades, por volta de 1600 a.C. A destruição da civilização minoica criou oportunidades para os micênicos do Peloponeso, que estabeleceram entrepostos comerciais em Creta e adotaram elementos culturais minoicos em seus esquemas estéticos.

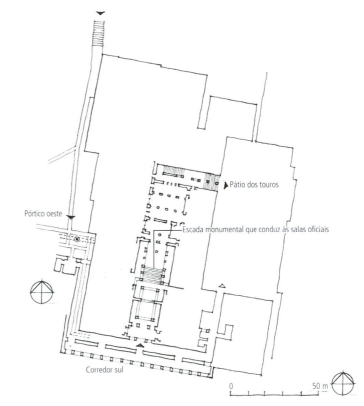

3.21 **Diagrama da sequência da entrada no Palácio de Cnossos**

3.22 **Uma das escadas monumentais do Palácio de Cnossos**

# 1500 A.C.

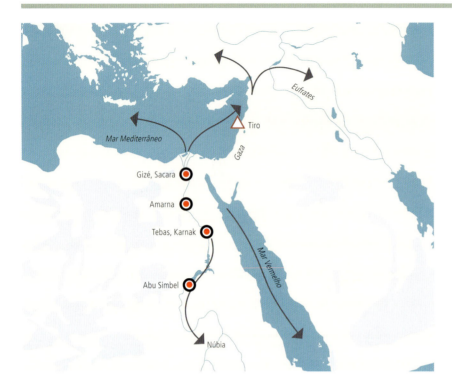

3.23 Egito, *circa* 1500 a.C.

## EGITO: O NOVO IMPÉRIO

Por volta de 1720 a.C., o Delta do Rio Nilo, no Egito, foi invadido e ocupado pelos hicsos, também chamados de o Povo do Mar, que governaram o Baixo Egito a partir de sua capital, Avaris, até serem expulsos por Amósis I de Tebas em 1567 a.C. A origem dos hicsos, e inclusive seu nome, continuam sendo discutidos. Em 1550 a.C., Amósis I, fundador da XVIII Dinastia (e do chamado Novo Império, uma sucessão de dinastias que perdurou até 1070 a.C.), conseguiu expulsar os hicsos e recuperar o controle do país. Os hicsos, apesar de serem inimigos do Egito, trouxeram algumas inovações para os egípcios: não somente a biga, mas também novas técnicas para se trabalhar o bronze e a cerâmica, novas raças de gado, novas plantações e um arco composto particularmente potente.

Com o retorno da estabilidade no Egito, foi possível retomar o vigoroso comércio do qual dependiam tantas sociedades do Oriente Próximo. Além disso, com os distúrbios na Mesopotâmia e o declínio da civilização minoica, o Egito passou a dominar a região. Para proteger suas fronteiras do ambiente político excessivamente volátil da Ásia Ocidental, os egípcios invadiram a Síria e sitiaram Nínive e a Babilônia. De isolacionistas, como haviam sido na época do Antigo Império, tornaram-se colonizadores. As minas de turquesa do Sinai foram reabertas; Ekron e outras cidades controladas pelos filisteus passaram a comerciar cerâmica e metais com os egípcios.

O restabelecimento da unidade implicou uma importante mudança na religião: não mais restrita à elite, ela passou a envolver setores mais amplos da sociedade. Introduziram-se festivais, procissões e celebrações que atraíam milhares de participantes. O Novo Império assistiu à ascensão de templos que funcionavam como grandes instituições e desempenhavam importante papel nessas celebrações das massas. Como consequência, os sacerdotes dos templos se tornaram mais poderosos e passaram a ter um papel cada vez maior na política egípcia.

## Waset (Tebas)

Durante o Novo Império, a capital do Egito era Tebas, o lugar de origem da família que havia expulsado os hicsos. O nome egípcio de Tebas era Waset (a "cidade do cetro"). Situada em uma pequena elevação no meio da planície aluvial do Nilo, tornava-se quase uma ilha na época de inundação do rio. Tebas era o nome grego da cidade, que posteriormente se tornou o mais comum. A principal divindade de Tebas era o deus-carneiro Amon-Rá, deus do Sol e do céu e onipresente Pai dos Reis, que garantia a ordem do universo. Assim, com a ascendência de Tebas, Amon-Rá foi elevado ao *status* de deus nacional dos egípcios. Pelo menos doze templos foram construídos nessa cidade em um período de quinhentos anos, entre cerca de 1500 e 1000 a.C. O local estende-se pelas duas margens do Nilo, incluindo o Vale dos Reis, onde muitos faraós foram enterrados. Tebas era usada como local de sepultamentos desde cerca de 2000 a.C., mas, com o prestígio de ser tornar a nova capital do império, ela também se tornou o local escolhido para inumar os reis. O primeiro templo no local foi erguido ao redor de 1970 a.C., mas era uma edificação bastante modesta. Tutmósis I iniciou a ampliação do Templo de Karnak por volta de 1530 a.C. A Rainha Hatshepsut também

# ÁFRICA

adicionou seu templo mortuário à margem ocidental do Nilo (*circa* 1470 a.C.), e Amenhotep III começou a trabalhar no Templo de Luxor em cerca de 1350 a.C. A construção de templos culminou nos esforços de Seti I e Ramsés II, que realizaram acréscimos significativos em Karnak e Luxor por volta de 1280 a.C. A partir de então, o complexo passou por ampliações e transformações periódicas até o século X a.C.

No núcleo de rituais de todas essas construções estava uma câmara simples e pequena do Templo de Karnak, que, em essência era uma doca seca sagrada onde era mantida uma barca durante a maior parte do ano. A câmara da barca que a Rainha Hatshepsut construiu e foi desmontada por seus sucessores foi descoberta e reconstruída em Karnak, mas não em seu sítio original. Era feita de um quartzito vermelho especial (daí o seu nome, Capela Vermelha) sobre uma base de diorito preto. A câmara da barca atual, construída por Filipe III da Macedônia em cerca de 340 a.C., segue as linhas da original, mas contém somente dois cômodos: aquele onde se faziam as oferendas e o outro, com uma base de pedra, onde se apoiava a barca. Em ocasiões especiais, a barca era carregada para fora do tempo durante uma grande celebração popular e levada a vários locais, dependendo das exigências calêndricas. Embora fosse uma embarcação, essa barca jamais ia para a água, mas era transportada pelos sacerdotes em seus ombros. Quando cruzava o Rio Nilo, ela era colocada em um barco especial.

3.24 Câmara da barca, em Karnak

3.25 Alto-relevo mostrando a barca sendo cerimonialmente carregada em Karnak

# 1500 A.C.

Cerca de sessenta festivais eram celebrados anualmente em Tebas. Alguns ocorriam dentro de um templo; outros envolviam a transladação de imagens de divindades de um templo a outro. Desses festivais externos, os três mais importantes eram dedicados ao deus Amon, sua esposa Mut (a deusa mãe egípcia) e Khonsu, filho de Mut e deus da Lua.

1. O mais importante era o Festival de Opet (a "câmara secreta"), em que as estátuas de Amon, Khonsu e Mut eram levadas em procissão de Karnak ao Templo de Luxor. Em determinado momento da festividade, a divindade "falava" para confirmar a legitimidade do rei. Essa legitimação era retribuída por meio de presentes que a família real oferecia ao templo. O festival realizava-se em *akhet* (correspondente em parte ao nosso mês de setembro), a estação das enchentes do Nilo, e durava onze dias. Com o tempo, o número de dias de comemoração aumentou. O trajeto de Karnak a Luxor era percorrido por terra ao longo de uma via processional; a viagem de volta era feita pelo rio Nilo, de barco.
2. A Bela Festa do Vale coincidia com uma comemoração dos mortos em que Amon, Mut e Khonsu viajavam à margem ocidental para visitar os deuses do Oeste e os reis mortos deificados. O festival passou a ser associado à renovação e à regeneração. Era realizado durante o segundo mês, *shemu*, a estação da colheita (correspondente em parte ao nosso mês de abril), e durava mais de vinte dias.
3. A cada 10 dias, a imagem sagrada de Amon viajava do Templo de Luxor, na margem oriental, ao Santuário de Medinet Habu (*circa* 1460–1420 a.C.), na ocidental. Seu nome original era Djanet e, segundo a crença popular, era o lugar onde Amon se manifestara pela primeira vez.

A cultura processional de Karnak era única no mundo em sua época e teve impacto enorme sobre as visões de mundo das religiões que se seguiram. As procissões dos católicos, por exemplo, têm suas raízes nesses antigos protótipos.

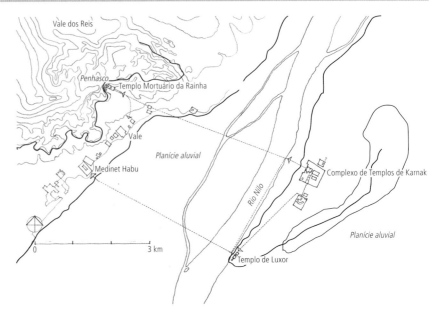

3.26 Os principais templos e rotas processionais de Karnak

O templo de Karnak tem duas entradas, uma para os que vinham da direção do Nilo, para acomodar a procissão da barca, e outra para os que chegavam de Luxor. A entrada do Nilo tinha seu próprio ancoradouro. Ambas as entradas são definidas por uma série de pilones majestosos. Ao norte do recinto murado há um pequeno santuário de Ptah, visto às vezes como uma forma abstrata d'Aquele que Criou a Si Mesmo. Ele era intimamente ligado às artes plásticas e em especial aos mistérios da arquitetura e da construção de pedra.

Um pilone (da palavra grega para "portão") é uma parede alta, inclinada e de formato levemente trapezoidal com uma grande entrada central que guarda um recinto sagrado. Ele muitas vezes era destacado por altos mastros com bandeira e obeliscos com cumes revestidos de folhas de ouro. Os dois lados do pilone, formais e imponentes, simbolizavam as cadeias de montanhas que se encontram no Nilo. Sua forma era uma mera expressão simbólica do poderio egípcio. Embora todas as formas arquitetônicas da época – como o zigurate na Mesopotâmia, o mégaron na Grécia e as rotas processionais do Egito – tivessem valor simbólico, os portais de pilones estão entre as mais antigas a condensar parede, portal e cosmologia em uma única afirmação de poder. A palavra egípcia com que eram designados os pilones era *bekhnet*, que sugere a ideia de vigilância. O nome relaciona-se, portanto, não com a função, mas com a natureza dessas estruturas semelhantes a torres de vigia. Mastros com bandeira eram colocados à frente dos pilones. Para os egípcios, os mastros e as bandeiras eram o principal sinal da presença de um recinto sagrado.

# ÁFRICA

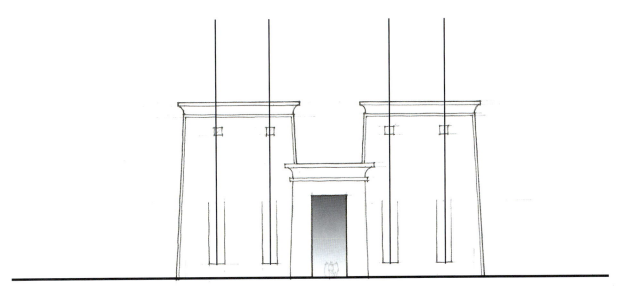

3.27 Pilone de entrada no Templo de Khonsu do complexo de Karnak, Tebas, Egito

Como se fossem enormes *outdoors*, os pilones também proclamavam, em imagem e texto, os grandes feitos dos reis que os ofereciam. Em um deles, o Sétimo Pilone de Karnak, uma imensa estátua de Tutmósis III aparece segurando uma clava e golpeando um grupo de soldados inimigos, representados em escala menor, que ele parece agarrar pelos cabelos. A seus pés, em três fileiras, estão os nomes das cidades e dos povos conquistados. A conquista dos líbios, hititas e beduínos é retratada de forma especialmente vigorosa. Os pilones eram, na maioria das vezes, cobertos com uma fina camada de estuque e pintados de branco, enquanto as figuras e outros elementos pictóricos apareciam em cores vivas.

3.28 Santuário da Barca do Templo de Khonsu

# 1500 A.C.

Os pilones listados a seguir foram numerados de acordo com a sequência em que são encontrados ao se percorrer o sítio. Esta é a lista das partes do edifício, na ordem de sua construção:

- Pilone 8, Hatshepsut, *circa* 1479 a.C. (Hatshepsut constrói seu templo mortuário e o de Medinet Habu.)
- Pilones 5 e 6, Tutmósis III, *circa* 1450 a.C.
- Salão Festivo, Tutmósis III, *circa* 1450 a.C.
- Pilone 7, Tutmósis III, *circa* 1450 a.C.
- Pilone 3, Amenhotep III, *circa* 1350 a.C. (Amenhotep III inicia a construção do Templo de Luxor.)
- Pilones 9 e 10, Horemheb, *circa* 1300 a.C.
- Pilone 2, Horemheb e Ramsés I, *circa* 1300 a.C.
- Salão hipostilo, Seti I e Ramsés II, *circa* 1280–1270 a.C. (Ramsés acrescentou um pilone e pátio em Luxor.)
- Templo de Ramsés III, *circa* 1150 a.C.
- Templo de Khonsu, Ramsés III, *circa* 1150 a.C.
- Pilone 1, XXX Dinastia, 350 a.C.

O primeiro espaço interno do templo de Amon, situado atrás do Segundo Pilone, era o chamado salão hipostilo, ou "salão com muitas colunas". Os espaçamentos entre as enormes colunas eram proporcionalmente pequenos, o que fazia o visitante sentir-se minúsculo, como se caminhasse entre gigantes. As colunas, com 24 metros de altura, são mais do que um simples apoio estrutural para a cobertura: as cenas nelas pintadas servem como textos históricos de grandes dimensões mostrando práticas religiosas e as façanhas do rei. Na base, elas são decoradas com figuras de papiro, e, no alto, com cenas de oferenda. Esses detalhes não se destinavam a ser efetivamente lidos pelos visitantes, pois a luz que vinha de cima, filtrada pelo elevadíssimo clerestório sob o teto, criava um ambiente de semiescuridão, com as volumosas colunas erguendo-se majestosamente na penumbra. As colunas foram desenhadas como buquês de flores. Na verdade, elas não devem ser vistas tanto como uma estrutura, e sim como um arranjo floral superdimensionado que exala um aroma imaginário (mas ainda assim real) das flores ofertadas às divindades.

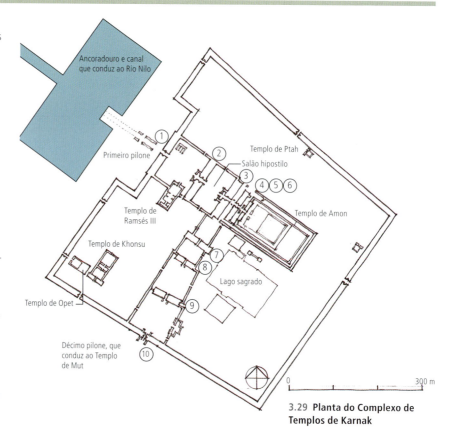

**3.29 Planta do Complexo de Templos de Karnak**

**3.30 Salão hipostilo, Templo de Amon**

# ÁFRICA

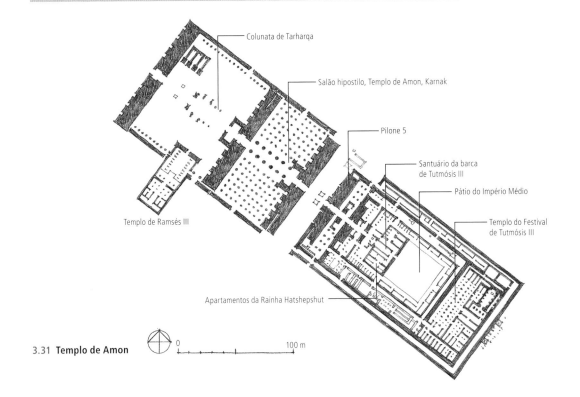

3.31 **Templo de Amon**

Na extremidade leste do prédio havia um salão festivo cujo objetivo ainda permanece aberto a interpretações. Provavelmente, nele eram realizados festivais de jubileu para a procissão. Também funcionava como uma espécie de "salão da fama", glorificando os feitos do conquistador real. Suas paredes ilustravam cenas de jardins e animais. Em sua lateral leste havia um longo espaço aonde a barca podia ser trazida para observação especial.

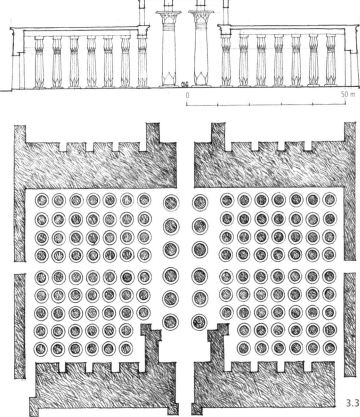

3.32 **Planta e corte do Salão hipostilo, Templo de Amon**

# 1500 A.C.

**Templo Mortuário da Rainha Hatshepsut**

A Rainha Hatshepsut, filha de Tutmósis I, quinto faraó da XVIII Dinastia, foi figura carismática e controversa em seu papel de monarca. Governou por vinte anos, em um período em que a economia egípcia estava particularmente forte. Depois de sua morte, presume-se que seu enteado Tutmósis III tenha ordenado que o nome da rainha fosse apagado de todos os monumentos que ela mandou construir, inclusive de seu templo em Deir el-Bahri. Alguns monumentos foram imediatamente destruídos. Essa atitude não era incomum na história do Egito. Seu Templo Mortuário, contudo, desempenhava papel fundamental nas procissões, pois era o local de repouso temporário da barca durante a Bela Festa do Vale.

O templo construído por Senmut, arquiteto real, combinava templo mortuário, rota processional, túmulo escavado na rocha e capelas auxiliares, todos integrados em uma unidade sintética sem paralelos na arquitetura egípcia.

3.33  Templo Mortuário da Rainha Hatshepsut, Deir el-Bahri, Egito

O nome original egípcio do templo era Djeser-Djeseru (o "Sublime dos Sublimes"), pois estava situado na região chamada Djeseret (ou "Lugar Sublime"), dedicada a Hathor, deusa mãe e deusa do amor e da beleza. Uma capela de Hathor, que já existia naquele local, ficava logo abaixo de um impressionante penhasco e estava parcialmente inserida no Templo de Hatshepsut. O acesso ao templo se fazia por meio de uma passagem elevada e de um canal que permitia que a barca ali chegasse, vinda do Nilo. O túmulo da rainha não ficava no templo, mas no Vale dos Reis, oculto por trás do penhasco que domina seu templo mortuário. O eixo médio do Templo Mortuário da Rainha Hatshepsut apontava exatamente, no sentido leste, para o Templo de Karnak, do outro lado do rio, e, no sentido oeste, para o túmulo propriamente dito da rainha, do outro lado do penhasco, no Vale dos Reis, o qual viria depois a se tornar, por muitos séculos, o principal local de sepultamento da realeza egípcia. Havia também o "Templo do Vale" junto ao Rio Nilo, mas esse prédio desapareceu.

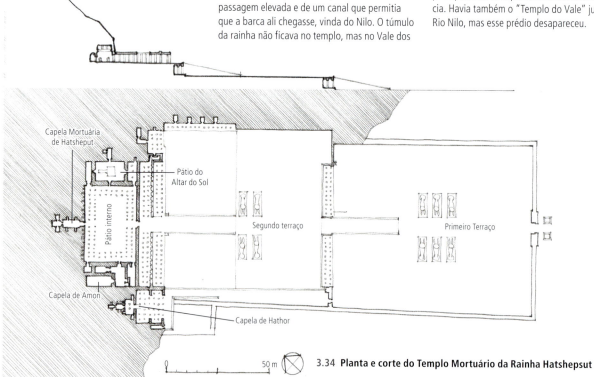

3.34  Planta e corte do Templo Mortuário da Rainha Hatshepsut

# ÁFRICA

Uma inovação foi o uso de terraços que subiam em direção aos pés do imponente penhasco, o que alimentou especulações sobre influências estrangeiras. O projeto inclui três desses terraços, conectados por rampas e organizados a partir de um eixo central. O primeiro terraço possuía árvores e jardins. O segundo nível conduz a uma capela dedicada a Hathor. Do lado oposto, situa-se uma capela consagrada a Anúbis, o deus dos mortos com cabeça de chacal. O eixo atravessa um salão hipostilo até o último pátio, acima do qual se ergue majestosamente o penhasco de pedra.

À esquerda há um palácio simulado para os antepassados de Hatshepsut, e, à direita, um santuário ao ar livre dedicado a Ra-Horakhty. (Ra, o deus-sol, percorria um ciclo diário de morte e renascimento: morria ao fim de cada dia e renascia pela manhã como Ra-Horakhty.) As salas destinadas ao santuário da barca, que finalizam o eixo, bem como a sala do culto da imagem, foram escavadas na própria rocha.

A planta exibe um uso brilhante da simetria e da assimetria, baseado na integração de diferentes elementos. São especialmente dignas de nota as colunas que, estendidas à frente do templo, integram um sistema de paredes e pilastras que já prenuncia desenvolvimentos posteriores. Além disso, em vez de usar os tradicionais motivos de lótus nos capitéis, as colunas papiroformes têm a forma de cilindros canelados construídos por tambores de pedra.

3.35 Templo de Luxor, Tebla, Egito

3.36 Planta do Templo de Luxor

## Templo de Luxor

Entra-se no Templo de Luxor por um pátio em forma de romboide construído mais tarde por Ramsés II. Ele conduz a uma passagem com duas fileiras de sete colunas de uma escala impressionante, com 21 metros de altura. O espaço abre-se para um pátio e um salão hipostilo, até chegar por fim ao santuário propriamente dito. Uma série de salas cada vez menores, encaixadas como se formassem um telescópio, conduz, então, ao santuário onde se mantinha a barca. Dali se acessava um salão disposto em ângulo reto em relação ao eixo, definido como o lugar mítico do percurso do Sol. Três portas levavam a outros recintos, um para cada uma das imagens do culto à tríade divina: Amon, sua esposa Mut, a mãe dos deuses, e Khonsu, o deus da Lua e filho de ambos. Os três se "reuniam" ali durante a Bela Festa do Vale.

Os templos egípcios, ao contrário dos mesopotâmicos (ou mesmo dos templos gregos e romanos posteriores), não eram concebidos como obras acabadas. Ao contrário, podiam ser ampliados, modificados e reconstruídos e, inclusive, era aceitável deixar que entrassem em declínio com o passar do tempo. No caso de Luxor, os governantes acrescentaram-lhe pátios e salões hipostilos, como sinal de seu apoio e mecenato. O Templo de Amon-Rá, por exemplo, cresceu constantemente na direção do Rio Nilo: novos portais foram-lhe acrescentados e outros foram redesenhados. Nesse caso, o templo não apresenta um alinhamento axial, mas segue a suave curva para o leste da rota processional, uma vez que foi cada vez mais ampliado, em intervenções posteriores, em direção ao nordeste.

# 1500 a.C.

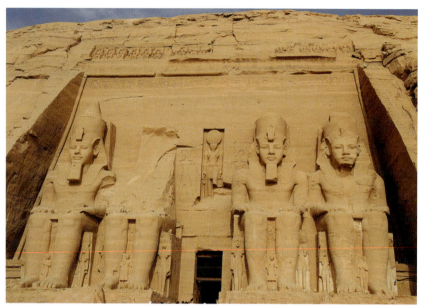

3.37 Templo de Abu Simbel, perto de Philae, Egito

3.38 Templo de Abu Simbel: vista para o santuário

## Abu Simbel

Ramsés II (1290–1224 a.C.) foi um pragmático governante que estendeu a esfera de influência egípcia dos vales superiores do Eufrates até a quarta catarata do Rio Nilo. O ouro núbio oriundo das minas de Wabi-el-Allaqui abarrotou seus cofres. Para proteger as rotas comerciais, ele construiu uma série de templos, que funcionavam também como postos avançados e serviam para difundir as crenças cosmológicas egípcias. Sua riqueza permitiu-lhe empreender numerosas campanhas de construção em grande escala, das quais a mais ambiciosa foi a fundação da Cidade de Ramsés (Pi-Ramesse). Junto à velha capital dos hicsos, Pi-Ramesse situava-se no início da estrada para a Palestina, bem fortificada e cada vez mais importante. A cidade era vasta e abarrotada de templos votados aos deuses oficiais, de palácios e instalações militares (incluindo estábulos e fábricas de armamentos). O cobre, uma importantíssima matéria-prima, vinha das minas inauguradas em Tima, em Israel.

O Templo de Ramsés II, em Abu Simbel (1260 a.C.), representa o apogeu dos templos de pedra egípcios. Escavada no penhasco de arenito, a fachada em forma de pilone é dominada por quatro figuras colossais, com 22 metros de altura, todas retratando Ramsés. De ambos os lados das esculturas e entre as pernas de cada uma veem-se figuras da rainha Nefertari e de crianças da família real. No topo da fachada, Ramsés aparece oferecendo um sacrifício ao senhor do templo, Ra. A cornija é enfeitada com uma fileira de babuínos com os braços levantados em adoração ao Sol nascente. Tudo era pintado com cores brilhantes.

O interior do templo contém dois salões com pilares, armazéns e um santuário profundamente escavado na rocha. As paredes, de 10 metros de altura, foram cobertas com cenas e inscrições, em sua maioria, relativas aos feitos militares do rei contra os hititas e os cuchitas da Núbia. O eixo termina no santuário, na parede oeste, com uma fileira de quatro esculturas sentadas de Ptah, Amon, Ramsés e Ra-Harmachis. É no pequeno altar em frente a elas que se oferecem sacrifícios ao amanhecer, quando a luz do Sol nascente iluminava o santuário.

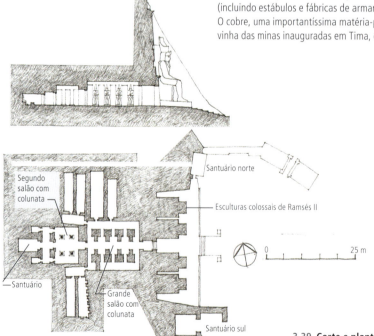

3.39 Corte e planta do Templo de Abu Simbel

# ÁFRICA

3.40 Baixo-relevo em um pilar Djed

3.41 Colunas papiroformes, com fustes canelados e capitéis em forma de botão lótus

## As colunas e os pilares egípcios

Os egípcios foram não somente o primeiro povo a desenvolver trabalhos de cantaria avançados, como também a transformar colunas e pilares em algo além de um simples elemento para a transmissão de esforços: elas tinham importância simbólica. No Egito, feixes de juncos (papiros) e de talos de flores amarrados ao redor de mastros eram usados para demarcar os espaços sagrados. Em sua maioria, as colunas eram revestidas de estuque e pintadas com cores vibrantes. Como tendemos a ver as colunas como elementos estritamente estruturais, é fácil esquecer que, para os egípcios, elas eram formas denotativas.

Os vegetais que mais comumente serviam de tema nas colunas eram a palmeira, o lótus e o papiro. Os capitéis de lótus tinham a forma chamada de "botão", geralmente utilizada nos pátios externos, ou a forma aberta, encontrada nas áreas centrais dos templos. No Templo Mortuário da Rainha Hatshepsut, existem colunas cilíndricas caneladas que representam feixes de junco. Seus capitéis quadrados, sem ornamentos, viriam a influenciar profundamente as colunas dos gregos.

O apoio estrutural preferido para as colunas era a rocha viva. Quando isso não era possível, elas eram apoiadas em uma base larga que repousava, por sua vez, sobre uma pedra em forma de cone abaixo do nível do solo e que ajudava a transferir melhor os esforços estruturais. As fundações com frequência consistiam em vários metros de areia compactada, que distribuía os pesos por igual.

O pilar chamado Djed era o arquétipo de toda coluna egípcia. Ele surgiu nos primórdios da história do Egito. Embora seu significado seja amplamente debatido, é provável que, derivando de um ritual da colheita, ele representasse o mito da criação. Sua importância cresceu com o passar do tempo. O Djed passou a representar o mundo que sustenta o céu, simbolizando as ideias de estabilidade e permanência, temas importantes para a definição das dinastias egípcias. O pilar empregado nas cerimônias era associado ao deus Sokar em sua relação com Osíris, o deus dos mortos.

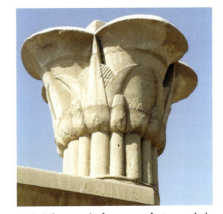

3.42 Coluna papiroforme com fuste canelado e capitel em forma de flor de lótus aberta

3.43 As colunas do Templo Mortuário da Rainha Hatshepsut

# 1500 A.C.

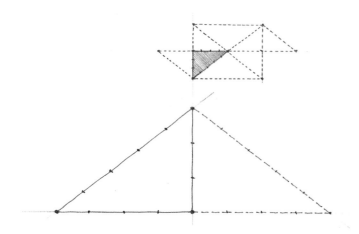

3.44 Demarcação de uma construção com estacas e cordas com nós

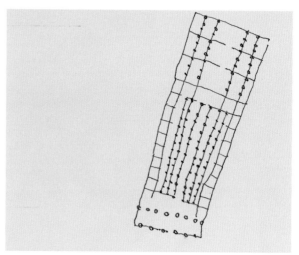

3.45 Baixo-relevo de um pilone, um dos primeiros exemplos de desenho de arquitetura

## Os métodos egípcios de projeto de arquitetura

Textos encontrados sobre arquitetura, levantamento topográfico e planejamento urbano tornam evidente que a arquitetura egípcia foi elevada à condição de ofício à parte. Os projetos de arquitetura desenhados em pedra (alguns dos quais chegaram a nós) e aqueles certamente desenhados em papiro (nenhum deles, porém, perdurou) indicam alto nível de coordenação entre o planejamento de um edifício e sua construção. Além dos títulos de arquiteto real, construtor e supervisor de obras, havia também sacerdotes-arquitetos que tinham acesso aos livros secretos que continham plantas e especificações sobre os edifícios e as esculturas. Existia até mesmo uma deusa da arquitetura e do cálculo, Seshat, que começa a aparecer em registros egípcios a partir de 2500 a.C. Ela é representada com uma estrela ou roseta de sete pontas na cabeça, algumas vezes acima de uma varinha. Era também a deusa da arte da escrita.

O próprio rei desempenhava importante papel no projeto e na execução simbólica de uma edificação. Tutmósis II aparece em um mural realizando a cerimônia de demarcação de um templo no terreno; ele usa uma "rede de planta" especial, que consistia em um trançado de corda semelhante a uma rede, com nós que marcavam as posições. O procedimento consistia em esticar uma rede ao longo do eixo, distendendo-a então para determinar as coordenadas básicas da edificação. Para obter um ângulo reto, por exemplo, os egípcios usavam uma corda com doze intervalos, enrolada em volta de três estacas para marcar três, quatro e cinco unidades. É certo que se elaboravam plantas para as construções. Foram encontrados até mesmo esboços de projeto nas paredes de uma pedreira. O pilone do Templo de Khonsu, em Karnak, apresenta um baixo-relevo, que pode muito bem ser um dos primeiros projetos de arquitetura conservados até os nossos dias.

Desenhos do teto do salão hipostilo de Edfu e de outros locais dão-nos pistas de como as colunas eram projetadas. Empregava-se uma complexa ordenação de índices, usando um cúbito em combinação com uma série de frações geométricas. Para uma coluna com 9 cúbitos de altura, por exemplo, o arquiteto somava $1/4 + 1/8 + 1/16$, cada fração simbolizando uma parte do olho de Hórus. Diferentemente dos conceitos gregos e helenistas posteriores, que relacionavam a matemática às esferas cosmológicas, a matemática egípcia estava vinculada à fisiologia do corpo. O olho era considerado como unidade, e cada uma de suas partes media uma fração. Essa unidade recebeu o nome de Hequat, deusa representada por uma rã e que também era o símbolo da fertilidade. O nome é apropriado, pois a matemática egípcia envolve um sistema de "saltos" de várias frações para obter a resposta desejada. Esculpir uma coluna e um capitel representava, portanto, um atalho para essas operações.

Embora não se conheça com exatidão a geometria das pirâmides, concluiu-se, com alto grau de probabilidade, que a razão entre altura e largura era determinada pela proporção $4:1\,\pi$ (pi) ou, algumas vezes, $3:1\,\pi$ (pi). Pode-se concluir, como argumenta Corinna Rossi em um livro que escreveu sobre o assunto, que a matemática egípcia era, na época, a mais avançada do mundo. Diversos rolos de papiro que versavam sobre temas matemáticos datam de cerca de 1700 a.C., época em que vários sistemas matemáticos complexos estavam sendo desenvolvidos.

3.46 Desenho de um capitel de coluna baseado em uma série geométrica, cada fração simbolizando uma parte do olho de Hórus

# ÁSIA OCIDENTAL

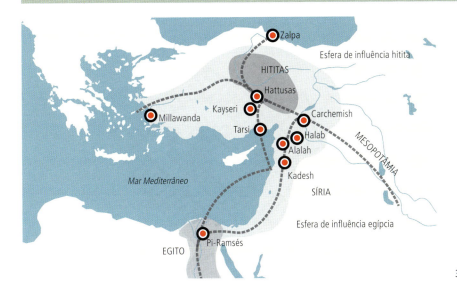

3.47  O Império Hitita

## O IMPÉRIO HITITA

Os hititas estabeleceram-se na Anatólia por volta de 1600 a.C., escolhendo o local de sua capital, Hattusas, com a intenção de dominar a intersecção de duas importantes rotas de comércio. A primeira delas era oriunda da costa do Mar Egeu, de um porto que mais tarde se tornaria Éfeso, chegando ao Mar Negro. A outra seguia para o sul, saindo do Porto de Amisus (Samsum), no Mar Negro, até a nascente do Eufrates. Para estimular ainda mais o comércio, os hititas permitiram que os assírios estabelecessem postos para suas caravanas de burros e camelos no leste da Anatólia, como o de Kanesh, 20 quilômetros a nordeste de Kayseri e apenas 100 quilômetros a sudeste de Hattusas. Em seu apogeu, o Império Hitita se estendia até o Levante, o que gerou conflitos com os egípcios e a famosa batalha pela disputa de Kadesh (1275 a.C.), no Norte da Síria. Após a batalha, em que nenhuma das partes saiu vencedora, as duas potências elaboraram um tratado que garantia a paz e a segurança em toda a região, permitindo que as cidades ao longo da costa síria crescessem em importância e deslocando o centro do poder da Mesopotâmia para as margens orientais do Mediterrâneo. A sede das Nações Unidas exibe atualmente uma cópia ampliada de uma versão em escrita cuneiforme desse tratado, encontrada em Hattusas, para demonstrar a importância antiquíssima dos tratados internacionais.

Embora sua economia estivesse baseada principalmente na agricultura, os hititas praticavam ativamente a exportação de cobre, bronze e, mais tarde, do mais apreciado de todos os metais, o ferro. Muitas de suas minas se situavam nos arredores de Bokar-Maden, na Cordilheira do Tauro. A principal força militar dos hititas repousava no desenvolvimento intensivo de novas armas, como o carro de guerra leve puxado por cavalos e dotado de rodas de seis raios que aumentava incrivelmente sua velocidade e facilitava os movimentos durante as batalhas. Os sumerianos já haviam utilizado bigas tracionadas por burros selvagens, mas suas rodas eram feitas de madeira maciça. Os carros egípcios levavam só dois homens, ao passo que os dos hititas levavam três: o condutor e dois soldados, um para o ataque e o outro para a defesa.

Os hititas, como os mesopotâmicos, tinham um vasto panteão de deuses e deusas que se casavam uns com os outros. No centro dele estava o deus masculino do clima, simbolizado por um touro. Sua consorte controlava os rios e o mar, mas também era conhecida como a deusa do Sol. Embora os templos fossem importantes para os hititas, eles também possuíam santuários ao ar livre. Nisso eram muito mais parecidos com os minoicos do que com os egípcios ou o povo da Mesopotâmia. Um desses santuários é Yazilikaya, pouco mais de um quilômetro a nordeste de Hattusas, à qual se ligava por uma rota processional. O templo tinha um panteão de deuses talhados na face do penhasco, talvez retratados ao chegarem à casa do deus do clima para o Festival da Primavera.

3.48  Baixo-relevo representando os 12 deuses do submundo hitita, Yazilikaya, Turquia

# 1500 A.C.

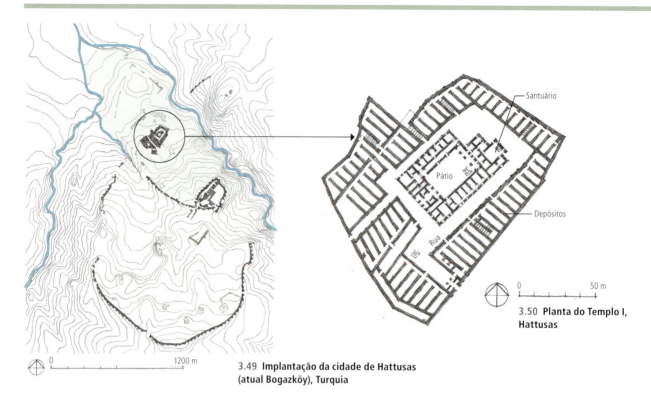

3.49 **Implantação da cidade de Hattusas (atual Bogazköy), Turquia**

3.50 **Planta do Templo I, Hattusas**

## Hattusas

Hattusas (a atual Bogazköy), situada na interseção de duas antigas rotas comerciais no Centro-Norte da Turquia, encontra-se no declive norte de uma cadeia de montanhas onde um planalto elevado começa a descer em direção ao vale. Entre os muitos templos da cidade, o mais notável era o chamado Templo I, cuja planta assemelha-se a um quadrado, com um anexo no fundo. Ocupava um quarteirão de formato irregular da cidade e era composto sobretudo de cubículos de estocagem para o tesouro e os alimentos do santuário. Os arqueólogos encontraram nele potes de origem cretense e micênica. As paredes dos armazéns eram muito espessas, sugerindo que o edifício teria dois ou três pavimentos. O complexo inteiro, incluindo os muitos cômodos para depósito, mede 160 por 135 metros. O templo foi construído em arenito, ao passo que o anexo que abrigava as estátuas sagradas era de granito, o que indica seu *status* especial e muito provavelmente o emprego de pedreiros egípcios, pois é improvável que os hititas tivessem desenvolvido a habilidade de talhar o granito tão rapidamente e por conta própria. Entrava-se no pátio em frente ao anexo por um portal simétrico, de planta quadrada e dividido em nove espaços. O restante do projeto denota um esforço para equilibrar as áreas à direita e à esquerda do pátio. No canto nordeste havia um espaço para banhos. Um pórtico na extremidade mais distante conduzia aos recintos sagrados do anexo. As estátuas de culto, dedicadas à deusa do Sol, ocupavam a maior das duas salas a noroeste; a outra sala era dedicada ao deus do clima. No conjunto, o edifício parece uma colagem de diferentes elementos: o portal, o pátio e o anexo.

O evento mais importante era um festival da primavera, no qual se encenava ou recitava o combate entre o deus do clima e um dragão. Durante o festival, o rei e a rainha, acompanhados por bufões e músicos, entravam pelo portal cerimonial na parede leste e se dirigiam a uma bacia de pedra, onde o rei procedia a uma lavagem ritual das mãos, usando água vertida de um jarro de ouro. Dali ele adentrava o pátio do templo através do portão monumental. Um mestre de cerimônias preparava então o rei e os dignitários ali reunidos para um banquete, provavelmente na colunata do pátio ou na própria sala do trono. Como os mesopotâmicos, os hititas não empregavam colunas ou capitéis em sua arquitetura. Em vez disso, distribuíam os recintos em torno de pátios pavimentados. Ao contrário dos templos sumerianos, nos quais os cômodos recebiam a luz solar de janelas situadas no alto das paredes, o que resultava em interiores escuros e misteriosos, nos templos hititas os arquitetos empregavam janelas altas com peitoris muito baixos. Essas janelas situavam-se dos dois lados da estátua de culto, banhando-a com luz. Os hititas também usavam colunatas, em um sistema do tipo parede e pilastra, o que enriqueceu consideravelmente seu vocabulário espacial. Por fim, os arquitetos hititas buscavam uma tensão proposital entre simetria e assimetria, o que, como veremos, encontra paralelo na arquitetura minoica.

Há outras diferenças entre os templos hititas e os mesopotâmicos. A cela do templo mesopotâmico comunicava-se com o pátio por uma antecâmara ou capela intermediária, de modo que a congregação reunida no pátio pudesse ver claramente a estátua do deus em seu nicho. Nos templos hititas, a sala de culto era acessada por um dos recintos adjacentes, assim a estátua de culto não era visível do pátio. Isso levou os arqueólogos a concluírem que a cela era reservada aos sacerdotes ou a uma elite equivalente a eles, os únicos a serem admitidos ao santuário.

# EUROPA

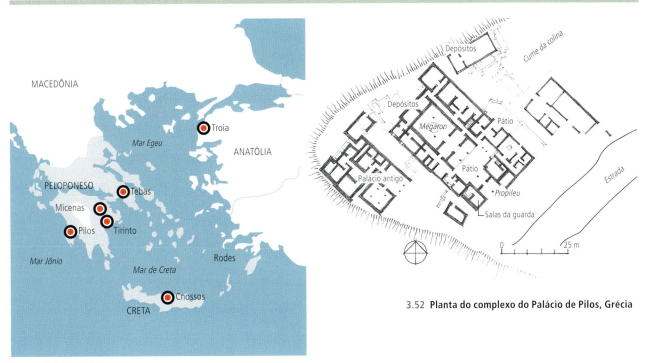

3.51 A Grécia micênica

3.52 Planta do complexo do Palácio de Pilos, Grécia

## A CIVILIZAÇÃO MICÊNICA

Os micênicos, cuja origem é desconhecida, assentaram-se na Grécia por volta de 2000 a.C., onde, como os hititas, rapidamente se unificaram em uma sociedade da Idade do Bronze. Nos numerosos portos e ilhas do Peloponeso, era adotado um sistema de chefes de clãs locais ou reis que atuavam sob a égide do senhor de Micenas, a quem se conectavam por laços de sangue, lealdade tribal, idioma e antigas memórias de origem, como revelam seus mitos. Comandando uma poderosa frota, o lorde de Micenas assegurava a posição de destaque dessa cidade-estado. Com o declínio dos minoicos no Mar Mediterrâneo, o domínio de Micenas estendeu-se a todas as ilhas do Mar Egeu, incluindo Rodes e Chipre. Os micenianos comercializavam com a Sicília, o sul da Itália, o Egito, a Sardenha e os países ao redor do Mar Negro e estabeleceram entrepostos nas rotas que levavam a esses locais. Essa forma de poder constituía uma novidade na história do mundo. Os micênicos não eram centralizados nem possuíam um exército baseado em terra, mas foi precisamente isso que os impulsionou para o centro dos eventos mundiais. As conexões tribais forjaram um número pequeno de guerreiros, mas que eram extremamente leais. Os micênicos desenvolviam suas próprias mercadorias para exportação. Seus carpinteiros, por exemplo, usavam com grande habilidade o marfim da Síria para adornar móveis. A perícia dos micênicos em metalurgia era lendária: espadas de bronze de Micenas foram encontradas até na Romênia. É evidente que eles interagiam com os minoicos, de cuja antiga cultura tomaram emprestado elementos de decoração mural e técnicas de construção. No entanto, os micênicos tinham uma sensibilidade arquitetônica própria, centrada no mégaron.

O complexo do Palácio de Nestor, em Pilos, que é muitas vezes citado na Odisseia de Homero, foi construído entre 1300 e 1200 a.C. Predomina nele o mégaron, ou grande salão: um recinto quadrado com quatro colunas caneladas, entre as quais há uma lareira elevada com 4 metros de diâmetro. O salão era ventilado por um clerestório. O piso, revestido com argamassa, era decorado com uma retícula na qual os campos foram pintados com padrões não figurativos.

As paredes eram recobertas por uma elaborada série de afrescos representando animais, músicos, indivíduos carregando oferendas e um sacrifício do touro. Na parede próxima ao trono (to-no em grego micênico, origem da palavra "trono") se via o desenho de um polvo com um sentido simbólico especial. Será que esse organismo escorregadio, dotado de múltiplos tentáculos, representava a hábil estrutura social micênica, com suas inúmeras zonas? O trono era feito de madeira folheada com ouro e marfim.

Atrás do imenso salão havia dois depósitos onde eram armazenados grandes recipientes com azeite. Os aposentos reais situavam-se em um bloco discreto no canto leste. Em um cômodo havia até uma banheira de terracota. O acesso ao mégaron era mais direto do que na estrutura labiríntica de Cnossos. Quem vinha de fora entrava por um propileu (palavra que significa, literalmente, "antes do portão") em forma de H onde uma coluna única dividia a entrada em duas partes, de modo semelhante ao que existia em Creta. O propileu não conduzia nem a um salão nem a um corredor, mas a um pátio onde um pórtico com colunas e uma série de portas demarcava a entrada do mégaron.

À direita da entrada estava a sala da guarda e, à esquerda, os arquivos do palácio e os registros das transações comerciais. Antes de ingressar no mégaron, o visitante era conduzido a uma sala do lado esquerdo do pátio onde se realizavam os preparativos rituais. O palácio localizava-se em um penhasco e tinha um porto protegido, a cerca de cinco quilômetros do mar, na rota comercial que percorria todo o Peloponeso.

# 1500 A.C.

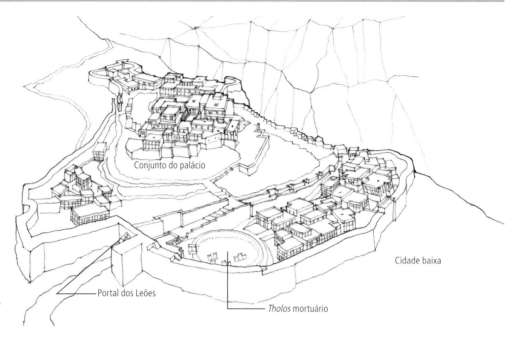

3.53 Vista geral de Micenas, Grécia

Os palácios micênicos eram muito mais do que simples moradias. Como o de Cnossos, eram centros administrativos e polos da produção industrial local. O Palácio de Pilos, por exemplo, empregava cerca de 550 tecelões e 400 metalúrgicos. Havia também outras categorias de artesãos, como ourives, escultores de marfim, escultores de pedra e ceramistas. Essas pessoas moravam em vilarejos próximos.

A cidade dominante na época era a própria Micenas. Embora hoje ela pareça distante de tudo, isso não era verdade em 400 a.C. Ela constituía um atalho através do Peloponeso, entre o Porto de Argos, amplo e protegido, e um porto na Baía de Corinto. Assim, conectava Creta e o leste do Mediterrâneo aos mercados italianos e de outros locais mais distantes. Situada contra uma montanha, era fácil de proteger.

Micenas era defendida por espessas muralhas circulares, que foram construídas por volta de 1450 a.C. Parte desse formidável trabalho de defesa consistia em uma muralha ciclópica, assim denominada pela aparente força sobre-humana que foi necessária para transportar os gigantescos matacões que a formaram. Em outras partes encontram-se fileiras regulares de blocos de pedra encaixados sem argamassa. Entra-se na cidadela pelo famoso Portal dos Leões, que pode indicar uma ligação, ou pelo menos familiaridade, com a cidade de Hattusas.

Logo à direita, após a entrada na cidadela, há um grande *tholos* circular de sepulturas que os arqueólogos encontraram, com seis câmaras mortuárias contendo tesouros fúnebres de ouro, prata e bronze. O acesso a esse círculo certamente era restrito à elite, que ali chegava por meio de uma passarela que o conectava a um conjunto de prédios para rituais, também dispostos sobre um elevado pódio de pedra. No sentido mesopotâmico da palavra, em Micenas não havia templos. Os rituais sagrados eram realizados em edificações similares a casas, exceto pelo fato de serem mais ornamentadas e feitas de materiais mais refinados.

A cidade baixa e o círculo funerário originariamente estavam do lado de fora da muralha da cidadela, mas, após algum tempo, foram internalizados com a construção de uma muralha mais ampla. O palácio, situado no topo de uma colina, era protegido por seu próprio sistema de muralha. Diferentemente dos faraós egípcios, que eram sepultados em pirâmides e, em um período posterior, em grutas secretas, os micenianos mortos ficavam expostos dentro da cidade, em um lugar no qual as memórias e narrativas tendiam a convergir. Mais tarde, os gregos chamariam de *choros* as reuniões de pessoas em lugares comemorativos. De fato, muito depois do declínio da Era de Micenas, Homero surgiria para recontar as histórias dos heróis micênicos, entre os quais figurava Agamênon.

3.54 Mégaron do Palácio de Pilos, Micenas

# EUROPA

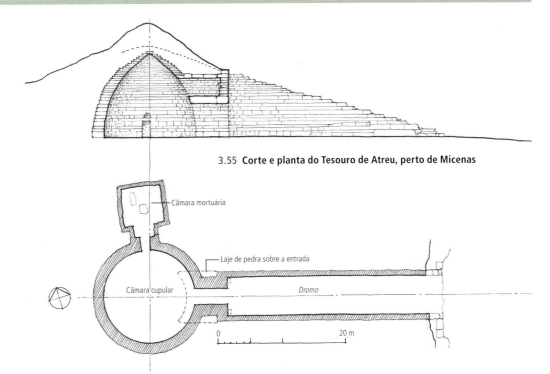

3.55 **Corte e planta do Tesouro de Atreu, perto de Micenas**

## O Tesouro de Atreu

A partir do final da Idade do Bronze, passou-se a enterrar os reis do lado de fora da cidade, em grandes túmulos em forma de colmeia – os *tholos* –, símbolos monumentais de riqueza e poder. O mais famoso e mais bem construído desses túmulos é o chamado Tesouro de Atreu, em Micenas. Ele consiste em uma grande câmara circular escavada na encosta de uma colina, tendo cerca de 15 metros de diâmetro e 15 de altura, cuja entrada é por um corredor (dromo) com cerca de 36 metros de comprimento e seis metros de largura. O túmulo foi coberto por uma cúpula de alvenaria de blocos finamente talhados em pedra de cantaria. A câmara mortuária propriamente dita era um recinto retangular encaixado no espaço central. O conjunto foi coberto com terra, formando uma colina artificial de formato cônico. A alta fachada da entrada era ladeada por duas meias-colunas de pórfiro verde – uma pedra nativa do Egito –, esculpida com aspas e espirais. Embora dotada de capitéis em estilo minoico, suas proporções bulbosas prenunciavam as transformações pelas quais passariam os capitéis após a invasão dórica. O lintel de pedra sobre a porta também foi laboriosamente ornamentado com espirais consecutivas e outros padrões decorativos.

3.56 **Elevação da entrada do Tesouro de Atreu**

79

# 1500 A.C.

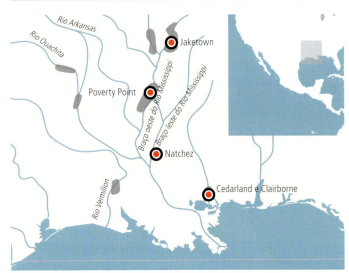

3.57 As culturas do Mississippi

3.58 Vista artística do Monte A (Monte do Grande Pássaro), Poverty Point, perto de Epps, Louisiana, Estados Unidos

## POVERTY POINT

Descritas pela primeira vez em 1873, as cordilheiras semielípticas de Poverty Point eram consideradas formações naturais. Foi somente na década de 1950, com a observação aérea do sítio, que os arqueólogos verificaram tratar-se de construções artificiais. O sítio de Poverty Point, localizado no vale inferior do Rio Mississippi, na Paróquia de West Carroll, estado da Louisiana, perto tanto da Costa do Golfo quanto da confluência dos seis rios mais importantes, não é uma construção única. Morros de terra artificiais já vinham sendo construídos ao longo do Rio Mississippi desde 4000 a.C. Os seres humanos provavelmente ocuparam a área por volta de 6000 a.C., por motivos óbvios: essa era uma das regiões mais ricas em fauna e flora na América do Norte. Havia patos que migravam sazonalmente, várias espécies de peixe e veados nas florestas, além da grande variedade de plantas comestíveis e frutas oleaginosas, como nozes amargas, pecã e de carvalho. Tudo isso contribuiu para o surgimento de comunidades prósperas. As grandes enchentes da primavera permitiam aos moradores locais se comunicarem por meio de canoas. O comércio era muito amplo e incluía pontas de projéteis e ferramentas de pedra lascada, chumbadas de pedra moída e contas de conchas e pedras. Há evidências inequívocas de que o comércio da região chegava até ao norte, onde hoje está Michigan.

Os montes artificiais serviam como local de encontros para a prática de rituais, que duravam semanas e eram parte importante da vida da primeira sociedade humana. Essas reuniões envolviam a entrega de presentes cerimoniais, socialização, cantos e danças. Nesse sentido, o local não era uma aldeia, e sim uma paisagem sagrada que servia como ponto de convergência para pessoas que vinham tanto das imediações como de muito longe, embora a tribo local talvez ali vivesse o ano inteiro.

Seis anéis concêntricos semielípticos envolvem uma enorme praça aberta, cobrindo uma área de quase 14 hectares. Os anéis são cortados por corredores transversais que os dividem em seis seções, as quais supõem-se que tenham tido, originalmente, mais de 2 metros de altura. Imagina-se que as tribos visitantes construíam nesses montes seus abrigos temporários para os festivais. Dentro do complexo e ao redor dele há de seis a oito montes de terra artificiais. A praça principal está orientada para o leste, com vista elevada para o Rio Mississippi. Esse era o local de elaboradas cerimônias com danças. Quem olhasse os corredores do centro para fora dos círculos concêntricos contemplaria, de um lado, o solstício de inverno e, do outro, o de verão.

A Oeste do sítio havia um enorme monte, construído em uma área com solo negro que, durante um ritual, era coberta com uma camada de areia branca, provavelmente simbolizando as forças da vida e da morte. Esse morro era feito pelas diferentes tribos que vinham ao local, cada uma delas trazendo, de muito longe, cestas com argila. Quando o trabalho terminava, o monte assumia o formato de um pássaro voando para o oeste, o que provavelmente seria um meio de comunicação com os espíritos dos ancestrais. Não se sabe, contudo, como os rituais xamanísticos funcionavam, nem se ocorriam no cume do monte ou em suas laterais. Hoje o monte está coberto por grama e árvores, mas, originalmente, sua superfície de argila ficava nua.

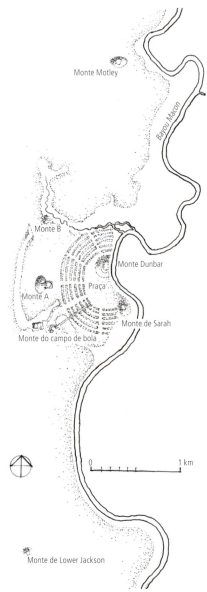

3.59 Plano geral da área de Poverty Point

# LESTE DA ÁSIA

3.60 A China da Dinastia Shang

## A CHINA DA DINASTIA SHANG

Os antigos historiadores chineses falam nos 10 mil reinos que existiriam antes da Dinastia Xia (*circa* 2070–1600 a.C.). De fato, a construção de fortificações defensivas ao redor das cidades dá testemunho de um estado de guerra entre as cidades da região. Entre essas numerosas cidades-estados, Xia passou a controlar o território das margens do Rio Amarelo, abrindo caminho para a ascensão da Dinastia Shang (*circa* 1600–1050 a.C.), cuja primeira capital foi Ao, conhecida como Zhengzhou. Os Shang, que continuamente transferiram sua capital em função dos frequentes desastres naturais, abandonaram Ao por volta do século XIII a.C. Apesar da importância de uma capital, ainda não existia a centralização do poder estatal. Não obstante, foi durante a Dinastia Shang que a figura do rei passou a ser vista como um símbolo de poderes cósmicos. Ainda que os festivais para os mortos fossem muito comuns, parece que, durante o Período Shang, já não se acreditava que as pessoas comuns pudessem se transformar em espíritos ancestrais. Em outras palavras, os ancestrais das elites se tornaram os ancestrais espirituais de todos. Assim, como aos ancestrais reais se creditavam poderes supernaturais, descobrir seus desejos era uma das tarefas mais importantes atribuídas a uma classe de sacerdotes ou profetas. A ordem teocrática assim estabelecida se tornou, daí em diante, o fundamento da definição chinesa de governo. O rei, ou seus sacerdotes/profetas, lançavam um "encargo" oral – uma pergunta – aos ancestrais, usando uma escápula de boi ou casca de tartaruga preparada enquanto nela usavam um atiçador de brasas a fim de gerar uma série de fissuras de calor nesse objeto sagrado. Os sacerdotes então interpretavam essas rachaduras como sendo auspiciosas ou não, e, então, gravadores entalhavam na superfície da casca ou do osso o tema do questionamento, às vezes o prognóstico e, mais raramente, o resultado. Além dos ancestrais vivos, havia uma variedade de deidades naturais com diferentes graus de abstração.

Foi durante o Período Shang que surgiram as primeiras evidências claras do surgimento de cidades na China. Elas dominavam a grande planície norte que era configurada, a norte, oeste e sul, por montanhas ou desertos, e aberta para o mar em sua margem leste. O Rio Huang e seus tributários fluíam através das planícies, vindo das montanhas a oeste. Nessa época, as áreas orientais consistiam em grandes pântanos, e o litoral localizava-se mais a oeste do que nos dias atuais. A zona intermediária, bem irrigada e com solo fértil, era uma área excelente para as atividades agrícolas. Ela compreende um território conhecido como Planície Intermediária. Assim, o urbanismo chinês iniciou-se de uma maneira fundamentalmente distinta daquela da Mesopotâmia, onde as cidades surgiram como uma experiência arriscada em áreas pantanosas. Aquelas cidades dependiam de técnicas de irrigação complexas, e seu poder podia crescer ou diminuir com as próximas enchentes. As primeiras cidades chinesas, por sua vez, foram construídas em situações muito menos estressantes, e seus povos ainda não tinham sistemas extensivos de irrigação.

Essas cidades eram essencialmente centros para cerimônias das elites, e enormes sacrifícios eram feitos para a construção de seus prédios. Essa classe dominante tinha tanto poder que, para consagrar apenas um de seus palácios, 852 pessoas, 15 cavalos, 10 bois, 18 ovelhas, 35 cães e cinco carros de guerra totalmente equipados com cavalos e seus condutores foram enterrados na construção. Os centros das cidades tinham paredes de barro, geralmente de forma ortogonal. Embora não fossem perfeitamente ortogonais, seu formato ainda era determinado por princípios sagrados. Uma importante diferença entre essas primeiras cidades chinesas e suas contrapartes mesopotâmicas é que, como centros cerimoniais, elas continham, seja dentro, seja nas proximidades, bairros de oficinas onde moravam artesãos que faziam os objetos de bronze, jade e cerâmica que eram necessários para as práticas rituais das elites. De certo modo, a cidade emergia como uma zona manufatureira ao redor do centro de rituais.

# 1500 A.C.

3.61 Reconstrução de palácio da Dinastia Shang

Zhengzhou, à margem do Rio Amarelo, era imensa: a lateral leste de sua muralha tinha 1,7 quilômetro de extensão. A cidade era rodeada de pequenas aldeias, oficinas de artesãos e fundições de bronze. Em sua parte nordeste, logo ao sul de uma pequena colina, havia um distrito com palácios e templos onde foram encontradas plataformas de taipa de pilão (terra apiloada, *han tu*) de diversos tamanhos que serviam de base para grandes edifícios com estrutura de madeira. A maior dessas *han tu* mede 60 por 13 metros e está orientada de acordo com os pontos cardeais. Não é por acaso que se situa imediatamente ao sul da colina: essa já era e continuou sendo a posição por excelência dos palácios chineses. Enquanto a elite vivia em casas construídas sobre bases de *han tu*, o resto da população tinha casas de formato redondo ou oval. As plataformas *han tu* quase sempre indicavam o *status* de uma elite.

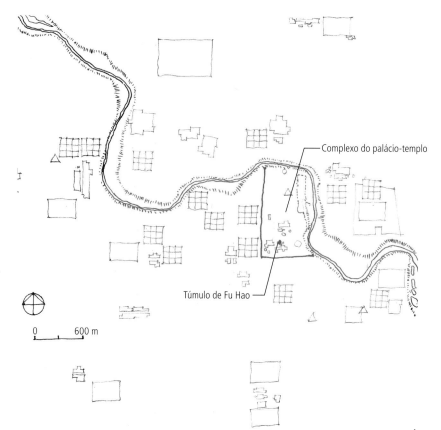

3.62 Situação da cidade de Yin, Condado de Anyang, China

# LESTE DA ÁSIA

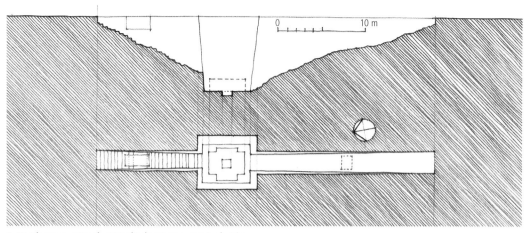

3.63 Planta e corte do túmulo de Fu Hao, perto de Yin

No início do século XIV a.C., os Shang estabeleceram sua capital, Yin, a cerca de dois quilômetros de onde atualmente se encontra a cidade de Anyang, às margens do Rio Huan. Esse também era um enorme centro para cerimônias, com palácios e templos para a adoração dos ancestrais. Havia um bairro mortuário especial para a elite, cujas tumbas eram diagramas do cosmo em miniatura. No centro de um cemitério real, por exemplo, foi encontrado um túmulo com câmara de madeira decorado e pintado, 12 metros abaixo do nível do solo. Duas ou quatro rampas costumavam descer até as laterais de uma câmara mortuária real, em cujo centro o monarca era enterrado. Em alguns túmulos, os guardas eram enterrados nas quinas, cada um com seu cão e, portanto, armamentos. Uma dessas tumbas encontradas era a de Fu Hao, uma das três esposas de um rei chinês. *Fu* significa "rainha"; *Hao* é seu nome próprio. Essa não era uma rainha qualquer, mas uma comandante militar. Seu túmulo consistia em uma sala quadrada, cuja base era uma vala com 7,5 metros de profundidade. Entre os artefatos descobertos nesse túmulo havia 460 recipientes de bronze utilizados para fazer ofertas aos ancestrais. Também havia 16 sacrifícios humanos e seis cães, inclusive um soldado armado e acompanhado de seu cachorro sob o ataúde, para protegê-la no além. Esse jazigo foi localizado dentro do recinto cerimonial de Yin (Anyang).

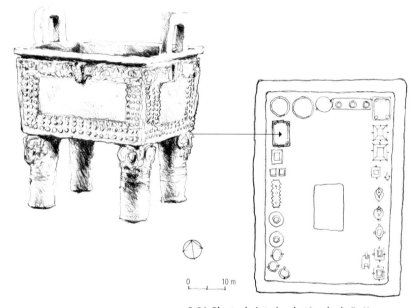

3.64 Planta do interior do túmulo de Fu Hao

# 1500 A.C.

3.65 Os vales dos rios Casma e Sechin

## AS CIVILIZAÇÕES DOS ALTOS ANDES

A transformação dos áridos vales andinos em campos agrícolas, a qual havia iniciado em Galgada por volta de 3000 a.C., continuou em Caral alguns séculos mais tarde. Ainda assim, esses magníficos experimentos não podiam durar para sempre. À medida que Caral cresceu, tornou-se mais vulnerável a enchentes, e, com o passar dos anos, seu solo foi se deteriorando. O declínio do vale, sem dúvida, foi visto como uma mensagem dos deuses, mas a energia não foi desperdiçada: ela simplesmente foi transferida para o vale seguinte, Sechin Alto, a cerca de 110 quilômetros ao norte de Caral. Assim como em Caral, o povo que chegou nesse vale tinha como objetivo claro transformar as margens do rio em um universo agrícola. As pessoas ergueram uma plataforma impressionante, de 300 metros por 250 metros, elevando-se 44 em relação à planície do entorno. O monte foi formado por quase 57.000 metros cúbicos de aterro, alvenaria e tijolos de barro cônicos, o que o tornou a maior construção da América de sua época. Ele foi então ampliado por uma série de plataformas, terraços e valas circulares alinhadas ao longo de um eixo com quase um quilômetro de extensão.

Assim como no Vale de Caral, o Sechin Alto não tinha cidades no sentido estrito da palavra, mas uma rede de um quilômetro composta por vilarejos e propriedades rurais que se distribuíam junto aos campos, cujos taludes se abrem antes de chegar na base do vale. À medida que foram criados mais campos de cultivo, novas microunidades se desenvolveram relacionadas com algum dos centros pré-existentes. Não se sabe se havia algum tipo de conflito entre essas pessoas. Como era típico em todo o Peru de então, elas viajavam aos centros nos dias de ritual. O comércio era fundamental para a sobrevivência da civilização. A obsidiana vinha das terras altas, e a madeira utilizada em coberturas e portas era de uma árvore que cresce apenas em uma altitude de 1.500 a 3.000 metros em relação ao nível do mar. O sal também era importante para a conservação de alimentos e peixe, e há uma grande fonte 115 quilômetros ao norte, perto de Salinas de Chao. Os vestígios de plantas encontrados no sítio incluem a batata inglesa e a batata doce.

A área contém mais de 100 plataformas alinhadas com dois prédios principais, separados por uma distância de 1,3 quilômetro. O eixo dessas edificações está orientado com um desvio de 90 graus em relação ao vale do Rio Casma e paralelamente à lateral oeste de um vale que se abre para esse rio. Entre os dois prédios há várias grandes praças dominadas por uma estrutura conhecida como Moxeke, que tem cerca de 170 por 160 metros em sua base e 30 metros de altura. Trata-se de uma série de plataformas sobrepostas com planta retangular e quinas levemente arredondadas. Uma escadaria conduz a um recinto murado de forma quadrada no nível intermediário. Atrás desse recinto há outra escada entre dois patamares separados, ambos com estruturas para rituais em seus cumes.

Essas construções eram pintadas com várias cores, assim como as pedras brancas do Partenon de Atenas no passado. No Peru, os exteriores eram pintados em matizes de vermelho, a antiga cor dos rituais e da morte, mas, com o passar do tempo, a paleta de cores se tornou mais complexa, e também passaram a ser retratados animais, pessoas e cenas mitológicas. Os templos hindus talvez possam servir de exemplos vivos de como esses prédios eram pintados.

As paredes externas de alguns dos terraços eram ornamentadas com figuras pintadas de vermelho claro, verde-esmeralda, branco e preto. O tamanho das figuras (três metros) indica que elas foram projetadas para serem visíveis de uma distância considerável. Além disso, sua implantação no alto da parte frontal do monte e se distribuindo em ambos os lados ajuda a aumentar sua visibilidade à audiência das praças do entorno.

# AMÉRICA DO SUL

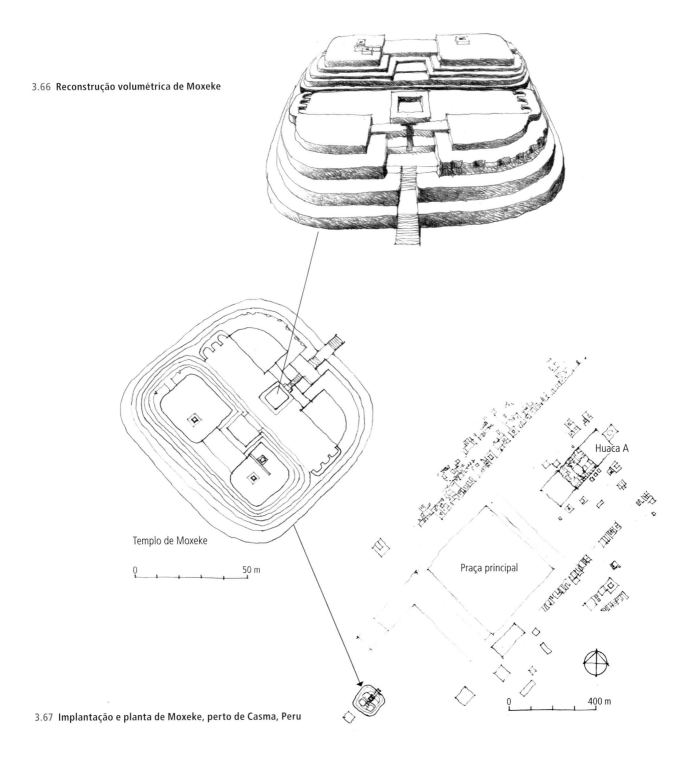

3.66 Reconstrução volumétrica de Moxeke

Templo de Moxeke

Huaca A

Praça principal

3.67 Implantação e planta de Moxeke, perto de Casma, Peru

# 1500 A.C.

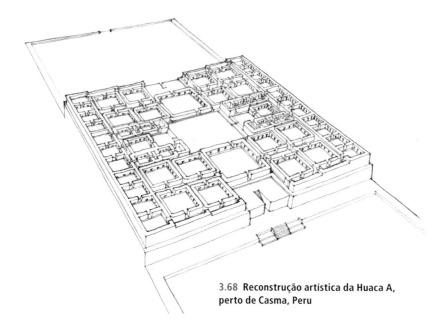

3.68 Reconstrução artística da Huaca A, perto de Casma, Peru

O vale contém uma edificação muito singular, conhecida como Huaca A, que é composta de 38 recintos praticamente quadrados comprimidos dentro de um complexo com cerca de 150 metros de comprimento, em cujo centro há um pátio. A organização dos cômodos é complexa. O prédio, simétrico em relação a ambos os seus eixos ortogonais, consiste em quatro quadrantes praticamente equivalentes. Três grandes espaços definem seu eixo central dominante, com cômodos menores nas laterais. Não há paredes-meias entre os recintos. Cada um deles, configurado por paredes com cerca de dois metros de espessura, foi construído como se fosse um elemento independente, mesmo quando em contato direto com outro cômodo. Em alguns casos, não há espaços úteis entre as unidades; em outros, elas são separadas por corredores. Também há um aumento significativo na elevação dos pisos dos cômodos à medida que nos afastamos do centro. O nível do piso dos cômodos nas quinas é quatro metros mais alto do que o do pátio central. Não há dúvida de que os recintos eram utilizados para o depósito de produtos importantes, pois o acesso a vários deles era controlado por portões de madeira e gradeados. Os cômodos não têm uma conexão livre entre si: a maioria dos espaços maiores é acessível apenas por dois grandes vestíbulos. Da mesma maneira, os cômodos menores somente podem ser acessados por meio de um sistema de corredores cuidadosamente projetado. O prédio foi claramente desenhado para impressionar os visitantes. Subindo pela escadaria central, nós nos deparamos com um átrio e somos imediatamente confrontados por um enorme friso com uma dupla de felinos, com 10 metros de comprimento e seis metros de altura, voltados um para o outro em ambos os lados da entrada. A tridimensionalidade dos animais seria ampliada pela curvatura das paredes do átrio. Um banco baixo, com 120 centímetros de comprimento e 25 centímetros de altura, ressalta ainda mais o friso e talvez servisse como barreira para evitar uma aproximação excessiva. Parece que o prédio era um depósito sagrado, pois nos nichos foram encontrados vestígios de uma variedade de alimentos vegetais, como amendoim, feijão e tubérculos. Como também foram encontrados itens como contas de turquesa, uma figurinha de madeira e tecidos muito elaborados dentro do depósito, ele provavelmente era empregado não apenas para guardar alimentos, mas produtos de todos os tipos. O prédio, sem dúvida, era o ponto focal de atividades burocráticas e de rituais, coletando e redistribuindo alimentos e itens de artesanato.

# 800 A.C.

4.1 Uma comparação entre o tamanho de algumas cidades da Antiguidade

Uruk    Zhengzhou    Poverty Point    Dur-Sharrukin    Babilônia

## INTRODUÇÃO

Por volta de 1000 a.C., os centros litorâneos de agricultura e realização de rituais estavam em decadência, talvez em virtude da exaustão do solo. Foi fundado um novo assentamento, Chavín de Huántar, que se localizava nas montanhas na interseção de importantes rotas comerciais e desde o início tinha a função de centro ritual. Pode-se dizer que sua atração e seu simbolismo seriam similares ao de Jerusalém para as religiões monoteístas do Oriente Médio. As pessoas iam até lá por motivos religiosos, trazendo consigo objetos de luxo e presentes para serem trocados.

Enquanto isso, no México, estavam se formando as primeiras culturas centradas no cultivo do milho. O milho havia sido domesticado por volta de 5000 a.C. nas florestas da Guatemala, e, então, foi levado para o norte, no México. Os olmecas desenvolveram seu plantio, e hoje esse cereal é cultivado e consumido em muitas partes do mundo. Eles começaram a drenar as terras pantanosas e virgens de Veracruz e a convertê-las em produtivas zonas agrícolas. A próspera economia comercial resultante desse cultivo formou a base para os primeiros grandes centros de rituais da América Central, como San Lorenzo e La Venta.

Na Eurásia, por volta de 1000 a.C., a fundição do ferro já estava bastante difundida, tendo sido iniciada pelos hititas. Seu uso chegava até a China. As armas de ferro provavelmente foram responsáveis por boa parte das convulsões sociais e deslocamentos populacionais ocorridos nesse período. O ferro também melhorou a qualidade dos arados, o que significa que novas áreas agora podiam ser cultivadas. A Sicília, por exemplo, tornou-se o objetivo dos intrépidos gregos, que buscavam evitar a necessidade de comprar cereais dos egípcios. O ferro também transformou as técnicas de construção, ao acelerar os trabalhos de cantaria. Porém, acima de tudo, o ferro mudou o equilíbrio tradicional do poder entre aqueles que tinham o metal e os que não o tinham. As culturas urbanas egípcias e mesopotâmicas foram as prejudicadas por essas mudanças, enquanto as vencedoras foram aquelas que outrora eram consideradas periféricas: os etruscos, na Itália; os dórios, na Grécia; e os núbios, no sul do Egito. Foi nesse contexto de aperfeiçoamento das armas que os dórios os jônios ampliaram seu poder, fundando colônias na Sicília e na Itália para assegurar seu controle sobre as novas rotas comerciais. A Magna Grécia, como então era chamada, era forte a ponto de poder ser considerada, por volta de 500 a.C., uma unidade econômica e cultural independente. Assim, algumas das experiências iniciais mais avançadas dos gregos na arquitetura em pedra podem ser encontradas na Sicília e na Itália, com quem os egípcios comercializavam.

Nos séculos IX e VIII a.C., os palestinos e os israelitas conquistaram importância regional diante dos cuchitas, da Núbia, e do reino dos sabeus, do Iêmen. Os reinos de Cuche, Israel e Sabá tinham seus próprios sistemas econômicos. Cuche era uma importante fonte de metais e, durante certo tempo, seus reis controlaram o Egito. O Reino de Sabá, no Iêmen, monopolizava a produção de uma espécie de incenso chamado olíbano, óleo derivado de uma árvore que só crescia ali. O olíbano, cujo preço era equivalente ao do ouro, era utilizado em muitas cerimônias religiosas. Para chegar aos mercados consumidores, era levado à Palestina, que tinha conexão com diversos portos e rotas comerciais.

Entre os séculos VIII e VI a.C., os assírios e babilônios se estabeleceram como as forças dominantes da Ásia Ocidental, mas, para isso, tiveram de subjugar as culturas do Norte, que dominavam a produção de ferro. Seus exércitos, agora mais bem equipados, criaram grandes impérios. No entanto, a política assíria e babilônica de realocar grandes grupos de pessoas e sua incapacidade de estabelecer políticas financeiras e comerciais coerentes significou que, ainda que fossem grandes potências, esses impérios estavam fadados a ter vida curta. A queda do Império Babilônico diante da Pérsia, em 539 a.C., marcou o início do fim de uma cultura centrada na Mesopotâmia que havia sido, por mais de dois milênios, uma das forças regeneradoras dominantes da Eurásia em termos culturais, econômicos e políticos.

Mais a leste, na Índia, os invasores de origem védica indo-ariana, que haviam se imposto como classe dominante nos séculos anteriores, já tinham ocupado vastas áreas na Planície Indo-Gangética, onde estabeleceram 16 *mahajanapadas*, ou reinos. A cidade de Varanasi, junto ao sagrado Rio Ganges, tornou-se um importante centro de ensino e um proeminente local sagrado, que ainda hoje atrai devotos. Com seus 3.500 anos de história, Varanasi pode ser considerada um dos mais antigos locais sagrados ainda em funcionamento. Pouco de sua arquitetura da época ainda existe, pois a maioria dos prédios era de madeira.

Em 1046 a.C., na China, os Zou substituíram os Shang e construíram suas capitais, Hao (ou Haojing) e Feng nas margens opostas do Rio Feng (a oeste da atual Xi'an). Embora pouco ainda reste em termos físicos, os Zou mudaram profundamente as noções chinesas de governo ao criar uma ideologia de domínio imperial conhecida como "mandato do paraíso", que posteriormente foi exaltada como um modelo de governo por Confúcio e outros líderes. Os Zou também reforçaram princípios de mandato estatal que ritualizaram a "tradição" como uma maneira de afirmar os privilégios das elites. Apesar desse mandato, os Zou enfrentaram as enormes tensões típicas da política chinesa que existiam entre o controle imperial e a autoridade baseada nos clãs e que causariam o declínio de seu império, assim que suas fraquezas foram percebidas.

# 800 A.C.

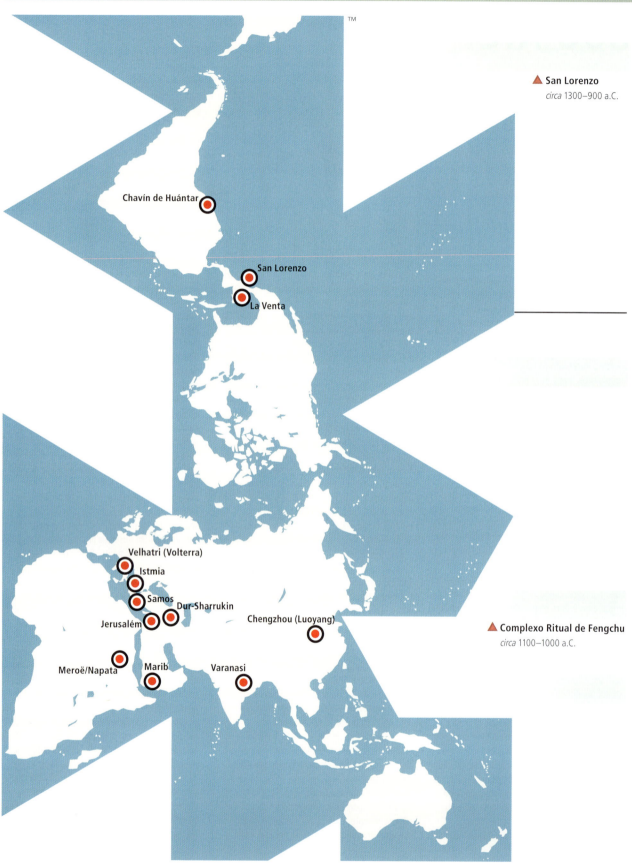

# Introdução

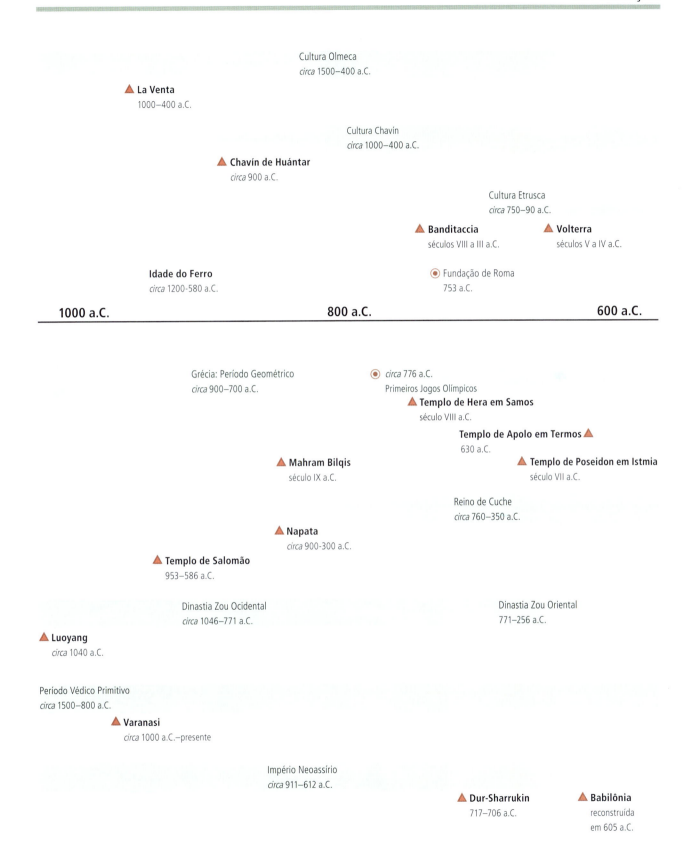

# 800 A.C.

4.2 **Urbanização da América Pré-Colombiana**, *circa* 800 a.C.

4.3 **Comércio na América Pré-Colombiana**, *circa* 800 a.C.

## OS OLMECAS

Nas Américas, por volta de 7000 a.C., já havia sido desenvolvida uma grande variedade de plantas que exigiam cuidados mínimos para seu cultivo: batata, amendoim, cacau, feijão, mandioca, abóbora, abacate, etc. Em nenhum outro lugar do mundo uma variedade tão grande de plantas parece ter estado disponível em uma área geográfica tão restrita. As pedras para moagem (mós) surgiram ao longo do litoral sudoeste de Belize e no nordeste do México. Em 3000 a.C., as enxadas começaram a surgir em sítios da Costa do Golfo, e, em Oaxaca e Puebla, emergiram as primeiras indicações de assentamentos e da vida em aldeias. A revolução agrícola havia iniciado. Ainda que as pessoas da cultura do Mississippi daquela época parecessem ricas quando comparadas a seus vizinhos das planícies, elas teriam ficado boquiabertas se tivessem ido ao México e visto seus campos cultivados.

Parece um contrassenso que, em uma região onde tantos tipos de alimentos eram tão fáceis de se obter, essas mesmas pessoas fossem dominar a produção de milho. Contudo, ao contrário do trigo, da cevada e do arroz, cujas formas comestíveis são relativamente similares às selvagens, o milho era o produto de centenas de anos de aprimoramentos genéticos. Tudo indica que isso ocorreu na área junto à fronteira entre El Salvador e Guatemala, onde cresce uma gramínea selvagem conhecida como teosinto. Não se sabe o que atraiu as pessoas a esse vegetal, pois ele não é comestível. Talvez elas tenham descoberto que suas sementes "pipocassem" quando torradas. Pode ser que isso tenha tido algum significado ritual, levando os agricultores a buscar o aperfeiçoamento da planta até que ela produzisse o que é chamado de milho no sentido moderno da palavra. De qualquer maneira, é evidente que o milho não era apenas uma planta: ele era um deus, pois cultivá-lo era um processo tanto agrícola quanto teológico. Logo depois (certamente antes de 1000 a.C.), descobriu-se que deixar seus grãos de molho cobertos com cal ou cinzas amaciava-os e permitia que fossem transformados em farinha de milho (fubá). Esse processo também gerava vantagens nutritivas significativas em relação ao milho não tratado.

O milho foi então desenvolvido em variedades com distintas características e tamanhos e passou a ser usado em vários usos culinários. Um tipo era para farinha de milho; outro para fazer pipoca; um tipo de grão era para as cerimônias religiosas; e ainda outro, para pães. Para pão de milho, o cereal era tirado do sabugo e transformado em uma pasta leitosa (que também podia ser combinada com farinha de feijão) e, então, era cozido lentamente, até se tornar uma espécie de bolo. Algumas variedades de milho ficavam melhor quando curtidas no sol ou em uma lareira. O cereal também podia ser usado para fazer uma bebida fermentada.

4.4 **Um recipiente votivo tolteca feito de cerâmica cozida e mostrando uma imagem do sacerdote do milho, dedicado a Xilonen, o deus asteca desse cereal** (*circa* 1500 d.C.)

# AMÉRICA CENTRAL

4.5 Motivo típico da arte olmeca: cabeça de homem-onça, com rosto humano e boca de onça

4.6 Cabeça monolítica colossal descoberta em San Lorenzo, México

A cultura olmeca foi a primeira a estabelecer uma visão de mundo centrada no milho que se tornaria o marco da civilização nas Américas. Para isso, eles foram ousados, deixando as florestas tropicais para ocupar os pântanos desabitados da costa leste do México. Os únicos animais relativamente grandes dessas áreas pantanosas eram tartarugas e pássaros. A decisão dos olmecas de construir com pedra foi ainda mais extraordinária, pois as gigantescas pedras que eles usaram tiveram de ser arrastadas por muitos quilômetros das montanhas ao norte. Contudo, dois elementos estavam a seu favor. O primeiro era o sal do litoral, que eles processavam e era trocado por muitas coisas das quais eles necessitavam. Eles também tinham betume de vários afloramentos, que era utilizado para fazer cestos e embarcações impermeáveis. Talvez seja um pouco de exagero comparar a situação à diferença que hoje vemos entre uma propriedade rural familiar e uma corporativa, mas ter essa dicotomia em mente (ainda que em termos muito gerais) ajuda a esclarecer o que os olmecas haviam alcançado. Essa não era uma expansão gradual dos estilos de vida agrícolas: era uma industrialização proposital da paisagem. Isso significa que os olmecas ocuparam a região especificamente para transformá-la de um charco a um centro de produção de milho, controlado por poderosas personalidades, que provavelmente eram em parte xamãs (pajés), em parte deuses e em parte governantes.

A vida religiosa dos olmecas centrava-se em diversos locais sacros: cavernas, fontes e vulcões. O vulcão, símbolo muito usado no imaginário olmeca, era associado a um mundo que nascia a partir de baixo, mas também era visto como o abrigo de nuvens de tempestades, raios e chuva. Na arte olmeca, é retratado na forma de um dragão com a boca aberta, que representa a entrada para o mundo subterrâneo ou além. O céu era governando por um pássaro monstro ou o deus do Sol, cuja energia alimentava o cosmos e fazia crescer as plantas. Abaixo do dragão, os olmecas visualizavam um vazio aquoso do qual fora moldado o mundo. A principal divindade da mitologia olmeca era o deus da chuva, representado como uma onça, símbolo xamanístico de metamorfose e que podia assumir outras formas, até mesmo humanas. A união sexual de uma mulher com uma onça macho gerava um tipo especial de deuses, representados nas esculturas como se estivessem rosnando, com gengivas desdentadas, presas e cabeça fendida. Os olmecas aprenderam a arrastar e transportar por água pedras e colunas de até 40 toneladas a uma distância de 160 quilômetros A maioria delas era transformada pelos escultores em cabeças humanas e de pumas. Ao contrário das feições angulares e pronunciadas de civilizações posteriores, as cabeças esculpidas pelos olmecas eram arredondadas e suaves, muito verossímeis. Também eram bastante grandes: algumas possuíam mais de 3 metros de altura.

Os jogos com bola era um importante elemento dos rituais olmecas, como é evidenciado por figuras de argila mostrando jogadores vestindo pesadas cintas de couro e algo que parece ser um capacete. Também parece que os jogadores tinham espelhos em seus corpos, o que sugere a natureza mágica dos jogos. As bolas variavam entre 10 e 22 cm de diâmetro e eram pesadas, com três ou quatro quilogramas. Um jogo atual conhecido como *ulama*, que é praticado em algumas aldeias da Mesoamérica, lembra uma partida de voleibol sem rede, em que cada time deve permanecer em sua metade da quadra. A bola é lançada de um lado para o outro usando-se apenas os quadris, até que um time não consegue devolvê-la para o outro lado ou a arremessa para fora da quadra. Não se sabe por que os olmecas tinham esses jogos e o que eles significavam. Seriam para evitar ou resolver conflitos, para disputas até a morte entre prisioneiros? Ou atividades simbólicas associadas a eventos calêndricos e a práticas xamanísticas?

# 800 A.C.

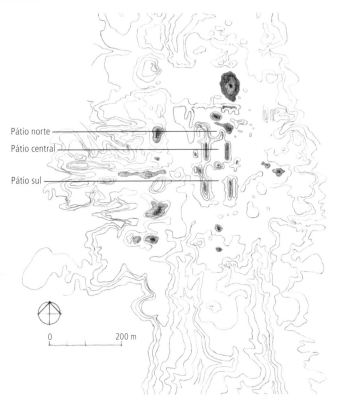

4.7 Planta do sítio de San Lorenzo

## San Lorenzo e La Venta

O sítio de San Lorenzo (fundado em cerca de 1300 a.C.) recebeu esse nome por estar próximo a uma aldeia atual, nas regiões mais baixas do Rio Coatzacoalcos. Ele situava-se sobre uma colina voltada para uma grande planície aluvial agrícola. O ponto mais elevado da colina foi terraplenado para criar um platô que cobria uma área de cerca de sete quilômetros quadrados e formato similar a um pássaro. Embora a arquitetura de madeira e colmo tenha desaparecido há muito tempo, o uso de pedras basálticas, trazidas das Montanhas Tuxtla, para escadas, colunas e aquedutos nos oferece uma imagem viva da escala e da grandeza da habilidade dos olmecas. O principal complexo para cerimônias consistia em uma série de plataformas com pátios arranjadas na orientação norte-sul.

Embora os montes não estejam alinhados de acordo com apenas um projeto, há gigantescas cabeças monolíticas de pedra no centro dos pátios. O pátio central também possuía uma série de cisternas talhadas em pedra que, em virtude de sua localização e seu sistema de drenagem, certamente se destinavam a rituais. Imagina-se que a localização de uma cidade dessa não era selecionada apenas por motivos econômicos. San Lorenzo era um local para rituais, mas o que o tornava tão especial quando comparada com os outros sítios do platô? De acordo com uma teoria, este era o único lugar ao longo do rio onde o pôr do sol se alinhava com o Cerro Zempoaltepec, uma montanha, no solstício de inverno.

Por razões desconhecidas, San Lorenzo entrou em declínio. Muitas das colossais cabeças de pedra que haviam sido trazidas com enorme dificuldade até o sítio foram roladas até as ravinas que dividem as bordas do terraço e foram cuidadosamente cobertas, e, em uma ou duas gerações, a selva já havia coberto todo o local. Não se sabe se isso foi feito durante rituais para reativar o sítio, ou por outras razões.

Porém, quando isso ocorreu, um novo centro já havia sido construído e preparado, e talvez os sacerdotes desse novo local estivessem ansiosos para serem os únicos senhores da regionalização. Esse novo sítio é conhecido como La Venta e localiza-se 80 quilômetros a norte de San Lorenzo, mais próximo da costa do Golfo do México. La Venta talvez seja o primeiro uso de simetria em um projeto geral de arquitetura na Mesoamérica. O terreno parece estar orientado para o pôr do sol do solstício de verão sobre o vulcão San Martín, a noroeste. A Pirâmide de La Venta, com cerca de 30 metros de altura e 150 de diâmetro, é a maior das pirâmides olmecas. Foi construída com 3,7 mil metros cúbicos de terra batida e argila, de modo a se obter um formato cônico irregular (canelado) sobre uma base retangular, embora talvez isso tenha sido causado pela erosão subsequente. Não é apenas a simetria da composição que era uma novidade. Os projetistas usaram esculturas de pedra para criar uma rota processional narrativa de sul a norte e, ao mesmo tempo, enterraram outras esculturas e artefatos, como se fossem oferendas. O objetivo era fazer com que o invisível e o visível trabalhassem de modo inter-relacionado. As esculturas expostas foram agrupadas em intervalos significativos ao longo do eixo.

Alguns dos altares de La Venta mostram um homem saindo de uma caverna e segurando uma criança pequena em seus braços. As cores vermelha e verde desempenhavam um papel significativo. E, naturalmente, um elemento simbólico importante era o milho, celebrado por quatro estelas, que mostravam embriões humanos estilizados usando insígnias de milho. Eles funcionam como quatro sementes de milho-homem, ou os criadores da raça humana.

# AMÉRICA CENTRAL

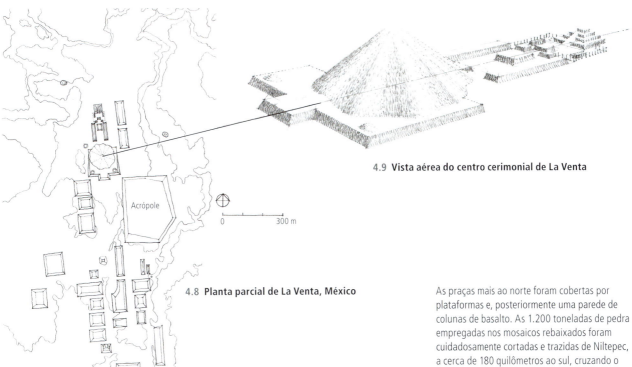

4.9 Vista aérea do centro cerimonial de La Venta

4.8 Planta parcial de La Venta, México

O local, portanto, foi desenvolvido em torno dos conceitos de repetição atemporal da vida e da morte. Ainda não se sabe como os olmecas faziam seus cultos naquele lugar. Será que um festival anual era celebrado ali? Ou seria o sítio uma espécie de santuário religioso utilizado apenas pelos iniciados? Seja como for, o complexo era uma área espiritual projetada pelo homem para servir tanto como local de peregrinações e uma poderosa fonte de energia que poderia garantir que os campos de milho se mantivessem produtivos.

O mais incrível de tudo eram as inúmeras grandes praças enterradas, que, por si sós, eram oferendas compostas de centenas de toneladas de blocos de diorito colocados em enormes valas e imbricados com argila colorida. Os arqueólogos imaginam que essas praças foram criadas como efígies de uma força vital feminina que assumia a forma de lagos e rios artificiais, os quais controlavam o nascimento das crianças e a pesca. Parte do projeto incluía um piso composto de um padrão geométrico conhecido como quincôncio, que representa a superfície da terra com uma borda com padrões em diamante, talvez se referindo ao manto florescente da terra. Sobre essas oferendas, os construtores colocaram areia de diferentes cores, esculturas fálicas e estatuetas de pedra.

As praças mais ao norte foram cobertas por plataformas e, posteriormente uma parede de colunas de basalto. As 1.200 toneladas de pedra empregadas nos mosaicos rebaixados foram cuidadosamente cortadas e trazidas de Niltepec, a cerca de 180 quilômetros ao sul, cruzando o Tehuantepec Gap.

La Venta, assim como San Lorenzo antes dela, era um local onde uma paisagem sagrada foi produzida *ex nihilo*, ou seja, era totalmente artificial. Historicamente, as paisagens sagradas estavam profundamente conectadas a locais específicos, mas, nesses sítios, não havia esse tipo de tradição. Aqui o sagrado foi fabricado e, portanto, marcou o prenúncio do término do mundo xamanístico convencional.

4.10 Um dos "pisos" misteriosos que foram enterrados em La Venta

# 800 A.C.

4.11 A cultura de Chavín, ao longo do litoral peruano

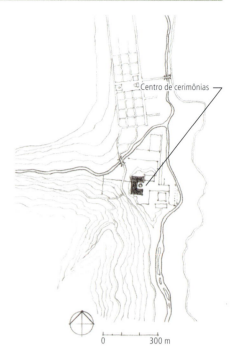

4.12 Planta do sítio de Chavín de Huántar, Peru

## CHAVÍN DE HUÁNTAR

Por volta de 800 a.C., as inovadoras civilizações da costa peruana, nos vales dos Rios Casma e Supe, haviam entrado em decadência e foram conquistadas por invasores, provavelmente vindos dos altiplanos, não se sabe ao certo. A ascensão e o declínio dessas civilizações dentro de um período relativamente curto, junto com a militarização de suas sociedades, provavelmente teve um enorme impacto psicológico na época e parece ter acarretado uma mudança no foco ideológico. Os centros do poder foram transferidos do litoral para os altiplanos acidentados, e o mais importante desses foi Chavín de Huántar, fundado por volta de 900 a.C. Esse centro cerimonial se localiza entre o Vale do Rio Supe, ao sul, e o Vale do Rio Casma, ao norte, em um local onde o Rio Mosna se afunila radicalmente, formando uma garganta escarpada. Ali, no ponto de convergência de dois grandes desfiladeiros que cruzam a Cordilheira Branca, assim chamada por seus cumes cobertos de neve, o Rio Mosna encontra o Rio Wachesqua em uma área em forma de cunha entre as encostas das montanhas. Esse é o único terreno plano em uma área de vários quilômetros de extensão. Embora pareça isolada, a cidade estava apenas a seis dias de caminhada do Oceano Pacífico, a oeste, e da floresta tropical, a leste. O vale estreito jamais teria como sustentar a densidade populacional de Casma. Assim, neste local a agricultura foi explorada com o método mais tradicional de cultivo de pequenos campos nos terraços.

O templo de Chavín de Huántar era, portanto, um novo tipo de instituição, cuja economia se baseava quase que exclusivamente em suas cerimônias e seus rituais. Ao contrário dos centros de rituais do Vale do Rio Supe e do Rio Casma, com suas praças abertas e seus monumentos menos formais, mas de escala monumental, nesse caso o templo funcionava mais como uma máquina projetada para gerar certos efeitos e destacá-los. A ideia de divindade não era criada pelo distanciamento, mas pela intimidade psicológica e, talvez, até mesmo pelo medo.

A primeira construção cerimonial ali erigida foi um monte-plataforma em forma de U denominado Antigo Templo. Voltado para o leste, ele consistia em uma grande praça circular rebaixada, com as habituais escadas duplas sobre o mesmo eixo e uma escada principal centralizada que conduzia à cobertura do prédio e funcionava como um terraço elevado. A plataforma, construída com pedra afeiçoada, elevava-se de 12 a 16 metros acima da praça para a qual estava voltada. Suas laterais foram ornamentadas com gigantescas cabeças grotescas, esculpidas em redondo (de modo tridimensional) e depois engastadas na alvenaria maciça. Os entalhes também mostram onças, conchas de preguari (*Strombus pugilis*) e mãos com garras, além do *cactus* San Pedro, um alucinógeno dos Andes. Eles eram pintados de preto, branco e diferentes matizes de vermelho e azul. A superfície do templo provavelmente era pintada tanto por dentro como por fora, como fica evidente pelas grandes quantidades de argila nos pisos e os vestígios de tinta vermelha e amarela que aparecem em algumas paredes laterais. Ao contrário de alguns centros mais antigos, que tinham recintos no topo dos montes, mas não em seus interiores, aqui a principal atração era o interior do templo, que, embora tenha sido construído como um volume maciço de pedra, era um alveolado labirinto de passagens. Essas passagens, cobertas por grandes lajes de pedra, não têm mais do que um metro de largura e variam em altura, mas são grandes o suficiente para que uma pessoa possa percorrê-las. Uma passagem orientada diretamente sobre o eixo da praça circular contém uma imponente e misteriosa pedra de granito com três metros de altura, bastante esbelta, conhecida hoje como o Lanzón. Não se tratava de uma pedra natural, e sim de uma escultura que é metade gato e metade humano, cujo desenho circunda toda ela, de modo que jamais conseguimos visualizá-la por completo a partir de determinado ponto de vista. Voltada para o leste, ao longo do eixo do Antigo Templo, mas invisível do exterior, seu braço direito está

# AMÉRICA DO SUL

erguido, com a palma da mão exposta, enquanto seu braço esquerdo está abaixado, mas com o dorso da mão visível. Essa pose parece expressar o papel da divindade como mediadora de rivais, ou como uma personificação do princípio do equilíbrio e da ordem. Sua seção superior estreita e adelgaçada se encaixa perfeitamente em um orifício feito para ela no teto, indicando que o templo foi projetado ao redor da estátua. Por que essa relíquia sagrada ficava escondida, no fundo do templo, e de modo que não tinha como ser removida? Há uma depressão na cabeça da deusa, dentro da qual o sangue das vítimas de sacrifícios talvez fosse derramado, usando-se um orifício acima. O templo como um todo foi ampliado várias vezes. As duas principais extensões afetaram a ala sul, que, no fim, formou uma estrutura retangular maciça com 70 metros por 72 metros em planta.

Um aspecto do projeto que parece ter sido crucial para a experiência do lugar era a acústica. Sob o templo há canais de água cujo som provavelmente era ampliado pelos corredores. Os dutos que conduzem ao exterior talvez não fossem para o ar, mas para emitir esse som. Durante as enchentes da primavera e quando os canais subterrâneos eram abertos, o prédio provavelmente se enchia de vida com o forte ruído. Os aquedutos, que vêm da direção do sol poente, talvez simbolizem o rio subterrâneo, ao longo do

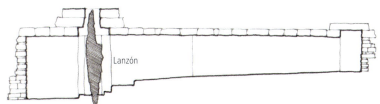

**4.13** Corte através da passagem central do Antigo Templo que conduz ao Lanzón, em Chavín de Huántar

qual o sol percorre até renascer a Leste. Esse rio era considerado como sendo a continuação da Via Láctea. Também foram descobertas trombetas feitas com conchas de preguari (*Strombus pugilis*) em uma das galerias, que quando tocadas recentemente produziram uma intensa experiência acústica. Talvez o templo fosse visto como um tipo de "montanha" viva com o espírito da divindade, um espírito que podia ser "convocado" pelos sacerdotes que controlavam os mecanismos internos do prédio. É possível que a luz também desempenhasse certo papel. Os corredores são conectados com o exterior por meio de uma série de tubos perfeitamente retos, que hoje seriam chamados de *shafts* ou colunas de ventilação. Experiências feitas no local mostraram que esses dutos poderiam trazer luz natural

**4.14** Lanzón, Chavín de Huantar, Peru

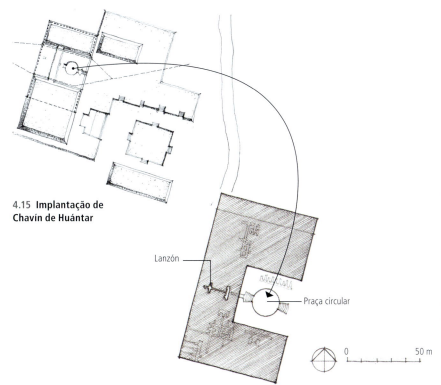

**4.15** Implantação de Chavín de Huántar

**4.16** Planta do Antigo Templo de Chavín de Huántar

para os corredores, mas também chamas à noite, o que geraria efeitos perturbadores.

Chavín reflete o uso e a manipulação da natureza a fim de reforçar o poder do terreno e suas autoridades. A amplificação do som da água que corre, a ponto de gerar um forte ronco, desempenhava seu papel, assim como o uso de drogas alucinogênicas. Geralmente se acredita que um iniciado era conduzido pelo corredor, que reverberava com os ecos do som da água passando por baixo dele, para testemunhar a presença da divindade e, talvez, ouvir seus oráculos. Isso sugere que os líderes religiosos não eram os chefes proverbiais do território, mas serviam a uma instituição que era nada menos do que uma deidade viva. Os sacerdotes a alimentavam, monitoravam, serviam e ativavam por meio de rituais. Embora Chavín tenha entrado em declínio após certo tempo, sua santidade jamais foi esquecida, mesmo com a chegada dos espanhóis. Antonio de Espinoza, que visitou o sítio por volta de 1620, observou que os moradores de todo o reino Inca iam até lá para fazer oferendas e sacrifícios.

# 800 A.C.

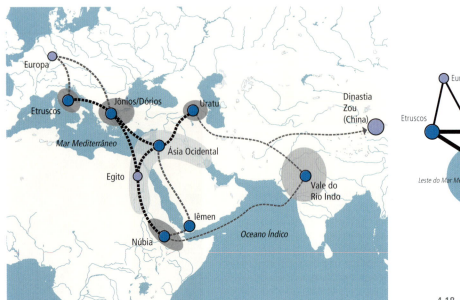

4.17 Centros de metalurgia na África e na Ásia Ocidental, *circa* 800 a.C.

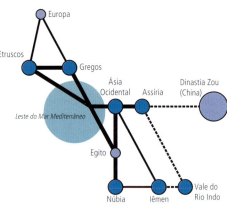

4.18 Diagrama das rotas de comércio na Eurásia, 800 a.C.

## A IDADE DO FERRO

Boa parte dos estudiosos acredita que as técnicas de forja do ferro foram desenvolvidas pelos hititas, que as mantiveram secretas. Seu desenvolvimento implicou milhares de anos de familiaridade com os fornos, metais e métodos de mineração antes que se pudessem dominar a fundição a altas temperaturas. Todavia, após a queda dos hititas em 1200 a.C., a arte de forjar o ferro se espalhou rapidamente, chegando à China por volta de 600 a.C.

Além da China, havia cinco sociedades emergentes organizadas em torno da metalurgia: os urartus, da Armênia; os núbios, do Sudão; os etruscos, da Itália; os dórios e jônios da Grécia; e, um pouco depois, a Índia da Dinastia Máuria. Considerando-se que todas essas culturas existiam à margem das civilizações da Mesopotâmia e do Egito, as consequências foram enormes. Em outras palavras, o ferro mudou por completo a paisagem política e da civilização. Regiões outrora periféricas em relação aos centros agro-urbanizados da Mesopotâmia e do Egito tornaram-se atores importantes, quando não dominantes, no quadro da economia mundial.

Evidentemente, o ferro era empregado para a fabricação de armas, mas ele também servia para produzir utensílios agrícolas, como arados e rodas. Com esses novos arados de ferro, as planícies da Sicília, a costa norte da África e até os altiplanos da Anatólia Oriental tornaram-se importantes regiões produtoras de cereais, o que diminuiu significativamente a necessidade de importar grãos da Mesopotâmia e do Egito. Os implementos agrícolas de ferro também tiveram profundo impacto sobre o desenvolvimento da agricultura na África Subsaariana, onde, pela primeira vez, era possível a limpeza do campo e a agricultura em grande escala. A conexão africana – centrada na Núbia e, mais tarde, em Axum – exauriu-se por volta de 600 a.C., sobretudo porque o desmatamento produziu grave degradação ambiental e dificultou tanto a mineração quanto a agricultura, gerando permanentes consequências negativas para a economia.

Os urartus foram conquistados pelos assírios, que queriam garantir um suprimento constante de metal para a manufatura de suas armas. Pouco restou da arquitetura urartu, pois sua maior parte foi destruída ao longo de séculos de guerras. Embora tenham criado muitas obras de arquitetura, os núbios apenas deram continuidade às tradições egípcias. Os etruscos e os dórios, contudo, eram recém-chegados ao Mediterrâneo, oriundos do Norte. A visão que eles tinham do mundo era diferente daquela dos egípcios e dos mesopotâmicos. Isso levou-os a elaborar uma descrição cívico-jurídica do divino extremamente sofisticada, que influenciaria a arquitetura europeia durante séculos. (Muitos conceitos etruscos e gregos foram adotados pelos romanos.)

No leste da Índia, a descoberta do minério de ferro nas Colinas Barabar afetou o mundo inteiro. No século V a.C., começou a ascensão do Império Máuria, primeiramente ao longo do Rio Ganges, e, depois na Ásia Central. Nos séculos VI e V a.C., as forças mais poderosas da economia global emanavam da Índia, da Europa mediterrânea e, depois, da China, sendo que a Ásia Central estava se tornando importante sobretudo como rota comercial. Uma desvantagem dessa região é que ela podia ser atacada por todos os lados. De fato, em um período de mil anos, até a criação das fronteiras relativamente fixas e protegidas pelo direito internacional na era moderna, as fronteiras, na Ásia Central, mudavam com muita frequência, à medida que diversos Estados procuravam assegurar para si um papel dominante no comércio transasiático.

# EUROPA

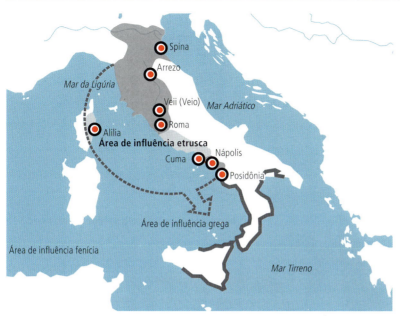

4.19 A Itália dos etruscos

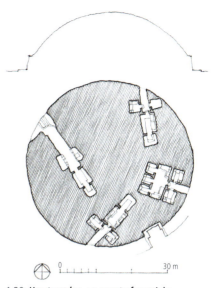

4.20 Um *tumulus*, ou monte funerário, na necrópole etrusca de Banditaccia, em Cerveteri, Itália, séculos VII a V a.C.

## OS ETRUSCOS

A origem dos etruscos é muito discutida. Seu idioma, só parcialmente decifrado, não pertence à família indo-europeia. Eles se estabeleceram sobretudo na região norte da Península Itálica, entre os rios Arno e Tibre e a oeste dos Apeninos. Nesse território havia abundância de minérios – cobre, ferro, chumbo e prata –, mas supõe-se que os etruscos tenham aprendido a explorar esses minérios antes de se estabelecer na Itália. É possível, inclusive, que a presença desses minérios tenha sido o fator que atraiu esses colonizadores. Volterra, por exemplo, uma de suas maiores cidades (doze delas – a Dodecápole – constituíam a Liga Etrusca), situava-se nas proximidades das Colline Metallifere ("Colinas Metalíferas"). A cidade de Vulci, que também integrava a liga, notabilizava-se especialmente por seu trabalho com o bronze.

Não era apenas pelo tino econômico que os etruscos se distinguiam das tribos vizinhas, mas também por sua fantástica estrutura de crenças, fortemente baseada nos augúrios. A estética etrusca, evidenciada na decoração de seus túmulos, era espontânea, alegre e receptiva à apreciação de outras culturas – em especial a dos gregos, cujos vasos e outros objetos eram livremente importados e copiados pelo povo etrusco. Em conjunto, os dórios, os jônios e os etruscos desempenharam importante papel na revitalização econômica e cultural do Mediterrâneo, depois das rupturas dos séculos anteriores.

Apesar de os gregos terem se estabelecido no Sul e no Centro da Itália, os etruscos conseguiram manter o domínio de toda a metade norte da península. Ali tiveram intensas relações com Roma, potência ascendente, até por fim serem absorvidos pelo Império Romano, com o qual contribuíram significativamente. Em seu apogeu, muitas das cidades etruscas, como Veii, a norte de Roma, eram tão grandes quanto Atenas, com população estimada de até 100 mil habitantes. Embora o tecido urbano das cidades etruscas tenha se perdido praticamente por completo, muita coisa pode ser inferida a partir dos

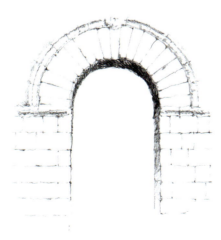

4.21 Exemplo de um arco etrusco

inúmeros túmulos que pontilham as encostas das colinas, verdadeiras Cidades dos Mortos, todos executados habilmente em alvenaria e com interior ricamente decorado. Muitas dessas câmaras mortuárias têm o formato de montes de terra (*tumulus*), chegando a ter 40 metros de diâmetro, e contêm câmaras decoradas.

Muitos portais e muralhas etruscas em Perúgia, Cortona e outros lugares ainda existem. Em Velhatri (atualmente conhecida como Volterra), parte da muralha da cidade, outrora com 7,3 quilômetros de comprimento, construída nos séculos V e IV a.C., bem como o Portão com Arco (Porta all'Arco) e o Portão de Diana, ainda testemunham as habilidades dos etruscos. O portal da cidade de Perúgia, em particular, evidenciava o uso arrojado do arco, elemento arquitetônico que, como a abóboda, foi introduzido pelos etruscos e tornou-se uma de suas principais contribuições à arquitetura romana. Mesmo em Roma, diversas construções famosas, inclusive o Circus Maximus e a Cloaca Maxima, sistema de esgoto ainda em uso, foram feitas por pedreiros etruscos. O uso cuidadoso e totalmente seguro dos arcos que surgiu na Etrúria viria a ter grande impacto sobre a arquitetura romana, como fica evidenciado pelos aquedutos romanos. Nem mesmo os gregos haviam se igualado a eles nessa habilidade, contentando-se com um sistema simples de pilares e vigas na construção de seus templos.

# 800 A.C.

## A religião etrusca

O aspecto mais evidente da religião etrusca era sua rigorosa observância a fórmulas nos rituais. Entretanto, por meio da arte e da pintura etruscas percebe-se grande valorização da individualidade. Essa vibração implicava certo ecletismo – algo que conferia à sua arte uma inconfundível e de certa forma inusitada receptividade a influências externas. Elementos dos coríntios, jônicos e áticos são todos evidenciados na arte e na pintura etruscas. Essa receptividade se manifesta também na sua religião, de modo que suas divindades vieram a fundir-se e amalgamar-se às gregas, abrindo caminho para a posterior assimilação da cultura grega pelos romanos. Diferentemente dos gregos, entretanto, o panteão etrusco incluía seres sobrenaturais e ctônicos, em número e de natureza ainda desconhecidos. Os etruscos também tinham um complexo sistema de augúrios (como a previsão de eventos pelo exame das entranhas, em especial o fígado) e de animais sacrificados. Eles estudavam e interpretavam os fenômenos naturais, como os cometas ou o trajeto do voo dos pássaros (uma prática conhecida como *auspicium*, ou adivinhação). Foi encontrado próximo a Piacenza, na Itália, um modelo de fígado em bronze datando do século III a.C. que talvez fosse usado para treinar os sacerdotes etruscos (arúspices) na arte da interpretação. A superfície superior se divide em quarenta seções, correspondentes às zonas celestes do panteão etrusco. Nelas aparecem gravados os nomes de deuses, incluindo muitos com os quais não estamos familiarizados. As particularidades do fígado do animal informavam ao sacerdote a divindade que deveria ser invocada. Provavelmente era para ser alinhado no sentido norte-sul.

Uma das palavras utilizadas para descrever o fígado era *templum*, que poderia referir-se ao céu, a uma parte consagrada da terra ou a algo muito menor, como o fígado de um animal usado para a adivinhação, desde que sua orientação e divisão acompanhassem o modelo celestial. Assim, um *templum* podia ser um espaço físico (nesse caso, seria demarcado ou circunscrito), mas também podia ser uma parte do céu, na qual seriam observados os pássaros.

Um *templum*, em outras palavras, era um espaço onde os seres humanos, representados por sacerdotes (áugures), podiam interagir com os deuses. Em todas as antigas culturas do Mediterrâneo e da Mesopotâmia, a natureza era associada a presenças divinas, mas, para os etruscos, os deuses falavam por sinais. Não era esse o caso das religiões da Mesopotâmia, onde eles se manifestavam mais diretamente por meio dos sacerdotes. Para os minoicos, a religião centrava-se nos ciclos de vida da natureza, e os deuses representavam as histórias associadas a esses ciclos. Para os etruscos, a religião consistia em uma prática de tradução. Ao contrário das divindades mais aterradoras e arbitrárias da Mesopotâmia, os deuses etruscos "comunicavam" prontamente suas intenções. Os desastres podiam ser consequência tanto dos atos dos deuses como da compreensão incompleta ou equivocada de suas mensagens.

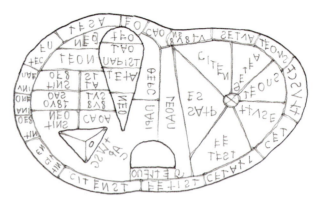

4.22 Modelo etrusco de fígado de bronze (séc. III a.C.)

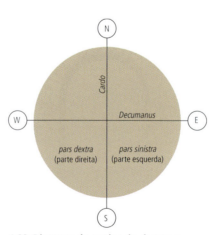

4.23 Diagrama do *cardo* e do *decumanus*

A orientação dos templos etruscos tinha grande importância e era determinada pela intersecção de dois eixos: o norte-sul, chamado de *cardo*, e o leste-oeste, denominado *decumanus*. Essa ideia foi posteriormente adotada pelos romanos para escolher onde erguer acampamentos militares de acordo com regras rígidas e padronizadas e tornou-se fundamental para o planejamento urbano romano. Evidentemente, essas linhas ortogonais se associavam intimamente à iconografia religiosa etrusco-itálica. O lugar do observador, com as costas voltadas para o norte, ficava no ponto de cruzamento das duas linhas. O setor leste, à sua esquerda (*pars sinistra*), era de bom agouro, dos deuses superiores; o setor oeste, à sua direita, era de mau agouro (*pars dextra*), das divindades infernais. Assim orientada e dividida em quadrantes, a abóbada celeste possuía outras dezesseis subdivisões menores, nas quais se localizava a moradia de muitas divindades. Essa planta corresponde ao círculo exterior, com 16 partes, do fígado de Piacenza.

# EUROPA

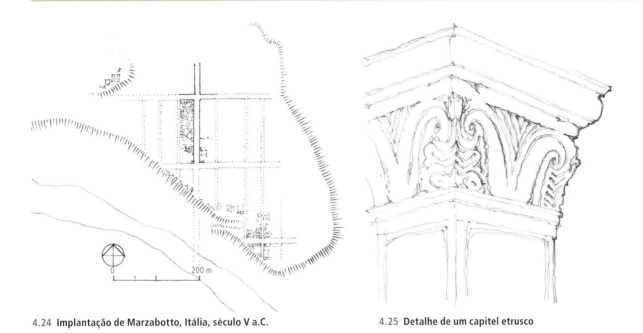

4.24  Implantação de Marzabotto, Itália, século V a.C.

4.25  Detalhe de um capitel etrusco

A posição dos sinais manifestados no céu, em raios e trovões, no voo dos pássaros e em outros presságios, estudada pelo áugure, indicava qual deus era responsável por determinada mensagem e se era um bom ou mau augúrio. Esse processo chamava-se *auspicium*, palavra formada por *avis* (ave) e *specio* (ver). O sacerdote e o adivinho observavam o voo e a alimentação dos pássaros, ouviam seus gritos e, inclusive, examinavam suas vísceras. Daí a origem da palavra *contemplatio*, que significava literalmente "com um modelo". Também havia distinção entre a mensagem que era uma ordem e a que constituía um lembrete amistoso. No conjunto, um *templum* (enquanto espécie de modelo tridimensional) situava-se entre o efêmero e o real, conectando as invisíveis realidades absolutas do divino às necessidades reais dos suplicantes. O solo consagrado em que isso ocorria expressava-se, na língua etrusca, pela palavra *sacri* (originando o latim *sancti*). Quando o templo era concluído, a inauguração era presidida pelo áugure, em uma cerimônia chamada *inauguratio*.

4.26  Túmulo etrusco, Tarquínia, Itália

# 800 A.C.

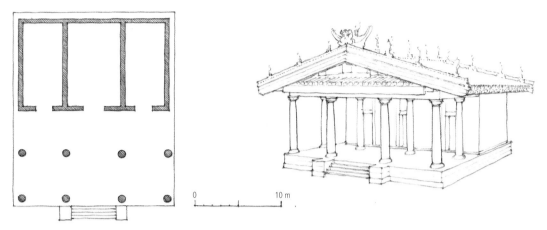

**4.27** Planta e vista artística de templo etrusco, baseada na descrição de Vitrúvio

## Os templos etruscos

A forma dos templos etruscos se assemelhava, em certos aspectos, à dos templos gregos, mas existem muitas diferenças importantes entre eles. Os etruscos nunca fizeram a transição para a pedra. Exceto em uma fase bastante tardia, não se julgava necessário que o templo etrusco fosse permanente. O pódio que elevava o templo acima do nível do solo, entretanto, muitas vezes era de pedra, com escadas ou rampas que conduziam ao topo. O templo propriamente dito era feito de barro, tijolo e madeira. Embora nesse aspecto fossem semelhantes aos templos gregos, os templos etruscos eram projetados para serem vistos principalmente de frente e dos lados, não como objetos da paisagem, assim não tinham fachada posterior. O caimento dos telhados era relativamente pequeno e eles possuíam beirais. O frontão triangular era originalmente aberto, de modo que o madeirame do telhado ficava à vista. Também característico era o pórtico espaçoso, com colunas, conhecido como *pronaos* (que significa "em frente ao *naos*"), fronteiro à cela. Os etruscos em geral distribuíam os deuses em um *trivium*, edificando templos com três celas. Sua forma era retangular, aproximando-se de um quadrado. Nos templos etruscos foi introduzido o princípio da conexão axial entre o templo e o altar, algo que os gregos evitaram até um período tardio, provavelmente por só então sofrerem influência italiana. Também eram característicos o uso de cores vivas nos vários elementos da composição do templo e a forma como o volume era dividido por antefixas, acrotérios e grupos escultóricos.

Os etruscos experimentaram diversas opções de colunas, incluindo a jônica, até que, por volta do século V, criaram a coluna toscana, como a chamou mais tarde Vitrúvio. Era uma coluna lisa, de madeira, que afinava no alto e tinha um capitel cúbico semelhante ao dórico, consistindo numa almofada redonda (*echinus*) e um ábaco quadrado. As bases, entretanto, inspiravam-se na ordem jônica (as colunas dóricas não tinham bases). Como essas estruturas eram de madeira, os templos etruscos possuíam amplos espaços entre as colunas (intercolúnios). O hábito de ornamentar o templo com elementos de terracota talvez seja de origem grega, mas foi implementado pelos etruscos com especial perícia. Esses elementos, eram frequentemente instalados nas cumeeiras dos telhados, que eram considerados um tipo de local de aterrissagem para as divindades.

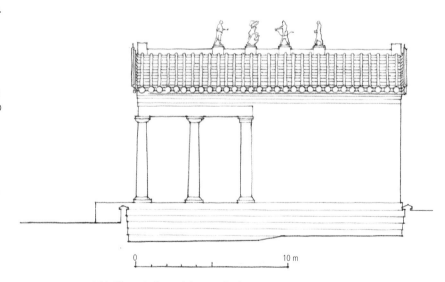

**4.28** Elevação lateral do Templo de Portonaccio em Veii, Itália, 515–490 a.C.

# EUROPA

4.29 A Grécia no Período Arcaico

4.30 Vaso grego do Período Geométrico, geralmente empregado como marcador monumental de um túmulo

## GRÉCIA: O PERÍODO GEOMÉTRICO

A Grécia pós-micênica foi um período de migrações, confusão e pobreza. No entanto, ao longo do tempo, os dórios, na Grécia, e os jônios, na costa da Turquia, desenvolveram práticas culturais comuns, fundindo elementos que lhes eram próprios com resquícios das culturas micênica e cretense. Isso explica algumas diferenças no seu desenvolvimento em relação ao dos etruscos. Os cretenses e os micenianos não tinham templos propriamente ditos e consideravam sagradas as cavernas e montanhas. O culto também era estendido aos santuários. Homero representa os deuses como criaturas itinerantes que visitavam continuamente uns aos outros em seus palácios. As primeiras práticas religiosas dóricas também eram realizadas ao ar livre, o que facilitou a adoção de algumas das características e até mesmo alguns locais da religião minoica à sua religião. Esses ritos, conforme descritos por George Hersey, também envolviam com frequência árvores ou bosques, que eram cercados e decorados com materiais usados em sacrifícios – ossos, chifres, urnas, lamparinas, armas, frutas e legumes. As árvores gozavam de uma condição especial na cultura grega, e quase todos os seus deuses eram associados a uma delas. Atena, por exemplo, associava-se à oliveira. O altar dedicado a uma divindade era posicionado em frente à árvore ou ao bosque a que era associada.

Os participantes dos ritos banhavam-se, vestiam trajes especiais e, cantando, seguiam em procissão, acompanhados de flautistas, até o lugar do sacrifício. À frente seguia uma jovem que carregava na cabeça uma cesta com cereais. Sob os grãos, e oculta da vista, escondia-se a faca do sacrifício. Com os chifres ornados com uma grinalda, o animal a ser sacrificado era levado até o altar, onde já queimava uma fogueira. Reunidos em círculo, os participantes lavavam as mãos com a água de um jarro, borrifando com ela também o animal. Os grãos de cevada tirados do cesto da jovem eram, então, lançados sobre o animal, o altar e a terra. Uma vez revelada a faca, o sacerdote aproximava-se, empunhava-a e preparava-se para o sacrifício.

O animal – não um animal selvagem, mas uma das melhores cabeças do rebanho doméstico – devia oferecer-se voluntariamente para o sacrifício. Por isso, o sacerdote deixava uma vasilha de leite diante do altar. Quando o animal se aproximava e baixava a cabeça para beber, isso era interpretado como sinal de submissão. Outro indício de concordância era o fato de ele tremer diante do deus, o que era facilitado com o uso abundante de água fria. O sangue, como era considerado precioso, era drenado sob o altar por dutos e valas. O animal era em seguida trinchado, atribuindo-se um sentido especial às diversas partes. O fígado, naturalmente, tinha especial importância para o áugure. Algumas partes eram retalhadas e envolvidas em gordura, para formar uma espécie de corpo reconstituído. Algumas vezes, a cabeça era colocada em uma estaca perto do altar e envolvida com a pele de um animal. Representações desse tipo de sacrifício podiam ser vistas nos troféus e na pilhagem tomados dos inimigos vencidos em batalhas, para aplacar o espírito do morto.

Depois de esquartejar o animal, sua carne era assada e consumida. A refeição comunal

4.31 Estátua do carregador do bezerro

tinha como objetivo a aproximação das unidades sociais, desde a família até a cidade. Os deuses recebiam o ato como sinal de devoção, e a fumaça, imaterial, que se elevava do altar, era, no pensamento grego, um sinal de reverência. Em retribuição por esse ato de devoção, os humanos podiam então "ler" a mensagem dos deuses, enviada pelo formato do fígado. Como já foi observado, os animais sacrificados aos deuses não podiam ser selvagens, mas escolhidos entre os melhores espécimes do rebanho doméstico.

101

# 800 A.C.

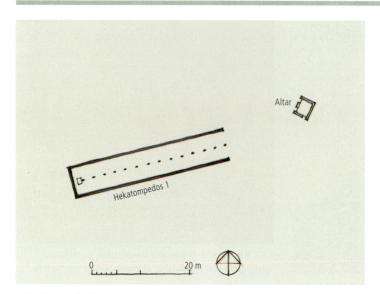
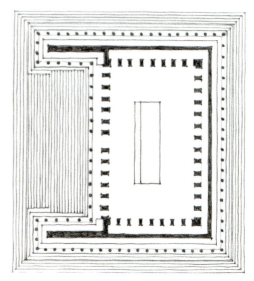

**4.32** Plantas do Santuário de Samos, Grécia (acima) e do Altar de Zeus em Pérgamo (à direita), desenhadas na mesma escala e orientação

O significado do processo do sacrifício é explicado no mito de Prometeu, que roubou o fogo dos deuses e trouxe para os homens. Ao fazer isso, tornou possível à humanidade civilizar-se. Os deuses não tomaram o fogo de volta, mas puniram Prometeu: acorrentaram-no a um rochedo, enviando uma águia para lhe devorar o fígado Todos os dias, o fígado tornava a crescer, para ser novamente devorado. O sacrifício era, assim, parte da lembrança ritual do despertar da humanidade para a civilização e de sua dependência em relação aos deuses para a regulação de sua vida. O sacrifício também assinalava a diferença entre a humanidade e os deuses, pois, ao contrário desses, que existiam em forma etérea, a humanidade precisava trabalhar e mostrar sinceridade para manter ativa a comunicação. Apenas mediante o ato de sacrifício – um ato de amor, de certa forma – os homens podiam demonstrar que eram gratos às divindades. É por isso que um touro magro ou um bode decrépito não eram aceitáveis: o animal tinha de ser o melhor do rebanho.

Não obstante, os conceitos de sacrifício dos dórios, dos minoicos e até dos etruscos diferiam um pouco entre si. O sacrifício etrusco era mais formalista e o dos minoicos era mais intimista do que o dos gregos. Ao contrário daquele dos egípcios, o sacrifício grego estava conectado com os princípios da agricultura e da pecuária, não com o jardim do palácio. O pão e a carne eram o foco do sacrifício grego. Mesmo na eucaristia cristã, desenvolvida posteriormente, manifesta-se de forma velada a importância do pão, da carne e até do vinho, comparação que levanta importantes questões a respeito da influência das práticas gregas sobre o cristianismo dos primeiros tempos. Pelo fato de tantos altares gregos terem sido destruídos quando os cristãos quiseram eliminar qualquer vestígio das práticas pagãs, é fácil subestimar a importância da postura dos gregos diante do sacrifício. Na verdade, nos primórdios da religião grega, não existiam templos, apenas altares construídos ao ar livre.

Um dos altares gregos mais antigos e mais sagrados, no cume do Monte Liceu, no Peloponeso, data de 3000 a.C. – ou seja, da época micênica. Posteriormente, passou a ser associado a Zeus, o rei dos deuses gregos, mas não se sabe se também era assim no período inicial. Abaixo do cume havia um estádio, sinal de que o lugar era associado a um festival atlético. Essa combinação viria a se tornar importante elemento de muitos santuários gregos.

O altar do Monte Liceu, como o Santuário de Hera em Samos (*circa* 950 a.C.), consistia somente em um fechamento baixo, de pedras planas, formando um retângulo de cerca de 2,5 por 3 metros. Os altares tornaram-se maiores com o passar do tempo: o da Acrópole de Atenas, por exemplo, do século V ou IV a.C., comportava 12 touros de uma só vez. O de Zeus, em Pérgamo, hoje no Museu de Pérgamo, em Berlim, era o mais espetacular de todos. Construído entre 197 e 159 a.C., possuía uma escadaria a oeste e era ladeado por colunatas jônicas. Situa-se sobre um plinto de cinco degraus, quase quadrado. O altar propriamente dito estava dentro do pátio.

Os altares não tinham necessariamente alinhamento simétrico em relação ao eixo do templo, sobretudo no Período Arcaico. Em Samos, o altar, com sua árvore sagrada, inicialmente estava implantado em um ângulo oblíquo, remetendo talvez a um momento celestial diferente daquele segundo o qual o templo havia sido orientado.

O surgimento do conjunto de altar com templo coincidiu com a personificação dos deuses em estátuas e, mais uma vez, parece integrar o processo de assimilação dos dórios ao entrarem em contato com práticas mediterrâneas mais antigas. As antigas representações gregas dos deuses revelam influências tanto da cultura mesopotâmica quanto da egípcia. Ainda assim, as representações gregas raramente eram tão pequenas quanto as da Mesopotâmia e as cretenses, nem tão grandes quanto costumavam ser as egípcias. Talvez se encontre aí a origem do progresso grego na representação da figura humana. As primeiras representações tridimensionais de divindades conhecidas como *koré* (estátuas femininas envoltas em mantos e com os pés juntos) foram esculpidas em colunas ou pranchas de madeira em tamanho praticamente natural. Os gregos chamavam essas estátuas de *kolossos*, o que nada tinha a ver com seu tamanho, mas denotava uma imagem com a forma de pilar ou coluna. Com o passar do tempo, essas estátuas passaram a representar os deuses em posturas mais descontraídas, com um pé à frente e o peso do corpo apoiado, de modo natural, na perna de trás.

# Europa

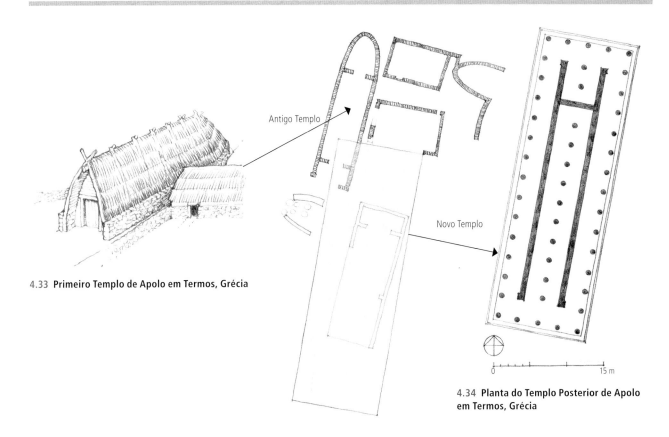

4.33 Primeiro Templo de Apolo em Termos, Grécia

Antigo Templo

Novo Templo

4.34 Planta do Templo Posterior de Apolo em Termos, Grécia

4.35 Cena representando os ritos primitivos dos sacrifícios gregos

### O surgimento da forma do templo grego

Os primeiros templos, feitos de tijolo de barro, com telhado de colmo, provavelmente se inspiravam nas casas dos chefes de clã e consistiam em um único recinto alongado, sem janelas – um *naos*, ou cela (origem da palavra inglesa *cellar*, "porão") –, que mais tarde foi dividido em *pronaos* e *naos*. Um exemplo é o Templo de Apolo em Termos (*circa* 950 a.C.), na região da Etólia, Oeste da Grécia. Nele uma parede baixa de pedra sustentava uma cobertura de colmo alta e extremamente inclinada. Não havia câmaras laterais, espaços de apoio nem depósitos. Logo depois, um pórtico foi acrescentado ao redor de todo o corpo do prédio, constituindo uma forma oblonga que, no decorrer do tempo, foi regularizada e sistematizada. Mais tarde (*circa* 630 a.C.), nas sucessivas reconstruções do templo, vemos o desenvolvimento de sua forma, que culminou no padrão regular dos templos posteriores. O último templo era uma estrutura extremamente alongada, com proporções de quase cinco para um e uma fileira de colunas ao longo do eixo central.

Embora se possam encontrar templos gregos voltados para os diferentes pontos cardeais, mais de 80% deles eram voltados para o leste; a maioria, mais especificamente, para onde estava o nascer do sol na data em que haviam sido fundados, o que, por sua vez, coincidia com o dia do festival da divindade à qual eram consagrados. Desse costume deriva o termo "orientação", aplicado principalmente à direção do eixo de um templo. Às vezes, contudo, os templos eram orientados em referência a elementos da paisagem, na direção de um pico solitário que sugerisse a presença de Zeus, ou alinhados com picos duplos, que lembravam os chifres do touro e equiparavam-se a Zeus. O santuário grego, entretanto, estava longe de constituir uma esfera distanciada e espiritual. Ele representava, de modo simbólico, a vida política, econômica e militar e o bem-estar da cidade e da região. Muitos templos serviam como museus de guerra, abrigando os espólios da conquista, e também como arsenais.

103

# 800 A.C.

4.36 Estátua de mulher em tamanho ligeiramente maior do que o natural (meados do séc. VI a.C.)

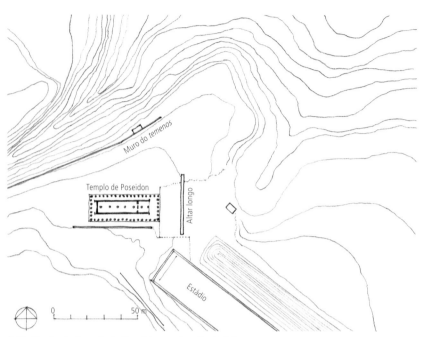

4.37 Planta do Templo de Poseidon em Istmia, Grécia

A palavra "templo" geralmente é empregada para designar as estruturas religiosas gregas – e muitas vezes inclusive as não gregas –, embora esse vocábulo seja de origem etrusca e só tardiamente tenha sido adotado pelos romanos. Os gregos entendiam esse tipo de edificação como uma espécie de casa (*oikos*) para a divindade, que era representada por uma estátua de culto, originalmente de madeira, colocada no interior do prédio. O templo grego, ao contrário dos mesopotâmicos e egípcios, não possuía depósitos, salas de preparação para os ritos, pátios ou espaços de apoio. Ele era uma unidade arquitetônica integrada, e sua principal função era abrigar a estátua da divindade. A cela tinha como função, acima de tudo, guardar os donativos oferecidos ao templo e mesmo os espólios de guerra. A estátua grega, ao contrário da egípcia, não era móvel nem conduzida em procissão de um lugar a outro. Além de tudo, os principais eventos religiosos não aconteciam dentro do templo, mas fora dele, diante do altar. Do ponto de vista da sacralidade, o mais importante era a ideia do *temenos*, os limites que definiam o terreno do templo, os quais só podiam ser transpostos em um único ponto, marcado por um portão ou propileu. O *temenos* não era necessariamente um muro; podia ser algo tão modesto quanto uma linha de pedras no chão. Sua santidade era inviolável, pois ele era um terreno destacado da realidade secular e devolvido às divindades.

## O Templo de Poseidon

O Templo de Poseidon, em Istmia (*circa* 700 a.C.), perto de Corinto, está entre os mais antigos templos gregos conhecidos. Seu pódio mede 14 por 40 metros, com uma fileira de cinco colunas ao longo do eixo central da cela e mais duas no eixo do *pronaos*. A cela era de pedra, e as colunas e o entablamento, de carvalho. O telhado, de inclinação suave, era de terracota, telhas de cerâmica queimada – uma invenção grega. Esse prédio representa uma importante inovação em matéria de projeto de templos. Enquanto as pedras dos templos egípcios eram de tamanho irregular, os blocos de cantaria do Templo de Poseidon foram assentados em fieiras regulares do chão ao teto – uma padronização dos elementos da alvenaria. Além disso, no Egito, as paredes costumavam ser constituídas de dois panos verticais preenchidos com pedregulho. Nesse templo grego, a parede é o único elemento vertical. Porém, assim como nos templos egípcios, as paredes eram recobertas de uma fina camada de reboco que apresentava ao espectador uma superfície lisa e contínua, interrompida somente, nesse caso, por uma série de pilastras que acompanhavam o ritmo da colunata do lado de fora da cela.

O sítio foi fortificado por volta de 1200 a.C. Nele se realizaram festividades rituais a partir de meados do século XI a.C. O Templo de Poseidon se transformou depois em local dos Jogos Pan-Helênicos, chamados de "Istmia", realizados a cada dois anos em honra a Melicertes-Palaemon ou Poseidon. O altar era uma construção com 30 metros de comprimento em frente do templo, com o campo desportivo e o estádio logo ao sul.

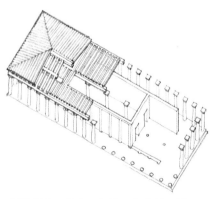

4.38 Vista artística do Templo de Poseidon em Istmia

104

# ÁFRICA

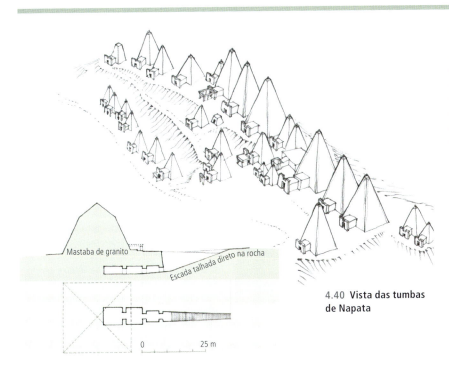

4.40 Vista das tumbas de Napata

4.39 Corte e planta de uma tumba real típica de Napata, perto de Kuraymah, Sudão

## O REINO DE CUCHE (NÚBIA)

O Egito tinha apenas um principal produto de exportação – cereais –; assim, quando os gregos se tornaram mais autoconfiantes, a economia egípcia começou a fraquejar. Ela também não tinha metais, e, no final, o Egito se tornou uma vítima da Idade do Ferro. Os egípcios não somente foram conquistados pelos distantes assírios, babilônicos, persas, gregos e romanos, como, por certo período, foram dominados até pelos núbios que haviam sido violentamente subjugados pelos egípcios durante séculos. Como consequência da expansão das dinastias do Novo Império egípcio na Núbia, esses povos subjugados haviam adotado a religião, a cultura e os armamentos egípcios. Os cuchitas (ou núbios) serviam como mercenários muito apreciados no exército egípcio, adoravam os deuses egípcios e construíram pirâmides onde sepultavam seus governantes. A Núbia era rica em recursos naturais, sobretudo ouro; centenas de minas se espalhavam pelo deserto. Para extrair o metal dos veios de quartzo, a rocha era inicialmente rachada com fogo, britada em moendas e, por fim, lavada para separar o minério, que, então, era fundido em pequenos lingotes. O sistema era extremamente trabalhoso, mas produzia, segundo uma estimativa, cerca de 40 toneladas de ouro por ano, quantidade que só seria excedida no século XIX d.C. Com a queda do Novo Império, a Núbia, também chamada de Cuche, teve liberdade para se afirmar. Durante o reinado de Piye (747–716 a C.), conquistou o Egito e ali fundou a XXV Dinastia.

O ferro desempenhou um importante papel, pois os cuchitas haviam aprendido com seus inimigos assírios as técnicas de metalurgia. Embora tivessem ferro, os cuchitas não dispunham de combustível para fundi-lo. Para obtê-lo, tiveram de voltar-se para o sul, para a região circunvizinha à antiga cidade de Meroé, onde se veem até hoje os antigos montes de escória, em grande parte ainda não escavados. Em Meroé, os faraós cuchitas promoveram a religião egípcia e deram início a programas de restauração dos templos.

No início, a capital do estado cuchita era Napata, pouco acima da quarta catarata do Nilo. Seu ponto central era a Montanha de Jebel Barkal, cujo cume plano se eleva sobre a paisagem como um altar natural, a poucos quilômetros da margem norte do rio Nilo. À sombra dessa montanha, Ramsés II já havia construído vários templos, entre eles o imponente Templo de Amon. Em Napata, as tumbas situam-se em ambos os lados do Nilo. Elas são tudo o que restou da capital núbia. As primeiras sepulturas eram mastabas circulares, que depois deram lugar a pirâmides construídas sobre plataformas elevadas e dotadas de portais característicos. Durante a última fase, no apogeu do domínio cuchita sobre o Egito, os soberanos simplificaram sua forma e reduziram-na a uma pirâmide com portal. Não muito longe de Napata, nas proximidades da cidade atual de Nuri, há um conjunto de tumbas desse tipo. Elas formam um conjunto denso onde as maiores formam uma fileira não muito rigorosa.

4.41 Conjunto mortuário de Meroë, perto de Kabushiyah, Sudão

105

# 800 A.C.

4.42 As ruínas de Mahram Bilqis, um templo sabeu em Ma'rib, Iêmen

de cinco quilômetros da capital. Era tão famoso que continuou sendo considerado sagrado mesmo depois da mudança da rota das especiarias que provocou a falência Reino de Sabá no século VI a.C. A represa, sem a manutenção adequada, acabou ruindo, o que provocou a emigração de 50 mil pessoas e o abandono da cidade

O templo era uma edificação incomum, de forma retangular, e tinha um peristilo interno. Seu acesso era por meio de entradas a norte e sul, com seus gigantescos portões e torres. Cruzando-se o templo, ingressava-se em um recinto mural elíptico, com cerca de 90 metros de extensão. Como as pesquisas arqueológicas no sítio ainda são muito incipientes, imagina-se que o recinto fechasse um jardim sagrado, mas sua intenção e objetivo ainda são desconhecidos. Até mesmo a quem o templo era dedicado é incerto: há quem diga que era à deusa da lua; outros afirmam que era ao deus do sol. O prédio não era uma edificação isolada, mas parte de um grande conjunto que hoje está coberto com areia.

## SABÁ/SA'ABIA

Uma das mercadorias mais cobiçadas dessa época era o olíbano, uma espécie de incenso obtido da seiva da árvore *Boswellia sacra*, que crescia principalmente no Iêmen. Como seu aroma era considerado vivificante, esse incenso era utilizado para ungir os recém-nascidos. Ele também era empregado nos ritos de embalsamamento e enterro. Os egípcios utilizavam-no para fazer os delineadores pretos que se vê nos olhos de tantas figuras pintadas em templos e pirâmides. A rainha egípcia Hatshepsut chegou a enviar uma expedição a Punt (que equivale, supõe-se, à Somália ou ao Sul da Arábia) em 1500 a.C. A expedição voltou trazendo 31 pés de incenso, como se vê nas paredes do templo mortuário da rainha em Deir el-Bahri, perto de Tebas. A demanda pelo incenso era assombrosa. Segundo os relatos, cidades como Sumhuram e Ubar, em Dhofar (sul de Omã), exportavam três mil toneladas dessa substância por ano.

No século IX a.C., o principal fornecedor de incenso era o Reino de Sabá (no Sudoeste do Iêmen), cuja capital era Marib. O óleo era levado ao Levante, o principal distribuidor mundial. Os israelitas eram importantes intermediários nesse comércio. Embora a região dos sabeus atualmente seja infértil, era então um exuberante oásis, irrigado por uma gigantesca represa, a maior obra de engenharia do mundo na época. O templo principal de Marib, o Mahram Bilqis (ou "Templo da Deusa da Lua"), situava-se a cerca

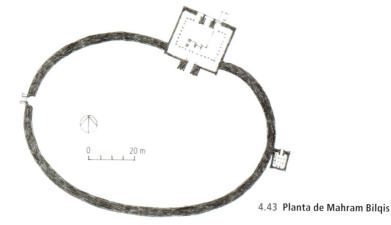

4.43 Planta de Mahram Bilqis

4.44 Uma árvore de olíbano

# ÁSIA OCIDENTAL

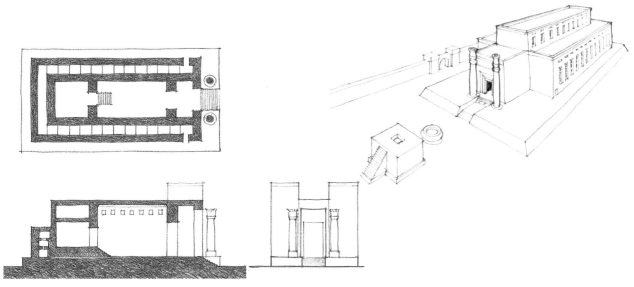

4.45 Planta, corte e vista artísticas do Templo de Salomão, Jerusalém

## O TEMPLO DE SALOMÃO

Nenhum outro prédio desse período antigo se compara ao Templo de Salomão, e a razão para isso não é exatamente seu esplendor ou tamanho. Havia algumas edificações maiores do que ele e mais elaboradas em termos de arquitetura. O motivo de seu prestígio é a detalhada descrição do templo que se encontra no Livro dos Reis, na Bíblia. Uma das grandes contribuições do judaísmo para o mundo foi seu conceito de monoteísmo ético, que se tornou a base tanto do cristianismo como do islamismo.

A concepção judaica do espaço religioso é complexa. O Jeová israelita é uma entidade invisível, irrepresentável, uma força puramente ética, que sequer se permite chamar pelo nome. A imagem mental com a qual os israelitas se identificavam era a de uma tribo do deserto que vivia em tendas, para a qual as construções permanentes nada significavam. Na verdade, alguns especialistas sustentam que Moisés se recusou a atravessar o Jordão e a conduzir seus protegidos até Canaã por receio de que se fixassem ali e se prendessem à propriedade e à agricultura.

Após a morte de Moisés, os israelitas entraram na Palestina e fundaram Jerusalém para ser sua capital. Uma eira foi trazida do Sião jebusita, o Monte Moriá, e se tornou o lugar de celebração dos sacrifícios tradicionais e de exibição da Arca da Aliança. Segundo a descrição bíblica, a Arca era um tabernáculo portátil, folheado a ouro, que continha as duas tábuas de pedra de Moisés com os Dez Mandamentos. Sobre ela havia as imagens de dois querubins alados, um de frente para o outro, a única forma de representação corporal permitida. Suas asas abertas formavam o trono de Deus, enquanto a própria arca era o seu apoio para os pés. Onde quer que os israelitas fossem, a Arca era levada na frente pelos sacerdotes, sobretudo nas guerras, quando sua liderança era vista como uma bênção. Ela era envolvida com pele de texugo e um tecido azul, de modo que mesmo os levitas, os únicos com permissão para manuseá-la, não pudessem vê-la. Como afirmação mais simbólica de permanência, Salomão, filho do rei Davi, construiu o Primeiro Templo para abrigar a arca (consagrado em *circa* 950 a.C.). Para isso, contou com uma grande ajuda de Hiram de Tiro, que não apenas forneceu os famosos cedros do Líbano empregados na construção, mas também, como sugeriram alguns estudiosos, seu arquiteto predileto, Chiram Abiff.

Como Salomão se casou com a filha de Amenhotep III, seria de se esperar certo grau de influência egípcia na corte salomônica. Mesmo tendo na frente um altar para o sacrifício de animais, o templo não era visto como a residência de um deus, mas como o sofisticado receptáculo da Arca no "Santo dos Santos" (Kodesh Kodashim), que não possuía janelas. Esse espaço, onde pensava-se que era possível dirigir-se diretamente a Deus, não era mobiliado, mas tinha, para guardar a Arca, duas estátuas altas representando querubins com asas abertas que se tocavam no centro do recinto. Ao longo dos séculos houve muitas tentativas de reconstrução do templo, como sugerem as descrições apresentadas na Bíblia. Os detalhes sobre as características do templo encontram-se no Livro dos Reis, 1, 6:19 e 8:6: "A casa foi construída com pedras que chegaram já talhadas, de modo que não se ouviu barulho de martelo, de machado, nem de nenhum outro instrumento de ferro durante a sua construção." O motivo da injunção contra as ferramentas de ferro no canteiro de obras (ainda que elas sem dúvida tenham sido utilizadas no preparo das pedras antes serem enviadas para o terreno) é muito controversa. A razão para isso provavelmente está relacionada ao fato de que a fundição do ferro muitas vezes era associada à magia negra e, portanto, seria poluente.

O templo foi destruído em 586 a.C. pelos babilônios, e a população judaica sofreu o Exílio da Babilônia (597–537 a.C.). O Muro das Lamentações, que existe até hoje, é um resquício das fundações do Segundo Templo (515 a.C.), construído pelos israelitas quando voltaram do exílio forçado na Babilônia e destruído em 70 d.C. pelos romanos. Adriano construiu no local um templo dedicado a Júpiter, o qual, por sua vez, também foi demolido e substituído pela Cúpula da Rocha (Mesquita Dourada).

# 800 A.C.

4.46 Vaso gui

4.47 Vaso zun

4.48 Vaso ding

## A CHINA DA DINASTIA ZOU

As tribos Zou, oriundas do Noroeste da China, subjugaram os Shang. A dinastia teve duas fases: a Zou Ocidental (1046–771 a C.) e a Zou Oriental (771–256 a.C.), cujos períodos distinguem-se pela mudança da capital, de Hao (perto da atual cidade de Xi'an), no oeste, para Luoyang, na província de Henan. Supõe-se que a mudança tenha sido provocada pela necessidade de estabilizar as províncias orientais. Os Zou em seguida entraram num período de lutas internas, chamado de Período dos Reinos Combatentes (475–221 a.C). Apesar disso, os Zou fizeram a transição para o ferro, desenvolvendo a produção de ferro fundido (em contraposição ao ferro forjado usado no Ocidente) por volta de 500 a.C. Eles também fundaram as primeiras cidades imperiais, e duas delas, Xi'an e Luoyang, até hoje são importantes centros urbanos.

Embora possa parecer que a China tenha sido "chinesa" desde seus primórdios, antes da Dinastia Zou, que começou em 1046 a.C., existiam diversos grupos linguísticos e regionais (algo semelhante ao que se poderia encontrar no Sul da Ásia). Em suas conquistas, os Zou impuseram o uso da língua chinesa como parte de um esforço que eles consideravam como sendo um programa civilizatório. Aqueles que não quiseram se submeter migraram para o Sul, deslocando a população local ou integrando-se a ela. Foram esses os antepassados dos povos da Tailândia, do Laos e da Birmânia atuais. Os ritos religiosos, a ideologia da harmonia e as oferendas de sacrifícios a divindades ancestrais eram todos essenciais para relacionar a autoridade política à religiosa. Os Zou articularam essa relação como o "Mandato do Céu" (*tianming*), que será discutido com mais detalhes em um capítulo posterior deste livro.

É, portanto, seguro afirmar que foi durante a dinastia Zou que foram estabelecidos muitos dos ideais culturais e políticos que se tornariam permanentes na sociedade imperial da China.

Por trás desse mandato encontrava-se o princípio do ritual (*li*), um sinal do comportamento aristocrático. Diversos textos do Período Zou, incluindo o *Zou li* (Rituais do Zou), o *Vi li* (Cerimonial e Ritual) e o *Li jie* (Registro do Ritual), detalham a organização na antiga corte Zou e os deveres que governavam todas as classes e funções. O li consiste nas normas do comportamento social adequado que era transmitido de pai para filho, pelos anciões da aldeia e os oficiais do governo.

Na essência do ritual estavam elaborados recipientes de bronze que eram dispostos em plataformas durante as cerimônias para os ancestrais. Esses recipientes eram utilizados como oferendas, com diferentes tipos de alimentos exigindo distintos vasilhames. Havia recipientes que continham vinho de painço (*zun*), recipientes com alimentos (*ding* e *gui*) e outros com água. Alguns deles, com seus longos pés, permitiam o cozimento dos alimentos, fazendo-se uma fogueira com carvão sob eles. Os livros dos rituais descrevem minuciosamente quem podia usar cada tipo e o número de recipientes para sacrifícios, sendo que o *ding* era o mais importante e, inclusive, indicava poder. O rei de Zou podia usar nove vasos *ding* e oito *gui*; um duque tinha permissão para usar sete *ding* e seis *gui*; e, assim por diante. Essas atividades elaboradamente descritas tinham como objetivo eliminar as tensões entre o controle divino imperial e a agitação dos campos das elites de clãs, que constantemente disputavam poder e prestígio.

4.49 Uma oferta de alimentos moderna em uma banca de Bangkok

# LESTE DA ÁSIA

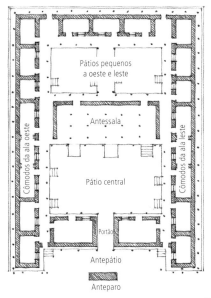

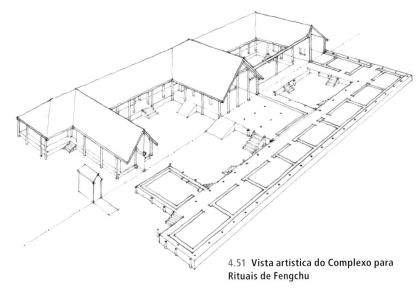

**4.51** Vista artística do Complexo para Rituais de Fengchu

**4.50** Planta do Complexo para Rituais de Fengchu, província de Shaanxi, China

## O complexo para rituais

Com os Zou, os salões para rituais passaram a fazer parte do vocabulário arquitetônico. Nesses salões, a elite reunia-se de acordo com o lugar que ocupava na hierarquia social. Os recipientes eram distribuídos no piso ou em prateleiras baixas de acordo com uma ordem pré-estabelecida, e os ritos eram acompanhados por badaladas de sinos que assinalavam os graus de nobreza. Um carrilhão de 65 sinos, tocado por seis músicos de pé ou ajoelhados em ambos os lados do instrumento, foi recuperado de um túmulo da Dinastia Zou. O salão para cerimônias era um pátio central acessado por meio de um portal. Uma reconstrução do Complexo para Rituais Zou em Fengchu (1100–1000 a.C.) mostra uma série de prédios com um pavimento e pátios em uma organização simétrica e axial. Na entrada havia uma parede solta, um anteparo que servia, como nas construções chinesas posteriores, para afastar os espíritos indesejáveis e impedir sua entrada no complexo. A plataforma para rituais era acessada por três lances de degraus. A construção principal era de madeira. O bronze era empregado para conectar e reforçar os elementos estruturais nas juntas.

Embora as únicas evidências físicas das cidades de Zou sejam fundações de terra, há uma importante descrição de cidade ideal, acompanhada de uma ilustração, nos Rituais de Zou. Supõe-se que a descrição seja de Luoyang, a capital da Dinastia Zou Oriental, mais conhecida como Wangcheng (ou "Cidade do Governante"):

> O *jangren*, ou mestre de obras, constrói o complexo nivelando o terreno com a água, usando um fio de prumo. Ele coloca postes, empregando o fio de prumo (para garantir que fiquem verticais) e usando suas sombras para determinar o ponto central. Examina as sombras ao nascer e ao pôr do sol e traça um círculo que inclui os pontos centrais das duas sombras.
>
> O mestre de obras constrói a capital do Estado. De cada lado, traça um quadrado com nove *li* e cada lado tem três portões. Dentro da capital há nove ruas no sentido norte-sul e nove no sentido leste-oeste. As ruas norte-sul têm a largura de nove pistas de rolamento. À esquerda (se estivermos de frente para o sul, ou a leste) fica o Templo Ancestral, e à direita (oeste) estão os altares do solo e dos cereais. Na frente está o Salão de Audiências, e atrás estão os mercados.*

*Nancy Shatzman Steinhardt. *Chinese Imperial City Planning* (University of Hawaii Press, Honolulu, 1990), p. 33.

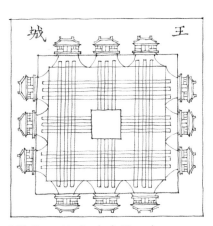

**4.52** Planta idealizada de Wangcheng

# 800 A.C.

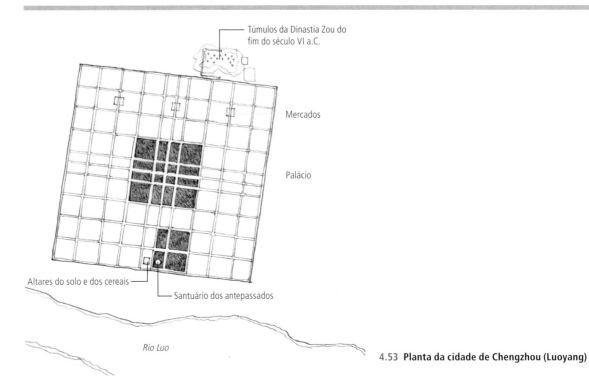

**4.53 Planta da cidade de Chengzhou (Luoyang)**

Desenhos de Luoyang feitos nos séculos XV e XVII ilustram suas características mais marcantes, com o acréscimo das muralhas internas da cidade. Não longe do templo encontram-se os altares do solo e dos cereais, os aposentos privados ou dormitórios (*qin*) e os mercados. Embora nenhuma cidade chinesa de época posterior tenha sido construída rigorosamente de acordo com a planta de Wangcheng, pode-se afirmar que a maioria das grandes cidades chinesas subsequentes se desenvolveu a partir de seus princípios básicos. Wangcheng simboliza a noção de que o imperador da China se encontra no centro do mundo. Além disso, o número nove, cuja sonoridade em chinês se assemelha à da palavra que significa perene, era habitualmente associado ao imperador. As muralhas da cidade não somente serviam para defesa como eram um símbolo de poder do soberano e nobreza. As palavras *cheng*, *du* e *jing* geralmente são traduzidas como "cidade", e *cheng*, como verbo, significa "murando uma cidade". Posteriormente, na China imperial, *cheng* se referia a uma cidade administrativa murada. Até mesmo no linguajar comum atual, *cheng* é traduzido como "muralha da cidade" ou, simplesmente, "muro".

Em 1038 a.C., o duque de Zou fundou, ao norte do Rio Luo, uma cidade chamada Chengzhou. Ela foi planejada para ser a capital, mas isso somente ocorreu em 770 a.C. A cidade é muito semelhane às ideias da planta de Wangcheng. Possuía um palácio no centro, três mercados ao norte e ao sul, um templo dos antepassados e, ao lado deste, altares do solo e dos grãos. Foi destruída em uma guerra civil em 510 a.C. e reconstruída com um projeto modificado e um novo nome, Luoyang, pelo qual é conhecida até hoje.

# SUL DA ÁSIA

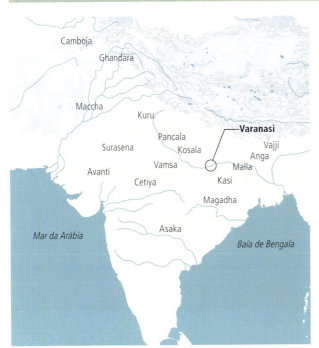

4.54 Os dezesseis grandes reinos ou mahajanapadas da Índia

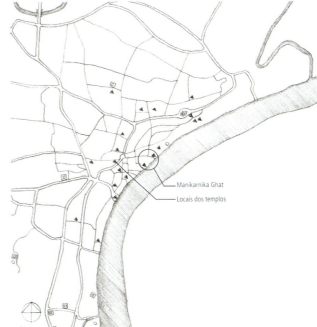

4.55 Planta de Varanasi, Índia

## A INVASÃO ARIANA E VARANASI

Na época em que a civilização do Vale dos Rios Indo/Ghaggar-Hakra estava se dispersando, um grupo de migrantes originários da Ásia Central entrou em cena. Hoje chamados de indo-arianos, eles eram hábeis cavaleiros, haviam inventado o carro de guerra e dominavam o uso do ferro. Estabeleceram-se a princípio ao redor de cinco afluentes do Rio Indo, mas, por volta de 1200 a.C., usando o ferro para derrubar as florestas, penetraram as férteis planícies do Ganges. Pouco resta das numerosas cidades que construíram, pois tudo era feito com madeira. No ano 1000 a.C., 16 reinos e semirrepúblicas, conhecidos como mahajanapadas, já haviam se desenvolvido. A guerra entre os reinos era constante. Os vitoriosos assimilavam os vencidos e destruíam suas cidades. Em 500 a.C, quatro mahajanapadas predominavam: Magadha, Kosala, Kasi e a Confederação Republicana de Vrajji. Por volta de 450 a.C., Magadha derrotou Kosala, Kasi e a Confederação de Vrajji e tornou-se a maior potência da região. Varanasi, capital de Kasi, não sofreu o destino habitual das cidades conquistadas e alcançou a condição especial de foco de peregrinação. Nela foram codificados os rituais arianos, descritos em tratados orais. O que surgiu daí não foi uma doutrina unificada, mas várias escolas filosóficas concorrentes que abraçavam desde o materialismo até o ateísmo.

4.56 Uma cerimônia do fogo védica contemporânea, Satara, Maharashtra, Índia

4.57 Uma fogueira de cremação em Varanasi

# 800 A.C.

Varanasi tinha tamanha importância como centro de aprendizado religioso que, no século VI a.C., o famoso buda Shakyamuni fez dessa cidade sua primeira parada após atingir sua autoiluminação. Vários outros pensadores influentes também foram a Varanasi, entre eles Adi Shankara (século IX d.C.), cujos ensinamentos e textos lançaram os fundamentos do hinduísmo, muito baseados nas ideias védicas.

Os rituais védicos não exigiam templos nem mesmo a criação de estátuas. Baseavam-se em sacrifícios do fogo de vários tipos, para os quais necessitavam apenas de plataformas de tijolo. O fogo era o agente que permitia a transformação do alimento sacrificial (matéria) em fumaça e ar (energia). A água do Rio Ganges também é sagrada, sendo outro elemento essencial da vida. Todas as manhãs, na aurora, milhares de hindus reúnem-se nos degraus que conduzem à praia (conhecidos como *ghats*) para contemplar o Sol que nasce no outro lado da amplidão do Ganges e é refletido em suas águas. Com parte do corpo imersa no rio, saúdam o Sol, recolhendo um pouco de água com as palmas das mãos e lançando-a novamente no rio com os braços estendidos. Segue-se um lento giro de 360 graus no mesmo lugar, um pequeno ato de circum-ambulação. Uma rápida imersão no rio completa o ritual. Esse ritual pode ser repetido muitas vezes seguidas, ou ser celebrado de modo mais elaborado, incluindo longos cânticos e sequências de posturas de ioga.

Varanasi foi construída na margem ocidental do Ganges, sobre uma berma natural, em uma curva do rio. Atrás do talude, em um arco semicircular, desenvolve-se o denso tecido urbano medieval, com suas ruas estreitas e tortuosas e uma infinidade de templos, cisternas e pequenos santuários de rua.

4.58 Purificações rituais em Varanasi

Mais de 50 acessos conduzem aos 84 *ghats* à beira do rio. No meio disso tudo se realizam ritos ligados a todos os aspectos da vida humana: a raspagem de cabelo dos recém-nascidos, a primeira benção após o casamento e as penitências praticadas pelos idosos. Os *ghats* de Manikarnika e Harishchandra são especialmente importantes, pois são dedicados aos rituais de cremação. É deles que as cinzas dos mortos são imergidas no Rio Ganges. Nascer ou, mais importante ainda, ser cremado em Varanasi é alcançar a mais alta aspiração da prática hindu: o *moksha* ou nirvana – a libertação do ciclo de nascimentos e mortes.

A maioria dos templos e *ghats* hoje existentes data dos séculos XVIII e XIX. No século IX a.C., a relação entre a água e a terra era muito mais simples, mas não menos poderosa em termos simbólicos.

4.59 Os *ghats* de Varanasi

# ÁSIA OCIDENTAL

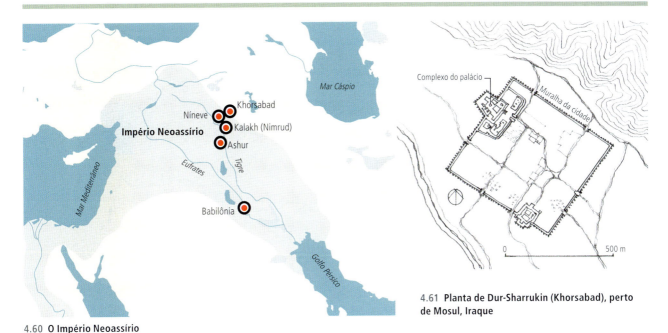

4.60 O Império Neoassírio

4.61 Planta de Dur-Sharrukin (Khorsabad), perto de Mosul, Iraque

## O IMPÉRIO NEOASSÍRIO

O terreno aberto no centro da Mesopotâmia expunha os assírios, que controlavam as regiões setentrionais do rio, às invasões seminômades dos cassitas, dos hurritas e, depois, dos mitanianos, cujo reino incluía todo o Norte da Mesopotâmia. A Assíria permaneceu sob o domínio mitaniano até o início do século XIV a.C. Manteve mais ou menos intacto apenas o núcleo de seu reino, uma estreita faixa de terra de 150 quilômetros de extensão e apenas 40 de largura junto à margem Ocidental do Rio Tigre. No entanto, quando os mitanianos sofreram uma grave derrota diante dos hititas, os assírios começaram a reafirmar-se. Invadiram a Síria e forçaram as cidades da costa do Mediterrâneo, como Tiro, Sídon, Biblos e Arvad, a pagarem tributos. Em 663 a.C., os assírios saquearam a cidade egípcia de Tebas. Eles foram os primeiros a comandar um exército verdadeiramente da Idade do Ferro. Apesar de ligados às práticas religiosas da Mesopotâmia, os neoassírios, com o deus Assur no topo de seu panteão, impunham uma férrea disciplina bélica sancionada pelos deuses. Seus engenheiros construíam pontes, túneis, fossas e armas de vários tipos. Por volta de 668 a C., detinham o controle do Egito e também do Vale do Rio Nilo.

Como a primeira capital da Assíria, Ashur, na margem ocidental do Rio Tigre, ficava aberta à estepe ocidental, Assurnasirpal II mudou a capital para a velha Kalakh, atual Nimrud, 64 quilômetros ao norte. Entretanto, pouco depois, Sargão II (reinado entre 722-705 a.C.) projetou a notável Dur-Sharrukin ("Forte Sargão"), nas proximidades da atual aldeia iraquiana de Khorsabad. Situada 24 quilômetros a nordeste de Nínive, a cidade dominava o principal desfiladeiro de descida das montanhas ao norte, e sua fundação buscava rechaçar qualquer ameaça de invasão pelas tribos do norte. Ela também era um ponto do qual o precioso minério de ferro podia ser direcionado para o império. Em planta, a cidade era um paralelogramo quase quadrado, com o palácio, os templos e os edifícios do governo todos juntos, formando uma unidade autônoma em um dos lados do recinto. Ela ocupava uma área de 300 hectares.

# 800 A.C.

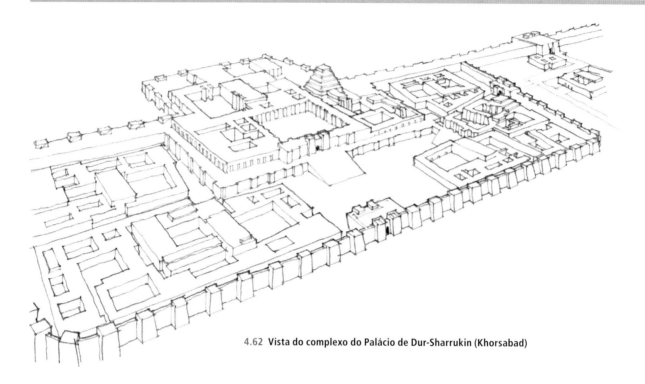

4.62 Vista do complexo do Palácio de Dur-Sharrukin (Khorsabad)

A noroeste ficava o enclave real, metade dentro e metade fora do circuito da muralha, a projetar-se na planície como um grande bastião. Ele assentava-se sobre uma plataforma de 10 hectares, com 16 metros de altura, dominando as muralhas da cidade, e possuía mais de 200 cômodos e 30 pátios. No centro ficava o palácio, que se abria para um grande pátio interno. Nele havia as salas de recepção pública, sofisticadamente decoradas com esculturas e inscrições históricas representando cenas de caça, cultos religiosos, banquetes e batalhas. O harém, com aposentos separados para quatro esposas, ocupava a extremidade sul. Os estábulos, a cozinha, a padaria e a adega ficavam na quina leste. No canto oeste estava o templo, com um zigurate com sete níveis pintados em cores diferentes e interligados por rampas. Abaixo desse enclave, do lado de dentro, havia uma zona configurada por seus próprios muros, que abrigava o coração administrativo da cidade e as suntuosas casas dos funcionários de alto escalão. Por algum motivo, provavelmente em virtude de sua posição precária no perímetro do império, esse complexo não agradou a Senaquerib, filho e sucessor de Sargão, que mudou novamente a capital para a antiga cidade de Nínive.

Embora possuíssem uma formidável máquina de guerra, os assírios foram incapazes de transformar seu sucesso militar em estabilidade econômica. Isso ocorreu, em grande parte, por terem reassentado um grande número de pessoas (as estimativas chegam a cerca de 6 milhões de indivíduos) em seus esforços para abafar as rebeliões. Os reassentados não estavam familiarizados com suas novas terras e, além disso, muitas de suas habilidades já estavam ultrapassadas. Em suma, os assírios destruíram a própria base fiscal e rapidamente ficaram sem dinheiro.

# ÁSIA OCIDENTAL

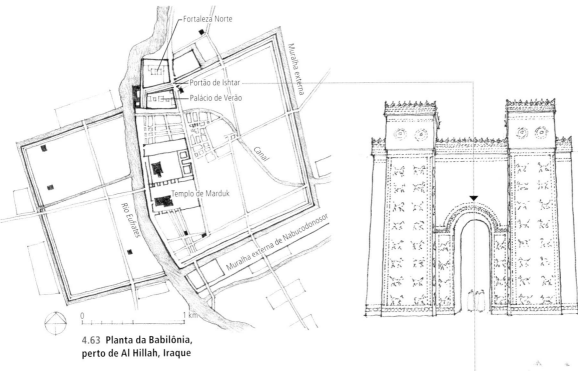

4.63 Planta da Babilônia, perto de Al Hillah, Iraque

## Babilônia

Mesmo no auge do poder assírio, a Babilônia continuou sendo o maior centro cerimonial do Sul da Mesopotâmia. Contudo, em meados do século VII a.C., quando a Assíria entrou em decadência, a cidade começou a se afirmar. Ela saqueou Nínive em 612 a.C. e inaugurou para si uma nova, mas breve, era de prosperidade — afinal, os babilônicos mais ou menos copiaram o esquema econômico fracassado dos assírios. Nabucodonosor, que reinou entre 604 e 562 a.C., deu início a gigantescos projetos de construção. Em 560 a.C., a Babilônia era, sem sombra de dúvida, a cidade mais espetacular de toda a Ásia Ocidental, se não do mundo. Desenvolvendo-se em ambos os lados do Eufrates, a Babilônia tinha dois distritos residenciais principais, com os compostos do palácio e do zigurate localizados à margem do rio. Dizem que o palácio tinha um jardim suspenso, em um terraço a cerca de 18 metros acima do rio, de onde uma bomba mandava água para sua irrigação.

Pode-se ter uma ideia do esplendor da cidade com o Portão de Ishtar, ricamente decorado com figuras de animais feitas em tijolos esmaltados em amarelo e branco, com fundo azul vivo. Era o final da rota processional que levava do palácio ao Templo de Ishtar em Agade (Bit Akitu), usado durante o Festival do Ano-Novo.

4.64 Portão de Ishtar, a entrada norte da Babilônia

# 800 A.C.

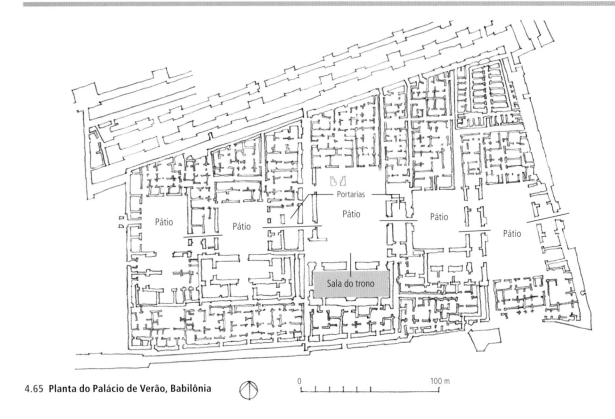

4.65 Planta do Palácio de Verão, Babilônia

O Palácio de Verão situava-se no lado norte da cidade, entre o Portão de Ishtar e o Eufrates. Conforme a tradição assíria, o palácio não se localizava no centro da cidade, mas em seu perímetro, uma indicação de seus *status* ambíguo em relação aos moradores urbanos. Todavia, ao contrário do costume assírio, o recinto religioso permaneceu no centro. O palácio foi construído sobre terraços elevados e estava voltado para a planície e o rio baixos, mas não se sabe se era ali que se erguiam os famosos Jardins Suspensos da Babilônia. Havia cinco pátios em série no núcleo do palácio, e cada um atendia a um conjunto diferente de cômodos dispostos ao norte e ao sul. A sala do trono situava-se ao sul do pátio maior. Em função do tamanho de suas paredes, ela talvez tenha sido coberta por abóbadas de berço. Como era típico da época, os pátios não se alinhavam simetricamente. O acesso de um pátio a outro se dava por uma espécie de portaria.

Contudo, o poder econômico da Babilônia teve curta duração. Os gregos já não precisavam do grão mesopotâmico, pois, para isso, haviam estabelecido suas colônias na Sicília. A Pérsia, a leste, que possuía um sistema sociopolítico mais coerente, tinha mais condições de controlar as rotas de comércio emergentes entre o Oriente e o Ocidente e logo se tornaria o ator dominante na região. A Babilônia foi absorvida pelo Império Persa em 539 a.C.

# 400 A.C.

5.1 Partenon, Atenas

## INTRODUÇÃO

Da China à Grécia, o pensamento religioso, ético e social sofreu diversas reavaliações que se contrapunham às tradições seculares baseadas na noção de que o poder se impõe de cima para baixo, e não de que, ao contrário, deve ser examinado sob um ponto de vista teórico. No século VI a.C., no entanto, vemos a emergência de uma tentativa mais consciente de pensar as questões da ética e do governo. Na China, por exemplo, Confúcio (551–479 a.C.) imaginou um mundo governado pela razão e pela conduta correta, enquanto o taoísmo, que convivia com o confucionismo, preconizava uma espécie de quietude sem interferências e o paradoxo dos opostos complementares. Na Índia, Buda e Mahavira desafiaram a sociedade extremamente estratificada da ortodoxia védica, enfatizando a disciplina de autoabnegação. O budismo talvez tivesse permanecido tangencial na história se não houvesse se transformado em religião de Estado por Ashoka (304–232 a.C.), criador do primeiro império do Sul da Ásia. Visto que o budismo, na época, era antes de tudo uma disciplina ascética, Ashoka não ordenou a construção de grandes templos, mas erigiu pilares nos quais estavam gravados os ensinamentos do Buda. Na Ásia Central e Ocidental encontrava-se o zoroastrismo, uma religião de base ética que via o mundo como uma luta entre o bem e o mal. O homem era entendido como um potencial auxiliar de Deus, capaz de erradicar o mal. E, na Grécia, Sócrates, Platão, Aristóteles e outros travavam vigorosos debates sobre a democracia, as leis e a filosofia social. Atenas, ao adotar a democracia, tornou-se fundamental na pré-configuração do Estado moderno.

Politicamente, a potência principal na Ásia Ocidental e Central era a Pérsia. Ao preencher o vácuo criado pelo colapso dos impérios Egípcio, Assírio e Babilônico, Atenas estendeu sua área de influência da Grécia ao Norte da Índia, dando origem a novas formas arquitetônicas nas grandes capitais de Pasárgada e Persépolis. Persépolis era uma demonstração de seu prestígio. Não era uma cidade, nem uma fortaleza, e sim um conjunto de enormes palácios para festa e banquetes, todos distribuídos em um terraço que a tornava visível às milhares de pessoas que se deslocavam até lá a cada ano para prestar suas homenagens aos grandes reis. O Mediterrâneo, por outro lado, permaneceu sob o firme controle dos gregos no século V a.C., os quais desenvolveram um vocabulário arquitetônico que viria a constituir as bases da arquitetura romana. Ainda hoje o Partenon é celebrado como uma das mais espetaculares edificações do mundo.

As famosas batalhas entre a Grécia e a Pérsia podem, contudo, dificultar o entendimento da energia geopolítica que essas duas regiões trouxeram para a Eurásia. A Pérsia era o conector entre o Mar Mediterrâneo e a Índia, e, assim como os gregos estavam se dedicando à expansão de suas relações comerciais com as comunidades agropastoris ao norte, assim os indianos também se esforçaram para expandir seus vínculos com o sul do subcontinente. Essas três regiões – Índia, Pérsia e o Mar Mediterrâneo/Mar Negro – formavam uma unidade econômica intimamente relacionada entre si.

A tentativa fracassada da Pérsia de conquistar a Grécia teria consequências inesperadas. Ela estimulou a fantasia e as ambições de Alexandre, o Grande (356–323 a.C.), que conquistou a própria Pérsia e seus territórios. Por certo tempo, teve-se a impressão de que o Império Grego chegaria a estender-se até o Rio Indo, mas as ambições de Alexandre foram interrompidas por sua morte repentina em 323 a.C. Os territórios conquistados, divididos entre seus generais, transformaram-se em Estados quase independentes e em centros regionais de poder. O mais forte deles era o Egito, governado desde Alexandria pelos Ptolomeus. Outra cidade-estado igualmente importante era Pérgarmo, na Anatólia. A minúscula cidade insular de Delos ultrapassou Atenas como centro comercial cosmopolita do Mar Mediterrâneo. O impacto da cultura grega, geralmente chamado de *helenismo* em terras distantes da Grécia, foi enorme. Essa estética tendia ao realismo, à morbidez artística e à expressão emocional. As colunas e os entablamentos do khmer do século IX no Camboja deixam claro, ainda que remotamente, que o helenismo ainda era um fator no diálogo arquitetônico. Os pedreiros khmer, provavelmente vindos da Índia, não tinham qualquer conhecimento acerca dos gregos, mas o legado desses perdurou. O impacto do helenismo também chegou à China assim como nas representações escultóricas do Buda.

Na América do Sul, os mais importantes desenvolvimentos culturais eram sociedades bem-organizadas que habitavam as planícies peruanas: a civilização moche, ao norte, e as tribos nazca, ao sul. Os olmecas, que haviam sido a cultura mais influente na Mesoamérica durante algum tempo, já estavam em declínio por volta de 400 a.C., tendo sido substituídos pelos povos maia e zapoteca, que estavam passando pela transição de tribos para pequenas nações.

# 400 A.C.

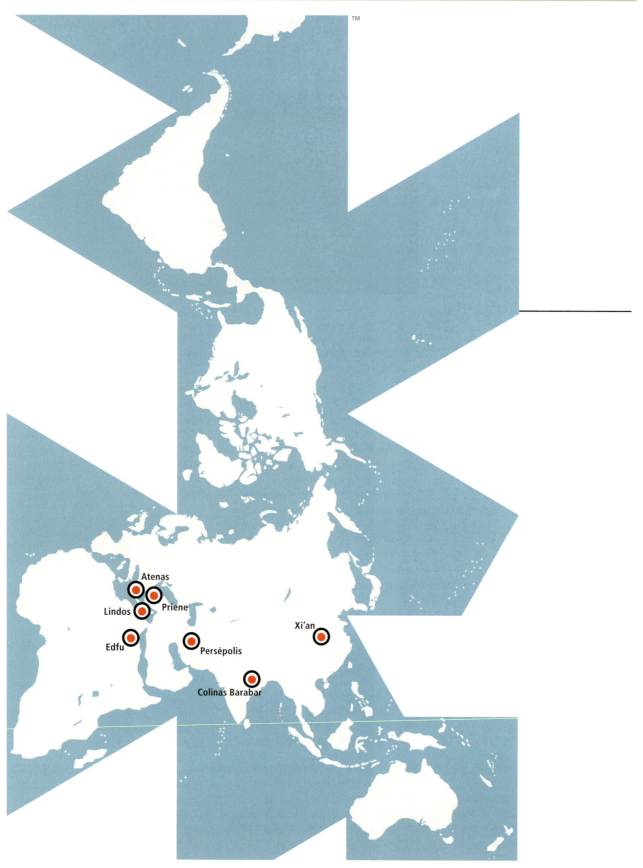

# INTRODUÇÃO

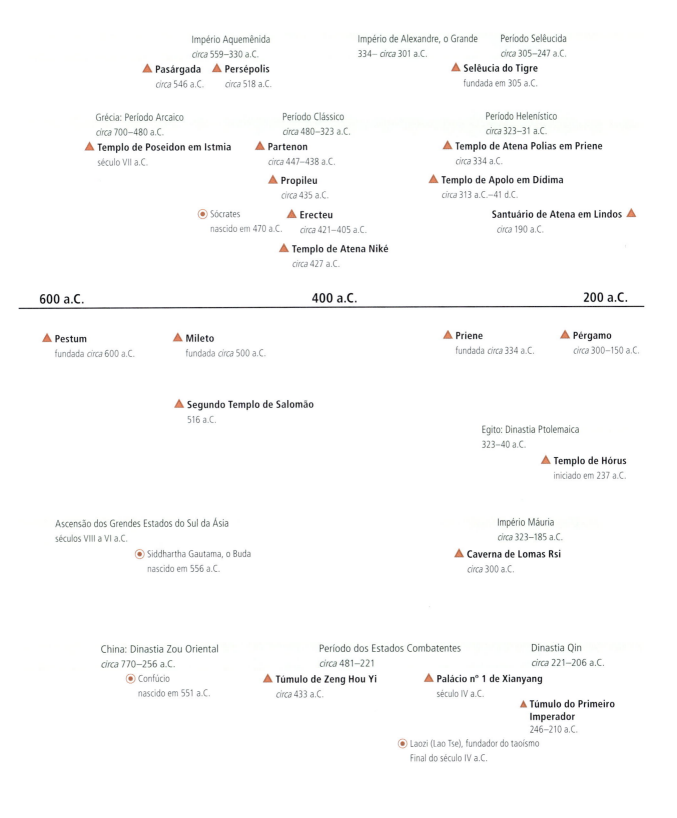

# 400 A.C.

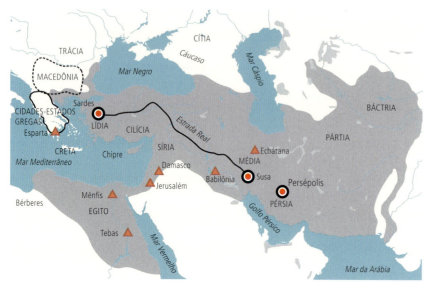

5.2 Império Aquemênida (Persa)

## O IMPÉRIO AQUEMÊNIDA (PERSA)

Colonizadores chegaram ao planalto iraniano durante o quinto milênio antes de Cristo ou pouco antes, e uma de suas antigas cidades, Tepe Sialk (no Irã Central, perto da atual cidade de Kashan), resistiu a várias ocupações até cerca de 800 a.C. Nessa época, a região era conhecida como Média e seus poderosos reis estendiam seu controle sobre a civilização elamita, em direção ao sul, nas planícies em torno de Susa. Com o enfraquecimento dos assírios a oeste, um dos reis medas, Ciaxares (625–585 a.C.), conseguiu invadir e destruir Nínive, a capital assíria, marchando até os portões de Sardes, mas recuou diante da ocorrência de um eclipse solar, interpretado como mau agouro. A capital do Reino Meda era Hagmatana ("lugar de assembleia"), uma cidade milenar situada abaixo da atual cidade de Ramadan. O Reino Meda, contudo, sofreu uma transformação quando os persas, um dos ramos dos medas, assumiram o controle sob o governo de Ciro, o Grande (559–530 a.C.), que retomou os esforços de Ciaxares e acabou unindo os reinos Elamita, Meda e Babilônico numa única região que se estendia da Anatólia até o Golfo Pérsico. A ascendência dos persas teve importantes consequências geopolíticas, uma vez que seu território ficava a meia distância entre a Índia e o Mar Mediterrâneo. É claro que eles tinham ciência disso, e, de fato sua existência dependia da intensificação do comércio entre essas duas direções.

Assim como todos os impérios, o persa passou por uma fase de expansão, com as famosas campanhas militares de Dário e seu filho Xerxes I (em 490 e 480 a.C., respectivamente) contra os gregos. Embora essas tentativas não tenham sido bem-sucedidas, os persas, aliados aos fenícios – que deram contribuição significativa à frota persa –, levaram prosperidade ao Levante e às cidades da região leste do litoral do Mediterrâneo. Cidades fenícias como Biblos e Sídon passaram por um renascimento econômico. Os persas, contemplando pela primeira vez as grandes edificações do Egito e da Ásia Ocidental, sentiram-se inspirados a igualar essas realizações. Além de cobrar impostos dos jônios, a Pérsia apossou-se de seus hábeis e famosos artesãos. Uma inscrição da época de Dario relata que os canteiros que trabalharam para construir seus palácios eram da Jônia, ao passo que os carpinteiros haviam sido trazidos do Líbano junto com imensas cargas de madeira.

Por volta de 500 a.C., o Império Aquemênida havia se expandido e se tornado o maior e mais importante da Ásia, especialmente sob Dário (522–486 a.C.), que ampliou os limites do império até o centro do Egito. A Dinastia Zou, na China, em comparação, ainda estava relativamente isolada. As inúmeras cidades-estados da Índia estavam ocupadas em lutas entre si. Os soberanos persas parecem ter aprendido com experiência negativa dos assírios e babilônicos, e ao contrário desses tentaram conquistar a boa vontade das nações subjugadas. Dario, por exemplo, permitiu que os judeus reconstruíssem o Templo de Jerusalém, concluído em 516 a.C., o sexto ano de seu reinado. Os pesos e medidas foram padronizados e uma ampla rede de estradas foi construída – o primeiro sistema organizado de estradas da história. A Estrada Real ia de Sardes, no litoral da Anatólia, até Susa, de onde se ligava, por meio de numerosas extensões, às rotas da seda e a Pasárgada e Persépolis, as recém-construídas capitais do Império Persa. Com efeito, com a exceção da Grécia, da Índia e do Egito, a Pérsia era quase exclusivamente rodeada de povos nômades e pastores, e nenhum deles fazia extenso uso do ferro. Faz sentido, portanto, que os persas tenham se esforçado para trazer todo o Mediterrâneo para a sua esfera de influência. O fracasso dessa tentativa resultou um mundo dividido em dois: a geografia linear dos persas, alinhavada pela Estrada Real, e a geografia em rede do Mediterrâneo, controlada pelos gregos e fenícios.

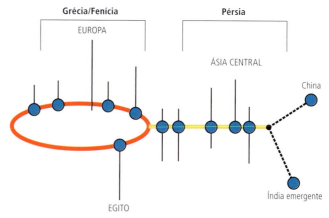

5.3 Diagrama das rotas comerciais, *circa* 400 a.C.

# ÁSIA OCIDENTAL

**Pasárgada e Persépolis**

Em 546 a.C., Ciro estabeleceu Pasárgada como sua capital, implantando-a num dos pontos iniciais da rota de caravanas que seguia para o norte, atravessando o Grande Deserto de Sal. O núcleo administrativo da cidade é notável por sua amplidão, com o palácio, o salão de audiências, os altares e os pavilhões todos distantes uns dos outros, mas integrados em um ambiente semelhante a um parque, com árvores frondosas, cursos de água e jardins. Os egípcios e os babilônios também tinham palácios com jardins, mas um conjunto tão amplo de palácios, jardins e pomares era uma grande novidade. Essa também era uma paisagem sagrada, pois na extremidade norte havia um recinto sagrado, murado, que consistia em um conjunto de terraços planos que sustentavam um altar aberto. Em um período muito distante, o jardim persa se tornaria o protótipo dos jardins islâmicos.

Não muito longe de Pasárgada está o túmulo de Ciro, o Grande. Sua cela tem 6 metros de altura e se apoia num plinto com degraus em seis níveis, cuja base mede 13,5 por 12,2 metros. Todo o prédio, de 13 metros de altura, é de calcário branco. Sua cobertura é formada por cinco enormes pedras inclinadas. O monumento, que se destaca na paisagem, é uma elegante combinação de sepulcro e santuário. A construção lembra os túmulos gregos jônicos, embora em uma escala mais modesta. O edifício era provavelmente inserido num pátio.

Como capital, Pasárgada duraria relativamente pouco tempo. Dário projetou sua própria capital, Persépolis – "cidade dos persas", como a chamavam os gregos –, 10 quilômetros a sudeste e mais próxima das férteis terras litorâneas. Ocupar a Bacia do Marv Dasht, circundada de penhascos, foi uma mudança audaciosa. O palácio situa-se sob a encosta oeste de um desses desfiladeiros. A construção passou por várias fases entre 515 e 330 a.C. A primeira etapa exigiu escavar a lateral irregular e rochosa da montanha para nivelar uma grande plataforma de 10 a 20 metros de altura, com cerca de 300 metros de comprimento e 450 de largura. Suas fundações continham um complexo sistema de drenagem e canais de água.

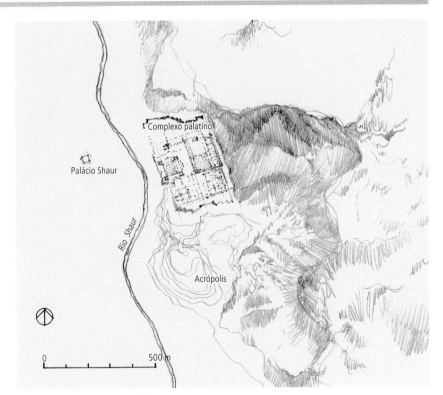

**5.4 Implantação de Persépolis, Irã**

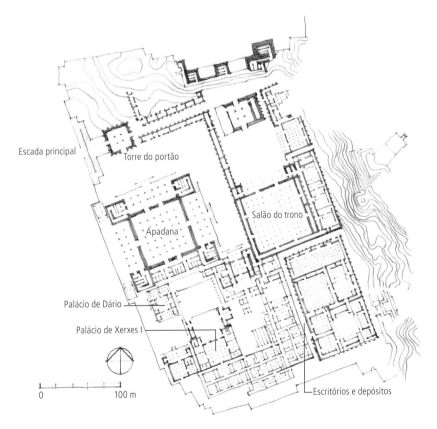

**5.5 Planta do Complexo palatino de Persépolis**

# 400 A.C.

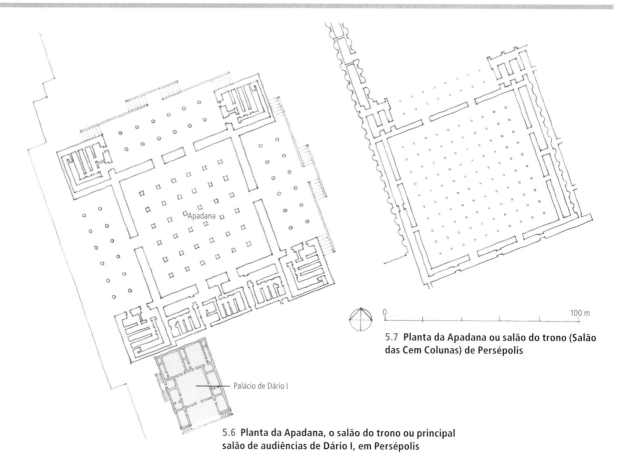

5.6 **Planta da Apadana, o salão do trono ou principal salão de audiências de Dário I, em Persépolis**

5.7 **Planta da Apadana ou salão do trono (Salão das Cem Colunas) de Persépolis**

O propósito das amplas fundações era garantir que os prédios assentados sobre elas dominassem as vistas do vale. Ainda assim, pouco dos edifícios permanece em pé, pois a maior parte das paredes era de tijolo de barro revestidas com estuque e pintadas com cores brilhantes. O que se vê atualmente são as partes construídas em pedra, como colunas, alicerces e entalhes.

A parte norte do terraço, que incluía a sala do trono (também conhecida como o Salão das Cem Colunas), media 70 por 70 metros e representava a principal área do complexo; seu acesso era permitido a poucos. A seção sul continha os palácios de Dário e Xerxes I, o harém e o salão do conselho. Uma enorme construção defensível, na quina sudoeste, com áreas separadas para diferentes produtos, servia como o tesouro público. Registros encontrados indicam que, no ano de 467 a.C., nada menos que 1.348 pessoas eram empregadas nos registros do tesouro e na documentação de seus pertences. O maior edifício, a Apadana ("castelo", em persa), era o salão principal de recepção. Tinha 72 impressionantes colunas caneladas e cônicas de calcário, de 7 metros de altura, coroadas por capitéis em forma de touro ou leão. Suas vigas de cedro, ébano e teca eram folheadas a ouro e incrustadas com marfim e metais preciosos. O conceito geral do salão hipostilo remonta à antiga arquitetura meda: uma cidadela-palácio do século VIII a.C. em Gobin Tiepe possuía um salão com 30 colunas, assim como o Palácio de Ciro, em Pasárgada. Esse salão, contudo, foi projetado para impressionar por sua escala e ornamentação.

# ÁSIA OCIDENTAL

5.8 Parte do complexo palatino de Persépolis

Uma característica inovadora no projeto foi uma escadaria dupla revestida de pedra que leva à Apadana, o grande salão de audiências. Suas paredes foram ornadas com fileiras de emissários, soldados e condutores de bigas. É como um filme onde podemos ver de que forma se vestiam os diversos povos do vasto império, seus ornamentos, suas armas e os penteados em voga. Um grupo da Índia carrega um saco de ouro, outro, da África, leva presas de elefante. Essas pessoas não são retratadas como tristes e derrotadas, mas como se estivessem celebrando. Um dos frisos mostram um homem, como se fosse um guia, segurando a mão de outro e o conduzindo. No alto da escada havia um portão e bancos de mármore negro ao longo das paredes, onde os visitantes podiam aguardar.

O friso nos ajuda a entender o significado dessa estrutura inovadora. Ela era o pano de fundo de uma grande celebração anual – talvez de Ano Novo –, com pessoas chegando de todas as partes com presentes, para celebrar tratados e socializar. As planícies a oeste do conjunto ficavam cheias de tendas de todos os tipos. O evento principal para um visitante era a recepção pelo soberano persa na Apadana, que provavelmente servia como o local para festas magníficas, com centenas de pessoas sentadas no chão ao redor de grandes travessas redondas sendo entretidas por mucisistas e dançarinas. Persépolis pode ser vista como um centro de convenções atual, onde negócios, socialização e festividades se misturam.

5.9 Escadaria que conduz à Apadana de Persépolis

5.10 Friso de uma escadaria em Persépolis

123

# 400 A.C.

5.11 Colônias gregas e fenícias ao redor do Mar Mediterrâneo, *circa* 550 a.C.

## A GRÉCIA E O MEDITERRÂNEO

Enquanto o Império Persa se baseava em uma extensa rede de estradas e no intercâmbio de mercadorias, a importância dos gregos fundava-se no comércio marítimo e na manufatura, particularmente de bronze e cerâmica. Os gregos percorriam o Mar Mediterrâneo e iam até Gibraltar, a oeste, e o Mar Negro, no leste, fundando dezenas de cidades e entrepostos comerciais. Essa rede comercial desenvolveu-se como consequência da competição entre as cidades gregas e da gradual abertura do interior do continente europeu ao comércio. Massalia (atual Marselha, França), por exemplo, foi fundada em 600 a.C. como entreposto comercial para facilitar o comércio com os gauleses. Muitas cidades-estados tinham suas próprias colônias. Mileto, por si só, tinha pelo menos 90 colônias espalhadas pelo Mediterrâneo. Esse era um modelo econômico inovador que poderíamos chamar de modelo de franquias urbanas. Considerados em seu conjunto, os dois sistemas contrastantes — o território continental da Pérsia e os domínios marítimos dos gregos — constituíram um grande *continuum* geopolítico que se estendia de leste a oeste e que permaneceu viável até a dissolução do Império Romano, no século V d.C.

As primeiras colônias gregas foram fundadas por volta de 770 a.C. pelos euboicos (habitantes da ilha de Eubeia), na ilha de Ísquia (Pithekoussai) perto de Nápoles; em Cumae (Cuma), no centro da Itália; na ilha de Naxos, nas Cíclades; e em Leontini, no leste da Sicília. Por volta de 710 a.C., os aqueus fundaram Sybaris e Croton, no sul da Itália. Os espartanos fundaram Tarentum em cerca de 650 a.C., enquanto Siracusa foi fundada pelos coríntios em 743 a.C. No total, em um período de 100 anos, cerca de 30 colônias haviam surgido. Os colonizadores mantinham relações íntimas com suas cidades-mãe e frequentemente delas se socorriam em períodos de guerra. As colônias também começaram a se fortalecer militarmente. Em 480 a.C., Siracusa derrotou Cartago na Batalha de Himera, e, em 413 a.C., causou uma derrota catastrófica nas forças atenienses, que perdeu 200 navios e milhares de soldados.

### O templo grego

O projeto do templo grego mudou consideravelmente em meados do século VI a.C., sobretudo devido à substituição gradual da madeira pela pedra. É possível que isso tenha ocorrido em parte pelo desejo de permanência, mas também pela influência da arquitetura egípcia, com a qual os gregos passaram a manter cada vez mais contato.

Nessa época, a parte norte do Egito estava dividida entre os vassalos do Império Assírio. Por volta de 664 a.C., um príncipe egípcio chamado Psamtik (Psamético) foi expulso para os pântanos. Conspirando para seu retorno, ele permitiu que, por volta de 620 a.C., os dórios se estabelecessem em Naucratis, na extremidade ocidental do delta do Rio Nilo mediante a promessa de que ajudassem em suas ambições militares, e ele de fato teve êxito. Psamtik conseguiu derrotar seus rivais, romper com a Assíria e reunificar o Egito. Isso desencadeou uma série de trocas comerciais entre o Egito e a Grécia, lucrativa para ambos.

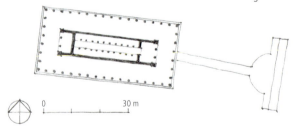

5.12 Planta do Templo de Ártemis em Corfu (Kerkira), Grécia, *circa* 580 a.C.
O mais antigo templo dórico que se conhece construído completamente com pedra

# EUROPA

5.13 Templo de Segesta, Sicília, Itália

Naucratis tornou-se uma espécie de zona franca, onde os gregos estabeleceram fábricas que produziam cerâmica e ornamentos em estilo egípcio para o mercado egípcio. Também importavam prata, ainda rara no Egito, e aparentemente recebiam em troca cereais egípcios.

Quando os gregos, acostumados com pequenos templos de madeira e altares simples ao ar livre, viram pela primeira vez as enormes pirâmides e templos de pedra do Egito, certamente ficaram fascinados e logo se puseram a estudar as técnicas de construção egípcias. Eles tiveram muitas oportunidades para isso, pois Psarntik havia dado início a uma grande campanha de construção. O impacto dessas lições deve ter sido imediato, já que não há praticamente nenhum indício de que a ordem dórica existisse antes do contato grego com o Egito. Os gregos, contudo, já tinham alguma familiaridade com a pedra e a usavam para erguer as paredes da cela, como vimos no caso do Templo de Poseidon em Istmia. Porém, fazer em pedra as colunas e as traves de uma colunata exigia um conhecimento mais aprofundado.

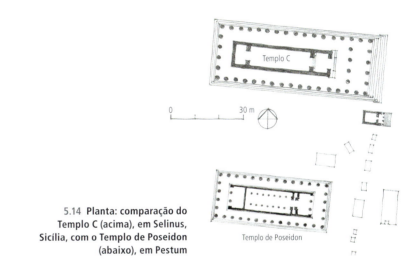

5.14 Planta: comparação do Templo C (acima), em Selinus, Sicília, com o Templo de Poseidon (abaixo), em Pestum

5.15 Local de alguns templos gregos

125

# 400 A.C.

5.16  Uma coluna tombada, mostrando os tambores típicos com as quais eram construídos

O desenvolvimento da ordem dórica pode ser observado no Templo de Poseidon, em Istmia, onde, na época em que foi construído, por volta de 600 a C., as colunas de carvalho foram substituídas por outras de pedra. (Em 176 d.C., um visitante romano relatou uma peculiaridade: ainda havia uma coluna de carvalho em pé.) Algumas das primeiras colunas eram imensos monólitos, outras consistiam em tambores sobrepostos, de diversas alturas e diâmetros.

A riqueza das colônias sicilianas explica por que muitos dos primeiros templos gregos não ficavam na Grécia propriamente dita, mas na Sicília e Itália (parte da chamada Magna Grécia). Em Selinus, na costa sudeste da Sicília, sete templos foram alinhados na acrópole e em um penhasco próximo. Eles datam de 570 a.C. a 409 a.C. Em Pestum, no centro da Itália, toram erguidos templos para Hera (550 a.C.), para Deméter (520 a.C.) e para Poseidon (460 a.C.). Em contraste com os antigos templos de Selinus, no Templo Posterior de Poseidon, em Pestum, a cela interna abria-se por meio de uma colunata interna, resultando em uma melhor interação entre o corpo do templo e o téron, a colunata circundante.

Havia uma importante diferença entre o trabalho de cantaria egípcio e o grego. Na Grécia, as pedras eram trazidas ao canteiro de obras praticamente acabadas, enquanto no Egito as pedras chegavam ao local ainda bastante grosseiras (exceto pelos cortes horizontais), com grande parte do acabamento sendo feito *in loco*. Essa diferença teria impacto significativo no desenvolvimento da arquitetura grega, pois acarretaria um aperfeiçoamento cada vez maior dos detalhes, das proporções e das formas.

Os templos gregos e romanos são descritos de acordo com o número de colunas na elevação principal, o tipo de colunata e o tipo de pórtico. O Partenon, por exemplo, é um templo períptero hexastilo, com pórticos hexastilos em ambas as extremidades. O Templo de Zeus em Olímpia é um templo períptero hexastilo, com pórticos distilo *in antis* em ambas as extremidades. A Basílica de Pestum é um raro templo pseudodíptero eneastilo, com um pórtico tristilo *in antis*.

Quase todas as superfícies do templo – os degraus, as colunas, os capitéis, as paredes e, inclusive, as figuras do frontão – eram pintadas com cores vivas: vermelho, azul, amarelo e preto. As informações sobre as cores empregadas nos templos vêm tanto de fontes arqueológicas quanto literárias. Os pigmentos eram feitos de minerais, fuligem, pedras moídas, plantas e animais. O pigmento púrpura, por exemplo, era obtido de moluscos; a cor amarelada aplicada às colunas e vigas, do açafrão. Às vezes, as cores eram aplicadas com cera, em geral sobre o estuque.

Apesar de hoje percebermos os templos gregos como objetos isolados, na verdade eles inseriam-se na paisagem por meio de um temenos. Esse recinto sagrado, às vezes, consistia em algo tão simples como uma fileira de pedras, mas também podia ser um muro. O temenos era o território da divindade e só se podia chegar a ele da maneira prescrita. A entrada era somente através de um ponto especial definido por um *propylon* ("antes do portão"), ou propileu.

# EUROPA

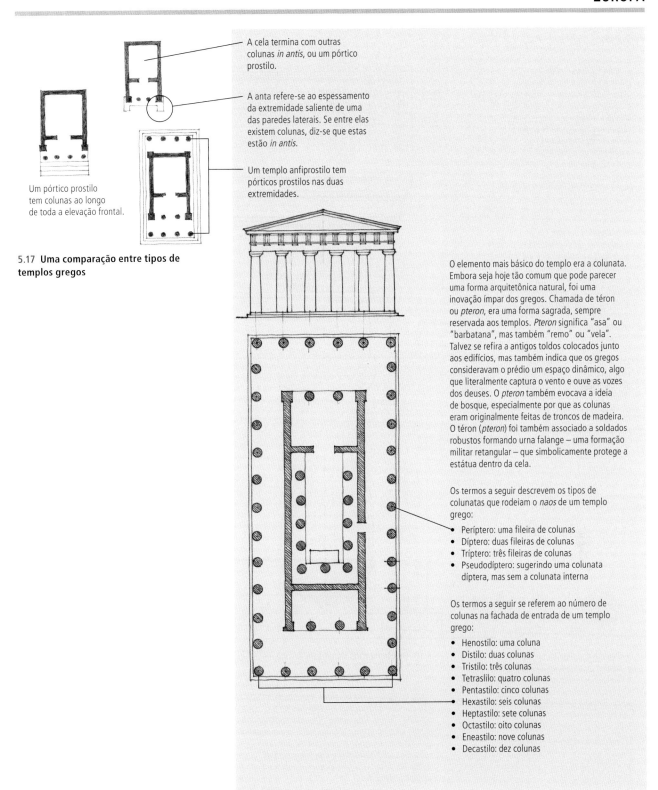

Um pórtico prostilo tem colunas ao longo de toda a elevação frontal.

A cela termina com outras colunas *in antis*, ou um pórtico prostilo.

A anta refere-se ao espessamento da extremidade saliente de uma das paredes laterais. Se entre elas existem colunas, diz-se que estas estão *in antis*.

Um templo anfiprostilo tem pórticos prostilos nas duas extremidades.

5.17 **Uma comparação entre tipos de templos gregos**

O elemento mais básico do templo era a colunata. Embora seja hoje tão comum que pode parecer uma forma arquitetônica natural, foi uma inovação ímpar dos gregos. Chamada de téron ou *pteron*, era uma forma sagrada, sempre reservada aos templos. *Pteron* significa "asa" ou "barbatana", mas também "remo" ou "vela". Talvez se refira a antigos toldos colocados junto aos edifícios, mas também indica que os gregos consideravam o prédio um espaço dinâmico, algo que literalmente captura o vento e ouve as vozes dos deuses. O *pteron* também evocava a ideia de bosque, especialmente por que as colunas eram originalmente feitas de troncos de madeira. O téron (*pteron*) foi também associado a soldados robustos formando uma falange – uma formação militar retangular – que simbolicamente protege a estátua dentro da cela.

Os termos a seguir descrevem os tipos de colunatas que rodeiam o *naos* de um templo grego:

- Períptero: uma fileira de colunas
- Díptero: duas fileiras de colunas
- Tríptero: três fileiras de colunas
- Pseudodíptero: sugerindo uma colunata díptera, mas sem a colunata interna

Os termos a seguir se referem ao número de colunas na fachada de entrada de um templo grego:

- Henostilo: uma coluna
- Distilo: duas colunas
- Tristilo: três colunas
- Tetrastilo: quatro colunas
- Pentastilo: cinco colunas
- Hexastilo: seis colunas
- Heptastilo: sete colunas
- Octastilo: oito colunas
- Eneastilo: nove colunas
- Decastilo: dez colunas

5.18 **A terminologia dos templos gregos**

# 400 A.C.

Corona é a projeção no alto de uma cornija e se referia à testa e ao controle das coisas a partir do alto. Associava-se também à águia, ave dos augúrios, predileta de Zeus. Por essas razões, era o elemento apropriado para constituir a parte superior do prédio.

No ábaco do capitel apoia-se a arquitrave, a principal viga de pedra ou mármore, que vai de coluna a coluna. Acima da arquitrave está o friso, que consiste em tríglifos e métopas alternados. Sob cada tríglifo, na frente da arquitrave, existe uma faixa lisa, a régula; de sua parte inferior pendem seis cavilhas de pedra, ou gotas. Em geral, há um tríglifo para cada coluna e outro para cada intercolúnio. As métopas são muitas vezes decoradas com pinturas ou esculturas em relevo, representando histórias do herói local ou episódios retirados dos mitos associados ao deus ao qual o templo era consagrado.

- Picnostilo: 1,5 diâmetro
- Sistilo: 2 diâmetros
- Eustilo: 2,25 diâmetros
- Diastilo: 3 diâmetros
- Areostilo: 3,5 diâmetros

O intercolúnio refere-se ao espaço entre as colunas, expresso em diâmetros da coluna. Essa sistematização se aplica sobretudo aos templos helenísticos e romanos.

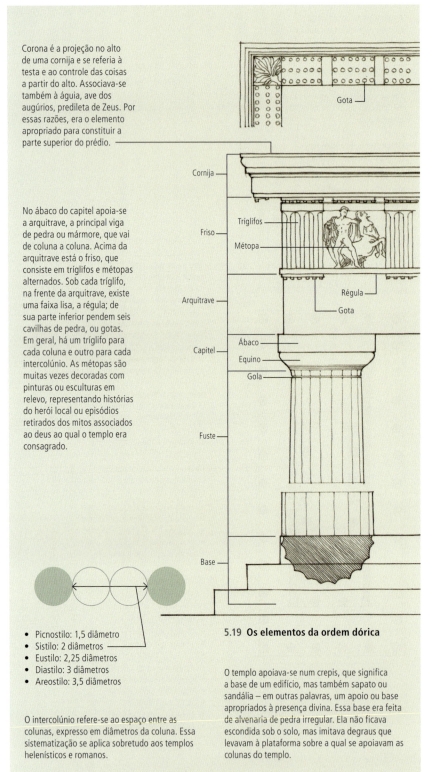

5.19 Os elementos da ordem dórica

O templo apoiava-se num crepis, que significa a base de um edifício, mas também sapato ou sandália — em outras palavras, um apoio ou base apropriados à presença divina. Essa base era feita de alvenaria de pedra irregular. Ela não ficava escondida sob o solo, mas imitava degraus que levavam à plataforma sobre a qual se apoiavam as colunas do templo.

O capitel, cujo nome deriva da palavra latina *caput* (cabeça), era, na terminologia grega, o *kranion*, que se refere ao topo da cabeça ou caveira. O capitel dórico, esculpido em um único bloco de pedra, consiste em uma forma convexa alargada, o equino, palavra que se usava para quase todo tipo de objeto curvo e pontudo existente na natureza, e de um bloco baixo, quadrado, o ábaco.

O fuste da coluna afina-se a partir da base, subindo na forma de uma curva delicada chamada êntase. O fuste de uma coluna dórica quase sempre se apoia diretamente no piso, sem base. As colunas do início do século VI a.C. eram com frequência monolíticas, mas depois o fuste passou a ser composto de tambores superpostos que assumiam forma arredondada após serem desbastados num torno.

Os tambores, essas seções de coluna, eram unidos por cavilhas de madeira ou bronze encaixadas em concavidades do centro. As caneluras eram criadas no fuste após a montagem de cada coluna. Em geral se faziam 20 caneluras largas e rasas que se encontram formando extremidades pontudas, ou arestas. As juntas entre as colunas costumavam ser cobertas com argamassa de mármore.

Os degraus eram com frequência altos demais para permitir seu uso confortável e, por isso, havia um lance de escadas ou uma rampa na entrada. Isso demonstra que os degraus nada tinham a ver com as necessidades construtivas, pois poderiam ter sido facilmente projetados em maior número. Em vez disso, eram intencionalmente construídos para o templo paracer estar brotando dum afloramento de rocha natural, limpo e aplainado para a construção do prédio.

# EUROPA

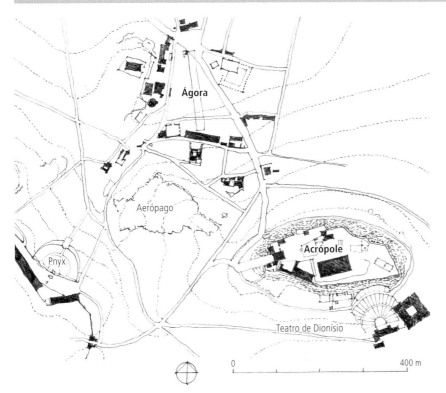

5.20 Planta de situação mostrando o relacionamento entre a ágora e a acrópole de Atenas

A ágora também era local do Leokoreion, um pequeno templo com poço artesiano na parte norte da ágora. Ele recebeu esse nome em homenagem às filhas de Leos, que foram sacrificadas para salvar a cidade de uma terrível peste. Na ágora também havia a *stoa*, um longo prédio com lojas ao fundo e uma colunata voltada para a ágora. Essas lojas eram para os comerciantes mais elitizados. As reuniões políticas da cidade ocorriam em um prédio conhecido como bouleuterion. O foro também se localizava nesse local. O espaço central era utilizado para mercados, rituais e palestras ou pronunciamentos. Porém, acima de tudo, a área servia como um mercado onde era possível encontrar de tudo: padeiros, vendedores de escravos, peixeiros, taberneiros, comerciantes de tecidos, sapateiros, costureiras, vendedores de artigos para cozinha e outros utensílios domésticos. Sócrates era famoso por lecionar a seus alunos caminhando de um lado a outro da *stoa* de Atenas, questionando os clientes do mercado sobre qual seria o significado da vida e atraindo uma multidão de jovens atenienses que gostavam de ver os anciões mais pretensiosos serem feitos de bobos. Um dos ouvintes era um jovem poeta, que se tornou aluno de Sócrates. Seu nome era Platão.

## Atenas

A cidade de Atenas tinha três componentes principais: a acrópole, que era o grande centro ritual e espiritual da cidade; a ágora, que era seu núcleo econômico; e o tecido urbano propriamente dito, onde se encontravam pequenos santuários e templos. A ágora, que provavelmente foi planejada no século VII a.C. e desenvolvida nos séculos V e IV a.C. com a construção dos templos de Hefesto, Zeus e Apollo, era uma invenção única dos atenienses. Tratava-se de um espaço especialmente demarcado fora do centro da cidade que reunia as diferentes dimensões da vida urbana. Embora a ágora fosse chamada de espaço público, ela era um espaço tanto religioso quanto social. Um dos principais templos voltados para a ágora era dedicado a Hefesto. Hefesto era o deus dos fundidores de metal, e sua presença ali era um testemunho do papel da fundição do bronze na economia ateniense. Ele se situava em uma colina a oeste, e essa implantação elevada denotava sua importância.

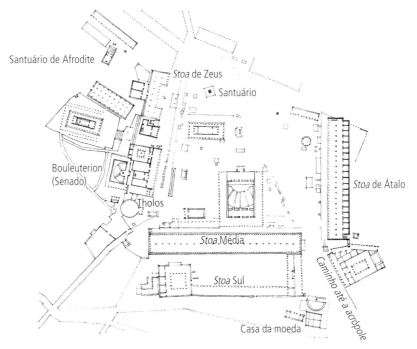

5.21 Planta de localização da ágora de Atenas

# 400 A.C.

5.22 Friso representando uma cavalgada, parede sul do Partenon de Atenas

Os antigos dórios, quando chegaram na Grécia vindos do Norte, tinham bosques sagrados aos quais periodicamente se dirigiam para rituais da comunidade. O que eles aprenderam com os egípcios foi dramatizar esses percursos, tornando-os processões espetaculares que envolviam a música e a dança. Os gregos, contudo, não faziam processões com a divindade presente, como faziam os egípcios. Nesse sentido, eles se mantiveram fiéis a sua crença fundamental de a deidade estar fixa em locais especiais, sagrados. Com o passar do tempo, o número dessas processões se multiplicou, e algumas delas foram elevadas ao nível de protocolo do Estado. Uma delas era a Dionísia, um grande festival ateniense em homenagem ao deus Dionísio, que ocorria no início da primavera. Ele envolvia uma processão de falanges e equipamentos militares e terminava com apresentações de teatro. Algumas semanas depois, havia a Procissão Panateniense, mais oficial, que começava no Leokoreion e terminava na acrópole. O fato de ela iniciar no Leokoreion indicava a tentativa da procissão de se conectar intimamente com o princípio do sacrifício e do triunfo.

A procissão era um evento elaborado. Meses antes de acontecer, uma equipe de virgens de famílias aristocráticas teceria uma vestimenta nova e especial para a deusa do templo. No final do século V a.C., a túnica era tão grande quanto uma vela de navegação e, de fato, era fixada em um modelo de navio montado sobre rodas. Essa "carroça-navio" tinha uma tripulação de sacerdotes e sacerdotisas vestindo grinaldas douradas e coloridas. Quando tudo estava pronto, ocorria um festival noturno, e, ao nascer do sol, pegava-se um novo fogo, carregado em uma corrida com tochas de fora da cidade — onde se faziam sacrifícios para Eros e Atenas juntos — através da ágora e subindo até o altar de Atenas, na acrópole. Uma procissão então se formava, na qual todos os membros da comunidade tinham lugar. O ponto alto do evento era o sacrifício, com o abate de mais de uma centena de animais no Grande Altar e a distribuição da carne a todo o povo que estava na ágora. A partir de 566 a.C., um torneio de atletismo foi adicionado ao programa das atividades, incluindo corridas a pé, luta livre, corridas a cavalo, pugilismo e arremesso de dardo.

O friso do Panteon parece retratar uma dessas processões celebratórias. A narrativa do friso começa na quina sudoeste, onde a procissão parece se dividir em duas.

E o que ela representa? De acordo com uma interpretação, ela mostra a Procissão Panateniense anual. No entanto, essa ideia, ainda que seja frequentemente repetida, tem sido questionada por alguns estudiosos, que afirmam que ela deve ser a representação de um momento mitológico, e não de uma procissão real envolvendo mortais. Como todos os frontões e as métopas ilustram cenas mitológicas, é natural que se busque também uma explicação mitológica do friso. John Boardman sugeriu que a cavalaria retratada no friso representa a heroização dos soldados que tombaram em Maratona em 490 a.C., e que, portanto, esses cavaleiros eram os atenienses que participaram da última Grande Procissão Panateniense antes dessa batalha. Chrysoula Kardar propôs que o relevo mostra uma primeira Procissão Panateniense conforme foi imaginada pelo rei mítico Cécrope.

Uma questão surpreendente é que a localização do friso, no alto da fachada do prédio o tornava difícil de observar. No museu atual, as figuras se encontram ao nível do observador, enquanto no Partenon, ele estava a sete metros de altura. Isso sugere que eles não foram feitos para serem "vistos" no sentido convencional da palavra.

Thomas Bruce, o Sétimo Conde de Elgin, desmontou cerca de dois terços do friso e os embarcou para a Inglaterra entre 1801 e 1806. Hoje, os chamados Mármores de Elgin se encontram no British Museum, para a indignação de muitas pessoas. Quando olhamos para o friso, devemos nos recordar que, assim como todo o resto do prédio, ele era pintado.

# EUROPA

5.23 A vista do Partenon quando se chega do propileu

## O Partenon

Em função do estado de guerra virtualmente constante da Grécia Antiga, quase toda cidade grande grega se dividia em cidade baixa e acrópole, que, literalmente significa uma "cidade nas alturas". A acrópole de Atenas não era uma exceção. Ela situa-se em um grande monte de calcário que se inclina para o oeste, a partir do qual ele tinha de ser acessado. Já fortificada com uma muralha pelos micênicos, acreditava-se que a acrópole era investida por presenças divinas desde a antiguidade. As águas que fluem de uma nascente de seu lado sul ainda hoje são consideradas como tendo poder de cura. Um pé de oliveira enraizado em uma rocha de seu cume era dedicado a Atenas. Foi ali que o Partenon foi construído sob a liderança política de Péricles. Essa edificação, que substituiu um templo destruído pelos persas, foi projetada por Íctino (aconselhado por Calícrates e Fídias) e construída entre 447 e 438 a.C. Projetado como um monumento para Atenas e contendo sua estátua sagrada, o Partenon era maior do que qualquer outro templo já construído no continente grego, com um estilóbato de 30,9 por 69,5 metros. Antigas descrições chamam o templo de Hekatompedos (ou "com cem pés"), em referência à sua largura total ou ao comprimento do grande recinto leste de sua cela, também conhecida como a hekatompedos.

O tamanho não era a sua única característica extraordinária: as fachadas leste e oeste eram ladeadas por oito altíssimas colunas dóricas, fazendo do Partenon o único templo octastilo períptero construído na Grécia Antiga.

5.24 Planta da Acrópole de Atenas

# 400 A.C.

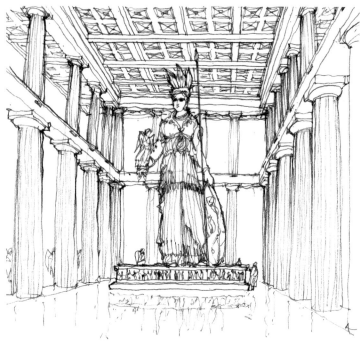

5.25 Representação artística do interior do Partenon, com base em evidências

O interior de seu *naos* foi reconstituído de diferentes formas. Em alguns lugares, recebeu um teto convencional (como mostrado na Figura 5.25); em outros, um teto com uma abertura central. É certo, contudo, que as colunas da *naos* sustentavam uma segunda colunata menor. Em frente à estátua de Atena havia um retângulo raso, que talvez fosse um espelho d'água para refletir a deusa, embora isso fosse extremamente incomum. O prédio deve ter sido todo pintado no interior e exterior, com as colunas provavelmente avermelhadas.

Essa construção se destacava por um sistema de refinamentos que controlava a delicada curvatura das linhas horizontais, a elegante convergência das linhas verticais e o dimensionamento e espaçamento primoroso das colunas de mármore com caneluras. O estilóbato não era um plano achatado, mas bastante semelhante à secção de uma imensa esfera. Curva-se para cima, em direção ao meio, subindo 41 milímetros nas elevações menores e 102 nas maiores. Essa curvatura mantinha-se voltada para cima em toda a estrutura, acrescentando uma sutil curvatura para cima na arquitrave, na cornija e em quase todas as linhas "horizontais" de pedra. Além disso, cada coluna exibia êntase, ou um ligeiro abaulamento do fuste da coluna em seu centro. Aqui a êntase media apenas 20 milímetros de desvio em relação a uma linha reta. Além disso, cada uma das 46 colunas do perímetro inclinava-se ligeiramente para dentro, enquanto a coluna do canto inclinava-se em diagonal. Se as colunas das elevações menores fossem prolongadas para o alto, elas se encontrariam a cerca de 4,8 quilômetros acima do telhado.

5.26 Diagrama do estilóbato curvo e dos eixos verticais inclinados das colunas de perímetro do Partenon

# EUROPA

5.27 Detalhe do frontão do Partenon

Embora cada um desses refinamentos tenha vantagens funcionais – a curvatura escoa a água, a angulação aumenta o apoio estrutural lateral em caso de terremoto, os ajustes nos cantos mantêm um alinhamento adequado das colunas com as métopas acima –, os estudiosos, a começar por Vitrúvio, o arquiteto e historiador romano, têm afirmado que as nuanças visavam sobretudo aos efeitos estéticos. De fato, em nenhum outro templo essa tensão visual era tão sutil e refinada como no Partenon. Ainda assim é admirável que, em contraste com outras tentativas de fazer obras monumentais, nas quais os arquitetos buscaram grandes alturas ou o acréscimo de ornamentos especiais, neste caso os arquitetos almejaram um nível de precisão quase imperceptível, mas que não seria imitado em nenhum outro lugar do mundo naquela época. Ainda é um mistério como essas curvas impressionantes puderam ser feitas, uma vez que o prédio, assim como todos os templos gregos, foi construído com elementos de pedra pré-cortados, o que permitia poucos ajustes no canteiro de obras.

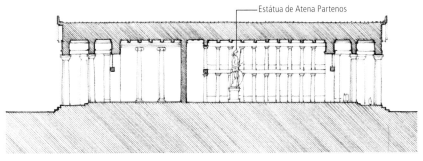

Corte

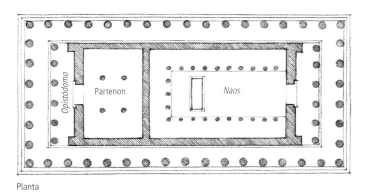

Planta

5.28 Corte e planta do Partenon, Atenas

# 400 A.C.

5.29 **Pórtico das Cariátides no Erecteu, Acrópole de Atenas**

## O Erecteu

Os gregos, ao contrário dos egípcios, jamais acrescentavam elementos novos a um templo existente. É evidente que novos prédios podiam ser construídos em um conjunto sagrado, mas um templo em si não era modificado, a menos que fosse destruído e reconstruído. Seria errôneo, porém, supor que os arquitetos gregos eram incapazes de conduzir sua imaginação para além da inflexibilidade da forma do templo. O Propileu e o Erecteu da Acrópole de Atenas são exemplos de prédios bastante complexos, cujos arquitetos tiveram de atender a vários propósitos do programa de necessidades e dos rituais. O Erecteu reúne diversas narrativas míticas em uma única composição. Ele foi construído em dois níveis, com três pórticos de diferentes arquitetos. Possuía quatro entradas, sem contar a entrada subterrânea sob o pórtico norte. Essa irregularidade deveu-se à necessidade de projetar um edifício em torno dos lugares essenciais à narrativa da fundação de Atenas. Erecteu, cujo nome foi dado ao prédio, é o mítico fundador da Ática e "rei de Atenas, nascido da terra". Naquela época, acreditava-se que os deuses disputavam entre si para serem reverenciados pelas cidades. Infelizmente, tanto Poseidon quanto Atena almejavam ao controle de Atenas, de modo que Erecteu organizou uma competição na qual cada deidade tinha de oferecer um presente à cidade. Poseidon fez brotar água salgada, golpeando com seu tridente o terreno da Acrópole, enquanto Atena germinou em suas encostas a primeira oliveira.

5.30 **Desenho do pórtico das Cariátides no Erecteu, Acrópole de Atenas**

Erecteu considerou o presente de Atena mais útil para o povo de Atenas, e a cidade recebeu esse nome em honra à deusa.

Os elementos centrais do teatro podem ser lidos quando se ingressa pelo pórtico norte, dedicado a Poseidon. Seu projeto expansivo descortina a grandiosa vista e pode ser contemplado da ágora, abaixo. No piso, à esquerda da porta, uma espécie de janela se abre para o leito de rocha, no qual podem ser vistas as marcas do tridente de Poseidon. Uma abertura acima, na cobertura, indica o espaço através do qual acreditava-se que o tridente tivesse sido arremessado. A grande porta leva a um recinto estreito que continha um santuário dedicado a Erecteu. Sob o piso havia uma cisterna com a água salgada de Poseidon. Uma porta à direita conduz ao pátio sagrado que abriga a oliveira de Atena. Prosseguindo no eixo estabelecido pelo Pórtico de Poseidon, sobe-se um lance de escadas até o Pórtico das Cariátides, que hoje se encontra isolado no campo de ruínas.

Embora o projeto do edifício possa parecer caótico, o templo não só embeleza o Partenon com seu charme e sua graça, mas também faz sentido como uma celebração tridimensional do mito fundador de Atenas. O pórtico norte é o maior e tem dois intercolúnios que avançam. A altura de seu telhado está quase no nível dos beirais do bloco central. O pórtico sul tem menos da metade dessa altura, mas ergue-se sobre um terraço. Em vez de colunas, possui cariátides, ou seja, estátuas de mulheres jovens que fazem as vezes de colunas e sustentam em suas cabeças a carga do entablamento. O pórtico leste consiste em seis colunas jônicas. O bloco central que amarra o conjunto tem dois níveis,

5.31 **O Erecteu visto do sul, em seu estado atual**

# EUROPA

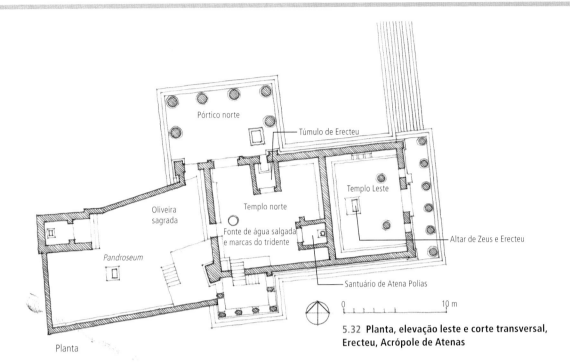

Planta

5.32 **Planta, elevação leste e corte transversal, Erecteu, Acrópole de Atenas**

correspondentes aos pórticos norte e leste. Três portas levam a ele: a grande porta do pórtico norte, uma abertura simples no fundo do muro a oeste e uma pequena porta no lado sul, à qual desce uma escada que parte do interior do Pórtico das Cariátides.

Elevando-se sobre todo o pavimento, em um eixo transversal de 90 graus, voltado para o leste, está o edifício de Atena, a vencedora. Na diagonal, quando descemos as escadas externas do lado norte, antes de entrar no pórtico norte, havia uma área consagrada a Zeus, árbitro definitivo da competição. Sua posição parece responder à força de atração dinâmica, a nordeste, do cônico Monte Licabeto, pois ele também participa da história. Segundo a lenda, Atena ausentou-se de sua cidade para recuperar uma montanha e usá-la na Acrópole. Contrariando as ordens da deusa, suas irmãs, curiosas, abriram a arca na qual Atena protegia o jovem Erecteu. Ela se enfureceu de tal maneira que deixou cair a montanha. Não se sabe ao certo de que forma isso influenciou o projeto, mas, vistos da ágora abaixo da acrópole, a montanha e o Erecteu dialogam de modo inequívoco.

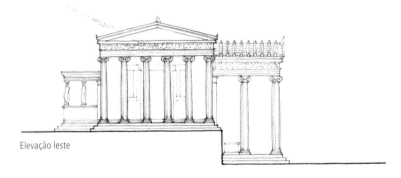

Elevação leste

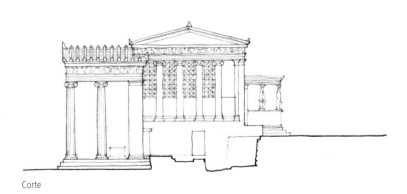

Corte

# 400 A.C.

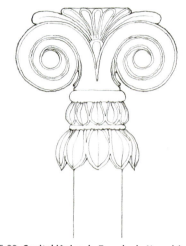

5.33 Capitel jônico do Templo de Neandris

5.34 Figura feminina de bronze com ornamento sobre a cabeça

5.35 Tesouro de Sifnos, Delfos

**A ordem jônica**

Embora costume ser analisada depois da dórica, nem por isso a ordem jônica deve ser considerada como de um período posterior. A evolução das ordens jônica e dórica foi paralela, mas com notáveis diferenças em termos de estilo. Primeiro, as colunas jônicas apoiavam-se em bases emolduradas, assentadas sobre plintos quadrados. Essas molduras são uma combinação de toros, escócias e filetes, normalmente em pares. O capitel tem vistas distintas conforme seja observado de frente ou de lado, e é feito para ser visto preferencialmente de frente ou de trás. Na base do capitel há uma moldura achatada de perfil semelhante ao do equino dórico, mas, em geral, esculpida com óvalos e dardos. Acima está voluta com suas extremidades soltas, enroladas para baixo em espirais pendentes de cada lado do fuste, terminando em oculi (óculos) semelhantes a botões. O entablamento geralmente consiste em três bandas de alturas diferentes, e cada uma projeta-se um pouco mais para fora do que a inferior. Sobre o entablamento, há uma faixa decorada com óvalos e dardos, encimada por uma fileira de dentículos. Sobre ela existe uma cornija saliente, com frequência decorada com motivos de plantas e faces de leões.

O capitel jônico surgiu durante o século VII a.C. Ao contrário do capitel dórico, o jônico não se originou de um sistema estrutural, mas, talvez, de ornatos de cabeça simbólicos ou de mastros circundados por feixes de vegetação usados para demarcar áreas sagradas. O capitel consistia em duas grandes espirais que brotam do fuste para o alto e para fora, como se uma vara flexível fosse rachada nas pontas e essas se curvassem para fora, cada metade formando uma espiral. O espaço entre as espirais era decorado com um padrão similar a um leque. Capitéis de forma semelhante foram encontrados na Ilha de Lesbos.

Sima com cabeças de leões e ornamentos florais esculpidos

Cornija

Dentículos

Moldura com motivos de óvalos e dardos e rosário

Arquitrave com três faixas

Capitel com volutas

Equino com motivo de óvalos e dardos

Fuste de coluna canelado

Toro com caneluras horizontais

Plinto

5.36 Elementos da ordem jônica

# ÁSIA OCIDENTAL

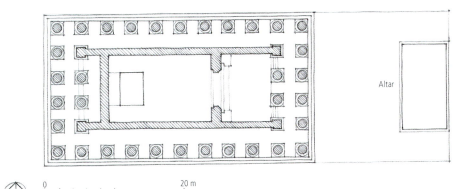

**5.37** Planta do Templo de Atena Polias, Priene, Turquia

Para construir as volutas, os artesãos criaram um sistema de orifícios em grelha nos quais eram inseridas cavilhas. Em volta delas enrolava-se um cordão, depois desenrolado com um buril. A espiral consistia essencialmente em uma série de semicírculos e quartos de círculo interconectados. Eles não são "orgânicos", e sim quebra-cabeças calibrados com precisão, formando uma enorme variedade de desenhos, dependendo de o quanto as espirais são apertadas. Sem dúvida, um dos templos jônicos mais elegantes é o pequeno Templo de Atena Niké (*circa* 425 a.C.), na Acrópole de Atenas.

Embora os sistemas de proporções tivessem, com toda a certeza, participado da criação da ordem dórica, sua formalização começou com a ordem jônica. Um exemplo da ordem jônica mais clássica é o Templo de Atena Polias em Priene (*circa* 334 a.C.), do arquiteto Pítius, que escreveu um livro explicando as proporções desse templo. As proporções maiores foram calculadas segundo razões semelhantes de 1:2 (um para dois). As dimensões totais do estilóbato eram de cerca de 19,5 por 37,2 metros, uma proporção de 11:21. O espaçamento axial entre as colunas era o dobro da largura dos plintos quadrados. As antas do pórtico e os opistódomos do fundo ficavam de frente para as penúltimas colunas das extremidades e dos lados e configuravam um retângulo de 12 por 30 metros, ou seja, em uma razão de 1:2,5. Os arquitetos não mais manipulavam a forma para ajustá-la de modo a compensar ilusão de ótica: a ordem do dia agora era a precisão geométrica. A ordem jônica foi ainda mais sistematizada, por volta de 150 a.C., pelo arquiteto Hermógenes, também de Priene. Ele estabeleceu uma série de proporções geométricas ideais que, um século mais tarde, influenciaram Vitrúvio. De acordo com esse sistema, a altura da coluna variava inversamente ao espaçamento axial, de modo que a soma das distâncais entre eixos com a altura resultava sempre em 12,5 diâmetros de colunas.

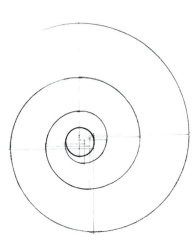

**5.38** Desenvolvimento da espiral jônica

**5.39** Templo de Atena Niké na Acrópole de Atenas, Grécia

# 400 A.C.

5.40  O caminho sagrado de Atenas a Delfos

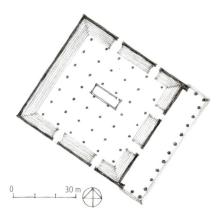

5.41  Planta do Telestério, Elêusis, Grécia

**O Telestério em Elêusis**

Os festivais eram uma parte importante da vida política e religiosa dos gregos, assim como foram nas práticas egípcias do Império Médio, exceto pelo fato de que os festivais gregos eram de natureza bem mais populista. O templo em Istmia, por exemplo, era o centro de um festival que envolvia uma importante competição de atletismo. Em Atenas, os festivais ressaltavam a passagem do ano e ocupavam, na verdade, 120 dias, ou um terço do calendário.

Um dos mais antigos desses festivais – talvez ligado, a princípio, aos Mistérios de Elêusis – era a Tesmoforia, uma festa da colheita (*thesmoi* significa "lei", e *phoria* deriva da palavra "carregar"). Ela era celebrada pelas mulheres atenienses casadas cujos maridos fossem cidadãos atenienses. O festival centrava-se em Deméter, deusa da terra, cuja filha Perséfone tinha de passar um terço do ano no submundo com seu marido, Hades. Durante os meses secos do verão, Deméter abandonava sua função de deusa da colheita e sofria por sua filha ausente. As mulheres estabeleciam abrigos temporários ao lado do santuário, purificavam-se, sentavam-se no chão e jejuavam por compaixão a Deméter. No terceiro dia, celebrava-se um festival da carne chamado Kalligenaia, nome da deusa do bom nascimento. Esse termo, muito antigo, faz alusão à antiguidade do rito, que possivelmente é anterior aos próprios gregos: esse festival – se é que pode ser denominado assim – tinha suas raízes no antigo culto pan-mediterrâneo da mãe.

Outro importante festival dos gregos, e que exemplifica a própria essência da religiosidade desse povo, era a celebração dos Grandes Mistérios de Elêusis, que ocorria nessa cidade. Elêusis, fundada cerca de dois mil anos antes do período clássico, provavelmente na época micênica, situava-se a cerca de 25 quilômetros de Atenas e se tornou parte dos festivais oficiais atenienses no século VI. a.C. Os Grandes Mistérios eram celebrados em sete dias, no final do outono do Hemisfério Norte, especificamente no décimo quinto dia do mês grego de bedrômio. As pessoas vinham de toda a Grécia, e até os escravos podiam participar. Esse festival estava tão arraigado nas práticas populares e na memória comunitária que continuou sendo celebrado no começo da Era Cristã – até os primeiros padres cristãos proibirem-no. A procissão seguia o caminho sagrado que levava de Atenas a Delfos e que, segundo o mito, havia sido percorrido por Apolo. A rota começava na Porta Sagrada, nas muralhas da cidade de Atenas, e prosseguia até Elêusis, rumo ao Santuário de Deméter, na Planície da Trísia.

Todo mês de setembro, uma grande procissão percorria esse caminho, à luz de tochas. Dois dias antes de iniciar, os hiera (objetos sagrados) eram levados para Atenas, em cestos, por jovens atenienses em formação militar. Os iniciados iam ao encontro de seus mistagogos (pessoas já iniciadas que os haviam ajudado no processo). Levavam leitões até o mar, banhavam-se com eles, sacrificavam-nos e purificavam-se com o sangue dos animais. No quinto dia, faziam a longa marcha de 25 quilômetros até Elêusis. A estátua de Dioniso era levada à frente da procissão. A seguir vinham os sacerdotes, com os objetos sagrados do culto escondidos em cestos, e, finalmente, uma imensa multidão de *mystai* (iniciados). O ponto alto da procissão ocorria no Telestério, em Elêusis, um edifício quadrado e sem janelas dotado, em sua configuração final, de arquibancadas para acomodar cerca de três mil pessoas.

Os hiera eram levados para o Anaktoron, o santuário interno, no centro do grande salão. Embora pequeno e sem janelas, era precioso e venerável por sua antiguidade. As reformas e as ampliações feitas ao Telestério alteraram apenas o espaço ao seu redor, mas não o próprio Anaktoron. O edifício como um todo, em sua forma final (435 a.C.), foi projetado por Coroíbos. No século IV a.C., um terraço com colunata, chamado de *Stoa* de Fílon, foi acrescentado à fachada sudeste. Embora os cânticos e as oferendas fossem públicos, as experiências dos *mystai* durante os ritos eram secretas, e o acesso ao Telestério só era facultado a eles. Apesar do longo período durante o qual foram celebrados e do imenso número de participantes, esses ritos tiveram seu segredo preservado – tudo o que podemos fazer é imaginar o que os Grandes Mistérios envolviam.

# EUROPA

5.42  **Planta da Cidade de Delfos, Grécia**

5.000 a.C.
  Local de culto micênico (depois, Templo de Atena Pronaia)
1500 a.C.
  Local de culto micênico da deusa da terra (depois, Templo de Apolo)
650 a.C.
  Primeiro Templo de Apolo
550 a.C.
  Segundo Templo
5th century a.C.
  Estádio
  *Stoa* dos atenienses
Séc. IV a.C.
  *Tholos*
  Teatro
  Terceiro Templo

## Delfos

Com seus próprios festivais e celebrações, Delfos era, sem dúvida, o mais sagrado dos sítios religiosos da Grécia. Chegava-se ali, vindo de Elêusis, pela rota sagrada que atravessa as planícies beócias, passa pela cidade de Tebas e continua através de terrenos cada vez mais acidentados e remotos, carregados de história e mitos. Por fim, a vista alcança o cenário impressioso de rochedos calcários dos quais jorra a Fonte Castáli com sua grande fenda e os edifícios do santuário, que se elevam contra a base do penhasco. A história antiga de Delfos é a de uma luta entre diferentes tipos de práticas religiosas. No início, o lugar era dedicado à grande deusa mãe da tradição minoica. Com a chegada dos dórios, vemos suas práticas paternalistas se sobreporem às estruturas sociais maternalistas existentes. Não obstante, apesar de os devotos de Apolo terem se apropriado do santuário, os novos conceitos não substituíram por completo os antigos; antes, os elementos maternalistas foram incorporados à nova estrutura. A deusa mãe transformou-se na serpente Píton, morta por Apolo e, segundo se dizia, foi enterrada naquele local, mas conservou seu *temenos* perto do Templo de Apolo, nas proximidades da Rocha da Sibila. As fundações do templo se aproximam do lugar a ela reservado, mas não o invadem. Ao que parece, o culto de Apolo foi obrigado a entrar em acordo com os cultos das divindades mais antigas, à medida que os dois grupos se harmonizaram.

5.43  **Planta do temenos de Delfos, Grécia**

5.44  **A Pítia délfica sentada sobre a trípode e recebendo um suplicante**

139

# 400 A.C.

5.45 As ruínas de Delfos vistas de cima do Templo de Apolo

5.46 O Tesouro de Atena, Delfos

## O Templo de Apolo em Delfos

Durante os três meses de inverno, Dioniso partilhava com Apolo o santuário do templo nas encostas do Monte Parnaso. Esse costume fazia referência a antigos elementos ctônicos ligados ao culto de Perséfone, que, segundo os mitos órficos, era a mãe de Dioniso. Das danças extáticas e dos coros de Dioniso nasceu o drama grego; em Delfos, acima do grande Templo de Apolo, em um eixo transversal ao templo e voltado diretamente para encosta abaixo, encontra-se um exemplo brilhante desse teatro. Preenchendo e limitando uma concavidade natural na base do rochedo, natureza e obra humana se fundem numa majestosa faixa de território ou, poder-se-ia dizer, em um grande hino ao ciclo criador da vida.

Logo após ultrapassar o muro do *temenos*, o espectador veria a silhueta do Templo de Apolo contra o pano de fundo formado pelo penhasco. O trajeto até o templo não era direto, mas serpenteava montanha acima, passando pelos vários tesouros — muitos de colônias distantes —, e desembocava logo abaixo do amplo terraço erguido contra o talude. O suplicante, guiado por um assistente do culto délfico, teria sido conduzido ao terraço do templo para esperar sua vez de consultar o oráculo. Ele teria a oportunidade de olhar, montanha abaixo, direto para o antigo Precinto de Gaia. Também poderia passar algum tempo contemplando o próprio templo.

O templo que hoje vemos é o último, pois o sítio já havia sido ocupado por dois templos dóricos anteriormente. O primeiro, uma construção do século VII a.C., sofreu um incêndio em 548 a.C. e foi substituído por outro maior em 525 a.C. Esse, por sua vez, foi substituído em meados do século IV a.C. No frontão leste, voltado para o altar diante do templo, esculturas representavam a chegada de Apolo a Delfos. O deus aparece com a mãe, Leto, com a irmã Ártemis e com suas companheiras, as musas. No frontão oposto, Dioniso, irmão de Apolo — ambos filhos de Zeus —, ocupa o centro, estabelecendo um princípio de equilíbrio: Apolo representava a música e a poesia, e Dioniso, o vinho e o êxtase. Os gregos não entendiam os princípios dionisíaco e apolíneo como opostos, mas como complementares. Juntos, eles incluíam a totalidade da vida. Abaixo do frontão leste estavam pendurados os escudos dourados tomados como espólio nas Guerras Persas e oferecidos de presente ao templo pelos atenienses.

O festival mais importante associado a Delfos era o da alternância de poder entre Apolo e Dioniso no tempo determinado. Era encenado no grande teatro ao ar livre acima do templo, com sua vista dominante do santuário e do panorama circundante. Os eventos esportivos que integravam esses festivais realizavam-se no alto, acima do *temenos*.

Uma vez no interior do templo, o suplicante aspiraria o odor de carne queimando sobre a lareira e veria a fumaça elevar-se até a abertura no telhado, por onde os raios de sol penetravam a escuridão abaixo. Os visitantes mencionavam também um aroma perfumado. Veriam ainda trípodes, estátuas, peças de armadura e até bigas de corrida completas, levados ao templo como doações de toda a Magna Grécia e, com frequência, também do exterior. Após depositar sua oferenda, o suplicante teria sido levado até a extremidade final da câmara, onde degraus conduziam a uma área rebaixada um metro em relação ao piso. Dali seguia para o adito, onde, junto à parede do fundo, havia um banco próximo aos galhos de um pé de louro e de uma estátua dourada de Apolo. Lá, a profetisa, sentada em uma trípode e oculta por uma cortina, posicionava-se sobre uma fenda na rocha, de onde, segundo alguns visitantes, emanava um cheiro adocicado. Um assistente, ao abrir a cortina, transmitia a pergunta do suplicante. A profetisa, por sua vez, recebia das profundezas uma resposta, muitas vezes ambígua, que comunicava ao suplicante. Qualquer que fosse a resposta — que normalmente exigia muita interpretação —, ela, em geral, incluía a necessidade de fazer mais doações. Ainda não se determinou com precisão científica a origem do cheiro adocicado. Estudos arqueológicos recentes apontam para uma substância química chamada etileno, um vapor comum nas minas naturais de alcatrão, que causa euforia e hoje é usado como anestésico.

140

# EUROPA

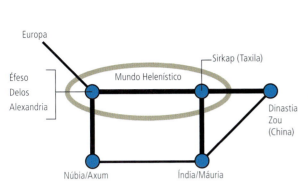

5.47 Diagrama do comércio na Eurásia, *circa* 300 a.C.

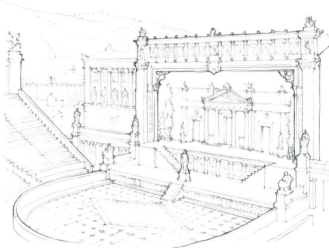

5.48 Teatro de Dioniso, Atenas

## A ERA HELENÍSTICA

O legado da arquitetura grega se moveria em duas direções distintas, com dois destinos diferentes. Ele se direcionaria para o Oeste, quando foi adotado pelos romanos e difundido pela Europa, onde, com o colapso do Império Romano no século V d.C., lentamente esmaeceria. Suas ideias e seus ideais somente seriam revitalizados no início do século XV, com o Renascimento. A arquitetura grega, no entanto, também se deslocaria para o Leste com Alexandre, o Grande (356–323 a.C.), filho de Filipe II da Macedônia, e teria um impacto profundo na arquitetura Indiana e, inclusive, naquela do Império Khmer do século XIII. A ideia moderna de "classicismo", o núcleo da "arquitetura ocidental", é um mito criado pelos românticos do século XIX. Na verdade, foi no mundo não europeu que o legado do "classicismo" seria mais palpável.

Alexandre subiu ao trono da Grécia continental recém-unificada após a morte de seu pai e deu continuidade à política expansionista desse. Ele cruzou o Helesponto em 334 a.C., derrotou o Império Aquemênida e chegou até as fronteiras da Índia, fundando muitas cidades novas nas quais estabeleceu alguns macedônios. Estes ficaram – em vão, como depois se verificou – à espera de que ele voltasse com novas tropas e colonos para consolidar seu império oriental. O império de Alexandre desintegrou-se após sua morte súbita e inexplicada em 323 a.C. no Palácio de Nabucodonosor, na Babilônia. Um conflito deflagrou-se entre seus possíveis sucessores, mas, no fim, surgiram três reinos: os Impérios de Antígono (Grécia), Seleuco (Mesopotâmia e Pérsia) e Ptolomeu (Egito, Palestina e Cirenaica). Todos fazem parte do que chamamos de Era Helenística. Como forma de arte, o Helenismo perdeu parte da disciplina que o havia caracterizado em suas origens. Na construção de templos, tendia ao gigantismo e à experimentação espacial; na escultura, notabilizou-se pela empatia e pela representação das emoções, como se vê, por exemplo, na estátua do Gaulês Moribundo.

Cidades antigas, como Atenas, que, durante algum tempo, fez parte do reino de Antígono, receberam novas edificações. Algumas eram financiadas pela própria região, outras recebiam doações estrangeiras. O enorme Templo Olímpico dedicado a Zeus em Atenas, iniciado em 170 a.C., foi custeado pelo selêucida Antíoco IV (falecido em 164 a.C.), dos selêucidas do norte da Síria. Um novo porto, Salão do Conselho e bairro residencial foram acrescentados a Mileto. Assos redesenhou sua ágora central com um longo pórtico de dois andares. Cidades foram fundadas, algumas em locais tão longínquos como Ai Khanum, às margens do Rio Oxux, do lado do Afeganistão.

Embora as cidades planejadas existam há milênios, sua arquitetura era, até então, de modo geral, bastante distinta daquela dos palácios e templos. Nas cidades helenísticas, o urbanismo e a arquitetura começaram a sobrepor-se pela primeira vez. Teatros, templos, vilas, palácios, bibliotecas, estádios e ruas são, todos, igualmente importantes em cidades helenísticas como Priene, Pérgamo, Alexandria, Dura-Europos, Delos e Rodes.

O motor econômico que impulsionava essa expansão incrível não era Atenas, e sim o Egito helenístico, a nova maravilha restaurada do Mediterrâneo. No período de Ptolomeu III (245–221 a.C.), as frotas egípcias controlavam a maioria das rotas de navegação do Mediterrâneo Oriental. Baseando-se na tradição de controle estatal que remontava aos faraós, os reis ptolemaicos atualizaram as tecnologias e os sistemas de produção, transformando o país, com seus sete milhões de habitantes, em uma máquina produtora de cereais sem precedentes.

Os soberanos ptolemaicos introduziram o parafuso de Arquimedes (para bombear água nos diques) e construíram máquinas com tambores e rodas manobrados por humanos com o objetivo de elevar a água e diminuir a extensão do deserto. A produção de sal foi aumentada rapidamente. Minas e pedreiras, bem como a criação de um banco administrado pelo Estado, foram integrados ao sistema. De certo modo, esse foi o primeiro exemplo de modernização financiada pelo Estado.

# 400 A.C.

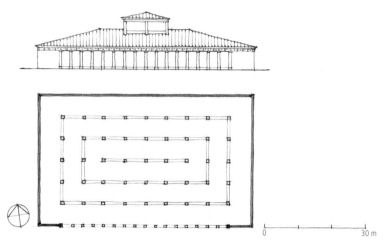

5.49 Elevação e planta do Mercado Público, Delos, Grécia

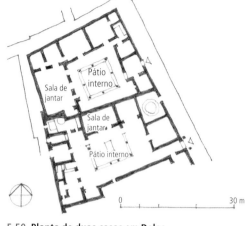

5.50 Planta de duas casas em Delos

## Delos

Um dos lugares que mais rapidamente se adequaram à nova ordem mundial foi Delos. Embora pequena – era uma das menores ilhas do Mar Egeu –, e apesar de não ter, por assim dizer, uma economia local, Delos era praticamente equidistante dos vários portos do Mar Egeu. Delos estabeleceu relações econômicas com o Egito e a Macedônia e se tornou o mais importante entreposto comercial do Mediterrâneo. A tradição que havia sido iniciada pelos minóicos foi aperfeiçoada pelos governantes de Delos. Ganhava-se dinheiro com a transferência de bens, e não com a sua manufatura e venda. Delas era também um lugar sagrado, considerado o local de nascimento de Apolo e Ártemis. Ela foi, ao menos durante certo tempo, a combinação perfeita entre a religião e a economia. De um lado do Porto de Delos havia um desembarcadouro especial para os peregrinos que visitavam os lugares sagrados e, do outro, o grande e novo porto comercial cercado de depósitos, cais e edifícios comerciais. Os egípcios, que traziam cereais para redistribuição, construíram ali santuários para seus deuses. Os fenícios vendiam marfim. Os judeus construíram uma sinagoga. Os italianos também estavam em cena e construíram uma ágora só para eles. O Mercado Público, com cerca de 60 por 35 metros, foi construído em 210 a.C., com casas destinadas aos comerciantes, de uma riqueza sem precedentes.

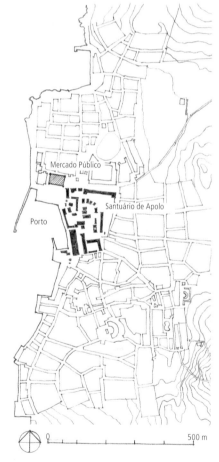

5.51 Planta de Delos

## Priene

Mileto, Priene e Heracleia, na costa oeste da Anatólia, situavam-se às margens de uma baía que há muito tempo foi assoreada. Essa área, que também incluía a cidade de Dídima e abrigava o antigo Santuário de Samos como uma espécie de porta de entrada, era um importante centro religioso e econômico. Priene, fundada em 334 a.C., situa-se em um declive abaixo de uma acrópole fortificável. As ruas correm na direção leste-oeste, em terreno plano, e têm cerca de 4,5 metros de largura. Do sul para o norte, dada a íngreme elevação do solo, as ruas, em geral, são mais estreitas. Os principais elementos cívicos da cidade estão inseridos na estrutura dessa grelha urbana, à qual, entretanto, opõem uma resistência dinâmica. A ágora, por exemplo, projeta-se da grade para o sul e não se alinha com as ruas laterais. Também há uma *stoa* cruzando-a, com três quadras de comprimento. Subindo a montanha, alguns quarteirões a oeste, está a plataforma com o Templo de Atena. Um quarteirão acima, porém a leste, havia um teatro com vistas espetaculares para o vale abaixo e as montanhas mais além. Ainda mais para o norte, onde termina a cidade e começa a íngreme ladeira da acrópole, há um santuário consagrado a Deméter. Um estádio e um ginásio configuram a extremidade inferior do núcleo urbano. Em virtude de sua complexidade, a cidade poderia parecer ter sido construída ao longo do tempo, mas, na realidade, ela constitui um hábil jogo de cheios e vazios, de zonas privadas e públicas, distribuídas sobre um terreno difícil de trabalhar.

# ÁSIA OCIDENTAL

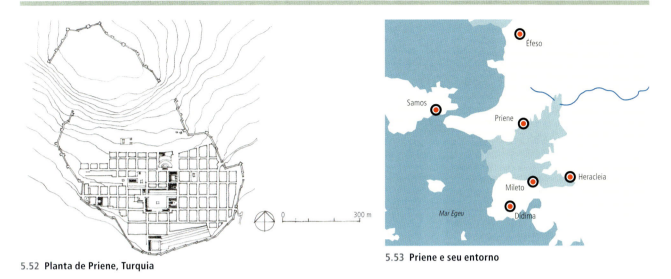

5.52 Planta de Priene, Turquia

5.53 Priene e seu entorno

5.54 Planta da ágora de Priene e os prédios de seu entorno

# 400 A.C.

**Pérgamo**

Por volta de 281 a.C., a cidade de Pérgamo havia se tornado o núcleo de uma pequena, mas poderosa cidade-estado, a qual, como centro da cultura grega, rivalizava com Atenas e até mesmo com Alexandria. Estima-se que, em seu apogeu, tinha uma população de 300 mil pessoas, que se espalhavam do alto da montanha até a Planície do Caicus, a sudoeste. Dominando a cidade havia a acrópole, complementada com uma variedade de prédios que ilustram o melhor da estética espacial helenística. O objetivo da composição geral não era simplesmente configurar, como no tradicional urbanismo grego, mas explorar os limites em função de suas qualidades escultóricas inerentes. No coração da acrópole havia um templo consagrado a Atena, a protetora da cidade, que data do início do século III a.C. e provavelmente é sua construção mais antiga. É um dos raríssimos templos dóricos da Ásia Menor e foi, sem dúvida, construído como tributo ao Partenon. Esse prédio era delimitado por *temenos*, com *stoas* em três de seus lados, fechando-o contra a colina. Logo atrás da *stoa* estava o Palácio de Eumenes II. Atrás de outra ala da *stoa*, mas em nível mais alto, encontrava-se a famosa biblioteca de Pérgamo que, construída em cerca de 190 a.C., chegou a abrigar 200 mil volumes. Mais acima está a zona militar da Acrópole, com seus armazéns, residências de oficiais, quartel e arsenal.

O teatro, inserido na encosta da montanha, é um dos mais espetaculares do mundo helênico. Foi originalmente construído no século III a.C., reconstruído em cerca de 190 a.C. e reformado na época romana. A cavea, ou auditório, faz parte do contorno natural da encosta oeste e pode acomodar 10 mil espectadores, com o camarote real de mármore bem no centro da primeira fila. Uma comparação entre Pérgamo e Priene é esclarecedora, pois mostra que, por mais importante que fosse a malha urbana hipodâmica (com traçado geométrico regular), os urbanistas helenísticos também viam suas limitações e, como em Pérgamo, adotaram um método que aproveitava o relevo do terreno, explorando-o com enorme habilidade.

5.55 Planta de Pérgamo, perto de Bergama, Turquia

5.56 As ruínas do teatro de Pérgamo

144

# ÁSIA OCIDENTAL

5.57 Propileu na Acrópole de Lindos, Grécia

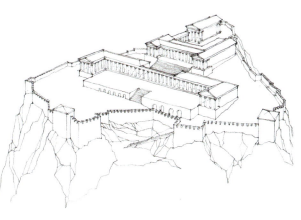

5.58 Vista artística do Santuário de Atena na Acrópole de Lindos

Em direção ao sul, na extremidade da Acrópole, sobre um terraço situado 25 metros abaixo do Templo de Atena, está o Altar de Zeus, construído para Eumenes II logo após sua vitória contra os gauleses em 190 a.C. Os gauleses vinham se distribuindo do oeste europeu para o sul e, embora continuassem durante séculos a molestar as fronteiras setentrionais dos países mediterrâneos, Eumenes conseguiu barrá-los, ao menos por algum tempo. O altar era uma estrutura jônica, em forma de U, semelhante a uma *Stoa*, empoleirada sobre um soco elevado, com um vasto lance de escadas que subia pelo flanco oeste, até o nível da colunata. No nível do seu enorme soco havia um friso representando a batalha mítica entre os deuses olímpicos e os antigos gigantes, que simbolizava os triunfos do Reino de Pérgamo sobre os gauleses.

O altar se encontra em um pátio sobre um plinto quase quadrado. Era cercado por uma colunata que abrigava um muro no qual havia outro friso celebrando a legitimidade dos reis de Pérgamo. Esse altar não era somente o tradicional ponto final da procissão do sacrifício, como também um monumento político e até mesmo um memorial de guerra. Antigamente, os templos desempenhavam esses papéis – o Partenon é um excelente exemplo disso. No entanto, aqui, o altar reverteu à condição de objeto cultural autônomo.

### O Santuário de Atena em Lindos

Pérgamo é uma obra-prima de adaptação à paisagem e produziu um ambiente arquitetônico multifacetado. Outro caso em que isso ocorreu foi na Acrópole de Lindos (*circa* 190 a.C.) na Ilha de Rodes, construída em torno de um templo mais antigo dedicado a Atena (*circa* 300 a.C.). O primeiro terraço se destaca na paisagem por sua *stoa* alongada voltada para fora, aberta no centro por uma ampla escadaria. A colunata frontal da *stoa* forma uma passagem similar a um anteparo em frente à escadaria. Os degraus conduzem ao topo e a um pórtico largo que se abre, por sua vez, para um pátio com um altar central. O antigo templo está à esquerda do pátio, estabelecendo uma tensão dinâmica com o altar.

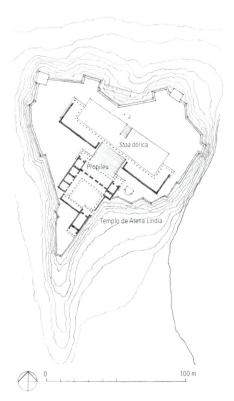

5.59 Planta do Santuário de Atena na Acrópole de Lindos

# 400 A.C.

5.60 Templo de Apolo em Dídima, Turquia

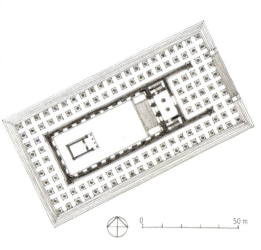

5.61 Planta do Templo de Apolo

**Templo de Apolo em Dídima**

É difícil falar do templo helenístico como tendo apenas uma forma estética. No ambiente cosmopolita da Ásia Ocidental, encontram-se gostos diversos em diferentes lugares, além de influências variáveis. No Egito, os edifícios da Era Helenística foram planejados em um estilo historicista, ou seja, "neoegípcio". Esses neoarcaísmos não eram estranhos aos interesses estéticos dos gregos. Contudo, a estética helenística realmente inspirava-se em séculos de experiência na criação de múltiplas e complexas relações entre o espaço, a paisagem e a narração mítica, fundindo-as, como vimos em Priene, em expressões estéticas unificadas. Nesse sentido, um dos templos helenísticos mais espetaculares é o Templo de Apolo em Dídima, inacabado, 14 quilômetros ao sul de Mileto. Implantado em uma suave colina e visível de todos os lados, possuía uma característica original: um pátio aberto, plantado com loureiros, entre os quais erguia-se um templo jônico semelhante a um santuário. Embora vários templos gregos, e possivelmente até mesmo o Partenon, tivessem interiores abertos, esse caso era algo totalmente diferente. Supõe-se que os arquitetos foram Penius e Demétrio de Éfeso. Apesar de boa parte da planta ter sido elaborada por eles, por volta de 313 a.C., a construção levou bem mais de trezentos anos para ser terminada, tendo sido abandonada em 41 d.C.

O duplo *pteroma* jônico do templo situa-se em um estilóbato ao qual se chega por sete enormes degraus. Subindo essa escada, entra-se no profundo pórtico do *pronaos*, atrás do qual há uma antecâmara, que, na verdade, é mais alta do que o pronaos. A porta servia de janela, de onde se proferiam os oráculos. Para alguém posicionado entre as colunas do pronaos, que lembram árvores e são mais altas do que as de qualquer outro templo grego, as janelas pareciam a entrada de uma caverna. O acesso ao pátio interno era feito por pequenas portas em ambos os lados da janela, por túneis escuros, em declive, cobertos por abóbodas de berço.

Ao penetrar, por assim dizer, nessa espécie de gruta escura, chega-se ao bosque sagrado, mas esse "interior" era, na verdade, um "exterior". O bosque artificial – as colunas, vistas do lado de fora, como já observado, assemelhavam-se a árvores – dava lugar, lá dentro, a árvores verdadeiras. Além disso, no interior desse bosque havia outro templo com o eixo orientado para a entrada. Esse pequeno templo jônico na extremidade da cela aberta dava para uma escada monumental que levava de volta à antecâmara, onde os sacerdotes podiam celebrar seus rituais. Internalizar um templo em outro era um exemplo inequívoco da genialidade da arquitetura helenística.

5.62 Corte do Templo de Apolo

# ÁFRICA

5.63 Salão hipostilo, Templo de Horus, Edfu, Egito

5.64 *Pronaos* do Templo de Horus

## Os Ptolomeus

Alexandria era uma das principais cidades helenísticas. Situada na extremidade ocidental do Delta do Rio Nilo, a cidade foi fundada em 332 a.C., por Alexandre, para servir como capital regional. Tornou-se rapidamente a maior cidade da Bacia do Mediterrâneo e era ímpar por suas bibliotecas, seus museus e sua rica cultura cosmopolita. Embora pouco reste da cidade antiga, o período ptolomaico deixou registros vibrantes de sua arte e arquitetura em muitas partes do Egito, como a construção de 50 complexos de templos de médio e grande porte, além das obras arquitetônicas menores. Os Ptolomeus e suas rainhas não tiveram receio em seguir a tradição egípcia, mandando fazer estátuas suas como imagens de culto. Não obstante, os arquitetos ptolomaicos não usavam janelas no topo das paredes (clerestórios), como os egípcios de épocas anteriores: seus salões hipostilos ficam totalmente no escuro quando as portas são cerradas. Eles também acrescentaram ambulatórios ao redor do templo, fazendo dele um objeto autônomo sem os limites das paredes externas. Grande parte da inovação desses artistas focava a elaboração das colunas e seus capitéis. Os capitéis podiam ser redondos (sem divisões), em quadrifólio ou mesmo com oito divisões. Os motivos vegetais eram a palmeira, o papiro, o lótus e o lírio, ainda que esse último não fosse uma espécie nativa do Egito. As plantas de folhas podiam ser representadas sobrepostas de várias maneiras, de duas a cinco unidades. A riqueza das formas era realçada por cores vivas.

## Templo de Hórus

O Templo de Hórus, iniciado em 237 a.C., é um excelente exemplo dessas tendências. O edifício não só devia refletir as necessidades do culto do deus Hórus, mas também servir de panteão para todos os aspectos cumulativos da religião egípcia. Sua entrada é marcada por um grande pilone de 62,6 metros de largura e 30,5 de altura, abrindo-se para um pátio com colunatas em três de seus lados – um motivo nada egípcio, e sim de tom bastante helenístico. A colunata não somente emoldura a entrada do templo, como é também uma espécie de pórtico ampliado que, ao longo das paredes do perímetro, forma uma passagem. Após os dois salões hipostilo há um pátio interno, em cujo centro se encontra, solto, o santuário de Hórus. O pátio também dá acesso a 13 pequenas capelas para o Panteon, todas desprovidas de janelas e quase completamente às escuras, recebendo luz apenas por fendas minúsculas. Tomou-se muito cuidado para alinhar o pilone com o sol do meio-dia no solstício de verão. Nesse exato momento, ele não projeta nenhuma sombra.

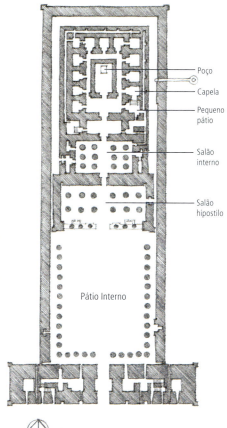

5.65 Planta do Templo de Hórus

# 400 A.C.

5.66  Coluna Asokan em Vaishali, perto de Patna, Índia

5.67  Locais importantes na vida do Buda

## A DINASTIA MÁURIA E OS PRIMÓRDIOS DO BUDISMO

A Índia, apesar de sua vibrante cultura, havia permanecido relativamente isolada das economias helenísticas que conectavam Delos e Pérgamo, no Ocidente, à China, no Oriente. Essa situação mudou rapidamente quando os reis máurias unificaram o subcontinente indiano, formando uma nova potência econômica na Ásia. A Máuria tinha sob seu controle não somente uma rica bacia agrícola, mas também as Colinas Barabar, ao sul da capital mauriana, Pataliputra, de onde cobre e ferro podiam ser minerados. Em consequência, a Índia pôde começar a competir no mercado internacional do ferro e saiu de seu relativo isolamento. Em seu apogeu, o Império Máuria cobria, ao Norte, toda a área até as fronteiras naturais do Himalaia, e, ao Oeste até Kandahar, que havia sido fundada por Alexandre, o Grande, no século IV a.C. Assim, a Índia entrou em pleno contato com as culturas grega e persa, e logo as especiarias, o cobre, o ouro, a seda e o arroz indianos começaram a surgir em mercados distantes. O impacto desse contato manifestou-se, nos prédios indianos, em uma mudança da arquitetura em madeira para a arquitetura em pedra, de início sob a forma de colunas monumentais e cavernas escavadas na rocha pelos budistas.

A ascensão do budismo se explica pelas profundas divisões no seio da organização política ariana durante a dinastia Máuria. Os brâmanes, que ocupavam a posição mais elevada no sistema védico de castas, eram os legisladores, os eruditos, os pregadores e os conselheiros dos soberanos. Uma vez que o sistema de castas prescrevia a vida e o destino de todos, a individualidade praticamente inexistia. No século VI a.C., dois homens, Siddhartha Gautama (o Buda ou "Iluminado") e Mahavira Jain, ambos membros de clãs secundárias, declararam a ideia de uma jornada individual e independente rumo à perfeição espiritual, ou nirvana, ideia que contradizia não só os princípios da guerra, como também os rituais védicos, bastante formalizados e que exigiam a liderança dos brâmanes. O nirvana era acessível a todos, mas também era de difícil alcance, pois exigia o compromisso com um ascetismo rigoroso. A principal diferença entre o

5.68  O *vajrasana* ("trono do diamante"), em Bodh Gaya, Índia

Buda e Mahavira era que, enquanto a doutrina budista tinha como fundamento as práticas baseadas na meditação, a de Mahavira insistia num vegetarianismo radical que, inclusive, proibia a agricultura, pois essa podia acarretar a morte das minhocas.

O budismo talvez tivesse permanecido como apenas mais uma corrente intelectual do mundo ariano se não fosse adotado como lei estatal e ordem moral por Ashoka (reinado: 272–231 a.C.), o mais famoso rei máuria. Após uma batalha particularmente sangrenta, Ashoka perdeu a fé na ordem ariana tradicional e, depois de passar mais de um ano consultando diversos filósofos, decidiu converter-se ao budismo. Asoka não foi o primeiro rei máuria a se interessar pelo budismo. No fim de sua vida, Chandragupta Maurya, fundador da Dinastia Máuria, abdicou do trono para se tornar um asceta jainista. Seu filho, Bindusara (reinado: 298–272 a.C.), seguiu um movimento ascético ainda mais radical, conhecido como os ajivikas. O interesse desses soberanos pela ascese vinha do fato de eles não terem nascido na casta ariana kshátria (dos guerreiros), e, vindo de castas inferiores, terem se tornado kshátrias depois de tomarem o trono de Magadha. A diferença entre Ashoka e seus antecessores foi que ele adaptou os ensinamentos budistas à nova ordem moral e social do império, ordem a que deu o nome de *dhamma*. Na prática, foi como se o budismo se tornasse uma religião de Estado.

148

# SUL DA ÁSIA

Embora a maior parte do *dhamma* de Ashoka fosse derivada da doutrina budista – pregando, entre outras coisas, o vegetarianismo e a crença na não violência –, o sistema não era idêntico ao budismo. De fato, Ashoka mal mencionou o Buda ao descrever seu *dhamma*, que, significativamente, tinha o respeito por todas as religiões como um de seus princípios fundamentais. Para promover seu *dhamma*, constituído por cerca de 33 editos, Ashoka ordenou que fossem gravados em placas de pedra nas faces de rochedos proeminentes e dentro de grutas que serviam de santuário, usando a língua vernácula de seu reino. Também mandou que eles fossem entalhados nos fustes de colunas, dos quais cerca de 20 existem até hoje. Uma dessas colunas, em Lauriya Nandangarh (estado de Bihar), feita de uma única peça de arenito polido, eleva-se 12 metros acima do chão e penetra 3 metros no solo. Embora seja coroada por um capitel adornado, sua parte mais significativa é o fuste, onde estão inscritos os editos. As colunas de Ashoka compreendem uma parte inferior estilizada em forma de lótus que sustenta um tambor ornamental onde se veem esculturas de animais como o touro e o leão, simbolizando a autoridade real. A coluna mais famosa é ao de Sarnath, local do primeiro sermão do Buda, cuja base é um lótus e cujo tambor é encimado por um capitel de quatro leões. Acima de todos esses elementos, pelo menos originalmente, está a Roda da Lei budista, adotada como símbolo da moderna nação indiana.

Para difundir ainda mais a ordem budista, Ashoka convocou um conselho formado pelos mais importantes praticantes do budismo, com a missão de codificar os ensinamentos do Buda. O rei também construiu memoriais nos principais locais associados à vida do Buda – em particular, o local de seu nascimento (Lumbini), o de sua iluminação (Bodh Gaya), o do seu primeiro sermão (Sarnath) e o da sua morte (Kushinagar). Ashoka enviou emissários pelo império afora e para o exterior, como Sri Lanka, Afeganistão, Pérsia e Grécia. Mais importante ainda, reuniu todas as relíquias do Buda existentes e distribuiu-as em oito sítios, onde foram estabelecidos os primeiros centros de ensino budistas. O Buda jamais era representado como uma figura humana na época de Ashoka. As figuras do Buda começaram a ser feitas no século I d.C. e, desde então, se tornaram importantes na tradição budista. Para representar o Buda e marcar o local de sua iluminação, Ashoka construiu, em Bodh Gaya, o Trono do Diamante.

**5.69** Planta, corte e vista interna da Caverna de Lomas Rsi, perto de Bodh Gaya, Índia

## As cavernas das Colinas de Barabar

Os ascetas budistas foram os responsáveis pelas primeiras cavernas escavadas na rocha na Índia, que datam de meados do século III a.C. Elas localizam-se nas Colinas de Barabar, no estado de Bihar, 32 quilômetros ao norte de Bodh Gaya, e foram escavadas num grande afloramento rochoso que se eleva em um entorno, de resto, plano. Há quatro cavernas, cada uma com duas câmaras: um salão retangular seguido de um recinto redondo com teto cupular. As inscrições em três delas indicam que foram destinadas por Ashoka ao uso dos ajivikas. Sem adornos, com aberturas retangulares simples cortadas na rocha viva, elas foram escavadas no granito com a máxima precisão, e suas superfícies internas são extremamente polidas. Uma delas, a Caverna de Lomas Rsi Cave, não foi terminada. É provável que tenha sido abandonada quando a rocha no interior sofreu cisalhamento e parte do teto ruiu. Sua entrada simula claramente um pavilhão com cobertura de colmo em forma de abóbada. Como não há inscrições na caverna, imagina-se que ela date da época de Ashoka, embora seja muito provável que o exterior tenha sido entalhado mais tarde.

A arquitetura escavada na rocha viva tinha longa tradição no Egito, na Anatólia e em Petra. Assim, é provável que a técnica tenha chegado à Índia passando pela Pérsia, particularmente depois de Ashoka. A palavra "caverna", que é empregada para designar essas construções e outras subsequentes, pode induzir a erro, pois trata-se de obras do homem, pertencendo, nesse sentido, ao domínio da arquitetura. Nos séculos seguintes, esse começo modesto floresceu em uma rica tradição de edifícios cavados na rocha que se difundiu por todo o Sul da Ásia e pela China.

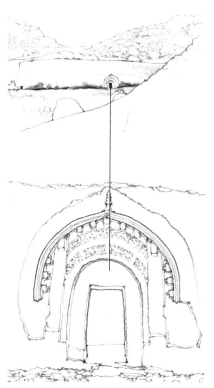

**5.70** Entrada da Caverna de Lomas Rsi

# 400 A.C.

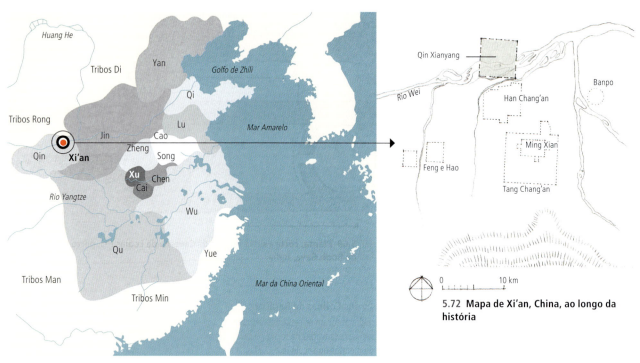

5.71 A China durante o Período dos Estados Combatentes

5.72 Mapa de Xi'an, China, ao longo da história

## CHINA: O PERÍODO DOS ESTADOS COMBATENTES

No Período dos Estados Combatentes (481–221 a.C.), a antiga liga de cidades governada pela nobreza Zou foi substituída por um sistema de estados territoriais (sete grandes e cerca de sete menores), sob a liderança de monarcas que pareciam empenhados em uma verdadeira febre de construção. Eles fortificaram as muralhas já existentes das cidades, multiplicaram recintos cercados e barricadas e fundaram cidades-satélites, tudo visando principalmente à defesa. Antes do Período dos Estados Combatentes, as cidades constituíam locais de culto e sedes de governo e eram habitadas pela nobreza e seus séquitos. O número de habitantes não ultrapassava algumas dezenas de milhares. Durante esse período, à medida que as cidades se tornaram capitais dos estados, sua natureza se modificou e cada uma delas se dividiu em um centro político e um centro econômico que viam um ao outro com mútua suspeita. Essa suspeita resultou em leis que visavam a controlar os atos e a influência dos comerciantes. Como resultado, fronteiras novas e rígidas foram estabelecidas dentro da cidade, entre o distrito político, protegido por sua própria muralha, e o distrito comercial. Surgiram novos elementos arquitetônicos, que, por meio da altura e da verticalidade, evidenciavam a autoridade do soberano. As torres, os portais e os edifícios elevados eram empregados para denotar poder. Quando Shang Yang começou a construir Xianyang, a nova capital dos Qin, as primeiras construções feitas foram as torres de entrada.

Os terraços escalonados – plataformas chamadas *ta* –, delimitados nos quatro lados pelas colunas e vigas de madeira do palácio, davam a impressão de um edifício de múltiplos pavimentos. Em uma era que não conhecia a técnica construtiva de edifícios efetivamente com múltiplos pavimentos, esse projeto permitia a edificação de estruturas que se erguiam acima da cidade. O soberano era, ao mesmo tempo, onipresente e invisível. Além disso, acreditava-se que ele se deslocava em segredo para evitar os maus espíritos e deveria viver, na medida do possível, em torres. Por esse motivo, Shi Huangdi, o Primeiro Imperador, construiu passeios elevados que conectavam seus 270 palácios e torres. Qualquer pessoa que revelasse onde o imperador se encontrava era condenada à morte. Essa ocultação do olhar do povo e até dos membros da corte se tornou um atributo essencial dos imperadores das dinastias Qin e Han. Em Roma e na Índia, a pessoa do soberano tinha de estar visível. Na China, contudo, seu *status* dependia do fato de se manter oculto e distante.

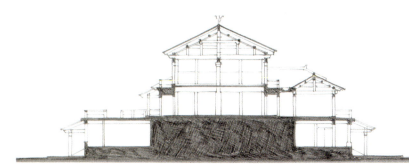

5.73 A monumentalidade dos complexos palations no Período dos Estados Combatentes

# LESTE DA ÁSIA

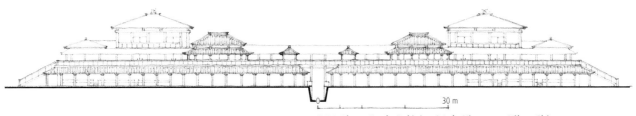

5.74 Elevação do Palácio nº 1 de Xianyang, Xi'an, China

## O Palácio de Xianyang

Ao contrário dos complexos rituais fechados e discretos de outrora, os novos palácios chineses se projetavam no espaço como imponentes obras tridimensionais. Em geral, quanto mais alto fosse o tai, maior seria a afirmação de poder do governante que o mandara construir. Em uma época em que imperadores e estados estavam constantemente em guerras, a afirmação da autoridade por meio das edificações era crucial para a imagem do governante. Por exemplo, um rei Zou construiu uma imponente plataforma no lugar de seu encontro com outros lordes. A história relata que esses convidados, tomados por um misto de admiração e temor diante dessa plataforma, concordaram em apoiar a coligação Zou.

Impressionante pavilhão em forma de terraço, o Palácio nº 1 de Xianyang consistia em uma série de recintos e corredores construídos uns sobre os outros, em volta de um núcleo de terra, dando a sensação de uma estrutura de vários níveis, muito volumosa e alta. Embora essa edificação fosse identificada como o Palácio Xianyang de Qin Shi Huangdi, primeiro imperador de Qin, evidências recentes sugerem ter sido de início construída durante o Período dos Estados Combatentes e depois integrada ao complexo palatino de Shi Huangdi. Implantado ao norte do Rio Wei, o palácio tem alicerces de 60 metros de comprimento de leste a oeste, 45 metros de largura e cerca de 6 metros de altura. A reconstrução sugere que a superestrutura do palácio era simétrica, com duas alas. O centro, feito de terra, era cercado por colunatas por todos os lados, criando a imagem de um gigantesco edifício de três andares. Um sistema de drenagem conduzia a água para tubulações subterrâneas. As câmaras eram conectadas por passagens intricadas, e as varandas, decoradas com sofisticados elementos de bronze e murais coloridos.

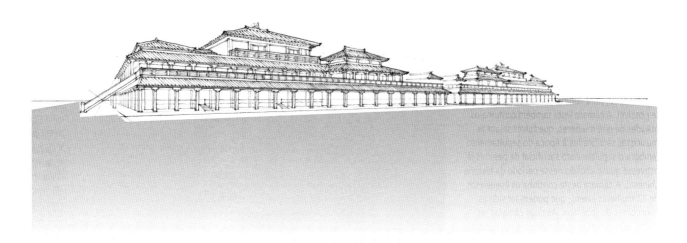

5.75 Vista artística do Palácio nº 1 de Xianyang

# 400 A.C.

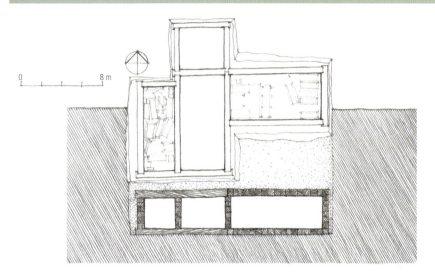

5.76 Planta e corte da tumba de Zeng Hou Yi, Sui Zhou, China

5.77 Caixões com aberturas simulando portas e janelas encontrados na Tumba de Zeng Hou Yi

**A tumba de Zeng Hou Yi**

A arquitetura dos túmulos e dos cemitérios assumiu importância cada vez maior ao longo desse período. Textos compilados durante a época distinguem os rituais realizados dentro da cidade, nos templos dedicados aos antepassados, daqueles executados fora dela, nos cemitérios. Os vestígios mais visíveis da arquitetura dos Zou são, com efeito, as tumbas, e mais de seis mil delas já foram descobertas. A tumba de Zeng Hou Vi (Zeng, Marquês de Yi) atraiu a atenção do mundo quando foi encontrada dentro dela uma grande coleção de objetos de bronze, incluindo um carrilhão de 65 sinos pesando ao todo 2.500 quilogramas. O túmulo consistia em um fosso vertical de formato irregular, com 13 metros de profundidade e mais de 200 metros quadrados de área. Era dividido em quatro câmaras por pranchas de madeira.

A câmara principal, a leste, continha o corpo do marquês, que foi colocado num caixão, o qual, por sua vez, foi encaixado dentro de ataúde. O espaço entre o caixão externo e as paredes da câmara foi preenchido com carvão vegetal, argila e terra, para vedá-lo o mais completamente possível. A câmara leste também contina os ataúdes de oito mulheres, que talvez sejam as musicistas sacrificadas à época do sepultamento (embora o sepultamento sacrificial de pessoas já estivesse quase abolido nesse período da história chinesa). A câmara oeste contina os esqueletos de 13 mulheres jovens, que podem ter sido as concubinas do soberano. As duas câmaras restantes estavam abarrotadas de objetos rituais e armas de bronze, ouro, cobre, laca, madeira, jade e outros materiais.

Um aspecto curioso desse túmulo é que pequenas aberturas semelhantes a janelas conectam todas as quatro câmaras. Até o caixão externo do marquês tem um grande furo retangular. O caixão interno possui portas e janelas pintadas com desenhos de treliças. Aberturas semelhantes foram encontradas em outros caixões Zou.

De acordo com o taoísmo chinês, quando alguém morre, sua *hun* (alma espiritual) vai embora, mas seu *p'o* (alma terrestre) permanece ligado ao corpo. As várias portas desse túmulo podem ter sido feitas para facilitar o movimento do *p'o* em seu "palácio" subterrâneo.

5.78 Sinos Bianzhong encontrados no túmulo de Zeng Hou Yi, com uma orquestra de 125 instrumentos e 25 musicistas

6.1 Os resquícios de uma estrada romana, a Via Ápia, ao Sul de Roma

## INTRODUÇÃO

A Eurásia era dominada pela China e por Roma, interligadas por um imenso sistema de vias comerciais marítimas e terrestres conhecidas, em seu conjunto, como Rota da Seda. Apesar de seu nome, não era apenas a seda que ia para o Oeste. Na verdade, a economia da Rota da Seda era um comércio transcontinental que também envolvia outros artigos de luxo, como tapetes, ouro, prata, peças de artesanato, pedras preciosas, marfim e perfumes – todas coisas que eram fáceis de embalar e carregar nas costas de camelos. O termo *Rota da Seda* enfatiza o comércio que ia do Oriente para o Ocidente, mas os artigos também fluíam no sentido oposto. Os chineses apreciavam cavalos, artigos de lã, tapetes, cortinas, cobertores e peças de tapeçaria parta, pois, para eles, a tapeçaria e a tecelagem não eram familiares. Também eram importados para a China equipamentos militares, ouro e prata, pedras semipreciosas e itens de vidro – todos raros na China. Além do comércio de itens de luxo, havia a comercialização de produtos volumosos ou a granel, como cereais, madeira e materiais de construção. Esse comércio pertencia a um diferente universo econômico e geralmente era transportado de barco nos rios e ao longo do litoral. Nesse caso, a rota preferida era para o sul através da Índia e ao longo da costa do Sudeste da Ásia. Essas transações, junto com a venda de canela oriunda das ilhas da Indonésia, se tornariam mais importantes nos séculos seguintes. Os chineses, a fim de obter arroz e outros materiais volumosos, como tijolo e madeira, do sul rural para o norte urbano, construíram uma vasta rede de canais, com cerca de 1.776 quilômetros no total, chamada de Canal Grande. Suas partes mais antigas remontam ao século V a.C., embora várias seções não tenham sido conectadas antes da Dinastia Sui (581–618 d.C.). Os romanos antigos, por outro lado, são famosos ainda hoje por suas estradas. Estimadas em um total de cerca de 400.000 quilômetros, suas vias variavam de pequenos coletores a largas e extensas estradas construídas para conectar cidades de todos os tamanhos e bases militares. As estradas principais eram revestidas de pedra e ladeadas por caminhos de pedestres e drenos pluviais.

A cidade de Roma se desenvolveu de uma urbe relativamente pequena a uma vasta metrópole. Embora os romanos planejassem o leiaute de seus acampamentos militares com enorme precisão cerimonial, a cidade de Roma desenvolveu-se com pouco planejamento urbano. Em seu centro estava o foro, o núcleo político da cidade, localizado em um vale circundado por colinas, sobre as quais a cidade foi se expandindo. Enquanto quase todas as cidades do Mediterrâneo estivessem associadas a divindades e rituais e vinculadas a atos sagrados em suas criações, o Foro de Roma foi projetado em um terreno particularmente intenso, que incluía tanto as origens míticas da lenda de Rômulo e Remo quanto as virgens vestais que viviam em uma residência especial e cuidavam do fogo sagrado. Esse sítio era considerado como o umbigo da Terra, e ali estavam dispostas as tábuas com as leis sagradas. Além disso, como o centro cerimonial da república (que terminou em 27 a.C. com o estabelecimento do Império Romano), o foro, em termos políticos, era completamente distinto de quase todo outro modelo administrativo, exceto Atenas. A transição para o império foi bastante conflituosa, mas não representou uma mera tomada do poder por certas elites. A enorme aquisição de território não combinou com o etos comercial ainda bastante mercantil da república. Isso começou a mudar quando César invadiu a Gália, não apenas para sua glória pessoal, mas para ter acesso a algumas das melhores terras da Europa, bem como aos metais. Há vários séculos, os romanos já comerciavam ferro com os galeses e celtas, pois precisavam desse metal para seus exércitos. Apesar da resistência inicial ao domínio romano, os celtas em grande parte se acomodaram ao estilo de vida romano, que lhes trouxe proteção e prosperidade.

Inicialmente, o domínio de Roma reprimiu a Ásia Ocidental, e pouquíssimas edificações significativas foram construídas durante o século I a.C. Logo depois, Roma conseguiu impor uma aparência de coesão em seus domínios em expansão. Os imperadores romanos, de César Augusto a Trajano, construíram impressionantes templos, foros, vilas e cidades, tudo com a marca típica de Roma. Começaram a ser construídas estradas, teatros, banhos públicos, mercados e acampamentos militares, do Muro de Adriano na Inglaterra (122 d.C.) à Timgad na Algéria (fundada pelo Imperador Tajano por volta de 100 d.C.).

Entre os grandes centros de Roma e China havia estepes e desertos imensos; para atravessar essa área, os chineses, como os romanos, tinham de contar com pessoas que viviam em *gers*, iurtas e tendas e cuja sobrevivência dependia tanto de sua adaptabilidade como de sua astúcia e coragem. Essas culturas nômades, contudo, não costumam ganhar muito crédito por seus esforços, pois geralmente são vistas como grupos de bárbaros sem raízes. A verdade é que, sem elas, não haveria nem a China, nem Roma. Por exemplo, foi a confederação de canatos tribais de Xiongu, ao norte da China, que supriu as vorazes necessidades do império. Essas confederações surgiriam e desapareceriam ao longo dos séculos, mas eram indispensáveis à economia eurasiana.

Os romanos, em sua extremidade da Rota da Seda, tinham de lidar especialmente com os partas, os grandes guerreiros a cavalo que controlavam os desertos da Ásia Ocidental. Os romanos tentaram conquistá-los inúmeras vezes em uma série de batalhas, que se estendeu por todo o período do Império. Embora os livros de história costumem enfatizar as guerras e conquistas, na verdade, o comércio de mercadorias é

6.2 O Coliseu, Roma

o que conectava as pessoas de todos os lugares. Uma cidade fronteiriça muito importante era Dura-Europos (na atual Síria), construída em um penhasco 90 metros acima da margem direita do Rio Eufrates para controlar a rota entre a cidade portuária de Antióquia, no Mar Mediterrâneo e as cidades de caravana do interior, a Leste. Inicialmente fundada em 303 a.C., Dura-Europos foi reprojetada no século II a.C. à maneira grega, ou seja, com quadras retangulares ao redor de uma grande ágora central. No final do século II a.C., ela foi subjugada pelos partas e se tornou conhecida como centro cosmopolitano. Ela continha não somente uma sinagoga bem preservada, como também uma igreja paleocristã. A cidade foi capturada pelos romanos em 165 d.C. e paraticamente abandonada em meados do século III d.C. Para reforçar sua posição comercial, os romanos tentaram se esquivar dos partas estabelecendo alianças com os nabateus, uma cultura da região da atual Jordânia que era centrada em caravanas e controlava as rotas para o Sul e para a Índia. A atitude dos romanos perante os nabateus foi diferente daquela para com os partas. Os nabateus se tornaram cidadãos de Roma e receberam inúmeros privilégios. Os túmulos extravagantes que construíram para si próprios são obras-primas do luxo arquitetônico e testemunham a importância desse povo para o comércio global.

A tentativa dos romanos de controlar o leste do Mediterrâneo incluiu o importantíssimo Levante, e, em 70 d.C., eles conquistaram a cidade de Jerusalém e destruíram seu famoso Segundo Templo, um ato que ainda hoje é lamentado a cada ano no dia de jejum e luto judaico de Tisha b'Av. Ao retornar a Roma, o Imperador Tito mandou construir um arco celebrando o saque de Jerusalém e de seu templo. No centro de toda essa prosperidade estava Roma, que passou por uma profunda transformação entre 50 d.C. e 150 d.C. É claro que a arquitetura na região central do Império Romano do século I d.C. geralmente era monumental em escala e por seus materiais, mas, em termos de projeto, ela era extremamente convencional se comparada ao que se podia encontrar na Ásia Ocidental naquela época. A arquitetura de Petra, a capital dos nabateus, encontra paralelos, no quesito inovação espacial, em obras feitas em outros locais, e não em Roma, como o Palácio de Herodes em Masada, que foi inserido em um difícil declive.

Os romanos construíram muitas vilas (casas de campo), inclusive um novo palácio para o imperador, o Palácio de Domiciano (também conhecido como Palácio Flaviano), em 92 d.C., durante o reinado de Tito Flávio Domiciano, e cujo projeto é atribuído a seu arquiteto-chefe, Rabírio. Acredita-se que a própria palavra "palácio" seja derivada de sua localização no Monte Palatino. Ele consistia em uma série de pátios abertos, que definiam atividades imperiais, cerimoniais e privativas. A planta é um primor de organização espacial.

Esse período também testemunhou a construção do Coliseu (72–80 d.C.), que podia acomodar 80.000 espectadores, e o surgimento de vastos espaços de entretenimento na escala

# Introdução

urbana. Ao contrário de edificações anteriores, que eram construídas contra colinas, essa era uma estrutura totalmente solta, com uma fachada monumental de três níveis de arcadas sobrepostas coroada por um ático alto. O prédio era utilizado para exibições de gladiadores e vários outros eventos, como caçadas que exigiam uma grande variedade de animais selvagens, em geral importados da África e do Oriente Médio, bem como batalhas que envolviam conjuntos elaborados de prédios móveis. Aparentemente, ali eram feitas inclusive batalhas navais. O Coliseu era tão grande que, após ser desativado, serviu como fonte de pedra para muitas construções romanas até boa parte do século XV. Ainda mais significativa na transformação de Roma foi a construção dos Foros Imperiais, entre 46 a.C. e 113 d.C. Essa é uma série de praças monumentais relacionadas entre si, celebrando as conquistas dos imperadores Júlio César, Augusto, Nerva e Trajano. Esse conjunto de foros era único no mundo, com uma malha entrelaçada de colunatas, templos, bibliotecas, estátuas, altares e espaços públicos.

Na China, a Dinastia Qin anexou sistematicamente todos os Estados concorrentes e criou um governo centralizado, bem como a máquina burocrática necessária para a sua operação. É por essa conquista que Shi Huangdi, o imperador Qin, é conhecido como Primeiro Imperador. De fato, o próprio nome "China" é derivado da palavra *qin* (ou *ch'in*). As obras públicas de Shi Huangdi incluíram a unificação de vários esforços para construir muros defensivos em uma única empreitada, conhecida como a Grande Muralha, que seria a marca registrada da defesa chinesa contra os nômades do norte por vários séculos. Ele dividiu a China em uma hierarquia de unidades administrativas: comendadorias, distritos e condados. O sistema era diferente daquele das dinastias anteriores, que tinham alianças e federações bastante vagas. Ele também criu um sistema de melhorias na burocracia, baseado no mérito, e não em direitos hereditários. Não obstante, seu governo era brutal, e sua dinastia entrou em colapso com sua morte. A tumba que ele construiu era, em sua época – e talvez ainda hoje –, uma das mais requintadas já feitas em qualquer lugar do mundo. Seu núcleo era um recinto que continha uma enorme maquete de seu império. O prédio era protegido por altas muralhas de terra apiloada, e o conjunto foi coberto com toneladas de terra, formando um monte artificial gigantesco e com muitas valas nos arredores, contendo milhares de estátuas de soldados e cavalos. Esse exército "de faz-de-conta" foi construído para proteger o falecido no além. As representações tanto dos homens como dos animais são tão meticulosas que se consegue ter uma ideia excelente das roupas e, inclusive, dos arreios então utilizados.

A Dinastia Qin deu lugar à Dinastia Han (206 a.C.–220 d.C.). Esse foi um período de prosperidade econômica, e a Rota da Seda trouxe a China cada vez mais para perto da riqueza e dos problemas associados ao comércio intercontinental. A dinastia teve contato com o Império Cuchita e o Império Parta, bem como com Burma e Japão. Há registros de um grupo de emissários romanos, talvez mercadores, que vieram à corte chinesa em 166 d.C. No entanto, como era típico do sistema imperial chinês, a política na corte e as lutas pelo poder travadas entre os vários clãs e as elites militares acabariam resultando na derrocada da Dinastia Han. Sua capital era Chang'an, a maior e mais rica cidade do mundo em sua época. Quando os Han perderam o controle da cidade em 9 d.C., transferiram sua capital para a sede de governo relativamente segura a Leste, Luoyang. Chang'an (que significa "Paz Perpétua") foi destruída em 24 d.C. (para, então, ser desenhada e fundada mais uma vez, em escala ainda maior, no ano de 582). Ao contrário de praticamente qualquer outra civilização, as grandes cidades da China muitas vezes foram destruídas não por uma invasão estrangeira, mas por rebeliões externas ou a transformação de uma dinastia na outra, quando cidades inteiras eram queimadas. Essa é uma das razões pelas quais tão pouco da arquitetura chinesa antiga chegou até nós.

Do ponto de vista da religião, esse período histórico foi de experiências extraordinárias e de transformações a partir do Helenismo. As antigas e estáticas religiões foram substituídas por cultos misteriosos e religiões que enfatizavam a salvação pessoal. Junto com os cultos dos mistérios já estabelecidos em Elêusis e outros locais, os cultos judaicos desenvolveram um novo conceito, que hoje chamamos de paraíso. Os cristãos começaram a seguir os ensinamentos de Jesus Cristo; e o mitraísmo, com seu complexo sistema de ritos de purificação e refeições rituais em templos subterrâneos, era popular entre os soldados romanos. O culto de Ísis, com sua ênfase na mãe e no bebê, também estava se difundindo por todo o Mar Mediterrâneo.

Na Índia, o budismo começou a se desenvolver em um conjunto de sutras escritos e codificados ao redor do século I a.C. Esses sutras permitiram que os ensinamentos fossem facilmente disseminados e traduzidos. Um dos sítios mais importantes para a nova religião estava em Sanchi, onde uma estupa foi construída no século III a.C. Ela consistia em uma simples edificação de tijolo hemisférica coroada por um chatra, uma estrutura em forma de guarda-sol, que era o símbolo tradicional de uma posição social elevada. Ela foi coberta com pedras durante o período do Império Sunga (187–75 a.C.). A ideia de uma edificação como uma massa sólida remonta às visões de mundo dos egípcios e mesopotâmicos, mas é mais provável que também se relacionem com tradições trazidas até a Índia pelos povos das estepes que reverenciavam seus mortos construindo montes de pedras. Durante esse período, contudo, a importância do budismo como uma religião independente começou a esmaecer na Índia, ainda que estivesse se difundindo rapidamente para outras partes da Ásia.

A Índia era, na época, controlada principalmente pelos satavahanas (230 a.C.–220 d.C.), que eram famosos por suas habilidades comerciais. Um texto daquela época (*circa* 60 d.C.) observa que os navios eram equipados para trazer "os produtos de seus próprios locais: trigo, arroz, manteiga clarificada, óleo de gergelim, tecido de algodão... e mel [melado] da cana chamada sacchari [cana-de-açúcar]. Alguns deles fazem as viagens especialmente para essas cidades comerciais, outros permutam seus carregamentos enquanto velejam ao longo do litoral". (*Periplus of the Erythraean Sea*, Capítulo 14). Foi ao longo das rotas comerciais que o budismo se difundiu. Os satavahanas produziram a primeira onda da expansão cultural indiana em direção ao Sudeste da Ásia, um processo que seria conhecido como indianização e que teria profundas consequências para o desenvolvimento político e urbano nos territórios que hoje correspondem de Burma ao Vietnã.

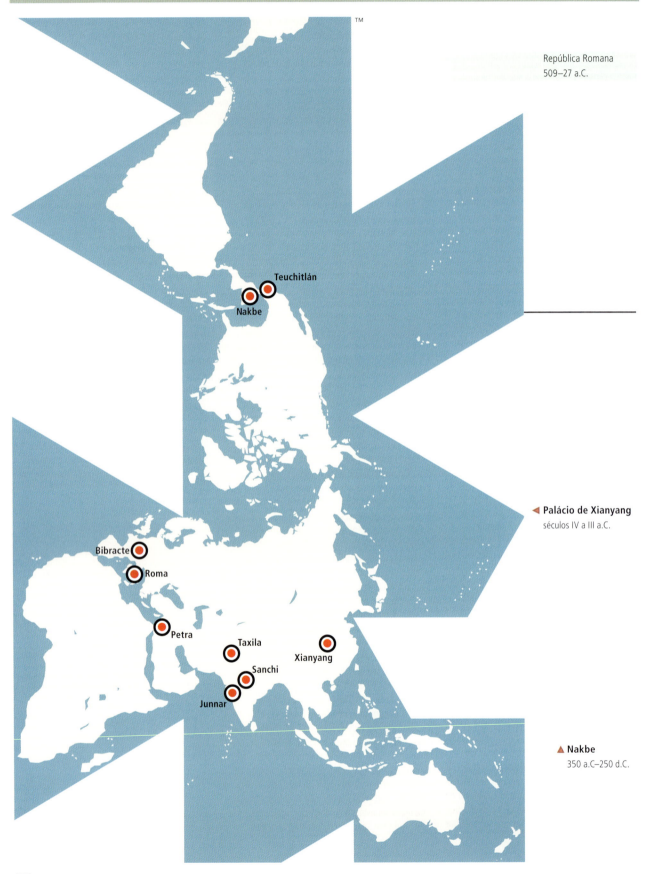

156

# Introdução

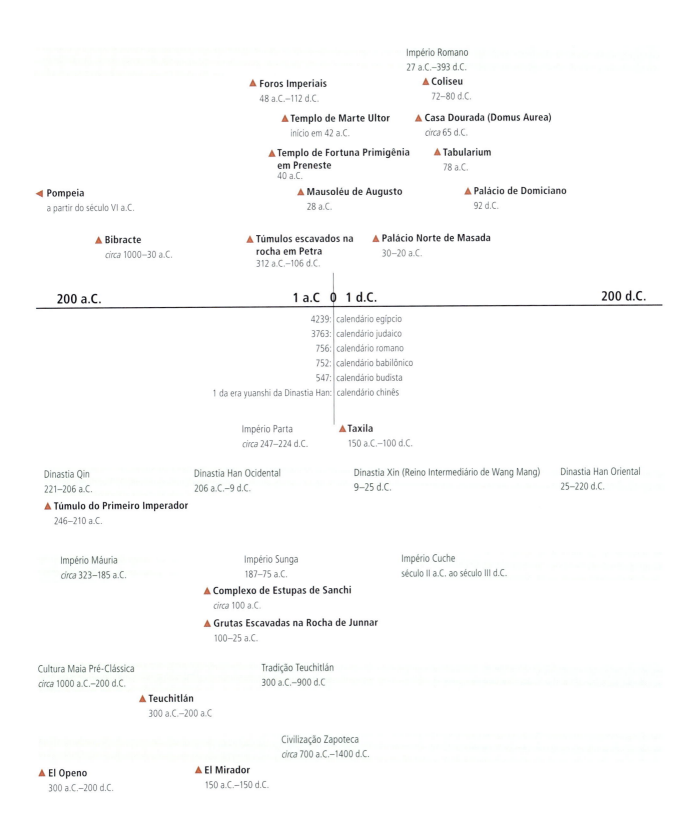

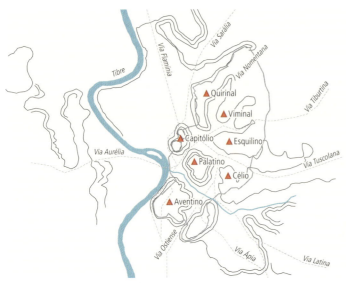

6.3 Mapa de Roma, *circa* século IV a.C.

## FUNDAÇÃO DE ROMA

A origem de Roma permanece envolta em mitos. Plutarco, Virgílio, Tito Lívio e outros escritores romanos contam histórias pitorescas que atribuem a fundação da cidade a Rômulo, descendente de Eneias. Este, depois de fugir de Troia incendiada e de viver várias aventuras em suas viagens, aportou no litoral do Lácio, onde fundou uma dinastia casando-se com Lívia, filha de Latino. Dessa linhagem nasceram, algumas gerações depois, os gêmeos Rômulo e Remo. Rômulo acabou fundando Roma, fato que teria ocorrido por volta de 750 a.C. Segundo os estudiosos modernos, essa história alinhava diversas memórias populares acrescentadas de uma boa dose de fantasia.

Não obstante, até hoje as evidências arqueológicas ainda não foram capazes de refutar essa narrativa em suas linhas gerais. Aproximadamente no século IV a.C., Roma passou a conquistar outros territórios e subjugou, uma após outra, as cidades e tribos vizinhas. Quando a cidade grega de Tarento, na Apúlia (Sul da Itália), foi dominada em 272 a.C., Roma escravizou todos os seus habitantes. Seguiu-se a queda de Siracusa, na Sicília, em 212 a.C. O saque da cidade grega de Corinto, em 146 a.C., deixou a própria Grécia sob controle romano e, com a derrota de Cartago, no litoral norte-africano, Roma assumiu o domínio inquestionável de toda a Bacia do Mediterrâneo. A vida religiosa dos romanos centrava-se no Templo de Saturno (498 a.C.) e no Templo da Concórdia (367 a.C.), ambos no Monte Capitólio. Pouco se sabe sobre esses templos, mas é provável que tenham sido construídos em estilo etrusco. O centro cívico da cidade era o Comitium (do qual vêm as palavras comício e comitê), um lugar onde as pessoas se reuniam, no fórum situado logo abaixo do Monte Capitólio. Era um anfiteatro raso e circular, em frente à sala do conselho, ou cúria. Ainda que não fosse um edifício, era um templum, lugar sagrado ordenado ao longo de um eixo norte-sul.

Após algum tempo, nele foi instalada uma plataforma para o orador, chamada rostrum, nome derivado das proas de navios ali penduradas após a Batalha de Âncio (Anctium), em 338 a.C. O foro, ou forum (que é a palavra latina para "espaço público ao ar livre"), era mais do que apenas um espaço aberto. Ele era um composto de várias camadas simbólicas. A poucos metros do Comitium, por exemplo, havia o Umbilicus, o "umbigo" da cidade de Roma, seu centro simbólico. Todas as distâncias na Roma antiga eram medidas em relação a ele. O Umbilicus tinha formato cilíndrico e cerca de 4 metros de diâmetro, mas, acima de tudo, tinha uma porta que permitia aos sacerdotes alimentar o "umbigo" sobre o qual ele se assentava, em um ritual. Atrás dele se elevava o Monte Capitólio, em cuja parte mais alta estava um prédio chamado de Tabulário, construído ao redor de 78 a.C. Construído projetando-se do penhasco, ele apresentava dois níveis de arcadas voltadas para o foro. Esse prédio acomodava as tabuletas com as leis romanas: era o arquivo oficial da Roma antiga. Na extremidade sul do foro, estava o Templo de Vesta, que era cuidado pelas virgens vestais. Vesta significa simplesmente "lareira", ou "fogueira". As mulheres que serviam ao templo faziam o voto de castidade para se dedicarem ao estudo e à observação correta dos rituais do Estado. As instalações eram vedadas aos homens. O serviço das mulheres era certificar-se de que o fogo sagrado do templo jamais se apagasse; caso isso ocorresse, elas teriam de sacrificar suas vidas. No início haviam duas vestais, mas, com o passar do tempo, o número chegou a seis.

O local mais sagrado, contudo, era o cume do Monte Capitólio, onde o Templo de Júpiter Ótimo Máximo se localizava (construído pela primeira vez em 509 a.C.). O templo tinha uma planta quadrada com quase 60 metros de lado, com Juno Regina à esquerda, Minerva à direita e Júpiter Máximo Ótimo no centro. Conectando isso tudo para o mundo exterior havia a Via Sacra, ou "caminho sagrado". Ela era a rota do Triunfo Romano que iniciava na periferia da cidade e cruzava o Foro Romano. Depois de algum tempo, ela foi pavimentada, e, durante o reino de Nero, foi ladeada por colunatas. Em ambos

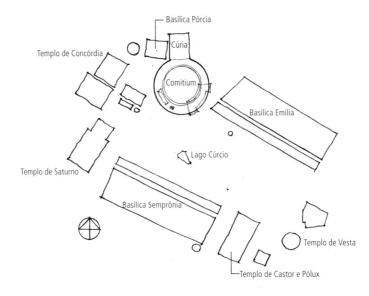

6.4 Planta do Foro Romano, Roma, *circa* 150 a.C.

# EUROPA

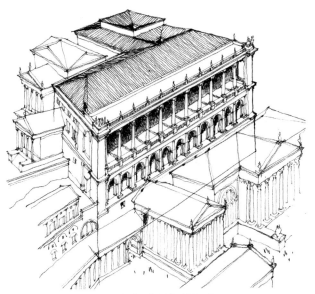

6.5 Uma reconstrução artística do Tabulário, Roma

6.6 Um sacrifício romano sendo preparado em um altar, em frente a um templo

os lados do foro havia um tipo de edificação inventada pelos romanos, a basílica. Essas eram prédios retangulares similares à *stoa* grega, exceto por terem um corredor central que costumava ser mais alto do que os corredores de cada lado, de modo que a luz pudesse penetrar por meio do clerestório sob o telhado da parte cetral mais alta. As basílicas serviam como foros de justiça e locais onde questões legais podiam ser resolvidas. Divisórias internas temporárias eram instaladas para as audiências, uma vez que não havia paredes internas.

Embora se discuta quem realmente eram os romanos, não há dúvidas de que eles estavam profundamente arraigados aos costumes etruscos. Isso significa que praticamente tudo em Roma se relacionava com a observância dos rituais, em cujo foco estava o sacrifício que serviu como uma espécie de consumação dos acordos feitos entre o suplicante e um deus específico. Os suplicantes podiam ser um indivíduo, ou uma cidade inteira. Era essencial o seguimento perfeito de um ritual, pois os desvios podiam contaminar os resultados. Sacrifícios importantes envolviam animais. Cada divindade tinha sua preferência quanto ao que deveria ser sacrificado. O sexo do animal escolhido também era significativo: os machos para os deuses, as fêmeas para as deusas. O mesmo se aplicava à cor: os animais brancos eram oferecidos às divindades do mundo superior; os pretos, às divindades do submundo. O sacrifício para Marte geralmente era uma combinação entre boi, carneiro ou javali. As cerimônias ocorriam em frente a um altar, e, apesar de elaboradas, envolviam muita sujeira. A cabeça da vítima era borrifada com vinho e migalhas de um bolo sagrado feito de farinha e sal. O animal era, então, atordoado com um martelo ou uma marreta, antes de ser degolado. A seguir, era estripado, e o fígado e outros órgãos eram inspecionados. Se alguma coisa estivesse errada, isso era considerado um mau augúrio, e o processo tinha de ser repetido com um novo animal, até que tudo desse certo. Os órgãos vitais do animal sacrificado eram queimados no altar, e sua carcaça era destrinchada e consumida no próprio local, com todos os participantes do ritual recebendo um pedaço do animal. Para sacrifícios urbanos de larga escala, isso podia envolver um grande número de animais. Todos os sacrifícios e as oferendas exigiam uma reza que o acompanhasse, para que pudesse ser efetivo. Um ritual religioso público tinha de ser feito por especialistas e profissionais de modo perfeito: qualquer erro podia significar que a ação, ou mesmo todo o festival, tivesse de recomeçar desde o início. Até mesmo as orações pessoais tinham de seguir fórmulas, elas eram mais recitações do que expressões pessoais. Para o historiador romano Lívio, os desastres do início da Segunda Guerra Púnica (216 a.C.) foram atribuídos ao crescimento de cultos supersticiosos, a erros nos augúrios e ao negligeciamento dos deuses tradicionais de Roma, cuja ira foi expressa diretamente na derrota romana na Batalha de Canas (216 a.C.).

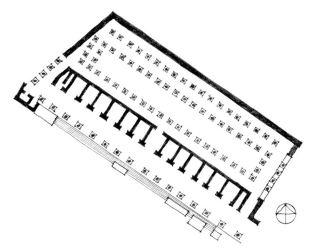

6.7 Planta da Basílica Emília, Roma

159

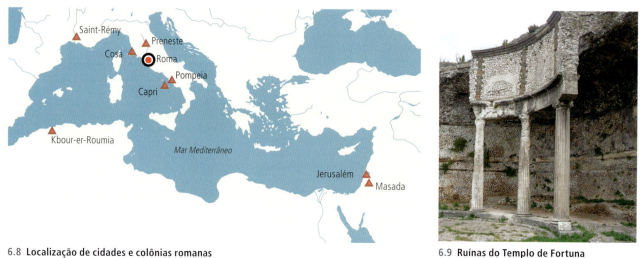

6.8 Localização de cidades e colônias romanas

6.9 Ruínas do Templo de Fortuna Primigênia, mostrando um elemento em curva

## O Templo de Fortuna Primigênia, em Preneste

O templo de Preneste (atual Palestrina) era dedicado à deusa Fortuna Primigênia. As respostas de seu oráculo eram lidas por um menino talentoso que escolhia aleatoriamente uma das diversas varetas de carvalho que continham profecias. O prédio se localizava na área (ou perto) de uma cidade 35 quilômetros a leste de Roma que havia sido conquistada em 82 a.C. e recolonizada pelos romanos, que, em virtude de suas refrescantes brisas, passaram a usá-la como local de veraneio. A cidade era muito apreciada pelos ricos, que construíram inúmeras vilas em sua periferia. Como nessa época os romanos já haviam conquistado a Grécia, eles haviam entrado em contato com o helenismo e sua tradição de experiências espaciais. É possível que o templo da Fortuna Primigênia, com suas séries espetaculares de terraços, colunatas, êxedras e pórticos em quatro níveis descendo a colina e ocnectados por escadas e rampas monumentais, tenha sido projetado por um anatólio ou grego, pois a arquitetura na Roma de então ainda era bastante rudimentar. O terraço mais alto era coroado por uma dupla colunata coríntia em forma de L que emoldurava um teatro semicircular, em cujo alto havia outra colunata. Atrás do teatro, no eixo central, havia um pequeno templo redondo ou *tholos*, em parte escavado na rocha. Esse tipo de edifício indicava um local particularmente sagrado. O terraço superior e o teatro eram usados para festivais, danças e rituais.

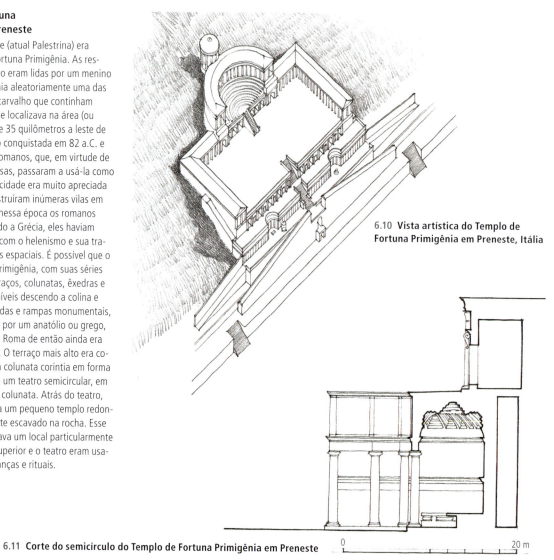

6.10 Vista artística do Templo de Fortuna Primigênia em Preneste, Itália

6.11 Corte do semicírculo do Templo de Fortuna Primigênia em Preneste

# EUROPA

Ainda assim, o prédio deu uma contribuição única para a arquitetura romana. Com exceção das colunas e de outros elementos arquitetônicos isolados, a estrutura inteira, incluindo as abóbadas de sustentação, era feita de concreto. Explorando o potencial do novo material, vários tipos de abóbadas foram empregados, entre eles abóbadas anelares e outras que sustentavam rampas. O próprio fato de que a fachada do nível superior se apoiava em uma abóbada – e não na parede por trás dela – teria sido impensável antes da invenção do concreto. Embora o concreto já fosse conhecido pelos romanos desde 190 a.C., no início ele não suportava grandes cargas, mas durante o período da construção de Preneste, uma nova forma de cimento, conhecido como pozzolana, passou a ser utilizada. Ele era feito das cinzas vulcânicas da área do Vesúvio – especialmente da cidade de Pozzuoli, da qual herdou seu nome. É possível que os arquitetos romanos não entendessem a química por trás desse material, mas eles estavam plenamente cientes de suas propriedades excepcionais – especialmente de sua capacidade de cura sob a água, que facilitava o projeto de portos e ancoradouros. Embora Vitrúvio, o famoso teórico romano da arquitetura, ainda suspeitasse muito do material quando escreveu seu tratado em 40 a.C., os arquitetos do Templo de Fortuna Primigênia não mostraram qualquer insegurança quanto ao concreto.

O concreto romano consistia em três componentes: cal hidratada, cinza pozzolana e algumas pedras do tamanho de um punho. O segredo de uma boa solidarização desses materiais não estava apenas na mistura, mas também na instalação adequada. Um sistema de fôrmas de madeira era construído de acordo com o formato desejado. Os trabalhadores misturavam manualmente a cal umedecida com a cinza vulcânica em uma grande caixa para argamassa, com pouquíssima água, para obter uma composição quase seca.

**6.12** Parede de concreto com *opus incertum*

Eles levavam a mistura ao local de uso em cestos, vertendo-a sobre uma camada preparada de pedaços de pedra, e, então apiloavam a argamassa na camada de pedras. Isso envolvia grandes filas de trabalhadores, que tinham de agir com rapidez. Assim que iniciava o lançamento do concreto, ele tinha de continuar sem qualquer pausa, para evitar o surgimento de juntas. A moldagem de grandes estruturas, portanto, era complexa, um processo que durava dias e noites a fio, sem interrupções. O concreto moderno, por ter mais água, retrai durante a cura e, portanto, é menos durável do que o antigo. E, embora os operários hoje vibrem o concreto recém-lançado, para se certificarem de que ele encheu todo o espaço da fôrma (sem deixar vazios), o concreto romano era socado, apiloado. O engenheiro David Moore descobriu que esse apiloamento era uma importante etapa do processo químico que endurece o material.

A forma mais primitiva de concreto era conhecida como *opus incertum*. *Opus* é a palavra latina para "obra, trabalho", assim, *opus incertum* significa algo como "trabalho inserido gradualmente", algo que faz sentido, pois o concreto era lançado com pedras irregulares, mas inteiras, ou blocos de tufo calcário do tamanho de um punho. O tufo calcário é uma pedra relativamente leve e, portanto, fácil de ser usada. Contudo, com o passar do tempo, buscou-se empregar um tipo de alvenaria com acabamento melhor, feita com pedras afeiçoadas de modo regular. Essa variante é conhecida como *opus reticulatum*. *Reticulatum* é latim para "em rede". Esse tipo de concreto consiste em blocos de tufo calcário em forma de diamante colocados ao redor de um núcleo de concreto. Os blocos eram assentados em ângulo de 45 graus, formando um padrão diagonal. Essa técnica de construção foi utilizada a partir do início do século I a.C. até que o *opus latericium* (ou *testaceum*) tenha se tornado comum, no Período Imperial. No *opus latericium*, a parede de concreto é revestida de tijolo.

Os romanos também industrializaram a produção de tijolos. Seus exércitos levavam fornos móveis, de modo que pudessem construir estruturas rapidamente. Dessa maneira, eles introduziram os tijolos em muitas partes do império. Os tijolos romanos frequentemente apresentam a estampa da legião do exército que supervisionava sua produção. As dimensões, no entanto, não eram uniformes. Os tijolos podiam ter formato quadrado, retangular, triangular e redondo, e algumas peças chegava a ter mais de um metro de comprimento.

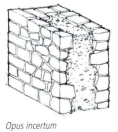
*Opus incertum*

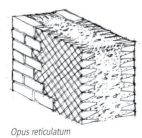
*Opus reticulatum*

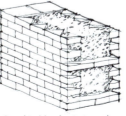
*Opus latericium* (ou *testaceum*)

**6.13** Três tipos de parede de concreto romanas

161

6.14 O tecido urbano da área residencial de Pompeia, Itália

6.15 Planta de parte da cidade de Taxila, Sirkap, atual Paquistão, na mesma escala do traçado urbano de Pompeia (à esquerda), para comparação

### A vila urbana dos romanos

Até o século II a.C., as casas romanas seguiam a antiga planta mediterrânea, com os cômodos distribuídos ao redor de um átrio alto e escuro. Após certo tempo, no entanto, com o aumento da prosperidade, as casas privativas se tornaram cada vez mais luxuosas. Jardins cercados de colunatas, inspirados na arquitetura egípcia, foram acrescentados no fundo das moradias. Instalavam-se êxedras, bibliotecas, fontes, salas de jantar de verão (algumas no segundo pavimento, para terem belas vistas) e até casas de banho particulares. As janelas aumentaram de tamanho, e as paredes ganharam pinturas ilusionistas. Em Pompeia, algumas famílias compravam as propriedades vizinhas para aumentar seu espaço de estar e ter uma casa imponente. Pode-se contrastar essa situação com a de Sirkap, no atual Paquistão, fundada pelos gregos por volta de 190 a.C.: embora o tecido urbano da área residencial seja igualmente denso, há poucas diferenças de escala entre as casas. No entanto, em Pompeia, quando ocorria a aquisição de propriedades mencionada, uma única vila podia ter o tamanho de todo um quarteirão de Sirkap. Os proprietários dessas casas, seguindo as tradições etruscas, davam grande importância social às festas. As refeições tinham se transformado em eventos especiais: eram preparadas por cozinheiros profissionais e servidas em baixelas de prata, com as eventuais bebedeiras. Em 182 a.C., o Senado romano aprovou uma lei para regulamentar o tamanho das festas, mas isso pouco efeito teve para deter a onda de excessos. As vilas atingiram tamanhos imensos que podem ser encontrados nas colinas ou junto à orla marítima.

Elas eram ornamentadas por pavilhões para jantares, torres, colunatas, lagoas artificiais com peixes e parques sofisticados. Nessa época, os romanos abastados começaram a enviar seus filhos à Grécia para aprender retórica, que poderia ser conveniente para uma futura carreira no direito ou na política. Os romanos também admiravam a arte e a arquitetura gregas, mas interessavam-se menos pela literatura, pela música ou pela ciência gregas. Eles levaram da Sicília o relógio de sol grego, mas demoraram 100 anos para perceber que, ao transplantá-lo no norte, precisavam adaptá-lo à mudança de latitude.

A lareira era o núcleo espiritual do lar, e as mulheres da casa tinham a responsabilidade de preservá-la. Assim como a própria cidade de Roma tinha sua chama eterna queimando no Templo de Vesta, a lareira de uma casa tinha de ser mantida permanentemente acesa. Era junto a ela que se faziam os sacrifícios para os deuses e os espíritos dos ancestrais da família. Além da deusa Vesta, a outra principal divindade do lar era Jano, o deus das portas e o principal protetor da casa. Os deuses Lares, que protegiam os antepassados, também eram importantes. As estátuas dos deuses Lares eram colocadas na mesa durante as refeições da família, e sua presença era exigida em todos os eventos familiares importantes.

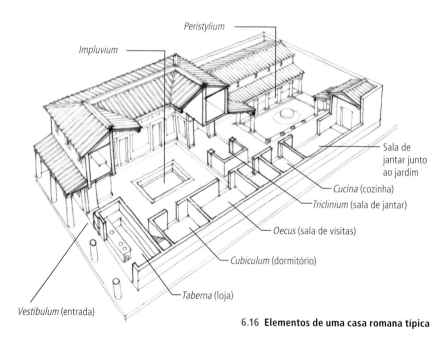

6.16 Elementos de uma casa romana típica

# EUROPA

6.17 Túmulo de Marco Virgílio Eurísaces, Roma

6.18 Monumento aos Júlios, Saint-Rémy, França

## Os túmulos republicanos

A ascensão de uma classe de comerciantes abastados, combinada com o sentimentalismo helenístico, fez surgir uma arquitetura funerária que se tornou uma forma autônoma de expressão arquitetônica. Embora seja fácil relegar o projeto de túmulos a uma tipologia arquitetônica de pouca importância, ele desempenhou papel essencial ao proporcionar aos arquitetos um campo de experimentação que lhes permitia solucionar, em miniatura, certos problemas ou desenvolver alguns temas arquitetônicos. Os templos romanos do período da república eram, por contraste, bastante convencionais — e isso era proposital, pois eles incorporavam o princípio da tradição. Isso, contudo, não se aplicava às tumbas.

O túmulo de Marco Virgílio Eurísaces (30 a.C.) ilustra essa questão. Eurísaces, um rico padeiro romano, pediu ao arquiteto que projetasse algo com o tema de um panarium (um tubo para armazenar pão). O exterior do monumento foi decorado com fileiras desses tubos gigantes esculpidos na pedra, sendo uma fileira deles de pé, na parte inferior, e três níveis horizontais sobre ela. O topo do monumento já não existe, mas é muito provável que tivesse forma de pirâmide. É claro que os monumentos funerários da classe dirigente eram mais monumentais e solenes, de acordo com a posição social que os falecidos ocupavam em vida. O Monumento aos Júlios, em Saint-Rémy, na França, é mais sóbrio. É composto de três zonas sobrepostas: um soco, ou embasamento; uma estrutura quadrangular sustentada por quatro arcos e um delicado tempietto redondo no topo.

O chamado túmulo de Absalão, em Jerusalém, é uma construção híbrida com 20 metros de altura. Sua parte inferior foi esculpida na rocha viva, mas a cobertura foi feita em cantaria. Na parte inferior, um soco sustenta uma caixa cúbica com as laterais decoradas com meias-colunas jônicas. Apesar dessa base jônica, o entablamento é dórico. Sobre ele se apoia um ático simples e despojado, que serve de base para a cobertura, que, em vez de ser com frontões — em virtude da aparência de templo do prédio — é um tambor que sustenta uma cobertura em forma de tenda. Essa espécie de combinação era típica da imaginação helenística. A tenda na cobertura indica que talvez fosse o túmulo de um comandante militar. Embora esse monumento seja tradicionalmente considerado o túmulo de Absalão, filho do rei Davi, que viveu no século X a.C., isso não é possível, pois a maioria dos estudiosos estima que seja do século I d.C. A caixa foi perfurada por um orifício, que não é uma janela, e sim um arrombamento feito por ladrões de sepulturas (Figura 6.19).

6.19 Túmulo de Absalão, Jerusalém

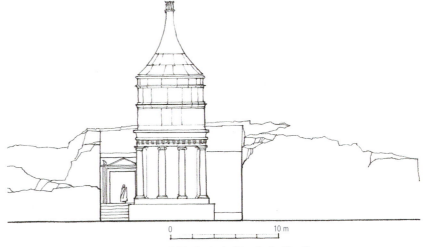

6.20 Corte do Túmulo do Absalão

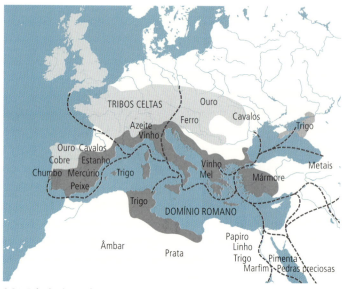

6.21 Principais produtos de comércio, *circa* 200 a.C.

6.22 Rotas comerciais celtas, *circa* 200 a.C.

## BIBRACTE

Originários de regiões ao norte e a oeste do Mar Negro, os celtas começaram a deslocar-se para a Europa, a oeste, por volta de 1000 a.C., e logo dominaram toda a área que hoje corresponde à Suíça, ao Norte da Itália, à França e ao Sul da Inglaterra. Constituindo uma sociedade organizada por clãs e interligada pelo comércio, foi fácil para eles se acomodar às complexas e diferentes paisagens da região. Eles eram também excelentes agricultores e organizavam-se em redes de pequenos povoados e fazendas. Suas grandes cidades só se desenvolveram durante o século I a.C. Elas incluíam, do leste para o oeste, algumas cidades ainda hoje existentes, como Kelheim, na Alemanha; Berna, na Suíça; e Reims e Paris, na França. A maioria das outras cidades desapareceu por completo e fundiu-se com a paisagem natural, como é o caso de Hengistbury Head, nos penhascos do litoral sul da Inglaterra, e Manching Oppidum, na Baviera. Essas cidades, que foram os primeiros esforços de urbanização na Europa, localizavam-se em colinas de topo plano ou ao longo de cumes que podiam ser facilmente defendidos com o acréscimo de taludes. Os romanos usavam a palavra *oppidum* para descrever esses grandes assentamentos fortificados, e o termo se tornou consagrado.

Nas cidades da Gália, uma economia de subsistência, primordialmente agrícola e local, foi substituída por outra, baseada no comércio regional e transregional e na especialização de ofícios, como os de metalurgia e tecelagem. A principal parceira comercial era, naturalmente, Roma, ao sul. A maioria dos mapas que representam a Europa de então mostra somente o Império Romano, mas a visão conjunta das áreas romanas e celtas dá-nos uma ideia da escala dos territórios desse outro povo. A metalurgia celta era facilitada pela presença de extensas florestas, embora os arqueólogos acreditem que grande parte do Sul da Inglaterra, bem como outras regiões, tenha sido completamente desmatada em decorrência dessas atividades. Os celtas também exportavam sal, estanho e âmbar. O principal produto importado dos territórios gregos e romanos era o vinho, transportado para o norte em imensas ânforas, com enorme dificuldade. A religião dos celtas era politeísta e animista, e seus santuários localizavam-se no alto das colinas, em bosques e junto aos lagos. Eles veneravam deuses e deusas, muitos associados a acidentes geográficos, como fontes e montanhas. Para eles, o carvalho era especialmente sagrado. Cada um de seus deuses possuía habilidades particulares, como trabalhar o ferro, curar e guerrear. Alguns pertenciam especificamente a uma área, outros eram comuns a todas. Os sacerdotes não só cumpriam os ritos religiosos como também atuavam como juízes e controlavam o calendário, além de serem os guardiães da memória comunitária.

Embora a vida nas regiões celtas não fosse de modo algum estática – ataques surpresa, expansões e contrações de território ocorreram em muitos locais no decurso do tempo –, no século I a.C. a situação havia se tornado muito instável. Várias tribos da Alemanha e da Dinamarca começaram a deslocar-se para o sul, rumo à região dominada pelos helvécios. Os próprios helvécios, por motivos desconhecidos, estavam se movendo para o oeste; e ao sul, os romanos tinham começado a ocupar partes do território celta, tomando Milão e Marselha. Em 51 a.C., após uma campanha brutal, Roma tomou Bibracte, uma das maiores cidades gaulesas, e, em 79 d.C., a maior parte do território gaulês já havia sido incorporada ao Império Romano. Bibracte estava no meio da rota comercial que ligava Marselha, ao sul, a Paris e a Hengistbury Head (do outro lado do Canal da Mancha), ao norte. Também era o ponto de partida das rotas que seguiam para o leste, rumo à Alemanha. O nome original da cidade provavelmente era Édua, derivado dos éduos, a tribo que habitava a região.

Com mais de um quilômetro quadrado e construída sobre o topo de uma das montanhas mais altas da região, a cidade tinha o tamanho de Roma, embora fosse muito menos densa – pois possuía espaços para criar animais e eram raras as casas com mais de um ou dois pavimentos. A população contava milhares de habitantes, e a cidade era cercada por diversos vilarejos. Apesar de situar-se no alto de uma montanha, diversos poços artesianos abasteciam-na de água ao longo de todo o ano. Bibracte também servia de refúgio para os aldeões locais em períodos de guerra, o que talvez explique a construção de um segundo anel de fortificação no século I a.C., cerca de 100 anos depois da construção do primeiro.

Esses anéis, grandes taludes de terra reforçados por troncos, tinham cerca de cinco quilômetros de comprimento e não eram obras simples de engenharia. Para sua construção, foram

# EUROPA

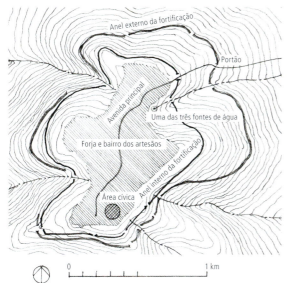

6.23 Planta de Bibracte, França

6.24 Uma bacia para rituais em Bibracte

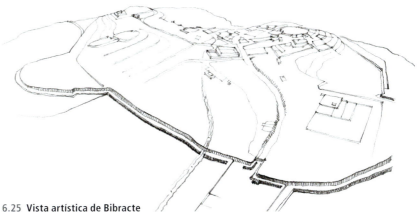

6.25 Vista artística de Bibracte

consumidas 20 mil toras de madeira, e toneladas de terra tiveram de ser compactadas para formar elevações artificiais. Uma larga avenida passava o portão e conduzia ao centro da cidade, onde estavam os prédios cívicos, inclusive, no ponto mais alto da cidade, uma plataforma aberta que tinha propósitos comunitários. Nessa plataforma há um poço de pedra de formato oval – hoje chamado de Fonte de Saint Pierre (São Pedro) –, que tinha função sagrada, talvez apenas em virtude de seu desenho incomum. Todas as casas eram de madeira, embora as mais tardias, construídas pelos romanos, fossem por vezes feitas de pedra rebocada. A cidade só foi escavada parcialmente, mas ao longo de sua avenida principal foram descobertas uma forja e todo o bairro dos artesãos.

Em sua *História de Roma*, Cássio Dio escreveu: "Caractaco, um chefe bárbaro capturado, levado a Roma e depois perdoado por Cláudio, perambulou pela cidade [de Roma] quando foi libertado e, após admirar seu tamanho e esplendor, exclamou: 'Como vocês, que têm tantos e tão belos bens, podem cobiçar nossas pobres cabanas?'". Não eram as casas modestas que os romanos desejavam, e sim a extensa rede agrícola e de mineração da Gália. No início, os romanos eram invasores, mas, no século I d.C., as duas culturas já estavam profundamente mescladas. Os romanos, no entanto, preferiam construir suas cidades em planícies, para facilitar a movimentação de seus exércitos. Assim, muitas cidades celtas foram esmaecendo até desaparer. Uma exceção é Berna, na Suíça. Bibracte foi um caso mais típico. Ela acabou sendo abandonada, e a cidade romana de Augustodunum, atual Autun, assumiu seu lugar como centro regional.

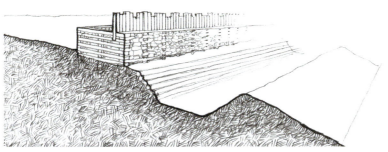

6.26 Corte através da muralha de fortificação de Bibracte

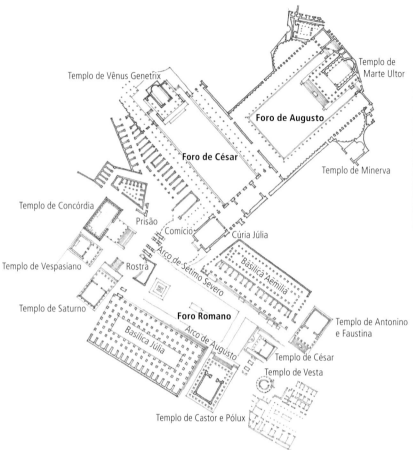

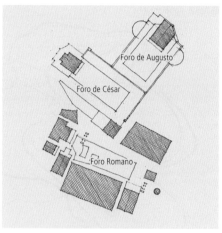

**6.27** A relação entre o Foro Romano e os foros de César (Júlio César) e Augusto (César Augusto)

## A ROMA DE CÉSAR AUGUSTO

A passagem da República ao Império coincidiu com a tendência de divinizar os governantes. Júlio César foi o primeiro objeto dessa apoteose. Depois dele, tornou-se prática comum equiparar os imperadores às divindades. O imperador César Augusto, sucessor de Júlio César, transformou Roma. Dizem que herdou uma Roma feita de tijolos e, ao falecer, deixou-a feita de mármore. Isso não está longe da verdade, pois, nos quarenta anos de seu reinado, César Augusto praticamente reconstruiu a cidade inteira. Acima de tudo, remodelou o Fórum Romano.

Para compreender a magnitude desses esforços empreendidos, devemos lembrar que, antes de seu longo governo (27 a.C.–14 d.C.), Roma era uma cidade pouco atraente e até mesmo perigosa. Ela tinha população de um milhão de pessoas, e o crime, a corrupção, a especulação imobiliária e a má administração refletiam-se nos templos negligenciados e nos prédios públicos desmoronando. Grande parte da cidade não passava de cortiços. Os grandes incêndios eram frequentes – em 16, 14, 12 e 7 a.C. – e as áreas baixas muitas vezes inundavam. Entre os esforços de César Augusto esteve a tentativa de pôr ordem no centro da cidade. Depois de uma grande tempestade, exigiu um estudo sobre as telhas. Também criou um novo sistema de abastecimento de água, restaurou 82 templos, aumentou os gastos com as construções públicas e com a manutenção das ruas e até mesmo instituiu uma brigada de bombeiros, composta por 600 escravos.

Um de seus primeiros atos foi concluir o Foro de César, construção interrompida quando do assassinato desse imperador, em 44 a.C. Retangular, de tamanho aproximado ao do antigo foro, foi, entretanto, ampliado ao norte e ligado a ele por um portal. O Templo de César (Templo do Divino Júlio), construído com mármore branco, assentava-se sobre um pódio alto na extremidade estreita do foro. O edifício possuía colunas apenas em três lados, sugerindo que o téron e a cela haviam sido acoplados um ao outro. A ideia geral era mais uma vez helenística, mas sua simplicidade e regularidade fizeram dele um protótipo. O novo foro, entretanto, invadia o espaço do antigo Comício (Comitium), que teve de ser deslocado mais para o sul. O Senado, onde Júlio César foi assassinado, também precisou ser reconstruído, de modo que se encaixasse perfeitamente no perímetro do novo foro, em sua quina sul.

Outro projeto de construção de César Augusto foi a Basílica Júlia, que servia de foro de justiça, tratando de assuntos ligados a testamentos e heranças. Seguindo o projeto típico das basílicas, ele não tinha paredes, mas colunatas abertas em três de seus lados, com o quarto (um dos dois maiores) reservado para lojas. O edifício tinha 101 metros de comprimento e 49 de largura, e sua lateral comprida delimita o lado oeste do conjunto de foros. Do outro lado do complexo, César Augusto reconstruiu a Basílica Emília. Ela possuía 16 intercolúnios e dois pavimentos, e sua fachada foi articulada com colunas e mármores, sendo considerada um dos mais belos edifícios de Roma.

# EUROPA

### O Foro de Augusto

Além do esforço para reformar o antigo foro, César Augusto decidiu construir outro completamente novo (10–2 a.C.), que ficava a leste do Foro de César, ao longo da muralha da cidade, a oeste. Como essa era uma área densamente habitada, as casas tiveram de ser compradas e demolidas. Entrava-se no foro pelo lado sul, que formava um eixo com o templo na extremidade do edifício. César Augusto parece não ter conseguido adquirir toda a terra de que precisava para o projeto, embora a área atrás do foro fosse uma das mais pobres da cidade. Um grande muro foi construído atrás do prédio, como uma parede corta-fogo, para isolar o cenário miserável do outro lado.

O uso de estátuas para representar grandes homens foi uma inovação dos romanos. É evidente que os gregos haviam elevado a estatuária ao nível de uma grande arte, mas suas estátuas eram utilizadas principalmente para retratar deuses ou deusas. Foram os romanos que conferiram às estátuas o fim político de representar a elite. Suas estátuas eram sempre pintadas, para torná-las mais vivas.

O pórtico norte foi dedicado a Marte Vingador (Marte Ultor), cumprindo uma promessa feita por César Augusto antes da Batalha de Filipos (42 a.C.), na qual foram mortos Bruto e Cássio, os assassinos de César. Há oito colunas coríntias na fachada principal e o mesmo número nas laterais. A planta é quase quadrada, medindo 38 metros por 40 metros. Com a supressão de duas linhas de coluna, criou-se o

6.28 Templo de Marte Vingador, Foro de Augusto Roma

espaço para uma entrada generosa. Dentro do templo, na abside, cinco degraus acima do piso, havia estátuas de Marte, Vênus e Júlio César divinizado. Contudo, esse prédio era mais do que um templo: era uma afirmação do Império. César Augusto via-se como o filho da união de Marte com Vênus. A edificação também buscava se destacar de modo audacioso no contexto da história romana.

Duas grandes êxedras formam um eixo transversal no templo de Marte Vingador. Ela continha estátuas que contavam a narrativa de Rômulo e Enéias, os grandes fundadores da cidade. O império de Augusto devia ser visto como o apogeu dessa história, com o próprio imperador presidindo essa galeria de retratos, na forma de uma estátua de bronze sobre um pedestal no centro do foro. Além das cerimônias religiosas ali realizadas, o foro tornou-se o ponto de partida para os magistrados que seguiam para as províncias e o repositório dos estandartes triunfais. Também era utilizado para as reuniões do Senado quando se esperavam notícias de sucessos militares.

Como um todo, o projeto e o imaginário do Foro de Augusto foram cuidadosamente orquestrados para levar adiante o programa augustino, que retratava a história de Roma como uma expansão ordenada pelas forças divinas por meio de guerras justas (Marte, o Vingador) rumo a uma paz ordenada (Vênus que desarma Marte), com base em virtudes romanas (o "valor masculino", simbolizado por Rômulo) e a obediência ("filial, religiosa e patriótica", simbolizada por Enéias), executada por uma longa linhagem de romanos ilustres (as estátuas dos dignatários da república, nos pórticos), culminando com o governo de César Augusto, que se apresentava como o novo fundador de "um novo Rômulo".

6.29 Vista leste para dentro do Foro Romano

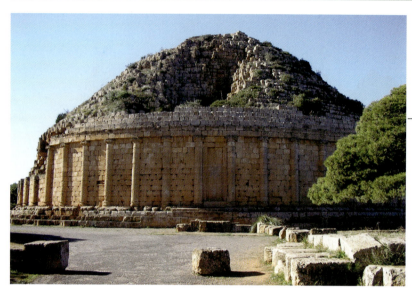

6.30 Túmulo da Mulher Cristã (Kbour-er-Roumia), Tipasa, Algéria

## Os túmulos Tholoi

Na Algéria, no Norte da África, podem ser encontrados vários sepulcros do tipo tumulus, que obviamente evocam antigas tradições. Entre eles se destaca o Kbour-er-Roumia (onde um rei bérbere e sua rainha foram enterrados em 19 a.C.), localizado a oeste de Tipasa, Algéria. Ele tem 60 metros de diâmetro e se apoia sobre uma base quadrada e baixa. Um crepis, ou fundação, de três degraus sustenta um anel de 60 esbeltas meias-colunas jônicas que ornamentam um tambor do qual emerge um monte cônico escalonado, terminando em uma plataforma circular 32 metros acima do solo. O topo era ornamentado por um elemento escultórico que desapareceu. Um corredor em espiral conduzia ao interior da tumba. Embora esse monumento funerário cause estranheza e dê a impressão de não estar de acordo com a sensibilidade clássica, a verdade é que sua tipologia serviu de modelo para o Mausoléu de Augusto, em Roma, que o imperador mandou construir em 28 a.C., logo após sua vitória na Batalha de Âncio. Essa imponente estrutura, hoje em ruínas, tem uma base circular alta de 87 metros de diâmetro, originalmente revestida de mármore travertino. Ao lado da entrada havia dois obeliscos levados do Egito e placas de bronze que resumiam as façanhas do imperador. Sobre a base havia um tumulus coberto de ciprestes e, acima, uma estrutura cilíndrica. O prédio era, portanto, uma fusão entre a arquitetura e o paisagismo, a construção e a montanha. Em 410 d.C., quando Roma foi saqueada pelos godos de Alarico I, as urnas de ouro que continham as cinzas de Augusto e de seus familiares e que estavam guardadas em nichos no santuário protegido foram esvaziadas e roubadas.

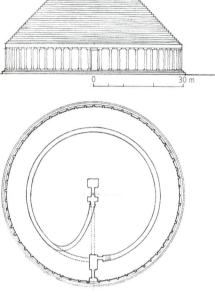

6.31 Planta e elevação do Túmulo da Mulher Cristã (Kbour-er-Roumia)

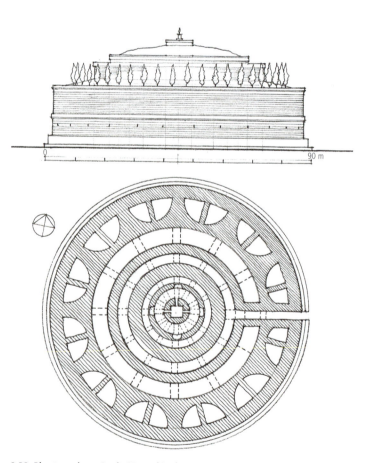

6.32 Planta e elevação do Mausoléu de Augusto, Roma

# EUROPA

## Vitrúvio

A era de Augusto foi de grande promoção da arquitetura, o que levou Marcos Vitrúvio Polião 70–25 a.C.) a compor um tratado intitulado *De architectura* ("Sobre a arquitetura"), hoje conhecido como *Dez livros sobre arquitetura*. Embora contenha uma enormidade de informações úteis a respeito de materiais de construção, escolha do lugar e mesmo a formação do arquiteto, Vitrúvio geralmente criticava as inovações arquitetônicas de seu tempo. Ele hesitava em aceitar o concreto e achava que muitos dos novos edifícios encomendados por César Augusto pecavam pela falta de princípios orientadores. Ao tentar restabelecer esses princípios, argumentava que as três ordens – dórica, jônica e coríntia – deviam ser regradas pelas proporções próprias de cada uma. Vitrúvio também distinguia entre *firmitas*, *utilitas* e *venustas* (durabilidade, utilidade e beleza). Cada edifício, afirmava, devia ser projetado levando em conta esses critérios. Um depósito, por exemplo, deveria ser construído tendo em vista a utilidade, sem ser desagradável à vista, ao passo que um palácio deveria visar à beleza, mas, mesmo assim, ser projetado para durar séculos.

O impacto de Vitrúvio sobre a arquitetura romana foi mínimo, mas quando um exemplar de seu tratado foi redescoberto em 1414 na Biblioteca Monástica da Abadia de São Galo, na Suíça, tornou-se a base da teoria arquitetônica da Europa nos três séculos seguintes.

Vejamos algumas citações do capítulo 2 do livro 1 dos *Dez livros sobre arquitetura* de Vitrúvio:

> "A arquitetura depende da adequação (*ordinatio*) e da disposição (*dispositio*). Depende também da proporção, da uniformidade, da consistência e da economia."

> "O arranjo é a disposição adequada de todas as partes do prédio e o efeito agradável resultante, levando em conta o caráter apropriado."

> "A proporção é aquela agradável harmonia entre as várias partes do prédio, resultando de um ajuste justo e regular entre elas: a altura com a largura, esta com o comprimento, e cada uma delas com o todo."

**6.33** Capitel coríntio do Templo de Atena, Tegea, perto de Trípoli, Grécia

**6.34** Capitel coríntio do Templo de Castor e Pólux, Roma

## Os capitéis coríntios

Entre os elementos das principais ordens, o capitel coríntio foi um dos últimos a surgir. Hoje acredita-se que ele tenha surgido pela primeira vez na arquitetura no Templo de Apolo Epicuro em Bassas (420–400 a.C.), na Grécia, onde há colunas coríntias emolduradas no final da cela. Externamente, elas aparecem pela primeira vez no imenso Templo de Zeus em Olímpia (iniciado em 170 a.C.), da era helenística, em Atenas. O uso da coluna coríntia continuou intermitentemente até a era de César Augusto, quando se tornou sinônimo do jovem império. Portanto, ainda que a ordem coríntia tenha sido criada pelos gregos, os romanos usaram-na para diferenciar seus prédios e templos imperiais dos protótipos gregos.

As origens conceituais do capitel coríntio não são conhecidas, mas Vitrúvio conta a história de uma menina coríntia que faleceu. Sua ama colocou vários vasos e taças dentro de um cesto, que deixou em seu túmulo. Na primavera seguinte, uma raiz de acanto que ficou sob o túmulo começou a brotar, atravessando o cesto. O arquiteto Calímaco, que passava por ali, decidiu criar um capitel inspirado no arranjo. Não há como saber se a história é verdadeira, mas os temas da pureza e da morte certamente eram atributos importantes da coluna, e o acanto há muito tempo era associado à imortalidade.

Ao contrário do capitel dórico e do jônico, que só podiam ser transformados de maneira mais sutil, o coríntio aceitava inúmeras variações, usualmente descritas pelo número de anéis de folhas de acanto (em geral, dois). Por trás das folhas erguiam-se as hastes, que costumavam brotar aos pares nos cantos e curvar-se para formar volutas (literalmente, voltas) sob o ábaco. No centro do ábaco é encontrada com frequência uma flor. O capitel coríntio do Templo de Atena em Tegea (350 a.C.) é mais curto e tem hastes mais bem definidas do que os capitéis coríntios da era de Augusto (como no Templo de Castor e Pólux, de 6 a.C.), que enfatizam as folhas. Um capitel jônico às vezes é acrescentado ao coríntio, criando o que se conhece como capitel compósito. No Templo de Apolo em Dídima, o arquiteto acrescentou uma palmeta entre as hastes.

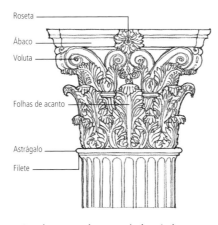

**6.35** Elementos de um capitel coríntio

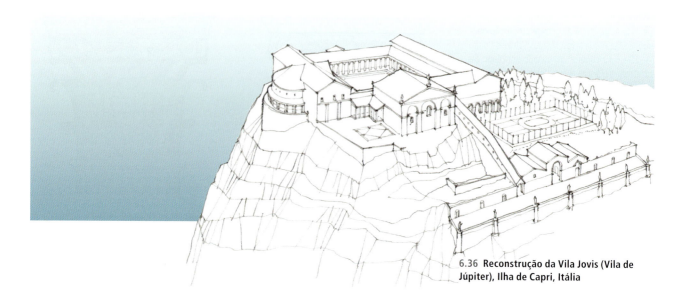

6.36 Reconstrução da Vila Jovis (Vila de Júpiter), Ilha de Capri, Itália

## A ROMA PÓS-AUGUSTO

Após a morte de César Augusto, em 14 d.C., deu-se menor ênfase aos grandiosos monumentos públicos, em favor da construção de casas luxuosas, acompanhando a tendência criada no século do ocaso da República. A principal residência do imperador Tibério, por exemplo, era a Vila Jovis (Vila de Júpiter), em Capri, edificada no topo de um penhasco em uma extremidade da ilha. Ela foi construída em cerca de 30 d.C., sobre uma enorme cripta subterrânea abobadada de concreto, que servia como cisterna para captar a água da chuva, única fonte de água para a vila. Um salão semicircular e um pavilhão de refeições estavam voltados para o leste, junto à extremidade do rochedo. Ao norte do pátio havia uma *loggia* ou galeria, com os banhos ao sul, enquanto a área de serviço e a cozinha situavam-se na ala oeste. Tibério governava o extenso império desse ninho imponente.

O grande incêndio de 64 d.C. destruiu por completo mais de quatro das 14 seções de Roma, tornando disponíveis grandes áreas de terreno no centro da cidade. Nero, a quem os boatos sempre atribuíram o incêndio, imediatamente desocupou uma área para sua nova moradia, uma espécie de vila de campo enxertada na paisagem urbana e que serviria de palco para complexos rituais e cerimônias envolvendo a figura imperial. Os terrenos preenchiam o vale entre os montes Esquilino, Celino e Palatino. No centro havia um lago artificial, onde hoje está o Coliseu. A descrição do Palácio de Nero deixada por Suetônio dá-nos certa ideia de seu esplendor. Em seu vestíbulo elevava-se uma colossal estátua do imperador, com 40 metros de altura. A área ocupada por esse espaço de entrada era tão vasta que tinha um tríplice pórtico com 1,5 quilômetro de comprimento; mas também possuía uma piscina que parecia um mar, cercada de edifícios que simulavam uma cidade. Além disso, havia zonas rurais com campos arados, parreirais, pastos e bosques repletos de todos os tipos de animais domésticos e selvagens. As paredes do palácio eram revestidas de ouro, incrustadas de pedras preciosas e madrepérola. Na sala de jantar, o teto tinha painéis de marfim rotatórios que lançavam flores e borrifavam perfumes nos convivas abaixo.

6.37 Planta de situação do complexo do Palácio de Nero, Roma

# EUROPA

6.38 Interior do Salão Octogonal da Casa Dourada (*Domus Aurea*)

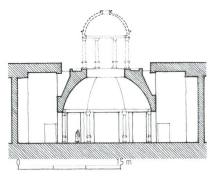

6.39 Planta e corte do Salão Octogonal da Casa Dourada

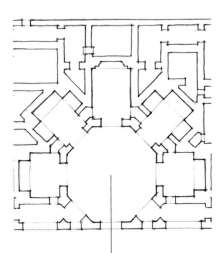

Hoje resta apenas uma ala do complexo palaciano, a Casa Dourada (*Domus Aurea*), implantada contra o Monte Esquilino, que constitui, por si só, um notável exemplo de criatividade arquitetônica. Ela é uma combinação entre unidades de pequena escala e unidades axiais aplicadas com muita sensibilidade. A leste há um recinto octogonal com vários espaços conectados a ele. A abóboda desse salão octogonal foi projetada de modo a deixar filtrar a luz através da abóbada, que foi sustentada por oito pilastras de concreto revestidas de tijolos, originalmente adornadas com mármore e estuque. Embora comece como um octógono, a abóbada se transforma em uma semiesfera no topo, onde um grande óculo de seis metros de diâmetro deixa entrar a luz no salão. Com base em evidências iconográficas e literárias, alguns estudiosos sugeriram que o óculo era encimado por um lanterim cupular. É igualmente criativa a sala com uma cascata no eixo norte desse salão octogonal. Mais a leste, um grande pátio pentagonal aberto invade o edifício a partir do sul e pressiona os cômodos contra os recintos da área de serviço ao fundo. Nesse eixo encontra-se uma sala abobadada, ladeada por uma série de espaços de apoio. A ala oeste contém uma sequência particularmente elegante de espaços que, como pistões, ligam a fachada a um pátio posterior, que termina em uma câmara com fontes. O eixo longitudinal do pátio termina em uma grande sala de jantar abobadada, que também parece recuar até a encosta da colina. As paredes de tijolo que hoje vemos teriam sido, na época, revestidas de mármore e estuque pintado.

Essas ruínas do palácio comprovam a genialidade espacial dos arquitetos romanos. Considere a planta dessa ala do palácio como se fossem quatro prédios (veja os quatro recintos principais na Figura 6.40) alinhados, mas com tamanha criatividade que o todo parece ser homogêneo.

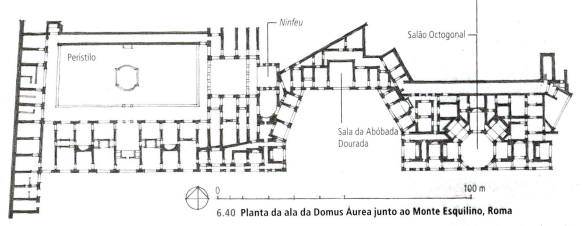

6.40 Planta da ala da Domus Áurea junto ao Monte Esquilino, Roma

6.41 Jardim aquático do Palácio de Domiciano, Monte Palatino, Roma

6.42 Vista de um pátio interno do Palácio de Domiciano

## O Palácio de Domiciano

Após um período de violência e anarquia que sucedeu à morte de Nero, a estabilidade retornou com Vespasiano (que reinou entre 69 e 79 d.C.) e um século contínuo de governantes cujas políticas, *grosso modo*, trouxeram paz e unidade ao velho mundo mediterrâneo. A paz romana, evidentemente, tinha um preço a ser pago pelos outros. Em 70 d.C., Vespasiano destruiu o Segundo Templo dos judeus em Jerusalém e escravizou-os. Cerca de 10 mil judeus foram levados para Roma, para auxiliar na construção do Coliseu. Seguindo essa e outras vitórias, o filho de Vespasiano, Domiciano, que reinou entre 81 e 96 d.C., iniciou a construção de um novo palácio imperial (também conhecido como Palácio Flávio ou Domus Augustana), localizado no cume oriental do Monte Palatino, que se tornaria a residência permanente dos imperadores. Ele ainda estava ainda sendo ocupado quando Narses, o conquistador dos godos, ali morreu em 571. Domiciano impôs suas tendências absolutistas à sociedade romana com um vigor até então desconhecido. Em seu reino, o pragmatismo persistente da cultura romana se impregnou cada vez mais de uma ideologia de matiz médio-oriental, com suas implicações relativas à natureza semidivina do governante. O novo palácio devia refletir as recentes ideias de poder e majestade. A tensa, quase caótica floresta de realidades axiais conflitantes que tornava o Palácio de Nero tão surpreendente deu lugar a expressões mais controladas quando Rabírio, o arquiteto de Domiciano, escavou um grande degrau no flanco da colina para criar um palácio dividido em dois níveis.

O palácio propriamente dito ficava na parte superior, e a residência, na parte inferior. Apesar das grandes inovações espaciais, tudo foi minuciosamente pensado. Não havia colisões desajeitadas ou surpreendentes entre espaços, como aquelas que vemos no Palácio de Nero. A entrada estava em um eixo que atravessava dois pátios com peristilos e conduzia a uma estrutura que, inicialmente simétrica, deslizava com suavidade em seus perímetros direito e esquerdo para fundir-se com outras configurações espaciais. O uso engenhoso de geometrias curvas e ortogonais ajuda a conciliar as transições espaciais. A entrada, por exemplo, é marcada por um vestíbulo curvo que cruza uma série de espaços que se expandem e contraem, explorando o tema das abóbadas acima e as aberturas de diferentes tamanhos e tipos que conduzem aos recintos laterais.

Na extremidade do eixo havia duas casas de verão, implantadas no alto da grande curva da galeria com vista para o Circo Máximo. Do lado leste do palácio havia outro conjunto de espaços, dominado por um hipódromo, cujo piso encontra-se cerca de 10 metros abaixo. Um promontório termina o eixo transversal que liga a fonte do jardim e o pátio com peristilo. A Aula Regia (ou Salão de Audiências) estava voltada para o foro abaixo.

Uma escada leva ao nível inferior, onde estava a residência do imperador, bem no encontro das duas alas de edifícios. As escadas romanas nunca eram muito elaboradas, e isso não constitui exceção. Os cômodos principais foram distribuídos em torno do pátio, com sua fonte, e os aposentos particulares do imperador ficavam a noroeste. O espaço central se projetava no espaço do ambulatório do pátio. À direita e à esquerda havia recintos com fontes. Todo o conjunto era separado do muro de arrimo por um corredor de serviço. Do lado norte, três aposentos notáveis, com nichos, edículas e abóbadas complexas, formavam outra unidade: era como um palácio dentro de outro.

A oeste havia outro eixo, mas fechado. Essa é a parte dedicada à função imperial, convencionalmente chamada de Domus Flavia. Seu acesso é por um portão que conduz a um pátio com peristilo. Ao norte há três câmaras oficiais: a Basílica, o Salão de Audiências (*Aula Regia*) e o *lararium* (ou "capela do palácio"). A basílica atraiu considerável atenção, pois parece prenunciar a forma da basílica paleocristã. Embora haja muitas origens possíveis para esse tipo de espaço, não há dúvida de que sua longa vida arquitetônica como cenário supostamente adequado a uma figura ou divindade todo-poderosa foi assegurada pela sua presença nesse palácio.

# EUROPA

Junto à basílica estava o Salão de Audiências (*Aula Regia*), onde se recebiam diplomatas e se concediam audiências, em espaço teatral que reforçava a reivindicação de Roma à majestade e unidade. Era uma sala espetacular, com superfícies revestidas de mármore. Colunas ornamentais perto das pilastras se projetavam no espaço. Entre as colunas havia nichos alternadamente redondos e quadrados, cada um com uma edícula no interior, mais um traço que se tornaria marca registrada da articulação da parede romana. Do outro lado do pátio interno havia um amplo *triclinium*, ou sala de jantar. As portas nas paredes laterais conduziam a jardins com uma engenhosa exibição de fontes, no formato de uma ilha elíptica no espelho d'água.

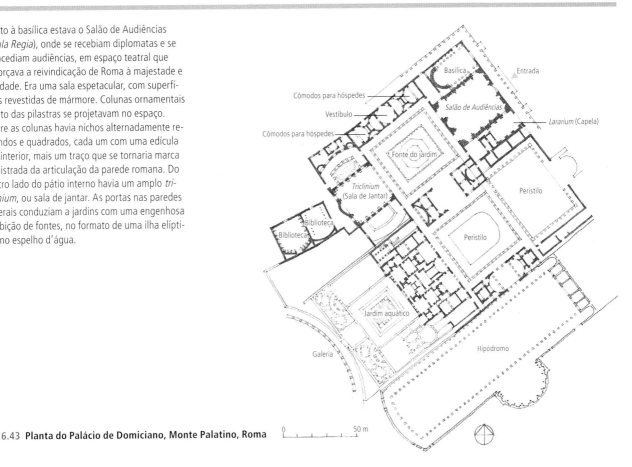

6.43 **Planta do Palácio de Domiciano, Monte Palatino, Roma**

6.44 **Corte artístico do *triclinium* (sala de jantar), Palácio de Domiciano**

A sala de jantar (*triclinium*) é um exemplo da genialidade das práticas espaciais romanas. O projetista começou com o pátio do peristilo. Como os espaços conectados a seus quatro lados não precisavam ser iguais, ele, então, conectou os componentes do programa de necessidades. Esses elementos são, em sua maioria, simétricos, mas a assimetria gradualmente surge quando nos afastamos do eixo central. Dessa maneira, ele criou blocos que podiam ser agregados uns aos outros com base em grelhas reguladoras. Quanto mais estudamos essa planta, mas combinações entre espaços descobrimos, dependendo do modo como os lemos: recessivos ou dominantes. Por exemplo, a extremidade sul do peristilo de entrada se engancha diretamente em outro peristilo, que tem três conjuntos de recintos distintos em seus três lados. A galeria (*loggia*) voltada para o hipódromo é uma dessas unidades; a entrada para o palácio, no lado oposto, é outra; e o complexo de cômodos ao sul, mais um desses três conjuntos.

6.45 O Coliseu, Roma

6.46 Possível método empregado no traçado do Coliseu

## O Coliseu

De modo muito similar ao Templo de Fortuna Primigênia, o Coliseu, ou Anfiteatro Flaviano (72–80 a.C.), deve sua resistência estrutural às abóbadas de concreto. Temos de agradecer aos antigos pelo audacioso uso desse material, pois, mesmo com terremotos, incêndios e, inclusive a retirada de seus materiais de construção para o emprego em outras obras de Roma, o edifício ainda hoje transmite a grandeza de outrora. Ele inclusive ainda pode ser usado para certos eventos ao ar livre.

Embora os teatros fossem um elemento comum nas cidades gregas e romanas, esse foi o primeiro a ser projetado como um objeto autônomo. Um projeto anterior, datado de 80 a.C. em Pompeia, e outro, de 56 a.C. em Lepcis Magna, na África do Norte, possuíam plantas semelhantes, mas ambos foram parcialmente escavados na rocha. O Coliseu foi implantado em um vale raso entre três colinas, o que o torna visível de todas as direções e, desde o início, conferiu-lhe o *status* de um marco urbano.

Sua planta é elíptica. Ele comportava 50 mil espectadores, com camarotes para o imperador e os dignitários no centro dos lados mais compridos. Os combates de gladiadores e a exibição de animais selvagens não cessaram com a cristianização de Roma: os romanos permaneciam romanos. Embora as lutas entre gladiadores tivessem sido abolidas em 404 d.C., os jogos só terminaram em meados do século VI. E o Coliseu continuou a ser um local de punição pública até a maior parte do século VIII. O enorme volume de pedras que ruíram com os terremotos de 1231 e 1349 forneceram a Roma material de construção durante mais de quatro séculos.

Se a galeria subterrânea mostra, mais uma vez, a competência dos engenheiros no projeto e planejamento de um prédio dessa escala, sua fachada demonstra a confiança dos arquitetos no emprego das ordens em relação aos espaços sólidos e vazios do edifício. Embora a ornamentação seja mínima, o sistema de colunas adossadas e aberturas em arco permite uma leitura equilibrada da estrutura e do volume. Essa muralha de 53 metros de altura foi dividida em camadas dórica, jônica e coríntia. O quarto nível não tinha aberturas, mas suportes aplicados nas cornijas permitiam que grandes mastros fossem fixados contra o edifício para sustentar toldos (o *velarium*).

Os capitéis foram desadornados o máximo possível. Embora isso possa ter ocorrido por motivos de economia, também impediu que as colunas se tornassem meros ornamentos. Em vez disso, elas parecem impregnadas da mesma intencionalidade que as abóbadas, apesar de pertencerem a um sistema estrutural distinto. Além do mais, os arcos têm um perfil arquitetônico criado pela maneira como uma moldura separa cada um deles da pilastra que o sustenta a partir das impostas e confere leveza visual às pesadas aduelas. Em suma: as colunas parecem mais estruturais do que realmente o são, e o contrário se pode dizer dos arcos. Uma mão menos talentosa poderia facilmente ter afetado esse equilíbrio.

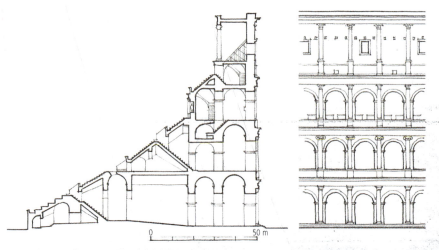

6.47 **Corte parcial e elevação do Coliseu**

174

# EUROPA

## Os foros imperiais

No início do segundo século da Era Cristã, sob a égide de Trajano (que reinou entre 98 e 117 d.C.), e, depois, de Adriano (que reinou entre 117 e 138 d.C.), Roma chegou a seu apogeu. Trajano derrotou os dácios na Romênia (101–106 d.C.) e tirou-lhes suas abundantes minas de ouro. Outras campanhas militares foram direcionadas à Armênia e à Mesopotâmia. A riqueza que fluiu para a capital reabasteceu o tesouro público e garantiu a implementação vigorosa de programas de arquitetura. E os soberanos de Roma mantiveram um ritmo empreendedor constante. Trajano reconstruiu Óstia, o porto de Roma. Estabeleceu um novo banho público e reparou ou ampliou as vias existentes. Acima de tudo, mandou construir um novo foro. Atribuído ao arquiteto Apolodoro de Damasco, era um complexo maior do que qualquer um dos foros já construídos. Com 300 metros de comprimento, cobria mais do que três vezes a área do Foro de Augusto. Para preparar o terreno, os engenheiros precisaram remover parte de uma colina que ligava o Monte Quirinal ao Capitólio. O acesso ao Foro de Trajano dava-se por um portão colocado em uma parede levemente protuberante. Na extremidade mais distante estava a Basílica Ulpia (107–113 d.C.), de orientação lateral, com absides nas duas pontas, copiando aquelas construídas na colunata do foro, que, por sua vez, imitavam as do Foro de Augusto.

6.48 Planta da Roma Imperial

Exceto pelo seu tamanho, a Basílica Ulpia foi planejada do modo tradicional. Duas fileiras de colunas de granito cinza configuravam as naves, enquanto a luz, como de costume, penetrava através do clerestório do espaço central. Os telhados das naves laterais eram cobertos por abóbadas de concreto que se erguiam diretamente das arquitraves, enquanto o telhado sobre a nave central provavelmente possuía vigas de madeira. Esculturas e painéis em relevo mostravam as campanhas e os triunfos do imperador. No eixo principal, logo atrás da basílica, encontra-se a Coluna de Trajano, com relevos esculpidos em espiral que se leem de baixo para cima e mostram os vários eventos importantes de sua campanha na Dácia. No topo da coluna havia uma estátua de bronze do próprio Trajano. A coluna continha uma escada interna. A coluna isolada, um elemento por si só já incomum, também era pouco usual na arquitetura romana, uma vez que interrompia o eixo que conduzia ao templo. Contudo, também ressalta o papel central do foro como um memorial de guerra. A coluna é ladeada por bibliotecas, uma para os pergaminhos gregos, a outra para os latinos. Todo o complexo termina no templo dedicado ao próprio Trajano, que era enorme, com colunas de dois metros de diâmetro. A originalidade do projeto do foro talvez se deva ao fato de ele imitar a área administrativa central de um acampamento militar: a Coluna de Trajano e as bibliotecas laterais assemelham-se ao local onde se colocavam o estandarte do general e os arquivos militares, que foram instalados atrás da basílica. Trajano nascera na Espanha e fora educado como soldado, por isso a iconografia militar teria sido adequadamente traduzida em um monumento cívico.

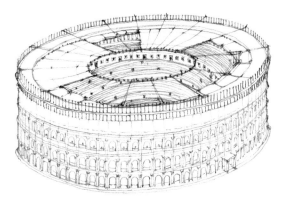

6.49 Vista aérea do Coliseu

175

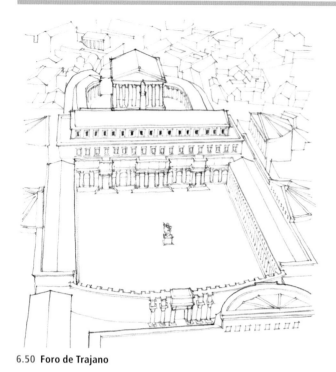

6.50 Foro de Trajano

Os foros imperiais constituem, em seu conjunto, uma impressionante composição urbana. Não há qualquer rua ou conexão espacial ou axial entre os espaços. O eixo entre o Templo de Trajano e o Templo da Paz (embora não seja perfeito) é puramente planimétrico. Os elementos são apenas conectados uns aos outros de modo a criar uma sequência de espaços abertos, colunatas e espaços fechados. Ao contemplá-los, as palavras que nos vêm à mente são montagem ou acumulação (*assemblage*). O Foro de Nerva, às vezes chamado de Transitorium ("lugar de cruzamento"), era a principal ligação entre a colina e os foros mais antigos. Uma estrada conduzia a uma praça semicircular do lado leste, o único lugar onde o mundo exterior ingressa no espaço dos foros. Mesmo esse receptáculo forçava o trânsito de pedestres a desviar-se para a esquerda, contornando a lateral do Templo de Minerva. Assim, ao se mover diagonalmente pelo espaço, o tráfego de pessoas desembocava na outra extremidade, à direita, na rua que se desenvolvia ao longo da cúria. Não se tentou transformar esse foro em uma rua.

| | |
|---|---|
| 48 a.C. | Foro de César |
| 2 a.C. | Foro de Augusto |
| 1 d.C. | Foro de Nerva, dedicado a Minerva |
| 71–75 d.C. | Foro de Vespasiano, ou Templum Pace ("Templo da Paz"), erguido após a sangrenta tomada de Jerusalém e o fim da Guerra dos Judeus |
| 112 d.C. | Foro de Trajano |

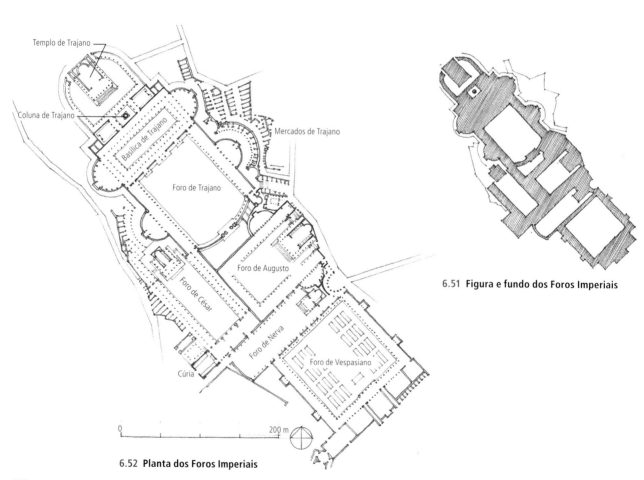

6.51 Figura e fundo dos Foros Imperiais

6.52 Planta dos Foros Imperiais

# ÁSIA OCIDENTAL

## OS TÚMULOS ESCAVADOS NA ROCHA

A ideia de escavar túmulos na rocha é antiquíssima. Os santuários hititas desse tipo, por exemplo, datam de 1250 a.C. Até mesmo na Itália podemos encontrar túmulos escavados na rocha pelos etruscos. O costume foi levado para o Oriente por Dario I, cujo túmulo (486 a.C) foi escavado nos penhascos próximos de Persépolis. Os túmulos escavados na rocha da Lícia, no litoral sul da atual Turquia, datam do século IV a.C. Na elevação de muitos deles veem-se fachadas de templos em miniatura. Embora a arquitetura escavada na rocha imitasse os prédios tradicionais, as técnicas de construção eram muito diferentes. Os pedreiros tinham de começar a escavação de cima para baixo, de modo que as pedras descartadas não caíssem sobre a cabeça de seus companheiros nem provocassem danos aos novos elementos construtivos. Trabalhar de cima para baixo exigia pensamento e planejamento diferentes, afinal era impossível voltar para qualquer retoque – uma camada horizontal tinha de ser completamente terminada antes que os operários passassem ao segmento abaixo. Isso também se aplicava aos espaços internos, que tinham de ser talhados das abóbadas em direção ao piso. A técnica não foi empregada somente em tumbas, mas também em templos budistas e hindus e, mais tarde, até em igrejas. Uma grande necrópole de túmulos escavados na rocha existe em Chipre, perto da cidade de Pafos. Vários desses túmulos foram projetados com a forma de um *impluvium*.

6.54 Túmulos da Lícia, Daliã, Turquia

6.53 Planta e elevação de câmara mortuária na Lícia (Turquia)

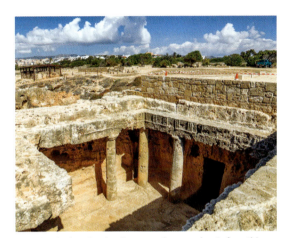

6.55 *Impluvium* de túmulo escavado na rocha, Pafos, Chipre

### Arquitetura escavada na rocha viva
Alguns dos principais sítios, em ordem cronológica:

| | | |
|---|---|---|
| 1450 a.C. | Túmulos | Tebas, Egito |
| 700 a.C. | Túmulos | Chipre e Lícia, Turquia |
| 500 a.C. | Túmulos | Etrúria, Itália |
| 486 a.C. | Túmulo de Dário | Persépolis, Irã |
| 312 a.C.–106 d.C. | Túmulos | Petra, Jordânia |
| 300 a.C.–200 d.C. | Túmulos | Chipre |
| 250 a.C. | *Caityas* budistas | Leste da Índia |
| 100 a.C. | *Caityas* budistas | *Ghats* Ocidentais, Índia |
| 100 d.C | *Caityas* budistas | Noroeste da Índia |
| 100 d.C | Casas | Tiermes, Espanha |
| 400 d.C | Grutas budistas | Dunhuang, China |
| 480 d.C | Grutas budistas | Ajanta, Índia |
| 600 d.C | Templos hindus | Elefanta, Índia |
| 650–750 d.C | Templos hindus | Sul da Índia |
| 700–900 d.C | Grutas hindus, budistas e jainistas | Ellora, Índia |
| 900 d.C | Igrejas | Capadócia, Turquia |
| 1200 d.C | Igrejas | Lalibela, Etiópia |

6.56 Rocha de Naqsh-i-Rustam, perto de Persépolis, Irã

6.57 Ásia Ocidental, 1 d.C.

6.58 Detalhe de El Khasneh al Faroun, Petra, Jordânia

## Petra

Os romanos tentaram repetidamente derrotar, ou, ao menos, controlar os partas, os grandes guerreiros a cavalo que controlavam os desertos da Ásia Ocidental. Essas batalhas duraram cerca de 300 anos, ou seja, todo o período do império. Em 113 d.C., o imperador romano Trajano chegou inclusive a conquistar a capital parta, Ctesifonte, mas não conseguiu mantê-la. Isso levou os romanos a evitar os partas, fazendo amizade com os nabateus da Jordânia, que controlavam as rotas para o sul e para a Índia. Os nabateus eram intermediários no comércio de artigos de luxo, como olíbano (uma espécie de incenso), mirra, ouro e camelos, dos quais eram grandes criadores. Eles se deslocavam em caravanas e continuavam mantendo um estilo de vida nômade, que não exigia a construção de moradias permanentes. Com o tempo, entretanto, os nabateus fundaram diversas cidades que conectavam Petra ao porto mediterrâneo de Gaza. Para assegurar essa conexão comercial, os romanos, após 106 d.C., em vez de invadirem o território nabateu, ofereceram aos nabateus a cidadania romana, com seus cobiçados privilégios.

O legado da arquitetura nabateia foi preservado principalmente na cidade de Petra, cujo nome significa "pedra", em grego. Nesse lugar, templos, teatros e centenas de túmulos – todos escavados na rocha viva das íngremes montanhas ao redor do Vale de Petra – ainda testemunham uma cultura praticamente esquecida. A cidade se localiza na região da Jordânia chamada Edom, nome que significa "vermelho" e é derivado da cor das Montanhas de Shara, as quais circundam o Vale de Petra, acessível apenas por um desfiladeiro de 1,6 quilômetro de comprimento. O local possuía sistemas avançados de controle e armazenamento de água, inclusive cisternas escavadas na rocha e tubos de cerâmica que traziam água de reservatórios distantes que a coletavam quando havia enchentes-relâmpago. Essas inovações permitiram que a cidade prosperasse. Os romanos da Nabateia inclusive construíram um resort com colunatas, o qual possuía teatro e piscina.

6.59 Um canal de água em Petra

# ÁSIA OCIDENTAL

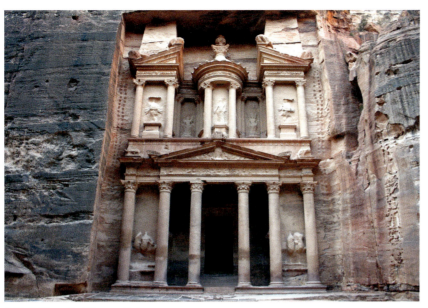

6.60 El Khasneh al Faroun, Petra

As extravagantes tumbas que os nabateus construíram para si próprios são obras-primas do luxo arquitetônico e evidenciam a importância desse povo para o comércio global. A arquitetura de Roma, em função de sua localização, tendia a ser relativamente conservadora, enquanto, nas antigas áreas helenísticas, sempre havia um espírito de experimentação. Nesses locais a arquitetura romana se tornava menos típica, o que certamente se pode dizer de Petra. No entanto, esses prédios escavados na rocha não eram templos, e sim túmulos. Os mais abundantes datam das primeiras décadas do século I d.C. Suas fachadas revelam diversas influências culturais. Algumas eram emoldurados por pilastras e coroadas por ornamentos em degraus em forma de "pés de corvo", motivo de origem assíria e babilônica. Outras fachadas são mais maciças, quase sem adornos, com entradas pequenas e bem delineadas que lembram os pilones egípcios. Petra era uma combinação de local de encontro de caravanas e sítio memorial, algo ímpar em termos de arquitetura.

A fachada cor-de-rosa profunda de El-Deir (O Mosteiro, em árabe) é uma obra de arquitetura da mais alta qualidade. Suas oito colunas sustentam um pavimento superior incrível, com um *tholos* central ladeado pelo que parece ser um frontão partido, e o conjunto, então, é "emoldurado" por paredes que se projetam.

El Khasneh al Faroun (o Tesouro do Faraó, em árabe) foi provavelmente construída pelo Rei Aretas III (87–65 a.C.), mas a maioria dos estudiosos o datam no século I d.C. Com impressionantes 30 metros de altura, o prédio lembra os volumes espaciais e os intercolúnios dos templos helenísticos. Doze colunas, seis embaixo e seis em cima, são coroadas por capitéis coríntios, molduras e frisos extremamente ornamentados. As colunas do segundo nível são mais curtas do que as do primeiro, mas parecem bem proporcionais quando vistas por um observador no nível do solo. Os espaços entre as colunas adossadas contêm relevos que representam divindades e animais dos nabateus. Os grifos que ornam o friso são derivados da tradição mesopotâmica. O ponto culminante da fachada é um *tholos* redondo, quase destacado da rocha ao fundo e ladeado por frontões quebrados. Quando passamos a entrada, vemos que os espaços foram deixados desadornados, pois eram principalmente túmulos. Em 363 d.C., um terremoto destruiu muitos dos prédios da área e incapacitou o sistema hidráulico tão essencial, forçando o abandono do assentamento.

6.61 Planta e fachada de El Khasneh al Faroun, Petra

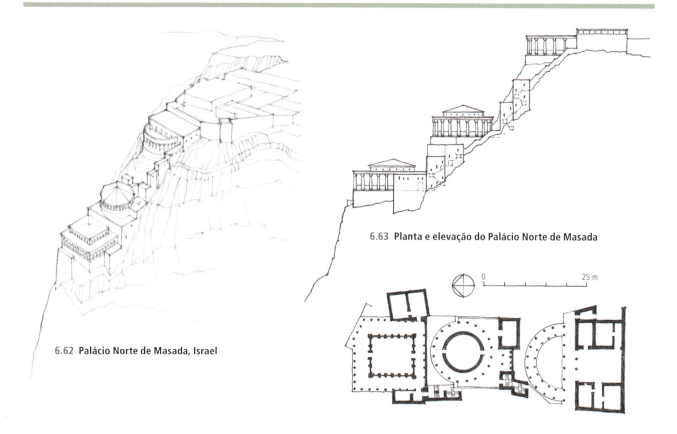

6.62 Palácio Norte de Masada, Israel

6.63 Planta e elevação do Palácio Norte de Masada

## O PALÁCIO NORTE DE MASADA

Outro notável exemplo da arquitetura romana é o Palácio de Herodes (30–20 a.C.) em Masada, uma cidade-fortaleza construída no topo de uma montanha que domina a costa do Mar Morto, no Deserto da Judeia, 20 quilômetros a sudeste de Jerusalém. Esse palácio sintetiza os princípios de projetos romanos e helenísticos. A principal zona residencial se localiza no cume da acrópole, enquanto o resto do prédio desce pela escarpada encosta norte, em um belo exemplo de virtuosismo entre a arquitetura e a natureza. No terraço superior, os cômodos se agrupavam em torno de um grande salão que se abria para um pavilhão com galeria semicircular, oferecendo uma bela vista da encosta praticamente vertical da montanha. Degraus conduziam até o terraço intermediário, dominado por uma rotunda, que talvez fosse uma sala de jantar. Atrás dela, escavados na face da rocha, havia uma biblioteca e um cômodo fechado, possivelmente uma tesouraria. Abaixo havia outro terraço, com um salão hipostilo, e um conjunto de banhos. Herodes construiu diversas outras edificações espetaculares. O chamado Herodion, ao sul de Jerusalém, construído por volta de 24 a.C. com a dupla função de palácio e fortaleza, situa-se no topo de uma colina semiartificial com 80 metros de altura. Duas muralhas concêntricas configuravam o palácio.

6.64 Vista geral de Masada, Israel

# SUL DA ÁSIA

## TAXILA, A COSMÓPOLE DE GANDARA

Entre 150 a.C. e 100 d.C., a região de Gandara do Alto Vale do Rio Indo (que corresponde ao atual Paquistão) foi governada pelos shakas, originários de Sogdiana, e os partas, que a tomaram dos governadores de Alexandre. Tanto os shakas quanto os partas adotaram o budismo, educaram seus operários no helenismo e acrescentaram à mistura um pouco de sua própria cultura, persa e da Ásia Central, criando uma arquitetura que era uma síntese internacional de diversas tendências. Situada junto a um tributário importante do Rio Indo, Taxila (também chamada Sirkap), a capital de Gandara, posicionava-se na junção de três rotas comerciais: uma rumo ao leste, no coração da Índia; a segunda, a oeste, rumo à Báctria e à Pérsia; e uma terceira indo para a Ásia Central, na Rota da Seda. Taxila foi reconstruída várias vezes, até que no século I d.C. um terremoto exigiu sua reconstrução completa.

O traçado urbano de Taxila é rigorosamente ortogonal, com uma rua de 700 metros corre ao longo de seu eixo central. A cidade era delimitada por uma muralha alta. Um tecido residencial denso, formado por casas de vários tamanhos com pátios internos, foi desenvolvido a partir da rua principal. Várias religiões parecem ter se fundido em Taxila. A cidade era famosa no mundo antigo como centro de estudos, e santuários budistas continuaram sendo construídos ali por mais de 800 anos. Uma das quadras foi dedicada ao edifício conhecido como Templo Absidal, semelhante a um salão *Caitya* do tipo mais comum no Sul da Ásia naquela época. Esse templo, todavia, foi construído como um objeto isolado. Situado no centro de um pátio e medindo cerca de 40 por 75 metros, o templo se erguia sobre um plinto bastante alto e era acessado por uma grande escadaria axial. Ao lado dessa escada havia duas estupas com bases quadradas, mas hoje restam apenas essas bases. A sudeste da cidade, em outro platô, encontra-se a Grande Estupa de Dharmarajika. O monte sobre o qual ela foi construída é circundado por um grande número de celas monásticas.

Ao norte da cidade, sobre um grande afloramento rochoso, está o Templo Jandial, um templo grego completo, com peristilo, incluindo *pronaos*, *naos* e opistódomo. A base desse templo, entretanto, é mais espessa do que seria necessário do ponto de vista estrutural, o que alimentou especulações sobre a possível existência de outra superestrutura sobre as paredes principais, sugerindo-se que poderia tratar-se de um templo ao fogo do zoroastrismo.

6.65 Planta do Templo Jandial

6.66 Planta do Mosteiro Dharmarajika, Taxila, Paquistão

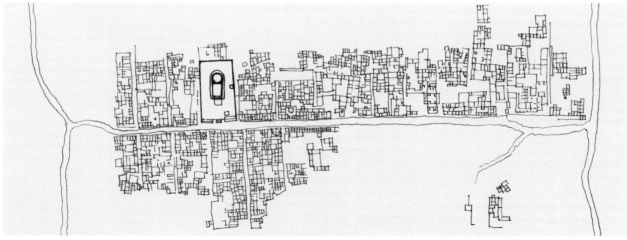

6.67 Planta de Taxila

6.68 Dinastia Qin, China

## A CHINA DA DINASTIA QIN

Após quase 200 anos de guerra civil, a China foi unificada pela Dinastia Qin (221–206 a.C.), que foi extremamente déspota, mas pouco durou. O primeiro soberano da dinastia, Ying Zheng, adotou o nome de Shi Huangdi ("Primeiro Imperador") e justificou sua implacável política de repressão afirmando que tinha recebido o mandato divino de reunificar a China. Depois de derrotar o último de seus inimigos, Shi Huangdi instalou uma burocracia e uma máquina administrativa centralizadas e capazes de controlar as várias partes do império. A língua e o sistema de escrita foram padronizados. Introduziu-se uma moeda única – uma peça de cobre com um orifício no meio, de modo que pudesse ser pendurada em um barbante. Shi Huangdi também interligou as fortificações de defesa existentes no Norte da China para formar a primeira Grande Muralha e manter afastados os "bárbaros" do norte. Apesar dessas conquistas, Shi Huangdi não foi popular em sua época. Aumentou os impostos, tirou poder da nobreza, foi implacavelmente intolerante com os que lhe faziam oposição e combateu os escritos de filósofos alternativos. Embora a curta dinastia de Shi Huangdi tenha sido controversa, Qin (pronuncia-se chin) é a origem do nome ocidental da China ("terra de Qin"). Os chineses chamavam seu país de Reino do Meio, ou Império do Centro.

O ideal de uma China unificada, que persistiria durante toda a história chinesa, pode ser contrastado com as histórias do sul asiático e da Europa, onde, mesmo com imperadores que periodicamente conseguiam conquistar grandes territórios, a ideia de um só império unificado foi sempre fortemente combatida. Foi apenas em função do colonialismo europeu dos séculos XVIII e XIX que a Índia, por exemplo, tornou-se uma única nação.

Xianyang, a capital dos Qin, 28 quilômetros a oeste da atual Xi'an, foi construída de maneira muito incomum, com a pretensão de ser um microcosmo do império chinês. Cada vez que Qin conquistava um estado com o qual estava em guerra, o palácio do inimigo era destruído e uma réplica era construída na margem norte do Rio Wei, voltada para o novo palácio situado ao sul. Essas réplicas de palácio eram então conectadas por passagens para pedestres cobertas e ocupadas por cantoras dos estados vencidos, com seus instrumentos musicais. O imperador também transferiu para Xianyang mais de 100 mil pessoas dos estados conquistados. Essa política visava a reduzir a possibilidade de uma rebelião, ao colocar os sujeitos considerados perigosos sob a vigilância do imperador.

Embora os palácios da dinastia Qin tenham sido destruídos nas guerras dinásticas, eles são extensamente descritos na literatura, e, no final da década de 1970, escavações revelaram que essas descrições são bastante precisas. Um dos mais imponentes era o palácio do próprio Qin Shi Huangdi. Aparentemente, tratava-se de um prédio com dois pavimentos, sendo que o pé-direito do primeiro era nada menos do que 6 metros. O pavimento superior tinha forma de L e estendia-se 60 metros de leste a oeste e 45 metros de norte a sul. No centro encontra-se o salão principal, com um grande pilar exatamente no meio. Supõe-se que um salão menor, a sudeste, fosse os aposentos do imperador. O formato em L sugere que haveria outro complexo semelhante simetricamente implantado a leste. Conforme uma descrição:

> [Ele] mandou construir palácios no Jardim Shanglin, ao sul do Rio Wei. O palácio frontal, Epang, foi construído primeiro [...]. Os terraços na parte de cima tinham capacidade para 10 mil pessoas, e abaixo havia espaço para estandartes com 20 metros de altura. Um passeio em volta do palácio conduzia à Colina do Sul, em cujo topo construiu-se um portal. Um segundo percurso atravessava o Rio Wei [em direção à capital]...*

Quando Shi Huangdi faleceu, seu ambicioso programa de construções em Xianyang não estava completo. A Dinastia Han, então, pôs-se a destruí-lo.

*Sima Qian. Selections from Records of the Historian. Yang Hsien-yi e Gladys Yang. Foreign Languages Press, Pequim, 1979, p. 179.

# LESTE DA ÁSIA

6.69 Guerreiros de terracota no túmulo do Primeiro Imperador, perto de Xi'an, China

A cripta nº 2 contém uma formação de carros de guerra e cavalaria com tropas de apoio, todos voltados para o leste. Nela há 1.430 guerreiros e cavalos, divididos em quatro grupos. A cripta nº 3 parece ser o quartel do exército de terracota, com um comandante e 68 oficiais. Esse enorme exército enterrado foi feito para acompanhar o imperador na morte e protegê-lo. Outras criptas contêm acrobatas, músicistas e artesãos.

O monte de 76 metros de altura ainda não foi escavado, mas estudos recentes demonstraram que se trata de um edifício de extraordinárias dimensões e projeto, completamente coberto por toneladas de terra. O prédio consiste em duas estruturas em forma de suporte, provavelmente de terra apiloada, que se elevam sobre um grande salão central: a câmara mortuária. O Shiji contém uma descrição desse monumento tumular. Por muito tempo pensava-se tratar de um exagero, mas agora parece bastante plausível:

As escavações e construções de Qin haviam sido iniciadas no Monte Li, onde, depois que ele conquistou o império, trabalharam mais de 700 mil operários recrutados de todas as partes do país. Em suas escavações, atravessaram três cursos d'água subterrâneos, fundiram cobre para o caixão externo e encheram o túmulo de maquetes de palácios, pavilhões e escritórios, além de finos recipientes, pedras preciosas e raridades. Ordenou-se aos artesãos que posicionassem as bestas de tal modo que qualquer ladrão que violasse o túmulo fosse morto. Foram feitas representações com mercúrio de todos os córregos do país e do Rio Amarelo e do Yangtze (Rio Azul), que, por meio de um sistema mecânico, desaguavam em um oceano em miniatura. As constelações celestes ficavam acima; abaixo, as regiões terrestres. As lamparinas foram feitas com óleo de baleia, para assegurar que ardessem pelo máximo tempo possível.*

*Sima Qian. *Selections from Records of the Historian*. Yang Hsien-yi e Gladys Yang. Foreign Languages Press, Pequim, 1979, p. 186.

### O Túmulo do Primeiro Imperador

O Túmulo do Primeiro Imperador localiza-se em Lishan, logo ao sul de Xi'an. Localizado em uma planície com uma muralha de montanhas emoldurando sua vista para o sul, provavelmente trata-se do maior e mais caro túmulo da história, mesmo quando comparado às pirâmides do Egito. O muro de seu perímetro externo, com seis metros de espessura e feito de terra apiloada, delimita uma área de aproximadamente dois quilômetros quadrados. A entrada principal fica a leste. Dentro do perímetro havia um segundo recinto murado, com mais quatro portões, um em cada lado.

Do lado de fora da entrada a leste, os arqueólogos descobriram mais de oito mil figuras de terracota em escala real, agrupadas em ordem de batalha, fila por fila, algumas montadas em carros de guerra puxados por cavalos, outras em grupos de infantaria armados com lanças, espadas e bestas (embora os cabos das lanças, arcos e outros objetos feitos de madeira tenham se decomposto). A cripta nº 1 é a maior, medindo 60 por 210 metros. Em 11 valas paralelas há mais de três mil soldados feitos de terracota, dispostos como um regimento de infantaria, voltados para a direção oposta ao túmulo do imperador. Na galeria leste há guerreiros armados com arcos e bestas, em uma formação em três fileiras, num total de 200 franco-atiradores. A maioria foi armada com bestas de verdade, que alcançavam 200 metros. No passado, os arqueólogos acreditavam que cada imagem tinha feições próprias – e que seriam retratos da guarda de honra do imperador –, mas hoje supõe-se que existam cerca de 100 tipos de rostos diferentes.

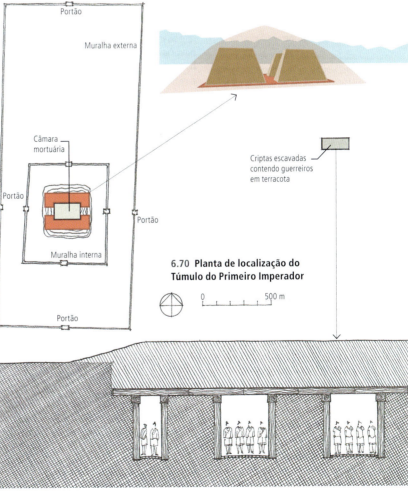

6.70 Planta de localização do Túmulo do Primeiro Imperador

6.71 Corte através das criptas do Túmulo do Primeiro Imperador

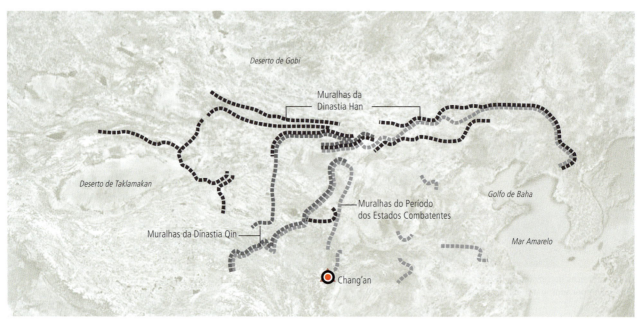

6.72 Construção da Grande Muralha durante o Período dos Estados Combatentes, a Dinastia Qin e a Dinastia Han

### A Grande Muralha da China

O império criado por Shi Huangdi teve poucos inimigos significativos ao sul, e a oeste o enorme Deserto de Taklamakan servia de barreira para todos, com exceção dos comerciantes mais intrépidos. Ainda assim, ao norte, as tribos mongóis nômades representavam tal ameaça que, para as dinastias Qin e Han, encarnavam a quinta essência dos "bárbaros". A destreza dos mongóis como cavaleiros proporcionava-lhes tamanha vantagem militar que, sob a liderança de Chengiz (Ghengis) Khan, ela não apenas lhes entregaria a China, como também os levaria às próprias portas da Europa. A resposta chinesa à ameaça mongol foi optar por uma solução radical, que só poderia ser executada por um império extremamente organizado: a construção de uma gigantesca muralha defensiva, *a wanli qangqeng* (uma muralha de 10 mil *li* de comprimento), popularmente conhecida como a Grande Muralha. Pequenos trechos dela já haviam sido construídos ao longo da fronteira norte durante o Período dos Reinos Combatentes, no Reinado Zou. Shi Huangdi concebeu a ideia de conectar e ampliar esses segmentos, uma tarefa que seria continuada pelos imperadores Han. A fortificação resultante não é uma única estrutura contínua, mas uma rede de muralhas e torres.

Para manter sua integridade, a Grande Muralha era constantemente patrulhada. Sistemas de sinalização foram criados para transmitir mensagens de uma torre de vigia a outra. Todavia, o empreendimento fracassou. Apesar de ter sido repetidamente ampliada e reforçada, a Grande Muralha foi facilmente rompida por civilizações nômades do norte, muitas das quais conseguiram fundar dinastias na China, como os Jin, os Liao, os Yuan e os Qing. Essas dinastias chamadas de "bárbaras" tiveram, obviamente, pouco interesse em reforçar a muralha.

Estendendo-se da atual Coreia do Norte até o Portão de Jade na Província de Gansu, a Grande Muralha possuía diversos componentes arquitetônicos:

- Cidades de fronteira: de vários formatos e tamanhos, eram cidades pequenas e defensíveis. Contavam com fossos, muralhas, ruas, moradias e torres de vigia.
- Fortificações: pequenos fortes com área de 50 a 150 metros quadrados, protegidos por fossos e muralhas altas, que serviam de postos militares.
- Pontos de controle: torres de vigia de dois a três níveis, construídas em todos os lugares em que a muralha tinha intersecções ou permitia a circulação.
- Torres de farol: torres de vigia sobre plataformas espaçadas a cada 130 metros, em lugares de onde observadores podiam identificar inimigos que se aproximassem e alertar as torres adjacentes por meio de sinalização com fumaça.

A maioria das secções da muralha construída pelas dinastias Qin e Han foi feita com terra apiloada e pavimentada com pedra. Contudo, algumas partes eram de tamargueira chinesa e junco, trançados em forma de tabuleiro de xadrez e depois preenchidos com areia e pedra. Embora boa parte da antiga muralha de Shi Huangdi tenha desaparecido, a maior parte do que foi construído na Dinastia Ming (1368–1644), seguindo um percurso diferente das fortificações de Shi Huangdi, ainda existe.

6.73 **Vista da Grande Muralha da China**

# SUL DA ÁSIA

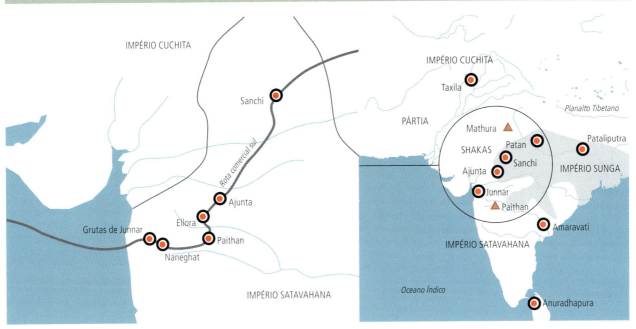

6.74 A Índia depois dos máurias

## A EVOLUÇÃO DO BUDISMO MAHAYANA

No final do século II a.C., o Império Máuria de Ashoka começou a se desintegrar, o que resultou na formação de uma série de pequenos reinos: os sungas, a oeste, os satavahanas, ao sul, e os shakas, ao norte. Essa transformação correspondeu a uma mudança igualmente significativa no budismo, com importantes implicações para o campo da arquitetura. Conforme a concepção original, a ordem monástica budista era estritamente mendicante. Seus membros viviam sem dinheiro e sobreviviam com esmolas. Não podiam construir santuários, adquirir propriedades ou divinizar o Buda. Essa forma de budismo foi posteriormente denominada Hinayana (ou "Pequeno Veículo"). Com o passar do tempo, à medida que a religião passou a contar com patrocínio real e seus praticantes diversificaram-se, surgiu um tipo mais monástico e popular de budismo, conhecido como Mahayana (ou "Grande Veículo"), que exigia a fundação de instituições onde os monges budistas pudessem viver e estudar.

Essa transformação do budismo de ordem mendicante em monástica pode ser acompanhada por intermédio dos quatro grandes concílios budistas, convocados para reconciliar diferenças de interpretação. O Rei Ajatsatru convocou o primeiro concílio budista no século V a.C., logo após a morte do Buda, para registrar os ditos legados por ele (os sutras) e codificar as regras de mendicância. Os contínuos conflitos entre as escolas do budismo Hinayana e Mahayana forçaram a convocação do segundo concílio budista, realizado em 383 a.C.; de um terceiro, em 250 a.C.; e de um quarto em cerca de 100 d.C., quando 300 mil versos e mais de nove milhões de declarações foram compilados em sânscrito. Esses textos serviram de base para a corrente budista Mahayana, que logo floresceu e foi difundida pela Ásia Central, China, Coreia e Japão.

Parcelas significativas do credo mahayana foram codificadas por Nagarjuna, filósofo indiano do século II e o pensador budista mais influente depois do próprio Buda. Nagarjuna promoveu o que se conhece como Caminho do Meio, um meio-termo entre as seitas ascéticas e as mundanas do budismo. Ele afirmava que Ashoka, como um virtuoso rei budista, era um *cakravartin*, e, portanto, devia ser considerado como tendo acesso direto ao nirvana ou à iluminação. A definição de realeza oferecida por Nagarjuna serviu de modelo para gerações de soberanos em toda a Ásia, incluindo o imperador Quianlong, da Dinastia Qin, no século XVIII, e o dalai-lama atual.

### O complexo de Sanchi

O santuário budista conhecido como Sanchi foi fundado por Ashoka e floresceu durante 13 séculos. O complexo localiza-se perto da antiga cidade de Vidisa, ao longo da rota comercial sul (ou *dakshinapatha*), no centro de uma série de férteis vales fluviais. Ele está implantado em uma colina que se eleva abruptamente sobre o vale, tornando suas estupas claramente visíveis à distância. As colinas circundantes também são coroadas por estupas, o que torna a área um território sagrado. Em sua origem, as estupas eram rebocadas e pintadas, e, em dias de festivais, eram alegremente decoradas com flores e outras oferendas rituais. Grandes grupos de monges visitantes e de membros laicos participavam das procissões que se dirigiam a Sanchi.

As estupas surgiram como montes relicários artificiais, ou *caityas*, o que denota qualquer lugar sagrado (como lugares em que se acendiam piras fúnebres ou em que se faziam consagrações); e, em geral eram delimitadas por uma cerca de madeira. Ashoka mandou dividir em oito partes os restos mortais do Buda e distribuiu-os pelo império como relíquias, marcando os locais com montes cerimoniais – *estupa* significa "empilhado".

6.75  A Estupa II de Sanchi, perto de Bhopal, Índia

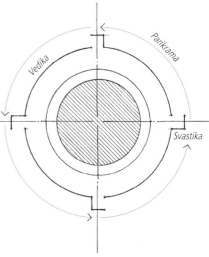

6.76  Planta esquemática da Estupa II de Sanchi

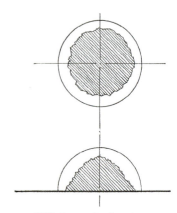

6.77  O conceito da estupa

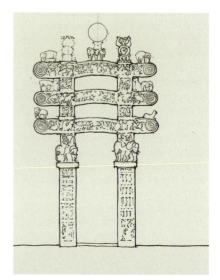

6.78  *Torana* leste da Grande Estupa de Sanchi

Construídas aos milhares, as estupas se tornaram o símbolo dominante do budismo. Conceitualmente, uma estupa é um diagrama cosmológico que conecta o corpo do Buda ao universo. Os elementos fundamentais de uma estupa estão presentes na mais antiga das estupas de Sanchi, a chamada Estupa II (*circa* 100 a.C.). Sua massa central consiste em um monte hemisférico de terra revestido de tijolo cozido, com um pequeno talude (ou *medhi*) circundando sua base. Essa estrutura redonda é depois fechada por uma balaustrada de pedra (ou *vedika*) que simula uma construção de madeira. As superfícies interna e externa do *vedika* apresentam baixos-relevos e medalhões esculpidos retratando cenas e eventos importantes para os budistas. O *vedika* tem também, em seus quatro lados, aberturas alinhadas com os pontos cardeais. Essas aberturas, todavia, não são acessadas axialmente, mas em ângulo reto, por meio de aberturas em sentido anti-horário. O eixo transversal dos pontos cardeais e as aberturas direcionais formam, juntos, um diagrama cosmológico espaço-temporal, ou mandala, sob a forma de uma *svastika* (ou suástica). As direções representam o espaço, e as entradas, que replicam o movimento das estrelas, simbolizam o tempo. Outro objetivo do *vedika* é oferecer uma definição espacial para a circum-ambulação ritual no sentido anti-horário, ou *parikrama*. Ao realizar o *parikrama*, um monge ou peregrino budista envolve-se em uma representação tátil da ordem fundamental do espaço e do tempo e, nesse processo, coloca seu corpo em harmonia com aquela ordem maior. No budismo, como no hinduísmo, o *parikrama*, a mandala e a suástica (que não tem nenhuma relação com a apropriação nazista do símbolo) ainda hoje são fundamentais à expressão arquitetônica.

A Estupa I, conhecida como Mahastupa, ou Grande Estupa, é, em essência uma ampliação em planta da Estupa II e tem 36 metros de diâmetro. Um pilar de Ashoka define sua entrada sul.

No topo da estupa encontra-se outro *vedika* – denominado *harmika* – que é inacessível e serve apenas a objetivos simbólicos. No centro da *harmika* há um florão, um arremate com três discos de pedra, chamados *chattris*, de tamanho decrescente e equilibrados sobre uma base em forma de coluna. A *harmika* e o *chattris* marcam conjuntamente o eixo vertical da estupa, ecoando o pilar de Ashoka e completando as associações cósmicas do monumento. Outra inovação do Mahastupa são os portais de pedra monumentais, chamados *toranas*. Imitando uma construção de madeira, eles consistem em dois pilares verticais que sustentam três barras horizontais ligeiramente vergadas no centro e que se projetam muito além das colunas. As vigas terminam em volutas que remetem aos pergaminhos sagrados, objetos valiosíssimos dos *sanghas* budistas. Assim como nos *vedika*s, a superfície do *torana* é muito decorada com temas e eventos budistas e completa a estupa que consideramos clássica.

# SUL DA ÁSIA

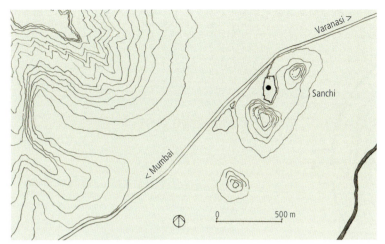

6.79 Planta de situação de Sanchi

6.80 A escada que sobe pela Grande Estupa de Sanchi

Sanchi usufruiu um extenso mecenato e se transformou num grande complexo monástico de estudo e culto budista, incluindo edificações de apoio onde viviam os monges. Com o tempo, vários estupas menores foram acrescentadas ao complexo. Quanto mais importante a pessoa de quem continha relíquias, mais próxima sua estupa ficava da Mahastupa. (A maior parte dessas relíquias foi retirada durante uma escavação em meados do século XIX.) Os hindus também reconheciam a importância desse sítio. Ali encontra-se um dos mais antigos templos de pedra hindus, que data do século IV, próximo à entrada sul da Mahastupa (Grande Estupa). Um relevo no *torana* norte da Mahastupa representa uma grande procissão cerimonial a caminho dele, conduzida por elefantes, e completa, com todos os instrumentos musicais e as oferendas. Assim, não devemos imaginar Sanchi como um mosteiro longínquo, habitado por monges budistas mendicantes totalmente desvinculados da vida comum, mas como um movimentado centro de atividade religiosa, onde os monges e seus patronos desfrutavam muito contato e comunicação.

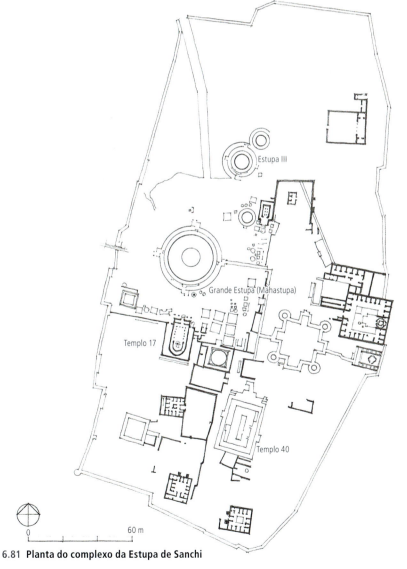

6.81 Planta do complexo da Estupa de Sanchi

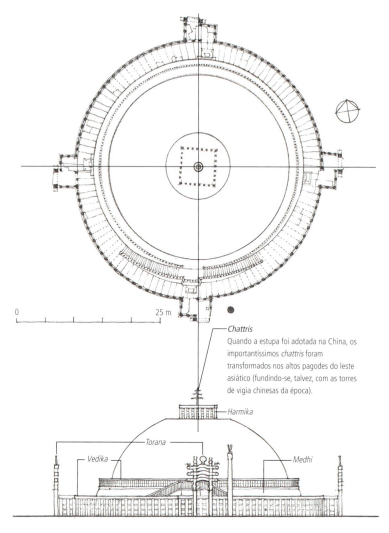

**6.82** Planta e elevação da Mahastupa (Grande Estupa) de Sanchi

*Chattris*
Quando a estupa foi adotada na China, os importantíssimos *chattris* foram transformados nos altos pagodes do leste asiático (fundindo-se, talvez, com as torres de vigia chinesas da época).

*Harmika*
*Torana*
*Vedika*
*Medhi*

### O *Vihara* de Abhayagiri

Um complexo monástico projetado de acordo com princípios semelhantes aos de Sanchi foi fundado no século II a.C. na Ilha de Sri Lanka. Conhecido como Vihara de Abhayagiri, localizava-se ao norte de Anarudhapura, a capital do Sri Lanka, e no século I d.C. já havia se tornado uma importante instituição budista. Ele tinha em seu centro um imenso dagoba com 107 metros de diâmetro e colossais 120 metros de altura. Ao se redor se agrupavam uma casa com imagens, uma série de salões de reunião, salões de uso geral, um refeitório com a imensa vasilha de arroz comunitária, banheiros e dormitórios residenciais em vários andares, chamados de *vihara*s. No século IV d.C., Abhayagiri tornou-se o centro do budismo Mahayana, que se opunha às seitas Theravada do Sri Lanka, sancionadas pelo governo.

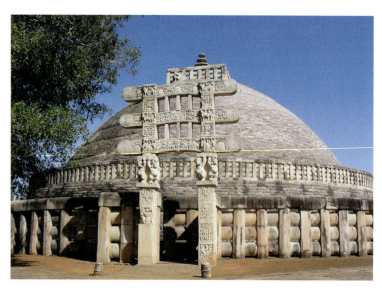

**6.83** Mahastupa (Grande Estupa) de Sanchi

# SUL DA ÁSIA

6.84 A região das Grutas de Junnar

6.85 Vista das Grutas de Junnar, perto de Naneghat, Índia

## As Grutas de Junnar

A arquitetura escavada na rocha viva tem uma longa história, remontando aos egípcios em Abu Simbel (1264 a.C.). Na Ásia Ocidental, ela era um importante método de construção. Os lícios, na Anatólia também eram mestres nessa arte, como os arquitetos de Petra. A construção direta na rocha escavada foi empregada na Índia por volta de 250 a.C., e é muito provável que tenha sido levada até lá ao longo de rotas de comércio. Porém, enquanto a Gruta de Lomas Rsi, nas Colinas Barabar (*circa* 300 a.C.), era uma cavidade, as novas grutas eram de dois outros tipos: um *caitya*, ou salão para meditação, consistindo em uma sala absidal focada em uma estupa; e um *vihara*, ou dormitório, consistindo em várias células organizadas ao redor de um pátio ortogonal e com colunas. No primeiro século da Era Cristã, a arquitetura budista escavada na rocha estava se tornando cada vez mais elaborada em termos de conceito e execução. Essas edificações eram escavadas em todo o Sul da Ásia, mas em particular nas gargantas do Desfiladeiro Oeste, uma cadeia de montanhas no oeste da Índia a uma distância aproximada de 45 a 90 quilômetros do Mar da Arábia. Contudo, o objetivo não era estar afastado, e sim próximo das rotas de comércio. Assim, foi ao longo dessas rotas que uma cultura de centros budistas surgiria. As maiores concentrações de grutas estão em Bhaja e Pitalkhora, no oeste da Índia. Como foram feitas pelos homens, essas edificações escavadas na rocha não deveriam ser chamadas de grutas, mas é assim que geralmente as pessoas se referem a elas na Índia.

*Caitya*, que em sânscrito significa "aquilo que merece ser admirado", indica um lugar ou objeto sagrado. De acordo com textos de cerca de 200 a.C., os ascéticos peregrinos da Índia frequentemente se reuniam perto de *caityas* para pedir esmolas aos peregrinos religiosos do local e homenagear as divindades que ali moravam. Posteriormente, a palavra *caitya* assumiu o significado diferente de um local de encontro, ou de peregrinação budista, provavelmente com algumas edificações temporárias de madeira, para os visitantes. A partir do século II a.C., os *caityas* passaram a ser escavados diretamente em penhascos, em um estilo que fazia alusão clara a esses protótipos de madeira. Com o passar dos anos, a palavra *caitya* passou a ser utilizada em referência aos espaços retangulares que se localizavam aos fundos das estupas.

6.86 Plantas dos salões *caitya* de Lenyadri e Guntupalli, Índia

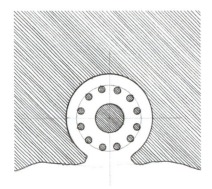

6.87 Planta dos salões *caitya* em Tulija Lena, Junnar, Índia

6.89 Entrada do santuário budista e *vihara*, Gruta 12 de Bhaja, Maharashtra

6.88 Corte transversal de um salão *caitya* em Bhaja, Maharashtra, Índia

O Tulija Lena (100–25 a.C.) – um dos cerca de 200 templos escavados na rocha em Junnar – é significativo, pois ali o salão *Caitya* tem planta perfeitamente circular. O salão *caitya* de Bhaja, Maharashtra (100–70 a.C.), no entanto, é um exemplar mais clássico, no qual a câmara da estupa, com seu percurso *parikrama* e a antecâmara, funde-se em um grande espaço ao mesmo tempo em que mantém a presença distintiva do *parikrama* mediante a criação de uma longa colunata em forma de U que se estende por todo o comprimento do salão. Seus pilares são ortogonais, mas desadornados. Como ocorre com toda a arquitetura budista escavada na pedra, o salão *caitya* de Bhaja foi escavado de modo a imitar fielmente uma construção de madeira, com nervuras, colunas inclinadas para dentro e vestígios de juntas. Nervuras de madeira colocadas na abóbada de pedra completam a imagem. Ainda assim, discute-se muito que tipo de arquitetura de madeira foi representada ali, pois não há vigas horizontais, como seria de se esperar. O significado desses espaços também não é claro. O salão é mais do que um mero abrigo sobre a estupa construída escavando-se a rocha. Ele provavelmente é um tipo de espaço memorial, com a estupa – que não foi propriamente construída, mas escavada – sendo percebida como uma entidade viva.

A entrada do salão é por meio de uma grande abertura, com o topo em forma de ferradura, que reflete o teto abobadado do salão em si. Ao redor da abertura central, vemos várias fachadas falsas em miniatura, com imagens de pequenas figuras humanas debruçadas sobre parapeitos de terraços representando, talvez, uma cidade ou um palácio.

6.90 Interior de um salão *caitya* em Bhaja

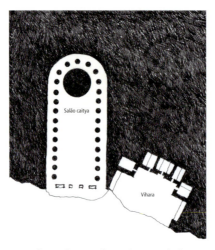

6.91 Planta de um salão *caitya* em Bhaja

# AMÉRICA CENTRAL

6.92 Urbanização das Américas, 1 d.C.

6.93 O comércio nas Américas, 1 d.C.

## OS MAIAS
### Os túmulos de poço de Teuchitlán

No início da Era Cristã, a América Central era dominada pelos zapotecas, que substituíram os olmecas, já em franca decadência. Nessa época, na Península do Iucatã, começava a enraizar-se firmemente a cultura maia, desenvolvendo os monumentais complexos de plataforma e pirâmide na Bacia do El Mirador e em Tikal. Na periferia dessas grandes civilizações, nos altos vales lacustres do México Ocidental, encontramos uma civilização relativamente secundária, mas fascinante, em Teuchitlán, em torno das encostas do extinto vulcão Tequila. Hoje seus restos consistem sobretudo em túmulos de poço, acompanhados pela correspondente arquitetura ritual externa, criada como parte integrante dos pequenos assentamentos governados por chefes tribais, os maiores contando, provavelmente, entre 20 mil e 30 mil habitantes. Embora as câmaras mortuárias fossem uma constante no oeste do México, é significativo que ali não tenham sido encontradas pirâmides ou imagens das divindades habituais. A origem dessa cultura em particular e as razões de seu desenvolvimento arquitetônico autônomo ainda não são perfeitamente compreendidas. O livro *Ancient West México* (editado por Richard Townsend) contém alguns dos estudos mais recentes.

Para os habitantes de Teuchitlán, os jazigos constituíam uma parte crucial para o estabelecimento de relações entre os vivos e seus antepassados. Eles eram usados pelos chefes hereditários e suas famílias e tornaram-se o centro simbólico da vida comunitária daquela sociedade. O tipo mais antigo de túmulo (1500–800 a.C.) consistia em um buraco redondo cercado por uma plataforma baixa, de onde uma pequena passagem com uma escada conduzia à câmara mortuária. Esses túmulos pequenos, construídos em todas as épocas, são encontrados por todo o oeste do México. Pouco sabemos sobre os túmulos do período entre 800 e 300 a.C., pois nenhum deles foi escavado cientificamente, embora se espalhem por toda a região da bacia lacustre.

No período entre 300 a.C. e 200 d.C, os túmulos de poço empregados pelos chefes hereditários e suas famílias tornaram-se o centro simbólico da sociedade. Escavadas em tufo vulcânico, têm, em geral, o formato de uma bota ou garrafa. Os poços foram escavados com profundidade entre 1 e 21 metros antes de desembocarem em uma ou mais câmaras laterais, nas quais se enterravam os mortos, junto a uma grande oferenda contendo figuras ocas de cerâmica, joias feitas de conchas e de obsidiana, pedra moída e outros objetos. Há evidências de que esses jazigos abrigavam sepultamentos de épocas diferentes e eram, portanto, reabertos conforme a necessidade. Uma maquete de cerâmica encontrada em um deles mostra a casa dos vivos, acima, e a dos mortos, abaixo.

6.94 Maquete de um templo instalado sobre uma plataforma elevada

Das colunas funerárias construídas entre 300 a.C. e 200 d.C., a maior, em El Arenal, tem um poço com 18 metros de profundidade e três câmaras mortuárias. Dois outros túmulos de poço se encontram dentro da mesma área cerimonial. Na superfície, o poço emergia no centro de um monte circular e escalonado, cercado por um pátio circular elevado em cuja periferia havia de oito a 12 plataformas retangulares distribuídas homogeneamente. Feitos de cascalho e terra apiloada, os maiores complexos da última fase (300–800 d.C.) variam entre 28 metros de diâmetro, em Potrero de las Chivas, até bem mais de 100 metros, em Guachimonton, o maior dos sítios rituais de Teuchitlán. Vários círculos encontrados foram dispostos em grupos de dois ou três, às vezes com alguma sobreposição entre eles. Associadas a esses círculos também foram encontradas quadras para jogos com bola. Posteriormente, no período entre 300 e 800 d.C., os túmulos de poço tornaram-se menos importantes, e imensos círculos construídos na superfície, juntamente a quadras para jogos de bola, passaram a dominar a construção, a tal ponto que suas câmaras mortuárias ainda não foram descobertas.

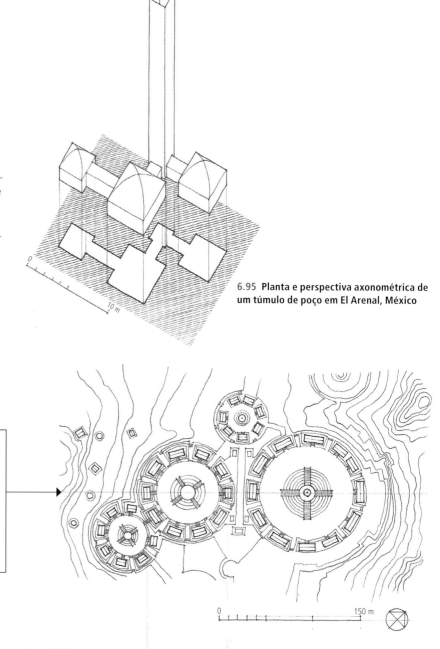

6.95 **Planta e perspectiva axonométrica de um túmulo de poço em El Arenal, México**

6.96 **Implantação do recinto de Guachimonton em Teuchitlán, perto de Ameca, México**

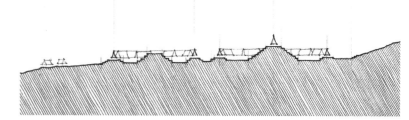

6.97 **Planta e corte das edificações circulares do Complexo de Guachimonton em Teuchitlán**

# AMÉRICA CENTRAL

Assim como a maioria dos túmulos de poço, os de El Arenal foram saqueados ou destruídos. Todavia, em Huitzilapa foi escavado um túmulo de poço intacto de 8 metros de profundidade, com duas câmaras mortuárias, diversos jazigos e cerca de 60 mil artefatos. O túmulo encontra-se na extremidade ocidental de um povoado de 50 por 200 metros. Na extremidade leste há uma grande quadra alongada para jogos com bola. O centro do povoado é dominado por um complexo religioso que consiste em oito montes-plataforma em volta de uma pirâmide circular. A oeste, esse complexo está em contato com outro complexo circular menor, que consiste em quatro montes-plataforma voltados para um pátio quadrado, com uma pequena pirâmide circular no centro. O túmulo de poço localiza-se sob um dos montes. Contrafortes baixos indicam que as quatro plataformas eram unidas por um anel situado em sua base. O poço afunila-se a cerca de um terço de sua profundidade, para depois alargar-se, formando duas câmaras abobadadas, orientadas no sentido norte-sul, às quais se chega por estreitas aberturas e degraus. Dentro, seis esqueletos, um dos quais certamente é o do chefe, jazem cercados de oferendas, com suas cabeças voltadas para a entrada.

Maquetes de argila encontradas com as oferendas evidenciam um planejamento cuidadoso, associando os festivais comunitários à ordem do cosmos, ao ritmo das estações do ano e aos ciclos de vida e morte. O círculo reproduz o arco abrangente do horizonte. Orientações cardeais e intercardeais foram estabelecidas pelas escadas das pirâmides, dispostas ao longo de eixos relacionados ao percurso do Sol. Esses modelos exibem um alto mastro que se eleva da pirâmide central, que seria, na linguagem mística, o *axis mundi*, ou eixo do mundo, que conectaria o ponto mais alto do céu ao ponto central da superfície da Terra e ao nadir do mundo subterrâneo. Nesses sítios também se faziam observações e rituais no dia do solstício de verão, época anual do zênite solar, do início das chuvas e da renovação da fertilidade do solo.

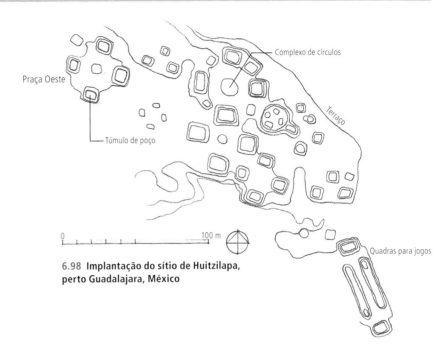

6.98 Implantação do sítio de Huitzilapa, perto Guadalajara, México

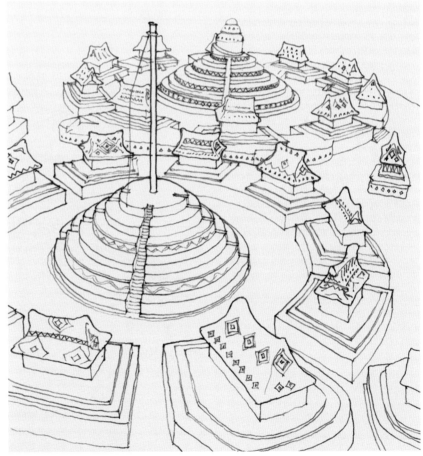

6.99 Vista artística de Huitzilapa

193

## Nakbe

A civilização maia, de início centrada no litoral da Guatemala e de El Salvador, expandiu-se para o norte entre 250 e 900 d.C. e ingressou na Península do Iucatã. Em seu apogeu, era uma das sociedades mais densamente povoadas e culturalmente dinâmicas do mundo. Muitos dos assentamentos pré-clássicos entraram em decadência por volta do século III d.C., deixando o predomínio para as cidades do Norte da Guatemala. Os maias desenvolveram uma filosofia religiosa controlada por uma classe de sacerdotes profissionais, centrada na importância de manifestações astronômicas que faziam parte da eterna luta entre as forças do bem e do mal. Os deuses benevolentes traziam o trovão, o raio e a chuva e garantiam a abundância; os maléficos traziam a morte, a destruição, os furacões e a guerra. A religião evoluiu para uma adoração do tempo em suas várias manifestações. Era de caráter altamente esotérico e exigia sacerdotes, matemáticos e profetas. A dança era um aspecto importante das cerimônias religiosas, bem como a realização de sacrifícios, que variavam das oferendas de alimento e ornamentos (como penas e conchas) até a prática de sacrifícios humanos.

A produção especializada e a dependência do comércio externo podem ter sido tanto a razão do sucesso quanto a da posterior decadência dos maias. As árvores eram derrubadas para alimentar os fornos onde se queimava pedra calcária. Imagina-se que o desmatamento teria levado à gradativa erosão tanto do solo quanto da riqueza. Por volta de 350 a.C., uma elite centralizada conseguia controlar grandes contingentes de trabalhadores, cujo ritmo acelerado de produção era apoiado pelo desenvolvimento da construção padronizada, com módulos e técnicas mais rápidas de talhar a pedra. É nesse período que se testemunha a emergência da monumental arquitetura maia na Península do Iucatã, numa escala sem precedentes. Na Bacia do Mirador encontra-se uma série de imponentes conjuntos arquitetônicos com 40 a 72 metros de altura. Uma vez que se localizam em pântanos, todos os grupos importantes de prédios foram construídos sobre grandes plataformas, depois interligadas por passagens elevadas.

Nakbe, situada na região de Petén, na Guatemala, começou a ser povoada por volta de 1400 a.C. e alcançou seu apogeu entre 600 e 350 a.C. Sua área central foi construída sobre uma imensa plataforma artificial coroada por três pequenos montes que continham aglomerações de templos. O prédio mais alto, com cerca de 50 metros, situava-se na plataforma ocidental; o da plataforma oriental tinha cerca de 30 metros. Nakbe era ligada aos povoados vizinhos – inclusive a El Mirador, sua rival ao norte – por meio de vias elevadas pavimentadas com uma pedra britada de cor branca.

A organização dos primeiros conjuntos cerimoniais dos maias voltou-se, em geral, para a criação de diferentes hierarquias visuais, por meio de um sistema de terraços interligados suspensos em plataformas, coroados por templos. O complexo cerimonial do centro de Nakbe consiste em duas plataformas suspensas principais, interligadas, tendo a plataforma leste 32 metros de altura e a oeste, 45. No alto delas reúnem-se as estruturas mais importantes.

6.100 Estela 1, os Gêmeos Heróis, Nakbe, Guatemala

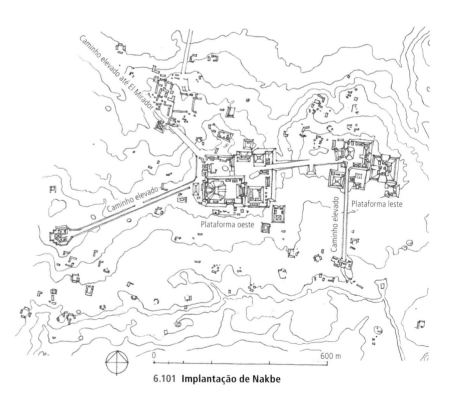

6.101 Implantação de Nakbe

# AMÉRICA CENTRAL

A plataforma leste possui duas partes. Uma delas constitui um grupo de construções com plataformas baixas sobre um terraço, formando um pátio apoiado do lado oeste por uma grande pirâmide isolada. A outra parte tem uma pirâmide maior, visível do pátio, com acesso de uso exclusivo dos sacerdotes. Formou-se assim um conjunto cerimonial complexo com múltiplos centros, tanto espaciais quanto visuais, hierarquicamente organizados, com diversas funções cerimoniais.

Cruzando o caminho elevado há a plataforma oeste, que consiste em três pátios com terraços. O mais alto sustenta a grande pirâmide que, assim como as demais, tem acesso restrito através do pequeno pátio em frente. Como a função das pirâmides maias era sustentar um templo, elas nem sempre eram planas no topo. A própria pirâmide era feita de camadas de pedra e de argila densamente comprimidas, seladas com um revestimento de tijolos.

## El Mirador

Logo ao norte de Nakbe, El Mirador ("O Mirante", em espanhol) foi uma antiga cidade maia que alcançou seu apogeu cultural entre 150 a.C. e 150 d.C. Embora se espalhasse por uma área com mais de 16 quilômetros quadrados, seu centro era um conglomerado muito denso de edifícios sagrados e seculares. Aqui as plataformas foram sucessivamente construídas ao longo do tempo, formando o maior conjunto de plataformas encontrado no mundo maia. O sítio era dominado pelo chamado El Tigre, um complexo gigantesco de prédios que cobria 5,6 hectares. Podemos ver aqui a emergência da tipologia maia das edificações com três cumes, que, *grosso modo*, consistia em uma montanha-plataforma íngreme, tendo no topo dois edifícios menores com fachadas voltadas uma para a outra e um templo-pirâmide com degraus, posicionado no eixo em relação aos dois edifícios menores. Os arqueólogos imaginam que esse arranjo representava as três estrelas da constelação de Órion – conhecidas como Alnitak, Saiph e Ligel – dentro das quais acredita-se que ardia o fogo da criação.

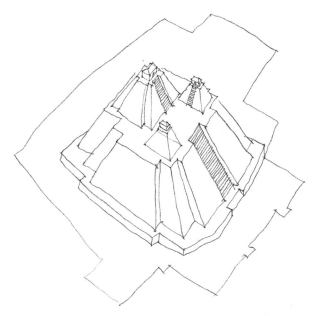

6.102 **Reconstituição de El Tigre, em El Mirador, Guatemala**

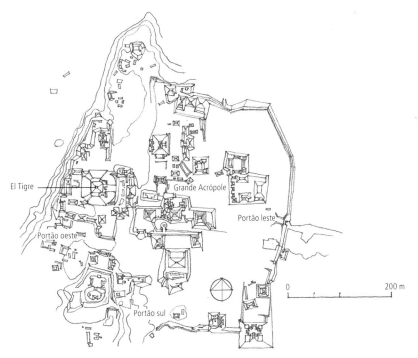

6.103 **Planta de localização do grupo oeste de El Mirador**

195

6.104 El Tigre, em El Mirador, Guatemala, como se encontra atualmente

# 200 D.C.

7.1 Ponte do Rio Gard (aqueduto romano), Nîmes, França

## INTRODUÇÃO

No ano 200 d.C., Roma, Chang'an e Teotihuacán, capitais de vastos impérios, eram as megalópoles do mundo. Cidades com essa escala afetavam o mundo até mesmo em locais longíquos. Elas exigiam um comércio intenso de itens de luxo, com tudo inserido em um sistema de produção, coleta e controle de receitas, sem falar em um exército e no controle territorial. E, acima de tudo, era preciso existir uma reverência pelo império. Nesse sentido, a ideia de tradição, seja em Roma, seja na China, não era um fenômeno que emergia naturalmente, com o passar do tempo. Ela precisava ser aplicada e exigida de cima para baixo, indo contra as ondas de transformações socioeconômicas.

Entre 100 e 300 d.C., o Império Romano em particular se transformou em um dos impérios mais importantes e extensos do mundo. O Império Romano há séculos comerciava com os celtas, ao norte, principalmente trocando metais pelo vinho romano. Contudo, depois que Roma conquistou e romanizou os celtas, descobriu que as tribos germânicas do leste eram muito mais difíceis de subjugar. Ainda assim, a expansão do território romano valia a pena, ao menos no curto prazo. Verdadeiras fortunas foram investidas na construção de templos, palácios, termas, aquedutos, bibliotecas, foros de justiça, ruas, teatros e anfiteatros. A arquitetura romana, a mais extensa arquitetura urbana já vista por qualquer civilização até aquela época, alcançou um território que ia da Inglaterra ao Norte da África e da Espanha ao Levante e teve profundo e duradouro impacto sobre os desenvolvimentos subsequentes em toda a Europa e em outros lugares. A Dinastia Han também estava construindo cidades, palácios e túmulos em escala colossal, auxiliada por notáveis avanços na tecnologia e na mineração. No entanto, sua arquitetura foi toda construída com madeira e terra apiloada, de modo que relativamente poucos testemunhos foram conservados com o tempo. Chang'an, sua capital ocidental, servia de terminal oriental para a Rota da Seda.

Tanto Roma como a China, ao enfrentar as rápidas mudanças decorrentes do contato com várias culturas, passaram a enfatizar muito a tradição, servindo-se dela para o controle estatal. As tradições eram criadas e reforçadas como uma maneira de definir o princípio da estabilidade. César Augusto, o primeiro imperador romano, afirmava que precisava criar um império exatamente para restaurar a glória passada da "tradição" romana. Na China, a tradição era imposta e autoimposta aos chineses por meio do confucionismo, que promovia segurança e previsibilidade para as elites.

Conectando os Impérios Chinês e Romano, estavam os partas, uma sociedade tribal e baseada nos cavalos formada por antigos nômades, que agora havia se assentado como a elite governante da Mesopotâmia e Ásia Central. Como essa não era uma cultura orientada para a arquitetura, permitia que as religiões locais continuassem construindo seus templos. No entanto,

# 200 D.C.

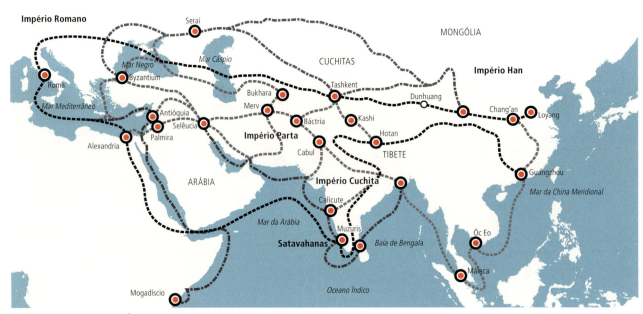

7.2 Rotas de comércio na Ásia (séculos II e III d.C.)

os partas eram excelentes comerciantes e desempenharam importante papel na preservação da Rota da Seda. Sua capital, Hecatompilo, tornou-se um dos principais entrepostos dessa rota comercial. Após algum tempo, os partas perderam o controle dos altiplanos iranianos para uma nova linhagem que viria a ser conhecida como sassânidas, os quais unificaram seu controle sob a égide do zoroastrismo. Eles construíram inúmeras cidades, muitas delas circulares, possivelmente para que tivessem uma vantagem tática na defesa. Entre elas estava Firuzabad, construída por Artaxexes I (que reinou entre 224 e 242 d.C.). Essa cidade tinha dois quilômetros de diâmetro, com duas avenidas que a dividiam em quatro distritos, cada um, por sua vez, dividido em cinco setores menores. Assim, a cidade inteira possuía 20 bairros. Seu planejamento detalhado parece ter continuado na paisagem circundante. Os sassânidas também construíram enormes cidadelas, como o Castelo Falak-ol-Aflak (226–651 d.C.), implantado no topo de uma grande colina dentro da cidade de Khorramabad, atual Irã. Essa edificação colossal media aproximadamente 300 por 400 metros, tinha 12 torres e uma muralha enorme.

As inovações religiosas que ocorriam em várias partes da Eurásia, junto com o sistema de tráfego que atravessava a Ásia e agora era muito intenso, levou a importantes transformações na Ásia Ocidental, com ramificações de longo prazo que iriam além de seu alcance geográfico imediato. As antigas religiões mesopotâmicas foram substituídas pelos cultos de mistério helenísticos e iranianos, pelo culto do Sol, pelo culto zoroastrista do fogo – e pelo cristianismo, que também derivava das sensibilidades helenísticas. Em geral, essas novas práticas religiosas eram mais personalistas do que suas antecessoras. O mitraísmo, outra religião emergente, era cada vez mais praticado pelos legionários das longínquas províncias do Império Romano e afetaria o cristianismo. O budismo, que deve ser entendido como parte dessa busca de autotransformação ética, estava se desenvolvendo com rapidez e penetrava cada vez mais fundo na China e no Sudeste da Ásia, sob a forma de escolas monásticas criadas ao longo das rotas comerciais.

Na Ásia Central, os nômades Yueh-chi, da Mongólia estabeleceram o Império Cuchita (século I a.C. ao século III d.C.) que cobria de partes dos atuais Afeganistão e Irã a Pataliputra na área central da Planície do Rio Ganges, a leste, e descia até Sanchi, ao sul, o local do maior santuário budista de então. Ainda que fossem nômades, os cuchitas rapidamente adotaram a organização social típica de toda a Ásia, onde eles, como a classe aristocrática de guerreiros, estavam no topo. Sob eles estavam os comerciantes e, abaixo desses, os artesãos e camponeses.

Os cuchitas entendiam a singularidade de sua localização geográfica, no antigo mundo greco-bactriano. Eles tinham três objetivos básicos: promover ativamente o comércio ao longo da Rota da Seda; incentivar a produção artesanal de bens de luxo; e, por fim, promover a expansão da agricultura em suas terras montanhosas e áridas. A Índia exportava especiarias como pimenta, gengibre e açafrão, além de açúcar, pigmentos, perfumes e pedras preciosas. O comércio era uma atividade incrivelmente lucrativa para os cuchitas, que também se beneficiavam da venda de outros produtos seus, como bronze, estanho e artigos de vidro. Esses novos soberanos também desenvolveram atividades econômicas localizadas, como o trabalho em prata, para joias, e em ferro, para armas. Por fim, eles construíram muitos quilômetros de canais para irrigar as encostas de montanha e os vales. Um exemplo é o Canal Zang, localizado em Surxondaryo, Uzbequistão, que recebia água do Rio Surkhan. Canais similares podiam ser encontrados ao longo do Rio Amu Darya. A água canalizada irrigava os parrerais cuchitas, pois o vinho, a bebida dos gregos, agora era um importante artigo de luxo exportado para a Índia. Essa incrível explosão de atividades econômicas em uma área afastada dos centros de civilização tradicionais resultou em um império muito singular. Ele se tornou um "caldeirão" de pessoas e ideias da Índia, Pérsia, China e, inclusive, do Império Romano.

No início, os cuchitas absorveram os resquícios da cultura grega permanentes nos reinos helenísticos, tornando-se, ao menos em parte, helenizados. Eles inclusive falavam grego. Parte de suas elites adotou o zoroastrismo dos persas; outros abraçaram alguma forma de hinduísmo; e ainda outros se tornaram budistas. Se as

198

# Introdução

primeiras de suas moedas os representam vestidos com casacos pesados e grandes chapéus de feltro, apropriados para a estepe, as moedas posteriores os mostram vestindo togas gregas ou túnicas leves. Os primeiros esforços de tradução de monges buditas extrangeiros foram documentados no século II d.C., provavelmente como consequência da expansão do Império Cuchita para dentro do território da Bacia do Rio Tarim, na atual China. Suas contribuições à arquitetura mais perenes foram as estupas que começaram a erguer ao longo das rotas de comércio. Poucas chegaram até nos, mas a Estupa de Kanishka – construída para Kanishka I (*circa* 127–40 d.C.) – na periferia da atual Peshawar, Paquistão, foi descrita por peregrinos chineses do século VII d.C. como a estupa mais alta de toda a Índia. Ela possuía incríveis 200 metros de altura e continha três fragmentos de ossos do Buda, que hoje se encontram em Mandalay, Mianmar (Burma). Do prédio original, resta apenas um toco. Hans Loeschner sugere que seu aspecto talvez fosse similar ao relevo em pedra existente em Butkara III, no Vale do Rio Swat, que mostra uma estupa construída sobre uma elevada base quadrada (Figura 7.3). Em suas quinas há quatro pilares com leões ao topo, similares a muitos dos pilares de Ashoka, como o de Vaisali, Índia.

Uma das maiores barreiras da Rota da Seda era o Deserto de Taklamakan, uma enorme zona árida de formato oval e circundada por montanhas. Contudo, os rios que desciam das montanhas forneciam água suficiente para que as caravanas pudessem percorrer as bordas do deserto, de um oásis a outro. Um desses oásis era Khotan, o centro de um pequeno reino. O peregrino chinês Xuanzang cruzou Khotan por volta de 644 d.C. quando, vindo da Índia, retornava à China. Ele escreveu:

> Este país é famoso por sua música; os homens adoram a música e a dança. Poucos deles têm roupas com peles ou lãs; a maioria usa vestimentas de tafetá e linho branco. Seu comportamento externo é cheio de urbanidade; e seus costumes são adequadamente regulados. Seus caracteres escritos e o modo como formam suas sentenças lembram o modelo indiano; mas as formas de suas letras são um pouco distintas. No entanto, as diferenças são mínimas. Há cerca de uma centena de *sangharamas* [mosteiros/conventos], totalizado aproximadamente 5.000 seguidores, todos estudando a doutrina do Grande Veículo.[1]

*Si-yu-ki Buddhist Records*, vol. 2. Londres, 1884, p. 309.

7.3 **Uma estupa em um mural de gruta da China**

Durante esse período, as rotas de comércio marítimas para o sul, vindas do Egito por meio do litoral leste da África até a Índia, Indonésia e China estavam começando a se desenvolver em uma rede comercial tão importante quanto a da Rota da Seda, de cunho terrestre. Os romanos, buscando evitar as vicissitudes do comércio através dos desertos, consideravam locais como Petra como verdadeiros portos secos que os conectavam com o comércio da Índia e mais além. E, assim como Petra, Axum, na atual Etiópia, já havia se tornado nessa época uma força regional significativa, comercializando com a Índia e, ao norte, com o Império Romano. Em suma, pode-se dizer que o século III d.C. testemunhou a maturação de uma nova ordem mundial, ou seja, da interdependência do comercio transregional e transcontinental, especialmente de produtos de luxo. Essa seria uma ordem mundial que continuaria se desenvolvendo com o surgimento do Império Mongol no século XIII.

Nisso tudo, é importante lembrar que o mundo comercial que se estenderia de Roma até a China, passando pela Índia, era extraordinariamente estreito. Afinal, ele ainda não incluía o Sudeste da Ásia, e a África, exceto pelos litorais do Mar Mediterrâneo e da atual Etiópia, era praticamente isolada, bem como o Norte da Sibéria.

No atual Peru, emergiam estados regionais: a civilização moche no norte e a nazca no sul, que produziram grandes centros de peregrinação como Cahuachi, onde misteriosos padrões no solo apareceram posteriormente, hoje conhecidos como as Linhas de Nazca. O propósito desses elaborados desenhos – cujo impacto total somente conseguimos perceber por meio de uma vista aérea – ainda é uma incógnita, bem como o são as questões sobre a natureza das práticas religiosas dos nazcas, que parecem ter relação com as linhas. No México, a superpotência regional era, sem dúvida, Teotihuacán, a capital de um império que abarcava a maior parte da América Central e era o centro de uma rede comercial que se estendia desde o delta do Mississippi até o litoral do Peru. Essa capital era a maior e mais influente cidade da América pré-colombiana. De fato, toda a arquitetura subsequente da América Central foi afetada por seu legado.

Nas Américas, a Cultura Hopewell se tornou a primeira cultura de grande escala na América do Norte, criando uma rede de cidades e povoados ao longo do Rio Ohio. Essa era uma cultura única, por se especializar no cerimonialismo. Os hopewell controlavam territórios ricos em sal, sílex e pedra-cachimbo (catlinita), e pessoas de muito longe vinham se reunir em seus assentamentos ou minerar esses materiais. Contudo, para fazer isso, os visitantes tinham de trazer presentes e participar de elaboradas trocas cerimoniais. Os hopewell construíram grandes recintos, com centenas de metros de diâmetro e diferentes formatos. Eles também produziram uma complexa paisagem sagrada de montes artificiais para o culto dos ancestrais ao longo de rios e córregos.

# 200 D.C.

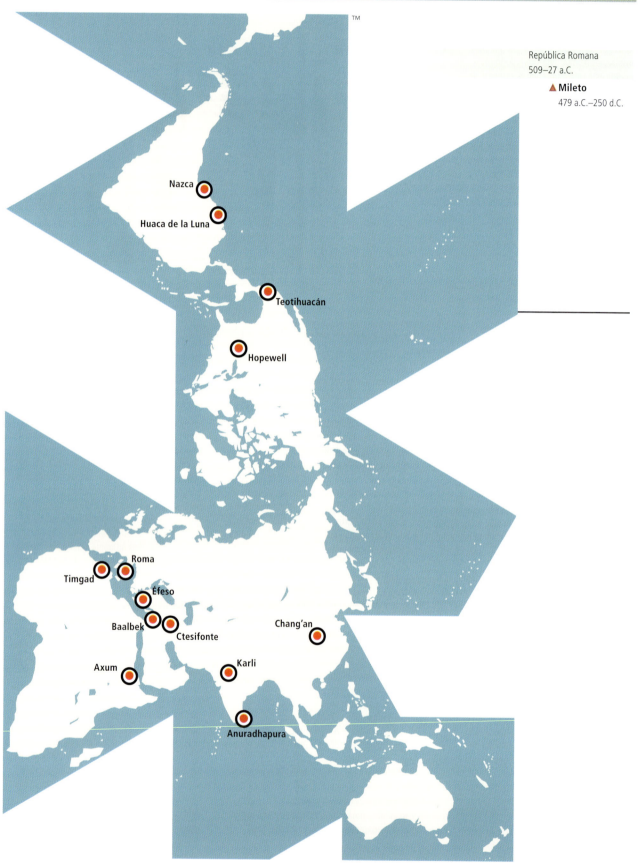

200

# INTRODUÇÃO

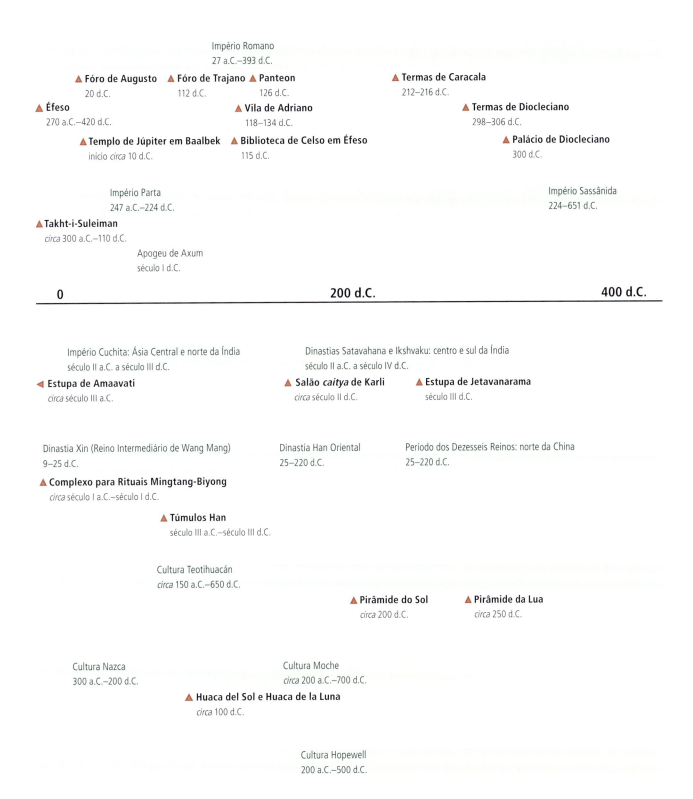

# 200 D.C.

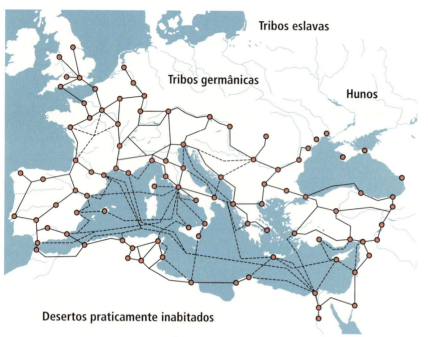

7.4 Rotas de comércio na Europa e na Ásia Ocidental (séculos II e III d.C.)

## O IMPÉRIO ROMANO

A República Romana (509 a.C.–27 a.C.) atuava principalmente no Mar Mediterrâneo, em especial após Roma ter conquistado a Grécia em 146 a.C. Entretanto, com as Guerras da Gália e a conquista dos territórios do norte, Roma pôde combinar o comércio marítimo com o terrestre. Embora essa talvez fosse a visão de Júlio César, o processo de fundir tudo em uma única unidade imperial (em vez de criar uma rede de principados desiguais) seria posteriormente completado por seu sucessor, o imperador César Augusto. A combinação de império terrestre e marítimo foi a primeira em tal escala. No século II d.C., o Império Romano se estendeu para o norte, até a Inglaterra. Com Adriano, o Norte da África também foi incorporado. Foram feitas incursões para a Ásia Ocidental, a fim de garantir as relações comerciais com o Oriente. As fronteiras orientais do império eram definidas por cidades mais antigas, como Petra, Antióquia e Alexandria, além de cidades recém-expandidas, como Palmira e Duros Europus.

O desenvolvimento das cidades agora atingia seu apogeu, e as consequências podem ser percebidas ainda hoje em toda a Europa e em torno do Mar Mediterrâneo. A lista de cidades fundadas pelos romanos inclui Aosta, Bordeaux, Florença, Londres, Mainz, Mântua, Paris, Milão, Silchester (Hampshire, Inglaterra), Trier, Colônia, Turim, Verona e Viena, entre muitas outras.

Muitas cidades, como Florença, Milão, Paris e Trier, ainda hoje trazem a marca do traçado urbano dos romanos. Embora o paradigma da cidade fosse o *castrum*, o acampamento militar romano dividido por duas ruas principais perpendiculares, o *cardo* (norte-sul) e o *decumanos* (leste-oeste), esse modelo foi utilizado sobretudo nas fases iniciais da colonização da Europa e do Norte da África. Na Europa, ainda que algumas cidades gaulesas continuassem habitadas, muitas foram evacuadas pelos romanos, por se situarem no alto de colinas. Esse povo preferia os vales e as cidades ribeirinhas, mais fáceis de defender e mais propícios às práticas romanas de organização dos acampamentos militares. Bibracte, por exemplo, foi abandonada, e a nova cidade de Augustodunum, hoje conhecida como Autun, foi construída no vale vizinho da atual França. O modelo do *castrum*, contudo, raramente foi utilizado no Oriente, onde as cidades já estavam bem estabelecidas. Lá, os romanos simplesmente fizeram adições àquilo que encontraram. Seguindo-se ou não o modelo do *castrum*, o método romano de criar cidades pode ser comparado ao chinês. Os chineses eram especialistas em megacidades, concentrando populações enormes e trazendo um grande espectro de atividades para dentro dos confins das muralhas da cidade. Os núcleos urbanos chineses eram compostos principalmente de casas térreas ou de dois pavimentos e, portanto, não eram muito densos.

Os romanos, por outro lado, especializaram-se em cidades compactas e pequenas, criando uma rede na paisagem. Isso facilitava a expansão e era um elemento crucial para o seu sucesso. Os romanos tornaram-se mestres na gestão hídrica, construindo longos aquedutos, muitos dos quais ainda existentes. A Ponte do Rio Gard, no sul da França atual, e o igualmente impressionante Acueducto de Los Milagros, em Mérida, Espanha, são testamentos da ousadia desses projetos. A água trazida por esses canais alimentava não somente grandes fontes como também magníficas termas, que estavam entre os maiores prédios públicos do mundo de sua época.

O Norte da África é um excelente lugar para se estudar os conceitos do urbanismo romano. Essa região fornecia à capital alimentos básicos e artigos de luxo. Adriano estava ávido para desenvolver essa área, assim ofereceu terras de graça e um período de isenção de tributos a qualquer pessoa que concordasse em morar de modo permanente em locais periféricos e culivasse o solo. Essa foi uma política bem-sucedida que motivou o surgimento de centros de comércio rural, muitos dos quais se transformaram em zonas urbanas. Em certos locais, foi fundada uma nova cidade, como Timgad, uma cidade com traçado em tabuleiro de xadrez e área similar à de Florença. Em outros, como é o caso de Leptis Magna, uma cidade fenícia pré-existente (a leste de Trípoli), os planejadores adotaram uma abordagem flexível e aditiva.

As cidades romanas eram mais heterogêneas internamente do que as gregas, geralmente definidas por uma ágora central e pelos recintos dos templos. Uma cidade romana tinha ruas, praças, fontes, termas, portões, colunas memoriais e edifícios públicos, que formavam uma espécie de estrutura ao redor da qual o restante da cidade crescia. No núcleo da cidade havia o foro, o centro político e econômico das atividades urbanas. Era ali que ocorriam as cerimônias e os anúncios públicos, e, em seu redor, eram distribuídos templos, escritórios, prisões, açougues e cortes de justiça.

Em Palmira e Óstia, observa-se a tentativa de enxertar essa estrutura em lugares fundados previamente, quando eram mais vilas do que cidades. Djemila, na Algéria (96 d.C.), é um caso típico: possui forma alongada em virtude do terreno. A primeira parte da cidade, ao norte, mostra um traçado relativamente sistematizado, com o foro no centro, ao longo da via principal. Porém, quando a localização se tornou inadequada, novos foro, templo e teatro foram construídos numa extensão ao sul, que acompanhava as curvas de uma rua já existente. Embora Timgad (100 a.C.) com frequência seja citada como exemplo típico da rigorosa aplicação da

# EUROPA

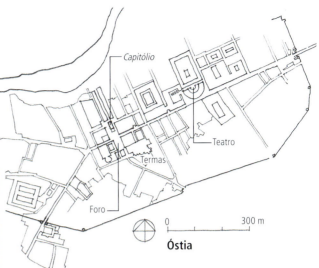

7.5 O templo principal de Djemila, Algéria

7.6 Plantas de três cidades romanas desenhadas na mesma escala e orientação solar

grelha xadrez, a cidade original logo ultrapassou suas fronteiras. Na verdade, os elementos da estrutura urbana que originalmente ficaram de fora do projeto – as termas, os portões e até um capitólio – foram enxertados no tecido da cidade após comprovado o sucesso do assentamento. Um novo arco, o Portão de Lambaesis, demarcou os limites do recente desenvolvimento. Essas ampliações urbanas demonstram a disposição de acomodação à paisagem e a elementos já existentes, como estradas. Em certos locais, os romanos estavam dispostos inclusive a trabalhar segundo o modelo helenístico de projeto; os exemplos mais espetaculares disso são Éfeso e Mileto.

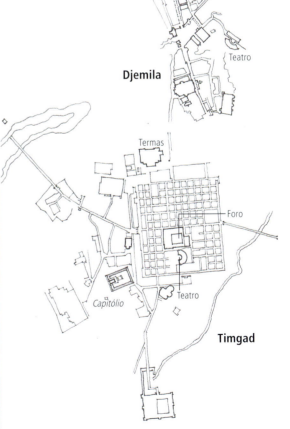

7.7 Via principal de Timgad, Algéria

203

# 200 D.C.

7.8 Planta de Éfeso, Turquia

7.9 Implantação de Éfeso

## Éfeso

Éfeso, uma pequena cidade e centro religioso às margens do Rio Caístro, perto do local onde este desembocava no litoral da Turquia, foi fundada no século IX a.C. e começou a se transformar em um importante porto. Em razão do assoreamento do rio, a cidade foi abandonada e reconstruída em sua atual localização, dois quilômetros para o leste, em cerca de 270 a.C. Ela não foi projetada de cima para baixo, como Pérgamo, mas horizontalmente, num vale protegido e sinuoso que se abre de forma espetacular para o novo porto. No fim do século V d.C., esse novo porto, como o original, assoreou-se, e Éfeso foi abandonada. Hoje, o porto se situa a cinco quilômetros da costa.

Quando os romanos conquistaram a cidade no primeiro século da Era Cristã, eles começaram o processo de romanização, acrescentando templos, termas, fontes, ruas pavimentadas e bibliotecas. Quando César Augusto se tornou imperador, em 27 a.C., ele fez de Éfeso a capital do Império Romano na Ásia Menor. Éfeso então ingressou em uma era de prosperidade, tornando-se tanto a sede do governo local como um importante centro de comércio. De acordo com Estrabo, a única cidade maior e mais importante no Império era a própria Roma. A Biblioteca de Celso (*circa* 115 d.C.) foi construída para armazenar 12 mil pergaminhos e tinha uma elegante fachada com quatro pares de colunas de mármore emoldurando edículas e janelas.

7.10 Teatro em Éfeso

# ÁSIA OCIDENTAL

|    | Reconstrução de Éfeso | *circa* 270 a.C. |
|----|------------------------|------------------|
| 1  | Teatro                 | 100 a.C.         |
| 2  | Ágora                  | 4 d.C.           |
| 3  | Estádio                | 54 d.C.          |
| 4  | Fonte                  | 86 d.C.          |
| 5  | Ginásio                | 90 d.C.          |
| 6  | Templo de Domiciano    | 96 d.C.          |
| 7  | Ágora oficial e odeum  | 100 d.C.         |
| 8  | Ninfeu                 | 102 d.C.         |
| 9  | Biblioteca de Celso    | 115 d.C.         |
| 10 | Templo de Adriano      | 120 d.C.         |
| 11 | Portões de Hércules    | 150 d.C.         |
| 12 | Ginásio de Vedius      | 150 d.C.         |
| 13 | Fonte de Pólio         | 150 d.C.         |
| 14 | Templo de Serápis      | 170 d.C.         |
| 15 | Palácio do Procônsul   | 300 d.C.         |
| 16 | Termas de Escolástica  | 370 d.C.         |
| 17 | Arcadiane              | 395 d.C.         |
| 18 | Caminho de Mármore     | 420 d.C.         |

## Mileto

Mileto, a cerca de 40 quilômetros ao sul de Éfeso na costa oeste da Anatólia, passou por três fases distintas. Primeiro, foi uma colônia grega; em seguida, uma cidade-estado praticamente independente, que prosperou no período helenístico; finalmente, fez parte do Império Romano. Éfeso era conhecida como um destino religioso, bem como resort de tratamento de saúde e exportadora de vinho. Em alguns locais, os projetistas romanos trabalharam conforme o tecido urbano existente; em outros casos, rompendo-o. Alguns dos prédios mais antigos, como o Bouleuterion (175 a.C.), foram preservados, enquanto outros foram demolidos. Eles também inseriram uma rede intricada de edifícios públicos, ruas, portões e espaços que ligavam o velho porto à nova ampliação ao sul. As datas a seguir mostram o ritmo das obras.

|    | Fundação de Mileto        | 479 a.C. |
|----|---------------------------|----------|
| 1  | Traçado das ruas ao norte | 470 a.C. |
| 2  | Templo de Atena           | 450 a.C. |
| 3  | Teatro                    | 450 a.C. |
|    | Fase de ascensão da cidade |         |
| 4  | Bouleuterion              | 175 a.C. |
| 5  | Ágora norte               | 170 a.C. |
| 6  | Ginásio                   | 150 a.C. |
| 7  | Estádio                   | 150 a.C. |
| 8  | Ágora sul                 | 150 a.C. |
|    | Era Imperial              |          |
| 9  | Termas do Capitólio       | 50 d.C.  |
| 10 | *Stoa* do Porto, reprojeto | 50 d.C. |
| 11 | Rota processional         | 150 d.C. |
| 12 | Ninfeu                    | 150 d.C. |
| 13 | Termas de Faustina        | 170 d.C. |
| 14 | Templo de Serápis         | 250 d.C. |

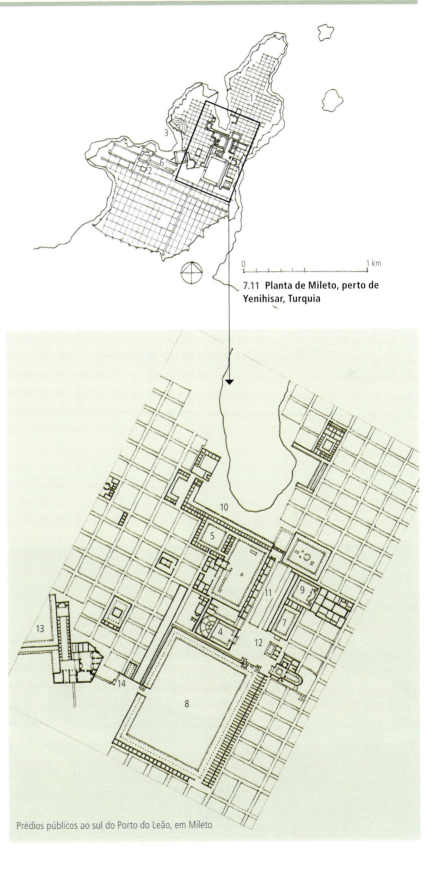

7.11 Planta de Mileto, perto de Yenihisar, Turquia

Prédios públicos ao sul do Porto do Leão, em Mileto

# 200 D.C.

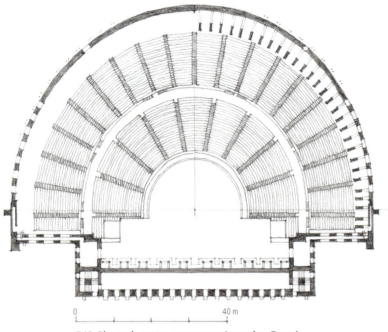

7.12 Planta de teatro romano em Aspendos, Turquia

## O teatro romano

Quase todas as cidades romanas possuíam um teatro usado para eventos populares e religiosos. No período da República, os romanos viam os teatros – comuns nas cidades gregas – com certo ceticismo, preocupados com sua influência potencialmente corruptora. Um decreto proibia que os espectadores se sentassem nos teatros, pois era considerado mais varonil ficar em pé. Assim, os teatros construídos durante a república eram estruturas temporárias feitas de madeira. O primeiro teatro permanente foi edificado por Pompeu em 55 a.C. Seu projeto pode ser considerado de transição. Ele incluía um templo de Vênus no alto da plateia, de modo que as arquibancadas parecessem degraus que conduziam ao templo. Esse subterfúgio desapareceu aos poucos, quando começaram a ser construídos teatros nas colônias, onde essas estruturas eram consideradas sobretudo locais de entretenimento público.

Enquanto os teatros gregos inseriam-se na paisagem natural de modo cuidadoso e estratégico e com frequência tinham um panorama espetacular, o teatro romano era concebido como um elemento arquitetônico urbano. Sua magnificência e seu esplendor simbolizavam a soberania imperial romana. A inclinação da arquibancada era maior do que nos teatros gregos, talvez por motivos acústicos. No início, os teatros romanos eram escavados em colinas ou instalados em suas encostas, como é o caso do teatro de Aspendos, uma colônia romana na Turquia. Com o tempo, todavia, os romanos passaram a encarar seus teatros como estruturas urbanas usuais. Todos os teatros construídos dentro da cidade de Roma foram feitos sem obras de terraplenagem. Além disso, ao contrário dos teatros gregos, embora a plateia não fosse coberta, era dotada de toldos (velaria) que podiam ser estendidos a partir de mastros bem altos para proteger contra a chuva ou o sol. Os teatros, em geral, eram semicirculares. A construção por trás do palco (scaenae frons) costumava ter três andares, e o teatro propriamente dito se dividia entre o palco (orchestra) e a plateia (auditorium). Poucos teatros perduraram na cidade de Roma. Arausio, na atual cidade de Orange, França, é um bom exemplo remanescente de um teatro romano clássico, assim como o de Aspendos, embora, é claro, ambos tenham perdido o esplendor de seus ornamentos.

7.13 Teatro romano em Aspendos

# EUROPA

7.14 Panteon, Roma

7.15 Planta e corte do Panteon

## O Panteon

De todos os imperadores romanos, Adriano (76–138 d.C.) foi o que teve o mais profundo interesse pela arquitetura. Ele também era poeta e pintor, além de um comandante competente. Seu reinado foi pacífico a maior parte do tempo, com a exceção de seu papel na Revolta de Bar-Kokhba, na Judeia. Deixando de cumprir a promessa de deixar os Judeus reconstruírem o templo arrasado, Adriano decidiu substituí-lo por um templo dedicado a Júpiter e transformar Jerusalém em uma cidade romana chamada Aélia Capitolina. O nome era derivado daquele do próprio imperador, Aélio (Publius Aelius Hadrianus Augustus), e do deus romano Júpiter Capitolino. A revolução resultante foi brutalmente reprimida. A influência de Adriano se fez sentir na arquitetura em todos os recantos do império, inclusive na própria Roma, onde ele mandou construir numerosos edifícios, sendo o mais importante o Panteon (126 d.C.). O prédio foi preservado principalmente por ter sido posteriormente convertido em igreja. Embora tenha perdido seu revestimento original de mármore e já não possua o pátio de entrada de espetaculares dimensões que outrora emoldurava sua fachada, ele ainda é um edifício impressionante. Porém, aquilo que hoje se vê de fora em nada se parece com o edifício original, que não era isolado, mas se inseria no tecido urbano. A vista principal do Panteon era aquela que se tinha desde o longo pátio frontal, ladeado por colunatas.

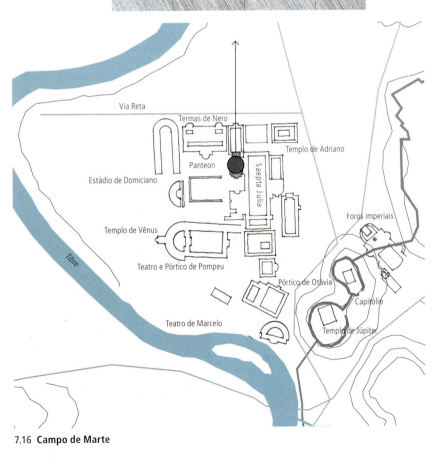

7.16 Campo de Marte

207

## 200 D.C.

7.17  O óculo do Panteon

O prédio situava-se em uma área ao norte do antigo centro da cidade, chamada Campus Martius (Campo de Marte), e que era usada, antes da fundação de Roma, para o pastoreio de cavalos e a prática de exercícios militares. Na época imperial, o Campo de Marte se tornou o centro da expansão urbana de Roma e ganhou termas, teatros, templos e um edifício chamado Saepta Julia, que incluía um amplo pátio aberto onde os romanos votavam.

Enquanto a cela clássica sempre fora um lugar escuro e misterioso voltado para o leste (o sol nascente), esse prédio rejeitou a tradição. Seu espaço interno arrojado, com uma enorme cúpula, era uma inovação para os romanos. Em termos conceituais, ele deriva do interesse da matemática grega e egípcia pela geometria espacial, essencialmente trazida a Roma por Adriano, que vivera em Alexandria, uma cidade renomada como centro de estudo. Foi Arquimedes, um grego, quem resolveu o problema de medir o volume da esfera e do cilindro um em relação ao outro. Os romanos, por outro lado, quase nada contribuíram para a geometria analítica, e, nesse sentido, o edifício é relativamente "não romano".

Edificações cupuladas e com óculo, porém menores, já haviam sido construídas em termas, com a que ainda existe em Baia, ao litoral norte da Baia de Nápoles. Esses lugares podiam servir bem para solucionar problemas técnicos, mas certamente não constituíam modelos, no sentido simbólico. A sala octogonal no Palácio de Nero se aproxima mais disso, pois terminava com um óculo, e as descrições salientam seu propósito simbólico. Talvez 75 anos depois, com Adriano, os arquitetos romanos tivessem um imperador que, como Nero, tinha entusiasmo pela experimentação arquitetônica e interesse pelo Oriente helenístico, onde o culto ao Sol originariamente se tornara importante no Egito e na Síria. Júpiter é aqui representado não por uma estátua, mas pela abstração da própria luz.

Jogando com o alinhamento vertical da cúpula semiesférica foi acrescentada a surpreendente dinâmica dos raios solares, à medida que se movimentam pelo espaço como um holofote, iluminando lentamente os elementos arquitetônicos do interior – ora o piso, com padrões de mármores alaranjados, vermelhos e brancos trazidos de todo o império, ora as colunas de mármore alaranjado, ora os caixotões da própria cúpula. O prédio provavelmente possuía um significado astronômico, mas nada se sabe ao certo sobre isso.

Infelizmente ainda não se encontrou qualquer texto romano que explique a disposição interna das estátuas dos deuses, as práticas rituais realizadas no edifício ou mesmo o simbolismo do óculo. Ainda assim, é provável que o prédio represente a unidade das esferas divina com a imperial. Além dos templos dedicados ao Sol, que começavam a ser construídos na Síria, onde Adriano foi governador em 117 d.C., alguns cultos ligados aos mistérios enfatizavam a luz e a escuridão, como os Mistérios de Elêusis praticados na Grécia, nos quais Adriano havia sido iniciado. Nesse sentido, o edifício pode ser considerado como uma importação das ideias religiosas orientais para o próprio coração de Roma.

7.18  O interior do Panteon

# EUROPA

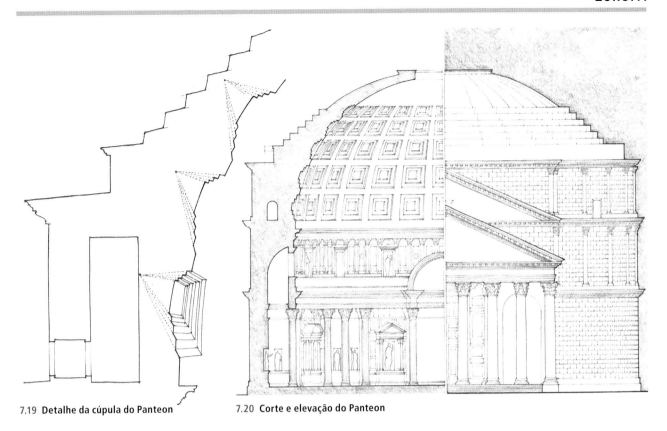

7.19 Detalhe da cúpula do Panteon

7.20 Corte e elevação do Panteon

Cinco degraus, com a mesma largura do pórtico da entrada, conduziam originalmente ao nível do piso do interior. As colunas monolíticas da fachada são feitas de granito cinza do Egito. As quatro colunas internas são de granito egípcio avermelhado, e os capitéis, de mármore pentélico. O pórtico leva a uma entrada que tem uma abóbada de berço ladeada por nichos. Entre o pórtico e a rotunda há áreas para as escadarias, que levam aos espaços alveolares da estrutura cilíndrica. A entrada é definida por um bloco maciço de mármore Portasanta. As paredes, escavadas de modo a alternar nichos quadrados e redondos, formam quatro conexões axiais que cruzam o espaço central do prédio.

Os nichos do interior são parcialmente encobertos por colunas e ladeados por pilastras de mármore laranja-amarelado, sob um entablamento contínuo. A abside é marcada por colunas soltas que interrompem o entablamento que segue ao fundo do nicho. A cúpula no interior é composta de anéis sucessivos de caixotão, com tamanho e profundidade que diminuem à medida que se aproximam do óculo. No entanto, elas não terminam junto a ele, mas bem antes, deixando à volta da abertura uma área lisa, semelhante a um prato virado. A superfície de concreto da cúpula que hoje se vê não é a mesma da época da sua construção. Tanto as bordas do óculo quanto, provavelmente, os caixotões eram folheados a ouro; rosetas preenchiam o centro dos caixotões e criavam uma atmosfera muito mais sutil e menos estrutural do que a que se pode observar atualmente.

Embora os romanos sejam com frequência elogiados por suas inovações estruturais, eles frequentemente subordinavam a estrutura a um conceito de arquitetura que fosse poderoso. A parte inferior dos caixotões não estabelece nenhuma relação com a estrutura por trás deles. Nesse sentido, os arquitetos buscavam trabalhar com a ilusão de estrutura, ou, pelo menos, queriam separar o vocabulário visual da estrutura "celestial" da cúpula da dura realidade do apoio estrutural. Até mesmo os caixotões foram desenhados do ponto de vista da ótica. As sucessivas molduras de cada caixotão são mais rasas na extremidade inferior e mais profundas na superior, para parecerem iguais vistas do centro do piso.

A parte inferior da estrutura é de concreto revestido de tijolo, com espaços vazios para diminuir seu peso total. Abóbadas maciças direcionam as forças para o chão. Na cúpula, utilizou-se apenas concreto, que precisava ser lançado sem emendas sobre uma fôrma provisória de madeira e colocado de baixo para cima, sem interrupção, para garantir a coesão do todo. O planejamento da produção do concreto, seu transporte imediato até o nível da cúpula e sua distribuição nos pontos exatos, feita por homens que carregavam pequenas quantidades do material, já constituem, por si sós, uma façanha da engenharia. Na parte de baixo, a espessura da cúpula é de 6,15 metros. Ela se afina até chegar a apenas 1,5 metro ao nível do óculo, que tem 8,3 metros de diâmetro e está aberto ao ar e à intempérie.

Apesar das poderosas evocações do prédio, a experiência de Adriano não se repetiria. Embora os arquitetos romanos tivessem continuado a trabalhar com espaços cupulados, como nas Termas de Caracala, a combinação de cúpula e óculo como uma mensagem imperial jamais foi repetida.

O friso intermediário original foi substituído, em 1747, por outro de proporções muito menos delicadas. No início do século XX, todavia, uma pequena seção do friso original foi reconstruída com base em desenhos renascentistas.

# 200 D.C.

### A Vila de Adriano

Outra grande contribuição de Adriano à arquitetura foi o complexo de uma extravagante vila, um mundo em miniatura que ele construiu para si (118–134 d.C.) no topo de uma colina, cerca de 25 quilômetros a leste da capital. Não se trata de uma única edificação, mas de uma série de construções e jardins interligados. Ao contrário do Palácio de Domiciano, compacto e ordenado, a vila de Adriano retoma a forma mais orgânica do Palácio de Nero. Ela possui dezenas de elementos distintos separados entre si na paisagem, mas interligados de formas surpreendentes, de maneira que a concepção do todo revelava-se apenas aos poucos. Algumas partes tinham a finalidade de evocar lembranças de terras distantes que Adriano conhecera em suas longas viagens. A ala residencial ficava ao norte. Ao Sul estava o estádio, seguido por uma série de banhos que terminavam na estrutura espetacular chamada *canopus*, diante da qual alinhavam-se cópias das cariátides do Erecteu de Atenas.

O conjunto pretendia evocar o espírito cosmopolita – em particular grego e egípcio – das viagens de Adriano. Nesse sentido, a vila era uma coletânea de memórias e alusões. O *canopus*, por exemplo, refere-se a uma estrela particularmente brilhante que muitas vezes orientava a navegação dos marinheiros do Mediterrâneo. Ela estava presente em numerosas lendas gregas e também era o nome de um porto egípcio nas imediações da foz do Nilo. O *canopus* da Vila de Adriano foi projetado como um lago comprido ladeado por colunas que sustentavam, de modo alternado, arcos e lintéis. O Santuário de Serápis (Serapeum), no extremo sul do complexo, foi construído contra uma encosta íngreme de colina, dando a impressão de ser uma gruta ou um pequeno desfiladeiro com uma cachoeira ao fundo. Foi dedicado a Serápis, o deus sincrético helenístico-egípcio que era o protetor da cidade de Alexandria. A água oriunda de um aqueduto acima corria pelo desfiladeiro e em torno do assento de alvenaria em forma de crescente, em direção à longa piscina que sugeria um rio. Assim, os visitantes, reclinados nos típicos assentos curvos dos romanos, podiam fazer uma refeição agradável, em ambiente fresco, mesmo nos dias mais quentes do verão. Uma pequena piscina semicircular, por meio da qual se podia passar os pratos flutuando de um lado para o outro, tornava o lugar ainda mais charmoso. As superfícies da abóbada eram revestidas de mosaicos azuis e verdes, e as paredes da êxedra eram decoradas com nichos semicirculares que continham estátuas.

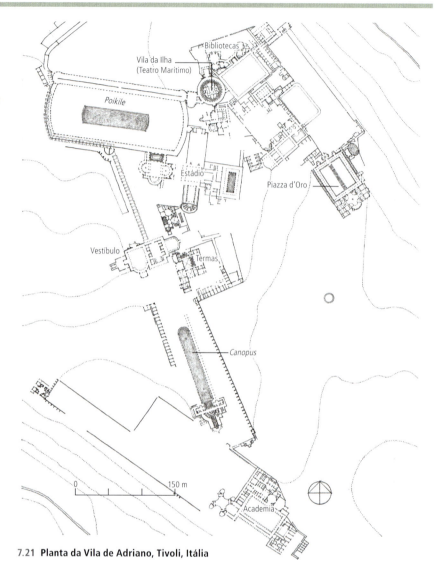

7.21 **Planta da Vila de Adriano, Tivoli, Itália**

7.22 *Canopus*, **Vila de Adriano**

# EUROPA

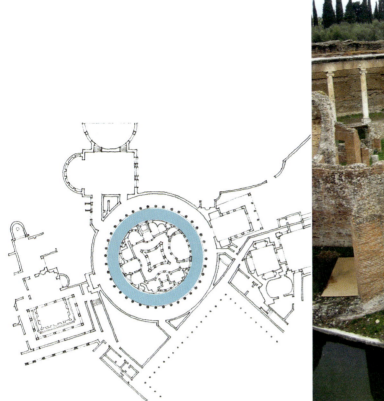

7.23 Planta da Vila da Ilha, Vila de Adriano

7.24 Vila da Ilha, Vila de Adriano

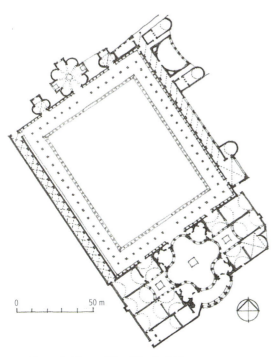

7.25 Planta da Piazza d'Oro, Vila de Adriano

A chamada Vila da Ilha, circundada por um fosso e uma colunata, está entre os muitos elementos surpreendentes do complexo. O acesso é por meio de pontes, que conduzem ao interior de uma intrincada composição arquitetônica de curvas côncavas e convexas. A aparente simetria no centro, típica da imaginação espacial dos arquitetos romanos, abre-se como um leque em direção ao perímetro, como se o arquiteto perdesse gradativamente o controle sobre os volumes mais afastados, o que era, de certa maneira, uma metáfora referente ao próprio Império Romano. As duas séries de dormitórios estavam a leste, e a sala de jantar, ao sul. O lado oeste era ocupado por uma pequena área de banho. No centro do pátio compacto em peristilo havia uma fonte cujo som era filtrado através dos cômodos.

A Piazza d'Oro, outro elemento da vila, é o ponto alto de um exercício de imaginação espacial. Trata-se de um grande pátio com peristilo quase quadrado, com uma piscina no centro. Em sua extremidade mais afastada há um pavilhão ou ninfeu. O recinto principal é configurado por paredes curvas que se tornam côncavas e depois convexas, conformando um espaço fluido com quatro braços. Não se trata de paredes no sentido estrito, mas de colunatas curvas que permitem que uma pessoa veja os espaços contíguos através delas. O ambiente não era coberto. Suas quatro áreas de apoio nas quinas são idênticas entre si. O lado côncavo conduz a recintos com fontes nos pisos, enquanto o do eixo principal leva a um espaço curvo cuja parede de fundo é adornada por fontes. A Vila de Adriano é um exemplo magistral da imaginação dos romanos de trabalharem os espaços. A ordem é equilibrada com a complexidade, e a arquitetura se contrapõe à paisagem.

# 200 D.C.

7.26 O sistema de fórnice do Tabularium

7.27 Arco de Sétimo Severo, Roma

### As superfícies verticais romanas

A partir do momento em que os egípcios passaram a cobrir as paredes de seus templos com relevos históricos, já não era possível aos arquitetos considerá-las algo que não fosse um elemento definidor de espaços. Na arquitetura grega, as paredes com frequência ficavam ocultas por colunas e, apesar de os gregos terem inventado a pilastra em forma de colunas em antis e de terem até mesmo, algumas vezes, articulado as paredes com painéis rasos, eles nunca viram a parede como algo mais especial. Porém, na época do Coliseu, os arquitetos romanos estavam começando a fazer experiências com articulações complexas da superfície vertical. Pela primeira vez, a parede tornava-se um elemento arquitetônico por si. A técnica de emoldurar arcos com meias-colunas adossadas que sustentam um entablamento é denominada sistema fórnice de ornamentação (*fornix* significa abóbada ou "sala arqueada") e remonta a cerca de 150 a.C. Os romanos também foram os inventores da edícula, uma combinação de nicho com colunas laterais conectadas por um frontão ou arco. Eles também desenvolveram o dado, o suporte em forma de caixa que eleva uma coluna.

O anfiteatro de Nimes (França) recapitula o tema, assim como os numerosos arcos de triunfo, como o Arco de Tito (81 d.C.), em Roma. As edículas e os nichos acabaram sendo incorporados ao vocabulário arquitetônico, como pode

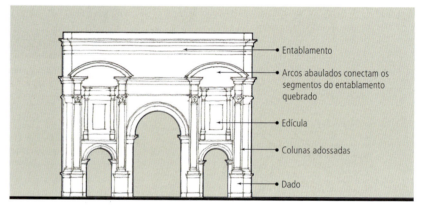

7.28 Arco de Trajano em Timgad, Algéria

ser visto no Arco de Trajano, em Timgad (*circa* 100 d.C.), que tem um desenho inovador. O arco central é ladeado por outros arcos coroados por edículas flanqueadas por suas próprias pequenas colunas. Os dois lados são então organizados por enormes colunas que chegam ao topo das edículas e, com a ajuda de impostas, alcançam uma altura na qual nascem os arcos abaulados sobre elas. Os dois elementos laterais são interligados por um entablamento, reduzido a uma projeção estreita. Ainda que talvez seja um pouco estranho, é, sem dúvida, muito cinético.

Para termos uma ideia do nível de experimentação a que isso levou, voltemos aos túmulos escavados nas rochas de Petra, no Sul da Jordânia. O chamado Túmulo-Palácio, por exemplo, ao qual já se atribuíram diversas datas (a segunda metade do primeiro século d.C. ou o início do segundo), apresenta um desenho estratificado, com o registro inferior de quatro portas emolduradas por edículas com topos arredondados e frontões triangulares, com os capitéis abstraídos, bastante incomuns. O conjunto é amarrado por um entablamento contínuo sobre

# ÁSIA OCIDENTAL

o qual se apoia uma fileira de meias-colunas (as últimas são pilastras). Acima fica um entablamento semelhante a um acordeão, com a ordem das pilastras projetando sua sombra até o topo. O Túmulo de Sexto Florentino é particularmente requintado. Sobre o registro inferior há uma série de pilastras e um segundo grupo de capitéis. Essa interpenetração de horizontais e verticais permite que se enxergue simultaneamente nos dois eixos, x e y. Esse nível de complexidade visual só voltaria a se repetir na Renascença italiana.

Durante o século II d.C., as fachadas arquitetônicas ricamente decoradas, antes associadas aos proscênios dos teatros, surgiram em muitos espaços públicos. Um exemplo disso é a fachada da Biblioteca de Éfeso (115 d.C.), que se eleva sobre a extremidade oeste de um pátio de mármore e é acessada por uma escada com nove degraus. As três entradas, coroadas por grandes janelas, são ladeadas por quatro nichos, os quais contêm estátuas personificando as virtudes de Celso, senador romano e procônsul da Ásia. Na fachada há quatro pares de colunas de altura dupla; os capitéis do pavimento térreo são coríntios, os do segundo pavimento, jônicos. Em mais uma demonstração de habilidade de projeto, o arquiteto alternou a união superior dos pares de colunas. No topo, as colunas são unidas por frontões triangulares e em arco. As colunas das extremidades laterais ficam quase soltas em frente à fachada.

Esses virtuosismos são mais do que um mero excesso arquitetônico: correspondiam ao gosto helenístico pelas experiências sensoriais e buscavam expressar as qualidades e a generosidade do mecenas.

No ninfeu de Nîmes, França, as colunas formam um exoesqueleto contra o qual é prensada a massa das paredes. A busca por composições complexas e criativas chega a seu clímax no Teatro Sul de Gerasa, Jordânia (atual Jerash). Embora o primeiro pavimento tenha sido reconstruído sem o segundo, ele mosta uma série de colunas duplas sobre um soco, formando um anteparo em frente às portas com frontões e as edículas entre essas. Um esquema similar e muito bem pensado predomina no Templo de Zeus, em Baalbek. Duas colunas coríntias *in antis* trabalham com duas pilastras para dar uma ideia de painel. As edículas, arredondadas no nível mais baixo, mas coroadas por frontões no topo, foram espremidas entre as pilastras, praticamente ocultando a superfície da parede que está por trás. O tema continua no grande nicho entre as colunas, e o todo é amarrado por um único entablamento contínuo.

7.29  **Biblioteca de Éfeso, Turquia**

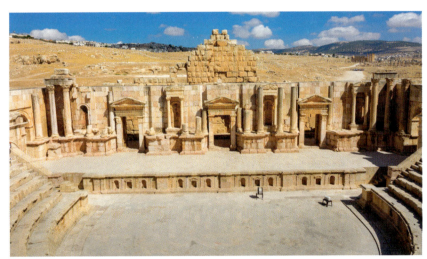

7.30  **Teatro sul, Gerasa, Jordânia**

7.31  **Detalhe da fachada do Pátio do Templo de Zeus, Baalbek, Líbano**

# 200 D.C.

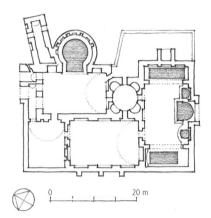

**7.32** Planta das Termas da Ágora em Éfeso, Turquia

## As termas romanas

Embora os romanos abastados dispusessem de banhos em suas casas na cidade e em suas vilas no campo, o aquecimento de uma série de recintos ou mesmo de um prédio separado para esse fim era normalmente reservado aos banhos públicos, existentes nas cidades e nas metrópoles de todo o império. Esses banhos, chamados *thermae* (termas), eram propriedade do estado e com frequência ocupavam vários quarteirões da cidade. O preço dos ingressos era bastante razoável, acessível à maior parte dos romanos livres. Nessas termas, a área ocupada pela água era, entretanto, relativamente pequena, pois a maior parte do conjunto era tomada por espaços para exercícios físicos, salas de repouso e lugares para caminhadas. Como a jornada de trabalho romana começava ao nascer do sol, em geral pouco depois do meio-dia já havia terminado. Por volta das duas ou três horas da tarde os homens costumavam ir para as termas, dedicando-se por várias horas a esportes, banhos e conversas, depois do que estavam prontos para um jantar relaxante. Os banhos republicanos possuíam instalações separadas para mulheres e homens. No entanto, na época do império, era costume abrir-se os banhos para as mulheres no início do dia e reservá-los para os homens a partir das duas da tarde, até o fechamento ao pôr do sol.

As termas eram espaços seculares, sem altares ou qualquer proteção divina. Contudo, alguns dos banhos com águas quentes ou águas minerais eram associados às ninfas do rio local ou aos deuses da medicina. O ambiente oferecido por esses locais era, ao mesmo tempo, sensual e social. Algumas termas tinham inclusive auditórios e bibliotecas. A origem dessas instituições remonta ao início da cultura clássica e à importância atribuída pelos gregos à boa forma: os banhos eram considerados parte dos rituais higiênicos associados ao esporte. Os ginásios, onde esporte e educação eram ensinados juntos, eram primordialmente reservados aos filhos dos cidadãos e constituíam locais de treinamento militar. Entretanto, sob o governo de Alexandre, o Grande, os banhos do ginásio grego transformaram-se em um ambiente mais social, e esse espírito foi ainda mais ressaltado nas termas romanas. Na verdade, poucos cidadãos romanos eram pobres demais para não poderem pagar pelo ingresso a esses locais. Consciente do papel benéfico desempenhado por essas instituições na saúde, na educação e no entretenimento do povo, o estado romano destinava recursos consideráveis para a manutenção das termas. Algumas das termas, como a de Caracala ou de Diocleciano, eram prédios enormes, os maiores edifícios públicos do mundo de então. Seus luxuosos interiores eram decorados com troféus, inscrições e esculturas, que refletiam o alcance e o poder do imperador.

As Termas de Caracala (212–216 d.C.) são consideradas o exemplo mais bem-acabado de banhos públicos romanos. O edifício principal (que tem 200 por 114 metros) situava-se em um recinto (328 por 400 metros) que continha cisternas, pistas de corrida, jardins, bibliotecas e lojas. Sua fachada era relativamente austera, com apenas algumas portas, mas os espaços interiores eram descobertos e ensolarados. A piscina principal era a *natatio*, ou piscina para a natação. Embora não tivesse telhado, as elevadíssimas paredes de todos os lados garantiam sombra fresca à tarde. O *frigidarium* ficava no centro da

**7.33** A escala do interior das Termas de Caracala, Roma

composição. Era coberto por três elevadíssimas abóbadas de arestas acima do nível dos recintos circundantes. A luz do clerestório se filtrava pelo espaço até embaixo. Os cômodos à direita e à esquerda davam para as *Palaestrae* (palestras), ou pátios para exercícios físicos. Depois vinha o *tepidarium*, um salão com pequenos banhos de imersão em água morna em ambos os lados. O clímax era um *caldarium* circular, com 35 metros de largura e grandes janelas nas paredes. O calor da água quente era fornecido pelos dutos do hipocausto situados sob o salão.

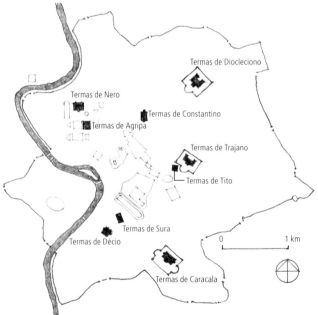

**7.34** Localização das termas de Roma

# EUROPA

Havia em Roma, no fim do império, oito banhos públicos de tamanho significativo, cobrindo uma área considerável da cidade:

| | |
|---|---|
| 25 d.C. | Termas de Agripa |
| 64 d.C. | Termas de Nero |
| 80 d.C. | Termas de Tito |
| 104 d.C. | Termas de Trajano |
| circa 100 d.C. | Termas de Sura |
| 212–16 d.C. | Termas de Caracala |
| circa 250 d.C. | Termas de Décio |
| 298–306 d.C. | Termas de Diocleciano |
| 320 d.C. | Termas de Constantino |

**As partes das termas romanas**

1. *Apodyterium*: vestiário com armários
2. *Caldarium*: principal sala quente
3. *Frigidarium*: principal sala com água fria, frequentemente reunindo várias piscinas sem aquecimento
4. *Natatio*: grande piscina para natação, sem aquecimento
5. *Palaestra*: pátio para exercícios físicos
6. *Tepidarium*: sala e banho de temperatura morna, constituindo muitas vezes uma espécie de zona de transição entre o *caldarium* e o *frigidarium*

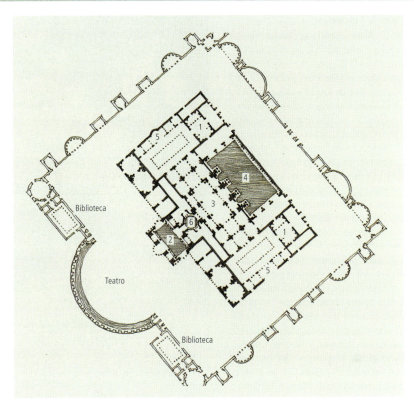

7.35 **Planta das Termas de Diocleciano, Roma**

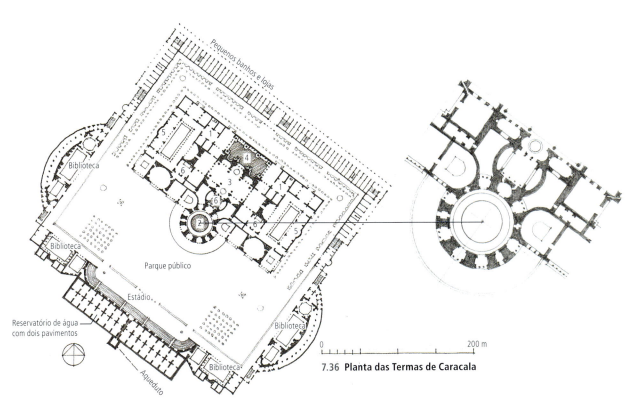

7.36 **Planta das Termas de Caracala**

# 200 D.C.

## O Palácio de Diocleciano

Em 166 d.C., tribos germânicas cruzaram as fronteiras do Império Romano ao longo do Alto Danúbio e, em 172 d.C., os mouros da África do Norte invadiram a Espanha. Em 253 d.C., os francos do Médio e do Baixo Reno começaram a atacar de modo intermitente o Norte da Espanha. Em 257 d.C., os godos invadiram a Grécia e a Ásia Menor. Embora o império estivesse sendo atacado, na própria cidade de Roma também havia problemas. Nas décadas anteriores ao império de Diocleciano (que reinou entre 284 e 316 d.C.), o Senado proclamara nada menos que 20 imperadores – e, no mínimo, o mesmo número de usurpadores e pretendentes.

Para restabelecer a ordem na Gália e impedir a usurpação do trono, Diocleciano alterou fundamentalmente o governo do império, o que acarretou consequências históricas profundas para o resto da Europa. Ele dividiu o império em dois, e depois outra vez em dois, com seu amigo Maximiano servindo de corregente na parte ocidental. As capitais dos quatro governantes eram Nicomédia, na Grécia; Mediolanum, a atual Milão; Tréveris (Trier), Alemanha; e Sirmium, na Sérvia atual. De Nicomédia, Diocleciano governava o Egito e a parte asiática do império. Adotando o modelo persa de administração, implementou outras divisões territoriais no império e separou a administração militar da civil.

No início, esses esforços deram certo. Em 296 d.C., a Bretanha foi devolvida ao império; em 298 d.C., os persas foram dominados e os germanos, expulsos. Embora inicialmente tolerasse o cristianismo, cujo ímpeto se acelerava, em 303 d.C. Diocleciano emitiu em Nicomédia um decreto que o proibia. Isso levou a inúmeras execuções, ao confisco de propriedades e à destruição de igrejas. Em 1º de maio de 305 d.C., o imperador abdicou e se retirou para o palácio que preparara para a sua aposentadoria em Spalato (Split), na Baía de Aspalathos, na costa da atual Croácia.

Tanto Diocleciano quanto Maximiano construíram suntuosos palácios. A Piazza Armerina (Villa Romana del Casale), construída por Maximiano, situa-se no leste da Sicília, perto de Catânia, e segue algumas das convenções da Vila de Adriano, embora seja inferior quanto à qualidade da composição do conjunto. Seus vários elementos parecem ter sido agrupados de forma um tanto arbitrária em volta de um grande pátio aberto. Ainda assim, não se pode dizer que a composição seja totalmente desordenada. Partindo de um pátio de entrada curvo, o visitante vira à direita e ingressa em uma série de espaços ligeiramente desconexos que conduzem ao salão de audiências, situado a leste. A composição é amarrada por um longo corredor, uma espécie de "rua" que corre de norte a sul e conecta entre si

7.37 Reorganização do Império Romano em quatro prefeituras pretorianas (*circa* 405 d.C.)

os principais elementos do programa de necessidades. A composição parece bastante informal, e isso foi proposital, como se ela tivesse sido resultado de diversas etapas construtivas, ao longo do tempo. A vila contém mosaicos espetaculares em seus pisos. O corredor de 60 metros de extensão, por exemplo, apresenta cenas de caça incrivelmente elaboradas, e, inclusive, animais selvagens como panteras, leões e antílopes sendo embarcados em navios destinados a Roma, onde seriam apresentados nos grandes anfiteatros.

Contrastando com a Piazza Armerina, o Palácio de Diocleciano em Split, na atual Croácia, é parte acampamento militar fortificado, parte cidade e parte vila (mansão de campo).

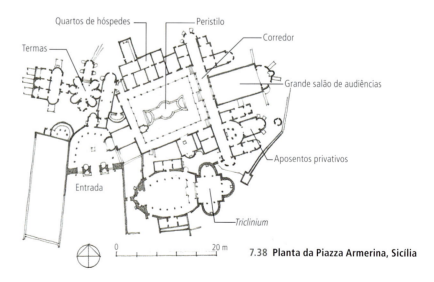

7.38 Planta da Piazza Armerina, Sicília

# EUROPA

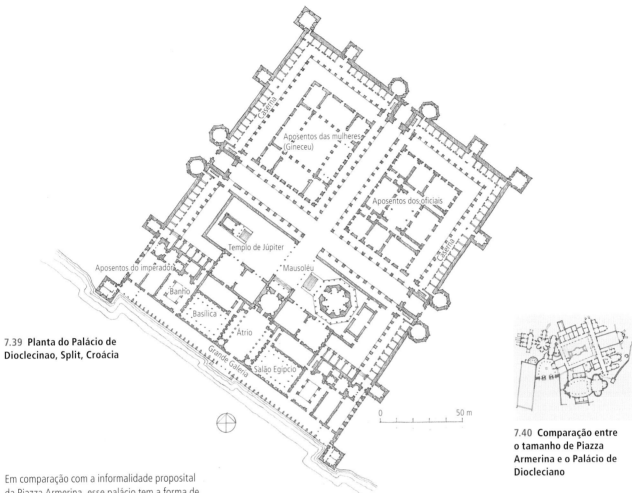

7.39 Planta do Palácio de Dioclecinao, Split, Croácia

7.40 Comparação entre o tamanho de Piazza Armerina e o Palácio de Diocleciano

Em comparação com a informalidade proposital da Piazza Armerina, esse palácio tem a forma de um retângulo ligeiramente irregular (de 175 por 216 metros) protegido por muralhas e portões com torres que se projetam das fachadas oeste, norte e leste. Somente a fachada sul, que se elevava diretamente junto ao mar, não era fortificada, e possuía uma longa colunata por todo o nível superior. O *decumanus* que conecta os portões leste e oeste divide o conjunto em dois. Ao sul localizavam-se os aposentos do imperador, tanto os públicos como os privados. Na outra metade estavam cozinhas, estábulos e armazéns. As ruas internas eram ladeadas por colunatas. Entre o cruzamento principal e os apartamentos do imperador havia uma zona retangular para o templo e o Mausoléu, um prédio octogonal e cupulado. A planta da vila é poderosa por sua abstração e seu zoneamento funcional. A área menos bem composta provavelmente é a área dos apartamentos imperiais, que não passa de um conjunto ortogonal de espaços distribuídos sobre o grande terraço. De leste a oeste, junto à elevação sul, havia salas privativas do imperador, com um banho, a sala do trono (Basílica), um grande salão para recepções (*triclinium*), uma cozinha e áreas de serviço.

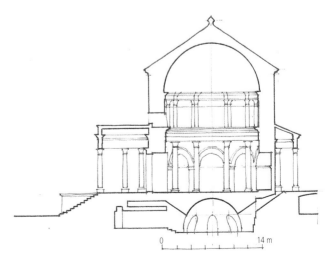

7.41 Corte através do Mausoléu do Palácio de Diocleciano

# 200 D.C.

7.42 Localização de Baalbek, Líbano, Ásia Ocidental

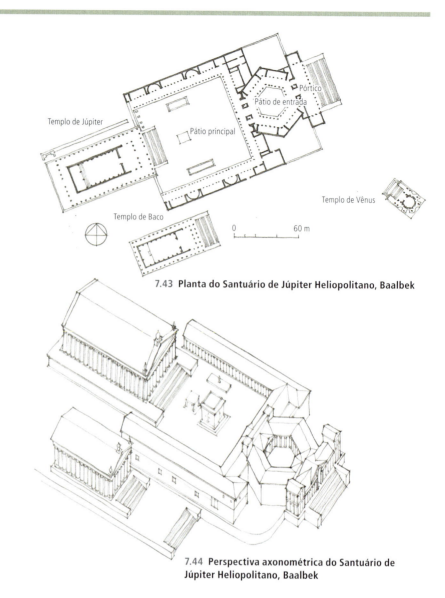

7.43 Planta do Santuário de Júpiter Heliopolitano, Baalbek

7.44 Perspectiva axonométrica do Santuário de Júpiter Heliopolitano, Baalbek

## Baalbek

A divindade suprema dos cananeus era El, o deus-sol, que também tinha o touro como atributo. Sua companheira era Ashera, a deusa da fertilidade. Os devotos não podiam orar diretamente ao casal, mas podiam usar a influência mediadora de seu filho, Baal, senhor da chuva, da tempestade e do trovão. Isso era típico das Era Helenística, em que ascenderam diversos filhos de divindades. O principal sítio do culto a Baal ficava em Baalbek, junto a uma fissura natural na rocha com cerca de 15 metros de profundidade no fundo da qual havia um pequeno altar escavado na pedra. Como o altar era pouco acessível, construiu-se outro na montanha, que depois foi ampliado com portões e torres protetoras. Por fim, um templo foi construído sobre uma cripta alta. O Templo de Júpiter, o último a ser edificado no local, foi iniciado no reino de Augusto (27 a.C.–14 d.C.) e possuía uma escala até então desconhecida em Roma. Algumas das pedras das fundações pesavam 800 toneladas e estão entre as maiores empregadas na época dos romanos. Mesmo assim, não era tão grande como alguns dos enormes templos helenísticos, como o de Dídima, que se erguia sobre um pódio de 17 metros de altura e cujas colunas elevavam-se outros 22 metros. (O gigantismo era um elemento típico das colônias, mas em Roma era menosprezado e visto como uma espécie de excesso bárbaro.)

A entrada do templo era demarcada por dois prédios: um propileu em formato de U, que foi conectado à fachada do templo (século III d.C.) e um inusitado Pátio Hexagonal (século II d.C.). Este último abre-se para o pátio principal aberto, cercado de galerias cobertas e salas com funções diversas. A elevação principal do complexo formava quase um apêndice e era muito ornamental. Embora a simetria fosse vista como parte da ordem natural da arquitetura, os arquitetos conectavam entre si blocos distintos a fim de criar conjuntos incomuns como esse. Trajano visitou o santuário por volta de 115 d.C. para consultar o oráculo, antes de sua campanha contra os partas, e o projeto talvez tenha influenciado-o na criação de seu foro quando retornou a Roma. Em 195 d.C., Sétimo Severo (que reinou entre 193 e 211 d.C.) concedeu a Baalbek o título de *jus italicum*, promovendo-a assim à classe mais elevada entre as cidades romanas. A construção no local continuou durante o reinado de Caracala (211–217 d.C.), membro da dinastia síria de imperadores.

Perto dali há o Templo de Vênus (séc. III d.C.), um prédio extraordinário composto de uma cela circular com um pórtico anterior. No lado de fora, a cela é ornamentada por colunas que sustentam um entablamento de cornijas recortadas, criando um jogo dinâmico entre a geometria circular e a retilínea. Esse prédio é um testemunho das experimentações formais típicas do leste do Império Romano em sua época. As atividades de construção em Baalbek continuaram até o momento em que o cristianismo foi declarado a religião oficial

## ÁSIA OCIDENTAL

do estado romano, em 330 d.C., finalizando um dos maiores e mais prolongados projetos de construção executados no Levante.

A metade inferior da Ásia e o Leste Europeu eram definidos por suas realidades ecológicas específicas. Em seu norte gélido viviam povos da primeira sociedade humana, que se especializavam na caça e pesca. Ao longo da vasta região das estepes que cobrem milhares de quilômetros de leste a oeste e que essencialmente conectavam a China à Europa, coabitavam dezenas de tribos de comerciantes e guerreiros, cujas vidas se baseavam no uso dos cavalos. À medida que se aproximaram da Rota da Seda, essas tribos disputaram entre si o controle dos fluxos de riqueza. Os limites estabelecidos para cada povo e as lealdades eram instáveis nas vastas extensões de desertos e montanhas. Os partas e os cuchitas, por exemplo, frequentemente travavam guerras, que não apenas eram disputas por rotas de comércio entre ocidentais e orientais, mas também lutas contra os nórdicos que agora vinham das estepes. No limite oeste desse grande *continuum*, em uma região que hoje pertence à Alemanha e ao leste da Europa, havia um próspero bolsão da única sociedade agropastoril entre todo o cinturão das tribos do Norte: os hunos. Uma vez que os celtas da França foram romanizados, esse grupo de antigos parentes também passou a sofrer a pressão dos povos nômades das estepes. Os hunos foram forçados para o oeste e, por fim, romperam as defesas romanas, assentando-se na Europa entre os séculos IV e VI d.C. Da perspectiva dos romanos e dos chineses, todos esses povos eram bárbaros, pois viviam em aldeias, e não em cidades; sustentavam-se saqueando outros povos, em vez de cultivar o solo; e moravam em tendas (iurtas) e cabanas de palha, em vez de construir com pedra, tijolo e adobe. Uma descrição dos hunos, feita pelo historiador do século IV Amiano Marcelino, descreve-os da seguinte maneira:

7.45  Templo de Vênus, Baalbek

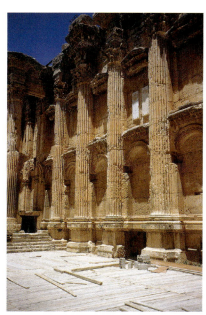

7.46  Cela do Templo de Baco, Baalbek

"Nenhum deles ara o solo ou sequer toca o cabo de um arado; pois eles não têm domicílio fixo, mas são sem-teto e foras-da-lei, eternamente perambulando com suas carroças, que usam como casas. Na verdade, parecem ser pessoas sempre em guerra. Suas esposas vivem nessas carroças, e ali tecem suas vestes miseráveis. Ali também se deitam com os maridos e criam seus filhos [...] e nenhuma delas, se questionada, pode lhe dizer onde nasceu, pois ela foi concebida em um lugar, nasceu em outro muito distante e cresceu em outro ainda mais remoto."

A ironia é que as grandes civilizações da Eurásia dependiam dessa vasta comunidade de cavaleiros: eles eram como o óleo do motor econômico eurasiano.

# 200 D.C.

7.47 Estatueta de um guerreiro parta a cavalo

## O IMPÉRIO PARTA

Os partas conquistaram o Império Selêucida helenista. Originalmente, eram nômades do Norte do Irã e da Ásia Central, mas, em virtude de sua grande capacidade comercial, o Império Parta (247 a.C.–224 d.C.) se tornou o elemento unificador das vastas redes de comércio centro-asiáticas. Os partas, contudo, não levaram consigo uma ampla cultura arquitetônica, mas adotaram o helenismo de seus predecessores, os selêucidas, combinando-o com sua estética particular. Em consequência, os 500 anos de domínio parto produziram uma quantidade incrivelmente pequena de arquitetura. Os partas eram cavaleiros habilidosos e temidos e governavam por meio de uma elite militar, deixando intactas, em regra, as administrações locais. Consequentemente, eles tinham várias capitais regionais. Embora o estado de guerra com os romanos e os invasores do Norte fosse mais ou menos constante, no século II as cidades que desenvolveram o comércio de caravanas – Palmira, Hatra e Messena (antiga Caracena) –, situadas na confluência dos Rios Tigre e Eufrates, cresceram em riqueza e influência. Essa também era uma época em que, em virtude da falta de uma autoridade centralizada, diferentes práticas religiosas começaram a florescer simultaneamente. Os cultos do Sol e do fogo, bem como os mistérios iranianos, tomaram o lugar das antigas práticas mesopotâmicas.
O cristianismo, o judaísmo e várias seitas que utilizavam o batismo chegaram à Mesopotâmia. As fortes relações entre os partas e os chineses resultaram na troca de emissários extraordinários.

Quando o emissário chinês chegava à fronteira parta, era recebido por uma escolta de 20 mil cavaleiros. A elite parta, em geral, seguia o zoroastrismo (veja o Capítulo 400 d.C.), uma nova prática religiosa baseada no culto do fogo. Essa religião foi fundada com certas práticas helenistas, criando-se santuários do fogo dedicados especificamente a determinadas divindades, santos ou anjos. Os altares do fogo partas serviam como focos regionais ou nacionais de peregrinação. Um desses locais, Takht-i-Suleiman, no Oeste do Irã, situado na borda de um vulcão extinto, com um lago no meio, era com frequência visitado pelas elites reais partas. A cidade mais importante fundada pelos partas foi Ctesifonte (veja o Capítulo 400 d.C.), na margem leste do Rio Tigre, na altura em que deságua no Rio Diyala, 32 quilômetros ao sul de Bagdá. Originalmente um posto militar, Ctesifonte se transformou na capital regional, pois situava-se na chamada Estrada Real, que conectava Susa à Anatólia. Não se sabe exatamente quando Ctesifonte se tornou importante, mas supõe-se que os espólios de uma grande campanha contra o Império Romano, em 41 a.C., foram investidos na nova capital, que havia se tornado a residência de inverno dos reis partas em 129 a.C. Os romanos procuraram conquistar a cidade, e conseguiram fazê-lo em 116, 165 e 198 d.C., mas, em 224 d.C., Artaxexes derrubou a monarquia parta e estabeleceu o Império Sassânida, que manteve Ctesifonte como uma de suas capitais.

## AXUM

No século IV a.C., a região correspondente ao atual Norte da Etiópia já possuía uma posição estratégica nas rotas de comércio marítimo que se desenvolviam entre a África e, a leste, a Arábia, a Índia e, inclusive, a China. Com o declínio do Reino de Cuche, talvez em virtude do desmatamento, que exauriu a madeira necessária para a fundição do ferro, essa região, controlada pelos axumitas e dotada de vastas reservas florestais (hoje inexistentes), estava pronta para se tornar uma potência regional. Embora a capital, Axum, se situasse no interior, as cidades portuárias de Adulis e Matara eram centros cosmopolitas. Os soberanos importavam prata, ouro, azeite e vinho e exportavam artigos de luxo feitos de cristal, marfim, latão e cobre. Outros produtos de destaque exportados para o mundo greco-romano eram o olíbano, usado nos enterros, e a mirra, que tinha importantes propriedades medicinais. Ambos os produtos, muito valiosos, eram obtidos da resina de árvores que cresciam principalmente nas regiões montanhosas da própria Axum e do sudoeste da Península Arábica. A qualidade da metalurgia axumita em ouro, prata, bronze e ferro comprova a habilidade de seus artesãos.

Não se deve subestimar a importância de Axum para o comércio global. Os romanos, ansiosos para obter rotas de comércio alternativas para o Oriente, a fim de evitar os partas, desenvolveram relações com Petra.

# ÁFRICA

7.48 Área de influência de Axum, 200 d.C. a 500 d.C.

Axum, como Petra, fazia parte dessa rede comercial meridional, que deve ser entendida dentro do contexto do que ocorria então na Índia. Hoje, pouco resta da Axum original, com exceção de algumas estelas impressionantes. A maior delas é a do rei Ezana, erguida no século IV d.C. e chamada pelo nome do primeiro monarca de Axum a abraçar o cristianismo. Ela é decorada em sua base com uma porta falsa e, em todos os lados, com aberturas semelhantes a janelas. Originalmente, a cidade de Axum tinha uma localização incrível, estando em uma garganta entre dois proeminentes afloramentos rochosos. Os vestígios de um grande palácio e de uma fundição foram descobertos há pouco tempo.

Do outro lado do Estreito de Ormuz havia o reino de Himiar. A princípio comerciava olíbano, mas com o declínio da demanda por esse produto, ele passou a comercializar marfim exportado da África e vendido para o Império Romano. Os navios de Himiar percorriam regularmente o litoral leste da África, onde havia cidades sobre as quais esse reino exercia certo controle político. Himiar permaneceu independente até ser conquistado pelos axumitas em 525 d.C. Axum continuou sendo um império e uma potência comercial até o século VI, quando o desmatamento determinou seu declínio (como havia acontecido com Cuche) — uma decadência acelerada pela ascensão do islamismo e pelas consequentes mudanças nas rotas de comércio. A atual aridez da região torna difícil de acreditar que esse território um dia tenha sido exuberante e coberto por florestas.

A religião axumita era politeísta e se relacionava com as religiões mesopotâmicas e árabes ao postular que as divindades controlavam as forças naturais do universo. No século IV d.C., o rei Ezana converteu-se ao cristianismo e decretou que Axum seria um Estado cristão: este foi o primeiro Estado cristão da história. A cidade possuía vários grandes palácios, que, ao contrário daqueles da Ásia Ocidental, que eram mais irregulares, tendiam a ser extremamente simétricos. O acesso a esses palácios dava-se por meio de largas escadarias que levavam a um pátio de entrada, de onde outras escadas conduziam a um recinto central que servia de sala do trono ou salão de audiências. Os materiais de construção eram pedra e tijolo, provavelmente rebocados. Os telhados eram de madeira.

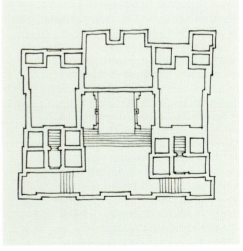

7.49 Planta de um palácio axumita

# 200 D.C.

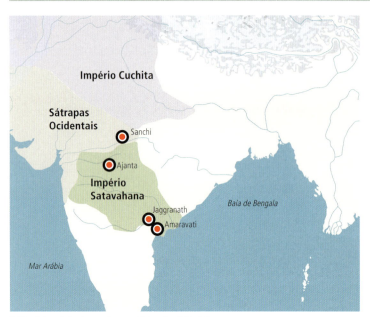

7.50 O Império Satavahana, 200 a.C.–250 d.C.

7.51 Detalhe de capitéis do salão *caitya* de Karli, Maharashtra, Índia

## A ESTUPA DE AMARAVATI

Nos séculos II e III d.C., o Sul da Ásia era dominado por duas grandes dinastias: os satavahanos, que controlavam a Índia Central e Meridional; e os cuchitas, que, embora tivessem migrado para a região há pouco tempo, acabaram dominando uma vasta área que se estendia desde a Ásia Central até o Norte da Índia. Os cuchitas eram mongóis que emigraram para Gandara em virtude da construção da Grande Muralha da China pelos Qin. Os dois povos tinham suas raízes em comunidades comerciantes e, portanto, beneficiavam-se um do outro. Ambos eram predominantemente budistas, embora os satavahanos já testemunhassem um hinduísmo reemergente, e os cuchitas mantivessem práticas de seus credos xamanísticos mais antigos.

Os satavahanas chamavam a si próprios de dakshinapath-pati, isto é, "senhores da rota comercial do Sul", a qual ligava o Egito, controlado pelos romanos, às regiões dominadas pela Dinastia Han, na China. A rota ia dos portos ao longo do Oceano Índico, ao oeste, cruzando a Índia na direção nordeste, até chegar aos portos da Baía de Bengala. Os mosteiros budistas serviram de catalisadores desse progresso mercantil, ao oferecer locais de descanso e funcionarem como entrepostos comerciais para os mercadores.

A mais famosa das construções dos comerciantes satavahanas (século III a.C.), a Estupa de Amaravati, foi desmantelada no século XIX, e suas obras de arte foram espalhadas pelos museus da Europa. Assim como as estupas anteriores em Sanchi e Bharut, a de Amaravati começou como um simples monte de terra, durante a Dinastia Máuria, mas foi significativamente ampliada e ornamentada com o mecenato dos mercadores. As grades e os portais caprichosamente entalhados que foram preservados exibem cenas vívidas, retiradas de cidades fervilhantes. Indivíduos usando turbantes cobrem todos os painéis; músicos tocam para lindas dançarinas; mulheres ricamente adornadas debruçam-se em varandas abobadadas; cavalos, novilhos e elefantes enchem as ruas, ao lado de carros de bois. À distância, grandes navios com velas abertas estão prestes a se lançar ao mar.

7.52 Lajes de pedra esculpidas retiradas da Estupa de Amaravati, perto de Guntur, Índia

# SUL DA ÁSIA

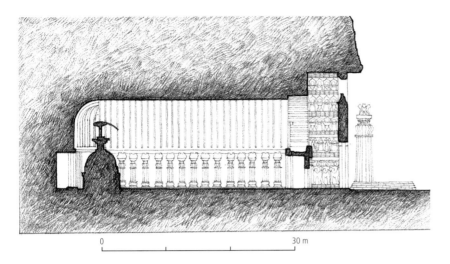

**7.53** Corte longitudinal do Salão *Caitya* de Karli, Maharashtra, Índia

## O SALÃO *CAITYA* DE KARLI

No século III d.C, salões *caitya* estavam sendo construídos em diversos locais da Índia. Um dos maiores e mais imponentes foi feito em 120 d.C. em Karli, no Planalto Deccan, a oeste. Com cerca de 40 metros de profundidade e 12 de largura, a caverna-santuário de Karli tem uma entrada recuada, com anteparos de pedra perfurados, indicando que originalmente uma construção maior de madeira fora agregada para completar o edifício. Pouco depois do anteparo, à esquerda, há um grande pilar esculpido na mesma matriz de rocha que o resto da gruta. A parede de fundo do pórtico de entrada exibe uma série de elementos construtivos repetidos, arcos em forma de ferradura apoiados em um plinto composto por elefantes em tamanho natural, como se eles sustentassem o peso da superestrutura. O painel central da entrada da caverna é formado por diversos painéis com casais de homens e mulheres chamados maithuna, abraçando-se afetuosamente, com claros toques de sensualidade. Conforme uma fonte, "os casais maithuna representam a noção da reintegração do indivíduo ao Princípio Universal". Os painéis da entrada também mostram bodhisattvas, mas esses foram esculpidos no final do século V d.C., quando a iconografia foi "modernizada".

Karli é famosa pelo seu interior, em parte devido a suas dimensões gigantescas, mas, acima de tudo, em função das medidas e do equilíbrio que caracterizam a composição geral de seus elementos. Karli leva o vocabulário *caitya* a uma de suas mais perfeitas realizações. É difícil imaginar que esse é um prédio escavado na rocha viva, principalmente do teto em direção ao piso. As colunas, que são 15 de cada lado, apresentam capitéis canelados e em forma de sino, e, sobre eles, há um plinto elevado que sustenta os casais maithuna sobre elefantes, olhando para baixo.

Comparada com grutas *caityas* mais antigas, a largura do espaço central de Karli é muito mais generosa em relação à sua altura e profundidade. O Estupa de Karli que existe ao fundo da caverna não é mais o centro incidental de um arranjo apertado de elementos, mas o foco de uma composição hierárquica. A estupa em si é relativamente simples em sua forma. Um hemisfério sem adornos assenta-se sobre uma base ligeiramente afilada, ornamentada com vedikas esculpidas. Ao mesmo tempo, é muito mais ousado do que a maioria das estupas anteriores, pois seu *chattri* eleva-se com simplicidade a partir de uma base retangular, ou *harmika*, que se expande com faixas horizontais em forma de cogumelo. Depois, contudo, ele se projeta de repente no espaço com um alto *stambha* vertical, sobre o qual assenta-se o *chattri* final, que se torna o foco de toda a composição. No entorno escuro, o *chattri* capta a luz e aparece como um brilho horizontal na composição vertical. (O *chattri* denota o abrigo do ideal budista, sob o qual o monge encontra refúgio e fé.)

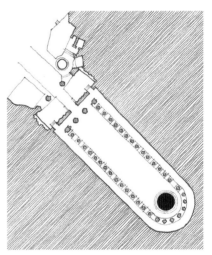

**7.54** Planta do Salão *Caitya* de Karli, Maharashtra, Índia

**7.55** Vista interna do Salão *Caitya* de Karli, Maharashtra, Índia

# 200 D.C.

## ANURADHAPURA

A ilha de Sri Lanka talvez estivesse distante da Rota da Seda, mas, mesmo assim, contribuiu muito para o comércio, pois era a principal fonte regional de pedras preciosas, como rubis, que serviam como uma moeda leve e fácil de transportar. A ilha também era uma fonte de pérolas, obtidas em seu litoral oeste, e canela, das regiões úmidas do sul, a qual era uma especiaria particularmente importante nos incensos dos rituais hindus. A maioria desses produtos de luxo podia ser produzida com a mínima interferência do governo, em comunidades litorâneas. Contudo, com a chegada do budismo, no século III a.C., a parte norte da ilha (mais seca e menos povoada) se transformou em um conjunto de aldeias de cultivo de arroz dominado por poderosas elites sediadas em palácios, que tinham fortes interesses comerciais. Eles transformaram os rios da região em uma série de lagos rasos interconectados, um desembocando no outro e, por fim, desaguando em um grande lago represado por um dique gigantesco. Usando barragens e canais, a água, então, era utilizada para irrigar os campos de arroz. O primeiro desses sistemas foi seguido por muitos outros nos séculos seguintes. Em breve, Sri Lanka exportava não somente arroz, mas também tecnologia hidráulica para todo o Sudeste da Ásia. Anuradhapura estava no centro desse empreendimento e, na verdade, foi ousadamente construída logo abaixo da barragem de um desses primeiros grandes lagos artificiais. O Rio Malwaty Oya conectava Anuradhapura à cidade de Mahathia (a atual Mannar), um dos principais portos do comércio com Índia, Roma e o Sudeste da Ásia.

No contexto dessa próspera economia que atraía comerciantes de todas as partes, foi trazida uma muda da árvore Bodhi original, de Bodh Gaya. Essa muda foi plantada no complexo do palácio de Anuradhapura, transformando a cidade em um centro espiritual por si só, cujo *status* perdura até hoje. Dos imponentes palácios de madeira, somente restam as fundações e as colunas de pedra dos pisos térreos, mas essas são suficientes para nos dar uma ideia da escala impressionante desses majestosos edifícios de pavimentos múltiplos. A cidade de Anuradhapura possui pelo menos cinco grandes estupas, cada qual com seu próprio complexo monástico: Thuparamaya (245 a.C.), Ruvanvelisaya (140 a.C.), com 90 metros de altura, Lankaram (85 a C.), Abhayagiri (cuja forma final é do século IV d.C.) e Jetavanarama (*circa* 280 d.C.), a maior de todas, com 115 metros de diâmetro e, originalmente, 120 metros de altura. As estupas se inseriam em conjuntos murados de forma quadrada. Os arquitetos de Sri Lanka desenvolveram um tipo de estupa incomum, que era protegida por uma cobertura cupular sustentada por colunas de pedra. O exemplo típico é a estupa de Thuparamaya. Seu núcleo foi construído em 245 a.C., mas a superestrutura foi agregada no século VII d.C.

7.56 Estupa de Jetavanarama, Anuradhapura, Sri Lanka

7.57 Estupa de Thuparamaya, Anuradhapura, Sri Lanka

7.58 Perspectiva cortada da Estupa de Thuparama, Sri Lanka

# LESTE DA ÁSIA

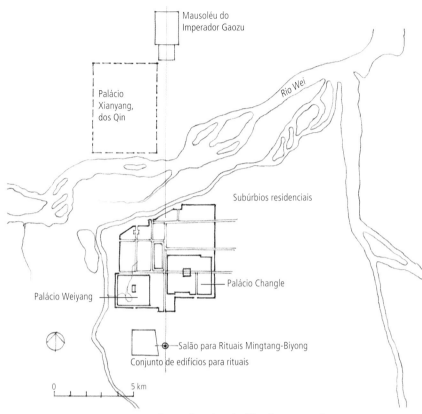

**7.59** Planta de Han Chang'an. A palavra Chang'an significa "paz eterna".

## A CHINA DA DINASTIA HAN

Na virada do milênio que iniciou a Era Cristã, a Dinastia Han (206 a.C.–220 d.C.) governava um território maior do que o do Império Romano. Os Han abandonaram o absolutismo de Shi Huangdi em favor de uma filosofia mais equilibrada de governo, embora tenham mantido a ideia dos Qin de uma China unificada e centralizada. O imperador Wudi (141–86 a.C.) estabeleceu novas comendadorias na Coreia. Ao conquistar Ferghana e as regiões vizinhas em 101 a.C., ele deu à China o controle das rotas comerciais que atravessavam o Deserto de Taklamakan, a via de acesso ao Ocidente. Em troca de sua seda e do seu bronze, a China recebia vinho, especiarias, tecidos de lã, uvas, romãs, gergelim, favas e alfafa. Sob o domínio dos Han, a poesia, a filosofia e a literatura prosperaram, e os volumosos *shiji* ("Registros históricos") escritos por Sima Qian (145–80 a.C.) estabeleceram um padrão para os posteriores anais patrocinados pelo governo. Por volta de 100 d.C., o comércio ao longo da Rota da Seda começou a florescer, e caravanas chegavam a Luoyang praticamente todo mês.

Tornaram-se comuns os intercâmbios diplomáticos internacionais, e, em 166 d.C., foram feitos contatos com o imperador Andun, o nome chinês do imperador romano Marco Aurélio Antonino. Por volta do século III d.C., o papel já era amplamente usado na China, substituindo o bambu, a madeira e as tiras de seda. No século VII, ele era exportado para a Coreia e o Japão e, no século XII, para a Europa, provavelmente por intermediários árabes e outros povos da Ásia Central. A existência de relógios de água, relógios de sol, instrumentos astronômicos e até mesmo de um sismógrafo feito em 132 d.C. atesta a sofisticação tecnológica e científica dos Han.

Ao norte dos territórios dos Han havia os xiongnu, que fundaram um império (209 a.C.–93 d.C.) que se estendia além das bordas da atual Mongólia. Os xiangnu faziam parte de outra confederação nômade conhecida como xianbei. No século III d.C., essas várias confederações, conhecidas pelos chineses como "povos bárbaros", foram úteis para estabelecer a parte leste da Rota da Seda. Isso era tão importante para a visão de mundo dos Han que eles construíram sua nova capital, Chang'an, na longuíqua fronteira oeste de sua área territorial tradicional. Para povoar a cidade, por volta de 200 a.C., os Han obrigaram milhares de famílias de clãs da aristocracia militar a se transferir para essa região. O propósito disso era duplo. Em primeiro lugar, mantinha todos os possíveis rivais próximos do novo imperador. Além disso, permitia a ele focar sua energia na defesa da capital contra uma invasão da vizinha xiongnu. Essa espantosa ruptura com os laços geográficos também foi o primeiro passo para o surgimento de uma cultura imperial artificial – ou, poderíamos dizer, universal e divina.

A capital situava-se logo ao sul da destruída Xianyang, a antiga cidade palatina dos Qin. Os Han inclusive usaram um dos palácios dos Qin, o Palácio Xingle, sendo otimistas e mudando seu nome para Palácio Changle ("Perpétua Alegria"). O formato da nova cidade, com seus 12 portões, era irregular, em virtude de sua implantação ao longo do rio e de acordo com certos imperativos astrológicos. Cerca de metade da cidade foi preenchida com enormes palácios conectados por passarelas elevadas de dois pavimentos, com pontes que cruzavam as ruas. Esses corredores permitiam que o imperador transitasse entre os palácios sem ser visto. À medida que a cidade cresceu, um subúrbio desenvolveu-se a leste. A oeste do Palácio Changle foi construído o novo Palácio Weiyang, com um imenso salão de audiências. (A palavra *weiyang* significa "preservando a dignidade da lei".) Pelo fato de ser a moradia dos imperadores, esse edifício era particularmente proeminente. Assim como os palácios dos Qin, os gigantescos palácios dos Han eram construídos de madeira ao redor de um sólido núcleo de terra. Os Han também construíram um grande complexo palatino a oeste da cidade, no Parque Shanglin, junto com um lago artificial, o Kunming Chi. O lago, que simbolizava os oceanos do mundo, tinha no centro a escultura de uma baleia. Pouquíssimo resta das enormes construções de madeira dos Han. Contudo, entre os objetos funerários depositados nas tumbas reais, com frequência havia maquetes de edificações a serem usadas na outra vida. Esses modelos mostram torres de vigia de vários pavimentos, com estrutura em madeira e pilares nas quinas. Os níveis superiores em geral tinham área menor do que os inferiores, criando-se um perfil progressivamente afilado. Em cada pavimento, amplos beirais e sacadas eram sustentados por elaborados cachorros e consolos.

# 200 D.C.

## O complexo para rituais Mingtang-Biyong

Se a capital dos Qin foi projetada como um microcosmo do Império Chinês, a vizinha Chang'an foi concebida de modo a representar nada menos do que os próprios céus. Os rituais dos Qin tendiam a incluir ritos variados das mais longínquas regiões da China. Segundo o Shiji, os ritos de sacrifício, chamados de *zhi*, deviam ser executados em terrenos elevados e arborizados, onde se ofereciam dádivas às divindades das quatro direções, representadas pelas cores branco, azul-celeste, amarelo e vermelho. Os Han multiplicaram os rituais dos Qin e ofereciam sacrifícios aos deuses do Céu e da Terra, das montanhas e dos rios, do Sol e da Lua, das estrelas e dos planetas. Eles também construíram réplicas artificiais dos altares naturais dentro da própria capital.

Tudo isso coincidia com a noção emergente do poder imperial. Ao contrário da Europa, onde o poder absolutista era uma extensão do privilégio aristocrático e da força militar, a tradição chinesa emergente interpretava o poder do imperador com base em um desejo divino. Suas ações eram vistas como parte integral da ordem cósmica. Assim, era função do imperador realizar determinado conjunto de ritos para demonstrar que ele era o soberado de direito, validando sua própria posição dentro do sistema, e, ao mesmo tempo, validando o próprio *status quo*. O imperador era visto como o Filho dos Céus, trabalhando com o Mandato dos Céus (*tianming*). Esse mandato, todavia, não exigia que o imperador fosse de uma linhagem nobre, e, de fato, várias dinastias foram fundadas por plebeus. Contudo, se qualquer problema sério surgisse, como o mau tempo, uma seca ou invasão militar, ele podia ser visto como um sinal de perda do favor divino, o que às vezes acarretava tumultos. Se o imperador fosse deposto, isso era visto como o fato de ele ter perdido seu Mandato dos Céus. Assim, uma rebelião bem-sucedida era interpretada como evidência de que a aprovação divina havia sido passada à nova dinastia. A princípio, o sistema seria um incentivo para que os soberanos reinassem de modo correto e justo. Na prática, contudo, o que acontecia era bem diferente.

Em Chang'an, as estruturas para rituais, que constituíam o núcleo desse mandato, situavam-se ao sul da cidade. Elas eram conhecidas como Biyong ("Fosso do Anel de Jade") e Mingtang ("Salão Luminoso", 141–86 a.C.) e foram concebidas como sendo a interseção entre o Céu (círculo) e a Terra (quadrado) e orientadas segundo os quatro pontos cardeais.

O fosso circular do Biyong, que define seu perímetro, é transposto por pontes sobre as quais correm caminhos provenientes das quatro direções cardeais. Esses caminhos levam a um recinto quadrado em cujo centro, sobre um terraço circular, havia o salão sagrado principal (o Mingtang, o "Salão Luminoso"), com dois pavimentos. As paredes das quatro câmaras externas eram pintadas em cores associadas às quatro direções cardeais: verde (leste), vermelho (sul), branco (oeste) e preto (norte). O prédio era alinhado com o mausoléu do imperador Gaozu, fundador da Dinastia Han, situado na margem norte do Rio Wei (veja a Figura 7.59).

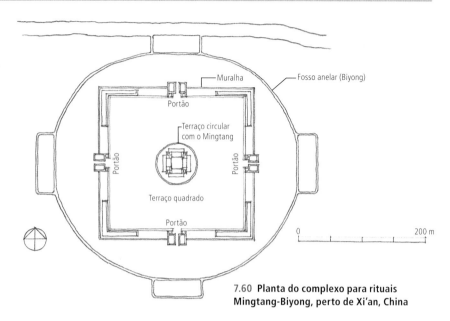

**7.60** Planta do complexo para rituais Mingtang-Biyong, perto de Xi'an, China

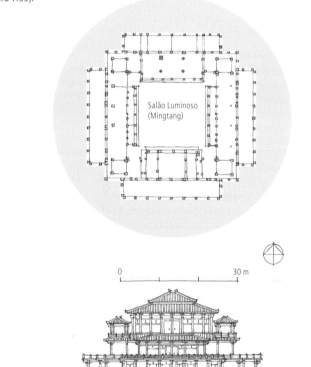

**7.61** Planta e elevação do prédio central do complexo para rituais Mingtang-Biyong

# LESTE DA ÁSIA

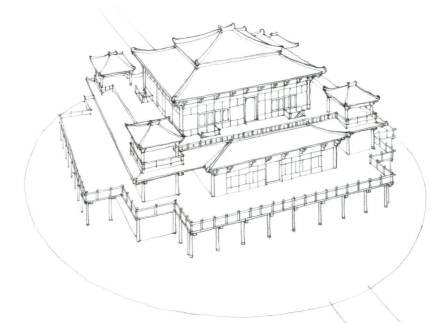

O prédio é um diagrama da filosofia imperial chinesa. O domínio humano era concebido como uma massa de terra circundada por água, com o império no centro e os territórios periféricos ocupados por povos bárbaros nas margens. No centro conceitual de tudo isso situava-se o imperador, que governava por mandato divino e era o Filho dos Céus. A partir desse ponto central, o calendário era regulado, e seu conhecimento era disseminado.

Ao longo dos séculos, inúmeros complexos como esse foram construídos em várias capitais chinesas. Com a exceção do Altar do Paraíso, no Complexo do Templo do Paraíso (atual Pequim), são raros os remanescentes. Ele foi construído em 1420, durante o reinado do Imperador Yongle, da Dinastia Ming, e é uma plataforma circular com três níveis de mármore. Duas vezes por ano, o imperador e todo o seu séquito deixavam a Cidade Proibida para acampar perto do altar. Os plebeus da China não tinham permissão para ver essa procissão nem a cerimônia que a seguia. Após uma série de preparativos extremamente regrados, o imperador orava por boas colheitas. A cerimônia tinha de ser perfeita, pois acreditava-se que até mesmo um erro mínimo seria um presságio ruim para toda a nação no ano seguinte.

7.62 Perspectiva do prédio central do complexo para rituais Mingtang-Biyong, o Salão Luminoso (Mingtang)

7.63 Altar do Paraíso, Pequim, China

227

# 200 D.C.

7.64 Área de influência do Império Teotihuacán

## TEOTIHUACÁN

Teotihuacán foi, até os tempos modernos, a maior e mais imponente das cidades da América. Situada nos altiplanos do México Central, prosperou durante 800 anos. Transformou-se de uma grande aldeia, com cerca de 6 mil pessoas, em uma metrópole de 150 mil ou 200 mil habitantes por volta de 600 d.C. Seu núcleo urbano abrangia 20 quilômetros quadrados. Ela era o centro de um império que dominou até mesmo a cultura e a política das mais distantes cidades-estados maias e reinos. Inscrições do século III d.C. encontradas em estelas de Tikal e Copán informam que Teotihuacán controlava suas dinastias. Ela também pode ter influenciado as culturas dos montes do Mississippi. Apesar de seu tamanho e magnificência, pouco se sabe sobre os habitantes multiétnicos de Teotihuacán. Evidências de um sistema de escrita apenas começam a emergir, mas a maior parte parece ter desaparecido quando a cidade foi destruída. A cidade funcionava como uma espécie de "capital distante", na medida em que era um posto avançado exposto à fronteira norte da área de influência da cultura mesoamericana. Ao norte dela estendiam-se os desertos do planalto mexicano. Mais tarde, os astecas dominariam esse planalto com seus sistemas hidráulicos.

Os maias chamavam a cidade de Puh ("local dos juncos"). O nome Teotihuacán ("local onde os homens se tornam deuses") foi dado a ela posteriormente pelos astecas, que um milênio depois construíram sua própria capital, Tenochtitlán, um pouco mais ao sul. (O nome original é desconhecido.) Na época dos astecas, Teotihuacán, já abandonada, era um local envolvido em lendas e mistérios. Hoje muito se discute sobre a natureza da cidade e a finalidade de suas edificações. Embora Teotihuacán, em seu apogeu, tenha sido quase contemporânea das primeiras cidades maias situadas ao sul, havia diferenças evidentes entre as duas culturas e, ao que parece, a interação entre elas era mínima.

Os arqueólogos creem que uma caverna com quatro câmaras, descoberta por residentes locais nos primeiros anos do século I a.C., assinala o início do rápido desenvolvimento de Teotihuacán. As cavernas desempenhavam um papel importantíssimo nas religiões mesoamericanas. Eram lugares associados à origem dos deuses e dos ancestrais e também portais para o mundo subterrâneo, a esfera dos demônios e outros seres poderosos. A caverna de lava de Teotihuacán talvez tivesse um significado especial, pois seus quatro lóbulos poderiam representar as quatro partes do cosmos mesoamericano. Ela se tornou o centro de uma paisagem espiritual e o foco de rituais da água e do fogo. Contudo, não se sabe se isso representou os primórdios da coesão de um clã ou um ponto conveniente para o aumento do controle territorial. No século II d.C., a maior pirâmide de Teotihuacán, a Pirâmide do Sol, foi construída diretamente sobre a caverna.

Em sua maior parte construída entre 150 a.C. e 150 d.C., a cidade era dividida em quadrantes e possuía uma avenida na direção leste-oeste e a outra, a mais importante, na norte-sul. Essa última, chamada pelos astecas de Avenida dos Mortos, era alinhada com a montanha sagrada, o Cerro Gordo, e apontava aproximadamente 15 graus a nordeste. A largura da avenida variava entre 40 e 95 metros. Sob a avenida, um canal largo e comprido recolhia a água do conjunto de prédios vizinhos e drenava-a para o Rio San Juan. A Pirâmide da Lua, voltada para o sul, definia a extremidade norte da avenida, junto

7.65 A cidadela de Teotihuacán, México

# AMÉRICA CENTRAL

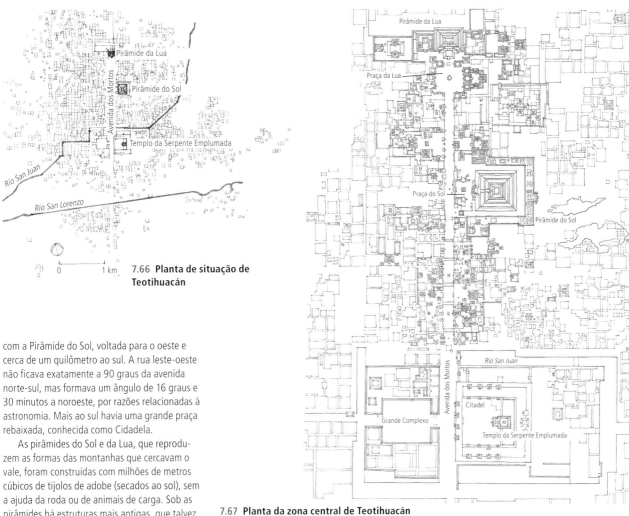

7.66 Planta de situação de Teotihuacán

7.67 Planta da zona central de Teotihuacán

com a Pirâmide do Sol, voltada para o oeste e cerca de um quilômetro ao sul. A rua leste-oeste não ficava exatamente a 90 graus da avenida norte-sul, mas formava um ângulo de 16 graus e 30 minutos a noroeste, por razões relacionadas à astronomia. Mais ao sul havia uma grande praça rebaixada, conhecida como Cidadela.

As pirâmides do Sol e da Lua, que reproduzem as formas das montanhas que cercavam o vale, foram construídas com milhões de metros cúbicos de tijolos de adobe (secados ao sol), sem a ajuda da roda ou de animais de carga. Sob as pirâmides há estruturas mais antigas, que talvez sejam túmulos de governantes de Teotihuacán. A primeira a ser construída foi a Pirâmide do Sol, uma das maiores construções na América pré-columbiana, com base quadrada, 215 metros de perímetro e cerca de 63 metros de altura. O perfil que hoje vemos induz a erro e resulta da imaginação dos seus reconstrutores, no início do século XX, que tentaram lhe atribuir um formato muito piramidal. Na verdade, a pirâmide consistia originalmente em quatro plataformas escalonadas coroadas por um templo. Ao seu lado há uma plataforma anexa, construída sobre o que fora sua fachada principal. Seu exterior era revestido por uma espessa camada de reboco liso, provavelmente pintado de vermelho.

A Pirâmide da Lua, na extremidade norte da Avenida dos Mortos, foi terminada por volta de 250 d.C. Escavações recentes perto da base da escadaria da pirâmide revelaram o túmulo de um homem contendo numerosos objetos funerários feitos de obsidiana e diorito, bem como animais sacrificados. É um dos túmulos mais significativos já descoberto em Teotihuacán e pode indicar a existência de outros túmulos ainda mais importantes localizados no coração da pirâmide. Ao pé da Pirâmide da Lua há uma grande praça (de 204 por 123 metros) circundada por plataformas que eram, na Antiguidade, revestidas com reboco, pintadas e encimadas por templos. Uma plataforma baixa no centro da praça, visível a partir de todas as plataformas circundantes, servia como importante sítio para rituais.

# 200 D.C.

7.68  A divindade Serpente Emplumada (Quetzalcoatl), Teotihuacán

## O Templo da Serpente Emplumada

Terminadas a Pirâmide do Sol e a Pirâmide da Lua, as obras se deslocaram para o sul, onde foi construído, em torno do Templo da Serpente Emplumada (Quetzalcoatl), um grande complexo ritual e palaciano chamado Cidadela – uma praça rebaixada grande o suficiente para abrigar a maioria dos habitantes da cidade. Completado no início do século III d.C., o templo é ladeado por dois conjuntos de apartamentos, onde talvez morassem os governantes da cidade, e por 15 pirâmides escalonadas, menores, três delas situadas no fundo do templo, a oeste, e grupos de quatro pirâmides nos três outros lados.

A fase inicial da construção do Templo da Serpente Emplumada parece ter sido marcada por diversos sepultamentos em massa de pessoas aparentemente sacrificadas, com as mãos atadas às costas. Elas parecem ter sido mortas como parte de um culto de guerra que, segundo os arqueoastrônomos, era regido pela posição do planeta Vênus no firmamento, em seu ciclo celeste de 584 dias. O Templo da Serpente Emplumada pode ter marcado o primeiro uso do perfil arquitetônico característico de Teotihuacán, conhecido como *talud-tablero* (talude-tabuleiro), que consiste em um painel retangular ou tabuleiro (o *tablero*) que se apoia em outro painel inclinado (o talude ou *talud*).

Suas superfícies eram decoradas com murais. Todas as plataformas em Teotihuacán têm esse perfil, e sua presença em outros sítios, em geral, é uma indicação da influência de Teotihuacán em toda a Mesoamérica. A balaustrada e os tubuleiros do Templo da Serpente Emplumada apresentam faixas com grandes cabeças de serpentes, com corpos em baixo-relevo, sobre os quais aparecem, a intervalos, elaborados cocares feitos com mosaicos. Esses adereços, com suas presas salientes e seus olhos proeminentes, faziam parte da iconografia militar de Teotihuacán e eram usadas por toda a Mesoamérica.

Por volta de 200 d.C., todas as construções importantes haviam já sido concluídas, e o Império Puh voltou-se para a construção e a melhoria das áreas residenciais da cidade. O complexo traçado urbano de Teotihuacán foi preenchido com moradias de um ou vários pavimentos. Essa malha, a única conhecida na Mesoamérica antes da capital asteca Tenochtitlán, do século XIV, sugere um alto grau de controle social.

Entre 200 e 600 d.C., Teotihuacán continuou a florescer, e o comércio a longa distância tornou-se fator importante para sua prosperidade. Porém, seu sucesso não durou muito. Por volta de 750 d.C., a cidade foi destruída por completo, possivelmente incendiada por invasores oriundos da cidade de Cacaxtla, 210 quilômetros a leste.

7.69  Detalhe do Templo da Serpente Emplumada

# AMÉRICA DO SUL

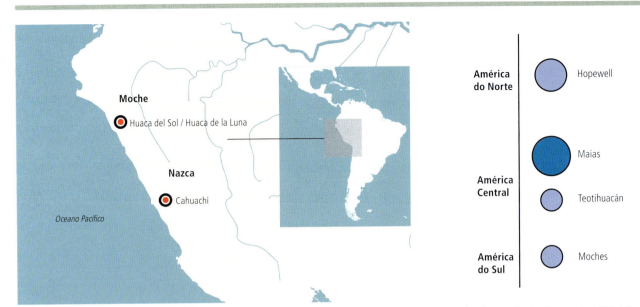

7.70 Civilizações da América do Sul, *circa* 200 d.C.

7.71 Urbanização das Américas, *circa* 200 d.C.

## AS CIVILIZAÇÕES MOCHE E NAZCA

Duas civilizações sul-americanas surgiram simultaneamente no Peru nessa época: os moches, na costa norte, e os nazcas, ao sul. (Hoje elas são conhecidas pelos nomes dos rios em cujos vales situam-se suas ruínas.) Muito pouco se conhece sobre a sua organização social ou política. Contudo, sabe-se que os moches eram exímios artífices do metal, e tanto eles quanto os nazcas também eram oleiros e tecelões.

O Vale do Rio Moche, na costa norte do Peru, já vinha sendo ocupado há muito tempo. O maior dos assentamentos anteriores à cultura moche foi construído pelos salinares (450–200 a.C.). Foi um período turbulento, razão pela qual desenvolveram-se grandes cidades protegidas. Uma delas, conhecida como Cerro Arena, espalha-se por dois quilômetros ao longo de uma cadeia de montanhas ao sul do Vale do Rio Moche, de onde se dominava uma rota de comércio. Suas 200 construções, feitas de granito extraído de pedreiras, variam de moradias de um único cômodo a construções elaboradas, com 20 recintos. Curiosamente, os salinares parecem não ter construído nenhuma estrutura cerimonial.

Por volta de 100 d.C., começou a construção dos complexos cerimoniais de Huaca del Sol e, a 500 metros de distância, de Huaca de la Luna, no centro do Vale do Rio Moche. Acredita-se que cerca de 10 mil pessoas tenham vivido no entorno desses dois imensos montes-plataforma. Conforme a tradição das construções maias, a Huaca del Sol, implantada ao longo do rio, foi sucessivamente ampliada; sendo reconstruída em oito etapas, a última em 450 d.C. Pouco resta de sua gigantesca pirâmide (345 por 160 por 40 metros), além de uma extremidade. No entanto, a análise dos tijolos de adobe revelou que cada um deles levava uma marca, que se acredita ser dos fabricantes dos tijolos ou dos próprios construtores. Isso indica a presença de uma complexa e extremamente organizada corporação de trabalhadores da construção, ou de alguma organização social semelhante.

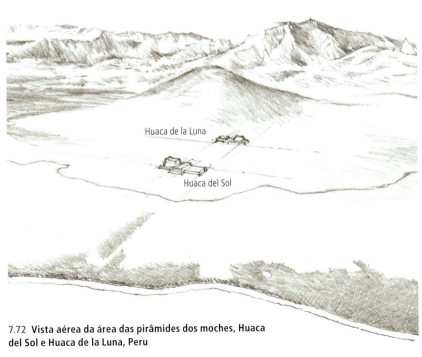

7.72 Vista aérea da área das pirâmides dos moches, Huaca del Sol e Huaca de la Luna, Peru

# 200 D.C.

Ao erguer essa estrutura gigantesca, os construtores decidiram não a edificar como um bloco único, mas colocar segmentos contíguos, melhorando assim sua resistência à atividade sísmica. No evento de um terremoto, as seções independentes talvez ruíssem, mas a estrutura geral permaneceria intacta. Os lados da pirâmide, em degraus, eram decorados com coloridos padrões geométricos e imagens. O conjunto era coroado por pequenos edifícios que formavam um recinto sagrado. Não se sabe qual era o nome original da construção.

Nas proximidades, no sopé norte de uma alta montanha, encontramos a Huaca de la Luna. Construída em seis etapas, sua extensão (290 por 210 por 22 metros) abarcava três plataformas e quatro praças. A maioria dos arqueólogos acredita que Huaca de la Luna era o supremo santuário da região e o local de cerimônias de sacrifício humano. Em um pátio fechado atrás do templo, os arqueólogos encontraram os restos de mais de quarenta homens. Seus ossos, enterrados sob uma grossa camada de sedimentos, indicam que foram sacrificados em períodos de chuvas torrenciais. Também há evidências de sacrifícios em épocas de seca. A principal divindade por trás dessa prática era um deus semi-humano com grandes presas, frequentemente representado segurando uma faca cerimonial numa mão e uma cabeça humana decepada na outra. Os principais prédios da cidade localizavam-se na planície entre os dois templos.

A metalurgia andina alcançou seu apogeu nessa época. Ela se desenvolveu com base em uma antiga tradição metalúrgica da região de Lambayeque, com suas minas de ouro, prata e cobre. O ouro tinha um estatuto especial, não como moeda, mas como símbolo de poder. Os ourives desenvolveram técnicas sofisticadas para fundir e trabalhar as ligas, inclusive uma que equivale à folheação por reposição eletroquímica: dissolviam ouro em soluções ácidas de modo que se ligasse a uma superfície de cobre, produzindo ligas mais fortes e duradouras, com uma superfície dourada brilhante. O metal era usado pelos sacerdotes em seus cocares e ornamentos; talvez fosse também empregado nas superfícies dos edifícios.

No século VII, o local já tinha começado a ser abandonado. Imagina-se que uma seca de 30 anos, aliada a enchentes torrenciais vindas das montanhas, tenha enfraquecido a legitimidade dos soberanos moches.

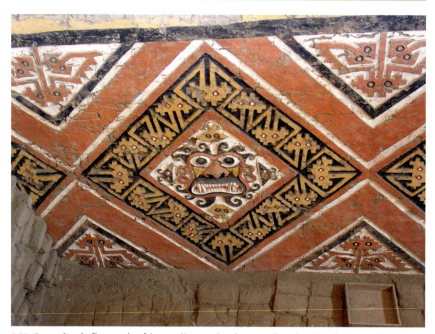

7.73 Exemplos de figuras dos frisos policromados das muralhas do pátio de Huaca de la Luna

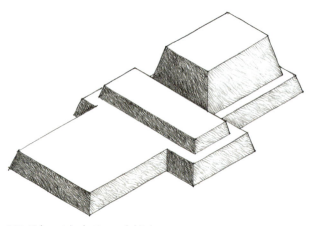

7.74 Volumetria de Huaca del Sol

# AMÉRICA DO SUL

7.75 Vista aérea de uma das figuras de Nazca, Peru

### As linhas de Nazca

Embora as origens das culturas peruanas ainda sejam muito nebulosas, a cultura nazca parece remontar a 3000 a.C. Era uma cultura baseada em um oásis na borda de um deserto junto ao litoral, o qual permitiu o desenvolvimento de uma próspera civilização. Nas planícies cultivavam-se frutas cítricas e mandioca; nas montanhas, as plantações eram de milho, que era conservado em gigantescos silos. Os nazca comerciavam ao longo do litoral, como indica a presença de depósitos de conchas de uma ostra especial que vinha do Equador e era utilizada pelas elites como ornamento sagrado. No início, o povo de Nazca praticou a arte rupestre, como era comum em muitas culturas ao redor do mundo, mas, depois, começou a usar o próprio terreno, desenhando figuras no solo do deserto. Embora fossem muito grandes, essas imagens eram fáceis de gerar, pois exigiam apenas a raspagem ou remoção das pedras vulcânicas escuras que cobrem a superfície do deserto, de resto branca.

A princípio, acreditava-se que essas linhas tivessem natureza astronômica, mas escavações mais recentes têm demonstrado que as linhas foram feitas para cultuar os deuses, com parte de rituais xamanísticos que focavam as memórias ancestrais ou divindades do clima. Embora essas imagens sejam famosas por serem visíveis de muito alto, os estudiosos estão convencidos de que elas, na verdade, foram feitas para serem vistas das laterais oeste das colinas, que serviam como miradores para os rituais que certamente duravam muitos dias e talvez fossem inclusive realizados à noite, com o uso de tochas. Essas linhas não são significantes vazios, mas percursos ao longo dos quais os participantes dos rituais podiam caminhar no contexto de elaboradas cerimônias com danças.

Os desenhos foram criados em várias fases entre cerca de 500 a.C. e aproximadamente 400 d.C. No início, eles representavam figuras com enormes olhos; depois houve uma fase com animais, que serviam como pontos de orientação para os "voos" dos xamãs. Como o macaco, o beija-flor e a aranha não são animais da região, e sim criaturas da floresta tropical a leste, é possível que as imagens tenham sido feitas para se estabelecer uma comunicação com essas criaturas, na esperança de trazer a chuva.

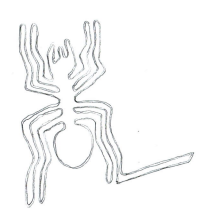

7.76 Desenho nazca feito no solo, mostrando uma aranha

# 200 D.C.

7.77  Figura de um macaco em Nazca

Por volta de 200 d.C., a área começou a secar, e o deserto passou a ocupar as colinas outrora verdes e férteis. As cerimônias que serviam como luta contra a seca parecem ter se tornado cada vez maiores. As figuras de animais deram lugar a gigantescos desenhos geométricos e lineares, cuja escala indica que todos os indivíduos da cultura nazca estavam envolvidos, e não apenas os xamãs, provavelmente para dar mais peso às cerimônias. As pessoas vinham de muito longe, até o centro de peregrinação em Cahuachi, para participar desses rituais elaborados.

Cahuachi é significativa por sua localização geográfica: em virtude de seu percurso geológico, o Rio Nazca se torna subterrâneo no meio do vale e emerge em um ponto logo abaixo de Cahuachi. Em uma região com água escassa, o ressurgimento do rio provavelmente era visto como milagroso. As plataformas de adobe de Cahuachi são muito menores do que as de seus vizinhos moche e estão no topo de cerca de 40 colinas baixas voltada para o Rio Nazca. Mesmo depois que os nazca abandonaram a cidade, no século V d.C., o sítio permaneceu sendo um importante local para rituais e enterros.

## AS SOCIEDADES DO NORTE DA AMAZÔNIA

Ao longo da fronteira entre o Brasil e a Bolívia, pesquisadores recentemente encontraram sinais de montes artificiais e outros trabalhos de terraplenagem, bem como um anel de megálitos utilizado para cálculos astronômicos, datado de cerca de 2 mil anos atrás. O anel compreende 127 blocos de granito, cada um com cerca de 3 metros de altura. Isso indica que, a essa altura, sociedades sedentárias já haviam penetrado a Floresta Amazônica ao longo de seus diversos rios, à margem dos quais o solo fértil das planícies aluviais era abundante. O povo que vivia aí parece ter se especializado no plantio de árvores frutíferas, aproveitando a riqueza do solo para sobreviver durante a estação seca e os períodos de seca mais prolongados. Uma extensa rede de diques baixos indica a prática da pesca em grande escala. Na verdade, os especialistas hoje acreditam que parte significativa das florestas de planície dessa região foi propositalmente criada para beneficiar os seres humanos. Uma teoria é a de que as doenças trazidas pelos europeus tenham exterminado essa civilização, cujos vestígios físicos teriam sido encobertos pela floresta.

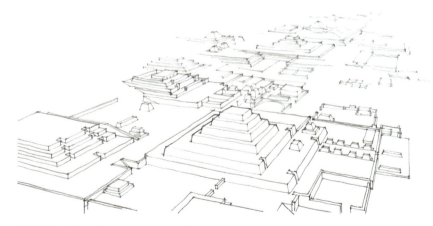

7.78  Cahuachi, um importante centro de peregrinação da Cultura Nazca, Peru

# AMÉRICA DO NORTE

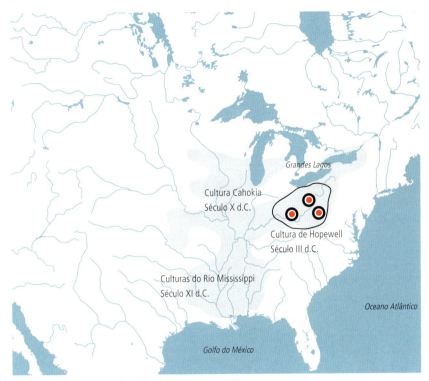

7.79  Localização geográfica da cultura de Hopewell

7.80  Falcão de cobre e mão de mica do Grupo de Montes de Hopewell, perto de Hopewell, Ohio

## OS MONTES DE HOPEWELL, OHIO

O termo *Hopewell* refere-se a uma cultura que floresceu ao longo dos rios das regiões Nordeste e Centro-Oeste da América do Norte, entre 200 a.C. e 500 d.C. Em seu apogeu, a cultura de Hopewell ia do oeste do estado de Nova York (abrangendo inclusive as margens do Lago Ontário) até o estado de Missouri, e de Wisconsin ao Mississippi. Suas maiores comunidades, todavia, foram encontradas na região de Ohio. Os Hopewell não eram uma sociedade agrícola, mas viviam na maneira tradicional: caçando, coletando e cultivando pequenas plantações. Sua afluência, contudo, veio de sua localização, que lhes fornecia sal, sílex e, acima de tudo, pedra-cachimbo (catlinita), uma pedra macia muito apreciada pelos ameríndios, que a usavam para produzir cachimbos cerimoniais. O cachimbo de um homem era um de seus bens mais valiosos, pois o uso ritual e comunitário do tabaco era parte importante da atividade social. Grupos de pessoas viajavam até muito longe, visitando as áreas dos Hopewell para minerar e coletar esses materiais em troca de coisas que eles traziam, como cobre, obsidiana e peças de artesanato. Assim, a economia dos Hopewell se baseava no intenso cerimonialismo desse intercâmbio. Eles construíram grandes recintos, nos quais ocorriam elaboradas danças e cerimônias. Um dos maiores foi o Complexo de Terraplenagem de Newark, um grande recinto ao longo da curva de um rio, que era configurado por montes lineares. Ele foi desenhado com o formato de uma aranha de água, que era sagrada por permitir navegar entre o reino dos vivos e o dos mortos. É provável que, durante momentos designados, milhares de pessoas se dirigissem ao local para participar de suas cerimônias. Também foram construídos outros recintos nos arredores, com o formato de círculos, elipses e trapezoides.

# 200 D.C.

7.81 Um cachimbo Hopewell feito de pedra-cachimbo (catlinita)

As comunidades da cultura de Hopewell também erguiam grandes montes para assinalar os locais de seus elaborados ritos funerários, geralmente ao longo de penhascos voltados para os rios, criando longas paisagens sagradas. Em Mound City (como é chamado um dos sítios de Ohio), há cerca de 23 montes, cada qual construído sobre os vestígios de uma capela mortuária, uma estrutura especificamente criada para serviços fúnebres. Essas capelas mortuárias eram utilizadas tanto para a cremação quanto para separar a carne dos ossos do cadáver. Depois, a construção inteira era queimada. Nesses montes, os membros de Hopewell colocavam artefatos como estatuetas de cobre, mica, pontas de flechas, conchas e cachimbos.

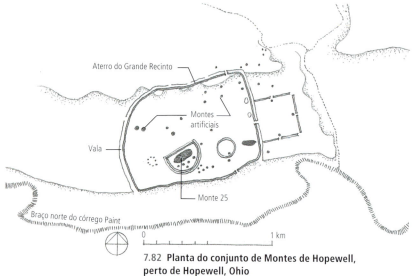

7.82 Planta do conjunto de Montes de Hopewell, perto de Hopewell, Ohio

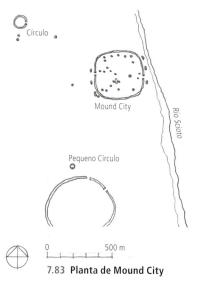

7.83 Planta de Mound City

# 400 D.C.

8.1 Basílica de Santa Maria Maggiore, Roma

## INTRODUÇÃO

Na Eurásia, o período entre 200 e 400 d.C. foi particularmente marcado pelas incursões de povos nômades das estepes do interior da Ásia. Não se sabe o que acarretou esse êxodo, mas seus efeitos eram claros. O Império Romano logo estava dominado por povos que os romanos chamavam de "bárbaros" – saxões, hunos, visigodos e francos, entre outros. Em 441–442 d.C., os saxões da Alemanha invadiram a Bretanha. Os visigodos se dirigiram mais para o sul, invadindo a Itália sob o comando de Alarico I e saqueando a lendária cidade de Roma em 410. A seguir, assentaram-se no sul da Gália, e, depois, na Espanha e em Portugal, onde fundaram seu reino. Os francos estavam se dirigindo para o oeste, e após algum tempo, fixaram residência na área da atual França. Enquanto isso, os hunos, que haviam dominado a Ásia Central e a unificado sob a liderança de Átila, invadiram o Império Romano no Ocidente, que estava sendo assolado por problemas internos, como a fome, a peste bubônica e os terremotos. Em 451 d.C., as forças de Átila entraram na Gália, e, depois, no norte da Itália. Na verdade, a Europa atual deve sua formação tanto ao Império Romano como ao legado dessas várias tribos "bárbaras", que passaram a considerar o território europeu como sendo seu de direito. No início, sua contribuição à arquitetura foi mínima, pois essas culturas baseadas em clãs estavam acostumadas à vida em aldeias e às necessidades impostas por esses pequenos assentamentos. As casas eram de madeira, com cobertura de colmo. Em alguns locais, os recém-chegados ocuparam uma casa rural romana abandonada, ou seja, uma vila, de onde, inclusive, derivam as palavras *vila* (aldeia) e *vilarejo*.

A fim de proteger o império, o Imperador Constantino fundou uma nova cidade, Constantinopla, que foi construída com base em uma fusão de motivos cristãos e pagãos. Se essa abordagem tivesse perdurado, a Europa atual seria um continente mais parecido culturalmente com a Índia, onde inúmeras religiões híbridas e complexas convivem. Entretanto, com a morte de Constantino, em 337 d.C., o cristianismo se tornou a religião imperial e foi empregada para estabilizar os centros urbanos e pacificar os povos tribais que vinham se apossando dos territórios romanos. Os cristãos chamavam essas pessoas de "pagãos", um termo pejorativo que significava algo como caipira, jeca, e que, da perspectiva cristã, era alguém que não havia recebido a graça de Deus. Uma série de sínodos ocorreu – do Primeiro Concílio de Niceia (325 d.C.) aos outros, em 381, 431, 415 e 553 d.C. – que tentaram estabelecer os princípios de uma igreja oficial unificada. Porém, uma coisa eram as políticas de ação, outra, sua exigibilidade. A cristianização do império se mostraria uma tarefa gigantesca, que duraria ao menos 700 anos e exigiria não apenas que os altares e templos "pagãos" fossem meticulosamente destruídos, como também que as perspectivas do cristianismo concorrentes fossem condenadas como heréticas e enfrentadas.

# 400 D.C.

8.2 Torres do Silêncio, Yazd, Irã

Nesse mundo de intensificação religiosa, o cristianismo criou um conceito totalmente novo: o mártir. Como muitos cristãos haviam morrido em Roma nos séculos anteriores, essa cidade se tornou um foco de peregrinação, embora nessa época ela fosse pouco mais do que uma aldeia inserida nas extensas ruínas da antiga capital do mundo. As pessoas se deslocavam de muito longe para visitar os cemitérios onde os mártires haviam sido enterrados. Para receber esse fluxo de peregrinos, foram construídas igrejas, muitas vezes diretamente sobre os túmulos, como o de São Pedro. Contrastando com o zoroastrismo, budismo e hinduísmo, que erguiam edificações que eram mais ou menos descobertas, esses prédios, que precisavam acomodar fluxos intensos de peregrinos, eram grandes espaços fechados. O protótipo das igrejas foi a basílica romana, ou seja, o foro de justiça, que costumava ser um longo prédio fechado por paredes e colunatas, com pesadas coberturas de madeira. O simbolismo de se apropriarem de uma tipologia de edificação dedicada à lei não passou despercebido pelos primeiros projetantes dessas igrejas. Em um mundo carente de segurança e legalidade, a Igreja podia oferecer ambos, além de entregar a mensagem divina. No período romano, advogados, juízes e clientes ocupavam espaços específicos para poderem conversar e negociar. Contudo, não havia recintos separados dentro das basílicas, assim era intensa a movimentação de pessoas entrando e saindo. A ábside, em uma das extremidades do prédio, muitas vezes era mais um local de formalidade ritual do que um espaço para culto. Na basílica cristã, esse espaço assumiu uma função completamente diferente. Ainda que o espaço da basílica fosse vasto, seu principal propósito era abrigar os devotos e focar a ábside, que agora era um espaço muito importante, diretamente sobre um túmulo. Não havia cadeiras ou bancos, como vemos nas igrejas de hoje. Além disso, quando não havia missas, o espaço frequentemente era utilizado por mercadores e comerciantes.

Na época, a Basílica de São Pedro era o maior espaço interno do mundo. De todas as igrejas da época que permaneceram até os dias de hoje, apenas Santa Maria Maggiore (Santa Maria Maior, 432–440 d.C.), ainda que tenha sido restaurada, pode nos transmitir uma ideia da qualidade de seus interiores. As colunas da nave lateral não foram feitas para essa igreja, mas retiradas de prédios romanos, pois a arte e a tecnologia de produção desses elementos haviam sido perdidas. A igreja foi construída em honra de Nossa Senhora, que representava tanto os ideais imperiais da Roma clássica como os da nova Roma cristã.

Na Ásia Central, a história das incursões na cultura das estepes não é diferente, exceto que, neste caso, os desertos e as montanhas pertenciam a várias tribos dos hunos nômades, como os quidaritas e quionitas que acamparam no Afeganistão e Turcomenistão para controlar os desfiladeiros entre a Pérsia e a China. Eles se apossaram do território chinês, forçando a Dinastia Jin a abandonar as áreas setentrionais a uma série de pequenos reinos regionais. Os Jin transferiram sua capital para Jiankang, a aproximadamente 260 quilômetros da Xangai atual. A divisão da China em dinastias norte e sul – similar à que ocorrera com o Império Romano entre Oriental e Ocidental – duraria, de fato, até 581, com a emergência da Dinastia Sui, que, por um curto período, reunificou a China. Porém, enquanto isso, durante o período grandes números de chineses da etnia han migraram para o sul da China (abaixo do Rio Yangtze). Essa difusão da cultura chinesa transformou o sul de um território de comunidades agrícolas em uma área com centros urbanos com populações cada vez maiores.

Na Índia, o Império Gupta (320–550 d.C.) criou uma "zona-tampão" para si próprio ao dominar os persas, ao norte, e os cambojas, ao leste. Esses esforços pouco duraram. Logo depois, o norte da Índia seria controlado pelo Império Heftalita (408–670 d.C.), que se centrava na Báctria (atual Afeganistão) e, por algum tempo, dominou a Ásia Central. Os guptas, aparentemente, não favoreciam os arqueiros a

238

# INTRODUÇÃO

cavalo, apesar do fato de esses guerreiros serem o principal componente de suas tropas do norte. Ainda assim, no século VI, o Império Gupta era a mais poderosa civilização urbana na Ásia. Sua prosperidade gerou um período de avanços magníficos na escultura e pintura, bem como nas ciências e na poesia. A capital gupta era Pataliputra, contígua à atual cidade de Patna; mas, como foi construída de madeira e junto a um rio que frequentemente inundava, quase nada restou, embora fosse uma das maiores cidades do mundo nesse período, dominando o comércio fluvial da Planície Indo-Gangética.

Embora os templos da Índia fossem feitos principalmente com madeira, esse período inclui as primeiras tentativas de construí-los com pedra, como é o caso do Templo 17 de Sanchi. Suas semelhanças com o *naos* e o pórtico gregos são inconfundíveis. Talvez o mais importante seja que, durante o período gupta, o culto popular tenha sido formalizado. Assim, templos e imagens dedicados a vários cultos começaram a surgir por todos os lados, inaugurando uma nova geração de experiências arquitetônicas. O antigo mundo védico, que não se baseava em templos, agora se transformava em cultos com pequenos templos, que, posteriormente, seriam fundidos e formariam o que hoje conhecemos como hinduísmo.

Na Europa, o antagonismo entre o monoteísmo (ou seja, o cristianismo) e o antigo animismo dos romanos e de seus invasores das estepes encontra paralelos com a rivalidade entre o budismo e o vedismo da Índia, mas de modo reverso. Na Índia, as práticas védicas se tornaram dominantes pois elas incorporaram a figura do Buda em seu panteão espiritual, praticamente sem casos de violência sectária. Por outro lado, na Europa, o cristianismo, ainda que tenha incorporado algumas práticas locais, como a árvore de Natal, assumiu uma postura agressiva perante as religiões tribais. Ao contrário do Império Romano recentemente cristianizado, onde as elites políticas e religiosas buscaram unificar as mensagens religiosas por meio da identificação e repressão das heresias, o hinduísmo se dividiu em várias vertentes, gerando um complexo mosaico de religiões e respostas arquitetônicas. Além do jainismo e de outras religiões mais independentes, há o xaivismo, com suas muitas escolas que refletem tanto variações regionais e temporais como diferenças filosóficas, além do vixnuísmo, que frequentemente é visto como uma síntese da adoração dos deuses Vishnu, Narayana, Vasudeva e Krishna. Enquanto o xaivismo se desenvolveu principalmente no sul e sudeste; e o shaktismo no leste da Índia e em certas partes do sudoeste de Malabar; o vixnuísmo, com sua ênfase em Krishna, prosperou acima de tudo nas áreas setentrionais e centrais da Índia.

Esse período inclui os primeiros esforços para comemorar o destino de peregrinação dedicado à vida do grande Buda. No entanto, o Templo de Mahabodhi, em Bodh Gaya, não era uma estupa. Ainda que o prédio atual seja uma reconstrução do século XIX, sua ideia básica permanece clara, embora a forma talvez confunda um observador desavisado. Ao contrário da Estupa de Sanchi, que é um grande maciço hemisférico, essa edificação parece um templo hindu. Ela tem uma torre alta, uma *shikhara*, que normalmente representaria uma maquete geométrica da residência na montanha de Vishnu. O santuário cercado ao redor da árvore pipal, localizado logo a oeste do templo voltado para o leste, guarda semelhanças com as numerosas árvores sagradas que são associadas aos templos hindus. O mesmo pode ser dito do Lago de Lótus, que é similar ao importantíssimo elemento da água nos templos hindus, que representa o oceano sagrado. Assim como o hinduísmo estava adotando o Buda como uma importante divindade, no mesmo nível de Vishnu e Shiva, a arquitetura budista, nesse caso, representa uma espécie de sincretismo próprio, combinando diferentes crenças – aparentemente contraditórias – em uma nova totalidade. O singular elemento budista do Templo Mahabodhi é a exigência da circum-ambulação em torno do templo, que não é uma prática hindu.

# 400 D.C.

8.3 O Buda Gigante, Leshan, China

Durante essa época, vemos a expansão do budismo Mahayana ao longo das rotas de comércio entre a Índia e a China. À medida que o budismo atravessou o Império Chuchana (*circa* 30–375 d.C.) e o Império Heftalita (ou dos Hunos Brancos) (408–670 d.C.), ele entrou em contato com o helenismo e seu legado de esculturas figurativas. O Buda passou a assumir a forma humana e a ser representado de várias maneiras: sentado, de pé e, inclusive, deitado. Um exemplo magnífico dos Budas de pé é o que temos em Bamiyan, Afeganistão, localizada na interseção das rotas comerciais da Eurásia. Lá, figuras colossais do Buda esculpido na rocha foram feitas na face do penhasco e, então, vestidas e pintadas, para se tornarem mais vivas. Outros exemplos podem ser encontrados em Unjusa, Coreia (um Buda deitado de barriga para cima), e em Leshan, China, construído durante a Dinastia Tang (618–907 d.C.) – um Buda sentado com 71 metros de altura (Figura 8.3). A maior estátua do Buda no mundo é a do Templo da Fonte, no condado de Lushan, Henan, China. A estátua, terminada em 2002, alcança 128 metros de altura, fora seu pedestal, que é um prédio com 25 metros de altura. O hinduísmo também ocasionalmente adotou formas colossais, como na grande figura reclinada de Narayana, a deidade suprema dos vedas, nas Cavernas de Udaygiri, que provavelmente foram esculpidas no século V d.C., no período Gupta.

Em Dunhuang (Cavernas de Mogao), localizado na extremidade ocidental da Grande Muralha – onde a Rota da Seda se divide em braço norte e sul, serpenteando ao redor do Deserto de Taklamakan –, os monges budistas construíram um dos maiores complexos de cavernas do mundo. Ele representa parte do movimento do entalhe na rocha viva, o qual foi levado da Índia para a China. Centenas de grutas escavadas na face do penhasco mostram o Buda, geralmente sentado, mas, às vezes, deitado. As cavernas inicialmente eram locais de meditação dos monges hermitas, mas, logo depois eles passaram a usá-las como se fossem "editoras", copiando sutras da Índia para distribuí-los na China. Porém, no século VIII, as cavernas haviam se tornado um lugar de peregrinação por si só. Podemos comparar as Cavernas de Mogao Caves com as martyria de Roma. A peregrinação era a maneira como os seres humanos acessavam a divindade, talvez desde a Antiguidade, quando os xamãs subiam às montanhas para falar com os ancestrais falecidos. Porém, com as religiões modernas, as peregrinações se tornaram cada vez mais focadas em sítios específicos, e foram sendo apropriadas pela imaginação popular. Locais como Mogao e São Pedro focavam as vidas de santidades e as mensagens que eles representavam. O fato de que uma pessoa havia morrido por causas naturais e a outra não resultava em diferentes tipos de postura ética e moral.

A outra grande religião do período era o zoroastrismo, a religião oficial dos sassânidas (*circa* 230–650 d.C.), que dominaram o coração da Pérsia e reinavam de Ctesifonte, cujo esplendor antigo praticamente desapareceu, com a exceção da enorme abóbada central de um palácio, que deve ter sido construído ao redor de 540 d.C. (Figuras 8.34 e 8.24). Sabe-se que artesãos das províncias romanas e pedreiros de Bizâncio ajudaram na construção. O mármore utilizado foi trazido da Síria. O zoroastrismo, com suas conexões tanto às visões de mundo hindu e cristã, espalhou-se do oeste da Ásia ao oeste da China. O legado da arquitetura do zoroastrismo não é tão forte, pois essa religião foi posteriormente reprimida tanto pelo islã como pelo cristianismo.

Além do mais, a maioria das edificações zoroastrianas, assim como os palácios sassânidas, foi construída com tijolo de adobe (seco ao sol) e hoje é pouco mais do que tocos de paredes ressecadas. A decoração e as pinturas de suas superfícies desapareceram há muito tempo. Ainda

# Introdução

assim, quando se cruzam os desertos do interior da Ásia, é possível encontrar algumas ruínas de templos do fogo e dakhmas ("torres de silêncio), onde os mortos ficavam expostos para serem consumidos por abutres (Figura 8.2). A tradição zoroastrianista considera o corpo de um defunto como sujo, com a entrada de seu demônio contaminando tudo aquilo com o qual entrar em contato. Para evitar esse risco de contaminação, os corpos dos mortos são colocados no topo de um dakhma, ficando expostos ao sol e às aves de rapina. Essas torres geralmente são circulares e têm uma superfície plana, mas descoberta, no topo, com paredes cercando-a. A superfície é dividida em três anéis concêntricos. Os corpos dos homens são dispostos no anel externo; os das mulheres, no anel intermediário; e os das crianças, nos anéis centrais. Após os ossos ficarem brancos com a ação do sol e do vento (o que pode levar até um ano), eles são colocados em uma vala no centro da torre, onde – com a ajuda de cal – gradualmente se desintegram. O acesso a esse recinto para rituais é exclusivo a uma classe especial de carregadores de féretro. Dos diversos dakhmas que ainda hoje existem, os de Yazd, Irã, atualmente abandonados, são os mais imponentes. Os grandes recintos circulares no topo da colina são visíveis há vários quilômetros de distância, assim como eram os abutres que ficavam pousados no topo das paredes.

O Japão, nesse período, teve sua primeira experiência de governo centralizado, com a ascensão do clã Yamato. Na época, nada se comparava, em termos de monumentalidade, com os kofun do Japão. Os kofun eram montes funerários em honra a personagens das elites e ficavam reunidos em uma enorme paisagem sagrada. Em planta, eles têm formatos distintos – buracos de fechadura, redondos ou quadrados – embora não se saiba o motivo disso. Há mais de 220 dessas tumbas construídas, cujas primeiras foram as da Bacia de Nara e, depois, as da Planície de Osaka. As quantidades extraordinárias de armamentos e armaduras descobertas em Nonaka Kofun indicam claramente a relação das elites com o poder militar, o que faz sentido em virtude do período tumultuado da China. Como um todo, essas estruturas consistem na mais ampla paisagem mortuária do mundo, rivalizando talvez apenas com os túmulos imperiais da Dinastia Ming dos séculos XV e XVI. Ao contrário dos túmulos dos mártires em Roma, essas tumbas estavam inseridas na antiquíssima visão de mundo xamanística. Talvez seja interessante compará-las com outras construções mortuárias de terra, como as pirâmides egípcias, os grandes *tumuli* (montes mortuários) dos europeus (a partir do quinto milênio antes de Cristo até o período dos romanos), os kurgans dos povos das estepes da Ásia Central e o monte mortuário do Primeiro Imperador da China. Todos eles pertencem ao mesmo etos de culto aos ancestrais, embora alguns tenham sido feitos por culturas tribais e outros, por poderosas elites, como uma maneira de consolidar e demonstrar sua autoridade.

A tradição kofun japonesa e os túmulos imperiais da Dinastia Ming talvez sejam os últimos grandes exemplos dessa visão de mundo na forma de arquitetura monumental.

# 400 D.C.

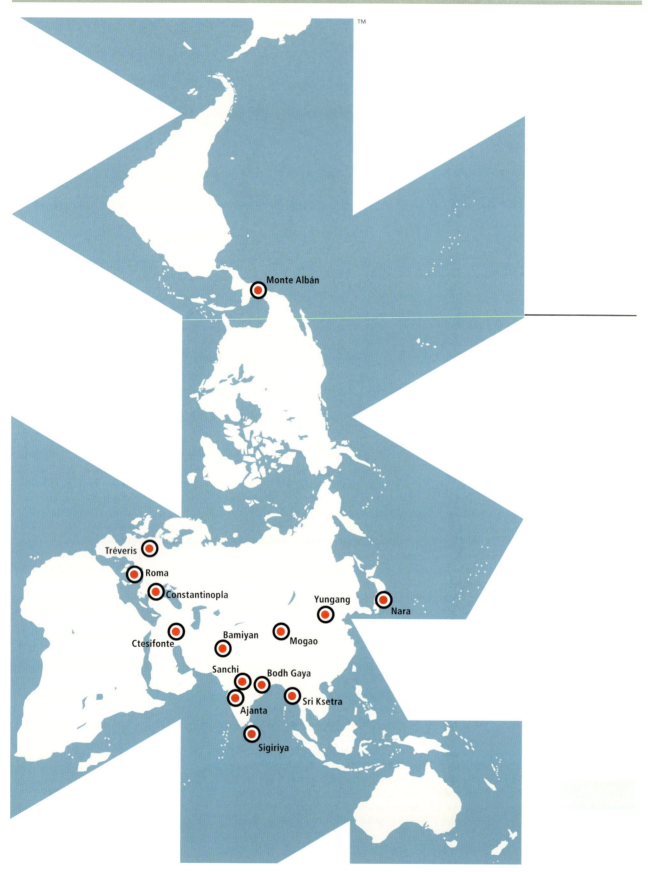

# INTRODUÇÃO

Império Gupta
*circa* 320–550 d.C.

▲ **Templo de Bhitargaon**　　　　▲ **Templo de Mahabodhi**
400–450 d.C.　　　　　　　　　　　final do Período Gupta

▲ **Cavernas de Ajanta**
meados do século V d.C. ao final do século VI d.C.

▲ **Templo 17 de Sanchi**
início do século V d.C.

China: Dinastia Han Oriental　　Período dos Dezesseis Reinos　　Período das Dinastias do Norte e do Sul
25– 220 d.C.　　　　　　　　　　304–439 d.C.　　　　　　　　　　　386–589 d.C.

▲ **Cavernas de Mogao**　　▲ **Cavernas de Yungang**
séculos IV–XIV d.C.　　　　meados do século V d.C. ao final do século VI d.C.

Império Parta　　　　　　Império Sassânida　　　　Império Cuchita
247 a.C– 224 d.C.　　　　224–651 d.C.　　　　　　século II a.C ao século III d.C.

▲ **Palácio de Artaxexes** ▲ **Palácio de Shapur I**　　▲ **Budas de Bamiyan**
*circa* 224 d.C.　　　　　　*circa* 260 d.C.　　　　　　　século VI d.C.

**200 d.C.**　　　　　　　　　　　　**400 d.C.**　　　　　　　　　　　　**600 d.C.**
_____

Cidades-Estados dos Funan　Cidades-Estados dos Pyu　　　　　　　　　Sri Lanka: Dinastia Moriya
Fundadas no século I d.C.　*circa* 100 a.C.–840 d.C.　　　　　　　　　463–691 d.C.

◄ **Sri Ksetra**　　　　　　▲ **Oc Eo**　　　　　　　　　　　　　　　▲ **Sigyriya**
século I a.C.　　　　　　　　séculos I a VII d.C.　　　　　　　　　　século V d.C.

Império Romano　　　　　　　Império Romano no Ocidente　　Dinastia Merovíngia na Europa Central
27 a.C.–393 d.C.　　　　　　 393–476 d.C.　　　　　　　　　　482–751 d.C.

▲ **Basílica de Tréveris**　　　▲ **Santa Sabina** ▲ **Santo Estêvão Redondo**
*circa* 310 d.C.　　　　　　　　425–432 d.C.　　　　468–483 d.C.

▲ **São Pedro**　　　　　　▲ **Santa Maria Maior**
*circa* 320 d.C.　　　　　　*circa* 432 d.C.

▲ **São João de Latrão**　　　　▲ **Igreja do Acheiropoietos**
*circa* 314 d.C.　　　　　　　　　470 d.C.

Império Bizantino
330–1453 d.C.

**Igreja dos Profetas** ▲　　　▲ **Túmulo de Teodorico, o Grande**
465 d.C.　　　　　　　　　　　*circa* 520 d.C

**Igreja do Acheiropoietos** ▲
470 d.C.

Japão: Cultura Kofun
*circa* século III d.C. a 538 d.C.

Cultura de Monte Albán
*circa* 500 a.C–900 d.C.

# 400 D.C.

## AS CAVERNAS DE AJANTA

Em 390 d.C., o rei gupta Vikramaditya arranjou o casamento de sua filha Prabhavatigupta com Rudrasena II, o príncipe do estado vassalo de Vakataka, pelo qual passava a *dakshinapatha*, ou a rota de comércio do sul. A gratidão dos vakatakas por serem os guardiões do dakshinapatha se manifestou em seu generoso mecenato para a construção de Ajanta, o maior conjunto de *caityas* (salões para meditação) e *viharas* (dormitórios) budistas escavados na rocha que pode ser encontrado no Sul da Ásia. Esses *caityas* e *viharas* são chamados de cavernas, embora não se trate de grutas naturais, mas de obras de arquitetura escavadas na rocha viva.

Como o complexo de Sanchi do período Sunga, Ajanta era provavelmente uma espécie de universidade monástica, que chegou a acomodar centenas de professores e alunos. O peregrino e escriba chinês Hsuan Tsang (Xuanzang) observa que ali morou Dinnaga, o famoso autor budista de obras sobre lógica. Embora seus livros tenham se perdido, as cavernas de Ajanta permaneceram até hoje e mesmo suas pinturas estão relativamente intactas. Apesar do acesso um tanto difícil, sua localização ao longo do dakshinapatha significava que podiam realmente suprir as necessidades tanto dos monges budistas mahayana quanto de seus alunos (os nomes de muitos deles encontram-se inscritos no interior das cavernas). Como praticantes do Mahayana, os monges tinham permissão e estímulo para criar figuras do Buda e, portanto, promover a ideia de que muitos haviam atingido o nirvana mesmo antes do Buda histórico. Como as ações mundanas virtuosas também constituíam, segundo o budismo Mahayana, um caminho para a consecução do nirvana ou do estado de Buda, o mecenato dos leigos aos monges de Ajanta auxiliava-os em sua própria busca do nirvana.

As cavernas de Ajanta localizam-se junto às paredes de rocha íngreme de um impressionante precipício em forma de C escavado pelo Rio Waghora. Esse rio, que corre pelas montanhas, abre caminho vale adentro e, em sua descida, forma uma série de cachoeiras de 60 metros de altura, que certamente podiam ser ouvidas pelos monges desde as cavernas. As cerca de 30 cavernas se situam entre 10 e 33 metros de altura acima do rio. As janelas dos *caityas*, que originalmente imitavam madeira e tinham forma de ferradura, transformaram-se e hoje constituem uma representação abstrata do Buda, com um coque saliente e "orelhas" alongadas nas laterais, que lembram as orelhas do Buda retratadas nas estátuas mais antigas.

8.4 O penhasco que contém as cavernas de Ajanta perto de Aurangabad, Índia

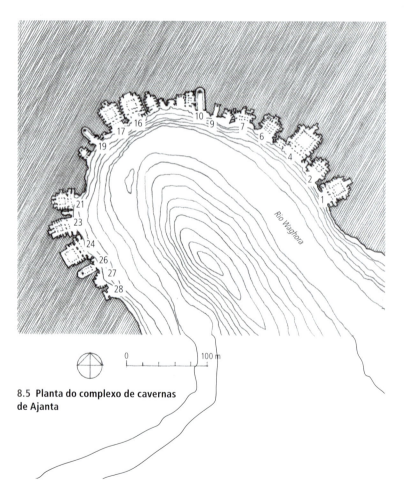

8.5 Planta do complexo de cavernas de Ajanta

# SUL DA ÁSIA

O Império Gupta, com sua capital em Pataliputra, é tido como a era clássica da arte e da literatura hindu e budista. As artes, a arquitetura, as ciências e a literatura receberam forte apoio. O sistema decimal, ainda hoje utilizado, é desse período. Além disso, os tratados de astronomia de Aryabhatta, de 499 d.C., garantiram notável precisão aos cálculos do ano solar e da forma e do movimento dos corpos celestes. Embora o império fosse relativamente descentralizado, devem-se entender os impérios Gupta, Sassânida e Bizantino como unidades regionais contínuas.

8.6 Pinturas da Caverna 2, Ajanta

As colunas foram ricamente esculpidas e possuem representações florais e figurativas que simbolizam os jardins onde Buda pregou e chegou à iluminação. Os capitéis e as bases das colunas são alargados e lembram as formas de um corpulento Buda. As estupas também são ricamente ornamentadas com estátuas do Buda, ligadas diretamente a suas superfícies, prenunciando o eclipse da estupa como principal elemento representativo, em particular na China e no Sudeste da Ásia. Os mais antigos *caityas* (as cavernas 9 e 10, localizadas quase no centro) eram relativamente simples. Uma colunata absidal delimita a rota de circum-ambulação ao redor de uma estupa, em grande parte não adornada, situada no final. Contudo, os *caityas* 19 (450 d.C.) e 26 (490 d.C.), da época do reinado de Harisen, possuem características mahayana. Ambos têm um elaborado átrio descoberto, com câmaras laterais escavadas diretamente na rocha. Ao contrário do grande caitya de Karli, cuja entrada simula um conjunto de *caityas* de madeira, esses são cobertos de pequenas e grandes imagens do Buda e estupas. Não são mais cenários imitando madeira, mas objetos simbólicos em si mesmos.

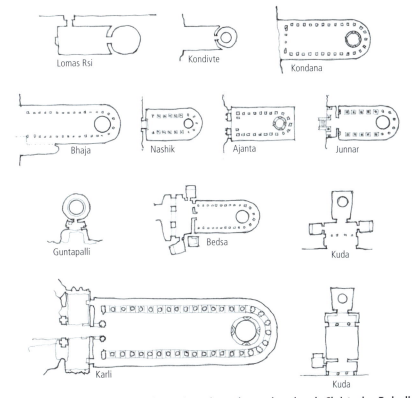

8.7 Plantas comparadas dos salões caityas, baseadas em desenhos de Christopher Tadgell

# 400 D.C.

À medida que o budismo Mahayana se popularizou cada vez mais, desenvolveu uma prática litúrgica mais elaborada, coerente com um programa artístico mais rico. Evidências disso podem ser vistas nos *viharas* de Ajanta, que serviam como moradias para os monges. De simples moradas para os monges, esses *viharas*, com o passar do tempo, transformaram-se em espaços cerimoniais completos. Porém, a forma básica permaneceu: um salão retangular com colunata precedido por um pórtico e circundado por celas. Os *viharas* de Ajanta têm uma varanda ampla, cujo telhado é sustentado por colunas que conduzem a um salão central com tamanho médio de 6 por 10 metros, também com colunas. As celas se abrem para esse salão. O número de celas varia de acordo com o tamanho e a importância do *vihara*. Algumas delas, talvez associadas a monges particularmente importantes, foram transformadas em santuários, com estátuas votivas do Buda (como as Cavernas 2, 6 e 17). Alguns *viharas* inclusive possuem pavimentos múltiplos (Caverna 6) e rotas de circum-ambulação (geralmente definidas por uma passagem com colunata). À medida que passaram a acomodar mais cerimônias, também se tornaram mais ornamentais, sendo decorados com imagens representando cenas da vida do Buda e dos tratados budistas pintadas nas paredes. Certa sensualidade não monástica domina as imagens, que não ficam confinadas a painéis específicos.

Apesar do baixo nível de luminosidade, todas as superfícies dos *viharas* foram completamente cobertas com pinturas. Em outras palavras, a arte, a escultura e a arquitetura se mesclaram para criar uma experiência sensorial homogênea. Negou-se qualquer expressão da estrutura. Assim como nas estruturas que imitam madeira presentes nos *caityas* mais antigos, a mensagem simbólica essencial dos *viharas* de Ajanta era a exibição da profunda beleza da vida e do mundo do Buda e, ao mesmo tempo, a necessidade de sublinhar sua natureza ilusória, ou *maya* – uma doutrina fundamental da prática budista mahayana rumo ao nirvana.

8.8 Planta da Caverna 2 de Ajanta

8.9 Interior da Caverna 26 de Ajanta

8.10 Interior da Caverna 19 de Ajanta

8.11 Interior da Caverna 2 de Ajanta

246

# LESTE DA ÁSIA

8.12 O budismo na Ásia Central

## O ESTABELECIMENTO DO BUDISMO CHINÊS E DA ÁSIA CENTRAL

No século VI da Era Cristã, o budismo Mahayana havia se estabelecido na China, abrindo caminho até a Coreia e, de lá, cruzado o mar rumo ao Japão. Nunca se apoiando na espada, o budismo se espalhou ao longo das rotas de comércio, aproveitando a relação simbiótica entre as comunidades monásticas e os mercadores itinerantes. No século VII, o tráfego entre a China e o Sul da Ásia era intenso. Na literatura chinesa, a Índia, e não a Europa, era chamada de o "Reino Ocidental". Além da seda, principal artigo de luxo, os reinos do Sul da Ásia importavam cânfora, erva-doce, cinabre, couro fino, peras e pêssegos da China. Os chineses, muito mais autossuficientes, pareciam interessados principalmente no budismo. O imperador Ming-di, da Dinastia Han, foi o primeiro a convidar oficialmente monges budistas indianos a visitar a China para traduzir para o chinês os sutras budistas. Em 64 d.C., após uma longa e árdua viagem, Dharmaratna e Kasyapa Matanga chegaram a Luoyang, a nova capital Han, levando um cavalo branco carregado de sutras.

O imperador Han construiu para eles um mosteiro chamado Baima-si (ou Mosteiro do Cavalo Branco). Embora a construção atual date em boa parte do século XIV, Baima-si é considerado o templo mais antigo que restou na China. Depois da chegada de Dharmaratna e Matanga, no milênio seguinte, centenas de monges indianos foram viver na China. A Índia não recebeu um número tão significativo de viajantes chineses, embora aqueles que ali chegaram tenham se tornado famosos, mesmo em sua época, pelas extensas descrições de suas viagens e pela sua viva interpretação do budismo para os chineses. Entre esses viajantes estão Faxian, no século V, e Hsuan Tsang (Xuanzang) e Yi Jing, no século VII, que fizeram a longa e penosa viagem de ida e volta ao Sul da Ásia. Embora o budismo tivesse se expandido rapidamente pela Ásia Oriental, sua tradução para os conceitos chineses relevantes foi lenta.

O budismo, entretanto, foi apenas uma entre muitas tradições intelectuais concorrentes que, na época, existiam na China. Nem todos estavam convencidos de que ele representasse um avanço em relação aos princípios locais do confucionismo ou taoísmo. Os seguidores de Confúcio, por exemplo, questionavam a incapacidade do budismo de estabelecer princípios organizadores para uma ordem social e política, o que era, evidentemente, o ponto forte do confucionismo. (O budismo, ao contrário, é introspectivo e pessoal.) A concorrência entre essas duas tradições filosóficas permaneceria uma característica da história chinesa durante os dois milênios seguintes. Houve diversas tentativas de mediação entre elas. A mais famosa foi a criação, no século XVIII, por Quianlong, imperador da Dinastia Qing, de um modelo budista tibetano de governo, que dedicava um papel central ao imperador. Em geral, embora o budismo governasse os templos e mosteiros, a corte ainda era regida pelos princípios de Confúcio. Como resultado, o budismo do leste asiático tem diferenças em relação ao do Sul da Ásia e mesmo do Sudeste da Ásia.

Em 400 d.C., o budismo recebeu o apoio das Dinastias do Norte (386–581 d.C.). Nas Dinastias do Sul (420–589 d.C.), a doutrina de Confúcio ainda era dominante, embora alguns monges eruditos tenham tentado compatibilizar as ideias budistas com a filosofia taoísta.

# 400 D.C.

8.13  Cavernas de Mogao: Parede oeste da Caverna 285, Dunhuang, China

### As cavernas de Mogao

Escavadas nos penhascos da margem oeste do Rio Dunhuang, as cerca de 500 cavernas de Mogao documentam o primeiro milênio do budismo na China, cobrindo, aproximadamente, de 300 a 1350 d.C. Como seria de se esperar, elas se localizam em uma importante interseção da Rota da Seda, perto da extremidade ocidental da Grande Muralha. Em Dunhuang, a Rota da Seda se divide em dois caminhos: setentrional e meridional. A oeste inicia (ou termina, se preferirmos) uma das partes mais árduas da jornada, o percurso através dos inóspitos desertos de Lopnar e Taklamakan. Abandonadas no século XIV, as cavernas de Mogao foram redescobertas no início do século XX, revelando um tesouro espetacular: 50 mil manuscritos preservados em apenas uma dessas grutas artificiais. Propositalmente selado no século XI, esse depósito continha milhares de cópias de sutras, cartas, contratos, poemas, orações e vários documentos oficiais. Em certos casos, havia múltiplas cópias dos sutras mais conhecidos. Escritos a mão com pincéis molhados em uma lustrosa tinta preta sobre papel, eles comprovam que Mogao era um importantíssimo centro de divulgação dos conhecimentos budistas. Grandes quantidades desses manuscritos foram distribuídas entre museus japoneses e europeus antes que o governo chinês interviesse e levasse o resto para o Museu Nacional, em Pequim. O trabalho de traduzir corretamente esses manuscritos e entender seu significado ainda continua.

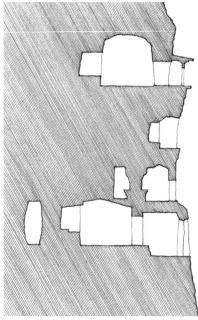

8.14  Corte do penhasco que abriga as cavernas de Mogao

A importância arquitetônica das cavernas de Mogao reside tanto em suas características individuais quanto em sua presença coletiva como uma magnífica cidade de cavernas. Visíveis à distância na árida paisagem, há três a cinco fileiras de cavernas escavadas na longa face do despenhadeiro, todas bastante próximas entre si. Algumas não passam de pequenos nichos, com espaço suficiente apenas para um único monge assentado em meditação, enquanto outras possuem majestosos tetos e são grandes o suficiente para abrigar uma procissão de aproximadamente uma centena de devotos. As mudanças das dinastias marcaram novos começos em diferentes partes do penhasco de Dunhuang. As cavernas mais antigas eram simples câmaras contendo nichos e esculturas do Buda.

No período das Dinastias do Norte, as cavernas tornaram-se mais complexas e assumiram a forma de pequenos corredores que conduziam de um salão de entrada a uma câmara transversal com um falso telhado com duas águas. Em frente à entrada, a principal estátua do Buda foi colocada contra um pilar central, o que permitia aos devotos, como em Ajanta, realizar a *parikrama*, ou circum-ambulação, em torno da imagem central. A Caverna 285 (de 539 d.C.) tem seus nichos ao longo das paredes laterais, onde os monges podiam se sentar e meditar. A Caverna 428, o legado do governador de Dunhuang, Príncipe Jian Ping (565–576 d.C.), é uma das mais elaboradas do período, com cada um dos quatro nichos do pilar central acomodando esculturas do Buda e três bodhisattvas. O "telhado" com duas águas é dividido em painéis com faixas pintadas de marrom que simulam a estrutura de uma cabana de madeira.

Como as cavernas contemporâneas do Sul da Ásia, a maioria das paredes das cavernas de Mogao é coberta por pinturas que representam a vida do Buda e várias manifestações da doutrina budista. As cores predominantes são o azul, o verde, o vermelho, o preto, o branco e o dourado. Estilisticamente, a arte é um amálgama de influências índicas, centro-asiáticas e chinesas, embora o estilo geral possa ser reconhecido como muito mais sul-asiático do que o da arte e da arquitetura budistas chinesas posteriores.

# LESTE DA ÁSIA

8.15 Planta parcial do complexo de cavernas de Yungang, perto de Datong, China

## As cavernas de Yungang

Cerca de mil quilômetros a leste de Mogao, na atual província de Shanxi, as cavernas de Yungang foram construídas entre o fim do século V e o início do VI, sob o mecenato imperial da Dinastia Wei do Norte (386–534 d.C.). Diferentemente das cavernas de Mogao, que ficavam em uma rota de comércio e eram habitadas por monges, as de Yungang pertenciam a um novo tipo, por terem sido construídas em uma área próxima a Datong, a capital Wei. Elas tinham apenas uma pequena população de monges residentes e se destinavam sobretudo a servir de lugar de culto para a população urbana de Datong. Um ministro da Dinastia Wei do Norte ordenou a construção das cinco primeiras cavernas, que abrigavam gigantescas estátuas do Buda assentado, à moda das de Bamiya, e refletiam as ideias helenísticas sobre a representação humana. Em um ambiente no qual o mecenato imperial do budismo era ferozmente contestado, essas cavernas podem ter buscado representar os cinco imperadores da Dinastia Wei do Norte, como forma de competir com as ideologias confucionistas, ou mesmo com os imperadores divinizados das Dinastias do Sul.

Embora a maioria das cavernas de Yungang focalize a imagem do Buda, vale a pena observar que uma delas (a 29) tem uma coluna vertical que se eleva do chão ao teto e se articula como uma torre de múltiplos pavimento, com uma série de beirais. Pequenas imagens do Buda situam-se entre os pisos. Essa é uma primeira manifestação dos pagodes chineses (ou *ta*), pensada, conforme a concepção do budismo Mahayana, como uma ampliação dos *chattris* da estupa sul-asiática. Sob a égide do budismo Mahayana, as abstrações esotéricas da estupa foram lentamente substituídas por uma iconografia mais gráfica e literal. Em primeiro lugar, a figura do Buda foi considerada equivalente à estupa, ideia muitas vezes representada pela superposição da figura do Buda diretamente sobre a estupa, como em Ajanta. Na China, uma vez que a *ta* emergiu como forma dominante, a figura do Buda foi inserida no pagode como uma única figura colossal ereta, ou sob a forma de diversas imagens em cada nível. (Veja a discussão sobre Mu-ta e Guanyin-ge no capítulo sobre 1000 d.C.)

8.16 Caverna 10, Yungang

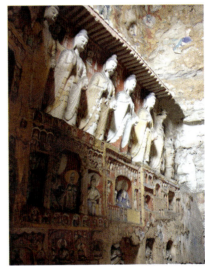

8.17 Interior da Caverna 10, Yungang

8.18 Vista de algumas das mais de 500 cavernas de Mogao

# 400 D.C.

8.19 Vista de Bamiyan, Afeganistão

### Os cuchitas de Bamiyan

Bamiyan ficava no centro do mundo eurasiano do século V d.C. As rotas de comércio da China, da Índia e do Oeste da Ásia se encontravam nesse vale, situado no centro do atual Afeganistão. O sítio era protegido por um grande mosteiro budista, com mais de 100 cavernas de vários tamanhos, escavadas na rocha escarpada das montanhas próximas. No meio delas, separadas por cerca de um quilômetro, o imperador cuchita Kanishka iniciou a construção de duas gigantescas estátuas do Buda, conhecidas como os Budas de Bamiyan. Terminados nos séculos IV e V, na Dinastia Sassânida, os Budas colossais, nunca esculpidos na Índia, foram uma invenção dos cuchitas, amplamente imitada mais tarde em toda a China, a Coreia e o Japão por séculos a fio. Em março de 2001, os Budas de Bamiyan, que eram dos primeiros de seu tipo, foram destruídos pelo Talibã, que os considerava como ídolos.

O rochedo de Bamiyan se ergue abruptamente na extremidade noroeste de seu vasto e extenso vale. Ao norte, em direção à China, e a leste, em direção à Índia, os vales próximos são estreitos e íngremes. Os comerciantes que chegassem a Bamiyan teriam se deparado com uma mudança radical na paisagem. Sua atenção, todavia, teria se fixado no imponente rochedo de arenito que se ergue abruptamente na extremidade nordeste de um amplo vale. Visto do outro lado do vale, seu pico se situa no meio do rochedo perfurado por cavernas, com 1,6 quilômetro de comprimento. Atrás dele, uma após outra, veem-se as silhuetas dos sucessivos níveis dos Himalaias, com as cordilheiras mais distantes eternamente cobertas de neve. Mesmo a essa distância, as estátuas de Bamiyan eram claramente visíveis e, nesse sentido, dialogavam com os distantes picos do Himalaia.

As figuras dos dois Budas de Bamiyan foram primeiro escavadas direto na pedra e depois moldadas com uma mistura de barro e palha para criar as dobras dos mantos, as mãos e os detalhes do rosto. O drapejado foi feito com cordas suspensas a partir da superfície do corpo de pedra, mantidas no lugar, na base, por estacas de madeira e depois cobertas com uma argamassa de argila. Toda a superfície foi originalmente pintada de dourado e outras cores vivas. A expressão formal das estátuas, em especial as dobras das vestimentas, possui caráter helenístico. Os precedentes das estátuas colossais remontam ao Egito dos faraós e ao Império Romano.

A maioria das cavernas menores de Bamiyan era coberta de pinturas, em estilo muito semelhante ao das encontradas em Ajanta.

8.20 Um dos Budas de Bamiyan

8.21 Bamiyan e seu contexto imediato

# ÁSIA CENTRAL

8.22 Ásia Central, *circa* 400 d.C.

## O IMPÉRIO SASSÂNIDA

Com o enfraquecimento dos governantes partas, os sassânidas se impuseram. Eles foram liderados por Artaxexes I (que reinou entre 226 e 241 d.C.), descendente de uma linhagem de sacerdotes que cultuavam a deusa Anahita em Istakhr, Persis (Pars). Ao contrário de seus antecessores, ele tinha muito interesse pela arquitetura e pelo urbanismo e fundou diversos palácios e cidades. A tradição helenística de arquitetura monumental foi revista e ganhou sua própria perspectiva persa. Artaxexes reconstruiu Ctesifonte, mas pouco resta da cidade, pois ela foi erguida com os tradicionais tijolos de adobe. Os restos de um palácio construído por Shapur I (que reinou entre 241 e 272 d.C.), sucessor de Artaxexes, dão a entender que o edifício original era um imenso complexo palaciano a cerca de 750 metros da margem oeste do Rio Eufrates, perto de uma grande curva do rio. Voltada para o oeste, a Taq-i Kisra é uma abóbada cega ladeada por gigantescas paredes decoradas de cima a baixo com arcadas cegas, que provavelmente eram pintadas com cores vivas. A abóbada, conhecida com um *iwan*, foi uma inovação arquitetônica do final da era parta que é encontrada nesses palácios sassânidas e permaneceria sendo um importante elemento tipológico da arquitetura persa. Somente partes da impressionante abóbada permanecem. Vencendo um vão de 28 metros de largura, essa é provavelmente a maior abóbada da Antiguidade. Acredita-se que o arco foi erguido sem suportes de madeira (cimbre) durante a construção. Os finos tijolos de adobe (barro seco ao sol) foram assentados inclinados, transferindo os empuxos às enormes paredes laterais, que servem de contrafortes. Em termos de arquitetura, a abóbada tem um formato oval pontiagudo, típico da Mesopotâmia.

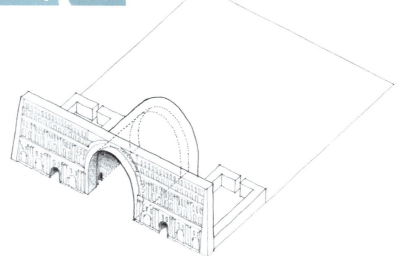

8.23 Perspectiva de Taq-i Kisra, o *iwan* de Khusrau I, Ctesiponte, Iraque

8.24 O único vestígio hoje visível de Ctesifonte é o que restou da grande abóbada, Taq-I-Kisra, do Palácio de Khusrau.

# 400 D.C.

8.25 Firuzabad e seu contexto, Irã

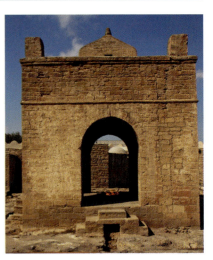

8.26 Fogo central do *atash-gah* em Surakhani, Baku, Azerbaijão

Visitantes relatam que o vasto piso do salão do trono de Khusrau I (que reinou entre 531 e 579 d.C.) era coberto por um esplêndido "tapete de inverno" de pesada seda tecida adornado com ouro e pedras preciosas. O desenho representava um lindo jardim de prazer, com riachos e caminhos que se cruzavam. Embora jamais tenha sido igualado, tornou-se o modelo para os tapetes que representam jardins. O tapete de inverno foi confiscado quando os árabes tomaram Ctesifonte, em 638 d.C. Desprezando a ostentação do luxo real, eles cortaram-no em pedaços e dividiram-no entre seus guerreiros. Apesar disso, o piso acarpetado logo se tornou uma característica permanente nas mesquitas islâmicas. Hoje, a área desolada dessas ruínas pouco tem a ver com os vistosos pomares e jardins de roseiras que outrora circundavam o prédio.

A capital de Artaxexes era Firuzabad, situada em um vale fácil de defender. Na parte frontal do Palácio de Artaxexes havia uma sala do trono aberta, coberta por um *iwan* aberto e ladeada por recintos laterais. Ao fundo existiam três cômodos cupulados e, atrás destes, um pátio e um jardim. O palácio ficava ao sul da cidade circular planejada por Artaxexes, que tinha mais de dois quilômetros de diâmetro. Em seu centro havia uma grande torre, que, segundo se acredita, servia como um templo ao fogo do culto de Zoroastro. Os partas fundaram outras cidades para servirem de centros de comércio, como Hecatompilo (Šahr-e Qumis) ao leste do Irã, mais pouco resta de seu esplendor passado.

## Os templos do fogo de Zoroastro

Presume-se que Zoroastro (Zaratustra) tenha vivido por volta de 600 a.C., mas ninguém sabe exatamente quando ou onde ele viveu e morreu; há apenas tradições a respeito disso. A mesma incerteza existe com relação aos templos do fogo construídos pela religião fundada por Zoroastro. O fogo era classificado de acordo com o seu emprego, desde os fogos inferiores, usados por oleiros e ourives, passando pelo fogo utilizado em cozinhas e lareiras, até os três grandes fogos simbólicos e eternos, dos camponeses, guerreiros e sacerdotes. O zoroastrianismo se opunha ao uso de imagens e, durante o período sassânida, suas estátuas de culto foram removidas, embora persistissem as divindades antropomórficas.

Além disso, essa religião não prescreve o culto dentro de um templo. Tradicionalmente, os zoroastrianistas oram individualmente, em casa ou em espaços ao ar livre, voltados para uma fonte de luz. Quando os fiéis queriam rezar comunalmente, faziam-no em áreas de reunião externas ao redor de um pódio, onde se acendia uma fogueira. Essas áreas de reunião geralmente ficavam em encostas ou topos de colinas. Porém, à medida que os rituais e as práticas foram sendo canonizados, padronizou-se uma arquitetura religiosa correspondente, resultando em uma complexa rede de templos. O papel do fogo no culto religioso era sobretudo simbólico e tinha como finalidade a consagração, semelhante à cruz do contexto cristão. Cada rei do mundo sassânida tinha seu próprio fogo real. Havia um ritual prescrito para reacender o fogo de um lar usando o da cidade, e este usando o fogo real.

Os rituais do fogo, junto com os ritos de purificação, eram todos parte essencial da burocracia do estado. Já foram, inclusive, traçados paralelos com a sociedade de castas hindu e com a China mandarim.

É difícil construir uma história clara da arquitetura dos templos do fogo, pois, de todo o período de 1200 anos entre 550 a.C. e 650 d.C., restam apenas cerca de 60 templos em ruínas. No auge do zoroastrianismo, havia templos desde o Azerbaijão até Osh, no Guirguistão, na fronteira com a China, onde ainda perdura a crença de Zoroastro, passando por Stakhra, 20 quilômetros ao sul de Persépolis, e mesmo mais além, em Taxila, no Paquistão. Algumas das ruínas dos templos do fogo remontam à Era Sassânida (224-642 d.C.), quando o zoroastrismo floresceu como religião oficial, mas outras datam do início dos períodos Aquemênida, Selêucida e Parta. Muitos templos do fogo foram construídos nas proximidades de fontes geotérmicas. Este certamente é o caso do Azerbaijão, onde erupções de gases escaldantes provindos da lava de numerosos vulcões até hoje iluminam o céu e são associadas aos templos do fogo em Nush-Dzhan-Tepe, Adurgushnaep, Surakhany, Pirallahi, Hovsany, Shakhdag e outros lugares. Um dos mais importantes templos do fogo é o de Takht-i-Suleiman ("Trono de Salomão"), situado perto do Monte Zindan, no sul do Azerbaijão, que, segundo a tradição, seria a cidade natal de Zoroastro. É um sítio espetacular, formado pela cratera muito desgastada de um antigo vulcão que ainda hoje lança rajadas de ar sulfúrico. Embora pouco dele reste atualmente, sabemos,

# ÁSIA CENTRAL

8.27 Templo do Fogo no Irã atual

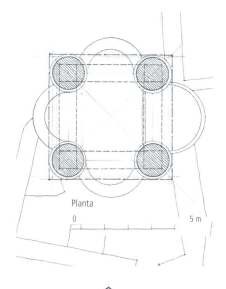

por meio de descrições, que o templo foi usado durante vários séculos, a partir de V a.C., aproximadamente. Ele se tornou particularmente importante com os sassânidas.

Existe um templo do fogo primitivo perto de Ani, Armênia. Ele possui quatro colunas colossais e não tem paredes. Em um período posterior, o prédio foi convertido em capela cristã, com a inserção de paredes curvas entre as quatro colunas. O peso das colunas sugere uma cobertura de pedra, mas o formato do telhado na reconstrução (Figura 8.29) é apenas uma especulação.

O desaparecimento do zoroastrismo foi repentino. A oeste, o cristianismo combateu-o vigorosamente. O islamismo também o perseguiu com eficácia em sua zona de influência, destruindo seus templos e dispersando suas congregações. Hoje, a maioria de seus seguidores remanescentes está na Índia, com uma grande comunidade, por exemplo, vivendo em Mumbai. Também há comunidades residuais em Irã, cujos templos do fogo mais importantes situam-se em Yazd, Kermane Teerã.

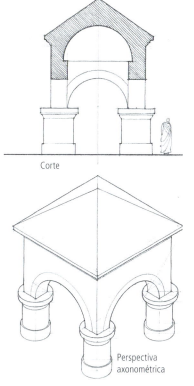

8.29 Um possível templo do fogo em Ani, Armênia

8.28 Uma cerimônia do fogo zoroastrianista

# 400 D.C.

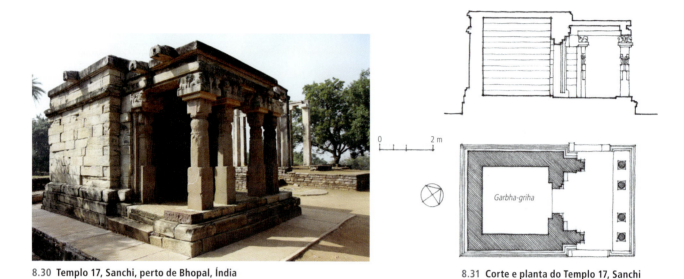

8.30 Templo 17, Sanchi, perto de Bhopal, Índia

8.31 Corte e planta do Templo 17, Sanchi

## A RENASCENÇA HINDU

Enquanto o budismo conquistava novos adeptos no leste da Ásia, na Índia ele gradualmente esmaecia. Essa transição ocorreu durante o Império Gupta, quando as práticas budistas começaram a ser fundidas aos cultos védicos sobreviventes de épocas pré-budistas para criar uma religião nova e bem organizada, que hoje chamamos de hinduísmo. O renascimento de um hinduísmo védico transformado, operado pelos guptas, foi um hábil exercício de adaptação e invenção. Não se tratava de um mero renascimento das práticas védicas pré-budistas. Ao contrário: as instituições védicas foram reinventadas para atender aos objetivos de seus novos defensores. Os antigos sacrifícios do fogo foram transformados em ritos cortesãos; a literatura oral védica foi reescrita para incorporar as novas normas sociais e culturais; e os deuses védicos foram substituídos por novos deuses, em particular Shiva e Vishnu. O sânscrito tornou-se a língua da corte e meio de uma alta cultura oficial que girava em torno da reinventada instituição do templo.

Embora o novo hinduísmo desafiasse teologicamente o budismo, as instituições e práticas budistas foram assimiladas no templo hindu. Ao contrário dos máurias e dos chineses Han, os guptas mantinham como vassalos os reis vencidos e não consolidaram todos os reinos em uma única entidade administrativa. Isso não só lhes permitiu manter, em proveito próprio, as rotas comerciais ainda controladas pelos budistas, mas também explorar as instituições do budismo para fins hindus. As práticas budistas não foram proibidas, e sim estimuladas, e suas instituições continuaram a prosperar. A integração entre as culturas budista e védica foi mencionada por Fa Hein, famoso peregrino chinês que visitou o estado gupta entre 399 e 414 d.C. Ele descreve uma magnífica procissão de cerca de 20 estupas sobre rodas que levavam figuras de Budas sentados, servidos por bodhisattvas de pé, entrando na capital gupta de Pataliputra, onde era recebida pelos brâmanes hindus e introduzida na cidade com grande pompa. Nessa época, os próprios budistas faziam rotineiramente imagens de pedra do Buda. Em alguns casos, um salão *caitya* budista era reaproveitado como local para o culto a divindades hindus. E, no que pode ser considerado um golpe de gênio, o próprio Buda foi divinizado como mais uma manifestação do Vishnu do panteão hindu.

A configuração básica do templo hindu pode ser vista no chamado Templo 17, em Sanchi, e no de Kankali Devi, em Tigawa, ambos do início do século V d.C. Eles consistem em um conjunto de *garbha-griha* e *mandapa* de cobertura plana, ligados por um estilóbato simples e escalonado e uma arquitrave. O *garbha-griha* (literalmente, "câmara do ventre") em geral é quadrado e sem adornos. O *mandapa* é essencialmente o lugar destinado aos devotos.

No culto hindu, o *antarala* (soleira ou limiar), situado entre o *garbha-griha* e o *mandapa*, assinala o momento crucial da transição, no qual o devoto e a divindade entram em contato visual direto e realizam a transação crítica chamada de darsana ("contemplação de uma divindade auspiciosa"). Na verdade, o templo inteiro pode ser considerado um portal de mão dupla entre o mundo do devoto e o da divindade. Em suma, a divindade desce até o lingam ou estátua, enquanto o devoto sobe até o limiar sagrado. A divindade é considerada uma hóspede no mundo do devoto. Em um ritual chamado *puja*, o devoto oferece alimento ao deus em uma bandeja (e, às vezes, presentes, como roupas e ornamentos). O pandit, ou sacerdote, que fica no limiar e faz a mediação do ritual, retira o alimento da bandeja e leva-o à boca da divindade. Ele conserva uma parte para o templo e devolve o restante ao devoto, acrescentando um pouco do alimento especial do templo, chamado *prasada*.

Outro exemplo de um templo hindu do período gupta inicial é o de Bhitargaon (400–450 d.C.), construído em tijolo e argamassa de barro. Aqui o *garbha-griha* é coroado por uma grande superestrutura cônica, chamada *shikhara*, que marca o eixo vertical na forma da montanha cósmica, cujo objetivo é possibilitar ao devoto visualizar a ordem de todo o universo descrita pela cosmogonia hindu.

O *shikhara* é, portanto, um modelo tridimensional do cosmos hindu. Todos os templos culminam em um remate, que é o centro conceitual da edificação. Dali o "cosmos" alarga-se para fora,

# SUL DA ÁSIA

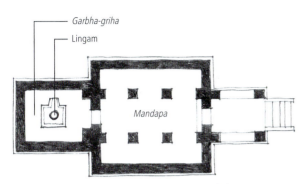

8.32 Planta do Templo de Mallikarjuna, Aihole, Índia, *circa* século VIII d.C.

descendo em cascata pelo edifício, segundo linhas radiais. As geometrias reais do *shikhara* são determinadas pelo seu mandala, ou diagrama astrológico. A melhor maneira de entendê-las é como Adam Hardy recentemente descreveu: como colagens complexas de minitemplos, ou *aediculae* (edículas), com o propósito de representar a natureza composta do cosmos hindu. Os *shikharas* são concebidos como sólidos e, de modo geral, o são, embora alguns possam ter partes internas ocas, por motivos estruturais.

8.34 Modelo tridimensional do cosmos hindu

Baseado em Adam Hardy, *The Temple Architecture of India* (Hoboken, New Jersey, John Wiley & Sons, 2008).

8.33 Templo de Lakshmana, Sirpur, Índia

255

# 400 D.C.

8.35 Templo de Mahabodhi, Bodh Gaya, Índia

Juntamente com o Templo de Bhitargaon, o de Mahabodhi está entre os mais antigos templos de múltiplos pavimentos construídos em tijolo do Sul da Ásia. Embora os templos de tijolos tivessem saído de moda na índia depois que foi iniciada a construção dos templos de pedra, também é possível que o desenvolvimento dos pagodes da China possa ter sido em parte inspirado na descrição desse templo por Hsuan Tsang, que foi amplamente difundida. O templo é semelhante ao templo hindu de Bhitargaon (400–50 d.C.), e, na verdade, o uso budista das formas hindus demonstra a sobreposição experimental de formas durante esse período.

## O TEMPLO DE MAHABODHI

Bodh Gaya (o "Jardim de Gaya"), perto de Patna, onde se diz que o Buda alcançou a iluminação sentado sob uma árvore chamada pipal, é um dos locais de peregrinação mais venerados de todo o mundo budista. O Templo de Mahabodhi (literalmente, "Grande Buda") ali existente foi iniciado por Ashoka, que ordenou a construção de uma simples plataforma de pedra, conhecida como Vajrasana (ou "Trono do Diamante"), para assinalar o lugar onde se acreditava que o Buda sentou. De acordo com as exigências não representativas do budismo Hinayana, Ashoka não mandou construir outra representação ou templo nesse lugar. Diz-se que a própria árvore foi derrubada por fanáticos, primeiro no século IV a.C. e novamente no século VII. No entanto, uma muda da árvore original foi levada para o Sri Lanka pela filha de Ashoka no século IV a.C., e a árvore viceja até hoje. Ao fim do período gupta, construiu-se junto à árvore o Templo de Mahabodhi (fim do século V ou VI). O templo, contudo, foi reformado muitas vezes, de modo que é difícil ter absoluta certeza sobre o que pertence ao prédio original do período gupta. Não obstante, seu perfil não é tão diferente do descrito por Hsuan Tsang (Xuanzang) em 637 d.C.

Hsuan Tsang relatou que a árvore bodhi era cercada por uma forte muralha de tijolos (originalmente construída por Ashoka), com 500 passos de circunferência. Árvores raras sombreavam seus jardins, e belos gramados, flores e plantas exóticas cobriam o solo. O portão principal, a leste, dava para o Rio Niranjana, e o portão sul conduzia a um grande tanque de lótus, o tanque sagrado junto ao qual acredita-se que o Buda teria passado uma semana. O portão norte conduzia ao terreno de um grande mosteiro. Dentro havia inúmeros estupas e santuários, construídos como memoriais por soberanos e altos dignitários. No centro do recinto da árvore Bodhi – limitado por uma vedika ou cerca de pedra semelhante à existente em volta do estupa de Sanchi – estava o Vajrasana, inserido entre a árvore Bodhi, a oeste, e o Templo de Mahabodhi, de 48 metros de altura e 20 passos de largura, a leste.

O templo era feito de tijolos e revestido de cal. Ele possuía fileiras de nichos com imagens de ouro. Suas quatro paredes eram adornadas com requintadas incrustações de pérolas e, no alto, havia uma estupa revestida de cobre. Hsuan Tsang também escreveu, em outro texto, que ao sul da árvore bodhi havia uma coluna de Ashoka com mais de 30 metros de altura. O atual Templo de Mahabodhi corresponde claramente a essa descrição. É cercado nos cantos por quatro santuários secundários, acrescentados no século XIX. A câmara central abriga a imagem entronizada do Buda no templo. O shikhara, de tijolos, contém outra cela no nível superior, com uma imagem secundária do Buda.

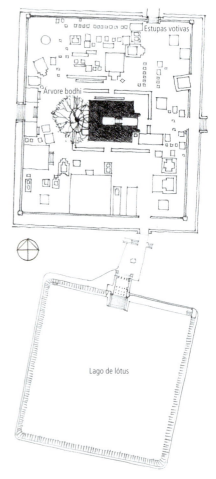

8.36 Planta do Templo de Mahabodhi

# SUL DA ÁSIA

## SIGIRIYA

Na Ilha de Sri Lanka, em 477 d.C., Kasyapa Matanga assassinou seu pai Dhatusena e usurpou o trono. Seu irmão Mogollana contestou sua ascensão e fugiu para a Índia, a fim de reunir um exército. Assim, Kasyapa Matanga deixou a capital, Anuradhapura, e construiu para si um palácio-fortaleza fácil de defender sobre o rochedo de Sigiriya — um planalto impressionante que se eleva 370 metros sobre a planície. Quando Mogollana voltou ao Sri Lanka e derrotou Kasyapa Matanga, em 495 d.C., reinstalou-se em Anuradhapura, deixando que Sigiriya se tornasse um mosteiro budista, que se manteve ativo até o século XIV.

O palácio e os jardins estavam entre os mais impressionantes do mundo para aquela época. Eles foram construídos em três níveis: sobre o rochedo gigantesco; a meia altura, numa saliência da montanha; e na planície ao redor dela. Uma engenhosa escada, entalhada na rocha, interligava os vários níveis. O nível superior, que domina a vista da paisagem, foi projetado como uma série de pavilhões, cisternas, piscinas e jardins interconectados. Poços artesianos fornecem água o ano inteiro, possibilitando a existência de todo o palácio. As estruturas do nível intermediário foram construídas ao redor de uma série de cavernas escavadas na rocha, antes ocupadas pelos monges budistas. Na base do rochedo, um imenso jardim retangular irrigado por um sistema hidráulico era protegido por fossos e baluartes. Um lago artificial ao sul do rochedo alimenta os fossos e os canais a ele ligados. O jardim inferior é uma fusão zen de rigorosa planta geométrica com rochas e outras formas naturais espalhadas pelo local. Cinco portões controlavam o acesso ao local. Entrando pelo oeste, via-se primeiro um jardim quadrado com um canteiro central conectado por passeios elevados e rodeado por piscinas em forma de L. Em seguida havia um longo jardim, dividido em dois níveis, que possuía duas longas piscinas com fontes alimentadas por córregos rasos e sinuosos. A sequência culmina na escada que conduz ao alto da rocha e é guardada por um pilone onde estão esculpidas, na rocha, as garras gigantescas de um leão — daí seu nome: Portal do Leão. A face oeste do rochedo era coberta por pinturas representando os prazeres da vida real. A maioria dessas imagens foi destruída quando o palácio se tornou um mosteiro, para não atrapalharem a meditação.

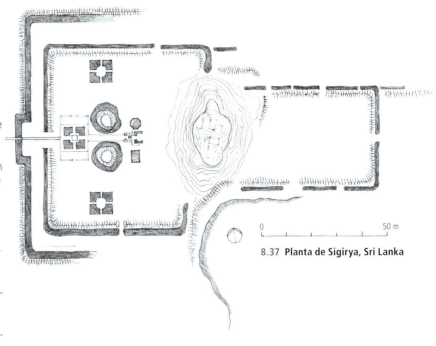

8.37 Planta de Sigirya, Sri Lanka

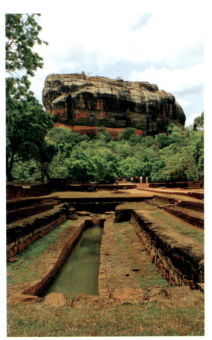

8.38 Vista de Sigirya do jardim

8.39 Portal do Leão, Sigirya

# 400 D.C.

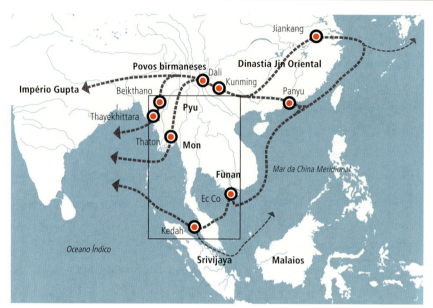

8.40  As rotas de comércio do Sudeste da Ásia, *circa* 400 d.C.

## OS PYUS, MONS E FUNAN

O Sudeste da Ásia foi influenciado por dois fatores correlatos: a indianização de sua cultura e as rotas comerciais que iam da Baía de Bengala à China Meridional e contornavam a Península Malaia. A China, sob a Dinastia Han (205 a.C–220 d.C.), buscara controlar a parte sul da Rota da Seda, que passava pelas cidades de Kunming e Dali e cruzava a Birmânia (atual Mianmar) e a Índia. Em cerca de 200 d.C., os chineses fundaram Panyu (atual Guangzhou) no delta do Rio das Pérolas, para expandir esse sistema de rotas comerciais, política intensificada pela Dinastia Jin – em especial porque, no século IV, a maior parte do Norte da China era dominada por tribos nômades. Na época, a capital dos Jin era Jiankang (atual Nanjing). A indianização do Sudeste Asiático, que começou no século I d.C. na Birmânia e alcançou o litoral sul do Vietnã por volta de 300 d.C., foi um processo complexo que envolveu tanto o budismo quanto o hinduísmo. Junto com essas novas religiões surgiu uma arquitetura de templos que mesclavam conceitos hindus e tradições locais de carpintaria. Esses prédios eram promovidos por um comércio de artigos de luxo do sudeste da Ásia: pérolas, diamantes e ouro, além de muitos tipos de madeiras aromáticas e outros produtos silvícolas.

Entre as primeiras civilizações budistas que se desenvolveram desse modo destacavam-se a dos pyus, nas regiões central e norte da Birmânia, geralmente datada do século I a.C. ao IX d.C., e a dos mons, situados mais para o sul, nas atuais Mianmar e Tailândia. Os pyus controlavam o comércio ao longo do Rio Irrawaddy, uma das principais rotas entre a Índia e a China. A região é bastante árida e a produção agrícola seria medíocre, não fosse por sistemas de irrigação extremamente efetivos que distribuíam a água de seus numerosos córregos. Os pyus construíram barragens de pequena altura logo abaixo das curvas naturais dos cursos de água, que captavam parte da água e desviavam-na para canais que acompanhavam os desníveis da paisagem, irrigando os campos. Eles fundaram várias cidades de médio e grande porte. As principais eram Thayekhittaya (Sri Ksetra, nove quilômetros a leste de Pyay), que controlava as rotas comerciais rumo ao sul, Beikthano e Halin (Halingyi, perto de Shwebo), ao norte.

Sri Ksetra, que pode ser traduzida como "área sagrada e afluente", é uma cidade oval que controla o acesso ao delta do Rio Irrawaddy. Ela é bastante extensa – tem cerca de 3,5 quilômetros de um lado a outro – e atingiu seu apogeu entre o século V e o início do século IX. Possui alguns dos mais antigos santuários budistas de Mianmar. Bawbawgyi, fora da cidade, mas bem próximo a ela, é um prédio em formato de sino com 60 metros de altura e oco até cerca de dois terços de sua elevação. Nesse aspecto, difere da maioria das estupas de Mianmar, que em regra são maciças e não têm interiores acessíveis. Há uma abertura em sua base, em um dos lados, e outra mais alta, na parede oposta. O interior continha um vaso de cerâmica com 20 folhas de ouro e prata com gravações em relevo de trechos dos manuscritos budistas. O exterior que hoje vemos talvez não reflita o original, que provavelmente era rebocado e pintado.

8.41  Planta de situação de Thayekhittaya (Sri Kselra), Mianmar (antiga Birmânia)

# EUROPA

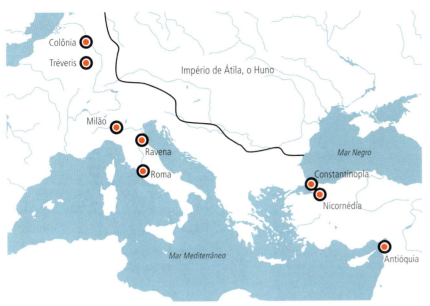

8.42 Capitais romanas (séc. IV d.C.)

## A ASCENSÃO DO CRISTIANISMO

Quando Constantino reconheceu de modo oficial o cristianismo, em 326 d.C., isso não acarretou instantaneamente o fim do paganismo, e muitas tradições pagãs permaneceram. Não obstante, o monoteísmo cristão, com sua ênfase nos valores éticos, conferia à prática religiosa cristã uma autenticidade antes só igualada pelo judaísmo, do qual o cristianismo derivou. No início, o cristianismo talvez parecesse apenas mais um dos inúmeros cultos e religiões helenísticos, tais como os cultos de Ísis, de Dioniso e de Mitra e as práticas dos gimnosofistas do Alto Egito e dos terapeutas de Alexandria. Poucos seriam capazes de prever o quanto as crenças cristãs acabariam tomando conta do mundo ocidental, à medida que a religião se espalhou, seguindo a ocupação romana, e se arraigou na própria Roma. Constantino, motivado por um sonho, converteu-se em seu leito de morte. A partir de então, o título de Pontifex Maximus passou a atribuir ao imperador romano os papéis simultâneos de chefe da Igreja e de vigário de Cristo. Quanto aos rivais da Igreja, eles foram pouco a pouco incorporados ao mundo cristão – condenados como heréticos. O pluralismo religioso que floresceu no século V, e do qual emergira o próprio cristianismo, foi aniquilado no fim do século VI. Só o judaísmo era tolerado, embora também estivesse sob pressão. Os cristãos foram proibidos de casar com judeus, e a construção de sinagogas foi quase totalmente suspensa. Travavam-se intensos debates sobre a natureza de Cristo e sua consubstancialidade com Deus, a respeito da Trindade, a Virgem Maria, as palavras usadas na Eucaristia e sua verdadeira natureza e sobre muitos outros temas.

A escolha do estilo arquitetônico também deve ter causado bastante discussão. Uma coisa era clara: era impossível para a nova arquitetura religiosa seguir os passos da arquitetura dos templos de outrora. A ampla variedade de soluções adotadas nos primeiros tempos da arquitetura cristã é uma prova da busca de adequação entre arquitetura e liturgia. Em épocas anteriores, não seria possível confundir um túmulo com uma basílica ou uma terma, e a arquitetura romana criara ambientes arquitetônicos bem definidos para as diversas funções urbanas. Já por volta do século III d.C., essas distinções estavam desaparecendo com rapidez e sendo reformuladas, como no caso da "Basílica" de Magêncio, cujo modelo foi o edifício de uma terma imperial. Na arquitetura paleocristã, quando o uso das casas como igrejas tornou-se desnecessário, essa tendência acelerou-se. Estudaram-se várias formas, reavaliadas em função da sua compatibilidade com as necessidades litúrgicas, que evoluíam.

O impacto do cristianismo sobre a arquitetura e as construções romanas foi, evidentemente, negativo. Os foros imperiais foram abandonados, e muitas vezes as pedras calcárias removidas dos prédios romanos foram queimadas em grandes fornos, para produzir argamassa de cal. Ainda em 1606, o papa Paulo V demoliu o Templo de Minerva, no Foro de Nerva, para obter material para a construção de uma fonte. Fanáticos cristãos iam a Baalbek para destruir ídolos, embora tivessem sido inicialmente repelidos. Os rituais pagãos continuaram ali até cerca de 380 d.C., mas, aos poucos, os imperadores cristãos aumentaram o controle. O santuário de Baalbek foi por fim destruído, e suas ruínas foram aproveitadas para a construção de uma igreja relativamente modesta. A destruição das esculturas foi tão completa que hoje não resta um único exemplar delas. A destruição do mundo pagão foi tão avassaladora que mil anos se passariam, até o século XV, antes que o interesse por sua existência fosse algo mais sério.

Para aumentar a complexidade da época, quando Constantino deixou Roma, em 326 d.C., e consagrou formalmente Constantinopla como a "nova Roma", em 330 d.C., Roma foi praticamente abandonada quase que da noite para o dia. Constantino fundou a nova cidade não tanto para que fosse um centro cristão, mas como um lugar onde cristianismo e paganismo pudessem coexistir. Isso não era possível em Roma, onde os cristãos exigiam fidelidade absoluta de seu soberano. Embora sob a perspectiva de Roma a construção de Constantinopla tenha sido desastrosa, do ponto de vista das províncias orientais, era uma revalorização natural. Ao contrário das partes europeias do império, muito dispersas e ocupadas por diferentes tribos que reivindicavam várias regiões, o leste era naturalmente coeso. A divisão do império também teve outras consequências, pois já não existia uma capital única (nem mesmo quatro), mas seis: além de Constantinopla, havia Antióquia, Nicomédia, Milão, Tréveris e Colônia, todas agora renovadas e transformadas em residências imperiais. Milão tornou-se residência imperial a partir de 353 d.C., o que a tornou da cidade, repentinamente, um importante centro arquitetônico. Foram construídas cinco novas igrejas, três das quais ainda existem, quase com a sua altura original.

Em 380 d.C., contudo, o imperador Graciano transformou Tréveris em sua residência, desviando para o norte o fluxo da riqueza. Depois, o imperador Honório favoreceu Ravena e, no início do século V, transferiu para lá a sede imperial. Ravena tornou-se a residência dos ostrogodos cristianizados sob o domínio de Teodorico (490–526 d.C.) e seus sucessores. Logo suntuosos edifícios novos estavam sendo projetados na cidade. Pouco resta, contudo, da considerável atividade arquitetônica de Constantino em Constantinopla. A maior parte do que sabemos sobre a arquitetura desse período inicial do cristianismo vem das ruínas remanescentes na Síria, no Egito e na própria Jerusalém.

# 400 D.C.

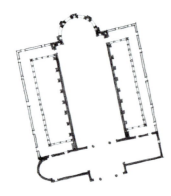

8.43 Planta da Basílica de Tréveris, Alemanha

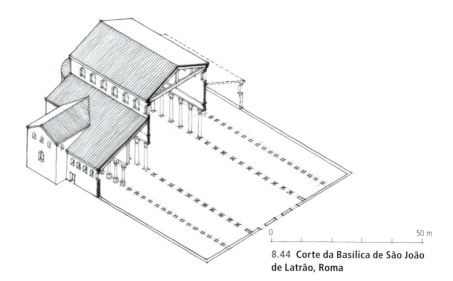

8.44 Corte da Basílica de São João de Latrão, Roma

Sem a presença do império, Roma foi abandonada a se defender por si própria. Em 410 d.C., a cidade foi saqueada durante três dias por um bando de visigodos. O imperador do Ocidente, Honório, estava impassível em Ravena, e o imperador do Oriente encontrava-se ainda mais distante, em Constantinopla. Para se protegerem, os romanos contrataram um chefe germânico, Odoacro, que em 476 d.C. proclamou-se rei, derrotou o general romano Orestes em Piacenza, conquistou Ravena e depôs Rômulo Augústulo, na época praticamente uma criança. Esse foi o último imperador oficial do Ocidente até a coroação de Carlos Magno, em 800 d.C.

A administração romana da Itália continuou a funcionar sob Odoacro, que manteve os principais funcionários do estado. Em 488 d.C., Zênon enviou à Itália Teodorico, o Grande, rei dos visigodos, para expulsar Odoacro. Em 493 d.C., Odoacro concordou em celebrar um tratado. Convidado para um banquete, foi assassinado com seus oficiais, o que fez de Teodorico o senhor da Itália. Ele importou ansiosamente do Oriente os mais capacitados pedreiros, canteiros e artistas em mosaico. Ao mesmo tempo, conservou em suas igrejas o tradicional projeto romano com planta basilical. Isso pouco ajudou a apaziguar os ânimos em Constantinopla e, em 534 d.C., Justiniano enviou um exército para fazer que a Itália e o Norte da África passassem a seu controle. Em 536 d.C., a própria Roma foi tomada, mas, em 568, os visigodos estavam de volta, devastando o Norte da Itália. Enquanto em Roma a água jorrava dos aquedutos malconservados, a terra não cultivada reverteu à condição de pântano. Espalhou-se a malária,

que transformou boa parte da área em volta de Roma na planície insalubre que continuou a ser até o século XX. Em 680 d.C., irrompeu a peste bubônica. A população de Roma passou de cerca de um milhão, na época do império, a apenas 30 mil, por volta do século VI. As extensas regiões de Roma então abandonadas ou exploradas como fazendas foram chamadas de *disabitato* (áreas não habitadas).

Acreditou-se por muito tempo que a arquitetura paleocristã teria resultado da transformação do átrio ou *tablinium* das casas romanas onde se reuniam os primeiros cristãos. Na verdade, a arquitetura cristã não existia como tal até o século IV d.C., pois as cerimônias religiosas eram realizadas em casas e catacumbas. O argumento de que a basílica teria se desenvolvido a partir da casa romana, persistente nos círculos eclesiásticos, cria a ilusão de uma evolução formal linear que não se apoia em evidências físicas. A basílica que se tornou o modelo para a construção de igrejas ordenada por Constantino foi a Igreja de São João de Latrão, construída em 314 d.C. em Roma a partir de um palácio imperial, o Palácio de Latrão. Para essa igreja, a basílica foi uma escolha lógica. Embora pouco reste do edifício original, sua forma é bem consolidada. Ela consistia em cinco naves, sendo a central mais alta para permitir a entrada da luz nas demais através de um clerestório. Duas fileiras de 15 colunas enormes criavam uma colunata de 75 metros de comprimento. O conjunto era coberto por um telhado de madeira. Na extremidade havia uma grande ábside, onde se sentava o clero, separado dos plebeus por uma linha de colunas. O transepto que hoje vemos é um acréscimo medieval. Não

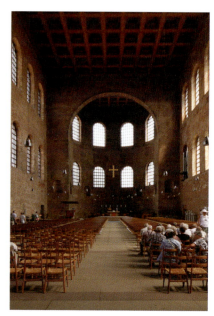

8.45 Interior da Basílica de Tréveris, Alemanha

havia colunas ornamentais e a fachada – toda a superfície externa, na verdade – não era de grande expressão arquitetônica. Vários séculos se passariam até que a ideia de uma fachada representativa, criada pelos romanos, fosse resgatada como um elemento importante no projeto das igrejas ocidentais.

Embora o exterior do edifício pudesse parecer primitivo, o interior era suntuoso. As vigas do telhado cintilavam com seu revestimento folheado

260

# EUROPA

a ouro. As paredes eram ornadas com mosaicos até muito acima das colunas da nave central, de mármore vermelho, verde e amarelo. O santuário incluía sete altares e mesas de ofertórios dourados. Candelabros de ouro e prata iluminavam o recinto. Cem anos depois, Roma testemunhou a construção da Basílica de Santa Sabina (425–432 d.C.), réplica madura e majestosa de São João de Latrão. Suas janelas maiores evidenciam uma maior familiaridade com a construção em alvenaria.

## Martyria

Embora a cidade de Roma já não fosse uma potência política e econômica, tornou-se importante centro religioso e de peregrinações, muito semelhante a Jerusalém, pois era o lugar onde haviam sido enterrados São Pedro, São Paulo e inúmeros outros mártires. Ao transformar seus túmulos em um importante lugar de veneração, foi apagada a ideia de um Hades escuro e monótono, ou a ideia da morte como reino privilegiado de uma vida faraônica após o fim da vida terrena. Os túmulos eram vistos como o lugar onde as pessoas despertariam novamente no dia do Juízo Final, quando a humanidade inteira seria julgada. A visita a um túmulo era, de certo modo, uma antecipação desse evento. Esse tipo de culto viria a tornar-se um elemento tão importante da prática religiosa popular cristã que o fato de uma igreja possuir mesmo uma pequena parte do corpo – um dedo, por exemplo – de um santo ou de um mártir, exibido num relicário, bastava para que o edifício assumisse uma aura de sacralidade. Chegou-se a tal ponto que partes de corpos e até mesmo corpos inteiros foram roubados e transportados a outro lugar. É o caso do corpo de São Marcos, levado de Alexandria para Veneza.

O precedente para esse tipo de veneração pode ser encontrado no budismo, que já iniciara o culto às relíquias por volta do século I a.C., algo com certeza inédito na história da religião. Essa prática popular, que aparentemente surgiu de modo espontâneo, logo foi reconhecida como facilitadora pela Igreja oficial, uma vez que atraía os fiéis e, portanto, era uma demonstração pública da validade do cristianismo. Na verdade, esse novo conceito de história segundo o qual pessoas simples podiam praticar atos heroicos – bem diferente da "história como mitologia" ou da "história como linhagem real" – viria a ter um profundo impacto sobre os acontecimentos futuros.

## A Basílica de São Pedro, Roma

Como muitos dos túmulos de Roma ficavam na periferia da cidade ou em cemitérios localizados fora de suas muralhas, a cristianização do império introduziu um novo perfil geográfico, inédito na história da urbanização ocidental. A cidade já não era dominada por um foro, ágora ou palácio, e sim por dezenas de mosteiros, batistérios e igrejas dispersos em grupos pelos recantos mais afastados da cidade e suas vizinhanças. A Igreja de São João de Latrão, em Roma, era uma basílica que fora fundada por decreto imperial para ser a sede eclesiástica oficial do papa, o bispo de Roma, e continuou servindo como o centro político, religioso e administrativo da Igreja.

Constantino edificou a igreja original sobre o túmulo de São Pedro por volta de 320 d.C. Embora fosse uma basílica, ela tinha forma ligeiramente diferente da Igreja de São João de Latrão, refletindo sua condição de *martyrium*. Um amplo lance de escadas levava ao átrio, construído em uma vasta plataforma sobre o solo em declive. A plataforma em si foi erguida sobre uma necrópole romana, eliminando o topo dos vários túmulos existentes e preenchendo os espaços intermediários. Em virtude de sua função, a própria igreja era consideravelmente mais longa do que a de São João de Latrão, atingindo 112 metros de comprimento. A nave central pode ser descrita como uma rua coberta ladeada de colunatas. As colunas não foram construídas para a igreja, mas removidas de edifícios romanos pré-cristãos. A nave central tornou-se um espaço destinado àqueles que podiam pagar pelo privilégio de ali serem enterrados, e logo seus pisos estavam repletos de túmulos. Nesse sentido, a nave central era em parte rua, em parte cemitério e em parte santuário. Em dias de festas religiosas, transformava-se num espaço para animadas celebrações familiares (prática que mais tarde foi proibida).

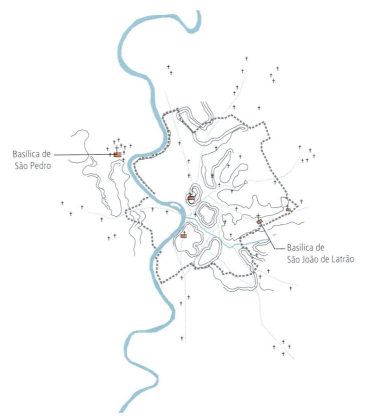

8.46 Santuários cristãos fora das muralhas da cidade de Roma

# 400 D.C.

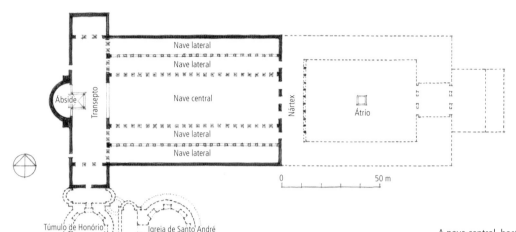

8.47 **Planta e corte transversal da Basílica de São Pedro, Roma**

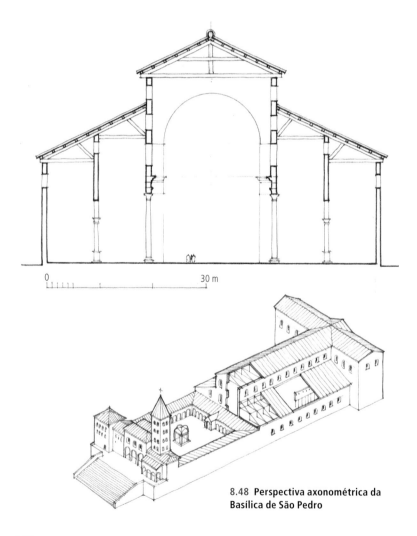

8.48 **Perspectiva axonométrica da Basílica de São Pedro**

A nave central, bastante escura e iluminada apenas pelo clerestório alto, não conduzia a uma ábside, como em São João de Latrão, mas a um grande transepto, que era um espaço singular. Em seu foco, sobre o túmulo de São Pedro, que estava na cripta abaixo, e logo em frente à ábside, um baldaquino apoiava-se sobre quatro colunas. Embora a combinação de nave central com transepto hoje possa parecer comum, esse não era o caso no século IV d.C. O transepto só se tornou onipresente depois que os carolíngios o tornaram, no século IX, a parte central de suas igrejas. Na Basílica de São Pedro, ele diferenciava a igreja mais popular, o *martyrium*, de uma basílica imperial como São João de Latrão. Para entendermos a importância do prédio, é preciso lembrar que, nessa época, o uso do concreto havia sido esquecido, sendo, portanto, impossível a construção de abóbadas. A própria arte da cantaria havia regredido, e até mesmo as colunas destinadas a um edifício encomendado pelo imperador tinham de ser retiradas de construções da Roma Antiga. Apesar dessas limitações, e talvez mesmo por causa delas, o prédio alcançou a objetividade e a majestade que o tornaram uma das primeiras edificações, na evolução do mundo mediterrâneo, destinadas, desde a sua concepção, a destacar o fascínio que a nova religião exerce sobre as massas. Essa já não era uma sombria e íntima "casa dos deuses", segundo a tradição helenística; tampouco um espaço para a reflexão pessoal, no sentido budista, mas um ambiente onde o ritual comunitário em grande escala se mesclava com a mensagem sobre a glória imperial.

# EUROPA

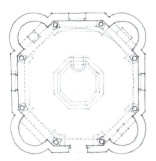

8.49 Planta do Batistério de Ravena, Itália

8.50 Interior do Batistério de Ravena

## Os primeiros batistérios

Em Antióquia foi construída, em 378 d.C., a Igreja de São Babylas, composta de quatro braços sem naves, com telhados de madeira que convergem para o quadrado central. Foram erguidos um batistério apoiado em um dos braços laterais e uma sacristia apoiada no outro. Esses eram, é claro, novos tipos de espaços que desafiavam a forma arquitetônica da basílica, a qual, no período romano, era uma edificação sem recintos laterais. Encaixar tais espaços na planta da basílica viria a se tornar o principal problema arquitetônico do milênio seguinte. Em São Babylas, eles estão simplesmente acoplados à lateral do edifício; em São João de Éfeso (450 d.C.), estão dispostos em torno da quina nordeste da igreja, enquanto na Igreja de Santa Maria em Éfeso (400 d.C.), o batistério foi anexado a um lado do átrio.

O batismo é um dos sete sacramentos a que cada membro da Igreja Cristã está sujeito, além de ser o primeiro e o mais importante deles. De acordo com Santo Agostinho, sem o batismo até mesmo um bebê inocente pode, após a morte, permanecer no limbo, uma vez que não foi purificado do pecado original. Como o batismo simboliza o ingresso na comunidade cristã, os batistérios tinham uma importância arquitetônica especial. Alguns eram quadrados, outros, retangulares; alguns possuíam ábsides, outros não; alguns eram abobadados, outros não. Ainda assim, logo os batistérios tornaram-se tipologias arquitetônicas reconhecíveis. O Batistério de Ravena (400–450 d.C.) apresenta planta octogonal que rapidamente passou a ser imitada em toda a Itália e em outros países. O Batistério de Nocera (século V d.C.), a leste de Nápoles, tinha uma cúpula que se elevava diretamente sobre um tambor circular escorado pelas paredes e pelos arcos de uma galeria definida por colunas duplas. Assemelha-se ao Batistério de Santa Constança, em Roma (330 d.C.), que, todavia, não era originariamente um batistério, mas um túmulo convertido em igreja no século XIII.

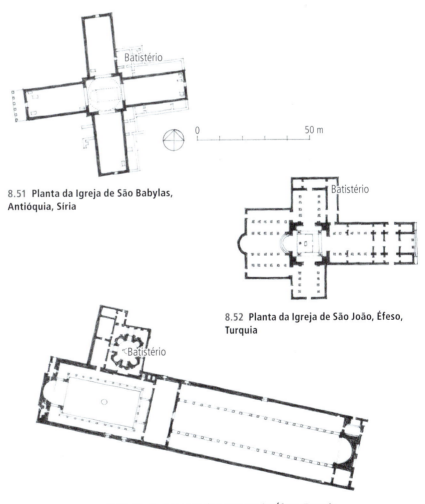

8.51 Planta da Igreja de São Babylas, Antióquia, Síria

8.52 Planta da Igreja de São João, Éfeso, Turquia

8.53 Planta da Igreja de Santa Maria, Éfeso, Turquia

# 400 D.C.

8.54 Império Romano no Oriente

## A ERA PÓS-CONSTANTINO

A divisão do Império em quatro partes por Diocleciano, em 293 d.C., foi concebida como uma parceria, destinada a facilitar a responsividade às crises do império. Quando, cem anos depois, o imperador cristão Teodósio reformulou essa divisão, criando em 395 d.C. os impérios do Oriente e do Ocidente, os novos eventos levaram o império a um cisma. Com a rápida diminuição de sua importância, o Império do Ocidente foi obrigado a depender do Império do Oriente – e isso trouxe muito ressentimento. Roma foi saqueada em 410 d.C. pelos visigodos e novamente em 455 d.C. pelos vândalos, que haviam estabelecido seu reino na África do Norte. Quando, depois de 460 d.C., o Centro e o Norte da França foram conquistados pelos francos, o Norte da Itália foi invadido por vários grupos, incluindo os ostrogodos, convertidos para o cristianismo no reino de Teodorico (495–526 d.C.), que fixou seu governo em Ravena. No Oriente, o Império Cristão permanecia relativamente livre das invasões. Entretanto, o século V foi muito diferente da época de Constantino, que o precedera. Ruiu a unidade teológica e arquitetônica que Constantino tentara impor a seus domínios, e cada região começou a desenvolver suas próprias características locais.

No Oriente, os *martyria* tornaram-se grandes edificações independentes, enquanto no Ocidente os túmulos dos mártires eram encerrados dentro das igrejas. Em alguns lugares, os arquitetos preferiam usar colunas; em outros, empregavam pilastras. Alguns arquitetos projetavam transeptos, outros não. A localização de recintos como a sacristia, os arquivos e a biblioteca possibilitava ainda outras variações.

A Igreja do Acheiropoietos, em Salônica (470 d.C.), é quase clássica em suas linhas puras e no amplo domínio do espaço. O Mosteiro Branco (Deir-el Abiad, *circa* 440 d.C.), não muito distante da cidade de Suhag, no Egito (cerca de 500 quilômetros ao sul de Cairo), tem certo toque egípcio em seu formato compacto, semelhante a uma caixa, e suas várias subdivisões incluem uma rara ábside tripla na cabeceira. O nártex não se localiza a oeste, mas ao longo do lado sul, e o batistério, em uma das extremidades. A Igreja dos Profetas, Apóstolos e Mártires, em Gerasa (465 d.C.), Jordânia, é um brilhante ensaio sobre o tema de um quadrado inscrito em outro quadrado. Em Roma, a Igreja de Santo Estêvão Redondo (Santo Stefano Rotondo, 468–483 d.C.) adota uma complexa interseção de cruz e rotunda. Com a exceção de Santo Estêvão, as igrejas romanas tendiam a ser as mais conservadoras. Santa Sabina (425–432 d.C.) e Santa Maria Maior (Santa Maria Maggiore, *circa* 432 d.C.) mantiveram a tradição constantiniana da basílica com colunata.

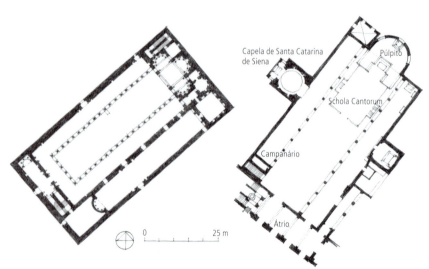

8.55 Planta do Mosteiro Branco (Deir-el Abiad), perto de Suhag, Egito

8.56 Planta de Santa Sabina, Roma, Itália

# EUROPA

8.57 Os territórios dos ostrogodos, burgúndios e visigodos

8.58 Túmulo de Teodorico, o grande, Ravena, Itália

## O TÚMULO DE TEODORICO, O GRANDE

Os ostrogodos, uma tribo das estepes russas, haviam entrado na Europa e se estabelecido no Norte da Itália. Eles fundaram um estado relativamente efêmero sob o reino de Teodorico, o Grande (454–526 d.C.). Seu território abarcou, em sua máxima extensão, a Itália e os Bálcãs; e a capital era Ravena. Em 402 d.C., Ravena havia se tornado a capital do Império Romano do Ocidente. A transferência foi feita por motivos de defesa: a cidade era circundada por pântanos e charcos. Mesmo com a mudança, não foi possível conter os germanos, que tomaram a cidade, o que levou o imperador bizantino Zênon a convidar Teodorico a conquistar a Itália. Contudo, uma vez no poder, Teodorico fundou seu próprio reino e trabalhou diligentemente para resgatar ao máximo a cultura e a estadística romanas. Teodorico se converteu a uma forma de fé cristã chamada de arianismo, que considerava que Jesus não era igual a Deus, como acreditavam os cristãos em geral, mas estava um pouco abaixo dele. Isso provocou grande controvérsia e aprofundou o cisma com os bizantinos. Ele contratou arquitetos para construir um palácio que, embora não já não exista, é conhecido por meio de afrescos. O prédio possuía uma colunata na fachada que ostentava, no centro, um frontão triangular apoiado em quatro colunas.

A perfeita articulação entre os grandes arcos e as pedras de cantaria no túmulo do rei Teodorico, que ele mesmo mandou construir (*circa* 520 d.C.), sugere a presença de canteiros sírios. Localiza-se a um quilômetro do centro de Ravena, além das antigas muralhas da cidade, em uma área usada como cemitério pelos godos. Embora suas fundações sejam de concreto, a construção em si é de alvenaria de pedra seca: não foram usados cimento nem argamassa. O pavimento inferior forma externamente um decágono, e cada um dos lados possui um nicho retangular, recuado, com o topo arqueado. O interior tem a forma de uma cruz com braços iguais. O nível superior é similar, exceto pelo fato de que seu interior é circular. Acredita-se que esse segundo piso tinha uma galeria contínua em toda a sua volta, cujas colunas apoiavam-se no topo da parede da parte inferior. Como não há degraus que conduzam ao segundo nível e nunca se encontraram vestígios de uma escada de acesso, presume-se que o recinto fosse a câmara funerária, para a qual os restos mortais do rei poderiam ter sido levados por uma escada temporária. A cúpula, com 10 metros de diâmetro, consiste em uma única peça imensa de calcário da Ístria, com doze alças no topo, que foram empregadas para erguer a pedra e posicioná-la no lugar.

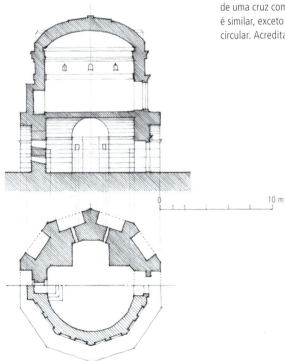

8.59 Planta e corte do Túmulo de Teodorico, o grande

8.60 Mosaico representando o Palácio de Teodorico, o grande, em sua capela na Igreja de Santo Apolinário Novo, Ravena

# 400 D.C.

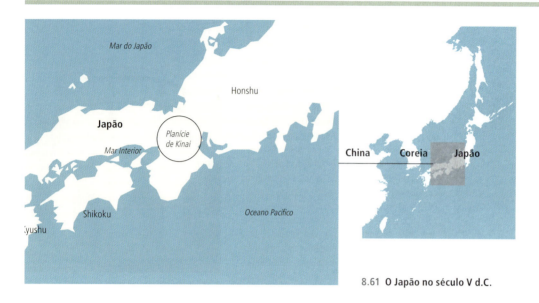

8.61 O Japão no século V d.C.

## JAPÃO: O PERÍODO KOFUN

No final do século V, no Japão, o clã Yamato conseguiu tomar o controle de boa parte das ilhas de Honshu e Kyushu, estabelecendo a primeira família imperial japonesa, linhagem que chegou ininterrupta aos dias de hoje. Os Yamato centralizaram o governo e, o que é mais importante, organizaram a colheita do arroz. Cada novo rei construía seu palácio e, ao morrer, era enterrado em seu próprio imenso túmulo de terra. As tumbas que as elites mandavam construir para si, conhecidas como kofun, geralmente tinham o formato de um buraco da fechadura. A parte redonda continha o túmulo propriamente dito. Elas possuíam, em geral, 100 metros de comprimento; mas a maior dessas tumbas, o túmulo de Hashihaka, em Nara, media quase 280 metros. A parte redonda, em forma de colina, era projetada como um cone truncado que interceptava uma forma piramidal escalonada e longa. Os motivos por trás dessa complexa geometria são desconhecidos, e existem dezenas de variações. O ataúde de madeira costumava ser enterrado diretamente no alto do túmulo, com frequência em uma sepultura cercada de lajes de pedra e rochas. Usaram-se, posteriormente, ataúdes de pedra e, por fim, no período Kofun Tardio, construíram-se câmaras de pedra com passagens de entrada horizontais, que permitiam o reingresso na câmara, acarretando a criação de túmulos de família destinados a enterros múltiplos.

A faixa horizontal no topo da área retangular era utilizada para rituais e cerimônias. Essas construções gigantescas e muito caras eram, em essência, plataformas feitas para garantir que seus proprietários, vistos de uma perspectiva xamanística, tivessem acesso direto aos espíritos dos ancestrais.

O primeiro conjunto desse tipo de túmulo, que remonta ao final do século III d.C., encontra-se em Sakurai, Nara, onde se localizava a capital do império. Depois foi construído um segundo grupo na planície de Osaka, um pouco mais para o oeste. Como essas construções eram circundadas por fossos, a área possuía uma enorme canalização para escoar a água aos vários túmulos.

8.62 Vista aérea do monte fúnebre do imperador Nintoku, Osaka, Japão

# LESTE DA ÁSIA

8.63 Uma haniwa, ou estatueta funerária

8.64 Reconstrução do Goshikizuka Kofun, Kobe, Japão

Hoje, os montes funerários estão cobertos por árvores, mas originalmente seus cumes eram repletos de estatuetas de argila chamadas *haniwa*, que substituíam os sacrifícios fúnebres e serviam também para demarcar os limites do túmulo. As laterais desses montes possuíam pedras e eram ornamentadas com cilindros simples de 40 a 50 centímetros de diâmetro e cerca de 1 metro de altura, que serviam de apoio para armas e armaduras. Elas também possuíam linhas de soldados e cavalos de argila, cuidadosamente organizados em fileiras, para servirem de guardiões da jornada até o mundo espiritual. O surgimento de cavalos e bigas mostra a disseminação do imaginário da estepe e a introdução do cavalo como símbolo de poder. No sul da Índia, esse período testemunhava a emergência das primeiras estátuas de cavalo em cerâmica, o que também se relaciona com a chegada de uma elite militarizada, embora não se saiba se há uma conexão disso com esses túmulos japoneses. Contudo, é certo que os chineses já faziam estátuas de cavalos com cerâmica durante a Dinastia Qin.

Os túmulos kofun desapareceram no século VI d.C, provavelmente em virtude da reforma feita pela corte Yamato com a introdução do budismo.

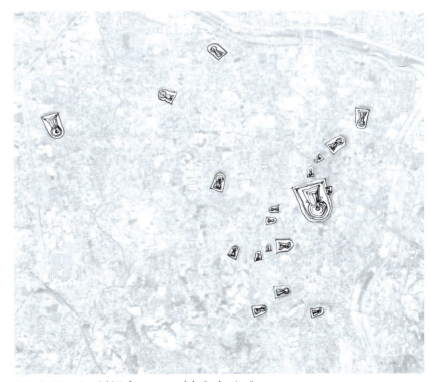

8.65 Os Mozu-Furuichi Kofungun ao sul de Osaka, Japão

# 400 D.C.

8.66 A urbanização das América, *circa* 400 d.C.

8.67 O comércio na América, *circa* 400 d.C.

## OS ZAPOTECAS DE OAXACA

Em um vale formado pela convergência de três montanhas, 48 quilômetros ao sul da Cidade do México, encontra-se Monte Albán, a deslumbrante capital zapoteca. Todo o vale semiárido do Oaxaca foi continuamente habitado pelo povo zapoteca desde 1500 a.C. até a invasão espanhola. Por volta de 1000 a.C., surgiu uma elite zapoteca que tinha relações com os olmecas ao norte. Em 500 a.C., o vale, com cerca de 25 mil habitantes, já era uma das áreas mais populosas da América. Sua agricultura era sustentada por vários sistemas de irrigação, que incluíam terraços artificiais nas montanhas alimentados por canais que vinham de fontes de água permanentes. A floresta tropical que hoje tomou conta da região difere muito da paisagem dominada pelas antigas plantações dos zapotecas.

Os zapotecas consideravam que o universo se dividia em quatro grandes quadrantes, cada um associado a uma cor: vermelho, preto, amarelo e branco. O centro era verde-azulado, um matiz que consideravam como uma única cor. O percurso leste-oeste do Sol era o principal eixo de seu mundo. A religião deles era animista: acreditavam que tudo era vivo e merecedor de respeito. Como na cosmologia hindu, os zapotecas distinguiam os seres vivos da matéria inanimada pela presença de uma força vital a que chamavam *pee* ("vento", "hálito" ou "espírito"). O *pee* fazia com que as coisas se movessem para mostrar que eram vivas, como um raio, nuvens movimentando-se no céu, o tremor da terra, o vento nos cabelos de uma pessoa e até mesmo a espuma de uma taça de chocolate. As coisas inanimadas podiam ser abordadas por meio da tecnologia, mas aproximar-se das que tinham *pee* exigia ritual e sacrifício, envolvendo especialmente algo vivo, com um coração palpitante. Os zapotecas reconheciam a existência de um ser supremo – sem princípio nem fim – com o qual nenhum ser humano entrava em contato. Ele jamais era representado. Os humanos relacionavam-se, no entanto, com as forças "naturais", cujas mais sagradas e poderosas eram Cociyo, ou o Relâmpago, a face colérica do Céu (um dos quatro quadrantes); e Xoó, ou Terremoto, a face colérica da Terra – dois dos quatro quadrantes. Até mesmo o tempo era vivo e considerado cíclico. Os zapotecas possuíam dois calendários: o solar, que consistia em 18 meses de 20 dias, acrescentando-se cinco dias para completar 365; e o ritual, ou *piye*, composto de 20 hieróglifos ou "signos dos dias", que se combinavam a 13 números para formar um ciclo de 260 dias.

A estrutura social era estratificada em dois níveis, os plebeus e a nobreza, que tinham distintas origens. Os plebeus nasciam de plebeus, viviam, trabalhavam e morriam. Os membros da nobreza descendiam de ancestrais venerados, lideravam as guerras, faziam prisioneiros e eram enterrados em túmulos, dos quais ascendiam ao céu, transformando-se no "povo das nuvens". Os homens tinham várias esposas, e em circunstâncias ideais vigorava o princípio da primogenitura.

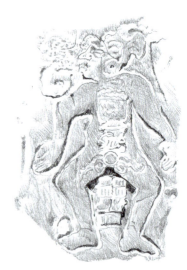

8.68 Uma figura "dançante" que representa, na verdade, os restos mutilados de um rei inimigo

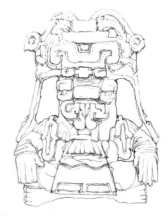

8.69 Cociyo e Xoó: os motivos do Relâmpago e do Terremoto na cultura zapoteca

# AMÉRICA CENTRAL

## Monte Albán

Por volta de 500 a.C., no apogeu de sua prosperidade, a elite zapoteca decidiu construir um novo centro administrativo. Foi escolhida uma escarpa desocupada, situada em um ponto espetacular no coração do Vale do Oaxaca. O vale, na verdade, é composto de três subvales que se juntam, formando um Y. A escarpa de 400 metros de altura e 4 quilômetros de comprimento, na qual se situa Monte Albán, visível a quilômetros de distância, fica perto do centro desse Y. A cidade, conhecida como Monte Albán, foi construída sobre as encostas aplainadas, em terraços. Ela desapareceu há muito tempo, mas a área dos templos, no alto da colina, permanece. Sua edificação mais antiga é o Templo dos Dançarinos (Monumento de los Danzantes, *circa* 400 a.C.), que consiste em um trio de plataformas na quina sudeste do sítio. É decorado com uma série de figuras "dançantes", assim chamadas porque aparecem representadas em poses estranhas, elásticas, como se fossem acrobatas de extraordinária perícia. Contudo, apesar do nome, elas provavelmente não estavam dançando. Com os olhos fechados e os genitais mutilados expostos (um símbolo de humilhação ritual), acredita-se que representem os primeiros governantes, derrotados pela elite zapoteca. Entre 100 a.C. e 200 d.C., os soberanos de Monte Albán expandiram seu domínio por todo o Vale do Oaxaca e construíram uma praça monumental, nivelando uma área de 200 por 300 metros. A praça era orientada segundo os pontos cardeais e revestida de estuque branco.

Os imensos terraços que integram o terreno do palácio situam-se nas extremidades norte e sul da praça. A plataforma norte, várias vezes ampliada e modificada, possui dois pátios rebaixados, cada um dotado de escadarias e montes-plataforma dispostos axialmente. A plataforma sul, menor, foi construída pela incorporação das plataformas mais antigas. No período entre 200 e 700 d.C., os zapotecas encontravam-se no auge de sua prosperidade, e a essa fase podemos atribuir a maioria das construções de Monte Albán que foram preservadas. No centro da praça encontra-se um grupo de três edifícios conectados, orientados no sentido leste-oeste, que indiscutivelmente eram os templos principais. Embora a plataforma do templo central tenha degraus dos dois lados, realmente só se abre para o leste. Ela consiste em uma câmara dupla dividida por uma parede parcial e por colunas. Os templos zapotecas posteriores tinham em geral duas câmaras, uma externa (menos sagrada), onde os devotos podiam entrar, e outra interna (a mais sagrada), na qual os sacerdotes realizavam seus ritos, que incluíam a queima de incenso e o sacrifício de animais e seres humanos. Os sacerdotes também se submetiam ao autossacrifício, perfurando partes de seus corpos para oferecer o próprio sangue. Alguns rituais envolviam o uso de cogumelos e outras drogas alucinógenas.

Há três grandes conjuntos no lado oeste da praça, conhecidos como L, M e IV, que consistem em mais plataformas, templos e pátios de acesso cercados. Uma plataforma contém uma escada interna que leva ao topo do prédio e é acessada por meio de um túnel subterrâneo que passa debaixo da praça e chega ao grupo central de edifícios, o que permitia aos sacerdotes o acesso sem serem vistos.

8.70 Monte Albán, perto de Oaxaca, México

8.71 Vista aérea de Monte Albán

# 400 D.C.

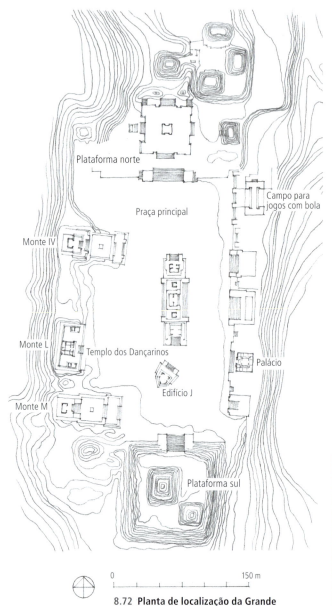

8.72 **Planta de localização da Grande Praça de Monte Albán**

Uma construção destacada desse grupo é o Edifício J, uma raridade da arquitetura zapoteca, por ser o único disposto em um ângulo de 45 graus em relação ao eixo principal do sítio. Sua planta baixa lembra uma ponta de flecha, com os degraus formando o lado obtuso. Ele se abre para o nordeste e talvez tenha sido orientado na direção da brilhante estrela Capella e usado para propósitos astronômicos. Um túnel abobadado atravessa a parte frontal da construção e conduz para cima.

Monte Albán reconstrói a ordem conceitual zapoteca em diversas escalas diferentes. Ele é, acima de tudo, o espaço privilegiado no centro da ordem cosmológica. O complexo também replica, em menor escala, as mesmas relações entre a escarpa sobre a qual foi construído o sítio e o vale maior de Oaxaca, com o principal templo cerimonial no centro, circundado por um anel "montanhoso" de montes-plataforma. Os pátios rebaixados na plataforma norte repetem o arranjo de um vale cercado por pirâmides, mais uma vez com uma plataforma central. Ao contrário das montanhas vulcânicas artificiais dos olmecas, os zapotecas criaram, ao mesmo tempo, uma paisagem sagrada em miniatura e sua própria representação.

8.73 **Campo para jogos com bola, Monte Albán**

# 600 D.C.

9.1 **Interior de Hagia Sophia, Istambul, Turquia**

## INTRODUÇÃO

Em termos econômicos, o mundo de 600 d.C. era bastante limitado. Ainda assim, a Índia e China prosperavam, e o Sudeste da Ásia, a Coreia e o Japão emergiam como potências econômicas. Essa pequena parcela do mundo talvez tenha sido responsável por 90% das inovações em arquitetura da época. A Europa encontrava-se desorganizada, pois seus territórios estavam sendo divididos por várias tribos – visigodos, lombardos, saxões, ávares e dinamarqueses, entre outros. A maioria dessas sociedades era formada por grupos de vilas agropastoris, que não passavam de pequenas aldeias fortificadas com paliçadas de madeira. Fora isso, havia a parte oriental do antigo Império Romano, cuja capital era Bizâncio, um centro de vida urbana cosmopolita relativamente isolado. Bizâncio tinha um líder extraordinariamente carismático, Justiniano (482–565), que combateu de modo violento os dissidentes ao mesmo tempo em que levou avante uma política de conquistas no Mediterrâneo. Durante seu governo, surgiram diversos prédios espetaculares: a Igreja dos Santos Apóstolos (534), a Igreja de São Sérgio e São Baco (*circa* 535), a Igreja de Hagia Irene (década de 530) e um reservatório de água com 140 metros de comprimento. Ainda assim, nada se comparava a Hagia Sophia (Santa Sofia), que foi iniciada em 532. Esse prédio incrível, cujo acabamento interno hoje está consideravelmente menor, foi a maior joia da engenharia da época. Sua cúpula, a primeira a rivalizar a do Panteon, era toda de tijolo, pois naquele tempo o uso do concreto havia desaparecido. Porém, sua sofisticação estrutural foi projetada de modo que fosse invisível aos observadores, que se encantavam com as superfícies internas folheadas a ouro, brilhando na luz sarapintada produzida por janelas distantes e candelabros suspensos.

# 600 D.C.

9.2 **Interior do Templo de Santa Hripsime, Echmiadzin, Armênia**

O Império Bizantino, contudo, não ia muito bem. Estima-se que uma "peste negra", a Peste de Justiniano (541–542 d.C.), tenha matado 40% dos moradores de Bizâncio e causado a morte de um quarto da população do leste do Mediterrâneo. Grandes áreas do território ficaram inabitadas. Os efeitos de longo prazo foram enormes. A morte de Justiniano, em 578 d.C., também agravou os problemas de um império que se mantinha em conflito praticamente constante com os persas e, posteriormente, os árabes. A retirada de um grande número de tropas dos Bálcãs para reforçar a defesa das fronteiras ao sul facilitou ainda mais a invasão da região mediterrânea pelos eslavos. Em 568 d.C., os lombardos encontraram pouca resistência de Bizâncio para invadir a Itália, iniciando a fragmentação dessa área. Em 650 d.C., Bizâncio já havia perdido todas as suas províncias ao sul e, a partir de então, pouco restou de sua glória passada.

Ao longo desse período, os armênios, afastados das doenças altamente contagiosas que eram disseminadas pelos portos, levaram avante uma incrível campanha de edificação. Eles eram os únicos no mundo ainda erguendo prédios de alvenaria de pedra com alta qualidade, usando as técnicas gregas. Essas edificações incluem a Igreja de São Gayane e a Catedral de Mren, ambas da década de 630. As duas eram basílicas cupuladas, com três naves e um tambor octogonal apoiado em quatro pilares internos. Porém, o mais espetacular dos prédios armênios foi a Catedral de Zvartnots (643–652 d.C.), localizada na periferia da cidade de Echmiadzin. Sua planta era extraordinária. O núcleo consistia em quatro lóbulos que emanavam de pilastras triangulares. O conjunto era circundado por um polígono com 32 lados, que, à distância, parece circular. Não se sabe como eram suas elevações, mas presume-se que tinham três pavimentos. Com a exceção do cobre, os armênios tinham pouco poder econômico, assim a maior parte de sua riqueza vinha do comércio externo. Eles formavam um vínculo estável e importante entre o Oriente e o Ocidente. Podemos compará-los ao Império Srivijayano, no Sudeste da Ásia, que servia de conexão entre a Índia e a China.

# Introdução

Nessa época, os persas sassânidas, no coração do atual Irã, já não se encontravam em condições de contribuir muito para a arte da edificação. Seu território estava desorganizado, principalmente em virtude de uma rígida estratificação social, do aumento do poder dos proprietários de terra das províncias e das rápidas sucessões dos governantes. Tudo isso motivava as inquietas tribos árabes a lutar por mais autonomia. Em 640 d.C., os árabes, agora unidos pelo islã, começaram a se impor e a conquistar territórios enormes. Em 651 d.C., o Império Sassânida havia entrado em colapso e sido substituído pelo Califado Islâmico Rashidun (632–661 d.C.), que rapidamente se espalhou por um vasto território que ia do Afeganistão ao Marrocos, e, então, foi sucedido pelo ainda mais rico e poderoso Califado Omíada (661–750 d.C.).

Na Índia, a situação como um todo era bem menos volátil. Apesar do declínio da Dinastia Gupta no século VI d.C., todos os novos pequenos reinos emergentes tentavam afirmar seu controle regional, o que levou a um período de construção de muitos templos. Um desses reinos era o dos pallavas, no sul. A riqueza dos pallavas se baseava no comércio com o Oriente por meio de sua cidade portuária Mamallapuram, local sagrado e destino de peregrinos. Em Mamallapuram foi construída uma sequência incrível de templos escavados nas encostas de uma colina e conectados a um canal artificial (hoje praticamente seco) que representa o Rio Ganges. O conjunto foi projetado como o modelo de uma paisagem sagrada hindu, assim era um destino tão religioso quanto econômico, como era usual no mundo hindu.

Em 700 d.C. foi construído, em Mamallapuram, um dos primeiros prédios de pedra da Índia, o Templo da Costa. Trata-se, de certo modo, de uma evolução de Dharmaraja Ratha, que se localiza a cerca de 5 quilômetros de distância, mas não foi construído com pedra: era um dos templos experimentais escavados na rocha conhecidos, em grupo, como Pancha Rathas (*circa* 650 d.C.). Aparentemente foram escavados, um ao lado do outro, para estudar diferentes formas possíveis para templos. O experimento de Pancha Rathas é único na história da arquitetura. O que acarretou essa mudança, do entalhe na rocha viva para os prédios erguidos com pedras sobre o solo? Será que houve alguma conexão com os armênios, que eram os maiores mestres da cantaria da época e que nesse período conflituoso estavam abandonando sua pátria em busca de trabalho? Ou será que essa transformação teve um caráter mais autóctone?

9.3 **Templo da Costa, Mahabalipuram, Índia**

Durante esse período, o processo conhecido como indianização estava levando o poderio econômico da Índia em direção ao Sudeste da Ásia, que lentamente se transformava em uma série de centros produtores regionais de arroz. A indianização descreve um processo no qual monges, engenheiros e oficiais criaram comunidades baseadas em templos ou cidades que lentamente convertiam os moradores locais até nascerem estados. Em Mianmar (Burma), ao longo do Rio Irrawaddy, vemos, por exemplo, o surgimento do reino Sri Ksetra, que foi fundado por adeptos do budismo Theravada, indicando uma íntima conexão com Sri Lanka, um dos mais antigos centros de irrigação de campos de arroz do mundo. O lucrativo comércio também levou à criação, ao redor de 500 d.C., do Império Srivijayano, perto da atual Palembang, na ilha de Sumatra, Indonésia. Os srivijayanos controlavam o Estreito de Malacca, através do qual tinham de passar todos os navios que se deslocavam entre a Índia e a China. Junto com o Império Srivijayano, emergiram outros estados, como o Dvaravanti (mais ou menos na atual Tailândia), o Chenla (mais ou menos o atual Camboja) e o Champa (mais ou menos o atual Vietnã). Cada um desses reinos começou a desenvolver uma economia baseada na produção extensiva de arroz e, junto com isso, uma arquitetura de paisagens sagradas.

Com base na força regional dessa economia, a dinastia chinesa T'ang construiu uma das mais espetaculares cidades da época, Daxing. As primeiras cidades da China eram o que poderíamos chamar de cidades-palácio conectadas à vida e às necessidades da corte. O desenvolvimento do governo imperial centralizado, na Dinastia Han (206 a.C.–220 d.C.) e, posteriormente, na T'ang (618–906 d.C.), resultou no surgimento de grandes capitais de natureza metropolitana, com populações de 1 milhão de pessoas ou mais. Contudo, essas megacidades precisam ser vistas de modo um pouco diferente dos outros locais do

# 600 D.C.

mundo. A concentração de uma grande população em uma cidade era uma maneira de manter o poder sob controle imperial. Isso se aplica a muitas cidades grandes, mas, ao contrário da antiga Roma – que, com o passar dos anos, cresceu até se tornar um denso labirinto urbano praticamente sem planejamento, apesar do que poderíamos pressupor sobre os romanos –, as capitais chinesas eram projetadas desde o início com a marca do poder imperial. Essas cidades tinham baixa densidade e eram compostas principalmente de edificações de adobe com cobertura de fibras vegetais, com hortas, chiqueiros e cercados para animais. Muitas partes dessas cidades pareciam vilas densas.

Por esse motivo, quando havia uma mudança do domínio imperial, as capitais costumavam ser destruídas e eram abandonadas. Centenas de milhares de pessoas eram deslocadas e reassentadas em novas capitais. Isso criou enormes rupturas temporais na história da China. Com o colapso de um único poder unificador, como ocorreu no período dos Três Reinos (entre 220 e 265 d.C.) entre as dinastias Han e T'ang, três novas capitais foram construídas. Contudo, isso deu aos chineses muita experiência no projeto de cidades de grande escala. A história do sítio Daxing é complexa, pois, na verdade, Daxing é a terceira capital construída no local. A primeira cidade, Xianyang, ao norte do Rio Wei, foi fundada pela Dinastia Qin (221–206 a.C.). Como a cidade localiza-se a o sul das Montanhas Jiuzong e ao norte do Rio Wei – ambos com orientações cheias de sol (yang) – ela foi chamada de Xianyang, que significa "completamente yang", ou "o lado que é cheio de sol". Quando a cidade foi destruída por uma enchente, em 202 a.C., a nova capital, Chang'an ("Paz Perpétua"), foi construída ao sul do rio, pela Dinastia Han. Ela foi destruída em 24 a.C. As dinastias subsequentes transferiram a capital para Chengdu, Pingcheng e Luoyang. Durante a Dinastia T'ang (618–907 d.C.), Chang'an tornou-se novamente a capital, mas, dessa vez, sua escala era enorme mesmo para os padrões chineses. Ela não foi construída sobre as ruínas da cidade antiga, mas logo ao sul dessas. Seu nome era Daxing ("Grande Prosperidade") (580–904 d.C.). Ela era chamada, coloquialmente, de Chang'an, o que trouxa alguma confusão, mas foi edificada *ex nihilo*. Hoje pouco resta de Daxing, exceto por alguns pagodes: um triste destino para uma das mais espetaculares cidades da história. Hoje, a moderna e dispersa cidade de Xi'an cobre a antiga capital. Um dos poucos resquícios de Daxing é o Pagode do Ganso Selvagem Gigante (649–683 d.C.), que originariamente tinha a altura de 54 metros.

9.4  Bosque Sagrado do Santuário de Futarasan, Nikko, Japão

# Introdução

Seu núcleo era de terra apiloada, e a fachada era revestida de pedra. Após seu colapso, ele foi reconstruído em tijolo (704), embora um terremoto, em 1556, tenha reduzido sua altura de 10 pavimentos para sete. Uma das muitas funções do pagode era acomodar sutras e estatuetas de Buda que foram trazidas da Índia para a China pelo tradutor e viajante budista Hsuan Tsang (Xuanzang). Para alimentar sua população, os chineses construíram canais que conectavam o norte-sul a seus vários rios que fluíam de leste a oeste. A Dinastia Sui (581–618 d.C.) se esforçou muito para isso. Não se trazia apenas arroz do sul, mas enormes volumes de tijolo e arroz.

A chegada do budismo na Coreia, no século IV, e no Japão, no século VI, trouxe consigo formas monumentais de arquitetura que haviam sido desenvolvidas na China. Monges, arquitetos, engenheiros e, inclusive, burocratas, chegaram juntos. Uma das edificações budistas mais antigas do Japão é o Yakushi-ji (Templo do Buda da Medicina), construído em Fujiwara-kyo, a capital japonesa no Período Asuka (538–71 d.C.), quando o país foi governado por grandes clãs e suas famílias estendidas.

Enquanto a narrativa histórica frequentemente foca o budismo, pois ele deixou um registro arquitetônico relativamente permanente, o surgimento do Japão deve ser visto em termos geopolíticos mais abrangentes. O país acompanhou o Sudeste da Ásia como área produtora e exportadora de arroz. Em ambos os casos, o arroz foi elevado ao *status* de uma divindade, e surgiram poderosos líderes que dominavam a política necessária para controlar a complexa mistura entre devoção, produção, armazenagem e comércio, e, ao mesmo tempo, viver segundo os ditames e as bênçãos das deidades a que serviam. Contudo, enquanto o khmer do Camboja do século IX forçaria a floresta a suprir as necessidades de uma visão de mundo baseada na agricultura, no Japão houve uma assimilação entre a recente cultura centrada no arroz e as antigas tradições locais associadas ao xintoísmo. O xintoísmo não foi substituído: ele simplesmente foi expandido para incluir uma nova e poderosa deidade conhecida como Inari, o deus do arroz. Os celeiros de arroz, elevados sobre plataformas, tornaram-se uma forma de arquitetura sagrada e, com o surgimento dos clãs imperiais, eles se tornaram um símbolo do estado. Nenhum prédio representa melhor isso do que o Santuário de Ise.

A palavra *xinto*, que pode ser traduzida como "a maneira dos deuses", foi cunhada no século XIX, para identificá-la como uma religião distinta do budismo. Antes disso, o xintoísmo era tão fundamental para a vida e cultura japonesas que ele não tinha outro nome além daqueles dados a vários procedimentos de cultos, cerimônias e rituais xamanistas. Esse era um sistema de credos que remontava ao início da humanidade e se caracterizava pela adoração, no Japão, dos kami, que podem ser definidos como os "espíritos" das montanhas, rios, relâmpagos, ventos, ondas, árvores e – inclusive – rochas. Os kami e os seres humanos existiam em um *continuum* compartilhado. Não obstante, os kami, como forças supernaturais inanimadas e residentes em todas as coisas, estão acima das ações dos homens. Certas localidades, como bosques sagrados ou rochedos especiais, são vistas como particularmente propícias para a reunião dos seres humanos com o espírito dos kami, e, portanto, são consideradas sacras. Ainda há vários desses bosques existentes no Japão, como a floresta de 20 hectares de Atsuta-ku, na cidade de Nagoya. Ao contrário das práticas religiosas monoteístas modernas, o xintoísmo não exige que aqueles que visitam suas instalações sejam crentes ou praticantes. Não há escritos sagrados, nem uma teoria organizada sobre a morte. Os espíritos dos mortos vão para as montanhas, céus acima, o subsolo ou além do horizonte. Os seres vivos desse mundo podem visitar aqueles dos outros mundos em áreas limítrofes, como penhascos, cavernas e litorais. Os falecidos geralmente não se tornam kami, a menos que haja alguma circunstância especial associada a suas mortes.

As formações xintoístas mais antigas não deixaram qualquer expressão arquitetônica, mas isso mudou no século VII, com a chegada dos budistas e sua cultura arquitetônica extremamente desenvolvida, com templos e santuários. A devoção xintoísta aprendeu a lição e, assim, nasceu a transformação do celeiro da vida, que já era sagrado e, então, se tornou, o símbolo imperial. O mais famoso de todos é o Santuário de Ise. Localizado em uma floresta sagrada, ele era visto como essencial ao culto imperial, e ainda hoje tem essa importância. Não se trata de apenas um prédio, mas de várias edificações conectadas a um conjunto complexo de rituais calêndricos. Somente o imperador e os sacerdotes tinham permissão de entrada. Os prédios eram únicos por ser necessário reconstruí-los a cada 20 anos usando-se as árvores sagradas da montanha sagrada, em cuja base o santuário se localiza. Por esse motivo, temos uma indicação clara das antigas práticas arquitetônicas. Como esse é o único prédio do mundo com tamanha proeminência que é reconstruído repetidamente dessa maneira, ele levanta uma questão sobre a natureza do tempo e da arquitetura. De certa maneira, os prédios são permanentes, não em termos de seus materiais, mas em virtude das exigências de sua reconstrução ritual.

# 600 D.C.

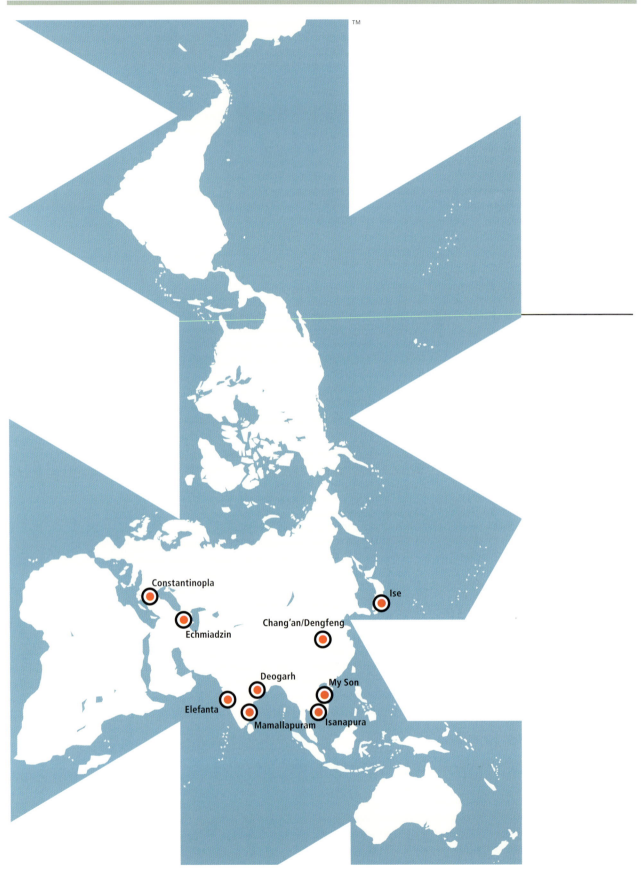

# INTRODUÇÃO

Império Bizantino
330–1453 d.C.

▲ São Sérgio e São Baco
527–536 d.C.

▲ Hagia Sophia
532–537 d.C.

▲ Catedral de Zvartnots
início em 643 d.C.

▲ São Vital, Ravena
538–545 d.C.

▲ Santa Hripsime
século VII d.C.

Índia: Ascensão dos Estados Regionais
500– 1300 d.C.

▲ Templo de Vishnu em Deogardh
início do século VI d.C.

▲ Cinco Rathas
século VII d.C.

▲ Templo da Costa em Mamallapuram
700–728 d.C.

▲ Caverna de Shiva em Elefanta
540–755 d.C.

**400 d.C.**        **600 d.C.**        **800 d.C.**

▲ My Son
séculos IV a XIV d.C.

Período das Dinastias do Norte e do Sul
386–589 d.C.

Dinastia T'ang
618–907 d.C.

▲ Templo-Pagode de Songyue
523 d.C.

▲ Palácio Daming
início em 634 d.C.

▲ Pagode do Ganso Selvagem
século VII d.C.

Cultura Kofun
*circa* século III d.C. a 538 d.C.

Período Asuka no Japão
*circa* 538–710 d.C.

Período Nara no Japão
710–794 d.C.

▲ Templo Horyu-ji
século VII d.C.

▲ Santuário de Ise
reconstruído a cada 20 anos desde *circa* 690 d.C.

# 600 D.C.

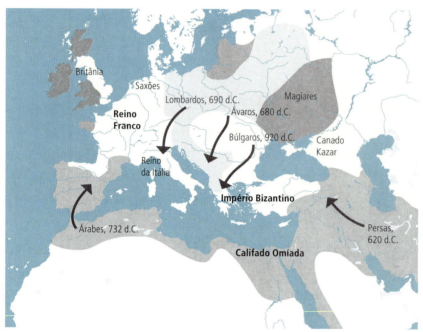

9.5 A Europa justiniana, mostrando os deslocamentos populacionais (*circa* 600 d.C.)

## A ERA DE JUSTINIANO

O período entre os reinados de Constantino, o Grande (272–337 d.C.), e Justiniano (483–565 d.C.) foi de consolidação. Para Justiniano, o Imperium Romanum devia ser identificado com a *oikoumene* cristã (as áreas do mundo habitadas e conhecidas), e o triunfo do cristianismo era uma missão tão sagrada quanto a restauração da supremacia romana. Com esse fim, ele reintroduziu o Direito Romano, porém revestido do exclusivismo dogmático peculiar à religião cristã. Negava-se proteção jurídica a todas as demais religiões. Os templos pagãos foram demolidos, e rígidas leis foram aprovadas para consolidar e unificar o domínio cristão do império. Em 529, Justiniano fechou a Academia de Atenas a fim de refrear a multiplicação de ideias e teorias nos debates teológicos e a impor uma doutrina unificada. Muitos de seus mestres se refugiaram na Pérsia, levando consigo os frutos do conhecimento grego.

Justiniano conseguiu reconquistar a Itália e a África. Pontes, fortificações, aquedutos, igrejas, mercados e cidades inteiras surgiram no rastro de suas conquistas. A situação era delicada. A Europa Oriental ainda estava tumultuada, com os ávaros e os búlgaros entrando na Grécia, e os lombardos, no Norte da Itália. O reino franco, recém-cristianizado, formava, junto com a Itália, uma delgada faixa de civilização no meio de uma Europa ainda bárbara. Contudo, rotas comerciais com as estepes russas desenvolviam-se subindo o Rio Volga, facilitando um intercâmbio que havia sido interrompido com o avanço dos exércitos islâmicos.

Um excelente exemplo da arquitetura de Justiniano pode ser visto em Constantinopla na igreja dedicada a São Sérgio e São Baco, dois soldados do exército romano que, martirizados no início do século IV, tornaram-se padroeiros oficiais dos exércitos bizantinos. Algumas mudanças nesse ambiente devem, no entanto, ser levadas em conta. O edifício, agora uma construção independente, antes fizera parte de um complexo maior que incluía o palácio e a residência particular de Justiniano. Além disso, as muralhas, ligeiramente mais grossas ao sul, pertenceram a outra igreja, dedicada a São Pedro e São Paulo, iniciada em 518 d.C. e construída pelo tio de Justiniano, Justino I. Ao se tornar César, em 525 d.C., Justiniano anexou a nova construção à antiga.

As duas igrejas foram conectadas, no nível térreo, por meio de três grandes aberturas arqueadas, mais tarde transformadas em janelas, quando a Igreja de São Pedro e São Paulo foi derrubada. (Tais composições de igrejas não eram raras no Oriente, embora o fossem no Ocidente.) O nártex a oeste estendia-se entre as duas igrejas, que partilhavam o mesmo átrio na frente. Ao norte havia uma entrada monumental, presumivelmente do antigo palácio, criando um eixo transversal que ligava os dois edifícios de norte a sul. Por razões desconhecidas, permitiu-se a dilapidação da Igreja de São Pedro e São Paulo, que foi demolida e, por volta do século XVI, havia desaparecido, assim como quase todos os resquícios do Palácio de Justiniano.

O contexto original de São Sérgio e São Baco é importante, pois explica alguns aspectos curiosos, e às vezes despercebidos, de seu projeto. A fim de criar uma entrada para os sacerdotes a partir do sudoeste, rumo à ábside no fundo da igreja, a fachada leste foi levemente inclinada, abrindo espaço para um pórtico, talvez ainda visível no recuo da fachada naquela quina. A inclinação resultante teve impacto sobre a orientação da ábside e, portanto, também sobre a da nave central. A oeste não foi feita a inclinação, pois o nártex devia alinhar-se com a Igreja de São Pedro e São Paulo. A planta destaca-se por sua extraordinária abertura. Diferente das igrejas ocidentais, que conduzem o fiel, a partir do oeste, para a nave central, tem-se aqui um sistema que permite trajetos mais fluidos para a entrada e através da igreja. Outra característica notável do projeto, que se aplica tanto a São Sérgio e São Baco quanto a Hagia Sophia, é que não há recintos separados à direita e à esquerda do altar para o preparo da ceia sagrada e para o bispo vestir seus paramentos. Esses aposentos, o *prothesis* e o *diaconicon*, são típicos de todas as futuras igrejas bizantinas, mas ausentes das mais antigas, do tempo de Justiniano. Em ambos os edifícios, o resultado é que a construção central que sustenta a cúpula fica liberada da arquitetura circundante de um modo não característico do projeto bizantino.

Seria um equívoco projetar as práticas litúrgicas medievais àquelas que ocorrem atualmente nas igrejas ortodoxas gregas nesses espaços, embora sem dúvida existam inúmeras semelhanças. Na época de Justiniano, o povo apertava-se em volta do ambo, na nave. Além disso, os ritos preparatórios da *prothesis* (o recinto para o preparo da refeição sagrada) para a Primeira Entrada, comuns na época atual, não eram praticados no período de Justiniano.

A entrada ritual era mais direta, mas também mais pomposa. Os fiéis reuniam-se no pátio,

# EUROPA

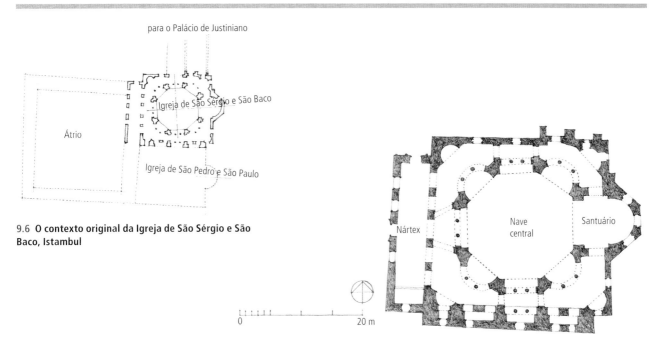

9.6 O contexto original da Igreja de São Sérgio e São Baco, Istambul

9.7 Planta da Igreja de São Sérgio e São Baco

onde faziam suas oferendas de pão e vinho à igreja. Depois de abençoar a entrada, o próprio bispo ingressava, seguido pelo diácono, que carregava o Evangelho encadernado e ornado de joias – e que representava Cristo –, acompanhado pelos portadores de velas e incenso e por um subdiácono, que carregava uma cruz. Os demais acompanhavam. Essa Primeira Entrada possuía numerosos sentidos simbólicos, incluindo a rejeição da descrença, e indicava o primeiro aparecimento de Deus e a conversão à fé. Em Roma, a ordem era inversa: os padres entravam primeiro e esperavam a chegada do bispo. Em Constantinopla, o bispo passava pelo ambo e entrava no santuário, separado pela curta barreira do iconostase, chegava ao altar, onde depositava o Evangelho, e passava depois à fileira semicircular de bancos (o *synthronon*), onde dava a bênção inicial, que indicava a glorificação de Cristo.

Se o imperador, que era o líder da Igreja Ortodoxa, estivesse presente, chegava antes do bispo e reunia-se a ele no nártex, à frente da procissão. Sua guarda de honra, incluindo soldados e portadores da cruz, o precedia na entrada da igreja para demarcar o percurso. Após depositar uma oferenda de ouro no altar, dirigia-se à nave lateral sul, onde estava seu trono. A interação entre o imperador e o clero era um momento especial que definia a unidade entre Império e Igreja, e seu encontro e participação conjunta na cerimônia eram um sinal da unidade dos reinos terrestre e divino. Na Igreja de São Sérgio e São Baco, o lugar do imperador ficava a nordeste da galeria, de onde ele acompanhava a cerimônia.

Atualmente, uma mesa ou nicho colocados do lado norte servem à *prothesis*, mas não há provas da existência desse costume no Período Bizantino. Aparentemente, o ato de trazer o pão e o vinho ofertados pelos fiéis começava fora da igreja, em uma sala especial de um prédio chamado *skeuophylakion*, usado para guardar os receptáculos sagrados nos quais os alimentos eram transportados. Em outras palavras, durante a cerimônia, o vinho e o pão levados pelos fiéis eram preparados longe da vista e, nesse processo, "transformavam-se" na carne e no sangue de Cristo, sendo depois levados para dentro da Igreja. O bispo entrava já paramentado – daí a ausência do *diaconicon*, que surgiu depois como o lugar onde ele colocava suas vestimentas. O átrio servia como espaço para reunião dos fiéis. O nártex era um espaço mais formal empregado para organizar a procissão após a chegada do bispo. Uma vez iniciada a procissão, a congregação também podia entrar, o que fazia afluindo pelas várias entradas, à maneira de uma agitação popular.

Seguiam-se à bênção as leituras feitas a partir do altar e do ambo, ao qual o Evangelho era carregado com grande solenidade e empolgação. Depois da leitura e do sermão seguia-se a Grande Entrada, ou, como se chamava na época, a Entrada dos Mistérios, que consistia na transferência do pão e do vinho da Eucaristia do lugar onde eram preparados para o altar, onde se fazia o ofertório. O pão e o vinho eram levados por uma porta lateral. O espaço no interior da igreja era usado para separar homens e mulheres, mas não está claro como na época se fazia isso.

# 600 D.C.

9.8 Nártex de Hagia Sophia, Istambul, Turquia

9.9 Exterior de Hagia Sophia

**Hagia Sophia**

Hagia Sophia ("santa sabedoria", 532–537 d.C.), em Constantinopla, foi considerada, desde a data de sua inauguração, um dos mais espetaculares edifícios do mundo ocidental. Pouco se sabe ao certo sobre a igreja que a precedeu, erguida por Constantino em 360 d.C. e danificada em uma guerra civil. Para projetar a nova igreja, Justiniano convocou Antêmio de Trales e Isidoro de Mileto, que produziram um prédio cupulado alto e ousado que permanece praticamente intacto até hoje. Revestida de mármore e ouro, seu esplendor tornou-a um dos edifícios mais comentados do mundo cristão. Um visitante, Procópio, escreveu no século VI, quando o edifício acabara de ser terminado: "A cúpula não parece realmente apoiar-se na alvenaria sólida, mas poderíamos dizer que sua cúpula dourada cobre o espaço abaixo como que estivesse suspensa no céu". Alguns céticos julgaram ter razão quando um terremoto destruiu a cúpula em 557 d.C., mal completados 20 anos de sua inauguração, mas Justiniano não se deixou intimidar e mandou fazer uma nova, construída com maior inclinação.

O sistema estrutural é simples, porém engenhoso. Um quadrado de 30 metros de lado forma o centro. Nas quinas, elevam-se pilares destinados a sustentar quatro arcos, entre os quais pendentes sustentam uma cúpula sulcada por quarenta nervuras. A base da cúpula é circundada por janelas, que fazem com que ela pareça flutuar. Os arcos a leste e a oeste são fechados por um anteparo formado por janelas e colunas. As partes inferiores dos arcos a leste e oeste parecem, contudo, ter desaparecido, permitindo que se contemplem, de ambos os lados, vastos espaços com três ábsides. A única diferença entre os lados leste e oeste é que, na lateral leste, os últimos oito metros da ábside projetam-se de maneira ousada da parede externa, a qual, exceto por essa interrupção, confina sua preciosa carga espacial como se fosse uma caixa. A ábside que se projeta da parede é conhecida como *synthronon* e é o local onde se senta o bispo. As profundas galerias ao norte e ao sul, que formam espaçosos corredores paralelos à nave central, ajudam a criar a atmosfera teatral que permeia o prédio. Do ponto de vista estrutural, elas servem para dividir os contrafortes em segmentos.

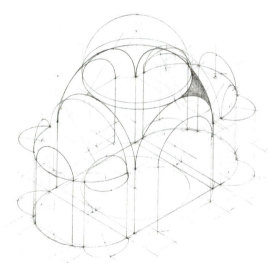

9.10 Composição espacial de Hagia Sophia

280

# ÁSIA OCIDENTAL

As abóbadas de tijolo são finas e leves. Ainda hoje não se compreende ao certo a natureza das forças estáticas que mantêm a integridade do edifício, pois as semicúpulas são finas demais para contribuir significativamente. Contudo, a combinação de semicúpulas de apoio, quartos de cúpulas e pilastras maciças foi suficiente, e, para uma época anterior aos computadores e aos estudos sobre o impacto dos terremotos, a audácia do sistema é impressionante. A partir do século VIII, acrescentaram-se na parte externa vários tipos de contrafortes, para evitar problemas.

O emprego das janelas do prédio é igualmente complexo. A janela na extremidade leste da ábside, as aberturas zenitais ao longo da base da cúpula, bem com as do norte e do sul, permitem que a luminosidade incida diretamente no interior da nave central. Contudo, as demais janelas estão todas invisíveis da nave central e produzem vários tipos de contraluz. Sob os tímpanos do norte e do sul, a colunata fica à sombra, iluminada por trás pelas janelas da parede exterior, mas as grandes aberturas sem janelas sob o arco de apoio na extremidade oeste são preenchidas apenas com grades. Embora o sistema estrutural de Hagia Sophia seja impressionante, os arquitetos tudo fizeram para que o resultado parecesse ter sido obtido sem qualquer esforço. O revestimento externo de mármore e os mosaicos do interior também eliminavam qualquer sensação de opressão ou peso. Desde o mármore cinza-escuro do piso ao mármore verde de veios brancos, o mármore azul-escuro com veios amarelos e as colunas avermelhadas, até a prata e o ouro dos mosaicos, nossos olhos se deslocam de superfície para superfície como se a estrutura simplesmente não existisse.

A primeira cúpula era recoberta com um mosaico de ouro. A segunda possuía um grande desenho de uma cruz embutido em sua decoração. As janelas eram dotadas de vidraças de cor azul, vermelha, verde, marrom, amarelo e roxo, reforçando o papel da luz no interior, muito suave. Mesmo o piso de mármore com motivos decorativos, diferentemente do piso do Panteon, afeta a sensação de estabilidade e foi descrito por observadores antigos como um mar ondulado. Embora grande parte dos painéis de mármore ainda exista, isso não aconteceu com os mosaicos, cuja maioria foi retirada ou recoberta de gesso quando a Igreja foi convertida em mesquita. (Hagia Sophia foi secularizada em 1935.)

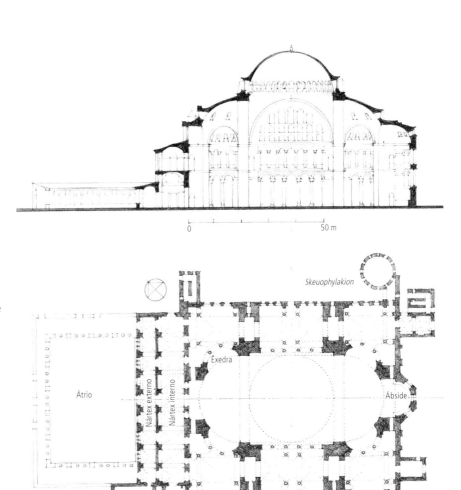

9.11 **Planta e corte de Hagia Sophia**

# 600 D.C.

Observando o prédio do exterior, com sua sucessão de volumes escalonados, o visitante de modo algum esperaria um espaço tão monumental. Na verdade, uma vez que atravessamos o nártex, o espaço ergue-se tão poderosamente que a sensação é a de estar nas profundezas de um vasto cânion. O piso da igreja assemelha-se a uma espécie de palco no qual se realizava a Entrada dos Mistérios. A iluminação noturna também deve ter sido impressionante. Correntes de bronze pendentes na base da cúpula sustentavam um aro de metal dotado de discos planos de prata, com orifícios para prender recipientes de vidro com lamparinas. Dentro desse vasto candelabro havia outra coroa de luzes menor e, mais acima, um grande disco de prata que funcionava como espelho refletor.

A igreja ficava logo ao norte do complexo palaciano, no término da avenida principal que atravessava a cidade. Com exceção de Hagia Sophia, hoje quase nada resta do palácio. O átrio, onde os fiéis se reuniam, também já não existe.

9.12 **Vista da semicúpula de Hagia Sophia**

9.13 **Área do Palácio de Constantinopla**

# ÁSIA OCIDENTAL

9.14 Detalhe de capitel de Hagia Sophia

## Os capitéis bizantinos

Em Hagia Sophia há dois tipos de capitéis: os compósitos e os jônicos. O compósito, que surgiu no fim do Império Bizantino, especialmente em Roma, mescla o coríntio ao jônico. Capitéis compósitos estão alinhados no espaço principal da nave central. Atrás deles, nos espaços laterais, são usados capitéis jônicos, em posição secundária em relação às ordens coríntias ou compósitas, como ocorreria durante boa parte do século XIX, quando os edifícios foram pela primeira vez projetados com uma ordem jônica monumental. Em Hagia Sophia, entretanto, não é esse o padrão da linguagem arquitetônica imperial. Os capitéis são preenchidos com folhagens de todos os tipos. Em alguns deles, pequenas folhas viçosas parecem ter sido apanhadas nos volteios das volutas. Evidentemente, uma sensibilidade diferente, não clássica, determinara o desenho. Na Igreja de São Sérgio e São Baco e em outras da época, vemos a emergência plena dessa experimentação.

O classicismo pós-renascentista europeu descartou de modo radical esses esforços, considerando-os alheios à norma da tradição "clássica", que, na verdade, era mais aberta à experimentação do que a princípio poderia parecer. Além disso, depois da queda do Império Romano, quando modelos padronizados eram utilizados com frequência, os artesãos regionais eram encorajados a testar suas habilidades. É mais do que evidente que muitos desses artesãos usavam motivos nórdicos, ou eles mesmos eram visigodos cristianizados. Os visigodos invadiram o território bizantino no século V e muitos deles permaneceram ali e foram recrutados pelo exército bizantino. Eles costumavam usar motivos vegetais, em forma de vinha e outras plantas, como se vê nas fivelas de seus cintos. A maioria dos visigodos, contudo, foi adiante e acabou se estabelecendo no Sul da Espanha.

Os capitéis da Igreja de São Vital, em Ravena, mostram sinuosos e delicados desenhos florais, antes usados na decoração de fivelas de cintos e lâminas de adagas. Sua forma piramidal invertida lembra a de um cesto. Na Basílica Eufrasiana, em Parenzo, Croácia, junto ao Adriático, encontramos um desenho de faixa dupla, com pássaros nos cantos e videiras delicadamente esculpidas embaixo. Em Salônica, Grécia, podemos ver alguns capitéis que também consistem em desenhos abstratos, curvos, junto com outros, com folhas que parecem levadas pelo vento. Os capitéis da Igreja de São Sérgio e São Baco apresentam um delicado trabalho em estêncil, no qual os rodopiantes brotos de acanto se destacam contra o negrume de um fundo profundamente entalhado.

9.15 Exemplos de capitéis bizantinos

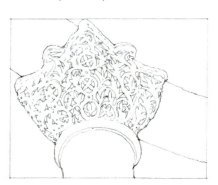

9.16 Ornamento visigodo

# 600 D.C.

9.17 Bizâncio e Armênia

## A ARQUITETURA ARMÊNIA

A área compreendida pelo Mar Cáspio, a leste, e pelo Mar Negro, a oeste, era um importante centro geográfico. Os comerciantes descarregavam às margens do Mar Cáspio os produtos oriundos da China, daí transportados para o Mar Negro através da Armênia, de onde podiam alcançar praticamente qualquer destino na Europa. No ano 600 d.C., uma viagem da China a Roma envolvia atravessar menos territórios conturbados do que hoje. Essa localização, contudo, foi a causa tanto da ascensão quanto da queda do Reino Armênio. Descendentes dos urartus, os armênios foram dominados pelos persas; depois por Alexandre, o Grande; em seguida pelos romanos; e mais tarde, novamente, pelos persas. Apesar disso tudo, e considerando o anseio armênio por autonomia, o período entre os séculos IV e IX foi marcado pelo auge da criatividade desse povo. Nos séculos VI e VII, as regiões árabes ao sul e as vikings ao norte ainda se encontravam em tumulto, e a Armênia constituía um elo seguro entre o Oriente e o Ocidente. Contudo, no século X, com a expansão do islamismo e do cristianismo – grandes domínios muito distantes entre si, mas ainda assim interligados, as opções comerciais multiplicaram-se de maneira expressiva, com prejuízo para a Armênia, que só conseguiu sobreviver até 1375.

A importância da Armênia para a história da arquitetura reside, mais uma vez, na qualidade de seu trabalho com a pedra. Em Constantinopla, as pedras foram trocadas pelos tijolos. (Hagia Sophia é basicamente um edifício de tijolos.) Além disso, o uso do concreto já havia sido esquecido nessa época. Só os armênios conservavam a tradição helenística clássica de superfícies simples, volumes complexos e um forte enfoque no efeito da compacidade do edifício no espaço, destacando-se deste como um objeto. Isso teria grande influência no desenvolvimento posterior da arquitetura eclesiástica na Europa, quando os pedreiros armênios passaram a ser requisitados no Ocidente, sobretudo na França.

A história da arquitetura cristã armênia começa em 301, quando Dertad III (rei da Armênia sob a suserania romana) foi convertido ao cristianismo por São Gregório, o iluminador, nativo da Armênia, que transformou o cristianismo em religião de Estado. A liturgia armênia assemelha-se, em geral, à da Igreja Ortodoxa, exceto pelo fato de que a língua é o armênio clássico, e não o grego. A aparência característica da arquitetura armênia se desenvolveu com bastante rapidez. Os edifícios possuíam formas simples, de aparência sólida. Desde os primórdios, eram obras-primas em termos de planimetria e volumetria. Além disso, o entalhe e a colocação das pedras também eram excelentes e muito superiores aos encontrados na época em outros edifícios de pedra da Europa e da Ásia. Ainda que a arquitetura bizantina tenha introduzido a cúpula como importante elemento potencial da arquitetura cristã, a cúpula bizantina não era visível do exterior. A arquitetura armênia, por sua vez, deu-lhe destaque, sobrepondo-a à massa do edifício. Embora a cúpula em si fosse coberta por um leve telhado cônico de madeira, a silhueta assim obtida teve profundo impacto no projeto das igrejas de tempos posteriores.

A palavra armênia *gmbet*, em geral traduzida como "cúpula", significa, com mais exatidão, "abóbada celeste". A visão de São Gregório, o iluminador (que nasceu em 239 d.C.), o santo padroeiro da Armênia, também contribuiu para a aceitação da cúpula. Ele escreveu que havia visto uma figura luminosa descendo do céu, associada a um edifício magnífico com a forma de uma cúpula sobre quatro colunas.

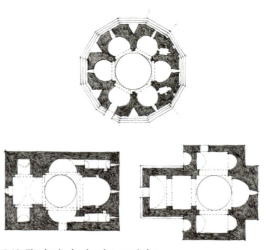

9.18 Tipologia das igrejas armênias

# ÁSIA OCIDENTAL

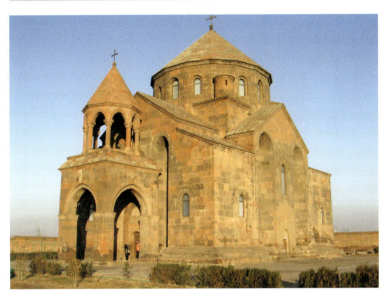

9.19 Igreja de Santa Hripsime, Echmiadzin, Armênia

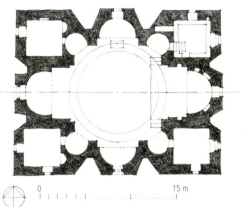

9.20 Planta da Igreja de Santa Hripsime

### Santa Hripsime

Um dos exemplos mais refinados da arquitetura armênia pode ser encontrado em Echmiadzin. Santa Hripsime foi a segunda igreja construída por São Gregório, o Iluminador, no primeiro quarto do século IV. Ela foi substituída, em 395 d.C., por uma pequena capela. O edifício atual da igreja, de 618 d.C., foi construído em pedra, o tufo calcário cinza-escuro, rejuntado no interior com uma argamassa semelhante ao concreto. Como um templo grego, o conjunto apoia-se em um estilóbato escalonado. As pequenas janelas enfatizam a massa e a solidez da edificação.

A planta é um quadrifólio, com nichos nos pontos cardeais. Além destes, há nichos nos cantos diagonais, criando no interior um espaço fluido e dinâmico. Os nichos diagonais, em forma de três quartos de cilindro, talvez tenham sido projetados para reforçar a ancoragem da cúpula. Eles conduzem a quatro câmaras secundárias que ladeiam os nichos a leste e a oeste. Embora o prédio tenha uma simetria biaxial, a ábside leste é enfatizada pela parte do altar elevado, que se projeta sobre o espaço central. Abóbadas de berço situam-se entre os nichos axiais e o quadrado central. Essas abóbadas, mais largas no eixo principal, acentuam a direção leste-oeste do prédio. Toda a composição é interligada, de modo a formar um retângulo bem-proporcionado, com grandes chanfros triangulares no exterior, os quais contribuem para o efeito rítmico da composição. A cúpula apoia-se em um tambor de 16 lados e tem 12 janelas na sua base. Quatro outras janelas foram fechadas por pequenas torres cilíndricas acrescentadas posteriormente como botaréus. O pórtico de entrada, a oeste, também é um acréscimo posterior. A beleza do edifício de Santa Hripsime deriva de sua simplicidade e da harmonia de suas diferentes partes.

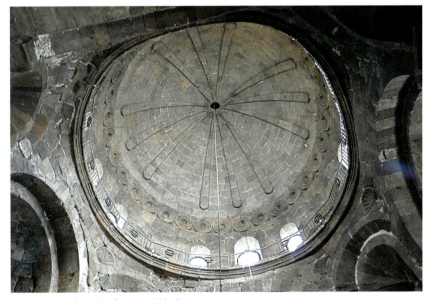

9.21 Interior da Igreja de Santa Hripsime

285

# 600 D.C.

9.22 Catedral de Zvartnots, Echmiadzin, Armênia

### A Catedral de Zvartnots

Entre os muitos projetos criativos de igrejas armênias do período, um se destaca: a Igreja de Zvartnots, perto de Echmiadzin. Iniciada em 643 d.C., após o país ter se recuperado de uma invasão árabe em 640, durante certo tempo ela serviu como a sede da igreja armênia. Embora hoje apenas restem suas fundações e colunas, pode-se reconstruí-la com alguma precisão. Vista do exterior, ela consistia em três cilindros telescópicos, totalizando um diâmetro de 37 metros no nível térreo. As paredes externas eram ornadas por arcadas cegas. Contudo, o exterior cilíndrico disfarçava um interior extraordinário. Quatro pilastras em formato de cunha configuravam quatro grandes êxedras, três das quais compostas por seis colunas e a quarta fechada, formando a abside. O alto dessas pilastras formava arcos que sustentavam uma cúpula com trompas. No nível térreo, o espaço entre o exterior e o interior servia como ambulatório: em essência era como um prédio dentro do outro. Assim como ocorria com todas as igrejas armênias, as janelas eram pequenas, mas bem integradas à composição. No entanto, neste caso, o interior era proporcionalmente alto (algo incomum), que parecia conferir um equilíbrio entre a horizontalidade e a verticalidade. Em sua época, a igreja era considerada como uma joia da arquitetura. Podemos ver semelhanças claras entre ela e a Igreja de São Sérgio e São Baco (527–536 d.C.) em Constantinopla, mas aquela, um prédio de tijolo com a exceção das colunas, era atarracada e bem integrada a um conjunto palatino. Zvartnots, em contraste, não só tinha uma planta baixa maior e era de pedra como foi projetada para ser claramente visível contra a paisagem. Além disso, o entalhe dos capitéis e o detalhamento dos arcos era de qualidade superior.

### VISHNU (DEOGARH) E ELEFANTA

Após o colapso do Império Gupta, a Planície do Rio Ganges passou a ser controlada pelo Império Heftalita (ou dos Hunos Brancos), que surgiu na área que hoje corresponde ao Afeganistão e ao Turcomenistão e rapidamente dominou a Ásia Central. O vácuo de poder fez com que a maior parte da Índia se decompusesse em um grande número de pequenas nações, como o reino de Harshavardhana (606–647 d.C.), no norte, e, mais ao sul, os reinos dos chalukyas, pallavas, cholas e pandyas. Durante esse período, com a marginalização do budismo, a arquitetura hindu no sul da Ásia entrou em uma fase experimental, e os templos escavados na rocha passaram a competir em proeminência com os novos templos de alvenaria estrutural de pedra ou tijolo. Embora uma invasão do norte da Índia pelos hunos tenha dispersado os monges budistas da Cachemira, eles continuaram prosperando em grandes universidades, como as de Nalanda, Ujjain e Sirpur. Em Sirpur, caso típico do sincretismo da época, havia santuários dedicados a divindades hindus, como Shiva e Vishnu, ao lado de complexos dedicados ao Buda. Uma das mais antigas estátuas de uma divindade feminina, Haritiki, também foi encontrada em Sirpur.

Pode-se fazer uma interessante comparação entre dois templos do período Gupta, do século VI: o Santuário de Shiva, na Ilha de Elefanta, uma edificação que os monges shaivas escavaram na rocha para seu próprio uso, e o Templo dos Dez Avataras (Dasavatara) de Vishnu, em Deogarh, um prédio de pedra e tijolo construído para uma grande população de devotos.

# SUL DA ÁSIA

9.23 Um mandala hindu

9.24 Templo de Vishnu em Deogarh, Índia

Elefanta é um santuário hindu adaptado a partir das antigas edificações budistas escavadas na rocha, ao passo que Deogarh é uma invenção nova, um santuário construído de pedra, de modo a parecer monolítico (ou seja, escavado na própria rocha). O *sikhara* desse último é uma representação simbólica de uma montanha, enquanto o primeiro está embutido em uma montanha real. Ambos partem de um *garbha-griha* quadrado, mas, enquanto o de Deogarh teria abrigado originalmente uma imagem de Vishnu, o de Elefanta ainda tem o Shiva Lingam no centro. Quatro eixos irradiam-se a partir do ponto central, definindo caminhos de acesso. Deogarh, contudo, só pode ser adentrado pelo oeste (a direção de Vishnu) e tem três falsas portas (*ghana-dwaras*, literalmente "portas cegas") nas outras três direções cardeais.

Elefanta é aberto nos quatro lados, embora o leste seja a direção principal de acesso. O santuário principal de Deogarh encontra-se no centro de um mandala de nove quadrados, com quatro santuários subsidiários interligados nos cantos. Elefanta possui uma geometria bem mais complexa, com quatro conjuntos de mandalas de nove quadrados interligando-se de modo a definir dois eixos principais de acesso, um pelo oeste e outro pelo norte. O eixo norte-sul, alinhado com a entrada principal, termina em três gigantescas esculturas de Shiva escavadas em nichos profundos. Esse tríptico, célebre nos anais da história da arte, ocupa toda a largura e a altura da parede do fundo e, em comparação com o aspecto um tanto grosseiro do resto da construção, foi cuidadosamente esculpido.

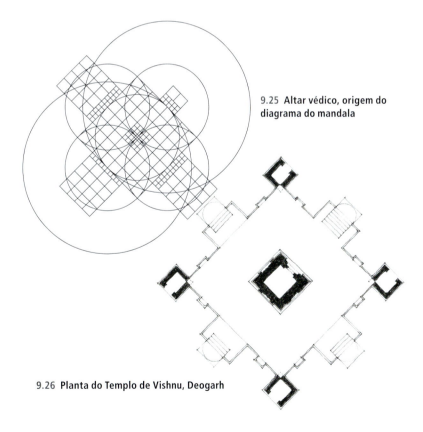

9.25 Altar védico, origem do diagrama do mandala

9.26 Planta do Templo de Vishnu, Deogarh

# 600 D.C.

9.27 Garbha-griha, Caverna de Shiva, Elefanta, perto de Mumbai, Índia

9.28 Lingam, Caverna de Shiva em Elefanta

A complexa exploração das geometrias interligadas baseadas nos diagramas de mandala veio a se tornar a característica típica dos templos hindus nos séculos posteriores. Os mandalas, derivados dos altares védicos originais, são usados tanto na religião hindu quanto na budista como diagramas para mapear o cosmos para observações astrológicas. Esses diagramas são abstratos, sem escala fixa, e podem assumir diversas formas, derivadas de uma combinação de quadrados e círculos sobrepostos.

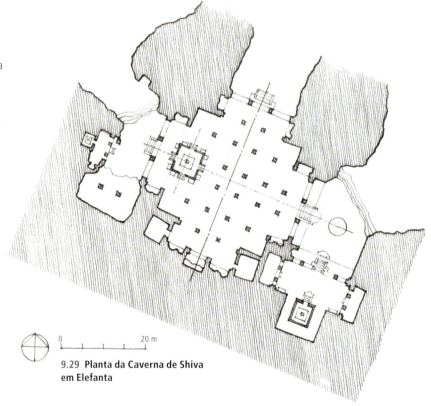

9.29 Planta da Caverna de Shiva em Elefanta

# SUL DA ÁSIA

9.30  Os Cinco Rathas, Mamallapuram, Índia

## OS CINCO RATHAS

Contemporâneos dos chalukyas, com quem faziam comércio com frequência, os pallavas estavam entre as mais ilustres dinastias do Sul da Ásia. O segundo monarca pallava, Narasimhavarman II, construiu em Mamallapuram, uma das maiores cidades portuárias da Índia de sua época, uma série de monumentos em pedra que a tornaram um dos principais centros espirituais da Índia. A colina voltada para o litoral foi transformada em uma "maquete" do universo hindu. Foi criado um canal de água de uma nascente, "o Ganges", que descia sinuosamente pela colina, passando por inúmeros templos belamente escavados na rocha. Na base da colina, o canal se abre em uma cascata que se divide sobre uma grande rocha ricamente decorada com baixos-relevos, adequadamente conhecida como Descida do Ganges.

Os soberanos, contudo, estavam ansiosos para experimentar com templos que não fossem entalhados na rocha viva, e sim construídos com alvenaria de pedra. Assim, aparentemente eles fizeram um concurso de arquitetura, pedindo aos projetistas que construíssem maquetes que representassem os templos que seriam construídos. O resultado é conhecido como os Cinco Rathas (de meados ao fim do século VII). Trata-se de um grupo de templos de pedra em miniatura, acompanhados de esculturas em tamanho natural de um touro, um elefante e um leão. Cada um dos templos é como se fosse uma miniatura, ou modelo, da ordem cósmica hindu. O módulo "decorativo" de um templo encontrado em um *shikhara* também é uma miniatura do templo ao qual pertence. Em outras palavras, em todas as escalas – do minitemplo em um *shikhara* ao próprio templo e na realidade maior do cosmos hindu –, as mesmas formas se repetem, como na geometria dos fractais. Além de simbolizarem a ordem cósmica, os templos também projetam no fiel um senso de totalidade pessoal.

9.31  Elevação de Dharmaraja Ratha, Mamallapuram

# 600 D.C.

9.32 O Templo da Costa, em Mamallapuram

## O Templo da Costa em Mamallapuram

O Templo da Costa em Mamallapuram (700–728 d.C.), assim chamado porque dali se pode ver a Baía de Bengala, é um dos mais antigos templos com estrutura em pedra do sul da Índia. É atribuído ao rei pallava Narasimhavarman II. Originalmente, ele pertencia a uma série de templos de uma antiga cidade portuária que desapareceu no mar muito tempo atrás, deixando o edifício isolado na praia. O templo se baseia no Dharmaraja Ratha, um dos Cinco Rathas, localizado a poucos quilômetros de distância. O Dharmaraja Ratha, esculpido na rocha viva, por sua vez, teve como modelo um templo de madeira, sugerindo que, assim como ocorre com os templos da Grécia Antiga, um prédio de pedra replicava outro de madeira. A superestrutura do Dharmaraja Ratha é uma série de planos sobrepostos, cada qual uma representação de uma cidade sagrada. O Templo da Costa expande esse tema, com cada camada sucessiva representando a intensificação do divino.

Na realidade, o templo é um amálgama de três santuários diferentes, o que o torna bastante peculiar. O santuário principal, voltado para o nascente, é consagrado a Shiva. O segundo templo, com um *shikhara* menor, também é dedicado a Shiva, mas orienta-se para o poente. Entre os dois, junto à parede do fundo do santuário menor e com acesso pelo leste, há um pequeno santuário – o terceiro – dedicado a um Vishnu reclinado, sem qualquer superestrutura.

O Santuário de Vishnu, provavelmente o mais antigo do sítio, situa-se sobre o mesmo eixo que o santuário maior de Shiva, embora não exista uma comunicação direta entre os dois. A configuração dos dois santuários de Shiva do Templo da Costa, que são separados, mas ainda assim conectados pelo pequeno santuário de Vishnu, representa um esforço para equilibrar as múltiplas exigências litúrgicas que competem entre si. A maior parte dos templos hindus posteriores dedicados a mais de uma divindade é alinhada hierarquicamente ou organizada de modo radial em torno de um centro dominante.

Embora a maior parte dos arranjos externos do templo tenha erodido, há fortes indícios de que a água era canalizada em piscinas no templo e, inclusive, também entrava no Santuário de Vishnu – o que faria sentido, pois a figura reclinada de Vishnu é descrita na mitologia como estando deitada no oceano primordial. Os *shikharas* são semelhantes àqueles dos Cinco Rathas próximos, com um perfil claramente piramidal e uma parede com pilastras. As camadas dos *shikharas* do Templo da Costa foram mantidas distintas e separadas, com os profundos beirais projetando fortes sombras sem afetar a marcação dos níveis. Ambos os *shikharas* são encimados por pedras de remate octogonais, com longos florões. Logo ao norte do templo, há uma piscina sagrada que representa o oceano primordial. Contudo, em função das mudanças climáticas, ela já não está mais cheia de água.

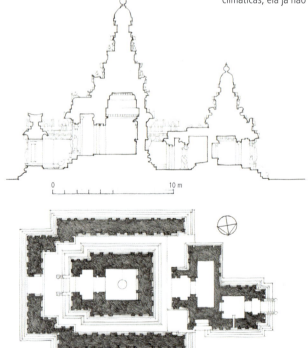

9.33 Planta e corte do Templo da Costa, em Mamallapuram

# SUDESTE DA ÁSIA

9.34 Zona de desenvolvimento no Sudeste Asiático, 600 d.C.

## O SUDESTE ASIÁTICO

Entre 300 e 600 d.C., houve uma transformação marcante na região dos rios Irrawaddy e Mekong, em locais hoje situados na Tailândia e no Camboja. As águas dos rios e das enchentes foram controladas, e o aumento da centralização permitiu o exercício da autoridade. Na região do Rio Mekong foram criados *barays*. Esses açudes, formados por grandes diques, eram enchidos naturalmente pelo rio e, quando as cheias recuavam, retinham água a ser usada para irrigação durante a estação seca. Por meio dessa engenharia hidráulica, a produção de arroz cresceu e novas cidades surgiram.

Entre essas cidades novas, as maiores eram Nakhon Pathom e Lopburi, na Tailândia, e Isanapura e Shrestapura, no Camboja e no Laos. Todas foram construídas em plena selva e eram circundadas de zonas agrícolas recém-criadas. O interior do Sudeste Asiático sem dúvida estava começando a ser cruzado por rotas de comércio que se estendiam tanto na direção leste-oeste quanto na norte-sul, fazendo com que a China ganhasse importância. Politicamente, a área era dividida entre os dvaravantis na Tailândia; os chenlas no Camboja; os champas ao longo do litoral do Vietnã; e o emergente reino de Srivijaya na Malásia e na Indonésia. Esses reinos foram fortemente influenciados por ideias religiosas indianas. Os dvaravantis eram budistas, ao passo que os chenlas, que se desenvolveram a partir das funans, eram hindus. Essa indianização não foi acompanhada por um movimento cultural chinês por motivos complicados e que, de certo modo, relacionam-se com as complexas políticas comerciais chinesas. Além do mais, a ideia de cidades-templo – que eram relativamente pequenas em escala e tinham se desenvolvido na Índia como uma unidade econômica que podia ser impressa na paisagem – não encontrou paralelos na China, onde os núcleos urbanos eram grandes entidades administrativas que não podiam ser facilmente replicadas em territórios estrangeiros, muito menos nas densas florestas tropicais do Sudeste da Ásia. Em contraste, a cidade-templo que se desenvolveu na Índia era um perfeito instrumento de expansão agrícola e econômica.

Em 618 d.C., o rei chenla Isanavaram I (que reinou entre 616–635 d.C.) fundou Isanapura – o sufixo *pura* significa "cidade" – para ser a capital de seu reino, 20 quilômetros a nordeste de Kompong. (Hoje a cidade se chama Sambor Prei Kuk.) A cidade era um quadrado de cerca de 2 quilômetros de lado e continha aproximadamente 150 templos, todos dedicados ao deus Shiva ou a uma de suas numerosas formas. Embora não tenha sido feita uma ampla investigação arqueológica do sítio, sabe-se que seus templos de tijolos denotam considerável sofisticação. Um dos três templos principais – chamado Grupo Norte – consiste em uma plataforma quadrada de 100 metros de lado e 1 metro de altura sobre a qual se erguem cinco santuários, um protótipo-padrão dos templos hindus que representa os cinco picos do mítico Monte Meru, a morada dos deuses. O santuário central continha o Shiva Lingam, mas, ao contrário da maioria dos santuários, ele é aberto nos quatro lados. Ele foi implantado em um terraço quadrado com aproximadamente 50 metros de lado. Pequenos santuários definem os cantos. O conjunto é configurado por um muro.

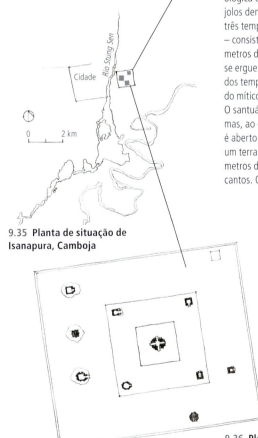

9.35 Planta de situação de Isanapura, Camboja

9.36 Planta implantação de Prasat Sambor (Grupo Norte), complexo de templos hindus de Sambor Prei Kuk, Isanapura

# 600 D.C.

9.37 Elevação e planta de templo de My Son, perto de Da Nang, Vietnã

9.38 Templo de My Son

## My Son

A ideia de uma paisagem sagrada também lançou raízes no Reino Champa. O litoral do Vietnã, por ele controlado, há séculos vinha se desenvolvendo como uma importante zona econômica regional. Suas numerosas baías e braços de mar permitiam o comércio com embarcações chinesas e indianas. Os champas, um conjunto de cidades federadas, no início possuíam fortes vínculos com as tradições culturais e religiosas chinesas, mas, no século IV, sofreram uma forte infusão da cultura indiana. O sânscrito foi adotado como língua erudita, e o hinduísmo – sobretudo o shaivismo – tornou-se a religião de Estado. No fim do século IV, em um movimento incomum que talvez reflita as noções chinesas de realeza, um vale chamado My Son (69 quilômetros a sudoeste de Da Nang) foi reservado para fins religiosos e como memorial dedicado às nobres realizações da dinastia real. My Son ("Montanha Bela") situava-se perto do Rio Thu Bon e a oeste de Indrapura, hoje chamada Hôi An, cidade que na época possuía um grande porto e era importante centro comercial. O vale, que não é visível desde a planície e possui somente um acesso, é circundado de colinas e montanhas. O sítio era considerado sagrado. A montanha mais alta de My Son, Rang Meo (ou "Montanha dos Dentes do Gato"), com 800 metros, simbolizava o Monte Meru, residência de Shiva, a principal divindade adorada pelos champas.

Os templos mais antigos, construídos em madeira, não chegaram até nós. A alvenaria de tijolos foi introduzida no final do século VII. Todos os templos seguiam o mesmo modelo indiano: uma planta quadrada com plataforma e o santuário propriamente dito, com cobertura alta e escalonada. A superfície externa frequentemente era rebocada e pintada. No fim, a pedra também passou a ser empregada para fins decorativos ao redor de lintéis e ombreiras de portas, bem como nas colunas e pilastras. Há um pórtico cego voltado para o leste, também ricamente ornamentado. Os interiores são simples, com pequenos nichos para lamparinas. O Shiva Lingam, símbolo da força divina, situava-se em um plinto central. Um friso decorado conectava a torre à sua cobertura (*suarloka*). Cada torre de três pavimentos formava uma pirâmide escalonada que representava Kailasa, a residência de Shiva. Muitas coberturas eram originalmente folheadas a ouro ou prata. Diante do kalan havia uma torre de entrada menor (*gopura*), construída com tijolo, com pilares de pedra. A maioria dos complexos de templos também possuía longos edifícios (*mandapas*) adjacentes às torres de entrada, com cobertura de telhas, utilizados para cerimônias religiosas. Em muitos casos, ao redor do kalan havia templos menores (*kasagraha*), com dois recintos, para o culto de divindades menores. Cada complexo era delimitado por um espesso muro de tijolo, mas os muros desapareceram completamente no decorrer dos séculos.

Assim como em todos os templos hindus, apenas os brâmanes podiam entrar no santuário interior e levar alimentos, músicas e outras oferendas ao deus. Os peregrinos podiam rezar do lado de fora, deixando seus presentes com as autoridades religiosas.

# LESTE DA ÁSIA

9.39 A China da Dinastia T'ang

9.40 Planta de Chang'an (Daxing), capital da Dinastia T'ang, China

## AS DINASTIAS SUI E T'ANG

Os Sui (581–618 d.C.) e os T'ang (618–907 d.C.) conseguiram estabelecer dinastias centralizadas, que fizeram constantes investimentos em obras públicas, com destaque para a construção de canais e de estradas. Suas realizações no campo da engenharia podem ser exemplificadas pela ponte de pedra com arcos abatidos que construíram sobre o Rio Jiao, perto de Zhaozhou, na principal rota de comércio. O Rio Jiao tinha, nesse ponto, mais de 40 metros de largura. As íngremes vias de acesso a suas pontes mais antigas, quase semicirculares, eram inviáveis para os veículos com rodas, e sua tecnologia de construção com pilares e lintéis não era suficientemente desenvolvida. A colocação de múltiplas pilastras de pedra sob as águas turbulentas de um rio tornava a construção de uma estrutura com múltiplos arcos pouco prática. Li Cnun, o engenheiro que a projetou, construiu a Ponte Zhaozhou usando uma série de 28 arcos adjacentes, cada um composto de 43 aduelas de pedra em formato de cunha, unidas por nove barras de ferro de reforço, para manter as pedras unidas. Nos quatro séculos seguintes, os engenheiros T'ang construíram pontes utilizando não apenas o arco abatido e a construção com tímpanos abertos, mas também as tecnologias de arcos, suspensões (pontes pênseis) e balanços.

### Daxing (Chang'an)

Situada no final da Rota da Seda, Chang'an ("Paz Eterna") foi primeiro fundada pela Dinastia Han, em 200 a.C. No entanto, em 24 d.C., no meio do Reinado Han, Chang'an foi saqueada, incendiada e reduzida a uma cidade provinciana. Luoyang foi, então, restabelecida como a capital Han. No século IV, Chang'an experimentou um renascimento, não como capital política, mas como centro de estudos budistas. Em fins do século VI, o primeiro imperador da Dinastia Sui restabeleceu Chang'an como uma capital do império. Os Sui reconstruíram a cidade alguns quilômetros ao sul da antiga cidade de Han e chamaram-na de Daxing ("Grande Prosperidade"). Foi essa cidade que, sob os T'ang, tornou-se famosa como a *urbs prima* da China no primeiro milênio d.C. O desenvolvimento do comércio interno e externo era uma das grandes prioridades dos Sui. Depois, os T'ang ligaram Chang'an a Luoyang, Yangzhou, Chengdu, Guangzhou, Youzhou, Bianzhou (atual Kaifeng) e Mingzhou (atual Ningbo). Guangzhou e Mingzhou eram cidades portuárias que atendiam, respectivamente, à Coreia e ao Sudeste Asiático. Os T'ang introduziram uma forma inicial de letra de câmbio, conhecida como *feiqian* ("dinheiro voador"). Os comerciantes que vendiam suas mercadorias em Daxing retiravam ordens de pagamento em *feiqian*, que podiam trocar por dinheiro em outros lugares.

Em 750 d.C., Daxing (Chang'an), com 1 milhão de habitantes, era a maior cidade do mundo. Uma estela inscrita em 781 d.C. documenta a introdução do cristianismo nestoriano, levado por sacerdotes sírios em 635 d.C. Firuz, o último dos príncipes sassânidas, refugiou-se ali por volta de 670 d.C. O maniqueísmo chegou em cerca de 694 d.C. com os persas que fugiam do islã. Entretanto, a Chang'an dos T'ang continuou a ser predominantemente uma sede de cultura budista Milhares de estudiosos e peregrinos budistas, como Faxian, foram viver nas centenas de mosteiros budistas de Chang'an. Em 840 d.C., Enin, um peregrino japonês, encontrou monges do Sul e do Norte da Índia, do Sri Lanka, de Kucha (da Bacia do Tarim), da Coreia e do Japão, além da China, construindo pagodes, templos e mosteiros. O Pagode do Ganso Selvagem de Hsuan Tsang (Xuanzang) foi construído no século VII para a guarda de todos os seus manuscritos. Enin observou também que as mais preciosas relíquias da cidade eram quatro dentes do Buda, três deles levados da Índia, de Khotan e do Tibete, e o quarto, supostamente do paraíso. Nos festivais em que eram adoradas essas relíquias dentárias, cada mosteiro era adornado com oferendas, como remédios e alimentos, frutas e flores raras e vários tipos de incenso. As doações individuais também eram corriqueiras. Um fiel doou 100 alqueires de arroz e 20 de painço, outros ofereceram biscoitos ou dinheiro.

# 600 D.C.

**9.41** O Pagode do Ganso Selvagem, Xi'an, China

Chang'an tornou-se o modelo histórico do planejamento urbano, não apenas para as capitais chinesas posteriores, como a Pequim das dinastias Ming e Qing, mas também para as capitais da Coreia e do Japão, como Nara, Heian-Kyo (Kyoto) e Kyôngju. A construção de Chang'an foi supervisionada pelo engenheiro e urbanista Yuwen Kai (555–612 d.C.). Kai já havia projetado, entre 605 e 606 d.C., as obras do Grande Canal, para facilitar o transporte de cereais das planícies aluviais do sul até o norte, relativamente pobre, mas poderoso em termos militares. Ainda que tivesse uma escala muito maior, o plano diretor de Chang'an se baseava nas descrições da cidade ideal de Wangcheng (ver o Capítulo 800 a.C.). Contudo, embora os textos antigos descrevessem a cidade modelo como circundada por uma muralha quadrada, com o palácio do imperador no centro, o mercado ao norte, o templo para os ancestrais imperiais e o Santuário da Terra ao sul, os planejadores de Chang'an implantaram o palácio – Palácio Daming ("Palácio de Grande Brilho") – em um enclave fora do quadrado, ao longo da parede norte. O Palácio Taiji ("Palácio do Ultimato Supremo"), que, na verdade, era um conjunto de palácios e salões para reuniões imperiais, situava-se na extremidade norte do eixo central norte-sul, ocupando nada menos que 5% de toda a cidade. Logo ao sul estava a Cidade Imperial, que abrigava as repartições do governo e os salões cerimoniais nacionais. Esse também era o centro administrativo do império, e, em seu templo dos ancestrais imperiais e altar do paraíso imperial, o imperador conduzia seus rituais de sacrifício.

O resto da cidade era dividido por uma grelha de vias urbanas. Com cerca de 8,65 por 9,72 quilômetros, suas muralhas externas possuíam três portões colocados em cada uma, a oeste, ao sul e a leste. Mingde, o portão central ao sul, era a entrada principal e conduzia a uma avenida monumental, com 220 metros de largura. Cada uma das avenidas que partiam dos outros portões media cerca de 140 metros de largura.

A água desempenhava um importante papel no desenho urbano, com vários córregos cruzando a cidade. Um deles atravessava o mercado oeste; outro, o mercado leste. Havia cinco canais para transporte e saneamento atravessando a cidade – cada um com sua própria fonte de água –, os quais abasteciam os parques, os jardins dos ricos e a área dos palácios imperiais. Esses canais também eram utilizados para conduzir bens essenciais pela cidade.

A parte residencial da cidade era dividida por avenidas dispostas na direção leste-oeste e norte-sul, formando 108 quadras, denominadas *fangs*. As ruas possuíam canais de drenagem pluvial em ambos os lados e eram sombreadas por fileiras de árvores. As áreas de moradia também podiam ser acessadas por alamedas. Apesar de sua população, as dimensões colossais da cidade garantiam que a densidade populacional das *fangs* não fosse muito alta, em especial se comparada com aquela de Teotihuacán ou Roma em seus apogeus. As *fangs* continham templos, edifícios comerciais, parques públicos e moradias. Cada um era uma minicidade em si, com sua própria rede de transporte e suas muralhas, portões e torres laterais. Havia duas áreas comerciais mais importantes na Cidade Externa, denominadas Mercado Oeste e Mercado Leste, cada qual ocupando duas *fangs*. Esses mercados foram tema de muitas descrições literárias, frequentemente mencionando a variedade de produtos disponíveis, oriundos de todas as partes do mundo. As áreas em torno do Lago Quijan e a *fang* Xingqing eram famosas zonas panorâmicas. Na parte sudeste da cidade havia um distrito que abrigava um grande mosteiro com 10 pátios e o Pagode do Ganso Selvagem (652 d.C.). Essa área da cidade também continha uma grande casa de banho, um pátio para entretenimento e outro mosteiro, além de uma mansão com sua própria casa de banho. O Pagode do Ganso Selvagem tinha cinco pavimentos. Seu núcleo era de taipa de pilão (terra apiloada), e sua fachada, revestida de pedra. Em 704 d.C., quando esse núcleo ruiu, foi reconstruído em tijolo. Apesar das renovações pelas quais passou, esse é um dos poucos prédios remanescentes daquela época. Esse pagode tem significado especial, pois era ali que eram mantidos os sutras trazidos da Índia até a China pelo renomado tradutor e viajante budista Hsuan Tsang.

## O Palácio Daming

A autoridade do imperador era representada pelo palácio construído axialmente na cabeceira da cidade. Durante o longo reinado de Gao Zong (650–683 d.C.), o poder do imperador foi ainda mais destacado com a criação de outro palácio, situado além dos limites da cidade. O Daminggong (ou "Palácio da Grande Luz" – *gong* significa "palácio") ocupa seu próprio complexo especial, que cobre três quilômetros quadrados. Ele foi estruturado axialmente como uma série de pátios interligados, formando um conjunto composto de quatro partes:

1. A praça de entrada, com cerca de 500 metros quadrados
2. O Salão Hanyuan (Hanyuandian), em frente à praça de entrada (no lado sul)
3. O Salão Xuanzheng, ao fundo da praça (lado norte)
4. O Terço Norte, contendo o pátio do imperador, áreas de recepção, residências, jardins e templos

# LESTE DA ÁSIA

9.42 Perspectiva artística do Salão Hanyuan, Chang'an (Xi'an), China

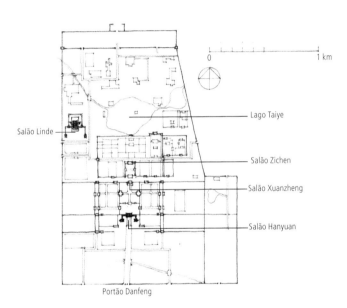

9.43 Planta do Palácio Daming, Chang'an

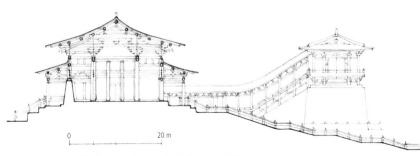

9.44 Corte norte-sul do Salão Hanyuan

Em primeiro lugar, na sequência axial do Palácio Daming, estava o Hanyuandian, ou Salão da Vitalidade Envolvente, que era o portal principal, onde se realizavam os ritos imperiais. Esse imenso e imponente portal se abria para uma praça gigantesca, onde se realizavam cerimônias com grande número de participantes e espectadores. O Hanyuandian, com 58 metros de largura, era, portanto, bastante amplo e tinha uma vasta escadaria no centro, o Caminho da Cauda do Dragão, um exemplo clássico chinês de alongamento horizontal do espaço. A estrutura de 11 por quatro intercolúnios do portal sustentava um duplo telhado de quatro águas. Era ladeada por altos pavilhões nos dois lados, que se elevavam sobre as suas próprias bases, indo mais alto do que o salão principal. Trezentos metros além do Hanyuandian estava o Salão Xuanzheng (Salão da Política), de cujos lados saíam os muros que delimitavam o perímetro do complexo palaciano. Aqui o imperador reunia sua corte no primeiro e no décimo quinto dia de cada mês lunar. Além de suas arcadas ficavam todos os principais escritórios da burocracia imperial. Dois portões conduziam ao interior do palácio, que consistia em uma série de pavilhões unidos por arcadas retilíneas. Mais além do complexo palaciano ficavam o Lago Taiye e uma grande área aberta, com pavilhões e conjuntos de jardins. A oeste da área principal do palácio havia o Salão Linde (Salão da Virtude do Unicórnio), usado para banquetes e recepções menos formais. O salão consistia em três prédios interligados, encostados uns aos outros em seus lados longos, de modo a formar um conjunto maior, com 58,2 metros de largura e 86 de profundidade, acompanhados por uma diversidade de arcadas e pavilhões circundantes. Fontes literárias registram que nas arcadas realizavam-se espetáculos teatrais e, em frente ao primeiro salão, jogos de polo.

# 600 D.C.

9.45 O Templo-Pagode de Songyue, Dengfeng, China

## O Templo-Pagode de Songyue

Do ponto de vista da arquitetura, os chineses transformaram a estupa do Sul da Ásia no *ta* (ou pagode, uma palavra de origem portuguesa). Enquanto a estupa é um monte redondo de terra, o *ta* é uma torre. Tanto um quanto o outro têm o mesmo objetivo: abrigar uma relíquia sepultada em seu centro. A estupa ressalta o volume do corpo do monte, concentrando-se no mistério contido em seu núcleo de terra; o *ta* enfatiza o eixo vertical e exibe os vários níveis de céus povoados por muitos budas.

Embora sua forma talvez tenha sido inspirada nas torres de vigia dos chineses da Dinastia Han, os *ta* nunca funcionaram como torres. Em vez disso, serviam de marcos visíveis de longe. O *ta*, entretanto, não foi um equívoco de tradução arquitetônica; foi o modo como os chineses escolheram representar a estupa. Talvez isso se deva ao fato de as estupas terem surgido na fase do budismo em que a representação do Buda era evitada, ao passo que o *ta* surgiu após o estabelecimento do budismo Mahayana, que permite sua imagem. O *ta*, na verdade, simboliza explicitamente os múltiplos céus da cosmologia do budismo Mahayana. Na estupa, essa cosmologia é indicada pelos pequenos *chattris* ("guarda-sóis") no topo do prédio. O *ta*, por sua vez, é em suma um *chattri* ampliado em grandes proporções. Até mesmo Hsuan Tsang, que viu e registrou com cuidado inúmeras estupas na Índia, escolheu especificamente a forma de um *ta* para a construção de seu próprio mosteiro em Chang'an, o Pagode do Ganso Selvagem (652–704 d.C.), um prédio de sete andares e 20 metros de altura, originalmente feito de argila e tijolo.

O Templo-Pagode de Songyue (523 d.C.), em Dengfeng, na província de Henan, é o mais antigo e o maior dos *ta* ou pagodes chineses remanescentes. Situado no meio de um vale fluvial, é um polígono de 12 lados, com 40 metros de altura, e consiste em 15 níveis de bodhisattvas coroados por um arremate obtuso. O conjunto é feito de tijolos, incluindo os beirais com cachorros (consolos) do corpo principal do edifício. A forma geral é parabólica, com uma leve sugestão de êntase. O nível inferior da base é desadornado e tem uma entrada voltada para o sul. O segundo pavimento fica ligeiramente em balanço, com colunas adossadas nos cantos e capitéis em forma de botão de lótus, aparentemente de origem indiana. Seus quatro lados voltam-se para os pontos cardeais e têm aberturas que conduzem a um espaço central; os outros lados têm nichos arqueados, como o complexo de templos de Mahabodhi, na Índia. Os arcos são ornamentados com motivos de leões.

O Templo-Pagode de Songyue era originalmente revestido de argamassa, talvez branca, destacando-se contra as colinas ao fundo. Tal

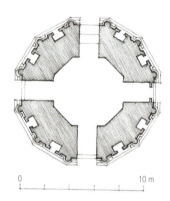

9.46 Planta do Templo-Pagode de Songyue, Dengfeng, China

como se apresenta, o pagode, assim como outros templos da mesma família, mantém uma relação intensa com o ambiente circundante. Ao contrário da maioria dos pagodes posteriores, não é possível o acesso a esse templo-pagode. Os níveis – demasiado pequenos para qualquer forma de ocupação humana – são exclusivamente figurativos, apresentando uma porta e duas janelas entalhadas em todos os 12 lados.

# LESTE DA ÁSIA

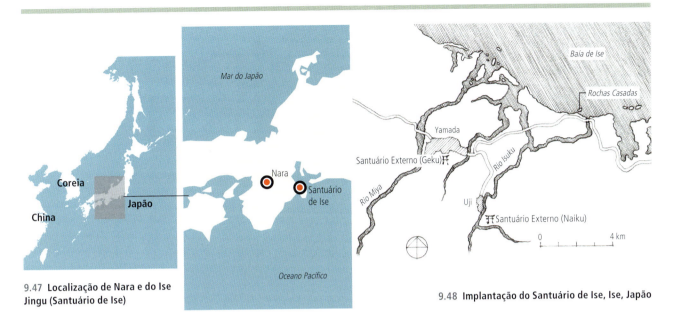

9.47 Localização de Nara e do Ise Jingu (Santuário de Ise)

9.48 Implantação do Santuário de Ise, Ise, Japão

## O PERÍODO NARA DO JAPÃO

No século VIII d.C., os diversos clãs do Japão haviam se unido para formar uma só unidade política, sob a autoridade de um imperador. As ilhas do norte foram as últimas a integrar essa unidade. O arroz era o principal produto. Na época, a religião nativa do Japão era o xintoísmo, uma forma de animismo em que se reverenciava cada aspecto da natureza. Não havia crenças ou imagens de deuses, mas uma diversidade de kami (espíritos sagrados). Os kami eram tanto divindades quanto o caráter numinoso percebido em objetos da natureza, como árvores, rochas, águas e montanhas. Ainda hoje venerados em mais de 100 mil santuários xintoístas em todo o Japão, eles são considerados forças criativas e harmonizadoras da natureza. Os seres humanos não eram vistos como senhores da natureza, ou colocados acima e separados dela, e sim participantes – e, na verdade, derivados dela. O Buda foi recebido como um "grande kami", mas podia-se também associar um kami ao espírito de falecidos: imperadores, heróis e pessoas famosas. No século VI, o imperador passou a ser divinizado como um kami vivo, cuja divindade superava a dos demais. Os kami eram homenageados por meio de oferendas de alimentos, músicas, danças e de artes tradicionais, como o tiro com arco e o sumô. A pureza cerimonial era fortemente recomendada, e a limpeza corporal era uma necessidade absoluta.

Somente os sacerdotes podiam se aproximar dos kami durante os ritos especiais, em que atuavam como mediadores entre os seres humanos e o kami. Os santuários xintoístas mais antigos eram simples pilhas de matacões ou pedras que assinalavam a morada sagrada da divindade e o lugar onde se imaginava que os kami habitavam. Eles também podiam morar em um santuário construído, em geral um prédio simples e sem adornos, diante do qual havia um portal isolado chamado torii.

### Ise Jingu

A unificação do animismo xintoísta com o espírito do imperador resultou na construção de um notável edifício que ainda existe, o Ise Jingu (Santuário de Ise), dedicado aos kami tutores da família imperial japonesa. Ele não tem paralelo em toda a história da arquitetura mundial. Nos últimos 1500 anos, o santuário tem sido reconstruído a cada 20 anos, de modo idêntico ao anterior, mas utilizando-se madeira virgem de árvores antigas.

O Santuário de Ise que hoje existe no Japão foi construído em 2013. Assim, de certo modo, é praticamente novo. Ao mesmo tempo, contudo, pode ser visto como se fosse do ano 690 d.C. O colar sagrado de magatama (joias que representam o espírito da alma, que penetram no corpo do possuidor) é o símbolo de descendência da deusa do Sol e ainda hoje é o emblema dos imperadores do Japão. Esse colar é mantido em Ise. Assim, Ise Jingu é o santuário mais reverenciado do Japão.

Situado no coração de uma floresta sagrada, na foz de uma planície fluvial ao sul da cidade de Ise, o santuário consiste, na verdade, em duas edificações principais – o Santuário Interno (Naiku) e o Externo (Geku) – bem como em uma série de santuários menores, distribuídos por uma verdejante planície litorânea na costa leste da Península de Kii, no sul de Honshu. A área, relativamente quente mesmo no inverno, é cruzada pelas rápidas águas do Rio Isuzu. Naiku é consagrado a Amaterasu Omikami ("Grande Kami Iluminadora do Céu"), a tradicional divindade ancestral da casa imperial, e Geku é dedicado a Touke Okami ("Grande Kami do Alimento Abundante"). Inicialmente independentes, os dois santuários foram reunidos, no século IX, em uma unidade institucional. Entre os dois, o Santuário Interno se tornou mais importante, e seu complexo abriga outros 120 santuários autônomos, incluindo vários minúsculos santuários consagrados ao espírito de uma única pedra ou à divindade de alguma fonte borbulhante, de acordo com as práticas xintoístas.

# 600 D.C.

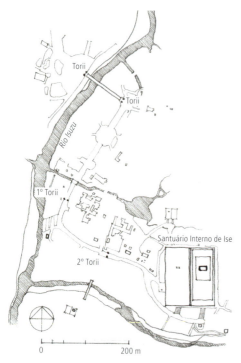

9.49 Planta de localização do Santuário Interno de Ise

9.50 Portal sul do Santuário Interno de Ise

O percurso para o Naiku é projetado com todo o cuidado e é, atualmente, assinalado por uma série de torii (derivados da palavra sânscrita *torana*, que significa "portal"). Chega-se ao recinto do Naiku atravessando a Ponte Uji, sobre o sagrado Rio Isuzu, que foi construída com a perfumada madeira de cipreste. Da ponte o peregrino segue para a direita, por uma larga via coberta por cascalho e ladeada por jardins caprichosamente conservados. A seguir o caminho vira para o leste, sobe uma rampa suave e atravessa outro torii circundado por um bosque de altos cedros e olmos zelcova. Por fim, o percurso faz uma curva e chega ao Santuário Naiku pelo sul. A plataforma dupla sobre a qual o tempo se apoia forma um terraço sobre o terreno íngreme e é sustentada por pedras gigantescas.

A aproximação final é feita por 21 degraus de pedra que conduzem ao torii no topo do terraço e à cerca externa. Uma fina cortina de seda pendente na entrada tremula com a brisa e é o único marco do início da zona proibida. Os santuários internos são acessíveis apenas aos sacerdotes do templo ou à família imperial, ainda assim apenas de forma bastante regulamentada e hierárquica. Só o imperador tem acesso ao santuário mais íntimo, o Shoden. A distância em relação ao Shoden que é mantida pelo resto da família indica a distância de cada um em relação ao trono. Todos os demais prestam culto do lado de fora. O Naiku abriga três estruturas organizadas axialmente: o santuário central (o Shoden) e atrás dele, de ambos os lados, os dois tesouros. O Shoden, de 15 por 10 metros, eleva-se por meio de colunas apoiadas diretamente no solo, sem fundações. Trata-se de um prédio de madeira meticulosamente trabalhado e ornamentado, com três intercolúnios de largura e dois de profundidade, todo construído sem o uso de pregos. Ele possui uma densa cobertura de colmo e uma entrada do lado mais longo acessível por um lance externo de escadas. O prédio, embora vazio, teve como modelo um celeiro e é a residência simbólica do kami do arroz.

Vigas retas de madeira, de seção quadrada, descem abruptamente da viga mestra. As empenas não possuem aberturas. No meio de cada empena há um pilar solitário que sustenta a viga mestra.

# LESTE DA ÁSIA

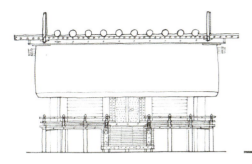
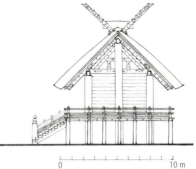
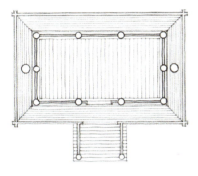

9.51 Elevações e planta do Shoden (o santuário central), Santuário Interno de Ise

9.52 Santuário do Kami, Ise, Japão

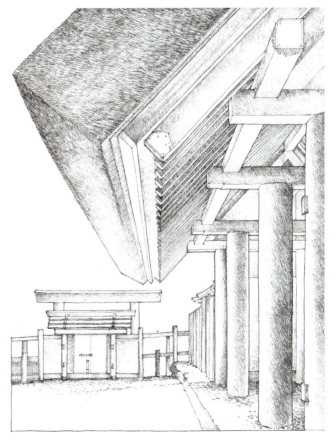

9.53 Recinto interno do Santuário Interno de Ise

# 600 D.C.

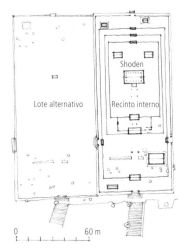

9.54 Planta do Santuário Interno de Ise

9.55 Recinto sagrado do Santuário Interno de Ise

O elaborado ritual de reconstruir o Santuário de Ise a cada 20 anos é conhecido como *shikinen sengu* ("transferência do corpo do deus para um novo santuário em um ano especial de festival"). A reconstrução alterna-se entre dois lotes adjacentes. Assim, enquanto um está sendo utilizado, o outro permanece vazio, coberto por cascalho branco. Quando o piso do Shoden anterior é novamente instalado, um pequeno pilar de madeira, conhecido coma *Shin-no-Mihashira* (ou "Pilar do coração") é enterrado no espaço do antigo santuário, e sobre ele constrói-se um pequeno abrigo, o *oi-ya*, para protegê-lo do intemperismo. A madeira para a construção é obtida em centenas de árvores de um bosque sagrado nas montanhas e transportada ao terreno com muita pompa e reverência. A madeira do prédio que está sendo desconstruído (ainda sagrada) é distribuída para se fazer reparos em outros santuários xintoístas de todo o Japão.

A ideia de renovação também pode ser associada às crenças xintoístas e pode ser descrita como o desejo de mostrar reverência pelo Grande Kami, ao revitalizar sua residência terrestre. Em um sentido metafísico, é a representação ritual da crença no caráter efêmero dos objetos materiais, em contraste com a permanência da forma – uma metonímia para a natureza do kami. Talvez, o mais fundamental seja o fato de que a reconstrução renova o contrato social com a família imperial, cuja legitimidade baseia-se na longa linhagem de sua ancestralidade ininterrupta.

Veja uma lista simplificada das cerimônias necessárias para fazer a transferência do antigo para o novo santuário:

### 2005
- Cerimônia para oferecer preces ao kami que reside ao sopé da montanha, a fim de obter a permissão para entrar no bosque e cortar a madeira sagrada

### 2006
- Cerimônia que marca o início da remoção da madeira até o santuário
- Cerimônia que marca a chegada da madeira que será utilizada no *shikinen sengu*

### 2008
- Cerimônia para oferecer preces de consolo ao kami que mora no local onde o novo santuário será construído

### 2012
- Cerimônia para erguer o primeiro pilar do principal prédio do santuário
- Cerimônia para instalar as chapas de metal que manterão afastados os espíritos malignos e que ficam sob ambas as empenas da cobertura do principal prédio do santuário
- Cerimônia para erguer a viga mestra da cobertura do principal prédio do santuário
- Cerimônia para instalar a cobertura de sapé do santuário

### 2013
- Cerimônia para colocar o cascalho branco no solo sagrado ao redor do novo santuário
- Cerimônia para colocar a caixa de madeira sagrada que conterá o símbolo do kami no principal santuário
- Cerimônia para purificar o prédio com água sagrada
- Cerimônia para celebrar o término da construção do santuário e oferecer rezas ao kami que habita as fundações do santuário recém-construído, tornando o solo estável
- Cerimônia para confirmar que as novas roupas oferecidas ao kami pelo imperador estão de acordo com a tradição
- Cerimônia para decorar o interior do prédio com parte dos novos adornos e tesouros sagrados
- Cerimônia para transferir o símbolo do kami do antigo para o novo prédio
- Cerimônia para servir o primeiro alimento sagrado ao kami do novo prédio
- Cerimônia para que o enviado imperial ofereça a seda sagrada ao kami
- Cerimônia para transferir os tesouros sagrados do antigo santuário para o novo
- Cerimônia dos musicistas da corte

# LESTE DA ÁSIA

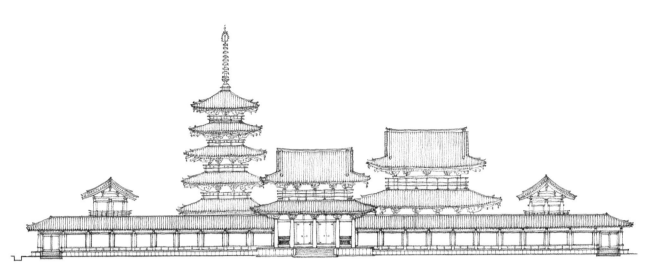

9.56 Elevação do Recinto Oeste do Templo Horyu-ji, Nara, Japão

## Horyu-ji

Após a chamada Reforma Taika (645–649 d.C.), a realeza japonesa passou a preferir os precedentes de cultura e arquitetura chineses aos coreanos. Isso refletiu no Horyu-ji (*ji* significa "templo") em Nara, construído no final do século VII, no qual foi abandonada a disposição dos elementos ao longo de um eixo. O Salão Dourado e o pagode foram colocados lado a lado, a altura de um equilibrando a largura do outro. O claustro era grande o suficiente para garantir a ambos os edifícios espaço para respirar. O recinto leste possui um intercolúnio a mais para acomodar a largura do Salão Dourado. Isso criou um equilíbrio dinâmico entre a verticalidade das construções e a horizontalidade geral das formas. Dentro do Salão Dourado está o Buda Sakyamuni, acompanhado de dois bodhisattvas feitos em 623 d.C. pelo famoso escultor Kuratsukuri no Tori para celebrar a morte do príncipe Shotoku. Os Quatro Reis Celestiais foram criados em aproximadamente 650 d.C. pelo escultor Yamaguchi no Atai Oguchi.

As proporções cinco por quatro dos intercolúnios fazem com que o salão pareça ser quase quadrado. Trata-se de um prédio de dois andares, com dois profundos beirais, com pontas voltadas para cima, complementados por um pequeno beiral no pórtico de entrada que foi posteriormente construído no nível térreo. Ele se apoia em uma base baixa, com pequenas escadas em todos os quatro eixos, e tem um telhado com duas águas e empenas esconsas que marcam a cumeeira. Assim como na arquitetura grega e na maior parte dos templos de madeira da época, as colunas de Horyu-ji exibem êntase, com medidas maiores no centro e menores no topo. O Portal do Meio repete aproximadamente o esquema organizacional do Salão Dourado, embora em escala menor. Ele tem quatro intercolúnios de largura e três de profundidade, e, devido a uma fileira de colunas no centro, a entrada é ligeiramente excêntrica.

9.57 Planta do Recinto Oeste do Templo Horyu-ji

301

# 600 D.C.

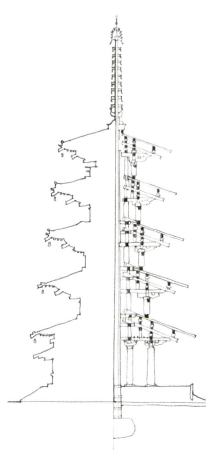

9.58 Corte do pagode, recinto oeste, Templo Horyu-ji

9.59 Pátio do Recinto Oeste do Templo Horyu-ji

O pagode de cinco pavimentos do Recinto Oeste se baseia no módulo do quadrado com três intercolúnios. Ao centro está a coluna cerimonial, o *axis mundi*, que se presume ter sido emendada no meio em algum ponto. Cada nível recua um pouco à medida que se sobe. O pagode culmina em um alto florão, que ostenta a disposição tradicional em tigela invertida e flor de lótus, precedendo os sete *chattris*, correspondentes aos mundos superiores, e terminando em remates que representam a água, o fogo e a iluminação. No início do século VIII, o recinto original foi ampliado, estendendo-se a extremidade norte do recinto para incluir um salão de conferências (*kodo*).

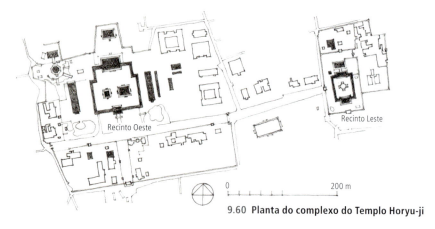

9.60 Planta do complexo do Templo Horyu-ji

# 800 D.C.

10.1 Mesquita Omíada de Damasco, Síria

## INTRODUÇÃO

O período entre 800 e 1000 d.C. foi de transformações profundas para África e Eurásia. Entre elas, uma das mais significativas foi a expansão do islamismo no Norte da África e o aprofundamento da indianização no Sudeste da Ásia. Assim como a indianização reforçou a conexão econômica marítima entre a China e a Índia, a islamização unificou as conexões terrestres entre Bagdá, no Iraque, e Córdoba, na Espanha. As vias aquáticas e no deserto redefiniram o próprio paradigma das civilizações africana e eurasiática. A isso devemos somar outra mudança radical: a difusão do budismo no norte da China, na Coreia e no Japão. Em geral, essas transformações são vistas e abordadas de forma separada. No entanto, de uma perspectiva global, elas estão inter-relacionadas e, juntas, lançaram as fundações do mundo atual.

Exemplificando isso tudo em termos de arquitetura, a Mesquita de Córdoba, na Espanha (iniciada em 784) é contemporânea a Borodudur (*circa* 800), na Indonésia, e a Todai-ji (*circa* 730), no Japão, sendo cada uma dessas edificações o resultado respectivo dos processos de desenvolvimento do islamismo, indianismo e budismo. Em outras palavras, o novo emirado de Córdoba, a Dinastia Sailendra (na Ilha de Java) e o Período Nara (no Japão) tiveram papéis similares, uma vez que foram importantes conectores no sistema econômico intercontinental. Pela primeira vez na história, os pontos mais distantes do Oriente estavam conectados com seus pares ocidentais. Também foram contemporâneas várias novas e grandes cidades planejadas: Bagdá, no Iraque; Hariharalaya ("Cidade de Shiva e Vishnu"), no Camboja; Samye, no Tibete; e Heijo-kyo, no Japão. Todas elas em breve rivalizariam com centros urbanos mais bem-estabelecidos, como Chang'an e Constantinopla. Nessa contracorrente de trocas culturais e tensões, a arquitetura não foi simplesmente copiada e exportada, mas passou por um grande número de inovações.

Quanto ao desenvolvimento do islã, pode-se dizer que ele foi absolutamente singular na história da humanidade. O cristianismo, em comparação, foi reprimido durante o Império Romano até se tornar a religião imperial no século IV d.C. e, então, difundir-se em um processo de altos e baixos. Os grupos de nômades que haviam varrido a Europa se assentaram e se converteram, frequentemente em massa. Em 863, por exemplo, os búlgaros (que ocuparam a atual Bulgária) se converteram aos milhares, permitindo que Bizâncio desenvolvesse relações comerciais com seu vizinho setentrional sem a necessidade de conquistá-lo. O budismo se espalhou de outra maneira: ao longo das rotas de comércio e em um processo quase que absolutamente pacífico. No entanto, o islão, com seu fervor e sua força militar expansionista, cruzou o Norte da África e foi além com uma rapidez impressionante, até alcançar a Espanha em 711.

# 800 D.C.

10.2 Borobudur, Java, Indonésia

E não era apenas a empolgação religiosa que motivava essa poderosa força. A expansão islâmica baseava-se na extraordinária riqueza oriunda da Índia e do Sudeste da Ásia. Com a decadência da parte norte da Rota da Seda, que cruzava o interior da Ásia, em virtude de lutas internas e de um período de aquecimento climático que secou as fontes e os poços de água do Deserto de Taklamakan, a Índia havia se tornado o motor econômico global do século IX. Esse país era ímpar, na medida em que tinha uma capacidade dupla de unificar o comércio de itens volumosos (como madeira e cereais) com produtos de luxo (como ouro, prata, diamante e pedras preciosas). A Rota da Seda pode ter recebido esse nome em função de uma *commodity* que vinha da China, mas, agora, igualmente (ou mais) importantes eram os produtos oriundos da Índia e do Sri Lanka, ou seja, gemas como rubis, safiras, esmeraldas e diamantes. Hsuan Tsang (Xuanzang) (602–664 d.C., um monge e estudioso budista da China) viajou até o Sri Lanka e relatou ter visto um rubi no coruchéu de Anuradhapura tão espetacular que chegava a iluminar o céu. Ratnapura – que literalmente significa "Cidade das Pedras Preciosas" – é a capital da província de Sabaragamuwa e ainda hoje é um importante centro de comércio desses produtos. A Índia também exportava açúcar, algodão e marfim. Essa enorme diversidade de produtos de exportação diferenciava a economia indiana da chinesa, que tendia a focar suas *commodities* voltadas para o comércio exterior apenas em seda, bronze e porcelana, e possuía um sistema de importações e exportações único no mundo por sua complexidade. A Índia, sem dúvida, era a região mais rica e estável em termos políticos dessa época, e essa área, com seus vários reinos, funcionava como o motor do sistema econômico da Eurásia.

Centenas de sítios sagrados estavam sendo fundados por toda a Índia e o Sri Lanka. O hinduísmo (ou alguma variação sua) agora estava sendo adotado por quase todas as potências regionais, com a arquitetura escavada na rocha viva chegando a um novo patamar. Embora o Santuário de Shiva escavado na Ilha de Elefanta esteja entre as mais belas dessas obras, a mais impressionante de todas era o Templo Kailasa de Ellora, Índia, construído pela Dinastia Rashtrakuta. Esculpido por dentro e por fora no próprio rochedo, Kailasa, sem dúvida, é um dos mais espetaculares exemplos dessa técnica em toda a história da arquitetura. Projetado para lembrar o Monte Kailash, no Himalaia, ele também foi dedicado ao deus Shiva. Ainda assim, a arquitetura escavada na rocha, com seus 800 anos de tradição na Índia, logo se tornaria coisa do passado. O século IX trouxe consigo a transição para os templos de alvenaria de pedra.

Embora a influência indiana trazida com o budismo tenha ido para o Norte em direção às montanhas, sua orientação mais importante foi para o Leste, no processo conhecido como indianização, que havia iniciado cerca de quatro séculos antes. Os mercadores, trazendo consigo monges e sacerdotes budistas (e, depois, hindus), empenharam-se para transformar o Sudeste da Ásia, que, de uma economia baseada em aldeias passou a ter uma economia regida pelas burocracias estatais, o comércio e a produção de arroz. A indianização do Sudeste da Ásia não foi acompanhada pela difusão da cultura chinesa, vinda de outra direção. As cidades chinesas eram empreendimentos colossais projetados como um meio de consolidação do poder. Esse modelo era impossível de ser imitado sem que houvesse um controle absoluto das terras do entorno. Na Índia, por outro lado, as cidades costumavam ser construídas ao redor de templos e da economia e burocracia derivada desses locais. Esse, por sua vez, era um modelo fácil de replicar, pois era projetado para crescer da escala da aldeia para a da cidade. De fato, esse sistema econômico, social e religioso teve grande sucesso, transformando a região em um dos principais centros econômicos do mundo. Pyu (no atual Mianmar), ao longo do Rio Irrawaddy, já havia se transformado, no século V, em um estado budista exportador de arroz e, baseando-se no precedente de Gupta, na Índia, estava começando a desenvolver sua forma ímpar de estupas budistas. Ao sul da Ilha de Java, o Império Srivijayano estava se transformando em uma importante força regional, mas de um tipo que não exigia exércitos gigantescos nem frotas navais caríssimas. O comércio e a cobrança de pedágios gerados pelas embarcações que se dirigiam da China à Índia e vice-versa eram a fonte de sua riqueza. Seus soberanos,

304

# Introdução

ávidos em atender tanto budistas como hindus, construíram enormes santuários para os devotos de ambas as religiões. Dentre eles, o mais espetacular era o de Borobudur, que certamente está entre as mais impressionantes conquistas de sua época. Ele era inovador de várias maneiras. Construído todo de pedra, fundia a ideia hindu de uma montanha sagrada com a mandala sagrada dos budistas, tornando-se nada menos do que uma montanha-mandala tridimensional, que sintetizava a íntima relação entre a metafísica budista e a matemática. Em 850, os srivijayanos construíram um prédio paralelo, porém dedicado ao deus hindu Shiva. Conhecido como Prambanan, ele era ímpar na Índia, elevando-se em um vale brumoso como se fosse uma montanha íngreme e muito escarpada.

No Camboja, na fronteira leste do processo de indianização, houve uma transformação ainda mais surpreendente quando as florestas foram derrubadas para dar lugar a vastos campos de arroz alimentados não pelas águas das monções, mas por grandes *barays* – lagoas artificiais de vários quilômetros de extensão projetadas para armazenar água a ser liberada durante a estação seca e, então, criar uma segunda estação de cultivo. Os khmer, que em sua maioria eram hindus, haviam aperfeiçoado essa técnica e agora eram verdadeiros reis do arroz, tornando-se os grandes fornecedores desse cereal para a China e a Índia. Eles pouco podiam contribuir em termos de artigos de luxo, exceto por penas raras e madeira. Tudo mais tinha de ser importado: bronze, recipientes para cozinhar e o ouro e a prata de que necessitavam para suas edificações. Assim, tudo isso dependia do controle da paisagem natural. Hariharalaya ("Cidade de Shiva e Vishnu"), uma urbe perfeitamente quadrada, com dois quilômetros de lado e sua grande baray, era testemunho dessa economia inovadora e radical. Essa cidade também deve ser vista como uma das mais fantásticas experiências urbanas de sua época. Localizada no coração de uma área que outrora fora uma floresta, ela foi projetada como uma nova paisagem sagrada com um templo dedicado a Shiva. Em seu centro geométrico havia um templo escalonado, Bakong, que não era um mero templo na terra, mas um novo centro espiritual do mundo. Esse grande experimento de hidrologia e religião seria desenvolvido no que hoje coloquialmente é chamado de Angkor, uma vasta cidade dispersa de templos, palácios e canais, do tamanho da cidade de Boston atual. O enorme desmatamento da área ao redor acabaria tendo efeitos negativos, mas, durante algum tempo, a riqueza dos khmer – baseada precariamente em um único produto de exportação – tornou-a o motor econômico da região. Poderíamos chamá-los de os "nouveaux-riches" de então.

A ascensão do Sudeste da Ásia ocorreu ao mesmo tempo que a Dinastia T'ang perdeu o controle chinês das rotas de comércio do norte, o que, de fato, beneficiou muito a região. A grande metrópole Chang'an, a capital nominal dos T'ang, entrou em decadência, e o império gradualmente passou a ser controlado por generais e governantes militares. Os problemas no norte significaram que grandes números de pessoas tiveram de deixar a área, deslocando-se para o Sul, mais estável. No século VII, o norte da China concentrava 75% da população total do país; mas, no século IX, esse percentual havia caído para 50%. Também houve, nesse período turbulento, uma tentativa de retorno ao passado, pois alguns buscaram as religiões pré-budistas. Em 845, o imperador chinês mandou fechar 4.600 mosteiros budistas, junto com 40 mil templos e santuários, forçando 260 mil monges e monjas budistas à vida laica. Nem mesmo a repressão que Roma exercera sobre os cristãos fora tão grande. A repressão foi tamanha que poucos prédios da época permaneceram até os dias atuais, como o Templo de Nanchan (782) e o Templo de Foguang. A questão não era exatamente religiosa, mas uma tentativa do governo de evitar que os mosteiros budistas se tornassem uma espécie de alternativa governamental, com sua própria estrutura de poder e capacidade de arrecadar verbas. Como muitas vezes acontece, o que, no papel, parecia ser uma boa ideia, na verdade teve consequências devastadoras, como a destruição de uma rede social, o que apenas enfraqueceu os T'ang, levando a seu expurgo final. Não há dúvida de que a ascensão espetacular dos khmer, no Sul da Ásia, e do Japão, a leste, ambos cultivadores de arroz, relacionou-se intrinsecamente com o enfraquecimento da economia chinesa, forçando os chineses a se tornarem importadores desse cereal.

# 800 D.C.

10.3  Cúpula da Rocha, Jerusalém

A ironia foi que o budismo estava se tornando cada vez mais poderoso – e transformando – países como a Mongólia, a Coreia e o Japão, exatamente em virtude de sua capacidade (como ocorre com a maioria das religiões modernas) de organizar a sociedade ao redor de um conjunto de ideais compartilhados. No Tibete, a nova cidade de Samye (775) foi planejada como um centro urbano circular, com um complexo de templos quadrado no centro, tal qual uma mandala. Contudo, no Tibete, assim como em outros locais do norte, o budismo encontrou resistência – não das elites governamentais, mas do povo, que se mantinha muito fiel a práticas xamanísticas arraigadas em antigas normas sociais. Nesse país, um soberano chamado Lang Darma (que reinou entre 838 e 842) perseguiu os budistas, e, mesmo após sua morte, a religião continuou em declínio. Porém, quando o budismo tibetano renasceu, no fim do século X, ele era diferente, pois havia adotado elementos populares e xamanísticos. Em muitos casos, os funcionários religiosos budistas tibetanos assumiram os papéis que costumavam ser desempenhados pelos xamãs. O budismo de lá ganhou adeptos ao converter os espíritos do vento e da terra em vários tipos de figuras protetoras. No Japão também houve um tipo de reaproximação com as visões de mundo xamanísticas, fazendo com que o budismo e xintoísmo desenvolvessem formas híbridas. Nisso tudo, a arquitetura budista passou por um período crítico de experimentações. O mesmo aconteceu com a estupa, que na Índia fora apenas um monte de terra arredondado e agora adotava uma ampla variedade de formatos até que finalmente se tornaria uma torre.

Nesse século, o Japão estava emergindo como uma potência geopolítica, com a fundação, em 708, de Heijo-kyo, sua primeira capital permanente. Não é mero acaso que a cidade tenha tomado como modelo Chang'an, pois ela foi projetada como o ambicioso terminal leste da Rota da Seda e, de fato, recebeu mercadores de lugares tão distantes como a Índia. No entanto, o período político era de instabilidade, com o Japão sofrendo com uma série de desastres e epidemias. No contexto desses problemas, o Imperador Shomu, fazendo exatamente o contrário dos chineses, que estavam combatendo o budismo, emitiu um decreto em 741 para promover a construção de templos budistas nas províncias de toda a nação. Dentre eles, Todai-ji serviu como o centro administrativo para os demais templos provinciais. Todai-ji contém a maior estátua de bronze do Buda do mundo, um testemunho não apenas do talento dos artesãos, mas também da prosperidade e, inclusive, do brilhantismo de uma nova geração de soberanos japoneses.

Essa zona econômica inter-regional, que ia do Japão e da China pelo Sudeste da Ásia até a Índia, produziu um enorme influxo de comércio e riqueza. Os califados islâmicos emergentes ampliaram o alcance dessa prosperidade para o oeste. Uma das primeiras mesquitas foi a Mesquita Omíada de Damasco, na Síria (715). Ela foi construída no local de um antigo conjunto de templos romanos que posteriormente fora convertido em uma igreja cristã. Dessa maneira, seu projeto é condicionado por suas realidades anteriores: as colunas coríntias do interior, por exemplo, foram obtidas nas ruínas do templo romano. Uma mesquita é projetada para cultos congregacionais, ou seja, em alguns momentos, ela fica lotada; em outros, praticamente vazia. Borobudur foi projetado para facilitar a chegada ao nirvana. Além dos sutras que as pessoas sabem de cor, não há nenhum texto sagrado que guie o devoto. As mesquitas são todas projetadas orientando o fiel para Meca e para serem locais onde o imã possa mostrar o Corão.

Em Jerusalém, os omíadas construíram um prédio particularmente inovador, a Cúpula da Rocha (691). Embora seja um dos mais sagrados locais para o islã, a rigor não se trata de uma mesquita. Ela foi construída ao redor do topo rochoso de uma colina, do qual se diz que Maomé saiu da terra para comungar com o espírito divino durante um de seus sonhos. Ela provavelmente foi construída por pedreiros bizantinos, e sua arquitetura e seus mosaicos se baseiam nitidamente nas igrejas bizantinas, embora sua grande cúpula, hoje folheada a ouro, fosse de madeira, e não de pesados tijolos. Esse prédio é incomum, pois embora o acesso seja pelo perímetro, não se pode colocar os pés no espaço interno propriamente dito, cujo piso é a própria rocha exposta. Nesse sentido, ele é um prédio único no mundo. Ele também pode ser comparado a Borobudur, outra edificação projetada para ser um destino

# Introdução

sagrado. Esse prédio, uma vez que chegamos a seu topo, tem uma gigantesca estupa, que, naturalmente, é inacessível exceto em nossa imaginação. Na Cúpula da Rocha, o espaço central também é inacessível, embora seja definido não por uma massa sólida, mas por um elevadíssimo espaço cupulado.

Após a queda dos omíadas, que governavam de Damasco, a nova dinastia muçulmana, a abássida, construiu uma nova capital, Bagdá (fundada em 762), localizada logo ao norte da antiga capital sassânida, Ctesifonte. Assim como Hariharalaya e Samye, essa cidade também é um exemplo de urbanismo teocêntrico. Se podemos dizer que Hariharalaya era a cidade de Shiva e Vishnu, e Samye era a mandala budista da iluminação, Bagdá era uma lembrança deliberada de uma referência do Corão ao paraíso. Bagdá rapidamente se tornaria uma das grandes cidades da Ásia Central: por volta do século X, a população da cidade já superava um milhão de pessoas.

Os abássidas, apesar de sua riqueza, não conseguiram controlar os vastos territórios islâmicos, e, a partir de então, a história do islã se tornou uma história de potências regionais, que frequentemente tinham perspectivas teológicas antagônicas. Uma dessas potências eram os tulúnidas, que se tornaram a primeira dinastia independente a governar o novo Egito islâmico. Os tulúnidas ergueram a impressionante e bem-proporcionada Mesquita de Ibn Tulun (879). Seu objetivo era se tornar o ponto focal da capital de Ibn Tulun, e, de fato, ela foi construída ao lado do palácio de Ibn Tulun's (que já não existe). Seu projeto apresentava um grande pátio interno com um salão coberto em cada um de seus quatro lados, sendo o maior no lado da *quibla*, na direção de Meca.

Os europeus não eram participantes significativos nessa nova economia global. Devemos admitir que o sistema feudal havia estabilizado as coisas após vários séculos de tumultos, mas ele se baseava no princípio do regionalismo econômico, que se contrapunha à interdependência econômica dos continentes. Uma cultura monástica aumentava a estabilidade, mas, enquanto na Índia o templo hindu era uma unidade econômica frequentemente associada com uma cidade e os ideais de riqueza, o mosteiro cristão europeu era, por definição, antiurbano e comprometido com o ideal – e, às vezes, até com a prática – da pobreza. Santo Agostinho e outros teólogos viam a cidade de Roma como decadente, o que explica, até certo ponto, o desejo do afastamento e isolamento europeu de então. Há semelhanças com o budismo, mas este enfatiza o alcance pessoal do nirvana, enquanto nos mosteiros budistas chegar a um estado de santidade era um esforço comunitário distinto e controlado por um conjunto de regulamentos complexos determinados pelas altas autoridades eclesiásticas. Felizmente fomos agraciados com a preservação de um desenho em planta do complexo monástico de São Galo, na Suíça, que serve como um projeto ou diagrama do funcionamento interno do mosteiro. Essa planta esquemática mostra uma complexa organização espacial, estabelecendo zonas religiosas e seculares, bem como diferentes atividades que definem a vida diária dos monges.

O *status* da Europa logo mudaria com a ascensão de Carlos Magno como chefe dos francos, os quais haviam recentemente se convertido para o cristianismo. Ao construir para si o Palácio de Aachen na atual Alemanha, Carlos Magno conseguiu unificar os francos e alinhar seu império com as ambições papais, criando uma nova entidade chamada, ao menos no papel, de Sacro Império Romano. Uma vez que os francos eram, em sua maioria, aldeões agropastoris, faz sentido que o suntuoso palácio de Aachen tenha sido projetado por arquitetos importados, provavelmente da Armênia e de Constantinopla, onde estavam os mais talentosos trabalhadores com cantaria do mundo daquela época.

A Europa não estava em uma posição que lhe permitisse se beneficiar de algum modo da riqueza transcontinental que fluía para o Sul ao longo do Mar Mediterrâneo. Os ataques em larga escala perpetuados pelos vikings devastaram os territórios nórdicos e se espalharam ao longo da costa da França. Até mesmo Roma foi saqueada pelos sarracenos em 846. Portanto, a Europa como um todo era um lugar bastante atrasado em termos de arquitetura, pois a maioria de seus prédios era de madeira ou caliça, enquanto em Borobudur ou nos templos hindus da Índia edificava-se com alvenaria de pedra da mais alta qualidade.

# 800 D.C.

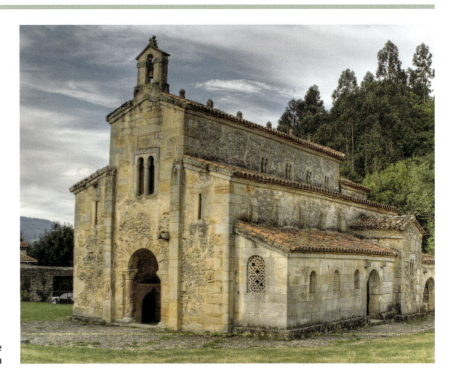

10.4 Igreja de São Salvador de Valdediós, Espanha

Basta olharmos rapidamente para as igrejas de São Salvador de Valdediós e São Juliano e os Prados, ambas na Espanha, para notar a diferença. Não dá para se dizer que sejam construções da mais alta qualidade. Suas janelas são pequenas e distribuídas de modo irregular. A maioria da construção foi feita com pedregulho irregular. Compare-as às formosas proporções e à meticulosa cantaria da igreja armênia de Santa Hripsime; ou ao Templo da Costa de Mamallapuram ou ao Templo de Shiva em Bhringesvara, ambos na Índia e apresentando meticulosas alvenarias de pedra e complexas superfícies curvas.

Apesar disso, é preciso ressaltar novamente uma questão fundamental: Borobudur é um prédio vivenciado por fora, ou seja, não tem espaço interno. É uma montanha construída artificialmente, e o mesmo se pode dizer do Templo da Costa em Mamallapuram. Há um santuário protegido, mas não um espaço público. Nenhum desses prédios está centrado em um etos congregacional. A Mesquita de Ibn Tulun no Cairo está, sem dúvida alguma, mas também ela é, em essência, um prédio "externo". Embora haja uma cobertura sobre parte da edificação, não há espaços internos, exceto pela área periférica. Apenas os cristãos – com uma arquitetura inspirada na basílica romana – haviam nessa época desenvolvido a ideia de um espaço interno completamente fechado, com suas edificações construídas com madeira e pedra. No entanto, essas igrejas primitivas não eram para o povo. A maioria dos cristãos que de fato participavam de cultos regularmente o fazia em prédios mais modestos. As igrejas primitivas construídas de pedra eram para as elites e os nobres, para os quais o cristianismo trouxe uma posição especial na comunidade.

Pense no século IX da seguinte maneira: o horizonte enriquecedor das plantações de arroz e do comércio dos artigos de alto luxo se restringia a uma estreita faixa curva que saía do Sul da China, passava pelo Sudeste da Ásia e pela Índia e chegava a Bagdá e Cairo, com uma forte ênfase na Índia. Em termos dimensionais, somava-se a isso uma intensificação radical da arquitetura e da engenharia em torno da produção do arroz na Indonésia, no Camboja, na Coreia e no Japão. A energia combinada desse comércio gerava trocas intrinsecamente interdependentes em várias periferias, onde viriam a surgir os primeiros estados nacionais: o Japão, no Extremo Oriente, e o Tibete, mais ao norte. Logo as flechas seriam apontadas mais para longe, atingindo a Escandinávia e, verso ao Sul, cruzando o grande deserto do Saara. Dentro de 200 anos, essas "periferias" estariam firmemente conectadas com o mundo maior das riquezas econômicas transcontinentais

Nisso tudo, não devemos nos esquecer de que a Ásia Central e do Norte, separadas do Sul por vastas faixas de desertos, florestas e tundra praticamente intransponíveis, ainda eram habitadas por culturas da primeira sociedade humana. E, mesmo nesses locais, as coisas não eram nada estáticas. No Norte do Canadá, a cultura Dorset, de caçadores, estava sendo substituída por outra: uma cultura de exímios caçadores marítimos de focas, conhecida como Cultura Thule, e, posteriormente, Inuit (ou Esquimó). Esse povo desenvolveria uma forma arquitetônica ímpar, o iglu. Uma transformação ainda mais significativa estava acontecendo no Sudoeste dos Estados Unidos, onde o milho havia sido introduzido por volta de 100 a.C. A partir do século VII, os hohokam começaram a construir extensas redes de irrigação ao longo da parte inferior do Rio Salt e na metade do Rio Gila. Eles compunham a única cultura americana a usar irrigação ao Norte do México. Eles também integraram o milho ao desenvolvimento de espécies vegetais nativas, como algarobeira para desenvolver uma longa e complexa paisagem agroespiritual que culminaria com a construção de cidades para rituais sagrados no Cânion Chaco entre 803 e 1130.

# Introdução

10.5 O templo tolteca de Tlahuizcalpantecuhtli (Senhor da Estrela Matutina), Tula, México

Nessa época, o milho estava começando a surgir na parte Leste da América do Norte, com profundas implicações para os séculos seguintes.

No México, após o colapso de Teotihuacán em cerca de 600 d.C., seguiu-se uma competição entre diversos centros políticos no Centro do México, culminando com a emergência dos toltecas (circa 800–1000 d.C.). Eles construíram um vasto centro cerimonial com uma grande pirâmide escalonada, conhecida como Tula de Allende. Ao Sul, no coração do território maia, despontaram duas grandes cidades: Palenque, no México, e Copán, em Honduras. Enquanto isso, na Bolívia, dos vários centros de poder regionais que surgiram nos séculos anteriores, Tiahuanaco passou a ter uma importância particular. Por volta de 700 d.C., após três séculos da existência de Tiahuanaco, todos os esforços de construção repentinamente passaram a se concentrar no que se tornaria a maior construção dos Andes: Akapana, um prédio espetacular, esculpido com tanta precisão em pedra que ainda hoje maravilha seus visitantes. Ela era para a América como Borobudur para a Eurásia, o mais avançado prédio de pedra do mundo. Para sua construção, foram postos abaixo os monumentos mais antigos da cidade, e suas pedras, reutilizadas. Era um gigantesco monte-plataforma multifacetado, ou uma pirâmide escalonada de terra revestida com andesita cortada, uma dura pedra vulcânica, com uma câmara rebaixada e aberta em seu cume. No fim, sua construção nunca foi acabada, pois a cidade, por razões desconhecidas, foi abandonada.

# 800 D.C.

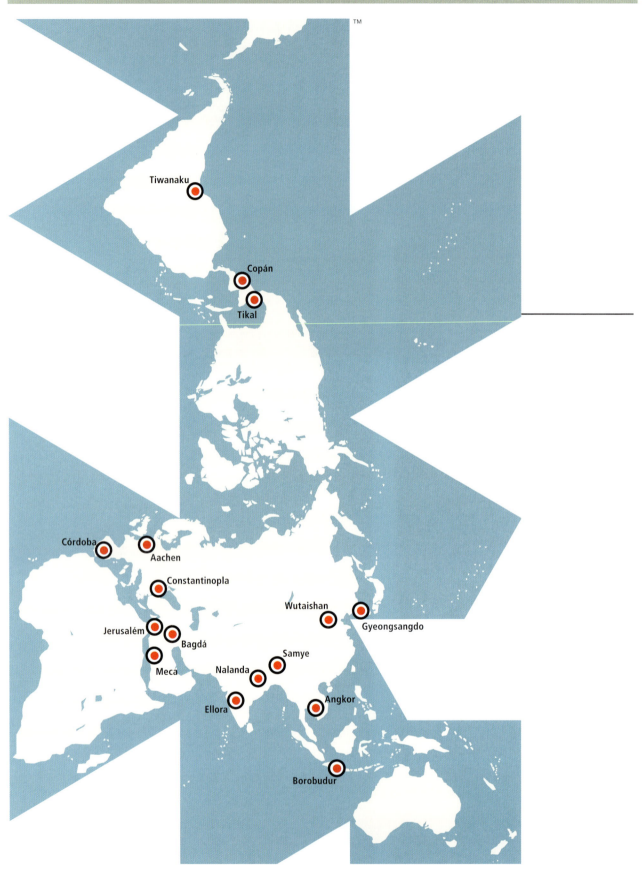

310

# Introdução

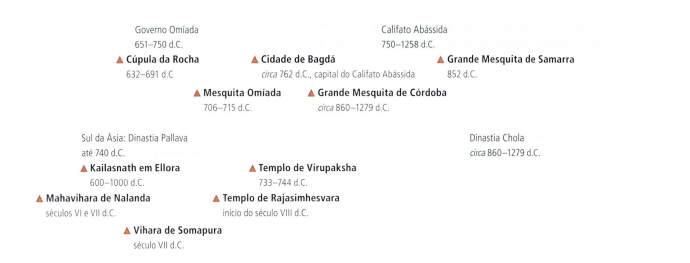

# 800 D.C.

10.6 Territórios islâmicos, *circa* 800 d.C.

## A ASCENSÃO DO ISLAMISMO

A Arábia, em função de seu clima e sua geografia extremos, ocupava a periferia dos grandes centros culturais da época. Era habitada principalmente por beduínos árabes nômades, que trabalhavam como comerciantes ou exploravam os escassos recursos do solo. O núcleo da religião árabe, focada na natureza e nos corpos celestes, estava em Meca. Maomé (*circa* 570–632 d.C.) iniciou uma longa e feroz luta contra as tribos árabes e seu politeísmo, defendendo em vez dele um tipo de monoteísmo sustentado por uma base sociopolítica universalista e igualitária, em contraste com a política tradicional das tribos.

Nascido em Meca, Maomé ficou órfão e foi criado por seu tio. Aos quarenta anos, retirou-se para uma caverna perto do mês de Ramadã e nela recebeu sua primeira revelação. Depois de sucessivas revelações, começou a pregar o monoteísmo. Conseguiu atrair seguidores, acabou por conquistar Meca e transformou-a no santuário mais sagrado do islamismo, que todos os muçulmanos adultos devem visitar pelo menos uma vez na vida. Ele faleceu em 632 d.C., após converter a maior parte da Arábia ao novo credo. Além de ser um profeta, Maomé também era um estadista prudente, mediador político e comandante militar talentoso. Preparou o palco para uma fusão de religião e política que viria a definir a cultura islâmica durante séculos. Por volta de 711 d.C., exércitos árabes muçulmanos atacavam, a leste, o norte da Índia e, a oeste, o norte da África. No final do século IX, o islã havia se tornado a maior entidade política a oeste da China.

Como Maomé não fizera preparativos para sua sucessão, surgiram discordâncias sobre como governar esse vasto território. O conflito entre abássidas e omíadas gerou uma divisão no islã que dura até hoje. Os abássidas, descendentes de Al-Abbas, tio de Maomé, baseavam sua reivindicação ao califado nos aspectos teológicos de seu governo. No século VIII, os xiitas se uniram aos abássidas, pois também acreditavam que os califas governavam por indicação divina e possuíam, assim, autoridade espiritual. Os omíadas também se consideravam herdeiros do estado islâmico, mas interpretavam o califado como uma necessidade constitucional, que contribuía para o bem-estar temporal e a proteção da comunidade. O conflito entre as interpretações teológica e política do poder continua em nossos dias. Inicialmente, os omíadas dominaram, governando a partir de sua capital, em Damasco. Administradores competentes, governaram todo o mundo islâmico por um período curto, mas certamente importante – aliás, o único em que se manteve unificado.

O culto muçulmano não exige um edifício, nem mesmo um espaço consagrado. Baseia-se, em vez disso, em cinco injunções, ou "pilares", sendo o mais importante as cinco orações diárias realizadas com o fiel voltado para Meca. O mês do Ramadã também é importante, pois nessa época os muçulmanos comungam entre si, agradecem a Deus por meio do jejum e fazem doações aos necessitados, cumprindo as exigências do terceiro pilar.

A mesquita típica tem um pátio de entrada com um poço ou fonte para a lavagem das mãos e dos pés. Nos primeiros séculos do islamismo, o salão de orações era, na maioria dos casos, um espaço que consistia em colunatas, de modo que os devotos podiam ficar em frente à *quibla*, uma parede que forma um ângulo reto com uma linha traçada em direção a Meca. O imã, ou líder das orações, posiciona-se no centro de um *mihrab*, ou nicho, criado no meio da parede da *quibla*. Em algumas mesquitas, o intercolúnio logo em frente ao *mihrab* é elevado e coberto com uma cúpula. À direita do *mihrab* há um púlpito escalonado, o *minbar*, feito de madeira ou pedra, do qual o imã pode fazer um sermão (*khutba*), em geral às sextas-feiras. Quase todas as mesquitas possuem um minarete, de onde os fiéis são chamados para orar. Não se prescreve onde eles devem ficar ou quantos deve haver.

Tarik Khana (*circa* 760 d.C.) em Damghan, no Norte do Irã, é uma das mesquitas mais antigas ainda existentes. Ela tem forma retangular em torno de um pátio e um salão para orações. Pesadas colunas cilíndricas de tijolo, com quase 2 metros de diâmetro, sustentam arcadas com abóbadas de berço. A Mesquita de Al-Aqsa, em Jerusalém (702 d.C.), mostra o desenvolvimento de um eixo e transepto realçando a *quibla*, traço que se torna ainda mais saliente na Mesquita de El-Hakim (991 d.C.), no Cairo.

# ÁSIA OCIDENTAL

### A Mesquita Omíada

Embora os árabes fossem inicialmente iletrados, suas conquistas fizeram com que entrassem em contato com tantas civilizações que eles começaram a assimilar outras culturas à sua própria, assim como os romanos haviam feito com os gregos – exceto pelo fato de que essa transição ocorreu com uma rapidez e determinação espantosas. Dos indianos, que na época lideravam no campo da matemática, eles adotaram sistemas de numeração; dos persas, técnicas de construção; dos bizantinos, a construção de abóbadas; e dos armênios, a cantaria. O centro dessa difusão de conhecimento era Damasco, construída por al-Mansur, que colocou a riqueza e o poder do novo império ao benefício da cidade.

Posteriormente, o califa al-Ma'mun ordenou a construção de uma casa onde seriam traduzidos livros da Grécia, de Bizâncio e da Índia, assim como da crescente coleção das obras dos estudiosos árabes. Conhecida como Casa da Sabedoria (aberta em 1004 d.C.), tornou-se o mais espetacular repositório individual de conhecimentos desde a Grande Biblioteca de Alexandria. Outras cidades também tiveram bibliotecas construídas. Em pouco tempo, os estudiosos árabes já eram revolucionários em todas as áreas do conhecimento: medicina, química, ótica, filosofia, entre outras. Em 807 d.C., o sultão Harun al-Rashid (766–809 d.C.) enviou a Carlos Magno um relógio de bronze com uma esfera móvel e cavaleiros de bronze que saíam pelas janelas a cada hora. Não havia em toda a Europa nada que pudesse ser comparado a isso.

A Mesquita Omíada de Damasco (709–715 d.C.), outra monumental obra arquitetônica islâmica da época, foi construída em um sítio religioso que abrigara originalmente um antigo templo aramaico dedicado ao deus Hadad. Os romanos ergueram no lugar um templo a Júpiter, o qual foi transformado em igreja no século IV: a Catedral de São João, situada a oeste do templo. A igreja foi, então, incorporada ao projeto da mesquita, que consiste em três longas naves paralelas voltadas para um grande pátio fechado.

Após a conquista de Damasco pelos islâmicos, em 661 d.C., durante o reinado do primeiro califa omíada, Mu'awiya Ibn Abi Sufiyan, os muçulmanos a princípio compartilharam a igreja com os cristãos. Após certo tempo, o califa negociou com os líderes cristãos a posse do espaço. Em troca, ele prometeu-lhes que todas as outras igrejas da cidade ficariam em segurança e os cristãos poderiam construir uma nova igreja, dedicada à Virgem Maria. A própria cidade de Damasco foi completamente reconstruída no formato de um retângulo dividido em dois por uma via adornada com colunatas, de inspiração helenística, que corria de norte a sul e atravessava o centro, onde ficavam os prédios mais importantes.

10.7 **Pátio da Mesquita Omíada, Damasco, Síria**

A planta da mesquita é um retângulo de 97 por 156 metros com três portões que conectam o edifício à cidade nos lados norte, leste e oeste. O prédio é configurado por três salões, ou *riwaqs*, paralelos à parede da *quibla* e sustentados por duas fileiras de colunas coríntias de pedra. Grandes arcos, de proporções clássicas, sustentam uma segunda colunata, menor, na qual se apoiam as enormes vigas de madeira do telhado. A localização do *mihrab* é destacada no centro pela abóboda octogonal, a Cúpula Nisr ("Cúpula da Águia"), que tem 36 metros de altura. Na parte leste da mesquita, uma pequena construção de mármore, entre as colunas do *riwaq*, abriga o túmulo de São João Batista, que, na tradição islâmica, é conhecido como o profeta Yahya. O edifício foi ricamente ornamentado com painéis de mármore e mosaicos. No início do século VIII, o califa al-Walid Ibn Abd al-Malik assim se dirigiu aos cidadãos de Damasco: "Habitantes de Damasco, quatro coisas lhes conferem marcante superioridade sobre o resto do mundo: seu clima, sua água, suas frutas e suas termas. A essas eu quis acrescentar uma quinta: esta mesquita". Originalmente, a mesquita era contígua, em sua lateral sul, a um palácio com uma entrada especial localizada junto ao *mihrab*.

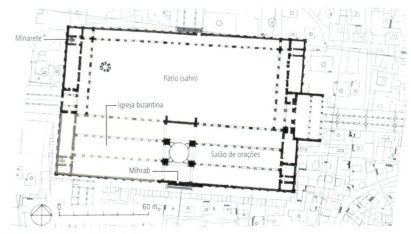

10.8 **Planta da Mesquita Omíada**

313

# 800 D.C.

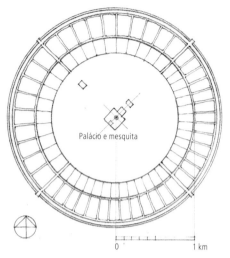

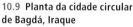

10.9  Planta da cidade circular de Bagdá, Iraque

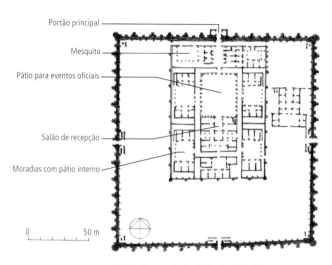

10.10  Planta do Palácio de Ukhaidir, Iraque

### Bagdá

A Dinastia Omíada, cujo centro era em Damasco, caiu em meados do século VIII. Os novos governantes, os abássidas (que reinaram entre 758 e 1258 d.C.), com o tempo tornaram-se os paladinos da ortodoxia sunita, política que os ajudou a unificar um império muçulmano cada vez mais cosmopolita. Eles construíram uma nova capital, Bagdá, a oeste de Damasco e às margens do Rio Tigre. Para seu projeto e sua construção, eles convocaram engenheiros e arquitetos de todo o mundo islâmico, de 762 a 766 d.C.

Seu traçado, um dos mais incríveis exemplos de planejamento da história, era um simples círculo com cerca de três quilômetros de diâmetro. Suas muralhas foram construídas com tijolo e ornamentadas com azulejos coloridos. Dois anéis de zonas residenciais se estendiam ao longo das muralhas internas, deixando no centro uma gigantesca área aberta para o palácio e a mesquita. As muralhas eram interrompidas por quatro portões. Embora existam outros exemplos regionais de cidades circulares menores, esse é, de longe, o mais elaborado. A cidade prosperou e, com uma população de aproximadamente 2 milhões, tornou-se, assim como Damasco, um centro de ciência, literatura e arte. Contudo, nada restou da cidade: ela desapareceu em consequência de inúmeros sítios e inundações. A Dinastia Abássida findou quando Bagdá caiu nas mãos dos mongóis, em 1258.

Graças à riqueza proporcionada pelos governantes abássidas, enormes palácios brotaram em toda a região, como o Palácio-Fortaleza de Ukhaidir, no deserto, cerca de 200 quilômetros ao sul de Bagdá. Ele consiste em um recinto murado quase quadrado, de aproximadamente 175 por 170 metros, com um portal no centro de cada uma das grandes torres cilíndricas situadas nos cantos e torres semicirculares regularmente espaçadas entre as torres maiores. A entrada principal conduzia a um enclave real independente (de aproximadamente 60 por 80 metros) situado próximo à lateral norte da muralha. Ela tinha um grande pátio central e uma sala do trono (*iwan*) com uma abóbada de berço, atrás da qual estavam os aposentos reais. Em torno desse complexo existiam quatro conjuntos de moradias, cada um com o seu próprio pátio interno. O palácio tinha sua própria mesquita e a sua casa de banhos, situada na parte sudeste do complexo. No espaço entre o palácio e a muralha externa teriam existido jardins. Embora hoje apenas restem os tijolos de barro da construção interna, essas superfícies teriam sido ricamente decoradas com estuque esculpido e com pinturas que geralmente representavam flores e videiras dispostas em painéis.

### A Grande Mesquita de Samarra

Em 836 d.C., a capital abássida foi transferida para Samarra, cerca de 40 quilômetros ao norte de Bagdá. Samarra logo tornou-se uma das maiores antigas cidades islâmicas. Embora tenha sido a capital só até 892 d.C., ela prosperou durante séculos, chegando a cobrir uma área de cerca de 50 quilômetros quadrados. Apenas a residência do califa ocupava 173 hectares, em um rochedo voltado para o Rio Tigre. Igualmente imponentes eram as duas mesquitas, a Grande Mesquita de al-Mutawakkil (848–852 d.C.) e a Mesquita de Abu Dulaf (860 d.C.), projetadas para parecerem fortalezas no deserto. As muralhas com bastiões da Grande Mesquita de al-Mutawakkil, que foi, durante séculos, a maior mesquita do mundo, mediam 240 por 156 metros. Dezesseis portais conduziam a seu vasto interior. No lado de dentro havia quatro áreas hipostilas (um salão para orações e três pórticos), dispostas em torno de um grande pátio interno. Ao contrário de Damasco, onde havia três minaretes nas quinas da muralha e outro no centro desta, aqui o minarete era um elemento independente, colocado no eixo da entrada principal norte da mesquita. De formato helicoidal, ele possuía uma escada externa e alcançava 50 metros no ponto mais alto.

# ÁSIA OCIDENTAL

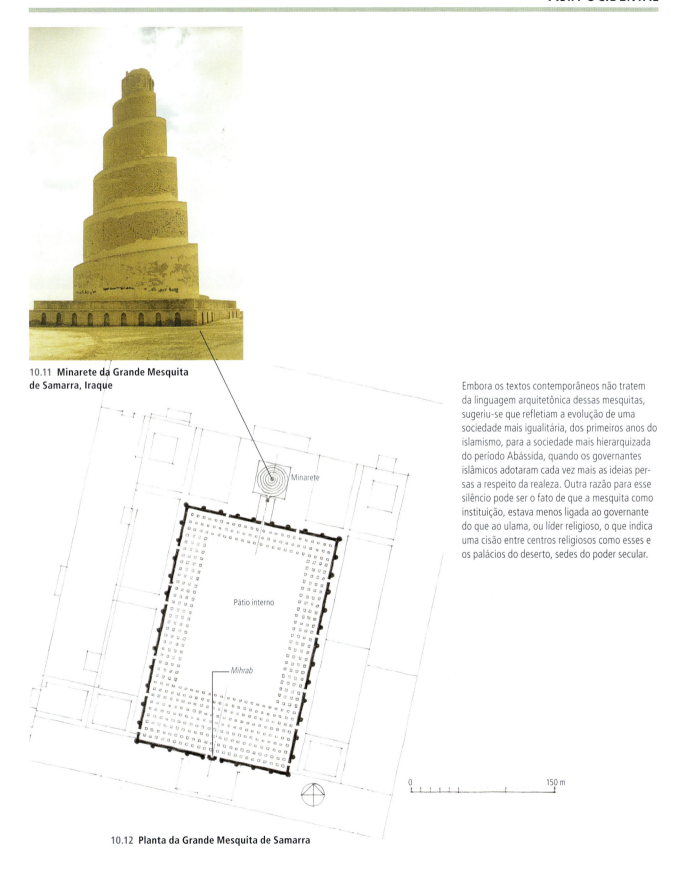

10.11 Minarete da Grande Mesquita de Samarra, Iraque

10.12 Planta da Grande Mesquita de Samarra

Embora os textos contemporâneos não tratem da linguagem arquitetônica dessas mesquitas, sugeriu-se que refletiam a evolução de uma sociedade mais igualitária, dos primeiros anos do islamismo, para a sociedade mais hierarquizada do período Abássida, quando os governantes islâmicos adotaram cada vez mais as ideias persas a respeito da realeza. Outra razão para esse silêncio pode ser o fato de que a mesquita como instituição, estava menos ligada ao governante do que ao ulama, ou líder religioso, o que indica uma cisão entre centros religiosos como esses e os palácios do deserto, sedes do poder secular.

# 800 D.C.

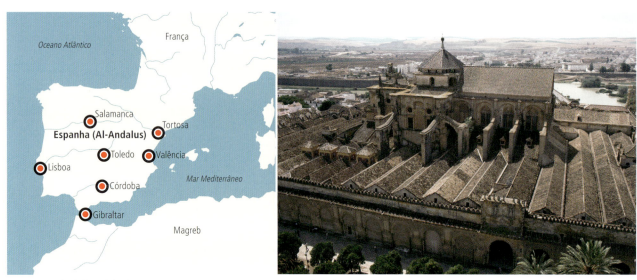

10.13 Espanha (Al-Andalus)

10.14 Vista dos telhados da Grande Mesquita de Córdoba, Espanha

### A Grande Mesquita de Córdoba

As forças árabes ocuparam Alexandria em 643 d.C. e cruzaram o Estreito de Gibraltar em 711 d.C. Dali lançaram incursões contra toda a região do Mar Mediterrâneo, chegando à Itália e à França e expulsando os monges de Monte Cassino, ao sul de Roma, em 883 d.C. Em meados do século VII, contudo, quando o califado abássida começou a desintegrar-se, o mundo muçulmano havia perdido toda a sua unidade política e, em meados do século X, califados rivais se estabeleceram em Cairo e Córdoba. Os territórios espanhóis eram originalmente administrados por um governo provincial, estabelecido em nome do califado omíada sediado em Damasco. Porém, quando aquela dinastia foi derrubada, seu último membro sobrevivente, Emir Abd al-Rahman I, fugiu para a Espanha. Sob seu governo, Córdoba tornou-se a capital semiautônoma de uma vibrante cultura islâmica. No final do século X, já era a maior cidade da Europa, com uma população de cerca de 100 mil pessoas. Também era um importante centro de estudos árabes, contribuindo profundamente para a civilização europeia.

O primeiro edifício importante projetado no califado de Abd al-Rahman I foi a Grande Mesquita de Córdoba (784–787 d.C.). Apenas a parte sudoeste, o salão de orações original, ainda existe relativamente inalterado. Inspirada, de modo geral, na Mesquita Omíada de Damasco (706–715 d.C.), ela incluía um pátio murado que se abria para uma construção hipóstila com 12 colunatas, cada uma com 10 colunas. Essas colunas, removidas de prédios romanos, foram escolhidas por serem quase brancas.

Seus capitéis são espólios de igrejas destruídas e prédios cívicos dos romanos. Na verdade, sua localização um tanto incomum, na periferia da cidade, pode resultar do fato de que a mesquita foi construída sobre as ruínas de um armazém romano. O formato principal dos arcos que coroam as colunas é, no entanto, ímpar – eles são altos arcos em ferradura, sob os quais foi encaixado um segundo arco semicircular. As aduelas de ambos os arcos alternam pedras vermelhas e brancas, criando exuberantes padrões em diagonal.

O prédio assinala, portanto, que os governantes haviam assimilado certos aspectos da tradição arquitetônica existente, os quais incorporaram a seu vocabulário de maneira muito criativa. Acredita-se que os arcos em forma de ferradura tenham sido adaptados de remanescentes da arquitetura visigoda local. O minarete, em cujo ápice há um pavilhão cupulado, foi um dos primeiros minaretes em torre. Essa mesquita não está voltada para Meca, embora o motivo para isso não seja claro.

10.15 Estrutura da cúpula da Grande Mesquita de Córdoba

# EUROPA

10.16 O Salão da Grande Mesquita de Córdoba

10.17 Fachada principal da Grande Mesquita de Córdoba

Com o passar do tempo, essa mesquita se tornou mais longa e larga, mas seu projeto inicial sempre foi preservado. O anexo construído por al-Hakam II (964 d.C.) é a mais elaborada das ampliações. Diferentemente da ampliação anterior, que apresentava colunas brancas, essa tinha colunas pretas e vermelhas distribuídas de modo alternado. Os artesãos esculpiram seus capitéis com base em um modelo coríntio simplificado. O anexo de Al-Hakam II também incluiu um novo *mihrab* com um conjunto notável de três cúpulas agregado ao último vão. O domo central é espetacular. Ao contrário das cúpulas romanas, que eram primordialmente elementos espaciais, ou das bizantinas, que constituíam suportes para mosaicos ambíguos em termos espaciais, essa cúpula enfatizava uma combinação de lógica geométrica e detalhe decorativo. Ela parece se apoiar em uma base octogonal, como se fosse uma edificação elevada sustentada por um conjunto de arcadas lobadas que, em planta, formam dois quadrados entrecruzados. Esses quadrados criam, por sua vez, uma moldura octogonal que contém uma abóbada composta por pétalas em forma de guarda-chuva. Essa não é uma cúpula no sentido de um objeto unificado, mas uma série de camadas espaciais que atuam horizontal e verticalmente. A luz filtrada pelos anteparos do conjunto de arcos inferiores contrasta com os nichos escuros nos cantos. Os mosaicos, executados por artesãos bizantinos, completam o projeto com seus motivos de plantas e videiras.

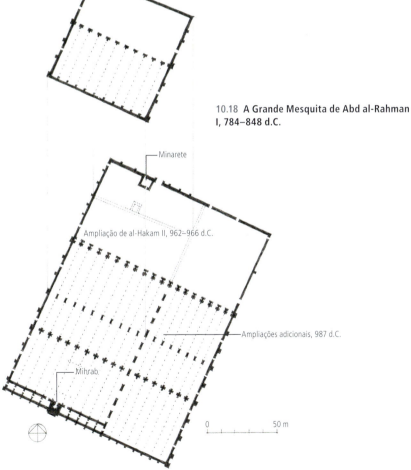

10.18 A Grande Mesquita de Abd al-Rahman I, 784–848 d.C.

10.19 Planta da Grande Mesquita de Córdoba

317

# 800 D.C.

10.20 Implantação do Monte do Templo, Jerusalém

10.21 Cúpula da Rocha, Jerusalém

## A Cúpula da Rocha

Com a conquista islâmica da Palestina e de Jerusalém, na terceira década do século VII, o califa Abd al-Malik levou os melhores pedreiros, canteiros e artesãos disponíveis para projetar um edifício, a Cúpula da Rocha, ou, em árabe, o Haram al-Sharif (o "Nobre Santuário"), hoje a construção islâmica mais antiga que restou intacta em sua forma original. Concluída em 691 d.C., ela cobre em seu centro uma imensa rocha, o ponto mais alto do Monte Moriá, a partir da qual, segundo a tradição, o profeta Maomé teria subido ao céu no fim de sua Isra' ("Viagem Noturna") até Jerusalém. Para a tradição judaica mais antiga, essa é a Pedra Fundamental, o alicerce simbólico sobre o qual foi criado o mundo, e também o lugar onde Abraão sacrificou seu filho Isaac. Esse também é o local onde se acredita terem ocorrido numerosos acontecimentos importantes na vida de Cristo. O lugar é, portanto, sagrado para as religiões judaica, cristã e islâmica.

O edifício, de concepção bizantina e sassânida quanto à ornamentação, pode ser acessado por todos os quatro pontos cardeais. Contudo, seu espaço central é inacessível. A abóbada, com 20 metros de largura sobre a rocha, apoia-se em um tambor que repousa sobre um duplo sistema de pilares e colunas, sendo o do centro circular e o externo, octogonal. Os dois anéis delineados por pilares e colunas estão girados de modo que os quatro pilares do anel circular interno ficam face a face com os arcos do anel octogonal externo, criando um jogo dinâmico entre as geometrias do quadrado e do círculo.

A abóbada e o tambor não são de tijolo ou pedra, mas de madeira. A cúpula hoje está revestida de chapas de uma liga de cobre dourado, e o tambor exibe padrões cintilantes de mosaicos azuis, vermelhos, verdes e cinza. O interior foi decorado com mosaicos à moda bizantina e tem um revestimento de mármore na superfície inferior da parede. Embora, em termos técnicos, trate-se de uma mesquita, o edifício é muito mais do que isso. Não se trata apenas de um recinto fechado, geométrico e paradisíaco e da celebração de um lugar particularmente venerado; ele também estabelece um paralelo em relação à Caaba, em Meca. Ao contrário daquele edifício, no qual não se pode entrar, mas que pode ser circum-ambulado, na Cúpula da Rocha é possível ingressar, embora, devido à presença da rocha, seu centro permaneça inacessível. Além do mais, não se contempla uma pedra, mas o pico da montanha. Assim, sua arquitetura gera a sensação de estarmos elevados no espaço em torno daquele pico.

A história do sítio onde se localiza o prédio tem sido objeto de muita controvérsia. O local inicialmente foi consagrado pelos israelitas, que ali construíram o Primeiro e o Segundo Templos. Após a destruição do Segundo Templo pelos romanos, em 70 d.C., o imperador Adriano mandou que ali fosse erguido um templo a Júpiter. Talvez ele estivesse ligado a uma estrutura octogonal que, como sugeriram alguns, teria servido de fundação para a Cúpula da Rocha, mas isso ainda não foi arqueologicamente comprovado. Os cruzados consagraram o templo como Igreja Católica, mas, após sua derrota, o sítio foi devolvido ao islã.

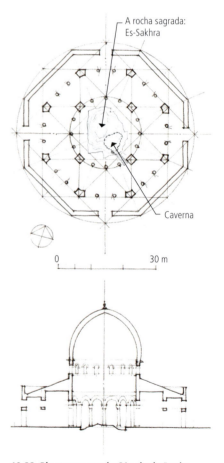

10.22 Planta e corte da Cúpula da Rocha

# SUL DA ÁSIA

10.23 Mahavihara de Nalanda, Bihar, Índia

## AS MAHAVIHARAS DE NALANDA

Mahavihara (literalmente, "grande vihara") era o termo empregado para denominar as imensas universidades budistas fundadas pelos guptas no século V, que floresceram até o século XII. A mais famosa delas era a de Nalanda. Quase todos os peregrinos budistas que iam à Índia faziam uma parada em Nalanda. As mahaviharas, como as de Nalanda, eram universidades multidisciplinares dedicadas não apenas à preparação de praticantes budistas, mas também ao estudo de disciplinas seculares. Criada oficialmente pelo rei Kumara Gupta I, da dinastia de mesmo nome (415–455 d.C.), Nalanda prosperou durante o reino de Harshavardhana. Nalanda acomodava mais de 2 mil monges decanos e cerca de 10 mil discípulos. Lá se desenvolveu theravada, a escola de budismo seguida principalmente em Sri Lanka, Mianmar, Tailândia e Camboja. Além das várias escolas budistas, incluindo a hinayana, a mahayana e a tântrica, também se ministravam em Nalanda cursos sobre os Vedas indo-arianos e sobre *hetu vidya* (lógica), *shabda vidya* (gramática), *chikitsa vidya* (medicina), etc. O peregrino chinês Hsuan Tsang (Xuanzang) passou a maior parte de seu tempo em Nalanda estudando direito.

Aryabhatta, o astrônomo e matemático do século V (nascido em 476 d.C. em Kerala, Índia), foi para Nalanda ainda criança a fim de estudar astronomia. Ele foi uma das primeiras pessoas a sustentar a teoria de que a Terra é uma esfera, antecipando Copérnico em mil anos. Sua principal obra, conhecida como Aryabhattya, foi traduzida para o latim no século XIII. Ela incluía métodos de cálculo para a área de um triângulo, o volume de uma esfera e a raiz quadrada e cúbica. Aryabhatta também escreveu sobre os eclipses e sugeriu que Sol seria a fonte da luz lunar. Outro astrônomo indiano do século VII, Brahmagupta, calculou a circunferência da Terra em 5 mil yojanas, ou cerca de 36 mil quilômetros, apenas 4 mil quilômetros a menos do que a distância real. O número zero, chamado *sunya* (que significa "vácuo" ou "vazio"), foi inventado nessa época. O termo *sunya* passou ao árabe como *sifr*, que significa "vago". Ao redor de 1200 d.C., a palavra foi transliterada para o latim, conservando-se o som, mas não o sentido, resultando em *zephirum* (ou *zephyrum*).

Nalanda consistia em dez quadriláteros, ocupando 14 hectares, todos alinhados em um quarteirão e bem próximos entre si. Feito de tijolo, cada *vihara*, com 50 a 60 metros de comprimento, possuía um pátio interno (alguns com um santuário) cercado de dois ou três pavimentos de celas para os monges, em cada qual viviam aproximadamente 30 monges. Os *viharas* estavam voltados para uma fileira de estupas independentes (também descritas como templos *caityas*), feitas de tijolo, cada uma com uma longa escada central que conduzia a uma plataforma na qual estava o santuário principal. Nos cantos, havia santuários secundários. Na época, a rua entre os *viharas* e as estupas ficava lotada com monges e seus discípulos.

Depois de Harshavardhana, os reis da Dinastia Pala de Bengala conservaram Nalanda durante 400 anos, até o século XI. Na verdade, as ruínas remanescentes datam do período Pala. Os palas também eram os patrocinadores de muitas outras universidades monásticas, como Vikramsila e Somapura. Foram tão numerosos os *viharas* que o nome do estado moderno dessa região, Bihar, é uma contração da palavra sânscrita que significa Terra dos Viharas.

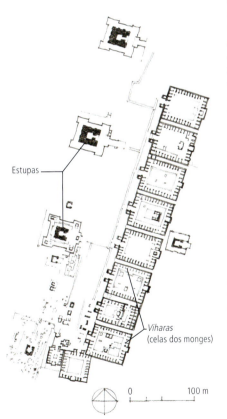

10.24 Planta das Mahaviharas de Nalanda

# 800 D.C.

10.25 A Índia em aproximadamente 800 d.C.

### Vocabulário básico da arquitetura hindu

*Garbha-griha*: literalmente, "câmara do útero"; santuário interno

*Lingam*: literalmente, "falo", mas também "marca" ou "sinal"; símbolo de Shiva. (Os templos shaivas estão orientados para o leste; os vaishnavas, para o oeste.)

*Shikhara*: literalmente, "pico da montanha"; a torre dos templos do Norte da Índia.

*Gopuram*: uma torre monumental na entrada dos templos do Sul da Índia.

*Pradakshina*: circum-ambulação.

*Prasada*: literalmente, "palácio"; recinto de um templo.

*Mandapa*: salão hipostilo em frente ao templo, às vezes conectado a ele; se o templo tem mais de um *mandapa*, cada qual tem uma função diferente e recebe um nome que reflete seu uso.

## OS TEMPLOS DE RAJASIMHESVARA E VIRUPAKSHA

Enquanto a Índia era governada por uma série de reinos diferentes, no sul do subcontinente a disputa entre os chalukyas e os pallavas intensificou-se. Os reis vitoriosos costumavam capturar os pedreiros e construtores de templos dos outros reinos e levá-los consigo para seus territórios. A consequência foi uma hibridização no projeto de templos. Uma inscrição diz que o Templo de Rajasimhesvara (700–730 d.C.), construído pelo rei pallava em sua capital, Kanchipuram, serviu de modelo para o Templo de Virupaksha (733–744 d.C.), construído pela rainha chalukya em Pattadakal. Os construtores do Rajasimhesvara também trabalharam no Virupaksha, e os dois templos permitem uma interessante comparação.

10.26 Templo de Rajasimhesvara, Kanchipuram, Índia

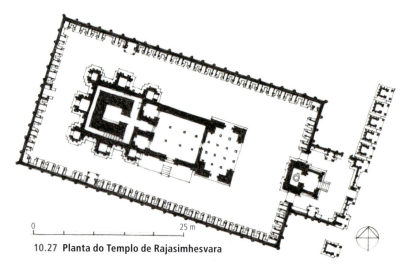

10.27 Planta do Templo de Rajasimhesvara

# SUL DA ÁSIA

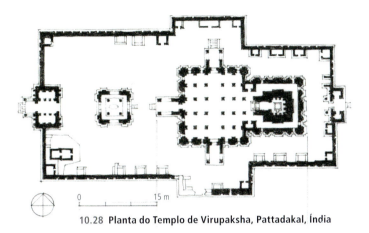

10.28 Planta do Templo de Virupaksha, Pattadakal, Índia

As semelhanças entre os dois templos não dizem respeito a sua aparência e ordem formal, mas a seu tamanho e ao tipo de arranjo. Embora a maioria dos templos hindus seja voltada para o leste, o de Virupaksha, dedicado a Shiva, é voltado para o oeste. Os *garbha-grihas* de ambos os templos são circundados por um caminho de *parikrama* bem definido e perfeitamente delimitado, mas o de Rajasimhesvara possui nove santuários subsidiários dispostos em uma constelação ao seu redor, ao passo que no de Virupaksha a presença de santuários subsidiários é estabelecida por meio de articulações no muro externo. Os dois templos têm *mandapas* anexos, mas, enquanto o de Rajasimhesvara tem dois *mandapas* fechados e dispostos em um único eixo longitudinal, o *mandapa* único de Virupaksha possui aberturas em ambos os lados e estabelece um eixo transversal, criando um dinamismo espacial. Ambos os templos se localizam dentro de seus próprios recintos, com tamanho mais ou menos equivalente, e têm grandes *gopurams* na entrada. Todavia, o recinto do Templo de Rajasimhesvara é repleto de santuários subsidiários e ostenta também os rudimentos de um segundo recinto, composto de santuários subsidiários; enquanto o recinto de Virupaksha tem apenas um conjunto de santuários subsidiários aderidos a ele, cuja sequência é interrompida para demarcar o eixo transversal do *mandapa*. O Templo de Virupaksha, dedicado a Shiva, também precisou de um pavilhão reservado para o culto de Nandi, o touro de Shiva, que constitui um elemento isolado no meio do pátio de entrada.

Ao contrário dos templos hindus mais antigos, em que o *garbha-griha* é emoldurado por seu plinto e pelos muros, aqui a delimitação externa e o *garbha-griha* interior interligam-se por intermediários espaciais, entre eles o mandapa, os quais permitem dois tipos de leitura, uma axial e outra circum-ambulatória. Como um todo, a ordem geométrica do Templo de Virupaksha é mais articulada do que a de Rajasimhesvara, o que é evidenciado pelo ordenamento das 12 colunas livres do *mandapa*, que se estendem até as bordas, quer por meio de pilares, quer de outras colunas, e se arranjam de modo a liberar o percurso no eixo transversal. As colunas internas do mandapa do Templo de Rajasimhesvara, por outro lado, dispõem-se segundo uma geometria aritmética simples.

10.29 Templo de Virupaksha

321

# 800 D.C.

10.30 Duas vistas do Templo de Kailasnath em Ellora, perto de Aurangabad, Índia

## O TEMPLO DE KAILASNATH EM ELLORA

Por volta de 750 d.C., os rashtrakutas tomaram dos chalukyas o controle sobre o planalto Decã, reinando por cerca de dois séculos, até 973 d.C. Os rashtrakutas logo estabeleceram sua superioridade militar e capturaram as importantíssimas rotas de comércio que ligavam a região oeste ao resto do subcontinente, em particular a dakshinapatha, ou rota sul. Na dakshinapatha, em Verul (atualmente Ellora), o governante rashtrakuta, Krishna I, ordenou a construção do que viria a ser o maior templo escavado na rocha, não apenas de seu próprio tempo, mas também de toda a história. Com 50 metros de largura, mais de 90 de profundidade e 20 de altura, Kailasnath está no centro de uma muralha de basalto de 3 quilômetros de comprimento, onde estão escavadas 34 grutas (12 são budistas, 17 hindus e 5 jainistas, datando de 600 d.C. a 1000 d.C.). Kailasnath foi concebido como uma representação da moradia mitológica de Shiva na Montanha de Kailash. Ao contrário das construções budistas escavadas na pedra, que são quase sempre variações de uma caverna, Kailasnath é uma entidade independente, uma colossal escultura autônoma revelada a partir da matriz de pedra. Como o templo ainda está cercado pela rocha na qual foi esculpido, existe em Kailasnath uma sensação palpável de escavação, como se se tratasse de uma obra ainda em execução.

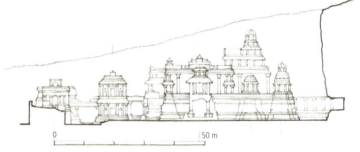

10.31 Corte longitudinal do Templo de Kailasnath, Ellora

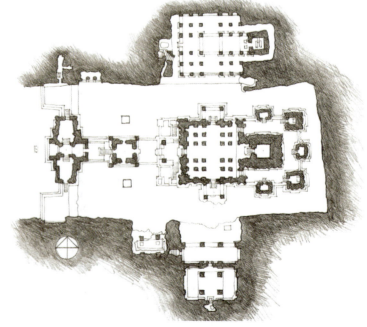

10.32 Planta do Templo de Kailasnath, Ellora

# SUL DA ÁSIA

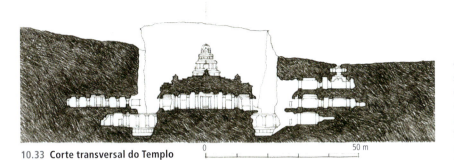

**10.33** Corte transversal do Templo de Kailasnath, Ellora

Duas "torres da vitória" foram deixadas em ambos os lados do volume da câmara nandi. Elas não somente estabelecem o eixo vertical da composição, mas seu comprimento também indica visivelmente a massa de rocha escavada. Visto do lado de fora, o templo é quase inteiramente obscurecido por seu *gopuram* de entrada, de dois andares, colocado a oeste (ladeado por figuras shaivitas e vaishnavitas dos dois lados), que conduz, por meio de um vestíbulo, ao espaço principal. O pavimento térreo é dominado pela presença imensa da massa escavada, pois, nesse nível, o corpo do templo é praticamente maciço e não permite a entrada. Em direção ao fundo, o perímetro é circundado por uma série de pilares de seção quadrada cuja única função parece ser sustentar a rocha pendente sobre eles. Em meio a um elaborado projeto escultórico, elefantes em tamanho natural foram esculpidos na massa inferior de pedra do santuário principal, como se sustentassem o templo.

O acesso ao nível principal do templo é feito por um par de escadas simétricas a oeste, que emergem no vestíbulo de entrada do santuário. O *mandapa* tem 16 colunas reunidas em grupos de quatro, criando-se um espaço central cruciforme que se abre para pórticos menores, ao norte e ao sul. O *garbha-griha* não possui espaço para *parikrama* (circum-ambulação) em seu interior. Esse espaço se encontra do lado de fora e é definido por cinco santuários subsidiários. Passarelas também ligam o santuário principal à câmara de Nandi e ao *gopuram* da entrada. O *shikhara* – ou torre – do santuário principal tem forma piramidal, com quatro níveis que terminam em um florão octogonal. Os santuários secundários empregam o mesmo vocabulário. Em direção ao norte, no eixo transversal do *mandapa*, existe outro templo escavado na rocha, Lankesvara. Completo, com um *mandapa* de 16 pilares e um *garbha-griha*, ele quase rivaliza com o santuário principal. Ao sul há outros dois santuários, também escavados na rocha, um dos quais penetra quase 25 metros rocha adentro.

Quanto ao processo de construção de Kailasnath, a maioria dos estudiosos acredita que gigantescas valas devem ter sido cavadas rocha adentro, retirando o grosso da massa do templo, seguindo-se o processo de escavar e esculpir. Uma possibilidade menos intuitiva é sugerida pelo fato de que os santuários secundários – em especial o do norte – foram escavados tão profundamente que se pode imaginar que o mesmo processo de escavação vertical tenha sido usado para o santuário maior. Como Kailasnath foi inspirado em precedentes de templos-cavernas escavados na rocha, também faria sentido escavar a gruta sagrada e depois, em um gesto de superação da infinitude da montanha em torno das cavernas tradicionais, "descobrir" o exterior na forma de um templo completo. Não havia margem para erro, pois a rocha retirada não podia ser substituída. A construção do templo foi um trabalho deliberadamente artesanal que exigiu grande habilidade. Evidentemente, os rashtrakutas também deviam estar muito familiarizados com os templos construídos pelos chalukyas, seus antecessores, e os pallavas e pandyas, seus contemporâneos ao sul. Não se sabe o porquê de sua decisão de dedicar todos os seus recursos à criação de uma gigantesca edificação escavada na rocha, mas isso provavelmente estava associado à reafirmação do valor da maneira tradicional de criar uma monumental estrutura ritual, em contraposição à modernidade iminente dos templos com estrutura em pedra.

**10.34** Detalhe do Templo de Kailasnath, Ellora

**10.35** Detalhe do Templo de Kailasnath, Ellora

# 800 D.C.

## SAMYE, TIBETE

Um século após a introdução do budismo no Tibete, o rei Trisong Detsen estabeleceu de maneira formal o budismo como religião de estado e mandou construir o Mosteiro de Samye. Seu nome completo é Bsam-yas mi´gyur lhun grub gtsug lag khang, ou "Templo da Presença Espontânea Imutável" (fundado em 775 d.C., construído em 787–791 d.C.). Os primeiros monges tibetanos foram ordenados aí, e o mosteiro foi a sede do budismo tibetano até o estabelecimento do Palácio de Potala pelo quinto dalai-lama, no século XVII. Situado no Vale de Chimpu, logo ao sul de Lhasa, o mosteiro foi disposto na forma de uma mandala, com uma muralha perimetral circular de cerca de 300 metros de diâmetro. O templo principal, chamado Utse, representa o Monte Meru e fica no centro. A muralha é coroada por 1.008 minúsculos chortens, com portões nos quatro pontos cardeais. Os quatro continentes no oceano que circunda o Monte Meru são representados por templos nas direções cardeais, cada um ladeado por outros dois templos menores, para representar ilhas. O Utse tem três pavimentos principais, cada qual projetado em um estilo arquitetônico diferente: indiano, chinês e tibetano. O piso térreo é dominado pelo grande salão de reuniões; o segundo é basicamente uma área aberta e coberta, onde os monges e habitantes locais realizavam trabalhos artesanais para o templo; o terceiro é o palácio do dalai-lama, com uma pequena antessala, uma sala do trono e um dormitório. Quatro chortens nos cantos do Utse foram pintados em tons vivos de preto, branco, vermelho e verde. Cada um possui uma escadaria e pequenas capelas. Há um templo de *nyima* ("Sol") ao norte e um templo de *dawa* ("Lua") ao sul. Embora todos os templos budistas tenham como modelo uma mandala imaginária, neste a mandala é uma planta básica desenhada em grande escala na paisagem.

10.36 **Mosteiro de Samye, Dranang, Tibete**

10.37 **Mosteiro de Samye**

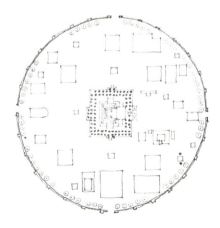

10.38 **Planta do Mosteiro de Samye**

# SUDESTE DA ÁSIA

10.39  Vista de Borobudur, perto de Yogyakarta, Indonésia

## A INDONÉSIA EM UMA ENCRUZILHADA

No século IX, toda a região do Sudeste Asiático já havia começado a se aglutinar em uma série de estados estáveis ligados pelo comércio e pela religião. Guangzhou era a principal porta de entrada para a China. Kunming, um estado semi-independente (que viria a se tornar o Reino de Dali), era o principal ponto de entrada por via terrestre. O desenvolvimento do comércio em torno do Estreito de Málaca foi particularmente importante. Os navios já não descarregavam em Kedah para terem suas mercadorias transportadas até o outro lado da península. Quando a rota marítima enfim tornou-se a norma, a Indonésia e a Ilha de Sumatra logo se tornaram regiões estrategicamente importantes. Os governantes do Império Srivijaya enriqueceram mais com a imposição de tarifas de pedágio do que com a exportação, uma vez que praticamente todo o comércio naval tinha de cruzar o Estreito de Málaca.

No século IX, os reis indo-budistas da Indonésia usaram sua riqueza recém-adquirida para impulsionar seu reino, transformando-o em um centro conceitual do universo cosmológico indo-budista. No curto intervalo de 100 anos, eles construíram não apenas um dos mais belos santuários-estupas budistas já vistos, Borobudur, mas também, a apenas 32 quilômetros de distância, um dos maiores e mais complexos conjuntos de templos hindus da época, o complexo de Prambanam.

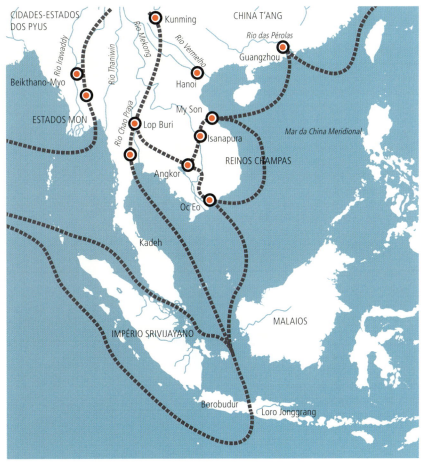

10.40  Rios e cidades do Sudeste da Ásia

325

# 800 D.C.

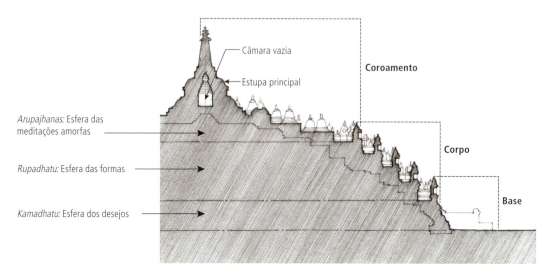

10.41 Corte parcial mostrando os três níveis principais de Borobudur

## Borobudur

A construção da grande "montanha cósmica" de Borobudur (*circa* 760–830 d.C.) foi iniciada no reinado do rei Indra, da Dinastia Shailendra, e terminada no de Samaratunga. Embora tenha sido baseado em experimentos anteriores, Borobudur é ímpar por sua organização e articulação formais. Tem planta praticamente quadrada (122 metros de norte a sul e 116 de leste a oeste), quase alinhada com os pontos cardeais. A planta segue um típico diagrama de mandala budista, com uma ordem simétrica biaxial composta de uma série de terraços denteados que se tornam arredondados no centro.

Para construir o prédio, os arquitetos removeram o topo de uma colina de tamanho considerável, deixando apenas sua base escalonada. Na face do rochedo, os projetistas basicamente agregaram uma camada de pedra para criar o efeito de uma montanha de terraços.

Borobudur é, em certo sentido, uma estupa arquetípica, construída no formato de um monte maciço, e, em outro sentido, um diagrama pedagógico tridimensional. Não se trata nem de um templo, nem de um mosteiro. Poderíamos, em vez disso, considerá-lo como uma universidade na qual se ingressa não para invocar seres divinos, mas para participar de uma jornada didática, para aprender – cruzando seus espaços –, ter uma série de lições por meio das quais o discípulo bem-sucedido pode atingir o estado de *bodhi*, ou sabedoria perfeita, tal como fizera, 2.500 anos antes, o Buda Sakyamuni.

10.42 Vista aérea de Borobudur

# SUDESTE DA ÁSIA

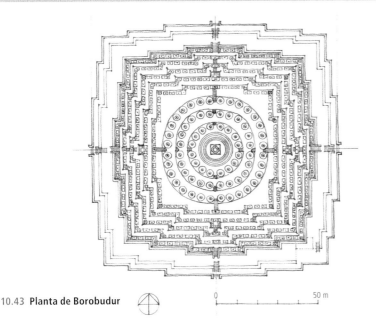

10.43 **Planta de Borobudur**

A experiência essencial consiste em uma sequência orquestrada de quatro galerias seguidas de três terraços precedidos de um grande plinto ou terraço de acesso. Os primeiros quatro terraços são praticamente quadrados e os últimos três, redondos. O conjunto culmina em uma estupa central, completamente sólida, na qual é impossível entrar. À medida que o peregrino budista se aproxima, todo o perfil de Borobudur torna-se claramente visível, com os diversos níveis de galerias e terraços de estupa arredondados organizando-se segundo certa hierarquia em torno da estupa central e formando o contorno de uma montanha suavemente intumescida. O destino, a estupa central, parece óbvio. Todavia, à medida que o peregrino se aproxima, a estupa central desaparece, como se recuasse para dentro do monumento, e em seu lugar surge uma floresta de estupas e esculturas menores, inseridas em uma escala mais humana. Como o nirvana não é um lugar, nem uma coisa, não pode ser descrito em termos físicos dimensionais. Em vez disso, é um estado que deve ser atingido pelo peregrino por meio de uma jornada pessoal, a qual, guiada pela mandala, deve ser completada em 60 passos conceituais.

A jornada começa com a circum-ambulação em torno das quatro galerias inferiores, as quais têm, de cada lado, duas fileiras de painéis esculpidos, organizados em sequência para narrar histórias da vida do Buda. Essas galerias estreitas são escalonadas de modo a bloquear todas as linhas de visão e concentrar a atenção dos peregrinos nos painéis. Só depois de terem passado por esses quatro níveis, eles podem alcançar os níveis superiores, circulares, sem paredes externas. Em vez dessas, encontram as estupas ocas, em forma de sinos. Cada uma delas contém uma imagem diferente do Buda sentado, exibindo uma das mudras – os gestos simbólicos característicos do budismo. As aberturas das estupas inferiores são maiores e têm o formato de diamantes, enquanto as daqueles que ficam acima são quadradas, menores em tamanho e número. No nível inferior um passo é representado por cada lado do *candi* (templo), enquanto, perto do fim do percurso, esse papel cabe a cada estupa em forma de sino. Na etapa final, os peregrinos chegam à estupa, cuja solidez simboliza a *shunyata*, ou "não presença", a aspiração do peregrino budista em busca do nirvana. O terraço mais baixo de Borobudur, provavelmente acrescentado para estabilizar a estrutura, foi construído em um período posterior e esconde atrás de si uma fileira de frisos. Uma das controvérsias que ainda perdura a respeito de Borobudur é saber se ele teria sido originalmente planejado para ter no meio uma grande estupa que dominasse todo o edifício.

O reino Shailendra também construiu uma série de templos hindus, dos quais o mais impressionante é Candi Prambanam, popularmente conhecido como Loro Jonggrang ("Virgem Esbelta"). Construídos por volta de 850 d.C., os três santuários centrais de Loro Jonggrang, voltados para o Leste, são dedicados à trindade hindu: Brahma, Vishnu e Shiva (com este último no centro). Três santuários secundários, dedicados aos "veículos" animais correspondentes, ou *vahanas*, das deidades do templo, voltam-se para o oeste, em direção ao grupo principal.

Os santuários assentam-se sobre uma plataforma acessível por seus quatro lados. Em torno da plataforma estão distribuídos 224 pequenos santuários, em anéis concêntricos, com espaço extra para passagens que conduzem ao centro. Uma muralha cerca o complexo, com portões de acesso de cada lado. Os santuários de Prambanam estão articulados como prédios de dois andares divididos por uma faixa de moldura. Seus perfis são bastante parecidos com os dos pallavas do Sul da Índia, que enfatizam a verticalidade esbelta, com camadas horizontais distintas e claras, como no Templo da Costa. Contudo, quando comparada a suas precedentes do Sul da Ásia, a base de dois andares de Prambanam é bem mais alta. As plantas e as ordens tripartidas em elevação da edificações hindus e budistas do Sudeste da Ásia eram – provavelmente de propósito – muito similares. Ambas as cosmologias também costumavam ser articuladas de modo paralelo. Consequentemente, não é raro confundir um templo hindu com um budista e vice-versa, especialmente no Camboja atual.

# 800 D.C.

## OS REINOS HINDUS DO CAMBOJA

Em 802 d.C., Jayavarman II, que havia unificado os vários reinos cholas do Camboja e do Sul do Vietnã, tornou-se rei e governante supremo desse novo e vasto território. A cerimônia de coroação ocorreu no Monte Mahendraparvata, que domina a Planície de Angkor. Esse tipo de reino era novo na região. A rota de comércio tradicional que partia de Kunming passava pela Birmânia (atual Mianmar) e pelas cidades do Rio Irrawaddy, como Beithano-Myo. As rotas marítimas desenvolvidas a partir de 400 d.C. acompanhavam o litoral, beneficiando cidades como Oc Eo. Os khmers controlavam uma extensa área do interior, a qual haviam tornado fértil com sua tecnologia de irrigação. Em um século, isso fez deles o reino mais rico do Sudeste Asiático. A ascensão dos khmers também foi estimulada pela rota de comércio entre a China e a Índia. O domínio da Dinastia Song (960–1279 d.C.) foi mais ou menos simultâneo ao dos khmers e ao dos cholas na Índia (860–1279 d.C.). Tanto a China quanto a Índia exerciam poderosa influência econômica sobre o Sudeste Asiático, embora a Índia tenha vencido a concorrência cultural, na medida em que suas variantes de budismo e hinduísmo haviam se difundido por toda a região. A leste, no Vietnã, havia os champas, que os khmers tentaram várias vezes dominar para obter acesso a seus portos. Ao sul, o Império Srivijayano, fundado no século VIII na Ilha de Sumatra, controlava o Estreito de Málaca. Também deve-se considerar o Reino de Dali, na província de Yunnan, no Sul da China. De 900 a 1253 d.C., quando foi conquistado pelos mongóis e trazido de volta ao domínio do Império Chinês, Dali foi um estado autônomo. Com o rompimento das rotas de comércio, que resultou da expansão dos mongóis pela Ásia, a rota sul, que passava pelo interior do território de Dali, tornou-se uma alternativa viável. Os khmers vendiam alguns itens para os chineses, como especiarias e madeira, em troca de objetos de metal, como recipientes de bronze, além de prata e ouro. Contudo, eles eram, acima de tudo, produtores de arroz, e foi esse cereal comercializado em larga escala que proporcionou a fundação das cidades de Angkor.

10.44 Vista da Montanha-Templo de Bakong, perto de Siem Reap, Camboja

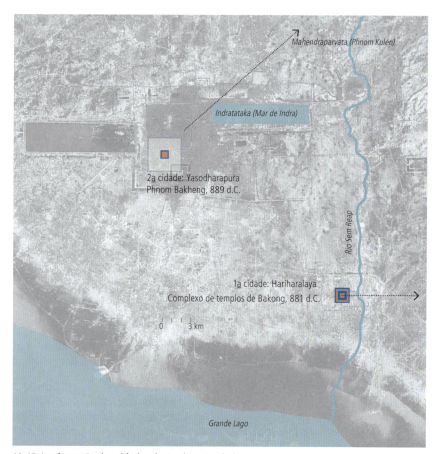

10.45 Implantação das cidades de Angkor, Camboja

# SUDESTE DA ÁSIA

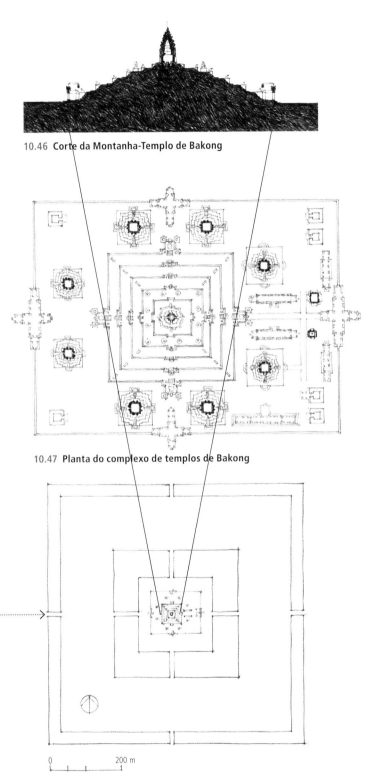

10.46 Corte da Montanha-Templo de Bakong

10.47 Planta do complexo de templos de Bakong

10.48 Planta do complexo de templos de Bakong e de seu recinto

## Hariharalaya

A primeira cidade que foi desenhada chamava-se Hariharalaya e possuía o formato de um quadrado perfeito com cerca de 3 quilômetros de lado. O nome Hariharalaya é derivado daquele da divindade hindu Harihara, venerada em particular no Camboja pré-Angkor. O nome *Harihara*, por sua vez, é composto por *hari* ("o deus hindu Vishnu") e *hara* ("o deus hindu Shiva"). Portanto, o nome completo do local significa algo como "a cidade de Vishnu e Shiva". A cidade não era tão densa quanto as da Europa medieval, pois era permeada por jardins e pequenos campos. Ainda assim, seu leiaute era extremamente organizado, com as áreas ao redor da cidade sendo dedicadas ao cultivo do arroz.

Não foi por coincidência que Jayavarman II escolheu esse sítio ao norte do Grande Lago como sua capital. Além de ter um suprimento regular de água para o cultivo de arroz, o local era visto como uma terra santa da região, que, com pequenas melhorias, poderia ser transformada na terra santa por excelência de todos os khmers. De modo típico para a mitologia indiana, a geografia espiritual de Angkor era definida por três elementos primários: a montanha, o rio e o oceano – ou o Monte Meru, o Rio Ganges e o Oceano Índico. Cada um deles tinha sua própria representação na geografia local de Angkor.

## Mahendraparvata (Monte Meru)

O Monte Meru, a morada dos deuses, situa-se no centro do universo físico e do espiritual. Para os khmers, sua encarnação era Mahendraparvata ("A Montanha de Indra, Rei dos Deuses"). Hoje conhecida como Phnom Kulen, localiza-se cerca de 25 quilômetros a nordeste de Angkor. Jayavarman II construiu vários templos na montanha para abrigar o lingam. Foi também dessa montanha que foram retiradas as pedras para os templos de Angkor, daí o fato de elas possuírem uma carga espiritual.

## Siem Reap (Rio Ganges)

A montanha é a fonte do Rio Siem Reap, que, por meio de suas numerosas derivações, drena a maior parte do planalto antes de alcançar o Grande Lago. É a água desse rio que alimenta o complexo sistema de canais e *barays*. O rio era identificado com a deusa Ganga.

## Indratataka (Mar de Indra)

O "oceano" foi construído na cidade de Jayavarman II imediatamente após sua coroação. Esse imenso *baray*, o maior de seu tipo na época, foi chamado de Indratataka ("Mar de Indra"). Tinha 3,8 quilômetros de extensão e 0,8 quilômetro de largura.

# 800 D.C.

## Bakong

Apesar de Jayavarman II ter fundado a cidade, seu templo principal situava-se a cerca de 20 quilômetros de distância, em Phnom Kulen, onde a corte permaneceu até 802 d.C., quando o rei finalmente mudou para Hariharalaya. O rei seguinte, Indravarman I ("Protegido por Indra"), mandou construir um novo templo principal, dessa vez bem no centro da cidade. O templo (881 d.C.), do qual partiam longas avenidas nas direções cardeais, situava-se em um recinto circundado por um fosso, onde também havia palácios e armazéns reais. Dedicado a Shiva, mede 900 por 700 metros e consiste em três recintos concêntricos separados por dois fossos. O recinto central, com 160 por 120 metros, contém oito torres; o templo central tem planta quadrada, cinco níveis e uma única torre na plataforma superior. Embora não seja complexo, em comparação com os templos subsequentes, seu projeto é bastante requintado. Os níveis das cinco plataformas tornam-se cada vez mais baixos, e as escadarias estreitam-se à medida que sobem. Supõe-se que a torre do topo tenha substituído uma torre original, pois seu estilo arquitetônico corresponde ao da cidade-templo de Angkor Wat, do século XII.

As plataformas foram construídas com pedra, e os demais elementos arquitetônicos, com tijolo. O tijolo foi coberto por baixos-relevos em estuque representando cenas da mitologia hindu. Grandes estátuas de pedra de elefantes posicionam-se como guardiãs nos cantos dos três níveis inferiores da pirâmide. Estátuas de leões guardam as escadarias.

Muitas vezes, os templos khmers tornam-se estranhos aos olhos ocidentais pelo fato de não estarem contextualizados contra a paisagem. Ao mesmo tempo que são uma forma de arquitetura baseada em uma aplicação complexa da geometria e da implantação, eles também constituem uma paisagem construída. Todos eles não apenas se situam em uma paisagem sagrada, como também são cópias da paisagem simbólica da montanha e do oceano. Os fossos que rodeiam os templos não têm finalidade defensiva, mas representam os oceanos primordiais onde estava oculto o tesouro da imortalidade. A água também reflete a imagem do templo, fazendo que a montanha-templo parecesse ligada a seu reflexo invertido. Em termos práticos, essas águas integram-se ao sistema dos barays, nutrindo, literalmente, a terra. Essa relação de reforço mútuo entre uma paisagem simbólica e seu modelo real encontra-se em jogo contínuo nesses templos.

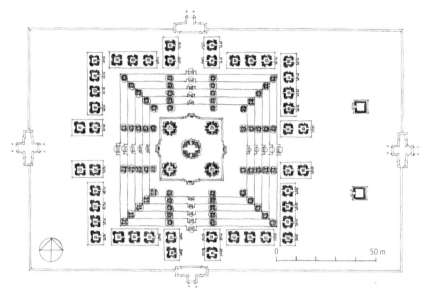

10.49  Planta de Phnom Bakheng, Siem Reap, Camboja

O templo representa uma combinação de cinco princípios:

1. A mandala, a montanha e o oceano sagrados de Shiva e do panteão hindu
2. Um modelo intensificado da paisagem sagrada onde se situa
3. A moradia do deus ou dos deuses
4. A onipresença do rei
5. A economia do povo khmer

Por volta de 900 d.C., o rei Yasovarman I ("Protegido pela Glória"; que reinou entre 899 e 917 d.C.) criou mais uma cidade nova, com um novo templo oficial e um novo baray significativamente maior. A cidade, Yasodharapura ("Cidade Portadora da Glória"), tinha a forma de um quadrado perfeito, como a sua predecessora, mas era muito maior, com cerca de quatro quilômetros de lado. O novo templo do estado, Phnom Bakheng, situado no centro, era chamado originalmente de Yasodharesvara (o "Senhor Daquele que Porta a Glória").

Inscrições também se referem a ele como Phnom Kandal ("Montanha Central"). O Yasodharesvara foi construído sobre um grande afloramento rochoso de 60 metros de altura, cujo topo (e talvez até os lados) foi desbastado para adaptar-se ao projeto. Enquanto Bakong era mais uma montanha artificial do que real, Bakheng era uma montanha propriamente dita, aumentada por um templo, tornando-se uma espécie de montanha-supertemplo. O conjunto era circundado por um fosso de 650 por 436 metros. Avenidas irradiavam do monte nas quatro direções cardeais. Uma via elevada corria de sudeste a noroeste, conduzindo da antiga capital até a parte leste do fosso exterior da nova capital, assumindo então a orientação leste-oeste e ligando-se diretamente à entrada leste do templo. O templo está voltado para o leste e sua base quadrada mede 76 metros de lado. Ele tem a forma de pirâmide, com seis níveis. No nível superior, cinco santuários de arenito se dispõem em quincôncio, um no centro e um em cada quina da plataforma quadrada. O quincôncio representa os cinco picos do Monte Meru.

# LESTE DA ÁSIA

10.50  Templo de Buseoksa, Gyeongsangdo, Coreia

Entre os vários templos construídos durante esse período, inclui-se o de Buseoksa (676–1000 d.C.), que foi o centro do budismo silla. Ele foi estabelecido pelo monge Uisang, que inaugurou a escola denominada Mera Mente, um sistema idealista de pensamento segundo o qual as percepções sensoriais não têm existência objetiva. Em vez disso, é a mente ou a consciência do objeto percebido que mantém e contém o universo. Buseoksa, ou Templo da Pedra Flutuante, recebeu esse nome por causa de uma grande rocha junto ao Salão Oeste, que parece flutuar acima das pedras mais abaixo, talvez simbolizando seu desafio à gravidade.

O mosteiro se situa em uma encosta recoberta de árvores, definida por uma série de terraços aos quais se chega por caminhos, escadas e pavilhões de entrada. Entre o Portão Cheonwangmun e o Portão Anyangmun há 108 degraus, número que representa a libertação da agonia e das paixões maléficas, passando-se por 108 ciclos. O Portão Anyangmun é, na verdade, um pavilhão que se projeta, como se flutuasse, sobre a extremidade de um terraço cuja entrada se situa sob ele. Anyangmun significa "entrada para o céu" e constitui o clímax de um percurso espiritual. Com vista espetacular para os vales e a paisagem distante, encontra-se do lado oposto do Salão Muryangsujeon, com seu Buda que data aproximadamente do ano 1000 (o templo foi incendiado pelos japoneses em 1593 e restaurado entre 1969 e 1973).

## O BUDISMO COREANO

Em fins do século VII, a Dinastia Silla (668–935 d.C.), que introduziu o budismo na Coreia, controlava a maior parte da península coreana. Ela derrotou a Federação Kaya em 562 d.C. e também conseguiu, graças a uma aliança com a corte chinesa T'ang, conquistar os reinos de Paekche, em 660 d.C., e Koguryô, em 668 d.C., unificando pela primeira vez a Coreia sob um único reino, com a capital em Kyôngju. Mesmo depois de as tropas chinesas terem recuado para a Manchúria, os silla mantiveram laços estreitos com a China Tang por meio do comércio e da diplomacia. Eles adotaram oficialmente o budismo como religião de estado, o que possibilitou sua rápida expansão até atingir o Japão. Ainda assim, a introdução do budismo na Coreia encontrou certa resistência, só vencida de maneira satisfatória quando os deuses nativos passaram a ser vistos, essencialmente, como manifestações nas quais os deuses budistas teriam se projetado temporariamente. Certos deuses do xamanismo foram, por exemplo, transformados em encarnações de bodhisattvas. Uma tensão similar persistiu no Japão entre as tradições xintoístas e os novos conceitos modernos budistas.

À medida que o budismo Mahayana evoluía na Índia e na China, muitas seitas diferentes, acessíveis exclusivamente para iniciados, também se desenvolveram na Coreia, em particular aquelas influenciadas pelo budismo esotérico ou tântrico.

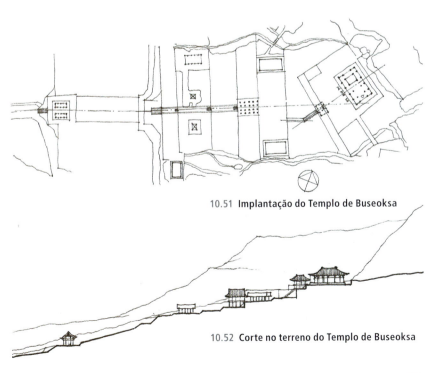

10.51  Implantação do Templo de Buseoksa

10.52  Corte no terreno do Templo de Buseoksa

# 800 D.C.

10.53 Salão principal do Templo de Nanchan, Wutaishan, Província de Shanxi, China

## O MOSTEIRO DE FOGUANG

Os mosteiros de Nanchan e Foguang, construídos nos períodos Sui e T'ang e situados no extremo norte da capital, na Montanha Wutai, província de Shanxi, são dois dentre os poucos mosteiros de madeira remanescentes. O Templo de Foguang (857 d.C.) foi o mais ambicioso dos dois. Ao contrário do salão de Nanchan, com três vãos e um telhado de quatro águas bastante simples (*xieshan*), o salão de Foguang tem sete por quatro intercolúnios e possui uma cobertura conhecida como estilo de quatro águas de primeira categoria. Suas colunas dividem o salão em *cao* ("espaço") interno e externo. Como ocorreu com a transformação da estupa em *ta* (pagode), os chineses também transformaram o formato do mosteiro. Nesse caso, ele derivava claramente da arquitetura palaciana da época. Os mosteiros em geral consistiam em um salão do Buda no meio de um pátio configurado por uma colunata, com um portão norte e outro sul. Os mosteiros maiores também tinham portões leste e oeste. Os pátios internos recebiam os nomes dos edifícios principais. Por exemplo, o pátio do pagode, o pátio da *chan* (meditação), o pátio da *vanaya* (disciplina), o pátio da *purea* (terra), etc. No conjunto, entretanto, os estilos dos templos de Nanchan e Foguang são muito semelhantes, com telhados de pequena inclinação, beirais profundos e mísulas dominantes.

O Templo de Foguang por pouco não desapareceu. Em 845, como parte da perseguição, o prédio original, do século V, que era um importante ponto de parada para os peregrinos budistas, foi totalmente queimado. Dos primórdios do templo restou apenas o pequeno, mas muito elegante pagode Zushi. Contudo, 12 anos depois, em 857, uma mulher chamada Ning Gongyu doou a verba para a reconstrução do templo, que foi dirigida por um monge chamado Yuancheng. (O prédio atual é uma reconstrução da década de 1970.)

Os telhados chineses de madeira são classificados de acordo com o número e os tipos de mísulas compostas e vigas empregadas. Esses consolos são formados por uma complexa soma de elementos compostos — horizontais, verticais e diagonais — chamados *dou-gong*. As vigas, entretanto, são classificadas conforme sua posição e o número de caibros que possuem. As mísulas compostas *dou-gong* diferenciam-se quanto à dimensão e ao número, dependendo de sua posição e localização, do tamanho do telhado e do porte do prédio. Sistemas de suportes com essa complexidade nunca se desenvolveram na Índia, na Mesopotâmia ou em áreas mais a oeste, onde as paredes tinham papel mais importante na estabilidade estrutural e na expressividade de uma edificação. No Ocidente, as vigas de madeira deviam ser fixadas com habilidade, mas os arquitetos não precisavam se preocupar com os esforços de torção, problema comum nas construções apoiadas em colunas ou estacas. As mísulas compostas não apenas mantêm a rigidez da parte superior do edifício, preservando-o da torção, como também proporcionam flexibilidade suficiente em caso de terremoto. Essa tecnologia foi desenvolvida pelos chineses muito tempo atrás, mas não permaneceu de modo algum estática. Na verdade, ela passou por várias fases de desenvolvimento. No século XV, os engenheiros já haviam aprendido como simplificar os sistemas de suporte e começaram a usá-los mais por amor à tradição do que por necessidade estrutural.

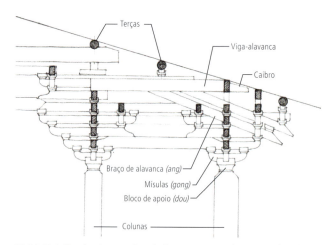

10.54 Detalhe do sistema de mísulas compostas dou-gong do Salão Principal do Templo de Foguang, Wutaishan, Província de Shanxi, China

# LESTE DA ÁSIA

10.55 Salão Principal do Templo de Foguang

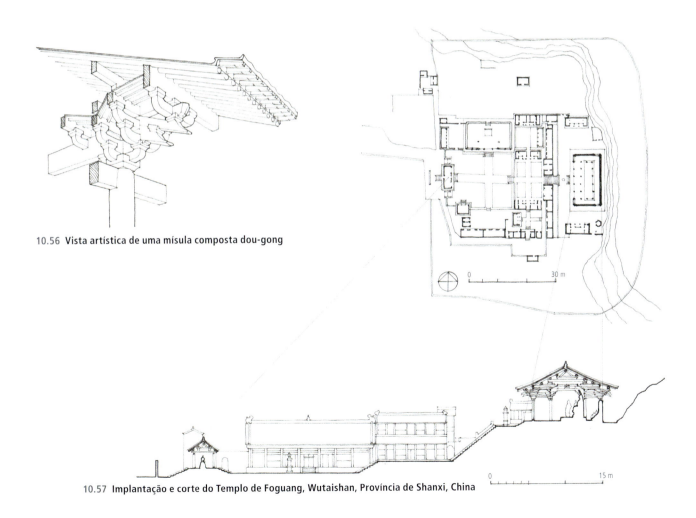

10.56 Vista artística de uma mísula composta dou-gong

10.57 Implantação e corte do Templo de Foguang, Wutaishan, Província de Shanxi, China

# 800 D.C.

## A EUROPA E OS CAROLÍNGIOS

Por volta do ano 800 d.C., os lugares mais interessantes em termos de evolução da arquitetura estavam na Indonésia, na China e no mundo islâmico. Na Europa, a situação ainda era de desolação. Conquistou-se um pouco mais de estabilidade com a cristianização dos francos, quando Clóvis I adotou o catolicismo em Reims, na França, por volta de 496 d.C. Como era então o costume, todos os francos adotaram o catolicismo. O rei dos visigodos, Teodorico I, junto a outras tribos germânicas, finalmente pôs fim à invasão dos hunos em Chalons, na França, ao sul de Reims, em 451 d.C., mas os ataques violentos das tribos das estepes ainda não haviam terminado. Os lombardos, com suas famílias e seus rebanhos, tinham ocupado o norte da Itália. Os húngaros e os búlgaros também estavam em movimento, dispersando-se pela Grécia, e alguns inclusive na Itália. Em outras palavras, um imenso território – desde o extremo da Grécia até o Mar Báltico, ao norte – ainda se encontrava sob uma forte instabilidade. A única área mais estável era a dos francos, que haviam chegado à França fazia poucos séculos, vindos do Baixo Reno, e agora começavam a cultivar as terras do país que os romanos outrora chamavam de Gália.

Embora já estivessem cristianizados no século VII, foram raros os períodos em que os francos tiveram apenas um governante. Além disso, não só o sul da Espanha, como também as áreas cristianizadas do Império Romano do Oriente, na Síria, haviam sido tomadas pelos exércitos muçulmanos. Os armênios, com sua vibrante cultura arquitetônica, também foram dispersados. Muitos deles fugiram para o Ocidente, em direção a Constantinopla, e para a Itália. A própria Bizâncio sofria a contínua ameaça de invasão dos exércitos muçulmanos, e até mesmo o Mar Mediterrâneo era controlado, em grande parte, por navios islâmicos. Não obstante, os francos acabaram consolidando seu controle e se tornaram a força dominante na Europa. A área da civilização cristã, incluindo a bizantina, formava um frágil U: partindo da Dinamarca, descia pela França e pela Itália, passava pela Grécia e chegava à Anatólia. A invasão do Norte da Itália pelos lombardos ameaçou isolar a Itália da França, mas, em 774 d.C., Carlos Magno, o então rei dos francos, venceu os lombardos e os cristianizou. As regiões francas e itálicas, junto a um Império Bizantino reduzido, constituíam então o coração do mundo cristão.

Carlos Magno (747–814 d.C.) foi, sob todos os aspectos, um homem incomum. Filho mais velho de Pepino, o Breve (que reinou entre 751 e 768 d.C.), introduziu novos regulamentos financeiros, era muito erudito e promoveu as artes liberais em sua corte. Tendo tudo isso em mente, o papa Leão III percebeu que, para garantir a sobrevivência da Europa, teria de dividir seu poder com Carlos Magno. Surgiu assim a ideia do Sacro Império Romano. Em suma, esse império tinha dois governantes que se beneficiavam mutuamente: um soberano religioso e um secular, cujo poder militar protegia a existência do primeiro. No dia de Natal do ano 800 d.C., em Roma, Leão coroou Carlos Magno imperador do Sacro Império Romano. Isso foi um arranjo político único na sua época e que viria a ter consequências de longo prazo. O título seria transmitido por muitos séculos e levaria a muitos combates até ser oficialmente abolido somente em 1806.

Muito tempo antes da coroação de Carlos Magno, a Igreja carolíngia já havia estabelecido uma íntima relação com Roma, mas só a partir da coroação a liturgia católica passou a ser a norma. Para isso, Carlos Magno voltou-se para as regras de São Bento (489–543 d.C.), que vivera três séculos antes. Essas regras, chamadas de beneditinas, foram formuladas em um período no qual o poder secular havia se esfacelado. Para contrabalançar o caos, São Bento concebeu o mosteiro como uma família de devotos homens cristãos. Durante o período em que estavam acordados, os monges se dedicavam sobretudo à oração e aos trabalhos braçais. Ao longo dos séculos, porém, esse sistema nem sempre foi aplicado de modo consistente. Carlos Magno reafirmou essas regras, a fim de regularizar a vida monástica, eliminando a colcha de retalhos de práticas devocionais em que ela havia se transformado. Ao mesmo tempo, aproximou a Igreja da política imperial, transformando-a na instituição básica do império nas esferas financeira, territorial e educacional. O cristianismo, que até então existira dentro das limitadas fronteiras territoriais do que antes fora o Império Romano, agora estava se tornando um fenômeno pan-europeu.

Criou-se, assim, uma nova era de unificação. A sede do poder religioso, no entanto, continuava em Roma. Isso acarretou uma ambiguidade peculiar no que se refere à sede do poder, problema que afetaria a política europeia ao longo de séculos e que só viria a ser resolvido na época do Iluminismo, no século XVIII. Mesmo assim, na época de Carlos Magno, o delicado equilíbrio entre a autoridade religiosa e o poder secular ainda era percebido como uma cooperação mutuamente benéfica. O tipo de governo que ele estabeleceu transformou-se em um sistema feudal, com uma hierarquia rígida que ligava os servos, os donos da terra e os condes ao rei. (Faltava-lhe, porém, uma estrutura administrativa centralizada e firme.) Assim, Carlos Magno se transferiu de um lugar a outro para reafirmar e expandir sua autoridade. O resultado foi uma grande expansão das obras arquitetônicas, que imprimiram na paisagem a marca de seu governo. Na Itália, ele reconstruiu, ao norte de Roma, o mosteiro de Farfa como um posto avançado do império, e a leste fundou os mosteiros de Lorsch e Fulda.

### A planta do Mosteiro de São Galo

Uma planta do Mosteiro de São Galo, na Suíça, feita no século IX, oferece-nos informações em primeira mão sobre como um mosteiro medieval era organizado. Desenhada com chumbo vermelho sobre couro de bezerro, a planta é impressionante por nos transmitir uma ideia clara e imediata de uma instituição com cerca de 40 prédios, habitada por aproximadamente 110 monges e contando com um número equivalente de leigos como equipe de apoio. O conjunto é organizado em três zonas: a oeste, estão as áreas abertas à população leiga; o mosteiro propriamente dito fica na zona central; e, por fim, a leste, há um jardim, a enfermaria e o cemitério. À esquerda da via que conduz à entrada da igreja havia uma área com função incerta, mas que provavelmente seria um salão de recepções com dormitório para peregrinos. Ao norte da igreja estavam os edifícios específicos para o abade e os noviços. A basílica era uma igreja com nave central e laterais, ou seja, não tinha transepto. Sua entrada arredondada era ladeada por duas torres destacadas. Não eram campanários, os quais foram desenvolvidos em um período posterior. No alto de uma torre havia um altar dedicado a São Miguel e, no da outra, um devotado a São Gabriel, guardiões celestes que representam as forças da luz em luta contra a escuridão e o mal.

O desenhista não indicou a espessura das paredes, mas marcou portas e chaminés e identificou cada recinto. Ele até mesmo nomeou os legumes plantados na horta, como cebola, alho-poró, rabanete e erva-doce. O claustro dos monges, o centro espacial da planta, era um pátio quadrado aberto com cerca de 30 metros de lado e galerias arcadas que davam acesso aos edifícios em volta, como o dormitório, o refeitório e a adega para barris de vinho e cerveja.

# EUROPA

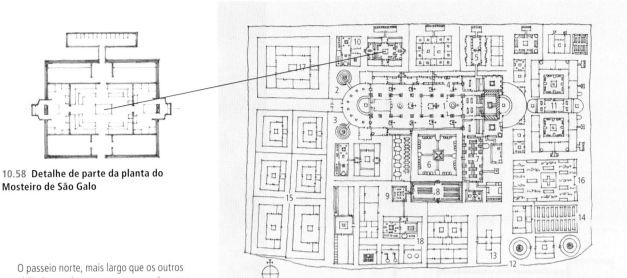

10.58 Detalhe de parte da planta do Mosteiro de São Galo

10.59 Planta do Mosteiro de São Galo, Sankt Gallen, Suíça

O passeio norte, mais largo que os outros e mobiliado com bancos, era empregado como Sala do Capítulo para reuniões diárias. Ele se conectava à parede leste da igreja por uma entrada especial, protegida do público, que dava aos monges acesso ao altar. A planta foi criada usando um módulo de 40 pés carolíngios, o *numerus sacrus*, já que essa é a dimensão do cruzeiro onde está o altar da igreja. O comprimento da igreja era cinco vezes essa medida, ou 200 pés carolíngios, e a profundidade das naves laterais equivalia à metade do módulo, isto é, a 20 pés. Dividindo sempre por dois, o desenhista chegou a 2,5 pés, a menor medida básica usada na planta.

1. Igreja
2. Torre de São Miguel
3. Torre de São Gabriel
4. Aposentos para hóspedes
5. Casa do abade
6. Claustro
7. Dormitório dos monges
8. Refeitório dos monges
9. Cozinha
10. Cervejaria
11. Noviciado e enfermaria
12. Galinheiro
13. Celeiro
14. Horta dos monges
15. Gado ovino, caprino e bovino
16. Jardim dos monges e cemitério
17. Função desconhecida
18. Oficinas

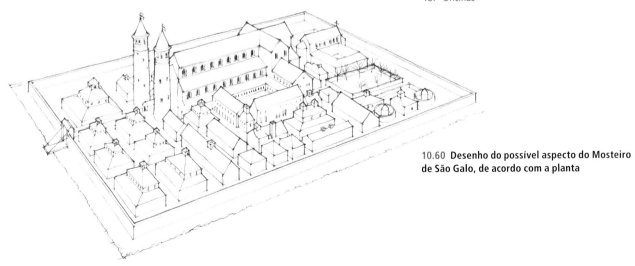

10.60 Desenho do possível aspecto do Mosteiro de São Galo, de acordo com a planta

# 800 D.C.

10.61 Perspectiva artística da Igreja da Abadia de São Riquier, perto de Amiens, França

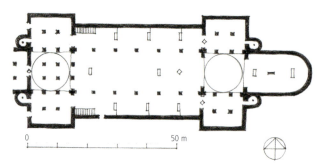

10.62 Planta da Igreja da Abadia de Riquier

10.63 Interior da Cúpula da Capela Palatina, Aachen, Alemanha

## São Riquier

No século IX, uma série de grandes igrejas de abadia foi construída ao norte da Itália, como maneira de difundir a mensagem e a influência da Igreja de Roma. Essas edificações costumavam ser sombrias e ter volumes simples. As janelas eram pequenas, arqueadas, pouco ornamentadas e distribuídas no alto das paredes. As paredes eram construídas com pedras rústicas ou pouco afeiçoadas, o que exigia que fossem muito espessas para ter estabilidade estrutural. Essa era uma arquitetura que pouco explorava a imaginação espacial, mas, ainda assim, produziu formas estáveis e sólidas, assim como misteriosos interiores escuros. O transepto, elemento de importância secundária nas basílicas romanas do século V, tornou-se parte essencial do projeto. No entanto, a construção de abóbadas, na época, era em grande parte uma coisa do futuro. A maioria das construções carolíngias possuía telhados de madeira sustentados por treliças.

A Igreja da Abadia de São Riquier, no norte da França, perto de Amiens, embora não exista mais, pode ser reconstruída com base em descrições e ilustrações antigas. Terminada em 799 d.C., ela seguia a planta básica das novas basílicas ao norte de Roma, com torres muito altas sobre bases cilíndricas. Sua aparência externa era de uma geometria clara, com paredes pesadas e janelas pequenas. O acesso ao prédio era à maneira romana, por meio de um átrio, ou de portas no transepto. O átrio situava-se diante de uma estrutura maciça coroada por uma torre cilíndrica. A abadia (mosteiro dirigido por um abade) abrigava uma população de cerca de 300 monges e 100 noviços, além dos criados e dos servos. A abadia foi dedicada à Santíssima Trindade e ligada a dois santuários menores dedicados a São Bento e à Virgem Maria, todos interligados por muros e galerias cobertas. Seguindo a nova liturgia, havia um trajeto processional através da igreja, projetado para permitir a visita aos vários altares em sequência. (A igreja possuía uma coleção de 25 relíquias.) Esse movimento processional pela igreja viria a tornar-se muito comum na prática religiosa medieval. Outra novidade foi o acréscimo, atrás do altar, de uma zona espacial autônoma destinada à acomodação dos monges. Essa "igreja atrás de outra igreja", ou coro, se tornaria um elemento importante no projeto de igrejas da Idade Média. Foi também significativo o projeto da torre sobre o cruzeiro do transepto.

## Capela Palatina

Aachen havia sido fundada pelos romanos como um centro de termas em virtude de suas nascentes de água quente. Ela foi planejada como uma praça com banhos, um palácio e uma guarnição militar. Contudo, após ser destruída no século V durante as invasões das tribos germânicas, ficou em ruínas, praticamente abandonada. Como os reis francos frequentemente transferiam suas cortes de um lugar para outro, não precisavam de um complexo que servisse de capital. Porém, quando Carlos Magno ascendeu ao poder em 768, ele decidiu criar um assentamento de onde pudesse governar seu reino.

Seu arquiteto, Odo de Metz, manteve o leiaute básico das ruas romanas que dividiam o

# EUROPA

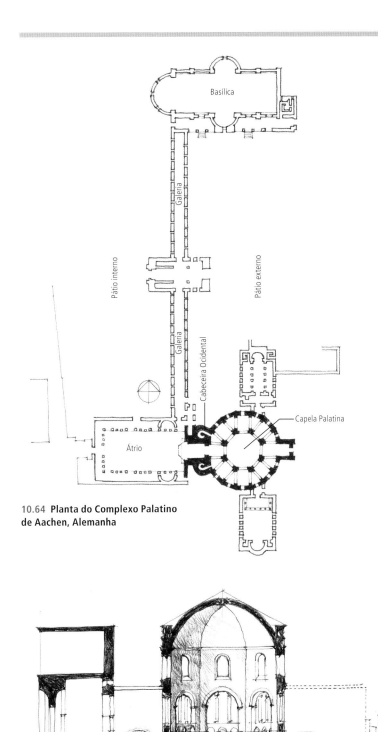

10.64 **Planta do Complexo Palatino de Aachen, Alemanha**

10.65 **Corte leste-oeste da Capela Palatina**

local em quatro áreas. Ao norte, ele instalou uma basílica (ou salão para conferências) e, ao sul, a Capela Palatina, conectando-as por uma galeria fechada. A capela consistia em um alto espaço octogonal circundado por galerias em formato de anel. Porém, ao contrário dos prédios anteriores, nos quais as paredes eram de pedregulho rebocado, aqui tudo foi construído com blocos de mármore afeiçoados e enriquecidos por mosaicos. Os operários certamente foram trazidos de Bizâncio ou da Armênia, e as colunas e pedras de mármore vieram, com a permissão do papa, de Roma e Ravena.

No nível térreo, o octógono é definido por arcos simples, sem divisões, cujas aduelas sustentam uma cornija, a qual separa os arcos inferiores dos superiores. Sobre a cornija, as aberturas consistem em elegantes painéis em arcada entre os arcos elevados que, por sua vez, sustentam uma cúpula com nervuras. Para resistir aos empuxos laterais da cúpula segmentada, os arquitetos acrescentaram, no nível da galeria, abóbadas laterais que parecem ter sido inspiradas na construção dos teatros romanos. Com sua singela estruturação de pilares e pilastras, o projeto parece ser uma tentativa carolíngia de resgatar a estética romana. O uso de mármores variegados nos painéis e nas aduelas dos arcos também era uma alusão à Igreja de São Vital, em Ravena, com a qual esse edifício com toda certeza tentava competir, embora na igreja italiana as superfícies cintilantes e curvas criem um efeito mais sutil. Não obstante, vemos na Capela Palatina o início de uma fachada interna e a tentativa de conferir unidade a vários elementos arquitetônicos – as aberturas, as linhas das cornijas, os revestimentos e os pilares – e, simultaneamente, atender às necessidades litúrgicas. O rei se sentava a oeste, no nível superior, em um trono de placas de mármore. Dali, ele via os três altares: o do Salvador, bem à sua frente; o de Nossa Senhora, no nível térreo; e o de São Pedro, na extremidade do coro ocidental.

Lugar do sepultamento de Carlos Magno e cenário de coroações imperiais, a Capela Palatina tornou-se um santuário dinástico e um ícone do poder imperial. É também provável que fosse considerada uma encarnação da Jerusalém celestial. Não pode ser coincidência o fato de que a circunferência do octógono interno seja de exatamente 144 pés carolíngios, como as paredes da Jerusalém celestial descrita no Apocalipse, que media 144 cúbitos.

# 800 D.C.

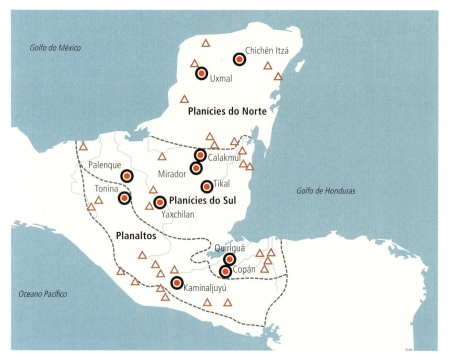

10.66 Sítios maias

10.67 Urbanização da América (*circa* 600 d.C.)

## TIKAL

A história registrada de Tikal começa em 292 d.C., quando Balam Ajaw ("Jaguar Enfeitado") assumiu o poder. Em seu apogeu, por volta de 700 d.C., Tikal era o lar de cerca de 80 mil pessoas. Circundadas por campos de milho cultivados por mão de obra intensiva, as casas de seus habitantes eram distribuídas de modo regular em uma área de 16 quilômetros quadrados. Essas moradias eram reunidas em grupos de quatro a sete unidades. Todas eram elevadas em plataformas altas e organizadas ao redor de um pátio central. Um alto nível de organização cívica e de engenharia hidráulica era essencial para a sobrevivência de Tikal. A terra pantanosa precisava ser dividida por caminhos elevados a fim de permitir a circulação e o cultivo da terra. Para as habitações, foi preciso erguer plataformas mais duráveis, de pedra. Cisternas revestidas de pedra foram construídas para armazenar água doce. Tikal foi construída sobre colinas localizadas na bacia hidrográfica que está entre o Golfo do México e o Mar do Caribe. Empoleirados no ponto mais alto da região, portanto, os templos de Tikal desfrutavam de uma vista total de seus arredores.

Embora os prédios centrais dos maias possuíssem funções religiosas e cerimoniais e, às vezes, também servissem de mercado, a cidade propriamente dita era bastante dispersa, como se fosse uma conurbação. As cidades dos maias eram organizadas por bairros, cada um com moradias específicas para a elite. Os sacerdotes e a elite provavelmente viviam nos palácios vinculados aos santuários, mas o restante dos maias visitava os centros apenas esporadicamente, para rituais específicos. Os templos eram construídos com orientações e funções determinadas, mas os centros cerimoniais como um todo não seguiam regras geométricas pré-planejadas, o que os fazia ter um aspecto um tanto improvisado. É claro que talvez houvesse boas razões para a disposição ligeiramente desconecta e angular dos edifícios e das praças abertas, mas esse conhecimento se perdeu no tempo.

A Acrópole Norte, o complexo mais antigo de Tikal, foi "recapeada" muitas vezes. Quando falecia um governante de certa importância, ele era enterrado na Acrópole, e acrescentava-se mais uma camada de pedra. A nova massa era cuidadosamente assentada, para garantir que o acréscimo não danificasse as construções anteriores. Pequenas câmaras mortuárias eram feitas para os sepultamentos, cada uma com o próprio santuário. Havia escadas conduzindo a essas câmaras para os ritos ancestrais, que deviam ser realizados pelos novos governantes. Um corte através da Acrópole constitui, portanto, um verdadeiro livro didático sobre a história milenar de Tikal. A praça é uma plataforma plana de pedra, acessada por seis largos degraus. Ao longo da extremidade norte há um conjunto de estelas em que estão descritos os líderes e registradas as datas de suas façanhas. Os Templos I e II foram construídos simultaneamente, entre 734 e 736 d.C., por Yik'in Chan K'awiil, que também mandou erguer os Templos IV e VI. O governante Jasaw Chan K'awill I, morto em 734 d.C. foi sepultado sob o Templo I, em uma cerimônia espetacular.

Ao contrário dos montes-plataforma da maior parte da América Central, cujas dimensões colossais fazem o santuário em seu topo parecer uma miniatura, os santuários de Tikal destacam-se pelas suas edificações secundárias. A largura no alto do santuário do Templo I é pouco menor do que a da base do prédio, o que resulta em um perfil extremamente íngreme. Como consequência, isso direciona o foco visual de toda a composição para a entrada do santuário, a qual é mais larga que os degraus que conduzem a ela. Em nenhum outro lugar da América Central encontramos esse conjunto específico de proporções arquitetônicas. Ao contrário dos interiores em argila e pedra das pirâmides maias mais antigas, o interior dessa pirâmide foi feito com grandes blocos de pedra, encaixados com cuidado e precisão nas paredes de apoio. A superfície foi vedada com argamassa, para evitar vazamentos de água no interior. A alvenaria de tijolo que recobriu toda a pirâmide era mais para decoração do que para proteção.

# AMÉRICA CENTRAL

10.68 Planta geral de Tikal, perto de Flores, Guatemala

10.69 Vista artística da Grande Praça, Tikal

10.70 Planta da zona central de Tikal

# 800 D.C.

A sudeste da Grande Praça está a chamada Acrópole Central, onde ficavam os pátios e as moradias reais. Consistia em uma série de pátios conectados nas quinas, com prédios simples e contíguos construídos sobre plataformas. Os pátios dos palácios, embora adjacentes ao complexo cerimonial central, eram visualmente protegidos em relação aos espaços circundantes. Seus acessos eram pelos cantos. O núcleo urbano de Tikal é um conjunto espetacular de mais de 100 templos de pedra. Seus engenheiros construíram a base da cidade empregando pedra e argila, para transformar em plataformas as zonas mais altas. No centro, três zonas foram interligadas, ao longo do tempo, por caminhos elevados, formando um triângulo. Outros caminhos elevados se conectavam às plataformas contíguas e ao resto da área urbana.

A maior dessas zonas se concentra em uma plataforma gigante de pedra, a Grande Praça, e de frente para ela está a Acrópole Norte. Suas extremidades leste e oeste são ancoradas pelos chamados Templo I e II, respectivamente. Mais a sudoeste encontra-se o Templo III, e ainda mais a oeste, ligado por um caminho elevado, está o maior templo de Tikal, o Templo IV, com 70 metros de altura.

A astronomia determinava a localização dos principais templos, ligados entre si por linhas de visão. Para quem se posiciona de pé no alto do Templo I, voltado para o oeste, o pico do Templo III marca o pôr do sol nos equinócios. Na mesma posição, uma linha de visão prolongada até o Templo IV assinala o pôr do sol em 13 de agosto, o "dia em que o mundo começou", de acordo com o calendário maia. Mais ao norte, dois montes-plataforma adjacentes, chamados de Complexo das Pirâmides Gêmeas, orientam-se exatamente pelos pontos cardeais. Juntos, seus degraus somam 365, o que corresponde exatamente ao calendário de um ano. Eles foram construídos no fim de um intervalo de 20 anos do calendário maia, assinalando o término exitoso desse período.

10.71 Templo I (Templo do Grande Jaguar), Tikal

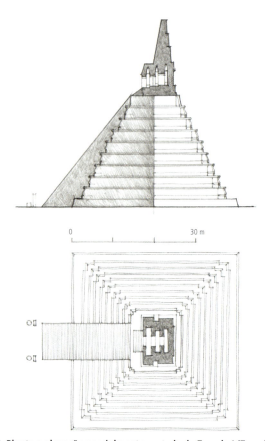

10.72 Planta e elevação parcialmente cortada do Templo I (Templo do Grande Jaguar), Tikal

# AMÉRICA CENTRAL

10.73 Templo das Inscrições, Palenque, perto de Chiapas, México

## AS CIDADES-ESTADOS MAIAS

Nos séculos VIII e IX, as cidades-estados maias do Iucatã dominavam toda a península. No período de 600 a 750 d.C., Palenque, situada no sopé do altiplano de Chiapas, começou a se expandir sob a liderança do grande rei Pacan e de seus dois filhos. Palenque localiza-se na encosta da colina e foi projetada para tirar proveito dos contornos e do sulco natural formado pelo Rio Otulum, que atravessa a cidade. Sua água era desviada, por meio de um longo túnel coberto por uma falsa abóbada, para o Palácio Central de Palenque, o edifício mais notável da cidade. Os arquitetos de Palenque usaram falsas abóbadas dispostas paralelamente umas às outras, não só criando espaços internos maiores, que se contrapunham à grandes massas da maioria dos edifícios maias, como também estabilizando toda a estrutura. Essa é uma das razões pelas quais os edifícios de Palenque ainda estão tão bem preservados. A superestrutura ornamental no topo também foi concebida como uma cobertura alveolada, reduzindo ainda mais o peso total do prédio.

O Palácio de Palenque fica sobre uma plataforma larga que se situa no centro para dominar visualmente o local. De um lado, o palácio domina a margem do Rio Otulum; do outro, sua plataforma e seu perfil configuram a praça central de Palenque. O complexo palaciano está voltado para as colinas, embora as escadarias monumentais estejam nos lados norte e oeste. Isso indica que o acesso ao palácio era, como seria de se esperar, cuidadosamente controlado. O interior é dominado por dois pátios internos que ocupam metade do complexo, separados por um prédio comprido com duas abóbadas, que originalmente era o núcleo do palácio. A metade sul do palácio é um labirinto, com uma densa rede de câmaras interligadas.

10.74 Planta de Palenque

# 800 D.C.

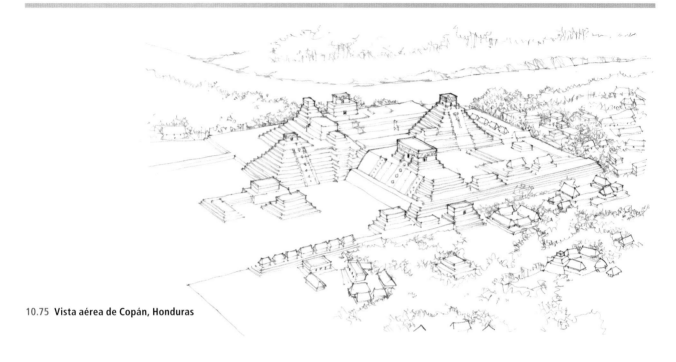

10.75  Vista aérea de Copán, Honduras

Em termos visuais, a construção mais característica do palácio é a torre de quatro níveis erguida logo após a saída do pátio oeste. Ela é única na arquitetura maia e sua finalidade ainda não foi determinada. A sudoeste do complexo palaciano fica o chamado Templo das Inscrições (683 d.C.), famoso porque suas fundações contêm o Túmulo de K'inich Janaab Pakal. A maior parte dos túmulos localizados na base de pirâmides, como em Tikal, era totalmente enterrada no interior de suas superestruturas, mas o Túmulo de Pakal permaneceu acessível a partir de uma escadaria no alto do templo. Na escada de acesso encontramos, portanto, a explicitação espacial de uma das principais ideologias da religião maia, que estabelecia que os governantes e suas futuras gerações reinavam em virtude de sua ligação com os ancestrais e que honrar e manter uma relação contínua com esses antepassados era crucial para sua existência e seu bem-estar. Nas estelas encontradas no sarcófago de Pakal, ele é representado atravessando o mundo subterrâneo, transformando-se em um antepassado. Durante o século VIII, a cidade passou por crescentes tensões, como a maioria das demais cidades-estados maias do período clássico, e nenhuma construção nova da elite surgiu no centro cerimonial. Palenque acabou sendo abandonada.

## Copán

Copán, situada em um vale de montanha do rio homônimo, na extremidade ocidental de Honduras, é a mais meridional das principais cidades maias. Um dos maiores centros maias, foi a capital de um estado que cobria, entre 400 e 820 d.C., várias centenas de quilômetros quadrados. O sítio está a aproximadamente 600 metros acima do nível do mar, mais alto que as selvas e as florestas tropicais da planície maia. Embora tivessem sido ocupados por cerca de 2 mil anos, os principais prédios hoje visíveis foram construídos no período entre 600 e 900 d.C. As ruínas escavadas ocupam cerca de 16 hectares e consistem em uma acrópole principal e cinco praças. Como o complexo ancestral de Tikal, a principal construção de Copán é um megacomplexo aglomerado, construído ao longo de 600 anos. Ele formava uma plataforma gigantesca que abrigava um conjunto variado de estruturas em alvenaria que incluíam templos, palácios, quadras para jogos com bola, praças, túmulos, estelas esculpidas e altares, datados, em sua maioria, do período entre 695 e 800 d.C.

Assim como a acrópole de Monte Albán, na atual Oaxaca, México, as montanhas ao redor do Vale do Rio Copán ofereciam muitas possibilidades para alinhamentos espetaculares com a paisagem. Em especial, o campo para jogos

# AMÉRICA CENTRAL

10.76 Campo para jogos com bola em Copán, Honduras

com bola de Copán, instalado entre a praça principal e a acrópole, alinha-se de tal modo que a vista através dele, que também é a principal linha de visão do alto da acrópole, parece repetir exatamente os ângulos das colinas escarpadas ao fundo.

Como é típico dos centros cerimoniais mesoamericanos, o principal grupo de edificações de Copán orienta-se segundo os pontos cardeais e ao longo do eixo norte-sul mais longo. Ao sul encontra-se a concentração mais densa de terraços e palácios e, ao norte, a praça principal, cuja entrada está a leste. Uma praça secundária abre-se para o vasto espaço retangular e fechado da praça principal, tendo no centro um monte-plataforma com três níveis. Um campo para jogos com bola e uma plataforma secundária configuram a extremidade sul da praça principal, logo à frente de um monumental conjunto de escadarias que conduz aos níveis mais elevados do complexo real. Uma pirâmide em plataforma foi implantada no centro do terraço alto, ladeado por uma série de palácios e túmulos. A extremidade norte da praça principal se estende, formando um T e compondo outra pirâmide. A íngreme escadaria a oeste é uma famosa escada hieroglífica, cujas 2.200 inscrições narram a história da última dinastia de Copán.

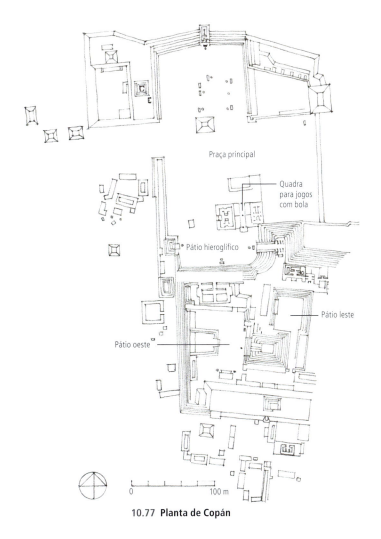

10.77 Planta de Copán

# 800 D.C.

10.78 Os impérios Huari e Tiahuanaco

## TIAHUANACO

Tiahuanaco situa-se em um vale elevado no sul dos Andes, 3.660 metros acima do nível do mar, perto da margem sul do Lago Titicaca. Habitada de aproximadamente 1000 a.C. até 500 d.C., foi não apenas a capital de uma rede de cidades, mas também o centro cerimonial da região, e manteve sua posição proeminente até cerca de 1000 d.C. O importante não era tanto a cidade, mas o lago, considerado o sítio original do qual o casal primevo fora enviado para evocar a humanidade das fontes, dos rios, das rochas e das árvores. O Lago Titicaca era conhecido como o *taypi*, ou zona de convergência entre os princípios do *urco* (o oeste, alto, seco, pastoral, celestial, masculino) e da *uma* (o leste, baixo, agrícola, subterrâneo, feminino). Se Tiahuanaco era a representação central do *taypi*, a elite ali residente era considerada a guardiã e representante dessa ordem sagrada.

O centro cerimonial era cercado por um imenso fosso artificial, abastecido por água desviada do Rio Tiahuanaco, que evocava a imagem do núcleo da cidade como uma ilha. O próprio nível do lago era mais elevado naquela época. Hoje as ruínas estão a 10 quilômetros de suas margens, mas o lago deveria estar muito próximo do sítio, ou mesmo chegava a tocá-lo. O local incluía vários templos, portais de tamanho monumental, plataformas e pátios rebaixados. As duas construções mais importantes são Akapana (*circa* 700 d.C.) e Puma Punku, construída pouco mais tarde.

O Akapana era um monte-plataforma escalonado, em forma de terraço baixo, com perímetro de 200 metros na base e altura de 17 metros. Trata-se de um monte de terra revestido por uma variedade de blocos de pedra grandes e pequenos. Pedras verticais, com cerca de 3,5 metros no centro, unidas com a característica precisão andina, marcam as quinas dos terraços e formam as paredes de sustentação dos vários níveis até o cume. O terraço mais alto era recoberto de uma fina camada de um cascalho verde-azulado, trazido da cadeia de montanhas Quimsachata, logo ao sul de Tiahuanaco. Desse cume, um complexo sistema de drenagem ligava o alto do Akapana ao Rio Tiahuanaco e, por fim, ao Lago Titicaca. Há quatro templos associados ao Akapana – o semissubterrâneo, o Kalasasaya, o Putuni e o Kheri Kala. Assim como os outros montes-plataforma de Tiahuanaco, ele possui um pátio central rebaixado. O Akapana está no eixo do Kalasasaya, uma grande plataforma em terraço (que mede 120 por 130 metros) que tem uma escadaria megalítica ao sul, centrada no Portal do Sol, e uma monumental escultura de pedra, o chamado Monólito Ponce. O Kalasasaya também tinha seu pátio central rebaixado. Na manhã do equinócio da primavera, o Sol nascente divide ao meio o templo semissubterrâneo e aparece no centro da escadaria de Kalasasaya. Todavia, não se sabe a maneira exata como essas edificações funcionavam como observatórios astronômicos. Em frente à quina noroeste do Kalasasaya há uma pequena construção conhecida como Chunchukala, que possui um orifício em uma de suas paredes que lembra uma orelha humana e permite que se ouçam sons que vêm de muito longe. Esse "amplificador sonoro" provavelmente tinha relação com a natureza oracular das cerimônias realizadas no local.

Ainda mais espetacular do que Tiahuanaco é o sítio arqueológico de Puma Punku ("Porta do Puma", *circa* 536–600 d.C.), que foi construído a sudeste. Trata-se de um monte-plataforma de terra com três níveis de terraços e muros de arrimo revestidos de pedra. Acredita-se que suas paredes eram adornadas com placas de metal polido, peças de cerâmica de cores brilhantes e ornamentos de tecido. O terraço mais alto é acessado por meio de uma série de enormes

# AMÉRICA DO SUL

10.79  Entrada megalítica para o Monte Kalasasaya, perto de La Paz, Bolívia

portais. O cume, assim como no Akapana, tem um pátio rebaixado para o qual se volta um templo, embora sua forma final não seja bem estabelecida. A qualidade de sua alvenaria de pedra está entre as melhores do mundo, o que tem levado a discussões sobre as técnicas utilizadas para o corte e polimento de seus blocos. Uma de suas lajes de pedra tem 7,81 metros de comprimento e pesa 131 toneladas. Há muitas outras lajes como ela com nichos e revestimentos cortados com extrema precisão.

   Essa cidade espetacular e seus templos foram abandonados de modo um tanto abrupto em algum momento próximo de 1000 d.C. Os estudiosos imaginam que uma seca muito prolongada tenha levado à instabilidade política da cidade. Puma Punku foi abandonada antes de ter sido terminada.

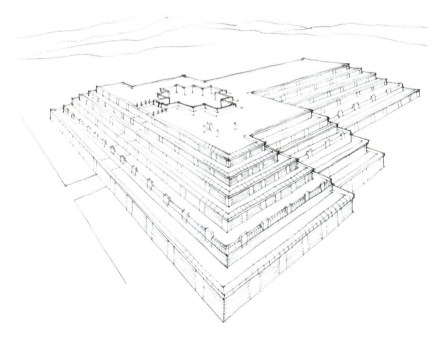

10.80  A Akapana, o principal templo de Tiahuanaco, perto de La Paz, Bolívia

# 800 D.C.

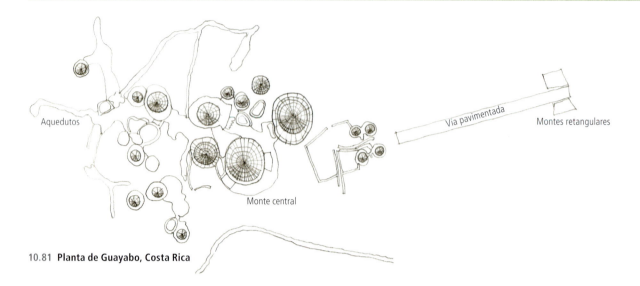

10.81 Planta de Guayabo, Costa Rica

## QUIRIGUA

Céu de Cauac tornou-se rei de Quirigua em 725 d.C., enquanto a cidade ainda fazia parte do estado de Copán. No entanto, após haver derrotado e capturado Dezoito Coelhos (Uaxaclajuun Ub'aah K'awiil), rei de Copán, em 738 d.C., Quirigua tornou-se independente. A cidade, situada na planície aluvial do Rio Motagua, tem em seu centro uma gigantesca praça retangular, orientada no sentido norte-sul e pontilhada com alguns dos maiores monólitos e estelas maias já descobertos. Seus principais montes-plataforma e seu complexo palaciano concentram-se na extremidade sul. Uma pirâmide isolada, solitária, situa-se, excêntrica, em uma extremidade da grande praça. O outro lado se alinha com uma praça muito menor, porém mais bem delimitada, que tem em seu centro uma quadra para jogos com bola. Um lance de escadas monumental na extremidade sul dessa praça com a quadra para jogos com bola conduz ao principal conjunto de terraços e montes-plataforma que servem de base para os palácios mais importantes. O ponto mais alto do conjunto, o Palácio do Céu de Jade, na extremidade sul, alinha-se axialmente com a Grande Praça, formando seu ponto extremo visual, embora o acesso a ele seja cuidadosamente controlado. Ambos os palácios estão voltados para a sua própria praça elevada, que compartilham com outro palácio, o chamado Palácio 185. Os aterros e o formato da extremidade oeste da acrópole indicam que o Rio Motagua talvez corresse ao longo de sua borda, de modo que os palácios se elevavam sobre sua margem.

## GUAYABO

Na Costa Rica, ao sul do México, os arqueólogos descobriram vestígios de um significativo assentamento urbano perto da cidade de Guayabo. A ocupação humana do local remonta a 1000 a.C., mas estudos mais recentes revelaram que Guayabo atingiu seu apogeu entre 300 e 700 d.C. Sua cultura foi influenciada pela dos maias e se insere na extremidade sul do que se convencionou chamar Mesoamérica. A cidade consistia em grandes casas de madeira e colmo, de forma cônica, com vários pavimentos e construídas sobre fundações de pedra. Estradas pavimentadas ligavam Guayabo aos campos e aos aquedutos que a abasteciam de água.

10.82 Vista artística de Guayabo

# 1000 D.C.

11.1 Pátio interno de um caravançará

## INTRODUÇÃO

A diferença entre a África e a Eurásia do ano 800 ao 1200 d.C. é enorme. Em 1200, uma faixa economicamente rica havia se expandido do Japão, no leste, à Espanha, no oeste, e da Suécia, no norte, a Gana e Etiópia, no sul, incluindo a costa oriental da África até o Zimbábue em um grande *continuum* de comércio. Regiões há muito tempo ricas, como as da China, Índia e Constantinopla, agora estavam conectadas às que haviam se tornado recentemente afluentes, como as dominadas pelos japoneses, khmers e califados islâmicos. Somando-se a essas, haviam outras zonas emergentes, associadas a Gana, à Europa Central e às áreas ocupadas pelos vikings. Até mesmo as ilhas remotas do Havaí haviam sido ocupadas por intrépidos povos que se aventuraram cruzando os oceanos. Essa vasta esfera de conexões separava as culturas urbanas, sejam as baseadas em povoados, sejam as formadas por cidades, dos bolsões residuais de povos da primeira sociedade humana. A cisão entre os ricos e pobres era muito clara e somente mudaria na Era Moderna.

O elemento crítico nessa história é a concorrência entre as rotas terrestres tradicionais que passavam pelo Afeganistão e o Deserto de Taklamakan e a rota marítima ao sul, cuja importância havia emergido já no século VII d.C. No oceano, navios podiam transportar cargas bem calibradas, pedágios e tributos podiam ser cobrados nos portos e as burocracias estatais podiam organizar o trabalho e a produção. Por outro lado, transportar bens ao longo da rota norte era uma operação mais arriscada, pois havia longas faixas de territórios selvagens ou ocupados por foras da lei. Os alimentos podiam perecer com o calor, e os objetos de porcelana podiam quebrar se carregados e descarregados várias vezes. Além do mais, à medida que os bens eram deslocados e trocavam de mãos, seus preços iam aumentando aos poucos, mas ininterruptamente. A Ásia Central, fora alguns minérios, tapetes e produtos de couro, tinha pouco a oferecer para o comércio. Por essas e outras razões, a rota sul, com suas cargas de madeira, arroz, açúcar, pimenta e canela já estava superando a rota terrestre tradicional. O mundo também passava por um período de aquecimento perceptível. Em certas áreas, isso significou estações de cultivo mais longas, mas, na Ásia Central, o resultado foi o exaurimento de poços artesianos e córregos, dificultando as viagens através do continente. As consequências eram visíveis em Chang'an. Em 904, a Dinastia T'ang abandonou sua cidade outrora magnífica, forçando seus moradores – cerca de um milhão – a se transferirem para Luoyang, a nova capital na costa leste. A própria Dinastia T'ang chegaria ao fim em 907.

Entre os séculos VI e X, a região das estepes permaneceu sob mudanças contínuas à medida que uma cultura nômade após a outra tentava controlar a famosa Rota da Seda. No século X, a área testemunhou a chegada de várias tribos turcas oriundas da Ásia Central. A primeira delas originou a Dinastia Ghaznávida (977–1186), que foi governada por um clã de generais islâmicos turcos do ramo sunita, os quais tomaram dos sassânidas zoroastrianos o controle da região.

Com seus primos agora controlando a Pérsia, várias ondas de turcos do norte passaram a se deslocar para o sul durante o século seguinte,

# 1000 D.C.

11.2 Reservatório de água subterrâneo e escalonado, Índia

culminando no momento em que Seljuk se converteu ao islã, em 985, e também foi para o sul para derrotar os ghaznávidas e tomar a Pérsia, adotando sua perspectiva cultural. O recém-formado Império Seljúcida logo já controlava um enorme território, que ia da região dos cuches hindus até o leste da Anatólia, e da Ásia Central ao Golfo Pérsico. Como um todo, o impacto das várias tribos turcas foi profundo, pois elas cumpriram uma missão geopolítica muito importante, reconectando a economia do mundo indianizado àquela das terras islâmicas. Ao fazer isso, elas aumentaram a segurança das rotas para o norte, que cruzavam as estepes. Uma vez estabelecido esse grande *continuum* econômico, ele permaneceria como o principal motor econômico da África e Eurásia até a época do colonialismo, o qual o tornaria obsoleto.

Mais rapidamente do que se poderia imaginar, as áreas periféricas a esse *continuum* foram atraídas para dentro de sua órbita. O Tibete agora era uma região independente, conectando a Índia à China. Os vikings se assentaram junto ao Mar Cáspio, ligando o comércio entre o Oriente e o Ocidente às suas redes na Rússia, Escandinávia e em outras partes da Europa, fazendo com que todos os europeus invejassem os normandos. O porto de Pisa, na Itália, tinha um comércio efervescente com Cairo. Para os europeus, sem dúvida, esse período era um divisor de águas. Na África, surgiam rotas de comércio desenvolvidas pela formação de novas culturas baseadas no camelo, que cruzavam os desertos, chegando a Gana em busca de seu sal e ouro.

Os seljúcidas, de certa maneira, eram as pessoas certas no momento certo para esses acontecimentos, pois tinham Isfahan, praticamente no centro geográfico desse universo em expansão. Ela se tornaria um dos maiores entrepostos comerciais de toda a história. Eles criaram a Grande Mesquita de Isfahan, reconstruindo uma mesquita anterior e criando, na verdade uma nova tipologia: a mesquita com quatro *iwans*. Essa edificação recebeu esse nome porque seu vasto pátio central tinha, em todos os seus lados, um grande espaço aberto – o *iwan* – coberto por elaboradas abóbadas de mucarna, com suas complexas facetas geométricas. As colunas, abóbadas e paredes do prédio eram construídas praticamente só com tijolo. Quando os seljúcidas chegaram na Anatólia, no entanto, eles começaram a usar a pedra, seguindo a tradição local de alvenaria de pedra de alta qualidade. Tendo Konya como sua nova capital, os turcos seljúcidas construíram centenas de caravançarás para facilitar o comércio. Sultan Han, que não ficava distante de Konya, era particularmente elaborado. Com sua entrada única muito ornamentada, era um local onde as caravanas podiam reabastecer, os animais descansavam e seus condutores podiam descansar com algum conforto e, quem sabe, até cortar o cabelo. Entre os séculos XI e XIII, centenas de caravançarás foram construídos ou reformados, fomentando o comércio de modo significativo.

A Índia, nesse período, por ter prosperado durante séculos com seu comércio com o Extremo Oriente, desfrutou o surgimento de inúmeras instituições religiosas baseadas em templos, a intensificação da agricultura e a expansão de suas redes e atividades comerciais. Os rajputs tornaram-se proeminentes na parte norte da

# Introdução

península, e os cholas, no sul. Os Império Chola seria o primeiro indiano (e, na verdade, o único) que teria uma importante presença naval, enviando navios à Malásia e à Indonésia para marcar seu domínio regional. Eles começaram a construir uma nova capital, Gangaikonda Cholapuram, da qual hoje sobram poucos resquícios além de um templo a Shiva de dimensões impressionantes. Quanto aos rajputs, seus suntuosos palácios frequentemente possuíam reservatórios de água subterrâneos e escalonados, muito graciosos e complexos, nos quais as damas da corte podiam se reunir à sombra. Uma das mais impressionantes dessas estruturas era Rani-ni-Vav (*circa* 1050) em Anhilwara (atual Patan), Gujarat, Índia. Esse era um refúgio subterrâneo paradisíaco e enorme. Ao sul, os rajputs chandelas construíram um impressionante conjunto de templos dedicado à escola tântrica do hinduísmo. O praticante tântrico busca usar a prana (a energia que flui através do universo, inclusive de nossos corpos) para alcançar objetivos espirituais, materiais ou ambos. Essa vertente do hinduísmo havia se desenvolvido por volta de 300 d.C. Dos mais de 85 templos que foram construídos pelos chandelas, somente restam cerca de 25 em um estado de preservação razoável. Eles estão dispersos em uma área de aproximadamente 20 quilômetros quadrados. O Templo de Lakshmana e seu vizinho, o Templo de Khandariya Mahadeva (1050), são os mais requintados. Eles se elevam em um terraço alto e são acessados por uma escadaria axial, que os leva a um piso interno elevado e com balcões. Suas superfícies externas retratam a prática tântrica, incluindo atos sexuais, que eram vistos como uma maneira natural de se acessar a esfera celeste por meio da mundana.

O jainismo era outra importante seita derivada do hinduísmo. Suas origens remontam a cerca do século V a.C. Ele prescreve um caminho de não violência perante todas as criaturas vivas e enfatiza a independência espiritual e a igualdade entre todas as formas de vida. Os jainas fazem esforços cotidianos consideráveis para não ferir as plantas mais do que o necessário. Dentre seus numerosos templos, o de Vimal Vasahi (1031), no Monte Abu, é uma verdadeira obra-prima totalmente construída de mármore branco. Seus tetos apresentam gravuras de botões, pétalas e flores de lótus, assim como cenas da mitologia jainista e hindu. Na cidade sagrada de Bhubaneswar, os governantes construíram um templo similarmente requintado, o Lingaraj. Lingaraj significa "Rei do Lingam", um ser adorado pelos seguidores tantos de Shiva quanto de Vishnu. No Sri Lanka, o rei Vijayabahu I, que defendeu os invasores chola em 1070 e reunificou o país, declarou Polonnaruwa sua capital e nela iniciou uma grande reforma. No século XII, o comércio e a agricultura floresciam nesse local, e sistemas de irrigação avançados foram desenvolvidos para fornecer água durante a estação seca.

Mais ao leste, ao longo das rotas de comércio, estão as terras dos khmers. Hariharalaya (hoje coloquialmente conhecida como Angkor) nessa época havia se tornado nada menos do que um centro urbano efervescente. Era um complexo religioso e industrial de cultivo de arroz, com novos distritos sendo rapidamente construídos ao longo de mais e mais templos ousados, buscando acomodar uma população de quase um milhão de pessoas. Os templos no centro disso tudo incluem Phnom Bakheng (900), Pre Rup (960), Banteay Srei (967) e Phimeanakas (980). Cada um deles representava, por si só, uma unidade econômica. Os moradores de Angkor entendiam perfeitamente o privilégio de sua posição geopolítica. Eles expandiram seu poder para o norte, conectando-se à China e aperfeiçoando o acesso às rotas de comércio terrestres.

Na China, em virtude da incansável expansão das culturas das estepes do norte, os T'ang deram lugar à Dinastia Song (960–1279), que recuou para o sul do Rio Yangtze a fim de estabelecer sua capital em Lin'an (atual Hangzhou). Em breve, Hangzhou deixou de ser uma cidade "de segunda classe", com importância apenas regional, e se tornou um dos maiores e mais populosos centros urbanos do mundo. Mercadores árabes, persas e coreanos viviam lá. Os chineses também passaram por uma explosão demográfica: sua população dobrou entre os séculos X e XI. Esse crescimento deveu-se à expansão do cultivo do arroz no centro e sul da China, que estava se desenvolvendo a fim de deixar de importar arroz do sudeste da Ásia. Com a repressão do budismo, os templos sancionados pelos imperadores se renovaram com base em antigos credos animistas. Um deles era o Templo da Mãe Sábia (*circa* 980–1100), construído ao redor de uma fonte sagrada. As torres-pagode budistas continuaram sendo construídas, mas não dentro das muralhas das cidades, e sim no interior do país, principalmente para evitar a concorrência com as autoridades imperiais, que tentavam impor nos centros urbanos sua ideologia derivada de uma visão cósmica da vida.

Ao norte, os novos senhores de origem mongol também tinham ambições arquitetônicas de sobra. A Dinastia Liao (907–1125) empregou carpinteiros capturados nas guerras para construir o impressionante Pagode de Madeira de Yingxian (1056), também conhecido como Mu-Ta, que significa literalmente "Pagode de Madeira". Considerando-se que os prédios de madeira são bastante vulneráveis à passagem do tempo, esse edifício, um dos mais antigos que ainda existem na China, oferece-nos lições preciosas sobre como edificar totalmente sem o uso de pregos.

A mongolização do norte da China garantiu o sucesso do budismo nessa área e reforçou sua posição na Coreia e no Japão, onde essa religião passou por mais uma de suas várias transformações. Sendo mais um caminho para a religião do que uma religião propriamente dita, o budismo tolera – e, inclusive, aceita de bom grado – diferentes experimentos para tornar possível esse percurso. Uma dessas vertentes é conhecida como o budismo da Terra Pura e se baseia na premissa de que o caminho para deixar as preocupações da vida cotidiana é imaginar uma área de beleza que supere todas as outras esferas. Como seus devotos não precisavam viver em isolamento meditativo, o Terra Pura era mais atraente para o público em geral. Na China, suas práticas jamais chegaram a formar uma seita independente, mas, no Japão, o Terra Pura se tornou independente, como várias outras seitas. O exemplo remanescente mais antigo de um templo dedicado a essa nova seita é o Salão da Fênix (Byodo-in) em Kyoto. Ao contrário de uma igreja cristã, onde imagens do paraíso poderiam ser pintadas nas paredes, ou um jardim islâmico, onde o paraíso era visualizado por meio de inscrições poéticas, aqui ele era apresentado "ao vivo", com o próprio prédio, refletido por um espelho d'água, tornando-se o foco da meditação. O Salão da Fênix pode ser comparado ao Templo de Kandariya Mahadeva, pois ambos se voltam a pessoas que não são sacerdotes nem especialistas em rituais. Os dois são prédios que levam o suplicante além da vida diária, colocando-o em uma esfera superior por meio de rituais e práticas de meditação. Em ambos, a edificação serve não somente como sítio para rituais: ela também é um meio de visualização para se meditar.

Enquanto isso, Constantinopla havia se tornado a maior cidade da Europa, com uma população de cerca de um milhão de moradores. A seu norte, a conversão dos búlgaros, sérvios, e rus' ao cristianismo ortodoxo trouxe alguma estabilidade a essa área tão conflagrada, embora isso não tenha evitado um grande ataque dos rus' a Constantinopla em 941, provavelmente em busca de direitos comerciais. Os rus' usaram uma frota de dez mil embarcações para devastar o litoral asiático do Bósforo.

Contudo, os exércitos islâmicos controlavam a fronteira leste de Bizâncio e frotas islâmicas, a maior parte do Mar Mediterrâneo. Somada ao crescente isolamento dos bizantinos, houve a

# 1000 D.C.

11.3 Templo da Mãe Sábia, Templo de Jinci, Taiyuan, China

separação final da Igreja Cristã do Oriente e do Ocidente em 1054. A partir de então, a Igreja Cristã teve duas autoridades distintas, uma em Roma, a outra em Constantinopla. Uma das poucas grandes obras de arquitetura da época foi a igreja de Cristo Pantocrator ("Soberano de Todos", *circa* 1120, atual Mesquita de Zeyrek), que foi encomendada por uma imperadora bizantina. Ela possuía uma biblioteca e um hospital com 60 leitos, além de abrigar mais de 80 monges. Se o destino dos bizantinos estava em uma espiral decrescente, os russos ao norte estavam em plena expansão. Agora quase totalmente cristianizados, eles conectavam a Rota da Seda ao norte da Europa e à Escandinávia. Os rus' de Kiev já tinham se firmado como importantes propulsores econômicos na região. Foram construídas várias igrejas, como a Catedral de Santa Sofia, a Igreja da Santa Sabedoria de Deus, em Novgorod, e a Igreja dos Dízimos, ou Igreja da Dormição da Virgem (*circa* 990), em Kiev.

Mais ao sul, no mundo islâmico, havia os fatímidas, que pertenciam ao ramo ismaili do xiismo e afirmavam descender de Fatima bint Muhammed, a filha do profeta Maomé. Em 909, os fatímidas fundaram a cidade tunisiana de Mahdia como sua capital e, quando conquistaram o Egito, em 969, transferiram-na para Cairo. Eles eram famosos por sua arte requintada. Há muitos remanescentes da arquitetura fatímida, sendo o exemplo máximo a Mesquita de Al--Azhar (972) e sua universidade associada. Essa foi a primeira universidade do Oriente, e talvez tenha sido, inclusive, a primeira da história. Os fatímidas usavam-na para pronunciamentos oficiais e audiências legais. Construída inicialmente como um salão de culto com cinco naves e um pátio central modesto, ela foi ampliada diversas vezes. Embora nenhum de seus minaretes ou cúpulas originais tenham sido conservados, sua planta original, mesmo com as ampliações posteriores, é inequívoca. Ela era uma caixa retangular, com uma porta de cada lado das paredes, exceto na parede da *quibla*. Suas colunas foram obtidas em várias ruínas do período romano ou bizantino. A planta apresenta um corredor axial que atravessa a grelha em frente à *quibla*, conferindo a esse uma proeminência especial na planta.

A leste, ao longo do Mediterrâneo, os almorávidas, uma dinastia sunita bérbere oriunda do Marrocos, formou um império no século XI, fundando sua capital em Marraquexe em 1062. Os almorávidas foram essenciais para manter o controle islâmico no sul da Espanha quando defenderam uma coalisão dos exércitos cristão, castelão e aragonês na Batalha de Sagrajas.

Isso lhes permitiu controlar um império que se estendia por dois mil quilômetros de norte a sul. Contudo, seu poder foi relativamente curto. Eles não conseguiram abafar a rebelião liderada pelos masmudas e iniciada por Ibn Tumart, levando à ascensão dos almôadas. Os almôadas – que também eram sunitas – vieram de Tin Mal, uma vila que havia se tornado a capital espiritual e o centro artístico do Império Almohad.

Pela primeira vez desde a queda do Império Romano, a Europa estava sendo conectada aos

350

# Introdução

11.4 **Catedral de Speyer, Speyer, Alemanha**

horizontes globais. Essa região era o equivalente àquilo que hoje chamaríamos de "países em desenvolvimento". Os sarracenos haviam sido expulsos dos Pirineus; os eslavos haviam sido forçados a retornar para a região do Rio Oder; os magiares tinham sido removidos da Alemanha e da Itália; e os dinamarqueses agora eram cristãos. Com esse alívio relativo, surgiram líderes regionais, que se estabeleceram e reivindicaram suas soberanias. As abadias, geralmente em localidades remotas, ainda eram importantes centros políticos, como era o caso da Abadia de Sant'Antimo, criada pouco antes de 1118 ao sul de Siena. Mais do que uma mera abadia, ela era uma instituição que tinha autoridade sobre mais de 38 igrejas, de Pisa a Grosseto, e controlava cerca de mil fazendas por toda a Toscana. Construída com pedra branca, ela foi implantada em um campo propositadamente coberto de estragão, uma erva rara na Itália, porém comum na culinária francesa, a fim de indicar a relação do prédio com Carlos Magno. No entanto, a arquitetura de Sant'Antimo se tornava rapidamente uma coisa do passado. Igrejas pesadas, com janelas pequenas, alvenaria de pedra primitiva e telhados com vigas de madeira davam lugar a projetos mais ambiciosos. A transição começou com os otonianos, na Alemanha. Eles tentavam se estabelecer como uma continuação da linhagem imperial de Constantino e Justiniano. Eles inclusive trouxeram artesãos de Constantinopla, e o resultado disso é evidente na Igreja de São Miguel (*circa* 1010), em Hildesheim, feita de alvenaria de pedra muito bem afeiçoada. O prédio situava-se no alto da colina do mercado da cidade. Isso indicava a íntima relação entre a Igreja e a vida cotidiana. Seu estilo, com geometrias e volumes muito claros, incluindo as torres cilíndricas, é conhecido como *românico*, principalmente por derivar de modo consciente da basílica romana, com suas naves central e laterais e seus telhados de madeira.

Na Itália, a Toscana, desfrutando do fluxo de mercadorias trazidas ao Mar Mediterrâneo por comerciantes islâmicos, entrava em uma fase de muitas construções, e a líder desse período era a cidade portuária de Pisa. Pisa construiu uma catedral (1063–1180), um grande batistério (1152–1363) e uma torre, a famosa Torre de Pisa (1173–1372), um conjunto muito bem rematado com o Campo Santo, também conhecido como Camposanto Monumentale ("cemitério monumental"), um amplo claustro retangular (iniciado em 1278), que dizem ter sido construído com o solo sagrado de Golgotá, Israel, trazido de navio até Pisa na Quarta Cruzada.

O complexo era um dos maiores sítios religiosos europeus da época. Sua construção foi paga pelos espólios tomados de Mahdia, uma cidade tunisiana que era a capital de um centro de poder islâmico. Ela foi atacada por Pisa e seus aliados, que, então, a forçaram a pagar um elevado resgate – um sinal do crescente domínio cristão no Mediterrâneo.

Podemos compará-la à Basílica de São Marcos, em Veneza, consagrada em 1084.

# 1000 D.C.

11.5 Pueblo Bonito

A basílica era um prédio de concepção claramente bizantina, com suas grandes abóbadas onduladas cobertas por mosaicos dourados. A Catedral de Pisa, por outro lado, é de concepção mais "latina", pois essencialmente copiou o modelo da basílica que veio de Roma, com suas colunas configurando as naves. Enquanto São Marcos era um prédio de tijolo e tinha um interior mais refinado do que o exterior, os prédios do conjunto de Pisa foram todos revestidos com um mármore branco e muito brilhante ornamentado por faixas de pedra negra. Esse tipo de revestimento é uma tradição que remonta ao período dos romanos, e, de fato, várias das pedras foram obtidas nas ruínas dessa época. É inegável que seus mecenas queriam um prédio que, por seu acabamento externo extravagante, fosse visto como um símbolo inequívoco do sucesso dessas pessoas.

Não obstante, o estilo românico de São Miguel e da Catedral de Pisa estava sendo criativamente transformado na Alemanha e na França, algo já visível na Catedral de Speyer (consagrada em 1061). Aqui vemos um edifício que, além de mais alto, tem um arranjo interno totalmente novo. Em vez de a nave central ser um plano vertical que se ergue como variante às colunas ou aos arcos, seus pilares se fundiam parcialmente na parede. Na superfície da pilastra, duas colunas eram colocadas uma sobre a outra, quase como se fossem uma única coluna muito alta. O topo da coluna se conecta diretamente a uma nervura do teto abobadado, alcançando, então, uma pilastra vertical do outro lado da nave central. O olhar podia subir e descer em um movimento ininterrupto. O antigo famoso protótipo da coluna e lintel agora estava sendo substituído por uma estética de ordem absolutamente diversa. A ideia de uma coluna como entidade de arquitetura independente somente retornaria à Europa com o Renascimento. Os Normandos, na Inglaterra, fizeram contribuições particularmente importantes. Eles haviam deixado a França para conquistar a Inglaterra, e, depois, velejaram até a Espanha, para conquistar o sul da Itália e a Sicília.

Lá, encontraram arquitetos árabes e artesãos bizantinos. O impacto é claramente evidente na diferença entre a Catedral de Cefalu (1131) e a Catedral de Monreale, construída depois.

A primeira é uma verdadeira fortaleza, com seu interior escuro e triste. A Catedral de Monreale (1174–85), encomendada por Henrique II (que reinou entre 1154 e 1189), tem seu interior totalmente coberto com mosaicos nas paredes da nave central, naves laterais, transepto e ábside. Esse conjunto de mosaicos fica atrás apenas de Hagia Sophia em termos de tamanho, mas está muito mais bem preservado. Na ábside, um retrato magnífico de Cristo Pantocrator ("Soberano de Todos") abençoa os observadores e olha serenamente para um dos lados. Os normandos trouxeram artesãos árabes quando

# Introdução

retornaram à Inglaterra, e rapidamente sua arquitetura começou a se transformar, como se pode ver nas Catedrais de Durham e de Cantuária. Nos elementos de sustentação vertical, o que em Speyer eram duas colunas sobrepostas, agora se tornara uma única coluna composta por vários fustes e se elevando do piso à nascente da abóbada. O resultado foi uma revolução de sensibilidades, que contribuiria para o surgimento do estilo gótico.

Na Península de Yucatán, a Civilização Maia estava em seu apogeu. No Vale de Oaxaca, os zapotecas continuavam a construir novas cidades, transferindo seu centro político de Monte Albán (*circa* 700 a.C.–700 d.C.) a Mitla (*circa* 700–1400 d.C.), que foi transformada de uma vila fortificada a um grande centro econômico e religioso. A cidade ainda estava sendo ampliada quando os espanhóis chegaram e a destruíram no século XVI. Ao norte, os toltecas estavam construindo uma poderosa nova dinastia, destinada a definir a forma das culturas que os conquistadores hispânicos encontrariam 500 anos depois – mas isso não acontecia isoladamente. O comércio com o povo pueblo do sudeste da América do Norte já estava consolidado, em particular graças às minas de turquesa que haviam em seus territórios. Essa pedra, que não é fácil de se conseguir no México, era um produto muito valorizado, pois era utilizada para produzir máscaras sagradas e outros objetos para rituais. Os moradores do povo pueblo, na paisagem árida do sudeste norte-americano, haviam desenvolvido um próspero estilo de vida comunitário, ocupando casas feitas de pedra argamassada, o que lhes permitia a construção de dois pavimentos. Os assentamentos tinham kivas redondas e subterrâneas, que eram utilizadas para fins cerimoniais. Algumas delas chegavam a ter 17 metros de diâmetro. O povo pueblo não era centralizado em reinos, como os maias, mas constituía uma associação de clãs unificados ao redor de poderosas atividades comunitárias e sazonais, em cujo núcleo estava o Cânion Chaco, no atual Novo México, Estados Unidos. Tendo aproximadamente 9 quilômetros de extensão, a cidade continha vários sítios cerimoniais, embora não se saiba como eles funcionavam individualmente. O complexo continha os maiores prédios da América do Norte até o século XIX. Enquanto isso, os peruanos estavam em um período de transição. Os reinados de Wari e Tiahuanaco haviam desaparecido, sendo substituídos por dezenas de poderes regionais mais fracos, entre os quais estava o dos chimús, cuja capital era Chan Chan, uma grande cidade no Vale do Rio Moche. Sua cultura surgiu ao redor de 900 d.C. mais ou menos no mesmo território em que os mochicas haviam vivido séculos atrás. A cidade de Chan Chan era composta de nove cidadelas muradas e independentes, que acomodavam a elite e seus espaços cerimoniais, câmaras mortuárias, templos e reservatórios. A maioria da população da cidade – composta por artesãos e fazendeiros – vivia fora dessas muralhas, em moradias modestas, mas de construção relativamente duradoura. Assim como acontecia com a maior parte das cidades peruanas, ela estava no centro de uma vasta rede de canais que irrigava o território circundante.

# 1000 D.C.

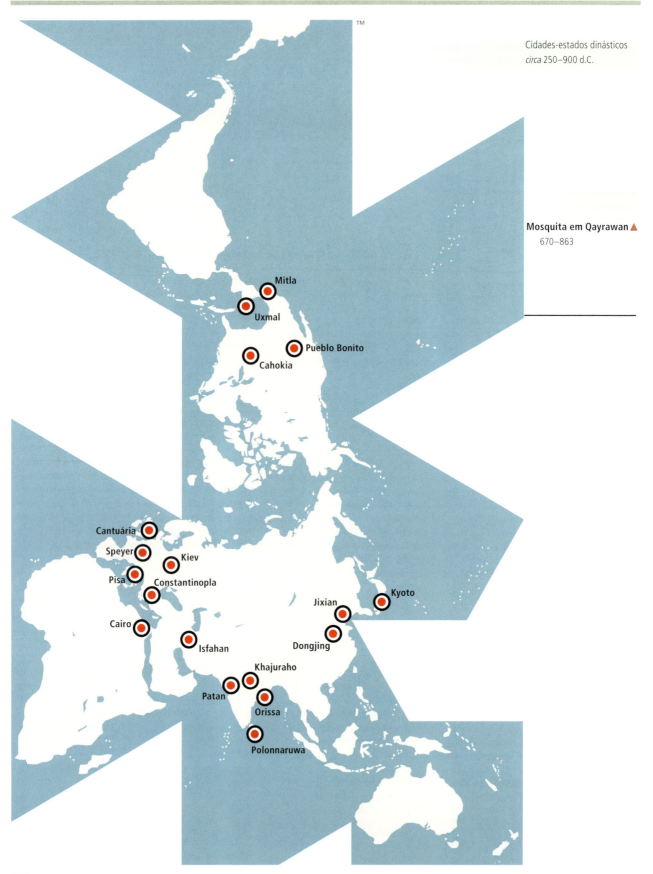

354

# INTRODUÇÃO

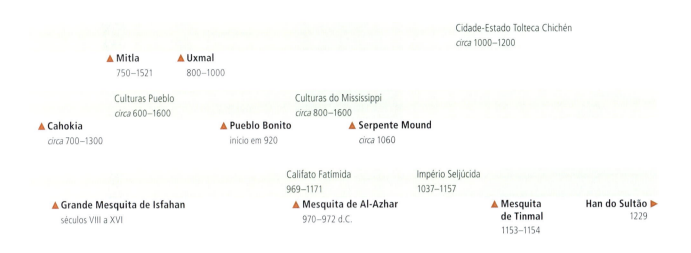

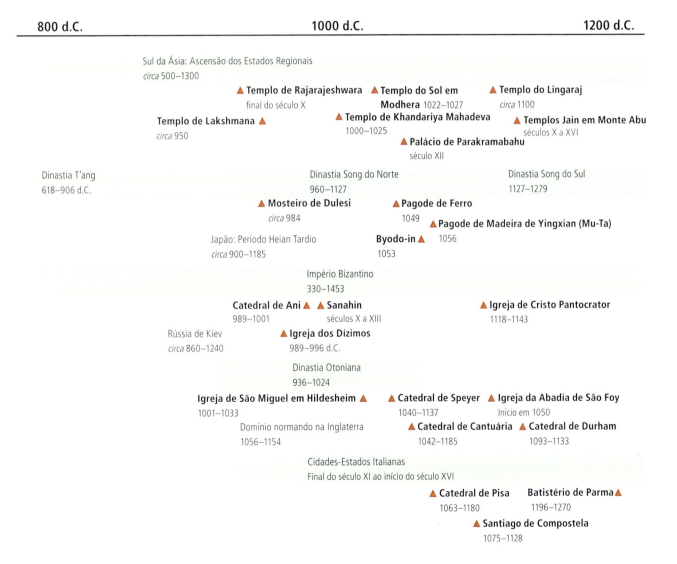

# 1000 D.C.

11.6 Urbanização da América, *circa* 1000 d.C.

11.7 Comércio na América, *circa* 1000 d.C.

## A UXMAL MAIA

Uxmal era uma de várias cidades-estados maias que competiam por território, mas, em 900 d.C., já havia se tornado a capital regional e, provavelmente, a maior cidade maia. Uma rede de estradas de pedra, chamadas *sakbehoob*, ligava-a a outras cidades, como Nopat e Kabah. Chichén Itzá era uma importante aliada. A elite de Uxmal vivia em um vasto complexo palaciano situado na parte mais alta do terreno. A área era cercada por um muro de pedra com aberturas regularmente espaçadas. Na extremidade sul do conjunto, formando uma pequena colina, elevava-se o monte-plataforma principal, encaixado entre uma plataforma gigantesca com o chamado Palácio do Governador a leste e uma série de pátios retangulares a oeste. O monte-plataforma era voltado para o norte, e seus largos degraus eram visíveis à distância. A extremidade norte do complexo palaciano era dominada por um imenso palácio quadrangular, o chamado Convento (890–915 d.C.). Imediatamente a leste deste, na maior construção – um monte-plataforma íngreme com uma rara base oval –, estava o Templo do Mágico. Inúmeros outros edifícios distribuíam-se pelo complexo, dispostos em quadriláteros de vários formatos e tamanhos. A maioria era de unidades residenciais; alguns eram montes-plataforma. Fora das muralhas, construções semelhantes estavam espalhadas por uma área habitacional urbana muito maior. Os nomes pelos quais muitos dos prédios hoje são conhecidos foram dados pelos conquistadores espanhóis e não refletem suas verdadeiras funções.

Chan-Chaak-K'ak'nal-Ajaw governou Uxmal no fim do século IX. Ele ordenou a construção do Palácio do Governador, do quadrilátero do Convento e, muito provavelmente, a reconstrução do Templo do Mágico. Esse templo, edificado originalmente no século VI, foi reconstruído no mínimo quatro vezes. Embora se ignorem ainda as razões exatas de sua forma incomum, seu perfil impressionante domina o cenário, contrastando com a geometria ortogonal do Palácio do Governador e do quadrilátero do Convento. Seu núcleo de calcário era inicialmente revestido de reboco liso e pintado de vermelho, com destaques em azul, amarelo e preto.

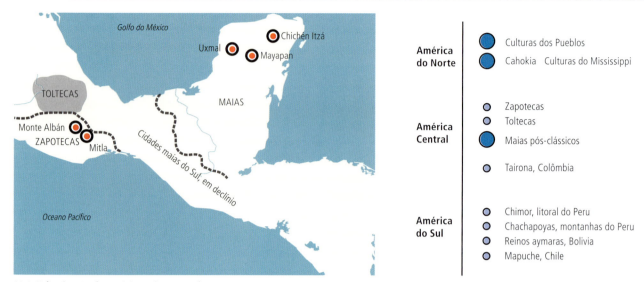

11.8 Complexo palaciano de Uxmal, México

# AMÉRICA CENTRAL

11.9  Templo do Mágico, Uxmal

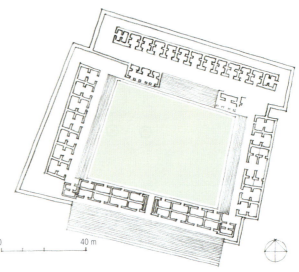

11.10  Planta do quadrilátero do Convento em Uxmal

O Palácio do Governador, posicionado claramente como uma entidade autônoma, funcionou tanto como residência real quanto uma espécie de casa do conselho. Em uma quina, seu imenso terraço conectava-se ao principal monte-plataforma, indicando a continuidade entre eles. Embora a plataforma só fosse acessível pelo oeste, a partir do centro do complexo, a principal estrutura do Palácio do Governador, um surpreendente edifício de 100 metros de extensão, voltava-se para o leste a partir do centro, dominando uma vista distante através de uma vasta plataforma. O sol nascente iluminava fortemente seus 24 recintos, que foram aglomerados em três compartimentos. Eram separados por passagens estreitas, com íngremes telhados triangulares. Cada recinto era duplo, com uma parte dando para a frente, e a outra atrás da primeira, contra uma parede traseira e sem aberturas. O largo friso é o maior destaque do Palácio do Governador. Elaborado com mais de 20 mil pedras que representam serpentes, cabanas com tetos de palha, máscaras de Chak (o deus da chuva), bustos humanos e outros motivos geométricos, o friso é um caleidoscópio da mitologia maia. Uma gigantesca escultura de pedra sobre a entrada principal mostra o Senhor de Chak em um trono cercado de serpentes. Os frisos nos quatro edifícios do quadrilátero do Convento representam, em conjunto, a cosmografia maia, ou a ordem do universo, segundo a concepção de Uxmal. O edifício ao sul, também conhecido como *itzam nah*, ou "casa de invocação dos espíritos", contém os ícones dos Senhores de Xibalba, o mundo subterrâneo.

O edifício sul do quadrilátero do Convento está no eixo do campo para jogos com bola, o portão simbólico que conduz a Xibalba. O friso leste ilustra os temas cíclicos da criação do mundo, enquanto o oeste retrata cenas de guerra, sacrifício, morte e renascimento. Juntos, os dois frisos, leste e oeste, simbolizam os percursos diurno e anual, ou, metaforicamente, as "vidas" do Sol e de sua parceira, a Terra, habitada pelos seres humanos. O edifício norte, construído na mais alta plataforma do quadrilátero, tem um friso que retrata figuras celestiais que simbolizam o mundo do "céu". No centro do quadrilátero havia uma coluna de pedra representando a *wakaj--chan*, ou "árvore do mundo", e um altar que simbolizava a primeira pedra do fogo cósmico.

11.11  Campo para jogos com bola em Uxmal

357

# 1000 D.C.

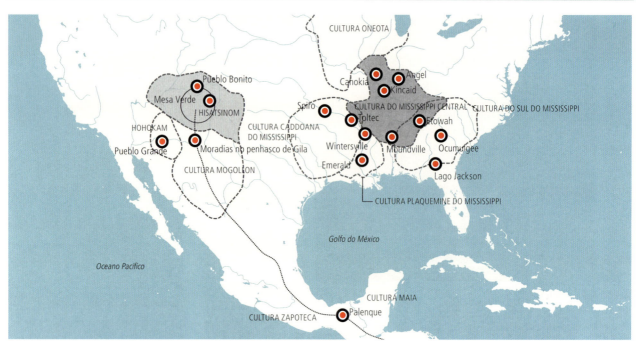

11.12 América do Norte e Mesoamérica, *circa* 1000 d.C.

## CAHOKIA

No século XI, as cidades da cultura de Hopewell já estavam em franco declínio. Os novos centros de poder agora se localizavam mais a oeste, ao longo do Rio Mississipi. Essa mudança coincidiu com o surgimento de uma sociedade estruturada em tribos, que praticava a agricultura intensiva do milho em escala relativamente larga. Levou cerca de mil anos para que o cultivo desse cereal prosperasse tão ao norte, e seu impacto foi drástico. Pela primeira vez verifica-se uma hierarquia clara entre os assentamentos e a construção de montes piramidais truncados, coroados com templos ou câmaras mortuárias. Logo desenvolveu-se uma rede de culturas urbanas maiores e menores em uma grande área triangular, que descia o Mississippi em seu lado ocidental e penetrava na Geórgia, a leste, acompanhando outros rios.

Uma das cidades novas mais importantes era Cahokia (*circa* 700–1300). Seus habitantes beneficiavam-se dos depósitos aluviais do Mississippi, bem como do comércio de cobre dos Grandes Lagos, de mica da região sul dos Apalaches e de conchas marinhas do Golfo do México. Vinte mil pessoas viviam em Cahokia em seu apogeu, no século XII, fazendo dela a maior cidade ao norte do atual México.

O centro de seu vasto recinto religioso era o chamado Monks Mound (Monte dos Monges). Iniciado por volta de 1000 d.C., era circundado por terraços e montes menores distribuídos, *grosso modo*, axialmente. Esse era um monte gigantesco – 30 metros de altura, 291 de comprimento e 236 de largura – construído com muitas toneladas de terra carregadas um cesto de cada vez. Os cahokianos, que parecem ter conhecido os progressos astronômicos mesoamericanos, construíram diversos círculos concêntricos com postes de cedro vermelho. Um círculo de 24 postes era envolvido por um de 36, este por um de 48 e este, por fim, por um de 60 unidades.

O último círculo, o maior de todos, tinha somente 12 mastros, mas se fosse completado teria 72. Nos equinócios, o poste que marcava o nascer do Sol, no exato ponto leste, alinha-se perfeitamente com a frente de Monks Mound.

11.13 Vista aérea de Cahokia, perto de Saint Louis, Missouri, Estados Unidos

# AMÉRICA DO NORTE

Como a cidade se localizava na planície aluvial do Mississippi, e não nas ribanceiras que o circundam, ela foi projetada para ficar parcialmente alagada durante a estação das enchentes, a primavera. Imagina-se que, naquela época, fossem conduzidas elaboradas cerimônias com pessoas vindo de todas as partes do rio Mississippi. Entretanto, não se sabe se a cidade era controlada por apenas um sacerdote-líder, ou o poder era compartilhado em diversos grupos. A cidade de Monks Mound foi abandonada no século XV. A caça predatória, a degradação ambiental causada pelo cultivo exaustivo do milho e os conflitos sociais podem ter contribuído para isso. Embora as culturas mississippianas tenham cedido em Ohio, continuaram prosperando mais ao sul, na Geórgia e no Alabama, até a chegada dos europeus.

## SERPENT MOUND

Em Ohio, onde outrora florescera a Cultura de Hopewell, surgiu uma nova e mais modesta civilização, chamada pelos arqueólogos de Cultura de Fort Ancient (1000–1650). Assentamentos compostos de casas circulares e retangulares feitas de galhos e colmo e dispostas ao redor de uma praça eram protegidos por paliçadas, indicando uma intensificação dos conflitos que talvez explique o colapso da Cultura de Hopewell. Os assentamentos quase nunca eram permanentes e, em geral, transferiam-se para outra localidade depois de uma ou duas gerações, quando se esgotavam os recursos nas proximidades do povoado. A dieta era composta sobretudo de milho, abóbora e feijão, suplementados pela caça e pela pesca nas florestas e nos rios próximos.

Embora essa cultura fosse menos sofisticada do que a de Hopewell, conseguiu fazer notáveis intervenções na paisagem, entre elas o Serpent Mound ("Monte da Serpente", *circa* 1060), no Condado de Adams, Ohio, Estados Unidos. A obra consiste em uma plataforma baixa feita de pedras e argila compactada e está erguida sobre um promontório que se eleva cerca de 30 metros acima de um córrego. A elevação sinuosa, em forma de serpente, estende-se por 400 metros, e sua cabeça situa-se no ponto mais alto da ribanceira. Existem várias teorias tentando explicar o significado do monte artificial. Algumas tribos americanas consideravam a serpente maléfica, mas outras tinham-na como benéfica. Seja como for, a serpente era considerada uma força poderosa. (A dança da serpente, dos hopis, era empregada principalmente como uma oração para pedir chuva.) Vários alinhamentos astronômicos foram propostos, e, de fato, a cabeça da serpente aponta para o pôr do sol no solstício de verão e suas várias curvas sinalizam outros eventos celestes. O povoado situava-se do outro lado do rio.

11.14 Serpent Mound, Condado de Adams, Ohio, Estados Unidos

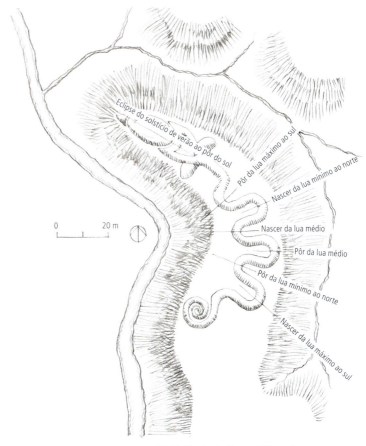

11.15 Planta de Serpent Mound

359

# 1000 D.C.

## PUEBLO BONITO

As fronteiras geográficas que hoje temos fazem as ruínas do sudoeste dos Estados Unidos serem com frequência vistas como separadas daquelas da Mesoamérica. Na verdade, os povoados existentes em lugares como o Cânion Chaco e Mesa Verde constituem a fronteira norte do mundo mesoamericano e não estavam fora de sua zona de influência. Entretanto, graças ao seu clima, os moradores de Pueblo Bonito desenvolveram uma cultura extremamente original. Por volta de 600 d.C., a região era ocupada por três grupos distintos: os hisatsinom (também chamados anasazis), ao norte, e os mogollons e os hohokam ao sul (supõe-se que estes fossem maias em sua origem). Eles haviam começado a fazer a transição de uma cultura agrícola migratória para uma cultura sedentária. Um dos motivos para essa mudança foi a adoção do milho, não somente como um alimento, mas inclusive como uma das principais deidades. Essas pessoas integraram o cultivo do milho ao de várias plantas locais, e o resultado foi um rápido crescimento populacional após aproximadamente 700 d.C. Para isso também contribuiu a melhora das condições climáticas e do aumento das chuvas — a aridez de hoje não existia no século IX. Por volta de 1100, esse povo tinha 12 cidades principais e centenas de pequenos agrupamentos de casas, uma das mais impressionantes estruturas urbanas ao norte do México, o que indicava alto nível de organização social.

Um desses grupos ficou conhecido como anasazi, mas, como essa palavra é um termo navajo que significa "antigo inimigo", os nativos do local hoje preferem usar a palavra *hisatsinom*, que, na língua hopi, significa "os antigos". Não se sabe ao certo como esse povo chamava a si próprio na época. O maior assentamento dos hisatsinoms era Pueblo Bonito (Aldeia Bonita). Situada sob um imenso penhasco, do qual parte desmoronou, a cidade tinha planta em forma de D, com aglomerados de recintos e estruturas cerimoniais circulares, chamadas de kivas, em torno de duas grandes praças. Cada fileira de recintos recua em relação àquela que está abaixo, o que dá ao conjunto a aparência de um anfiteatro gigantesco. Na verdade, já foi sugerido que uma das funções da cidade teria sido proporcionar um lugar para se assistir a danças rituais.

As kivas, um tipo de edificação local com uma história muito longa e ampla distribuição, eram parte essencial da cultura e da arquitetura hisatsinom. Originalmente, consistiam em depósitos circulares. Em grande parte, não passavam de profundas casas subterrâneas com o interior rebocado com adobe. Logo evoluíram tornando-se templos semissubterrâneos que serviam como espaços comunitários onde se executavam e apreciavam danças rituais. Cada kiva era o domínio de uma unidade social, e cada aldeia reunia diversas dessas unidades. Eram reservadas aos homens; as mulheres eram admitidas apenas em ocasiões especiais. Entre as kivas de tamanhos regulares havia em Pueblo Bonito duas com mais de 18 metros de extensão que provavelmente atendiam a toda a cidade. Embora as kivas de Pueblo Bonito fossem construídas acima do solo, mantinha-se o efeito de construção subterrânea construindo recintos em toda a volta e enchendo de terra qualquer espaço vazio. Elas tinham uma lareira central, um banco baixo de alvenaria circundando a parede e quatro colunas de madeira. Algumas contavam com um sistema de ventilação subterrânea e um nível subterrâneo abobadado a oeste da lareira. No centro da cobertura plana havia uma saída para a fumaça, por onde também se entrava nas kivas descendo uma escada de mão. As paredes de alvenaria de arenito de Pueblo Bonito consistiam em um núcleo de pedregulho solto, terminado, em ambos os lados, por blocos de arenito muito bem assentados.

11.16  Pueblo Bonito, Cânion Chaco, Novo México, Estados Unidos

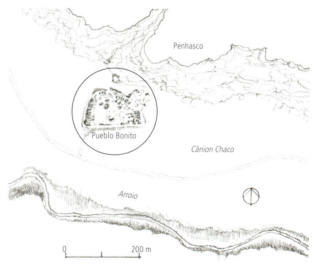

11.17  A implantação de Pueblo Bonito

360

# AMÉRICA DO NORTE

A construção de Pueblo Bonito começou por volta de 920 d.C., e a cidade foi ampliada e modificada ao longo de três séculos. As pesquisas iniciais tentaram relacionar sua construção diretamente à arquitetura mais atual dos pueblos, que reflete a ordem social de seus habitantes. As evidências indicam, contudo, não ter sido esse o caso de Pueblo Bonito. Por outro lado, é evidente que sua construção demandou uma complexa coordenação de mão de obra e materiais. Dezenas de milhares de vigas de pinho, empregadas como suportes de parede e na estrutura das coberturas, foram trazidas de uma floresta a 90 quilômetros de distância. A orientação geral de Pueblo Bonito é norte-sul, o que se tornou típico de todas as edificações construídas pelos hisatsinom. Porém, a cidade integra em seu leiaute os pontos médios e os pontos extremos dos ciclos do Sol e da Lua. Embora a arquitetura muito disciplinada possa sugerir uma ordem social bastante hierarquizada, acredita-se que a sociedade dos hisatsinom era bastante igualitária. Pubelo Bonito era apenas uma das grandes construções de Chaca Canyon. Não se sabe com certeza qual era seu propósito, mas imagina-se que o local era um centro cerimonial para pessoas que vinham de muito longe para certos eventos do calendário, e o próprio cânion seria uma espécie de sítio sagrado.

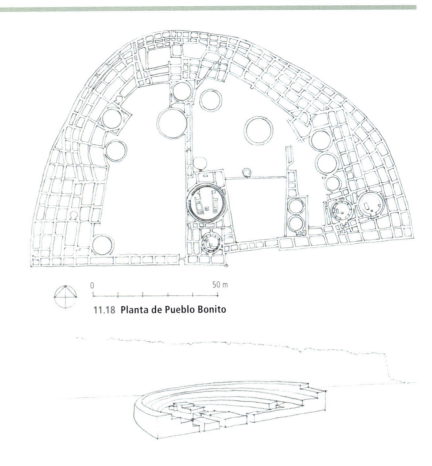

**11.18** Planta de Pueblo Bonito

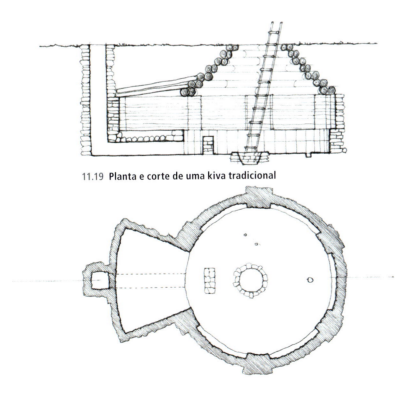

**11.19** Planta e corte de uma kiva tradicional

Os hohokam logo começaram a projetar cidades propriamente ditas, como Casa Grande (no Arizona, *circa* 1100), assim que desenvolveram canais para trazer água até seus campos. Os arqueólogos descobriram centenas de quilômetros desses canais no Vale do Rio Gila, bem como no Vale do Rio Salt, em Phoenix, e em outros locais. No século XIII, longos períodos de seca terminaram com essa cultura e mudaram a paisagem social da região. Os hohokam foram substituídos pelas tribos pima e Tohono O'odham. Aliás, eram os pimas que chamavam seus precursores de hohokam, que significa "os que desapareceram".

361

# 1000 D.C.

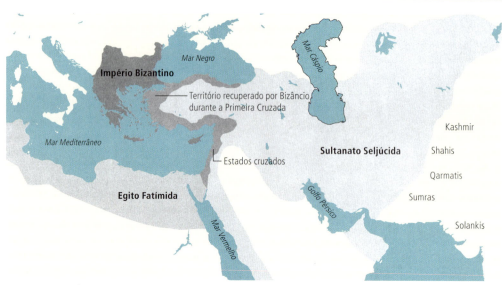

11.20  Oeste da Ásia, *circa* 1000 d.C.

## OS TURCOS SELJÚCIDAS

No século X, os turcos eram um povo de pastores que vivia na Ásia Central, a leste do Mar Cáspio. Eles abandonaram sua terra natal e se mudaram para o Afeganistão e o Irã. Assimilando o islã ao longo do caminho, criaram uma série de estados turco-islâmicos. Um deles é o Gaznavida, que se fixou no que é hoje o oeste do Afeganistão. Outra tribo, os seljúcidas (cujo nome homenageia um líder tribal), continuou a mover-se em direção ao oeste, entrando no Irã e na Síria e chegando, com o tempo, até a Anatólia, região etnicamente diversificada, porém dominada pelos bizantinos. Os seljúcidas consolidaram seu poder sobre a Anatólia Oriental em 1071. Sua presença foi um fator preponderante para o surgimento das Cruzadas. Contudo, apesar dos problemas com os cruzados, o período seljúcida foi de relativa tranquilidade, sobretudo em relação à Pérsia, que viveu uma de suas fases mais prósperas.

A estabilidade e o sucesso do regime seljúcida se deveram ao hábil político Vizir Nizarn al-Mulk, um persa culto, administrador brilhante e respeitável filósofo da política, cuja obra, *Tratado de Governo*, ou *Regras para os Reis*, é um clássico da literatura islâmica. Em seu auge, o Império Seljúcida estendia-se do norte da Índia ao Mar Egeu, permitindo que as antigas rotas de comércio da Anatólia se ligassem àquelas que conduziam à China. O fortalecimento da Rota da Seda não só gerou imensas riquezas, mas também promoveu o desenvolvimento da indústria, como a manufatura de papel. Originalmente, o papel tinha de ser importado da China, mas no século VIII já era produzido em Bagdá e Damasco e exportado para a Europa.

Os seljúcidas se distinguiam das sociedades islâmicas anteriores por sua rígida hierarquia militar e as consequentes prerrogativas financeiras e relativas à posse de terras, das quais todos estavam excluídos, exceto alguns poucos recrutas locais. Os principais elementos do seu programa político eram a mesquita, a madrasa ("escola", em árabe), os *ribats* e *khanqahs*, que eram as moradias dos sufis, e o mausoléu que comemorava seus feitos.

A arquitetura seljúcida do Irã é caracterizada pela elaborada alvenaria de tijolos e pelo desenvolvimento da planta de quatro *iwans*. Os governantes seljúcidas da Anatólia usavam um vocabulário caracterizado, antes de tudo, pela alvenaria de pedra. Os azulejos eram elementos decorativos importantes da arquitetura seljúcida. A tecnologia para a sua fabricação surgiu da tradição centenária existente no Irã e no Iraque, levada à Anatólia pelos seljúcidas. Os azulejos consistiam em uma massa de base, com elevado conteúdo de silicato, sobre a qual se espalhava uma espessa mistura contendo caulim e feldspato. Azulejos monocromáticos eram usados como enchimento e para os cantos; outros eram desenhados como grandes placas personalizadas para ocupar determinado lugar da composição.

Na época dos seljúcidas, também eram importantes as exportações de tecidos e de couro para a Europa e o Oriente. Uma vez por ano, era realizada uma grande feira comercial que durava 40 dias, chamada Yabanlu Pazan (Bazar dos Estrangeiros), não muito longe de Kayseri, no centro da Anatólia, em lugar para onde convergiam diversas rotas de caravanas.

**11.21  O desenho seljúcida**
O islamismo proíbe a representação da forma humana, mas a arte muitas vezes incluía composições com imagens de pássaros e animais, bem como figuras de esfinges e centauros, frequentemente associados a antigos cultos totêmicos que ainda prevaleciam na Anatólia. Inscrições caligráficas com versos do Corão eram frequentemente utilizadas ao longo das cornijas ou para emoldurar portais.

# ÁSIA OCIDENTAL

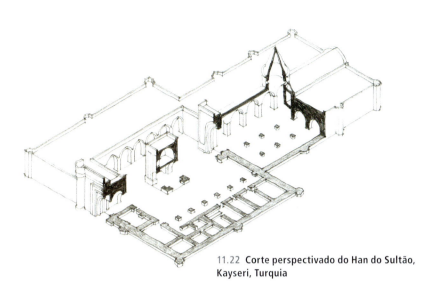

11.22 Corte perspectivado do Han do Sultão, Kayseri, Turquia

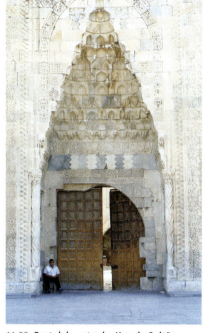

11.23 Portal de entrada, Han do Sultão, Kayseri

## O Han do Sultão

Entre os mais belos e mais característicos edifícios seljúcidas estão os caravançarás (palavra derivada de dois termos persas que significam "um palácio para caravanas"), ou *hans*, construídos durante o século XIII para promover o comércio em todo o império, dos quais várias dúzias resistiram ao passar do tempo e encontram-se em boas condições. Sabe-se que foram construídos ao menos 119 desses prédios. Eles destinavam-se a abrigar e proteger não apenas os condutores de caravanas, mas também seus camelos, cavalos e jumentos, juntamente com sua carga, oferecendo os serviços necessários. Embora lugares para o descanso das caravanas tivessem existido durante séculos, essa foi a primeira sistematização em larga escala do transporte mercantil através do deserto. Nos primeiros três dias, os serviços oferecidos pelos caravançarás eram gratuitos. Uma das regras básicas era que os viajantes chegados ao estabelecimento deviam ser tratados com igualdade, sem distinção de raça, credo ou posição social.

Ainda que suas plantas variassem, os caravançarás costumavam ter forma quadrada ou retangular, com espessas paredes de pedra e um grande pátio central cercado por arcadas de um ou dois andares que acomodavam serviços de banho, depósitos, tesourarias e estábulos, bem como cômodos para médicos, cozinheiros, ferreiros, músicos e, inclusive, condutores de caravanas. Embora as paredes externas fossem simples e desadornadas, os portais eram caprichosamente decorados com frisos de desenhos geométricos e inscrições do Corão. No centro do caravançará muitas vezes havia uma pequena mesquita ou salão de orações, em geral elevado do solo por uma plataforma de pedra. Na outra extremidade do pátio, do lado oposto ao portal principal, ficava um grande salão abobadado, em geral composto de uma nave central e três laterais. Iluminado por janelas estreitas nas paredes de pedra, o salão servia para abrigar as mercadorias e os membros da caravana durante os dias de inverno rigorosos.

O Han do Sultão, o mais esplêndido de todos, com área de 4.500 metros quadrados, fica a oeste de Aksaray, uma cidade na região da Capadócia, junto à estrada de Konya. Projetado por certo Muhammet da Síria, seu portal de entrada é ímpar. A estrutura externa é coberta por um delicado desenho floral. O tímpano acima da porta, que exibe um padrão geométrico abstrato, parece estar sendo carcomido pelas incrustações de uma abóbada em estalactites, aberta e em formato de cone. O projeto tem duas partes: um edifício com pátio central e um salão. O edifício com pátio central continha uma sala de banho e uma cozinha, além de um recinto para dignitários especiais. Em seu centro havia uma mesquita incomum e de formato quadrado. O grande salão, totalmente abobadado, possuía uma nave principal e duas naves laterais simétricas. Cada um de seus vãos possuía janelas com 4 metros de altura. Os animais permaneciam nas áreas elevadas, perto das paredes laterais; a parte central era reservada aos viajantes e às atividades comuns. Nesse prédio vemos a forte tradição da alvenaria de pedra que remonta aos armênios e a outros povos mais antigos.

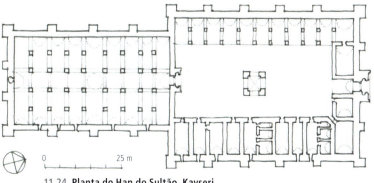

11.24 Planta do Han do Sultão, Kayseri

363

# 1000 D.C.

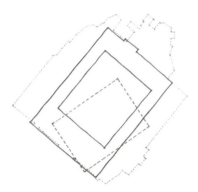 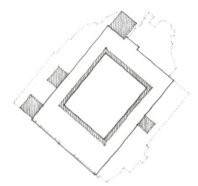 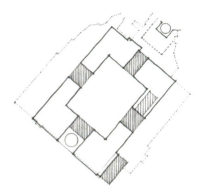

11.25 Evolução da Grande Mesquita de Isfahan, Irã

**A Grande Mesquita de Isfahan**

A Grande Mesquita de Isfahan (Mesquita da Sexta-Feira), na parte norte dessa cidade, foi uma das mais influentes de todas as antigas construções religiosas dos seljúcidas. Embora o edifício seja conhecido como sendo do tipo de quatro *iwans*, por causa dos *iwans* que estão frente a frente em ambos os lados de um pátio aberto, ele é o resultado, na verdade, de numerosas transformações arquitetônicas. Sua parte mais substancial data de uma mesquita construída nos anos 840, situada sobre outra mesquita, ainda mais antiga, erguida em 772, que, por sua vez, fora erigida sobre as fundações de uma igreja cristã. A mesquita era do tipo tradicional, com o pátio hipostilo típico das mesquitas mais antigas. Foi, no entanto, totalmente reformada a partir de cerca de 870. O espaço central ficou um tanto reduzido em razão do acréscimo de uma nova fachada interna que abarcava os quatro lados. Uma elegante cúpula do tipo *quibla* foi construída e, ao norte, criou-se um anexo com uma área sagrada cupulada cujo objetivo original não se sabe com precisão.

No tempo do sultão Sanjar (1096–1157), adicionaram-se quatro *iwans* ao pátio, basicamente agregando-os ao sistema anterior. As velhas colunas foram engrossadas ou removidas, conforme o necessário. Os ritmos originais das colunas ainda podem ser mais bem vistos a partir das áreas à direita e à esquerda do *iwan* norte. Na década de 1350, acrescentaram-se edifícios aos flancos externos da edificação, uma madrasa ao flanco oeste e um *musalla* (lugar temporário de reunião para os devotos fazerem suas preces) a leste. Essas são apenas as mudanças mais importantes introduzidas no edifício ao longo do tempo.

Em sua forma original, pré-islâmica, o *iwan* era uma espécie de palco para o trono real, mas os seljúcidas o utilizavam para diversos fins: em uma madrasa, por exemplo, usavam-no como auditório. Na Mesquita de Isfahan, os *iwans* são magníficos portais e se tornam o próprio símbolo da mesquita situada do outro lado. Os *iwans* de Isfahan não são idênticos. O principal, a sudoeste, conduz à cúpula situada em frente à *quibla*; os laterais não têm uma relação particular com os espaços atrás deles e não conduzem a lugar algum, exceto para a passagem pelas portas laterais.

Ao norte, o *iwan* com abóbada de berço aponta na direção de um *haram*, santuário especial onde partes em litígio podiam se reunir para solucionar disputas. Consistia originalmente em uma estrutura independente em três lados, mas que mais tarde foi coberta e ligada às construções vizinhas. Não se sabe exatamente por que a mesquita teve sua orientação interrompida por meio dos quatro *iwans*, mas o edifício é um espaço ideal composto de vários elementos principais. Seus *iwans*, dispostos em relações precisas uns com os outros, são como uma armadura simbólica.

11.26 Pátio da Grande Mesquita de Isfahan

# ÁSIA OCIDENTAL

11.27 *Iwans* da Grande Mesquita de Isfahan

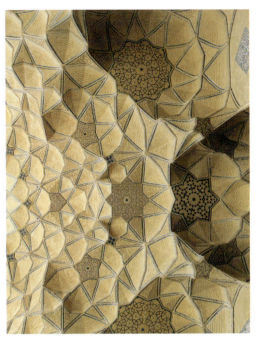

11.28 Detalhe das *muqarnas*, Grande Mesquita de Isfahan

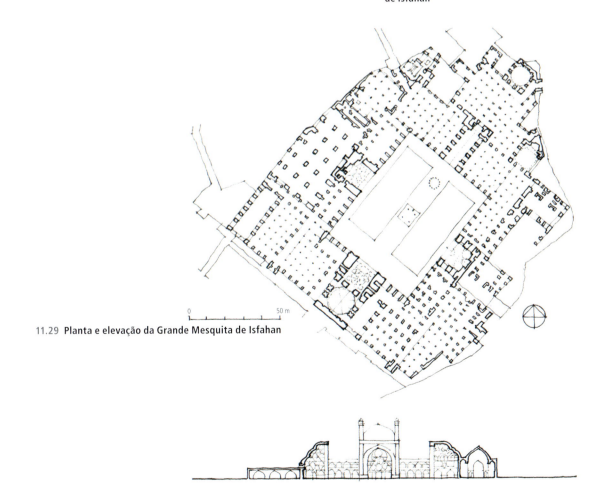

11.29 Planta e elevação da Grande Mesquita de Isfahan

# 1000 D.C.

11.30 Madrasa de Gök, Sivas, Turquia

11.31 Pátio interno da Madrasa al-Firdus, Aleppo, Síria

**As primeiras madrasas**

Enquanto os caravançarás eram o elemento central da política econômica dos seljúcidas, a madrasa constituía importante elemento de sua ideologia política. Inicialmente, serviu para promover a conversão ao islã da população da Anatólia, que, até o século XIII, ainda era em sua maior parte cristã. Posteriormente, a madrasa passou a reforçar e unificar o credo sunita dos seljúcidas. As madrasas foram, portanto, um importante elemento na campanha contra os xiitas fatímidas do Egito. Embora muitas mesquitas tivessem espaços e anexos que eram utilizados para aulas e também como moradia para estudantes e professores, em épocas anteriores aos seljúcidas as instituições independentes de estudos superiores ainda eram relativamente raras.

Construíram-se madrasas em quase todas as regiões da Ásia Menor, mas sua origem não é clara. Alguns a associam ao *vihara* budista. Como as regiões orientais do islã tinham sido saturadas pelo budismo durante séculos, esse argumento não deixa de ser plausível. Outra possibilidade é a associação da madrasa com a casa com pátio interno, tradição que data de tempos remotos. A madrasa em geral era fundada por um sultão ou nobre, que fornecia generosamente os fundos necessários para suas despesas. Como o caravançará, a madrasa seljúcida tinha uma forma padronizada. Ela era retangular, compacta e com um número relativamente pequeno de janelas, inserindo-se na paisagem como um objeto sólido. Seu portal, entretanto, não raro era grandioso e ricamente entalhado. A maioria das madrasas, como a de Ince Minare (1260–1265), em Konya, na Turquia, tinha um pátio interno cercado de salas de aula ao redor de um *iwan* central no lado oposto à entrada. Outras, como a de Al-Firdus (1235–1241), em Alepo, na Síria, não tinham *iwan*.

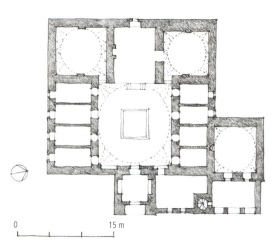

11.32 Planta da Madrasa de Ince Minare, Konya, Turquia

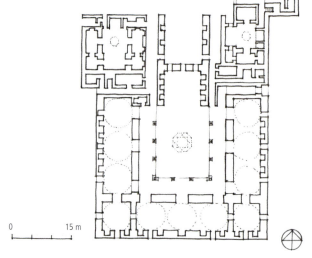

11.33 Planta da Madrasa de al-Firdus, Aleppo, Síria

# ÁSIA OCIDENTAL

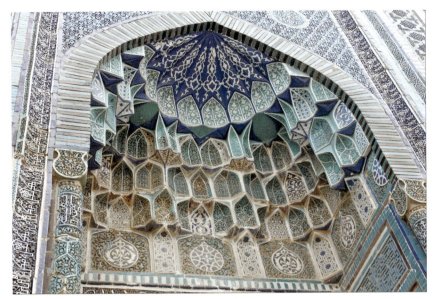

11.34 Mausoléu de Koutloug Aka, Samarcanda, Uzbequistão

11.35 Salão dos Abencerrajes, Alhambra, Espanha

## MUQARNAS

As *muqarnas*, também chamadas de abóbadas em estalactite ou em favo de mel, constituíam, entre os séculos XI e XV, um dos elementos mais onipresentes na arquitetura islâmica. Elas estão presentes por todo o mundo islâmico, incluindo o sul da Ásia, e utilizam diversos materiais, que incluem o tijolo, a pedra, o estuque e a madeira. A origem e o significado do termo, assim como o desenvolvimento histórico dessa forma arquitetônica, não são totalmente conhecidos e constituem objeto de muita discussão. As *muqarnas* provavelmente desenvolveram-se a partir das trompas de ângulo que facilitavam a transição entre o quadrado e o círculo de uma cúpula, mas passaram depois a exprimir a fascinação dos artistas muçulmanos por padrões geométricos complexos, que eram aplicados às superfícies das portas e às molduras das janelas. Embora não tenham valor simbólico explícito, aludem à geometria dos céus e às maravilhas da criação de Deus.

Um antigo exemplo disso é o Santuário do Imã Dur, em Samarra, no Iraque (1085). O edifício consiste em um cubo alongado sobre o qual repousa uma série de fiadas octogonais que se encaixam e giram em direção ao topo da cúpula, tornando-se cada vez menores. Entre os mais sofisticados exemplos de *muqarna* está a cúpula (*qubba*) de Al-Barubiyyin, em Marraquexe (1117), outro antigo exemplo de uma estrutura de cúpula complexa. Sua estrela de oito pontas parece flutuar, liberando-se da moldura. Cada um dos quatro cantos tem sua própria *muqarna*, gerando um dinâmico efeito tridimensional. Uma das mais espetaculares dessas cúpulas é a do Palácio de Alhambra, Granada, Espanha, sobre o Salão das Duas Irmãs (1356–1359), que projeta simultaneamente o caos e a ordem.

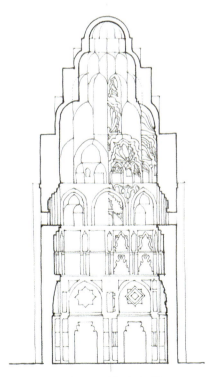

11.37 Corte do Santuário do Imã Dur, Samarra, Iraque

11.36 Desenho de quarto de abóbada de muqarna do Pergaminho de Topkapi

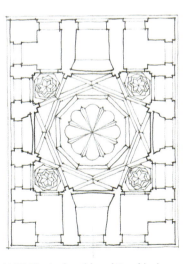

11.38 Planta de qubba, al-Barubiyyin, Marraquexe, Marrocos

# 1000 D.C.

11.39 Norte da África, *circa* 1000 d.C.

## OS FATÍMIDAS

Os fatímidas, que haviam se estabelecido na Tunísia, embora tivessem perdido o controle da Argélia e de regiões a oeste, foram bem-sucedidos em sua expansão para o leste, arrebatando o Vale do Nilo, atravessando a Palestina e o sul da Síria e controlando parte considerável do Oriente Médio por mais de 200 anos. Nessa época, a maioria dos egípcios era constituída de muçulmanos sunitas, em oposição aos fatímidas, que eram xiitas da seita dos ismaelitas. Os califas da Dinastia Fatímida, que se consideravam governantes divinos, enviados por Deus para assegurar que prevalecesse a justiça islâmica, recusavam-se a reconhecer a legitimidade dos califados abássidas sunitas, que governavam de Bagdá. A missão dos fatímidas era converter todo o mundo islâmico à sua fé e destituir o califado Sunita. Uma de suas principais expressões arquitetônicas foi a construção da cidade de Al-Qahira, que se tornou o coração da moderna cidade do Cairo, alguns quilômetros ao norte da antiga cidade protoislâmica. No centro da cidade, cortada por uma avenida principal, havia um distrito palaciano com um palácio oriental e outro ocidental separados por uma grande praça. Perto dali ficavam os centros administrativos da burocracia estatal e do exército. Ainda que as descrições comprovem a suntuosidade dos palácios fatímidas, pouco de sua arquitetura ainda existe. Mesmo assim, podemos ter ideia de sua excelência por meio do estudo da Mesquita de Aqmar, em Cairo (1125). Vagamente inspirada no motivo do arco de triunfo dos tempos clássicos, ela tem um pórtico central ladeado por altos nichos coroados por painéis dotados de *muqarnas*

e nichos cegos. Uma inscrição percorre o topo da construção, e as cornijas e os frisos decorativos conferem unidade ao conjunto.

A Mesquita de Al-Azhar (970–972 d.C.) foi construída a sudeste de Aqmar. Embora ela tenha passado por muitas renovações e ampliações, ainda conserva seu salão hipostilo norte-africano, com cobertura de madeira. Uma de suas características impressionantes é o eixo central, que rompe o ritmo e enfatiza o *quibla*.

O minarete foi instalado no eixo do lado sul do pátio interno. Essa mesquita, em sua forma final, com suas várias funções anexadas a seu salão retangular, praticamente se tornou uma cidade autônoma. O prédio consiste em um pátio interno aberto com o principal salão para culto a leste. A parte ocidental do prédio contém várias madrasas, ou escolas. Ao norte há um salão para purificações; e, ao sul, o dormitório para os estudantes. O prédio é chamado de "o radiante", em

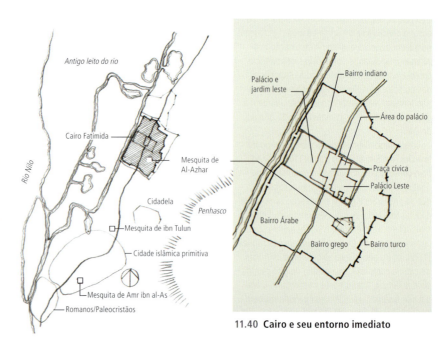

11.40 Cairo e seu entorno imediato

# ÁFRICA

11.41 Mesquita de Al-Azhar, Cairo

11.42 Interior da Mesquita de Al-Azhar

homenagem à filha do profeta Maomé, Fatima al-Zahra, de quem a Dinastia Fatímida afirma descender.

Em 1005, Al-Azhar recebeu dos fatímidas a doação dos milhares de manuscritos que formaram a base de sua coleção e seu aprendizado. Em 1009, contudo, a Mesquita de al-Hakim tornou-se o único local para receber os sermãos do califa. A Dinastia Aiúbida (1174–1250), e, depois, a Dinastia dos Mamelucos (1250–1517), que assumiria o poder e era sunita (em oposição o Shi'a), mostrou diferentes níveis de deferência às mesquitas fatímidas, oferecendo diversos níveis de apoio financeiro às escolas e à manutenção das mesquitas. Com a troca de poder, Al-Azhar se tornou uma instituição sunita, grande parte da sua coleção de manuscritos se dispersou e seus professores foram forçados a encontrar outra maneira de ganhar a vida. Ainda assim, Al-Azhar permaneceu sendo um local de ensino por todo esse período, e ali frequentemente se ofereciam aulas particulares. Mesmo hoje, Al-Azhar continua sendo uma instituição influente na sociedade egípcia e um símbolo do Egito islâmico.

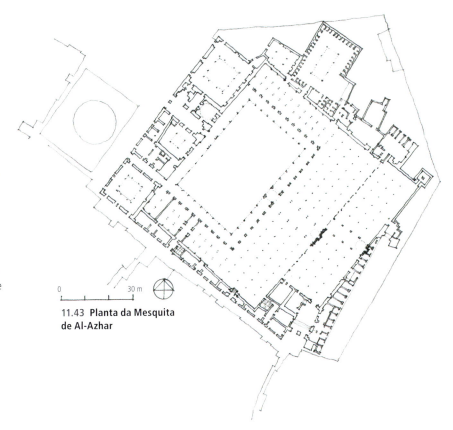

11.43 Planta da Mesquita de Al-Azhar

# 1000 D.C.

11.44 Os locais dos templos no Sul da Ásia

## A ASCENSÃO DOS REINOS RAJPUTANOS

Entre 800 e 1000 d.C., os gurjara-pratiharas do oeste, os rashtrakutas do Planalto do Decã e os reis pala budistas do leste lutaram pelo controle das planícies centrais do Rio Ganges. Kanauj, cruzada por todas as principais rotas de comércio para o sul, o leste e o norte, era o prêmio mais cobiçado. Os três rivais tinham se alternado na conquista de Kanauj, mas dois séculos de guerra fizeram-nos enfraquecer tanto que todos os três entraram em colapso. O consequente vácuo de poder no norte da Índia levou ao surgimento de uma série de novos reinos. Alguns, como o Reino dos Chalukyas, eram estados vassalos que agora proclamavam sua independência. De modo mais significativo, um grande número de comunidades tribais e semitribais até então subjugadas passou a fundar reinos próprios, que são conhecidos coletivamente como reinos rajputanos, em virtude da identidade de casta por eles partilhada (raj-put significa "filho real"). Entre eles, os solankis (Índia Ocidental e Central), os chandellas (Centro-Norte da Índia) e os orissanos (Índia Oriental e Central) foram grandes construtores de templos. A capital dos solankis, Patan, era a maior cidade da Índia e a décima maior do mundo.

A maioria das comunidades tribais era da casta mais baixa, de modo que seus novos reis tiveram de transferir-se para a casta dos kshatryas (ou seja, "dos guerreiros"). Para isso, os reis reivindicaram uma linhagem mítica e, ainda mais importante, começaram a construir e a patrocinar templos, a fim de legitimar seu domínio. O resultado foi uma das maiores campanhas de construção de templos da história da Índia, com o surgimento de novas formas. Deuses regionais maiores e menores foram aceitos no panteão hindu, e o culto era realizado nas línguas locais. Afora a introdução do islamismo, que só viria depois, a colcha de retalhos de identidades regionais que caracteriza a Índia moderna resulta dessa época. A Índia contemporânea ainda tem 22 idiomas oficiais (e mais de 500 dialetos), com claras divisões geográficas. Por isso, é mais fácil pensar na Índia como fazemos com a Europa: uma rede interligada de áreas regionais distintas. Embora as diferentes regiões compartilhem certos aspectos culturais, suas identidades são tão diversas quanto as dos países europeus. O mesmo se pode dizer de sua arquitetura. Pensar em uma arquitetura indiana unificada é tão útil, ou tão inútil, quanto pensar em uma "arquitetura europeia".

### Rani-ni-Vav, Patan

O acesso à água potável e sua distribuição tiveram papel crucial para toda a sociedade indiana, para a qual esse líquido tem valor tanto econômico quanto simbólico. Os reservatórios dos solankis não eram construções simples. O reservatório de água subterrâneo e escalonado (bawdi), denominado Rani-ni-Vav (ou "Reservatório Escalonado da Rainha"), foi construído em Anhilwara (Patan) no século XI, em memória a Bhimdev I (1022–1063), por sua viúva, a rainha Udayamati. Ele funciona como uma longa escada subterrânea que conduz ao lençol freático. Toda a escavação é revestida por múltiplas colunatas, sustentada por vigas e colunas de pedra primorosamente esculpidas. Era parcialmente coberto, e a luz alcançava até as partes mais profundas, 28 metros abaixo da superfície. A razão para tal esplendor era que o reservatório de Rani-ni-Vav (rani, "rainha"; vav, "poço, reservatório") também servia como palácio de apoio para a rainha e seu séquito. Nos escaldantes meses de verão, a temperatura natural do subsolo, combinada com o efeito da evaporação gerada pelo vento soprando sobre a água, fazia do reservatório de degraus um mundo subterrâneo que proporcionava repouso e frescor. Pelo fato de ser tão fundo, suas paredes exigiram reforços para não desabar. Para tanto, pesados contrafortes de pedra foram construídos na boca do reservatório, escorando seu interior.

# SUL DA ÁSIA

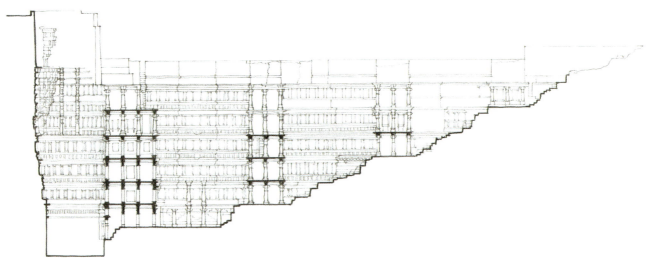

11.45 Corte e planta parcial do Rani-ni-Vav, o reservatório de água subterrâneo e escalonado de Patan, Índia

Em termos mais simbólicos, o reservatório de água subterrâneo e escalonado era outra versão dos ghats de Varanasi, ou do tanque de água do Templo do Sol, em Modhera, mas, ao contrário desses, ele era totalmente visitável em seu interior. Boa parte da arquitetura solanki foi destruída pelos exércitos islâmicos invasores. O Rani-ni-Vav se manteve intacto por ter sido intencionalmente preenchido com terra pelos solankis antes de sua retirada.

11.46 Rani-ni-Vav, o reservatório de água subterrâneo e escalonado de Patan

# 1000 D.C.

## O Templo do Sol em Modhera

Entre os vários reinos rajputanos, os solankis, que governavam o Rajastão e o Gujarate, eram um dos povos construtores de templos mais zelosos. Comerciavam não só com os outros reinos do sul da Ásia, mas também com a Ásia Central. Embora venerassem principalmente Shiva, afirmavam ser descendentes de Pandu, um rei mitológico da antiga era védica. Por meio desse vínculo, legitimaram sua tradição de culto ao Sol. O templo real dos solankis, consagrado a Surya, o Sol, era feito de arenito dourado e tinha um arranjo axial tripartite. O santuário principal está a oeste, e a leste há uma piscina retangular, com um mandapa no centro, tudo integrado em uma única composição. O mandapa se conecta aos degraus em torno da piscina por um portal independente, ou *torana*, que também marca o alto de um lance de escadas. Embora a expressão estética de todos os elementos do templo seja por si só notável, o que chama a atenção é a delicada riqueza escultórica de todas as colunas, mísulas, arcos lobulados e ondulados e coberturas de pedra. O que os distingue é o modo como funcionam opticamente para interligar os elementos do edifício. Quem se posiciona no lado leste da piscina e olha para o oeste, na direção do templo principal, parece ver um único edifício composto pelos degraus que sobem ao *mandapa*. Na verdade, a cobertura cônica pertence ao santuário à distância, e a entrada do *mandapa* é, na realidade, o *torana*, que está em primeiro plano.

11.47  Templo do Sol em Modhera, Índia

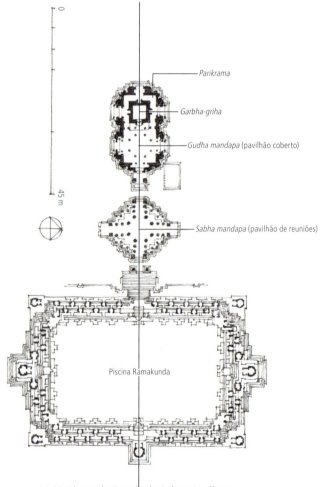

11.48  Planta do Templo do Sol em Modhera

# SUL DA ÁSIA

O fato de esse efeito ser proposital é evidenciado pela escadaria de acesso, que constitui um elemento separado e escavado diretamente no solo, entre a extremidade da piscina e o torana, estabelecendo uma ligação óptica entre os dois. Há também um efeito de eco entre o perfil triangular implícito do templo e o V invertido dos degraus, bem como entre a cúpula cônica acima e os degraus na base do V invertido, que vão se alargando à medida que descem para a piscina. O conjunto cria reflexos intrigantes, mesmo quando não há água.

11.49 Detalhe do Templo do Sol em Modhera

11.50 Piscina Ramakunda, Templo do Sol em Modhera

# 1000 D.C.

11.51 Shikhara do Templo de Lakshmana

11.52 Templo de Lakshmana em Khajuraho, Índia

## Os chandellas

No breve período de aproximadamente 175 anos, os chandellas, que chamavam seu reino de Jejakabhukti, construíram mais de 80 templos dentro e ao redor de sua capital, Khajuraho (antiga Khajjuravahaka). A clareza de suas formas arquitetônicas, bem como a forte continuidade de sua ordem e linguagem, indica que deve ter havido um grupo centralizado de arquitetos, ou talvez um único arquiteto, encarregado pelas obras. Dois dos principais templos reais dos chandellas foram os de Lakshmana (*circa* 950 d.C.) e Khandariya Mahadeva (1000–1025).

O templo de Lakshmana, dedicado a Shiva, eleva-se sobre uma plataforma elevada, o que garante que, como todos os outros templos de Khajuraho, seja visível à distância na paisagem plana circundante. Santuários secundários independentes situam-se nas quatro quinas da plataforma, dando a impressão de uma área fechada e configurando um recinto sagrado sem, de fato, a necessidade de um muro. O acesso é deslumbrante e se dá por meio de uma escadaria axial que conduz à plataforma e outra que leva direto ao templo. O próprio perfil do templo era algo como uma "escada para o céu". O templo consiste em três *mandapas*, que precedem o *shikhara* principal. Os *mandapas* se articulam em camadas horizontais, enquanto o *shikhara* principal enfatiza sua verticalidade. Uma das questões arquitetônicas fundamentais é que o *mandapa* já não é apenas uma caixa plana e coberta em frente ao templo: agora ele tem sua própria cobertura piramidal, que compete com o *shikhara* do santuário principal. A partir de então, uma das principais características do templo hindu passou a ser sua silhueta.

Um traço típico dos templos de Khajuraho é a maneira como seus arquitetos orquestraram as elevações frontais – não em termos matemáticos ou geométricos, mas em relação à perspectiva, quando vistas desde a altura de uma pessoa a partir do solo. As elevações frontais dos *mandapas* foram elaboradas de tal modo que, do ponto de vista do olhar, todos eles se encaixam com perfeição. (Isso é similar ao projeto do Templo do Sol de Modhera.) O objetivo não era apenas estético. A superestrutura de todos os templos hindus é concebida como um modelo do universo, e seu objetivo é revelar ao fiel a ordem e a beleza inerentes àquele universo.

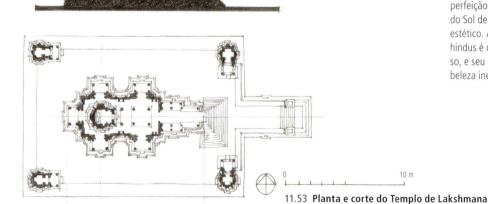

11.53 Planta e corte do Templo de Lakshmana

# SUL DA ÁSIA

11.54 O Templo de Khandariya Mahadeva, Khajuraho, Índia

Ao contrário de muitos templos hindus, o Khandariya é iluminado por grandes aberturas situadas bem acima do nível do observador. O efeito é especialmente marcante no caminho circum-ambulatório, onde a luz, originária de uma fonte alta, projeta sombras escuras entre as dobras das esculturas, contribuindo para destacá-las. As aberturas têm plataformas e degraus para os espectadores e musicistas.

Os templos de Khajuraho são famosos pela sua chamada "escultura erótica". Atos sexuais de quase toda a sorte foram esculpidos com o mesmo cuidado aos detalhes e a mesma completude de todas as outras esculturas, testemunhando o interesse dos chandellas pelo tantrismo. Essas esculturas sexuais, embora bastante presentes, não são nem destacadas, nem escondidas. Simplesmente estão ali, como parte importante do conjunto e da abundante variedade da vida representada no programa escultórico.

## O Templo de Khandariya Mahadeva

Como o de Lakshmana, o Templo de Khandariya Mahadeva (1000–1025) está assentado sobre uma alta plataforma, que ele divide com outro templo menor, o de Jagdambi, dedicado à deusa Parvati. Não há santuários nos cantos, de modo que o perfil do Templo de Khandariya e o de Jagdambi possuem silhuetas bem nítidas. Equilibrando a composição entre os dois templos há um pequeno santuário no centro, sobre seu próprio plinto. Com 30 metros de altura, incluindo a plataforma de 4 metros sobre a qual foi construído, o Templo de Khandariya eleva-se mais do que todos os outros, embora sua força não resida no tamanho, mas na qualidade da sua arquitetura. Seu perfil é projetado para representar os ritmos de uma cadeia de montanhas escarpada, tanto em seus contornos como na composição de suas partes. Ao contrário do Templo de Lakshmana, os quatro *mandapas* do Khandariya articulam-se com mini *shikharas* marcantes que se aglomeram em torno do *shikhara*. Esses pequenos *shikharas* dão a impressão de uma onda ascendente, mas mesmo assim mantêm uma geometria plena. O ligeiro alargamento na base, as fortes saliências horizontais dos pórticos e o facetamento muito próximo na interseção do *shikhara* e do *mandapa* contribuem para uma poderosa composição. Devido à sua altura, os pórticos transmitem ao visitante uma extraordinária ideia de elevação. Entretanto, o interior do santuário é profundo e escuro, como uma caverna.

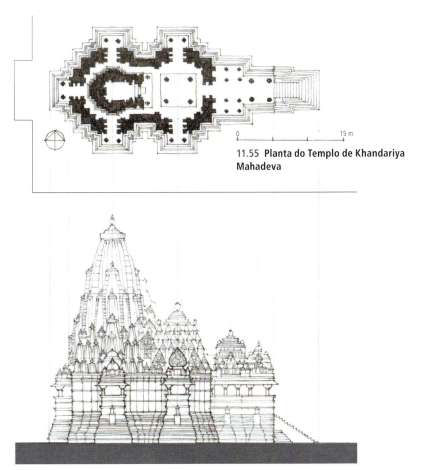

11.55 Planta do Templo de Khandariya Mahadeva

11.56 Elevação do Templo de Khandariya Mahadeva

375

# 1000 D.C.

11.57 **Escultura tântrica do Templo Khandariya Mahadeva**

### O tantrismo

Os chandellas rajputanos, membros da tribo gond que saíram da obscuridade e encontraram seu lugar nas castas por meio dos cultos bhákticos, conservaram aspectos de seu antigo animismo – em particular os ritos associados à fertilidade feminina. Suas práticas, portanto, foram bem recebidas pelos adeptos do tantra (ou tantrismo), para os quais a veneração de uma divindade feminina era condição essencial para alcançar o nirvana. Os tantristas acreditavam que, por meio de práticas ascéticas e rituais esotéricos, poderiam usar o poder divino (*prana*) que flui no universo (inclusive no corpo de uma pessoa) para alcançar objetivos espirituais. Por esse motivo, a devoção tântrica faz uso dos mantras ou discursos simbólicos, que consistem em palavras ou frases repetidas à exaustão. As práticas tântricas exigiam iniciações secretas por um guru ou mestre. Uma mulher devia estar presente em todos os rituais, pois ela era a iniciadora da ação; o homem só podia tornar-se ativo por intermédio da união com ela. Em geral condenado pelos hindus mais ortodoxos, o tantrismo obteve larga aceitação junto à nobreza da época, sobretudo entre os rajputanos. Ele também era uma força importante no budismo daquele tempo.

Um bom exemplo de uma antiga edificação tântrica chandella é o Templo de Chausat Yogini (de meados do século IX), localizado a cerca de um quilômetro de Khajuraho. Seu nome significa, literalmente, "o templo das 64 santas". Um dos muitos templos desse tipo encontrados no norte da Índia consiste em um recinto fechado retangular vazio cercado por 64 pequenos santuários, cada um com seus próprios *shikharas* piramidais individuais; a abertura principal ficava em um dos lados menores, ao norte. O centro do Templo de Chausat Yogini é visivelmente vazio, ou aberto, contrastando com um templo hindu típico dedicado a uma divindade masculina, que tem em seu núcleo o templo dominante. Ao contrário dos templos vaishnavas e shaivas, o de Chausat Yogini tem orientação norte-sul.

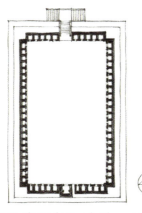

11.58 **Planta do Templo Chausat Yogini em Khajuraho, Índia**

11.59 **Templo Chausat Yogini em Khajuraho, Índia**

# SUL DA ÁSIA

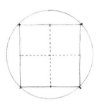 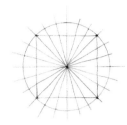 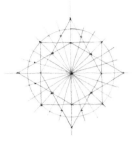 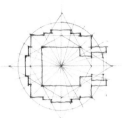

11.60 Evolução geométrica da planta de um templo do Reino de Orissa (com base no trabalho de Andreas Volwahsen)

## Os Vastu-Shastras

Nos séculos X e XI, uma série de manuais técnicos foi publicada com títulos como *Vastu Shastra* ("Tratado de construção") e *Shilpa Shastra* ("Tratado de escultura"). Eles permitem que se conheça a linguagem extremamente codificada do projeto e da construção dos templos. Com base nesses textos, sabemos que o projeto geral de um templo era gerido por um brâmane (sacerdote) chefe, chamado *sutradhar*. Ele baseava sua obra num diagrama astrológico chamado mandala, um grafo que mapeava a posição das estrelas, dos planetas, das divindades e do Sol em relação a determinado local. O desenho da mandala baseia-se na sobreposição de um quadrado e um círculo. O *sutradhar* escolhia entre centenas de mandalas, de acordo com a principal divindade do templo e a orientação religiosa da comunidade. A forma final do templo era determinada por uma série de operações geométricas que buscavam expressar o poder dos vários planetas e divindades que ocupavam a retícula da mandala. A irradiação de linhas, o peso atribuído aos pontos cardeais e a certos triângulos especiais estabeleciam a distribuição das várias partes do prédio. Um complexo sistema de facetas, conhecidas como *rathas*, determinava a articulação detalhada da superfície do templo. O objetivo das *rathas* era possibilitar que múltiplas divindades dividissem uma única superfície – nos planos vertical e horizontal –, sugerindo camadas superpostas. A forma final era, inevitavelmente, uma pirâmide multifacetada. Uma vez determinado o projeto, ele era entregue ao mestre de obras, cujo ofício era ensinado por tradição oral.

O acabamento de esculturas e pinturas era então realizado por *shrenis* ("artesãos") independentes.

A ordem cósmica representada no templo propiciava a visão de um universo piramidal que descia em ondas conceituais a partir de um único ponto original, o qual não possuía, em si mesmo, forma ou substância. O objetivo dos devotos ao captarem essa visão era tentar ascender a esse centro amorfo, tarefa na qual eram ajudados pela devoção à divindade residente do templo.

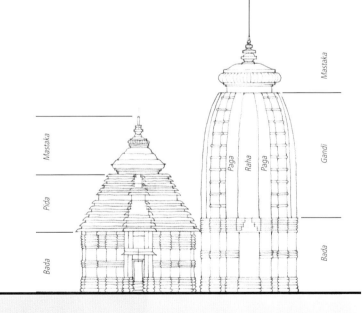

11.61 Elementos dos templos do Reino de Orissa

# 1000 D.C.

### O Reino de Orissa e o Templo do Lingaraj

Outro reino importante era o de Orissa, situado no leste da Índia, ao sul de Bengala, cujos rios férteis e portos eram o segredo de sua riqueza. Com o passar dos séculos, várias dinastias governaram a partir de sua capital, Bhubaneshwar, que passou a abrigar mais de 7 mil templos hindus, muitos deles distribuídos ao redor de uma piscina sagrada. Algumas centenas deles ainda existem. À medida que o hinduísmo amadurecia, o poder das dinastias dominantes crescia, suas práticas rituais tornavam-se cada vez mais sofisticadas, e os templos da cidade também ficavam mais complexos. Eram templos ímpares, visto que o *mandapa* ganhou uma cobertura cônica que devia se harmonizar com o elevado *shikhara* do *garbha-griha* (que os orissanos chamavam de *rekha deul*). Essa tentativa de integração pode ser observada no Templo de Rajarani (*circa* 1000 d.C.).

11.62 Templo de Rajarani, Bhubaneshwar, Reino de Orissa, Índia

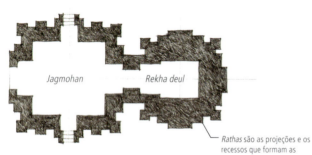

11.63 Planta do Templo de Rajarani

*Rathas* são as projeções e os recessos que formam as pagas

11.64 Templo do Lingaraj, Bhubaneshwar, Reino de Orissa, Índia

# SUL DA ÁSIA

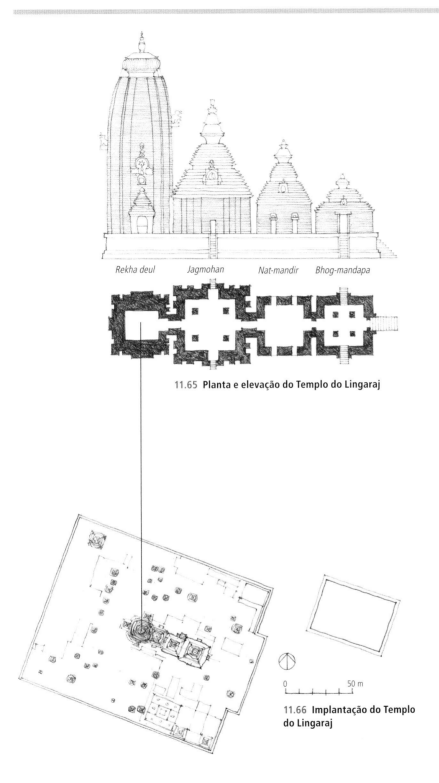

*Rekha deul    Jagmohan    Nat-mandir    Bhog-mandapa*

**11.65** Planta e elevação do Templo do Lingaraj

**11.66** Implantação do Templo do Lingaraj

O Lingaraj (literalmente, "Rei-falo", *circa* 1100), o "rei" dos templos de Bhubaneshwar, distinguia-se não só por seu tamanho, mas também pela presença de três *jagmohans* alinhados. Os rituais, que geralmente seriam realizados em um único salão, aqui eram separados não apenas para permitir que ocorressem simultaneamente, mas também para criar a impressão de uma miniperegrinação. Esses *jagmohans* – um jagmohan primário, um *nat-mandir* (salão de danças) e um *bhog-mandapa* (salão para rituais coletivos) – possuíam todos quase as mesmas dimensões, embora cada um tivesse uma planta distinta, adaptada à sua função. O *jagmohan* tem um exterior completamente articulado, o que o torna um santuário por si próprio. O *nat-mandir* é bem ventilado e aberto, de modo que suas atividades podem ser vistas e ouvidas no entorno. O *bhog-mandapa* replica o *jagmohan* e provavelmente foi agregado posteriormente a fim de facilitar os rituais de grupos maiores que não podiam acessar o santuário interno. O *rekha deul* do Lingaraj, com 37,5 metros de altura, que domina a silhueta, tem um perfil distintivo, primeiramente erguendo-se quase na vertical, e, então, curvando-se para dentro antes de chegar a um pescoço recuado que sustenta um grande *amalaka* apoiado nas costas de leões (um indicador do patrocínio real).

O Lingaraj fica no centro de um conjunto quadrangular pontilhado de inúmeros pequenos santuários secundários que, com o tempo, foram acrescentados à sequência principal para aumentar sua potência. Essa proliferação, comum nos templos hindus ativos, é conhecida como *parivar* ou, literalmente, a "família" do templo principal, a qual se espera que mude e cresça ao longo do tempo, como ocorre com uma família próspera ao redor de um patriarca. Embora o Lingaraj atualmente esteja desativado, o Templo de Jagannath, que fica próximo, em Puri, também construído pelos gangas no século XII, continua em uso, e, assim, seu *parivar* cresceu. Hoje o conjunto encontra-se totalmente repleto de santuários secundários, muitos deles construídos em épocas recentes.

# 1000 D.C.

11.67  Uma aula (detalhe de pintura em Shravanabelagola)

## Os jainistas

Muitos dos ministros empregados nas cortes do Rajput não eram hindus nem budistas, mas jainistas. Com frequência, eles eram os melhores especialistas em finanças e banqueiros que estavam disponíveis, uma consequência não planejada de sua religião. O jainismo originou-se dos ensinamentos de Mahavira, um contemporâneo do Buda do século VI a.C. (jaina é uma corruptela do sânscrito *jina*, que significa "conquistador", título atribuído a Mahavira nos textos jainistas). Assim como o Buda, Mahavira pregava uma doutrina de ascetismo e meditação, mas insistia que todas as formas de vida eram equivalentes e que o respeito pela vida era fundamental para a purificação da alma dos homens. Esperava-se dos rígidos ascetas jainistas, conhecidos como digambaras ("vestidos de céu", ou nus), não apenas que fossem vegetarianos radicais, mas também que só comessem frutas ou legumes desprendidos espontaneamente da planta. O consumo de raízes, como batata ou beterraba, cujo consumo implicaria matar a planta inteira, também era proibido. Além disso, tampouco podiam ser fazendeiros, já que cultivar a terra inevitavelmente prejudicaria os insetos e minhocas. Como consequência, os jainistas se voltaram para profissões como a joalheria, o comércio e os serviços bancários, sendo por isso muito disputados pelas cortes. Muitos deles também se tornaram grandes bibliotecários e mecenas das artes.

Como os budistas mahayanas da Ásia Central e Oriental, os jainistas construíram colossais estátuas monolíticas de seus tirthankaras (literalmente, "aqueles que descobrem um baixio" ou "que atravessam o rio do sofrimento humano") e líderes espirituais. Em 966 d.C., Chamundaray, um ministro jainista da Dinastia Ganga, construiu em Shravanabelagola, Karnataka, uma estátua nua, de 17,38 metros de altura, de Gomteshwara Bahubali, o primeiro homem que se acredita ter alcançado a iluminação por meio das práticas jainistas. Ela está localizada no alto de uma colina, visível à distância. A cada 12 anos a estátua é coberta de leite, iogurte, ghee (manteiga clarificada) e açafrão, bem como com moedas de ouro.

Assim como os budistas, os jainistas desafiavam a hierarquia hindu de castas e refutavam a ortodoxia védica, em particular a pretensão dos brâmanes ao acesso privilegiado ao conhecimento superior. Assim, as ideias e instituições jainistas foram, junto com as dos budistas, seriamente atacadas pelos hindus nos séculos IX e X. Seguidores dos cultos bhaki shaivas e vaishnavas censuravam-nos por negarem a vida e por serem demasiadamente abstratos e pouco práticos para o homem comum. Todavia, ao contrário dos budistas, que se enfraqueceram com as críticas e, por fim, desapareceram da Índia, os jainistas conseguiram sobreviver à maré montante do hinduísmo (e, mais tarde, do islamismo iconoclasta), em parte em virtude de seu poder econômico e político.

11.68  Estátua de Gomteshwara Bahubali

Hoje há quase 3 milhões de jainistas na Índia, a maior parte nas províncias do oeste e em Karnataka. O fato de a Índia atual ser em grande parte vegetariana se deve sobretudo à sua influência. Os jainistas acreditam na liderança de 24 tirthankaras, que, após dominar totalmente os vícios do desejo, da ira e do orgulho, teriam surgido na Terra para apontar aos jainistas o caminho da verdadeira religião. Depois do século XII, esse número original foi aumentado para 52 tirthankaras, por fim, para 74.

# SUL DA ÁSIA

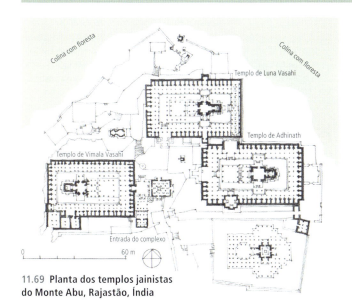

11.69 Planta dos templos jainistas do Monte Abu, Rajastão, Índia

11.70 Interior do Templo de Vimala Vasahi no Monte Abu

**Os templos jainistas do Monte Abu**

Do século X ao XVI, os ministros jainistas empregados nas cortes rajputanas usaram suas riquezas para construir um conjunto de cinco templos no Monte Abu, no Rajastão, 170 quilômetros ao norte de Ahmedabad. Chamados coletivamente de Templos de Dilwara, nome de uma cidade próxima, localizam-se em uma colina sobre o planalto que coroa a montanha. Cada templo eleva-se em relação ao solo sobre o seu próprio terraço e é acessado lateralmente por meio de escadarias que saem de um pórtico com vários pavimentos. Suas plantas se baseiam nos precedentes hindus, com um *garbha-griha* principal precedido por um *mandapa*.

A divindade principal do local é Adinath, um dos tirthankaras. Santuários dedicados a todos os Tirthankaras foram posteriormente acrescentados a cada templo, e cada um deles passou a ser circundado por um quadrilátero composto de pequenos santuários enfileirados. Os mandapas dos pequenos santuários foram unidos para formar um claustro. No espaço residual entre esse quadrilátero e o templo, os arquitetos inseriram um pavilhão sustentado por colunas com detalhes escultóricos primorosamente entalhados. Os templos, feitos com mármore branco local, chamado arasa, são entalhados como se fossem de madeira. As colunas e o teto do pavilhão aberto constituem o clímax do programa escultórico.

No Vimala Vasahi, 12 pilares multifacetados, ligados por arcos flutuantes, sustentam uma cobertura cupulada. Dezesseis figuras femininas, que personificam vários aspectos da sabedoria, foram conectadas, formando um anel no perímetro da cúpula. A parede externa, em contraposição, é pouco ornamentada e mascara as ricas articulações do interior.

11.71 Templo de Dilwara no Monte Abu

# 1000 D.C.

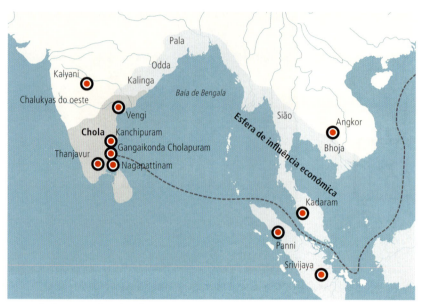

11.72  Chola e sua esfera de influência econômica

## CHOLAMANDALAM

O sul da Índia acabou sendo dominado por uma única potência, a Dinastia dos Cholas, que associaram sua força militar a uma estratégia eficaz de governo e de geração de riqueza para realizar, por si próprios, uma revolução social e econômica. Construindo para si uma nova capital em Thanjavur, acabaram por controlar toda a Índia peninsular, que se tornou a maior potência do subcontinente. Sem perder tempo, logo iniciaram uma agressiva campanha de construção de templos, não só para disseminar o xaivismo, mas também para consolidar sua base econômica. O rei Raja Raja Chola I (que reinou entre 985 e 1004) voltou sua atenção para as rotas de comércio e logo conquistou o controle das vias marítimas usadas pelos árabes. O Sri Lanka tornou-se um estado vassalo. Seu filho, Rajendra I (que reinou entre 1014 e 1044), visando ao lucrativo comércio marítimo com a China, enviou sua frota para conquistar a Malásia e Srivijaya, transformando os cholas na superpotência que controlava o Sudeste Asiático. Os cholas, que chamavam sua esfera de influência de Cholamandalam (ou "Círculo Universal dos Cholas"), possuíam o maior poderio naval que a Índia teve até hoje.

Os cholas escolheram a imagem de Shiva Nataraja, que comanda o movimento do universo com a sua dança, como a divindade representativa de seus reis. O próprio templo era uma extensão do ordenamento real do mundo. A palavra "templo", em tâmil, é *kovil* (*kov* significa "rei-deus" e *il*, "casa"). Ela conota ao mesmo tempo o templo e o palácio e cumpre, assim, diversas funções, desde a religiosa até a judicial. Para cada unidade econômica (como um povoado ou um distrito), os cholas construíram um templo. Embora as dotações básicas dos templos (suas terras agrícolas ou povoados associados) fossem concedidas pelo rei, o terreno para a construção propriamente dita era doado pela elite local. Os comerciantes doavam materiais de construção. Os suprimentos necessários, como imagens, lamparinas e óleo, eram obtidos por meio de doações individuais. Os templos eram administrados como se fossem associações. Eles tinham autoridade para ceder terras e investir seus ativos como bem entendessem. Chegaram até a fundar bancos, e as principais contribuições e investimentos eram inscritos nas paredes para que todos vissem. Dessa maneira, os templos cholas tornaram-se os centros financeiros da comunidade. As assembleias dos povoados eram realizadas dentro deles. Com frequência, os templos também eram os responsáveis pela educação dos meninos das castas superiores. A administração dos templos, porém, era controlada pelo rei, e somente os brâmanes podiam conduzir os ritos. Cada templo mantinha uma grande equipe permanente de musicistas, artistas, artesãos e dançarinas (incluindo as *devadasis*, dançarinas que se dedicavam ao templo de forma vitalícia). Em outras palavras, até mesmo as instituições culturais das comunidades estavam ligadas aos templos.

### Dakshinameru (Templo de Rajarajeshwara)

Enquanto os templos regionais atendiam às necessidades cotidianas do governo, o templo real de Rajaraja I, em Thanjavur, a capital chola, corporificava uma visão imperial da realeza. Rajaraja I promoveu-se como *chakravartin*, um rei destinado a trazer a ordem ao mundo, um semideus sob a graça de Shiva Nataraj. Ele chamou seu templo de Dakshinameru (Monte Meru do Sul), distinguindo seu mundo daquele do norte. (Hoje, o Dakshinameru é mais conhecido como o Templo de Rajarajeshwara ou Brihadeshwara.) Ali se realizavam grandes cerimônias de iniciação

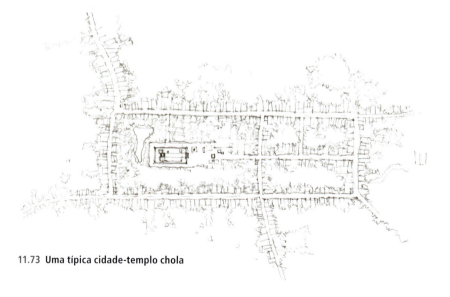

11.73  Uma típica cidade-templo chola

# SUL DA ÁSIA

e legitimação real, vinculando a divindade e o rei. Os rituais cotidianos das divindades refletiam os do rei, inclusive seu percurso matinal pelo recinto sagrado e o recolhimento a seu dormitório ao pôr do sol.

Dakshinameru mantinha uma equipe de 600 *devadasis* tesoureiros, contadores, guarda-livros, vigias, musicistas, leitores e artesãos de toda espécie, além de vários sacerdotes brâmanes. Ainda hoje é o maior templo da Índia.

Situado junto a um rio canalizado para formar um fosso que simboliza o oceano cósmico, sua muralha externa foi construída como a de uma fortaleza. A entrada, no eixo principal, passa através de um *gopuram* de cinco pavimentos. Um segundo *gopuram* independente, de três pavimentos, implantado sobre uma plataforma comprida e baixa, conduz ao quadrilátero central. A massa gigantesca do *shikhara* principal, de 16 níveis, domina a paisagem, com pilastras, pilares e colunas adossadas articulando toda a sua superfície. No interior, o caminho de circum-ambulação que rodeia o imenso lingam no *garbha-griha* repete-se no andar superior, que também pode ser ocupado. Trata-se de uma raridade nos templos hindus, uma alusão à ideia de que Rajarajeshwara oferecia o acesso ao mundo dos deuses. O pavimento térreo (que corresponde simbolicamente ao mundo terrestre) está, portanto, articulado em dois níveis, indicando mais de uma dimensão celestial do templo real. O templo principal é precedido por dois salões hipostilos conjugados e pouco iluminados: o *antarala*, ou vestíbulo, onde ficava o sacerdote, e o *mandapa*. As colunas desse último são entalhadas de modo cuidadoso e requintado – evidenciando o potencial de refinamento –, ao passo que as do *antarala* são monólitos maciços e sem ornamentação: a primeira manifestação da forma a emergir do mundo da não forma.

11.74 Dakshinameru (Templo de Rajarajeshwara), Thanjavur, Índia

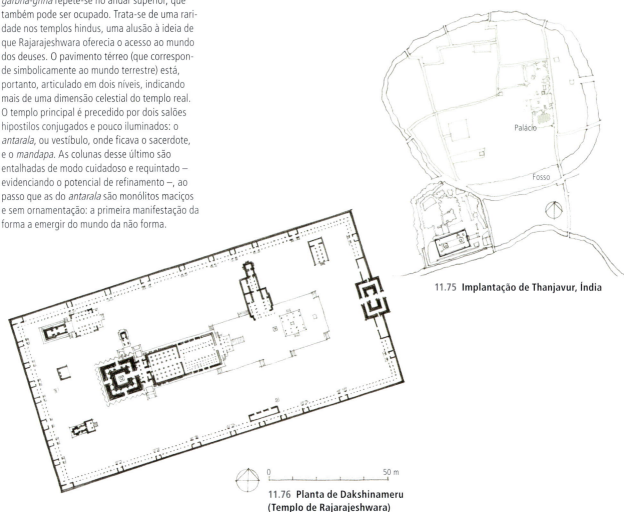

11.75 Implantação de Thanjavur, Índia

11.76 Planta de Dakshinameru (Templo de Rajarajeshwara)

# 1000 D.C.

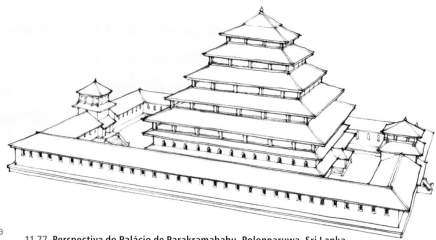

11.77 Perspectiva do Palácio de Parakramabahu, Polonnaruwa, Sri Lanka

## POLONNARUWA

No final do século XII, a parte norte do Sri Lanka com seu elaborado sistema de lagos artificiais, represas e canais, constituía uma das paisagens mais sofisticadas em termos de engenharia hidráulica do mundo. Além de exportar pérolas e gemas, o Sri Lanka havia se tornado um dos principais portos marítimos do sul da Ásia. Após um período de conflitos com impérios indianos, Anuradhapura, a antiga capital, foi substituída por uma nova, Polonnaruma, onde o rei construiu seu conjunto palatino junto à margem oeste de um gigantesco lago artificial. Um grande jardim de prazer e um auditório foram instalados diretamente no topo de um dique com dois quilômetros de extensão que continha a água, uma sugestão da confiança suprema do soberano na paisagem artificialmente controlada.

Entre os inúmeros templos, piscinas e jardins, Vatadage (que significa "casa circular da relíquia") era uma das construções mais importantes. Em seu núcleo, há uma estupa convencional, com cerca de cinco metros de altura e pintada de branco. Ela se localiza, contudo, dentro de uma câmara de tijolo cilíndrica. O conjunto é elevado em um plinto de pedra belamente decorado, cujo acesso é por meio de quatro escadas orientadas de acordo com os pontos cardeais. A parede circular, que provavelmente foi rebocada e pintada, é ornamentada no lado de fora por uma elegante colunata cega de pedra. Esse anteparo, junto com um anel de altas colunas de pedra que existe no interior da câmara, sugere que outrora todo o prédio tinha uma cobertura. Trata-se de um projeto incomum, que existe praticamente só no Sri Lanka. Pode-se imaginar o prédio como uma estupa que foi inserida dentro dos elementos simbólicos de um palácio.

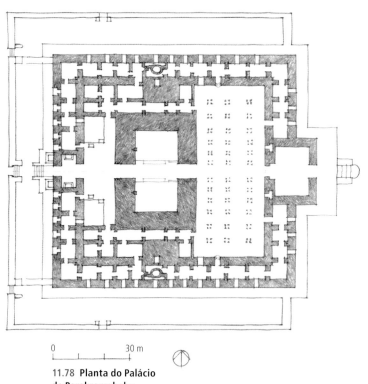

11.78 Planta do Palácio de Parakramabahu

# SUL DA ÁSIA

Isso confirmaria a visão de mundo fundamentalmente teocrática do soberano: ele seria o arqui-protetor do legado do Buda. O prédio é circundado por um pequeno muro de pedra que permite a entrada apenas pelo Norte, separando-o ainda mais de seu contexto. Ao fechar a estupa dessa maneira, o projetista retirou-a da esfera pública, tanto física quanto visualmente, e, de fato, é provável que o prédio tenha acomodado por algum tempo o dente do Buda, uma relíquia venerada que passou a ser associada ao rei e à legitimidade de seu poder. O prédio cilíndrico de tijolo que circunda a estupa interna é similar a um reservatório de água, cujas ruínas podem ser encontradas em várias partes do reino. Assim, seria possível ver a relíquia do Buda como uma bênção e proteção dos grandes sistemas hídricos que eram determinantes para o sucesso do reino?

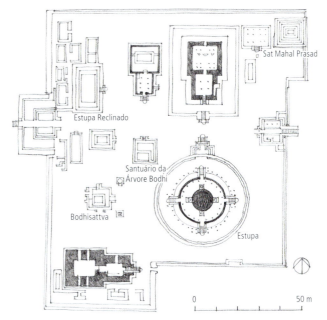

11.79 Planta do Complexo da Estupa de Polonnaruwa

11.80 Estupa de Polonnaruwa

# 1000 D.C.

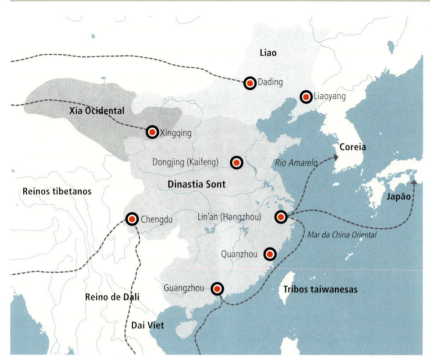

11.81 A China da Dinastia Song

## A CHINA DA DINASTIA SONG

A Dinastia Song (960–1279) reunificou a maior parte da China propriamente dita. O período Song se divide em duas fases: Song do Norte (960–1127) e Song do Sul (1127–1279). A divisão foi causada pelo abandono forçado do norte da China pela corte dos song, que em 1127 foi incapaz de repelir os invasores jin. Quanto a Chang'an, os uyghurs ajudaram a recuperar dos rebeldes a famosa capital, mas se recusaram a abandoná-la até que o imperador lhes pagasse uma enorme soma em seda. O abandono da China setentrional foi provocado, em parte, pelas enchentes de 858 ao longo do Grande Canal, que inundaram enormes áreas de território nas Planície do Norte da China. Em 873, uma trágica quebra da colheita abalou as fundações do império e tornou-o mais dependente do que nunca do arroz importado do sudeste da Ásia. Enquanto a capital dos song ao norte foi transfrida para Dongjing (atual Kaifeng); a capital sul foi estabelecida em Lin'an (hoje Hangzhou). Embora enfraquecida, a economia ainda era poderosa, e o uso de um novo tipo de arroz, que amadurecia cedo, levado do sudeste e do sul da Ásia, proporcionou abundantes excedentes alimentares. O confucionismo foi renovado e estabeleceram-se relações exteriores com a Índia, a Indonésia e o Egito fatímida.

As cidades da Dinastia Song do século XI eram as maiores e mais complexas do mundo. Entre elas, Dongjing, com quase 1 milhão de habitantes das mais diversas religiões, talvez fosse a maior. Ao contrário das cidades dos tang, as da Dinastia Song não eram meros centros administrativos: elas também serviam como polos de indústria e comércio terrestre e marítimo. Dongjing situava-se na interseção de quatro grandes canais ligados a outras cidades e ao Rio Amarelo. Pelo fato de a cidade não ser dividida em bairros dedicados exclusivamente a certas atividades, os mercadores podiam estabelecer suas lojas onde quisessem. Pinturas da época revelam que todas as principais ruas e cruzamentos eram repletos de atividades. (Um pergaminho song, *O rio superior durante o festival de Qing-Ming*, oferece uma descrição detalhada da animada Dongjing.)

Embora as autoridades chinesas, em geral, preferissem cidades bastante regradas, Dongjing evidencia o desenvolvimento de um urbanismo mais flexível e menos repressor. É o caso também de Lin'an, outro centro de cultura no litoral sul da China durante os séculos X e XI, que se tornou – depois da derrota dos song pelos Lin, em 1123 – a capital da chamada Dinastia Song do Sul. As cidades dos song eram muito cosmopolitas, com grandes populações de comerciantes estrangeiros. O novo conceito de uma área de entretenimento cultural, chamada *wazi*, tornou-se popular, em especial com a criação de mercados noturnos. Os song criaram extensas redes de estradas entre suas cidades grandes e pequenas. O uso de dinheiro de papel facilitou a economia mercantil. O cultivo de chá e algodão disseminou-se, e a pólvora foi empregada pela primeira vez.

Um dos principais cientistas e estadistas, Shen Kuo (1031–1095), era matemático, astrônomo, cartógrafo e enciclopedista, e também atuou como Ministro das Finanças. Fazendo experiências com agulhas magnetizadas suspensas, Shen descobriu a declinação magnética em direção ao polo Norte e o conceito de norte verdadeiro, revelação que tornou a bússola útil para a navegação. Também escreveu longos textos sobre a impressão com tipos móveis, que tinha sido inventada por Bi Sheng (990–1051).

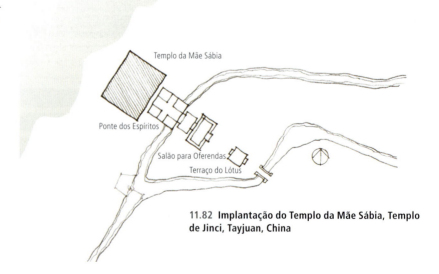

11.82 Implantação do Templo da Mãe Sábia, Templo de Jinci, Tayjuan, China

# LESTE DA ÁSIA

Sob a Dinastia Song, as tradições taoísta e budista aproximaram-se, mas foi o confucionismo, influenciado pelas práticas budistas, que ressurgiu como principal força ideológica. Embora tivessem ênfases diferentes, confucionismo e budismo não eram considerados discordantes.

## O Templo da Mãe Sábia

As cidades da Dinastia Song, como era o tradicional desde a Dinastia Han, tinham elaborados altares para sacrifício ao ar livre que eram dedicados para os sacrifícios imperiais ao céu, à Terra, ao Sol e à Lua. Também havia magníficos *ci* cobertos, templos com colunas em seus interiores que eram construídos para comemorações e venerações, frequentemente relacionadas ao aprendizado do confucionismo. Durante a Dinastia Song, essas construções também serviram como locais para sacrifícios imperiais. Uma delas era o Jinci, construído em um lugar onde havia três nascentes adoradas desde a Antiguidade, famoso na literatura chinesa por sua beleza campestre. O Jinci situa-se no sopé de uma montanha, 25 quilômetros a sudeste de Taiyuan, um importante centro urbano regional. Enquanto a maioria dos templos chineses seguia o padrão convencional de salões voltados para o sul diante de pátios internos, sendo o conjunto definido por muros e um portão, esse santuário, dedicado ao espírito das nascentes, foi construído de acordo com a paisagem. Embora numerosos edifícios tenham sido acrescentados ao complexo no decorrer do tempo, ele originalmente consistia em uma série de prédios orientados para o sudeste e de pontes que cruzavam dois canais, tudo isso contido entre duas das nascentes. O Templo da Mãe Sábia localizava-se imediatamente atrás da nascente do meio e da terceira nascente. O santuário era entendido como uma corte celestial regida por uma deusa suprema. Por isso, o Templo da Mãe Sábia (1038–1087), no cume da composição, foi construído no estilo imperial: tem telhado com estrutura de madeira, duas águas e beirais com cinco *puzos* exuberantes.

Essa plataforma a céu aberto é seguida por um salão de oferendas coberto que conduz à notável Ponte dos Espíritos, que cruza uma das nascentes. Na verdade, ela consiste em duas pontes que se cruzam a 90 graus e encontram-se no centro. Estão instaladas diante do salão propriamente dito, que é uma construção térrea. Porém, por ter sido construído circundado por uma varanda com seu próprio telhado, parece ter dois pavimentos. Os oito dragões de madeira dourada que se enroscam em torno das colunas frontais assinalam a identidade da Mãe Sábia como deusa da água e fornecedora de chuva. Algumas colunas foram eliminadas para dar mais espaço à varanda, que tem a profundidade de dois intercolúnios. A parede do recinto aberto em forma de U que define o santuário tem suas colunas de sustentação da cobertura adossadas, de maneira típica. Ao longo das paredes internas, inteiramente pintadas com temas associados à deusa, havia estátuas em tamanho real das servas dessa divindade. A Mãe Sábia usa vestimentas sofisticadas, mas se encontra sentada na posição do Buda – não por acaso, afinal seu santuário foi feito para competir com os santuários budistas.

**11.83 Detalhe, Templo da Mãe Sábia**

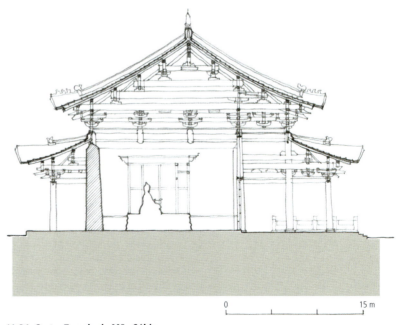

**11.84 Corte: Templo da Mãe Sábia**

# 1000 D.C.

### O Pagode de Ferro

A arquitetura do *ta*, ou pagode, desenvolveu-se rapidamente sob os song. Os pagodes haviam surgido na Dinastia Han (202 a.C.–220 d.C.) como estruturas de madeira, e, depois, durante a Dinastia T'ang (618–907 d.C.), como prédios de tijolo e pedra mais resistentes aos raios. Embora o budismo tenha se enfraquecido na China depois do período T'ang Tardio, durante a Dinastia Song as torres dos pagodes budistas continuaram a ser construídas – muitas vezes, não dentro das muralhas urbanas, mas no campo, talvez para não competir com a autoridade cósmico-imperial representada pelas torres dos tambores e dos portões das cidades. Uma exceção é o Pagode de Ferro do Templo de Youguo, em Dongjing (a atual Kaifeng), cujo nome não se deve ao fato de o edifício ser feito desse material, mas porque sua cor assemelha-se à do ferro. Trata-se de um prédio octogonal de tijolo com cerca de 57 metros de altura construído em torno de um núcleo sólido, com uma escada em espiral que circula entre o núcleo e a fachada exterior. O uso do tijolo permitiu aos arquitetos alcançar uma forma esbelta e elegante, o que não seria possível em madeira, embora o edifício tenha sido projetado para imitar uma estrutura de madeira, com beirais (*miyan*) e mísulas de madeira (*dou-gong*) muito próximos entre si. Os tijolos esmaltados do exterior são profusamente decorados com imagens do Buda e de monges, cantoras e dançarinas, flores, leões, dragões e outros animais lendários. Sob os beirais, 104 sinos tocam ao sabor do vento.

## A DINASTIA LIAO

Um clã tribal chamado khitan fundou a Dinastia Liao (947–1125), que ia da Coreia e da Mongólia, ao norte, até Pequim, ao sul. Essa foi a primeira das dinastias chamadas de estrangeiras na China. Adequando-se ao caráter dualista da região – com nômades ao norte e populações chinesas sedentárias ao sul –, os liao criaram um governo duplo e construíram uma série de cidades por meio das quais essa dualidade exprimia-se. Sua capital, Shangjing ("Capital Suprema"), perto da moderna cidade de Lingdong, situava-se na nascente do Rio Shira Muren, um local sagrado para os khitans. Servia como centro administrativo do império e incluía um distrito comercial, chamado de Cidade Chinesa, feito de materiais permanentes. Os governantes liao, porém, continuavam morando em suas tradicionais iurtas, em uma parte da cidade reservada a eles. Com o tempo, mais de 30 cidades muradas foram construídas, entre elas quatro capitais de apoio para as quatro regiões do império, que serviam como centros de comércio. A capital do sul foi predecessora de Pequim. As cidades tinham formato quadrado (ou quase) e abrigavam uma cidadela palaciana murada adjacente à muralha norte. Os liao adotaram o budismo com tal vigor que se estima que 10% da população fosse constituída de monges e monjas. Todavia, a maioria dos khitans ainda praticava, de uma maneira ou outra, sua religião animista tradicional, que cultuava o Sol. Por isso, o imperador khitan voltava-se para o leste, onde o Sol nasce, e não para o sul, como faziam os imperadores chineses.

Embora os khitans tenham se acomodado às tradições de arquitetura e urbanismo da Dinastia Song – pois não possuíam eles mesmos tradições desse tipo –, transformaram as convenções construtivas chinesas para desenvolver seu próprio estilo. Os edifícios que encomendaram foram feitos por artesãos chineses e coreanos. Mesmo assim, sob vários aspectos, suas edificações eram diferentes daquelas dos song, quando não superiores. Enquanto os song aspiravam à clareza estrutural, os liao apreciavam uma complexidade de mísulas e ensambladuras que não só eram mais duráveis como também conferiam um tom mais majestoso a suas construções. Uma de suas inovações foi a remoção das colunas centrais dos salões, dando mais espaço para a escultura do Buda. Isso explica em parte a necessidade de uma estrutura mais complexa para os telhados, que tinham de vencer vãos maiores. Foi sobretudo durante o reinado do sexto imperador liao, Longxu (Shengzong, 971–1031), que a maior parte da arquitetura em madeira dos liao foi construída.

### Mu-ta

Mais de 100 pagodes antigos das Dinastias Song, Liao e Jin chegaram até os dias atuais, pois a maioria deles era feita de tijolo. Dos prédios de madeira, poucos ainda existem. Uma das exceções é o Pagode de Madeira de Yingxian, construído pela Dinastia Liao em 1056. Ele muitas vezes é chamado simplesmente de Mu-Ta, ou Pagode de Madeira. O Mu-Ta foi construído em homenagem a Xinzong (1031–1055), o sétimo imperador liao.

O acesso a esse *ta* de 67 metros de altura dava-se por meio de um recinto monástico com um portão monumental (*shanmen*) e um grande antepátio de 55 metros, que já não existe. O edifício elevava-se sobre quatro "terraços lunares" (*yuetai*), cada um com um par de escadarias laterais. Os *yuetai* eram uma característica típica dos edifícios dos liao, mas na época não eram usados na arquitetura dos song.

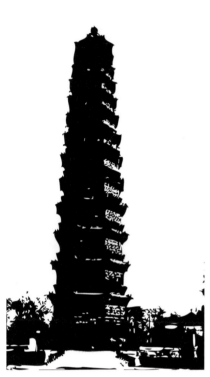

**11.85** Silhueta do Pagode de Ferro, Kaifeng, China

# LESTE DA ÁSIA

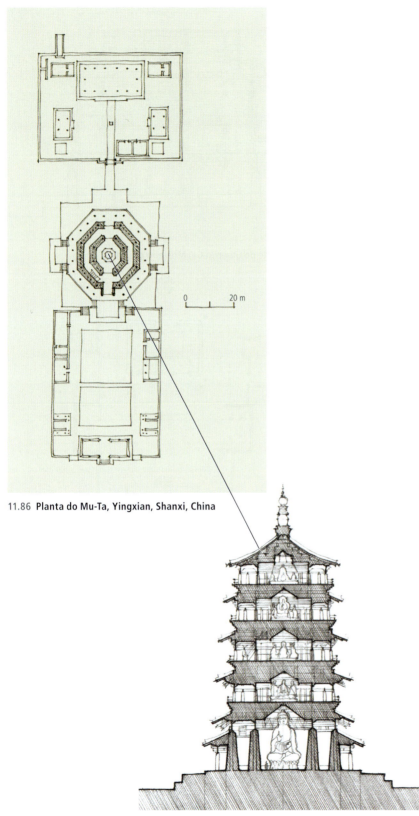

11.86 Planta do Mu-Ta, Yingxian, Shanxi, China

11.87 Corte no Mu-Ta

O primeiro pavimento do edifício contém três anéis independentes de pilares de madeira. Os pilares menores, no anel externo, sustentam os beirais mais baixos. Os dois anéis interiores constituem o *cao* externo e o *cao* interno e têm no centro uma escultura gigante do Buda sentado. Com a exceção do pavimento térreo, onde as colunas estão embutidas em uma parede para criar um recinto fechado, todos os demais níveis são abertos nas laterais. Há três níveis principais. Cada um constitui um templo em si e exibe uma escultura do Buda.

O Mu-Ta, que para sua época era o equivalente a um arranha-céu, foi uma das realizações estruturais mais avançadas do seu tempo. Como o Guanyin-Ge do Mosteiro de Dulesi, cada pavimento do Mu-Ta é uma unidade estrutural separada (nenhum dos pilares eleva-se por mais de um andar). Esses níveis são conectados por 54 tipos diferentes de mísulas compostas. No exterior, cada andar do Mu-Ta é representado por um beiral sustentado por um *dou-gong* estrutural muito bem organizado. No interior, contudo, a estrutura é amarrada por uma malha complexa de pilares e vigas, *dou-gongs* radiais e contraventamentos em X transversal que, no conjunto, acabam constituindo um espesso ninho em forma cilíndrica entre a pele externa do edifício e seu espaço central. É essa malha de reforços cruzados que tem permitido ao Mu-Ta durar quase um milênio sem ser afetado pelos numerosos terremotos da região.

## O Mosteiro de Dulesi

Por volta de 984 d.C., Hebei, um nobre liao de Jixian, construiu um mosteiro budista chamado Dulesi ("Alegria Solitária"), dedicado a Guanyin, a bodhisattva da compaixão e da misericórdia. O Mosteiro de Dulesi foi reconstruído várias vezes, mas suas estruturas centrais, o portão príncipal (*shanmen*) e o salão para culto (Guanyin-Ge) são os originais do período liao. (O sufixo *ge* se refere aos prédios de pavimentos múltiplos que apenas são acessíveis pela frente e que, como nesse caso, abrigam estátuas colossais.) Trinta metros separam o *shanmen* do Guanyin-Ge. A linha de visão é tal que a cumeeira do telhado do Guanyin-Ge, de 22 metros de altura, é claramente visível do portal de entrada do *shanmen* e permite que a estrutura inteira se imponha, com todo o seu impacto, a quem chega ao local.

Assim como no Mu-Ta, cada pavimento do Guanyin-Ge tem uma estrutura separada, encaixada na estrutura abaixo. Trata-se de um prédio de três níveis, embora quando observado de fora pareça ter apenas dois. Dessa maneira, os olhos

# 1000 D.C.

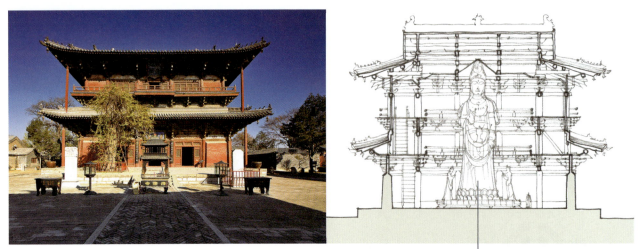

11.88 Mosteiro de Dulesi, Jixian, Província de Hebei, China

11.89 Corte do Guanyin Ge, Mosteiro de Dulesi

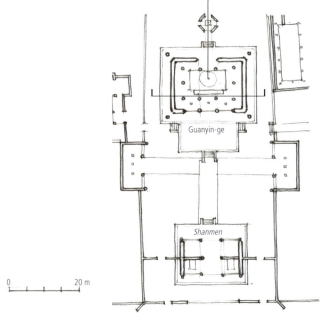

11.90 Planta do Mosteiro de Dulesi

de Guanyin podem ser vistos através das janelas do pavimento superior quando o visitante chega ao complexo.

Os telhados de madeira chineses são classificados segundo o número e os tipos de suportes e vigas utilizados. As mísulas compostas são classificadas de acordo com o número e a complexidade de seus elementos horizontais, verticais e diagonais. As vigas são designadas conforme sua posição e o número de caibros que sustentam. No *shanmen*, quatro vigas de quatro caibros e quatro vigas de dois caibros suportam o telhado. A estrutura usa nada menos que 24 tipos de conjuntos de mísulas, sendo que os mais complexos ficam nas quinas. O edifício ergue-se sobre uma base de pedra polida com cerca de um metro de altura. Colunas dividem a planta em um espaço interno com pé-direito triplo e um vestíbulo circum-ambulatório. Esses dois espaços são chamados, respectivamente, de *wai* e *nei cao*. O ambulatório (ou galeria) do segundo pavimento é acessível por meio de uma escada. Além disso, os olhos de Guanyin estão alinhados com um pagode de alvenaria – o Pagode Branco (reconstruído em 1058), implantado axialmente a 350 metros de distância. Essa ligação visual era uma reinterpretação da prática mahayana de justapor estátuas do Buda às estupas para ressaltar os pontos em comum entre os dois.

Situadas no entorno imediato das cidades, as tumbas dos liao consistem em câmaras mortuárias subterrâneas com múltiplos aposentos e várias plataformas acima do nível do chão, sobre as quais os descendentes poderiam oferecer sacrifícios para satisfazer aos espíritos dos mortos. O acesso a elas se dava por um longo "caminho dos espíritos", uma via pavimentada que levava aos túmulos. Era ladeada por estátuas de animais mitológicos e reais em escala monumental, bem como por outros objetos cerimoniais que tinham a função de proteger e guiar os espíritos. O interior era pintado imitando as partes de dentro de tendas e de estruturas de madeira. Curiosamente, todas as tumbas dos liao contêm um painel pintado com a figura de uma mulher que passa por uma porta. O significado dessa imagem ainda não está claro. Os fluidos corporais eram retirados dos cadáveres, que então eram preenchidos com produtos vegetais, embalsamados e, muitas vezes, recobertos com um traje de metal fino.

A Dinastia Liao começou a entrar em declínio no século XII. Em 1120, os song fizeram aliança com a recém-fundada Dinastia Jin e atacaram os liao. Em 1125, Tianzuo, o último imperador dos liao, foi capturado pelo exército dos jin, e a dinastia chegava a seu fim. Os jin, aparentados com os mongóis, acabaram se mostrando mais temíveis do que os song previam e logo controlavam boa parte do antigo território liao no norte da China.

# LESTE DA ÁSIA

11.91 Japão: Localização de Kyoto e Nara, Japão

11.92 O Salão da Fênix em Byodo-in, perto de Kyoto, Japão

## O BUDISMO DA TERRA PURA (AMIDISMO)

Por volta do ano 1000, quando o poder foi transferido das classes mais altas para a aristocracia, uma nova forma de budismo, conhecida como budismo da Terra Pura (Amidismo), passou a dominar o Japão. Como ela era aberta a todos, oferecia os meios para que os aristocratas japoneses tivessem acesso aos ensinamentos budistas sem a necessidade de viver em mosteiros. Desenvolveu-se originalmente na Índia, no século II d.C., e baseava-se na ideia de que o devoto poderia alcançar, por meio de um conjunto de meditações pessoais específicas, o renascimento em uma Sukhavati ("terra justa" ou "terra pura") de sua escolha. Essas meditações deviam focar determinado conjunto de "visualizações" — isto é, uma série de cenas prescritas que conduziriam o devoto àquele lugar por meio de um conjunto de passos. Seus ensinamentos centrais estavam contidos no Sutra da Visualização, um sermão que se acreditava ter sido pregado pelo Buda à virtuosa Dama Videhi, que buscava libertar-se de seu mundo povoado de materialismo e demônios. Em virtude de sua ligação com a Dama Videhi, o budismo da Terra Pura era promovido sobretudo por mulheres. As visualizações do Terra Pura eram em geral mostradas em pinturas, esculturas e diagramas na forma de mandalas. O simples ato de transcrever sutras e redesenhar visualizações bastava para conceder mérito ao devoto. As transcrições se concretizavam, em última análise, na arquitetura, refazendo-se as plantas implícitas nos mandalas para criar edifícios reais. Com isso, o próprio templo transformava-se em objeto de culto.

Em 1053, o aristocrata Fujiwara no Yorimichi (990–1074) transformou uma vila já existente em Uji, perto de Kyoto, em uma transcrição do Taima Mandala. Essa visualização é conhecida como o Byodo-in (ou Templo da Equanimidade). Para o budismo, *byodo* (igual) indica uma condição de possibilidade aberta a todos. O Salão da Fênix (Hoo-do) é tudo o que resta do templo original. Os hoo são pássaros míticos semelhantes à fênix, cujas esculturas coroam a cobertura do salão.

A mandala Taima apresenta o Buda sentado sobre uma plataforma em forma de C que repousa sobre um lago cercado de bodhisattvas. A planta do Salão da Fênix, construído em uma ilha artificial dentro de um lago, reproduz a planta do mandala Taima, tendo à direita e à esquerda extensões semelhantes a asas. O Salão da Fênix era para ser visto principalmente do outro lado do lago, como uma visualização na qual o devoto podia concentrar-se durante a meditação.

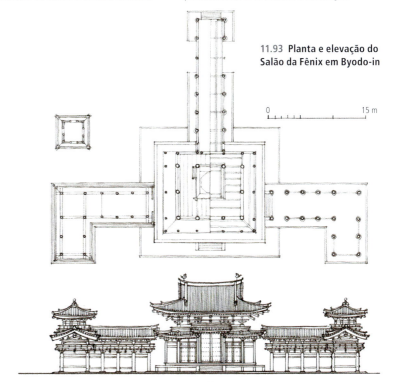

11.93 Planta e elevação do Salão da Fênix em Byodo-in

# 1000 D.C.

11.94 Bizâncio e Europa Oriental, *circa* 1000 d.C.

11.95 Interior da Igreja de Cristo Pantocrator

## O RENASCIMENTO BIZANTINO

Por volta do ano 1000, devido a campanhas militares bem-sucedidas e a uma reestruturação da administração no reinado de Basílico II, o Império Bizantino voltou a prosperar. Uma das razões desse sucesso foi o crescimento do comércio com Novgorod e Kiev, criando um fluxo circular de mercadorias que incluía a Armênia, mas evitava a Europa Central, ainda muito instável. A construção de igrejas também voltou a florescer. Formalmente, ela pouco mudou. O elemento central era uma cúpula apoiada sobre quatro colunas, formando um quadrado. A novidade, contudo, era o desejo de criar igrejas compostas, acrescentando novos prédios aos antigos e abrindo uma passagem entre ambos, com um novo nártex conectando-os. Isso pode ser visto na Igreja de Cristo Pantocrator (conhecida em turco como Zeyrek Camii), um complexo de três igrejas (1118–1143) cuja construção foi concluída pelo imperador João II Comneno. As igrejas do norte e do sul haviam sido construídas pela imperatriz Irene. Após sua morte, João decidiu unir as duas por meio de uma terceira, dedicada ao Arcanjo Miguel, que serviu também como capela funerária para seu clã familiar, os Commenus. Ao longo dos séculos, muitos imperadores bizantinos foram enterrados ali. Por essa razão, o edifício desfruta de grande prestígio em Constantinopla. Como era o costume, a igreja estava associada a um mosteiro e a um asilo, nesse caso destinado a homens idosos. A Igreja do Sul é do tipo de quatro colunas, as quais, já desaparecidas, eram de mármore vermelho. A Igreja do Norte é similar, com uma cúpula assentada sobre um tambor alto. A igreja do meio também tinha uma cúpula, que criava um interior complexo e labiríntico. O prédio era de tijolo e possuía paredes rebocadas e pintadas.

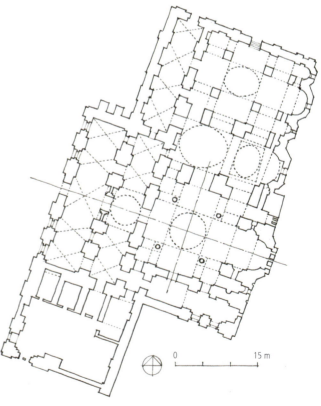

11.96 Planta da Igreja de Cristo Pantocrator, Constantinopla, Turquia

# ÁSIA OCIDENTAL

## A Rússia de Kiev

A centralização do poder, sob o domínio da Dinastia Rurikovichi, presumivelmente de origem norueguesa, acelerou o declínio da organização do clã patriarcal e deu origem a uma classe de comerciantes governada pela nobreza. Kiev logo se tornou o centro de um grande sistema de rios navegáveis, cujo principal era o Dnieper, que conectava a Escandinávia a Bizâncio. Isso propiciou a consolidação das rotas de comércio, com os rios Dnieper e Volkhov ligando o Mar Branco ao Mar Negro e o Rio Volga conectando o Mar Cáspio ao norte. Era como se fossem as auto-estradas de então. O comércio de peles, couro, cera, mel, trigo, especiarias, metais e tecidos contribuiu para aumentar a riqueza das cidades que ficavam ao longo dessas rotas. Embora os húngaros tivessem feito uma aliança com a Igreja Católica latina, os eslavos e russos converteram-se à Igreja Ortodoxa, centralizada em Constantinopla, no século X.

Segundo a lenda, a decisão foi inspirada na beleza de Santa Sofia, em Constantinopla, e na sofisticação dos rituais religiosos, conforme as descrições enviadas à Rússia por emissários encarregados de comparar as duas religiões. O vínculo com Bizâncio refletiu na arquitetura: a primeira edificação de alvenaria da Rússia, a Igreja dos Dízimos, em Kiev (989–996 d.C.), foi erigida por pedreiros bizantinos. Embora poucas partes dela estejam preservadas, escavações feitas no século XX revelaram fragmentos de mosaicos e afrescos, bem como permitiram uma reconstituição da planta – uma cruz inscrita – que serviu de protótipo para as igrejas medievais russas de alvenaria. Outra igreja importante do período foi a Hagia Sophia de Novgorod, um edifício de pedra consagrado em 1052 por Vladimir Yaroslavovich, príncipe de Novgorod. Essa igreja se tornou um dos principais centros da espiritualidade cristã no norte da Rússia. Ainda que tenham sofrido influenciadas da arquitetura bizantina, as igrejas russas começaram a assumir um estilo único. Ao contrário das igrejas bizantinas, cuja silhueta não é especialmente pronunciada, as igrejas russas com frequência tinham cúpulas assentadas sobre altos tambores. Além disso, quatro cúpulas menores aglomeravam-se em torno da cúpula central. As igrejas eram pesadas, com janelas pequenas, o que tornava o interior ainda mais misterioso. Um nártex ajudava a facilitar a transição entre o exterior e o interior.

O principado de Vladimir-Suzdal sucedeu ao de Kiev como o estado mais poderoso da Rússia no final do século XII, e duraria até o final do século XIV. Suas fortificações tinham o chamado Portão Dourado (1158–1164), um dos mais bem preservados dos antigos portões de cidades russas. Ele foi baseado em outros portões dourados semelhantes de Jerusalém, Constantinopla e Kiev. É provável que os pedreiros tenham sido contratados em Bizâncio, pois as medidas empregadas eram gregas, e não russas. O prédio era coroado por uma igreja dedicada à Deposição do Manto da Virgem.

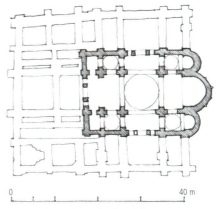

11.97 Planta da Igreja dos Dízimos (Desyatinaya)

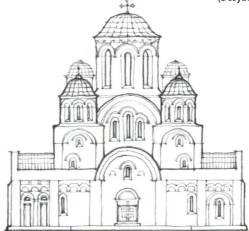

11.99 Portão Dourado, Vladimir, Rússia

11.98 Elevação da Igreja dos Dízimos (Desyatinaya), Kiev, Rússia

# 1000 D.C.

**Armênia**

Uma importante influência sobre a arquitetura bizantina veio da Armênia. No período do califado Árabe (654–861 d.C.), a construção de igrejas estava totalmente parada no país. Todavia, ao reconquistar a independência, a Armênia vivenciou um redespertar de sua cultura arquitetônica até 1045, quando foi invadida pelos turcos vindos do norte. Em 1080, entretanto, o príncipe Ruben fundou um novo reino na Cilícia e na Armênia (conhecido também como o Quarto Reino Armênio). As íntimas relações que esse reino estabeleceu com os países da Europa tiveram importante papel durante as Cruzadas. Tornou-se comum, entre a sua aristocracia, o casamento com membros de famílias europeias participantes das Cruzadas, e muitos termos franceses foram incorporados à língua armênia. Ao norte desse reino cristão estendia-se o Império dos Kazares e, ao sul, o Califado Islâmico de Bagdá.

No século X, Ani havia se tornado uma das principais cidades do oeste da Ásia. Situada na atual fronteira entre a Turquia e a Armênia, Ani se localizava sobre um longo promontório delimitado pelo Rio Akhurian. Suas muralhas defensivas foram construídas em 963 d.C., mas a cidade logo cresceu para além delas e chegou a ter uma população de 100 mil habitantes. Embora tenha sido tomada pelos bizantinos em 1045 e pelos seljúcidas em 1064, foi reconquistada por Zak'are Mxargrjeli em 1199 e floresceu até ser saqueada pelos mongóis, em 1236. Eram centenas as suas capelas e igrejas.

A Catedral de Ani (989–1001), por seus arcos pontiagudos e suas colunas compostas, merece ser incluída entre os principais monumentos da época. Sua implantação era espetacular, no centro da cidade, sobre um penhasco voltado para os rios Arpa e Akhurlan. O arquiteto responsável por sua construção foi Trdat, tão famoso que foi chamado a Constantinopla para restaurar a cúpula de Hagia Sophia, danificada por um terremoto em 989 d.C. Dando continuidade à tradição armênia de inovação arquitetônica, Trdat apoiou a cúpula em um tambor com quatro pendentes que descem entre os arcos, os quais, por sua vez, apoiavam-se sobre quatro pilares. Arcos menores venciam os vãos das naves laterais. Pelo fato de a cúpula ter apoios independentes, o restante da estrutura é maior do que seria possível pelo tamanho da cúpula. Cria-se assim uma relação mais leve entre a cúpula e o perímetro do que aquela que havia nas igrejas armênias anteriores, mais compactas.

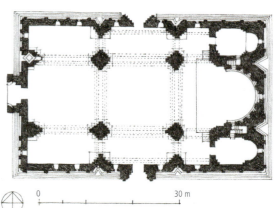

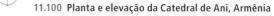

**11.100** Planta e elevação da Catedral de Ani, Armênia

**11.101** Catedral de Ani

# ÁSIA OCIDENTAL

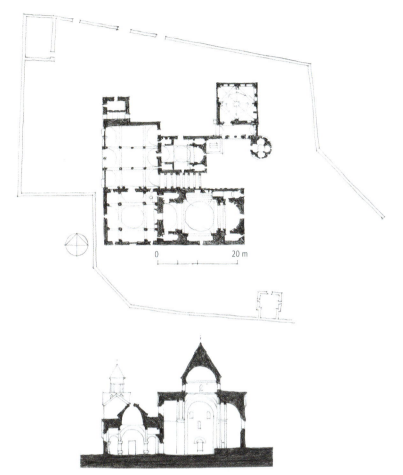

11.102 Planta e corte do Complexo de Sanahin, Lori, Armênia

11.103 Interior de uma igreja de Sanahin

## O Complexo de Sanahin

Um complexo monástico bem preservado, chamado Sanahin (ou São Amenaprkitch), a dois quilômetros a sudeste da cidade de Alaverdi, é um exemplo de instituição monástica armênia. Ao contrário dos aglomerados bizantinos, cujos prédios tendem a se fundir uns aos outros, os complexos da Armênia mantinham uma separação clara de volumes e funções. As igrejas (iniciadas em 934 d.C.) têm entre si um corredor ou academia, com uma abóbada de berço onde os alunos podiam sentar nos bancos de pedra enquanto o professor caminhava para cima e para baixo, como era costume nas escolas peripatéticas. Anexados à frente de ambas as igrejas há *gavits* datados de aproximadamente 1210, que começaram a ser usados por volta dessa época. Nesses espaços abobadados, os noviços podiam auxiliar na missa. Contudo, sua principal função era como salões para reunião. Leis e regulamentos eram esculpidos em suas paredes internas. Também serviam como lugares para o sepultamento de membros da nobreza.

A Igreja da Santa Cruz, na Ilha de Aght'amar (consagrada em 921 d.C.), originalmente sem anexos, impressiona por sua simetria e seu equilíbrio. Ao contrário das igrejas bizantinas, compósitas por natureza, as igrejas armênias buscavam preservar uma forte conexão entre o interior e o exterior. A sacristia e o salão paroquial, em vez de espaços separados à direita e à esquerda do altar, eram embutidos na massa da parede. O interior, no entanto, nunca constituía apenas um reflexo da forma externa. A igreja, como também é típico da arquitetura armênia, apresenta-se por meio de simples formas elementares: cubos, cilindros, cones e pirâmides. A cúpula é cônica por fora, mas hemisférica em seu interior. As paredes foram feitas com uma argamassa de seixos bastante parecida com concreto e revestidas de blocos de arenito rosa muito bem assentados. A planta, com suas quatro ábsides, é conhecida como tetraconcha, embora as êxedras leste e oeste sejam mais profundas do que as do norte e do sul. O exterior é decorado com esculturas em baixo-relevo que representam passagens bíblicas. No interior, a iluminação é indireta, e as janelas são pequenas. A principal fonte de luz se situa em volta do tambor, acima do qual a cúpula parece flutuar, por assim dizer, em um anel de luz. No nível térreo, as amplas ábsides laterais inflam o espaço para fora, com pequenas concavidades nos cantos, entre as pilastras, aumentando a iluminação. Todo o interior era originalmente ornamentado com pinturas representando cenas religiosas.

395

# 1000 D.C.

## A ALEMANHA OTONIANA

Durante várias décadas no reinado de Carlos Magno (742–814 d.C.), praticamente todo o mundo ocidental – como era definido na época – estivera unificado sob um único domínio político, dirigido por um grupo homogêneo de bispos e juízes descendentes das famílias mais poderosas. No entanto, com a divisão do império de Carlos Magno após sua morte, as invasões vikings ao norte e as incursões muçulmanas ao sul, a qualidade de vida na Europa deteriorou. Comunidades dispersaram-se, bibliotecas foram destruídas e mosteiros, arruinados. Porém, por volta do ano 1000 d.C., a situação começara a melhorar, em parte porque, naquela época, o sistema feudal já estava consolidado na maior parte do continente. *Grosso modo*, a sociedade estava dividida em três grupos: os servos, ligados à terra; os membros das ordens religiosas; e a aristocracia hereditária, que recolhia os impostos e responsabilizava-se pela proteção militar da terra.

Por volta dessa época, o equilíbrio do poder havia também pendido da França para a parte ocidental do reino e os alemães cristianizados governados pela Dinastia Otoniana (919–1024). Assim como no caso da França, o principado da Alemanha não tinha uma capital no sentido atual. Os governantes se transferiam de um lugar a outro, julgando litígios legais à medida que passavam e tentando manter unida a rede de relações das quais dependia o reino. A ausência de uma capital única distinguia a noção europeia de governança daquela de quase todos os outros estados do mundo.

Tudo indica que os soberanos alemães admiravam a vida e a cultura de Constantinopla. As mães e esposas da aristocracia europeia com frequência eram princesas gregas. O imperador era visto como a figura oriental do "basileus", ou soberano, com a concomitante conotação de autoridade e seus emblemas de poder: o manto dourado e o globo empunhado na mão direita. Essas conexões com o leste trouxeram consigo artesãos, assim como arquitetos e mestres de cantaria bizantinos e armênios, cuja excelência técnica teve impactos positivos sobre a arquitetura otoniana. Perto de Quedlimburgo, em Gernrode, encontra-se a única igreja totalmente preservada do começo do período otoniano, a Igreja Colegiada de São Ciríaco. Diferentes da arquitetura carolíngia, essas igrejas – embora ainda volumetricamente poderosas – apresentam alvenarias muito mais bem construídas e evidenciam um desejo de verticalidade. Como as igrejas carolíngias, as otonianas eram compostas de massas volumétricas.

11.104  Sacro Império Romano

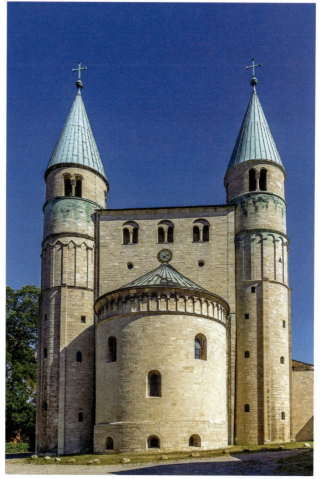

11.105  São Ciríaco, Gernrode, Alemanha

# EUROPA

Os reis otonianos combinaram a fundação de mosteiros com a criação de grandes mercados públicos, como forma de consolidar o controle imperial sobre seus territórios. Porém as superfícies externas limpas e a integração entre os cruzeiros e os transeptos das igrejas de São Ciríaco, em Gernrode (960 d.C.), e de São Miguel, em Hildesheim (1001–1033), por exemplo, conferem a essas edificações uma simplicidade complexa que faltava às igrejas carolíngias anteriores, como a de São Riquier. A Igreja de São Miguel ficava perto da cidade de Hildesheim, que então crescia como um centro mercantil e se definia pela rua larga para a qual davam as lojas. A igreja não se localizava na cidade propriamente dita, pois isso ainda não era muito comum; em vez disso, ela tinha sua própria área fora da cidade. Ao contrário das igrejas romanas, a entrada em São Miguel era lateral, pelo sul, por onde se chegava da praça do mercado.

Estendendo-se entre dois transeptos quase idênticos, a nave central tem uma razão de três por quatro. Seu ritmo é estabelecido por grossos pilares, entre os quais erguem-se duas colunas. A edificação, que não possui westwork (cabeceira ocidental), reflete a gradual perda de importância desse elemento arquitetônico. A cripta, com seu deambulatório, fica no nível do solo e o altar-mor localiza-se acima dela. O claustro, ao norte, perdeu-se com o tempo. O telhado era sustentado por treliças de madeira.

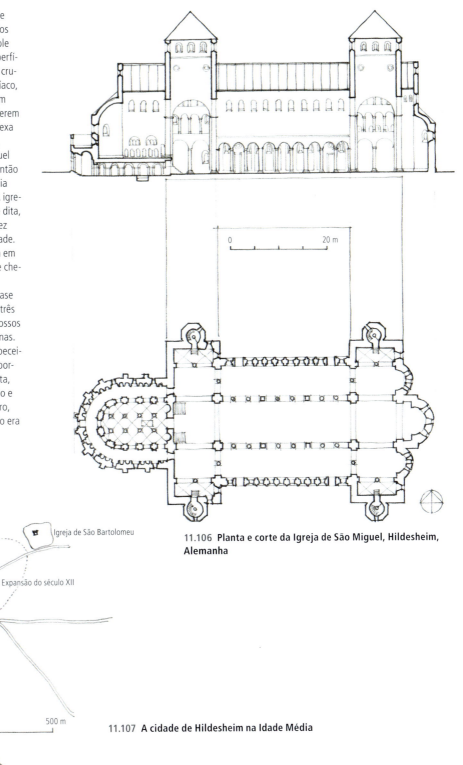

11.106 Planta e corte da Igreja de São Miguel, Hildesheim, Alemanha

11.107 A cidade de Hildesheim na Idade Média

# 1000 D.C.

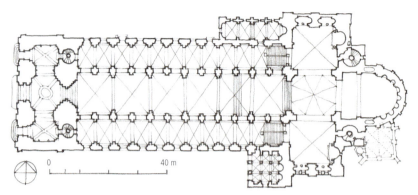

11.108  Planta da Catedral de Speyer, Alemanha

> A palavra *catedral* deriva do vocábulo grego empregado para designar a cátedra, da qual o professor ministrava sua aula. Os antigos bispos cristãos usavam a cátedra não apenas como símbolo de seu poder, mas também como lugar de onde pregar, embora, com o tempo, essa prática tenha sido abandonada. O primeiro uso da palavra na arquitetura data de aproximadamente 800 d.C. Nesse sentido etimológico, uma catedral é, portanto, uma moldura elaborada em volta da cadeira de um bispo. Algumas dessas antiquíssimas cadeiras ainda existem, como a chamada Cadeira de São Pedro, preservada nos Museus do Vaticano.

## A Catedral de Speyer

Apesar dos problemas da época, o florescimento do comércio e o aumento da concorrência entre as cidades levou a um rápido crescimento da produção arquitetônica e a uma experimentação com novas formas. A introdução de abóbadas de pedra teve especial importância e implicações profundas tanto do ponto de vista espacial quanto do estrutural e do simbólico. Os construtores poderiam ter decidido construir paredes mais grossas para sustentar a abóbada, mas, em vez disso, utilizaram as naves laterais como suportes estruturais para ela, transformando o interior do edifício em um espaço tripartite, visualmente coordenado com as abóbadas acima das naves laterais.

Uma das primeiras igrejas construídas dessa nova maneira foi a Catedral de Speyer, iniciada em cerca de 1040, cuja abóbada foi terminada por volta de 1137. Abandonando as composições atarracadas da arquitetura carolíngia e otoniana, a elevação da nave central de Speyer foi definida por uma série de arcos altos, lembrando um aqueduto romano. Janelas colocadas no alto levavam a luz para dentro da nave central. Ainda mais significativa era a presença de uma única coluna adossada, que subia do piso até a base da abóbada, a cerca de 32 metros de altura – mais alto do que qualquer outra abóbada da época. O cruzeiro é definido por uma torre octogonal. As proporções elevadas fazem o edifício parecer mais compacto e controlado e, aos olhos de alguns, mais semelhante aos edifícios romanos, em especial se comparado ao arranjo estático dos volumes de Hildesheim.

Não pode haver dúvida de que a terceira Abadia de Cluny, iniciada aproximadamente em 1088, foi erguida em evidente rivalidade com Speyer. A nave central desta foi reconstruída depois, mas Santa Étienne em Nevers (1063–1097) é mais ou menos comparável a ela.

Apesar de suas inovações, Speyer também pode ser vista como o estágio final do estilo românico, pois, na mesma época, uma notável criação estava em curso na Abadia de São Foy de Conques, cuja construção iniciou-se por volta de 1050. Assim como em Speyer, a altíssima nave central, com a sua abóbada de berço que paira nas alturas, transmite a impressão de uma estrutura única, em vez de uma caixa arrematada por um telhado. Também como em Speyer, as elevadas naves laterais servem de contrafortes para a abóbada. E, ainda como em Speyer, a nave central combinava sua estrutura, pelo menos na parte inferior, com aberturas arcadas. Entretanto, aqui os arquitetos acrescentaram botaréus externos para reforçar ainda mais as paredes. Embora pequenos, bastam para estabelecer a clara diferenciação entre parede e coluna que define as arquiteturas carolíngia e românica. A parede começa a assemelhar-se, cada vez mais, a uma série de pilastras.

11.109  Igreja da Abadia de São Foy, Conques, França

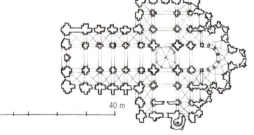

11.110  Planta da Igreja da Abadia de São Foy

398

# EUROPA

11.111 A Inglaterra normanda

## OS NORMANDOS

Em 911 d.C., Carlos, o Simples, ratificou as possessões normandas em torno de Rouen, França, que os normandos haviam começado a ocupar no século IX. Com surpreendente energia para se adaptar a novas situações, os normandos renunciaram ao paganismo e absorveram os costumes e a língua locais. Eles também favoreceram a evolução do estilo românico, do qual a Catedral de Caen é o melhor exemplo. Em 1001, Ricardo II, duque da Normandia, convidara o abade italiano Guilherme de Volpiano – acompanhado por uma colônia de beneditinos, com suas tradições consolidadas de projeto e construção em alvenaria – para restaurar a Abadia de Fécamp. Em pouco tempo surgiu um estilo tipicamente normando, que não apenas incorporava motivos decorativos escandinavos, mas também influências islâmicas, trazidas dos domínios normandos da Sicília e levadas depois à Inglaterra e à França.

Os normandos, um povo guerreiro do litoral norte da França, invadiram a Inglaterra e o sul da Itália e estabeleceram-se na Escócia, no País de Gales, no Império Bizantino e no Levante (depois da Primeira Cruzada). O poder normando era ampliado por alianças matrimoniais estratégicas. Em uma série de ondas, os normandos conquistaram partes do sul da Itália e da Sicília (1061) e, em seguida, a Inglaterra, que sucumbiu na Batalha de Hastings (1066). Os novos soberanos transformaram toda a geografia religiosa, mercantil e política da Inglaterra. Seu território era amplo e diversificado: englobava não só a Inglaterra e o norte da França, como também o sul da Itália e a Sicília. Os normandos, assim, tornaram-se verdadeiros hibridistas de diferentes tendências culturais e estilísticas, superando muitas barreiras clássicas.

Ainda mais importante foi o fato de os normandos terem transformado a geografia dos saxões, alicerçada nas aldeias e nos campos, em uma geografia baseada em cidades situadas no centro de um distrito agrícola ou burgo, com um castelo no centro destinado a funcionar como instrumento básico de sua administração. Ao contrário da Alemanha, onde em geral se situavam em montanhas ou elevações defensáveis, na Inglaterra, onde as montanhas não constituem característica geográfica marcante, os castelos ficavam no centro do traçado urbano. Criaram-se mercados nas cidades e formou-se uma aristocracia, promovendo um comércio internacional de artigos de luxo que incluía mercadorias como vinho e tecidos finos. Estima-se que cerca de 400 a 500 cidades novas tenham surgido dessa forma, criando um padrão de centros urbanos que permaneceria virtualmente o mesmo até a Revolução Industrial e que ainda se mantém em algumas partes do país.

Os normandos introduziram não apenas uma vigorosa sociedade mercantil, mas também outra concepção do poder real. Nas crônicas da época, Rogério, o Grande, é apresentado como o representante real de Cristo. As pequenas igrejas saxônicas que pontilhavam a paisagem inglesa já não tinham como atender a essas grandiosas pretensões. A maior parte foi demolida e, em seu lugar, os normandos planejaram uma paisagem religiosa centrada em poderosos bispados, apoiados pelo estado. Cada um deles exigia uma suntuosa catedral. Arquitetos e pedreiros foram trazidos da Europa continental, bem como levas sucessivas de monges – beneditinos, agostinianos, cistercienses, cluniacenses e cartusianos –, tão importantes do ponto de vista religioso quanto do econômico, pois suas fazendas bem organizadas produziam excedentes para os mercados. Os monges cistercienses, por exemplo, eram associados à irrigação e à criação de ovinos em grande escala. Por volta do fim do século XII, tinham sido estabelecidas 600 novas instituições monásticas de diversas denominações.

### A Catedral de Durham

A Catedral de Durham (1093–1133) é importante por suas características de arquitetura, especificamente por sua abóbada nervurada (a primeira desse tipo na Inglaterra), seus arcos apontados e seu alto padrão de alvenaria. Durham exibe o típico estilo anglo-normando, uma fusão da tradição decorativa inglesa com a perícia arquitetônica dos normandos, e marca a evolução a partir de um arranjo mais monumental e simples, como se pode ver na Catedral de Gloucester, cuja construção foi iniciada em 1089. O coro, a nave central e as duas naves laterais da igreja foram construídos entre 1093 e 1133, mas as torres a oeste só foram terminadas em 1220. Comparada à nave central de Gloucester, que também exibe pesadas colunas cilíndricas sustentando as arcadas, Durham, à maneira da Catedral de Speyer, introduz a ideia de meias-colunas aglomeradas que guiam o olhar até o teto.

A altivez dessas igrejas sempre foi uma característica da arquitetura românica – o que é novidade aqui é a abertura estrutural das paredes. Um princípio básico da construção normanda foi a redução das paredes sólidas a um esqueleto de arcos, grosso, porém aberto. Os arcos não eram meras interrupções na parede: eles foram definidos de forma regular, com bordas emolduradas por meias-colunas embutidas e cornijas horizontais. As aberturas não negam o peso e o volume da parede, como seria a tendência posterior, mas, iluminadas por trás, parecem liberar sua carga de maneira gradativa, à medida que a parede sobe.

Na decoração das colunas, com seus motivos em zigue-zague e *chevrons*, também foi utilizado de modo amplo o colorido, especificamente o

# 1000 D.C.

11.112 Catedral de Durham, Inglaterra

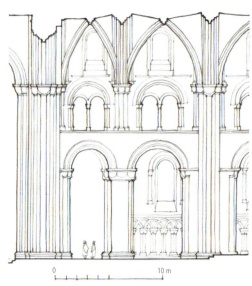

11.113 Corte longitudinal parcial através da nave central da Catedral de Durham

preto e o vermelho, uma influência da arquitetura islâmica, que chegou ao país graças às Cruzadas e às conexões normando-árabes na Sicília e no norte da África. Os padrões geométricos e outras características da decoração interna podem ser encontrados em outras catedrais posteriores do norte da Inglaterra, sugerindo que os mesmos pedreiros teriam ido trabalhar na Escócia.

A Catedral de Durham é considerada precursora do que hoje é chamado de estilo gótico, em grande parte por sua combinação de abóbadas nervuradas e arcos pontiagudos (ou ogivais), considerados traços caracteristicamente góticos.

O edifício não tem contrafortes e, por isso, visto de fora, parece uma caixa, ao contrário das catedrais normandas posteriores, como a de Cantuária, onde os contrafortes contribuem para a articulação vertical. A chamada Capela Galileu (1153–1195), em frente à fachada oeste, é única, com seus cinco salões paralelos e suas paredes longitudinais com arcadas, sem nenhuma subdivisão em intercolúnios. Esse leiaute assemelha-se àquele encontrado nas mesquitas islâmicas e mostra, mais uma vez, a hibridização com as ideias originárias do Mediterrâneo.

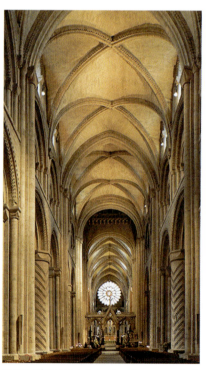

11.115 Vista em perspectiva da nave central da Catedral de Durham

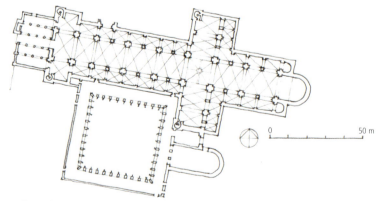

11.114 Planta da Catedral de Durham

# EUROPA

## A Catedral de Cantuária

Entre os novos bispados, o de Cantuária era o mais importante, pois seu bispo atuava como vice-regente do rei. Quando a Catedral de Cantuária foi destruída por um incêndio acidental em 1067, um ano após Guilherme, o Conquistador, ter aportado na costa meridional da Inglaterra, Lanfranc, o primeiro arcebispo normando de Cantuária, iniciou uma reconstrução baseada na nova Catedral de Santa Etienne, na França. Em 1174, um incêndio destruiu o coro, e os arquitetos Guilherme de Sens e Guilherme, o Inglês, ergueram um novo coro e um presbitério, dobrando o comprimento da igreja. A parte mais recente ficava em um espaço mais elevado, com escadas que serviam para separar os espaços mais sagrados situados a leste.

O projeto mostra o quanto a Inglaterra adotou as técnicas de construção francesas – especificamente, os arcobotantes e a abóbada de seis painéis –, conservando a nave central da época de Lanfranc. (Contudo, a nave central foi reconstruída no fim do século XIV.) Entre outros itens sagrados, a igreja abriga as relíquias de São Tomás, originalmente colocadas no centro da capela redonda localizada na extremidade leste do edifício. O claustro e os prédios monásticos situam-se ao norte – e não, como ocorria com mais frequência, ao sul da igreja. A Catedral de Durham não tinha arcobotantes, o que lhe dá um aspecto muito atarracado em comparação com a articulação mais vertical da superfície das paredes da Catedral de Cantuária.

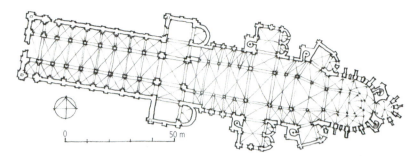

11.116 **Planta da Catedral de Cantuária, Inglaterra**

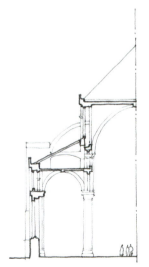

11.117 **Corte Parcial da Catedral de Cantuária**

11.118 **Abóbadas da Catedral de Cantuária**

# 1000 D.C.

## A Catedral de Cefalù

Quando Rogério d'Hauteville conquistou a Sicília em 1060, encontrou uma cultura sob influência árabe desde o final do século IX. Os normandos não apenas beneficiaram-se das inovações práticas e técnicas dos muçulmanos, como as integraram à sua administração e até mesmo ao exército. Em pouco tempo, a Apúlia, a Cápua, a Sicília e, finalmente, partes do norte da África caíram sob o domínio normando, que, em consequência, controlou a rota de comércio para o Bósforo.

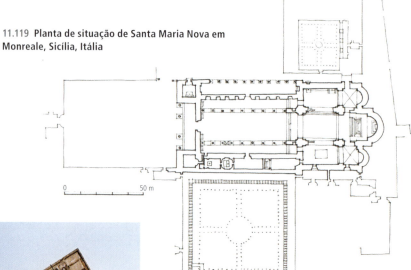

11.119 Planta de situação de Santa Maria Nova em Monreale, Sicília, Itália

11.120 Detalhe externo de Santa Maria Nuova em Monreale

A primeira igreja normanda importante foi construída em Cefalù (iniciada em 1131). Ela seguia um típico modelo normando antigo, com uma nave central e outras laterais, telhado de madeira e, a leste, um enorme transepto. É um edifício pesado e sombrio, em contraste marcante com Santa Maria Nova em Monreale (do latim *mons regalis*, ou "montanha real"), ao sul de Palermo, nas encostas do Monte Caputo, cuja construção começou apenas 100 anos depois de Cefalù. As influências islâmicas são evidentes na decoração externa da ábside, com seus arcos entrelaçados e ornamentos em terracota. A Grande Mesquita de Córdoba (século X) e a Mesquita de Bab Mardum, em Toledo (por volta do ano 1000), apresentam arcos entrelaçados semelhantes. A catedral revela também influências bizantinas, em especial os requintados mosaicos que cobrem suas paredes internas e só perdem em qualidade para os de Hagia Sophia, em Istambul.

Essa síntese estilística era evidente na Itália Ocidental, que os normandos também dominaram. Do século IX ao XI, Amalfi tornou-se uma república voltada para o comércio marítimo, rivalizando com Gênova, Veneza e Pisa. Em seu apogeu, ela possuía representantes comerciais em Mahdiya, Tunísia, Kairuan (Cairo), Alexandria, Beirute, Jerusalém, Antióquia, Síria e Constantinopla. Na Catedral de Amalfi, o edifício normando original sofreu vários acréscimos, incluindo o Claustro do Paraíso, que é claramente influenciado por motivos islâmicos.

11.121 Vista aérea da Catedral de Cefalu, Sicília, Itália

# EUROPA

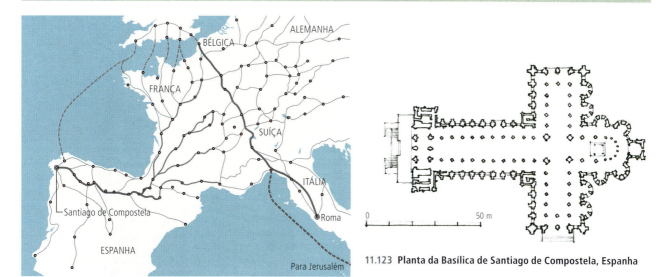

11.122 Rotas de peregrinação na Europa

11.123 Planta da Basílica de Santiago de Compostela, Espanha

## AS IGREJAS DE PEREGRINAÇÃO

Os séculos XI e XII testemunharam o aumento da popularidade das peregrinações religiosas, em geral em direção aos lugares onde se dizia terem ocorrido milagres. Os peregrinos buscavam essas igrejas sobretudo pelas relíquias que abrigavam, às quais se atribuía uma aura beneficente ou curativa. A posse de relíquias – um dedo, pé ou mesmo a cabeça de um santo – tornou-se crucial para a identidade de cada igreja, e elas rivalizavam entre si para obter o máximo de relíquias possível. As mais importantes eram o sepulcro de São Pedro, em Roma, o túmulo de São Tiago, em Santiago de Compostela, e o Santo Sepulcro, em Jerusalém. A maioria dos peregrinos ia por vontade própria, mas algumas peregrinações eram atos de penitência, impostos para expiar pecados excepcionais. Essas viagens, extenuantes e muitas vezes perigosas, tornaram-se a fonte de histórias e cantigas, como os *Contos de Cantuária*, de Geoffrey Chaucer. Outros relatos oferecem algumas das descrições mais antigas da arquitetura sacra no Ocidente.

O sítio de peregrinação mais venerado era o Santo Sepulcro, em Jerusalém. A igreja original, construída por Constantino, foi consagrada em 335 d.C. para proteger um túmulo que se acreditava ter sido o de Cristo. A igreja de Constantino foi demolida pelos persas. Os cruzados iniciaram a construção de outra igreja, que, com mudanças e acréscimos, constitui a base da que existe hoje. Originalmente, a entrada pela rua principal conduzia a um pátio interno e, em seguida, a uma basílica com duas naves laterais. Essa basílica abria-se para um átrio interno (o jardim santo) e para a rotunda (a anastásis), que tinha um telhado cônico. O santuário propriamente dito, um prédio retangular, foi destruído por um incêndio em 1808. O atual data de pouco tempo depois.

As descrições da Igreja do Santo Sepulcro levaram à construção de modelos no Ocidente, como São Benigno, em Dijon (1001), Neuvry--do-Santo-Sepulcro (1045) e a Igreja da Vera Cruz, em Segóvia (1208). Como nenhuma dessas réplicas é semelhante à outra, torna-se claro que fazer uma cópia exata não era tão importante quanto ter outras características. Entre essas reinterpretações está a Igreja de Santo Estêvão de Bolonha, diversas vezes restaurada. Construída no século V, foi reconstruída em 1180, na forma de um dodecágono. A câmara mortuária tem um altar no alto e é acessada por duas escadas.

As igrejas iniciadas no século XI eram significativamente diferentes de suas contrapartes românicas. Enquanto nas igrejas anteriores a nave central era destinada ao público e a ábside, aos monges ou sacerdotes, as igrejas mais novas, que continham relíquias sagradas, foram construídas para permitir a movimentação de pessoas pela igreja e atrás do altar-mor, onde muitas relíquias eram exibidas.

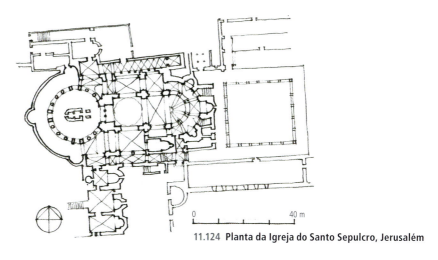

11.124 Planta da Igreja do Santo Sepulcro, Jerusalém

# 1000 D.C.

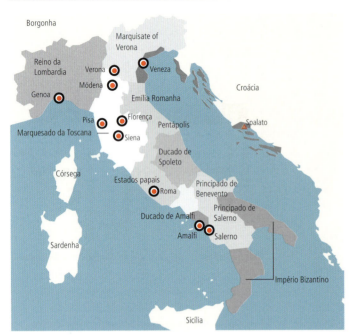

11.125 Estados italianos, *circa* 1000 d.C.

11.126 Catedral de Módena, Itália

## TOSCANA

Carlos Magno viajou apenas quatro vezes à Itália, todas por menos de um ano, criando um precedente de monarquia absentista que persistiu durante séculos. Isso possibilitou que os estados italianos do norte, considerados pelos reis a periferia meridional de seu império, perdurassem, mesmo não sendo independentes do império nem totalmente integrados a ele. Ainda assim, as cidades eram lugares fervilhantes. Luca crescia tão rápido que casas começaram a ser construídas ao longo das estradas de acesso à cidade. Em pouco tempo, boa parte da população vivia fora das muralhas, nos chamados burgos. Entre as cidades, foram surgindo aldeias, designadas com nomes variados, como *vici*, *loci*, *casalia* ou *villae*. Em função disso, os mosteiros, com algumas exceções, não conseguiram ter tanta influência sobre a população local como no norte da Europa. Essas cidades certamente não eram muito belas. Os templos e edifícios cívicos romanos haviam sido abandonados e estavam em ruína, ou eram usados como pedreiras para a retirada de material de construção. As igrejas construídas após 600 d.C. eram pequenas. Dentro dos muros da cidade era possível cultivar apenas pequenas áreas de terreno. Os foros haviam perdido seu sentido cívico e se transformado em mercados. Em 1006, uma série de terríveis epidemias de pestes e períodos de fome dizimou milhares de pessoas. O fraco poder centralizado dos imperadores, combinado com a importância crescente das cidades, fez com que eles cedessem seu poder cada vez mais aos bispos urbanos, visando a manter o controle da situação.

Os bispos de Módena, Reggio, Bérgamo, Cremona, entre outros lugares, receberam poderes sem precedentes. Em 904, o bispo de Bérgamo, por exemplo, recebeu o direito de construir uma muralha para a cidade e de reconstruí-la com a ajuda dos cidadãos. Os resultados dessa transferência de autoridade foram perigosos para o estado imperial, pois os bispos não conseguiam manter sua hegemonia sobre a sociedade urbana. As cidades começaram então a rivalizar entre si pela construção de catedrais e batistérios, que expressavam a riqueza delas e o *status* da Igreja. As principais igrejas que começaram a ser construídas nessa época foram as de Veneza (construção iniciada em 832), Pisa (1063), Módena (1099), Cremona (1118), Verona (1139) e Siena (1196).

Pouco se sabe sobre o arquiteto da Catedral de Módena, Lanfranco, chamado de *mirabilis artifex*, *mirificus aedificator* ("artífice maravilhoso, edificador incrível"), exceto que era de Como, onde fora fundada uma escola para construtores. Comparada a outras edificações românicas da época, essa catedral é mais leve e suas linhas foram reduzidas ao essencial. O prédio foi revestido de pedra branca da Ístria e articulado com arcadas cegas. A divisão central é acentuada por uma janela em rosácea. O portal central possui estilo de baldaquim. A rosácea na fachada foi acrescentada no século XIII. A obra é ornamentada com esculturas do canteiro Wiligelmo. Nelas estão representados, entre outros temas, Adão e Eva trabalhando a terra para merecer a redenção. Os portais também retratam cenas bíblicas e seres mitológicos, como monstros e centauros que alertam o homem não só para as ameaças diabólicas que o aguardam fora da Cidade de Deus, como também para as ameaças vindas do exterior do mundo cristão – um lembrete de que a Sicília já havia sido subjugada pelos exércitos islâmicos e, depois, pelos colonizadores árabes.

O palácio do arcebispo e o centro administrativo eram ligados à catedral por meio de uma passagem privativa. O edifício foi encomendado pela rainha Matilda de Canossa (1046–1115), uma das mulheres mais poderosas da Idade Média. Matilda tinha uma fortaleza nos Apeninos Emilianos e apoiava com vigor a política papal contra os imperadores. Ela governava a Toscana, que se estendia desde Siena e Pisa até Módena, ao norte. Ela mandou construir (ou ao menos fez com que construíssem) vários outros prédios no Vale do Rio Pó, entre eles a Rotunda de São Lourenço em Mântua (1083), a Abadia Beneditina de São Bento em Polirone (1077), a Catedral de Cremona (1107–1117) e a Catedral de Piacenza (1122).

# EUROPA

11.127 Detalhe da Catedral de Pisa, Itália

11.128 Catedral de Pisa

## A Catedral de Pisa

A construção da Catedral de Pisa teve início em 1063, após a vitória da frota da cidade sobre os sarracenos, perto de Palermo. Com isso, Pisa podia tentar realizar sua ambição de se tornar a Veneza do Mediterrâneo ocidental, obtendo uma representação visual mais marcante. A catedral foi consagrada em 1118 e finalizada apenas após consideráveis alterações feitas no século XIV. Sob o ponto de vista do estilo, ela é uma variação da planta da basílica mediterrânea, com influências armênias, sírias e islâmicas. O prédio também tem insinuações da Lombardia imperial, em especial na fachada, com seus quatro registros de galerias independentes. As colunas de granito da nave central foram retiradas dos templos romanos da Ilha de Elba. Os capitéis variam desde do tipo dos templos romanos imperiais até dos bizantinos. As paredes têm painéis de mármore inspirados na arquitetura bizantina e a cúpula, por sua forma e método de construção, parece islâmica, elevando-se do lado interno a partir de arcos apontados muito altos e estreitos.

O prédio não segue a tendência das grandes igrejas de peregrinações, nas quais estrutura e superfície estavam se tornando cada vez mais unificadas. Na verdade, desafiava essa tendência com sua celebração da superfície. O elegante e caro revestimento de mármore que envolve o exterior guarda pouca ou nenhuma correlação com a estrutura interna. O enorme volume do edifício torna-se leve e etéreo, embora as aberturas sejam raras e pequenas, à típica maneira românica. A planta também é muito diferente daquela arquitetura das catedrais francesas, que aspiravam à unidade entre forma e estrutura. Neste caso, as naves laterais duplas são cruzadas por um transepto formado por duas basílicas menores com suas próprias naves laterais simples, dispostas uma em frente à outra, com uma passagem cupulada entre elas. Cada uma dessas basílicas menores do cruzeiro tem sua própria ábside. Assim, a planta é uma espécie de composto de basílicas que, do exterior, dá a ilusão de uma nave central com transepto.

O batistério diante da catedral foi iniciado em 1153. Em 1173 foram lançadas as fundações do campanário, hoje conhecido como Torre Inclinada de Pisa. Em 1278, os túmulos que se amontoavam na área ao redor da igreja foram reunidos e colocados em uma edificação separada, o Camposanto (Cemitério), ao norte da igreja.

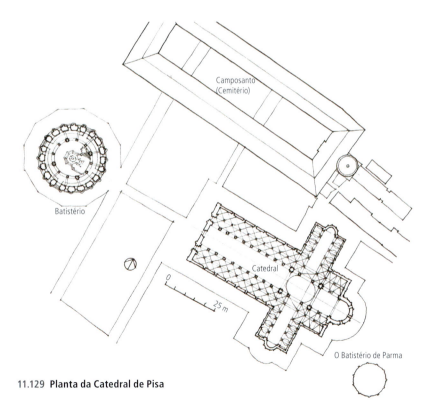

11.129 Planta da Catedral de Pisa

# 1000 D.C.

11.130 Batistério de Florença, Itália

11.131 Batistério de Pisa, Itália

## O Batistério de Parma

Concebidos como estruturas audaciosas e autônomas, localizadas na praça em frente à igreja ou próximo a ela, os batistérios surgiram paralelamente às catedrais urbanas da Itália. Seu formato, em geral octogonal, provinha do misticismo cristão primitivo e do simbolismo imperial romano. Por volta do século X, com o renascer do conhecimento, a numerologia se transformara em uma ciência autônoma, baseada nos números implícitos no conceito da Trindade, dos 12 apóstolos, do Espírito Santo, no chamado número da perfeição (3 × 4 × 5) e assim por diante. O número 8 e a forma octogonal eram especialmente importantes. Uma inscrição no batistério da Catedral de Milão descreve de modo adequado a ligação entre o número, a arquitetura e a geometria:

> Ele ergueu um templo com oito coros para o uso dos santos, e uma fonte octogonal é digna desse número. Esse número se mostrou adequado à construção de um abrigo para o santo batismo, que devolveu aos homens a verdadeira libertação, elevando-os novamente à luz de Cristo, que quebrou os grilhões da morte e tirou os mortos de seus túmulos.

Os batistérios mais significativos, do ponto de vista arquitetônico, estão em Florença (1060–1150), Pisa (1153–1265) e Parma (1196–1270). O Batistério de Parma, inspirado na Rotunda dos Anastasi, em Jerusalém, possui quinas que parecem colunas de ordem colossal, com loggie ou galerias abertas e, no alto, uma arcada cega vencendo os interstícios. O andar inferior consiste em generosas aberturas arqueadas e arcos cegos. As oito grandes pilastras e as dezesseis colunas de cada registro são referências típicas ao Santo Sepulcro de Jerusalém. Embora o volume imponente do prédio seja românico, sua decoração escultórica reflete elementos do gótico francês. Isso fica mais claro na importância atribuída à Virgem Maria – a quem é dedicado o portal principal – e na representação de Cristo, que, de juiz severo, surge nela como uma figura mais humana, refletindo a nova mentalidade religiosa.

11.132 Batistério de Pavia, Itália

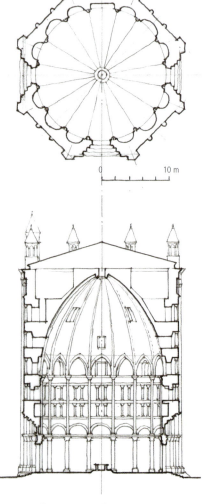
11.133 Planta e corte do Batistério de Parma

406

# 1200 D.C.

12.1 Angkor Wat, perto de Siam Riep, Camboja

## INTRODUÇÃO

Pode parecer estranho, a princípio, dizer que o século XIII foi o início do mundo moderno, mas imagine como era a economia da África e da Eurásia há poucos séculos. A rota sul, que saía do Japão e da China e passava pelo sudeste da Ásia até a Índia, estava em seu apogeu. Em sua parte mais alta, estava o fervilhante porto da Dinastia Song, Quanzhou – cerca de 600 km ao sul da capital song, Hangzhou –, com sua extensa indústria naval e seu inovador sistema de docas secas. Ali eram construídos enormes navios, os quais podiam transportar mil soldados.

Os song, apesar da perda das áreas setentrionais para os jin, ainda produziam mais de 100 mil toneladas de ferro por ano usando carvão mineral em vez de vegetal em seus altos-fornos. Boa parte desse metal destinava-se à manufatura de armas e armaduras, mas outra parte era empregada nos muitos produtos necessários a atender às demandas de um mercado doméstico em expansão. Nas docas de Quanzhou havia fardos de seda e caixotes com porcelana destinados aos mercados internacionais de artigos de luxo da Ásia e da Europa, assim como toneladas de cobre e ferro para os objetos rituais dos templos do sudeste da Ásia. Quando Marco Polo visitou a cidade, comentou sobre as embarcações carregadas com caixas de pérolas (a maior parte provavelmente oriunda de Hepu, no sul da China) e joias. A cidade era cercada por uma muralha, e seu campo circundante era cruzado pelos canais que controlavam o transbordamento do rio Jin. A elite song, abastecida com a riqueza oriunda do comércio global, elevou o jardim das vilas ao auge da ostentação. O imperador Huizong (1082–1135) tinha um jardim chamado Bacia da Clareza dos Deuses, composto por um grande lago artificial circundado de terraços. Para pagar por tudo isso, os song usaram um novo recurso monetário: o papel-moeda. A princípio, ele funcionou, pois imprimir dinheiro era fácil e barato. Porém, em breve o resultado foi uma série de ciclos inflacionários, que afligiram os chineses até o abandono do papel moeda, substituído pela prata.

O fluxo comercial entre a China e a Índia beneficiou, acima de tudo, o sudeste da Ásia e os khmer. Eles consolidaram seu poder no Camboja para controlar o acesso terrestre ao reino independente de Dali, que funcionava como uma espécie de porto seco no sul da China. Os khmer construíram enormes *barays* (lagos artificiais), que eram alimentados por sistemas quilométricos de canais, para acelerar a produção de arroz, o principal produto de exportação. Os *barays* eram conectados a colossais complexos religiosos. Desses, o mais elaborado era Vara Vishnuloka (hoje geralmente chamado de Angkor Wat), um dos mais espetaculares dos templos khmer, competindo com Borobudur em termos de detalhes, engenharia, simbolismo e brilhantismo artístico.

# 1200 D.C.

Porém, produzir mais e mais arroz com o solo arenoso do Camboja central era um empreendimento arriscado e que dependia tanto da gestão dos complexos sistemas de canais quanto do clima. No fim, o desflorestamento cobraria seu preço. Assim, uma série de enchentes devastadoras derrubaria sua civilização, e, por volta do século XV, a cidade de Angkor já estava praticamente abandonada na floresta, embora isso fosse inimaginável em 1200.

Na Índia, dois dos principais entrepostos comerciais eram as cidades de Kalinganagar (atual Srimukhalingam), a capital da Dinastia Ganga oriental, localizada na costa leste; e Nabadwip, do Império Sena, localizada ao norte da atual Kolkata, na margem oeste do rio Bhagirathi. A economia estava em franco desenvolvimento, e a construção de grandes tempos era recorrente. Entre eles podemos citar o Templo Ishvara do Império Hoysala (1220), em Arasikere, e o enorme Templo do Sol de Konark, da Dinastia Ganga oriental. Esse foi construído na forma da carruagem do Deus Sol, Surya, que era sustentada por 12 pares de intrincadas rodas de pedra entalhada, algumas com três metros de largura; o conjunto era "puxado" por sete pares de cavalos também de pedra entalhada. Na cidade sagrada de Puri, nos arredores, carruagens profusamente decoradas, com três níveis, foram dedicadas ao Lorde Jagannath ("o Senhor do Mundo") e todo ano descem por uma via sagrada entre dois conjuntos de templos, um ritual que provavelmente começou no século IX d.C. O tempo de Konark, contrastando, não se move, mas está sobre uma espécie de "megamaquete" da carruagem solar divina. Visível a vários quilômetros de distância (embora sua torre principal tenha ruído), ele nos faz questionar qual seria a escala apropriada para uma edificação. A maioria dos prédios, ainda que grandes, é construída em uma escala compreensível às pessoas, mas esse foi projetado conforme algo que seria mais plausível chamar de escala da divindade. Angkor Wat, comparativamente, também é enorme, mas, apesar de suas dimensões, parece ter sido projetado como um modelo reduzido de uma montanha divina. Essas construções retomam o salão hipostilo egípcio e suas colunas modeladas em feixes de papiro, colocando-o na dimensão divina.

Ao noroeste da Índia havia a dinastia turca corásmia na região que hoje corresponde ao Irã e que governava de Urgench, no atual Uzbequistão. O geógrafo sírio Yaqut, que viveu na cidade em 1219, considerava-a como a maior e mais rica de todas cidades que já havia visto. Os arquitetos corásmios desenvolveram uma cúpula em duas camadas, que utilizava extensivamente diferentes aparelhos de alvenaria e terracota esculpida. Infelizmente, pouco resta dessa impressionante cidade, uma vez que a maioria de suas casas era de adobe.

Um dos generais ghaznávidas fundou um sultanato no norte da Índia, estabelecendo sua capital onde hoje está a cidade de Délhi. Ali, seus descendentes construíram a mesquita chamada Quwwat-ul-Islam (Glória do Islã), no local onde outrora havia um templo hindu. Seus arquitetos usaram as colunas do templo predecessor, mas não como símbolo de respeito. Quwwat-ul-Islam é mais conhecida por sua torre da vitória, Qutb Minar (iniciada em 1192), que celebra a conquista muçulmana da Índia. A partir de então, o islão se tornaria parte integral do norte do subcontinente indiano.

Não era apenas o sul da Ásia, da Índia ao sul da China, que estava em franca expansão: a África também estava se abrindo para o comércio internacional. Desde por volta de 6000 a.C., o Deserto do Saara era uma barreira intransponível entre o Mar Mediterrâneo e as planícies da África. Contudo, o camelo foi introduzido pelos árabes no século VIII, e, então, surgiram culturas baseadas nesse animal, deslocando-se de leste a oeste e de norte a sul. Um dos propulsores desse comércio foi a descoberta de enormes depósitos de sal em Níger, que ainda hoje são explorados.

Ainda mais importante foi a descoberta do ouro na Costa do Marfim, nas partes altas dos rios que desembocavam no Oceano Atlântico. Sua consequência foi a ascensão do império de Gana, na atual Mali. É praticamente certo que, em 1252, os florentinos usaram o ouro de

# Introdução

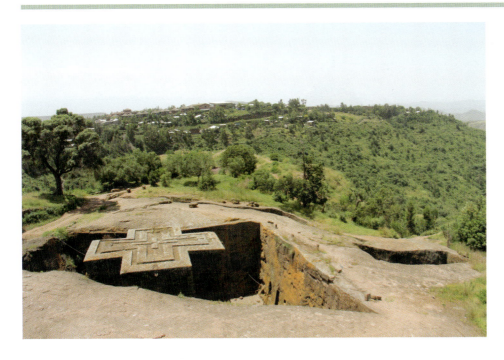

12.2 **Lalibela, Etiópia**

Gana quando cunharam sua primeira moeda de ouro – o florim, que dominaria as transações em larga escala na Europa por vários séculos. As rotas de comércio cruzavam Timbuktu e Djenné, na fronteira meridional dos territórios islâmicos. Foram construídas mesquitas monumentais com barro, mas com um senso de forma e proporções que jamais havia sido visto na região. A Mesquita de Djenné eleva-se sobre uma enorme plataforma, junto ao mercado da cidade. Suas paredes altas e com pouca fenestração são estabilizadas por contrafortes ondulados distribuídos entre volumes em forma de torre. De Mali, as rotas de comércio conduziam até o Oceano Atlântico, levando à ascensão dos reinos yoruba de Ifè e Oyo, na atual Nigéria. Embora pouco reste de sua arquitetura, Ifè é famosa por seus bustos naturalistas em bronze, pedra e terracota, cujo apogeu artístico foi entre 1200 e 1400 d.C.

Os grandes mediadores do Deserto do Saara eram os tuareg, que eram classificados como islâmicos e desenvolveram um tipo único de moradia que podia ser desmontada e colocada nas costas de um camelo. Suas casas podem ser comparadas aos gers (às vezes também chamados de iurtas) dos mongóis, que estavam a cerca de 9 mil quilômetros a leste. As caravanas de camelos do interior da Ásia chegavam tanto aos barcos vikings que iam para o norte, na Escandinávia, como cruzavam Cairo, alcançando o povo Tuareg do Deserto do Saara e Gana. Elas formavam um novo sistema de redes de comércio terrestre que conectavam o norte e o sul e o leste e o este, atravessando enormes áreas de territórios hostis pela primeira vez na história. Os vikings e os tuareg eram, respectivamente, os vanguardistas da grande expansão do comércio para o norte e o sul. As igrejas de tabuado de madeira típicas da Escandinávia, construídas quando os vikings se converteram ao cristianismo, podem ser discutidas junto com a grandes mesquitas de barro de Timbuktu e Djenné. Os navios mercantes da Índia e Arábia eram comuns no litoral do leste da África. Os comerciantes árabes já haviam trazido o islã para a região, resultando em uma cultura inovadora e única do leste africano, conhecida como suaíli.

Entre os séculos XIII e XVII, a cidade de Gedi, por exemplo, na costa do Quênia, era uma próspera comunidade suaíli, com seus habitantes comerciando com pessoas de todas as partes do mundo. As escavações arqueológicas desses locais revelaram contas venezianas, um vaso chinês da Dinastia Ming, uma lamparina de ferro indiana e tesouras espanholas. Essa nova afluência explica a emergência de vários reinos do leste africano, em particular na Etiópia, quando o Rei Lalibela construiu uma cidade com um conjunto impressionante de igrejas, algumas sendo os últimos grandes exemplos de arquitetura escavada na rocha de toda a história. Lalibela, como se passou a chamar a cidade, foi projetada como um destino religioso, atraindo peregrinos que ainda hoje lhe visitam em massa. Podemos comparar o local ao Templo de Kailasa, em Ellora, construído cerca de 400 anos antes; na verdade, é possível que indianos especialistas em entalhe na rocha tenham conduzido as obras de Lalibela. Ambos os locais são modelos de paisagens sagradas. O Templo de Kailasa é um modelo do Monte Meru e do Rio Ganges; Lalibela é um modelo de Jerusalém e do Rio Jordão, embora este não cruze a cidade de Jerusalém.

Mais ao sul, encontra-se o Zimbábue, outra fonte de ouro. Os zimbabuanos eram agricultores e pastores da etnia bantu que haviam se deslocado para o sul, deixando seus territórios do Camarões para colonizar as grandes savanas da África, forçando os aborígenes para as florestas e os desertos. Eles criaram grandes tribos que comerciavam marfim, ouro, peles de animais e cascos de tartaruga.

O mundo ao redor do Mar Mediterrâneo era um motor econômico por si só. No Egito, o sultanato mameluco dos turcos servia como uma espécie de articulação entre o continente europeu e o africano, e, a oeste, Córdoba, na Espanha, prosperava como nunca. Os mamelucos construíram algumas das mais impressionantes mesquitas que decoravam a silhueta de Cairo.

409

# 1200 D.C.

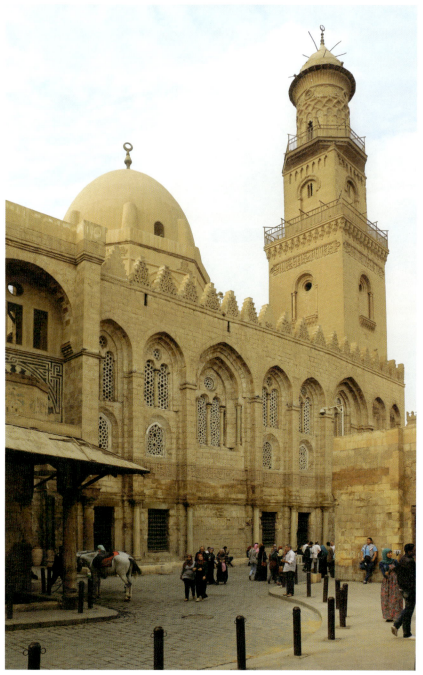

12.3 **Túmulo do Sultan Qalawun, Cairo, Egito**

Elas não tinham a planta retangular usual, e sim o formato da quadra urbana, e foram projetadas para capturar vistas das ruas. Suas cúpulas são obras-primas da ornamentação e geometria, elevando-se majestosamente sobre as tumbas dos soberanos dinásticos. O Túmulo do Sultão Qalawun, uma das maiores conquistas artísticas e arquitetônicas da época, é um dos vários túmulos, escolas e mesquitas alinhados ao longo de uma das principais avenidas da cidade, produzindo um conjunto arquitetônico único para o seu período.

No entanto, os governantes islâmicos da Espanha não queriam ficar para trás. Embora tivessem sido empurrados pelos cristãos, eles construíram um dos palácios mais bonitos do mundo, Alhambra. Nada se comparava a ela, com suas colunas esbeltas, jardins em terraços, fontes de água e intrincadas abóbadas com inscrições poéticas fazendo referência ao paraíso.

O resto da Europa, que durante muito tempo fora uma área atrasada, agora também começava a prosperar. Sua infraestrutura estava melhorando pela primeira vez há séculos. Por exemplo, pontes estavam sendo construídas, como a Pont Saint-Bénézet, em Avignon, para conectar a cidade a suas rotas comerciais, que levavam ao interior da França, onde várias cidades estavam recebendo permissão para estabelecer suas feiras. Entre podemos citar Provins, Troyes, Lagny e Bar-sur-Aube. Os mercadores que convergiam até ali para vender seus produtos vinham de todas as partes da Europa e do Oriente. As cidades também estavam se tornando importantes centros bancários; o denier de Provins, por exemplo, era uma das poucas moedas amplamente aceitas na Europa.

# Introdução

Os mosteiros cristãos fundados no século XIII chegaram a quase 100, e esse século também testemunhou uma arrancada na construção de igrejas e catedrais no estilo gótico, com sua grande verticalização, seus arcobotantes, suas finas abóbadas de pedra e sua decoração profusa. Entre os muitos exemplos, podemos destacar as catedrais de Amiens e Cologne. Na Inglaterra, o novo estilo podia ser visto em Oxford, Wells, Salisbúria e Lincoln. Essa arquitetura separava a estrutura dos planos verticais configuradores do espaço, transferindo-a para o exterior do prédio, de modo que o interior pudesse ter forma unificada. Sem dúvida, esses eram os espaços internos mais espetaculares que o mundo já havia visto.

O século XIII também foi caracterizado por mudanças radicais na cosmovisão cristã, com a imagem tanto de Cristo como de Nossa Senhora sendo profundamente alteradas. Até então, a figura do Cristo crucificado costumava ser retratada como rígida e remota, mas agora seu corpo era suavizado, pendente, e seu sofrimento se tornava mais realista. Uma mudança similar se dava com Maria, que se tornou o centro de um culto que a adorava junto com o menino Jesus. Pela primeira vez, o cristianismo foi aberto às mulheres, e, de fato, a Igreja começou a canonizar um número cada vez maior de mulheres. O culto da Virgem Maria foi inspirado nos escritos de teólogos como São Bernardo de Claraval (1090–1153), que a identificou como a noiva da Canção das Canções do Velho Testamento. A Virgem era adorada como a Rainha do Paraíso e a intercessora pela salvação da humanidade. Esse movimento encontrou sua expressão mais espetacular nas catedrais francesas, muitas das quais são consagradas a "Nossa Senhora". Cidades inteiras, como Siena, na Itália, adotaram-na como sua protetora. A Catedral de Chartres é um exemplo da força dessa forma de adoração.

Ainda que sua cidade tivesse uma população de apenas cerca de 7 mil pessoas e não fosse bem localizada em relação às rotas de comércio, ela era o centro de um culto baseado em um milagre atribuído à Virgem. Ali chegavam pessoas de muito longe.

As consequências do Culto à Virgem foram profundas, pois a maioria das religiões daquela época ainda era quase que totalmente dominadas por homens e tinha apenas santidades do sexo masculino. O próprio budismo ainda tinha uma perspectiva fortemente centrada no homem. Contudo, enquanto o culto da Virgem Maria colocou uma mulher no nível mais alto da santidade, o século XII também foi marcado pela emergência do amor refinado que era expresso em canções e poemas. Ainda que os castelos continuassem a serem projetados com base em suas necessidades funcionais, agora eles acomodavam elaboradas atividades da corte. Um dos principais problemas, contudo, era que, uma vez resolvida a ameaça *viking*, os soldados ociosos passaram a perambular em busca de "trabalho". A Igreja tentou intervir nos conflitos resultantes, enfatizando o valor das atividades pacíficas como as sancionadas pelos mártires, cujos espíritos perduravam na forma das relíquias. Dessa maneira, as relíquias sagradas se tornaram parte integral de uma prática devocional, e o populismo associado a elas gerou uma nova forma de arquitetura religiosa totalmente nova, baseada nas peregrinações de visita às relíquias. A riqueza que esses peregrinos geravam foi suficiente para financiar inúmeras catedrais cujo principal propósito era servir como pontos de parada no percurso até a Catedral de Santiago de Compostela, Espanha, construída no local onde se diz terem sido encontrados os restos de São Tiago (Jacó) no século IX. Essas igrejas incluíam Vézelay, Le Puy, Arles e Santo Egídio (Saint-Gilles). Nos países nórdicos, a Liga Hanseática foi criada como uma confederação de comércio e defesa formada por corporações de mercadores e suas cidades mercantis, dominando a atividade comercial ao longo da costa do norte da Europa. Ela se espalhava ao longo do Mar Báltico, de Novgorod a Londres, e seus principais centros eram Lübeck e Hamburgo, duas cidades que se tornariam importantes pontos comerciais nos séculos seguintes.

Em resposta aos novos excessos de riqueza e poder, nessa região surgiu um movimento monástico, o Cisterciense, cujo objetivo era restaurar os princípios da pobreza. Seus monges buscaram terras devolutas e afastadas, onde resgataram os princípios do trabalho e da devoção. Em pouco tempo, os cistercienses estavam espalhados por toda a Europa, tornando-se uma força política que rivalizava com aquela dos imperadores e bispos. Os cistercienses rejeitavam as elevadas torres com flecha da arquitetura gótica, bem como seus vitrais e suas elaborações escultóricas, favorecendo uma arquitetura intencionalmente simples. Pela primeira vez na história, vemos uma "arquitetura antiarquitetura", cujo melhor exemplo remanescente pode ser visto na Abadia de Fontenay (1118), França. (O templo xintoísta, se fizermos uma comparação, era desenhado como um prédio com espírito arcaico que deveria ser preservado por meio de uma reconstrução periódica.) A Abadia de Fontenay buscou evocar épocas mais simples e servir de acusação contra a extravagância arquitetônica.

Na Itália, durante esse período, surgiram os primeiros indícios de uma transformação política que teria consequências enormes com o passar dos séculos. As cidades de Verona, Pádua, Vicenza e a República de Veneza criaram a Liga Lombarda (1164) tentando reafirmar suas independências do controle imperial alemão. Esses esforços tiveram sucesso, uma vez que, em 1183, o Império Alemão assinou a Paz de Constança com os italianos.

# 1200 D.C.

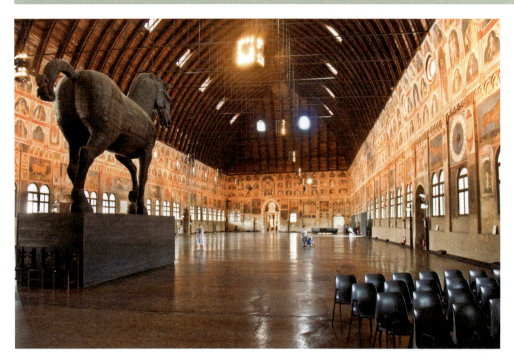

12.4 Prefeitura de Pádua, Itália

Esse tratado conferiu às cidades a jurisdição local sobre seus territórios e a liberdade de eleger suas próprias câmaras de vereadores e criar suas próprias leis. O resultado cumulativo foi que surgiu uma sociedade nova e impressionante, com uma mescla de aristocratas e mercadores. Todavia, o mais importante de tudo foi a criação de uma nova designação, conhecida como popolo (o povo). Pela primeira vez desde os dias da Roma Antiga, a Itália tinha sua classe política, que cada vez mais desempenharia um papel importante e mesmo conceitual na história moderna. Seus reflexos na arquitetura também foram imediatos.

As cidades construíram suas prefeituras, as primeiras edificações do tipo na história recente. Elas também criaram um novo tipo de espaço público, a *piazza*, e, ao mesmo tempo competiam entre si na construção de grandes catedrais. Os abastados construíam palácios privados cada vez maiores. Algumas das cidades se tornaram grandes potências militares, em particular Veneza e Gênova, que construíram enormes impérios navais nos Mares Mediterrâneo e Negro. Pádua também era uma dessas cidades. Após um incêndio devastador, em 1174, ela assumiu uma proeminência particular. Uma impressionante prefeitura, chamada de Palazzo della Ragione (Palácio da Razão), foi construída no centro da cidade, a qual continha uma sala de reuniões com 81 metros de comprimento e 27 metros de largura. Sua abóbada de madeira, que lembra o casco de um navio emborcado, era, na época, o maior espaço interior da Europa e, talvez, do mundo. Sua fachada principal, a maior, estava voltada para a praça e possuía uma galeria arqueada de dois níveis. Uma universidade também foi fundada em Pádua (1222), a qual se tornaria uma das principais instituições acadêmicas da Europa, especialmente em direito. Foram construídas prefeituras em várias cidades do norte da Itália: o Palazzo della Ragione, em Bergamo (*circa* 1190); Broletto, em Como (*circa* 1215); o Palazzo del Popolo, em Todi (*circa* 1220); o Palazzo Vecchio, em Florença (*circa* 1300); e o Palazzo dei Consoli, em Gubbio (*circa* 1340). Em Siena, uma enorme prefeitura, o Palazzo Pubblico (iniciado em 1297), foi construída em frente a uma magnífica praça semicircular. Siena é uma das cidades italianas mais bem preservadas dessa época. Ela congelou no tempo em virtude da Peste Negra (ou Bubônica), que dizimou a Itália no século XIV, matando grande parte de sua população.

Se os italianos setentrionais estavam lentamente se livrando do sistema feudal, no Japão o feudalismo estava apenas iniciando. O período Kamakura (1185–1333) marca o governo do Xogunato Kamakura, cujo primeiro shogun, Minamoto no Yoritomo, estabeleceu sua sede em Kamakura. Os lordes exigiam os serviços leais de seus vassalos, que eram compensados com fiefs. Esses senhores feudais exerciam o poder militar local. No entanto, seu poder não estava espalhado por todo o Japão: ao norte, durante o século XII, os fujiwara do Norte, que controlavam a região de Tohoku, fundaram sua capital, Hiraizumi, para rivalizar com Kyoto, ao sul. Apesar de sua falta de áreas de cultivo de arroz de alta qualidade, os fujiwara obtinham sua riqueza da mineração de ouro, do comércio equino e da intermediação de itens de luxo oriundos dos estados asiáticos. Os fujiwara do Norte também desenvolveram um ambicioso programa de construção de templos budistas no Monte Kanzan, relativamente perto de Hiraizumi, que consistia em templos, pagodes, repositórios e jardins. Conhecido como Chuson-ji, ele apresentava um grande pagode no topo da montanha, com pequenos relicários a cada 100 metros ao longo de Osho Kaido, uma das principais estradas que conectavam as províncias setentrionais com Edo (a atual Tóquio), no sul.

### Jodo-shu ("A Escola da Terra Pura")

Ainda que seus ensinamentos tenham se tornado proeminentes na China apenas no século V d.C., essa vertente do budismo foi trazida ao Japão por um monge chamado Honen, que reuniu discípulos de todas as classes sociais, desenvolvendo

# INTRODUÇÃO

12.5 **Sanju-sangen-do, Kyoto, Japão**

uma grande rede de seguidores, especialmente mulheres, que haviam sido excluídas das práticas budistas sérias até aquele momento.

Um dos prédios que foi preservado e que mais bem representa a Escola da Terra Pura é o Sanju-sangen-do ("Salão dos 33 Intercolúnios"), em Kyoto (1164). Trata-se de um prédio linear da extensão de uma quadra inteira, cujas numerosas portas podiam ser abertas para um grande pátio interno, permitindo aos devotos admirar as mil estátuas em escala real da deidade Kannon que estão distribuídas tanto à direita como à esquerda da principal estátua, um bodhisattva da compaixão. O surgimento do budismo de uma deidade feminina relacionada com a compaixão e maternidade também tem muitos paralelos com a emergência do culto da Virgem Maria na Europa.

Foi nesse contexto extraordinário que a Ásia passou por aquele que talvez tenha sido o mais extraordinário dos eventos: a invasão dos mongóis. No século anterior, os senhores da Ásia Central haviam sido os turcos; mas agora quem comandava eram seus primos relativamente pobres das estepes orientais. Em 1220, o exército unificado dos mongóis cruzou o Rio Syr Darya, começando sua invasão da Ásia Central. Os mongóis derrotaram a dinastia song em 1279, permitindo a Kublai Khan estabelecer sua própria dinastia Yuan. Em 1280, os mongóis já haviam criado o maior império da história. Mestres dos ataques surpresa a cavalo, os mongóis inicialmente buscavam confiscar bens e levá-los, junto com milhares de artesãos capturados, para seus campos na Mongólia. Porém, como a história de sua invasão foi praticamente toda escrita pelos subjugados – não há relatos remanescentes da perspectiva mongólica –, devemos adotar uma visão mais parcimoniosa. Os mongóis eram comerciantes experientes e basicamente continuaram o que os seljúcidas e turcos já haviam iniciado. Eles também colocaram sua marca única no comércio intercontinental, não apenas desenvolvendo Samarcanda, mas propositalmente desincentivando a rota comercial para o sul.

Os dias de prosperidade dos khmer e dos pagan estavam terminados, e, de fato, toda aquela região entrou em declínio. Angkor Wat foi rapidamente abandonada e tomada pela floresta, sendo redescoberta apenas no final do século XIX. Na Índia, a perda da rota sul que levava à China teve o efeito de criar lutas internas, com uma queda notável na produção arquitetônica no início do século XIV.

A primeira capital mongol foi Karakorum, uma enorme cidade de iurtas no oeste da Mongólia, mas ela estava longe demais do centro de gravidade política da China, assim o cã ordenou a construção de uma nova capital, Shangdu (que significa "Capital Suprema", mas também é chamada de Kaipingfu), a cerca de 1.200 quilômetros a sudeste de Karakorum. Ela foi desenhada pelo arquiteto chinês Liu Bingzhong (1252) de uma maneira profundamente chinesa, com uma cidade interna e outra externa e um leiaute praticamente quadrado. Em 1264, Kublai Khan deu a Liu Bingzhong a tarefa de projetar outra capital, que hoje é mais conhecida como Pequim. Ela era enorme, teve planejamento e execução rigorosos e foi chamada de Dadu. A nova capital tinha grandes áreas que sugeriam as estepes abertas onde os mongóis podiam cavalgar e viver em suas iurtas.

Agora considere toda as áreas a recém-discutidas, e, então, pense em tudo aquilo que não está incluído: as florestas tropicais e os desertos do centro e sul da África; o norte da Ásia e da Sibéria; e a Austrália. Essas regiões permaneceriam mais ou menos independentes desses *continuum* econômico até a chegada do Período Colonial, ou mesmo depois, mas, agora que a Europa e as regiões norte e leste da África eram parte do *continuum* econômico global, o mapa começava a se estabilizar. Dentro dessa área, as narrativas históricas ainda eram de guerras, conflitos e rupturas, mas isso era tanto uma questão de lutas de poder, personalidade e religião quanto de enfrentamentos pelo controle das rotas comerciais, dos mercados e dos locais de produção de uma paisagem sendo rapidamente transformada.

413

# 1200 D.C.

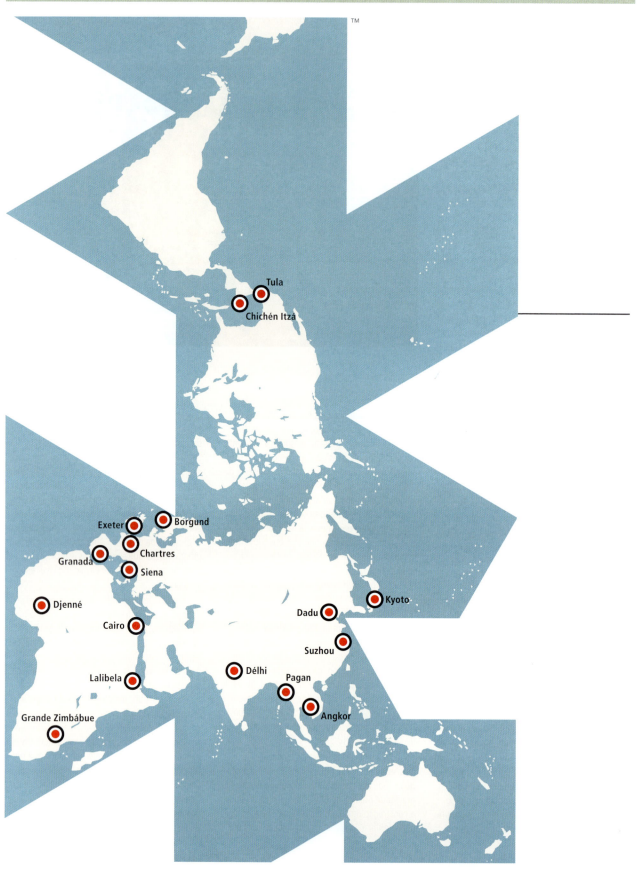

# INTRODUÇÃO

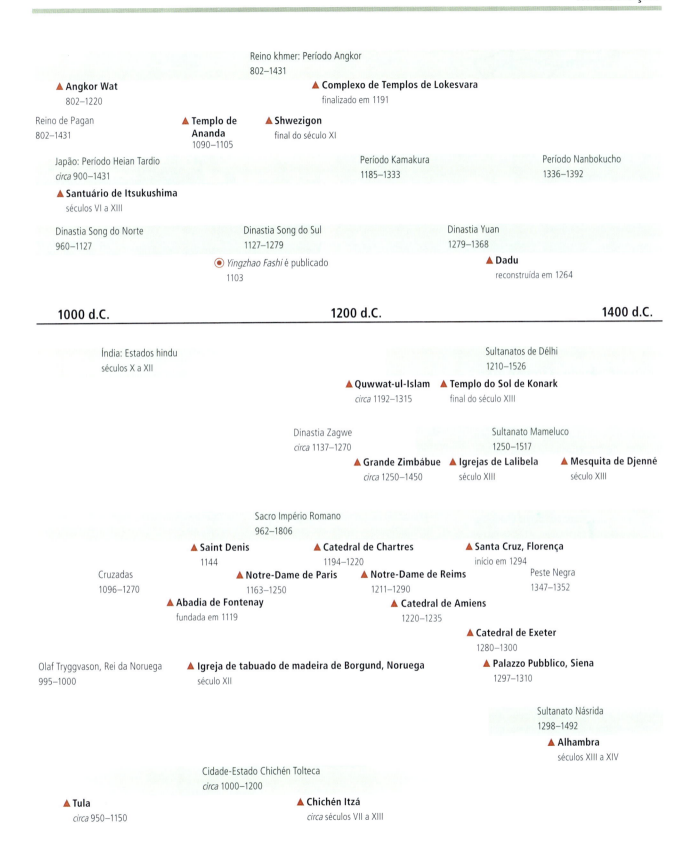

# 1200 D.C.

12.6 Sudeste da Ásia, circa 1200 d.C.

12.7 Vrah Vishnulok (Angkor Wat), perto de Siem Reap, Camboja

## VRAH VISHNULOK (ANGKOR WAT)

Tanto os song (960–1279), da China, como os cholas, da Índia (847–1249), exerceram forte influência econômica sobre o sudeste Asiático, embora a Índia tenha vencido o confronto cultural, uma vez que diversas variantes do budismo e do hinduísmo se espalharam pela região. Outro fator geopolítico era o reino de Dali, na província de Yunnan, no sul da China. De 900 d.C. até 1253 d.C., quando foi conquistado pelos mongóis e reincorporado ao Império Chinês, foi um estado budista autônomo e serviu como passagem terrestre para o sul da China. Kunming, sua principal cidade, durante muito tempo foi a parada mais importante na rota que conduzia à Índia através da Birmânia. As turbulências na Rota da Seda, resultantes da expansão dos mongóis pela Ásia, tornaram essa rota alternativa especialmente importante. No século IX, Dali, uma cidade próxima, assumiu o controle de Kunming e unificou a região, construiu novos templos e palácios.

Outra novidade, mais distante, foi a integração do litoral leste da África aos circuitos dos mercadores árabes e indianos. Criou-se assim uma rede contínua de portos marítimos que ia da África até a China. Esses acontecimentos regionais e globais foram extremamente vantajosos para os khmers, que atingiram então seu apogeu econômico e militar. Eles ocupavam a região comercial central entre o norte e o sul e entre o leste e o oeste e tornaram-se um dos maiores produtores de arroz de toda a Ásia. Os khmers haviam dominado a produção de arroz na floresta, derrubando as árvores e criando grandes arrozais irrigados por um extenso sistema de canais de irrigação. Dessa maneira, conseguiam produzir arroz duas vezes por ano, tornando-o um produto agrícola de grande volume que podia ser vendido na Índia e na China.

Já no século XI, Yasodharapura, a capital khmer localizada logo ao norte do Lago Tonle Sap, transformou-se em uma cidade imensa, com cerca de 1 milhão de habitantes. Era, sem dúvida, a maior cidade do sul da Ásia e do sudeste Asiático e, talvez, a segunda ou terceira maior do mundo.

O rei Rajendravarman (que reinou entre 944 e 968) ampliou a cidade para o leste com a construção de novos templos. Suryavarman I (que reinou entre 1001 e 1050) acrescentou novos palácios ao norte e um imenso *baray* novo, com cerca de sete por dois quilômetros, a oeste. Ele criou também um grande templo novo, o Baphuon (*circa* 1060), logo depois dos portões de Yasodharapura. O Baphuon tornou-se o centro de uma nova cidade quadrada, que se sobrepôs a Yasodharapura e tinha quase o mesmo tamanho. Mesmo assim, nenhum desses templos comparava-se àquele que veio a ser conhecido como Angkor Wat, construído pelo rei Suryavarman II (1113–1150).

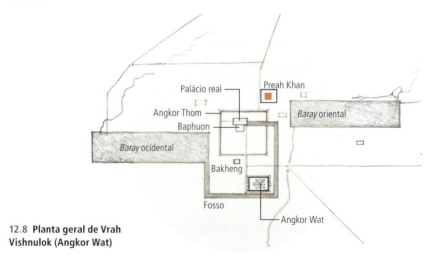

12.8 Planta geral de Vrah Vishnulok (Angkor Wat)

416

# SUDESTE DA ÁSIA

Grande parte de Yasodharapura teve de ser demolida para que ele pudesse ser construído. Em certa época, seu *garbha-griha* exibia uma estátua de Vishnu representado com as feições do rei. Há muitas coisas desconhecidas a respeito desse templo, pois trabalhos arqueológicos sobre a civilização khmer ainda estão engatinhando. As referências astrológicas do prédio (como as colunas de sua balaustrada, em número igual ao dos anos de uma era hindu) e suas medidas astronômicas esotéricas ainda estão sendo decodificadas. De maneira geral, portanto, imagina-se que o edifício seja um mapa do espaço e do tempo cosmológicos conforme eram entendidos pelos khmers.

A superfície externa do santuário não era como a vemos hoje. Imagina-se que, assim como as torres nos cantos, ela fosse dourada, brilhando com intensidade, sobretudo quando iluminada pelo sol poente. As pedras teriam sido cobertas por uma fina camada de estuque pintado. Um caminho elevado, com 9,4 metros de largura por 350 de comprimento, cruza o "oceano" e depois um campo aberto em frente ao complexo do templo. O caminho termina na base de um elevado altar cruciforme, situado diante da entrada do templo. As pessoas comuns só podiam chegar até esse ponto. Tanto o caminho elevado quanto o altar são ladeados por uma balaustrada em forma de compridas serpentes, referência a Shesha Naga, a serpente celestial de sete cabeças. Shesha desempenha um papel crucial na história do oceano cósmico, pois é em seu corpo enroscado que Vishnu, adormecido, "sonha" o universo. Enquanto Vishnu sonhava, emergiu de seu umbigo um lótus em uma haste no qual estava o deus Brahma, quem de fato criou o universo. A palavra *shesha* significa "o que resta", e supõe-se que a serpente seja feita daquilo que resta depois de terminado cada ciclo cósmico. A destruição de tudo produz um resto, que é o andaime crucial a partir da qual o "sonho" da vida vem à existência. A Shesha Naga era um dos mais importantes símbolos dos khmers.

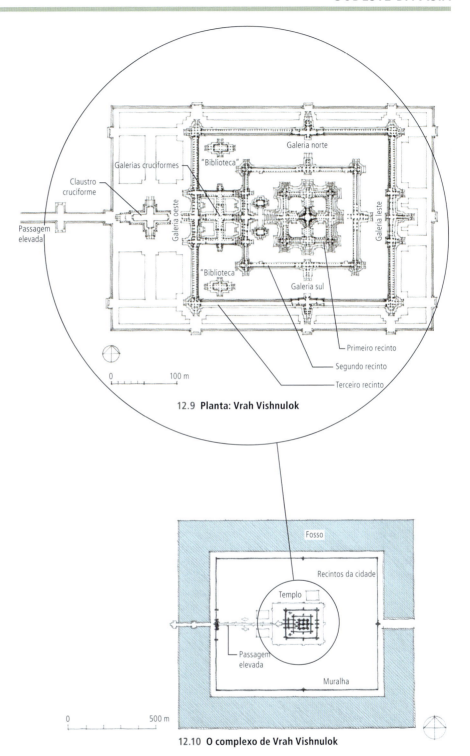

12.9 Planta: Vrah Vishnulok

12.10 O complexo de Vrah Vishnulok

# 1200 D.C.

12.11 A galeria do terceiro recinto de Vrah Vishnulok

Depois do altar de Naga, há um portal com três aberturas que dá acesso ao terceiro recinto. Os espaços além do portal eram reservados à realeza. Ao longo das muralhas desse recinto, voltados para fora e protegidos por uma colunata, baixos-relevos representam as várias manifestações de Vishnu e alternam-se com ilustrações da vida e da família de Suryavarman II. É aí que a principal mensagem simbólica do templo — Suryavarman II como manifestação de Vishnu — torna-se clara. Ao contrário das edificações budistas, em que a circum-ambulação é no sentido horário, aqui a narrativa desenvolve-se no sentido anti-horário, a partir do canto noroeste. Os baixos-relevos foram pintados com cores fortes e teriam sido visíveis mesmo no nível do solo, através da colunata

A partir daí o visitante sobe vários níveis, cada qual uma versão menor da ordem cósmica do oceano e recinto da ilha, um "mundo" a repousar sobre o outro. Ao contrário de Bakong (veja 800 d.C.), que consistia em uma série de terraços, a escala vertical do Vrah Vishnulok acentua-se e intensifica-se à medida que nos aproximamos do recinto central, no nível final, que paira acima de tudo e somente é acessível por meio de uma escadaria longa e muito inclinada. Esse nível contém o santuário central, clímax de todo o esquema: uma torre que se ergue 43 metros acima do chão de sua galeria (a qual já está 23 metros acima da superfície do fosso). Ela possui quatro torres menores situadas nos cantos. O *garbha-griha* principal, com sua estátua de Vishnu/Suryavarrnan II, era originalmente acessível das quatro direções. Possuía também no centro um poço de 23 metros de profundidade no qual se podiam lançar oferendas. Os poços, encontrados na maioria dos templos khmers, não somente estabeleciam uma ligação com a autoridade dos soberanos khmers, baseada no controle da água, como também eram uma imagem invertida da montanha cósmica simbolizada pela torre.

As influências do Templo de Prambanam, do século IX, são evidentes, mas agora os vários picos formam uma composição una e extraordinariamente complexa. Além disso, o movimento para dentro da estrutura não é apenas axial, mas acontece também pelos vértices, conferindo ao Vrah Vishnulok um aspecto mais multidimensional do que o dos templos anteriores. Por outro lado, o uso de pilares de seção quadrada e de motivos decorativos gregos e persas nas galerias indica que os detalhes do Vrah Vishnulok também podem ser entendidos no contexto da esfera do helenismo. As estruturas cruciformes conhecidas como "bibliotecas", que flanqueiam a via elevada de acesso, parecem particularmente helenísticas até mesmo em seus detalhes, como o uso de pilastras nos pórticos de entrada. Ainda há muitos estudos a serem feitos para entender a importância desse edifício no que se refere ao fluxo das ideias arquitetônicas em todo o sul e o sudeste da Ásia.

## Angkor Thom e Preah Khan

Em 1181, o rei Jayavarman VII converteu-se ao budismo e dedicou-se à reconstrução de Yasodharapura. Ele mudou a localização de seu centro de Bekong para um novo templo chamado Indrapattha, conhecido hoje como Bayon, situado logo além das antigas muralhas da cidade. Em vez do corpo inteiro, apenas o rosto do Buda foi esculpido nas muitas torres do Bayon, em uma reinterpretação de uma prática do budismo Mahayana. Os gigantescos rostos esculpidos nas torres dão ao Bayon um caráter único, enigmático. A nova cidade de Jayavarman VII, conhecida atualmente como Angkor Thom, era menor do que Yasodharapura. Ela tinha três quilômetros de lado, em vez de quatro, e é provável que funcionasse basicamente como conjunto palaciano, pois incluía os palácios ali construídos pelos reis anteriores. Entre os surpreendentes edifícios erguidos por Jayavarman VII inclui-se uma universidade budista ao norte da cidade, originalmente chamada de Lokesvara e hoje conhecida como Preah Khan. Em seu apogeu, o complexo de templos de Lokesvara acomodava mil estudantes e professores. Cercado por um fosso, esse enorme complexo inclui uma vasta rede axial de corredores, capelas, bibliotecas e pavilhões unificados pelos dois eixos, que levam, por meio de numerosos portais, até o santuário central. As principais superfícies internas eram revestidas de reboco (do qual ainda restam vestígios) e presume-se que eram pintadas em cores

## SUDESTE DA ÁSIA

12.12 Detalhes semi-helenísticos no interior da chamada "Biblioteca" de Vrah Vishnulok

12.13 Complexo de Templos de Lokesvara (Preah Khan), perto de Siem Reap, Camboja

vivas, possuindo imagens didáticas. Uma das estruturas mais interessantes é um edifício de dois níveis, com colunas de seção redonda, que se supõe datar do século XIII.

A degradação ambiental resultante do desmatamento levou a um rápido colapso dos sistemas de engenharia hidráulica de Angkor em meados do século XIV. O risco de se ter uma economia baseada em apenas uma mercadoria tornou-se imediatamente claro. Sem seu fluxo constante de arroz, a economia entrou em uma crise irreversível, e os habitantes abandonaram a cidade. O reino foi, então, saqueado com facilidade pelos tailandeses, e sua imensa fortuna foi pilhada. A queda dos khmers também foi consequência da ascensão dos mongóis, que estabeleceram suas rotas por Samarcanda, em detrimento do sudeste da Ásia.

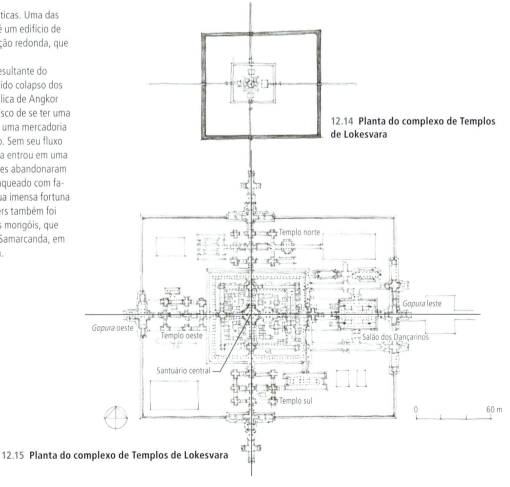

12.14 Planta do complexo de Templos de Lokesvara

12.15 Planta do complexo de Templos de Lokesvara

# 1200 D.C.

12.16 Vista de Pagan, perto de Nyangu, Mianmar (Templo de Ananda no primeiro plano, à esquerda; Pagode de Shwezigon ao fundo)

Arimaddapura situava-se em uma curva do Rio Irrawaddy, a oeste de um vulcão extinto que tinha significativa importância simbólica. Os primeiros edifícios foram estupas construídas em terraços sucessivos, derivadas de protótipos indonésios. O Paya de Shwezigon (a palavra *paya* pode ser traduzida como "pagode", "estupa" ou "zedi"), por exemplo, é uma estupa de núcleo sólido que se ergue em um ângulo acentuado, como uma pirâmide escalonada, por meio de cinco terraços quadrados, e culmina em uma estupa a tal ponto fundida com os guarda-sóis do *chattri* acima dela que a base acaba assumindo formato quase cônico. Escadas íngremes no centro de cada um dos quatro lados da base permitem aos peregrinos o acesso a terraços que, como os de Borobudur, contêm painéis didáticos para ilustrar histórias da vida do Buda e de outros textos budistas. Embora a estupa seja, em tese, maciça, dentro dela há uma rede complexa de corredores

## O REINO DE PAGAN

Os khmers e o Reino de Pagan eram as principais potências do sudeste da Ásia. No século XII, os reis de pagan dominaram as cidades dos puys e governaram uma região equivalente, em área, à da Mianmar atual (antiga Burma). Sua capital era Arimaddanapura (a "Cidade do que esmaga os inimigos"), hoje chamada de Pagan. Por dois séculos, Pagan esteve em guerra contra os cholas na Índia peninsular, ao mesmo tempo que mantinha uma relação próxima, mas cautelosa, com os reinos da Índia Oriental. Ao contrário do Império Khmer, que primeiro foi hindu e depois budista, ou do Império de Srivijaya, que construía tanto estruturas budistas quanto hindus, Pagan praticava o budismo Theravada, uma forma tradicional dessa religião que fora difundida de Sri Lanka. Entre os séculos XII e XV, os reis de Pagan construíram mais de 2 mil edificações, estupas e templos. Apesar de serem budistas, esses reis, como os khmers do Camboja, adotaram a ideia hindu – moderna para sua época – de que o Buda era uma manifestação de Vishnu e de que um rei virtuoso também poderia ser tal manifestação. Ao contrário dos templos khmers, no entanto, os dos reis de Pagan não eram dedicados a eles próprios como manifestações de Vishnu, mas ao Buda.

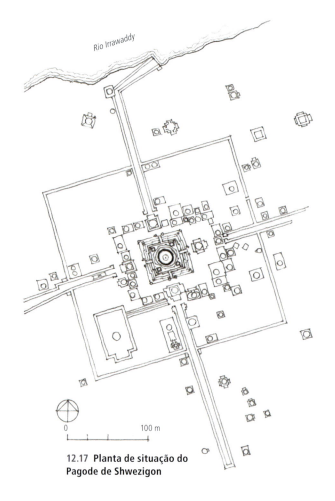

12.17 Planta de situação do Pagode de Shwezigon

# SUDESTE DA ÁSIA

12.18 Pagode de Shwezigon, Pagan

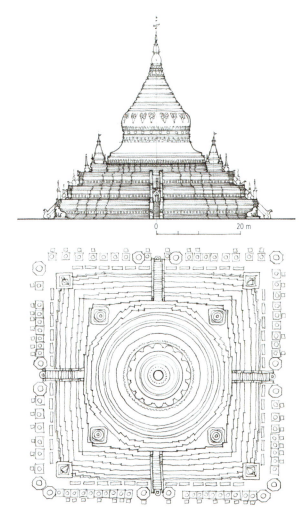

12.19 Elevação e planta do Pagode de Shwezigon

estreitos e interligados, concebidos para que os patrocinadores do local, após sua construção, pagassem para embutir placas dedicatórias em suas paredes.

Imagina-se que o templo possuía em seu núcleo uma importante relíquia que ainda não foi encontrada e provavelmente tenha sido roubada. Visto que a estupa era considerada uma extensão dessa relíquia, os adoradores posteriores esperavam alcançar o nirvana inserindo objetos nesse "campo de força" sagrado.

Por volta de 1100, logo após sua ascensão ao trono, Kyanzittha (1084–1113) iniciou a construção de diversas grandes estupas, entre elas o Templo de Ananda (1090–1105). Embora o templo exiba os costumeiros terraços quadrados, tabuletas didáticas de terracota esmaltada e estupas nos cantos, ele não possui escadas externas. O prédio se eleva gradualmente da estrutura quadrada no nível do solo até a base da superestrutura e ao *shikhara*. Nesse edifício, as galerias didáticas foram integradas ao corpo do templo na forma de dois corredores concêntricos com pé-direito alto nos quais se entra por pórticos largos e espaçosos localizados no centro de cada lado. Não se vê em outro templo de Pagan um programa de educação budista tão extenso. A luz atravessa, em ritmos regulares, as janelas altas das espessas paredes do ambulatório externo. As passagens abertas bem em frente às janelas permitem que ela seja filtrada para o interior. Ainda assim, no núcleo, a iluminação é bem esparsa, contrastando com a luz que penetra intensamente por meio do clerestório oculto. Essa luz ilumina as estátuas do Buda dispostas em nichos no núcleo central, orientadas para fora nas quatro orientações cardeais. A luz do clerestório, que chega ao santuário mais interno, é uma invenção característica de Pagan. Quase todas as estupas foram feitas de tijolos produzidos com o solo aluvial do local.

# 1200 D.C.

12.20 Localização de Kyoto e do Santuário de Itsukushima, Japão

## O SANJU-SANGEN-DO

No Japão, as guerras frequentes, os desastres naturais e duas tentativas de invasão pelos mongóis, em 1274 e 1281, criaram uma sensação de instabilidade que os budistas associaram ao previsto fim da era budista. O país entrou, assim, em um período semelhante ao da ascensão dos cultos bhákticos no sul da Ásia. Monges budistas carismáticos viajavam pela zona rural, divulgando o budismo da Terra Pura (Amidismo), que prometia a iluminação a quem quer que repetisse com devoção o nome do Buda Amida.

Um exemplo arrebatador da arquitetura do budismo da Terra Pura foi construído em Kyoto em 1164 por Taira no Kiyomori (1118–1181), um importante general. Conhecido como Sanju-sangen-do ("Salão com 33 Intercolúnios"), esse prédio de 120 metros de comprimento (com 33 intercolúnios por 4) foi projetado para exibir mil estátuas, em tamanho natural, de Kannon (uma bodhisattva, deusa da misericórdia), com seus mil braços, quinhentos de cada lado, e, no centro, uma grande imagem da deusa. As estátuas estão densamente agrupadas, dispostas em arquibancadas que se elevam em direção à parede do fundo.
À sua frente alinham-se 28 "acompanhantes" adicionais, muitos derivados diretos de deuses contemporâneos hindus da Índia. A floresta de estátuas, alinhadas até onde a vista alcança, é impressionante.

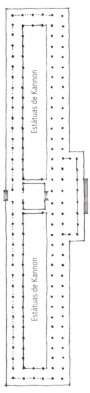

12.22 Planta do Sanju-sangen-do

12.21 Sanju-sangen-do, Kyoto, Japão

12.23 Interior do Sanju-sangen-do

# LESTE DA ÁSIA

Há dois santuários: o *honsha* (o principal, que abriga as divindades femininas), voltado para a água, e, a leste, em uma posição quase perpendicular, o *mero-do jinja* (o santuário das divindades masculinas hóspedes), voltado para o oeste, ou seja, para a terra. Todas as colunas de madeira são revestidas com laca de cor escarlate e são extremamente despojadas.

Os portais chamados torii têm associações tanto budistas quanto xintoístas. O torii é uma reinterpretação do torana, ou portão budista. No xintoísmo, ele também simboliza a invocação para que o deus se manifeste e atenda às orações do fiel. A palavra torii significa também "poleiro de pássaros", termo que se refere ao mito de que os deuses usaram os cantos dos pássaros para atrair Amaterasu, a deusa do Sol, para fora da caverna onde ela havia se escondido.

12.24 Santuário de Itsukushima, município de Hiroshima, Japão

## O SANTUÁRIO DE ITSUKUSHIMA

O xintoísmo não estava de modo algum enfraquecido nesse período. Pelo contrário, Taira no Kiyomori também construiu um santuário xintoísta em Itsukushima, uma das muitas ilhas do Mar Interior de Seto. Local sagrado desde as épocas mais remotas, a ilha era a morada de Ichikishir-na-Hime-no-Mikoto, a kami "que garante a segurança no mar", e de suas duas irmãs. O santuário original, que remonta ao século VI d.C., foi reconstruído em uma escala majestosa no ano de 1168. Kiyomori deu de presente ao santuário principal 33 manuscritos ilustrados do Sutra do Lótus budista, transformando Itsukushima numa mistura inseparável das práticas e da arquitetura budistas e xintoístas. O santuário localiza-se em uma ilha, cujo acesso era permitido apenas aos devotos. Mesmo hoje, ainda que seja aberto ao público, há certas restrições. O torii solitário de cor escarlate tem sua base parcialmente encoberta pela água do mar na maré alta e eleva-se sobre o pano de fundo das montanhas verdes da ilha. Na maré alta, o torii parece flutuar, e é então que sua natureza xintoísta se funde com as ideias do budismo da Terra Pura, segundo as quais o portal estaria flutuando sobre uma flor de lótus nas águas do oceano infinito. Na praia, o santuário foi construído contra uma angra protegida, estando conectado por uma passagem coberta e em ziguezague que cruza a enseada de lado a lado. Essa passagem, com suas várias vistas, emoldura a relação dinâmica entre a água e a terra à medida que a maré sobe e desce.

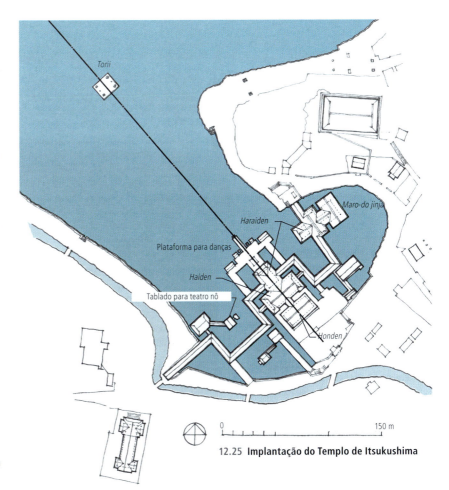

12.25 Implantação do Templo de Itsukushima

# 1200 D.C.

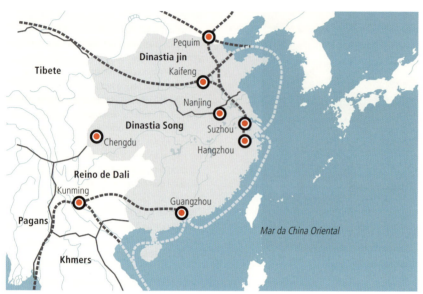

12.26 A Dinastia Song na China

Há várias grandes propriedades em Suzhou, o qual se tornou um importante centro do setor da seda na China durante a Dinastia Song. O Jardim do Mestre das Redes data desse período. (Seu nome vem de um proprietário subsequente.) Ele possui três partes, centradas em um jardim interior projetado para exaltar e intensificar as qualidades essenciais da paisagem e possibilitar uma experiência "natural" perfeita que, não obstante, vinha imbuída de mensagens didáticas. Nesse sentido, o jardim era uma experiência ao mesmo tempo visual e literária. No período da Dinastia Song, famoso pelas realizações literárias, a contação de histórias tornou-se uma forma de entretenimento popular. As histórias narradas por contadores profissionais eram impressas em livros chamados *huaben*, que mais tarde inspiraram romances didáticos mais longos que tratavam dos conflitos entre os virtuosos e os inescrupulosos e ensinavam que todo tipo de conduta tem consequências. Isso se relacionava com os ideais do confucionismo. Durante a Dinastia Song, o neoconfucionismo, que associava a metafísica budista à ética confucionista, ensinava que o mundo inteiro poderia ser compreendido por meio da razão e do estudo.

## A DINASTIA SONG DO SUL

As dinastias mongóis jin e jurchen, ao norte, interromperam o comércio ao longo da Rota da Seda, obrigando os song a mudar sua capital para Hangzhou, ao sul da atual Xangai. Nanjing, a antiga capital, havia sido arrasada pelos ataques dos jin. Essa mudança levou os song a abandonar um lucrativo território agrícola por uma área de montanhas, lagos e rios, imprópria para a agricultura extensiva, e eles tornaram-se dependentes do arroz importado do sudeste Asiático. Eles criaram, então, uma vibrante rede comercial marítima que se estendia até a Índia. Navios foram construídos, portos foram melhorados e armazéns foram edificados. À medida que as riquezas chegavam, poderosas famílias de comerciantes começaram a investir em grandes propriedades, que se destacavam por seus sofisticados jardins privativos. Um jardim em Dezhou, por exemplo, tornou-se famoso pelas suas quatro paisagens distintas. Outro tinha um lago artificial, com uma ilha que emergia dos pântanos, cercada por montanhas artificiais e pilhas de rochas, sobre a qual foi construído um palácio. O Pequeno Lago Oeste, um jardim particular em Lin'an, chegou a ponto de "tomar emprestadas" as vistas de uma montanha verdadeira situada fora de seus limites, virtualmente inserindo-a em sua composição. É o caso também de Genyue (1117–1122), um jardim da Dinastia Song do Norte localizado em Bianliang (a atual Kaifeng), focado na extremidade nordeste de um alto pico, a Montanha da Longevidade. Uma série de picos mais baixos, chamados de Dez Mil Pinheiros, também foi "tomada por empréstimo". Cerca de 40 construções estão dispersas pelo jardim, incluindo varandas, pavilhões, torres, plataformas e cabanas rústicas, todas interligadas por caminhos que sobem, descem e se enroscam, emoldurando as construções umas dentro das outras e em relação à paisagem.

12.27 Jardim do Mestre das Redes, Suzhou, China

# LESTE DA ÁSIA

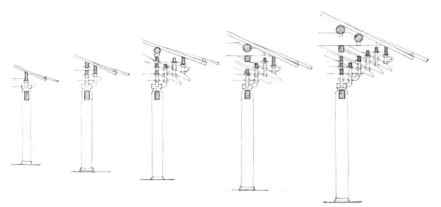

12.28 Hierarquia dos *dou-gong* (sistema de suportes múltiplos) segundo o *Yingzhao Fashi*

## Yingzhao Fashi

O imperador Huizong, da Dinastia Song (que reinou entre 1100 e 1125), era um entusiasmado mecenas. Um catálogo de suas pinturas, o *Xuanhe Huapu*, publicado em 1123, registra mais de seis mil obras em sua coleção. Em seu reinado, fundaram-se academias de arte, houve um aumento no interesse pela história e pela cultura antigas e as coleções de antiguidades se tornaram populares. Huizong também encomendou o *Novo Yingzhao Fashi* (1103), um manual detalhado de arquitetura e construção. Era chamado "novo" porque o primeiro *Yingzhao Fashi*, datado do período T'ang, tornara-se ultrapassado. No entanto, o manual não visava a ser um documento filosófico ou estético, mas buscava ajudar os administradores imperiais a regulamentar e controlar a construção.

Sob as Dinastias Song e Jin (e, depois, a Yuan), a arquitetura havia se tornado muito ornamental e elaborada. O tamanho dos suportes *dou-gong* diminuiu em relação à altura das colunas, mas sua complexidade e visibilidade agora eram maiores. Chegava-se, às vezes, a mudar a distribuição das colunas a fim de permitir arranjos espaciais mais ambiciosos. Embora todas essas transformações tenham contribuído para criar uma arquitetura muito mais rica e expressiva, também resultaram em muito desperdício e corrupção. Como a construção era controlada por poderosas corporações de ofícios que guardavam com zelo seus conhecimentos, transmitidos apenas oralmente e em versos, os edifícios costumavam exceder o orçamento previsto. A corte imperial descobriu que não tinha como prever de modo razoável o custo total de um prédio. Além disso, a grande demanda por madeira estava provocando o desflorestamento rápido nos territórios song. Como as florestas do norte estavam sob o domínio dos "bárbaros", a corte imperial concluiu que em breve já não teria madeira. O *Novo Yingzhao Fashi* almejava, então, a resolver esses dois problemas. Li Jie era um intelectual, pintor e autor de livros de Geografia, História e Filologia. Além disso, como superintendente das construções oficiais no Ministério de Obras (*gong bu*), também havia administrado vários projetos de construção, o que o tornava a pessoa ideal para a tarefa. Durante três anos, Li Jei entrevistou sistematicamente líderes das associações de construtores, documentou seus princípios e procedimentos construtivos e acrescentou suas próprias reflexões e explicações. Por fim, em 1105, apresentou as suas conclusões sob a forma de regulamentos que os administradores governamentais podiam usar para supervisionar as despesas com a construção. O *Yingzhao Fashi* de Li Jie consiste em 34 capítulos, organizados em cinco seções: dados básicos, regulamentos, mão de obra, materiais e desenhos. Cada seção, por sua vez, é subdividida em 14 capítulos: fossos e fortificações; alvenaria de pedra; carpintaria estrutural; marcenaria e sambladuras (portas, janelas, paredes, biombos, tetos, escadas, etc.); entalhe em madeira; tornearia e perfurações; serraria; uso de bambu; rebocos, pinturas e decorações; alvenaria de tijolo; fabricação de tijolos, ladrilhos e telhas.

O *Yingzhao Fashi* descrevia oito tipos de edificações, mas se voltava primordialmente aos edifícios imperiais e governamentais, e não às construções populares, pois só os primeiros seriam financiados pelo administrador. A maioria dos desenhos é de plantas (determinando as dimensões básicas de um edifício), cortes (estabelecendo as quantidades) e cortes em trabalhos com madeira (úteis a orçamentação). Tudo era regulado por um sistema de proporções conhecido como *cai-fen*. Um *cai* tinha 10 *fen*, e um *zu-cai* era igual a 21 *fen*. As proporções-padrão seguiam a razão de dois por três. Assim, uma seção-padrão de madeira media 10 por 15 *fen*.

12.29 Detalhe de cena de jardim da Dinastia Song

# 1200 D.C.

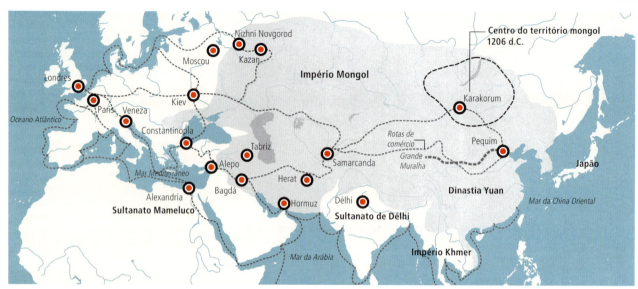

12.30 Império Mongol, *circa* 1200 d.C.

## O IMPÉRIO MONGOL

Em 1206, Temujin, chamado Gêngis Khan ("Soberano Poderoso"), unificou as tribos mongóis, antes dispersas e em conflito entre si, e enviou seus exércitos para o sul e para o oeste, a fim de criar um grande império. Depois de sua morte, em 1227, seu filho Ogodai avançou ainda mais para o oeste, tomando Kiev em 1240. Kublai Khan, seu filho, e, portanto, neto de Gêngis Khan, completou a conquista da China em 1279, fundando a Dinastia Yuan. O resultado disso foi o maior império da história, que abrangia 20% do total da área terrestre do globo e dominava uma população de mais de 100 milhões de pessoas. Embora sua vida fosse efêmera, esse Império geraria muitos efeitos importantes no longo prazo.

Vários relatos sobre os mongóis insistem em seu feroz estilo de luta e no modo bárbaro como saqueavam as cidades, os palácios e as bibliotecas. Porém, a maior parte das informações sobre eles foi escrita pelos povos subjugados, que tendiam a fazer uma avaliação parcial. Uma das razões do sucesso dos mongóis era sua estratégia militar. A maioria dos exércitos da época lutava com lentas massas de soldados. Muitos recrutas eram agricultores, com pouquíssima habilidade e treinamento. Os soldados mongóis, todos excelentes cavaleiros, não só haviam se tornado mestres numa modalidade dinâmica de ataque, como também estavam habituados a suportar as brutais condições climáticas das estepes. Sua dieta à base de carne e iogurte tornava-os mais altos e fortes do que muitos inimigos. Além disso, ao contrário do que acontecia no Ocidente, onde havia pequenos grupos de soldados de elite e grandes massas de combatentes sem treinamento, os exércitos das tribos mongóis unificadas incluíam toda a população masculina adulta com menos de 60 anos. Vivendo em tendas projetadas para permitir que os soldados seguissem os movimentos dos cavalos pastando, os mongóis não tinham cultura urbana e interessavam-se sobretudo pelos bens móveis, que distribuíam com democrática imparcialidade entre todas as tribos. Quando Gêngis Khan morreu, foi sepultado em um local secreto e não assinalado nos desertos da Mongólia, segundo a tradição mongol. (Há pouco tempo, uma equipe de arqueólogos encontrou um sítio na Mongólia que talvez seja o local do sepultamento de Gêngis Khan.)

O *ger* ("local de moradia"), o iurta mongol, era fácil de transportar e, ainda assim, resistente o suficiente contra ventos muito fortes. Seu elemento básico era uma treliça expansível de madeira que formava as paredes circulares. Varas laterais erguem-se e ligam-se a um anel de compressão, formando a estrutura da cobertura. Uma faixa de cordas é passada em torno da parte superior das paredes, a fim de amarrá-las. No centro da barraca colocava-se uma fogueira. A estrutura de madeira era, então, coberta com feltro em quantidades diversas, conforme as condições climáticas. (O feltro era fabricado amassando e esfregando a lã – os mongóis não teciam. Na verdade, todas as suas roupas eram obtidas mediante troca, compra ou saque.) A entrada da iurta era voltada para o sul (Hemisfério Norte). O altar e um lugar de honra eram orientados no norte, voltados para a entrada da moradia. Entre essas áreas básicas, havia os espaços de estar, cozinhar e comer. Toda essa construção móvel podia ser montada ou desmontada e colocada sobre os camelos em apenas um dia.

### A China da Dinastia Yuan

Quando Kublai Khan (1215–1294), neto de Gêngis, ascendeu ao trono da China, escolheu para sua dinastia o nome chinês *Yuan* ("original" ou "primordial"). Em 1279, com a rendição do último dos territórios song, toda a China estava sob o domínio yuan. Os mongóis dividiram a sociedade em quatro classes, reservando para si próprios a mais elevada e atribuindo as inferiores aos chineses do sul, das antigas regiões song. Os estrangeiros possuíam *status* intermediário, entre os mongóis e os chineses nativos, para grande irritação dos song. Os budistas lamaístas do Tibete e do Nepal e os taoistas foram particularmente favorecidos pelos mongóis, como também ocorrera 200 anos antes com os jin, aparentados com os novos conquistadores. Os muçulmanos foram bem-vindos e muito tolerados na fronteira ocidental. Sob o regime dos yuan, construiu-se, em 1363, uma das mais antigas mesquitas da China, o túmulo de Tughluq Temur, em Huocheng, Xinjang.

A capital dos mongóis era Caracórum, onde Gêngis Khan reunia suas tropas. Ogodai, seu filho e sucessor, ergueu muralhas ao redor da cidade. Embora hoje a cidade já não exista, sabe-se, pelas descrições, que era quadrada e possuía portões nas direções cardeais.

# LESTE DA ÁSIA

Ela possuía bairros árabes e chineses, vários templos e mesquitas e, inclusive, uma igreja nestoriana. Quando Kublai Khan reivindicou o trono do Império Mongol, em 1260, transferiu sua capital primeiramente para Chengdu e, depois, para Dadu (a atual Pequim). Embora os yuan tenham introduzido a China na civilização global e modernizado seu exército e sua economia, eles não possuíam uma cultura arquitetônica. Por conseguinte, ao construir a nova capital, seguiram os princípios de planejamento descritos nos *Rituais dos Zou*. Essa foi uma boa jogada política, pois denotava que os conquistadores respeitavam a tradição chinesa. Eles ordenaram também a construção, por toda a China, de inúmeros altares e templos dedicados aos antepassados e às divindades locais.

Dadu (da palavra *ta-tu*, "Grande Capital") era chamada pelos mongóis de Khanbalig (a "Cidade do Grande Khan"). Ela possuía formato quadrado e tinha a malha viária ortogonal, característica das capitais chinesas anteriores. O centro político-administrativo, que compreendia um palácio e os aposentos imperiais, situava-se ao sul do centro da cidade; a parte norte era ocupada sobretudo por áreas residenciais. O palácio chamava-se *ta-nei* ("grande interior"). Era circundado por uma área de seis por cinco quilômetros reservada para os senhores mongóis, que ali acampavam em suas iurtas. Ao sul, em um recinto retangular à parte, situava-se a "cidade exterior" para os chineses nativos, que viviam em casas. Um edifício imenso era o local oficial das cerimônias. Dentro dele, Kublai Khan, como os reis dos liao que o antecederam, habitava nas resplandecentes tendas tradicionais dos mongóis. Marco Polo, que visitou sua corte, descreve o palácio de Kublai Khan construído à maneira chinesa:

> Saiba que é o maior palácio que jamais existiu... Sua cobertura é muito majestosa, e as paredes do palácio são todas cobertas de ouro e prata. São adornadas com dragões, animais e pássaros, cavaleiros e ídolos e outras coisas do tipo. O salão do palácio é tão grande que seis mil pessoas poderiam facilmente jantar ali, e é uma maravilha ver o número de aposentos que há além dele. O edifício todo é tão vasto, tão rico e tão belo que nenhum homem sobre a Terra poderia projetar algo superior a ele. O lado externo do telhado é todo colorido de escarlate, amarelo, verde, azul e outras tonalidades, fixadas com um verniz tão fino e sofisticado que brilha como cristal e confere um brilho esplêndido ao palácio quando visto à longa distância, de qualquer direção.

A geomancia exigia que o palácio fosse voltado para o sul e tivesse atrás de si a encosta de uma colina. Como não havia colinas no local, foi construído um monte artificial, a Colina Verde, com cerca de 100 metros de altura e dois quilômetros de circunferência. Sobre ela plantaram-se árvores de todas as regiões da China, tornando-a uma espécie de *mapa mundi* chinês. Ao redor da colina havia uma imensa Menagerie Divina – um parque onde viviam veados, cervos e outros animais –, com vias pavimentadas que conduziam a um grande lago com ilhas e pavilhões. Contudo, praticamente nada restou desse paisagismo, pois no mesmo local foi construída a grande Cidade Proibida, depois de serem demolidos todos os edifícios mongóis. Duas questões particularmente críticas para a nova cidade eram a água e os cereais, pois, para uma cidade tão grande, ela estava demasiado distante das férteis regiões produtoras do sul. Os dois problemas foram resolvidos com a construção de um canal que saía do Rio Pe Ho, a leste, e permitia que os cereais fossem entregues diretamente nos portões da cidade.

O Grande Canal, que seguia um curso sinuoso desde as férteis regiões agrícolas do sul até as grandes cidades do norte, era uma das obras de engenharia mais importantes do mundo. Seu objetivo era fazer com que a movimentação de bens e cereais não dependesse do transporte marítimo. A construção do primeiro canal começou em 613 a.C. Em 206 a.C., foi construído o Canal Lingqu, que conectava o Rio Xingjiang ao Rio Lijiang. Outra seção de 200 quilômetros, terminada em 589 d.C, ligava Luoyang (Dongdu, ou Capital do Leste), a capital recém-construída, à confluência do Rio Wei com o Rio Amarelo, a leste, resolvendo o problema do assoreamento que afetava ambos os cursos de água. A Dinastia Yuan deu continuidade a esses esforços. Ela

12.31 O sistema de canais na China

tornou mais rápida a navegação em alguns trechos do canal, mediante a eliminação de curvas, e consolidou os sistemas de canais do Rio Jizhou e do Rio Huizong, reduzindo em cerca de 700 quilômetros a distância a ser percorrida desde a extremidade sul do canal até a capital Dadu. A Dinastia Ming (1368–1644) também dedicou grandes recursos à manutenção e construção de canais, liberando-os de obstruções para que o transporte marítimo não fosse necessário para a distribuição de cereais. O desenvolvimento de comportas e de técnicas de dragagem mantinha os canais em bom estado de funcionamento.

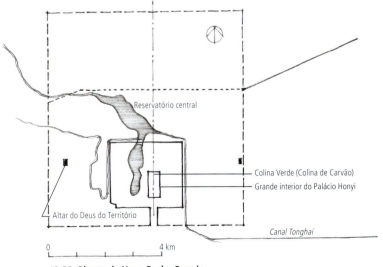

12.32 Planta de Yuan Dadu, Pequim

# 1200 D.C.

## DÉLHI

No século XII, com a chegada dos exércitos islâmicos, o sul da Ásia foi transformado. Esses exércitos foram comandados, inicialmente, por Qutb-ud-Din Aibak, general gaznávida do Afeganistão que derrotou o rei rajputano e anexou seus territórios norte-indianos em 1192. Seus esforços foram superados em 1296 por Ala-ud-Din Khiljl (que reinou entre 1296 e 1316), que capturou Ranthambhor, Chittorgarh e Jaiselmer dos rajputanos e esmagou tanto os solankis quanto os pramars, avançando rumo ao sul até conquistar aos yadavas a fortaleza de Devagiri.

Nem todos os historiadores avaliam da mesma maneira o comportamento dos governantes islâmicos em relação a seus súditos hindus. Os soberanos muçulmanos muitas vezes massacraram os hindus e destruíam e profanavam de modo sistemático seus templos. No entanto, a população hindu como um todo continuou a prosperar sob o governo islâmico, fundindo-se de diversas maneiras à mulçumana no nível da cultura popular e ressaltando, assim, os aspectos mais tolerantes e até esclarecidos do domínio islâmico, sobretudo em relação aos mogóis. (Uma das consequências futuras dessas tensões ocultas foi a divisão do sul da Ásia entre a Índia e o Paquistão, em 1947, feita pelos ingleses pouco antes de abandonarem o subcontinente, cujos reflexos ainda hoje são percebidos.)

Qutb-ud-Din Aibak estabeleceu sua capital em Lahore, mas depois se mudou para a Índia Central, ocupando um assentamento dos chauhas chamado Tomar. Ali construiu Qila Rai Pithora, a primeira capital no local da Délhi hodierna, que foi restabelecida sete vezes como capital, cada vez em um novo lugar, mas sempre na mesma região. As sete capitais foram:

1. Qila Rai Pithora, por Qutb-ud-Din Aibak (1192)
2. Siri, por Ala-ud-Din Khilji (1296–1316)
3. Tughlaqabad, por Ghias-ud-Din Tughlaq (1321–1325)
4. Jahanpanah, por Muhammad bin Tughluq (1325–1351)
5. Feroz Shah Kotla, por Firuz Shah Tughluq (1351–1388)
6. Purana Qila, por Sher Shah Sur (1538–1545)
7. Shahjahanabad (hoje chamada de "Velha Délhi"), pelo Xá Jahan (1638–1649)

No começo do século XX, Edwin Lutyens acrescentou Nova Délhi à mistura. Todas essas capitais estão hoje inseridas na moderna Délhi.

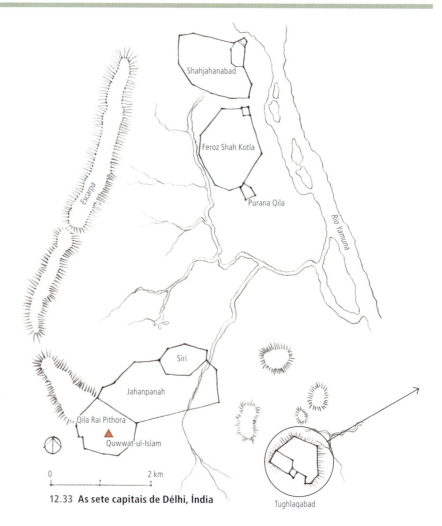

12.33  As sete capitais de Délhi, Índia

12.34  Vista de Tughlaqabad, Délhi

# SUL DA ÁSIA

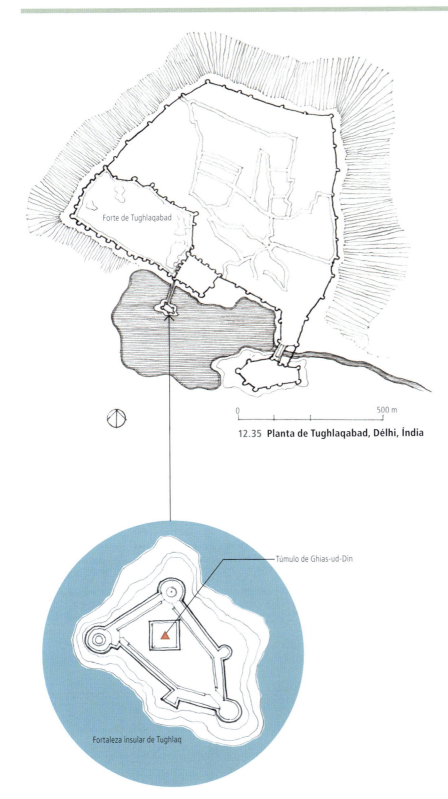

12.35 **Planta de Tughlaqabad, Délhi, Índia**

## Tughlaqabad

Tughlaqabad (1321-1325), a cidade de Ghias-ud-Din Tughlaq, foi a maior das cidades-fortaleza de Délhi e uma fantástica obra de engenharia. O lugar que Tughlaq escolheu para erguê-la era um planalto irregular, no qual era difícil trabalhar por ser muito rochoso, mas que tinha a vantagem de projetar-se em plano elevado sobre a suave vertente oeste da planície aluvial do Rio Yamuna. Tughlaq delineou seu forte – feito com as pedras locais – na forma de um paralelogramo irregular, com muitas torres circulares ao longo de sua muralha. O terreno em torno do forte era muito íngreme. Dentro da fortificação, no lado sudoeste, Tughlaq construiu seu palácio, inserido em outro retângulo murado. Na interseção entre o palácio e o restante do forte havia um subpalácio, uma unidade que podia ser defendida de maneira independente. Originalmente, um dos canais de drenagem do Rio Yamuna corria à frente da muralha sul de Tughlaqabad. Tughlaq converteu esse canal em um lago artificial, construindo uma barragem que ligava a cidade a um afloramento rochoso ao sul. Tughlaqabad, portanto, possuía vales em três lados, e um lago no quarto. Dentro desse lago, Tughlaq construiu outra fortaleza em forma de ilha, conectada ao forte principal por uma passagem elevada de 220 metros. O nível mais baixo dessa ilha consistia em uma rede de recintos abobadados, com acesso cuidadosamente controlado – era o tesouro público. Sobre ele Tughlaq ergueu seu sepulcro, que se destaca visualmente, de modo espetacular, no meio do lago. No complexo palaciano havia ainda outros túneis ocultos e vias elevadas, dando à construção um caráter ainda mais misterioso.

## Quwwat-ul-Islam

A Mesquita Quwwat-ul-Islam reflete claramente suas ambições iconoclastas. Sua construção foi iniciada em 1192 por Qutb-ud-Din Aibak, que mandou erguê-la em um terreno mais elevado no centro da cidade, onde antes havia um templo hindu. Como matéria-prima, foram utilizadas pedras dos 27 templos hindus e jainistas da cidade. Os pilares dos templos foram empregados às vezes de cabeça para baixo, ou colocados uns sobre os outros, para que o edifício atingisse a altura desejada. A parede da *quibla*, a oeste, consiste em cinco arcos ogiva falsos, que provavelmente foram construídos por pedreiros hindus.

429

# 1200 D.C.

12.36 Colunas do Templo de Quwwat-ul-Islam, Délhi, Índia

O sucessor de Qutb, Iltutmish (o qual reinou entre 1211 e 1236), ampliou a parede da *quibla* da Mesquita Quwwat-ul-Islam, ao acrescentar três intercolúnios de cada lado. Construiu também uma colunata que envolvia de um lado o Qutb Minar (o minarete da mesquita) e, do outro, a sua própria tumba. A tumba de Iltutmish foi o primeiro túmulo islâmico da Índia. Construída junto à face oeste da parede da *quibla*, uma estrutura pequena de base quadrada se transforma numa cúpula octogonal apoiada em trompas de ângulo.

Cem anos depois, Ala-ud-Din Khilji (que reinou entre 1296 e 1316) decidiu expandir o complexo, duplicando o comprimento da parede da *quibla* no sentido norte. Também deu início à construção de um minarete monumental que deveria ter duas vezes a altura do Qutb Minar, mas que, no fim, jamais superou seu primeiro pavimento. Em 1311, Ala-ud-Din Khilji construiu um portão chamado Alai Darwaza ("Portão de Alá") ao sul da mesquita. Essa elegante estrutura cúbica, com as proporções de um arco de triunfo romano, foi erguida por pedreiros hindus comandados por seus novos governantes muçulmanos. Um arco central domina cada uma de suas fachadas. De ambos os lados desse arco, janelas propriamente ditas (no primeiro nível) e janelas cegas (no nível superior) foram compostas em arenito vermelho contra um fundo de arenito branco. A cúpula se apoia em trompas de ângulo, cobrindo um interior simples e iluminado por janelas pequenas e profundas. O Alai Darwaza, que revela a influência de artesãos seljúcidas, foi um dos primeiros monumentos sul-asiáticos a assinalar o surgimento de um estilo construtivo islâmico característico do sul da Ásia, mas que posteriormente foi aperfeiçoado pelos mogóis.

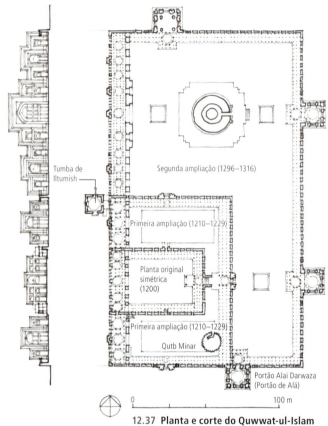

12.37 Planta e corte do Quwwat-ul-Islam

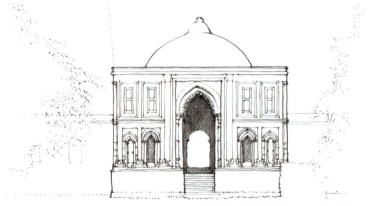

12.38 Portão Alai Darwaza (Portão de Alá), Quwwat-ul-Islam

# ÁFRICA

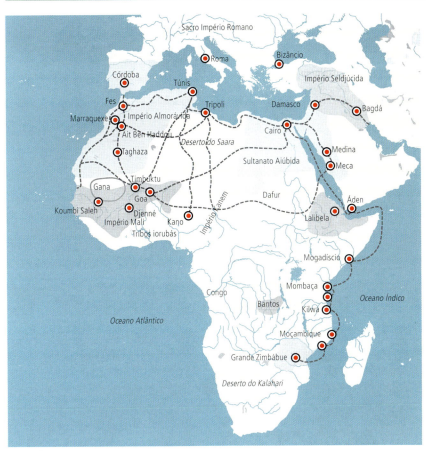

12.39 África, *circa* 1200 d.C.

Mso. O Husuni Kubwa, que significa "a grande casa fortificada" em suaíli, possuía vários pátios internos destinados a diferentes funções, em uma progressão nítida do público para o privado. O pátio privativo do rei tinha uma piscina escavada no chão e, ao lado dela, um pátio para audiências. A oeste havia um porto protegido.

O norte da África era dominado pelo sultanato aiúbida, no Egito, e pelos almôadas, no Marrocos e na Espanha. O Império de Gana, outrora poderoso, encontrava-se em declínio. Os almorávidas, bérberes do Saara, haviam assumido o controle das rotas de comércio que cruzavam o deserto e dominado Kumbi Saleh, a capital de Gana, em 1067. No século XIII, contudo, surgiu uma nova potência: o Império do Mali. Seu centro era no norte de Gana e ele era composto de vários estados que assumiram o controle das minas de ouro. Antes da descoberta da América, quase metade do ouro da Europa vinha do Mali. O Império do Mali também controlava o comércio do sal na região.

## A ÁFRICA

Antes do século XIII, o sul e o leste da África eram entrepostos remotos nas redes globais de comércio. Todavia, nos anos 1200, o litoral leste africano desenvolveu intensa atividade comercial ligada a cidades portuárias da Arábia e da Índia, e tornou-se o principal centro de distribuição para todo o continente africano. Os habitantes da África Oriental trocavam ouro, marfim e escravos por arroz, metais e outras mercadorias. Uma das consequências do intercâmbio cultural foi o surgimento da língua suaíli, que combina elementos linguísticos africanos e árabes.

Nessa época, o mais importante porto da costa meridional era o de Kilwa, no litoral da atual Tanzânia. Ele foi criado no século XI por muçulmanos shirazitas, que praticavam uma variante leste-africana do islamismo do Oriente Médio. Os governantes controlavam as minas de ouro de Moçambique, que ficavam próximas. (No século XVI, isso despertou o interesse dos portugueses, cuja subsequente chegada determinou o fim do controle africano sobre as rotas de comércio.) O Palácio de Kilwa situa-se num promontório rochoso numa das ilhas da Baia de

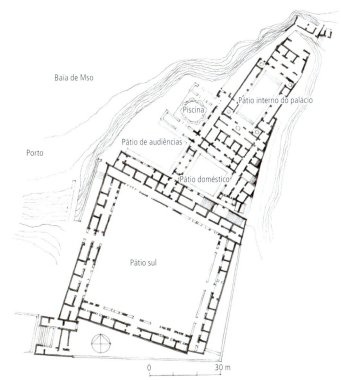

12.40 **Planta do Palácio de Husuni Kubwa, em Kilwa, Tanzânia**

# 1200 D.C.

## O Sultanato Mameluco

Os mamelucos, que governaram o Egito de 1260 a 1517, não eram árabes, mas, originalmente, escravos turcos, curdos e mongóis treinados como soldados no exército dos aiúbidas, os quais também eram turcos da Síria, de etnia curda. A palavra *mameluco* originou-se, na verdade, de uma palavra árabe que significa "aquele que é propriedade de alguém". No entanto, com o colapso do governo xiita dos aiúbidas no Egito, o general Baybars al-Bunduqdari (que reinou entre 1260 e 1277) estabeleceu o domínio dos mamelucos sobre o país, repelindo tanto os mongóis quanto os cruzados cristãos do Levante e da Síria e retomando o controle das cidades muçulmanas santas de Meca e Medina. Sob os aiúbidas anteriores, o centro de poder era Damasco. Com os mamelucos, contudo, Cairo recuperou sua importância. Com efeito, do ponto de vista geopolítico, ele era o principal elo entre a Índia e a Europa. Embora fossem uma elite militar, os mamelucos também eram grandes comerciantes e estabeleceram vínculos não só com Constantinopla, mas também com Veneza e Gênova. A burocracia do governo mameluco era composta, em sua maioria, por cristãos coptas e por judeus, que há séculos ocupavam esses postos administrativos.

Durante os séculos XIII e XIV, pelo menos cinco grandes *madrasas* foram construídas em Cairo, ao longo de uma avenida próxima do palácio do sultão. Cada uma delas era associada a um mausoléu. Os túmulos, mesmo os dos ricos, costumavam ficar fora da cidade, mas, se o sultão desse um dote para a fundação de uma *madrasa*, abria-se uma exceção para eles. Cada *madrasa*, portanto, é associada ao túmulo de um sultão. Os prédios, distribuídos lado a lado, constituem um dos mais importantes ambientes urbanos da sua época. Como as *madrasas* deviam estar voltadas para Meca, todas foram implantadas em um ângulo de cerca de 10 graus em relação à rua. Os arquitetos demonstraram grande habilidade para inserir o programa a um sítio urbano complexo, no qual faltava espaço. O mais impressionante é o Túmulo do sultão Qalawun (1284–1285). Embora sua vida corresse permanente risco, em razão das rebeliões internas que visavam pôr sua autoridade à prova, Qalawun mostrou-se um hábil governante, que aceitava comerciar até mesmo com os cristãos contra os quais lutava. Ele fez alianças comerciais com o Império Bizantino, a cidade de Gênova e o Reino da Sicília.

Sua planta lembra o octógono da Cúpula da Rocha, em Jerusalém. A parede do mausoléu é dividida por uma série de nichos definidos por arcos ogivais recuados e sustentados por colunas de mármore. O portal, exemplo notável de trabalho em mármore em estilo gótico, é um troféu tomado de uma igreja de Acre, o último reduto dos cruzados na Palestina. A câmara mortuária em si possui planta quase quadrada, com quatro pilares e quatro colunas distribuídas na forma de um octógono. Os oito apoios sustentam arcos sobre os quais se eleva um alto tambor e, acima deste, uma cúpula. Os pilares de granito rosa exibem capitéis coríntios. As paredes são ricamente decoradas com mármores e mosaicos. Nos fundos do mausoléu havia um hospital. A *madrasa*, especializada na jurisprudência sunita, tinha seu próprio pátio, circundado pelas celas dos estudantes.

Outro monumento importante dessa época é a Mesquita do sultão al-Nasir Muharnmad (1318), construída na grande cidadela que protege a cidade. Embora sua planta seja convencional, as colunas e os capitéis, em sua maioria, são espólios tirados de outros edifícios – de igrejas e até das ruínas de antigos edifícios egípcios.

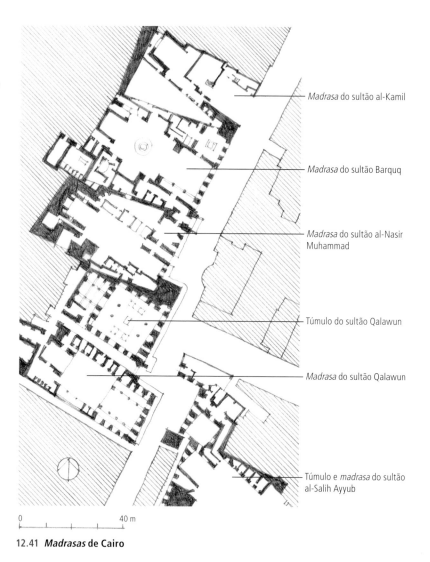

12.41 *Madrasas* de Cairo

— *Madrasa* do sultão al-Kamil
— *Madrasa* do sultão Barquq
— *Madrasa* do sultão al-Nasir Muhammad
— Túmulo do sultão Qalawun
— *Madrasa* do sultão Qalawun
— Túmulo e *madrasa* do sultão al-Salih Ayyub

# ÁFRICA

12.42 Vista da Cúpula, Túmulo do Sultão Qalawun, Cairo, Egito

12.43 Túmulo do Sultão Qalawun

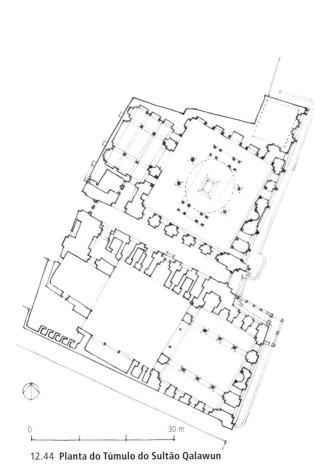

12.44 Planta do Túmulo do Sultão Qalawun

12.45 Interior do Túmulo do Sultão Qalawun

# 1200 D.C.

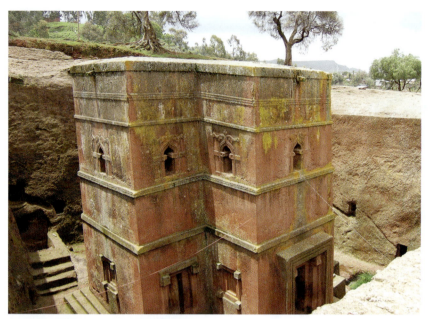

12.46 Bieta Giorgis, Lalibela, Etiópia

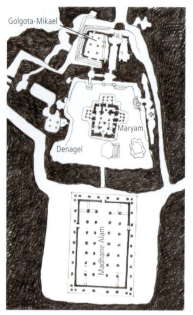

12.47 Planta parcial das igrejas cavadas na rocha de Lalibela

## Lalibela

O colapso do Império de Axum, por volta de 400 d.C., deixou o Chifre da África nas mãos de diversas forças regionais. No século XIII, todavia, a revitalização do comércio no litoral e a transformação da Etiópia em um reino cristão, visitado por peregrinos de lugares distantes, levou a prosperidade de volta à região. A Dinastia Zagwe (fundada em *circa* 1137) aproveitou isso, chegando a seu apogeu com o Rei Lalibela (que reinou entre *circa* 1185 e 1225), ao qual se atribui a construção de um conjunto de 11 igrejas escavadas no maciço de rocha vulcânica vermelha em sua nova capital, a cidade de Roha, hoje chamada Lalibela (340 quilômetros do norte de Addis Ababa). A cidade localiza-se em uma cadeia de montanhas acima do Rio Takkaze. Ameaçado ao norte pelas forças muçulmanas, o reino havia recuado a esse local, de onde continuou a controlar os portos do Mar Vermelho que conectavam as rotas comerciais do centro e sul da África às vias marítimas que levavam à Índia e a mais além.

Esses cumes montanhosos, apesar de ficarem altos em relação ao vale, tinham a vantagem extra de contar com várias nascentes artesianas, com valor tanto agrícola quanto simbólico. As igrejas são extremamente incomuns em termos de sua concepção geral. Elas não só compõem uma área sagrada e autônoma, mas também são uma espécie de mapa da cidade sagrada de Jerusalém, a qual o Rei Lalibela jamais havia visitado, mas imaginado com base nas descrições bíblicas. As igrejas são divididas em dois grupos, o norte e o leste, por um canal talhado na rocha e chamado de Yordannos ("Rio Jordão"). Bieta Madhane Alam é a maior e mais impressionante delas.

No entanto, a falta de documentação torna a história da arquitetura escavada na rocha difícil de traçar. Mesmo assim, como elas foram muito presentes na Índia, onde os santuários hindus e budistas foram cavados na lateral de penhascos de 200 d.C. até cerca de 900 d.C., é provável que as técnicas e mesmo talvez parte dos operários tenham vindo da Índia, onde essa tradição estava esmaecendo. Não há uma maneira concreta de provar essa teoria, mas o surgimento bastante repentino de tal tipo de edificação na Etiópia a torna bastante provável. De fato, a narrativa de Lalibela, ou seja, a organização do conjunto a partir de um rio sagrado (o Rio Jordão, neste caso), encontra paralelos em locais como Mahabalipuram, no sul da Índia, onde os templos foram distribuídos ao redor de um "Rio Ganges". Cada uma dessas igrejas está associada a um tanque quadrado e abastecido pela pressão da água oriunda de uma fonte artesiana. Esses tanques possuem papiros, para imitar o Rio Nilo, mas não são fontes batismais no sentido convencional, e sim símbolos da fertilidade. Durante a Páscoa, o terreno atrai peregrinos de muito longe.

Como as igrejas foram talhadas na rocha viva, o nível dessas piscinas, determinado pela pressão da água na rocha, teve de ser calculado em primeiro lugar, pois isso, por sua vez, definiu a altura de cada prédio. Das 12 igrejas do local,

12.48 Corte das igrejas escavadas na rocha, Lalibela

# ÁFRICA

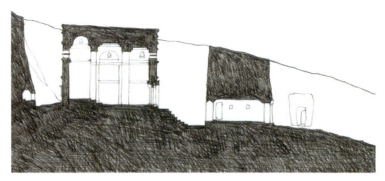

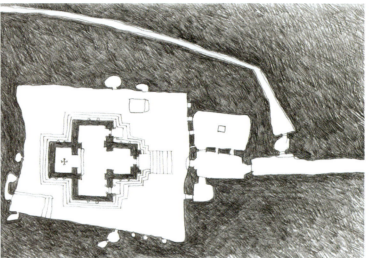

Bieta Giorgis (São Jorge), com sua planta no formato de cruz grega, situa-se a oeste, um pouco afastada das demais.

Após seguirem uma vala estreita e profunda, os visitantes descem até um arco largo, passando por uma fonte sagrada, e chegam ao nível térreo. O templo tem aproximadamente 12 metros de altura, largura e profundidade e se apoia em uma plataforma com três degraus. Embora tenha sido esculpido na rocha viva, ele imita um prédio de construção convencional, com muitas janelas emolduradas, abóbadas e folhas de acanto e gárgulas delicadamente entalhadas. O interior tem planta cruciforme, com uma cúpula sobre o santuário, no braço leste da igreja.

A arquitetura entalhada na rocha continuou sendo uma tradição viva na Capadócia, Turquia, onde igrejas e, inclusive, casas eram esculpidas nas montanhas, provavelmente por motivos de defesa. As primeiras igrejas da Capadócia são, inclusive, do mesmo período que as de Lalibela. Lalibela e Capadócia foram os últimos grandes exemplos de arquitetura entalhada na rocha feitos no mundo.

**12.49 Planta e corte de Bieta Giorgis, Lalibela**

**12.50 Capadócia, Turquia**

# 1200 D.C.

12.51  Grande Zimbábue, Masvingo, Zimbábue

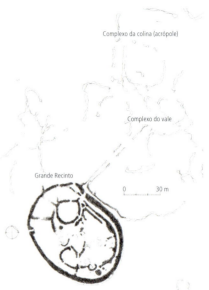

12.52  Implantação do Grande Zimbábue

### O Grande Zimbábue

O Grande Zimbábue (Grande Palácio) pertence a um grupo de complexos fortificados que datam do século X e se encontram no alto de um penhasco de granito e em vales adjacentes do Zimbábue, não muito longe de Maswingo. O conjunto acomodava uma grande população, além da corte real, mercados, armazéns e santuários religiosos. O número de ruínas na vizinhança é significativo, mas elas ainda precisam ser detalhadamente estudadas. O reino obtinha sua riqueza com as abundantes reservas de ouro da região e de suas terras agrícolas férteis. Isso atraiu os comerciantes indianos e islâmicos, que desceram pela costa leste da África e estabeleceram portos que, em geral, tornaram-se reinos independentes. A maioria dos produtos do Zimbábue era trazida da cidade portuária de Chibuene, Moçambique, a 400 km de distância, onde os arqueólogos encontraram vestígios de edificações que serviam para a fundição do ouro, o qual provavelmente era obtido no Zimbábue. Outros assentamentos comerciais, como Sofala, tornaram-se importantes centros para os árabes, persas e, mais tarde, portugueses, que comercializavam escravos, ouro, marfim e outros produtos.

O palácio propriamente dito está no centro do conjunto do Grande Zimbábue. Os ancestrais do grupo étnico dos karanga, a quem se atualmente atribui a construção, chamaram-na de Mumbahuru, que significa "Casa da Grande mulher". O prédio não foi erguido como um objeto isolado no espaço, mas como uma extensão da paisagem natural. As paredes, que variavam entre 1 e 5 metros de espessura, eram de alvenaria de pedra seca, muito bem construída. Paredes curvas são mais resistentes do que as ortogonais, uma das razões pelas quais as construções têm resistido a tantos séculos. No palácio, a muralha curva delimita uma grande área, dentro da qual há outros recintos com paredes de alvenaria de pedra que continham uma área de estar sem cobertura (*kgotla*), um jardim e um local que provavelmente seria utilizado para se manter o gado. O *kgotla* é também um lugar onde os descendentes podem entrar em comunhão uns com os outros e com os seus antepassados. O foco visual do edifício é uma torre cônica, de 6 metros de largura por 10 de altura, cuja finalidade permanece desconhecida. O palácio foi inserido entre dois afloramentos rochosos. Em seu topo há espessas paredes curvas dispostas perto de grandes matacões, indicando que a área era sagrada.

12.53  A muralha do Grande Zimbábue

# ÁFRICA

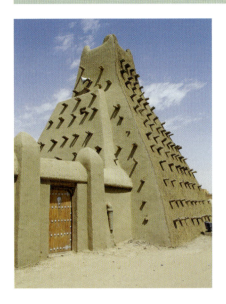

12.54 Mesquita de Sankoré, em Timbuktu, Mali

12.55 Mesquita em Djenné, Mali

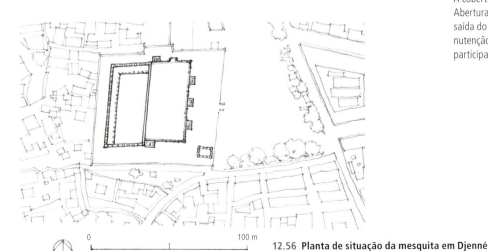

12.56 Planta de situação da mesquita em Djenné

### As mesquitas do Mali

Timbuktu era não só uma das principais cidades da África, como também um centro intelectual e espiritual para a propagação do islamismo. Ela possui três grandes mesquitas – Sankoré, Djinguereber e Sidi Yahia – que fazem parte de uma universidade islâmica. No século XIV, muitos livros eram escritos e copiados aí. A cidade localiza-se na interseção entre as rotas comerciais trans-saarianas norte-sul e leste-oeste. Ela era e ainda é um importante mercado para o sal-gema. A Mesquita de Djinguereber (construída pela primeira vez em 1327) é a mais antiga das três edificações. Com a exceção de pequena parte da fachada norte, de pedra calcária, o edifício inteiro é feito de tijolos de barro secos ao sol chamados de *ferey*, ligados por uma argamassa também de argila e revestidos por outra massa com a mesma base, a qual lhes dá o aspecto liso, como uma escultura. A espessura das paredes depende de sua altura. Há três pátios internos, dois minaretes e um salão hipostilo com 25 fileiras de pilares, criando um espaço para abrigar duas mil pessoas.

Djenné, que não fazia parte do Império do Mali, mas era uma cidade-estado independente, situa-se 35 quilômetros a sudoeste de Timbuktu. Ela possui uma grande mesquita construída pela primeira vez no século XIII, embora a edificação atual date de cerca de 1907. A *quibla* é dominada por três grandes minaretes em forma de paralelepípedo que se projetam da parede principal; além deles, há 18 contrafortes. Cada minarete contém uma escada de caracol que leva à cobertura, coroada por uma flecha cônica com dois ovos de avestruz. Os troncos que se projetam das paredes do edifício servem de andaime, mas é evidente que foram integrados ao projeto. Metade da mesquita é coberta; a outra metade constitui um espaço para orações ao ar livre. A cobertura apoia-se em 90 pilares de madeira. Aberturas para ventilação no telhado permitem a saída do ar quente. Esse tipo de prédio exige manutenção contínua, da qual toda a comunidade participa, preparando-se para o festival anual.

# 1200 D.C.

12.57  A área dos mosteiros cisterciences

12.58  Interior da Abadia de Fontenay, perto de Montbard, França

## A ABADIA DE FONTENAY

No cenário de populismo religioso do século XI e com a complacência cada vez maior da elite religiosa, em especial nos mosteiros, surgiu um movimento contrário, liderado por São Bernardo de Claraval. Ele conclamava um retorno às austeras regras dos primeiros tempos monásticos de São Bento, que conceberam a igreja como uma oficina de orações. Entre as ordens reformadoras mais proeminentes estavam a Ordem dos Cartuchos, fundada em 1084, e a Ordem Cisterciense, fundada em 1115. Os cistercienses tinham quatro "filiais": Clairvaux, Morimond, Pontigny e La Ferté, as quais, por sua vez, promoveram a criação de uma numerosa descendência monástica, de modo que, ao término do século XII, havia na Europa 530 abadias cistercienses, formando uma poderosa rede monástica. Embora os cistercienses recrutassem grande número de membros oriundos da nobreza feudal, uma das razões de seu sucesso foi o fato de terem concebido o trabalho braçal como uma forma de oração e terem aberto suas portas aos artesãos e camponeses. Os detalhes artesanais de seus prédios – inclusive em lugares que normalmente não são visíveis, como certas partes dos telhados – eram executados com minúcia, mas tal esmero não se destinava aos olhos dos homens, e sim ao olho onipresente de Deus.

Os mosteiros eram organizados como fazendas, e todos os monges compartilhavam as tarefas domésticas. Os cistercienses logo ficaram conhecidos pelas suas inovações na agricultura e na criação de animais; seus vinhedos na Borgonha e na região do Rio Reno se tornaram lendários.

Sob a influência de São Bernardo, todos os detalhes da vida monástica diária eram rigidamente prescritos, com frequentes visitas de inspeção. Os mosteiros cistercienses não se situavam nas rotas de peregrinação, mas em terras inóspitas, muitas vezes pantanosas e inacessíveis. Eles não possuíam criptas ou torres e eram construídos seguindo rígidos princípios geométricos, alguns criados pelos próprios monges. Tinham naves simples e abobadadas. A iluminação era fraca, limitada pela regra de se usar apenas cinco velas. Suas superfícies de parede eram limpas, despojadas. Ornamentos escultóricos eram proibidos. Os capitéis das colunas eram tão simples quanto possível. As proporções ousadas e as ousadias arquitetônicas não eram toleradas. Nem mesmo pisos ornamentados eram aceitáveis. As plantas da extremidade oriental das igrejas eram quadradas, contrariando o desenho com deambulatório das grandes catedrais.

12.59  Mosteiro da Abadia de Fontenay

# EUROPA

Embora tivessem tardado a explorar as possibilidades da abóbada nervurada, os cistercienses tomaram uma iniciativa da maior importância para a arquitetura quando a adotaram, por volta de 1150, por terem difundido essa característica por toda a Europa. O prédio que mais bem representa a estética cisterciense é a Abadia de Fontenay, fundada em 1119 no departamento de Côte-d'Or, na Borgonha, o mais antigo conjunto do tipo ainda existente. Como não possui clerestório, a maior parte da luz chega ao interior pelas janelas da fachada e por aquelas do cruzeiro e do santuário. Uma abóbada de berço com arcos transversais define o espaço da nave central. O edifício, apesar de ter seu projeto controlado por um sistema de proporções, foi concebido como contraponto ao virtuosismo técnico e ao programa decorativo das grandes catedrais. Em virtude da abóbada de berço, a nave central desfruta de notáveis qualidades acústicas. O refeitório foi colocado na posição habitual nos edifícios cistercienses, do lado oposto à fonte batismal, no lado sul do claustro, perpendicularmente à igreja.

Vários fatores determinaram a implantação do mosteiro. Por estar distante das cidades, as distrações eram poucas, mas os monges cistercienses não eram preguiçosos, e esse mosteiro, em particular, baseava-se na produção de metais: ao mesmo tempo que era um conjunto monástico, era um complexo industrial. Os minérios,

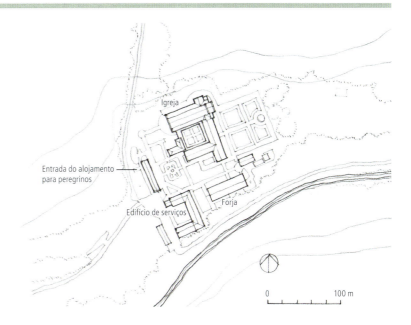

12.60  Implantação da Abadia de Fontenay

nas montanhas rochosas a leste, garantiam-lhe a matéria-prima, e as águas rápidas de um córrego pequeno que corria pelo vale moviam a roda-d'agua que propelia as máquinas da forja, as quais, por sua vez, movimentavam um martelo gigantesco que batia o metal. As ferramentas feitas na forja não somente atendiam às necessidades dos monges, como também eram vendidas em toda a região. Além da grande forja – uma das mais produtivas da França, na época –, a abadia incluía o complexo monástico em si, uma pousada para peregrinos e uma horta de ervas medicinais.

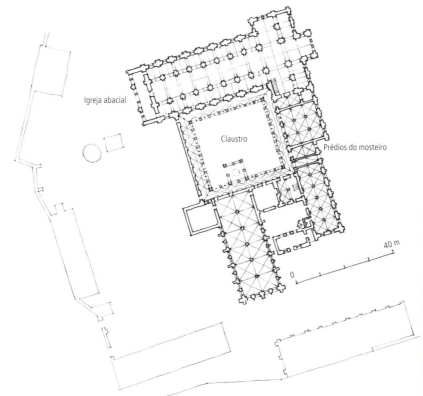

12.61  Planta da Abadia de Fontenay

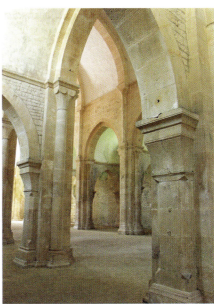

12.62  Interior da Abadia de Fontenay

# 1200 D.C.

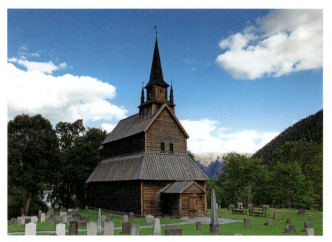

12.63  Igreja de tabuado de madeira Kaupanger, Noruega

12.64  Igreja de tabuado de madeira de Borgund, Noruega

## A ESCANDINÁVIA MEDIEVAL

A conversão dos noruegueses e suecos ao cristianismo não ocorreu em virtude da atividade dos missionários, como na Irlanda, mas foi o resultado dos esforços dos reis locais. Olaf Trygvason, que reinou em fins do século X, foi o primeiro a construir igrejas na Noruega, provavelmente com a ajuda de um mestre de obras trazido das Ilhas Britânicas. Os artesãos locais, contudo, foram pouco a pouco se incorporando à atividade, tirando partido de suas habilidades de construção de embarcações. Essas igrejas de tabuado de madeira eram muito peculiares. Uma parede baixa, de pedras achatadas, erguia a construção acima do nível do solo. O resto do prédio (colunas e tábuas de madeira, os dois elementos estruturais principais) era conectado com sambladuras em rabo-de-andorinha, tarugos e cunhas, sem o uso de pregos. Na base dos pilares, uma viga baldrame era projetada com um entalhe, no qual se encaixavam as extremidades inferiores das tábuas das paredes. Para reforçar a superestrutura, às vezes se acrescentava à periferia do edifício uma faixa contínua de contraventamentos em X.

Algumas igrejas tinham entradas cobertas em pelo menos três de seus lados, que serviam como local de reunião ou onde os leprosos, que eram excluídos do santuário, podiam ouvir a missa. Os interiores eram muito escuros, e pequenos feixes de luz ocasionalmente cruzavam as aberturas da empena a oeste ou vinham de pequenos orifícios no topo das paredes longitudinais. As cerimônias religiosas, de caráter íntimo, realizavam-se à luz de velas. Pequenos relicários cobertos a ouro, que frequentemente tinham o aspecto de igrejas em miniatura, continham fragmentos de ossos dos santos e eram iluminados no altar pela suave luz.

Os portais eram particularmente originais, por serem decorados com motivos de trepadeiras e serpentes enroscadas. No início, eram pintados de preto e branco e tons brilhantes de vermelho e verde, de modo que o efeito visual dos prédios era bem mais poderoso do que hoje. Os prédios eram também dotados de forte carga simbólica. Seus portais, por exemplo, representavam os defensores da fé e eram estreitos, para que o diabo não pudesse entrar junto com um fiel na igreja. Esses templos muito originais, por terem sido construídos em aldeias, chegaram às centenas, mas hoje restam somente cerca de 20, que se encontram em diferentes graus de autenticidade.

12.65  Planta e corte da igreja de tabuado de madeira de Borgund

A palavra *stave*, que denomina em língua inglesa estas igrejas de madeira escandinavas, origina-se do nórdico *stavr*, baseado nas colunas portantes da estrutura.

# EUROPA

12.66 A Europa na Idade Média Clássica

pois servia como prenúncio do esplendor do paraíso.

Por todas essas razões, a Basílica de São Dênis é considerada pioneira e o início do estilo gótico. Pela primeira vez, características como as abóbadas nervuradas e os arcobotantes (já existentes em igrejas anteriores) combinaram-se em um manifesto estilístico integrado, acompanhadas de flechas pontiagudas, da rosácea, das colunas compostas (ou fasciculadas), dos arcos ogivais e da ênfase na luminosidade.

## EUROPA: A IDADE MÉDIA CLÁSSICA OU PLENA

Durante o século XIII, a silhueta do continente europeu sofreu profunda modificação, à medida que os pináculos e as torres de cerca de 600 grandes igrejas e catedrais passaram a assinalar o lugar das cidades na paisagem. Essa enérgica atividade de construção foi promovida por uma combinação de fervor religioso e crescente riqueza. A renda proveniente da venda de indulgências pela Igreja Católica era uma importante fonte do financiamento. Foi essa prática dúbia que, no século XVI, despertou a ira de Martinho Lutero e acabou levando à Reforma. Outra fonte de renda era enviar relíquias em turnês. Os bispos de Chartres, por exemplo, chegaram a enviar as relíquias de sua catedral até a Inglaterra a fim de pedir contribuições.

Essa mudança de enfoque data do Sínodo de Arras (1025), quando foi decidido que os programas escultóricos poderiam ajudar os iletrados a visualizar o que eram incapazes de entender mediante a palavra escrita. As estátuas, outrora ocasionais e usadas apenas no contexto das práticas religiosas da aristocracia, passaram a ser exibidas em sucessivas fileiras nas fachadas das igrejas. Em comparação com a fachada normanda da Igreja de Santa Étienne (1067–1087), em Caen, França, com suas janelas pequenas e suas paredes maciças de pedra, de aspecto imponente, a Igreja de São Dênis (São Diouísio), com seus portais largos e ornamentados, parece quase flutuar acima do chão. A construção dessa igreja foi iniciada pelos normandos, mas alterada pelo abade Suger (1081–1155). Ativamente envolvido na vida política da França, Suger desempenhou papel de destaque na condução dos negócios do reino enquanto o rei Luís VI estava longe, em uma Cruzada. O abade queria que as catedrais fossem capazes de abrigar grandes multidões e que estas pudessem se deslocar livremente ao lado das relíquias. Criou, assim, para São Dênis, um espaço atrás do altar-mor chamado de *chevet* (palavra francesa para cabeceira), onde podiam ser expostas as relíquias mais preciosas da igreja. Esse espaço tinha não somente a função de exibir as relíquias, como também de reforçar a importância espacial do altar-mor.

Suger também redesenhou a fachada da catedral, introduzindo um portal triplo que simbolizava a Santíssima Trindade, a qual havia se tornado importante ponto de especulação teológica no segundo quarto do século XII. Sua reafirmação dava apoio a uma interpretação ortodoxa da Bíblia e à autoridade do papa. O tímpano sobre a porta central de São Dênis era o elemento mais importante da fachada, uma vez que retrata Cristo no julgamento. As esculturas eram, mais uma vez, uma concessão aos iletrados, pois naquela época poucas pessoas do povo sabiam ler e escrever. Nesse sentido, São Dênis reflete uma mudança nas atitudes religiosas. Enquanto as catedrais românicas tinham sido projetadas antes de tudo para a elite, São Dênis e as catedrais posteriores foram feitas para apelar à imaginação popular. Em um plano mais elevado, o abade Suger defendia que a experiência religiosa era de transcendência, simbolizada pela luz incorpórea. A rosácea no centro da fachada, por exemplo, foi uma das primeiras de seu tipo — uma grandiosa roda de luz. A função da fachada, segundo Suger, era ser uma introdução ao programa do interior. Para ele, o uso de materiais preciosos no revestimento da igreja também era importante,

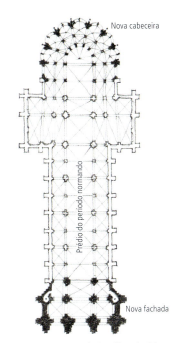

12.67 Reconstrução da Basílica de São Dênis, França, na época do Abade Suger

# 1200 D.C.

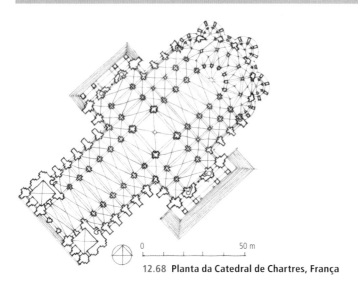

12.68 Planta da Catedral de Chartres, França

## O projeto de catedrais

No século XIII, a construção de catedrais já se tornara, de longe, a maior campanha de construção civil efetuada na Europa. A Catedral de Chartres, por exemplo, podia acomodar mais de 8 mil pessoas. A construção, complexa em termos tecnológicos e muitas vezes perigosa, em geral durava décadas e, às vezes, séculos. Ao contrário das igrejas carolíngias, com suas fachadas ocidentais monumentais (*westworks*), e das igrejas monásticas otonianas, associadas a cidades-mercado e que às vezes não tinham fachada alguma, as fachadas dessa nova geração de catedrais funcionavam como portais sagrados de um interior místico.

Entre os vários aspectos do projeto de igrejas que mudaram durante esse período está o surgimento da elevação interna da nave central como unidade arquitetônica autônoma, com os arquitetos buscando equilibrar a interação de elementos horizontais e verticais. Em Notre-Dame de Paris (1163–1250) há quatro níveis horizontais distintos: a arcada no nível térreo, sobre a qual há duas galerias (a tribuna e o trifório), acima das quais existe um andar superior com janelas (o clerestório). As janelas dessas catedrais não eram transparentes, mas cheias de vitrais, que traziam ao interior uma luz suave e tremulante. Para chegar à verticalidade a que a era gótica aspirava, surgiram os arcobotantes. Embora alcancem o resultado desejado no interior, do lado de fora eles tendem a criar um problema. A princípio, os arcobotantes eram elementos puramente estruturais, como se vê em Saint-Germain-des-Prés, na qual foram acrescentados como reforço por volta de 1180. Depois, porém, passaram a ser integrados ao projeto desde o início. O arcobotante consiste em uma torre que proporciona o necessário contrapeso e em um arco que transfere os empuxos laterais à torre. Esse elemento, então, permite que o interior da igreja ganhe unidade espacial, mas isso ocorre à custa da legibilidade do exterior.

O epítome do novo estilo foi a Catedral de Chartres (1194–1220), onde a nave central, vista do lado de fora, encontra-se quase totalmente escondida por um emaranhado de contrafortes. Seu interior, por outro lado, é quase um cânion. A elevação da nave central tem apenas três níveis, permitindo forte extensão vertical das colunas. Para compensar a altura extra, dois arcobotantes sobrepostos deslocam as cargas para a torre. As abóbadas, outro importante elemento gótico, eram compostas de nervuras de pedra com finas abóbadas de tijolos entre elas, que parecem distender-se como uma pele esticada. A extremidade leste, com seu deambulatório arredondado, toma como modelo a de São Dênis, mas vai ainda mais longe, com as suas cinco capelas semicirculares. Os pilares também eram inovadores. Os pilares anteriores eram compostos de um núcleo cilíndrico no nível das arcadas e de finas colunetas acima delas. Aqui, uma linha contínua da abóbada até o chão reduz a visibilidade do pilar no nível das arcadas. As proporções e a geometria foram empregadas para organizar todos os elementos, desde os menores até os maiores. O comprimento da igreja, por exemplo, estabelece com o transepto a razão de dois para três, enquanto a largura e o comprimento do transepto têm razão de um para dois.

A cidade de Chartres, na época bastante pequena, era uma das mais ricas da Europa por ser importante centro de comércio de produtos têxteis e de produção de artigos de metal. Todavia, o financiamento para a catedral não veio somente da região, mas de quase todos os setores da França, visto que Nossa Senhora de Chartres era considerada praticamente uma divindade nacional.

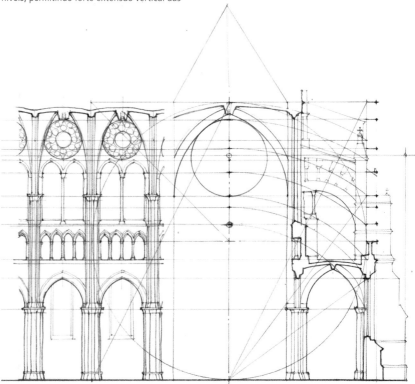

12.69 Elevação interna e corte parciais da Catedral de Chartres

# EUROPA

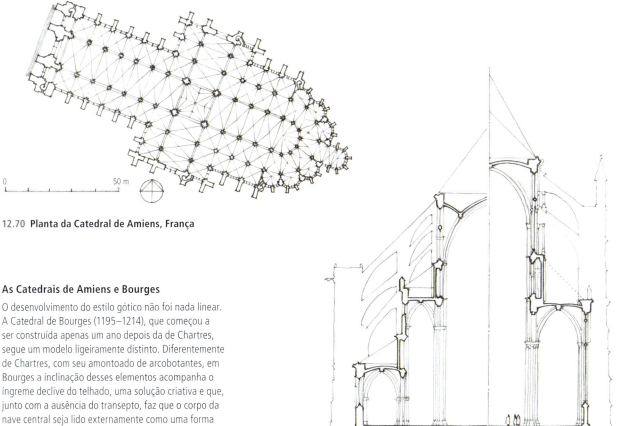

12.70 Planta da Catedral de Amiens, França

12.71 Corte parcial das naves centrais das Catedrais de Bourges e de Amiens

## As Catedrais de Amiens e Bourges

O desenvolvimento do estilo gótico não foi nada linear. A Catedral de Bourges (1195–1214), que começou a ser construída apenas um ano depois da de Chartres, segue um modelo ligeiramente distinto. Diferentemente de Chartres, com seu amontoado de arcobotantes, em Bourges a inclinação desses elementos acompanha o íngreme declive do telhado, uma solução criativa e que, junto com a ausência do transepto, faz que o corpo da nave central seja lido externamente como uma forma unificada. A cabeceira da extremidade ergue-se em três estágios, com pequenas capelas pontiagudas que parecem suspensas entre os pilares dos arcobotantes. O interior, com seus elevados arcos, não lembra tanto um cânion quanto em Chartres, pois eles criam a ilusão de que a parede da nave lateral é o verdadeiro lado da nave central.

Na Catedral de Amiens (1220–1235), os arquitetos foram mais conservadores do que em Bourges e preferiram seguir o modelo de Chartres, com seu interior mais calmo e sua extrema verticalidade. Em Amiens, a verticalidade é ressaltada ainda mais pela integração dos pilares do cruzeiro ao projeto geral da elevação da nave central. A divisão da janela superior em quatro segmentos, em vez de dois, como era habitual, acentua ainda mais a impressão de verticalidade. Os altos arcos da nave central e as altas janelas do clerestório combinam as soluções empregadas em Chartres e Bourges, enquanto conservam, até certo ponto, a unidade da nave. O efeito tranquilo do interior combina com a luminosidade da cabeceira. Uma comparação dos cortes de Amiens e de Bourges mostra que o interior de Amiens cria um efeito vertical mais pronunciado, devido aos arcos mais baixos ao longo da nave central e da ausência de um segundo conjunto de naves laterais; além disso, ela é mais bem iluminada. A consequência é que os arcobotantes de Amiens precisam ser muito mais altos para compensar o peso, eliminando uma presença corpórea do edifício que ainda é visível em Bourges.

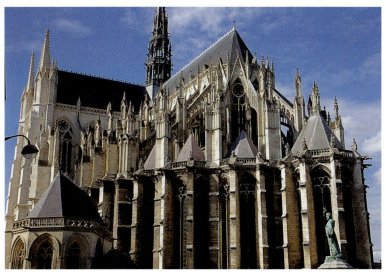

12.72 Catedral de Amiens

# 1200 D.C.

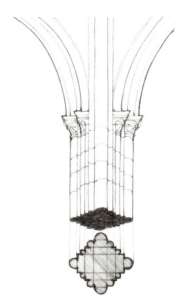

12.73  Pilar fasciculado gótico

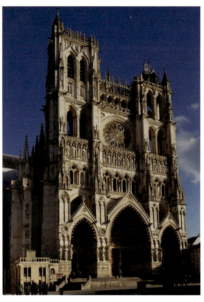

12.74  Elevação oeste da Catedral de Amiens

12.75  Catedral de Notre-Dame de Reims, França

Enquanto as igrejas românicas possuíam colunas de seção redonda na nave central, as góticas, a partir da de Speyer, começaram a utilizar colunas ou pilares compostos de um núcleo colunar, com colunetas adossadas a ele, ou seja, colunas ou pilares fasciculados. As colunetas voltadas para a nave central continuam a subir e chegam até a abóbada, ao passo que as do lado de dentro tornam-se parte das nervuras das abóbadas nas naves laterais. Por conseguinte, os suportes góticos não eram exatamente colunas ou pilares; mas feixes colunares, trabalhando não só na dimensão vertical, mas também na horizontal, pois pareciam quadrados aos quais tivesse sido aplicada uma rotação de 45 graus, criando diagonais através do edifício.

**Notre-Dame de Reims**

Na segunda década do século XIII, o espaço das igrejas havia mudado. Já não era um lugar que privilegiava a execução dos processos litúrgicos, e sim um espaço mais público, onde as relíquias podiam ser expostas e veneradas. Em termos filosóficos, a discussão transferiu-se das questões de liturgia para os aspectos transcendentes e imateriais da luz (Deus) e da geometria (a ordem do universo). Robert Grosseteste, teólogo e bispo inglês de Lincoln, que lia com fluência o grego e estava familiarizado com os estudos científicos dos árabes, sustentava que todo o conhecimento humano derivava do esplendor espiritual da luz. As rosáceas apareceram em quase todas as igrejas, algumas com aberturas tão grandes que tocavam a estrutura dos arcobotantes, como na Catedral de Auxerre (concluída circa 1234).

Ao lado dessas novas ideias, surgia o culto da Virgem Maria. Até então, a Mãe de Jesus Cristo desempenhara um papel secundário na liturgia cristã, mas agora ela capturava a imaginação popular, e sua imagem começava a ser vista ao lado daquelas dos santos. Na Catedral de Notre-Dame de Reims (1211–1290), figuras da Virgem Maria eram vistas em todas as partes do prédio, representando não somente os santos em geral, como também a própria Igreja Cristã. Em comparação com a de Amiens, a Catedral de Reims tinha um detalhamento mais rebuscado. As janelas altas à direita e à esquerda da rosácea, as quais vistas de fora permitem enxergar até o outro lado do edifício, conferem à parte superior um aspecto quase de ausência de peso. A rosácea quase não cabe no espaço estreito que lhe é destinado, embora a nave central inteira, ainda que semelhante à de Amiens, seja consideravelmente mais estreita.

12.76  Corte e planta da Catedral de Notre-Dame de Reims

444

# EUROPA

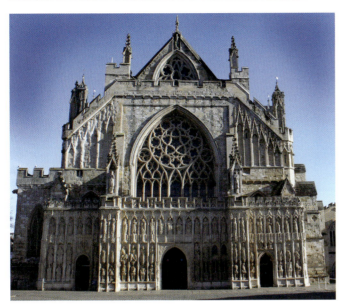

12.77 Fachada principal, Catedral de Exeter, Inglaterra

12.78 Abóbodas em leque com seus tiercerões, Catedral de Exeter

## Catedral de Exeter

A transição do estilo românico para o gótico primitivo encontra-se, até certo ponto, na sua sistematização da elevação da nave central e na integração com a abóbada nervurada. Por volta de 1300, os arquitetos, cada vez mais confiantes, começaram a explorar as qualidades ornamentais inerentes à estrutura, criando estilos a que os historiadores atribuem diversos nomes, como gótico decorado, gótico perpendicular ou gótico floreado ou flamboyant. Os especialistas com frequência têm indagado se o surgimento dessa nova orientação estilística teria coincidido com o aumento dos contatos com o Oriente. Sabe-se, por exemplo, que Eduardo I da Inglaterra (que reinou entre 1272 e 1307) enviou um emissário à Pérsia.

De qualquer modo, a Catedral de Exeter (1280–1300) mostra unidade na decoração e, pode-se dizer, uma plenitude que as catedrais anteriores não tinham. A fachada inferior tornou-se um verdadeiro painel destinado a exibir as figuras dos santos. (Os inúmeros santos têm cada qual um dia que lhes é consagrado, e uma criança nascida no dia de um santo costumava receber o nome dele.) A galeria dos santos em Exeter, com suas ameias abstratas, coloca-se à frente do edifício quase como uma tela independente. No interior, as geometrias fortemente dobradas das abóbadas do início do século XIII foram substituídas pelas formas onduladas da abóbada em leque, cuja origem é desconhecida.

Os prédios desse estilo não representam uma deterioração do estilo gótico, como às vezes se afirma, e sim o desejo de integrar ornamentação e estrutura. Um fator que contribuiu para a mudança foi a moda dos interiores mais luminosos e o uso mais frequente do vidro branco ou incolor, que realçava as sutilezas do tratamento dado à superfície do edifício. Além disso, ao menos na Inglaterra, os construtores de catedrais não aspiravam às grandes alturas típicas das igrejas francesas, preferindo janelas mais largas, edifícios mais baixos e campanários mais altos. Portanto, as catedrais do gótico inglês primitivo do início do século XIV tendiam a ter silhuetas mais coerentes e mais dinâmicas. Pode-se ver isso no presbitério da Catedral de Gloucester (*circa* 1350). Ao contrário das partes do edifício que já haviam sido terminadas, a parte nova acrescentada à catedral, na verdade uma construção independente, tem janelas imensas, claramente visíveis do lado de fora. Em vez de arcobotantes, foram empregados botaréus nas paredes externas. No interior, em frente à ábside, a leveza da arquitetura, que lembra a do papel, tornou-se tão desmaterializada que pouco resta além de uma fina malha de suportes, quase uma filigrana. A nova orientação recebeu sua expressão mais espetacular na Catedral de Milão (iniciada em 1387), um largo edifício com uma vasta orquestração de elementos verticais em mármore branco, que culmina em uma torre octogonal a qual se eleva quase magicamente a partir do centro do prédio.

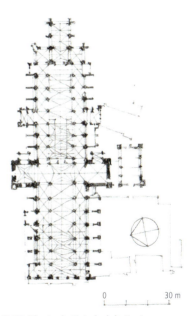

12.79 Planta da Catedral de Exeter

# 1200 D.C.

12.80 Vista de Gubbio, Itália

12.81 Prefeitura de Gubbio

### As prefeituras italianas

Na Itália, em consequência do enfraquecimento do controle imperial, da explosão demográfica e da expansão dos mercados, os artesãos, membros das corporações e comerciantes – designados coletivamente como o *popolo*, isto é, o povo – uniram-se a homens de posição social elevada e proprietários de terras para dominar o sistema político. Sua ascensão foi rápida. Em Milão, em 1190, o *popolo*, embora fosse a principal fonte das rendas públicas, tinha direito a apenas um quinto das posições no governo. Em 1198, contudo, já era a força política dominante na cidade. Muitas vezes, o primeiro ato do *popolo* no poder era aprovar reformas tributárias, sistematizar os foros e assumir o controle do tesouro público. Começando com Pisa na década de 1080, Bolonha em 1123 e Florença em 1138, esses governos municipais incipientes lançaram as bases de uma consciência urbana que estava destinada a tornar-se a marca da política italiana nos dois séculos seguintes. A aceitação formal dessa nova ordem se deu com a Paz de Constança (1183), tratado ao qual não se tem atribuído a devida importância, pois ele abriu caminho para a concepção moderna de administração pública. Não estando mais em posição de exercer seu poder, os imperadores germânicos deram às cidades do norte da Itália o direito de elegerem seus próprios cônsules, governarem suas próprias terras e, o que é mais importante, criarem suas próprias leis.

Uma prefeitura e uma praça cívica (campo) onde as pessoas pudessem se reunir eram cruciais para a nova concepção de governo. Havia também, com frequência, um edifício especial para o chefe da milícia e da polícia. Pela primeira vez em séculos – talvez desde o tempo dos romanos –, os edifícios eram construídos e concebidos como um conjunto integrado a um espaço público. As primeiras prefeituras datam do final do século XII e situam-se em Bréscia, Verona, Módena, Pávia e Bérgamo. A elas seguiram-se, no século XIII, aquelas das cidades de Volterra, Todi, Como, Ferrara, Siena e Gubbio, entre outras. A maioria dessas prefeituras seguia um protótipo simples: uma grande sala de reuniões no piso superior, com grandes janelas que davam para a praça, e um terraço de onde as proclamações podiam ser lidas. O piso térreo costumava ser aberto ou tinha uma *loggia* (galeria) de lojas onde prateiros, ourives e outros artesãos extremamente especializados, ou mesmo comerciantes, podiam trabalhar sob a proteção e a supervisão direta da cidade. No complexo urbano de Gubbio, a prefeitura e o palácio estão frente à frente, em ambos os lados com uma *piazza* (praça) construída sobre uma alta galeria subterrânea aberta para o vale, abaixo. As novas prefeituras eram coordenadas urbanisticamente com as catedrais, cuja construção foi iniciada primeiro em Pisa, em 1063, e depois em Módena (1099), Verona (1139) e Siena (1196). A situação, todavia, raramente era pacífica. Milão, Bréscia e Piacenza estavam em constante guerra entre si, bem como Pisa, Gênova e Lucca.

### Siena

Siena foi, no século XIII, uma das cidades mais importantes da Itália, pois controlava a indústria de lã do sul da Toscana e dominava as rotas comerciais entre França e Roma. Também possuía os bancos mais ricos da Itália. O poder de Siena chegou ao apogeu ao derrotar um exército de Florença muito superior na Batalha de Montaperti, em 1260. A cidade, então, deu início a um projeto sem igual de renovação urbana, construindo uma catedral, uma praça cívica e a prefeitura. A praça ficava quase no centro da cidade, em um terreno baldio que descia abruptamente em direção a uma ravina. Assim, para formá-la, um grande terraço foi feito sobre a ravina. Na parte mais inclinada foi construída a prefeitura – o *Palazzo* Pubblico (1297–1310) –, com quatro andares que dão para a praça cívica e salas de proporções elegantes para a recepção e para os vereadores, muitas delas decoradas com afrescos que narravam eventos importantes da história da cidade. A curva da praça era definida por uma fileira contínua de fachadas de mansões urbanas (*palazzi*), a maior parte datando do século XIV. Do lado oposto à prefeitura estava a Loggia della Mercanzia (Galeria dos Mercadores, 1417), onde os comerciantes podiam se reunir. O Duomo (Catedral, 1196–1215), ficava a algumas quadras de distância, dominava a silhueta da cidade. Como ocorria muitas vezes na Itália, as diferentes áreas da cidade organizavam-se em volta das igrejas mendicantes. Nesse caso, as principais são as de São Domingos (1226), Santo Agostinho (1258) e São Francisco (1326–1475).

# EUROPA

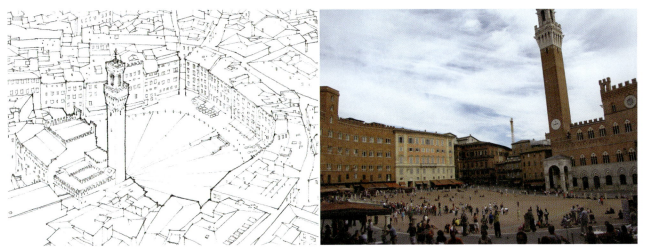

12.82 Vista aérea da Piazza del Campo, Siena, Itália

12.83 Palazzo Pubblico (prefeitura), Siena

Contudo, a prosperidade de Siena terminou abruptamente com a epidemia da peste negra, que chegou à cidade em 1348, dizimando dois terços da população, que era de 100 mil habitantes. A cidade nunca se recuperou, e o que vemos hoje é como uma fotografia instantânea de uma cidade italiana do fim da Idade Média.

12.84 Planta da Piazza del Campo, Siena

# 1200 D.C.

12.85  Nave central de Santa Cruz, Florença, Itália

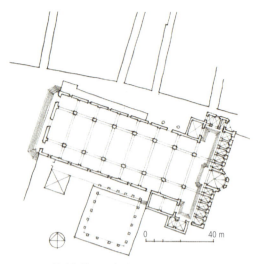

12.86  Planta da Santa Cruz

**As ordens mendicantes**

No começo do século XIII, a Igreja Católica viu suas interpretações teológicas e sua estrutura hierárquica ameaçadas por uma série das chamadas heresias. Várias delas giravam em torno de uma interpretação dos Evangelhos, pela qual o acesso a Deus não se fazia por meio das complexas exigências litúrgicas eclesiásticas, mas da imitação pessoal da vida de Cristo. Não é de admirar que essa leitura do Evangelho tenha desagradado aos padres, que de início sentiram que ela os colocava em risco. São Francisco de Assis quase foi considerado um herege desse tipo quando, em 1206, abandonou sua vida mundana, privilegiada, tornou-se asceta e começou a pregar o evangelho da pobreza. O papa Inocêncio III, porém buscando manter sob seu controle as seitas que faziam voto de pobreza, permitiu que São Francisco continuasse sua pregação e, em 1209, aprovou de modo informal seus esforços (e depois o fez oficialmente em 1223), para evitar uma eventual cisma no catolicismo. Assim surgiu uma entre as diversas ordens mendicantes que transformaram de maneira radical a história da Igreja e levaram, alguns séculos depois, à Reforma desencadeada pela pregação do monge alemão Martinho Lutero.

No início da Idade Média, para contrabalançar o que consideravam como a decadência das cidades romanas, os monges de reclusão construíam seus mosteiros no tranquilo isolamento do campo. Os habitantes das cidades e aldeias muitas vezes precisavam percorrer longas distâncias a pé para chegar à igreja e ficavam, assim, distantes dos princípios cósmicos que os uniam como membros da fé cristã. As ordens mendicantes reagiram, estabelecendo seus mosteiros no coração das cidades ou diante de seus portões, a fim de se mostrarem humildemente acessíveis e oferecerem seus serviços. Em muitos locais, física e conceitualmente, o culto religioso foi posto ao alcance da maioria dos cristãos pela primeira vez na história. Os mosteiros mendicantes não eram espaços de serena reflexão, como os mosteiros cistercienses, mas funcionavam sobretudo como dormitórios para os monges, que saíam pela manhã para executar diversas tarefas. Os franciscanos tornaram-se especialistas em arquitetura e construção e ajudaram a construir muralhas de fortificações e sistemas de infraestrutura. Os dominicanos, outra ordem mendicante, eram conhecidos como médicos, advogados e professores, e muitos deles se tornaram filósofos famosos. Também se associaram intimamente ao desenvolvimento da filosofia escolástica, no século XIII, e destacaram-se nas grandes universidades europeias. De certa maneira, pode-se considerar o século XIII como o período da segunda cristianização da Europa. Se a primeira foi uma luta em nome da muitas vezes forçosa conversão e tinha estrutura em grande parte dinástica, a segunda foi baseada no extenso alcance e no apelo popular.

Como os mendicantes prestavam juramento de pobreza e, em consequência, não tinham dinheiro, suas igrejas eram em geral construídas para eles pelos cidadãos. No início, muitas eram construções modestas ou celeiros reciclados. Por volta de 1250, havia comunidades franciscanas em todas as cidades da França, da Alemanha e da Itália. As igrejas das ordens mendicantes eram, por definição, simples e austeras e rejeitavam as formas grandiosas das catedrais. A Igreja Dominicana de Toulouse (1275–1292), por exemplo, não tinha arcobotantes e era inteiramente construída de tijolo. Na Igreja Franciscana de Santa Cruz (iniciada em 1294), o arquiteto Arnolfo di Cambio rejeitou a construção de abóbadas e recriou o vasto vazio das naves do tempo de Constantino, em uma linguagem gótica contida. Em muitas cidades italianas, essas igrejas estão até hoje presentes na forma de edifícios de tijolo, grandes, mas modestos.

12.87  Igreja Dominicana, Toulouse, França

# EUROPA

12.88 O Sultanato Násrida e seu contexto geográfico

## O SULTANATO NÁSRIDA E A ALHAMBRA

Em 1260, os mongóis destruíram Alepo e Damasco, massacrando 50 mil habitantes. Com a região central da Arábia em tumulto, havia apenas dois lugares no mundo islâmico onde a arquitetura podia desenvolver-se: o norte da Índia (que, com o tempo, cairia sob o jugo dos mongóis timúridas) e a área hispano-marroquina, muito distante da Ásia Central. Esta última era extraordinariamente próspera, a despeito do fato de que, por volta do século XI, a unidade entre a Espanha e o Marrocos, estabelecida pelos almôadas, havia sido destruída. Seus vários governantes, envolvidos com guerras civis, tornaram-se cada vez mais vulneráveis aos exércitos cristãos e, pouco a pouco, foram perdendo poder. Foi nesse contexto que surgiu o Emirado de Granada, cujo rei construiu para si próprio o Palácio de Alhambra (Castelo Vermelho), projetado em 1238 por Maomé I (que reinou entre 1238 e 1273). Ele era, acima de tudo, uma fortaleza limitada por um circuito de muralhas defensivas mediadas por torres e portões no alto de uma acrópole natural, cercada por um terreno rochoso, com o Rio Darro protegendo seu lado norte. A cidadela elevada protege a cidade que se desenvolveu a seu norte, do outro lado do aclive, na margem oposta do rio.

A Alcazaba, a cidadela triangular no extremo oeste do complexo da Alhambra, encerrada em seu próprio circuito de muralhas, evidencia a função militar do complexo. Servia como arsenal e era muito bem protegida por uma torre de vigia O palácio situava-se logo a oeste da cidadela,

contra a quina norte da muralha de proteção. Seu acesso era por meio de um portão, na extremidade leste do lado sul da muralha. Na extremidade oeste da mesma muralha há uma segunda entrada, Bab al-Shari'a, o "Portão da Justiça" (*shari'a* significa "a lei religiosa islâmica", em árabe), que chama a atenção pela figura de uma mão estendida cinzelada no fecho e uma chave inscrita sobre o portal. Várias interpretações foram dadas a esses símbolos, que provavelmente visavam a expressar a autoridade dos governantes. O palácio desfruta de vistas para a cidade e a paisagem mais além.

Em virtude do declínio do poder de Maomé I – o próprio palácio durou apenas 90 anos antes de ser tomado pelos cristãos –, os arquitetos tiveram de ser virar com recursos escassos, e o complexo, apesar de sua opulência, na verdade era bastante pequeno. Além disso, o uso da pedra se limitou às colunas e aos ornamentos mais importantes, enquanto grande parte da decoração das paredes e, inclusive, as abóbadas foram feitas com intrincados estuques esculpidos e pintados (os quais, infelizmente, foram todos pintados de branco nas reconstruções). Esses desenhos combinam padrões geométricos, motivos orgânicos (florais) e um estilo extremamente requintado de caligrafia, por meio do qual os versos e as poesias do Corão se tornavam uma arte visual. As formas elaboradas vistas no palácio são frequentemente caligrafias estilizadas, que foram espelhadas e transformadas em composições angulares e curvilíneas.

12.89 Capitel de coluna, Pátio dos Leões, Alhambra, Granada, Espanha

# 1200 D.C.

12.90 Pátio das Murtas, Alhambra

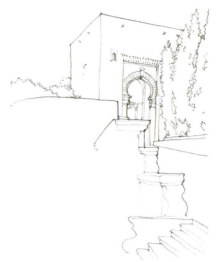

12.91 Portão da Justiça, Alhambra

Ainda que a finalidade original da maioria dos cômodos do palácio hoje seja desconhecida, ela pode ser deduzida das inscrições nas paredes. O palácio foi projetado como uma densa rede de recintos dividida por dois grandes pátios internos dispostos em ângulos retos entre si e definidos por duas áreas separadas, uma zona pública ou política e uma zona privativa. O Pátio das Murtas, com seu longo espelho de água, servia como o centro das atividades políticas. Seu foco era o Salão dos Embaixadores, um espaço quadrado com pé-direito alto e teto muito ornamentado. O Pátio dos Leões, por sua vez, era o pátio privativo da rainha e um local para banquetes. Esse era o pátio mais elaborado dos dois. Delicadas colunas brancas com cor-de-rosa, com sutis conexões axiais, estão distribuídas por todo o pátio, que possui quatro canais de água representando os quatro "rios do paraíso" e se estendem ao longo das direções cardeais dentro do pórtico colunar que conduz a uma fonte sustentada por leões de pedra. Pedras de cantaria foram utilizadas nos portões e para reforçar as quinas das paredes. As paredes externas eram rebocadas e, algumas vezes, pintadas para simular pedra ou tijolo. As colunas de mármore são às vezes estruturais, outras vezes decorativas, e sua brancura e leveza lhes conferem uma elegância desconhecida até mesmo para os antigos romanos. Embora seus fustes tenham ficado desadornados, os capitéis foram pintados com cores brilhantes. O piso de mármore branco e rústico que hoje vemos no Pátio dos Leões é um acréscimo recente. Originariamente, esse pátio interno era mais um jardim com laranjeiras ornamentais.

A representação da forma humana é proibida nos edifícios religiosos islâmicos, mas os desenhos geométricos são comuns. Na verdade, aqueles produzidos a partir de quadrados, bem como as formações produzidas pela rotação da hipotenusa (diagonal) de um retângulo, constituem a base da maior parte da construção da Alhambra, tanto em planta quanto em elevação. Os ornamentos bidimensionais cobrem os azulejos coloridos na base da parede, até a altura de aproximadamente 1,2 metro. A complexidade geométrica é particularmente evidente no teto do Salão das Duas Irmãs, uma sala para banquetes privativos.

Como as mucarnas se elevam até o centro da abóbada, elas anulam o caráter estrutural do espaço, embora sejam determinadas pela própria geometria intrincada e complexa. A mistura de sombras marcantes e suaves faz com que a abóbada pareça incrivelmente etérea.

Entre 1492 e o século XVII, a Alhambra foi a residência dos governantes espanhóis. No século XVI, Carlos V construiu para si um palácio que se enxertou no tecido da antiga estrutura. Desde então, a opulência da arquitetura islâmica original contrasta fortemente com o caráter espartano do novo prédio.

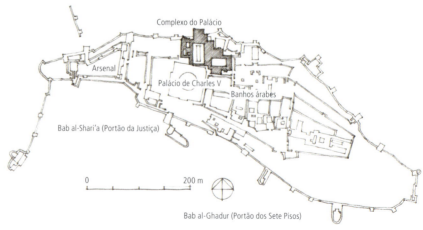

12.92 Planta da Alhambra

# EUROPA

12.93 Salão dos Embaixadores, Alhambra

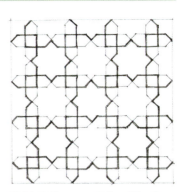

12.94 Motivo geométrico, Alhambra

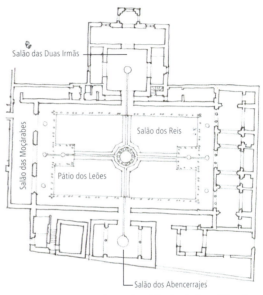

12.95 Planta do Pátio dos Leões, Alhambra

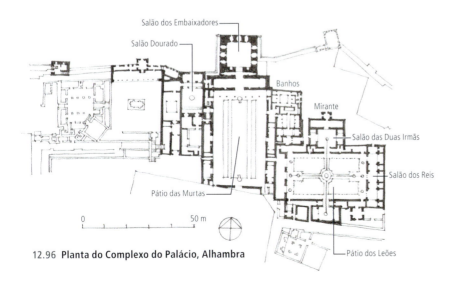

12.96 Planta do Complexo do Palácio, Alhambra

# 1200 D.C.

12.97 Mesoamérica, *circa* 1200 d.C.

12.98 Figuras toltecas gigantescas em Tula, próximo a Tula de Allende, México

## O IMPÉRIO TOLTECA

Do século IX ao final do XII, os toltecas, com sua capital em Tula, situada mais ao norte do que qualquer outra capital pré-colombiana da América Central, foram a potência dominante da região, assumindo o papel outrora desempenhado pelos teotihuacáns. Eles possuíam uma postura militarista agressiva e praticavam muitos sacrifícios humanos. Nenhuma dinastia posterior a essa deixou de reivindicar a ascendência tolteca. Seu mito de Quetzalcoatl (a Serpente Emplumada) foi a causa provável da aceitação asteca do espanhol Hernán Cortez, no século XVI: sua chegada foi interpretada como o retorno profetizado de Quetzalcoatl.

Por volta de 1100, Tula era formada por uma população de cerca de 40 mil pessoas. Os arquitetos toltecas criavam seus projetos conforme métodos pré-determinados, que incluíam a construção de edifícios em volta de grandes praças, o uso de plataformas de múltiplos andares como base, a construção de novas edificações sobre outras mais antigas e a pintura de motivos coloridos nas superfícies dos prédios. O complexo sagrado mais importante situava-se sobre um elevado terraço artificial, com a praça central ocupando uma área de 100 por 100 metros, parcialmente fechada por pirâmides, palácios e quadras para jogos com bola. A subestrutura da Pirâmide de Tula era coberta por uma espessa camada de reboco branco, que talvez simbolizasse o mundo subterrâneo. Embora o templo no alto da pirâmide tenha sido destruído, restam ainda as colunas de pedra que sustentavam sua cobertura, esculpidas com imagens de guerreiros toltecas. Uma característica singular de Tula era a Coatepantli, ou Muralha da Serpente, uma estrutura independente que fecha um corredor ao norte da base da pirâmide. Os dois lados dessa passagem são entalhados com frisos idênticos – faixas com serpentes geometricamente estilizadas emoldurando os painéis centrais e representando homens em parte reduzidos a esqueletos, que parecem estar sendo devorados por serpentes. Só se sabe da existência de duas outras representações de coatepantli, em Tenochtitlán e em Tenayuca, sugerindo que tenham sido uma característica da Mesoamérica apenas entre os anos de 900 e 1500 d.C.

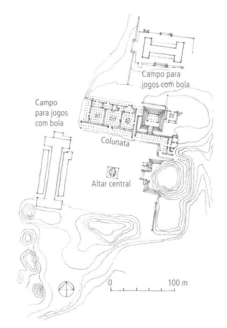

12.99 Implantação de Tula

## CHICHÉN ITZÁ

As ideias arquitetônicas de Tula foram reproduzidas e refinadas em Chichén Itzá, a principal cidade-estado da Península do Iucatá no século XII. No entanto, como Chichén Itzá está muito distante de Tula, a maneira como se deu essa influência entre as duas cidades ainda é objeto de discussão. A súbita eflorescência da arquitetura tolteca em Chichén Itzá levou algumas pessoas a cogitar que o governante tolteca Topiltzin Quetzalcoatl, exilado, tenha se estabelecido ali. Embora os sacrifícios e a postura militarista fossem essenciais para a elite de Itzá, seu complexo cerimonial tinha muito mais a ver com o calendário cósmico, suas medidas e seu significado.

O complexo organiza-se em torno de dois cenotes (dolinas), palavra por meio da qual os maias designavam as dolinas profundas e cheias de água que o povo de Itzá associava ao submundo. Esses sumidouros existem em todo o Iucatá. Na verdade, o nome Chichén Itzá significa "a abertura dos poços dos itzá". Uma vez que o solo e as rochas da região são porosos e não retêm água, as sinistras piscinas subterrâneas possuíam um sentido ao mesmo tempo prático e religioso. Dos dois cenotes existentes na cidade, o do sul era utilizado como fonte de água potável, e o do norte, ligado à superfície por um caminho cerimonial, para os sacrifícios. A construção principal, contudo, era o caracol ou observatório, circular, assentado sobre uma base trapezoidal e elevado sobre uma plataforma retangular. Suas paredes têm aberturas minúsculas que permitiam aos sacerdotes acompanhar os movimentos de várias estrelas, em especial do planeta Vênus.

# AMÉRICA CENTRAL

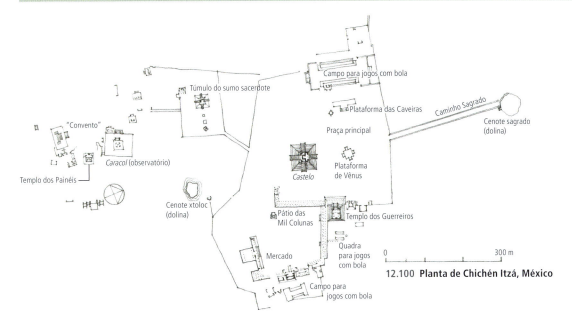

12.100  Planta de Chichén Itzá, México

O complexo norte organiza-se em torno de um imponente monte-plataforma, com duplo eixo simétrico, conhecido como El Castillo ("o Castelo"). Ele oculta em seu interior um monte-plataforma mais antigo, ao qual chegava-se por intermédio de uma escada única. O templo, completo com sua escultura sacrificial, o *chacmool*, foi cuidadosamente enterrado na reconstrução (o acréscimo simbólico de uma "segunda pele") do monte-plataforma.

Além de templo para sacrifícios, o Castelo funcionava também como calendário solar. Ele possui 91 degraus em três lados e 92 no lado norte, totalizando 365 degraus – o número de dias do ano solar. Alinha-se quase perfeitamente com os pontos cardeais e possibilita a observação de eventos solares nos solstícios e nos equinócios. O efeito associado ao calendário solar mais conhecido do Castelo ocorre nos equinócios, quando a balaustrada de sua escadaria norte projeta como sombras sete triângulos isósceles que se juntam para formar o corpo e a cauda de uma serpente, com a cabeça esculpida na base da escadaria. Supõe-se que isso seja uma representação da descida cerimonial celeste de Kukulkan, nome dado em Itzá a Quetzalcoatl.

A descida de Kukulkan também é representada no Templo dos Guerreiros, uma estrutura incrivelmente semelhante à que se encontra em Tula e que demarca a extremidade oeste da *plaza*. Uma floresta de pilares esculpidos com imagens de guerreiros, originalmente dotada de um telhado de materiais perecíveis, forma uma longa antecâmara que visa presumivelmente a restringir o acesso à pirâmide principal, onde os chefes teriam concedido audiências. Um lance único de escadas conduz a um templo, cujo ingresso é mais uma vez assinalado por um *chacmool* e por duas colunas que representam a descida de Kukulkan. Ao fundo há um banco onde o rei talvez se sentasse enquanto cativos eram sacrificados de encontro ao *chacmool*.

Na extremidade oeste da praça encontra-se o principal campo para jogos com bola da cidade, o maior que se conhece na América pré-colombiana. Ele mede 146 metros de comprimento por 36 de largura, tem arcos de 8 metros de altura – quase o tamanho de um campo de futebol norte-americano. É tão amplo que fica difícil imaginar que pudesse ter sido realmente usado para a prática de esportes. Na verdade, a intenção pode ter sido representar um campo para jogos com bola mais cerimonial dos deuses. Em Chichén Itzá há várias outras quadras similares, porém menores.

12.101  Castelo, Chichén Itzá

# 1200 D.C.

12.102  Campo para jogos com bola em Chichén Itzá

12.103  Templo dos Guerreiros, Chichén Itzá

As cabeças empaladas dos guerreiros derrotados eram expostas em uma construção especial no meio da *plaza*, a leste do campo de jogos com bola. No meio do lado norte da praça está a entrada do caminho que conduz ao cenote sagrado. Como todo o Iucatã, Chichén Itza foi de repente abandonada em meados do século XIII por motivos que ainda não são totalmente compreendidos. Entretanto, o Castelo e o percurso que leva ao cenote sagrado continuaram a ser usados pelos habitantes do local até a conquista espanhola.

O *chacmool* foi uma invenção de Tula. Essas estátuas de pedra dos maias pós-clássicos representam figuras humanas reclinadas, com as pernas encolhidas, os cotovelos apoiados no chão, as costas erguidas e a cabeça levantada e virada em um ângulo quase reto. Cada uma traz sobre o abdome um recipiente, um disco ou um prato, onde eram depositadas as oferendas ou realizados os sacrifícios. (Presume-se que os corações das vítimas eram colocados no recipiente.) Embora as origens dos *chacmool* sejam desconhecidas, eles proliferaram na época de Tula. Doze foram encontrados em Tula, 14 em Chichén Itzá e outros dois na capital asteca, Tenochtitlán. O nome antigo desse tipo de escultura é desconhecido.

12.104  Caracol (observatório), Chichén Itzá

12.105  Um *chacmool*, Chichén Itzá

# 1400 D.C.

## INTRODUÇÃO

Por volta do ano 1400 chegou ao fim o período das grandes invasões migratórias na Europa oriundas das estepes russas. As setas dos mapas, indicando as invasões de gauleses, hunos, turcos, mongóis e de outras tribos das estepes já não estavam ali. Pela primeira vez em mais de mil anos, o mundo eurasiano já não se encontrava à mercê de invasores nômades. As civilizações haviam respondido por meio da construção de muralhas, da Grande Muralha da China à Muralha Romana de Limez. No passado, e mesmo no século XV, o impacto dessas barreiras era mais simbólico do que funcional – elas definiam limites e fronteiras, em vez de conseguir efetivamente manter os "bárbaros" à distância. Ainda assim, o impacto dos invasores não havia sido de todo negativo. Dentro de um período relativamente curto, as tribos correspondentes haviam se adaptado e começado a dar suas próprias contribuições, como foi o caso dos hunos, na Europa Oriental, que se converteram ao cristianismo; os yuan, na China, que fundiram seus costumes budistas e xamanísticos com ideias e hábitos confucionistas; e os canatos no oeste asiático, que adotaram o islã e o transformaram. Os invasores das estepes também melhoraram e reforçaram as rotas de comércio terrestre de curta e longa distância, em particular ao longo da Rota da Seda, de maneira que, ao longo de um breve período, imperativos estéticos e civilizatórios renovados já estavam bem estabelecidos.

Talvez seja também uma grande ironia da história o fato de que as famosas explorações marítimas dos europeus e as conquistas migratórias também tenham começado no século XV, a partir do encontro inesperado de Colombo com a América. Em última análise, o período colonial foi como um golpe final na viabilidade comercial da Rota da Seda, embora devamos nos lembrar de que a procura por uma rota oceânica até a Índia e o Oriente não foi iniciada como uma grande viagem de "descoberta". Na verdade, ela foi uma tentativa desesperada da Coroa espanhola de encontrar uma alternativa aos preços elevados cobrados pelos novos controladores da Rota da Seda, os otomanos. As especiarias da rota de comércio eram necessárias não por serem exóticas, mas para a conservação da carne. Fernando V de Aragão e Isabel I de Castela, praticamente falidos após suas longas guerras contra os mouros, financiaram Cristóvão Colombo, um italiano, para contrabalançar as forças do Império Otomano, que, colaborando com os italianos do norte, controlavam o comércio da Rota da Seda. Os otomanos, incomodados com a perda da Andaluzia, eram particularmente hostis em relação aos espanhóis. As cidades-estados do norte da Itália e suas universidades, mantendo correspondência com o mundo islâmico, há muito sabiam que o globo era redondo e que, portanto, uma rota marítima até a Índia, indo-se pelo oeste, era quase que certamente viável. A única dúvida que se tinha era quanto à distância. A geometria sugeria que nenhuma embarcação do século XV era robusta o suficiente para realizar a travessia. Contudo, o que havia era apenas um erro de tradução, e Colombo se convenceu de que poderia chegar até a Índia em aproximadamente a metade do tempo do que se previa. Porém, como seus compatriotas italianos, que lucravam bastante com o comércio de especiarias da Rota da Seda, não se interessaram em financiar suas expedições, Colombo encontrou apoio entre os espanhóis, que estavam dispostos a apostar nessa aventura.

Aliás, alguns estudiosos datam o ano de 1492 como sendo o início do Antropoceno, o período geológico presente, no qual a atividade humana passou a afetar de modo decisivo o clima, a biosfera e a geologia terrestres. Um dos marcos do início dessa era foi o encontro titânico, provocado pelos seres humanos, de micróbios da Eurásia e da América que ocorreu nesse momento. Enquanto 95% dos cerca de 20 milhões de habitantes da América pereceram em virtude da exposição às doenças eurasiáticas, em particular a varíola, o número de europeus que faleceram em virtude de doenças originárias do Novo Mundo, especialmente a sífilis, foi insignificante. Parece que o longo comércio entre as diferentes comunidades da Eurásia e África e mesmo a tradição mais antiga de viver junto aos animais havia tornado os eurasianos muito mais resistentes a doenças do que seus correspondentes americanos. A Peste Negra, por exemplo, há pouco havia devastado a Eurásia, matando quase 10% da população da China à Europa, o que, evidentemente, se contrapôs aos benefícios trazidos pelo comércio global. Porém, em última análise, ela também ajudou a melhorar o sistema imunológico dos sobreviventes.

Este desequilíbrio microbiano, auxiliado, é claro, pela determinação dos espanhóis e portugueses de explorar, eliminou de modo quase permanente uma grande fusão das civilizações do Novo e Velho Mundo. O que se viu, portanto, foi uma história praticamente unilateral de conquista e colonização. Isso de fato foi uma grande perda, pois as civilizações americanas, na época, estavam em seu auge. Em meados do século XIII, a maior parte da América do Norte era ocupada por dezenas de tribos, cujas aldeias se distribuíam por praticamente todas as regiões. Enquanto isso, na América Central, os toltecas haviam sido expulsos por um novo grupo de migrantes oriundos do norte, os mexicas (dos quais vem o nome moderno do México), que ocuparam o vale central do México, fundando novas cidades. Após dois séculos de conflitos, a cidade de Tenochca firmou uma aliança militar com os acolhua, de Texcoco, e os tepanecas, de Tlacopan, formando um poderoso bloco que unia a maior parte do México central. Sua capital era Tenochtitlán, na área da atual Cidade do México, uma cidade exuberante fundada no centro de um lago e conectada ao continente por caminhos elevados. A descrição que Cortés fez de Tenochtitlán, mesmo quando ela já estava sendo destruída pelas doenças trazidas pelos europeus, foi registrada em uma das xilogravuras mais difundidas na Europa naquela época.

Mais ao sul, o reino Chimú controlava os territórios do litoral da América do Sul nos séculos XIII e XIV. Os chimús aproveitaram o clima árido para erguer uma das maiores cidades já construídas em adobe, um antigo sistema em que eram usados tijolos feitos de barro, areia e água misturados com um pouco de palha e secos ao sol. Em meados do século XV, esse povo foi deslocado pelos incas, que se tornaram os novos soberanos dos planaltos do Peru, cuja capital era Qosqo (Cuzco). Em seu breve período de soberania, imediatamente anterior à invasão espanhola, os incas dominaram as rotas comerciais do litoral oeste da América do Sul, construíram longas pontes de corda, estradas e cidades de alvenaria em pedra irregular que estão entre as mais complexas e precisas da história. Os incas não conheciam a roda, e a lhama era seu único animal de carga, embora não seja muito resistente. No entanto, suas técnicas de tecelagem, que também incluíam complexos sistemas de contagem e marcação do tempo, e seu conhecimento sobre a mecânica inter-relacionada do solo e da água – que hoje chamaríamos de ecologia – lhes permitiu construir cidades que não só possuíam implantações espetaculares como também estavam inseridas em seus contextos naturais de uma

# 1400 d.C.

maneira que ainda está sendo desvelada. Seus conceitos sobre a construção de terraços para plantações, a gestão hídrica e edificação com grandes massas evidenciam um universo epistêmico que só aos poucos está sendo revelado.

O mundo italiano do século XV, que posteriormente foi chamado de Renascimento ou Renascença, foi transformado pela captura otomana de Constantinopla, em 1453, sob a liderança de Mehmed II. Com essa transformação, promovida especialmente pelos venezianos, os quais se beneficiaram significativamente do direcionamento de seu comércio através do Estreito de Bósforo, a antiga Bizâncio acabou caindo sob o jugo sempre crescente dos otomanos. Após dominar o comércio da Rota da Seda que chegava à Europa durante séculos, a perda de Constantinopla acelerou o declínio de Veneza. Isso também criou oportunidades para as outras cidades do norte da Itália, como Florença e Siena, que começavam a mostrar sua pujança econômica e a sonhar com independência e autodeterminação. A família Medici passou, então, a dominar o sistema bancário da Europa e a controlar grande parte do comércio da Rota da Seda que chegava à Europa. Inúmeros estudiosos e artistas que fugiam de Constantinopla conseguiam encontrar emprego e patrocínio nas casas do norte da Itália. Com eles, veio o antigo conhecimento do mundo clássico, que há muito era preservado pelo mundo islâmico e que encontrou um público receptivo nas cidades-estados do norte italiano, onde também não era incomodado pela Igreja.

O reencontro do conhecimento clássico importado do mundo islâmico fomentou o interesse por mais informações – que foram encontradas nas antigas bibliotecas perdidas da Europa, em particular na Suíça. Elas, então, foram as circunstâncias que levaram ao desenvolvimento intelectual e à reavaliação das possibilidades humanas que hoje conhecemos como o Renascimento. Foi nesse meio que Brunelleschi, Alberti, Leonardo da Vinci e outros da mesma estatura emergiram como estudiosos e pensadores originais. Eles revisaram os textos greco-romanos e enfrentaram o problema típico de todas as formas de modernidade – ou seja, como reinvestir no passado de maneira adequada às necessidades, aos propósitos e aos imaginários do presente. Neste mundo cristão, o concreto como material de construção já não existia, o que talvez tenha sido uma sorte para eles, pois a ortodoxia do estilo italianizado proibia a adoção dos avanços estilísticos e estruturais da catedral gótica. Assim, havia espaço para se testar a adoção de conceitos intelectuais, artísticos e de projeto de edificações que eram pagãos, tomando-os dos antigos gregos e romanos e usando-os nos projetos cristãos novos, "modernos". Assim, viu-se a proliferação das catedrais urbanas em novas tipologias formais, algumas com novas invenções estruturais para atender a grandes ambições, como a cúpula gigantesca da Catedral de Florença (o Duomo). Os italianos também começaram a investir em suas cidades, construindo não só grandes mansões urbanas (os *palazzi*), mas também edifícios públicos, como o Hospital dos Órfãos, em Florença, para combater os antigos preconceitos que os cristãos tinham contra as cidades, considerando-as como antros de doenças.

Enquanto isso, a abundância de ouro e prata extraídos da América permitia à Coroa espanhola não apenas consolidar seu poder no país como cair nas graças de Roma. Competindo com as cidades-estados do norte italiano, o papado se dedicou a uma vigorosa reconstrução do Vaticano, a fim de tentar diminuir a diferença entre a antiga ordem mundial e os conhecimentos inovadores da época. É nesse momento que artistas do calibre de Bramante e Michelangelo receberam seus magníficos encargos papais e construíram suas reputações estéticas formidáveis.

Como sempre, havia uma competição entre a autoridade romana e a França, cujo rei Francisco I rapidamente aproveitou para estabelecer uma aliança estratégica com os otomanos a fim de criar um porto de entrada europeu para a Rota da Seda. Ele também se tornou um mecenas dos artistas do norte italiano, que se mudaram para sua corte na França. Dentre eles, o mais famoso foi Leonardo da Vinci, que ali passou os últimos anos de sua vida. O temor das doenças contagiosas motivou a corte francesa – ao contrário da nobreza das cidades muradas italianas – a viver uma vida mais rural, construindo castelos de campo (*châteaux*), onde procuravam controlar suas terras e exércitos por meio de grandes e movimentadas redes de comunicação. Posteriormente, essas redes e sistemas de comunicação e governo se mostrariam úteis para organizar as colônias francesas no Novo Mundo.

As invasões mongólicas transferiram o centro do mundo islâmico de sua base originária, no oeste da Ásia, para mais ao leste, nos novos reinos pós-mongóis dos otomanos no oeste da Ásia, os safávidas da Pérsia e os timúridas do Uzbequistão e Afeganistão. Foi nesse período que se estabeleceram os esboços do que hoje reconhecemos como sendo as complexas forças em jogo na esfera geopolítica do oeste asiático – do Afeganistão ao Egito.

Os otomanos se organizavam em tribos que viviam entre a fronteira do mundo cristão de Bizâncio e os estados islâmicos pré-mongóis e que aproveitaram o caos pós-mongol para unir várias tribos e fundar um novo estado. A palavra otomana se origina de Casa de Osman, o termo turco moderno para o Império Osmanli. Osman Gazi ben Ertugrul (1258–1326), o fundador do Império Otomano, era mais um dos imigrantes do centro da Ásia que vieram para o Turcomenistão em meados do século XIV para lutar nas batalhas da Anatólia. Os descendentes de Osman capturaram territórios nos Balcãs, uniram as tribos locais e terminaram em definitivo com as Cruzadas.

Embora Mehmed II tenha instituído o islã sunita em Constantinopla após conquistá-la em 1453, ele também adotou completamente a vida cortesã bizantina e sua administração e estética, estendendo-a a todo o seu império. Os não sunitas e, inclusive, os não muçulmanos eram muito bem tolerados, e, no século XVII, os otomanos já controlavam a maior parte do mundo islâmico árabe, além dos Balcãs e da Grécia. Istambul se tornou a maior cidade do mundo fora da China. Tendo todo esse poder, os otomanos se dedicaram a um vigoroso processo de construção de mesquitas ao longo das rotas de comércio. Esses templos tinham uma referência formal de cunho bizantino, a qual destacava o uso de cúpulas e minaretes.

Ao leste, os otomanos competiam com os safávidas da Pérsia, que também estavam depondo seus regentes mongóis. Os safávidas eram uma dinastia descendente de Safi al-Din, que, na verdade, era um sufi místico. Contudo, eles adotaram as políticas xiitas de modo agressivo, inclusive a tolerância zero com os infiéis. Os safávidas governavam seus territórios diretamente e, como consequência, ao contrário dos otomanos, não tinham como expandir seus territórios, mas mantinham mão firme sobre aqueles que efetivamente controlavam. Dentro de seus domínios, os safávidas construíram mesquitas e palácios excepcionalmente belos.

A fim de disputar com os otomanos o centro do mundo islâmico, Timur, que afirmava ser descendente direto de Genghis Khan, não apenas promoveu uma grande invasão do oeste da Ásia, mas também promoveu uma ampla campanha de construção em sua capital, Samarcanda. Samarcanda, além de seus novos bazares, caravançarás e mesquitas, localizava-se na interseção do tráfego eurasiano entre a China, a Índia e o oeste da Ásia, o que fazia dela uma das cidades mais cosmopolitas de sua época. A mesquita de Samarcanda possuía um estilo muito peculiar, pois nela se casava a cúpula (erguida sobre um alto tambor) com o *iwan*, adornando-se cada uma de suas superfícies com padrões de azulejos azuis que refletiam o sol e ajudavam a refrescar o prédio.

# Introdução

A competição por influência entre Samarcanda e os califas otomanos refletia-se na geopolítica do sul da Ásia, com os reis islâmicos do sul do Planalto do Decã trabalhando muito para estabelecer sua fidelidade aos distantes sultãos otomanos, o motivo pelo qual são conhecidos como sultanatos do Decã. Contudo, os reis mais ao norte da Planície dos Rios Indo e Ganges tendiam a Timur (que invadiram em 1398) e aos cãs. Os soberanos do norte, contudo, tinham de competir muito com os reis hindus e sofreram vários e repetidos reveses, de modo que suas realizações arquitetônicas, embora fossem espetaculares, foram poucas e inconstantes. Os sultanatos do Decã, por outro lado, desfrutavam reinos relativamente estáveis, os quais, ao competirem entre si, geraram uma fascinante variedade de obras de arquitetura, todas casando de modo muito feliz os estilos otomanos com estilos e técnicas de construção locais a serviço das novas funções reais e litúrgicas islâmicas. Embora os portugueses tenham descoberto uma rota marítima para a Índia, circundado a África do Sul, em 1496, apenas quatro anos após a descoberta da América por Colombo, a nova presença europeia na Índia limitava-se ao comércio e à construção de portos marítimos.

Enquanto isso, no sudeste da Ásia, os khmers haviam entrado em declínio, e, embora seus sítios espetaculares estivessem em grande parte abandonados, a ideia de grandes impérios já estava bem arraigada na península daquela região. Os majapahit e os thai estabeleceram novos reinos, que continuaram a releitura khmer das instituições e templos hindus e budistas, estabelecendo um diálogo com seus pares do Sri Lanka e oeste da Índia.

Enquanto isso, na extremidade leste da Rota da Seda, os chineses estavam dedicando-se a seu próprio revivalismo. Após três séculos do domínio "estrangeiro" da dinastia mongólica Yuan estabelecida por Genghis Khan, a dinastia chinesa Ming, do grupo étnico Han, ascendeu ao poder em 1368. Embora, no início, os ming tenham buscado consolidar sua base rural, eles rapidamente mudaram de estratégia, passando a controlar seu império a partir das capitais, com o auxílio da burocracia desses centros. Os ming projetaram de modo muito ativo a imagem de que os yuan seriam bárbaros estrangeiros e trabalharam muito para reviver as antigas práticas do confucionismo. Ainda assim, como ocorre repetidamente na história, os ming não hesitaram em "modernizar" o passado, adotando práticas dos yuan que consideraram convenientes. Dessa maneira, por exemplo, eles inicialmente construíram uma capital inteiramente nova em Nanjing, como ditava a tradição, proclamando o estabelecimento de uma nova ordem. Entretanto, o terceiro imperador ming, Zhu Di (r. 1403–24), transferiu o centro político novamente a Dadu, a antiga capital dos yuan, que ainda era muito próspera, mas a rebatizou de Pequim (que significa "Paz do Norte"). Ali os ming construíram a Cidade Proibida que hoje conhecemos, incluindo seu complexo vocabulário de vistas, barreiras visuais e sistemas de controle de acesso por meio de portões, pátios, pavilhões axiais e pavilhões de apoio. Fora da Cidade Proibida, os ming construíram dois prédios gêmeos, o Templo da Agricultura e o Complexo do Templo do Céu, que conectavam a esfera terrestre à celestial. Embora criticassem os mongóis por morarem em "tendas" nas cidades imperiais, os ming buscaram revitalizar suas próprias técnicas de edificação, enfatizando o desenvolvimento do sistema de mísulas junto com as técnicas de envidraçamento na construção e de laqueamento de móveis.

Em meados do século XV, os ming haviam construído um governo estável, baseado na agricultura e no comércio renovados, e administravam uma população estimada entre 120 e 200 milhões de pessoas. Eles se aproximaram da Dinastia Joseon da Coreia, que os apoiava, e investiram pesado em viagens marítimas globais a fim de explorar primeiramente o sudeste e o sul da Ásia, e, posteriormente, os portos do leste da África e oeste da Ásia. Essas expedições parecem ter sido mais viagens diplomáticas do que de conquista, assim a ameaça rotineira do outro lado da Grande Muralha rapidamente passou a tomar a atenção do governo, prejudicando novas explorações navais. Posteriormente, o Império Ming seria beneficiado de modo significativo pela descoberta da América, quando enormes quantidades de ouro e prata foram utilizadas para a aquisição de produtos chineses que eram enviados à Europa. Pimentas foram adicionadas à cozinha sichuan, e o cultivo da batata e do milho em larga escala permitiu que um enorme número de pessoas pudesse ser alimentado.

Com o desenvolvimento de moinhos hidráulicos, a China já explorava a energia da água desde o século I ou II da Era Cristã. Isso, junto com a invenção posterior da roda d'água para a irrigação, tornou a China uma potência econômica a partir de aproximadamente 1000 d.C e, de modo contínuo, pelos próximos 500 anos. Durante esse período, a economia chinesa alcançou níveis de produtividade que a Europa só começaria a ter no século XVI. Assim, não é de surpreender que, quando começou o comércio entre a China e a Europa, alimentado pela prata americana trazida até a China pelos europeus, a economia chinesa fosse mais produtiva do que a dos países europeus.

Todavia, o contato colonial se mostrou uma faca de dois gumes. À medida que a economia chinesa se tornou mais dependente das divisas estrangeiras, ela também ficou mais frágil, e os espanhóis (e japoneses) usaram políticas de controle da prata para explorar os ming. Considerando o tipo de comércio que ocorria no mundo nos séculos XVII e XVIII e o fato de que os produtos acabados chineses eram enviados à Europa em troca de prata, isso não surpreende, especialmente uma vez que o primeiro período comercial urbano que de fato ocorreu dentro da Eurásia já havia ocorrido na China há séculos, durante a Dinastia Song.

Do outro lado do Mar da China Oriental, os japoneses também buscaram uma renovação da ordem e dos vínculos mais antigos do Velho Mundo. Outra tentativa malsucedida da monarquia de retomar o controle, em 1333, motivou o novo xógum (ditador militar) Takauji, como gesto de reconciliação, a renomear Kyoto como a capital do império e a reestabelecer as conexões com a Dinastia Song chinesa, que haviam sido rompidas após as invasões fracassadas do Japão por Kublai Khan em 1274 e 1281. Um resultado dessa reconexão foi a emblemática escola zen de prática budista imperial, que reinventou os jardins de meditação abstratos e em miniatura oriundos da necessidade de reconstruir a "natureza" em lotes urbanos confinados. Assim, surgiram locais de beleza singular, como Ginkakuji e Kinkakuji – os Pavilhões Dourado e Prateado – construídos para xóguns que se aposentavam e buscavam locais extraordinários.

# 1400 D.C.

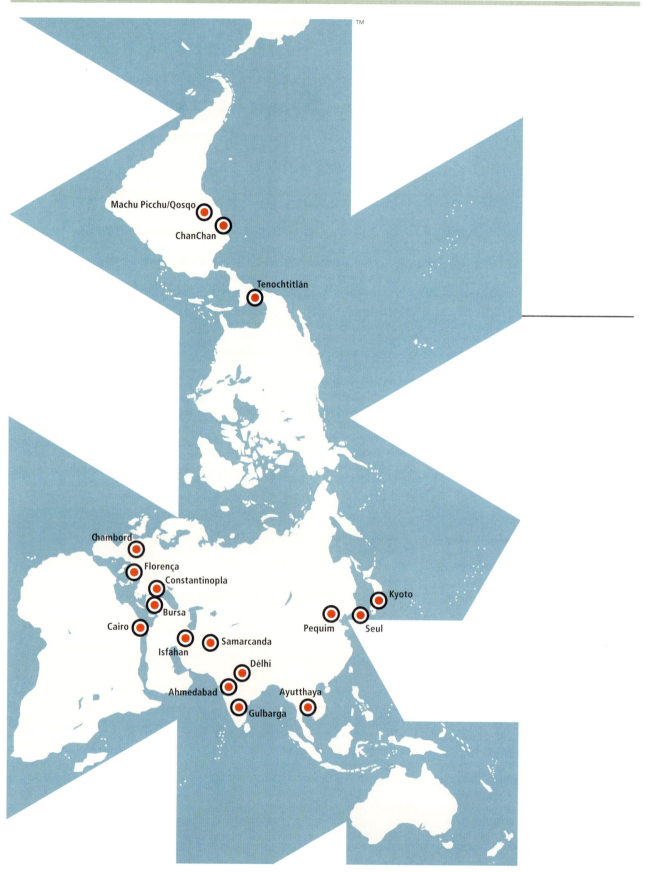

458

# INTRODUÇÃO

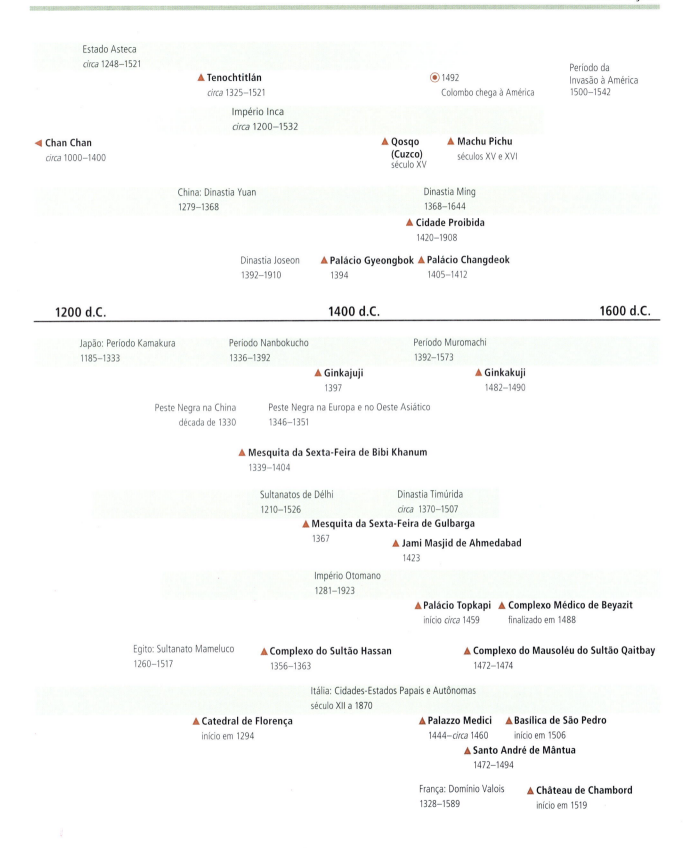

# 1400 D.C.

13.1 Os povos ameríndios, *circa* 1400 d.C.

13.2 O comércio nas Américas

## AS AMÉRICAS

As Américas, no século XV, mostravam-se muito diferentes de como eram no século XVII, quando as doenças trazidas pelos europeus já tinham matado quase 90% da população nativa. No século XV, desde o leste da Bolívia e do Peru, passando pela América Central e pela região oeste dos Estados Unidos, cruzando, a leste, o Mississippi e a Geórgia e chegando até onde hoje se encontra a Nova Inglaterra, havia algo que os primeiros europeus que navegaram ao largo da Nova Inglaterra descreveram como um tecido mais ou menos contínuo de assentamentos. Havia grandes cidades que eram capitais de impérios, como Qosquo (Cuzco), no Peru, e Tenochtitlán, no México; havia cidades secundárias que eram centros regionais, como Chan Chan, no Peru, Oraibi, uma cidade hopi nos Estados Unidos, e outras grandes cidades na Geórgia. E, entre elas, existiam milhares de vilarejos. As epidemias disseminaram-se com tal rapidez que certas culturas desapareceram antes mesmo de terem conhecido os europeus. Travam-se muitos debates sobre os aspectos específicos dessa terrível perda de vidas e de culturas, mas os parâmetros básicos da tragédia são indiscutíveis.

### Os hopis

No século XIV, os povos da América do Norte eram, em sua maioria, seminômades, com exceção dos que habitavam as grandes áreas urbanizadas do Mississippi e da Geórgia (que se estendiam até o litoral atlântico) e as áreas do sudoeste e do oeste controladas pelos hopis, que já viviam em cidades há séculos. O povoado hopi de Old Oraibi, no Arizona, foi fundado por volta de 1100. A noção hopi de cultura urbana tinha muito em comum com a das antigas culturas urbanas da região, desde os hisatsinom (anasazi) aos hohokam. Entre os anos 700 e 1130 d.C., a área experimentou grande crescimento populacional, impulsionado por chuvas fortes e regulares. No final do século XIII, contudo, uma seca severa, que parece ter eliminado a cultura dos hohokam, obrigou os hopis a abandonarem suas aldeias menores e a acomodarem sua população em centros urbanos maiores. Quando os espanhóis chegaram, havia nove cidades principais: Sikyatki, Koechaptevela, Kisakovi, Sichomovi, Mishongnovi, Shipaulovi, Shungopavi, Oraibi e Awatovi.

# AMÉRICA DO NORTE

13.3 **Urbanização das Américas**, *circa* 1400 d.C.

A palavra *hopi* é uma forma abreviada de *hopituh shi-nu-mu* (o "povo pacífico" ou "os pequenos pacíficos"). Esse nome reflete um conceito profundamente arraigado na religião e espiritualidade da cultura e, inclusive, em suas ideias acerca da moralidade e ética. Ser hopi é buscar um estado de reverência e respeito total por todas as coisas, estar em paz com elas e viver de acordo com as instruções de Massaw, o criador ou guardião da terra. Os hopis, como a maioria dos ameríndios, supõem que as almas dos mortos vão a outra região do universo, onde levam nova existência realizando atividades cotidianas, como se ainda estivessem vivos. A vida das aldeias gira em torno de uma série de cerimônias realizadas para o benefício não só de seus habitantes, mas do mundo inteiro. Essas cerimônias seguem o calendário lunar e são observadas em todas as aldeias hopis. Assim como em todas as culturas dos *pueblos*, a maioria das cerimônias é realizada em kivas. *Pueblo* é uma palavra espanhola derivada do latim *populus* (povo) e, neste caso, significa povoado. As cidades hopis localizavam-se nas extremidades de cadeias de montanhas com cumes planos que se desenvolvem de norte a sul, chamados *mesas*, ou perto desses locais. A dificuldade de levar água montanha acima, até as cidades, restringia o tamanho de sua população, mas a localização facultava-lhes proteção; os caminhos de acesso a certos *pueblos* acompanhavam, de propósito, ravinas estreitas. As casas eram feitas de pedra e barro e muitas vezes tinham vários pavimentos. As paredes eram construídas com alvenaria de pedra bruta argamassada com barro. Vigas de madeira apoiavam-se no topo das paredes, formando coberturas planas reforçadas com fibras vegetais, uma camada de argamassa e um revestimento de terra seca. Os apartamentos dos pavimentos superiores eram acessados por escadas externas.

O *pueblo* de Acoma foi fundado no século XII pela tribo do mesmo nome, que controlava uma grande área ao sul e ao leste dos hopis. Embora seminômades, eles acabaram por estabelecer *pueblos* nos cânions do Arizona. No século XVII, os navajos construíram ainda mais *pueblos*, em especial na sua região natal, na extremidade noroeste do Novo México, a fim de se defenderem dos invasores espanhóis.

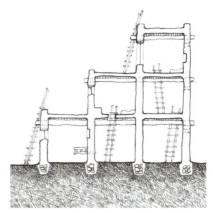

13.4 **Corte através de uma casa hopi**

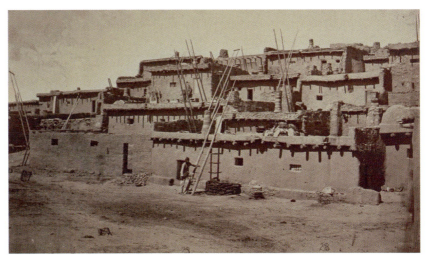

13.5 **Arquitetura *pueblo*, Arizona**

461

# 1400 D.C.

## As sociedades de Nova Inglaterra

No século XIV, na região dos Estados Unidos hoje conhecida como Nova Inglaterra, viviam dezenas de tribos indígenas. Na perspectiva temporal mais ampla das Américas, a área havia sido povoada fazia pouco tempo, talvez em consequência do declínio da cultura de Hopewell, em Ohio, por volta de 500 d.C., cuja população dispersou-se em várias direções. No século XVI, cerca de 100 mil pessoas habitavam os litorais e estuários e as margens dos rios e lagos desde o Maine até a Carolina do Norte e a Carolina do Sul, em assentamentos e aldeias organizados em torno das filiações tribais. Ao contrário do que os europeus pensavam, a região não era uma área selvagem esparsamente povoada. Conflitos armados entre as tribos não eram desconhecidos, embora tivessem mais a ver com prestígio do que com território. A ausência de porcos e ovinos em todas as Américas, antes da chegada dos europeus, eliminava a necessidade de cercas, algo que os colonizadores interpretaram, de modo errôneo, como sinal de que os índios americanos não tinham o conceito de propriedade fundiária.

13.6 **Uma aldeia iroquesa**

As aldeias eram lideradas por um sachem, equivalente a um chefe ou rei, mas cada tribo tinha costumes levemente distintos, dependendo de sua localização e das circunstâncias. Algumas eram seminômades e deslocavam-se no inverno e no verão, outra eram sedentárias. Algumas plantavam em campos organizados, outras confiavam mais na caça e na pesca, suplementadas pela agricultura. O comércio era importante, pois permitia certo grau de especialização e de intercâmbio entre as áreas. As florestas eram manejadas e a vegetação rasteira era roçada para facilitar a caça. As árvores eram podadas, surgindo pomares de nogueiras, nogueiras-amargas e castanheiras que produzem frutos secos comestíveis e nutritivos. A área ao redor das aldeias era roçada para o plantio de milho.

As aldeias organizavam-se como aglomerados de cabanas (*wetus*) estruturadas com varas; e as cascas de árvores revestiam as paredes. No inverno, as *wetus* eram cobertas com placas impermeáveis de junco; no verão, com finas lâminas da flexível casca da castanheira. Uma pequena fogueira queimava no centro, e a fumaça saía por uma abertura no alto. Essas edificações eram muito bem adaptadas ao ambiente. Um dos primeiros colonizadores observou, inclusive, que eram mais quentes e tinham menos goteiras do que as casas dos ingleses. As aldeias eram protegidas por paliçadas de postes de madeira, mas os fossos e os montes de terra presentes nas aldeias e cidades maiores do sul, no Alabama e na Geórgia, não eram empregados. Em 1616, os europeus introduziram entre os povos americanos uma epidemia que, em cerca de três anos, eliminou 90% da população nativa. O resultado, do ponto de vista dos europeus, foi uma região que parecia virgem, intocada pelos seres humanos. A colônia de Plymouth, por exemplo, foi fundada em 1620 em uma área que havia sido severamente despovoada.

13.7 **Uma *wetu* ou casa iroquesa**

# AMÉRICA CENTRAL

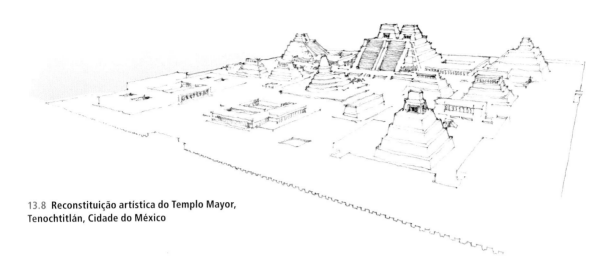

13.8 Reconstituição artística do Templo Mayor, Tenochtitlán, Cidade do México

## Tenochtitlán

A queda de Tula, capital tolteca (situada a cerca de 100 quilômetros a norte-noroeste da Cidade do México), levou à fundação de inúmeros centros urbanos semiautônomos ao redor do Lago Texcoco. A cidade de Tenochtitlán (atual Cidade do México) foi fundada por um desses grupos, os mexicas, em uma pequena ilha na parte oeste do lago, no ano de 1325. No século XIV, a guerra entre os estados era sistêmica, e em 1428 uma aliança entre três deles os tornou a base do Império Asteca. (Contudo, os historiadores tendem a evitar o termo "asteca" porque ele só entrou em uso no século XIX.) Em seu apogeu, o império estendia-se por todo o centro do México, do litoral do Oceano Pacífico ao do Caribe. Em 1521, a Tríplice Aliança foi derrotada pelos conquistadores espanhóis e seus aliados nativos sob o comando de Hernán Cortés, que descreveu a cidade antes de destruí-la. Seu texto e seu desenho foram presenteados ao rei da Espanha e circularam por toda a Europa graças à imprensa. Cortés relatou uma cidade de 200 mil habitantes em uma ilha no meio de um lago, ligada às suas margens por caminhos elevados. Gigantescas torres de pedra, na interseção desses caminhos, dominavam o centro da cidade.

Os mexicas, no início, eram pobres e tinham um papel secundário no mundo político daquela região, mas, sob a liderança de seu general Tlacaélel, o qual estava por trás da Tríplice Aliança, os mexicas mudaram sua identidade e visão de mundo religiosa. Em termos políticos, eles se inspiraram nos toltecas e se disseram descendentes de Teotihuacán, a fim de legitimar suas pretensões imperiais. Segundo a sua religião, o Sol estava em luta perpétua e violenta pela existência, uma batalha que tinha de ser alimentada por sacrifícios humanos. Milhares de pessoas eram mortas todos os anos nesses rituais. Embora os conquistadores europeus se mostrassem chocados diante disso, na verdade, a Europa do século XVII era um lugar bem mais brutal: dezenas de milhares de pessoas foram enforcadas, esquartejadas, queimadas vivas ou empaladas – muitas vezes no contexto de grandes espetáculos públicos – durante as várias guerras religiosas.

Os mexicas assentaram-se ao lado de um pântano. Conseguiram drenar a área e criar um lago de 10 quilômetros quadrados, em cujo centro havia uma cidade-ilha ligada por três vias elevadas a outras cidades nas margens. A cidade cresceu e tornou-se maior do que qualquer cidade europeia da época. Uma malha de ruas e canais vivia repleta de barcos que transportavam bens e pessoas para seus mercados. Dois aquedutos levavam água doce para a cidade. O centro cerimonial comportava duas pirâmides de degraus que se elevavam lado a lado em uma gigantesca plataforma pintada de vermelho e azul. Os palácios, nas proximidades, eram pintados de um branco ofuscante. Nas proximidades havia escolas para os filhos da nobreza, casas para os sacerdotes, um campo para jogos com bola, um assustador *tzompantli* (ou grade de caveiras) onde eram expostas as cabeças das pessoas sacrificadas e várias outras pirâmides e templos, todos circundados por muros de proteção.

O templo principal, ou Templo Mayor, tinha grandes braseiros de incenso, com cabeças de serpentes e caldeirões nos quatro lados, para receber as oferendas. Ele elevava-se sobre quatro plataformas, que representavam os níveis celestiais do cosmo, até chegar ao topo, onde havia dois templos dedicados a Tlaloc e Huitzilopochtlili. O acesso ao cume era por duas escadas paralelas. Ao sul se encontrava o Templo de Huitzilopochtli, o deus maia da guerra, que lutou contra o seu irmão Centzon Huitznahua e a sua irmã Coyolxauhqui imediatamente após seu nascimento. Ele os derrotou e atirou seus corpos desmembrados montanha abaixo. Esse sacrifício é representado por uma tabuleta redonda ao pé da escada. O Templo Mayor foi reconstruído sete vezes entre 1325 e 1521. Manteve-se intacto o templo mais antigo, rodeado pelos novos prédios, cada um maior do que o outro. Destes, apenas o segundo edifício se manteve intacto, incluindo seus dois templos completos e a pedra à qual eram amarrados os prisioneiros antes de serem sacrificados.

# 1400 D.C.

Como os seus ancestrais, os mexicas eram atentos observadores do Sol, das estrelas, dos ciclos da natureza, da passagem das estações e da morte no mundo animal e vegetal. Sua arquitetura e seus rituais, assim como os de seus ancestrais, buscavam manter a integridade da ordem cósmica. Apesar de ainda hoje não ser de todo compreendida, essa ciência da observação astronômica era certamente muito sofisticada. O Templo Mayor estava orientado a sete graus ao sudeste, de forma que, nos equinócios, o Sol nasce exatamente entre os templos de Tlaloc e Huitzilopochtli. Em 1790, foi encontrada uma pedra do calendário monolítica sob a praça principal. Ela pesa mais de 24 toneladas, tem 1,2 metro de espessura por 3,6 metros de diâmetro e apresenta em sua superfície uma imagem do deus do Sol.

13.9 **A pedra do calendário de Tenochtitlán**

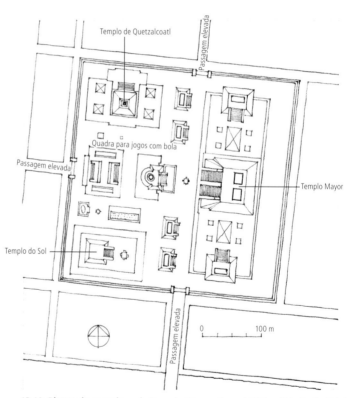

13.10 **Planta do complexo do Templo Mayor, Tenochtitlán, Cidade do México**

# AMÉRICA DO SUL

13.11 Chan Chan, perto de Trujillo, Peru

## Os incas

Nos vales costeiros do norte do Peru, o colapso do Reino de Wari, por volta de 1000 d.C, levou à ascensão dos chimus (850–1470), também chamados de chimor, que, com o passar do tempo, vieram a controlar todo o litoral norte do Peru, desde a atual fronteira do Equador até Lima. Chan Chan, sua capital, ocupava uma grande planície do deserto litorâneo. Pelo fato de os chimus acreditarem que seus reis continuavam vivendo mesmo depois de mortos os seus corpos, o novo rei nunca ocupava o palácio de seu antecessor, mas construía um novo, que depois da sua morte se tornava o lar da sua família extendida. Contudo, Chan Chan logo foi subordinada ao mundo inca. Pouco se sabe sobre a pré-história dos incas, exceto que, como os mexicas, eles eram originalmente um pequeno reino periférico que se tornou muito mais bem-sucedido do que os reinos vizinhos.

Os incas tomaram emprestado dos chimus seu conceito de realeza, com uma diferença: seu rei, o inca, era divino. Pachakuti, um dos incas, que subiu ao trono em 1438, rapidamente construiu um império que sujeitou ao domínio inca toda a região do Peru, da Bolívia, do Chile e do Equador atuais e o norte da Argentina. Os meios que empregou para isso eram inusitados no contexto político sul-americano. Na era anterior, o expansionismo regional havia sido limitado pela dificuldade de reunir grandes exércitos e deslocá-los de um lugar a outro. Afinal de contas, não havia cavalos. Os incas expandiram-se de modo relativamente pacífico, ao incorporar áreas vizinhas a seus domínios, oferecendo-lhes estabilidade e inclusão em troca de serviços. Logo conseguiram comandar imensas equipes de pessoas – muitas propositalmente afastadas de seu local de nascimento – para construir estradas e palácios e trabalhar no artesanato e na lavoura. A consolidação do império já estava praticamente completa em 1520. Não havia dinheiro, nem mercados, nem propriedade fundiária: toda a terra pertencia ao rei. Tratava-se de um sistema centralizado, parecido com o socialismo moderno, exceto pelo fato de que o inca governante era considerado um deus. Como resultado, em pouco mais de 100 anos os incas se tornaram o império mais poderoso que as Américas já haviam conhecido antes de serem conquistadas pelos espanhóis e despovoadas pelas doenças por eles trazidas.

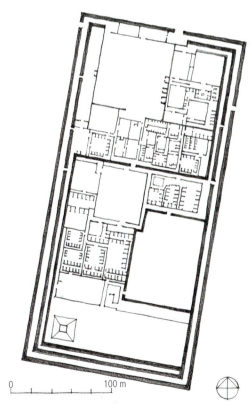

13.12 Planta da cidadela de Rivero, em Chan Chan

# 1400 D.C.

13.13 Planta da área do Templo Superior, Qosqo (Cuzco), Peru

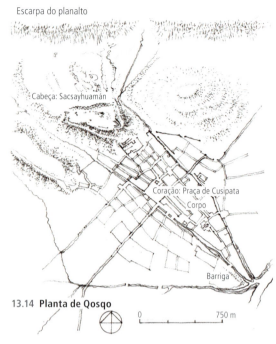

13.14 Planta de Qosqo

A capital dos incas, Qosqo (Cuzco), localizava-se na escarpa ocidental do planalto peruano. Quatro grandes estradas terminavam em seu centro, a Praça de Cusipata. Sob o comando de Pachakuli, o primeiro dos grandes governantes incas, Cuzco foi transformada de uma aldeia de barro e palha em uma cidade de pedra. Encaixada entre os rios Tullumayo e Huatanay, a planta da cidade tem a forma de um puma ou uma onça. A cabeça era representada pela fortaleza; o coração, pela *plaza* central; e a cauda, pela confluência dos dois rios canalizados. O Chunchulmayo, mais ao sul, era chamado de "rio das tripas", pois representava a barriga do puma. A Praça de Cusipata era rodeada pela estrutura cívica de Cuzco, pelos palácios e por três templos dedicados ao Sol (Qorikanchal), ao criador (Kiswarkancha) e ao trovão (Pucamarka). A praça foi preenchida de areia branca e pura obtida no litoral. Sobre as fachadas dos palácios havia imensas placas de ouro polido que refletiam o Sol poente. A praça era o centro do cosmo inca, e quatro estradas que dela irradiavam demarcavam os quatro setores do império. Também se irradiava da cidade uma rede de 41 caminhos tortuosos, chamados de caminhos dos espíritos, que interligavam aspectos sagrados da paisagem, como fontes, cavernas, santuários e pedras. O calendário inca tinha 41 semanas de oito dias cada uma.

Tudo indica que Cuzco não possuía muralha defensiva, embora se presuma que a "cabeça" do puma (Sacsayhuamán), de impressionante escala, que domina o vale, tenha sido uma fortaleza. Também pode ter sido um templo do Sol, um reservatório de água ou as três coisas. Ela possui três plataformas sobrepostas, seguidas de uma fileira tripla de muralhas denteadas feitas de gigantescos blocos de granito. Essas muralhas eram obras de engenharia muito precisas. Alguns dos blocos de granito pesavam até 200 toneladas e foram desbastados para se encaixarem perfeitamente nos blocos contíguos. Não se sabe, todavia, por que se exigia tamanha precisão da obra. Em muitos casos, os blocos gigantescos simplesmente servem como proteção do talude. Além disso, as pedras foram lavradas e alinhadas para criar uma série cerimonial de bicas e canais de água. Havia também uma grande *plaza* circular com edifícios cerimoniais empoleirados na borda do penhasco voltado para a cidade.

13.15 Vista aérea de Qosqo (Cuzco)

# AMÉRICA DO SUL

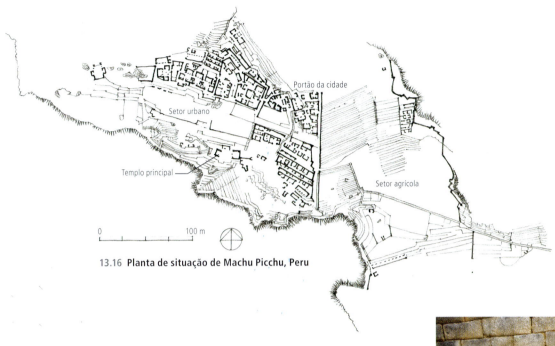

13.16 Planta de situação de Machu Picchu, Peru

## Machu Picchu

Machu Picchu, 70 quilômetros a noroeste de Cuzco (Qosqo), situa-se entre dois picos íngremes, 2.750 metros acima de um desfiladeiro escavado pelo Rio Urubamba. É o único assentamento inca que restou intacto, por ter sido completamente ignorado pelos espanhóis. É provável que tenha sido habitado até o final do século XVI, quando foi sendo gradualmente abandonado e esquecido. Há outros sítios incas nessa região remota, mas eles ainda não foram completamente explorados e compreendidos. Cerca de duzentos edifícios distribuídos em uma série de terraços paralelos em ambos os lados de uma *plaza* central constituem o núcleo do pequeno povoado, que deve ter abrigado no máximo cerca de mil habitantes

O acesso ao local era difícil, pois exigia uma longa caminhada pelas ravinas abruptas e a entrada só era possível por um único ponto, cuidadosamente guardado. Pelo fato de tratar-se de um local magnífico para a observação do Sol e dos outros astros, alguns estudiosos acreditam que a cidade era um refúgio real ou talvez até um templo reservado às elites. A chave do sucesso do local era o poço artesiano no topo, que garantia água aos habitantes o ano inteiro. A genialidade de Machu Picchu deve-se à forma como os terraços foram construídos e divididos pelo sítio, o qual cobre uma área em forma de sela que se estende de leste a oeste entre os dois cumes. A sela sobe bruscamente para o sul e, após chegar ao cume, seguido de um pequeno terreno plano, desce com suavidade em direção ao norte e ao leste. Lembra a forma de uma onda, com um ponto estável em seu topo precário. Para escorar o solo e criar espaços para construção, os planejadores incas construíram cuidadosamente terraços que seguiam o contorno do relevo natural. Na extremidade leste há um setor composto por terraços com uma complexa rede de canais de irrigação, que provavelmente eram empregados para o cultivo.

O ambiente é configurado por uma longa praça central com declive suave em direção ao leste, através de terraços. Os prédios principais distribuem-se por uma rede complexa de ruas e escadas nos dois lados da praça. A maioria é de moradias de um cômodo, algumas agrupadas ao redor de pátios, mas normalmente dispostas ao longo das passagens estreitas definidas pela largura dos terraços. Todas foram construídas na cantaria característica dos incas, com pedras perfeitamente encaixadas, janelas em forma de cunha e lintéis monolíticos, dotadas de sistemas de drenagem e coleta de água. O granito empregado na construção foi extraído no próprio local. As empenas indicam a existência de coberturas perecíveis que há muito desapareceram. Não há, entretanto, evidências de nenhuma construção em adobe, o que sustenta a hipótese da função extremamente cerimonial e elitizada à cidade. Aninham-se nesse conjunto algumas anomalias surpreendentes: uma construção semicircular em forma de torreão se eleva de modo inesperado sobre o tecido urbano e uma série de banhos estende-se ao longo da passagem norte-sul central.

13.17 Alvenaria de pedra de Machu Picchu

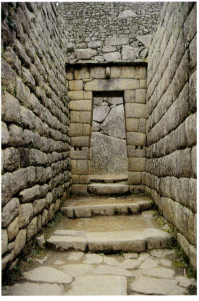

13.18 Corredor em Machu Picchu

# 1400 D.C.

A extremidade sudoeste mais alta da sela é reservada a um templo, ao qual se tem acesso por uma longa escadaria que vem do leste. Ao pé da escadaria encontra-se o que provavelmente era um templo, com três recintos em forma de C voltados para um pátio central. O templo principal, o centro sagrado dedicado ao Sol, fica no topo da escadaria. Três degraus, através de uma antecâmara, levam ao último terraço, em cujo centro há um enorme monólito de granito conhecido como Intihuatana (ou "o poste onde o Sol é amarrado").

A pedra Intihuatana é uma espécie de miniatura de Machu Picchu, com uma série de pequenos "terraços" que culminam num afloramento rochoso impressionante que lembra o pico logo à frente. Acredita-se que pedras Intihuatana tenham sido distribuídas pelo mundo inca, mas destruídas pelos espanhóis, que as consideravam um sinal de idolatria. Não se sabe seu significado exato, mas provavelmente tratava-se de réplicas em miniatura de um pico sagrado ao qual os incas imaginavam que o Sol podia ser amarrado com uma corda, para guiar sua jornada circular pelo mundo inferior e pelo superior. Talvez acreditassem que os picos de Machu Picchu se localizavam o mais próximo possível desse pico sagrado.

13.19 Machu Picchu em seu estado atual

13.20 Vista a curta distância do setor urbano de Machu Picchu

# EUROPA

13.21  Itália, *circa* 1400 d.C.

Entre as várias novas mansões urbanas que foram construídas junto aos canais venezianos, destaca-se a Ca'd'Oro, construída entre 1428 e 1430. Seu nome – Casa de Ouro – refere-se ao folhamento de ouro empregado em seus

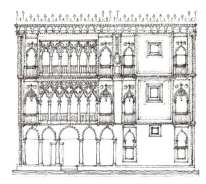

13.22  Fachada da Ca' d'Oro, Veneza, Itália

detalhes externos. Esse palácio foi construído para Marin Contarini, aristocrata veneziano e um dos maiores comerciantes de tecidos e especiarias da cidade.

A fachada do palácio consiste em três galerias superpostas. O rendilhado de pedra das *loggie* no *piano nobile* e no terceiro pavimento exibe aberturas quadrifoliadas sobre as colunas, enquanto a colunata inferior, com seus arcos simples, arredondados e ogivais, é claramente mais clássica. Embora não se conheça a origem exata do formato em quadrifólio, essa forma foi usada no Palácio do Doge, junto à Basílica de São Marcos, em Veneza, e visava a mostrar o *status* de seu possuidor como membro da elite mercantil. As faixas decorativas nas quinas e extremidades e em vários elementos arquitetônicos da fachada dão a impressão de uma cortina tecida no lugar. O prédio, como quase todos em Veneza, teve de ser construído sobre milhares de estacas de carvalho profundamente cravadas na areia e lama da laguna.

## A REPÚBLICA DE VENEZA

A peste negra (1350–1425) ceifou entre 35 e 65% da população rural e urbana da Itália. Apenas algumas cidades europeias conseguiram reerguer-se, como Veneza, Florença, Milão, Nápoles e Gênova. Seguindo a Rota da Seda no rumo oeste, através da Ásia, cruzando os territórios timúridas e otomanos, chega-se ao principal porto de entrada dos muçulmanos na Europa: Veneza. Quase todas as mercadorias que iam para a Europa tinham de passar pelo porto de Veneza, que controlava o comércio litorâneo para o sul, cruzando o Mar Egeu em direção a Chipre, e para o norte, entrando na Ásia via Constantinopla. Aproveitando os quatro séculos que viveu à margem da Itália dos papas, Veneza havia implantado seu porto de modo que estivesse no centro do comércio do Mar Mediterrâneo. Em 1423, o orçamento público de Veneza equivalia ao da França e da Inglaterra juntas. Depois da morte do último doge autocrata, a cidade, uma talassocracia, tornou-se fervorosamente republicana. Com o tempo, Veneza passou a ter vários entrepostos comerciais no Mediterrâneo, entre eles Creta, Chipre, a maior parte das ilhas do Mar Egeu e trechos do litoral da Dalmácia, além de propriedades em terra firme, como Bérgamo e outras até o Lago di Garda e além. Essa expansão territorial naturalmente colocou Veneza em conflito com os objetivos do Império Otomano e dos mamelucos do Egito.

13.23  Ca' d'Oro, Veneza

# 1400 D.C.

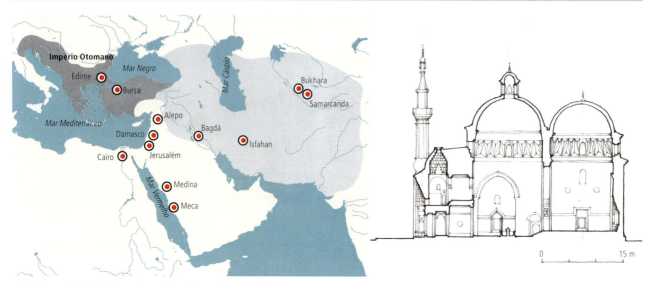

13.24 Oeste da Ásia e leste do Mediterrâneo, *circa* 1400 d.C.

13.25 Corte do complexo de Yesil Cami, Bursa, Turquia

## O IMPÉRIO OTOMANO

No começo da era pós-mongol, a Ásia Central e a Ocidental eram dominadas por três novas potências: os fatímidas no Egito, os timúridas na Pérsia e os otomanos na Anatólia. Os otomanos substituíram o Império Seljúcida, enfraquecido pelos ataques dos mongóis. Os osmanis ou otomanos, como passaram a ser conhecidos, eram uma tribo turca que tomou Bursa dos bizantinos em 1326 e fixou ali sua capital. Em 1371, chegaram à Sérvia e, em 1453, conquistaram seu grande prêmio, Constantinopla, pondo fim ao Império Bizantino. Os otomanos logo se tornaram tão poderosos que nenhum país europeu podia, sozinho, desafiar sua posição, apesar de ataques repetidos e coordenados nos séculos seguintes.

As mesquitas otomanas não eram projetadas como recintos retangulares introvertidos, fechados e murados, como eram na época do domínio dos seljúcidas. Em vez disso, os otomanos adotaram a cúpula do tipo bizantino, apoiada sobre uma base quadrada, com entrada através de uma arcada de três entrecolúnios e com um minarete em uma das extremidades. Esse protótipo depois foi ampliado com o acréscimo de cômodos laterais, vestíbulos e arcadas abertas (*loggie*). Algumas vezes, adicionava-se à cúpula um átrio fechado. Um dos melhores exemplos desse tipo de mesquita é Yesil Cami, em Bursa (1412–1419). De um portal de mármore ornamentado passa-se a um vestíbulo quadrado e baixo, que leva, por meio de um curto corredor em abóbada de berço, ao salão central. O principal salão de orações, ou *iwan*, situado atrás do salão central, fica em um plano quatro degraus mais alto do que ele, enquanto os *iwans* laterais se separam dele por um único degrau. As duas cúpulas se apoiam em faixas de "triângulos turcos" (trompas) que intermediam a transição do quadrado para os círculos. No centro do salão principal, que possui um óculo no alto da cúpula, há uma piscina. A família real subia os degraus perto da entrada para chegar ao seu camarote, composto de duas seções: uma antecâmara com cúpula que conduz a uma câmara posterior com uma abóbada de berço, a qual, por sua vez, está voltada para o interior da mesquita. Ao contrário dos edifícios dos seljúcidas, que geralmente eram concebidos como objetos retangulares isolados que se relacionavam entre si por meio de ampliações, as construções otomanas eram, desde o início (e em harmonia com os avanços da concepção arquitetônica do século XV na Índia e na Itália), projetadas como conjuntos institucionais que estabeleciam um diálogo entre o prédio e o espaço público. Na Mesquita de Yesil Cami, as várias partes da instituição – a *madrasa*, o *imaret* (ou hospedaria para peregrinos), o *hammam* (os banhos públicos) e o *türbe* (túmulo) – são integradas à cidade.

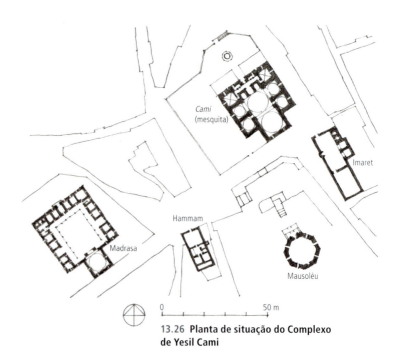

13.26 Planta de situação do Complexo de Yesil Cami

# ÁSIA OCIDENTAL

13.27 O Complexo Médico de Beyazit, Edirne, Turquia

13.28 Pátio do Complexo Médico de Beyazit

## O Complexo Médico de Beyazit

Na primavera de 1484, o rei otomano Beyazit II, então com 37 anos, rumava para os Bálcãs com seu exército e ordenou a construção de um centro médico que veio a ser chamado de Complexo Médico de Beyazit (terminado em 1488) em Edirne, perto da fronteira entre Turquia e Bulgária atuais. Em razão do grande número de cavalos, mulas e camelos que pastavam às margens do rio, os cinco pavilhões principais do conjunto foram cuidadosamente protegidos por muralhas. Esse conjunto tem a forma de U irregular, com a mesquita e o pátio no centro, voltados para a rua. A mesquita é quadrada em planta e tem a metade da largura do pátio, que é de 50 metros. A cúpula, majestosa e alta, ergue-se de maneira impressionante sobre a entrada e é iluminada por uma grande roda central, que sustenta três fileiras de lâmpadas a óleo, todas suspensas por uma única corrente que pende do centro da cúpula. Contíguos à mesquita há dois *tabhanes* quadrados, com nove cúpulas; cada uma tem quatro recintos nas quinas e abre-se para os *iwans* de um pátio central. Essa planta apresenta uma leve similitude àquelas da Ásia Central. Os minaretes foram dispostos nas quinas dos *tabhanes* que se projetam dos muros do pátio interno. A maioria das pessoas acredita que esses espaços serviam de alojamentos temporários para os membros das ordens dervixes. Beyazit tinha uma inclinação para o misticismo e era descrito como um homem que amava a simplicidade, a paz e os refúgios espirituais. As ordens dervixe também estavam aumentando em número no século XV. A leste da mesquita havia dois prédios que serviam como refeitório e cozinha. O hospital, localizado no lado oeste do complexo, é uma estrutura hexagonal com o seu próprio pequeno pátio e átrio. O hexágono, coberto por uma cúpula, possuía no centro uma fonte cujo ruído era intencionalmente produzido para acalmar os nervos dos pacientes. É bastante provável que músicos tocassem no *iwan* principal, que forma um palco na extremidade absidal do hexágono. O conjunto inteiro empregava 167 pessoas e dispunha de três médicos, dois oftalmologistas e dois cirurgiões, além de um dentista.

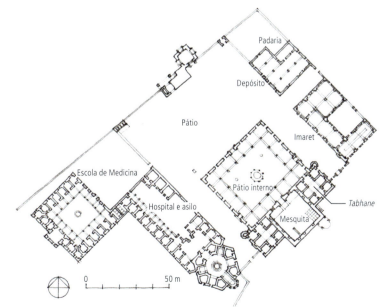

13.29 Planta do Complexo Médico de Beyazit

# 1400 D.C.

13.30  Palácio Topkapi, Istambul, Turquia

## O Palácio Topkapi

Em 29 de maio de 1453, o sultão Maomé II, o Conquistador, conquistou Constantinopla depois de sitiá-la durante 53 dias. Para os europeus, essa foi uma grande derrota, uma vez que pôs fim ao Império Bizantino e a tudo o que ele representava. Para os exércitos árabes, a conquista era um prêmio há muito almejado, pois lhes propiciou uma metrópole importante. Quase imediatamente, começaram a ser construídas mesquitas e outros prédios, inclusive o imenso Palácio Topkapi (iniciado em 1459), que funcionou como a principal residência real e a sede da administração do Império Otomano da segunda metade do século XV até meados do XIX. O palácio estava localizado no centro de uma área praticamente triangular, que era circundada principalmente por água a norte e a leste, enquanto, a oeste, uma alta muralha o separava do resto da cidade. Sua planta pode parecer um agregado aleatório de prédios, mas isso não é verdade, uma vez que o conjunto foi planejado conforme a lógica relacionada à concepção de um sultão. Ele era considerado superior a qualquer relação de reciprocidade, e as cerimônias salientavam essa distância intransponível entre mestre e súdito, daí a insistência, nesse palácio, em garantir a privacidade do sultão. Os mugais, baseados em modelos timúridas e mongóis, criavam zonas privadas mais acessíveis, como na Europa, onde o governante podia receber seus hóspedes. O Palácio Topkapi, todavia, com seus limites claramente delimitados, foi projetado para transmitir a impressão de santidade e respeito, para suscitar medo e admiração.

A entrada principal do palácio ficava logo atrás de Hagia Sophia, que foi transformada em mesquita. O Portão Imperial, o primeiro dos três portões cerimoniais duplos, levava ao primeiro pátio, o qual continha oficinas, depósitos, dormitórios, cozinhas, uma padaria e banhos. Ele também continha uma casa da moeda e várias repartições do governo. Esse pátio interno servia como sala de espera para dignitários, assim como palco para processões e cerimônias especiais. Ao entrarem, os embaixadores visitantes tinham de passar por milhares de soldados ricamente vestidos e por cortesãos em pé, em silêncio obrigatório – um cenário intimidante para as negociações diplomáticas. O pátio também era usado para execuções, que o sultão podia observar de uma janela na Torre da Justiça.

No segundo portão, o visitante devia descer da montaria para ter acesso ao próximo pátio, chamado de Arena da Justiça, o início do palácio propriamente dito. O palácio era muito espaçoso, com prédios separados uns dos outros, mas unificados por uma colunata de mármore contínua. Ele incluía a Torre da Justiça, o Salão do Conselho e o Tesouro, todos agregados no canto posterior esquerdo do pátio. O espaço era dominado por uma arcada (*loggia*) elevada sobre uma plataforma para a qual se abria o Salão do Conselho. Do fundo, na parte interna do salão, o sultão podia observar os acontecimentos por trás de uma janela acortinada. O salão era baixo e despretensioso, inspirado em uma tenda usada pelo conselho imperial durante as campanhas militares, conhecida como tenda das consultas.

O terceiro portão, ou Portão da Felicidade, era especialmente sagrado. Em ocasiões especiais, o sultão saudava os visitantes sob sua bem arejada marquise. Atrás do portão ficava a Câmara das Petições, uma construção quadrada, de um só pavimento, que servia como salão de audiências e que estava dentro do segundo pátio, apesar de tecnicamente ainda estar dentro do recinto privativo. O terceiro pátio elevava-se sobre altos muros de arrimo, devido ao declive do terreno abaixo dele, na direção norte. A Sala do Trono ficava em sua extremidade mais distante, à esquerda. Os edifícios desse pátio foram projetados para terem vistas da paisagem circundante. Do seu mirante, o sultão podia observar todas as partes de sua próspera capital e o porto. A área residencial encontrava-se a leste do segundo e do terceiro pátio, em uma massa compacta, junto às paredes do pátio. Havia áreas especiais para acomodar pajens e escravos – homens, mulheres e eunucos, todos integrantes do séquito do sultão, – bem como um harém. Na extremidade norte ficavam os apartamentos reais.

O Palácio Topkapi não foi organizado ao longo de um eixo, e seus edifícios não são grandiosos, na acepção mais usual dessa palavra. Em vez disso, organizam-se em função de vistas diagonais e acessos em ângulo, enquanto as áreas abertas dos pátios buscam estabelecer um contraste com a intimidade típica dos espaços residenciais.

# EUROPA

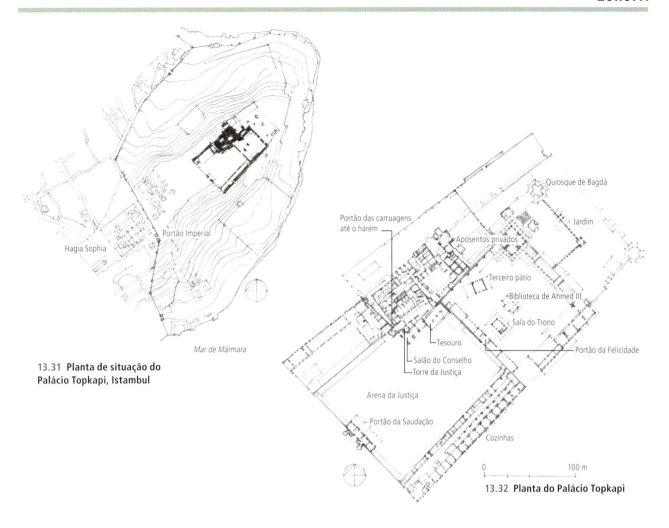

13.31 Planta de situação do Palácio Topkapi, Istambul

13.32 Planta do Palácio Topkapi

13.33 Sala do Trono, Palácio Topkapi

13.34 Detalhe do Palácio Topkapi

# 1400 D.C.

## A RENASCENÇA ITALIANA

A palavra "Renascença" (do francês *renaissance*, "renascimento") foi cunhada no século XIX para designar as mudanças culturais e intelectuais que ocorreram na Itália durante o século XV. Inspirados, em parte, pela chegada de eruditos que haviam fugido de Constantinopla, os quais haviam preservado os antigos conhecimentos clássicos obtidos por meio do contato com o mundo islâmico, os italianos começaram a revelar e a estudar os textos e prédios romanos e gregos a fim de reaprender o que a Europa havia perdido durante a Idade Média e, então, procuraram maneiras de aplicar esses aprendizados a sua própria época. Uma das mais influentes descobertas desse processo, por exemplo, foi o descobrimento de como representar a perspectiva cônica. Pintores como Giotto di Bondone (1267–1337), já haviam chegado a uma forma aproximada de desenhá-la, mas ela foi descrita em termos matemáticos pela primeira vez por Leon Battista Alberti (1404–1472) em 1435. Com a perspectiva, iniciou-se o processo de posicionamento do ponto de vista humano, tanto literal quanto conceitualmente, no centro de nosso universo epistêmico. Podemos dizer, aliás, que isso levou ao Iluminismo europeu do século XVIII.

Embora a Renascença esteja relacionada àquilo que é chamado – também em retrospectiva – de a Era dos Descobrimentos, devemos lembrar que as primeiras viagens marítimas de descobrimento feitas por exploradores como Cristóvão Colombo, Vasco da Gama e Américo Vespúcio não foram patrocinadas pelos italianos nem pelos otomanos ou franceses (os novos centros do mundo mediterrâneo), mas pelos espanhóis e portugueses, que estavam na periferia da revolução intelectual a que chamamos de Renascimento ou Renascença. Para os espanhóis e portugueses, as explorações marítimas foram desde o início motivadas unicamente por questões econômicas: encontrar rotas mais baratas para o comércio de especiarias com a Ásia, ou "as Índias".

Embora na pintura exista uma clara progressão que distingue a Idade Média da Renascença, na arquitetura essa diferença não é tão evidente. Durante um século, as práticas medievais continuaram a misturar-se às concepções de inspiração clássica. Não obstante, o interior da Capela Pazzi, iniciada por Brunelleschi em 1429 e concluída por outros arquitetos, forneceu o modelo para um tipo de arquitetura que enfatizava o uso de colunas, pilastras e entablamentos, tudo unificado por um sistema de proporções que regia as alturas, as larguras e os intercolúnios de pilastras, pilares e colunas. Embora o detalhamento das colunas e das bases se inspirasse em prédios romanos, Brunelleschi ainda não usava as ordens em suas categorias distintas (dórica, jônica e coríntia). Isso só surgiria mais tarde, e foi Alberti o primeiro a insistir no assunto em seu tratado *De re aedificatoria* (1452), hoje conhecido como *Os dez livros sobre arquitetura*. Assim, a arquitetura do Renascimento se relaciona tanto com as mudanças de caráter prático quanto com o surgimento das teorias sobre a disciplina. Para isso foi crucial o descobrimento, em *circa* 1415, de um manuscrito de *Dez livros sobre arquitetura*, de Vitrúvio, na Biblioteca de São Galo, Suíça. Alberti estudou o manuscrito e usou-o como inspiração para a sua própria obra. O tratado de Alberti, que abrangia uma vasta gama de assuntos, da escolha dos materiais à história da arquitetura, dos diversos tipos de edifícios até a filosofia da beleza, não foi escrito só para os arquitetos, mas também para os patrocinadores, ansiosos por compreender a lógica da representação por meio da construção de edifícios.

O termo "arquitetura renascentista" também remete a outros fenômenos. Passou a ser aceita a diferença entre o arquiteto e o artífice, e os desenhos arquitetônicos se tornaram mais comuns. Sebastiano Serlio (1475–1554) escreveu um tratado, do qual terminou cinco volumes, mais visual do que o de Alberti, que não incluía ilustrações. A obra de Serlio continha dezenas de desenhos que mostravam grande variedade de projetos, executados ou não. Ela se tornou imensamente popular entre os muitos patronos e arquitetos que desejavam imitar os esplendores da Antiguidade.

Não era fácil encontrar as respostas para os problemas relativos à natureza da antiga arquitetura romana e aos sistemas de proporção adotados pelos romanos, o que ensejou inúmeras interpretações. Alguns arquitetos, como Brunelleschi, tinham menos afinidade com os romanos do que outros. De fato, foi apenas nos séculos XVIII e XIX, com o Neoclassicismo, que a rigorosa adesão aos modelos antigos passou a ser vista como uma virtude. Não obstante, a Renascença realmente exigia rigorosa atenção às proporções e, em consequência, as fachadas tornaram-se mais planas e os volumes, mais regularizados. A dimensão vertical começou a ser relacionada à disposição horizontal das colunas, dos entablamentos e das cornijas. Nichos e edículas foram integrados ao vocabulário do arquiteto como elementos secundários a serem colocados entre as pilastras. As janelas passaram a ser emolduradas e a ter, com frequência, frontões.

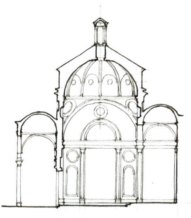

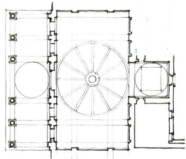

**13.35** Planta e corte da Capela Pazzi, Florença, Itália

**13.36** Interior da Capela Pazzi

# EUROPA

13.37 Catedral de Florença, Itália

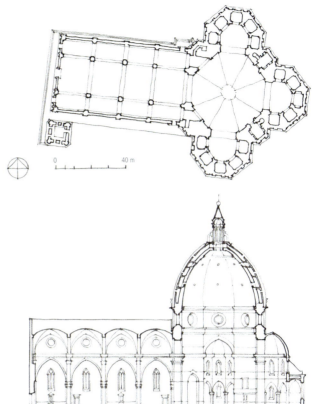

13.38 Planta e corte da Catedral de Florença

## A Catedral de Florença

A Catedral de Florença (il Duomo), cuja construção foi iniciada em 1294, é uma das últimas grandes catedrais urbanas que foram erguidas na Itália. Sua planta, projetada por Arnolfo di Cambio (1232–1300), era atípica, exigindo uma ampla nave central que conduzia a uma ábside octogonal cupulada. As especificações do projeto para o Duomo proibiam de modo expresso o uso de arcobotantes na parte externa, de modo a não se fazer referências às catedrais francesas. Além disso, a técnica do uso do concreto romano há muito havia sido esquecida. Mesmo assim, a municipalidade queria que ela tivesse uma cúpula tão larga quanto aquela do Panteon, em Roma. Assim, os florentinos se encontram temporariamente em uma sinuca de bicos, mas a construção prosseguiu.

Por fim, em 1418, foi anunciado um concurso público de projetos de arquitetura, um dos primeiros da história. Brunelleschi foi o vencedor ao propor um engenhoso sistema pelo qual a cúpula poderia ser construída, com uso de apenas alguns suportes temporários de madeira. Para defletir os empuxos para fora, Brunelleschi construiu uma cúpula treliçada com tijolos assentados no formato de espinha de peixe para garantir a coesão. Além disso, uma larga corrente de metal abraçava a base da cúpula e protegia-a contra a expansão horizontal. Essa solução eliminava a necessidade de uma estrutura de apoio na fase inicial da construção, pois cada extensão vertical da cúpula, à medida que ia sendo construída, aproximava-se de maneira espiralada ao centro e aderia de modo coeso à parte inferior. Somente na última fase foi construída uma plataforma central, mas ela ficava suspensa na cúpula parcialmente terminada. A cúpula foi arrematada por um óculo de cerca de 7 metros de diâmetro, encimado por um lanternim muito mais pesado do que o normal (construído em 1446), cujo peso garantia a compressão das nervuras do domo. Esse projeto muito criativo se baseava não apenas na maneira pela qual a cúpula foi construída, mas também na combinação de uma cúpula dupla, ou seja, em duas camadas, o que reduziu seu peso; no lanternim, que aumentou a compressão da cúpula, melhorando a coesão de suas partes; e na corrente em sua base, que protegia a cobertura das forças laterais.

Na verdade, a construção de cúpulas duplas possuía uma longa história no mundo islâmico, como se pode ver no Mausoléu de Oljaytu (1302–1312), localizado na cidade de Soltaniyeh, Irã. Ainda que tais exemplos talvez não tenham sido empregados como precedentes diretos na Catedral de Florença, é certo que o conceito já circulava na Eurásia daquele período. As cúpulas duplas com inúmeras variações foram dominantes na arquitetura subsequente, como nos túmulos mogóis da Índia.

# 1400 D.C.

## As *loggie* florentinas

As ruas estreitas das cidades italianas eram feitas com materiais duros (pedra e tijolo) e, como muitos desses centros urbanos eram confinados por muralhas, os espaços abertos eram raros. Parques e jardins não existiam. Assim, as *loggie*, galerias com arcadas voltadas para espaços externos, eram muito valorizadas e serviam tanto a propósitos funcionais quanto simbólicos. Contudo, ao contrário de uma arcada, que cobre o espaço de tráfego de pedestres, uma *loggia* é mais um lugar de reunião do que de cruzamento. A Loggia dei Priori (hoje chamada de Loggia dei Lanzi, 1376–1382) foi construída para atender a dignitários e embaixadores visitantes, bem como para acomodar a celebração de cerimônias de casamento e coroação de reis de maneira que ficassem afastadas do público. Ela foi construída perpendicularmente à entrada do Palazzo della Signoria, ou prefeitura, e consistia em três majestosos arcos construídos sobre uma plataforma com degraus. As colunas, assentadas sobre um curto plinto ornado, compõem-se de pilastras unidas para formar uma coluna maciça, com 10 metros de altura, coroada por um rico e belo capitel coríntio. É provável que essa tenha sido a primeira tentativa de recriar a ordem coríntia desde o Período Romano.

Outro tipo de *loggia* destinava-se a cerimônias litúrgicas públicas, como a que existe ao lado do Batistério, usada pelo clero para a distribuição de esmolas. Porém, a mais espetacular das *loggie* foi a do Hospital dos Inocentes (Ospedale degli Innocenti, 1419–1424, terminada em 1445), construída pela Corporação da Seda, uma das corporações de ofício mais importantes de Florença. Esse guilda já se dedicava, desde 1294, à tarefa de cuidar dos bebês (*innocenti*). Embora ela já tivesse construído alas hospitalares e mesmo hospitais inteiros, esse prédio foi feito especificamente para atender crianças abandonadas. Na fachada, uma porta especial, com um painel rotativo, permitia que se depositasse, de modo anônimo, uma criança. Por volta do ano de 1640 viviam ali mais de 1.600 bebês e crianças, além de 40 sacerdotes, enfermeiras e administradores. A *loggia* que define a fachada do edifício foi projetada por Brunelleschi e, embora seu protótipo fosse medieval, o estilo era claramente novo. As colunas, cuidadosamente inspiradas nos precedentes clássicos, constituem os primeiros exemplos de capitéis coríntios corretos, em termos arqueológicos, no século XV. Entretanto, se Brunelleschi quisesse ser ainda mais autenticamente romano, não teria apoiado as colunas em plintos finos, com apenas 5 centímetros de altura. A fachada compreende um longo entablamento contínuo. Seus arcos não são ogivais, mas de meio ponto. Ornamentos circulares, representando bebês em fraldas, decoram os espaços entre os arcos. As abóbadas, também hemisféricas, eram originalmente cobertas por um telhado em vertente de madeira. O ático foi acrescentado depois.

13.39 Hospital dos Órfãos (Ospedale degli Innocenti), Florença, Itália

## San Lorenzo

Essa edificação, iniciada em 1421, é espetacular por sua aparência. O forte contraste entre a *pietra serena* (pedra escura), usada em colunas, arcos e entablamentos, e as paredes caiadas de branco cria a ilusão de um sistema estrutural, quando na realidade as colunas não são estruturais. Ao contrário da arquitetura gótica francesa e inglesa, em que a função de transferência de cargas dos elementos arquitetônicos era disfarçada com feixes de colunas, aqui há uma diferença nítida entre o que sustenta o peso – ou, ao menos, parece fazê-lo – e o que não desempenha esse papel. Ainda assim, esse não é um edifício de pura inspiração romana, pois o protótipo da nave colunada já podia ser encontrado nas basílicas paleocristãs. A contenção e a ordem da nave central assemelhavam-se também às das igrejas franciscanas do final do século XIII, e a planta em cruz latina, com capelas quadradas nas laterais, remete aos prédios cistercienses.

Nesse sentido, essa igreja pode ser vista como uma complexa fusão de temas paleocristãs, cistercienses e franciscanos, mas construídos

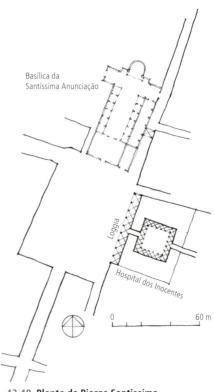

13.40 Planta da Piazza Santíssima Annunziata (Basílica da Santíssima Anunciação)

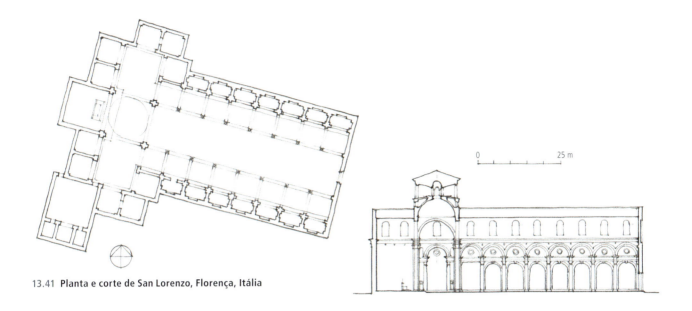

13.41 Planta e corte de San Lorenzo, Florença, Itália

de acordo com regras clássicas. Trabalhar dentro das restrições do sistema clássico forçou Brunelleschi a se deparar com o problema de "resolver as quinas", uma questão persistente na arquitetura clássica. Nas quinas internas só se veem algumas folhas das colunas, que indicam a presença de um suporte estrutural oculto no interior da parede. Além do mais, na virada entre o transepto e a nave central, as colunas da ordem colossal ficavam parcialmente obscurecidas pelas colunas de ordens menores. Outro problema era o fato de que as pilastras junto às paredes eram mais altas do que as colunas, pois o piso da capela elevava-se três degraus acima do nível da nave central. Isso significa que elas deveriam, portanto, ser mais delgadas, mas isso lhes daria uma aparência estranha. Para não elevar as colunas da nave central sobre bases, Brunelleschi fez as pilastras chegarem diretamente até o entablamento e acrescentou impostas acima dos capitéis das colunas da nave central, de modo a igualar a distância. Os desenhos que decoram as impostas disfarçam seu aspecto estrutural.

Ainda assim, a ideia de colunas soltas, pequenas cúpulas nas naves laterais e o uso de capitéis, lintéis e cornijas inspirados nos prédios clássicos representavam, para a época, ideias bastante revolucionárias.

13.42 Nave central de San Lorenzo

# 1400 D.C.

13.43 Palácio Medici, Florença, Itália

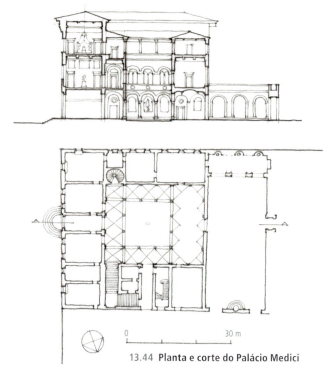

13.44 Planta e corte do Palácio Medici

## O Palácio Medici

A família Medici, composta de eminentes banqueiros que fizeram fortuna com o comércio da Rota da Seda –, particularmente com a própria seda – eram os governantes de fato de Florença. O Palácio Medici (1444–*circa* 1460) foi projetado por Michelozzo di Bartolomeo Michelozzi (1396–1472), fortemente influenciado pelos princípios de Brunelleschi. Não se pode dizer que o prédio seja clássico ou romano, pois ele seguia o protótipo criado no século XIV, de edifícios com três pavimentos. No entanto, essa obra é coroada por uma cornija enorme, de inspiração clássica, que teria a função de amarrar visualmente o volume, mas na prática se tem a impressão de que ela quase esmaga o piso superior sob seu peso. O pavimento térreo apresenta forte rusticação, imitando as fortalezas construídas pelo imperador Frederico II em meados do século XIII. As janelas possuem aberturas arredondadas na parte superior, com aduelas fortemente marcadas e simétricas. Uma cornija linear separa o nível térreo do intermediário, o *piano nobile*. O último pavimento é inteiramente liso, o que, em conjunto com a pesada cornija, cria um efeito bastante curioso. Embora a impressão que se tem da parte exterior do palácio seja propositadamente medieval, a planta evidencia um novo tipo de concepção arquitetônica. O pátio interno tem arcadas em três lados, conectando-se no quarto a uma *loggia* de recepção que levava ao jardim atrás do palácio. Em virtude de sua escala, sua elegância e a *loggia* nele inserida, o pátio parece uma *piazza* privativa, o que de fato era verdade. O interessante, nesse caso, é a relação entre o pátio interno e a escadaria que sai do lado direito do pátio e permite o acesso direto às salas de recepção no *piano nobile*, de modo que os visitantes privilegiados pudessem evitar as áreas de serviço do piso inferior. A localização e o caráter dessa escadaria, que introduz um elemento assimétrico na composição da planta, se tornaria outra questão com a qual os arquitetos da Renascença teriam de lidar: os quartos da família em geral situavam-se no terceiro pavimento, enquanto os quartos do sótão eram reservados aos empregados domésticos.

13.45 A rusticação do embasamento na fachada do Palácio Medici

# EUROPA

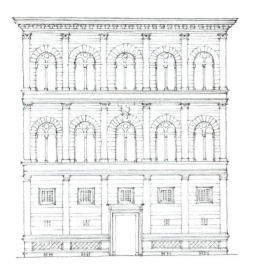

13.46 Elevação do Palácio Rucellai, Florença, Itália

13.47 Palácio Rucellai

## O Palácio Rucellai

A família Rucellai, comerciante de lã, assumiu importantes cargos públicos em Florença sob o poder dos Medici. Seu *palazzo* foi projetado por Leon Battista Alberti, um intelectual formado em Direito pela Universidade de Bolonha. Ele trabalhava como conselheiro e oficial na cúria papal, mas esse era essencialmente um emprego que lhe garantia a subsistência. Sua verdadeira paixão era o estudo dos clássicos, a redação de tratados sobre assuntos que eram do seu interesse (como a pintura e a arquitetura) e a escrita de dúzias de pequenas peças de teatro.

O Palácio Rucellai (1446–1450), projetado por Alberti, proporcionou aos florentinos sua primeira experiência com uma fachada realmente "humanística". Trata-se, porém, mais de aparência do que de realidade, pois a fachada é pouco mais que um revestimento de pedra aplicado sobre um palácio medieval. Não obstante, isso era um sinal do que estava por vir. Todas as três zonas da fachada horizontal são articuladas por pilastras que, junto com os entablamentos ininterruptos que marcam os diversos pavimentos, formam uma retícula sobre toda a superfície. As aberturas das janelas são dispostas no interior de cada intercolúnio. É claro que não havia modelos de edifícios romanos de pavimentos múltiplos, de modo que, em certo sentido, isso era uma conjectura.

O projeto inicial exigia cinco entrecolúnios, mas posteriormente novos vãos foram agregados ao lado direito da fachada. O desenho das aduelas, pedras e pilastras foi esculpido nas pedras de revestimento com diversos formatos. Em San Lorenzo, as pilastras parecem fazer parte do sistema estrutural. Aqui, porém, como as pilastras e a parede são do mesmo material, a leitura é menos eficaz, e talvez, por um lado, pareçam menos "reais". Por outro lado, o que é demonstrado é o desejo de unificar a fachada em suas duas dimensões. Uma coerência como essa antes era reservada às fachadas de igrejas e até então não havia sido aplicada a projetos de *palazzi*, ou seja, mansões urbanas.

A arquitetura renascentista lutava para encontrar um equilíbrio apropriado entre o real e o sugerido. Esse desafio se mostrava especialmente nas fachadas, o que era um problema de projeto inexistente na Idade Média. Ainda que a relação entre a fachada e o que estava por trás dela fosse importante, a partir da Renascença, a fachada passou a ser uma questão arquitetônica em si. Em uma situação ideal, ela simbolizava e resumia o programa de necessidades tridimensional da arquitetura que ela representava.

13.48 Implantação do Palácio Rucellai

# 1400 D.C.

13.49 Santo André, Mântua, Itália

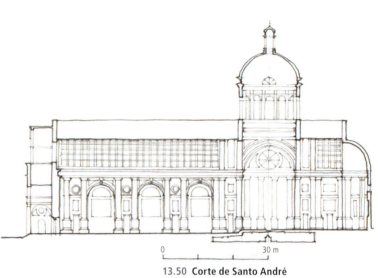

13.50 Corte de Santo André

## Santo André de Mantua

Para a construção da Igreja de Santo André, em Mântua (projetada em cerca de 1470 e construída entre 1472 e 1494), Alberti abandonou a longa tradição das igrejas com naves central e laterais. Em vez, preferiu uma única nave com abóbada de berço e capelas laterais. Um espaço aberto e amplo como esse, inovador para a época, era fácil de justificar por se tratar de uma igreja destinada a abrigar grandes multidões de peregrinos durante a exibição anual do sangue de Cristo. O sangue – na verdade uma substância ressecada conservada em um frasco – está guardado em uma cripta abaixo da igreja e é retirado durante a cerimônia por uma abertura existente no piso. Se o conteúdo do frasco liquidifica, esse fato é considerado um bom augúrio.

A fachada – outro exemplo das primeiras fachadas de igreja verdadeiramente renascentistas – está voltada para a pequena *piazza* e baseia-se no tema do arco de triunfo romano. O mesmo tema (o arco de triunfo) surge nas elevações internas da nave. O uso que Alberti fez da ordem colossal era novidade no Renascimento. O problema era como coordenar a fachada com a altura da abóbada de berço da nave, situada atrás dela. Alberti não procurou conciliar os dois elementos desiguais na fachada, e sim criar uma abertura arqueada para proteger a janela do nível superior. A abóbada de berço no interior da igreja era outra novidade do arquiteto. Como não há naves laterais, os arcos colocados entre os elementos da ordem colossal da elevação da nave simplesmente abrem-se para as capelas laterais, que também são cobertas por abóbadas de berço. A ordem colossal, embora não tenha função estrutural, indica a presença das pilastras dos botaréus que sustentam a abóbada. Essa maneira de integrar os botaréus no edifício mostra o talento de Alberti para explorar os elementos estruturais na organização do espaço.

O mesmo pode-se dizer da ordem secundária de pilastras nas capelas laterais, que, com as nervuras, definem a geometria do espaço. Isso é completamente diferente do "sistema estrutural" de Brunelleschi, aplicado basicamente à superfície da parede. Estranhamente, a unidade das duas escalas é, até certo ponto, evitada na fachada de Santo André, onde a ordem menor destaca-se por alguns centímetros da ordem colossal, talvez para acomodar a largura necessária para a abertura – e demonstrando, mais uma vez, algumas das dificuldades de se trabalhar com o sistema clássico. Não se sabe se o projeto de Alberti previa uma cúpula. A atual, construída entre 1732 e 1782, foi projetada por Filippo Juvarra. Com a exceção do que se refere à fachada, o prédio não se liberta do labirinto do entorno urbano medieval.

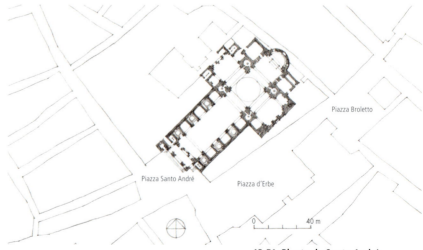

13.51 Planta de Santo André

# EUROPA

13.52 Vila Medici, Poggio a Caiano, Itália

## A Vila Medici

As mansões urbanas (*palazzi*) eram a norma para as elites, e os Medici foram um dos primeiros a criar uma mansão de campo (vila) que não era apenas uma moradia fortificada. Por mais que a tipologia da vila depois tenha se tornado onipresente, no século XV ela ainda era novidade. Um dos aspectos mais importantes das vilas são os jardins, mas, nessa época, sua inclusão no projeto também era algo inovador. Na Idade Média, os jardins como lugares de lazer eram raros. No apertado labirinto das cidades medievais, os espaços eram limitados pelas muralhas das cidades, deixando pouco lugar para grandes jardins. Além disso, em razão de serem associados ao prazer, os jardins muitas vezes eram malvistos. Não há dúvida de que os relatos dos que haviam visitado os jardins espetaculares de Alhambra, na Espanha, contribuíram para consolidar a legitimidade do jardim na Europa. Em meados do século XV, a ideia de possuir um local fora da cidade – talvez nas colinas, onde era mais fresco durante o verão e a família podia se reunir – tornou-se a norma para a elite. O uso da palavra *vila* para designar esses lugares só entrou em voga no final do século XVI, quando ela se tornou mais elaborada. No século XV, elas ainda faziam parte – ao menos até certo ponto – de fazendas produtivas, que forneciam alimento à família, mas que também dotadas de uma mansão e um jardim.

Esse desenvolvimento de uma tipologia arquitetônica foi afetado pelo ressurgimento da antiga noção romana do refúgio bucólico como lugar onde se podia apreciar a música, a poesia e a boa companhia e fazer o papel de agricultor cavalheiresco, longe do mundo mercantil das cidades. O tratado que Alberti escreveu, *Vila*, ajudou a definir os parâmetros desse estilo de vida humanista. Para a nova elite, a vila também tinha uma finalidade prática: as obras de arte, as esculturas, os jardins e os edifícios faziam parte de um sistema de riqueza e prestígio.

Uma das vilas usadas pela família Medici, em Poggio a Caiano, está entre as mais importantes daquele período. Situada no topo de uma pequena colina, poucos quilômetros a oeste de Florença, proporciona ampla vista da planície que se estendia entre essa cidade e Pistoia. Originalmente era uma fortaleza, mas foi convertida em vila por Giuliano da Sangallo a partir de cerca de 1485. Também parece ter sido a primeira tentativa de recriar uma vila suburbana clássica, tal como descrita nos textos de Plínio e Vitrúvio. O prédio se ergue sobre uma grande plataforma abobadada que contém os recintos de serviço e os espaços necessários para as atividades agrícolas. Trata-se de um prédio de dois pavimentos com planta em H deitado em relação ao eixo principal da construção. O conjunto, incluindo os jardins, era delimitado por um muro. A escadaria dupla, curva, substituiu aquela prevista no projeto original, reta, que conduzia ao topo da plataforma de entrada. Funcionalmente, os cômodos principais alinham-se ao longo do eixo central. Uma grande sala, coberta por uma abóbada de berço, situa-se no centro, unindo os dois lados maiores do H. Em cada um dos cantos havia conjuntos de apartamentos dotados de antecâmaras e dormitórios em cada quina. A *loggia*, na entrada, com seu desenho semelhante à fachada de um templo, foi construída para Giovanni de Medici (filho de Lorenzo, 1475–1521), que se tornou o papa Leão X. O edifício com frequência era usado como residência de verão da família Medici e para recepções oficiais de personagens importantes, como Carlos V, que se hospedou ali em 1536. Na década de 1570 foram acrescentados afrescos alusivos à história da família às paredes do grande salão.

# 1400 D.C.

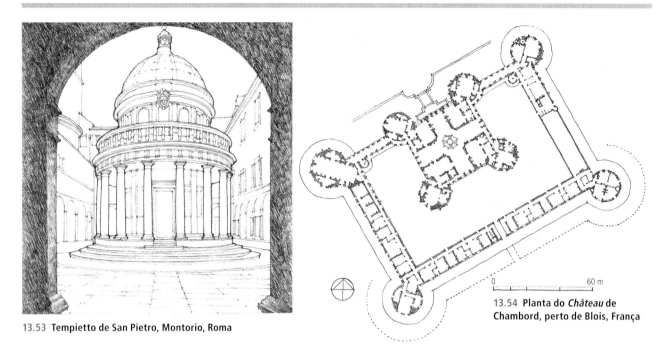

13.53 **Tempietto de San Pietro, Montorio, Roma**

13.54 **Planta do *Château* de Chambord, perto de Blois, França**

**Tempietto de San Pietro**

A arquitetura, com seu equilíbrio dinâmico de relações harmoniosas e geometria rígida, revelava a perfeição e onipresença da verdade e bondade de Deus, conforme os arquitetos da Renascença. Nessa busca, eles encontravam inspiração, em parte, nos templos circulares dos romanos, os quais inspiraram, por exemplo o Tempietto de São Pedro em Roma (1499–1502), um *martyrium* que Fernando e Isabela de Espanha mandaram construir. Projetado por Donato Bramante (1444–1514), esse templete é uma pequena joia. Um anel de colunas dóricas com uma balaustrada no topo circunda um volume cilíndrico, que se ergue sobre a colunata de um pavimento de altura, coberta por uma cúpula. A cripta dá acesso ao local onde presumivelmente São Pedro foi crucificado. Contudo, falta um pátio circular, que deveria ter sido construído ao redor do prédio.

A cúpula é um elemento tão frequente na tradição europeia clássica que é fácil esquecer que, no início, seu uso era revolucionário. Sua história como forma simbólica começa nas igrejas da Armênia, onde as cúpulas representam o céu. As igrejas armênias tinham elevadas cúpulas visíveis do lado de fora dos prédios, mas era raro a cúpula em si expressar-se como tal no exterior; em geral, ela era oculta por uma forma cônica externa. Da mesma maneira, a cúpula do Panteon era impressionante vista de dentro, mas não possuía legibilidade externa. As cúpulas das mesquitas e tumbas islâmicas eram, em geral, ocultas pela fachada principal do prédio.

Contrastando, o domo de San Pietro em Montorio não é apenas o clímax da composição, como foi projetado para ser visto e compreendido tanto por dentro quanto por fora do prédio. Cúpulas posteriores, como a da Basílica de São Pedro, em Roma, projetada por Michelangelo Buonarroti (1475–1564), são derivações dessa ideia. No entanto, por motivos estruturais e estéticos, a cúpula interior e a exterior quase nunca eram construídas como uma unidade, mas separadas como dois domos.

## OS *CHÂTEAUX* FRANCESES

O século XV e a primeira metade do século XVI constituíram um período de relativa debilidade econômica da França, em comparação com a Itália. A peste negra havia matado milhares de pessoas e, devido à Guerra dos Cem Anos, grandes áreas de campo foram deixadas sem cultivo. Além disso, a luta entre as classes aristocráticas havia prejudicado as finanças reais. Os impostos elevados alimentavam o espírito de revolta. O ponto de virada da sorte francesa veio com a ascensão de Francisco I, que reinou entre 1515 e 1547. Embora não tenha se mostrado um estrategista militar particularmente astuto, ele conquistou terras no norte da Itália e acabou tornando-se um grande admirador da arte e da cultura italianas. Em 1516, convidou o famoso Leonardo da Vinci para viver em sua corte até o fim de sua vida. Ofereceu-lhe o seu próprio pequeno palácio, Clos Luce, próximo ao castelo real em Amboise, ao qual era conectado por um túnel subterrâneo.

# EUROPA

13.55 **Château de Chambord**

O tipo de cultura urbana que os italianos conheciam não existia na França. Os reis franceses sequer residiam em Paris, que só se tornou a capital no século XVII. Em vez disso, seguindo uma tradição que remontava a Carlos Magno, eles deslocavam-se de um lugar para outro, ocupando vários *châteaux*, em geral próximos a reservas de caça. Enquanto a vila italiana é antes de tudo uma residência de verão, o *château* francês é a residência de um senhor de terras – uma casa rural para a alta e a baixa nobreza. Com frequência ele também é associado a uma reserva florestal utilizada para a caça, atividade à qual somente os nobres podiam se dedicar. Entre 1527 e 1547, Francisco I construiu nada menos do que sete *châteaux* perto de Paris. Alguns deles eram dedicados à caça, outros eram locais de moradia. Chambord (1519–1547) foi o maior e o mais elaborado dos *châteaux* de sua época. Contudo, como era grande demais, chegava a ser desconfortável morar nele, e o próprio Francisco só permaneceu em Chambord por algumas semanas. Acredita-se que Leonardo da Vinci tenha participado do seu projeto. Porém, como da Vinci faleceu em 1519, ano em que a construção foi iniciada, ele só pôde ter se envolvido no projeto no projeto preliminar do castelo. Sua construção continuou mesmo quando o tesouro real estava praticamente vazio.

O prédio consiste em um castelo quadrado (uma torre de menagem) dotada de pequenas torres redondas nos cantos. A construção original era delimitada por um grande edifício retangular ainda parcialmente inacabado. A torre de menagem não fica no centro, e sim dentro do pátio interno quadrado, apertada contra a lateral nordeste da construção geral. A dupla escadaria helicoidal que sobe pelo centro do edifício, atribuída a Leonardo da Vinci, conduz ao telhado do castelo, um mundo à parte. Com suas complexas abóbadas e torreões e com vista para as reservas de caça, o *château* era utilizado como local para eventos sociais e entretenimento ao ar livre. Com um leiaute tipicamente francês, a área residencial central possuía quatro apartamentos, um em cada quadrante.

13.56 **Escada do Château de Chambord**

# 1400 D.C.

## O SULTANATO MAMELUCO

Os mamelucos do Egito, que devem ser diferenciados dos mamelucos de Délhi, mantinham um poder turbulento a partir de Cairo, lutando contra os mongóis, tentando conquistar a ilha de Chipre e negociando a paz com os otomanos. (*Mameluco* significa escravo ou "aquele que é propriedade de alguém", ou seja, esses reinados foram criados por ex-escravos.) Os mamelucos, que tinham à disposição pedreiros capacitados, ampliaram e intensificaram a tradição da arquitetura palaciana dos fatímidas, estabelecendo uma série de importantes instituições religiosas ao longo da rua principal que conduzia à cidadela do Cairo. O maior exemplo dessas obras é o Complexo do Sultão Hassan, um projeto colossal iniciado em 1356. Ele inclui uma mesquita cruciforme com quatro *madrasas* e um mausoléu, além de um orfanato, um hospital, um bazar, uma caixa-d'água, banhos e cozinhas. O conjunto foi feito para acomodar cerca de 400 estudantes. Os espaços religiosos organizam-se de modo simétrico para se encaixar no terreno de formato irregular, definido por duas avenidas. O portal do complexo, com 37 metros de altura, é coroado por uma cornija ornada com mucarnas. Sua decoração inclui motivos chineses, como crisântemos e flores de lótus. O pátio central, pavimentado, tinha no centro uma fonte. As quatro *madrasas* situam-se nos cantos, entre os braços dos *iwans*, e cada uma possui o seu próprio pequeno pátio. O *iwan* a sudeste, o maior dos quatro, era coberto por uma imensa abóbada, considerada na época uma das maravilhas do mundo. O *mihrab* e a parede da *quibla* circundante são revestidos de placas de mármore em cores contrastantes. As portas que ladeiam o *mihrab* conduzem ao túmulo, mais adiante, cujas paredes são revestidas de mármore e as *mucarnas* da cúpula são douradas. Todo o conjunto é iluminado por centenas de lâmpadas de vidro especialmente desenhadas. O prédio não apenas aproveita ao máximo o terreno em que se insere, mas redefine também a tipologia centro-asiática de mesquita de quatro *iwans*, o que o torna mais íntimo e, ao mesmo tempo, mais monumental.

 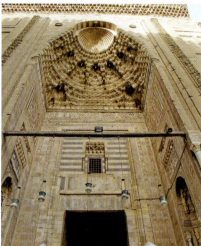

**13.57** Porta do pátio (à esquerda) e portal de entrada (à direita), Complexo do Sultão Hassan, Cairo, Egito

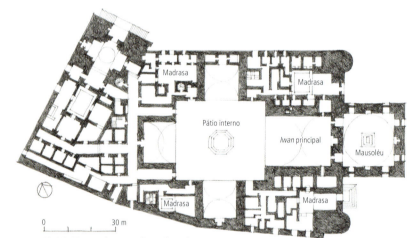

**13.58** Planta do Complexo do Sultão Hassan

**13.59** Complexo do Sultão Hassan

# ÁFRICA

## O Complexo do Mausoléu do Sultão Qaitbay

A capacidade dos projetistas de conferir ordem a sítios urbanos complexos era um aspecto único da arquitetura mameluca do Cairo. Não há dois edifícios desses que sejam iguais, testemunho da grande imaginação de seus arquitetos. No entanto a assimetria desses prédios nem sempre era uma questão de necessidade, como se percebe no Complexo do Mausoléu do Sultão Qaitbay (1472–1474). O sultão al Ashraf Qaitbay (que reinou entre 1468 e 1496) era bem conhecido pela eficiência com que administrava o país e pela estabilidade que proporcionou. Ele se interessava especialmente pela arquitetura e promoveu mais de 60 projetos, não apenas em Cairo, mas também em Meca, Medina, Damasco e Jerusalém. O Complexo do Mausoléu, sem nenhum outro prédio no seu entorno, abriga a *madrasa* e a *qubba*, o mausoléu cupulado do sultão. Em termos arquitetônicos, ela equilibra a torre do minarete, à direita, com uma arcada aberta situada à esquerda. A cúpula é composta de três elementos distintos: o edifício de planta quadrada da base; um volume intermediário, com volutas de formas vigorosas nos cantos, que fazem a transição para uma plataforma octogonal; e a cúpula, apoiada em um tambor que repousa sobre essa plataforma. Comparada às janelas simples do corpo do edifício, algumas projetadas de modo a parecer terem sido escavadas na parede, a cúpula recebeu uma decoração especialmente refinada e elaborada, na qual se combinam dois desenhos: um padrão geométrico em forma de estrela, entrelaçado, e um arabesco floral. O interior é revestido de painéis de *pietra serena* ("pedra escura"), um acabamento de superfície semelhante ao encontrado, no mesmo período, em algumas igrejas do norte da Itália.

13.60 Cúpula do Complexo do Mausoléu do Sultão Qaitbay, Cairo, Egito

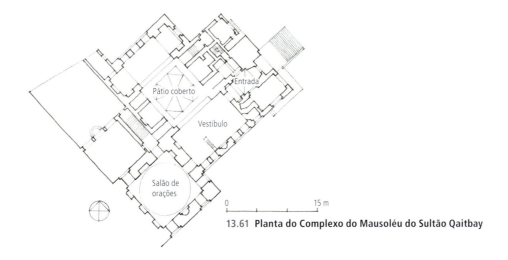

13.61 Planta do Complexo do Mausoléu do Sultão Qaitbay

# 1400 D.C.

## A DINASTIA TIMÚRIDA

A ocupação da Pérsia pelos mongóis e a queda de Bagdá, em 1258, iniciaram um período de muita desorganização e confusão. Um dos primeiros estados pós-governo mongol foi criado por Timur, que falava a língua turca (1336–1405) e orgulhosamente se dizia descendente de Genghis Khan. Comandante ambicioso, mas famoso por sua crueldade, Timur derrotou os mamelucos do Egito, os antigos otomanos e os sultanatos de Délhi, criando um império que unificou Pérsia, Iraque, Transoxiana e partes do sul da Ásia. Apesar de não serem heterodoxos ou xiitas, os governantes timúridas respeitavam a figura xiita de Ali, o genro do profeta Maomé, considerado o fundador das fraternidades místicas da sua civilização. Além disso, a imperatriz Gohar Shad, com uma generosidade impensável para as gerações posteriores, construiu para seus súditos xiitas um esplêndido santuário na cidade de Mashhad, que atualmente continua a ser um grande centro de peregrinação no Irã moderno. Timur estabeleceu sua capital na cidade de Samarcanda, a qual já era uma grande metrópole na Rota da Seda. A cidade logo ganhou grandes subúrbios, com fontes e canais. Em suas fábricas, os trabalhadores teciam seda e algodão, curtiam couro e faziam ornamentos de cobre; e os artesãos chineses produziam papel, pela primeira vez fora da China. No século XIII, sua população excedia meio milhão de pessoas.

Devido à paixão de Timur por edificações monumentais, as formas imponentes tornaram-se a prioridade de seu programa de arquitetura, no qual a fachada mostra-se como uma forma arquitetônica quase independente. Tambores altos e cúpulas externas estabilizadas por nervuras feitas de tijolos eram com frequência instalados sobre as cúpulas estruturais internas. A combinação do portal com a cúpula produziu edifícios de grande dramaticidade espacial, como a maior mesquita de Samarcanda, chamada Mesquita da Sexta-Feira de Bibi Khanum (1339–1404). Entrava-se nela por um grande portal ladeado por torres arredondadas, cujo arco ogival vencia um vão de quase 19 metros. Os elementos principais da planta – o portal de entrada, a mesquita em si e as salas de aula – são todos ampliados até atingir formas monumentais e depois são delimitados pelos elementos repetitivos da mesquita. O portal de entrada gigantesco se projeta do muro externo, e dois minaretes avançam ainda mais. O fuste cilíndrico dos minaretes, que parte do nível do solo (e não do topo do *iwan*) e repousa sobre socos decagonais, representa o primeiro exemplo de minaretes ladeando um portal.

Atrás desse portal estendia-se um pátio amplo, ao fundo do qual erguia-se o edifício principal da mesquita, coberto por uma cúpula a 44

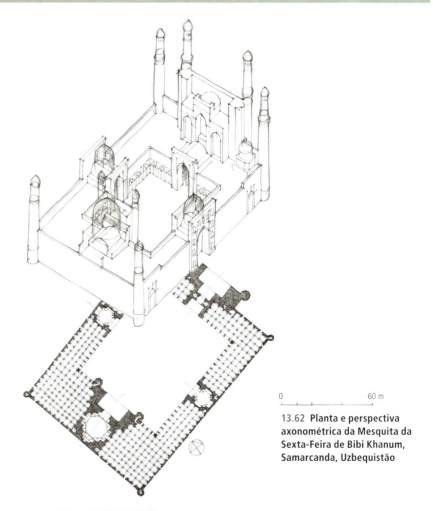

13.62 **Planta e perspectiva axonométrica da Mesquita da Sexta-Feira de Bibi Khanum, Samarcanda, Uzbequistão**

13.63 **Mesquita da Sexta-Feira de Bibi Khanum**

metros de altura. A planta segue o tipo básico de quatro *iwans*, que fora desenvolvido em Isfahan cerca de 400 anos antes. Esse edifício, contudo, desde o princípio constituiu uma unidade, e o salão hipostilo consiste no tecido conjuntivo que amarra os elementos monumentais.

A Madrasa Ulugh Beg, em Samarcanda (1417–1420), tem escala igualmente grandiosa. Ela se abre para a praça principal, no mesmo eixo da Mesquita de Sexta-Feira de Bibi Khanum. É uma das maiores *madrasas* da Ásia Central, com um enorme portal de entrada ladeado à esquerda e à direita por salas de aula cobertas por cúpulas, com quatro nichos axiais em cada uma. Esbeltos minaretes cilíndricos marcam os cantos. O pátio quadrado tem quatro *iwans* e uma grande mesquita ao fundo, com outras salas de aula à direita e à esquerda. Esse prédio se tornou protótipo para muitas *madrasas* posteriores. As salas cupuladas dos cantos serviam como salas de aula, e o pátio era configurado por dois níveis de celas individuais. Nos quatro pórticos *iwans* com colunatas, dispostos nos eixos e profundamente recuados, eram realizados reuniões e debates. As paredes eram decoradas com painéis de mármore e tijolos azuis e roxos.

Os timúridas criaram um novo tipo de suporte de cúpula. Em vez do salão quadrado e das trompas de ângulo octogonais empregados na arquitetura islâmica ao longo dos séculos, a cúpula apoiava-se sobre dois pares de arcos sobrepostos e era menor do que costumava ser no sistema antigo. Dessa maneira, o conjunto adquiria plasticidade dinâmica tanto no exterior quanto no interior. Essa técnica se originara na Armênia, onde era conhecida desde o século XII. De lá difundiu-se para a Rússia, e é possível que mestres construtores russos ou armênios capturados tenham sido responsáveis por esse aspecto da arquitetura timúrida.

Embora os azulejos decorativos fossem usados na arquitetura islâmica desde os tempos mais remotos, seu uso também foi desenvolvido pelos seljúcidas, que revestiam completamente os edifícios com azulejos. Essa característica da arquitetura persa atual data apenas desse período. Antes do século XIII, a maior parte da decoração de monumentos era feita com reboco pintado ou dourado. No período chamado de a Casa de Timur, no final do século XIV, surgiram os vários motivos ornamentais com azulejos de cerâmica que passaram a ser usados para cobrir totalmente as edificações. Embora predominasse o azul, a variedade de cores utilizadas era bastante ampla, incluindo o turquesa, o branco, o amarelo, o verde, o marrom, o roxo e o preto.

13.64 **Madrasa Ulugh Beg, Samarcanda, Uzbequistão**

13.65 **Cúpula timúrida da Mesquita da Sexta-Feira de Bibi Khanum**

# 1400 D.C.

13.66 Índia, *circa* 1400 d.C.

## OS SULTANATOS DO DECÃ

Em 1400, a Índia Central era controlada por uma colcha de retalhos familiar de diversos reinos regionais, mas pela primeira vez a maioria deles era governada por reis islâmicos. Esses reinos ficaram conhecidos como Sultanatos do Decã, ou Sultanatos do Sudeste. A maioria dos sultãos do Decã era associada aos otomanos da Turquia, por razões políticas. De sua capital em Délhi, a dinastia mameluca de Qutb-ud-Din Aibak (1206–1290) havia controlado toda a planície Indo-Gangética do norte da Índia. Seus sucessores, os khiljis (1290–1320), tiveram muito mais sucesso. Dominaram toda a Índia Central, isto é, todo o Planalto do Decã, de Gujarate, no oeste, a Pândua, no leste, e Gulbarga, no sul. Entretanto, os tughlaqs (1320–1413), sucessores dos khilji, não souberam administrar esse vasto império e empreenderam uma série de projetos administrativos mal concebidos e mal executados. Timur, o sultão mongol de Samarcanda, aproveitou a oportunidade para lançar, em 1398, um ataque surpresa, aniquilando os sultanatos. Contudo, ele não permaneceu ali para governar, e, no caos que se seguiu, os governadores e regentes do Planalto do Decã, muitos deles khilji nomeados por Timur, declararam independência, fundando os Sultanatos do Decã. Os sultões se empenharam em se diferenciar da corte frágil de Délhi, voltando-se para o oeste da Ásia, não apenas no que se refere às relações comerciais, mas também buscando ajuda ocasional na formulação de sua cultura material e de sua arquitetura.

## Pândua

Shamsuddin Ilyas Shah (que reinou entre 1342 e 1358) foi um dos regentes do Sultanato do Decã que declarou independência na área de Bengala e estabeleceu sua própria dinastia. A dinastia de Ilyas Shah construiu uma nova capital em Pândua, onde fundou uma série de mesquitas e mausoléus únicos.

A dinastia dos sultãos Shah começou construindo prédios revestidos de pedra bastante convencionais. Contudo, as pedras são escarsas em Bengala, e lá chove quase sem parar. O tijolo sempre fora o material preferido, como se vê nos mosteiros budistas dos reis palas. Até as mesquitas revestidas de pedra, como a de Adina, em Pândua (1364), eram feitas de tijolo. Assim, em 1425, quando o sultão Jalal ad-Din Muhammad Shah (que reinou entre 1414 e 1432) começou a construir o seu próprio mausoléu, decidiu que fosse feito de tijolo. Esse prédio quadrado, com pequenas torres nos vértices e um recinto octogonal coroado com uma cúpula hemisférica, tem certas peculiaridades. Inspirados nos telhados curvos das estruturas vernaculares de bambu e palha, os arquitetos de Muhammad Shah incorporaram ao perfil do edifício uma cornija curva que não só ajuda a escoar a água como também confere ao mausoléu seu formato característico. A partir de então, os edifícios bengaleses passaram a incluir a cornija curva, criando-se um singular estilo bengalês que foi imitado em todo o sul da Ásia nos séculos posteriores.

## A Jami Masjid de Ahmedabad

Em 1398, Ahmed Shah (que reinou entre 1411 e 1442), antigo governador dos tughlaqs de Gujarate, declarou independência e fundou, em 1410, sua capital, Ahmedabad, às margens do Rio Sabarmati. Ahmedabad tornou-se muito próspera, sobretudo no período de Fath Kahn Mahmud (1459–1511), que expandiu o reino em todas as direções. Durante o Sultanato de Délhi e na época dos tughlaqs, tornou-se prática comum humilhar os templos hindus demolidos, reutilizando suas colunas, de cabeça para baixo ou em pedaços, na sustentação de uma nova mesquita. A característica curiosa da arquitetura de Ahmed Shah é a maneira como essa marca de repressão transformou-se em linguagem expressiva da nova arquitetura. Em sua nova Jami Masjid (Mesquita da Sexta-Feira), construída em 1423 em Ahmedabad, Ahmed Shah adotou a nova estética criada pelas colunas hindus rebaixadas. Ele autorizou a construção de colunas não muito diferentes daquelas que havia saqueado, legitimando, assim, esse novo híbrido da arquitetura.

# SUL DA ÁSIA

13.67 Pátio interno da Jami Masjid de Ahmedabad, Índia

13.68 Arcada do pátio da Jami Masjid de Ahmedabad

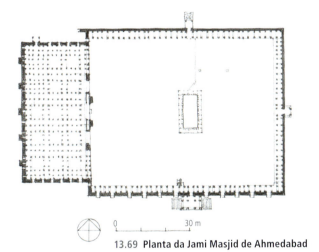

13.69 Planta da Jami Masjid de Ahmedabad

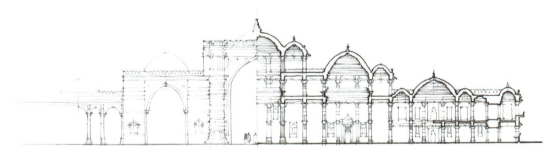

13.70 Corte através do principal salão para culto da Jami Masjid de Ahmedabad

# 1400 D.C.

13.71 Arcada interna da Mesquita da Sexta-Feira de Gulbarga, Índia

**A Mesquita da Sexta-Feira de Gulbarga**
Em Gulbarga, a capital do Sultanato de Bahmanid (1347–1542), o sultão Maomé I permaneceu fortemente alinhado aos sultões otomanos. Ele procurou dar à sua arquitetura importada o aspecto mais puritano possível. Desse modo, convocou Rafi bin Shams bin Mansur, um arquiteto do Irã, para construir sua Mesquita da Sexta-Feira (1367). Essa mesquita não possui nenhum pátio ou *iwan*. Ela apresenta um salão central de 66 por 54 metros e é coberta por 63 pequenas cúpulas. A parede da *quibla*, a oeste, ostenta uma cúpula alta, circundada por 12 outras cúpulas menores e mais baixas. Uma característica incomum no interior da mesquita é o vão extremamente amplo das arcadas, com impostas muito baixas, até então desconhecidas, mas que se tornariam mais comuns na arquitetura islâmica do sul da Índia. Essa mesquita possui um aspecto um tanto persa e chega, inclusive, a lembrar uma basílica.

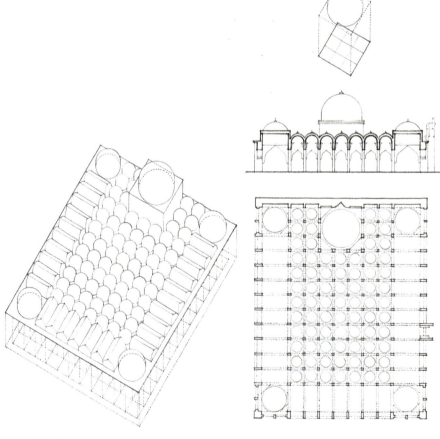

13.72 Planta, corte e perspectiva axonométrica da Mesquita da Sexta-Feira de Gulbarga

# LESTE DA ÁSIA

13.73 A China da Dinastia Ming

## A CHINA DA DINASTIA MING

Em 1368, Zhu Yuanzhang derrotou o último dos imperadores mongóis yuan e fundou a Dinastia Ming ("brilhante", em chinês). Os ming (1368–1644) eram chineses han e projetavam os yuan mongóis como bárbaros estrangeiros, fazendo renascer o conflito entre "conterrâneos" e "estrangeiros" simbolizado pela Grande Muralha. Ainda assim, mesmo quando reforçaram os controles sobre seus cidadãos e reafirmaram as práticas confucianistas, continuaram os programas de modernização dos yuan e ampliaram os centros urbanos criados por eles. No início, como ditava a tradição, os ming fundaram uma nova capital, em Nanjing, mas, então, o terceiro imperador ming, Zhu Di (que reinou entre 1403 e 1424), conhecido por seu nome real (o Imperador Yongle), rompeu com a tradição e transferiu a capital de volta à cidade de Yuan Dadu, rebatizando-a como Pequim (que significa "paz do Norte").

Zhu Di era um imperador controverso. Incansavelmente ambicioso, ele exterminou seus rivais de modo impiedoso e frequentemente aplicou punições cruéis a criminosos e dissidentes. Ao mesmo tempo, consolidou o poder ming e executou projetos de edificação gigantescos. A fim de reavivar o confucionismo, ele ordenou a transcrição de todos os textos clássicos em um único volume, que às vezes é chamado de a enciclopédia chinesa. Ele também reparou e reabriu o Grande Canal, o canal de 1800 quilômetros que fora construído no século VI d.C. e conectava Pequim a Hangzhou. Correndo do norte ao sul, ao contrário da direção predominantemente leste-oeste dos rios da China, o Grande Canal era uma via de transporte fundamental, mas havia sido negligenciada pelos yuan. Pequim, a capital do império, localizava-se no norte da China, em uma área muito menos fértil e irrigada do que o sul. O exército e o imperador ficavam ali para defender o império dos invasores do norte, a principal direção de onde vinham. Assim, enquanto a demanda por cereais era grande no norte, particularmente em Pequim, a produção de grãos estava a mais de 1.500 quilômetros de distância. Contudo, enquanto o sul produzia um excedente significativo de cereais, até pouco tempo atrás eles eram muito caros de transportar, em função de seu grande volume e sua facilidade de deterioração. A solução chinesa foi criar uma via de transporte aquática, o Grande Canal, que servia para todos os tipos de trânsito comercial. Zhu Di denegria com vigor os mongóis. Ao mesmo tempo, ele protegia todas as religiões não confucionistas, e acredita-se que ele próprio era budista. Os muçulmanos desfrutaram de bastante liberdade durante esse período e, após a morte de Timur (que havia jurado invadir a China), Zhu Di manteve missões diplomáticas com os governantes de Samarcanda e os safávidas da Pérsia.

### A Cidade Proibida

A Cidade Proibida, o enorme complexo de palácios construído pelo imperador Zhu Di em Pequim, é um dos mais famosos ícones da China imperial. Esse complexo palatino que se transformou em sede de governo consiste basicamente em um longo eixo norte-sul que funciona por meio de uma série de níveis de passagem, cada um dando acesso a um diferente nível do governo. Em seu centro, estão dois prédios gêmeos, o Pavilhão da Harmonia Suprema e o Salão da Harmonia Preservada, com o diminuto Salão da Harmonia Central no meio. Mais além, no núcleo do conjunto imperial, localiza-se o Palácio da Pureza Celestial – a residência do filho do céu e o centro conceitual do império. Como o imperador encarnava tanto a autoridade do governo quanto seu sistema jurisdicional, o acesso a ele devia ser estritamente limitado e, ao mesmo tempo, projetado muito além da sua própria corporeidade física. Esse era, essencialmente, o duplo objetivo da Cidade Proibida.

# 1400 D.C.

13.74 Portão Meridional, Cidade Proibida, Pequim, China

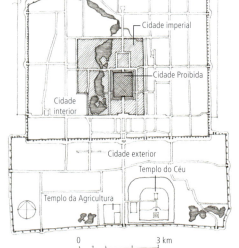

13.75 Planta de Pequim no século XV

O Palácio da Pureza Celestial, cercado por um muro, consiste em três pavilhões, dispostos axialmente sobre uma plataforma de mármore em forma de L, com apenas um degrau, precedida de um terraço orientado para o sul. Ele é delimitado por um muro. Dezesseis pavilhões que abrigavam as concubinas da corte estendem esse santuário recôndito para o leste e o oeste. As construções restantes são, em sua maioria, jardins imperiais e palácios adicionais para os membros da família real. Ao sul do Palácio da Pureza Celestial, um conjunto de três salões, localizados sobre outra plataforma de mármore em forma de L, com três degraus, reflete a ordem do palácio mais interior. Esse segundo conjunto de prédios é o término e o foco principal da sequência de espaços públicos da Cidade Proibida e constitui, assim, o centro conceitual do império.

O imperador reunia-se diariamente com seus ministros no Salão da Harmonia Suprema. Somente os oficiais dos escalões mais elevados tinham acesso a esse salão, que era também a sala do trono do imperador. Atrás dele está o Salão da Harmonia Central e o Salão da Preservação da Harmonia, que tinham apenas funções de apoio. Embora a altura, os vãos e a ornamentação do Salão da Harmonia Suprema sejam magníficos, o impacto visual que ele causa provém do modo como o grande beiral do telhado projeta sua presença no vasto espaço do pátio que o precede. Aqui grandes espetáculos e marchas podiam ser feitos. Perante o imperador, todos os suplicantes deviam fazer o *kowtow* – isto é, prostrar-se voltados para o norte. Somente o imperador podia olhar em direção ao sul – um arranjo que era amplificado pela organização do telhado e do pátio. A Cidade Proibida abrigava a burocracia imperial e seus milhões de registros. Os comunicados diários oriundos das regiões mais distantes do império eram catalogados, interpretados e apresentados ao imperador e a seus conselheiros para que fossem tomadas as providências quando necessárias. Os escritórios do sistema burocrático se localizavam nos corredores de ambos os lados do Salão da Harmonia Suprema. Cinco pontes de mármore se estendem simetricamente sobre o Jinshahe, ou Rio de Água Dourada, que serpenteia ao redor da Cidade Proibida. Logo após essas pontes, mais ao sul, está o imponente Portão Meridiano, a entrada oficial da Cidade Proibida, alinhado com o muro e o fosso que cercam a cidade (com torres de vigia nos cantos). Ali os funcionários civis e oficiais militares de mais alto escalão reuniam-se para esperar o imperador e eram celebradas grandes cerimônias triunfais.

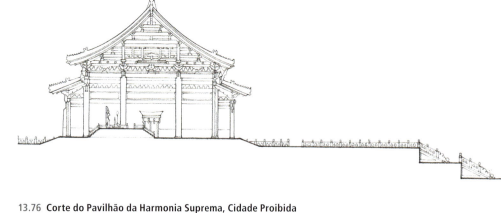

13.76 Corte do Pavilhão da Harmonia Suprema, Cidade Proibida

# LESTE DA ÁSIA

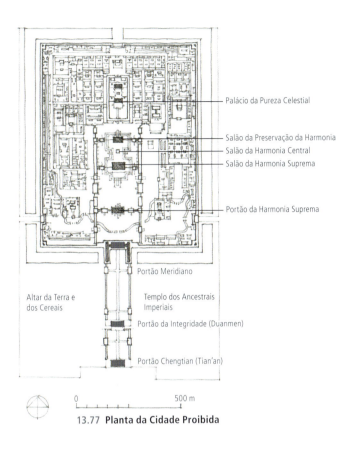

13.77 **Planta da Cidade Proibida**

O Portão Meridiano, em forma de U (com cinco entradas e uma plataforma elevada com pavilhões altos), ligava a Cidade Proibida aos palácios além dela. O Portão da Integridade, ou Duanmen, era seguido pelo Chengtian, onde o imperador emitia seus decretos; e era seguido por fim, do Grande Portão Ming, ou Da Mingmen, a principal entrada da cidade imperial. À medida que o visitante percorre o eixo principal da Cidade Proibida em direção ao centro, percebe que o piso se torna cada vez mais alto – cada elevação é a reafirmação do poder do imperador. Os primeiros três portões elevam-se acima do nível do solo, sobre imponentes muros cegos, dando a impressão de estarem muito abaixo da zona de privilégio. Depois do Portão da Harmonia Suprema, no qual a vista abre-se para o alto, o Salão da Harmonia Suprema ergue-se de modo muito belo, um objeto isolado no espaço sobre os seus três majestosos terraços e o ponto mais alto da Cidade Proibida. A vista sul do alto do terceiro terraço era privilégio do imperador; permitia-lhe apreciar o que havia para além dos muros. A partir dela, todos os portões e toda a extensão da Cidade Proibida podiam ser abarcados por um único olhar. A cor desempenhava importante papel. Os pódios sobre os quais os prédios se erguem são de um branco intenso; os pilares de madeira, de um vermelho fosco (cujo agente colorante também serve de conservante); as telhas de cobertura, por fim, exibem o amarelo solar que caracterizava o imperador.

O mero fato de esses palácios terem resistido aos séculos reveste-se de importância histórica, pois, na China, há muito tempo havia o hábito de as novas dinastias queimarem as capitais da dinastia anterior. Essa é uma das razões pelas quais na China de hoje são encontradas tão poucas edificações históricas, com exceção dos templos. No entanto, em 1616, quando os manchus estabeleceram sua dinastia sobre as ruínas dos ming derrotados, eles não destruíram a capital destes. Em razão disso, durante cinco séculos, desde cerca de 1420 até 1908, a cidade foi a sede sagrada de 24 imperadores. Todavia, os prédios que hoje vemos não são os originais da Era Ming. Em sua maioria, trata-se de reconstruções relativamente fiéis feitas pela Dinastia Qing (Ch'ing) nos séculos XVII e XVIII.

13.78 **Pavilhão da Harmonia Suprema, Cidade Proibida**

493

# 1400 D.C.

13.79  Salão do Céu Púrpura, Monte Wudang, China

## Monte Wudang

Zhu Di, o imperador yongle, acreditava que sua ascensão ao trono havia sido facilitada por Zhenwu, um mítico guerreiro taoista. Por isso, em 1412, ele enviou cerca de 300 mil trabalhadores ao Monte Wudang, em Hubei, onde, segundo os taoistas, Zhenwu havia alcançado a imortalidade. O monte situa-se em uma região cheia de penhascos abruptos e panoramas espetaculares, com frequência coberta de neblina. Sua densa floresta está repleta de cavernas e nascentes. Os operários de Zhu Di construíram uma trilha de peregrinação de 60 quilômetros de extensão, feita de pedra, que segue um caminho sinuoso até o pico da montanha, com a ajuda de 39 pontes delicadamente trabalhadas. Ao longo do trajeto, há nove complexos de templos, dois mosteiros e 36 eremitérios, alguns empoleirados no alto de penhascos ou ao longo das suas bordas. O Salão do Céu Púrpura, o maior mosteiro do Monte Wudang, situa-se em um local bem avançado da subida. Dois terraços (apenas um a menos do que o Salão da Harmonia Suprema da Cidade Proibida) elevam o elegante salão de cinco intercolúnios, com seu telhado duplo de empenas esconsas. O kung fu Wudang, uma das principais escolas de artes marciais da China, é associado a essa região. A trilha culmina, 500 metros acima, em Tianzhufeng ("Pico do Pilar Celestial"), no topo do Monte Wudang. Ali foi construído o pequeno Salão Dourado (1416), cujo telhado, bem como as partes principais da estrutura de três intercolúnios, é de bronze. Dentro dele há uma estátua de Zhenwu, descalço e com cabelos longos, acompanhado por sua comitiva taoista. Acima deles, foi construído um conjunto de suportes mais complexo do que qualquer versão encontrada no *Yingzhao Fashi*, simbolizando a estatura daqueles indivíduos e o favor real que lhes havia sido concedido.

## Templo do Paraíso

De acordo com um calendário definido, o imperador da China devia sair da Cidade Proibida para visitar altares localizados na extremidade sul da cidade. Dessa maneira, mantinha-se o equilíbrio entre a autoridade imperial da Cidade Proibida e a autoridade celestial. O Templo dos Ancestrais Imperiais e o Altar do Solo e dos Cereais, localizados logo após o Portão Meridiano, a leste e a oeste do eixo central, eram as construções mais antigas. Os altares do Sol e da Lua estavam localizados a leste e a oeste de Pequim, e o Altar da Terra, ao norte.

O sul foi reservado aos altares mais importantes do complexo do Templo do Céu: o Altar da Agricultura, destinado a assegurar o ciclo oportuno da produção agrícola, e o Altar da Colina Circular, que habilitava o mandato do imperador. O Altar do Monte Circular, também chamado Altar do Céu (Yuan Qiu Tan), é uma plataforma circular de três níveis (o círculo representa a forma do céu) situada em um recinto quadrado (o quadrado simboliza a terra). O altar, basicamente uma plataforma para ritos, era iluminado por centenas de lanternas; em toda parte queimava-se incenso. No meio, de frente para o sul, havia uma tabuleta representando o céu, deslocada para ali desde sua posição original, na Abóbada Celeste Imperial, logo ao norte. Diante dela, o imperador se prostrava (fazia o *kowtow*) mais de 50 vezes, em um ritual prescrito de modo meticuloso, testemunhado por todos os presentes, e que apenas ele podia realizar. O desagrado do céu com o imperador, manifesto em maus augúrios e em catástrofes políticas ou naturais, era sempre considerado um sinal de que seu mandato de soberania fora revogado.

Logo ao norte do Altar do Monte Circular situa-se a Abóbada Celeste Imperial. Mais ao norte fica o Salão de Orações por Boas Colheitas (Qinian Dian). Erguendo-se sobre três plataformas de mármore branco, esse templo possui um tríplice conjunto de telhados cônicos sobre um espaço circular, único na arquitetura chinesa. O sacrifício ali oferecido ocorria no equinócio de outono. O imperador preparava-se para o evento com jejum de três dias, hospedando-se no Palácio da Abstinência, situado no extremo oeste do complexo. O imperador preparava-se para o evento com jejum de três dias, hospedando-se no Palácio da Abstinência, situado no extremo oeste do complexo. O Palácio da Abstinência é um dos poucos prédios ming que possui abóbadas de pedra. Somente ele e os edifícios para os mortos (os túmulos ming) eram considerados "indignos" de uma cobertura de madeira. No entanto, eles eram construídos com extremo cuidado, mostrando que, embora a arquitetura em pedra não fosse tradicional na China, podia ser produzida com grande habilidade.

# LESTE DA ÁSIA

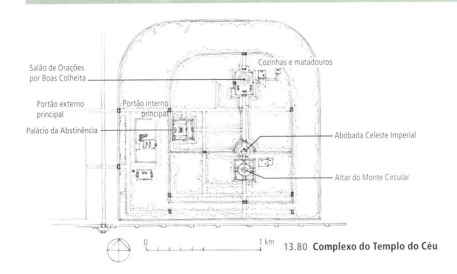

13.80 **Complexo do Templo do Céu**

13.81 **Abóbada Celeste Imperial, Complexo do Templo do Céu, Pequim**

13.82 **Altar do Monte Circular, Complexo do Templo do Céu**

### Templo Dabao-en ou Torre de Porcelana de Nanjing

A Torre de Porcelana de Nanjing (Templo Dabao-en) foi projetada durante o reino de Zhu Di, o Imperador Yongle (que reinou entre 1402 e 1424), logo antes de sua construção, no início do século XV. O Imperador Yongle seguia os rituais tradicionais com muito fervor e acreditava em muitas crenças populares. Ele não desfrutava com exagero os luxos da vida palaciana e usava o budismo e seus festivais para ajudar a abafar tumultos civis. Ele também pôs fim às guerras entre as várias tribos chinesas e reorganizou as províncias a fim de garantir a paz em seu reino. Ernst Faber considerava-o como um "budista fervoroso".

Em 1403, o Imperador Yongle, após ter uma visão do buda Avalokiteshvara, convidou Deshin Shekpa, o quinto Gyalwa Karmapa da escola de budismo tibetano kagyu, a Nanjing. A visita do *karmapa* budista reanimou o budismo na China ming e ajudou o imperador yongle a garantir uma base popular para seu domínio. Para marcar essa visita, o imperador yongle ordenou a construção do Dabao-En Temple (Templo de Agradecer ou Torre de Porcelana), que foi feito de madeira e coberto com uma brilhante porcelana. A torre – com 30 metros de diâmetro, 79 metros de altura e nove pavimentos – era parte de um gigantesco mosteiro budista às margens do Rio Qinhuai, em Nanjing. Um dos prédios mais altos da China, ela era iluminada à noite por lâmpadas, que, refletidas pela porcelana da cobertura, lhe conferiam a luminescência que lhe trouxe fama internacional. A Torre de Porcelana, como passou a ser chamada no Ocidente, foi extensivamente descrita por emissários ocidentais e inspirou a construção do telhado azul do Trianon de Porcelana de Luís XIV, em 1675. Lamentavelmente, o prédio foi destruído durante a revolta taiping, em meados do século XIX.

495

# 1400 D.C.

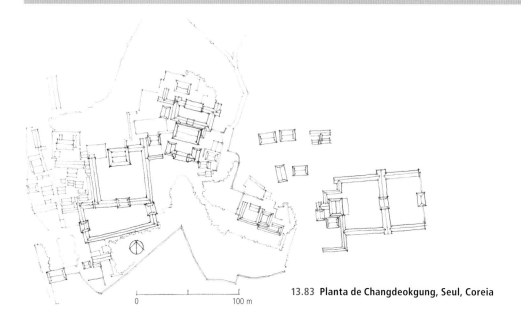

13.83 Planta de Changdeokgung, Seul, Coreia

## A DINASTIA JOSEON

Em 1392, com a ajuda da Dinastia Ming, Yi Songgye tomou o trono coreano e estabeleceu a Dinastia Joseon (também conhecida como Dinastia Chosun), que perduraria até 1910. Sob essa dinastia, a Coreia era conhecida como Daejoseonguk ("Grande Nação Joseon"). Apesar de os mongóis terem sido derrotados, alguns aspectos de sua cultura permaneceram arraigados à sociedade coreana, assim como a outras. Como na China, o confucionismo foi restabelecido como religião oficial. Uma nova capital, Seul, foi construída perto do maior rio da península, no ponto focal das rotas de transporte terrestre. Vários palácios foram edificados em Seul. O mais importante deles era o Gyeongbokgung (ou "Palácio Grandemente Abençoado pelo Céu" – *gung* significa "palácio"), datado de 1394. Um quilômetro a leste situa-se o Changdeokgung ("Palácio da Virtude Próspera"), iniciado em 1405 e reconstruído em 1592. A topografia local foi cuidadosamente estudada para escolher a implantação do palácio, tanto do ponto de vista da ideologia confuciana quanto do *feng shui*. Os princípios do *feng shui* também foram respeitados no projeto das principais estradas que conectavam os portões mais importantes da cidade por meio dos quatro pontos cardeais. Nem sempre eram usadas linhas retas, como se pode observar nas artérias, ligeiramente curvas, que correm de leste a oeste e de norte a sul.

Conforme os princípios do *feng shui*, um prédio deve estar voltado para o sul e ser ladeado por montanhas à esquerda e à direita, simbolizadas, respectivamente, por um dragão azul celeste e um tigre branco. Changdeokgung, portanto, situava-se na parte norte da cidade, nos pés da Montanha Paekak, voltado para o sul, em direção ao pico norte da Montanha Nam A divindade da Montanha Paekak era feminina e a da Montanha Nam, masculina. A Peakak, que simbolizava a autoridade real e era a mais valorosa, segundo o *feng shui*, ficava fechada ao público e vedada a qualquer utilização privada. A Montanha Nam, contudo, era aberta ao público em geral. Como não havia montanha natural a leste do palácio, construiu-se uma colina artificial para compensar a deficiência topográfica. Em sua forma original, o palácio reunia cerca de 500 prédios, que foram queimados durante as invasões japonesas de 1592. Hoje há perto de 10 reconstruções, que datam do século XIX.

Changdeokgung possuía uma parte pública (orientada para o sul) e uma seção mais privada (voltada para o norte), que consistia em diversos jardins para passeio unidos por uma série de composições extravagantes dispostas com cuidado e destinadas ao repouso. Uma dessas composições, particularmente famosa, era organizada em torno de um tanque quadrangular raso, com uma aresta alta em um lado e vários pavilhões pequenos ao longo das margens nos outros três lados. A composição foi habilmente projetada para ser discreta, como se apenas reforçasse os elementos naturais presentes na paisagem. O Salão do Trono (*injongion*), voltado para o leste e cercado pelo seu próprio muro, era um grande edifício de dois pavimentos construído em 1405. Ele se apoiava sobre uma série de baixas plataformas de pedra que eram particularmente bem-proporcionadas em relação ao caimento de seus beirais. Mesas de pedra colocadas no pátio indicavam a posição que os funcionários dos diversos escalões deviam ocupar nas cerimônias formais. Os intercolúnios têm 5 metros, exceto os situados no eixo central, que medem 6,7 metros, todos formando grelhas estruturais quadradas. O trono ocupava uma plataforma elevada atrás do intercolúnio central. Ele se conectava pelo norte ao prédio do governo, onde o rei trabalhava, e, pelo sul, a um salão de retratos, ou Santuário Sonwonjon, onde estavam entronizados os retratos dos reis anteriores. Para enfatizar o princípio da continuidade, celebrava-se ali um ritual comemorativo no aniversário de cada rei.

# LESTE DA ÁSIA

13.84 Kinkakuji, o Pavilhão de Ouro, Kyoto, Japão

## O JAPÃO DOS MUROMACHI

Após dois séculos de dominação por regentes aristocráticos e governantes militares, o imperador Godaigo (que reinou entre 1318 e 1339) solicitou o auxílio de Ashikaga Takauji (1305–1358) para retomar o poder em 1333. No entanto, quando Godaigo recusou-se a nomear Takaui como xógum após sua vitória, Takauji forçou o imperador ao exílio (1335) e colocou seu próprio representante no trono. Como xógum, tomou duas decisões importantes que mudaram o curso da história do Japão: restabeleceu Kyoto como a capital e restaurou os laços com a Dinastia Song da China, rompidos desde a tentativa fracassada de Kublai Khan de invadir o Japão no século XIII. Os lucros do comércio com a China eram importantes para o poder do xógum. A influência da cultura song sobre a sociedade japonesa criou uma mescla de elementos culturais que formou a base para uma forma de budismo conhecida como zen, a pronúncia japonesa da palavra chinesa kanji para *chan*. *Chan*, por sua vez, derivava da palavra sânscrita *dhyan*, ou meditação. O zen enfatizava a meditação persistente, em vez das visualizações, como caminho para o nirvana. Os mosteiros zen foram construídos no tradicional estilo Karayo.

13.85 Planta de situação de Kinkakuji

# 1400 D.C.

## O Kinkakuji

Em 1394, o xógum Muromachi Ashikaga Yoshimitsu (1358–1408), neto de Takauji, renunciou à sua posição no governo e tornou-se monge. Retirou-se para sua propriedade privada, cujo foco central era um pavilhão panorâmico de três andares conhecido como Kinkakuji (ou "Pavilhão de Ouro") e localizado à margem de um espelho d'água projetado com esmero. O primeiro pavimento continha uma sala para recepções públicas e uma galeria aberta ao longo da água que servia de acesso a barcos de passeio. Seus elementos estruturais de madeira, claramente definidos, contrastam com as paredes de reboco branco. O segundo nível servia como lugar para conversas privadas e era protegido pela curva suave de um beiral voltado para cima. As vistas do balcão para a paisagem eram projetadas em detalhes, como todo o resto da propriedade, com pequenas ilhas em primeiro plano que enquadravam e ampliavam o fundo. Como na China, a paisagem distante também foi incorporada à composição visual do jardim. O terceiro pavimento, o refúgio particular de Yoshimitsu, arremata o pavilhão com um telhado voltado para cima, com curva mais acentuada, que culmina em um florão na forma de uma fênix de bronze. Yoshimitsu desejava em princípio dourar o pavilhão (daí o nome do pavilhão), mas o edifício permaneceu em madeira a maior parte do tempo. Em 1950, o pavilhão foi destruído por um monge portador de deficiência mental, que lhe ateou fogo. Ao ser reconstruído, em 1955, os dois últimos pavimentos foram revestidos de folhas de ouro, para atender ao desejo inicial de Yoshimitsu.

13.86 Casa de chá, Kinkakiju, Kyoto

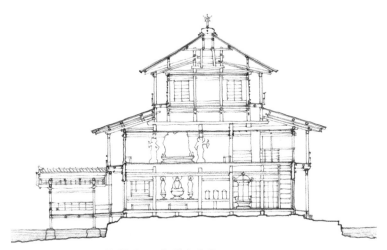

13.87 Corte de Kinkakuji

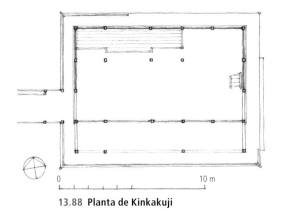

13.88 Planta de Kinkakuji

# LESTE DA ÁSIA

**Ginkakuji**

O Ginkakuji ("Pavilhão de Prata") foi construído em 1482 pelo neto de Yoshimitsu, o xógum Yoshimasa, para ser sua moradia quando se aposentasse. Ele queria revestir de prata dois pavimentos de seu pavilhão, mas essa intenção nunca se concretizou. No projeto original de Yoshimasa, o pavilhão de dois pavimentos situava-se à beira de um lago e em frente a pequenas pontes, ilhas minúsculas e arbustos meticulosamente plantados e podados, tudo feito para produzir vistas enquadradas com todo o cuidado, que lembravam descrições da literatura japonesa. A fama do Ginkakuj deve-se aos acréscimos feitos pelos monges zen budistas durante o Período Edo, no século XVII, pois o palácio fora confiado a eles após a morte do seu patrono. Como armazenavam areia no local para a manutenção dos jardins, os monges zen decidiram usá-la na construção de dois montes escultóricos próximo ao lago, que criaram um forte contraste com o lago. Um dos montes artificiais, chamado de Mar de Areia Prateada, devido a sua aparência sob a luz da Lua, é baixo e cuidadosamente rastelado, formando um platô. O outro monte eleva-se como um cone truncado, de formato perfeito, que chama a atenção, ao primeiro olhar, pelo seu tamanho. O cone evoca o contorno do Monte Fuji, mas também poderia ser uma referência à montanha sagrada no centro de um mandala budista. Quando caminhamos em volta do Ginkakuji e o contemplamos de diversos pontos de vista, o cone, de cor e contorno uniformes de todas as direções, funciona como um objeto fixo em meio ao panorama dinâmico. Os dois montes desencadeiam um jogo de tensões visuais, cujo sentido exato permanece aberto à interpretação. Esse tipo de meditação, paradoxal, é característico do zen budismo.

De certa maneira, Ginkakuji é mais bem-sucedido do que Kinkakuji como um jardim zen. O conjunto de suas vistas é mais comedido e sutil e, por estarem contidas em um espaço muito menor, a experiência delas é bem mais intimista e imediata. Juntos, esses dois pavilhões definem as aspirações da aristocracia guerreira dos muromachi, à medida que esta foi mudando sob a influência da Dinastia Song e do zen.

13.89 Ginkakuji, o Pavilhão de Prata, Kyoto, Japão

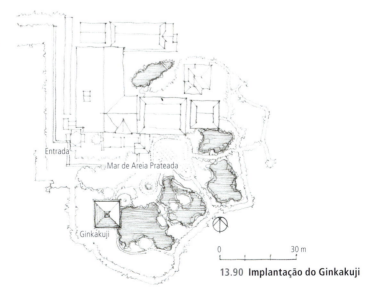

13.90 Implantação do Ginkakuji

# 1400 D.C.

13.91 Sudeste da Ásia, *circa* 1400 d.C.

13.92 Complexo de Templos de Ayutthaya, Tailândia

## AYUTTHAYA

Com o colapso do Império Khmer, associado à correlata dissolução do Império de Srivijaya na Malásia, o sudeste da Ásia perdeu importância na economia global. O Reino de Majapahit, administrado a partir de Java, e o dos tailandeses, cuja capital era Ayutthaya, eram as duas forças dominantes que mantinham fortes laços comerciais com a Índia e a China.

O reino tailandês não era um estado único, unificado, mas um composto de principados independentes e províncias tributadas que deviam fidelidade ao rei. O nome da capital deriva daquele da cidade sagrada hindu de Ayodhya, no norte da Índia, que teria sido o local de nascimento do deus hindu Rama. No entanto, o rei Ramathibodi, que fundou Ayutthaya, era budista e fez do budismo theravada a religião oficial do estado, o que indica a continuidade que havia entre as práticas hindus e budistas na época.

A riqueza do reino derivava não apenas do controle sobre as rotas comerciais, mas também da introdução de uma nova variedade de arroz. Os tailandeses costumavam plantar arroz glutinoso, que ainda é o principal alimento no norte e no nordeste do país. Na planície aluvial do Rio Chao Phraya, os agricultores adotaram um tipo de arroz não glutinoso, chamado "arroz flutuante", oriundo de Bengala, pois ele crescia mais rapidamente e com mais facilidade, produzindo um excedente que era vendido no exterior, até mesmo para a China. Assim, foi construída uma extensa rede de canais para conduzir o arroz dos campos. Embora situada no interior, a cidade era essencialmente um porto localizado numa ilha do Chao Phraya, na interseção dos rios Lopbur e Pasak. A ilha era cruzada por uma rede de canais que corriam paralelamente a um sistema de estradas retilíneas. Ao longo dos anos, 500 templos, estupas e palácios foram construídos nessa ilha por sucessivas gerações de reis. De início, a forma dos templos de Ayutthaya era derivada da arquitetura dos khmers, mas em escala menor e com uma apresentação mais cuidadosa dos elementos secundários. A estupa central do Wat Rat Burana (1424) não só era rodeada por uma multidão de estupas geometricamente configuradas como também tinha, a leste e a oeste, salões com colunatas na recepção.

Ramathibodi II (que reinou entre 1491 e 1529) iniciou a construção do Wat Si Sanpet, um espetacular conjunto funerário com três estupas, para nele depositar os restos mortais de seu pai e de seu irmão; e o terceiro prédio, construído por seu filho após a morte de Ramathibodi, contém seus restos. Essas três estupas, com suas altas espirais sobre volumes em forma de sino, copiavam os protótipos de Pagan. Um salão de recepção a leste e um templo cruciforme a oeste emolduravam o elemento central desse complexo singular, que também era rodeado por inúmeras estupas menores, cada qual com seu próprio templo funerário, utilizado por outros familiares mais distantes dos reis. Nesse sentido, o Wat Si Sanpet era um recinto caracteristicamente real, mas não possuía salões de meditação nem espaços de moradia para os monges budistas.

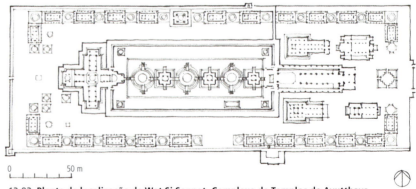

13.93 Planta de localização de Wat Si Sanpet, Complexo de Templos de Ayutthaya

500

# 1600 D.C.

## A ARQUITETURA DO BLOCO ECONÔMICO EURASIANO

No século XVII, a Eurásia, do Japão ao oeste da Europa, era um bloco econômico contínuo e conectado por um comércio terrestre e litorâneo bem estabelecido. De uma extremidade a outra viajavam produtos e ideias, seja na bagagem, seja na mente dos mercadores, imigrantes e exércitos. Essa era a ordem do Novo Mundo que cada vez mais era ameaçada pelo comércio oceânico que surgia, mais eficiente. Em certo momento, por volta do século XIX, as eficiências das rotas oceânicas, a vantagem sem precedentes do acesso direto à América e a industrialização tornariam a Europa colonialista a potência suprema do mundo. Contudo, até que esse dia chegasse – e fosse marcado pelo colapso total da Rota da Seda –, as potências centrais da Eurásia continuariam dominando as velhas economias do planeta.

Imagine-se sendo um viajante, em 1652, saindo em viagem pela Europa e pela Ásia para estudar as novidades no campo da arquitetura. Começando no Japão, você conhece o Palácio Ninomaru, no Castelo de Nijo, situado no coração de Kyoto, a capital. Visita, então, a austera Vila Imperial de Katsura e é apresentado por seus anfitriões às complexidades recém-criadas da cerimônia do chá zen. Cruzando o mar rumo à Coreia, você visita o Palácio Gyeongbok em Seul e é conduzido por um comandante mongol que serve ao Império Manchu, que reduziu a Coreia à condição de estado vassalo. Depois você viaja até o coração da Manchúria, passa por Mukden, sua capital, e chega à Cidade Proibida, relativamente nova, mas que já estava sendo reformada pelos novos governantes manchus que haviam acabado de conquistar Pequim, onde ela se localiza. A situação já é estável o suficiente para que você visite os túmulos Ming, ali perto, mas também proibidos. No caminho, conversa com os seus guias sobre as vantagens e desvantagens das viagens marítimas internacionais chinesas dos Ming e se elas devem ou não ser retomadas, comparando-as às viagens agora sendo realizadas pelos europeus. Depois, encaminha-se em direção ao sul, para o planalto tibetano, a fim de visitar o impressionante Palácio de Potala, construído em um íngreme afloramento rochoso para o quinto dalai-lama, cujos apoiadores conseguiram conquistar um importante território político no Vale de Lhasa, no Himalaia. Após uma passagem difícil pelos Altos Himalaias, você desce até as planícies férteis do Rio Ganges. Agora está viajando nas áreas controladas pelos descendentes timúridas dos mongóis, os mogóis da Índia.

Você passa pelo Man Mandir, um dos espetaculares palácios do século XVI, na cidade de Gwalior, Índia Central, e chega aos amplos palácios de Délhi. Visita a grande cidade planejada de Fatehpur Sikri, capital do Império Mogol de 1571 a 1585, projetada pelo próprio Akbar. Depois sobe o Rio Yamuna para ver a Tumba Iluminada, recém-concluída, que mais tarde seria chamada de Taj Mahal. Ali você ouve falar dos novos colonos portugueses que haviam se estabelecido em uma pequena cidade costeira chamada Goa, usando uma rota marítima antes desconhecida. Dirige-se então para o norte, por meio do Passo de Khyber, até Kandahar, e entra em território persa. Segue as rotas comerciais até Isfahan, onde vê a imensa praça da cidade, suntuosas mesquitas e amplos jardins reais. Aí encontra mercadores oriundos de lugares tão distantes quanto a Inglaterra, a Índia e a China. De Isfahan, cruza montanhas e desertos e chega a áreas que há pouco tempo estavam sob o domínio dos otomanos. Segue as antigas rotas de caravanas dos seljúcidas e chega a Antióquia, no Mar Mediterrâneo, onde embarca em um navio rumo a Istambul. Essa cidade, tomada pelos otomanos em 1453, está sendo reconstruída por seus novos senhores. Você agora admira a magnífica Hagia Sophia, mas seu guia ressalta a superioridade das mesquitas construídas por Mimar Sinan (1489–1588), o grande arquiteto e engenheiro. Ele lhe conta que a igreja bizantina, derrotada, uniu-se à igreja católica romana e está construindo igrejas italianizadas no Kremlim, mas isso não representa uma ameaça aos Osmani. A Nova Constantinopla está prosperando! Mas nas ruas você também ouve rumores sobre a concorrência das novas rotas oceânicas nas Índias.

Ainda em Istambul você encontra membros de uma tribo da África Central, os quais lhe contam sobre sua conversão ao islã e do próspero comércio que estabeleceram com os estados do norte da África. Você, então, lembra que deve visitar as grandes mesquitas de adobe de que eles falam.

Deixando Istambul, embarca em um navio mercante para o porto de Veneza, onde lhe narram as dificuldades econômicas enfrentadas e a competição com os holandeses em relação ao Novo Mundo. Apesar disso, levam-no para visitar as últimas igrejas projetadas por um tal de Andrea Palladio, um famoso estudioso da antiguidade, cujos principais projetos dizem estar mais no interior, tendo sido construídos para as comunidades de fazendeiros de Vicenza, que estão prosperando. Agora você segue um grupo de peregrinos até Roma, uma cidade enriquecida com o ouro e a prata espanhóis trazidos da América. O papa está construindo uma nova e elegante *piazza* no antigo Monte Capitólio, a fim de impressionar o Sacro Imperador Romano, Carlos V. Ele também está trabalhando muito na Basílica de São Pedro, pois deseja construir um prédio que possa ser considerado como o único centro dos cristãos, após a perda de Constantinopla (Istambul). Há muitos *palazzi* (mansões urbanas) e igrejas sob construção e contribuindo para o aumento da reputação de artistas e arquitetos. Esse é o mundo da Contrarreforma, do Barroco italiano, no qual a busca pelas ordens clássicas do Renascimento deu lugar aos prazeres barrocos da invenção formal, e em que a antiga autoridade papal, em Roma, está lutando para se reinventar perante os desafios impostos pelos protestantes.

Em Roma, você, nosso viajante, também visita a Igreja de Jesus (Il Gesù), daqueles que se chamam de jesuítas. Eles lhe falam de suas igrejas nas longínquas partes do Novo Mundo e dos desafios e da devoção dos nativos desse local. Mas você ouve também falarem dos novos concorrentes pelo Novo Mundo, e se dirige a Amsterdã, uma metrópole que não tem nem palácios espetaculares nem igrejas imponentes, mas é um fervilhante porto, testemunho da intrepidez mercantil dos batavos. Lá visita a nova prefeitura e o novo banco, cujo piso de mármore exibe mapas do mundo. O movimento protestante está muito ativo na região, e você visita pela primeira vez algumas igrejas protestantes, simples e austeras, e toma conhecimento das terríveis guerras de religião.

Por fim, chega à França, onde as velhas elites ainda estão construindo mansões rurais, como o *Château* de Chambord de Francisco I, junto ao Rio Loire, cuja escada helicoidal dupla talvez tenha sido desenhada pelo próprio Leonardo da Vinci. Agora você visita a Place Royale (Praça Real) em Paris, parando, no caminho, para admirar as grandes catedrais. Cruza, então, o Canal da Mancha, e visita a Banqueting House (Casa de Banquetes), recém-construída. Ela é um dos primeiros edifícios ingleses projetados à moderna maneira italianizada e representa uma potência ambiciosa, mas ainda – do ponto de vista dos chineses, mogóis, otomanos e holandeses – relativamente marginal, pois o principal produto de exportação da Inglaterra ainda era, na época, a lã, e sua política externa ainda fazia mais uso da pirataria do que da política.

No alto dos penhascos litorâneos da Inglaterra, você olha para o Canal da Mancha, em direção à França. Nesse momento, um galeão, retornando do Novo Mundo lhe chama a atenção; e você se pergunta, ao olhar verso ao Oceano Atlântico, como seria o mundo do outro lado daquelas águas.

# 1600 D.C.

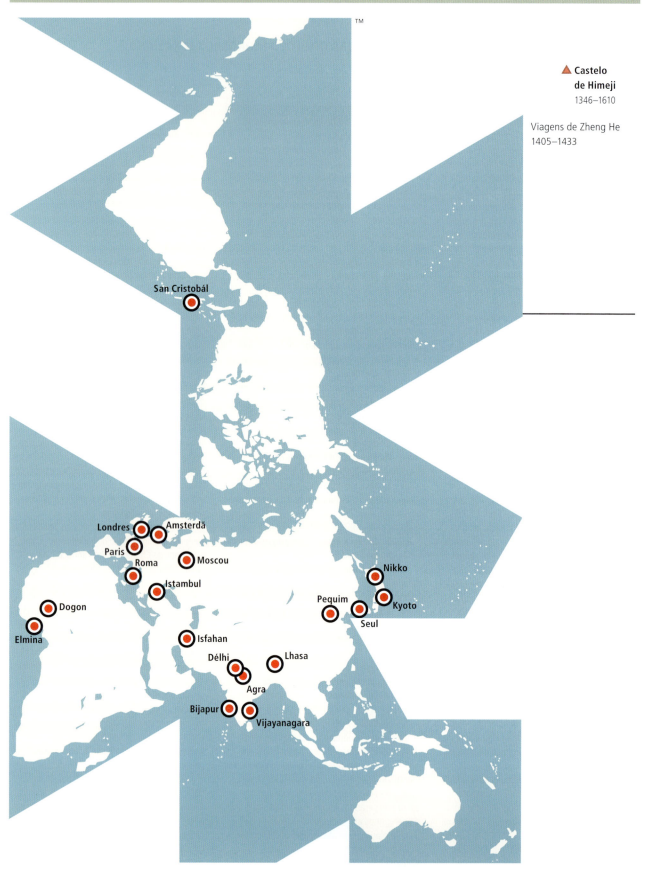

502

# Introdução

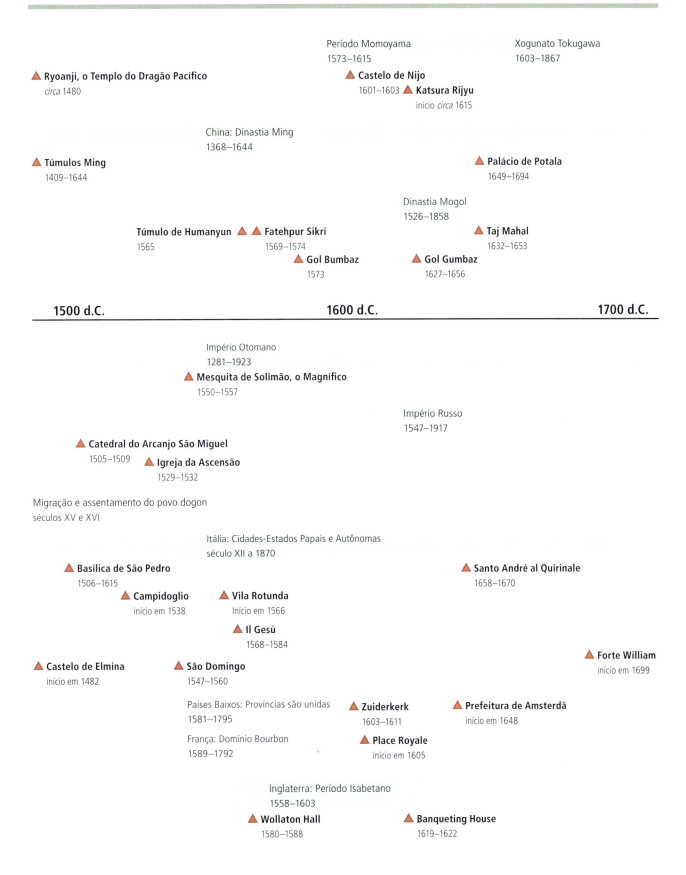

# 1600 D.C.

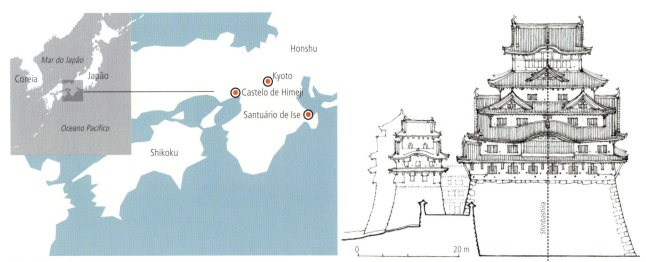

14.1 O Japão Tokugawa

14.2 Elevação da Grande Tenshu (torre principal) do Castelo de Himeji (Castelo da Garça Branca)

## O XOGUNATO TOKUGAWA

No começo do século XVII, os comandantes xóguns haviam unificado e pacificado o Japão após um século de turbulências e guerras civis. Eles continuaram a patrocinar o zen-budismo e reconstruíram os grandes santuários e templos de Kyoto, como o Nishihonganji, o Choin-in e o Kiyomizudera. Em 1577, o xógum Oda Nobunaga (1534–1582) enviou seu lugar-tenente de confiança e próximo xógum, Hideyoshi, para comandar a construção de um castelo, o Castelo de Himeji (Castelo da Garça Branca), cerca de 150 quilômetros a oeste de Kyoto, no intuito de controlar as rotas que conectavam os territórios recentemente conquistados a oeste. Duas colinas com leve inclinação, com vista para a extremidade norte do Mar do Japão, abrigam o complexo do castelo, que consiste em uma *honmaru* (cidadela interna) e seu terraço de defesa. A torre principal (conhecida como a Grande Tenshu), com sete pavimentos, um verdadeiro arranha-céu de madeira de sua época, localiza-se no topo de uma base íngreme de pedra de aproximadamente 14 metros de altura.

Toda a construção é mantida unida por dois pilares maciços que atravessam os níveis, unificando-os desde o embasamento até o sétimo pavimento. O pilar do lado leste é feito de um único tronco de abeto prateado com 28,4 metros de altura; o outro pilar é composto. Essa tecnologia foi adaptada dos projetos de pagode, cujos pilares centrais, que unificam a estrutura como se fossem mastros, são conhecidos como *shinbashira*, ou "pilares-coração". De fato, o Castelo de Himeji é uma espécie de pagode expandido e habitado — uma alusão simbólica que certamente não escaparia a um comandante militar visitante.

Suas elevações externas consistem em um ritmo cuidadosamente orquestrado de oitões triangulares e curvos, criando uma marca visual para essa torre que seria imitada em todos os castelos posteriormente construídos no Japão. Suas paredes são brancas, enquanto as coberturas de telhas cinza são ornamentadas com argamassa branca, o que lhes protege dos ventos.

14.3 Castelo de Himeji (Castelo da Garça Branca), Himeji, Japão
O sufixo *-jo* significa "castelo" em japonês. O Castelo de Himeji é conhecido, portanto, como Himeji-jo. O sufixo *-ji* significa "templo".

# LESTE DA ÁSIA

Em japonês, a relação entre o poder e a arquitetura é com frequência codificada no idioma. *Mon* (portão, portal) é parte da palavra *kenmon*, que designa alguém dotado de autoridade; assim, significa, literalmente, "portal do poder". A palavra *mikado* ("portão honroso") é utilizada em referência ao imperador. Um *kinmon* (ou "portão proibido") só podia ser empregado no palácio imperial, cujo acesso era restrito. No século IX, a construção de portões era proibida às pessoas pertencentes às classes mais baixas.

## O Nikko Toshogu

O poder e a ambição dos xóguns Tokugawa são evidenciados pelo fato de que, pouco após sua morte, em 1617, Tokugawa Ieyasu foi deificado como um *kami* tutelar, ou um espírito vivo do Japão. Desse modo, ele era considerado divino, no mesmo nível do imperador. Como é apropriado a um *kami*, Ieyasu foi sepultado em um ponto elevado do monte sagrado Nikko. Seu mausoléu e santuário, conhecido como Nikko Toshogu, foi construído por seu neto Iemitsu (1604–1651), o terceiro e mais poderoso dos xóguns Tokugawa. O Toshogu ocupa a lateral de uma colina e foi construído na forma gongen-zukuri, com extensas varandas apoiadas por mísulas compostas e, na frente, duplas empenas recortadas e pontiagudas. O portão de acesso ao Toshogu abre-se para um complexo de forma irregular, com uma série de prédios secundários. Dali o caminho vira para a esquerda antes de voltar-se de novo para o norte, de frente para o santuário principal, localizado ainda mais acima na lateral da colina. Um *torii* assinala o caminho que leva ao primeiro terraço. Outra escada, cruzando mais um portal, conduz ao segundo terraço. Desse ponto, 12 degraus altos levam finalmente ao Yomeimon, o portão do santuário interno. Esse era o ponto mais próximo do santuário, ao qual os *daimyo* – senhores feudais – tinham acesso para reverenciar Ieyasu. Somente sacerdotes e membros da família Tokugawa podiam entrar no santuário propriamente dito, e apenas a família imperial tinha acesso ao santuário interno de Ise.

No Yomeimon, o visitante se depara com uma explosão espetacular de cores e construções. Duas camadas de mísulas compostas extremamente ornamentadas sustentam um balcão e um telhado do tipo "empena e espigão" no estilo heian. As superfícies imaculadas da estrutura, pintadas com cal branca, são destacadas com ornamentos de metal dourado. Fênixes, peônias, dragões nas nuvens e pássaros do paraíso competem por espaço com 22 composições artísticas que representam temas chineses. Anjos da guarda xintoístas estão sentados de cada lado da entrada. Uma escultura de Zou Gong Dan, o duque de Zou, citado por Confúcio como o modelo do governante virtuoso, foi colocada logo acima da entrada frontal. O Santuário de Nikko é uma construção dividida em três partes, com o salão de culto (*haiden*) conectado ao salão principal (*honden*) por um corredor com piso de pedra (*ishi no ma*). A decoração do santuário é mais discreta, dominada por um único estilo tradicional de carpintaria. Remates em forquilha (*chigi*) e molduras (*katsuogi*) são sobrepostos ao cume do honden, como de costume em todos os santuários xintoístas.

14.4 Yomeimon, Santuário de Toshogu, Nikko, Japão

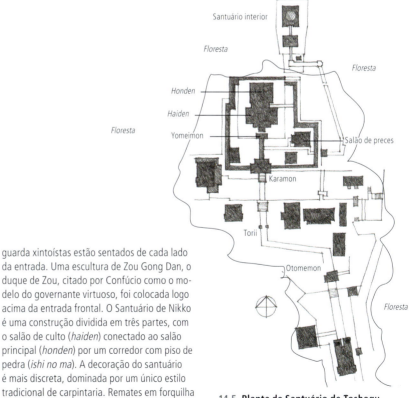

14.5 Planta do Santuário de Toshogu

# 1600 D.C.

### Nijo-jo

O Castelo de Himeji simbolizava verticalmente a ideia de autoridade shogun; já o Palácio de Ninomaru, no Castelo de Nijo, localizado no coração de Kyoto, foi projetado para representar a autoridade por meio de um padrão rítmico cuidadosamente orquestrado de salas de recepção e salões de reuniões. Construído pelo xógum Tokugawa Ieyasu, o palácio foi feito para todos os generais da região se reunirem e lhe jurar fidelidade. Entre 1624 e 1626, o palácio foi remodelado para a visita do imperador Go Mizuno em 1626, a primeira visita de um imperador a um palácio de xógum. O novo projeto foi coordenado por Nakai Masatomo, o carpinteiro-mestre responsável pelos projetos do governo em Kyoto.

Um alto muro de pedra protegido por um fosso circunda a área de 500 por 400 metros, que contém dois conjuntos, cada qual cercado por seu próprio muro: um para o castelo (atualmente destruído) e outro para o palácio. O palácio foi coberto por uma série de imponentes telhados, com telhas de barro unidas em diversos ângulos. A maior parte do madeirame não foi pintada. Entra-se por um portão localizado no muro do complexo ao sul, que conduz a um pátio com dois portões adicionais. Um, à esquerda, leva ao jardim para passeio, e o outro, em frente e um pouco fora do eixo, leva ao palácio. O muro por trás do portão é recuado, sugerindo a presença de profundidades ocultas no pátio, enquanto o muro que dá para o jardim está em ângulo, e sua perspectiva gera a ilusão de um espaço maior. Os três principais prédios do palácio são o Tozamurai (salas de recepção e escritórios do governo), o Shikidai (espaço secundário para audiências) e o Ohiroma (espaço principal de audiências). Além desses, há o Kuroshoin, destinado a audiências informais com o xógum, e o Shiroshoin, a residência real. Havia também um edifício de serviço no fundo (ao norte), com cozinhas e banheiros, conectado ao bloco principal por uma rede de corredores. O palácio, em planta, funciona como uma série de camadas organizadas por uma espinha dorsal na diagonal – um corredor define a transição entre o jardim e os espaços internos.

Os espaços principais dos quatro prédios são vinculados a esse corredor. Painéis móveis podem ser utilizados para abrir ou fechar qualquer parte do palácio ou de seus corredores. Todas as tábuas do piso do corredor do jardim foram instaladas com minúsculas molas de ferro, que rangiam mesmo sob os passos mais suaves, de modo que, mesmo com os painéis fechados, os ocupantes dos espaços internos podiam perceber qualquer presença do lado de fora ou saber se o xógum se aproximava.

O visitante que entrava pelo Kuramayose era conduzido a uma das três salas de recepção do Tozamurai. Com a vista do jardim coberta pelos painéis fechados, o visitante se deparava com uma grande pintura na qual apareciam representados tigres e panteras rastejantes em tamanho real, espreitando entre bosques de bambu. Aqui a atividade externa podia ser ouvida, mas não vista, e o visitante devia esperar até ser chamado para sua audiência. Era um espaço cenográfico feito para intimidar.

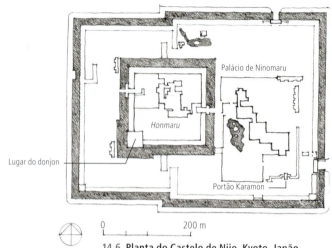

14.6 Planta do Castelo de Nijo, Kyoto, Japão

14.7 Entrada pelo jardim do Castelo de Nijo

14.8 Jardim do Castelo de Nijo

# LESTE DA ÁSIA

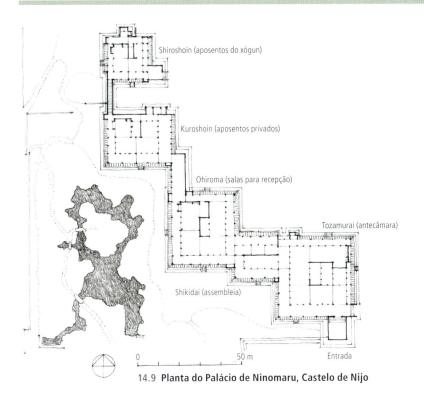

14.9 Planta do Palácio de Ninomaru, Castelo de Nijo

A maioria dos visitantes era recebida em audiência no Shikidai, por um dos conselheiros do xógum. Essa sala comprida e estreita, com vista parcial do jardim, estava focada no conselheiro, que se sentava em uma das extremidades. Atrás dele, viam-se, em uma pintura de traços vigorosos, os ramos nodosos de dois grandes pinheiros (árvores perenes que simbolizavam a autoridade permanente do xógum), os quais ultrapassavam livremente os elementos estruturais, desafiando toda a estrutura definidora do espaço. Os três espaços do salão de audiências principal, o Ohiroma, eram organizados em forma de L para estabelecer uma hierarquia visual. Os conselheiros visitantes se sentavam no *gendan no ma* (câmara inferior), separado do *jodan no ma* (câmara superior) por um único degrau. Os visitantes menos ilustres se sentavam fora do campo de visão, em uma terceira câmara. O xógum entrava pelo norte e se sentava no centro da metade norte do *jodan no ma*, voltado para o sul. Havia, portanto, uma distância considerável entre ele e os visitantes.

Por trás e a leste do xógum se encontrava a *chigidana* ("prateleiras escalonadas"), banhada a ouro, com uma pintura demarcando o lugar da autoridade. Logo atrás do xógum ficava um espaço de exibição, com um bonsai de pinheiro retorcido, cujo galho mais alto subia verticalmente no centro. Quando todos os painéis estavam fechados, a luz do sol vinda por trás iluminava o xógum contra o painel. Bem à sua esquerda, no mesmo eixo, havia uma porta especial cuidadosamente ornada. Acima dele elevava-se o forro artesoado. À sua direita, com os painéis abertos, o xógum podia ver a ilha no centro do lago. Esse era o único lugar, em todo o palácio, de onde era possível ver essa paisagem. Portanto, apesar de o xógum sentar sobre uma esteira no chão, em um local que aparentemente nada tinha de especial, o cenário fora disposto em todas as direções, de modo que, ao ocupar o seu lugar, a importância da sua posição de imediato tornava-se clara.

14.10 Palácio de Ninomaru, Castelo de Nijo

507

# 1600 D.C.

14.11 Pinheiro Suminoe, na Vila Imperial de Katsura, perto de Kyoto, Japão

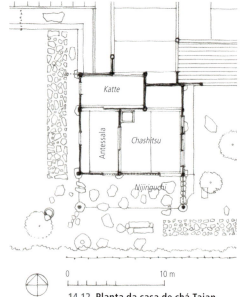

14.12 Planta da casa de chá Taian, Yamazaki, Japão

### Katsura Rikyu (Vila Imperial de Katsura)

Ao contrário dos comandantes militares xóguns, cujas suntuosas exibições de poder exprimiam suas ambições políticas, as famílias mais antigas da aristocracia, agora em grande parte alijadas do poder, começaram a adotar uma estética introspectiva e pseudorrústica, influenciada pelos ideais do zen-budismo. O exemplo mais celebrado dessa nova estética – considerada por muitos arquitetos modernos a essência da arquitetura japonesa – é o Palácio Independente de Katsura, também conhecido como Vila Imperial de Katsura. Ela foi construída pelo nobre Hichijonorniya Toshihito (1579–1629) e por seu filho Toshitada (1619–1662), e seu projeto se baseia na casa de chá ceriomonial. No século XVII, a arte de servir e beber chá havia se tornado o centro de elaborados rituais nas cerimônias da corte, focados na exibição da louçaria fina e na cerimônia de apresentação, que muitas vezes ofuscava a própria bebida. Na segunda metade do século XVI, Sen no Rikyu (1522–1591), patrono dos monges zen de Ginkakuji, transformou a cerimônia em um exercício simples, mas muito bem coreografado e personalizado, conhecido como *wabi-cha*. Sua famosa máxima era: "um momento, um encontro". O objetivo dessa cerimônia, que contrastava com a extravagância dos xóguns, era libertar-se de todas as distrações – passadas e futuras – em prol de um estado de atenção ao momento presente. Rikyu projetou uma das primeiras casas de chá neorrústicas de que se tem conhecimento, chamada Taian, em Yamazaki, ao sul de Kyoto. Contudo, essa forma encontrou sua mais significativa expressão na Vila Imperial de Katsura, uma propriedade de sete hectares na margem oeste do Rio Katsura, localizada em um subúrbio de Kyoto. O bloco principal compreende três *shoins* (seções) interligados, chamados de Velho Shoin, Shoin do Meio e Novo Shoin, dispostos de modo escalonado na extremidade oeste de uma lagoa de forma irregular com várias ilhas. O Velho Shoin, mais ao norte, foi construído pelo príncipe Toshihito, e os outros dois pelo seu filho, o príncipe Toshitada.

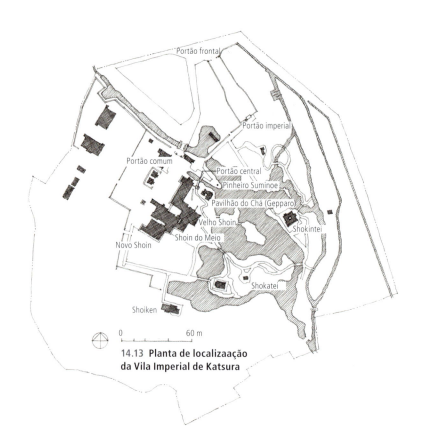

14.13 Planta de localizaação da Vila Imperial de Katsura

# LESTE DA ÁSIA

14.14 Portão do Jardim, Vila Imperial de Katsura

O palácio tem dois portões de entrada principais. A entrada para Katsura é por um portão muito singelo de bambu na extremidade de uma cerca, do mesmo material, muito austera, mas construída com extremo esmero. Nada do interior pode ser visto do lado de fora. Mesmo na entrada, a vista é cuidadosamente encoberta por uma cerca viva. O portão seguinte de Katsura foi construído para visitas imperiais. Esse também era bastante discreto e abria-se para um caminho de cascalho reto, ladeado de árvores, que conduzia a mais um portão. Dali o passeio gira para a direita por cerca de 50 metros, a maior extensão de caminho reto em Katsura. Embora o jardim inteiro esteja à esquerda, e a vila à frente, a vista descendente nesse acesso imperial foi cuidadosamente protegida por arbustos e árvores. Contudo, pequenas aberturas revelam vistas do jardim, vislumbres da casa de chá principal, uma imagem da casa de barcos e uma ponte sobre uma paisagem com água. Quando, finalmente, o visitante chega à vila, há um giro abrupto para a esquerda e uma vista ao longo de um promontório ladeado por uma espessa cerca-viva e um pinheiro Suminoe em miniatura. A vista emoldurada da árvore chama a atenção, além de impedir que se veja o jardim mais além. A miniaturização da árvore também faz com que o promontório pareça ser mais longo do que realmente é e introduz a ideia de um simbolismo inserido de modo proposital na paisagem.

O Novo Shoin, junto com um portão especial e uma via de acesso, foi construído por ocasião da visita do imperador Go Mizuno a Katsura, em 1663. Sete casas de chá distribuem-se ao redor do jardim, em um arco semicircular, conectadas por um passeio. *Grosso modo*, portanto, Katsura não deixa de ser uma vila de nobre com um jardim para passeios, mas ela também é uma assertiva ideológica da superioridade da sociedade aristocrática.

14.15 Planta da Vila Imperial de Katsura

509

# 1600 D.C.

14.16 Alpondras, Vila Imperial de Katsura, perto de Kyoto, Japão

À direita do promontório, sobre uma ponte em arco feita de madeira e terra, está o Portão Central, o primeiro encontro do visitante com a arquitetura. Uma parede simples, isolada, com uma abertura retangular, estende-se a oeste de um prédio secundário que possui uma entrada para plebeus. O caminho de seixos termina com uma única grande pedra bruta colocada na soleira da porta, seguida de quatro pedras afeiçoadas e dispostas em forma de quadrado. Dali, um arranjo informal de alpondras não afeiçoadas cruza o caminho reto de pedras afeiçoadas e indica um dos temas típicos dos caminhos de Katsura: a orquestração estudada de alpondras destinada a gerar uma experiência tátil. A partir do portão central, alpondras levam à entrada do Velho Shoin, conhecida como a Parada das Carruagens Imperiais. Aqui, outra parede independente, com uma abertura que se projeta do Velho Shoin em direção ao norte, oferece uma rota alternativa, um segundo caminho encenado com cuidado, que conduz na direção leste em relação ao Gepparo, a casa de chá mais próxima dos shoins. As alpondras que podem ser vistas por meio da abertura se parecem como misteriosas pegadas, convidando o visitante para segui-las. O passo final até o Velho Shoin é outra pedra não afeiçoada que contrasta com as linhas retas dos degraus de madeira do pórtico de entrada. Outro dos temas característicos de Katsura é a elaboração da vila como uma simples cabana. Todas as suas entradas são com grandes pedras não afeiçoadas, e cada pilar externo do lado do jardim está apoiado sobre uma fundação de pedra. Todos os pilares e vigas de madeira foram deixados sem polimento, e alguns chegam a ter a casca da árvore ainda intacta.

A geometria que ordena as plantas dos três Shoins deriva das dimensões do tatame e dos painéis corrediços shoji, cobertos com papel de arroz translúcido. Os espaços são distribuídos como uma série de cômodos interconectados, com todos os recintos mais importantes voltados para o leste e para o jardim. Os espaços auxiliares voltam-se para o oeste e se conectam a construções secundárias. O Shoin do Meio e o Novo Shoin são vinculados por uma seção intermediária, chamada de Sala de Música. Uma varanda estende-se ao longo da extremidade leste da vila, cercada por portas de painéis corrediços que podem ser abertas e fechadas para controlar a luz e conectar o exterior ao interior.

O foco espacial e visual do Velho Shoin é um eixo transversal leste-oeste formado pela despensa, a Sala da Lança e seu espaço principal (a "Segunda Sala"), o qual possui uma plataforma externa de bambu chamada de Plataforma de Observação da Lua. (O Rio Katsura era conhecido como cenário pitoresco para a observação do astro em agosto). Um pagode de pedra em miniatura, em uma clareira na extremidade sul da Ilha dos imortais, é o ponto de observação estável em uma densa paisagem de árvores. Seu foco é a água parada do pequeno lago, o qual, à noite, reflete a lua que se eleva a leste, e, de dia, reflete as árvores ao longo de suas margens irregulares. No outono, as árvores ficam muito coloridas, e, no inverno, estão cobertas de neve.

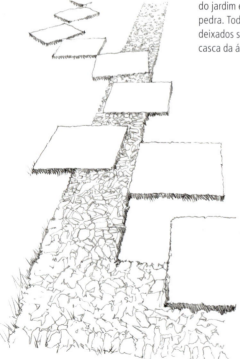

14.17 Caminho do Jardim, Vila Imperial de Katsura

14.18 Detalhe da Vila Imperial de Katsura

510

# LESTE DA ÁSIA

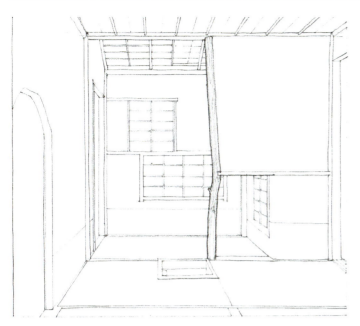

14.19 Interior do Pavilhão do Chá (Shokintei), Vila Imperial de Katsura

14.20 Estrutura da cobertura do Gepparo, Vila Imperial de Katsura

O "principal evento" de Katsura é o jardim de passeio. Seu desenho é atribuído a Kobori Enshu (1579–1647), mestre do chá e projetista de jardins, embora esse crédito não seja certo. O jardim tem muitos trajetos. O passeio principal dá a volta no lago, no sentido horário. Começa ao norte do Velho Shoin, serpenteia pela praia, passa pela casa de chá principal (o Shokintei) e pela ilha maior onde estão as casas de chá Shoiken e Orindo, cruza o campo de equitação e o jardim de musgos e retorna ao Shoin do Meio. O importante é a viagem, não o destino.

Boa parte do percurso é feita com alpondras de pedra não afeiçoada. Embora cada pedra seja completamente horizontal e nunca esteja a mais de um passo confortável da seguinte, elas não formam um caminho contínuo e fazem desvios inesperados. Isso força o visitante a prestar atenção não só ao lugar em que anda, mas também ao próprio ato de caminhar. Quando as pedras afeiçoadas dos caminhos retos em torno dos *shoins* encontram as pedras não afeiçoadas, estas dançam ao redor daquelas e até atravessam-nas com estudada irreverência. Porém, quando encontram a cascata de seixos rolados – a "areia" da margem do lago –, marcham sobre elas como um caminhante decidido a passear pela praia. Às vezes parecem ter uma finalidade intrínseca: as pedras não afeiçoadas passam reto

pelo jardim de musgos úmido, ao lado do Shoin do Meio, enquanto o caminho reto é obrigado a circular a sua borda. Outras vezes, parecem mais funcionais. Ao longo do caminho, lanternas de pedra marcam os locais de repouso. Um dos usos mais famosos de uma dessas lanternas encontra-se no término da península que se projeta no lago. Essa lanterna, chamada de Lanterna da Chuva Noturna, marca o término do caminho, que deve ser interrompido.

14.21 Planta do Shokintei, Vila Imperial de Katsura

# 1600 D.C.

14.22 A China da Dinastia Ming

O primeiro túmulo Ming construído ali, em 1409, foi o do terceiro imperador da dinastia, Zhu Di, conhecido como o Imperador Yongle. Zhu Di transferiu a capital Ming para Pequim e construiu a Cidade Proibida. Dando continuidade às práticas funerárias dos T'ang e Zou, os ming projetavam seus túmulos em três partes: um longo Caminho dos Espíritos que conduz ao túmulo, um santuário para cerimônias e sacrifícios oferecidos aos mortos e ao galgal (morro funerário) em si. Contudo, ao contrário de seus predecessores, os Song, os Ming não construíram um Caminho dos Espíritos separado para cada túmulo, mas agruparam todos os túmulos em um único vale, ao final de um Caminho dos Espíritos com um único acesso. Eles também aboliram a prática de sacrificar concubinas e serviçais como "acompanhantes" para o imperador, eliminando a necessidade de construir uma câmara separada para eles.

## OS TÚMULOS MING

A burocracia Ming era tão eficiente que o fato de o sétimo imperador Ming, Wanli (1573–1620), ser tido como indolente e amante do divertimento parece não ter afetado a prosperidade de seu império. As cerimônias e apresentações oficiais muitas vezes eram feitas mesmo perante seu trono vazio. Estima-se que cerca de oito milhões de *taels* de prata tenham sido gastos no projeto e na construção do seu túmulo, iniciada em 1585, quando ele tinha apenas 22 anos. Esse empreendimento, aliás, consumiu boa parte do tempo do imperador. Muito mais do que tentativas egocêntricas personalistas de garantir a vida após a morte, os túmulos, sobretudo os reais, eram parte integral da cosmologia chinesa. Os espíritos dos ancestrais falecidos e mesmo os das pessoas comuns deviam ser alimentados e cuidados, pois acreditava-se que, do contrário, poderiam causar infortúnios às gerações futuras. No entanto, a morte do imperador era particularmente especial, pois ele tornava-se parte do próprio céu, e a arquitetura do túmulo devia refletir essa transição. Muitos dos túmulos reais da China, inclusive o do primeiro imperador, Shi Huangdi, ainda não foram escavados.

Os 13 túmulos Ming, dos quais somente o de Wanli já foi escavado, estão entre os mais famosos e mais bem preservados. Eles estão reunidos no Vale das Montanhas Tianshou, cerca de 80 quilômetros a noroeste de Pequim.

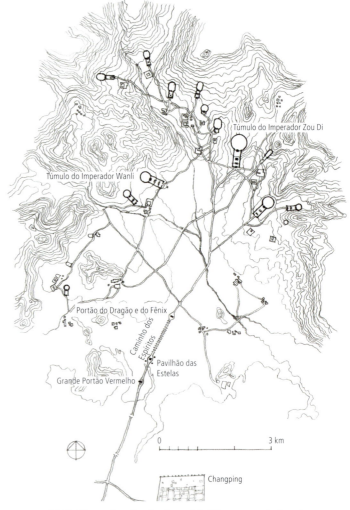

14.23 Planta dos túmulos imperiais Ming, perto de Pequim

# LESTE DA ÁSIA

O imperador Yongle reservou uma área de aproximadamente 330 quilômetros quadrados, definida por um muro que engloba uma grande área, incluindo um vale, as montanhas da base de uma cordilheira e riachos que alimentam um rio que corre em direção ao sul. Para proteger essa área, proibiu-se o cultivo ou o corte de árvores nela e fundou-se uma aldeia próxima à entrada para abrigar os encarregados de cuidar da área. A entrada oficial ao local, o Grande Portão Vermelho, ficava a cerca de um quilômetro do *pai lou*. (*Pai lou* é o termo genérico para os portões que homenageiam indivíduos que tiveram vidas virtuosas.) De planta quadrada, o prédio possui uma base sólida, atravessada por elevadas abóbadas de berço dispostas sobre seus eixos, que emolduram, no centro, uma enorme estela monolítica com 10 metros de altura, erguida sobre as costas de uma tartaruga. Alguns poemas escritos por imperadores posteriores em homenagem a seus ancestrais foram entalhados na estela. Nesse portão, o imperador desmontava e prosseguia a pé. Logo ao lado do portão havia um pavilhão, que já não existe, onde o imperador e seu séquito de cerca de mil criados descansavam e colocavam as vestimentas apropriadas à ocasião. Dali o imperador iniciava sua longa caminhada pelo Caminho dos Espíritos.

Assim como nos túmulos mais antigos, a principal característica do Caminho dos Espíritos é a variedade de estátuas de animais míticos e reais e de nobres e generais célebres, alinhadas nas duas laterais. Doze pares de animais e seis pares de homens simbolizam uma guarda eterna, organizada da mesma maneira como a guarda de honra da Cidade Proibida foi preparada para ocasiões cerimoniais. Os animais estão aos pares; um deles descansa, enquanto o outro permanece em guarda. No final desse segmento do Caminho dos Espíritos há um pequeno portão com três portais, cujo centro é bloqueado para vedar a passagem dos espíritos malignos.

Após passar o portão pelas laterais, o Caminho dos Espíritos continua fazendo uma curva suave para a esquerda e conduz a uma ponte tripla que atravessa o rio e leva direto ao túmulo do imperador Yongle. Caminhos secundários para os outros túmulos ramificam-se a partir do trajeto principal, como se fossem galhos de uma árvore. As tumbas estão muito distantes da entrada principal – é uma caminhada de quase seis quilômetros desde o *pai lou*. Esse passeio por uma planície rasa, cheia de árvores perfumadas cuidadosamente escolhidas, era tema frequente de pinturas e poesias. Assim como na Cidade Proibida e na arquitetura chinesa imperial em geral, o caminho, como uma extensão monumental do espaço no eixo horizontal, foi construído na escala apropriada apenas aos imperadores.

**14.24** Torre dos Tambores do Caminho dos Espíritos, Túmulos Ming

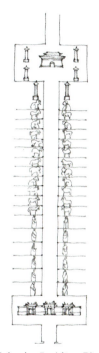

**14.25** Caminho dos Espíritos, Túmulos Ming

**14.26** Caminho dos Espíritos, Túmulos Ming

A extensão horizontal do espaço era considerada a medida da importância de um prédio. O Caminho dos Espíritos repete o eixo da Cidade Proibida. Por outro lado, é a Cidade Proibida, com sua montanha artificial no lado norte, que de certa maneira imita o eixo sagrado materializado pelo Caminho dos Espíritos.

Em termos conceituais, os túmulos Ming compartilham a mesma ordem simbólica espacial da Cidade Proibida e do Altar do Céu. Essa ordem é em parte *feng shui*, mas constitui-se, acima de tudo, na expressão espacial de uma ordem social e espiritual centrada na figura do imperador. A ordem simbólica de Pequim foi projetada para permitir que a instituição do imperador, como centro governamental e espiritual, se tornasse funcional e visível. Nos túmulos, entretanto, não havia necessidades cotidianas ou cidadãos a serem governados. Aqui apenas o imperador reinante e os seus ancestrais, com os quais relacionava-se, eram representados pelo espaço vazio no Altar do Céu, que deveria ser espacializado, sendo a mais pura representação da interseção entre o mundo terrestre e o celestial. Cada imperador que se sucedia devia visitar os túmulos de seus predecessores na data do aniversário de sua morte. Assim, a escolha do local em que seria enterrado era de extrema importância. O imperador Yongle escolheu para seu túmulo um local aninhado na base da interseção entre duas cordilheiras de montanhas baixas, no final de um pico que aponta para um vale. Essa escolha seguia os preceitos do *feng shui*, que requer que duas cordilheiras (o tigre e o dragão) protejam-no por trás contra os espíritos do mal vindos do norte. (Na Cidade Proibida, a montanha é representada pela pequena colina artificial logo além da muralha norte.)

# 1600 D.C.

14.27 Acesso axial aos Túmulos Ming, perto de Pequim

14.28 Câmara subterrânea, Túmulo do Imperador Wanli, Túmulos Ming

Como fez no Altar do Céu, o imperador visitante entraria no local pelo sul, a direção apropriada ao suplicante. A entrada foi marcada por um portão cerimonial de pedra com cinco portais, composto de seis colunas monolíticas adornadas com animais derivados das tradições nativas chinesas, budistas e índicas. Ao contrário da convenção chinesa, segundo a qual todo prédio importante tem um nome, sempre inscrito em uma placa colocada sobre a entrada principal, a placa, nesse portão, foi deixada vazia, pois afirmava-se que seria inapropriado que simples mortais anunciassem a presença dos "filhos do céu".

14.29 Estela que guarda a entrada do túmulo do Imperador Wanli

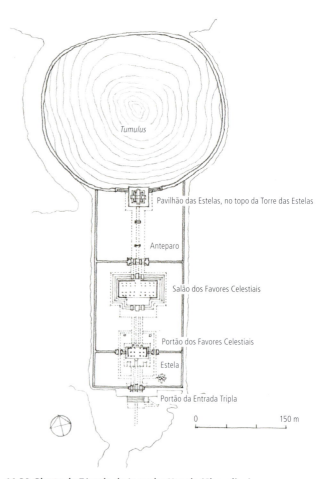

14.30 Planta do Túmulo do Iperador Yongle (Changling)

# LESTE DA ÁSIA

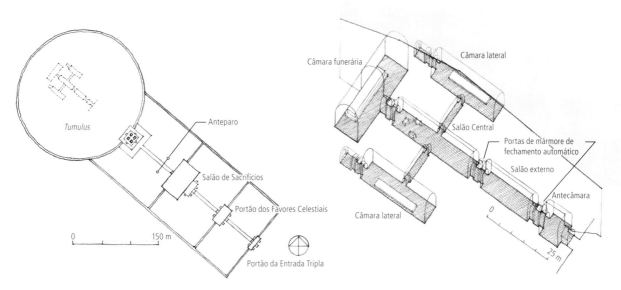

14.31  Planta do Túmulo do Imperador Wanli (Dingling)

14.32  Câmaras subterrâneas de Dingling

Os 13 túmulos consistem numa sequência de recintos retangulares destinados a rituais e sacrifícios que terminam num morro funerário redondo ou oval. Os recintos simbolizam o mundo terrestre, e o monte circular, a esfera celestial. No encontro da parede do último espaço com a do recinto circular há uma torre estelar, com um pavilhão colocado sobre a base, que dá acesso ao monte. A maior parte dos túmulos tem somente um ou dois recintos, e apenas os três maiores – Changling, Yongling e Dingling – possuem três.

Changling, o maior e mais antigo, começa em um portão com três entradas que conduz a uma área fechada na qual havia, originalmente, um prédio para que o imperador e seu séquito fizessem os ajustes finais em suas vestimentas. Daí passava-se a um portão que dava entrada ao pátio principal, destinado a sacrifícios, que continha o Salão dos Favores Celestiais, quase idêntico ao Salão da Harmonia Suprema existente na Cidade Proibida, permitindo ao imperador ter as mesmas honras que em vida. Três terraços de mármore sustentam o grande salão de 67 por 30 metros, com três escadarias de acesso. Em seu interior, 70 colunas feitas de troncos inteiros de árvores da espécie *Machilus nanmu*, cortadas de florestas primárias, cada uma com 13 metros de altura, sustentam um telhado de beiral duplo sem qualquer escora diagonal. O *dou-gong* na parte externa é um ornamento, não tem função estrutural. O teto artesoado é azul, verde, vermelho e dourado. O Salão dos Favores Celestiais e o Salão da Harmonia Suprema são os maiores do gênero na China.

Os montes funerários são definidos por morretes de terra fortificados com paredes de três metros de espessura, reforçadas no exterior para conter o solo, sem indicações visíveis da entrada. Possuem tuias e carvalhos plantados, pois acreditava-se que suas raízes podiam alimentar os mortos. No topo da colina encontra-se um pequeno *tumulus* em forma de um cone ou longo sulco. O *tumulus* é apenas simbólico, pois a verdadeira tumba está muito abaixo da superfície. Vistos do eixo de entrada, o portão com a estela, o monte e os perfis da montanha compõem uma única entidade simbólica. O *tumulus* da tumba do imperador Wanli, por exemplo, alinha-se diretamente com o pico que fica atrás. O acesso ao ofertório, que está logo à frente da base da torre estelar, não é plano, mas consiste em uma série de transições demarcadas por portões e soleiras.

O túmulo do imperador Wanli, localizado 27 metros abaixo da superfície, consiste em três recintos sacrificiais e quatro câmaras interconectadas, com abóbadas de berço. Três correm paralelas entre si, e a quarta, a principal, está em ângulo reto, na cabeceira. Enquanto as câmaras laterais, provavelmente destinadas a concubinas e membros da família, encontravam-se vazias, o recinto central contém três tronos para objetos de ritual. Os ataúdes em que foram sepultados o imperador, a imperatriz e a concubina principal (que ascendeu a imperatriz quando o filho dela se tornou o próximo imperador) foram encontrados intactos na câmara mortuária principal.

Todas as abóbadas foram feitas apenas com pedras de mármore branco e polido. Essa tradição, a qual remonta aos túmulos dos imperadores Han, mostra que, embora os chineses tivessem certamente alcançado a maestria na arte da cantaria, optaram por usá-la apenas em suas construções sepulcrais. O Palácio da Abstinência do Altar do Céu, onde o imperador preparava-se para os rituais calêndricos mais importantes, é um dos poucos locais em que uma abóbada de pedra foi usada em um prédio construído acima do nível do solo. A sala era, em essência, um tipo de túmulo, pois o imperador devia usá-la para purificar-se pela abstinência e pelo jejum.

# 1600 D.C.

14.33 Palácio de Potala, Lhasa, Tibete (China)

## O PALÁCIO DE POTALA

O budismo foi introduzido no Tibete por monges mahayana oriundos da Índia e do Nepal no século VIII. Por volta do século X, o Nepal começou a prosperar como potência regional, conquistando extensos territórios na Mongólia e na China. O crescimento do Tibete foi, no entanto, contido pelos chineses até meados do século XV. Embora as dinastias não Han da China – os Liao e sobretudo os Yuan da Mongólia – apoiassem o budismo tibetano, elas faziam questão de que o país continuasse subserviente em termos políticos. Os Ming fingiam apoiar o budismo tibetano, mas seu real objetivo era o restabelecimento de um estado confucionista e taoísta. Como consequência, os tibetanos se dividiram em diversas seitas rivais, identificadas pela cor de suas túnicas, como as seitas vermelha, branca e amarela. Quando a Dinastia Ming entrou em decadência, os mongóis uigures, descendentes da prévia Dinastia Yuan, comandados por Altan Khan, converteram-se à seita amarela tibetana. Depois disso, o budismo tibetano, ou lamaísmo, difundiu-se com rapidez entre os mongóis da Ásia Central.

Em 1641, Gushri Khan, neto de Altan Khan, derrotou todas as outras seitas tibetanas e proclamou Ngawang Losang Gyatso (1617–1682) como o quinto dalai-lama, não só o líder espiritual, mas, pela primeira vez na história, também o chefe político do Tibete. Os manchus mongóis haviam acabado de suceder os Ming no poder, e um de seus primeiros atos diplomáticos foi convidar o quinto dalai-lama à corte chinesa, onde ele foi recebido com todas as honras.

Uma das primeiras ações do dalai-lama foi estabelecer uma nova capital e construir um novo palácio que fosse identificado como a sede do poder espiritual e político do mundo budista. Esse era o Palácio de Potala, um vasto e majestoso palácio e mausoléu, com uma localização espetacular: uma colina no meio do Vale de Lhasa, a "cidade proibida" do Tibete.

O Rio Lhasa é um afluente do Tsangpo, que se torna o Brahmaputra ao girar para o sul, ao redor dos Himalaias, e ingressar na Índia. A uma altura de 130 metros em relação ao vale, encontram-se dois afloramentos rochosos íngremes sobre o leito alargado do rio, em um desfiladeiro. No maior e mais alto deles, conhecido como Colina Vermelha, encontra-se o Palácio de Potala, com 360 metros de comprimento e 110 de largura, atingindo a altura máxima de 170 metros. Sua orientação é leste-oeste, com a frente voltada para o sul (Hemisfério Norte), na direção da cidade interna. O cenário é deslumbrante. Uma grande cordilheira denteada forma uma cavidade extremamente alta. O afloramento rochoso e o Rio Lhasa, muito caudaloso, estão no centro do que parece ser, literalmente, o teto do mundo.

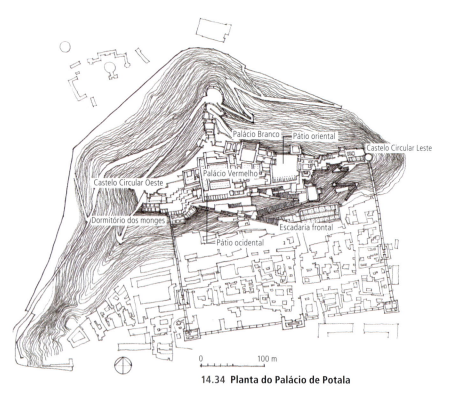

14.34 Planta do Palácio de Potala

# SUL DA ÁSIA

O Palácio de Potala é o centro de culto sagrado dos tibetanos. Seu nome significa Monte Meru, o centro organizador e conceitual da cosmologia budista. Assim, o palácio é, ao mesmo tempo, um local de peregrinação e uma residência real.

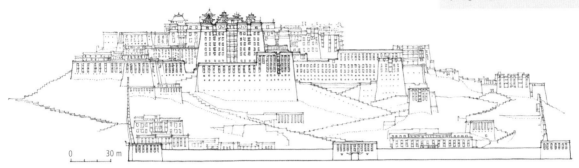

14.35 Elevação sul do Palácio de Potala

Como foi projetado para ser defensável, o volume principal do palácio é típico para uma fortaleza. Paredes de tijolo espessas e inclinadas, pintadas de branco, sobem de modo abrupto diretamente da superfície da rocha, em uma série de terraços que ocupam todo o cume da Colina Vermelha. As paredes recuam e avançam para se acomodar aos diferentes níveis do terreno e abrir espaço aos caminhos de acesso.

Sólidas e cegas na parte inferior, as paredes são vazadas em sua porção mais alta por janelas escuras, esparsas e simples, de início, mas que mais acima tornam-se maiores e são mais ricamente ornamentadas. As paredes são encimadas por proeminentes espigões vermelhos. O ponto final visível é uma série de pequenos telhados dourados em estilo chinês, não tão grandes a ponto de constituir o foco único, mas salientes o suficiente para garantir que a vista descanse sobre eles, criando um leve brilho metálico em uma paisagem dominada por rochas cinzentas. Longas rampas, visíveis à distância, seguem num percurso sinuoso pela lateral da colina. Sua ascensão vagarosa define-as como discretas vias processionais, que conduzem a um lugar de peregrinação.

O palácio atual foi construído em duas fases principais. Começou-se pela construção dos baluartes principais e do lado oeste do palácio, conhecido como Palácio Branco. Depois, esse prédio foi parcialmente reconstruído, erguendo-se um Palácio Vermelho, que se tornou a principal residência dos dalai-lamas.

O Palácio Branco abriga grandes salões cerimoniais dedicados a orações, salas para dignatários visitantes e escritórios, enquanto o Palácio Vermelho contém o salão de audiências, assim como estupas funerárias dos dalai-lamas. O topo do palácio abre-se para um terraço plano onde se encontram os pavilhões em estilo chinês, com seus telhados folhados em cobre, um para cada dalai-lama. Aos pés do Palácio de Potala, um recinto quadrado, cercado por muros, abriga uma rede de edifícios governamentais.

O acesso ao Palácio de Potala começa no fim do quadrilátero mais baixo, junto a uma coluna erigida para marcar o fim da construção do Palácio Vermelho. A primeira rampa conduz a estruturas secundárias a oeste e, então, volta-se para o alto, em direção ao Palácio Branco. Após outro desvio, chega-se a um ponto em que as entradas do Potala, até então ocultas, revelam-se de repente, aninhadas entre os vãos escalonados das paredes. Uma escada a leste leva à entrada do Palácio Branco e outra, na direção diametralmente oposta, ao Palácio Vermelho. As paredes altas do próprio Potala estão ao alcance, e, para o peregrino, esse é o primeiro estágio da chegada, ao qual diversos outros se seguirão. A entrada geralmente é pelo Palácio Branco. Uma abertura retilínea e alta, com três níveis abertos acima, leva a um espaço escuro, com quatro colunas.

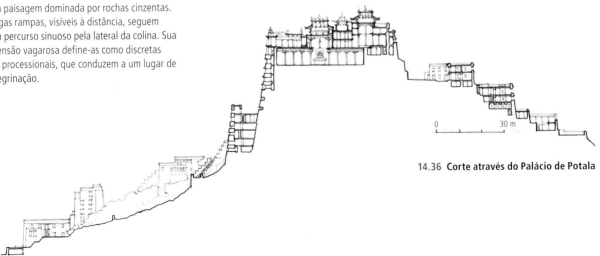

14.36 Corte através do Palácio de Potala

# 1600 D.C.

14.37 Palácio de Potala, Lhasa, Tibete (China)

Desse ponto, o caminho gira para a esquerda, segue ao longo de um corredor estreito, vira à direita e chega a um pequeno pátio curvo onde está o segundo limiar de entrada ao palácio. Um lance de escadas e um vestíbulo com duas colunas conduzem a outro corredor, do qual uma curva à esquerda desemboca no pátio leste, o local de chegada cerimonial do Palácio de Potala. Esse é o terceiro e último limite que pode ser alcançado pelos peregrinos. O pátio é circundado por um recinto de dois pavimentos, dominado pela face inclinada do canto do Palácio Branco, na extremidade noroeste. Uma escadaria central leva aos seis níveis do Palácio Branco, destacados pelas características janelas tibetanas, feitas com esquadrias de madeira pintadas em cores brilhantes e tampos de proteção solar entalhados de modo primoroso. A complexidade e o tamanho das janelas crescem a cada pavimento, e a última termina junto à cornija. Internamente, a estrutura principal do prédio é de madeira, com os cômodos organizados ao redor de um pátio nos níveis superiores. Essa modalidade de construção e de representação vertical é típica da arquitetura tibetana, uma consequência de seu extenso intercâmbio com a arquitetura e a cultura nepalesas.

O Palácio Vermelho possui salões de oração com pilares e os restos mortais, embalsamados e conservados em sal, de oito dalai-lamas, marcados por oito estupas brancas chamadas de *chortens*. A maior e mais complexa é a estupa do quinto dalai-lama.

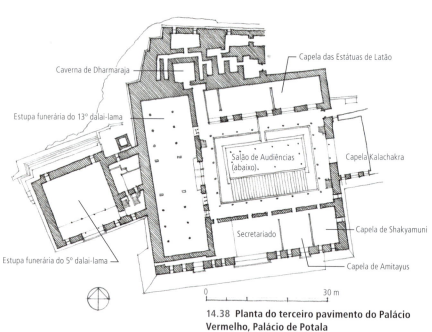

14.38 Planta do terceiro pavimento do Palácio Vermelho, Palácio de Potala

# LESTE DA ÁSIA

14.39  As viagens de Zheng He

## AS VIAGENS DE ZHENG HE

Taizu, o primeiro imperador Ming, também chamado de imperador Hongwu, patrocinou, entre 1405 e 1433, uma série de expedições navais. Pelo menos sete delas atravessaram o "oceano ocidental", que poderia ser o Oceano Índico ou o Pacífico. As viagens foram comandadas por Zheng He (1371–1435), um muçulmano da província chinesa de Yunnan, cujo pai e avô haviam feito a *hadji* (peregrinação) até Meca; portanto, ele conhecia os avanços cartográficos do Islã. A missão de Zheng He não tinha finalidade econômica, mas diplomática, e buscava estabelecer laços com outras nações. Algumas das viagens chegaram a levar 300 navios e 27 mil marinheiros, no total, e alcançaram Mombaça, na África. Ainda hoje há descrições fantásticas dessas frotas registradas nos templos de Ayutthaya, na Tailândia.

A economia chinesa estava totalmente vinculada ao comércio, e essas viagens destinavam-se à expansão dos horizontes comerciais do país. Os chineses também comerciavam com os holandeses, que controlavam Java, assim como com os espanhóis e portugueses. Estima-se que um terço de toda a prata extraída da América do Sul tenha sido levado à China em troca de porcelana, seda e outros artigos de luxo. Para alimentar essa economia de exportação, construíram-se em Jingdezhen, na província de Jiangxi, fornos gigantescos que produziam cerca de 100 mil pequenas peças de cerâmica e 50 mil peças maiores por ano. Foram preservados como decoração do teto no Palácio Santos, em Lisboa, 260 pratos e vasilhas chinesas da época.

Em 1449, os mongóis emboscaram uma expedição liderada pelo imperador Zhengtong, arrasaram o exército chinês e capturaram o imperador. A estabilidade foi retomada somente em 1457, quando Zhengtong recuperou o trono. A ameaça mongol mais uma vez abalava a corte Ming. Assim, os chineses decidiram abandonar suas caras expedições marítimas de exploração para se concentrar em se proteger dos mongois. Em 1474, O general Wang Yueh insistiu e recebeu autorização para conduzir uma ampla reforma na Grande Muralha. Quase 40 mil soldados foram enviados para construir não só vastos segmentos da muralha, mas também suas fortificações, torres de sinalização e paliçadas. A Grande Muralha Ming ocupa o último trecho das montanhas antes de estas se transformarem nos desertos do norte da Mongólia. Dessa maneira, as possibilidades de longo prazo das expedições navais de Zheng He foram trocadas, então, pela segurança imediata e urgente do sistema da Grande Muralha.

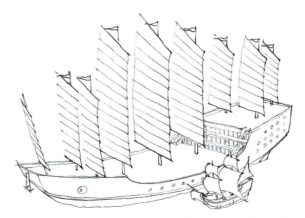

14.40  Navio do tesouro da Dinastia Ming comparado ao São Gabriel, de Vasco da Gama

# 1600 D.C.

14.41 Desenvolvimento do Império Mugal

14.42 Túmulo de Humayun, Délhi, Índia

## OS MOGÓIS

Os Sultanatos de Délhi, com seus vários interesses conflitantes, foram conquistados por um estrangeiro, Babur, descendente dos timúridas. Ele fundou a Dinastia Mugal, que, na época da sua morte (1530), governava um império gigantesco que ia do planalto do Decã ao Turquestão. Humayun, filho mais velho de Babur, perdeu o trono em 1540 para Sher Shah Sur, um ex-aliado afegão que, embora tenha governado apenas por 15 anos, estabeleceu um sistema centralizado de administração que serviu de base para os mugais seguintes. Humanyum reconquistou o trono de Délhi em 1555, mas morreu um ano depois. Ele foi sucedido por Jalal-ud-Din Akbar (que reinou entre 1556 e 1605), um jovem de 18 anos que estabeleceu os fundamentos do Império Mugal e consolidou-o. Seu neto Khurram Shah Jahan (1628–1657) foi o beneficiário. O primeiro era um idealista inculto e cheio de manias, o outro, um esteta culto e indolente. Ainda assim, ambos usaram sua imensa riqueza para criar duas das mais belas obras arquitetônicas do sul da Ásia: a cidade de Fatehpur Sikri e o Taj Mahal.

### O Túmulo de Humayun

A esposa principal de Humayun, Begai Begum, levou um arquiteto persa, Mirak Mirza Ghiyas, que morava em Bucara, para projetar o túmulo de seu marido (1570). Ele se localizaria a leste de um túmulo projetado para um dos nobres de Sher Shah, em 1547. O Túmulo de Humayun tornaria-se o protótipo do Taj Mallal, construído cerca de 50 anos depois. Revestido de arenito vermelho, localiza-se no centro de um grande jardim quadrangular subdividido em quadrantes por passeios. Estes, por sua vez, subdividem-se em nove seções menores, à maneira do jardim de planta quádrupla *chahar baghor*, de origem persa. Há um canal de água no eixo de cada calçada, com pequenos tanques quadrados de lírios nas interseções. A parede leste foi construída diretamente sobre o Rio Yamuna, o qual, com o tempo, afastou-se para o leste. O portão principal ficava ao sul, embora tenham sido construídas entradas no centro dos quatro muros. O túmulo possui duas plataformas, uma mais baixa, com arestas chanfradas, e a principal, que contém câmaras secundárias com arcos e abóbadas.

Escadas que partem do arco central conduzem à plataforma superior. A edificação propriamente dita é um octógono com oito câmaras circundantes distribuídas em dois níveis. Uma cúpula bulbosa, revestida de mármore, repousa sobre um tambor alto. Todas as câmaras são conectadas por corredores, característica incomum que pode estar associada à prática sufi de circum-ambulação da câmara funerária. Uma lápide marca o túmulo propriamente dito. Ela localiza-se abaixo da cúpula principal, a qual eleva-se sobre gigantescos pilares. Todo o interior é rebocado e pintado em branco e um delicado tom de vermelho alaranjado, que combina perfeitamente com o arenito empregado na parte externa.

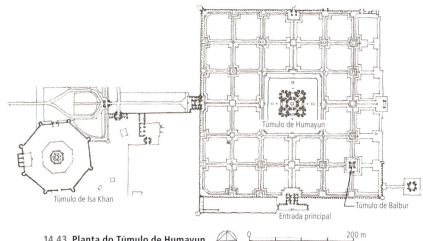

14.43 Planta do Túmulo de Humayun

# SUL DA ÁSIA

### Fatehpur Sikri

Fatehpur Sikri foi iniciada em 1561 e abandonada 14 anos depois, em razão da falta de água. Suas origens residem na íntima ligação de Akbar com o sufismo. O xeique Salim Chisti, um místico sufi, habitava uma escarpa rochosa 48 quilômetros a oeste da capital, Agra. Akbar foi a pé visitar Salim Chisti para rogar pela dádiva de um filho, que nasceria um ano depois. Em sinal de gratidão e para que pudesse viver mais próximo a seu mentor, Akbar decidiu construir uma nova mesquita e complexo palaciano na longa e estreita escarpa rochosa, então conhecida simplesmente como *Sikri* (de *shukri*, ou "agradecimento", na língua persa).

A primeira edificação construída em Fatehpur Sikri foi a Jami Masjid, ou Mesquita da Sexta-Feira. Como ela devia estar orientada para o oeste, encontra-se em um ângulo oblíquo em relação à escarpa. Os múltiplos pátios do palácio real, construídos em seguida, também estavam alinhados com a Jami Masjid, e não com a escarpa, de modo que todo o complexo se desenvolve ortogonalmente. As implicações espaciais dessa mudança de orientação foram imensas. Todos os pátios foram muito bem conectados entre si. Como os centros dos pátios internos não estão espacialmente alinhados, como ocorre na maioria dos complexos desse tipo, eles compõem uma sequência dinâmica de experiência espacial que se desenrola em diagonal, cheia de expansões e contrações inesperadas. As expectativas geradas pelos eixos foram manipuladas a fim de intesificar as surpresas. Por exemplo: a vista da Casa de Birbal, no centro do seu pátio, para o Pátio de Pachisi, está alinhada com um dos braços do Anup Talao. Isso cria a expectativa de que o Anup Talao também esteja no centro de seu pátio. Contudo, quando seguimos o eixo e entramos no Pátio de Pachisi, verificamos que o Anup Talao se encontra numa das extremidades de seu pátio, o que revela o caráter diagonal de seu eixo.

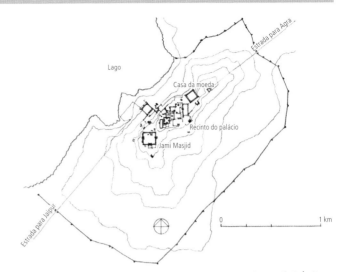

14.44 Planta de situação de Fatehpur Sikri, Índia

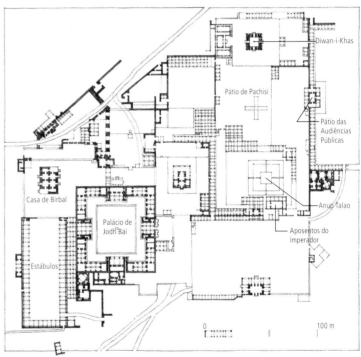

14.45 Planta do recinto do palácio, Fatehpur Sikri

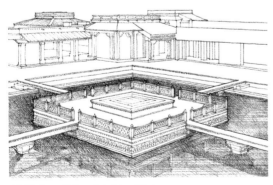

14.46 Anup Talao, Fatehpur Sikri

# 1600 D.C.

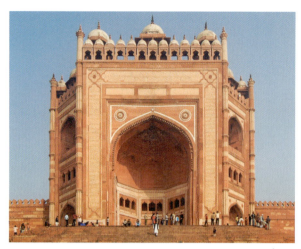

14.47 Elevação externa do Buland Darwaza, Fatehpur Sikri, Índia

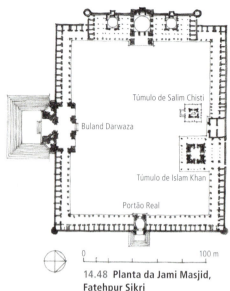

14.48 Planta da Jami Masjid, Fatehpur Sikri

## Buland Darwaza

O Buland Darwaza (1573) é uma obra engenhosa que mescla as escalas da arquitetura com a do urbanismo. Ele foi construído na Jami Masjid (a Mesquita da Sexta-Feira) de Sikri, que era, até o final do século XIX, a maior mesquita do sul da Ásia. A Jami Masjid, de 165 por 133 metros, possui um pátio enorme, com portões em três de seus lados e, a oeste, a *quibla*, focada em um *iwan* com cúpula central ladeada por dois domos menores. O *mihrab* e a parede oeste são decorados de modo requintado, com mosaicos de pedra e azulejos vitrificados com inscrições em azul celeste e dourado. Com a exceção da *quibla*, o resto da mesquita foi feito de arenito vermelho, com uma ou outra peça de mármore incrustado. O arenito, facetado como se fosse madeira, foi empregado nas colunas estruturais, e não como revestimento, uma inovação que confere à colunata uma delicadeza não vista em pilares revestidos de pedra. De fato, as colunas portantes de arenito vermelho estão presentes por todo o Fatehpur Sikri, e, quando paredes mais espessas eram necessárias, elas eram todas revestidas com o mesmo arenito vermelho (e, às vezes, com incrustações de mármore e pedras semipreciosas), conferindo unidade a todo o conjunto.

Em 1573 Akbar reconstruiu o portão sul da mesquita, após sua tão esperada vitória sobre Gujarat. Rebatizado de Buland Darwaza, ou Portão da Vitória, o portal de 54 metros de altura é tão alto que correu o risco de dominar a *quibla* da mesquita, para a qual deveria ser apenas uma entrada. O talento dos projetistas de Sikri ficam evidentes na maneira em que trabalharam a seção do prédio, que garante uma leitura majestosa do exterior, mas não do interior. Em primeiro lugar, eles exageraram a altura externa do Darwaza ao construir um elevado lance de escadas à sua frente, fazendo uso da implantação da mesquita, bem na borda da escarpa. Seu impacto sobre a mesquita é atenuado por seu perfil escalonado – enquanto a elevação externa se eleva ao máximo, a interna começa a uma altura logo abaixo do *iwan* da *quibla*.

14.49 Corte do Buland Darwaza

14.50 Elevação interna do Buland Darwaza

# SUL DA ÁSIA

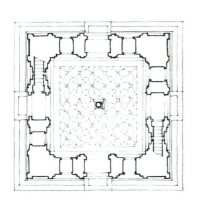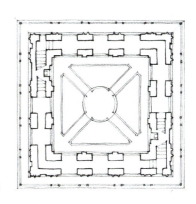

14.51 Planta do pavimento térreo, corte e planta do pavimento superior do Diwan-i-Khas, Fatehpur Sikri, Índia

## Diwan-i-Khas

O Diwan-i-Khas é um edifício singular na história da arquitetura. Foi concebido por Akbar, que tinha ideias excepcionais e, em diversos sentidos, era um pensador muito moderno. Embora iletrado, ele tinha muita curiosidade a respeito do império que acabara de criar. Assim cercou-se de filósofos e estetas e buscou uma prática filosófica e religiosa que pudesse, a seu ver, resolver a multiplicidade e as contradições entre as várias crenças de seu mundo. Akbar deu início a um novo culto ou prática religiosa sincrético e pluralista chamado Din-i-Ilahi, ou religião divina, que de modo bastante genérico pregava a abstinência, a meditação, a generosidade, a polidez e o monoteísmo místico. Em 1582, em Fatehpur Sikri, Akbar proclamou oficialmente o nascimento do Din-I-Ilahi e convocou um concílio geral dos adeptos de todas as confissões religiosas a fim de que resolvessem suas diferenças. O núcleo do Din-i-Ilahi era Sulh-i-kul, a tolerância para com todos os pensamentos que beneficiam a humanidade. Akbar, vendo-se como um singular embaixador de Deus, apresentou-se como a instituição central para dirimir as diferenças religiosas.

Os conceitos do Din-i-Ilahi se manifestam no Diwan-i-Khas (o salão real de audiências). Trata-se do edifício solitário, solto como um objeto no espaço, no meio do pátio central: uma caixa cúbica de dois pavimentos com quatro *chattris*

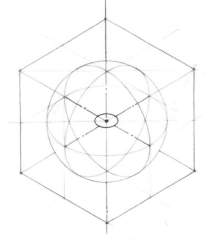

14.52 O assento do imperador, o centro conceitual do Diwan-i-Khas

14.53 O assento do imperador, Diwan-i-Khas

nos cantos, feitos inteiramente de arenito vermelho. Uma profunda *chajja* em balanço projeta uma sombra proeminente sobre a elevação do nível superior. A largura do prédio, 13,18 metros, é igual à sua altura até o topo dos *chattris*, o que o torna, simbolicamente, um cubo perfeito. A dramaticidade do Diwan-i-Khas está em seu interior. Nesse espaço com pé-direito duplo, no centro do volume total e apoiada em um único pilar encimado por um cogumelo de consoles de arenito, fica uma plataforrna redonda que parece flutuar no ar. Ela se conecta nos cantos a pontes estreitas que formam um padrão cruciforme. Um balcão circunda o interior, no nível do segundo pavimento. Ele funcionava como um salão de audiências muito peculiar, onde o imperador ouvia os suplicantes de cima e consultava os ministros de várias posições filosóficas e religiosas, sentados nas extremidades das pontes. A posição do imperador, sustentada por uma única coluna, encontrava-se exatamente no centro do prédio, tanto em planta quanto em corte. De fato, ele se sentava no centro do cubo e da esfera conceitual sugerida pelo prédio. Trata-se de um reflexo espacial da posição ocupada pelo imperador no Din-i-Ilahi: o centro, equidistante de todas as posições filosóficas. Como espacialização direta de um ideal filosófico, o Diwan-i-Khas pode ser descrito como um projeto teórico. Ele não tinha precedente e jamais foi copiado.

# 1600 D.C.

14.54 Taj Mahal, Agra, Índia

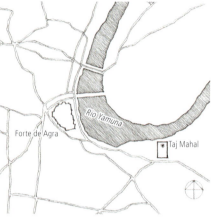

14.55 Mapa de área de Agra

### O Rauza-i-Munavvara (Taj Mahal)

Herdeiro de um vasto e próspero império, Shah Jahan (1628–1658) desfrutava dos dividendos da paz. Dedicava-se à poesia, arte, literatura e, acima de tudo, à arquitetura. Despendia imensos recursos na construção de palácios, mesquitas e túmulos em todo o seu império, em especial em Délhi, onde construiu uma nova cidade chamada Shahjahanabad. Entretanto, na segunda metade de seu reino, Shah Jahan passou a dedicar a maior parte de suas energias à criação do monumento funerário a Mumtaz Mahal, sua rainha favorita, neta do lendário Nur Jehan. O túmulo era conhecido pelos mugais como Rauza-I--Munavvara ("o túmulo iluminado"), devido ao brilho e à transparência do mármore empregado em sua construção. Mais tarde, também recebeu o nome Rauza-I-Mumtaj-Mahal, que, de modo abreviado, os ingleses chamavam de Taj Mahal no século XIX.

Mumtaz Mahal morreu inesperadamente em 1631, ao dar à luz seu décimo quarto filho. Vinte mil homens trabalharam no túmulo durante quinze anos. Em todos os aniversários da morte de Mumtaz, Shah Jahan celebrava o Urs no Taj Mahal. (As celebrações do Urs envolvem orações e canções em homenagem aos falecidos, em geral santos.) O primeiro Urs ocorreu em 22 de junho de 1632, ainda antes do término da construção do túmulo. Shah Jahan também foi sepultado lá, à direita de Mumtaz, com os pés voltados para o sul e mais próximo à Caaba, como exige o islamismo. O Taj Mahal é, portanto, o túmulo tanto de Mumtaz Mahal como de Shah Jahan.

A definição de quem foi o arquiteto do Taj Mahal é motivo de debates. Os registros históricos listam vários nomes responsáveis pelo túmulo ou por partes dele. É possível que Ismail Khan, da Turquia, tenha projetado a cúpula. Qazim Khan, de Lahore, fundiu seu florão de ouro. Chiranjilat, um lapidário local, de Délhi, foi o chefe dos escultores e mosaicistas. Amanat Khan, de Shiraz, foi o chefe dos calígrafos. Outros especialistas incluíram escultores de Bucara, calígrafos da Síria e da Pérsia, marcheteiros do sul da Índia e canteiros do Baluquistão. O núcleo criativo incluía 37 homens. Nesse sentido, o Taj Mahal foi um projeto global. Ainda assim, uma vez que Shah Jahan supervisionou pessoalmente o projeto e aprovou todos os seus aspectos, ele deve ser reconhecido como o arquiteto responsável pelo Taj Mahal.

Apesar de a maior parte do material para a construção do Taj Mahal ter vindo do sul da Ásia, os materiais ornamentais foram obtidos em várias partes do mundo eurasiano. O mármore e o arenito verrnelho vieram dos montes de Makrana, perto de Jaipur, no Rajastão, o jade nefrita e o cristal eram da Ásia Central, a turquesa, do Tibete, o âmbar amarelo, de Burma, o lápis-lazúli, do Badaquistão, no Nordeste do Afeganistão, a crisólita, do Egito, e conchas raras, corais e madrepérolas, do Oceano índico. Além disso, topázios, ônix, granadas, safiras azuis e jaspes sanguíneos estão entre os 43 tipos de pedras preciosas e semipreciosas de toda a Índia utilizadas no monumento.

O túmulo principal se localiza na margem sul do Rio Yamuna, sobre uma vasta plataforma com 103 metros de lado e sete de altura, erguida sobre arcos. A oeste há uma pequena mesquita, feita de arenito, com três modestas cúpulas de mármore. A leste existe um prédio idêntico, ali construído para estabelecer uma simetria. Refletido no largo leito do Rio Yamuna, que flui com vagar em Agra, o Taj Mahal parece uma aparição de cúpulas e minaretes que se elevam sobre a planície. A parte mais retratada hoje é, na verdade, a parte de trás do Taj Mahal. Os imperadores mogóis entravam no monumento pela água, por meio de uma barcaça especial que atracava na extremidade nordeste da plataforma, de onde uma escada conduz ao túmulo.

# SUL DA ÁSIA

O acesso por terra ao Taj Mahal é feito pelo jardim do lado sul. As paredes simples e discretas de arenito vermelho de seu perímetro revelam muito pouco do esplendor da parte interna. Um pequeno portão no centro da parede conduz a um recinto quadrangular, com espaços para o trabalho de manutenção e oficinas. Do lado de fora da parede encontra-se o portão principal, de arenito vermelho e mármore, um *iwan* retangular coroado por uma série de *chattris* com estreito espaçamento entre eles. No centro, um grande arco ogival abre-se para o intercolúnio central, encaixado telescopicarnente no arco de entrada propriamente dito. Daqui, o corpo principal do Taj Mahal aparece emoldurado de maneira perfeita.

A tumba repousa na extremidade de um jardim quadrado de 300 metros de lado, dividido em quadrantes, cada qual dividido em outros quadrantes, chamado de *char bagh* (quatro jardins), uma representação do Jardim do Paraíso islâmico. Quatro canais simbolizando os quatro rios do paraíso fluem do centro. O Jardim do Paraíso islâmico, repleto de árvores decíduas e perenes, é uma reinterpretação do Jardim do Éden do Antigo Testamento.

Uma vez cruzado o portão de entrada, salta à vista todo o perfil do Taj Mahal. O túmulo de Mumtaz Mahal e de Shah Jahan encontra-se na extremidade do jardim de 92 metros quadrados que serve de antepátio. Mesmo a essa distância, o prédio preenche o campo visual. O pano de fundo, em virtude da presença do Rio Yamuna, é em branco, ou melhor, está sempre preenchido pela cor do céu. Espelhos de água largos e generosos, com fontes ao longo do centro, refletem o túmulo e, mais do que isso, ampliam a imagem. Eles refletem o túmulo e, inclusive, o ampliam. Os minaretes esbeltos, de três pavimentos, criam um cubo imaginário que abrange o Taj Mahal, conferindo-lhe uma perspectiva tridimensional. Contudo, a dupla cúpula do túmulo eleva-se acima dos minaretes, de modo que, conceitualmente, apenas a cúpula (que simboliza o orbe celeste) eleva-se acima da planicie imaginária, sustentada pelos minaretes.

O mármore branco e translúcido que cobre toda a superfície da tumba absorve e reflete a luz. Pela manhã e à noite, ele exibe uma coloração avermelhada; durante o dia, é de um branco suave, com leve nuança azulada; em noites de luar, ele exibe um branco brilhante. Em dias iluminados, a luz obscurece as extremidades do monumento, fazendo-o tremeluzir. Como todas as superfícies são recobertas pelo mesmo mármore branco, até suas sombras são suavizadas. Na alvorada e no crepúsculo, o Taj Mahal parece flutuar, como se não tivesse peso, tendo aspecto etéreo e misterioso.

**14.56** Vista do portão principal do Taj Mahal

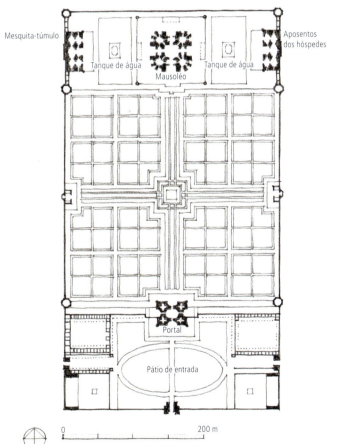

**14.57** Planta de localização do Taj Mahal, o túmulo de Muntaz Mahal

# 1600 D.C.

14.58 Taj Mahal, Agra, Índia

14.59 Túmulos falsos de Mumtaz e Shah Jahan, Taj Mahal

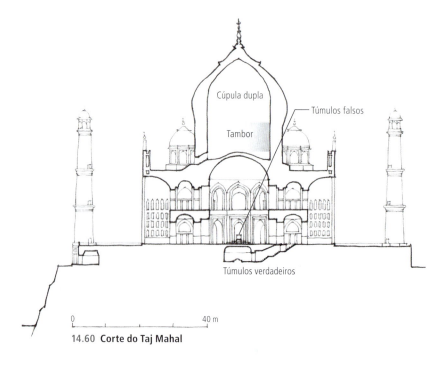

14.60 Corte do Taj Mahal

14.61 Planta do Taj Mahal, sua figura e fundo e seu negativo

Em planta, a câmara central do Taj Mahal é cercada por quatro espaços nos cantos, conectados por corredores que permitem a circum-ambulação. No nível de entrada do pavimento térreo encontram-se marcos dos túmulos de Mumtaz e Xá Jahan, enquanto os locais reais de sepultura estão na cripta imediatamente abaixo, que é acessada por meio de uma escada. O corte revela que a cúpula bulbiforme externa se eleva sobre um tambor, a uma altura excepcional, bem acima da cúpula interna, de modo que o volume contido na cúpula exterior equivale ao da inferior. Em função do tambor alto, a cúpula exterior fica bem acima também do *iwan* central da elevação, o que a torna o centro incontestável da composição. Isso não ocorre, por exemplo, com o Túmulo de Humayun, cujas câmaras laterais competem com a cúpula central, tornando o prédio, como um todo, mais atarracado do que alto. Os *iwans* laterais são consideravelmente mais baixos e facetados apenas na superfície externa, e não no lado de dentro (como no Túmulo de Humayun).

A articulação de todos os seus elementos horizontais foi decididamente atenuada a favor dos elementos verticais. De fato, uma característica distintiva do volume do Taj Mahal é que, vistos em elevação, todos os elementos estão agrupados e distribuídos hierarquicamente para assegurar que não haja competição entre eles, e, em vez disso, que componham a centralidade da cúpula principal. Mesmo os *chattris* foram agrupados bem próximos à cúpula central, como se eles próprios sustentassem as cúpulas. Uma linha imaginária traçada ao longo das extremidades da cúpula central e dos *chattris* forma um triângulo ou pirâmide, emoldurado pelos quatro minaretes.

# SUL DA ÁSIA

## VIJAYNAGARA

Os irmãos Harihara e Bukka escaparam do cativeiro de Ala-ud-Din Khiljl e, em meados do século XIV, fundaram um novo reino que resistiu por 250 anos à maré crescente das invasões islâmicas. Consolidando os territórios dos chalukyans, dos hoysalas e dos cholas tardios, Vijayanagara enriqueceu. Investiu, então, no sistema administrativo descentralizado dos cholas, com base nos templos, e na irrigação de novas terras. Um complexo de canais, represas e aquedutos irrigava as terras circundantes, levava água à cidade e alimentava os reservatórios e os banhos do palácio. Uma rede de estradas irradiava de Vijayanagara. O comércio com os portugueses, que capturaram Goa em 1510, era particularmente importante.

A localização da capital visava a otimizar a defesa. Colinas rochosas, difíceis de cruzar, e o intransponível Rio Tungabhadra proporcionavam proteção ao norte e a oeste, as principais direções de um possível ataque. A própria cidade situava-se em um planalto irregular, e seus subúrbios se encaixavam nos vales e ravinas do terreno.

Os templos e palácios de Vijayanagara alinhavam-se com as direções cardeais, mas três longas ruas comerciais que partem dos templos alinham-se misteriosamente cerca de 2 graus a sudeste. Os templos principais são prédios isolados na margem sul do Tungabhadra, mas os palácios e a cidade são fechados por uma muralha fortificada. Os complexos palacianos são contidos por seus próprios recintos. Um "salão das 100 colunas" e uma imensa plataforma, a Mahanavami Dibba, foram projetados para servir de palco para as frequentes cerimônias de homenagem feitas pelos vassalos. Um complexo reservatório cerimonial e uma piscina para banho, ambos abastecidos por aquedutos, faziam parte do palácio principal. O reservatório foi, na verdade, desconstruído e trazido de um local desconhecido, provavelmente Chalukyan, e remontado em Vijaynagar. Uma longa passagem entre dois palácios oferecia ao público o acesso ao Templo de Ramachandra, o mais antigo e o mais sagrado de Vijayanagara.

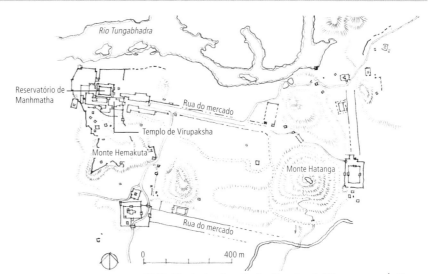

14.62 Planta de situação dos Templos de Vijayanagara, Índia

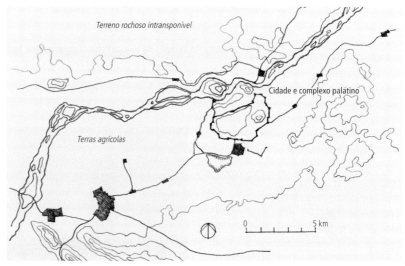

14.63 Planta da área, Vijayanagara, Índia

14.64 Implantação dos palácios de Vijayanagara

# 1600 D.C.

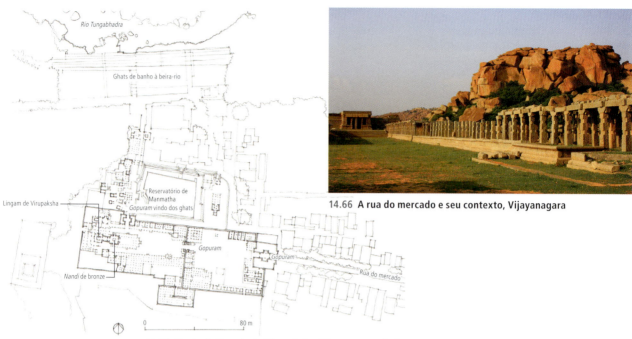

14.66 A rua do mercado e seu contexto, Vijayanagara

14.65 Planta do Templo de Virupaksha, Vijayanagara, Índia

O Templo de Virupaksha, o mais importante de Vijayanagara, no início era um pequeno santuário de Shiva, do século X, ligado a ghats no Tungabhadra. Com o passar do tempo, tornou-se ele próprio um gigantesco complexo urbano que se estendia desde a beira d'água, ao norte, até a rua do mercado, a leste. O recinto de Nandi foi acrescentado no século XV; o *mandapa* aberto, o claustro circundante e os dois *gopurams* foram construídos no início do século XVI por Krishnadevaraya (que reinou entre 1509 e 1529), o principal período de crescimento de Vijayanagara. Krishnadevaraya também formalizou o reservatório e ampliou os ghats. Todos os santuários secundários foram, com o tempo, integrados a esse complexo. O Templo de Virupaksha, assim como todos os outros, abre-se para uma longa rua comercial, criando uma conexão direta entre o comércio e a religião. Todos os templos também eram visualmente interligados entre si e com colinas que eram, elas próprias, coroadas por pequenos templos.

14.67 O reservatório real e seu aqueduto, Vijayanagara

528

# SUL DA ÁSIA

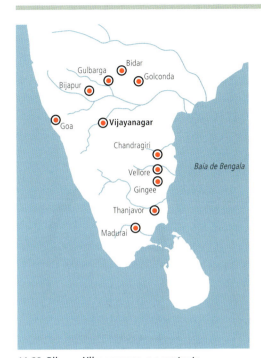

14.68 Bijapur, Vijayanagara, e o contexto

14.69 Túmulo de Ibrahim II, Bijapur, Índia

## BIJAPUR

Uma aliança dos exércitos de Golconda, Bijapur, Bidar e Gulbarga derrotou e arrasou Vijayanagara em 1565. A Dinastia de Bijapur, fundada por Yusuf Adli Shah (que reinou entre 1489 e 1510), foi a que mais se beneficiou com a queda de Vijayanagara. Yusuf transformou Bijapur em uma cidadela com 10 quilômetros de muralhas e seis portões. Embora seus edifícios fossem bastante austeros, os de Ibrahim Adil Shah II (que reinou entre 1580 e 1627) são suntuosos e comemorativos. Ibrahim II dedicou grande atenção ao complexo de túmulo e mesquita que construiu originalmente para sua esposa, mas que no fim também acabou incluindo seu túmulo e os do resto de sua família. A mesquita e o mausoléu erguem-se em uma única plataforma colocada de modo assimétrico dentro de um recinto maior. A mesquita, independente, tem cinco arcadas com três intercolúnios de profundidade e uma cúpula bulbosa sobre a parte central. Uma platibanda profunda, sustentada por muitas mísulas, dá a volta nos cantos, em uma profusão de apoios. Destes saem minaretes altos e esbeltos que culminam em pequenas cúpulas bulbosas, quase esféricas, parecidas com bolas apoiadas em leitos de pétalas de flores. Da mesma maneira, a cúpula central dá a impressão de ser uma esfera completa, apoiada em altas pétalas de lótus.

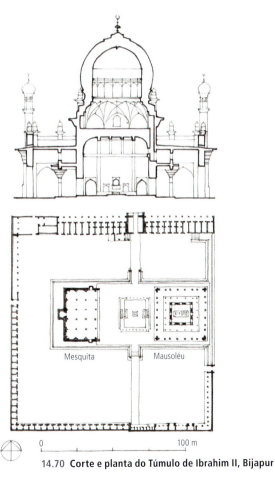

14.70 Corte e planta do Túmulo de Ibrahim II, Bijapur

# 1600 D.C.

14.71 Gol Gumbaz, Bijapur, Índia

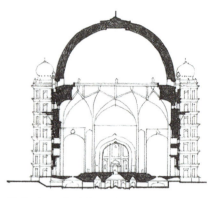

14.72 Corte do Gol Gumbaz, Bijapur

Os quatro minaretes das quinas definem um campo espacial com o dobro da altura da parte principal do edifício. No centro dele ergue-se a cúpula com seus próprios minaretes em miniatura nos cantos. O túmulo de Ibrahim II, a leste, encontra-se no limite do conjunto. Embora possua sete arcos de cada lado, com um ritmo variável de larguras, ele em geral harmoniza-se com a mesquita.

O prédio mais incomum de Bijapur é o Gol Gumbaz, o maior edifício de um só recinto já construído. Trata-se de uma sepultura que o sucessor de Ibrahim II, Muhammad Adil Shah (que reinou entre 1627 e 1657), construiu para si próprio. Oito arcos ogivais que se interceptam e nascem da rotação de dois quadrados sustentam uma plataforma redonda e a gigantesca cúpula hemisférica. Construída com fiadas de tijolos assentados na horizontal e com espessas camadas de argamassa de cal, a cúpula tem 3,5 metros de espessura em sua base. Ela possui seis pequenas aberturas e uma seção chata no topo. Suas paredes de apoio são, em sua maior parte, lisas e sem adornos. A entrada principal está a oeste, e há um nicho desocupado na parede leste. No meio, logo abaixo das interseções dos arcos, há uma plataforma simples com os túmulos de Muhammad e de sua família. Do lado de fora veem-se quatro torres de vigia nos cantos, com cúpulas simples.

## ISFAHAN

Ao longo de todo o século XV, várias dinastias lutaram pelo controle da Pérsia. Os safávidas (originários do Azerbaijão), comandados pelo Xá Ismail I (1501–1524), finalmente alcançaram a vitória em 1501. Até então, a população da Pérsia era em grande parte sunita, mas Ismail impôs a adesão à seita xiita e iniciou uma campanha de conversão e unificação. Ele também se esforçou para retomar o que havia sido perdido para os otomanos entre 1501 e 1587. A aproximação com a China e a Europa foi característica do período. O Iraque permaneceu unido à Pérsia até 1653, e seus centros de peregrinação xiita prosperaram. Sob o governo do Xá Abbas (que reinou entre 1587 e 1629), Isfahan – localizada quase no centro do Irã, entre Teerã e Fars – tornou-se a capital do país (1598). Reconstruída, tornou-se uma das maiores cidades do mundo e o foco de toda a energia artística do país. A transferência da capital de uma fronteira insegura para o centro do país fez parte da política de consolidação do estado adotada por Abbas. Com cerca de meio milhão de habitantes, Isfahan logo se tornou um grande centro cosmopolita, que reunia comerciantes ingleses e holandeses, artistas europeus e diplomatas. Estes buscavam consolidar alianças com a corte safávida contra o inimigo comum, os otomanos. Uma rima famosa, "*Isfahan nesf-eh janan*" ("Isfahan é a metade do mundo"), foi cunhada no século XVI para expressar a sua grandiosidade. O novo projeto da cidade foi o maior trabalho de planejamento urbano do mundo a oeste da China.

Antes disso, a praça central da cidade ficava junto à velha Mesquita da Sexta-Feira, a qual se acredita ter sido construída no terreno de um tempo do fogo zoroastrianista. Apesar de Abbas ter ordenado a restauração de muitos edifícios antigos daquela área, instruiu seus planejadores a criarem um centro urbano, ao qual chamaram Naqsh-I Jahan ("Desenho do Mundo"), ao sul do centro da cidade velha. Ele consistia em um vasto espaço aberto, retangular, que serviu de novo centro cívico e comercial da cidade. Havia um bulevar monumental a oeste, a Avenida Chahar Bagh, com aproximadamente 4 quilômetros, dotada de canais, fontes e árvores e ladeada por palácios pertencentes à nobreza. O bulevar cruzava o Rio Zayanda, sobre uma ponte de vários níveis, com 300 metros de comprimento, que conectava a cidade a vários grandes jardins (*chahar bagh* significa "retiro do jardim") situadas ao sul. Esses jardins eram grandes recintos murados que dispunham de piscinas, passeios e pavilhões. O elemento central da composição – e a conexão entre o distrito comercial e a avenida – era o Palácio Imperial, fechado por sua própria área murada, o jardim Naqsh-I Jahan.

530

# ÁSIA OCIDENTAL

14.73 A praça principal de Isfahan, Irã

A nova praça, até hoje uma das maiores do mundo (512 por 159 metros), era o centro simbólico da Dinastia Safávida e de seu império. Era usada para festivais, feiras e jogos de polo. À noite, 50 mil lâmpadas de cerâmica, penduradas em postes em frente aos prédios, iluminavam a praça. Ela foi projetada com dois pavimentos de lojas em seu perímetro. As longas fachadas modulares, decoradas com azulejos esmaltados policromáticos, eram interrompidas apenas pelas entradas monumentais de quatro edifícios: a Mesquita de Masjid-i-Shah ao sul, a Mesquita do Xeque Lotfollah a leste, o Palácio de Ali Qapu a oeste e o Grande Bazar ao norte. O conjunto incluía também uma casa da moeda e um caravançará real, bem como banhos públicos e um hospital.

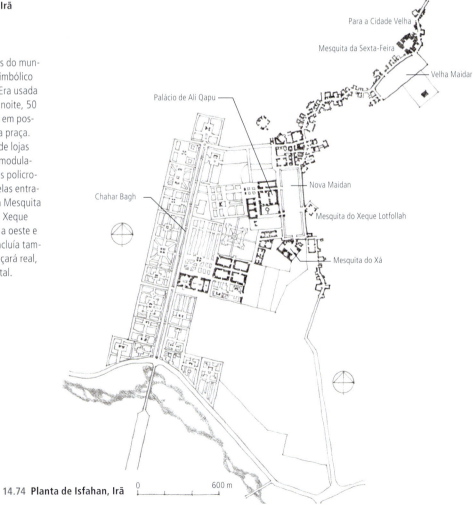

14.74 Planta de Isfahan, Irã

# 1600 D.C.

14.75 Masjid-i-Shah (Mesquita do Xá), Isfahan, Irã

14.76 Interior da Mesquita de Masjid-i-Shah

A Mesquita do Xá (Masjid-i-Shah), cuja construção começou em 1611, está disposta em um ângulo de 45 graus com a praça, de modo a orientar-se na direção de Meca. Seu portal principal replica a entrada do bazar, ao norte. A mesquita usa o esquema de quatro *iwans*, com um pátio central de 70 metros de lado, rodeado de arcadas de dois níveis que se destacam pelo equilíbrio entre organização volumétrica, detalhamento ornamental e simetria unificadora. Na verdade, a planta difere da de muitos outros edifícios do mesmo gênero por sua preocupação incomum com a simetria.

O santuário cupulado é ladeado por câmaras retangulares cobertas por oito cúpulas que servem como salões de orações no inverno. Esses salões conduzem a pátios retangulares configurados por arcadas, que também serviam de *madrasas*. O portal de entrada é uma obra-prima de ornamentação com azulejos, feita em uma paleta completa de seis cores (azul escuro, azul claro, branco, preto, amarelo e verde). Fileiras brilhantes de mucarnas preenchem a meia-cúpula. Alguns de seus painéis são decorados com estrelas e trepadeiras se desenrolando de vasos.

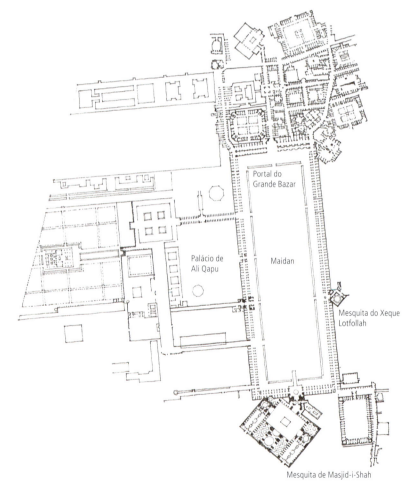

14.77 Planta da praça central de Isfahan e seu contexto imediato

532

# ÁSIA OCIDENTAL

14.78 Império Otomano

## O COMPLEXO DE SOLIMÃO, O MAGNÍFICO

O sultão otomano Solimão I (que reinou entre 1494 e 1566), também conhecido como Solimão, o Magnífico, não apenas ampliou o âmbito de ação dos exércitos islâmicos, como também procurou transformar Istambul no centro da civilização islâmica, por meio de uma série de projetos de construção de pontes, mesquitas, palácios e várias instituições de caridade e ação social. Para isso, pôde contar com um arquiteto extraordinariamente talentoso, Mimar Sinan (1491–1588), contemporâneo de Michelangelo e Andrea Palladio, aos quais costuma ser comparado. Sinan construiu quase 200 prédios somente em Constantinopla, mudando o aspecto da cidade e criando, assim, a silhueta característica dessa metrópole, com suas poderosas cúpulas e delgados minaretes. Como oficial militar e engenheiro treinado, ele colaborou na construção de pontes e obras de defesa e converteu igrejas em mesquitas. Quando Cairo foi conquistado, Sinan foi promovido a arquiteto-chefe e recebeu o encargo de impor um selo otomano a essa cidade.

Embora estivesse fixada na ideia de criar um edifício em cúpula modelado em Hagia Sophia, a maestria de Sinan deve-se à fusão das características seljúcidas, como a ênfase nos portais, e da maestria anatólia da arte da cantaria com a lógica estrutural das cúpulas bizantinas, de modo a criar uma unidade contínua e inovadora. Nenhum prédio expressa isso melhor do que a obra-prima de Sinan, o Complexo de Solimão, o Magnífico, iniciado em 1559 a pedido de Solimão I, logo após seus sucessos militares no Iraque e nos Balcãs.

O complexo murado (de 216 por 144 metros) tinha a forma de um terraço no topo de uma colina, para aproveitar a vista para o Corno de Ouro (o porto de Istambul), ao norte. Entre outras coisas, ele conta com quatro *madrasas*, uma médica e outra destinada a abrigar idosos e enfermos, um caravançará, um banho público e um bazar. A composição espacial da mesquita foi evidentemente modelada em Hagia Sophia, seguindo uma tendência cujo exemplo perfeito é o projeto da Mesquita de Beyazit (1501–1506), embora, no projeto de Sinan, a composição seja consideravelmente mais bem resolvida.

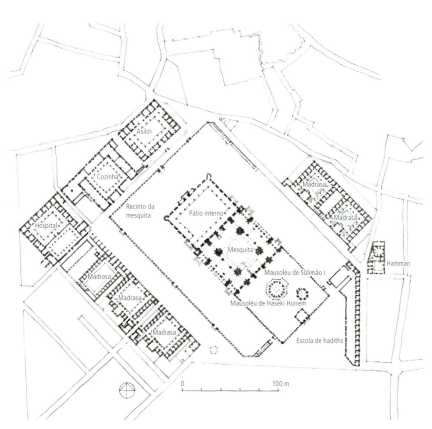

14.79 Planta do Complexo de Solimão, o Magnífico, Istambul

# 1600 D.C.

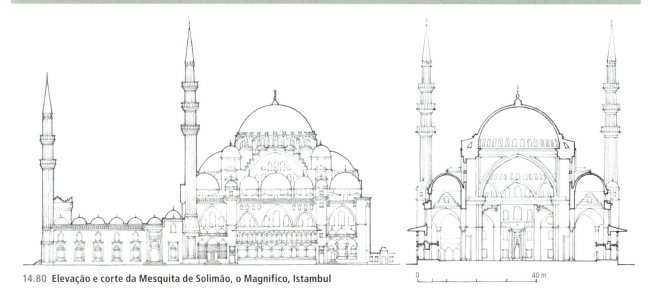

14.80 Elevação e corte da Mesquita de Solimão, o Magnífico, Istambul

O prédio também é, sob diversos aspectos, muito distinto de seu modelo justiniano. Ele é dominado por uma cúpula de 48 metros de altura e ladeado por duas meias-cúpulas no eixo principal leste-oeste, com arcos transversais. O peso é transmitido ao solo por quatro gigantescas colunas de granito. Na parte externa, o pátio de entrada exibe um portal colossal, com um tímpano emoldurado por meias-colunas e minaretes nas quinas. A construção foi organizada por um escritório administrativo da corte que, em consulta com o sultão, planejou e supervisionou o projeto do edifício. Os trabalhadores eram tanto muçulmanos como cristãos, organizados de acordo com as suas habilidades. Os azulejos decorativos foram feitos em Iznik; os tapetes, na Anatólia e no Egito; e os vidros coloridos e os incolores (estes eram uma inovação tecnológica da época), em Veneza. A pedra calcário e o granito vieram das pedreiras do Mar de Mármara, e o chumbo para os caixilhos das janelas e para as portas, dos Bálcãs.

Enquanto Hagia Sophia tinha o interior escuro e foi projetada para gerar um efeito de mistério, o edifício de Sinan, iluminado do piso à cúpula de forma mais equilibrada, é impregnado por uma sensação de ordem e disciplina. Suas janelas são numerosas e amplas. Como as galerias são recuadas, a luz solar que penetra através das janelas das paredes laterais atinge de modo direto o espaço central. Os volumes arquitetônicos são claramente legíveis e intensificados por uma galeria sustentada por mísulas no nível das nascentes dos arcos (efeito de certo modo semelhante ao estilo dos arcos de Santa Maria del Fiore, em Florença), unificando, portanto, os espaços abaixo das cúpulas. Em Hagia Sophia, no entanto, a superfície de mosaico e as dourações tendem a encobrir a forma. As mesquitas de Sinan serviram de modelo para a mesquita do sultão Ahmed, também conhecida como Mesquita Azul (1606–1617), construída por Mehmet Agha, discípulo de Sinan.

14.81 As abóbadas da Mesquita de Solimão, o Magnífico

14.82 Interior da Mesquita de Solimão, o Magnífico

# EUROPA

14.83 Planta do Kremlin, Moscou, Rússia

14.84 Catedral da Assunção, Moscou

## AS NOVAS IGREJAS DO KREMLIN

A Igreja Bizantina, em uma tentativa desesperada de aliviar a pressão da Turquia sobre Constantinopla, concordou em reunificar-se com a Igreja Católica (no Concílio de Florença, 1439). A igreja russa, cujo representante encontrava-se presente à assinatura em Florença, optou, entretanto, por repudiar o tratado e manter-se como defensora da fé ortodoxa. Esse sentido de renovação, junto com a consolidação do território da Rússia Central, diante da desintegração do Império Mongol, estimulou uma campanha de construção sem precedentes, em especial sob o regime de Ivã III (1462–1505). Apesar da insistência russa na relação rompida com o Ocidente nos assuntos relativos à doutrina eclesiástica, Ivã III enviou em 1475 um representante à Itália para buscar arquitetos italianos que pudessem auxiliar no planejamento e na execução de seus vários projetos de construção. O mais importante de todos era a reforma do Kremlin, o complexo fortificado no cume da colina no centro de Moscou que serviu de residência dos governantes desde o século XII.

O arquiteto italiano mais importante do grupo foi Aristotile Fioravanti (1420–1485), que havia servido a Francesco Sforza em Milão. Ele projetou a Catedral da Assunção ou Catedral do Repouso da Virgem (Uspenskii Sobor), uma igreja que passou a ser empregada para a coroação dos governantes russos e a investidura dos patriarcas da Igreja Ortodoxa Russa. Embora seu projeto tenha sido cuidadosamente monitorado pelo clero russo, sempre atento a qualquer heresia ou o mínimo traço de "latinidade", a igreja funde de maneira brilhante motivos italianos com russos. A catedral foi projetada com base em uma grelha de nove quadrados agregada à frente da iconóstase, que foi incorporada a essa retícula. Suas pilastras tornam as paredes mais espessas, conferindo ao volume um típico aspecto italiano. As linhas rígidas das cornijas amortecem o perfil de suas múltiplas empenas zokomary semicirculares. Abóbadas de arestas sustentam seus altos tambores e cúpulas douradas. A típica silhueta russa, com cinco cúpulas, reúne elementos italianos e russos. A competência técnica de Fioravanti permitiu-lhe criar paredes de calcário e alvenarias de tijolo argamassado mais bem-acabadas, gerando um prédio mais esbelto e duradouro.

Uma das últimas igrejas iniciadas por Ivã III foi a Catedral do Arcanjo Miguel (iniciada em 1505), construída 100 metros ao sul da Catedral da Assunção. A construção seria utilizada como local de sepultamento dos soberanos russos. O arquiteto Aleviz Novyi chegara a Moscou em 1504, após terminar a construção de um palácio para o khan (príncipe tártaro) da Crimeia, Mengli-Girei, em Bakhchisarai. Aleviz Novyi era possivelmente Alvise Lamberti da Montagnana, aluno de Mauro Codussi, o célebre arquiteto veneziano. A arquitetura reflete de modo evidente um estilo veneziano, em contraste com o estilo lombardo de Fioravanti. A fachada é do tipo tripartite padrão, enquanto a fachada lateral emprega o ritmo A-B-A-B-A.

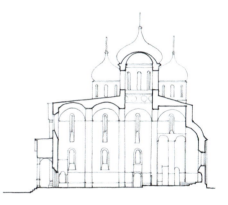

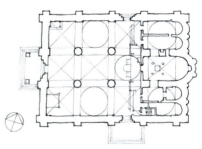

14.85 Planta e corte da Catedral da Assunção

# 1600 D.C.

Em vez de pilares sem adornos, como na Catedral da Assunção (na cidade de Vladimir, 1158–1160), há dois conjuntos de pilastras, alguns dos primeiros exemplos do estilo neoclássico, na arquitetura russa. Assim como na Catedral da Assunção, nela há uma fusão de temas russos e clássicos, em especial na série de arcos em forma de concha que formam o coroamento do edifício.

De fato, os arquitetos de Ivã tentavam apegar-se firmemente às raízes da tradição russa, e o classicismo foi, portanto, sublimado em idiomas regionais, de modo a manter, por razões políticas, uma continuidade com o passado. Vemos, aqui, os primórdios do diálogo entre o classicismo como espécie de idioma universal e expressão regional, um diálogo que ainda hoje perdura de várias formas.

### A Igreja da Ascensão

A conquista, por Ivã IV, do Canato de Astracã, na foz do Rio Volga, no Mar Cáspio, em 1556, abriu ao Grão-Ducado de Moscou uma das vias de comércio mais importantes da Eurásia. Igualmente importante foi o fato de que a conquista também promoveu a Igreja Ortodoxa Russa, que vinha enfrentando desafios financeiros e institucionais e até mesmo dificuldades de caráter doutrinário envolvendo vários grupos religiosos. As novas igrejas construídas na época são conhecidas como igrejas-torres e tornaram-se alguns dos exemplos mais característicos da arquitetura russa. Uma das mais notáveis é a Igreja da Purificação (segunda metade do século XVII), construída em Aleksandrova Svoboda, no complexo do qual o próprio Ivã governava.

Construída sobre um prédio mais antigo, ela consiste em uma arcada poligonal de dois pavimentos que sustenta fileiras de *kokoshniki* (uma forma decorativa), um octógono aberto e, no topo, um telhado em forma de tenda, cuja cúpula eleva-se a uma altura de 56 metros. O edifício afasta-se, assim, da herança religiosa inserida na tradição das cinco cúpulas e aproxima-se de uma mensagem dinástica, que atinge sua apoteose na Igreja da Ascensão, em Kolomenskoe (1529–1532) (cerca de 10 quilômetros a sudeste do Kremlin, em Moscou). A igreja em duas camadas de arcadas era acessada por escadarias externas sobre as quais eleva-se uma estrutura extraordinária, que consiste no corpo da igreja, três fileiras de *kokoshniki* achatados e um tambor octogonal que sustenta uma torre em forma de tenda no topo.

14.86 Catedral do Arcanjo São Miguel, Moscou

14.87 Igreja da Ascensão, Kolomenskoe, Rússia

# ÁFRICA

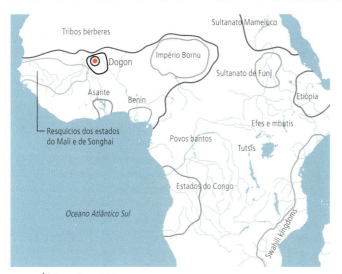

14.88 África, *circa* 1600

14.89 Edificação comunitária dos dogons, Mali

## OS DOGONS DO MALI

No século XVII, o continente africano abaixo do norte islamizado era uma rede complexa de organizações sociais e políticas. Algumas sociedades, como os asantes, os iorubás e os tutsis, mantinham grandes estados, enquanto outras, como os mbutis e os efe da África Central e do Deserto de Kalahari, continuavam a levar uma vida baseada na caça e na coleta. Apesar da tendência a se considerar a sociedade africana como um conjunto de tribos autônomas e autossustentáveis, a realidade é que vários grupos mantinham contatos extensos e duradouros uns com os outros por meio do comércio. É possível que sociedades vizinhas tenham tomado emprestado elementos de costumes umas das outras ao longo dos séculos, de modo que se torna impossível rastrear a origem precisa de cada ritual em particular. Durante o século XVII, a islamização agressiva oriunda do norte causou forte impacto e grandes mudanças nas nações da África Ocidental, como Bambara, mas a islamização completa, que ainda hoje causa atritos políticos, nunca ocorreu – em vez disso, criou-se, muitas vezes, uma cultura religiosa híbrida.

Durante algum tempo, a África Ocidental foi dominada pelo Império Mali e depois pelo Império Songhai, ambos com fortes laços comerciais com o norte. Contudo, quando o último foi derrotado pelos exércitos marroquinos, a região ficou entregue a várias potências regionais, e o centro de gravidade político e econômico deslocou-se para o litoral (para o Reino Asante, em Gana, e, mais a leste, para o Benin, na atual Nigéria) e para leste, rumo ao Império Bornu do Níger. Os mossis mantiveram o controle do núcleo do território do Mali no centro de Burkina Faso.

Entre os séculos XII e XVII, os conflitos com os mossis e com os muçulmanos caçadores de escravos obrigaram diversos grupos do Mali a deslocar-se para o leste, ao longo e abaixo dos Penhascos de Bandiagara, uma escarpa arenítica de 150 quilômetros no centro-sul do país, em busca de lugares que lhes permitissem uma melhor defesa. O nome *dogon* foi dado a esses povos pelos franceses no começo do século XX, embora não se trate de um grupo homogêneo, mas sim de um mosaico de diferentes culturas. Isso evidencia-se na língua deles, composta por inúmeros dialetos. Nos seus novos lares, os dogons encontraram uma cultura preexistente, os tellem, os quais aceitaram em sua sociedade. Ainda hoje, os tellem são os ferreiros dos dogons, responsáveis pela fabricação das importantes estátuas ancestrais encomendadas pelos anciãos dogons para suas cerimônias. Eles são bastante admirados devido a seus poderes mágicos, mas vistos como inferiores na sociedade dogon, que é extremamente estratificada. Apesar de suas diferenças, os diversos grupos têm, incrivelmente, se mantido em paz ao longo dos séculos.

Na sociedade dogon, o *status* de um indivíduo é determinado por sua posição dentro dos grupos familiares e por uma hierarquia baseada na idade e nas regras de descendência. A religião envolve o culto dos ancestrais, assim como dos espíritos. Os dogons acreditam, todavia, no deus Amma, onisciente e onipotente e responsável por manter o equilíbrio entre os vivos e os mortos. Cada clã possui o seu próprio altar (*taba*) para Amma.

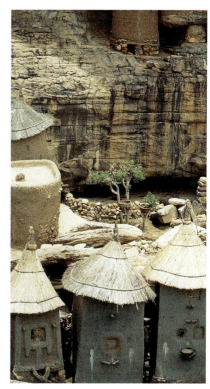

14.90 Casas dos dogons, Mali

# 1600 D.C.

O culto Léwé, dedicado à renovação agrícola, é o principal culto que representa a saída do território ancestral. Sou símbolo principal é a cobra que sai da terra dos ancestrais e acompanha as tribos em sua jornada. Essa e outras cerimônias são supervisionadas por sacerdotes. Todos os ritos e as cerimônias envolvem o uso de máscaras utilizadas pelos homens que personificam seres supernaturais e falam suas linguagens especiais próprias.

A sociedade dogon ocupa uma vasta área que inclui cidades, povoados e conjuntos de moradias de clãs. Algumas das maiores cidades têm mais de 5 mil habitantes e são compostas de aglomerados bastante compactos de habitações, chamados de *ginna*. Esses conjuntos de moradias possuem tipologia variável, mas a maior parte é de recintos murados e torres quadradas, cobertas com telhados cônicos de palha. Outro tipo compõe-se de dois volumes retangulares, separados de modo a formar um pátio, com a entrada de um lado e uma cozinha cilíndrica do outro. Nos penhascos, os grupos de casas têm um arranjo mais comprimido, em padrão de colmeia. Todos os complexos contam com celeiros, divididos para diferentes fins, que, em geral, são estruturas cilíndricas altas com uma porta no topo e pequenas aberturas na parte inferior.

A palavra *ginna* também se aplica à casa do ancião do clã, que descende do fundador ancestral do grupo. Essa casa é maior e mais complexa do que as outras e baseia-se no simbolismo dos números um e sete, que é a soma do número feminino quatro com o número masculino três. O sacerdote (*hogon*) ocupa o topo da escala social, e, de acordo com a sua posição, a sua casa é grande e visível, com a fachada pintada com imagens de totens. Os prédios de uso comunitário são conhecidos como *toguna*. São basicamente florestas artificiais compostas de altas pilhas de galhos e palha sustentadas por pilares de madeira, ou, algumas vezes, de pedra. Esses prédios têm pé-direito muito baixo, não sendo possível se levantar dentro deles. São lugares para se sentar e conversar.

**14.91** Planta e corte de um agrupamento típico de moradias dogon

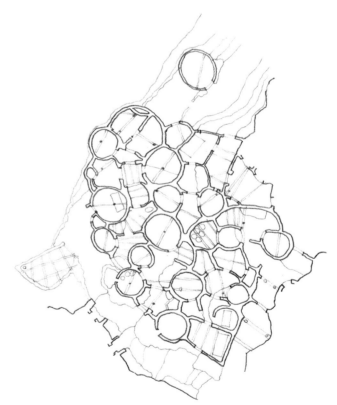

**14.92** Planta de uma cidade dogon

# EUROPA

14.93 Vila Foscari, Mira, Itália

## PALLADIO

A concorrência entre Veneza e os otomanos, acompanhada da abertura de novas rotas de comércio oceânicas, resultou em uma perda enorme da participação daquela cidade no comércio de especiarias da Rota da Seda. Os navios genoveses, preferidos pelos espanhóis, substituíram as galeras venezianas; Antuérpia havia se tornado o porto mais importante da Europa; e Portugal, usando suas novas rotas de navegação que contornavam o Cabo da Boa Esperança, reduzira de modo considerável o preço da pimenta. Em 1505, por exemplo, a libra da pimenta importada por Veneza pela rota antiga custava 20 *groats* flamengos, enquanto a de Portugal custava apenas 16 *groats*. Durante algum tempo, Veneza conseguiu manter sua posição econômica, principalmente em virtude de suas fazendas no interior. Acredita-se que, até 1630, cerca de 35% da renda dos patrícios advinham das propriedades em terra firme de Veneza. Pouco a pouco, a crise que se estendia havia muito tempo chegava ao seu auge, e, em 1670, Veneza não era sequer sombra do que fora no passado.

Foi durante esse breve período que Andrea Palladio (1508–1580) ganhou notoriedade, projetando a maioria de seus prédios não em Veneza, onde o comércio estava em decadência, mas nas fazendas ao redor de Vicenza. Palladio foi treinado como pedreiro, porém, sob a influência do poeta humanista Giangiorgio Trissino, que se tornou seu primeiro patrono, visitou Roma com ele e estudou amplamente os edifícios da Antiguidade. Palladio publicou suas conclusões em 1554, em um tratado chamado *Le antichità di Roma*. Em 1545, Palladio recebeu seu primeiro encargo importante, a reconstrução da Basílica de Vicenza.

As vilas (casas de campo) que Palladio projetou para as famílias de fazendeiros eram muito diferentes daquelas construídas para os papas, em Roma, ou os Medici, em Florença, desenhadas para serem símbolo da opulência urbana e locais de privacidade. As vilas de Palladio situavam-se em fazendas produtivas, assim tinham de ser ao mesmo tempo funcionais e exuberantes, com referências às ordens antigas. Isso fez de Palladio um protomodernista, pois ele criava edificações para usos comuns. Dentre as numerosas vilas de Palladio, as que mais se destacam são a Vila Barbaro (1549), a Vila Foscari (La Malcontenta, 1560) e a Vila Emo (1599). Todas, com exceção da Vila Barbaro, ostentam esplêndidas fachadas de templo clássico elevado que dão acesso a um grande salão. Seus traçados são sempre simétricos e simples, e os cômodos também apresentam proporções singelas (1:1, 2:3, 3:4, etc.). As janelas e portas internas encontram-se com frequência alinhadas e reforçam ainda a coesão dos interiores. A Vila Foscari tornou-se um modelo para palácios, vilas e igrejas de toda a Europa e a América. Sua organização interna se baseou em um grande salão cruciforme que atravessa a casa de lado a lado. Sua elevação impressionante, que lembra a de um templo, é muito tridimensional e está voltada para o Rio Brenta. Essa conexão íntima com o rio tranquilo torna a vial muito prática, pois seus proprietários não só podiam usá-lo para se deslocar com facilidade para a área de Veneza, como podiam levar seus produtos agrícolas até o mercado. A vila foi encomendada em 1550 e, recentemente, voltou às mãos dos membros da família Foscari, que a restauraram cuidadosamente.

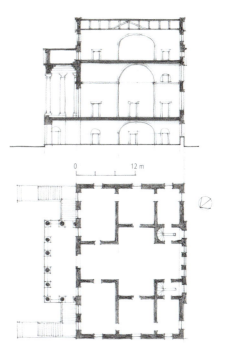

14.94 Planta e corte da Vila Foscari

# 1600 D.C.

14.95 Vila Rotonda, perto de Vicenza, Itália

### A Vila Rotonda

Apesar de ter muitas das características comuns a uma casa de fazenda produtora, a Vila Rotonda (iniciada em 1566), perto de Vicenza, foi projetada para o prelado papal Paolo Almerico como uma propriedade para a sua aposentadoria. O projeto do edifício é singular, em comparação com os outros trabalhos de Palladio, pois é simétrico nos dois eixos e foi implantado no topo de uma colina baixa, elevada artificialmente com o uso de muros de arrimo. No centro do prédio há uma uma rotunda – planejada originalmente com um óculo aberto –, com grupos de recintos idênticos em cada uma das suas quatro quinas. Cada fachada replicava a frente de um templo clássico. O principal material de construção é a alvenaria de tijolo rebocada e pintada de branco. Em virtude de seu alto custo em tempos de crise econômica, a pedra foi utilizada com muita parcimônia, sendo reservada para os capitéis e ornamentos ao redor das janelas. A vila, erguida sobre um porão oculto pelas escadarias, também foi construída sobre um terraço artificial. A entrada voltada para a *loggia* a noroeste encaixa-se na colina, de modo que da vila, olhando-se para trás sobre a entrada, pode-se avistar a capela do lado oposto da pequena estrada. Ao norte, há pomares que descem em direção ao rio. Ao sul há um *giardino segreto* ("jardim secreto") recortado na mata, que somente pode ser acessado por meio do porão. A paisagem a partir da vila só pode ser vista sem obstruções pelo lado leste.

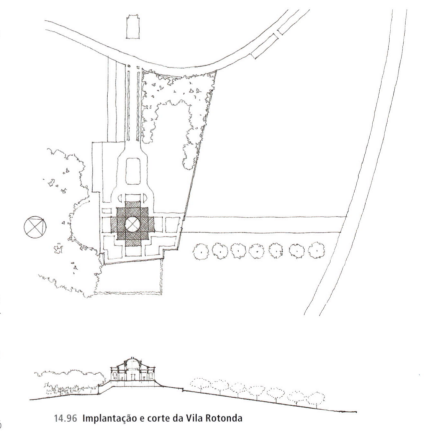

14.96 Implantação e corte da Vila Rotonda

# EUROPA

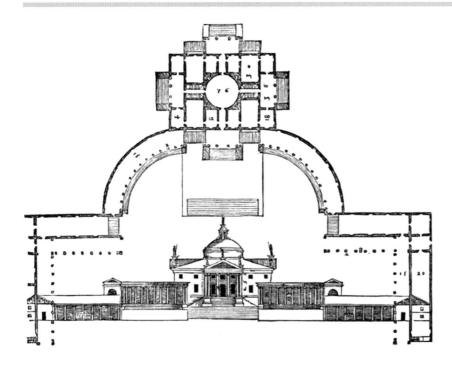

14.97 Vila Trissino, desenho de *Os quatro livros sobre arquitetura*, Andrea Palladio

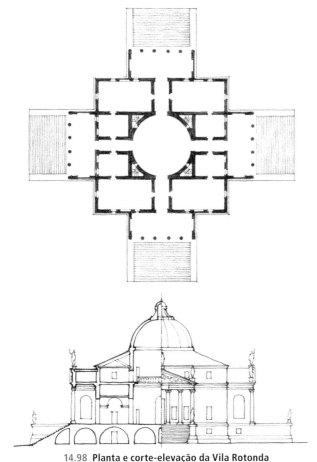

14.98 Planta e corte-elevação da Vila Rotonda

Dentre os grandes arquitetos da Renascença, Palladio foi o mais consciente da sistemática, como evidencia a sua obra *Os quatro livros sobre arquitetura* (1570). Leon Battista Alberti e Sebastiano Serlio haviam iniciado essa tendência com seus tratados, mas a abordagem de Palladio era diferente. Em *Os dez livros sobre arquitetura* (1452), Alberti fez um amplo estudo sobre o campo da arquitetura, tratando de diversos assuntos, desde como obter os melhores materiais até os diferentes tipos de prédios, mas sua obra não possuía ilustrações. Serlio, em seus *Cinco livros de arquitetura* (cujo primeiro volume foi publicado em 1537), apresentava muitos desenhos, mas seu objetivo era mostrar como o sistema clássico podia ser aproveitado para gerar uma variedade quase infinita de plantas. Palladio, ao contrário, enfatizava a sistematização da planta baixa e as suas relações com os cortes e as elevações dos edifícios. Enquanto o tratado de Serlio oferecia ao cliente um bom número de opções, os projetos de Palladio eram muito mais circunscritos. Mesmo assim, o que tornou tão influente a arquitetura de Palladio foi que, apesar de seu rigor, ela nunca gerava prédios uniformes ou tediosos. O método e o sistema não prejudicavam a criatividade. Para ele também era importante a relação entre o prédio como objeto e a seu enquadramento mais amplo. Os pátios internos e muros do perímetro eram integrados à composição.

# 1600 D.C.

## A ITÁLIA BARROCA

O estilo barroco surgiu na Itália essencialmente como uma reação à Reforma. Os arquitetos que mais contribuíram para compor suas características foram Giovanni Lorenzo Bernini (1598–1680) e Francesco Castelli Borromini (1599–1667). É importante, contudo, fazer a diferenciação entre o barroco romano e o europeu. A Roma barroca esmaeceu depois de 1648, sob o papa Alexandre VII. A partir de então, o papado já não era uma força importante na arquitetura europeia. Com a ascensão da França e da Áustria, o estilo barroco começou a mudar, assumindo forma mais urbana, e, na medida em que passou a ser usado também em *châteaux* e castelos de príncipes, incluiu elementos como jardins públicos e jogos com água. As abordagens com frequência estendiam-se pela paisagem, em longas perspectivas. Na França, o barroco é exemplificado pela Place Vendôme (em Paris) e pelo Château de Vaux-le-Vicomte (1656–1661), projetado por André Le Nôtre; na Áustria, pelo Palácio de Schönbrunn (1695). Com o tempo, o estilo passou a ser associado à arquitetura das capitais europeias do final do século XVII – Roma, Paris, Londres e Viena – e deu a essas cidades um perfil que até hoje continua, em grande medida, a fazer parte de suas identidades. O aspecto negativo, entretanto, foi que muitos prédios antigos espetaculares da Idade Média ganharam novas fachadas ou sofreram reformas barrocas; seus interiores foram modificados para acompanhar essa nova tendência "modernizante".

A década de 1620 foi um momento particularmente promissor na política da Igreja. Os heróis da Contrarreforma (muitos dos quais espanhóis) foram canonizados – Charles Borromeo, em 1610; Inácio de Loyola, Francisco Xavier, Filippo Neri e Teresa de Ávila, todos em 1622; Caetano da Tiene, em 1629. Isso era, por si só, um estímulo à construção de igrejas e capelas dedicadas aos novos santos.

Na arquitetura eclesiástica, a planta em cruz grega, às vezes preferida durante a Renascença devido à sua simetria, foi rejeitada em troca das convenções da cruz latina, liturgicamente mais satisfatória aos propósitos da Contrarreforma, por permitir a separação clara entre o clero e os leigos. Essa era uma das principais distinções entre as igrejas católicas e protestantes da época. A preferência, como havia sido estabelecida em Il Gesú, ditava uma nave central longitudinal a mais desobstruída possível por naves laterais. Os transeptos eram minimizados ou não existiam,

14.99 Palácio dos Senadores, Campidoglio (Monte Capitólio), Roma

permitindo o uso de retângulos e formas ovais, o que também ajudava a promover o senso de comunidade o qual essas igrejas buscavam sugerir. Os arquitetos barrocos preferiam as curvas às linhas retas, empregando nichos, paredes, pilastras e colunas adossadas de modo ininterrupto a fim de que a arquitetura, maleável e flexível, não parecesse emoldurar as celebrações litúrgicas, mas ser parte delas. Eles também apreciavam o movimento rítmico através do espaço e intensificaram a dinâmica visual, usando não só pinturas como também esculturas de putti (bebês alados) que com frequência habitavam os pontos mais altos do espaço, sentados em cornijas e entablamentos. Se nas catedrais medievais os vitrais modulavam a luz, as igrejas barrocas tinham vidros transparentes desprovidos de rendilhado ornamental. As janelas em geral não eram visíveis, mas projetadas para internalizar uma luz misteriosa e difusa. Frequentemente, entramos em uma igreja barroca muito iluminada, mas não conseguimos localizar janela alguma.

### O Campidoglio (Monte Capitólio)

Na Europa, o século XVI foi marcado principalmente pela Reforma e Contrarreforma desencadeadas por um monge teimoso da Alemanha. Quando Martinho Lutero (1483–1546) pregou suas 95 teses na porta de uma igreja em Wittenberg, em 1517, ele só queria eliminar a corrupção na Igreja Católica, mas não imaginava que estava prestes a mudar o curso da história. A rebelião contra a Igreja disseminou-se e logo envolveu a Europa em guerras terríveis que perduraram por quase dois séculos. Surgiram outros movimentos reformistas, como o dos calvinistas, que acreditavam em uma forma de predestinação, mas todas as versões desses contra-movimentos podem ser resumidas pela palavra *protestantismo*, derivada de *protesto*. A reação da Igreja Católica foi chamada de Contrarreforma, e a arquitetura desempenhou importante papel nesse contexto.

Após o constrangedor saque de Roma levado a cabo pelas tropas do Sacro Imperador Romano Carlos V em 1527, o papa Paulo III (Alessandro Farnese; cujo papado durou entre 1534–1549) iniciou uma série de audazes campanhas de edificação para restaurar o prestígio da Igreja, entre as quais se destacou a construção de uma praça no Monte Capitólio (Campidoglio), o sítio do Senado Romano.

542

# EUROPA

14.100 Fachada do Palazzo Nuovo (atualmente um dos dois prédios do Museu Capitolino), Roma

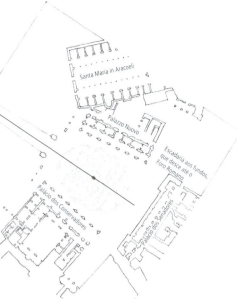

14.101 Planta da Piazza del Campidoglio, Roma

Apesar de a área não ter grande importância para a ideologia política do papado, Paulo III queria que o Monte Capitólio impressionasse Carlos V, o qual visitaria Roma em 1536. Afinal, o papado dependia bastante da beneficência do Sacro Imperador Romano, que recentemente havia redobrado sua riqueza com os tesouros saqueados da América.

Michelangelo Buonarroti (1475–1564) foi encarregado da reforma, que iniciou em 1538. Ele transformou o complexo desordenado em uma composição simétrica, com uma *piazza* trapezoidal e três fachadas de palácios. A Via Sacra atravessava a *piazza* e descia por uma escadaria ampla e suave também projetada por Michelangelo. Em nome da simetria, adicionou um edifício conhecido como Palazzo Nuovo (Palácio Novo, 1646–1650), que não fora exigido pelo programa de necessidades. Esse edifício, que servia apenas para configurar a praça, foi construído por Carlo Rainaldi de acordo com os projetos de Michelangelo. Embora parecesse um palácio habitável, na verdade era pouco mais do que uma simples fachada. Michelangelo usou, pela primeira vez, a ordem colossal das pilastras que sustentam um entablamento contínuo, com uma balastruada acima da cornija, conferindo monumentalidade à fachada.

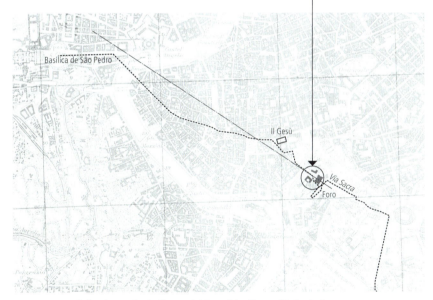

14.102 Mapa de implantação da Piazza del Campidoglio na cidade de Roma

# 1600 D.C.

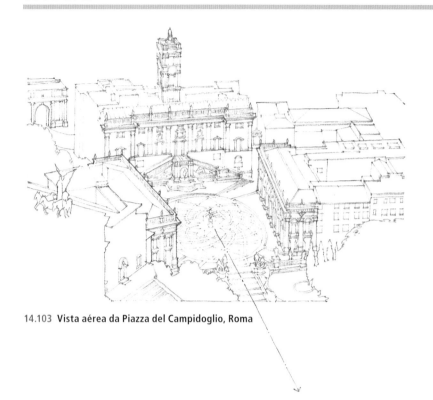

14.103 Vista aérea da Piazza del Campidoglio, Roma

14.104 Arcada, do Palazzo Nuovo (atualmente um dos dois prédios do Museu Capitolino), Roma

O formato trapezoidal da *piazza* era incomum. Embora fosse, até certo ponto, uma consequência do contexto existente, introduziu-se uma noção de espaço público nova e mais dinâmica do que até então se conhecia na Renascença, que tendia a favorecer esquemas mais estáticos e retilíneos.

No centro da *piazza* há um entalhe oval raso do qual se eleva uma suave protuberância do piso. Sua superfície, ornamentada com uma espécie de flor de 12 pétalas, sugere um simbolismo zodiacal. O conteúdo ideológico da praça era reforçado pelo programa escultórico. Uma escultura do emblema de Roma, uma loba amamentando os gêmeos Rômulo e Remo, foi colocada à entrada do Palácio dos Conservadores. A escultura mais proeminente – na verdade, a figura central da *piazza* – é, no entanto, uma estátua equestre de Marco Aurélio, que foi relutantemente agregada ao esquema por Michelangelo. Essa escultura, um dos bronzes mais bem preservados da era romana, foi trazida do Palácio de Latrão para enfatizar o novo caráter cívico do poder papal. Aliás, ela só escapou de ter sido fundida porque a Igreja pensou, erroneamente, tratar-se de uma representação de Constantino, o Grande, tido como o primeiro imperador cristão. Agora, no século XVII, após o Renascimento, o papa reforçava seu poder identificando-se com um imperador romano pagão. O projeto ambicioso de Michelangelo levou vários séculos para ser terminado – o piso final, de acordo com o desenho original, foi instalado apenas em 1940, sob Mussolini.

14.105 Fachada parcial de um dos prédios da Piazza del Campidoglio

# EUROPA

14.106 Maquete da Basílica de São Pedro, Roma, feita por Antonio da Sangallo, o Jovem

14.107 Medalha mostrando a intenção de Bramante para a Basílica de São Pedro, 1506

## A Basílica de São Pedro

A perda decisiva de Hagia Sofia, em Constantinopla, para os otomanos, em 1453, fez da Basílica de São Pedro em Roma o único centro do mundo cristão. Esse evento histórico, acompanhado pela nova riqueza oriunda da América, pela redescorberta das ordens clássicas e pelas usuais ambições do papa, promoveu uma reconstrução colossal da Basílica de São Pedro que levou quase dois séculos para ser totalmente completada, chegando ao século XX.

Em 1505, o papa Júlio II decidiu demolir e reconstruir a Basílica de São Pedro, nomeando Bramante, que recém havia terminado de projetar o Tempietto de São Pedro em Montorio. Alguns desenhos remanescentes de uma série de plantas produzidas por Bramante (que trabalhou no projeto de 1505 a 1514) permitem que analisemos profundamente o avanço de seu projeto. Os edifícios propostos eram, como tinham de ser, ambiciosos. Sua priméria planta (*circa* 1505) mostra um prédio quase quadrado implantado em um grande pátio e aberto para as quatro direções. Cada braço da cruz grega termina em uma ábside que se projeta para o exterior em relação ao plano básico da fachada. Quatro grandes torres seriam erguidas nos cantos. O prédio de Bramante chamava a atenção por sua superfície total das paredes incrivelmente pequena. A estrutura arquitetônica ocupava a forma residual entre os espaços, e o centro era definido por uma cúpula hemisférica apoiada em colunas. A construção não tinha uma elevação principal: ela seria feita para uma chegada igual por qualquer um de seus lados. O formato de cruz grega exercia grande fascínio sobre os arquitetos renascentistas, seja como ícone (como foi o caso da Igreja Católica Oriental), seja como materialização dos ideais da matemática. Um dos mais importantes defensores da igreja com planta centralizada foi Leonardo da Vinci, que experimentou com inúmeras possibilidades, tendo a maioria de seus projetos de igreja planta quadrada e volume quase cúbico e com ábsides em todos os quatro lados. Em algumas dessas igrejas, as ábsides assumem formatos complexos que permitem diferentes arranjos formais entre espaços principais e de apoio. Todos eles eram coroados por uma cúpula, geralmente uma réplica da Catedral de Florença (o duomo).

Pouco foi feito, contudo, até que o projeto tenha passado às mãos de Michelangelo Buonarroti. A essa altura, já se tomara a decisão de transformar o edifício em uma igreja ao mesmo tempo centralizada e longitudinal. Contudo, nessa época, os pilares do prédio de Bramante estavam construídos, e Michelangelo teve de aproveitá-los. Ainda assim, ele demoliu algumas das paredes que haviam sido construídas.

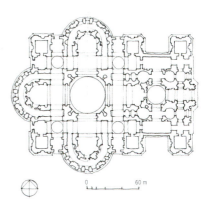

14.108 Planta da Basílica de São Pedro segundo o projeto de Bramante

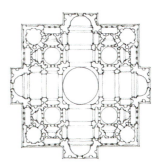

14.109 Planta da Basílica de São Pedro segundo o projeto de Sangallo

# 1600 D.C.

14.110 Basílica de São Pedro, Roma

No entanto, Michelangelo morreu sem ter podido ver sua cúpula erguida. Giacomo de lla Porta, que herdou o projeto, mudou a intenção de Michelangelo e criou uma cúpula ogival mais parecida com a do Duomo de Florença. Ele também a elevou sobre um tambor mais alto, de modo que pudesse ser vista da *piazza* em frente ao edifício. As janelas, entre contrafortes verticais bastante reforçados, ficam quase ocultas por pares de colunas adossadas. Quando Michelangelo faleceu, ainda não havia um projeto final para a fachada. Uma série de arquitetos foi encarregada do trabalho, mas até 1605 a fachada da antiga basílica, espantosamente, ainda estava de pé e servia como entrada. Por fim, foi construída uma fachada desenhada por Carlo Maderno, a qual se baseava nos temas do projeto de Michelangelo. Ainda assim, o sucesso do resultado compositivo é discutível. As edículas parecem mal caber em seus respectivos espaços; o enorme pavimento do ático agiganta-se sobre a fachada; das cinco entradas, três possuem vergas horizontais, como queria Michelangelo, mas duas têm arcos semicirculares, dando a impressão de serem pequenas e desajeitadas.

Quando comparada à de Bramante, a planta de Michelangelo é incrivelmente mais simples. Já não havia uma redução proporcional de espaços grandes para pequenos. Em vez disso, havia um único quadrado, com as quatro extremidades da cruz grega sendo aproveitadas para ábsides. Criou-se, além disso, um eixo longitudinal por meio do acréscimo de um pórtico com colunas, que cruzava a fachada. Contudo, a correlação entre o interior e o exterior não ficou clara, em virtude do engrossamento da massa à direita e à esquerda de cada uma das ábsides externas, resultando no aspecto de uma sucessão contínua de pilastras. Dessa maneira, se compararmos o projeto de Bramante, que fora feito para ser lido de cima para baixo, com sua forma se dissolvendo em padrões minúsculos de nichos, colunas e abóbadas, ao prédio de Michelangelo, este se desenvolve de baixo para cima, estabelecendo uma tensa relação entre o formato externo e a cúpula, o que sugere o mistério da presença divina em seu interior. As paredes já não eram o resultado de elementos volumétricos agregados, como na época de Bramante, mas estabeleciam um equilíbrio dinâmico entre forma, estrutura e espaço, com um ritmo alternado de expansões e contrações. Se o prédio de Bramante teria o aspecto de uma massa estática, o de Michelangelo se mostra como um penhasco ondulado, movendo-se em direção ao centro e dele se afastando, especialmente quando visto de trás.

14.111 Cúpula da Basílica de São Pedro

# EUROPA

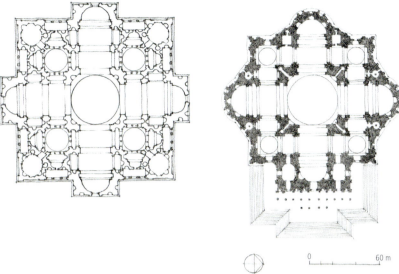
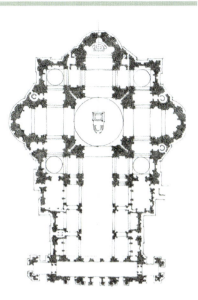

14.112 Plantas da Basílica de São Pedro segundo o projeto de Bramante (acima); de Michelangelo (no centro); e de Carlo Maderno, que propôs a ampliação frontal (à direita)

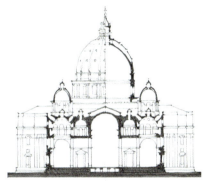

14.113 Corte da Basílica de São Pedro

14.114 Interior da Basílica de São Pedro

14.115 Fachada da Basílica de São Pedro

547

# 1600 D.C.

14.116 Vista aérea da Praça de São Pedro, Roma, a partir da cúpula da basílica

Em 1626, o papa Urbano VIII recorreu a Giovanni Lorenzo Bernini para iniciar os trabalhos no grande baldaquim sobre o altar papal da Basílica de São Pedro. O papa ficou tão impressionado com o resultado que, em 1629, nomeou-o arquiteto oficial da Basílica de São Pedro. Mas o esquema para o novo desenho da *piazza* em frente à basílica (1657–1666) surgiu com o papa Alexandre VII. Vários fatores tinham de ser levados em consideração. A antiga entrada para o Vaticano ficava 120 metros a nordeste do pórtico e devia ser preservada. Era preciso construir também um caminho processional coberto para as visitas oficiais ao papa, e a *loggia* sobre a entrada central, destinada à tradicional bênção do pontífice, devia estar dentro do campo visual do maior número de pessoas possível, sobretudo durante a celebração da Páscoa. Por fim, existia um grande obelisco egípcio levado para Roma em 37 d.C. e que tivera de ser reposicionado, em 1586, no local onde se encontra hoje. A solução de Bernini foi criar duas praças interligadas, uma trapezoidal, em frente à igreja, e outra grande, inscrita em uma elipse, em frente à fachada. O espaço trapezoidal consiste em alas de corredores conectadas à fachada da basílica. Assim, esta parece avançar para a frente, e acentua-se a sua altura.

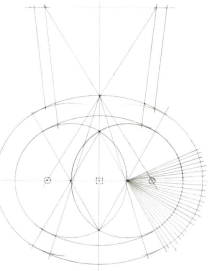

14.117 A solução geométrica de Bernini para o leiaute da Praça de São Pedro

14.118 Vista aérea da Praça de São Pedro

# EUROPA

Após experimentar o uso de um círculo, Bernini decidiu conferir formato elíptico à praça. Todavia, o espaço é tão amplo que o percebemos como se fosse um círculo em cujo centro está o obelico pré-existente, e talvez essa tenha sido a intenção de Bernini. A colunata consiste em duas fileiras de pares de colunas desenhadas para se abrirem em leque a partir do centro. Como os braços laterais estão mais distantes do centro, sua circularidade foi enfatizada. O grande peso das colunas estabelece um contraste com a verticalidade das esbeltas colunas coríntias da fachada da basílica, ainda que elas não combinem.

O programa de necessidades para o local exigia uma importante assimetria na planta, destinada a acomodar uma entrada adequada para o Palácio do Vaticano. Bernini resolveu isso incorporando a entrada à colunata do lado norte. A entrada abre-se para a Scala Regia (Escada Real, 1663–1666), que serve para conduzir os dignatários ao palácio papal. A escadaria abobadada e em forma de corredor é uma obra-prima da arquitetura em espaço canhesco. Apesar de o espaço disponível não ser nem reto nem amplo e não dispor de iluminação adequada, Bernini superou cada obstáculo com truques de perspectiva, os quais resultaram em um acesso impressionante e digno aos apartamentos papais.

Quando Bernini morreu, em 1680, a conexão entre a grande forma oval e a rua que conduz ao Rio Tibre ainda não havia sido determinada. Ele havia planejado também um edifício que fecharia parcialmente a *piazza*, criando sensação de maior enclausuramento, mas ele nunca foi construído. Em 1935, no governo de Benito Mussolini, a área foi limpa e ganhou sua monumental forma atual.

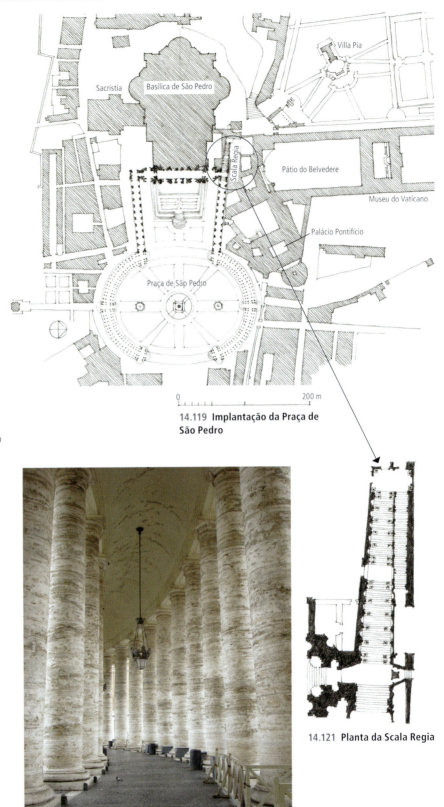

14.119 Implantação da Praça de São Pedro

14.120 Colunata da Praça de São Pedro

14.121 Planta da Scala Regia

# 1600 D.C.

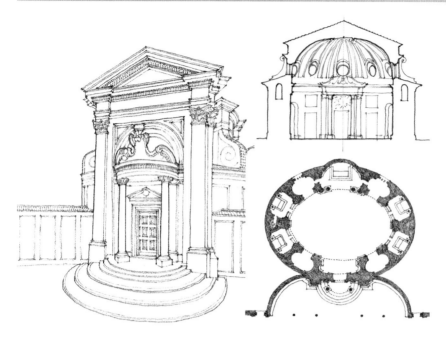

O esquema de cores e o uso da luz são surpreendentes. As pilastras coríntias que demarcam a configuração espacial principal são brancas, enquanto os tímpanos, as pilastras secundárias e as colunas solitárias no lado da ábside central são revestidos com mármore delicado, pontilhado de branco e com tons de cor-de-rosa. A luz oriunda de uma janela oculta banha a ábside, iluminando uma moldura espetacular sustentada por querubins e raios solares, tudo de ouro. A cúpula sobre a elipse do piso resplandece com decorações douradas, evocando o espaço celestial ao qual Santo André ascende. Caixotões hexagonais trabalhados formam um padrão entre os suportes. Figuras de putti e dos pescadores companheiros de Santo André repousam sobre as janelas na base da cúpula.

14.122  Santo André al Quirinale, Roma

14.123  Planta e corte de Santo André al Quirinale

### A Igreja de Santo André al Quirinale (Santo André no Monte Quirino)

Até o final da Idade Média, na Europa, muito pouco ou quase nada se sabia sobre a vida ou a formação dos arquitetos. No entanto, no início do século XV, os artistas e arquitetos mais importantes começaram a ficar conhecidos. Escreveram-se biografias de Filippo Brunelleschi, o que indicava o nível da sua fama. Michelangelo e Leonardo da Vinci já eram famosos no final das suas vidas. Giorgio Vasari (1511-74) compilou a primeira história dos artistas renascentistas em seu livro *As vidas de 70 dos mais eminentes pintores, escultores e arquitetos*. Mas nenhum artista, em sua época, foi tão elogiado e alcançou tamanha celebridade popular quanto Gian Lorenzo Bernini (1598-1680). Quando Luís XIV o chamou a Paris para projetar uma possível nova ala leste para o Palácio do Louvre, as pessoas aglomeraram-se nas ruas para ver passar sua carruagem.

Os principais trabalhos de arquitetura de Bernini são as igrejas de São Tommaso da Villanova, em Castel Gandolfo (1658-1661), Santo André al Quirinale, em Roma (1658-1670), e Santa Maria da Assunção, em Ariccia (1662-1664). As plantas de todos esses projetos tinham formas geométricas simples, baseadas, em grande parte, na adoração absoluta do arquiteto pelo Panteon. E, apesar de Santo André ter planta elíptica transversal, sua referência ainda é clássica. Foi necessário recuar o edifício para construir uma pequena *piazza* em frente à igreja, destinada a permitir a parada das carruagens, que se tornavam cada vez maiores. (O pátio já não existe.)

A igreja fica do lado oposto ao Palazzo del Quirinale, originalmente uma residência oficial apostólica e na época atual residência do presidente da Itália. Parte de um complexo monástico estabelecido pela Ordem Jesuíta para a instrução de noviços, o prédio foi dedicado aos santos jesuítas recém-canonizados — Andrea Avellino, Francisco Xavier, Stanislaus Kostka e Inácio de Loyola. Aos olhos de Bernini era, portanto, uma espécie de Panteon dos jesuítas. As gigantescas pilastras coríntias configuram a entrada, da qual se projeta uma marquise curva. A curva convexa do pórtico saliente encaixa-se no centro de uma *piazza* côncava, que espelha a forma elíptica central do interior da igreja. Na parte interna, uma série de nichos preenche o corpo da parede, com a ábside central dedicada a Santo André e marcada por pares de colunas de mármore lado a lado. Os outros quatro santos foram posicionados nos nichos quase quadrados dispostos nos dois lados do eixo transversal principal.

### Il Gesù

A principal instituição fundada pela Igreja Católica para combater a reforma foi a Companhia de Jesus, também conhecida como os Jesuítas. A Companhia de Jesus foi fundada na França em 1534 por Inácio de Loyola (1491-1556), um basco, e seis seguidores seus, todos estudantes da Universidade de Paris. Loyola, uma das forças importantes da Contrarreforma, fundou a Companhia de Jesus "para empreender trabalhos hospitalares e missionários em Jerusalém e para ir, sem questionar, aonde quer que o papa enviasse". A principal diferença entre os jesuítas e outras ordens que tradicionalmente enfatizavam a devoção religiosa comunitária era que Loyola havia relaxado os rigores da vida monástica e desejava uma missão apostólica mais ativa. Para ele, a oração e a meditação deviam ser equilibradas com o serviço e o ensino. Os jesuítas esperavam unificar o ensino religioso e o conhecimento acadêmico, assim exigiam o aprendizado clássico junto com o estudo da bíblia. Em 1575, já tinham fundado 14 instituições de ensino na França, com cerca de mil membros; alguns colégios possuíam mais de 800 alunos. Os jesuítas também criaram colégios na Índia, África e América.

# EUROPA

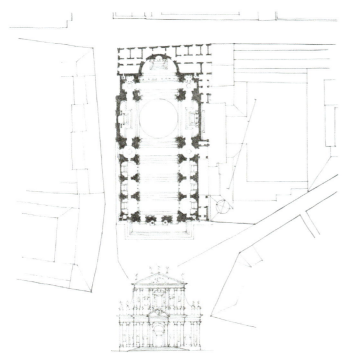

14.124 Planta e fachada de Il Gesù, Roma

14.125 Fachada principal de Il Gesù

Em 1592, quando o cardeal Odoardo Farnese visitou o colégio jesuíta na Piazza Altieri, 27 idiomas estavam sendo falados no refeitório.

Margarida da Áustria, esposa de Octavio Farnese, sobrinho de Alessandro Farnese (papa Paulo III), financiou a construção da igreja de Il Gesù, a igreja-matriz dos jesuítas em Roma, e permitiu que a Igreja utilizasse seu arquiteto, Giacomo Barozzi da Vignola (1507–1573). O local destinado à igreja jesuíta era proeminente, logo abaixo do Campidoglio (Monte Capitólio), em uma interseção importante da rota papal através da cidade. Contudo, o projeto de Vignola foi posteriormente modificado por Giacomo della Porta, e a fachada foi terminada em 1577. Em sua planta e estrutura, Il Gesù foi mais influente do que qualquer outra igreja romana do final do século XVI, embora as igrejas coloniais jesuítas tenham continuado a se desenvolver de maneira própria. Em resposta ao pedido da Contrarreforma de simplificação, Il Gesù possuía uma planta singela, sem nártex, uma única nave (sem a distinção entre nave central e laterais) e transeptos abreviados. Suas paredes internas também eram pouco adornadas. As capelas laterais, vendidas a famílias específicas, garantiram as doações necessárias para a construção da igreja.

As fachadas das igrejas jesuítas mostravam a transição para o barroco. Foram abordados novos problemas formais e foram sugeridas soluções que logo viriam a ser assumidas pelos grandes arquitetos barrocos. Nessa igreja, por exemplo, surge pela primeira vez a ordem inferior, baseada no tema dos pares de pilastras elevados sobre dados altos, com uma zona semelhante de dados separando as ordens superior e inferior. O eixo central é enfatizado por nichos emoldurados, bem como pelas colunas adossadas em ambos os lados da porta.

14.126 Corte longitudinal de Il Gesù

# 1600 D.C.

14.127 As Américas, 1600 d.C.

## A INVASÃO ESPANHOLA DAS AMÉRICAS

Após uma série de epidemias de peste bubônica (a "peste negra"), em 1362, 1363, 1367 e 1374, as dispendiosas campanhas de Fernando V de Aragão e Isabel I de Castela (os quais reinaram entre 1474–1516) contra os mouros esvaziaram ainda mais o Tesouro espanhol, e a construção de grandes catedrais que durava um século e meio foi interrompida. Incapazes de adquirir as mercadorias intensamente tributadas que vinham por terra da rota oriental que terminava em Veneza, os importadores espanhóis e portugueses viram-se, no final do século XV, dispostos a navegar para o oeste a fim de abrir uma rota direta, em mar aberto, para os mercados orientais. A descoberta das Américas por Cristóvão Colombo, em 1492, causou entusiasmo e esperança, mas de início gerou poucas riquezas aos cofres espanhóis. A situação só melhorou quando Carlos V (1500–1558) foi coroado Sacro Imperador Romano em 1519.

O imenso império dos incas na América do Sul, subjugado por Francisco Pizarro, produziu mais ouro do que a conquista do México por Hernán Cortés. Como se não bastasse roubar os incas de seu ouro, os conquistadores espanhóis começaram eles próprios a minerar, usando dezenas de milhares de escravos. Grandes jazidas de prata foram então encontradas na cidade de Potosí, atual Bolívia, em 1545, e em Zacatecas (atual México), em 1548. Em 1650, Potosí era a maior cidade das Américas, com uma população de 160 mil habitantes. A Espanha logo se tornou a principal fornecedora de prata do mundo (a Coroa espanhola recebia um quinto da prata) e chegou a produzir 50 mil toneladas de produto, quantidade que dobrou o estoque do metal existente na Europa. O resultado foi que toda a estrutura econômica da Europa e, na verdade, do mundo, teve de se adaptar a essa nova realidade. Grandes quantidades de prata foram empregadas para comprar bens da China, onde esse metal era a moeda oficial. E não foi somente a prata que contribuiu para a nova riqueza espanhola: as salinas de Portugal e do Caribe também pertenciam à coroa espanhola e produziam a maior parte do sal marinho consumido no Ocidente.

O dinheiro assim obtido foi penetrando nos mercados europeus, embora a comercialização e industrialização da Europa com base no Novo Mundo ainda fossem uma realidade um pouco distante. Junto com as riquezas minerais vieram os alimentos: tomate, batata, amendoim, milho, abacaxi, pimenta malagueta, baunilha e tabaco. Todos são exemplos de alimentos originários das Américas que foram apresentados aos europeus e, após algum tempo, ao sistema global de colonização. Muito tempo antes que a batata e o tomate se tornassem um dos principais ingredientes da culinária europeia, eles eram considerados venenosos. Por outro lado, foram trazidos para a América muitos novos produtos oriundos da Eurásia e da África, como trigo, azevém, anil, chá, arroz, banana, alguns tipos de feijão e leguminosas, assim como animais. Cavalos, ovelhas, porcos, cabras, galinhas, burros, ratos, coelhos, gatos, cães, galinhas de Angola foram, em sua maioria, introduzidos como parte da transferência de sistemas de agropecuária. Algumas poucas espécies animais das Américas também foram introduzidas na Europa, em particular a lhama e o peru – sendo que este posteriormente foi trazido de volta para América, ao menos nominalmente. Porém, talvez tenham sido as doenças trazidas de presente pelos europeus – em particular a varíola, a gripe, a febre tifoide, a catapora e o sarampo – que, de fato, viraram a balança a favor dos europeus, pois elas dizimaram as populações nativas e permitiram aos europeus uma colonização relativamente fácil e barata do continente americano. Os ameríndios, aparentemente, não tinham nenhuma doença que tenha afetado o Velho Mundo.

A Espanha explorou de maneira impiedosa sua nova colônia americana, em um processo que andou de mãos dadas com a catequização forçada dos nativos. O centro do sistema colonial espanhol era uma forma de feudalismo pela qual os colonos espanhóis (*encomiendos*) recebiam grandes faixas de terra (*encomiendas*) e, com elas, uma população de não mais de 300 índios. Os nativos retinham a posse das terras, as quais, porém, pertenciam oficialmente à Coroa de Castela. Os *encomiendos* recebiam o direito de cobrar tributos e exigir serviços da população na forma de trabalho. De acordo com uma bula papal outorgada em 1493, eles também tinham o dever de manter a ordem e converter ao catolicismo os índios sob sua tutela. Isso era a teoria, pois, na prática, o sistema logo corrompeu-se e virou um instrumento de opressão e escravidão. Os *encomiendos* introduziram na colônia os animais de carga, as técnicas de agropecuária e os processos de fabricação europeus, juntamente com uma atividade extensiva de mineração que funcionava com base em um suprimento ilimitado de trabalho escravo.

Novas cidades foram criadas para sustentar a economia das *encomiendas* e conectá-la aos

# AMÉRICAS

portos. As cidades coloniais espanholas eram lançadas com uma grade regular, em cujo centro havia uma praça. A igreja e os edifícios administrativos em geral localizavam-se em volta da *plaza*.

Logo atrás dos conquistadores vieram os frades católicos – franciscanos, dominicanos e agostinianos –, com a tarefa de converter os nativos para o catolicismo. Eles construíram igrejas e, a fim de facilitar a tarefa da catequização dos indígenas, frequentemente mesclaram as convenções da liturgia da Igreja com as das práticas pré-colombianas. Os frades também foram, na verdade, os primeiros a defender os direitos da população nativa, considerando-os filhos de Deus. Uma das figuras principais desse esforço foi Bartolomé de las Casas, um ex-*encomiendo* convertido em frade dominicano que protestou de modo veemente, junto à Coroa espanhola, contra o tratamento cruel dado aos nativos pelos *encomiendos*. "Não são eles seres humanos, filhos de Deus, merecedores de nossa proteção?", protestava Las Casas. Como resposta a isso, a Coroa espanhola promulgou uma série de leis que proibiam a escravização dos povos nativos. No entanto, logo após essa mudança, o vice-rei foi assassinado, e as novas leis foram revogadas. Os espanhóis se referiam à sua interferência como uma "conquista", mas, da perspectiva dos povos nativos da América pré-colombiana, é claro que se tratava de uma invasão.

## Os átrios

As igrejas hispano-americanas construídas pelos frades privilegiavam a simplicidade e a objetividade. Esses pavilhões simples, de paredes espessas, em geral fortalecidos com botaréus externos, proviam uma estrutura resistente para a casa de Deus franciscana. Suas janelas eram poucas e, em geral, muito altas. As paredes, sem segmentos, eram deixadas desadornadas ou, no máximo, pintadas com ilustrações simples em um estilo não muito diferente daquele dos montes-plataforma pré-colombianos. Uma singela mesa de pedra, elevada sobre alguns degraus em relação ao piso da nave central, servia como altar. Atrás dela encontravam-se reredos (retábulos) – ou telas ornamentadas – que ilustravam as provações de Cristo.

As verdadeiras inovações encontravam-se no exterior. Para acomodar grandes grupos de fiéis, os frades desenvolveram o conceito de átrio, um grande pátio aberto e murado que usava a fachada da igreja como pano de fundo. Na extremidade oeste havia uma capela ao ar livre onde era rezada a missa. O átrio, como um todo, lembrava as praças em frente às pirâmides pré-colombianas, não sendo, portanto,

estranho para a população nativa. Neste local, os frades conduziam procissões que paravam nas estações da Via Sacra, a qual começava na igreja e dava a volta no sentido anti-horário. As chamadas "estações" eram altares que representavam os acontecimentos ocorridos com Jesus Cristo quando crucificado em Jerusalém. Os devotos paravam em cada uma delas, revivendo os sofrimentos dele em uma espécie de oração espacial que também estava se tornando comum na Europa nessa época. Centenas de igrejas com átrios desse tipo foram construídas pelos franciscanos nas décadas de 1560 e 1570; alguns exemplos clássicos são as de Cuernavaca, Cholula e Atlatlahucan. A Igreja Católica, todavia, tornou-se cada vez mais desconfortável com as práticas tolerantes dos frades, as quais

considerava pouco ortodoxas. Além do mais, as igrejas com átrio contrariavam o princípio básico da casa de Deus como um edifício coberto. Os frades também favoreciam atividades processionais que inúmeras vezes incorporavam cantos e danças pré-colombianas. Os ícones católicos com frequência pareciam com as antigas imagens dos nativos. Tudo isso incomodou a Igreja de Roma, que se opunha a esse tipo de hibridismo. Em 1574, os privilégios sacerdotais dos frades foram revogados, a construção de conventos foi suspensa e as igrejas com átrios foram declaradas inadequadas para as missas. Mesmo assim, o espírito delas, profundamente arraigado na consciência dos povos nativos, manteve-se dentro da Igreja latino-americana e conferiu-lhe seu caráter único.

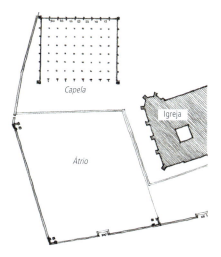

**14.128** Planta de um exemplo de átrio

**14.129** Exemplo de átrio latino-americano

553

# 1600 D.C.

14.130  Castelo de Elmina, Elmina, Gana

## OS FORTES COLONIAIS

A fim de exigir a política do extrativismo e proteger os portos e as rotas de comércio, as potências colonialistas iniciaram uma campanha internacional de construção de fortificações. Assim, foram construídas centenas (senão milhares) de fortes – 60 apenas no litoral do oeste da África. No entanto, ao contrário dos antigos fortes europeus, que eram construídos para a proteção contra exércitos em marcha e longos sítios, os fortes coloniais foram projetados para resistir a ataques, invasões e bombardeios curtos, mas possivelmente muito intensos. Eles também não contavam com muitos soldados para defendê-los, então precisavam ser construídos para resistir a ataques, ter uma boa linha de visão para o bombardeio de embarcações inimigas e manter prisioneiros com segurança.

O Castelo de Elmina, construído por Portugal em Gana, em um promontório voltado para a foz de um rio, serviu de modelo para as edificações que o sucederam. Essa fortificação retangular localizava-se no centro protegido de uma muralha. Em ambos os lados de seu pátio interno havia uma igreja e um centro administrativo voltados um para o outro. Seus bastiões de quina se projetavam em relação às superfícies do forte, de modo que os artilheiros conseguissem proteger as entradas e a muralha. Em 1637, o forte foi tomado pelos holandeses, que o reconstruíram e o ampliaram, transformando-o em um ponto de recolhimento de escravos. Em 1700, as novas tecnologias e estratégias militares já exigiam um tipo diferente de fortificação. O sucesso já não dependia da altura da muralha, mas da capacidade de alvejar de dentro do forte e, ao mesmo tempo, de se desviar dos tiros de morteiro e canhão que vinham de fora. Os canhoeiros de um forte não queriam arremessar alto seus projéteis, pois isso apenas fazia com que estes despencassem com mais força sobre a terra. Em vez disso, o tiro de canhão era baixo, perto do solo, de modo que ricocheteasse nas linhas do inimigo. Terraços inclinados artificiais, conhecidos como esplanadas, eram construídos ao redor do forte para que os atacantes de um forte ficassem mais expostos aos tiros de canhão. Quando esse esquema foi combinado com a construção de fossos e bastiões com ângulos rampantes, a geometria de uma fortificação do século XVIII se tornou bastante complexa, como mostra o Forte de Manoel (*circa* 1682). Ele localizava-se na Ilha de Manoel, no porto de Marsamxett, ao noroeste de Valletta, Malta. O Forte de Manoel foi utilizado como modelo para fortificações construídas no mundo inteiro, em particular aquelas feitas pelos ingleses e franceses. Por exemplo, o Forte Commenda inglês, em Gana, iniciado em 1686, é uma de suas versões aprimoradas, embora seja um pouco mais simples. Esses fortes se tornaram a norma para os próximos 200 anos, até o advento dos bombardeios aéreos. Um dos sistemas de fortificação mais completos dos séculos XVII ao XIX que ainda existe pode ser visto em Valetta, Malta.

14.131  Planta do Castelo de Elmina

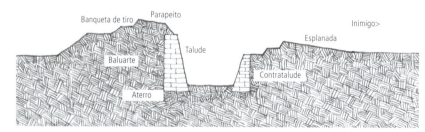

14.132  Corte do fosso e da fortificação externa do Castelo de Elmina

# SUL DA ÁSIA

14.133 Planta do Forte Commenda, Gana

14.134 Vista do Antigo Forte William, Calcutá, Índia

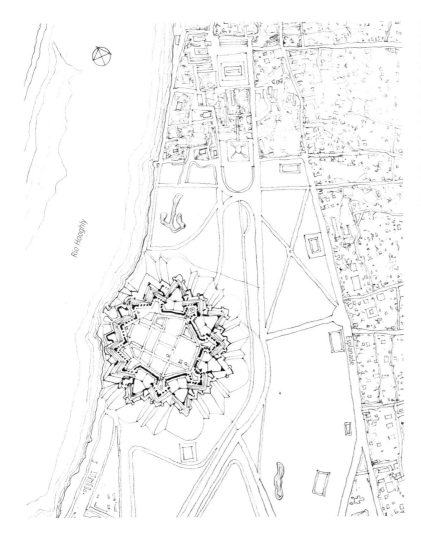

Forte William, o forte britânico de Calcutá, foi iniciado em 1699 para proteger a travessia do Rio Hooghly, que podia ser navegado desde o oceano. O forte original estava voltado para o rio, a fim de receber os navios oriundos da Baía de Bengala. Em 1758, o forte foi reconstruído para estar voltado a todas as direções. Essa fortificação era um tetrágono com torres de tiro nas quinas, onde as armas eram instaladas, a maioria voltada para o rio. O lado da muralha junto ao rio era de alvenaria maciça, com algumas aberturas para armas pesadas, enquanto as entradas principais se abriam para o leste, ou seja, a terra firme. Dentro dela foram distribuídos de modo irregular a caserna dos solados, o arsenal e o palácio do governador. Todo o terreno ao redor do Forte William foi desmatado, para que as linhas de visão ficassem desobstruídas. Isso também permitiu a vista panorâmica da Esplanade, a rua principal em que havia as mansões dos colonizadores.

14.135 Planta do Forte William

# 1600 D.C.

## AMSTERDÃ

Embora os Países Baixos tivessem a economia que crescia com mais rapidez na Europa na época, tendo se tornado o centro mercantil do Império Espanhol, essa situação não se refletia em sua arquitetura. Por serem em grande parte calvinistas, vertente cristã que prescreve construções simples, os holandeses não construíram igrejas até conquistarem sua independência da Espanha. Após a destruição de Antuérpia pelos espanhóis, Amsterdã, uma cidade relativamente pouco importante até 1579, rapidamente se tornou um dos principais portos internacionais da Europa, desenvolvendo um conjunto urbano que incluía a prefeitura na Praça Dam (que hoje é o Palácio Real), as igrejas Westerkerk e Zuiderkerk, assim como um grande número de casas nos canais encomendadas pelas principais famílias de mercadores. O poder naval holandês começou a aumentar rapidamente no final do século XVI, e os Países Baixos tornaram-se líderes do comércio global na segunda metade do século XVII. Nas conflituosas rotas oceânicas pelas quais se transportavam açúcar, escravos e especiarias, seus principais rivais foram, a princípio, os espanhóis e portugueses; depois, os ingleses, que no século XVII haviam se tornado uma potência naval.

A primeira igreja de Amsterdã construída especificamente para a comunidade protestante foi Zuiderkerk (1603–1611). Trata-se de um retângulo simples, com seis intercolúnios e planta em forma de pseudobasílica – isto é, apesar de possuir uma nave central e duas laterais, não tem ábside, o que reflete a natureza de seus serviços religiosos, mais orientados à comunidade. O pastor fazia seus sermões em um púlpito conectado a uma das colunas, perto do meio da congregação. A música e, em especial, o canto comunitário eram partes importantes da liturgia. Não há cripta, visto que as relíquias e o seu culto não fazem parte da religião protestante. O edifício tem abóbadas de madeira e uma torre apertada em uma de suas quinas. Embora essa igreja seja relativamente simples, sua torre é extravagante, como é típico de sua época. No interior, as colunas são escuras e contrastam com as paredes caiadas de branco, imitando as igrejas renascentistas do norte da Itália do século XV. Resgatava-se, assim, o ideal do início da Renascença e final da Idade Média, que contemplava uma vida mais simples, presumivelmente ainda não maculada pela magnificência e corrupção da Igreja de Roma. A construção da Zuiderkerk foi seguida pela de Westerkerk (1620–1631), onde se criou um conjunto mais unificado, com uma divisão clara entre o eixo principal – com a torre servindo de entrada – e o eixo transversal, onde estava o púlpito.

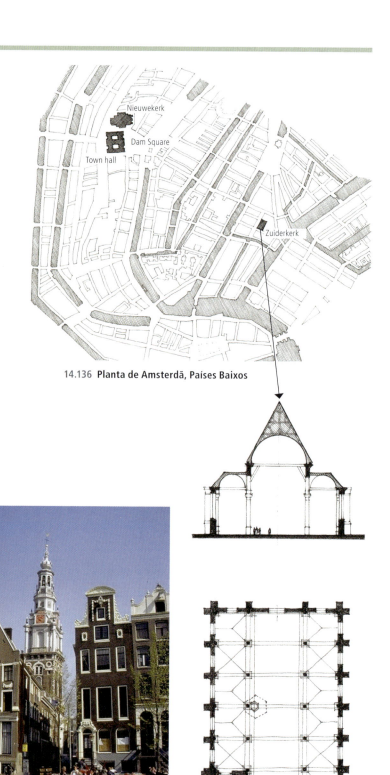

14.136 Planta de Amsterdã, Países Baixos

14.137 Igreja Zuiderkerk, Amsterdã

14.138 Planta e corte da igreja Zuiderkerk

# EUROPA

14.139 Planta da Prefeitura de Amsterdã (Burgerzaal)

14.140 Prefeitura de Amsterdã (Burgerzaal)

### A Prefeitura de Amsterdã

No início do século XVII, com a formação das companhias das Índias Orientais britânica e holandesa e o estabelecimento do Port Royal francês em Nova Scotia (Canadá), essas novas potências ingressaram na disputa colonial global a fim de competir com os espanhóis e portugueses. No caso dos holandeses, recém-libertos do jugo espanhol, os esforços coloniais começaram com o comércio de peles, mas rapidamente assumiram um foco mercantil e bancário. Para os holandeses, não era o ouro a principal riqueza a ser extraída das colônias, mas o cacau, o tabaco e o açúcar, que acabaram por gerar mais lucros do que todo o metal precioso oriundo das Américas. Afinal, esses produtos vegetais podiam ser cultivados em grandes quantidades e transportados pelo mar com poucas perdas. Dessa maneira, os holandes e franceses foram os responsáveis por transformar as Américas em uma economia de cultivo que aproveitava a vantagem ímpar das grandes reservas de território "inexplorado" que caiu nas mãos dos europeus. No longo prazo, foi essa economia mercantil que inundou os mercados europeus com enormes quantidades de produtos de consumo baratos e transformou a cultura europeia moderna, colocando-a no caminho da racionalização, da industrialização e do Iluminismo.

Em Amsterdã – o novo centro do mundo holandês e uma cidade inteiramente dedicada à geração de riqueza –, palácios, mosteiros e castelos não faziam parte do tecido cultural. Encontravam-se, em vez disso, fileiras e fileiras de moradias urbanas, dispostas em um arranjo relativamente retilíneo de ruas e canais paralelos. No final do século XVII, a população da cidade havia passado de 20 mil para 200 mil habitantes em pouco mais de 100 anos. O banco e casa de câmbio da cidade, o Wiselbank, fundado em 1609, foi durante muito tempo o maior banco público do norte da Europa. No final do século XVII, mais de 16 milhões de florins holandeses estavam depositados em seus cofres, incluindo o dinheiro pertencente a outros governos europeus. O banco ficava no primeiro andar da nova prefeitura, projetada por Jacob van Campen e cuja construção iniciou em 1648. Na fachada do prédio, uma estátua de Atlas sustenta o globo em seus ombros, acima de um frontão no qual as nações do mundo ofereciam suas mercadorias a uma Amsterdã alegórica. No interior, o piso de mármore da gigantesca prefeitura (ou Burgerzaal), que possuía uma abóbada de berço, era iluminado pelas laterais por dois pátios e continha inscrições com mapas de ambos os mundos, o celestial e o terrestre. Apesar de o prédio ter quase 100 metros de comprimento, sua fachada parece ter sido constituída de dois palácios sobrepostos.

A prefeitura de Amsterdã foi uma expressão da ascensão da cidade na política mundial, mas também um prenúncio do papel que a arquitetura civil viria a ter na futura paisagem urbana da Europa. A prefeitura foi uma das primeiras aplicações do estilo renascentista italiano a uma edificação cívica monumental e, sob muitos aspectos, permaneceria o modelo para prefeituras até um período avançado da Era Moderna. O edifício foi construído diante de uma das poucas praças públicas da cidade, chamada de Dam, que tinha como foco um alto prédio quadrangular conhecido como Wage (a casa pública de pesagem). Aqui e nos mercados mais próximos, como se pode encontrar em uma descrição datada de 1664, parecia que o mundo inteiro se reunia para comprar e vender – poloneses, húngaros, franceses, espanhóis, moscovitas, persas e turcos.

557

# 1600 D.C.

14.141 Place Royale, Paris

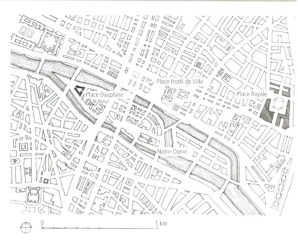

14.142 Planta de Paris no século XVII

## A PLACE ROYALE

Quando Henrique IV ascendeu ao poder na França, em 1589, Paris era uma cidade muito diferente da atual. Apesar da autoridade nominal da Coroa, a França funcionava basicamente como uma confederação bastante descentralizada de províncias autônomas. Paris havia sofrido diversos reveses, como a ausência dos reis, que preferiam viver em seus castelos de campo, e o declínio generalizado de sua economia no século XVI. Paris sequer possuía um palácio real. Com população estimada de 20 milhões de habitantes no início do século XVII, a França era, contudo, o país mais populoso da Europa e o terceiro mais populoso do mundo – só ficava atrás da China e da Índia. Apesar desse aumento gigantesco da população urbana, a França continuava sendo um país profundamente rural. Na economia, a superabundância de ouro e prata das Américas gerara inflação e criara uma massa imensa de miseráveis que viriam a assombrar a política francesa no decorrer do próximo século.

Ao decidir transformar Paris em capital e na sede do emergente estado-nação centralizado, Henrique IV deu início a uma série de projetos urbanos destinados também a melhorar a situação econômica da cidade. Um desses projetos foi a Place Dauphine, de planta triangular, construída em Paris entre 1609 e 1614 e projetada para a moradia de banqueiros e comerciantes. Para tornar o conjunto muito visível, a praça foi implantada na extremidade mais ocidental da Ile de la Cité. Sua entrada estreita, contudo, criava um espaço interno tranquilo e bem protegido. Outra experiência de planejamento urbano e estímulo à atividade mercantil foi a Place Royale (atualmente Place des Vosges), cuja construção foi iniciada por volta de 1605 em um terreno desocupado junto aos limites da cidade. Originalmente, foi planejada com três lados destinados a lojas e apartamentos, reservando-se o quarto lado a uma série de oficinas para a fabricação de seda. Apesar de parte da seda ainda ser importada da China na época, a maior parte vinha de Vigevano, na Itália, onde a técnica de produção havia sido dominada no final do século XV. Henrique IV ansiava reduzir a dependência da França com relação ao produto estrangeiro, mas a produção francesa de seda nunca alcançou sucesso, devido ao clima. Com o passar do tempo, toda a praça tornou-se um endereço residencial que atraía a nata da sociedade parisiense. Como o local destinava-se a receber cortejos reais, pavilhões especiais reservados ao rei e à rainha dominavam a praça em ambas as extremidades. A praça foi inaugurada em 1611 com um espetáculo teatral e um torneio em celebração ao casamento de Luís XIII e Ana da Áustria. Era um cenário adequado à nobreza e à próspera burguesia, que haviam adquirido o hábito de caminhar e passear em carruagens. O local não era originalmente pavimentado, mas cercado e coberto com um gramado, uma ideia ainda estranha à Renascença italiana.

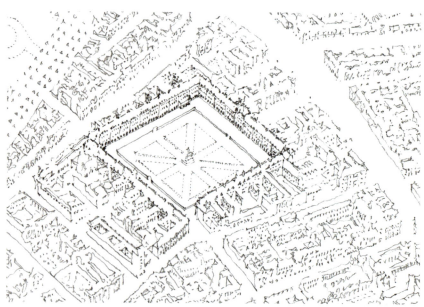

14.143 Vista aérea da Place Royale

# EUROPA

14.144  A Inglaterra Elisabetana

## A INGLATERRA ELISABETANA

Apesar de a Inglaterra também ter se beneficiado do predomínio do Oceano Atlântico sobre o Mar Mediterrâneo, seu crescimento havia sido prejudicado na primeira metade do século XVI por condições internacionais complexas, pela administração insatisfatória e por políticas restritivas. Sua economia marítima baseava-se principalmente na pescaria, no contrabando e na pirataria. Poder-se-ia dizer que a Inglaterra era, no máximo, uma potência regional. Isso começou a mudar durante o reinado da rainha Elisabete I (1558–1603), a qual adotou ideias modernas de administração, transformando magnatas feudais em servidores públicos. Os investimentos estrangeiros transoceânicos resultaram no crescimento da classe de proprietários. A lã e os produtos têxteis se tornaram uma parte cada vez maior da economia, junto com a produção de chumbo, sal e sabão. Sua população aumentou de 3 milhões para 4 milhões entre 1530 e 1600, o que garantia uma grande reserva potencial de mão de obra contratável. A destruição da armada espanhola pela Inglaterra, em 1588, estabeleceu o país como uma potência marítima a ser respeitada e abriu à Inglaterra a oportunidade de desfrutar o comércio no Oceano Atlântico, colocando-a no caminho de se tornar a superpotência colonial do mundo.

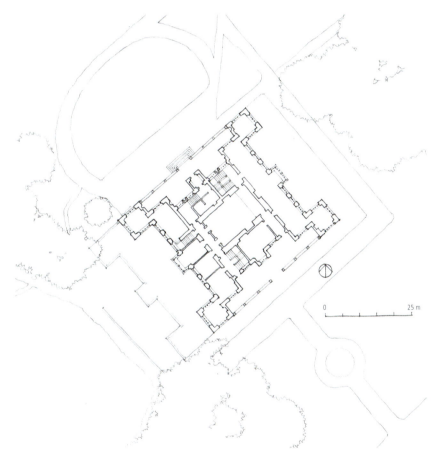

14.145  Planta de Wollaton Hall, perto de Nottingham, Inglaterra

559

# 1600 D.C.

14.146 Wollaton Hall, perto de Nottingham, Inglaterra

Wollaton Hall (perto de Nottingham, 1580–1588), a moradia de um importante magnata do carvão, já era uma vitrine esplêndida para a nova indústria. Ela apresentava no topo uma sala especial, chamada Prospect Room, sem nenhuma finalidade específica além de exibir sua altíssima fenestração. Podemos contrastar esse tipo de aberturas de janela com a do Convento de Titchfield (Hampshire, 1537–1540), que ainda possuía janelas no estilo gótico medieval, embora dele só reste a portaria.

A arquitetura inglesa, no entanto, ainda tinha um longo caminho a percorrer. Suas casas eram relativamente modestas e rústicas e não exibiam pinturas refinadas, apenas retratos. Apesar disso, a mudança na cultura inglesa foi rápida e profunda. As casas antigas receberam chaminés, as paredes foram revestidas de painéis de madeira, as janelas ganharam vidros e os edifícios antigos, construídos com estrutura de madeira, foram revestidos de pedra. Uma inovação particularmente importante para a época, que afetou o desenvolvimento da arquitetura da era elisabetana, foi o uso do carvão na fabricação do vidro. E, nesse caso, os imigrantes mais uma vez tiveram um importante papel. Jean Carré, proveniente da região muito disputada de Lorraine, que obteve em 1567 a patente do vidro produzido pelo processo de prato, foi atraído para a Inglaterra junto com outros vidraceiros de Lorraine. A construção de fornalhas logo difundiu-se pelas diversas regiões do país, e os preços do vidro começaram a cair quase de imediato. O mercado, por sua vez, recebeu a inovação com entusiasmo.

14.147 Interior da Banqueting House, Londres

# AMÉRICA CENTRAL

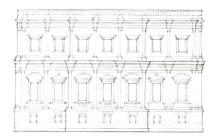

14.148 Planta e elevação da Banqueting House

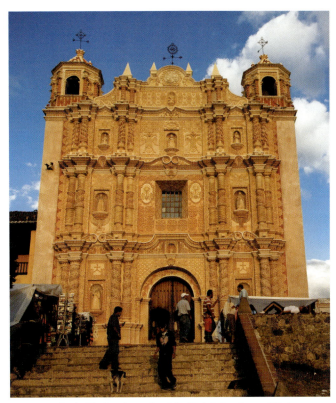

14.149 Igreja de São Domingo, San Cristóbal de Las Casas, México

**Banqueting House (Casa de Banquetes)**

A segunda visita de Inigo Jones à Itália, entre 1613 e 1614, durante a qual estudou em especial os edifícios de Andrea Palladio, preparou o jovem arquiteto para a realização de seu projeto mais ambicioso, a Banqueting House. A primeira Banqueting House, anexa ao Palácio Real em Londres, foi construída em 1581 e servia como local para banquetes e apresentações teatrais. Um segundo prédio, construído em 1606, foi destruído por um incêndio em 1619. A Banqueting House projetada por Jones em 1619 não era tanto uma casa de banquetes, e sim um salão de audiências real, que refletia uma ênfase mais acentuada na autoridade do rei. Foi a primeira edificação pública construída na Inglaterra no estilo palladiano já maduro. No pavimento térreo, as janelas entre as pilastras formavam uma sequência alternada de frontões inteiros e quebrados, enquanto no nível superior nenhuma das janelas possui frontões, revelando um projeto complexo, porém sereno. Os três intercolúnios centrais são enfatizados pelo uso de colunas adossadas, e as quinas, por pares de pilastras.

O conjunto é elevado sobre um embasamento rusticado e baixo que corresponde, em altura, ao friso balaustrado do topo. A importância do prédio reside no significado simbólico de seus temas italianos – uma tentativa de ampliar a linguagem arquitetônica criada durante a Revolução Mercantil na Europa do século XV. No entanto, a arquitetura italiana, que se desenvolvera em uma cultura de príncipes regionais e comerciantes ricos, era agora associada à centralização do Estado. A sensibilidade europeia lentamente se transformava, deixando de ser regional e assumindo um caráter mais global.

## A IGREJA DE SÃO DOMINGO

Uma das maiores igrejas espanholas dessa época é a de São Domingo, em San Cristóbal de Las Casas, México. Construída entre 1547 e 1560 a pedido do bispo Francisco de Marroquín, da Guatemala, sua atual fachada, do século XVII, é típica do Barroco mexicano. A dupla águia imperial, o escudo de armas do imperador Carlos V, ainda pode ser vista sobre o portal central e nas laterais. O interior é profusamente decorado e contém várias esculturas e altares de madeira folheados a ouro.

A cidade de San Cristóbal de Las Casas foi planejada com uma grelha urbana quadriculada, de acordo com os estatutos da Lei das Índias, uma série de códigos que regulavam a vida social, política e econômica dos territórios conquistados. Essa retícula facilitava o aproveitamento do solo. Em todo centro de cidade havia uma praça diante da igreja ou catedral. (A Igreja de São Domingo, porém, foi fundada em separado, ao norte do centro da cidade.)

# 1600 D.C.

14.150 O jardim seco de Ryoanji

## RYOANJI

Os monges zen inventaram o jardim seco de meditação por necessidade prática. Os projetos mais antigos de jardins japoneses baseavam-se em exemplos chineses da Dinastia Song. Eram construídos em grandes propriedades com longos caminhos de passeio, com paisagens criadas pelo relevo natural, por lagos, ilhas, montanhas e até mesmo rios artificialmente formados, inclusive com quedas-d'água. Enquanto a miniaturização dos elementos naturais era parte da estratégia do projeto, o efeito desses jardins dependia de sua extensão. Contudo, no século XV, quando os xóguns começaram a reduzir o tamanho dos lotes de terreno para acomodar uma população maior nas cidades, tornou-se impossível manter jardins tão amplos. A nova geração de jardins, criados por mestres zen, era projetada usando o princípio da encenação cuidadosa da paisagem. Foi, então, criado o jardim seco, assim chamado porque não possuía água e nele eram utilizados meios abstratos de representação: seixos brancos e musgo, por exemplo, representavam grandes corpos de água. Os monges zen apreciavam, em particular, a criação de koans visuais, ou charadas intrigantes que motivavam a meditação.

Ryoanji, o Templo do Dragão Pacífico, possui o mais famoso dos jardins secos do Japão, criado por volta de 1480 por um projetista anônimo na propriedade de Hosokawa Masamoto, localizada ao pé das montanhas a noroeste de Kyoto. Na metade sul da propriedade há uma lagoa com uma ilha e um caminho de passeio circum-ambulatório, ao qual foi incluído um jardim seco retangular com um leito de cascalho branco, cuidadosamente rastelado de modo a formar faixas que se estendem na direção leste-oeste. Nele foram colocadas 15 pedras naturais, distribuídas em cinco grupos. O seixo rolado ao redor delas é rastelado, como se fossem as pequenas ondulações de um lago. O significado exato desse *koan* fica aberto a interpretações. Talvez o campo branco represente um oceano, e as pedras, ilhas. As pedras podem também representar uma tigresa cruzando o rio com seus filhotes. Em última análise, o jardim não almeja a uma única interpretação. Ao contrário, ele visa a servir de ponto de partida para a meditação, e o espaço vazio entre as pedras é tão importante quanto as próprias pedras – ou talvez até mais.

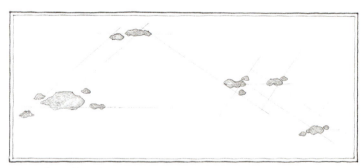

14.151 Planta do jardim seco de Ryoanji, Kyoto, Japão

# 1700 D.C.

## INTRODUÇÃO

No início do século XVIII, cidades como Samarcanda, Bucara, Alepo, Istambul, Veneza e Florença, que outrora estavam no centro do comércio eurasiático, agora estavam ficando à margem da economia do Novo Mundo, centralizada nos portos marítimos estabelecidos pelas potências europeias. Esse era um fenômeno global, abrangendo as novas grandes metrópoles, como Hong Kong, Xangai, Cingapura, Bombaim (ou Mumbai), Calcutá, Madras (atual Chennai), Cidade do Cabo, Saint-Louis (Senegal), Rio de Janeiro, Buenos Aires, Boston e Nova York. Não é de surpreender, portanto, que uma análise da arquitetura desse período mostre um mundo no qual algumas áreas estavam se transformando rapidamente sob o domínio modernizante da colonização, enquanto outras, apesar do frenesi colonial, ainda tentavam se manter apegadas aos velhos hábitos durante o máximo de tempo possível.

Essa transformação tumultuada ocorria principalmente na América. Duzentos anos após sua invasão pelos europeus, as civilizações ameríndias já estavam praticamente destruídas por completo. Em seu lugar, um sistema novo, revolucionário, de geração de riqueza foi inventado – a *hacienda*, ou latifúndio –, no qual grandes áreas de campo eram utilizadas para o cultivo de apenas um ou poucos tipos de plantação que poderia ser enviado de navio para a Europa, em busca de lucro. A cultura das grandes plantações não mudou apenas a América. Ela também afetou drasticamente a África, onde foi construída uma infraestrutura para apoiar o tráfico de escravos – inclusive o desenvolvimento de culturas de exploração interna para facilitar a captura de escravos. A escravidão também gerou as fortes divisões do racismo na América do Norte, particularmente após se tornar legal com base em uma instituição hereditária e baseada na raça no final do século XVII.

A economia do latifúndio teve um efeito profundamente transformador na Europa, onde a grande entrada de riquezas e bens coloniais modificou de modo radical a cultura urbana. À medida que os mercadores de produtos coloniais lotaram as ruas da Europa com café, açúcar, tabaco e chá, eles também criaram novas instituições urbanas, como as casas de chá, bem como novas tipologias de edificação, como edifícios de apartamentos para a burguesia (ou *hôtels*), parques e teatros. Essa cultura urbana, que de tantas maneiras ainda hoje perdura, foi fundamental para a ascensão da burguesia e, preliminarmente, os discursos e catalisadores que conduziram ao Iluminismo europeu no final do século XVIII. Se hoje a cafeteria é basicamente um local de lazer e estudo tranquilo – talvez possamos dizer que seja a nova biblioteca de nossa época –, é interessante olhar para trás e ver que ela surgiu como um local de novidades e explorações, um lugar onde os novos produtos oriundos das colônias podiam ser experimentados.

A escala gigantesca das plantações coloniais, bem como o enorme volume correspondente dos produtos que eram cultivados, processados, embarcados, distribuídos e consumidos – junto com todos os efeitos econômicos que esse sistema gerou –, criou um motor econômico sem escala precedente na Europa. Isso exigiu uma reinvenção da governança e administração, que resultou em uma nova cultura administrativa focada na racionalização e eficiência. Embora os espanhóis tenham sido os precursores dessa reorganização, logo os franceses tomaram a liderança. Jean Baptiste Colbert, um famoso *workaholic* que serviu como Ministro da Economia entre 1665 e 1683, sob o reinado de Luís XIV, dedicou-se à tarefa de reformar e racionalizar o governo e a burocracia franceses. A máquina administrativa que ele criou conferiu aos franceses (e subsequentemente aos holandeses e ingleses que o seguiram) uma vantagem competitiva decisiva na concorrência colonial com os espanhóis e portugueses.

A racionalização e a eficiência, que se tornaram os novos mantras administrativos da época, também afetaram a cultura. Na arquitetura, a adaptação corrente dos estilos da antiguidade aos propósitos modernos foi submetida à racionalização. A cultura da ciência começou a se afirmar, em particular no que concerne a questões de astronomia necessárias para a navegação marítima. Embora a razão – além da racionalização – ainda precisasse se tornar o discurso dominante da filosofia, suas ideias já estavam sendo abordadas em obras como as de Galileu e Copérnico. O ímpeto à ciência era consequência, em particular, dos inúmeros mapas náuticos e territoriais que tinham de ser constantemente feitos e atualizados. Afinal, o sucesso das missões coloniais baseava-se em sua acuidade. Uma vez que os países guardavam seus novos conhecimentos cartográficos, não é de surpreender que os franceses, holandeses e ingleses disputassem entre si a localização do meridiano principal.

A alta classe europeia gastava sua nova riqueza principalmente na construção de novos

# 1700 D.C.

palácios fantásticos e obras similares. O exemplo mais famoso foi a extravagância de Luís XIV em Versalhes.

O ímpeto ornamentador do barroco continuava dominante nesses palácios, assim como nas numerosas igrejas e abadias barrocas que eram construídas por toda a Europa. Os russos, liderados pelo czar Alexandre, avançavam pelo Mar Báltico em busca de um porto viável. Lá, em vez de lançar uma grande campanha colonial a fim de competir com os britânicos e franceses, construíram uma gigantesca nova capital, São Petersburgo, fundada em 1703 e baseada em precedentes barrocos franceses e italianos. São Petersburgo era um projeto ao mesmo tempo heroico e extravagante, uma tentativa envergonhada de estar no nível dos outros países considerados mais avançados simplesmente importando sua cultura e seus conhecimentos por meio de uma transferência maciça e sistemática, ou seja, confundindo os efeitos com as causas. Tais esforços seriam repetidos muitas vezes nos anos futuros, particularmente por nações que estavam atrasadas nos esforços coloniais.

Na Inglaterra, a revolução forjada pela criação da Igreja Anglicana continuou a se dar com o radical chamamento puritano pela demoção do catolicismo, que, por um curto período que se iniciou em 1688, chegou a resultar na queda da monarquia. Sua restauração subsequente levou à perseguição dos Puritanos, muitos dos quais partiram para a Nova Inglaterra para se unir aos descendentes dos passageiros do Mayflower. No Novo Mundo, eles se esforçaram para erguer suas igrejas puritanas com vigor renovado, mas suas congregações também incluíam dissidentes, como Roger Williams, que partiu para fundar sua própria colônia em Providence, Rhode Island, na qual a tolerância religiosa era um de seus princípios fundamentais. Ao manter sua ética geral, os puritanos, assim como os seguidores da Igreja Anglicana, seguiram a austera linguagem neopalladiana, que se baseava na proporção e nas ordens, em vez de no estilo e nos gestos do estilo barroco.

Já no início do século XVII, os Whigs haviam surgido como força na política inglesa. Eles eram fortes promotores da expansão mercantil inglesa (com proteções comerciais) e defendiam uma monarquia constitucional. Foi no governo dos Whigs, logo após seu surgimento, que sir Christopher Wren ergueu suas igrejas neopalladianas na reconstrução após o Grande Incêndio de Londres. O jardim pitoresco inglês também havia surgido – ainda que influenciado pelas descrições dos jardins chineses – como uma paisagem irregular, com extravagâncias dispersas, buscando unir a experiência de um visitante peripatético com o entorno natural. Esses jardins, junto com suas propostas filosóficas, como *cogito ergo sum* (penso, logo existo), encontravam-se na gênese do Iluminismo como tema autônomo.

O comércio de escravos africanos estava a todo vapor no século XVIII. A maioria dos cativos vinha do oeste da África, e, por conseguinte, as estruturas sociais da região foram destruídas.

Enquanto isso, a riqueza mineral extraída das Américas continuava a cruzar o Oceano Pacífico em direção à China, onde era trocada com os chineses por artigos de luxo, como porcelanas e laqueados. No século XVIII, a China estava passando do domínio da Dinastia Ming à Qing. Os ming, incapazes de aproveitar seus ganhos iniciais, haviam impresso excessivamente o papel-moeda do Reino do Meio (o primeiro do mundo), o que acarretou uma forte inflação. Em consequência, a prata começou a circular como uma moeda de fato, o que incentivou a pirataria em seus litorais.

Aproveitando a oportunidade, os manchus, mongóis jurchen da fronteira nordeste da China, tomaram do ming o poder sem sequer precisar de uma grande batalha, fundando a Dinastia Qing. Embora tivessem, de longe, a maior economia do mundo, os qing imediatamente se deram conta de que precisavam da prata com urgência para estabilizar sua moeda. Eles também precisavam se legitimizar como governantes, afinal eram uma minoria pequena e estrangeira. Mas eles não só conseguiram estabilizar a moeda chinesa, como também estabelecer – primeiro sob o domínio do Imperador Kangxi e depois com seu neto, o Imperador Qianlong – um sistema administrativo que fundia os sistemas confucionistas e dos chineses han com uma perspectiva transnacional manchu que estava muito ciente do mundo além do Reino do Meio. Com sua riqueza, os qing expandiram significativamente suas fronteiras, construíram enormes palácios e jardins luxuosos, fundaram novas cidades e – o mais importante de tudo – renovaram a infraestrutura do país. Eles também criaram um novo e abrangente manual sobre a construção de edificações.

Embora uma grande quantidade da arquitetura qing ainda exista, uma análise detalhada de suas propriedades formais não é a melhor maneira de entendê-la. As ordens formais e a busca por sua perfeição eram uma obsessão na Europa de então, mas, na China, essa era uma questão resolvida há algum tempo, já não sendo a questão principal. Em vez disso, o foco era a padronização, eficiência e integração com a grande máquina administrativa do império.

A China da Dinastia Qing funcionou como um eficiente império pré-moderno e rapidamente se tornou alvo de admiração dos intelectuais europeus. Navios coloniais levaram missionários até a China, onde eles se estabeleceram e, depois, fizeram relatos detalhados da vida e das instituições sociais sob o jugo dos qing. Essas narrativas ilustradas chegavam à Europa, onde eram avidamente lidas e citadas pelos pensadores iluministas, em particular aqueles que buscavam demonstrar sistemas morais e políticos não religiosos. É nesse contexto que podemos ver os precedentes chineses em jardins de passeio europeus, como o de Stowe, na Inglaterra, os quais tentavam estabelecer o novo sujeito humano que se sentia confortável na natureza, em vez de ter de se diferenciar dela. A burocracia qing, ou sistema *jinshi*, baseado em concursos públicos gerais, foi o modelo para o serviço público europeu. Do lado dos chineses, os qing convidaram os jesuítas a sua corte, para aprender com eles, e inclusive construíram um palácio no estilo barroco europeu.

Os coreanos, fortes aliados dos ming, foram obrigados a reconhecer a autoridade qing na China; mas, uma vez vencida essa etapa, rapidamente se acomodaram a ela.

No Japão, os xóguns tokugawa, que nessa época também tentavam redefinir sua cultura, estavam criando um mundo que seguia um rígido código de comportamento. O código *bakafu*, como ele é chamado, era de muitas maneiras incrivelmente moderno, uma vez que a classe média ascendente almejava a articulação de instituições adequadas a suas necessidades, apesar das restrições impostas pelos xóguns.

O projeto colonial originário, de encontrar uma rota marítima até as Índias para o comércio de especiarias, continuava sendo buscado por várias potências europeias – Portugal em particular, mas também pelos Países Baixos e pela França – por meio de companhias privadas sob cartas régias de monopólio. Os portugueses construíram fortes no delta do Rio Amazonas e, depois, por todo o sul e leste da Ásia. Dessa maneira, a rede de portos coloniais portugueses estabeleceu a primeira infraestrutura das cidades globais da Ásia atual.

Os holandeses fizeram a mesma coisa, mas seu foco eram as ilhas férteis para o cultivo de especiarias da atual Indonésia. Os franceses também construíram entrepostos comerciais no mundo inteiro, mas seu principal interesse, ao competir com a Inglaterra, estava na Nova

# Introdução

Inglaterra, Canadá, e ao longo do Mississippi. Era nessas áreas que os franceses comercializavam peles, um produto com enorme mercado nas terras frias do norte europeu, onde restavam poucas florestas.

Na Índia, as companhias coloniais europeias comercializavam e construíam portos com a autorização dos mogóis, que se mantiveram uma potência formidável ao longo de todo o século XVII. Aurangzeb (que reinou entre 1658 e 1707) ampliou muito o Império Mogol, colocando sob seu jugo direto estados vassalos. Porém, ao contrário de seus antepassados e dos contemporâneos qing na China, Aurangzeb adotou uma postura bem menos tolerante em relação à diversidade de povos e culturas da Índia. Assim, sua morte, em 1707, acarretou uma série de revoltas. Os shuja-ud-Daula, no norte da Índia; os nawab de Oudh, em Bengala; os sikhs, no Punjab; os rajputanos, no Rajastão; e os marathas, no Planalto do Decã, lutaram pelo poder. Ao mesmo tempo, os colonizadores europeus começavam a construir suas bases litorâneas e a dominar territórios mais interiores. Como resultado, esse foi um período turbulento na Índia sob uma perspectiva cultural e arquitetônica, embora também tenha sido uma época de tremendas explorações. Jaipur, uma bela nova cidade, foi projetada por Sawai Jai Singh, um ex-general mogol, ao longo de uma importante rota comercial. Os sikhs, um movimento reformista, surgiram no noroeste da Índia e estabeleceram um reino formidável. Darbar Sahib (o "Templo Dourado"), em Amritsar, era seu santuário mais importante. Os mallas do Nepal, enquanto isso, desfrutavam relativa imunidade desses eventos globais, ainda que próximos, mas sua praça real em Patan era uma corporificação de sua história global.

Contrastando com a energia de ambos os lados do Atlântico, na China e na Índia, a edificação no oeste e centro da Ásia esmaeceu. Os otomanos se mantiveram fortes durante todo o século XVII, e, em 1683, sitiaram Viena mais uma vez (após a primeira tentativa, em 1529), mas foram definitivamente derrotados. Em 1722, os safávidas da Pérsia foram depostos pelos afegãos. Durante o século XVIII, o Império Otomano continuou reinando de Istambul, mas agora renovado pelas riquezas obtidas com o comércio no Atlântico. Assim como na China, grandes quantidades de prata começaram a ser contrabandeadas para dentro do Império Otomano, e surgiu um importante mercado negro. A inflação resultante desestabilizou seus reinos, e seguiram-se as revoltas. Os mamelucos do Egito, seu domínio mais valioso, declararam independência em 1768, e a partir de então o Império Otomano entrou em declínio.

A maioria dos livros que cobrem a arquitetura islâmica termina no período ao redor de 1750, quando a arquitetura que é descrita, em retrospecto, como islâmica pura, já não existia na escala do passado. Em vez disso, surgiram novas formas de edificação como consequência das tentativas do mundo islâmico de lidar com as mudanças colossais que ocorriam ao seu redor. O resultado foram formas arquitetônicas híbridas, uma mistura de influências divergentes – uma modernidade alternativa peculiar.

# 1700 D.C.

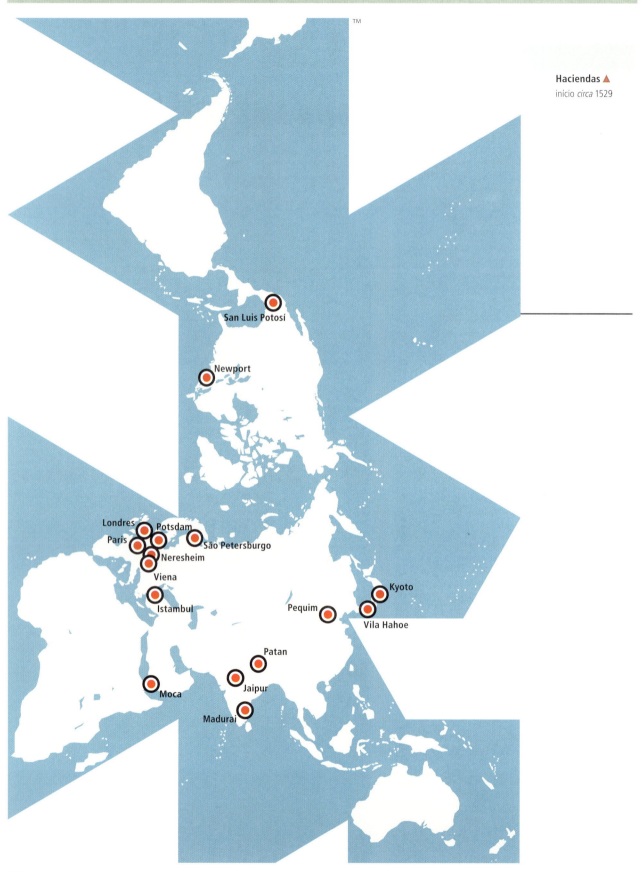

**Haciendas** ▲
início *circa* 1529

# INTRODUÇÃO

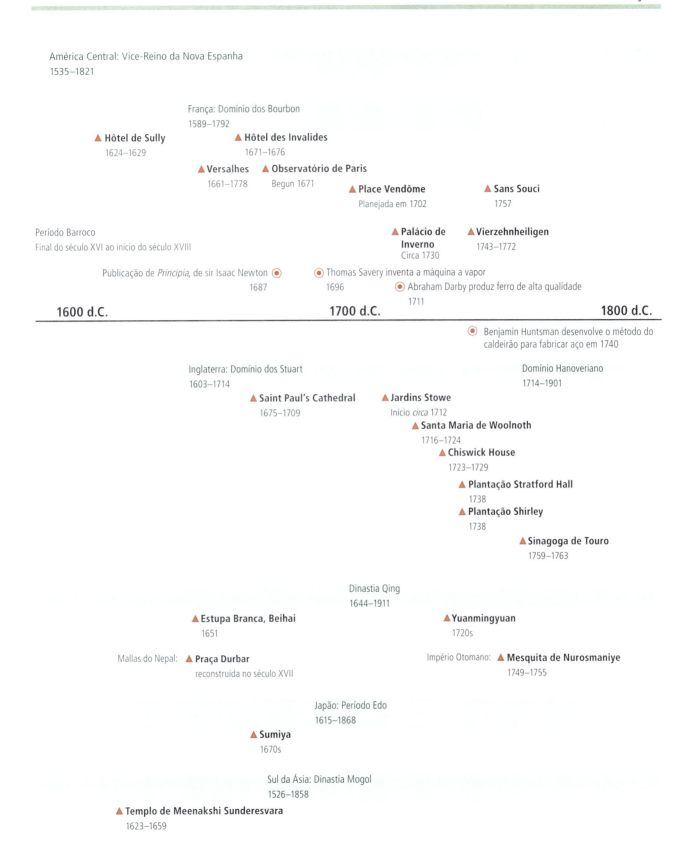

# 1700 D.C.

**15.1 O colonialismo no mundo** *(continua)*

## O COLONIALISMO

No final do século XVII, um movimento que começara na forma de arriscadas viagens marítimas a terras distantes, em busca de especiarias mais baratas, transformou-se em uma luta entre as várias potências europeias pelo controle de entrepostos comerciais, bem como, sempre que possível, pelo domínio dos territórios que abasteciam esses portos. Os principais competidores eram Portugal, Espanha, Países Baixos, França e Inglaterra.

O projeto colonial, em seus primeiros 200 anos (aproximadamente entre os séculos XVI e XVIII), focou a concorrência na exploração e ocupação das Américas. Espanha, Portugal e, posteriormente, França, Inglaterra e Países Baixos; todos concorriam agressivamente por uma parcela das Américas — primeiro por suas riquezas minerais, depois por seu território, que era mais lucrativo e gerava mais impacto econômico. Ao mesmo tempo, todas essas potências, exceto a Espanha, também desenvolveram portos comerciais no resto do mundo, em particular ao longo do litoral sul, sudeste e leste da Ásia. Ainda assim, nessa época, tais portos apenas equivaliam, em valor, a uma pequena fração dos territórios americanos. Foi apenas no século XVIII — quando a maioria das colônias da América do Norte se tornou independente e a riqueza europeia (particularmente a inglesa) aumentou exponencialmente com a industrialização — que o colonialismo se tornou global.

No início, os portugueses focaram o desenvolvimento ao longo da Mata Atlântica, e os espanhóis se voltaram de modo agressivo à anexação dos territórios da América Central e dos Andes. Contudo, à medida que o ouro e a prata começaram a escassear, eles inventaram o sistema das plantações latifundiárias (a cultura da *hacienda*) e a produção em larga escala de açúcar, café e cacau, usando a mão de obra enviada para a colônia. A maioria das riquezas minerais já se fora ou agora estava muito bem controlada quando os franceses, holandeses e britânicos entraram no jogo, então eles também acabaram se dedicando ao sistema latifundiário. No início, os britânicos, holandeses e franceses desenvolveram bases na Nova Inglaterra, longe dos territórios espanhóis, e concorreram entre si principalmente no comércio de peles com os povos indígenas. À medida que esses postos se transformaram em colônias maduras, tornaram-se fortes com o estabelecimento das plantações de tabaco, a maioria na Virgínia e nos territórios mais ao sul.

Antes das plantações coloniais, o açúcar, na Europa, era um produto de altíssimo luxo, acessível somente às classes mais altas; o café era uma bebida árabe exótica; e o cacau, praticamente desconhecido. As plantações do Novo Mundo, todavia, permitiram que o açúcar fosse vendido até nas ruas europeias. Junto com o café, o cacau e o tabaco, ele se tornou arraigado em uma cultura urbana aditiva e que ainda perdura. As plantações alimentaram o capitalismo mercantil, cujo fundamento era a produção barata e em larga escala de um único produto destinado ao consumo em massa. E a escravidão racial foi um de seus produtos derivados.

As plantações eram gigantescas, uma vez que a terra era praticamente "de graça". Possuir grandes áreas de território significava que enormes volumes de *commodities* podiam ser produzidos de modo eficiente. O principal problema era a disponibilidade de mão de obra e seu fornecimento. No início, os próprios colonizadores europeus trabalharam no solo, fazendo com que os ameríndios se afastassem. Isso logo se mostrou uma proposta econômica ruim, embora houvesse uma migração maciça de irlandeses (forçados a abandonar a Irlanda em virtude das políticas de James II) que se dirigiam ao Caribe e à Virgínia. Em 1619 os holandeses levaram, pela primeira vez, escravos da África para a América do Norte, para trabalharem nas plantações. As populações de ameríndios já haviam sido dizimadas, e os escravos nativos frequentemente fugiam, retornando a suas tribos. Mas os escravos africanos, estando em uma terra totalmente desconhecida e não tendo qualquer esperança de um dia poderem retornar a suas terras natais, eram um "investimento" mais seguro, além de mais fáceis de se obter, e chegavam às praias litorâneas da América do Norte em um fluxo constante de navios. Assim, chegou-se à "solução" dos escravos africanos.

# GLOBAL

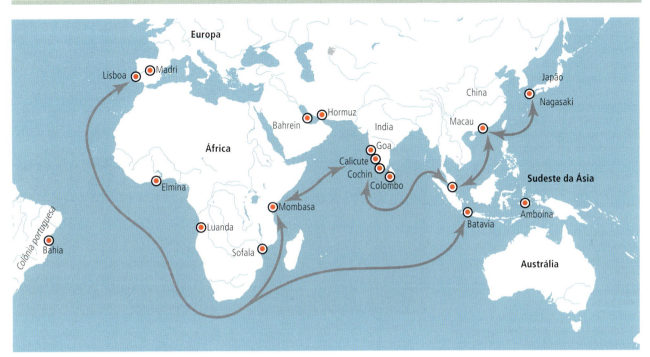

**15.1 O colonialismo no mundo** *(continuação)*

No início, a política da Coroa Espanhola foi de considerar os ameríndios como pagãos, buscando destruí-los ou convertê-los. Contudo, esse sistema de catequização era um processo de aceitação do nativo, por mais exploratório que fosse e, em tese, criou uma possibilidade de liberdade futura. Quando os primeiros africanos foram trazidos ao Caribe, na década de 1520, também lhes foi dada a opção de conversão. A escravatura racial – a ideia de que o trabalhador africano podia ser propriedade de outra pessoa e de que os filhos de mulheres africanas herdavam a condição de escravos de sua mãe, não importando quem fosse o pai – foi transformada em instituição para as plantações britânicas de tabaco da Virgínia com base em decisões jurídicas em meados do século XVI. Depois disso, o comércio de escravos aumentou significativamente.

A escravidão já existia na Eurásia e África desde os primórdios da história humana. Faraós egípcios, gregos, romanos, fenícios, persas, seljúcidas, indianos e chineses: todos praticavam o escravismo de várias formas, particularmente no caso de povos subjugados e conquistados. Na África, a escravidão já existia antes do colonialismo. Mas o novo modelo colonial, que dependia da mão de obra barata, aumentou-a de tal maneira que a história da Europa, África e das Américas foi alterada para sempre. Estima-se que mais de 20 milhões de pessoas (talvez até mesmo 40 milhões) tenham sido retiradas à força da África, e todas as potências colonizadoras participaram dessa prática.

O legado do sistema de plantação foi, sem dúvida, negativo e teve consequências que ainda hoje se sentem. No México, ainda em 1910, 70% de todas as terras férteis estavam nas mãos de apenas 1% da população, e situações similares existiram nos países da América do Sul. Quase todos os países ou regiões que foram colonizados pelo sistema de latifúndios tiveram de posteriormente lutar para a criação de instituições seculares, científicas e culturais equivalentes àquelas dos europeus.

Embora se pudessem encontrar críticos do comércio de escravos em todos os lugares – particularmente na Inglaterra – desde os primeiros momentos, todos os grandes países europeus utilizaram o sistema de plantações de monocultura e a escravidão associada a ela. Talvez, se possa dizer que na Nova Inglaterra a situação fosse um pouco melhor. Lá não havia grandes tribos, como era o caso de Louisiana e Geórgia, que pudessem se opor aos invasores, e isso permitiu aos recém-chegados alimentar a ilusão de que estavam ocupando um território virgem. Além disso, o fluxo de europeus que vinham era incrivelmente diverso. Em 1700, encontravam-se, do Maine à Virgínia, povoados e cidades em que havia uma mistura de puritanos holandeses e ingleses, calvinistas franceses, católicos, suecos, judeus espanhóis e ingleses anglicanos. No início do século XVII já havia ali tribunais, escolas, igrejas, estradas e duas universidades: Harvard, fundada em 1636, e Yale, em 1701. Embora os navios da Nova Inglaterra participassem do comércio de escravos e lucrassem muito com ele, a propriedade de escravos era relativamente rara. Essa excepcionalidade da Nova Inglaterra dentro do contexto colonial da América do Norte é a raiz dos conflitos que ocorreram com os assentamentos britânicos do sul.

Enquanto o projeto de exploração da América do Norte tenha rapidamente se transformado em um projeto de assentamento de colonos, na maior parte do resto do mundo os Europeus estavam principalmente interessados em estabelecer entrepostos comerciais. Os portugueses saíram de seus portos da Mata Atlântica do litoral brasileiro, rapidamente fundando portos na costa da Índia, China e de outros pontos intermediários entre esses países, no sudeste da Ásia. Os ingleses, franceses e holandeses seguiram o exemplo português, desenvolvendo portos concorrentes na costa da Baía de Bengala (Índia), no sul da China, e em intervalos ao longo da rota através do Estreito de Málaca. Os holandeses voltaram seu interesse para a Indonésia, enquanto os ingleses exploraram sua capacidade naval superior para reivindicar os territórios da Austrália e Nova Zelândia, ainda que tenham sido os holandeses que tenham descoberto esses territórios.

# 1700 D.C.

Fora da Austrália e América, o empreendimento colonial europeu da época focava o comércio com as potências locais. Os fortes coloniais eram instalados de costas para o interior, e nessas terras sua segurança dependia de tratados, mas seus canhões ficavam voltados para o mar a fim de repelir o ataque de navios dos concorrentes europeus. As velhas rivalidades e alianças europeias eram revividas nesses litorais distantes, e não era incomum que tratados de guerra europeus determinassem a perda ou o ganho de longínquos fortes coloniais. As potências asiáticas, em particular os mogóis da Índia e as Dinastias Ming e Qing da China, toleravam discretamente essas atividades costeiras e, inclusive, lucravam com elas, desde que os europeus mantivessem os termos dos tratados. Ou seja, era o velho mundo eurasiano em ação, ainda que estivesse agindo em outras rotas marítimas. No final das contas, essa mudança aparentemente pequena viraria a balança a favor dos colonialistas europeus.

Os países predominantemente árabes e islâmicos da Ásia Central e Ocidental pouco interessavam às potências coloniais. O Império Otomano era visto, acima de tudo, como um bastião conveniente contra a Rússia dos czares. A Pérsia, por sua vez, era ainda menos relevante aos europeus e, aos poucos, foi oprimida pela pressão russa. Aliás, essa área só passou a ser de grande interesse para os europeus após a descoberta do petróleo, no século XX.

15.2  *Hacienda* Tabi, México

Não é mero acaso que, exatamente no momento em que o projeto colonialista estava se revelando e inundando a Europa com as riquezas geradas, o século XVIII tenha testemunhado a emergência de um movimento filosófico que desafiou as arbitrariedades do poder e das posturas perante as "culturas primitivas". Conhecido como Iluminismo, esse movimento tentava imaginar modelos civis e institucionais alternativos que estivessem sintonizados com as novas ideias sobre o poder da lei, ainda que ele não rejeitasse o colonialismo em si. Seus sucessos e fracassos nesse sentido ainda são motivos de discussão. Os ideais iluministas foram amplamente debatidos nas cidades da França, Inglaterra e Alemanha, mas também foram testados, questionados e reelaborados nas colônias. Embora em geral seja descrito como um movimento "europeu", o Iluminismo, na verdade, pode ser considerado como um constructo colonial de caráter internacional.

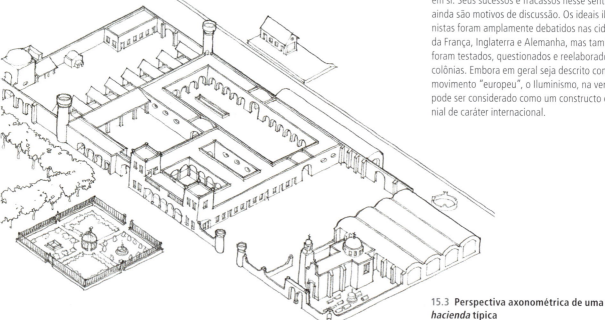

15.3  **Perspectiva axonométrica de uma** *hacienda* **típica**

# AMÉRICA DO SUL

**As *haciendas* ou fazendas coloniais**

Acredita-se que o sistema de *haciendas* date de 1529, quando a Coroa espanhola concedeu a Hernán Cortés o título de marquês do Vale de Oaxaca, atual estado de Morelos, no México. A concessão incluía todos os ameríndios que viviam na área e o poder de vida e morte sobre eles. Os americanos nativos, como os escravos que chegariam da África logo depois, eram designados para trabalhar em determinada *hacienda* pelo resto da vida, assim como seus descendentes. Até o século XVIII, o sistema, que ia do México à Argentina, foi o principal meio de produção para exportação e constituiu, em alguns casos, o embrião de centros urbanos posteriores. A instituição da *hacienda*, do latifúndio escravista, foi implantada em toda a América, e, posteriormente, outras regiões do mundo colonial desenvolveram o sistema das plantações com monocultura.

Essas fazendas variavam em tamanho, mas algumas eram gigantescas. Peotillos, a 55 quilômetros de San Luis Potosí, no México, por exemplo, controlava uma área de 193 mil hectares. A palavra *hacienda* vem do antigo vocábulo espanhol *facienda*, derivado do latim *facere*, que significa "fazer, produzir algo", e a maioria das *haciendas* especializava-se em um ou dois produtos para exportação. Nas áreas em que a água era abundante, cultivava-se a cana-de-açúcar e se produziam rum e outros destilados. Outras fazendas coloniais concentravam sua produção na criação de gado e na plantação de cacau, café, tabaco, algodão, borracha e vários tipos de madeira. Como elas muitas vezes ficavam afastadas dos centros metropolitanos, precisavam contar com uma ampla gama de funções. Tinham seu próprio mercado, cemitério e prisão. Sua disposição seguia um esquema comum, com pátios internos destinados a diferentes usos: aos trabalhadores e suas famílias, às oficinas e aos depósitos. O prédio residencial principal, a casa-grande, ficava em frente a uma praça conhecida em espanhol como *patio de campo*. Na América hispânica, a ligação entre esse pátio e as áreas privadas mais restritas era feita por meio de um corredor conhecido como *zaguán*.

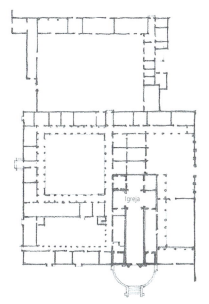

**15.4** Planta de uma casa de fazenda colonial brasileira, Santa Catarina

No Brasil, o desenvolvimento das plantações de açúcar e café resultou, já no século XVII, na proliferação de fazendas no nordeste do país. Como em outras regiões, a alta taxa de mortalidade da população nativa criou uma demanda por escravos africanos. No fim, mais de três milhões foram trazidos para o país. Assim, acrescentou-se um novo tipo de construção à arquitetura das fazendas: a senzala, um alojamento dividido em pequenos espaços que abrigavam os escravos e suas famílias. O centro simbólico e econômico das fazendas era um grande pátio onde se secava o café. A casa-grande se localizava em um lado dessa área, em geral posicionada sobre uma base mais alta, de onde era possível divisar toda a área.

**15.5** Exemplo de uma casa de fazenda colonial brasileira

# 1700 D.C.

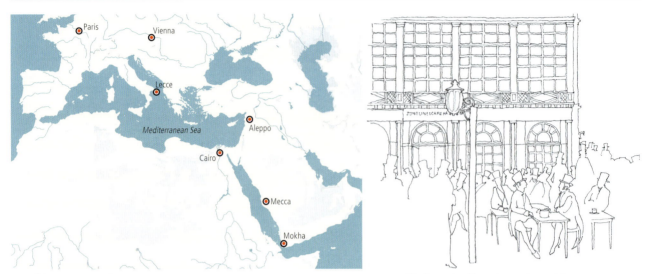

15.6 África, Oeste da Ásia, e Europa, *circa* 1700

15.7 Kaffeehaus Jüngling, Viena, *circa* 1838

## A nova cultura urbana colonial europeia

A classe média em expansão, com sua ânsia voraz pelos novos alimentos e artigos de luxo fornecidos pelas colônias, rapidamente deu nova cara à cultura europeia. A dieta dos europeus mudou consideravelmente, e o tomate, a batata e o milho se tornaram os novos alimentos básicos. O chocolate, todo importado da América hispânica, tornou-se um artigo de luxo, e o açúcar caribenho muito rapidamente passou a ser um bem de consumo indispensável. O café, no entanto, chegou à Europa primeiro vindo da África, por meio de comerciantes árabes. Acredita-se que ele tenha sido cultivado na Etiópia e no Iêmen pela primeira vez. A bebida causou muita controvérsia no mundo islâmico, pois algumas autoridades acreditavam que o café era tóxico, e, portanto, deveria ser proibido. Como resultado, seu consumo, no início, era associado a atividades políticas subversivas, talvez pelo fato de se dar em uma nova instituição somente para homens, as cafeterias, onde intrigas podiam ser feitas junto com a bebida. Portanto, a importância social da bebida devia-se, desde o início, ao fato de ela ser consumida em público por uma clientela exclusivamente masculina nesse novo tipo de estabelecimento, a cafeteria. A casa de café de Ipshir Pasha, em Alepo, Síria (1653), é uma das raras cafeterias antigas que ainda existem. Ela consiste em um pátio e um salão coberto, dotado de janelas com vista para a rua na direção sul. O salão é coberto por cúpulas de diversos formatos.

O monopólio da Turquia sobre o comércio do café terminou em 1616, quando a Companhia Holandesa das Índias Orientais exportou ilegalmente mudas de café e começou a plantá-las em Java e outros lugares. Dessas plantações foi possível aumentar muito a produção de café, que, ao ser exportado a preços mais baixos, inundou o mercado. Os franceses iniciaram depois plantações no Caribe, o que rapidamente aumentou a popularidade da bebida.

O primeiro café parisiense foi aberto em 1672. A Kaffeehaus Jüngling, em Viena, que data de cerca de 1750, tinha uma fachada de dois pavimentos. Completamente envidraçada, possuía mesas iluminadas por uma grande luminária (esse tipo de iluminação externa era uma grande novidade na época) e dava vista para uma praça. Por volta de 1800, havia mais de 3 mil cafeterias na Inglaterra.

O hábito de fumar tabaco, levado à Europa pelo exército espanhol, foi adotado por alguns membros das classes dominantes, que acreditavam que o fumo aumentava sua capacidade de raciocínio. Assim, junto com as cafeterias, introduziram-se as salas de fumar para cavalheiros. O hábito europeu de tomar café e ao mesmo tempo fumar surgiu nessa época, quando os produtos coloniais produzidos em massa transformaram a cultura europeia. O açúcar, em particular, também foi incorporado aos novos rituais de consumo. Era colocado no café e no chá (acredita-se que o hábito tenha começado na França), constituindo – se incluirmos o chocolate – uma experiência culinária ao mesmo tempo aditiva e que dava aos consumidores uma sensação de cosmopolitanismo e acesso global. Surgiram também os confeiteiros profissionais, chamados *konditors* no sul da Alemanha, que muitas vezes criavam todo um "cardápio de açúcar", reproduzindo uma refeição completa feita inteiramente de açúcar, para que os convidados pudessem apreciar e "beliscar" antes que fosse servida a verdadeira refeição. Nenhuma cidade europeia estaria completa sem os seus *konditorei*, que serviam doces às senhoras em sofás confortáveis, fazendo contraponto aos bares masculinos, onde café e bebidas alcoólicas eram consumidos em pé. Esses hábitos de socialização formados na era do colonialismo perduram até hoje.

Os horários das refeições começaram a ser mudados para se adaptarem à transformação dos gostos. Até então, o jantar, a refeição principal, era servido ao meio-dia, mas o costume de beber chá e comer chocolate à tarde fez que o horário fosse adiado para o final do dia. Logo surgiu o hábito de iniciar o dia com café e chocolate, uma refeição que acabou se transformando no que hoje conhecemos como café da manhã. Enquanto as cafeterias eram associadas às ruidosas conversas masculinas e transações comerciais, o consumo do chá se tornou uma atividade doméstica, parte de uma cerimônia administrada sobretudo pelas mulheres, na qual com frequência eram empregados jogos de chá feitos de prata ou porcelana, ambas mercadorias coloniais. (Em 1717, foram importadas 300 toneladas de chá; em 1742, esse número passou para 1.400 toneladas.) Projetaram-se móveis adaptados aos novos rituais, como uma "cadeira de conversar" que permitia uma posição inclinada e mais relaxada.

# EUROPA

15.8 Fachada leste do Louvre, Paris

## O LOUVRE E O *HÔTEL*

Com a derrota da Armada espanhola diante dos ingleses, em 1588, a França adquiriu a Isle de Bourbon para usá-la como base comercial no Oceano Índico. Ela também dominou a foz do Rio Senegal, na África, onde envolveu-se no tráfico de escravos, e criou plantações de açúcar no Caribe. Comerciantes de peles franceses se instalaram no Canadá e fundaram Quebec City (1608). Um pouco depois, desceram o rio Mississipi e fundaram Nova Orleans (1718) em sua foz. O principal produto colonial de exportação da América do Norte eram as peles. (Na Europa, os animais de grande porte há séculos haviam desparecido devido à caça indiscriminada.) Assim, as peles se tornaram a última moda para as elites. O dinheiro que entrou na França, no entanto, gerou uma inflação, a qual tornou os pobres ainda mais desfavorecidos. Para as elites, a mesma inflação trouxe uma riqueza inimaginável, despendida em construções extravagantes iniciadas por volta de 1660.

Ao contrário dos reis franceses que o antecederam e preferiam morar em *châteaux* rurais, Henrique IV (1553–1610) periodicamente transferia sua corte para Paris. Por isso, Louis Le Vau (1631–1670), o mais importante paisagista e projetista de castelos da França, foi incumbido, em 1665, de modernizar o Louvre, uma fortaleza do século XII, transformando-o em palácio urbano. Le Vau trabalhou junto com Claude Perrault. Em 1664, foi feito um concurso de arquitetura para o projeto da fachada leste do Louvre, e o desenho final era uma síntese das ideias de Perrault, Le Vau e provavelmente outras pessoas. O resultado é surpreendentemente bom, dada a complexa história da obra e o número de arquitetos envolvidos em seu projeto final. O pavimento térreo alto, com suas janelas estreitas e extremamente detalhadas, serve como pódio para o piso principal, onde se estendem fileiras de colunas duplas e independentes que formam uma espécie de biombo para o edifício atrás delas, criando uma *loggia* linear. Foi incluído um frontão central que se projeta e é ladeado pelas colunas duplas. Pavilhões sem frontão e com pilastras em lugar de colunas definiam as extremidades. Esse arranjo representava uma grande novidade, embora pudesse ser comparado ao Palácio Porto-Breganze, projetado por Andrea Palladio (e construído por Vicente Scamozzi em 1575), de aparência mais unificada, ou à Vila Barbaro (1549–1558), onde é mais evidente a separação entre as partes. O Louvre também é importante na história das técnicas de construção. As colunas sustentam entablamentos retos que são, na verdade, uma série de arcos disfarçados, parcialmente conectados por meio de tirantes de ligação.

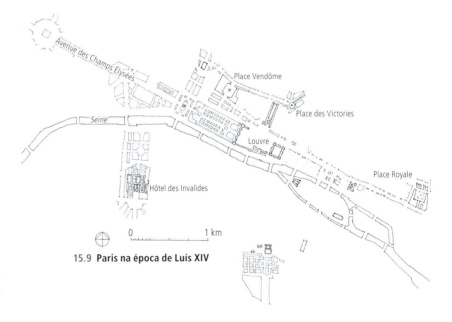

15.9 Paris na época de Luís XIV

573

# 1700 D.C.

Com a mudança de Henrique IV para Paris, os ricos quiseram estar o mais perto possível da corte parisiense, ainda que isso fosse temporário. O resultado foi o *hôtel*, uma acomodação temporária projetada ao redor de um conjunto específico de espaços. Um *porte cochere* permitia às carruagens entrar no *cour d'honneur* (o pátio de honra), onde se desenvolvia o ritual de chegada, desembarque e entrada no prédio. Os estábulos foram implantados em uma das laterais do pátio, junto com recintos especiais para a guarda das carruagens. O *corps de logis* (o bloco principal de aposentos) estava voltado para esse pátio. Ao seu fundo havia um jardim, talvez com uma galeria, um longo cômodo para se conversar e desfrutar a vista. As salas para visitantes, os salões de baile e as salas de jantar – compondo os *appartements de parede* – ficavam no piso principal. Os apartamentos, em geral localizados nos andares superiores, incluíam uma antecâmara para receber os visitantes, um quarto de dormir (*chambre*) e, muitas vezes, um ambiente mais privativo, destinado a conversas ou aos estudos, chamado de gabinete. Os criados moravam diretamente sob o telhado. Dava-se preferência à simetria no arranjo dos elementos construtivos, pelo menos na entrada e no pátio, usando-se muita criatividade para estabelecer a forma ideal de implantar os prédios em terrenos urbanos com frequência irregulares, com as quais os arquitetos tinham de trabalhar. Um dos melhores exemplos é o Hôtel de Sully, projetado por Jean du Cerceau (1624–1629). Ali viveu Maximilien de Béthune, o duque de Sully (1560–1641), superintendente financeiro do rei Henrique III e, posteriormente, primeiro-ministro de Henrique IV.

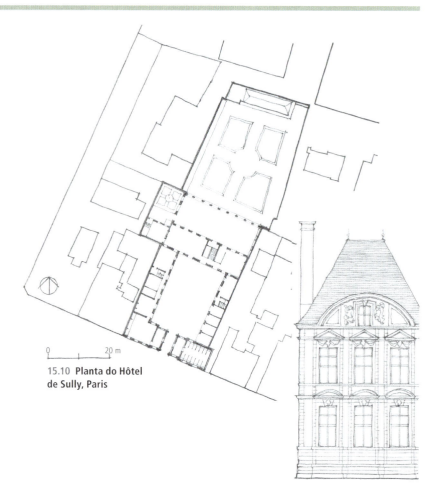

15.10 **Planta do Hôtel de Sully, Paris**

15.11 **Hôtel de Sully**

574

# EUROPA

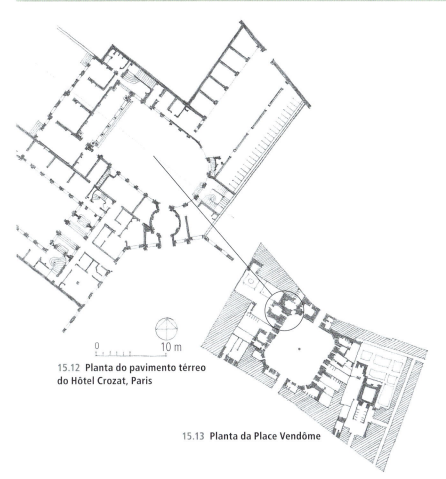

15.12 Planta do pavimento térreo do Hôtel Crozat, Paris

15.13 Planta da Place Vendôme

Apesar de se localizarem próximos ao Palácio Real, a maioria dos *hôtels* do início do século XVII era construída onde houvesse um terreno disponível. Assim, ficavam relativamente isolados uns dos outros no traçado urbano de Paris. Isso começou a mudar ao longo do século, à medida que os arquitetos buscaram integrar o hotel aos espaços urbanos conhecidos como "praças reais". Ainda que fossem chamadas de "reais", essas praças costumavam ser construídas pela iniciativa privada ou pelas prefeituras, embora o ambiente para a sua criação fosse promovido pelo rei. Deviam, portanto, corresponder ao princípio da dignidade real. Em Paris, a primeira foi a Place des Victoires (1684–1687), circular, que exibia no centro uma estátua equestre do rei. Ela foi seguida pela Place Vendôme (encomendada em 1677), cujas fachadas foram todas projetadas por Jules Hardouin-Mansart (1646–1708) e seu discípulo Pierre Bullet. Os *hôtels* de ambas possuem cômodos com uma incrível variedade de tamanhos e configurações. Contudo, era típica dos projetos franceses a ausência de corredores (exceto nos alojamentos dos criados) para conectar os recintos, organizados em sequência ao longo da fachada principal.

15.14 Place Vendôme, Paris

# 1700 D.C.

15.15  Castelo de Versalhes, França

## CASTELO DE VERSALHES

Todavia, a maior parte dos gastos de Henrique IV com edificações foi em sua extravagante residência rural, o Castelo de Versalhes, uma antiga casa de caça localizada cerca de 20 quilômetros ao sudoeste de Paris. O projeto de reforma de Louis Le Vau e Jules Hardouin-Mansart para transformá-la em um palácio magnífico passou por diversas etapas a partir de 1661, após André Le Nôtre ter iniciado os trabalhos no jardim e nas fontes. Os arquitetos resolveram o problema sobre o que fazer com o velho prédio envolvendo-o em uma nova construção. O palácio original ainda existe, mas encontra-se embutido no tecido de um novo prédio, que consiste em uma série de pátios de entrada criando um U e que se encaixa ao redor de um pátio central, no topo de uma colina com suave declive. As vias processionais que conduzem ao *château* foram fundamentais para criar a formalidade e teatralidade do projeto. Três avenidas traçadas através do campo conduziam ao portão principal, mas apenas as avenidas central e do norte levavam a Paris. A avenida ao sul, com um quilômetro de extensão, foi acrescentada por uma mera questão de simetria compositiva. As carruagens que vinham pelas avenidas levavam os visitantes até o primeiro portão, pelo qual cruzavam direto. Eles eram paradas no segundo portão, de onde todos, exceto os visitantes mais ilustres, deviam seguir a pé ou montados a cavalo até o último portão, que dava acesso ao pátio interno.

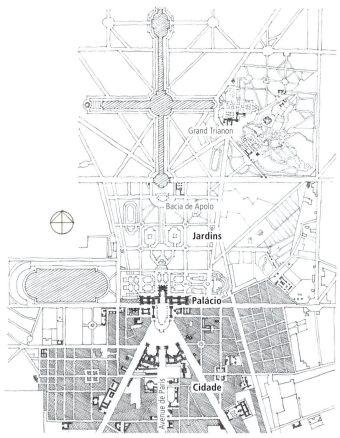

15.16  Planta de Versalhes

# EUROPA

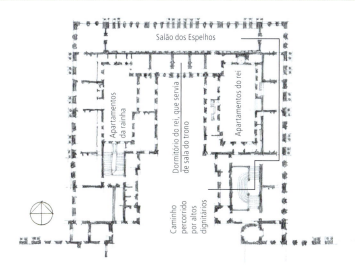

15.17  Desenvolvimento do Palácio de Versalhes durante o reinado de Luís XIV

15.18  Capela de Hardouin-Mansart, em Versalhes

O piso térreo do palácio continha apartamentos destinados sobretudo ao uso dos guardas reais e da administração pública. Uma sala à direita, contudo, foi preparada especialmente para a recepção de visitantes ilustres. Ela continha a grandiosa dupla Escadaria dos Embaixadores, que resplandecia com seu mármore colorido e as pinturas das paredes. A escadaria levava às salas de recepção principais, ocupadas pelo rei. Não havia corredores. Os apartamentos eram dispostos em *enfilade*, ou seja, suas portas se alinhavam de modo a proporcionar uma vista contínua ao longo de todo o comprimento do conjunto. O centro da composição era o dormitório do rei, localizado no centro conceitual do universo do palácio. O dormitório não era um recinto particular, mas um local onde o rei se reunia com amigos e até com dignitários importantes.

Os jardins foram de início projetados para o uso tradicional, como o passeio e a conversação prazerosa, mas Luís XIV introduziu a ideia de celebração nos jardins (ou *fête*) que incluía apresentações equestres, banquetes, peças de teatro, shows de música e fogos de artifício. Esses eventos, registrados em publicações, faziam parte da publicidade e propaganda política destinada a aumentar o prestígio do Palácio de Versalhes. Não obstante, um século depois, serviram a um propósito oposto, exemplificando a extravagância de Versalhes e promovendo o fervor revolucionário contra a realeza.

15.19  Salão dos Espelhos, Palácio de Versalhes

# 1700 D.C.

15.20 Vista aérea de São Petersburgo, Rússia

Em 1712, o trabalho havia progredido o suficiente para permitir que as relíquias do Mosteiro de Vladimir Suzdal pudessem ser enviadas ao Mosteiro de Santo Alexandre Nevsky, assim denominado em homenagem ao herói nacional que recebera esse título por ter derrotado os suecos no Rio Neva. São Petersburgo tinha agora seu mito fundador e se transformou, instantaneamente, em um importante centro tanto religioso quanto secular. Para acelerar o processo e garantir a disponibilidade de trabalhadores qualificados e materiais de construção para São Petersburgo, Pedro proibiu, em 1714, a construção em alvenaria no resto da Rússia.

## SÃO PETERSBURGO

Entre todos os muitos projetos barrocos do período, nenhum se igualou ao de São Petersburgo em escala e complexidade. No início do século XVII, a Rússia era um país atrasado, à mercê de forças conflitantes. Houve tumultos urbanos em 1648, uma revolta em 1662, uma rebelião em 1669 e uma insurreição em 1668. O czar Pedro Alexeyevitch Romanov I (1672–1725), conhecido como Pedro, o Grande, restabeleceu a ordem, modernizou a Rússia e tirou o país de seu isolamento. Sozinho, transformou o Estado moscovita ortodoxo em um império secular e ocidentalizado, enfrentando forte oposição de muitos setores da sociedade. Para tanto, organizou gigantescas campanhas de trabalhos forçados e moveu uma série de guerras que consumiram até 90% do orçamento estatal. O resultado, porém, foi um império que se estendia do Mar Báltico ao Mar Cáspio. Depois de derrotar a Suécia em uma guerra que durou 21 anos, a Rússia pôde novamente navegar o Rio Neva até o Golfo da Finlândia. Para salvaguardar o acesso ao Mar Báltico, Pedro construiu a Fortaleza de Pedro e Paulo, cuja pedra fundamental foi lançada em 1703. O projeto acabou tornando-se um dos maiores canteiros de obras da Europa. Quarenta mil camponeses foram recrutados para trabalhar ao lado de prisioneiros de guerra suecos.

15.21 Planta de São Petersburgo

# EUROPA

15.22 Palácio de Inverno, São Petersburgo

15.23 Palácio de Inverno, São Petersburgo

A finalização de Versalhes, em 1710, excluir motivou outros reis europeus a imitá-lo. O Palácio de Inverno de Pedro, o Grande, em São Petersburgo era, no início, um prédio modesto projetado por Domenico Trezzini em 1711, mas foi rapidamente expandido. Sua versão atual começou a tomar forma na década de 1730, de acordo com um projeto de Bartolomeo Rastrelli, que imaginou suas fachadas gêmeas – voltadas para a praça de um lado e para o Rio Neva de outro – como longuíssimas elevações barrocas no Estilo Elisabetano. Elas possuem 250 metros de extensão e são interrompidas apenas por dois vãos simétricos, que se projetam. As janelas do pavimento térreo são mais altas do que as do resto, e cada uma delas é separada da seguinte por pilastras. Em planta, o palácio é um retângulo alongado, com um pátio fechado. A maior parte do prédio era usado pela corte, e os apartamentos das famílias reais situavam-se voltados para os fundos, em direção a um jardim fechado. Catarina II ampliou muito o Palácio de Inverno quando pediu a Jean-Baptiste Vallin de la Mothe, o qual projetou a Academia Imperial de Artes de São Petersburgo, que agregasse uma ala privativa para ela, onde ela reuniu uma grande coleção de arte. Essa ala passou a ser conhecida como o Eremitério ou a Capela. A tomada do Palácio de Inverno, em 1917, foi um momento icônico na Revolução Bolchevique, valorizado extensamente na pintura, na literatura e no cinema soviéticos.

# 1700 D.C.

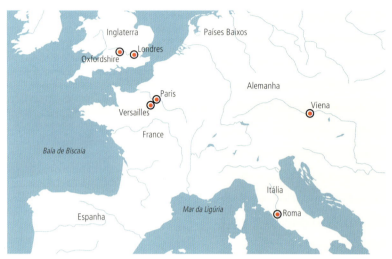

15.24 A Europa no século XVIII

15.25 Observatório de Paris, França

## O RACIONALISMO E A IDADE DA RAZÃO

Ao passo que os espanhóis e portugueses acreditavam que acumular ouro e prata era a maneira de enriquecer, os franceses, holandeses e ingleses focavam a eficiência econômica como meio de geração de riquezas. O sucesso desses outros povos se baseava em combinar o absolutismo com processos de governo extremamente racionalistas e investir em uma base de conhecimentos nacionais. A racionalização da economia nacional da França foi a tarefa de Jean-Baptiste Colbert (1619–1683), um dos principais conselheiros de Luís XIV. Ele foi o responsável por muitas das inovações que, apesar de trabalhosas, criaram a base da prosperidade econômica da França e, em particular, o ordenamento de seus territórios coloniais e processos de extrativismo. Graças a Colbert, surgiu o novo entendimento de que havia uma relação entre o comércio global e a economia nacional. Ele também percebeu que o poder econômico dependia do conhecimento. Contratou, portanto, extensos estudos sobre construção naval, navegação e armamentos a fim de garantir que a frota francesa continuasse sendo a mais forte do mundo. Colbert fundou, ainda, a Academia Real de Ciências (1666) e a Academia de Arquitetura (1671), entre outras instituições, para servir e aconselhar governantes e ministros.

Na Economia, a racionalização é definida como o ato de ordenar fluxos de trabalhos específicos por meio da definição de regras ou processos apropriados. Dessa maneira, não surpreende que a racionalização esteja vinculada à chamada Idade da Razão, pois o trabalho científico dos primeiros cientistas e filósofos do período também foi a busca pelos processos e pelas regras fundamentais que definiam os fenômenos específicos e aparentes do mundo. Tanto Galileu como Tycho Brache procuravam explicações matemáticas para os movimentos dos planetas. Os dois também conheciam René Descartes (1596–1650), o filósofo franco-holandês famoso por sua declaração da superioridade da razão, "*cogito, ergo sum*" ("penso, logo existo"). Apesar de condenado pela Igreja Católica, que afirmava reger segundo o desígnio de Deus, o mundo racionalista foi concebido de modo intimamente ligado à experiência colonialista. René Descartes publicou seu *Discours de la méthode* (*Discurso do método*, 1637); Thomas Hobbes, *Leviatã* (1651); e Pierre Hotte, um padre jesuíta professor de matemática que buscava aprimorar a arte da construção de navios, apresentou sua *Théorie de la construction des veisseeux* (*Teoria da construção de navios*, 1667). A régua de cálculo, o barômetro, o termômetro e o microscópio composto surgiram na primeira metade do século XVII. *Grosso modo*, a ciência desse século enfatizava a mecânica como princípio dominante, assim como os governos começavam a reforçar seu poder burocrático e estender seu alcance, o que representava, em ambos os casos, a promessa de maior eficiência na produção. O mundo de repente efervescia, mas também possuía os meios para definir e controlar essa ação, atribuindo-lhe medida e extensão espacial.

### O Observatório de Paris

Colbert deu-se conta de que a chave para o domínio colonial era o conhecimento preciso da astronomia. Para esse fim, em 1671, ele iniciou a construção do Observatório de Paris, através do qual passava o Meridiano Francês, a base dos mapas náuticos franceses que competia com os meridianos de Greenwich e Antuérpia. Ainda que Greenwich tenha sido adotado como referência internacional em 1884, os franceses continuaram a usar seu próprio meridiano até que a Primeira Guerra Mundial os obrigasse à adoção do sistema único.

O arquiteto do observatório foi Claude Perrault (1613–1688), cujo irmão Charles era secretário de Colbert. Um fervoroso fiel da posição gloriosa de sua época, Perrault dominava o idioma grego e sabia latim. Sua tradução dos *Dez livros sobre arquitetura*, de Vitrúvio, publicada em 1673, foi magistral e tinha ótimas notas, tornando-se a obra padrão sobre arquitetura na Europa. Apesar de seu gosto pessoal ter influenciado as ilustrações, Perrault procurou ater-se ao máximo às informações do texto de Vitrúvio, dando um exemplo de precisão e atenção aos detalhes que se tornaria aspecto essencial da mentalidade neoclássica. Suas imagens enfatizavam a ausência de ornamentação da Antiguidade, resistindo à tentação, que prevalecia na época, de trabalhar com ornamentação e decoração.

Um debate particularmente acalorado girava em torno da questão de determinar se a percepção da beleza resultava dos costumes ou seria uma resposta espontânea. Perrault argumentava não ser a beleza uma propriedade fixa que pudesse ser revelada pelo artista, mas uma variável que dependia dos costumes, apontando, por exemplo, não ser possível encontrar dois prédios – nem dois autores – que concordassem

# EUROPA

15.26 Pátio, Hotel dos Inválidos (Hôtel des Invalides), Paris

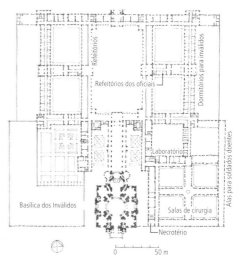

15.27 Planta do Hotel dos Inválidos (Hôtel des Invalides)

sobre todos os assuntos ou seguissem sempre as mesmas regras.

O Observatório de Paris era bastante austero para os padrões de sua época. Não havia ordens, colunas ou pilastras. Cornijas lineares simples demarcam os andares. As aberturas são ligeiramente rebaixadas em relação à suave superfície da parede ou possuem molduras que mal se destacam. Cada lado das torres octogonais dos cantos foi alinhado às posições do Sol nos solstícios e equinócios. A torre ao leste foi construída sem telhado, para que um telescópio fosse usado na parte interna. O edifício foi projetado com muita habilidade. A escada, com as suas superfícies curvas tridimensionais complexas – todas em pedra – ainda hoje surpreende. A cobertura destinava-se a ser usada como plataforma para medições astronômicas. Um orifício no centro do piso dos aposentos principais permitia o cálculo do zênite do Sol.

## O Hotel dos Inválidos (Hôtel des Invalides)

Na Europa, os primeiros hospitais surgiram em consequência das viagens dos peregrinos e das Cruzadas. Havia importantes hospitais na Itália. Os Cavaleiros de São João eram conhecidos por seus hospitais em Rodes e outros lugares. No entanto, já por volta do século XVIII, os hospitais estavam lotados, não só pelos milhares de soldados que lutavam no ciclo de batalhas praticamente interminável, mas também pelos pobres e indigentes, que formavam uma classe baixa cada vez mais numerosa. As pragas e epidemias agravavam o problema. Uma epidemia de cólera, em 1519, e as pestes bubônicas de 1580, 1596, 1606 e 1630 mataram milhares de pessoas em Paris. Contudo, como os hospitais ainda eram associados às ordens religiosas e instituições de caridade, praticamente não existia diferença entre um hospital, um centro de tratamento de doenças contagiosas e um abrigo para pobres. As condições eram tão precárias que os enfermos muitas vezes não se dispunham a deixar suas residências para instalar-se em um hospital, preocupados com a integridade da sua propriedade, que poderia ser saqueada durante a sua ausência, e com a manutenção da sua renda. Para melhorar a situação, Henrique IV ordenou a construção do Hospital São Luís (iniciado em 1607). Ele localizava-se do lado de fora dos muros da cidade e era fácil de acessar pelas estradas principais. As alas consistiam em amplos corredores abertos, com camas para os pacientes dispostas contra as paredes. Conectaram-se quatro desses prédios em forma de corredor, formando um grande pátio interno.

Depois do fim da Guerra dos Trinta Anos, em 1648, milhares de ex-soldados, muitos dos quais haviam passado a maior parte de suas vidas como adultos no exército, encontravam dificuldades para retornar às atividades civis, pois sofriam uma forma de Transtorno de Estresse Pós-Traumático (PTSD, na sigla em inglês). O Hotel dos Inválidos (1670–1676) procurava resolver esse problema, na medida em que servia de dormitório para militares aposentados. Por trás do fosso e da grandiosa entrada situa-se um grande pátio, enquanto fileiras de prédios à direita e à esquerda se agrupam em torno de pátios menores. A fachada norte se articula, à típica maneira francesa, com pavilhões que se projetam à frente no centro e nas extremidades.

Com exceção dos pórticos de entrada, não há colunas nem pilastras na fachada principal. As elevações voltadas para o pátio possuem dois níveis de arcos sobre pilares, sobressaindo apenas os pavilhões centrais ao longo do eixo, com os seus frontões. Havia áreas especiais para soldados doentes, feridos e indigentes e uma caserna para os veteranos mais velhos. Existiam também áreas cirúrgicas e grandes refeitórios onde os soldados comiam, com os seus oficiais nas mesas de cabeceira.

Já os hospitais da Inglaterra, construídos com recursos públicos, tendiam a ser mais simples e menos generosos do que os franceses. Havia uma ambiguidade considerável entre a classe alta inglesa e os Tories (o partido conservador) quanto a se gastar dinheiro de uma maneira que muitos consideravam como uma recompensa pela pobreza. O Hospital de Chelsea (iniciado em 1682) mostra, no entanto, o início da conscientização gerada pela inovação francesa para a solução do problema dos soldados reformados. Estes eram mantidos em celas individuais, projetadas por Sir Christopher Wren, uma de costas para a outra. No final da fileira, havia um cômodo maior destinado aos sargentos. Em vez de um quadrilátero fechado, as alas foram dispostas frente a frente, ao longo de um pátio voltado para o Rio Tâmisa, com um grande salão e uma capela que conectavam as alas nas extremidades. O diretor do hospital e o seu auxiliar imediato viviam em pavilhões localizados nos cantos. As diferenças entre os dois hospitais revelam de modo eloquente as posturas dos franceses e dos ingleses perante a sociedade e a hierarquia na época.

# 1700 D.C.

15.28 Abóbada pintada de Vierzehnheiligen, perto de Bamberg, Alemanha

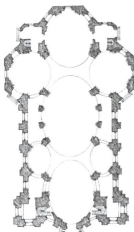

15.29 Elevação e planta de Vierzehnheiligen

15.30 Nave central de Vierzehnheiligen

## JOHANN BALTHASAR NEUMANN E A NOVA NERESHEIM

Com população predominantemente camponesa e apenas três cidades com mais de 100 mil habitantes, a Bavária católica do sul da Alemanha não só sobreviveu à Reforma, como também resistiu ao catolicismo aristocrático urbano da vizinha Áustria. Ali uns poucos arquitetos, auxiliados por pintores, estucadores e escultores, criaram um estilo único de arquitetura de igrejas sem cúpula. Johann Michael Fischer (1692–1766) e Johann Balthasar Neumann (1687–1753) foram os arquitetos mais prolíficos desse estilo. Talvez a obra mais extraordinária de Neumann seja a Igreja de Vierzehnheiligen (1743–1772), em um mosteiro franciscano perto da cidade de Bamberg, Alemanha. Após uma aparição considerada milagrosa, ela havia se transformado em uma igreja de peregrinação no século XV.

O último projeto de Neumann (e talvez a mais completa de suas grandes obras) seja a Igreja de Neresheim (1747–1792). Ela foi integrada a um mosteiro beneditino e inclui em sua extremidade do coro uma antiga torre de uma igreja românica mais antiga. Suas abóbadas elípticas e circulares são sustentadas por uma estrutura ondulante de colunas, pilares, arcos e pilastras. Embora o espaço possa ser lido como profusamente decorativo e plástico, Neumann era um oficial do batalhão de engenharia, e seus prédios evidenciavam tanto seus conhecimentos de engenharia como sua habilidade de projetista. Ele usou como os principais elementos portantes pilastras e seções curtas das paredes que se projetavam em ângulos retos em relação às naves, eliminando, assim, a necessidade de uma superfície externa contínua e maciça. Apesar de seu interior alegre, o revestimento externo da igreja é relativamente singelo. O espaço elíptico do cruzeiro foi disposto no sentido do eixo longitudinal do interior, separando a parte da igreja que era utilizada pela comunidade do coro, no fundo, reservado aos monges. Essa elipse foi contrabalançada por elipses menores, que evocam a tradição do transepto sem interferir nos rituais litúrgicos espaciais, que não exigiam tais áreas. Essas elipses, por sua vez, são conectadas por abóbadas curvas que nos fazem perguntar como funcionam em termos de estrutura, e a luz que incide através das grandes janelas esmaece as fronteiras dos diferentes elementos espaciais.

# EUROPA

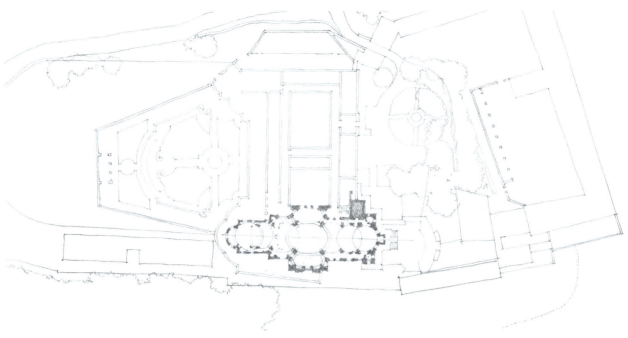

15.31 Planta de situação da Abadia de Santo Ulrico e Santa Afra, Neresheim, Alemanha

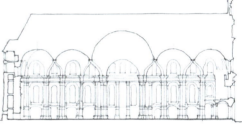

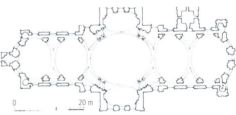

15.32 Planta e corte da Igreja de Neresheim

15.33 Interior da Igreja de Neresheim

583

# 1700 D.C.

## A CHINA E O ILUMINISMO EUROPEU

Os jesuítas, com sua ênfase na educação, destacaram-se na aproximação entre a China e a Europa. Em 1601, o jesuíta italiano Matteo Ricci (1552–1610) chegou em Pequim, onde fundou uma missão católica. Nos dois séculos seguintes, os jesuítas, junto com os membros de outras ordens católicas, estabeleceram vínculos íntimos com a corte dos Qing e converteram cerca de 250 mil chineses ao cristianismo. Em função de seu forte interesse pela educação e seus próprios altos níveis de erudição, muitos jesuítas se tornaram membros de confiança da corte qing e nela assumiram importantes posições, como o controle do Conselho de Astronomia.

Esses europeus escreviam e enviavam para casa relatos detalhados do que viam, que foram publicados na forma de livros, geralmente em francês ou latim, em Paris, o centro europeu das atividades jesuítas. Essas obras incluíram *Confúcio, o filósofo dos chineses* (1687); *Descrição da China* (1735), em 4 volumes; a extensa série *Cartas edificantes e curiosas* escritas pelos missionários da Companhia de Jesus, em 34 volumes (1702–1776); *História geral da China*, em 13 volumes (1777–1785); e *Memórias sobre a história, ciência, arte, etc., dos chineses*, em 16 volumes (1776–1814).

O sistema político chinês foi estudado e citado por muitos pensadores europeus, como Voltaire (1694–1778), Francis Quesnay (1694–1774) e Gottfried Leibniz (1646–1716), em um período no qual a Europa estava começando a desenvolver alternativas aos procedimentos monárquicos e eclesiásticos de seus próprios sistemas políticos. O filósofo alemão Leibniz, que era considerado um "especialista" em temas chineses, argumentava que uma nova civilização verdadeiramente universal poderia ser alcançada fundindo-se os melhores elementos da cultura chinesa aos da ocidental. Ele publicou essas ideias em um livreto de 1697, *Novissima Sinica* (*As últimas notícias da China*). Um conceito interessava em particular aos filósofos europeus, o mandato, ou seja, a ideia de que o imperador somente governava por um mandato divino, e que, quando as coisas não iam bem, isso era um sinal de que ele havia sido revogado. Como argumentou Derk Bodde, os pensadores do Iluminismo europeu admiravam a China, em particular, como uma terra onde o poder governamental não era exercido por meio das tradições de uma aristocracia feudal (como na Europa), mas pelos mandarins, um grupo de eruditos muito cultos, que obtinham seus cargos públicos apenas após serem aprovados em uma série de provas de concursos públicos. Assim, o objetivo dos iluministas era criar um "despotismo esclarecido" que beneficiaria todo o povo, e não meramente um pequeno grupo de privilegiados. Esse conceito era defendido pelos iluministas, em especial na obra dos economistas conhecidos como fisiocratas, cujo líder, Francis Quesnay, escreveu *O despotismo da China* (1767) como um exemplo de despotismo verdadeiramente iluminado. Quesnay influenciou as ideias de Adam Smith (1723–1790), o precursor da economia moderna.

O pensador iluminista que se inspirou na China dos qing foi Voltaire, para o qual aquele era um exemplo de país em que o governante também era um verdadeiro filósofo (o filósofo-rei de Platão). Impressionava-lhe a ideia de que os chineses não forçassem as outras pessoas a aceitar suas ideias religiosas. "Não é preciso ficar obcecado com os méritos dos chineses", escreveu ele em 1764, "para reconhecer [...] que seu império é, na verdade, o melhor que o mundo já possuiu". Em 1755, Voltaire escreveu a peça teatral *O órfão chinês*, adaptando uma velha peça chinesa em resposta às teorias do "bom selvagem" de Rousseau (1712–1778), que execravam a história, as artes e outros constructos culturais ao sustentar que eles corrompiam a bondade natural da natureza humana. Em contraposição, Voltaire defendia que civilizações superiores poderiam depor a barbárie, citando como exemplo o triunfo da civilização chinesa perante os mongóis invasores.

### O gongyuan e o jinshi

Dentre os prédios que existiam na Cidade Proibida destacava-se o gongyuan, ou Pavilhão de Exames, onde eram prestados os mais elevados exames dos concursos públicos da burocracia imperial chinesa. A admissão no quadro de mandarins exigia ser aprovado em três níveis de exames: primeiro nos condados, segundo nas capitais de província e terceiro (e final) na capital do país, onde era feito apenas uma vez a cada três anos. Aqueles que eram aprovados nesses exames finais, que levavam todo um fim de semana, recebiam o título de *jinshi* (conhecido em inglês como mandarim).

O gongyuan era um gigantesco recinto murado, dentro do qual havia milhares de pequenas celas de tijolo em linhas retas, o que impedia as "colas". Mesmo assim, os candidatos eram revistados, cuidadosamente vigiados e não podiam se retirar antes do término da prova. Os exames cobravam elevados níveis de estilo literário e caligrafia, assim como conhecimentos profundos dos clássicos chineses.

Após o gongyuan, os poucos sortudos aprovados eram admitidos na Cidade Proibida, onde eram submetidos a um exame de dia inteiro no primeiro dos grandes salões, o qual era coordenado por um grande número de oficiais civis e militares vestidos a rigor. Os três primeiros colocados no concurso eram apresentados diretamente ao imperador e tinham o direito de sair pelo Portão Central na frente de todos os demais candidatos que haviam sido aprovados. Dessa maneira, um *jinshi* (mandarim), que poderia ser até filho de um camponês, era rapidamente incorporado à administração imperial.

No século XVIII, quando os pensadores do iluminismo europeu buscavam modelos mais igualitários e baseados na meritocracia para substituir o poder eclesiástico e aristocrático, eles se voltaram ao sistema chinês de seleção de servidores públicos, os *jinshi*. A ideia de serviço público em que os cargos eram preenchidos por meio de um concurso aberto a qualquer pessoa derivou dos estudos da burocracia chinesa. Os primeiros concursos por escrito para o preenchimento de cargos públicos foram feitos em universidades europeias em 1702. Os franceses criaram seu sistema de concurso para o serviço público em 1791, logo após a Revolução Francesa. Os britânicos fizeram-no em 1806, mas no início, era apenas para recrutar funcionários para a Companhia Britânica das Índias Orientais. Os Estados Unidos começaram a exigir a aprovação em concurso público para alguns cargos administrativos em 1885. Os exames profissionais da atualidade – como aqueles exigidos em certos países para determinadas categorias, como a de arquiteto, engenheiro de estruturas, advogado ou contador licenciado – também são um legado do sistema chinês original.

# EUROPA

15.34 Jardins Stowe, Buckinghamshire, Inglaterra

visão da Bíblia, na qual a terra era selvagem por sua própria natureza. Ele também promovia uma visão de harmonia entre a natureza e as proporções "naturais" das ordens clássicas.

O jardim nacionalista inglês surgiu com a ascensão, no início do século XVIII, dos whigs, críticos fervorosos dos *tories* e grandes defensores da monarquia constitucional. No Templo dos Valorosos Britânicos de Stowe, não havia santos ou clérigos. Em lugar disso, o Campo Elísio homenageava poetas como Shakespeare, John Milton e Alexander Pope; arquitetos como Inigo Jones; e exploradores como Thomas Cook, entre outros. Ao longo dos dois séculos seguintes, foi agregado um grande número de construções fantasiosas, como uma Ponte de Conchas, uma Gruta, a Fonte da Estação, o Templo da Amizade, uma Casa Chinesa, etc.

## Jardins Stowe e o Templo dos Valorosos Britânicos

Junto com aparelhos de chá e mesas laqueadas, os navios mercantes europeus trouxeram para casa livros e registros de viagens sobre os jardins chineses. Sir William Temple, um ensaísta e aristocrata britânico, ao escrever sobre os jardins de Epicuro em 1685, exaltou aquilo que chamou de o conceito chinês de *sharawadgi*, ou seja, o cenário paisagístico irregular cuidadosamente arranjado, ao criticar as simetrias axiais e as ordens formais cuidadosamente podadas que caracterizavam os jardins europeus da época. Credita-se a Temple a criação do pitoresco jardim de passeio britânico do século XVIII, o qual, assim como seu correspondente chinês, baseava-se em movimentos irregulares, construções fantasiosas e pavilhões cuidadosamente distribuídos, cenários artificiais e assimetrias estudadas para criar certos efeitos visuais.

O Campo Elísio de William Kent, projetado em 1738 na Casa Stowe, é um exemplo dessa tendência. O *elysium*, uma descrição de Homero do jardim onde as almas valorosas encontravam a vida eterna, foi transformado em um instrumento de consciência nacionalista na forma do jardim de passeio de Stowe. Junto com os prédios extravagantes neopalladianos e a invenção das valas que permitiram uma continuidade visual entre o jardim artificial e seu entorno, os Jardins Stowe ofereceram uma nova visão da natureza e do lugar do homem nela – uma alternativa à

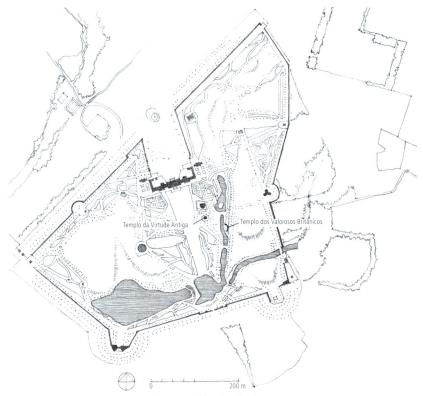

15.35 Planta geral dos Jardins Stowe

# 1700 D.C.

15.36 Templo dos Valorosos Britânicos, Jardins Stowe, Buckinghamshire, Inglaterra

15.37 Templo da Virtude Antiga, Jardins Stowe

Um aspecto fundamental para o sucesso de Stowe e de outros jardins similares, como o de Chiswick, foi que eles podiam ser aproveitados não só pelos proprietários e por seus amigos, mas também por uma grande variedade de personagens oriundos das classes média e alta. Na época, a visita a jardins vinha se popularizando e já era parte importante da vida social das elites.

Stowe estabeleceu o conceito de uma visão nova e secular do nacionalismo inglês. Essa ideia de paisagem natural harmônica – ainda que criada de modo artificial – e projetada com base em uma estrutura civilizadora e dignificadora talvez tenha paralelos com a experiência colonial inglesa na América. Os franceses, no início, encontraram forte resistência dos ameríndios e nunca conseguiram ter colonos para subjugá-los, assim começaram a estudar e analisar os hábitos dos nativos a fim de conseguir que eles cooperassem comercialmente e, então, fosse possível convertê-los. A experiência britânica, contudo, foi distinta. Exceto na Carolina do Norte e na Carolina do Sul, os britânicos encontraram pouca resistência entre os ameríndios, que eram menos unificados socialmente do que aqueles dos assentamentos franceses no Canadá e das margens do Rio Mississippi. Enquanto o contato com os ameríndios levou os franceses a estudar e a questionar as origens da civilização, os ingleses, ao menos aqueles que estavam em seus jardins na pátria-mãe, começaram a contemplar os fundamentos de sua identidade europeia e o papel que eles tinham no teatro global maior que estava recém se encaixando em uma estrutura única. Talvez tenha sido nos jardins ingleses, com seus focos frequentemente pedagógicos e ideológicos, que surgiram os primeiros traços daquilo que posteriormente seria denominado eurocentrismo.

## Sans Souci

Os primeiros relatos detalhados da vida chinesa, que chegaram à Europa na década de 1520, foram escritos por missionários enviados à China, à Índia, à Indonésia e ao Japão. Em 1585, o papa Gregório XIII instruiu o padre espanhol Juan Gonzalez de Mendoza a compilar tudo o que se sabia sobre a China. A história do grande e poderoso reino da China e a situação futura foi o primeiro tratado de grande circulação sobre o tema. Nele, de Mendoza menciona palácios e jardins e descreve casas tão magníficas que lhe lembravam as de Roma. Contudo, suas informações esparsas estavam (e permaneceram) saturadas de mitos e lendas. O primeiro livro com conteúdo mais substancial foi *A história daquela grande e renomada monarquia da China* (1655), escrito por Alvarez Semedo, que havia morado por 22 anos na China. Seguiu-se uma obra do holandês Jan Nieuhof, que se interessava pela arquitetura chinesa. Como um europeu habituado a palácios de pedra, não conseguia entender o costume chinês de construir seus palácios em madeira e, portanto, considerava essa arquitetura pobre. Ainda

15.38 Templo da Virtude Moderna, Jardins Stowe

assim, ele produziu várias gravuras de pagodes e palácios que fascinaram seus leitores.

Em seguida, as cortes europeias começaram a adotar certos temas chineses em seus jardins. Em 1675, por exemplo, Luís XIV construiu o Trianon de Porcelain, o qual, ainda que tivesse formato e forma ocidentais, era coberto por telhas em padrões azul e branco, criando o que se considerava razoavelmente similar ao padrão de porcelana empregado no famoso pagode de Nanjing.

# EUROPA

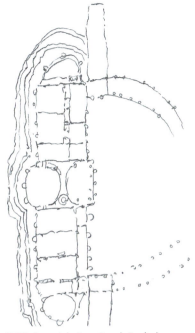

15.40 Casa de Chá Chinesa, Sans Souci, Potsdam, Alemanha

15.39 Croqui de Sans Souci, Frederico, o Grande, 1744

15.41 Casa de Chá Chinesa, Sans Souci

O prédio não durou muito, em parte devido a suas goteiras no telhado, mas motivou a construção de uma série de pavilhões no estilo chinês, que os alemães chamavam de Porzellankammern, cujo mais famoso foi a Casa de Chá Chinesa do palácio de Sans Souci, em Potsdam (1757), construída pelo imperador prussiano Frederico, o Grande (Frederico II). O palácio, que servia de refúgio de verão para o imperador, possuía um enorme parque com vários pavilhões, sendo que um deles era a Casa de Chá Chinesa. Suas colunas douradas, que sustentam a cobertura, têm a forma de troncos de palmeira, com capitéis imitando exuberantes feixes de brotos, que tocam o entablamento. Na base das colunas há figuras chinesas em escala real tocando instrumentos musicais e entretidas em conversas animadas. Pavilhões chineses, bem como tendas turcas, logo se tornaram comuns nos jardins de lazer da época. A porcelana chinesa também estava chegando ao mercado holandês, reforçando o gosto pela estética chinesa, e a pequena burguesia começava a colecionar suas peças favoritas.

# 1700 D.C.

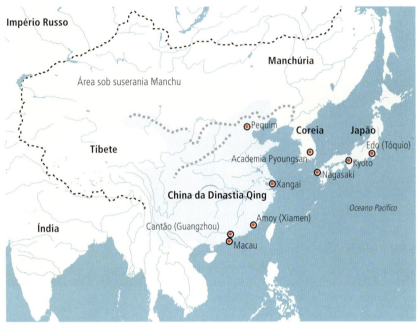

15.42 Dinastia Qing, China

## A PEQUIM DOS QING

O poder da Dinastia Ming chinesa terminou no século XVII. O reino de Zhu Yijun (conhecido como o Imperador Wanli, que reinou entre 1573 e 1620), o qual ascendeu ao trono com apenas nove anos de idade, foi desastroso, pois ele foi incapaz de gerir a enorme e complexa máquina administrativa que controlava o império. A consequência disso foi inevitável. Os poderosos e lordes locais aproveitaram a oportunidade para criar mini-impérios que concorriam entre si à medida que o imperador se tornava cada vez mais recluso. A criminalidade aumentou, e piratas japoneses (e inclusive chineses) frequentemente atacavam as cidades litorâneas. Ao mesmo tempo, um fluxo gigantesco de prata ilegal chegava da América por meio das rotas litorâneas. Aliás, a demanda chinesa pela prata foi um dos motivos determinantes do aumento da mineração na América do Sul. A prata se tornou a alternativa à moeda impressa pelos ming, o que resultou em uma enorme inflação. O preço dos cereais subiu, e os pobres passavam fome e não tinham como pagar seus impostos. Grupos de foras-da-lei começaram a percorrer o interior. Finalmente, um famoso bandido, Li Zicheng, ou o "príncipe vistoso", acampou fora de Pequim em 1644.

Como resposta, o comandante do exército ming, que havia sido enviado para defender a fronteira nordeste onde os manchus estavam se reunindo para atacar, tomou uma decisão que mudaria a história: em vez de atacá-los, convidou-os para entrar no Reino do Meio (como os nativos chamavam a China) e derrotar Li Zicheng. Desse modo, em 1644, os manchus tomaram o lugar da Dinastia Ming, sem sequer ter de lutar por ela.

Os manchus, que reinaram sob o título de qing, eram descendentes jurchen que adotaram o título mongol de "khan". Embora fossem apenas um milhão em um país com 250 milhões de chineses nativos, os manchus se mostraram igualmente capazes na habilidade de governar e rapidamente restauraram a estabilidade no país. Um de seus primeiros atos foi estabelecer um forte marco regulatório para o comércio marítimo. Resolvida essa questão, eles se dedicaram a manter a ordem interna. O núcleo da política administrativa chinesa era adotar simultaneamente as práticas estabelecidas nas cortes confucianas e ming e, ao mesmo tempo, fazer concessões às diferenças regionais. Os qing controlaram com mão de ferro a administração central, mas, assim como os mongóis e os yuan que os precederam, toleraram as múltiplas práticas religiosas e culturais. Eles se estabeleceram nas capitais ming, construíram túmulos similares aos desses antigos governantes e restauraram e ampliaram os palácios e suas alas administrativas. Em Pequim, dedicaram-se à reorganização dos habitantes, forçando os antigos chineses han para o sul, a fim de dar espaço a seu próprio povo. Os qing também fundaram inúmeras cidades e construíram centros administrativos por todo o Reino do Meio, cuidando para distribuir membros de seus clãs nessas áreas. O dalai-lama foi convidado a retornar ao país, e construíram-se estupas para registrar sua volta.

Os qing tinham forte apetite pela prata, que usavam para cunhar suas moedas. Porém, por motivos geográficos, a China era pobre em minérios. Ela tinha pouco ouro, pouquíssima prata e algum cobre. Ao mesmo tempo, possuía uma economia vibrante, com forte ênfase no comércio, uma vez que se baseava no intercâmbio ativo de mercadorias. Séculos antes de qualquer outro povo, durante o período song, a antiga solução chinesa para facilitar o comércio já havia sido a impressão de papel-moeda. A moeda impressa funcionou muito bem até que os yuans e, particularmente, os mings, fizeram o que muitos governos que estão com problemas fazem – imprimiram moeda demais –, e o resultado foi a perda da confiança pública no papel moeda. A solução que os qing encontraram para isso foi cunhar moeda com a prata. Assim, depois que eles exauriram as reservas de prata do Japão, a América do Sul se tornou a principal fonte desse metal. A prata sul-americana era levada à China nos navios europeus. Entre 1500 e 1800, a América do Sul produziu cerca de 85% da prata do mundo, dos quais 40% iam diretamente para a China.

Os qings também iniciaram uma campanha militar incrivelmente bem-sucedida, a qual resultou na maior expansão territorial que o Reino do Meio já havia tido. Tornaram-se territórios chineses a ilha de Taiwan (1683), a Mongólia Interior e a Exterior (1697), Dzungharia (1757) e o Turquestão Oriental (1759), além da própria Manchúria, a terra natal dos qing. A Coreia foi transformada em estado vassalo em 1637, e o Tibete, em um protetorado em 1751. Parte dessa agressiva campanha expansionista envolveu o genocídio das tribos dos dzungharia, que possuíam 600 mil habitantes; 80% deles foram mortos sob ordens pelos soldados qing e mongóis, e outros por surtos subsequentes de varíola.

Para acomodar a enorme diversidade étnica que o Reino do Meio agora abarcava, os qing, em particular sob o reinado de 61 anos do Imperador Qianlong (que governou entre 1735 e 1796) desenvolveram uma concepção panasiática de império, um modelo de unidade composta por povos diversos similar àquela desenvolvida pelos ingleses após se tornarem uma grande potência mundial. Confucionistas, budistas, muçulmanos e, inclusive, visitantes cristãos foram

# LESTE DA ÁSIA

aceitos e incorporados ao país, mas, ao mesmo tempo mantidos sob vigilância constante.

Todos os decretos imperiais eram publicados em vários idiomas. Embasando isso tudo houve um grande investimento na ideologia budista tibetana, com sua longa história de assimilação de múltiplos povos asiáticos e suas histórias. O Imperador Qianlong via-se como um *chakravartin*, o ideal budista de realeza baseado na memória canônica do Imperador Asoka.

O reinado de 268 anos dos qing foi dominado pelo poder de 60 anos de dois de seus monarcas, o Imperador Kangxi (que reinou entre 1662 e 1722) e seu neto, o Imperador Qianlong (que reinou entre 1736 e 1795). Esses reinados abriram caminho para a criação do legado político, econômico e cultural que seria herdado pela China contemporânea. Nesses sentidos, eles definiram o período moderno inicial da China.

Coroado quando tinha apenas oito anos de idade, o Imperador Kangxi teve como objetivo acabar com as incertezas decorrentes do término do reinado ming e superar os arraigados preconceitos contra estrangeiros. Ele rapidamente começou a recrutar estudiosos han do sul da China, com o objetivo explícito de fundir a autoridade política manchu com a ideologia confucionista e, ao mesmo tempo, adotar os processos e protocolos da corte e administração ming.

Os qing rebaixaram o *status* de Nanjing, tornando-a uma capital regional, o que fez de Pequim o centro absoluto do império. Os qings também ampliaram sua própria capital histórica, Mukden, ao nordeste, construindo um novo palácio, túmulos e todas as instituições necessárias à administração pública. Mas Mukden jamais chegou a ter o *status* de uma capital plena. Os seis prédios dos ministérios – Pessoal, Receitas, Ritos, Guerra, Punições e Obras –; o Secretariado Hanlin; o Censorado; a Diretoria de Astronomia; e os Escritórios de Sacrifícios e Cerimônias foram inseridos no centro da cidade, imediatamente ao sul do palácio. As áreas residenciais da Cidade Proibida foram reservadas para os Oito Estandartes (oito era uma referência aos homens das tribos jurchen que haviam se unido para formar o exército manchu). A seguir, os Oito Estandartes simplesmente se tornaram os oito exércitos de elite dos quais os qing passaram a depender. Com o passar do tempo, os han e os chineses regionais foram aceitos neles.

Depois disso, Nanjing tornou-se um centro de atividades das missões jesuítas; foi ali que viveu o missionário cristão Matteo Ricci, e a cidade era mais receptiva a influências ocidentais do que Pequim. Por exemplo, os pintores de Nanjing foram os primeiros a adotar as ideias ocidentais de sombra e perspectiva em suas representações do cenário local.

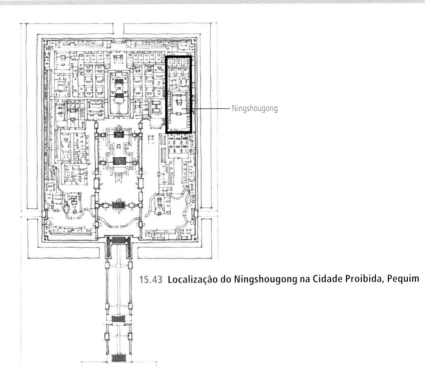

15.43 **Localização do Ningshougong na Cidade Proibida, Pequim**

Ao contrário de todas as dinastias chinesas que a precederam, os manchu não queimaram e saquearam automaticamente a capital ming, fundando uma nova capital em outro local. Em vez disso, eles reocuparam a Cidade Proibida, em Pequim. Um dos primeiros decretos do imperador foi para reconstruir partes da Cidade Proibida que haviam sido queimadas pelos ming quando eles fugiram. Sua única exigência adicional foi que se inserissem dutos no Pavilhão da Harmonia Suprema para que se pudesse bombear ar quente ao seu interior. A fim de deixar sua marca na cidade, os manchu renomearam todos os principais portões e pavilhões da Cidade Proibida, além de terem mudado as cerimônias associadas ao Templo do Paraíso para que refletisse a nova ordem cósmica manchu. Os homens chineses han, ou seja, aqueles que não eram da etnia manchu, eram obrigados a raspar o cabelo e usar um longo rabo-de-cavalo, chamado de *que*. As diferenças entre os qing e os han também se tornaram visíveis no tecido urbano. Em 1649, a Cidade Norte, o centro tradicional de Pequim, passou a ser reservada apenas para os manchu. Como consequência, todos os chineses han tiveram de se transferir para a Cidade Sul, que sempre fora subdesenvolvida. Contudo, com esse grande fluxo de pessoas, ela se transformou no centro comercial da cidade. Novos templos e mosteiros foram construídos, além de teatros, casas de chá, lojas de todos os tipos, salões de corporações de ofício, academias de estudos clássicos e prédios públicos. Quando a madeira se tornou escassa, muitos dos prédios residenciais e das outras construções seculares passaram a ser feitos de pedra e tijolo.

Em meados do século XVIII, mais de 40 novos palácios haviam sido construídos na Cidade Proibida e nas áreas privilegiadas ao seu noroeste. Os qing também eram diferentes dos imperadores ming, que restringiam a maioria das atividades da corte à Cidade Proibida e concentravam todas as atividades importantes em Pequim, ao serem ávidos viajantes e construírem palácios e templos em locais distantes de seu império. Um dos mais famosos complexos palacianos dos qing é o Ningshougong ("Palácio da Longevidade Tranquila", 1698–1772), construído pelo imperador qianlong Ningshougong. Concebido como uma Minicidade Proibida dentro da Cidade Proibida, ele consiste em duas seções. Primeiro há um conjunto de três pavilhões cerimoniais (o Portão da Longevidade Tranquila, o Salão da Supremacia Imperial e o Palácio da Longevidade Tranquila), o qual é seguido de uma densa área residencial que consiste em uma série de prédios de tamanhos variados distribuídos ao redor de uma rede de jardins internos. O palácio inteiro tinha sua vista completamente encoberta do resto da Cidade Proibida.

# 1700 D.C.

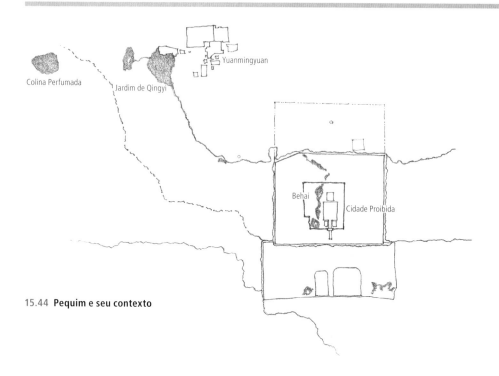

15.44 **Pequim e seu contexto**

### Beihai

Em 1651, o imperador qing Shunzhi convidou o quinto dalai-lama a visitar Pequim, assim como fizera o imperador ming Yongle antes dele. Para marcar a visita, mandou que fossem construídas três estupas brancas no estilo tibetano, duas delas na Cidade Imperial. Uma delas é a Estupa Branca em forma de sino, um marco gigantesco do Parque Ocidental, ou Beihai. Este parque, a leste da Cidade Proibida, mas ainda dentro das muralhas da cidade, foi desenvolvido de início pelos yuan e pelos jin. Porém, sob os ming, suas águas foram represadas para criar-se três lagos artificiais, com uma ilha no lago do meio. Shunzhi implantou a Estupa Branca no ponto mais alto da colina artificial da ilha, de modo que ficassse visível à distância.

### Yuanmingyuan

A área a noroeste de Pequim era uma planície bastante plana, com um leve declive na direção sudeste, onde os Yuan, os Jin e os Ming haviam construído seus retiros de verão. Os qing transformaram essas propriedades em gigantescos complexos de palácios com jardins, aproveitando os vários riachos e nascentes que atravessavam a área. Construíram também canais e reservatórios para assegurar o fluxo e a distribuição permanentes de água. O maior desses jardins era o Yuanmingyuan ("O Jardim do Brilho Perfeito"; *yuan* significa "jardim"), construído na década de 1720. Apesar de seus palácios e pavilhões serem similares às estruturas dos pátios axiais de outros palácios, como os da Cidade Proibida, sua distribuição e seu leiaute são mais informais. Acessado pelo sul, o Yuanmingyuan era dominado por um palácio com um pequeno lago frontal e que tinha um lago maior ao fundo. Este lago possuía nove ilhas, cada uma projetada com os seus próprios pavilhões, palácios e pontos cênicos. Ao norte desse complexo havia uma densa trama de prédios secundários, organizados em um sistema compacto de ilhas interconectadas. A metade leste de Yuanmingyuan foi composta em torno do grande Lago Fuhai, em cujo centro existiam três pequenas ilhas interconectadas que representavam as três ilhas míticas dos imortais, supostamente localizadas no Mar da China Oriental. O Lago Fuhai também era cercado por uma série de nove ilhas conectadas, com pavilhões e colinas projetados para oferecer passeios e vistas cênicas. Yuanmingyuan possuía 350 edifícios, organizados em 123 complexos. Mais a leste ficava o Jardim Chunjua, com um palácio no centro de uma grande ilha. O imperador Qianlong acrescentou uma longa faixa horizontal ao norte, para a qual mandou construir seis palácios em estilo barroco europeu projetados pelos missionários jesuítas que residiam em sua corte.

# LESTE DA ÁSIA

15.45 Academia Pyoungsan, perto da Vila de Hahoe, Coreia

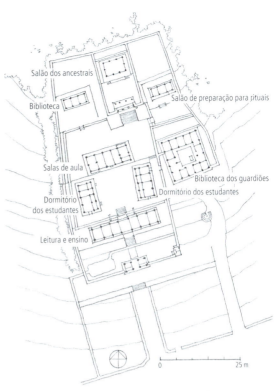

15.46 Planta geral da Academia Pyoungsan

## A DINASTIA JOSEON DA COREIA

Na Coreia, a elite da Dinastia Joseon (1392–1910) há muito apoiava a Dinastia Ming da China, mas, à medida que os mings foram perdendo influência, no século XVII, os manchu forçaram os joseon a mudar suas alianças. Os joseon e os manchu estabeleceram vínculos íntimos após os manchu terem fundado a Dinastia Qing em 1644.

Assim como os japoneses, os coreanos adotaram a burocracia chinesa e também se inspiraram no sistema que eles tinham de provas para o preenchimento de cargos públicos. A Academia Pyoungsan, pitorescamente localizada em uma curva do Rio Nakdong, no Centro-Sul da Coreia, era uma escola de ensino médio confucionista e particular destinada aos filhos da elite *yangban* da região (o *yangban*, que significa "dois grupos", eram os oficiais civis e militares). Ela foi construída em homenagem a Ryu Song-ryong, que servira como primeiro-ministro durante as invasões destruidoras lideradas por Hideyoshi, um senhor feudal japonês. O prédio, que tinha como modelo os pavilhões chamados *chôngjas* que os membros da classe *yangban* haviam começado a construir – em geral à margem de um córrego ou rio, em uma paisagem especialmente atraente –, é um recinto fechado, em um terreno que ascende em suave declive.

15.47 Corte da Academia Pyoungsan

O visitante atravessa um portão que permite apreciar a vista do aclive. O caminho passa por baixo dos *chôngjas* e entra no pátio principal, que fica no alto. A vista converge para o ponto onde se sentava o professor, com janelas voltadas para a paisagem. Junto com o pavilhão das salas de aula, os alojamentos dos estudantes configuram o pátio. Os *chôngjas*, que parecem quase flutuar, são elevados sobre robustos pilares de madeira e acessados por uma prancha de madeira simples e estreita. O santuário fica em um terreno cercado à parte, atrás da escola, e em um de seus lados está a biblioteca. A casa dos guardas ocupa um recinto separado, anexo à parede da escola. O professor não residia na escola, mas na aldeia vizinha.

# 1700 D.C.

15.48 Praça Durbar, Patan, Nepal

## OS MALLAS DO NEPAL

O Nepal ficava no ponto intermediário da elevada estrada norte-sul que ligava o Tibete e a Índia. Monges budistas que viajavam pela estrada difundiram ali o budismo indiano e o tibetano, criando uma mistura única das duas crenças. Depois que os invasores islâmicos ocuparam o norte da Índia, no século X, sacerdotes, a realeza e comerciantes hindus em fuga acrescentaram um novo estrato hindu à cultura e ao sistema político nepaleses. No século XIII, esses reis hindus estabeleceram a duradoura Dinastia Malla, que governou o Nepal até 1482, quando ele foi dividido em três reinos independentes, governados por dinastias mallas aparentadas, tendo suas capitais em Patan, Kathmandu e Bhaktapur. No século XVII, os mallas de Patan reformaram e reconstruíram seu principal pátio real, conhecido como Praça Durbar. Sua construção mais antiga, a Fonte de Manidhara, foi executada no século VI como área de descanso para peregrinos. Sob o poder dos mallas, a importância da praça cresceu ao se acrescentarem palácios reais e templos à construção. Na extremidade leste da praça alinhava-se uma fileira de palácios lado a lado. No lado oeste, um espaço aberto de formato irregular abriga vários templos independentes. Inúmeros pequenos santuários autônomos se espalham pela área. Na extremidade norte, logo depois dos palácios, a Fonte de Manidhara forma seu próprio espaço urbano. O equilíbrio delicado entre estrutura e espaço confere à Praça Durbar seu caráter urbano peculiar.

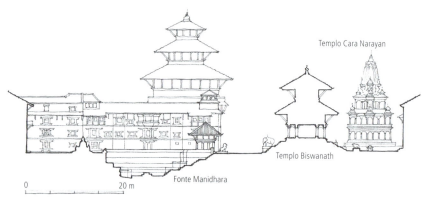

15.49 Corte leste-oeste, na direção sul da Praça Durbar, Patan, Nepal

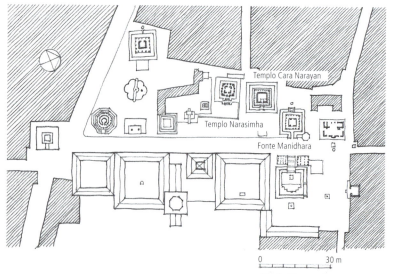

15.50 Planta da Praça Durbar

# LESTE DA ÁSIA

15.51 Fac-símile de xilogravura de Tobei Kamei: bairro de gueixas de Shimabara, Kyoto, Japão

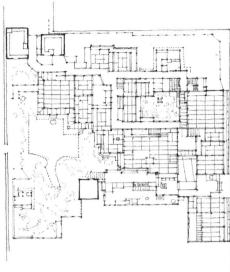

15.52 Planta de Sumiya, Kyoto, Japão

## A ODOI DE KYOTO E SHIMABARA

Uma guerra civil de 10 anos (1467–1677) entre vários lordes terminou em um impasse, mas deixou Kyoto abandonada e destruída. Quando ela terminou, um novo xogunato foi estabelecido e inaugurado por alguns dos mais famosos xóguns (comandantes militares) do Japão – Oda Nobunaga, Toyotomi Hideyoshi e Tokugawa Ieyasu. O período de paz que se seguiu foi de rápida reconstrução, consolidação militar e desenvolvimento econômico, permitindo a prosperidade dos ofícios e do comércio, em particular na China. Os holandeses e portugueses também estabeleceram portos comerciais no Japão, embora os navios chineses tivessem prioridade, pois o comércio de prata estabelecido com os mercadores europeus era culpado pela instabilidade que ameaçou a China dos ming. A visão xógum da sociedade japonesa, assim como a da China dos qing, era, portanto, hostil às ambições liberais do novo mundo mercantil, e sua resposta foi o endurecimento das limitações impostas pelo código Bakufu, um código de condutas extremamente cerimonial e hierárquico que prescrevia o lugar de todas as pessoas no tecido social.

Assim como os qing, que, sendo uma minoria governante, tiveram tanto de se alinhar com a China confucionista e dominada pelos han quanto se distinguir dela, os xóguns japoneses também precisaram se esforçar para distinguir sua autoridade como chefes de estado de fato daquela do imperador e da ordem imperial que ainda era o centro social, ao menos nominalmente. Dessa maneira, os tokugawa redesenharam a capital imperial, Kyoto, para que ela atendesse às determinações do código Bakufu e determinasse sua própria identidade.

A divisão urbana básica de Kyoto antes do período dos xóguns baseava-se na distinção dos espaços imperiais de todos os outros. Templos, casas de nobres, lojas e áreas de lazer – tudo podia ser encontrado no mesmo bairro. O xógum de Kyoto, nomeado governador, um sacerdote budista Maeda Gen'i (1539–1602), construiu uma artéria norte-sul que cruzava os velhos quarteirões, assim como Hausmann faria posteriormente na Paris do século XIX. Essa intervenção criou novas fachadas para a rua, que foram ocupadas por estabelecimentos comerciais e casas. A rua também era utilizada para importantes paradas, por meio das quais o xógum e o imperador competiam visualmente em suas demonstrações de poder.

Em 1591, o xógum Hideyoshi definiu os limites da cidade ao construir um baluarte de terra com 9 metros de largura na base, entre 3 e 6 metros de altura e coroado por uma cerca de madeira e bambu, chamada de o *odoi*. Um pequeno fosso, com largura variando entre 6 e 18 metros, foi escavado no lado de fora. O mundo dentro do *odoi* era chamado de *rakuchu*, ou mundo urbanizado, e o resto, de *rakugai*, ou mundo externo. Todas as formas de fortificações e recintos internos foram, então, demolidas, apagando qualquer sinal das autoridades locais. Alguns dos principais templos budistas foram transferidos para fora das muralhas da cidade, especialmente para as colinas ao Leste. Os membros da classe de guerreiros foram assentados junto ao Castelo Nijo e ao Palácio do Governador de Kyoto logo ao seu norte. Os membros da aristocracia foram redistribuídos na periferia do palácio imperial. Bairros especiais para as classes mais baixas – os *eta* ("os maculados") e os *hinin* ("os não humanos") – foram designadas nas margens da cidade.

As prostitutas de Kyoto representavam uma ameaça constante ao código Bakufu, pois atuavam no espaço público misto das ruas. Assim, em 1640 elas foram confinadas em apenas uma área, que passou a ser chamada de Shimabara. Localizada na quina sudoeste da cidade, longe do centro, essa área era fechada por sua própria muralha e fosso, cujo propósito não era prevenir a entrada de qualquer pessoa, e sim impedir que as prostitutas saíssem do local. Um único portão na lateral leste controlava todo o movimento de entrada e saída. Com todos os mercadores, guerreiros e aristocratas compartilhando o mesmo espaço e as mesmas prostitutas, o Shimabara rapidamente se tornou um lugar de transgressão consentida. Os estabelecimentos mais exclusivos do Shimabara, os *ageya* (bordéis), atendiam a clientes com gostos especiais. Desse modo, tais lugares adotavam formas arquitetônicas e decorações normalmente proibidas àqueles destinados às classes mais baixas, mas que eram apropriados ao alto *status* de sua clientela. Esse padrão duplo era criado mantendo-se o exterior simples, mas criando espaços internos individuais que se baseavam nas moradias das classes altas e mesmo dos xóguns. Na verdade, para atender

593

# 1700 D.C.

15.53 Sumiya, Kyoto

15.54 Desenho da paisagem urbana de Edo (Tóquio) e de suas lojas, 1876

aos diversos *status* e gostos dos clientes, os interiores eram muito ecléticos, com cômodos de entretenimento individual lado a lado construídos em estilos completamente distintos.

O único exemplo de um *ageya* do século XVII ainda existente é a Sumiya ("local de paz e vida longa"), controlada pela família Nakagawa, que administrou a casa por treze gerações desde o seu início, em 1641. A fachada principal, embora simples, foi projetada com inteligência. As paredes externas do pavimento térreo e do superior tinham um recuo de meio intercolúnio e eram protegidas por biombos de madeira, de modo que os clientes podiam olhar para fora sem que o interior pudesse ser visto por aqueles que estavam na rua. Como esses biombos eram removíveis, permitiam que os convidados da Sumiya observassem diretamente e sem obstáculos o exterior quando havia os artistas passando ou quando, durante os festivais, as ruas de Shimabara se tornavam um grande teatro.

Seu interior exibia estilos variados, baseados naqueles das mansões militares, das casas urbanas e das casas de chá. Entretanto, esses espaços eram propositalmente ornamentados e coloridos, com grande variedade e fanfarra. As principais salas de recepção dos clientes localizavam-se atrás das fachadas externas, na extremidade leste do edifício, posição que correspondia à da tipologia das moradias dos comerciantes ricos. Assim como nos palácios do estilo Shinden, como Ninomaru, no Castelo de Nijo, e a Vila Imperial de Katsura, as salas de entretenimento localizadas perto do jardim eram recuadas, de modo a assegurar que cada recinto tivesse uma relação especial com o jardim, sendo as aberturas emolduradas e projetadas individualmente para cada espaço. O segundo nível tinha cômodos menores, destinados às relações mais íntimas entre a gueixa e seu cliente.

## EDO (TÓQUIO)

Em 1603, o primeiro xógum Tokugawa decidiu governar a partir de uma nova cidade, Edo (atual Tóquio). Concebida como uma espiral, com alguns ajustes necessários devido à geografia local, a cidade se desenvolveu focada na segurança e no simbolismo, com seus 32 portões principais que protegem os vários caminhos de acesso ao centro. Suas localidades se correlacionavam com os 12 signos do zodíaco, fundamentais para o sistema astrológico e o calendário chineses. Em Edo, as massas não podiam se misturar, e cada classe ocupava uma parte diferente da cidade. Os vassalos foram acomodados a nordeste do castelo. Os samurais das classes mais baixas foram alojados em uma seção só para eles; comerciantes e artesãos foram reunidos na parte mais externa, a sudoeste da cidade. Os comerciantes de prata viviam em um bairro, os de ouro em outro, etc.

15.55 Planta original de Edo (Tóquio), em espiral

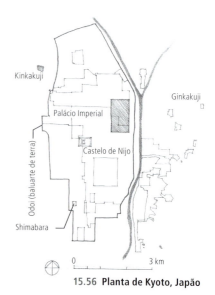

15.56 Planta de Kyoto, Japão

594

# SUL DA ÁSIA

15.58 Templo de Meenakshi Sunderesvara em Madurai, Índia

15.57 O Império Mugal, Índia

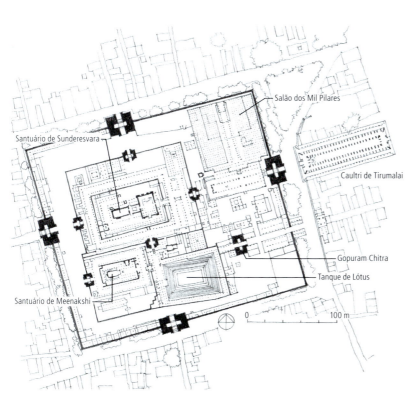

15.59 Planta de localização do Templo de Meenakshi Sunderesvara

## OS NAYAKAS DE MADURAI

Os nayakas, embora estivessem nominalmente sob o jugo de Délhi, mantiveram a prática dos cholas e vijayanagares de tratar os templos como se fossem foros auxiliares. Na verdade, os templos de Madurai e Tanjore se tornaram verdadeiras cidades em si. Seus portões raramente eram fechados, e a vida urbana passava por ele à vontade. O Templo de Meenakshi Sunderesvara (1623–1659) possui dois santuários principais. O maior deles é dedicado a Shiva, sob a manifestação de Sunderesvara ("o belo"); o menor, à sua esposa Meenakshi ("aquela que tem olhos de peixe"). No entanto, a divindade principal do templo é Meenakshi, deusa regional local considerada importante pelos tâmiles. Apesar de ter se casado com Shiva após o surgimento dos cultos bhakti, continuava a exercer seu domínio sobre a população. Em termos espaciais essa dualidade é representada no caminho processional. Embora o Santuário de Sunderesvara tivesse um eixo de acesso bem definido, é o caminho de acesso ao Santuário de Meenakshi, traçado de modo mais informal, que reúne os pontos históricos importantes, dos quais os principais são o Tanque de Lótus, origem mítica do templo, e um corredor com painéis pintados que retratam histórias da vida da deusa.

À medida que crescia, o templo transformou-se em uma série de cômodos que abrigavam um conjunto diversificado de espaços funcionais e cerimoniais, como salões sustentados por pilares, pátios abertos, corredores habitáveis e santuários, todos projetados para acomodar as diversas funções cívicas e religiosas do templo. Além disso, possui mercados, santuários privados, locais de descanso, habitações para sacerdotes, sítios cerimoniais e, mais recentemente, um museu. Entre os rituais realizados, o mais importante é uma elaborada procissão anual que deve ser visível para todos, principalmente para as castas mais baixas, que não tinham acesso ao templo.

# 1700 D.C.

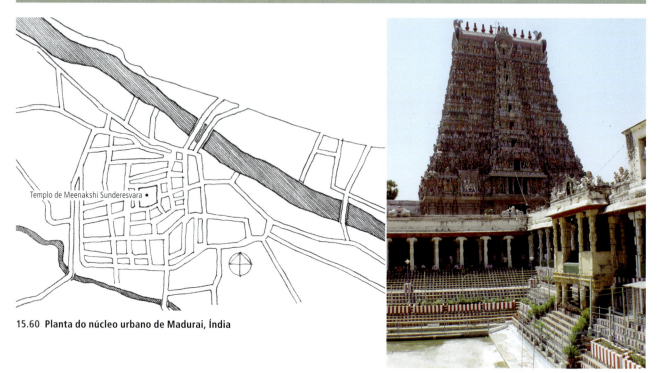

15.60 Planta do núcleo urbano de Madurai, Índia

15.61 Gopuram do Templo de Meenakshi Sunderesvara, em Madurai

Essa procissão celebra o casamento divino de Meenakshi e Sunderesvara (Shiva). Durante um festival de 19 dias, em abril e maio, Meenakshi é levada em procissão sobre uma estrutura móvel pelas ruas lotadas da cidade. A deusa então vence cerimonialmente, em batalhas sucessivas, todos os deuses e todos os reis terrestres, para finalmente encontrar Sunderesvara, a quem quase derrota até perceber, de repente, que estava destinada a casar-se com ele.

Vista de longe, a silhueta do Templo de Meenakshi Sunderesvara é definida pelos seus *gopurams*, ou portões; os mais altos chegam a atingir 50 metros de altura. A estrutura, em sua maior parte maciça, é feita de tijolo e ornamentada com uma miríade de divindades e criaturas míticas vivamente pintadas. Os *gopurams* ficam mais altos à medida que se afastam do centro. Os *shikharas* cobertos de ouro sobre os santuários são, na verdade, as menores superestruturas do templo. A função dos *gopurams* é, em parte, anunciar a presença do templo à cidade. Vistos de longe, eles criam uma espécie de onda visual que se irradia na paisagem. Em outras palavras, o universo mandálico, em geral condensado na representação simbólica do *shikhara* de um templo hindu, expandia-se, sob o comando dos nayakas, a ponto de abarcar a totalidade da geografia da própria cidade. Além disso, como Madurai localiza-se em um vale fluvial, cercada por um anel de colinas baixas, é possível imaginar as colinas como a próxima camada de *gopurams*, o que sugere ainda a existência de montanhas míticas invisíveis mais além.

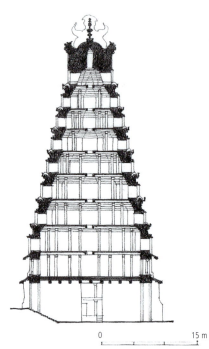

15.62 Corte do topo de um *gopuram*

# SUL DA ÁSIA

## JAIPUR

A política do imperador mogol Akbar para submeter os rajputanos era oferecer-lhes alianças conciliatórias, preservando sua independência cultura e política, submetê-los a um imposto militar e invadi-los somente se recusassem a oferta. O rei rajputano Raja Bharmal, de Amber, foi o primeiro a aceitar essa aliança, o que permitiu a seu estado prosperar durante o domínio mogol. Amber era um dos mais importantes portos da estrada entre Agra e o litoral de Kutch, assim sua defesa e os tributos que ele gerava eram importantes para os mogóis. Por sua lealdade, os marajás de Amber frequentemente eram nomeados vice-reis de territórios mogóis, como Malwa na península indiana.

Após a morte de Aurangzeb, em 1707, o então marajá de Amer, Sawai Jai Singh, deu-se conta de que o Império Mogol estava começando a se esfacelar e empenhou-se em uma agressiva companha para modernizar e armar seu estado. Em particular, ele modernizou as defesas de seus fortes para que pudessem resistir à artilharia, mas também investiu em grandes quantidades de armas de foto, criando grandes reservas de munição, em vez de gastar com a cavalaria, que tradicionalmente fora a força dos rajputanos. Em virtude dessa campanha de militarização, Amber rapidamente se tornou uma potência regional forte e estável, protegendo com cuidado suas rotas e atividades comerciais, e, no ocaso do Império Mogol, atraindo grande parte da migração das cidades mogóis.

Em 1727, Sawai Jai Singh sentiu-se tão seguro que retirou seu palácio do grande forte de Amber, descendo a colina e colocando-o em um campo aberto, onde já havia construído um enorme jardim. Isso representava um grande risco, pois a localização da nova cidade tornava-o vulnerável não somente à artilharia como também a um forte ataque da cavalaria. A solução de Jai Singh foi construir imediatamente um forte na pequena colina, atrás da nova cidade, chamada de Nahargarh, no qual a família real poderia se refugiar no caso de um ataque repentino. Nahargarh tinha a vantagem particular de possuir uma fonte artesiana, ao redor da qual foi construído um fantástico tanque assimétrico. Todavia, Nahargarh jamais precisou usar essa fonte de água.

Jai Singh chamou essa nova cidade de Jaipur e encarregou o arquiteto Vidyadhar, o chefe de seu *imarat*, ou departamento de construção, da tarefa de construí-la. Vidyadhar é o primeiro planejador urbano de que se tem registro na história do sul da Ásia a ser encarregado da construção de toda uma cidade nova (embora haja nomes da corte mogol registrados como

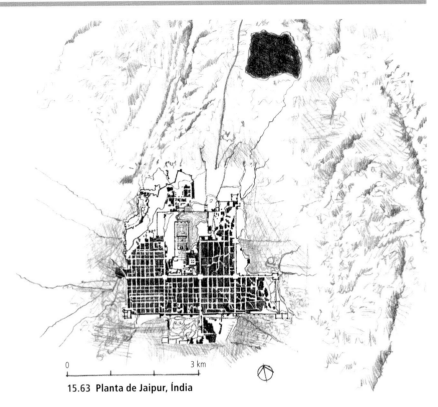

**15.63 Planta de Jaipur, Índia**

sendo os responsáveis de vários projetos, como o de Fatehpur Sikri).

Felizmente, Vidyadhar mostrou-se à altura dessa tarefa. Ele primeiro criou um plano diretor para que a cidade expandisse suas quadras a partir do jardim existente. Isso lhe permitiu ter cinco áreas quadradas adicionais. Faltava-lhe uma, pois a colina Nahargarh hill se aproximava do jardim em uma das quinas. Para compensar, Vidyadhar acrescentou mais um bairro quadrado (um *chokri*) na outra extremidade da cidade. Ao redor do limite na nova cidade, ele construiu uma muralha – que não era forte o suficiente para resistir ao fogo de artilharia, mas era alta o suficiente para estabelecer um limite urbano e controlar o acesso de pessoas através de portões específicos. Como a cidade estava em uma importante rota comercial, o controle de acesso a ela era vital à coleta de *octroi* (tributos).

Dentro das muralhas, Vidyadhar investiu fortemente na construção da infraestrutura de drenagem da cidade e, ainda mais importante, na construção de filas de mercados ao longo de suas principais vias arteriais. Ao edificar até o alinhamento viário das avenidas principais, Vidyadhar não só consegui construir uma

paisagem urbana unificada como imediatamente obteve uma grande quantidade de imóveis comerciais voltados para a rua disponíveis para venda, o que atraiu os mercadores que fugiam das cidades mogóis em decadência. Por trás das ruas principais, os interiores foram construídos pela população que se acomodava e se reunia principalmente em volta de seus pontos comerciais. As interseções de ruas tinham suas quinas chanfradas, para demarcar os *chokris* (bairros quadrados). As lojas tinham um perfil que permitia às pessoas se reunirem nas coberturas para observar as procissões dos dias festivos que eram tão comuns na época como são hoje.

No século XIX, todas as vias principais de Jaipur foram pintadas da mesma cor – um pigmento rosa derivado do arenito local – para dar as boas-vindas a um príncipe colonial que a visitaria. Essa característica reforçou significativamente o caráter urbano do local. Sawai Jai Singh apoiava tanto os padres jesuítas como os cientistas islâmicos e estudiosos hindus e janistas em sua corte. Ele possuía uma grande biblioteca e é famoso por ter construído os mais precisos observatórios celestes do mundo de sua época, chamados de *Jantar Mantar*.

# 1700 D.C.

15.64 Império Otomano

## MESQUITA DE NUROSMANIYE, ISTAMBUL

Perante uma economia mundial em transformação, os otomanos se aliaram com os franceses contra a Inglaterra, Áustria e Rússia. Embora tivessem perdido sua vantagem militar na Europa, os otomanos continuavam sendo muito fortes em termos econômicos. De fato, ao redor de 1700, eles dominavam a vida e cultura da metade oriental do Mediterrâneo, controlando um vasto território que se estendia do Golfo Pérsico à Algéria. Em 1703 Ahmed III fez com que a capital do Império Otomano voltasse a ser Istambul (deixando de ser Bursa), o que acarretou uma grande campanha construtiva na cidade. Porém, em vez de seguir o cânone de Solimão que fora estabelecido por Sinan, as obras de arquitetura buscaram influências externas a fim de gerar novas expressões arquitetônicas. Por essa razão, a arquitetura otomana do século XVIII frequentemente é considerada como ocidentalizada. Contudo, como observaram os estudiosos, é mais apropriado considerá-la como uma arquitetura "paleomoderna" na qual o "classicismo" de Sinan foi hibridizado com as sensibilidades arquitetônicas europeias (particularmente as francesas) e, então, mesclada com os precedentes persas e indianos. No caso desse último, isso é especialmente verdadeiro nos palácios e jardins, como o Palácio Sa'dabad e o jardim de Kagithane, Istambul. Esse amálgama contrasta com a tentativa mais agressiva da Rússia de modernizar o estado simplesmente por meio da importação do gosto francês.

A Mesquita de Nurosmaniye, de Mahmud I (1749–1755), combinou uma planta com cúpula padrão centralizada e uma fachada excepcionalmente larga e muito fenestrada sob arcos gigantescos. Uma sequência de pilastras muito próximas e cujos capitéis de modo inesperado fundem-se à cornija é complementada por detalhes do Barroco europeu, como volutas, conchas, molduras em forma de corda e redondas, colunas adossadas e capitéis filetados.

15.65 Mesquita de Nurosmaniye, Istambul

# EUROPA

15.66 Saint Paul's Cathedral, Londres

## A IGREJA ANGLICANA

Em 1536, a fim de anular seu casamento com sua rainha espanhola católica, Catarina de Aragão, Henrique VIII dissolveu os mosteiros e as abadias católicas e criou a Igreja da Inglaterra, ou Igreja Anglicana, cujo sumo pontífice era ele próprio. No entanto, essa nova igreja mantinha muitas semelhanças litúrgicas com a Igreja Católica, um fato que passou a ser alvo de ruidosos protestos dos puritanos, os quais, influenciados por protestantes como os calvinistas, desejavam uma forma mais pura de culto absolutamente livre da influência católica. A influência puritana no Parlamento se tornou tão forte que, durante a Guerra Civil Inglesa (1642–1651), eles executaram o rei Carlos I, em 1649, e escolheram o puritano Oliver Cromwell (1599–1658) como regente de uma República Protestante autoproclamada. Essa foi uma revolução que teve vida muito curta, e, em 1660, a monarquia conseguiu se restabelecer. Assim, os puritanos foram marginalizados da sociedade inglesa, e muitos deles partiram para se reunir com seus compatriotas que já haviam rumado para as praias da Nova Inglaterra.

Em 1665 um grande incêndio destruiu a maior parte do centro de Londres, inclusive 80 de suas igrejas. Porém, a reconstrução das igrejas se mostrou uma oportunidade para deixar um forte marco anglicano na igreja. Dessa maneira, a Igreja Anglicana, dominada pela pequena nobreza dona das terras inglesas, efetivamente funcionou como uma extensão dos interesses da classe dominante. Sir Christopher Wren, um nobre inglês que havia estudado astronomia, foi convidado a projetar quase todas essas igrejas. Wren havia estudado a arquitetura francesa contemporânea, mas parecia ter sido mais impressionado pelos exemplos e pela literatura da Itália, em particular pela simplicidade palladiana. O anglicismo dava considerável ênfase à dignidade dos sacramentos prescritos no Livro de Oração Comum, mas, ao contrário das igrejas da Contrarreforma italiana, que enfatizavam o teatralismo da devoção, as igrejas de Wren compartilham parte da simplicidade e amplidão dos templos protestantes. A paleta de cores de seus interiores era contida: quase tudo era branco, mas havia alguns destaques, como capitéis dourados, cornijas intermediárias e rosetas implantadas contra a madeira escura do retábulo e os móveis. Grandes janelas admitiam muita luz.

Após a destruição da Saint Paul's Cathedral pelo Grande Incêndio de Londres, muitos desejavam reconstruí-la no antigo estilo gótico. Wren, contudo, imaginou um prédio mais atual, adequado às sensibilidades neoclássicas da Europa. Vários projetos e revisões foram feitos, inclusive um conhecido como o "grande modelo", que tinha grandes exteriores côncavos e extremamente originais. Ele foi rejeitado em prol de um projeto mais convencional. Os clérigos aceitaram seu exterior moderno, mas insistiram em um corte no estilo medieval, com naves laterais baixas e uma nave central alta.

A igreja (1675–1709) tem forma de cruz, com a cúpula, uma das maiores do mundo, localizada sobre o transepto. Ela é circundada por três galerias em níveis diferentes. Para disfarçar as galerias laterais baixas, Wren criou um segundo pavimento oculto que cobre também os botaréus que sustentam as abóbadas. Sem o "falso" segundo andar, a cúpula pareceria espantosamente fora de escala. Ainda assim, ela parece enorme apoiada sobre um anel de colunas, com oito botaréus disfarçados com engenhosidade. No interior encontram-se uma ordem colossal de pilastras para a nave central e uma ordem mais baixa para os espaços secundários, inspirada livremente no desenho da Basílica de São Pedro em Roma.

# 1700 D.C.

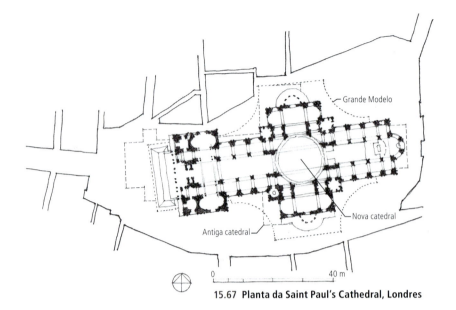

15.67 Planta da Saint Paul's Cathedral, Londres

Um arco em catenário é o espelhamento vertical de uma corrente suspensa. Essa é a forma ideal para uma abóbada, pois ela sustenta a si própria sem a necessidade de contrafortes. Essa forma de curvatura foi derivada dos estudos de matemática de Jacobus Bernoulli.

Porém, ao contrário do tambor de Michelangelo, que é mais baixo e se encaixa com perfeição no corpo do edifício, o de Saint Paul é ao mesmo tempo altivo e etéreo, surgindo de forma quase incompreensível no centro do edifício. Enquanto a lanterna de Michelangelo parece ser um feixe de forças reunidas em um conjunto amarrado com relativa firmeza, a projetada por Wren descansa com serenidade no topo da cúpula, como um pequeno *tempietto* centralizado.

A cúpula externa, abaulada no topo, consiste em uma estrutura de madeira com uma superfície de chumbo sustentada por uma construção cônica invisível em alvenaria. Abaixo dela há uma cúpula interna quase esférica. Para criar a impressão de altura, de modo que a cúpula interna pareça contínua em relação à externa, as colunas internas inclinam-se em direção ao centro.

Durante o Barroco, a cúpula se tornou um dos temas dominantes nas igrejas e até em prédios seculares, como o Capitólio de Washington, nos Estados Unidos. Há diversas variações, mas, ao contrário de Palladio, cujas cúpulas não possuem tambor, a maioria dos arquitetos pós-renascentistas preferiu o modelo estabelecido por Donato Bramante: uma cúpula repousando sobre um tambor baixo. A cúpula da Saint Paul's Cathedral, de Wren, é claramente uma adaptação daquelas de Bramante.

15.68 Cúpula, Saint Paul's Cathedral

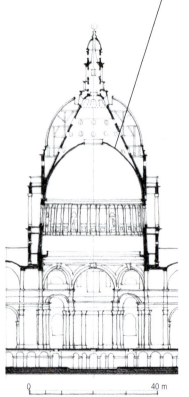

15.69 Corte na cúpula da Saint Paul's Cathedral

# EUROPA

15.70 Santa Maria de Woolnoth, Londres

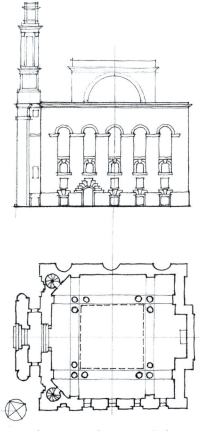

15.71 Planta e corte de Santa Maria de Woolnoth

## Santa Maria Woolnoth

Nicholas Hawksmoor (1661–1736), um aprendiz de Wren, foi certamente o arquiteto inglês mais criativo de sua época. Wren compartilhava com ele o interesse pela arquitetura da Ásia Menor, assim como pela da Grécia e do Egito, ainda muito pouco conhecidas. Contudo, se Wren era especialista na unidade composicional, Hawksmoor buscava harmonizar os elementos da composição arquitetônica em uma inter-relação dinâmica, retirando os elementos arquitetônicos de seu contexto costumeiro.

O aspecto curioso dos prédios de Hawksmoor resultava de um processo projetual que enfatizava os significados históricos e filosóficos. Nesse sentido, Hawksmoor representava uma geração de projetistas que tentava se distanciar dos arquitetos amadores e questionava a produção normativa dos ideais estéticos como um espetáculo público. Sua igreja Santa Maria de Woolnoth (1716–1724) é um prédio surpreendente quando comparado à linearidade rígida do estilo palladiano inglês que estava começando a aparecer. Sua fachada principal, com duas torres, parece ser dois prédios sobrepostos com o todo coroado por dois pequenos campanários simétricos. Na zona inferior, as aduelas ao redor das aberturas são conectadas a ranhuras rusticadas, formando faixas horizontais que se estendem inclusive ao redor das colunas dos cantos. Sobre essa estrutura, Hawksmoor acrescentou uma "base" sobre a qual descansa um pórtico cego com entablamento.

Contudo, não seria correto considerar a arquitetura de Hawksmoor simplesmente lúdica, pois ele não estava apenas jogando com a composição formal, mas também citando referências menos conhecidas da antiguidade. Sem se ater à limitada interpretação palladiana da Antiguidade, Hawksmoor estudou edifícios como o túmulo romano dos Júlios, em Saint-Rémy, na França. As duas colunas que ladeiam a entrada são referências esotéricas ao Templo de Salomão, cuja reconstrução preocupou muitos arquitetos da época, inclusive Wren. Os teólogos anglicanos da época também se interessavam pelo Segundo Templo de Salomão, como maneira de reconectar-se com a autenticidade bíblica e o etos do cristianismo antigo. O pórtico superior fazia referência ao Mausoléu de Halicarnasso, uma das sete maravilhas do mundo antigo, que havia sido destruída, mas da qual Hawksmoor desenhou um croqui, com base nas descrições de Plínio e Vitrúvio. Dese modo, Hawksmoor abriu uma breve janela à possibilidade de que a antiguidade podia ser fonte de heterogeneidade – ao contrário da moda de se fazerem cópias, como ocorreu com a difusão do estilo barroco por toda a Europa colonialista.

# 1700 D.C.

15.72 Plantação Stratford Hall, perto de Montross, Virgínia

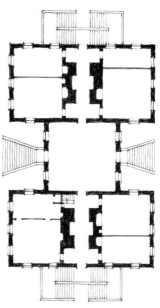

15.73 Planta de Plantação Stratford Hall

## OS WHIGS E O REVIVALISMO PALLADIANO

No início do século XVIII, os mais antigos interesses puritanos da Inglaterra haviam sido comercializados para a ascenção do partido Whig, o qual, com Robert Walpole como primeiro-ministro dos reis Jorge I e Jorge II, se empenhou em uma política de capitalismo mercantil agressivo focado na proteção dos interesses britânicos nas colônias. Os whigs também eram contra a escravidão e o catolicismo e lutavam fervorosamente contra os tories por uma monarquia constitucional. Acompanhando a tendência puritana dos whigs, a arquitetura georgiana era extremamente simples e contida. Suas paredes geralmente eram de tijolo desadornado, e as janelas e portas tinham esquadrias de madeira brancas. As fachadas eram simetricamente ordenadas com base na entrada no pavimento térreo ou, ocasionalmente, havia um acesso por uma escada pequena. As casas mais imponentes às vezes tinham um pórtico, pilastras e pedras angulares.

O estilo georgiano foi o primeiro estilo verdadeiramente nacional da Inglaterra. Ele era único do país e de suas colônias e surgiu da ética protestante de uma simplicidade discreta. Funcional e pragmático, ele foi adotado pela nova classe mercantil emergente, que se envolvia muito com a exploração do carvão mineral e da agricultura, não só na Inglaterra, mas também no exterior.

Contudo, ao contrário da aristocracia francesa, as classes altas inglesas investiam ativamente nas colônias. A Plantação Stratford Hall (1738), na Virgínia, sede de uma grande propriedade que produzia tabaco para exportação para a Inglaterra, foi projetada para Thomas Lee, importante empresário das colônias da Virgínia que foi, durante certo tempo, governador daquele estado.

A arquitetura do Revivalismo Palladiano desabrochou após a publicação, em 1715, de *Vitruvius Britannicus*, obra escrita pelo advogado e arquiteto escocês Colen Campbell, que proclamava a superioridade da antiguidade em relação àquilo que ele afirmava serem formas afetadas e libertinas do Barroco. Para ele, a obra de Inigo Jones deveria ser objeto de tanta admiração quanto o de Andrea Palladio. *Vitruvius Britannicus*, juntamente com a publicação dos três volumes de *A arquitetura de A. Palladio* (1715, 1717 e 1725), do veneziano Giacomo Leoni, desencadeou um movimento que investiu muita energia para substanciar a ideia da primazia das leis naturais de proporção – naquela época, ainda uma novidade nas práticas de projeto inglesas. A fachada, a planta e o volume tinham de ser unificados em um todo formal. Porém, apesar dessa preferência pela abstração, o detalhamento externo devia seguir de perto as obras do próprio Palladio. Daí seu uso frequente de bases rusticadas, pilastras nas partes superiores das elevações e entradas com frontão no recém-surgido estilo georgiano.

O legado de Palladio possuía uma aura de autoridade e requinte, mas, por ter origem nas fazendas, também combinava com a ideologia whig da época. Além disso, os tratados de Campbell ofereciam modelos prestigiosos, mas relativamente baratos de imitar. Por meio da distribuição de plantas, ilustrações e tratados impressos, eles ajudaram a promover o palladianismo, um estilo fácil de ensinar, dominar e copiar.

O movimento palladiano atingiu seu auge nas mãos de Richard Boyle, também conhecido como lorde Burlington (1694–1753), um influente político whig. Tendo herdado uma grande fortuna de seu avô, e após viagens à Itália em 1714 e 1719, iniciou sua carreira como arquiteto amador. Procurava promover o neopalladianismo como estilo nacionalmente aceito, influenciando o Ministério das Obras Públicas na seleção de candidatos da sua escolha para os contratos. Seu edifício mais importante foi Chiswick House, projetado para si próprio (1723–1729). Não se tratava, na verdade, de uma moradia, mas de um pavilhão destinado a abrigar sua biblioteca e servir como local para receber os amigos. A ideia básica de Chiswick House é a mesma da Vila Rotonda, apesar de a fachada ser modelada na Vila Foscari, em frente ao Canal Brenta, no Vêneto. Alguns aspectos também foram extraídos de Vincenzo Scamozzi, como as chaminés em forma de obelisco, o salão principal octogonal, em vez de circular, e a cornija no nível da balaustrada que envolve todo o edifício.

# EUROPA

15.75 Chiswick House, perto de Londres

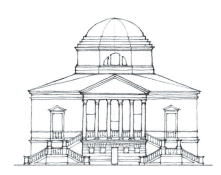

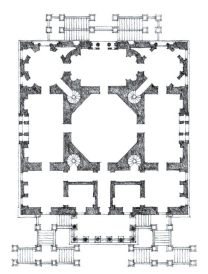

15.74 Planta e elevação de Chiswick House

Os temas palladianos se tornaram comuns nos palácios da Strand, uma longa rua que se estendia pelo lado norte do Rio Tâmisa e ligava a antiga cidade murada de Londres, a capital econômica da Inglaterra, ao Palácio de Buckingham (apesar de este ser ainda relativamente modesto na época) e a Westminster, a capital simbólica e política do país. Estando a Grécia sob firme controle otomano, as ordens palladianas assumiram a autoridade de uma das principais fontes do classicismo e influenciaram muitos projetos, inclusive o de Thomas Jefferson para a Universidade da Virgínia.

### Sinagoga de Touro, Newport

Os puritanos da Nova Inglaterra buscaram estabelecer uma nova Igreja no Novo Mundo. A tolerância religiosa e a separação entre Igreja e Estado não faziam parte de sua ideologia principal, o que gerou muitos dissidentes, inclusive Roger Williams. Um severo crítico da Igreja Anglicana, Williams, influenciado pelos puritanos, mudou-se para Boston a fim de se unir aos peregrinos, mas logo também se desapontou com eles. Em particular, seus contatos e amizades com as tribos dos ameríndios iam contra as políticas tanto da Coroa inglesa quanto dos colonos. Em resposta a isso, Williams fundou sua própria colôna em Providence, Rhode Island, em 1636, tendo como um de seus fundamentos a tolerância religiosa.

Em 1740, Peter Harrison, um morador de Rhode Island, foi para a Inglaterra estudar arquitetura de modo formal. Usando livros com modelos, fazendo grandes viagens pela Itália e aprendendo a desenhar, Harrison se tornou o primeiro arquiteto norte-americano com educação formal e um forte defensor dos princípios do neopalladianismo como a expressão apropriada dos novos ideais de sua época. Em Newport, Rhode Island, Harrison construiu a Biblioteca de Redwood (1748–1750) e a Sinagoga de Touro (1759–1763), sendo esta encomendada por descendentes dos judeus sefarditas que haviam sido expulsos da Espanha, de Portugal e da França pelos muçulmanos nos séculos XV e XVI.

Os membros da pequena congregação eram atraídos a Newport em virtude de o fundador de Rhode Island, Roger Williams, ali lhes ter garantido a liberdade religiosa. Harrison baseou-se na Sinagoga de Bevis-Marks, em Londres (1701), que era uma simples caixa com galerias em três de seus lados, que também foi projetada para a comunidade sefardita. As doze colunas que sustentam no interior as galerias destinadas às mulheres representam as 12 tribos de Israel. São feitas de troncos de árvores inteiros, os inferiores jônicos e os superiores coríntios. Não havia genuflexórios (bancos). Em lugar deles, a parte central do piso era reservada a uma mesa destinada à leitura da Lei. Os homens se sentavam ao longo do perímetro, no piso térreo, e as mulheres, nos balcões acima. O edifício transmite uma sensação de intimidade e abertura que Harrison não havia conseguido obter na King's Chapel, em Boston. Harrison, um ferrenho legalista, entrou em conflito com os revolucionários, e sua casa e biblioteca foram queimadas por eles em 1775, logo após sua morte.

# 1700 D.C.

15.76 Casa-grande da Plantação Shirley, perto de Hopewell, Virgínia

### Plantação Shirley, Virgínia

Ainda que o neopalladianismo georgiano estivesse associado a alguns dos mais progressistas pensadores da Nova Inglaterra, ele também era, simultaneamente, o estilo preferido para as casas-grandes das plantações da Virgínia baseadas no trabalho escravo. No início do século XVII, as plantações de tabaco se baseavam nos trabalhadores enviados às colônias e nos condenados, mas esse sistema era pouco viável em termos econômicos. O tabaco começava a se tornar uma colheita lucrativa, pois a maioria dos homens adultos da Inglaterra começou a fumar diariamente. Isso levou a uma crise de mão de obra, e uma rebelião dos trabalhadores enviados à colônia, em 1675, fez com que a Virgínia aprovasse uma série de leis que legalizasse o escravismo, gerando a instituição que o tornou tão infame. Em primeiro lugar, as leis escravagistas da Virgínia associavam a escravidão à raça: somente os africanos podiam ser cativos. Em segundo lugar, elas estabeleciam que todas as crianças nascidas de uma mãe escrava, seja quem fosse o pai, também seriam escravos. Isso tornou a escravidão hereditária e fez com que as crianças, que muitas vezes tinham pais brancos, também fossem escravas. Uma das consequências das leis da Virgínia foi fazer com que o comércio de escravos realmente decolasse, multiplicando por 10 o número de pessoas escravizadas. Os escravistas virginianos também investiam para manter as famílias de escravos juntas e fazer com que tivessem boa saúde, a fim de otimizar a geração de filhos.

As mansões das plantações coloniais tinham muito em comum com as vilas palladianas, pois ambas se construíam em fazendas. A Plantação Shirley, fundada em 1613, foi a primeira e a maior das plantações da Virgínia. Sua mansão, ou casa-grande, chamada de Great House (1738), foi construída com tijolo local assentado em aparelho flamengo. Ela possuía um pórtico com dois pavimentos e colunas dóricas tanto na frente como nos fundos, de modo que formasse uma entrada tanto para os visitantes que chegavam pelo Rio James como para aqueles que vinham pelo solo, no lado da plantação. Dentro da mansão, uma escadaria "solta" (com patamar) erguia-se por três pavimentos. A casa era circundada por 11 prédios de apoio, também de tijolo, organizados simetricamente e com base em uma retícula quadrada com quatro metros de lado. Duas dessas edificações, à frente, eram a lavanderia e a cozinha, projetadas para serem simétricas e emoldurar a mansão. Entre as outras havia um armazém, o depósito de gelo, o defumadouro, o pombal e os estábulos.

Os escravos viviam na senzala a aproximadamente 1,5 quilômetro da casa-grande. Essa moradia era composta por cabanas de madeira geminadas com cerca de 6 por 12 metros, dispostas em fileira simples. Cada dupla continha uma chaminé de tijolo, que servia a ambas as moradias. A mansão Shirley vem sendo ocupada continuamente pela família Hill Carter desde 1738. Ann Hill Carter casou-se com Henry Lee na sala da casa em 1793; eles foram os pais do general Robert E. Lee, dos confederados.

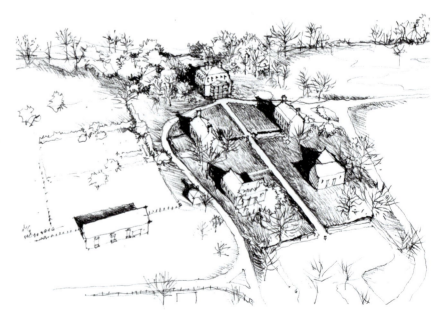

15.77 Planta de Plantação Shirley mostrando a localização da casa-grande, os campos e a senzala

# 1800 D.C.

## INTRODUÇÃO

O início do século XIX foi um divisor de águas no advento da modernidade. Em 1800, a riqueza mundial encontrava-se distribuída de maneira similar a um milênio antes: a riqueza concentrada na China era superior à de todo o Ocidente junto, e menos de 2% da população mundial vivia em cidades. Hoje, passados pouco mais de dois séculos, a riqueza do mundo multiplicou-se mais de 16 vezes; a parcela ocidental equivale a quase 75%; e cerca de 50% da população mundial é urbana.

Essa transformação radical foi acarretada por eventos significativos que ocorreram por volta de 1800. O Iluminismo europeu, em particular sua ênfase à natureza, ciência, razão e igualdade, circulou pelo mundo colonial e, em determinado momento, fixou-se na imaginação global. Duas grandes revoluções – a independência dos Estados Unidos e a Revolução Francesa – conferiram ao Iluminismo uma forma política, criando novas democracias que abriram o caminho – ainda que irregular e intermitente – que conduziu ao declínio da monarquia como instituição, a qual foi substituída pelo estado nacional. No centro disso tudo, a Revolução Industrial, particularmente a invenção do descaroçador de algodão, transformaram uma economia mercantil global em uma economia industrial de produção em massa, que tornou os bens de consumo o novo foco do sistema de economia global. Uma de suas consequências menores foi um ímpeto na edificação global, e, com isso, a emergência constante de uma nova sensibilidade no que dizia respeito aos propósitos e às formas da arquitetura.

Mas isso ainda ocorreria no futuro. Neste período, essa transformação completa ainda era gradual e cheia de contradições. A Europa ainda estava orientada principalmente para o acúmulo de riquezas obtidas em territórios muito distantes e espalhados pelo mundo; sua própria identidade histórica ainda era episódica e seu senso de destino manifesto apenas começava a surgir. Dessa maneira, o chamado pela igualdade, por exemplo, convivia com a defesa da escravidão e do colonialismo: a casa de Thomas Jefferson, na Virgínia, era tanto um modelo de utopia neoclássica quanto um local onde havia escravos. Assim, em virtude da dissociação entre o idealismo e a realidade, o Iluminismo demorou a tomar forma. O estabelecimento das democracias deparava-se com abalos e incertezas, e a maioria das nações buscava um equilíbrio entre uma democracia representativa e a continuação do poder dos privilegiados. Napoleão Bonaparte lutou para difundir os ideais da Revolução Francesa. Ainda assim, coroou-se monarca. A Constituição dos Estados Unidos buscava um equilíbrio entre a House of Representatives (Câmara dos Deputados), o Senate (Senado) e a Suprema Corte; e a Inglaterra e a Prússia trabalhavam duro para se opor à revolução, ajustando suas monarquias aos ideais do Iluminismo.

A revolução na França – que havia abraçado os princípios da liberdade, igualdade e fraternidade junto a um radicalismo muito mais sanguinário do que a revolução nos Estados Unidos – opunha-se às forças aliadas da Inglaterra e do Império Prússico. Em boa parte do primeiro quarto do século XIX, houve fortes batalhas por toda a Europa para tentar abafar os reflexos da Revolução Francesa antes que fosse tarde demais. Napoleão e seus exércitos forçaram mudanças não só na França como também na Itália, Áustria e Alemanha. Os Estados Unidos, envolvidos na confusão, tentaram buscar um caminho neutro – embora sua aliança tradicional fosse com a Inglaterra, indivíduos como Thomas Jefferson e Benjamin Franklin eram ardentes defensores dos ideais franceses.

Lá, a utopia do Iluminismo foi, em geral, atenuada (quando não cooptada de modo absoluto) pelas tradições insistentes dos privilégios aristocráticos. Isso produziu uma arquitetura que costuma ser conhecida como neoclássica, cuja história teve muitos desvios e, em certos casos, regrediu para posturas mais conservadoras. Não obstante, traços de um neoclassicismo mais vigoroso e austero, como aquele trabalhado pelos arquitetos franceses Claude Nicholas Ledoux e Étienne-Louis Boullée, podem ser encontrados por toda a Europa a partir de 1800. O Classicismo, que havia começado durante a Renascença como uma busca para reaprender com um passado perdido, agora surgia como o reclamante de um imperativo cultural privilegiado, cujas raízes vieram a ser criticadas severamente como sendo eurocentrismo. A libertação da Grécia em relação à ocupação otomana, em 1829, gerou um vigoroso movimento neogrego não só nos Estados Unidos, mas também na Alemanha, na Escócia e na Índia britânica. Os arquitetos começaram a destacar não a forma lúdica que a arquitetura barroca apreciava, mas o revivalismo (ou historicismo) racional e com princípios da linguagem clássica original.

Todavia, competindo com o Classicismo, lá também emergiu um interesse revigorado na natureza e na herança não clássica – ou seja, no gótico. Os românticos, particularmente na

# 1800 D.C.

Inglaterra, buscaram narrativas alternativas para o passado, em uma busca para definir uma herança que fosse mais tipicamente inglesa. Em Berlim, a capital do Império Prússico Protestante, o arquiteto Karl Friedrich Schinkel (1781–1841), influenciado por figuras da estatura de Goethe e Schiller, tentou criar um classicismo mais austero como expressão de seu nacionalismo. O movimento romântico alemão considerava a natureza como uma manifestação do divino. O pintor Caspar David Friedrich criou paisagens meditativas que oscilam entre o misticismo e um senso de melancolia e solidão. Goethe e Schiller associavam o nacionalismo aos ideais da Grécia Antiga, dando ao movimento alemão um tom distinto do nacionalismo francês, o qual enfatizava a idealização das instituições políticas e dos contratos sociais. Nos Estados Unidos, por sua parte, o arquiteto diletante Thomas Jefferson projetou uma universidade na Virgínia com base nas melhores informações clássicas às quais tinha acesso, enquanto Charles Pierre L'Enfant criou o leiaute da capital da primeira república democrática moderna do mundo, Washington, D.C., uma visão urbana que usou o planejamento axial para fundir o espetáculo urbano com a ideia de equilíbrio de poderes.

Ao mesmo tempo, o Classicismo era desafiado por críticos mais ferrenhos, que buscavam as origens cada vez mais pristinas da arquitetura – na natureza, nas civilizações primitivas ou na "ciência" universal. O padre jesuíta francês Marc Antoine Laugier transformou as assertivas teóricas do filósofo político Jean-Jacques Rousseau em uma nova teoria da arquitetura. Se a natureza fez o homem nobre, então, para Laugier, eram os "selvagens" da América que representavam essa nobreza. Outras "autenticidades" também foram buscadas. J. L. Durand procurou questionar as ordens da antiguidade a fim de extrair delas seus princípios geométricos básicos, e não apenas aceitá-las como pontos de origem privilegiados. Eugène-Emmanuel Viollet-le-Duc foi o primeiro a usar o aço como material aparente, enquanto Étienne-Louis Boullée publicou uma série de obras teóricas que abarcavam as ideias de racionalistas como Isaac Newton.

No rastro da independência dos Estados Unidos, as colônias latino-americanas da América Central e do Sul também começaram a declarar suas independências. A fracassada revolução dos escravos haitianos contra os franceses (1791–1804) foi a primeira dessas tentativas, e ela estava muito além de seu tempo. Quando Napoleão invadiu a Espanha e Portugal em 1808, suas colônias latino-americanas aproveitaram a oportunidade para acelerar o movimento pela independência da região. Durante a ocupação de Portugal por Napoleão, a monarquia portuguesa se transferiu para o Brasil. Depois que a corte retornou a Lisboa, o vice-rei, que havia permanecido no Brasil, declarou a independência com sucesso em 1822. Em geral, no entanto, a transição latino-americana de colônias para estados nacionais foi tumultuada, e levaria quase 50 anos até que uma série de longas guerras civis se atenuassem o suficiente para permitirem a criação de administrações estáveis. Por duas décadas, essas ex-colônias tentaram, sem sucesso, criar uma federação una. Contudo, após certo tempo, elas se consolidaram na forma das nações independentes que hoje compõem a América do Sul.

Quando a Declaração da Independência e Constituição dos Estados Unidos foram redigidas, seus autores, muito idealistas, provavelmente acreditaram que a escravidão estava em declínio e terminaria de modo natural. Os campos de tabaco estavam exauridos pelo cultivo irresponsável, as revoltas de escravos eram endêmicas e o financiamento para a ampliação das plantações era cada vez mais difícil. Tentando não enfrentar os estados sulistas, que geravam a maior parte da riqueza agrícola do recém-formado Estados Unidos, os "pais fundadores" do país deixaram o assunto da escravatura de lado, à mercê das forças históricas. E, como exigiu a história, a Revolução Industrial – que, por si só, dependia de água, carvão mineral e geração de vapor de água para força motriz – revitalizou a escravidão como nunca. À medida que a demanda pelo algodão cru se tornava absurdamente grande, as plantações da América do Sul que usavam escravos prosperavam – mesmo quando as primeiras cidades industriais da Inglaterra, como Manchester e Liverpool, criavam uma nova cultura de classe trabalhadora industrial, apontando para o fim da civilização baseada na vida rural, agrícola. Com a industrialização veio a infraestrutura associada a ela – fábricas, portos, depósitos e estaleiros, tudo construído de modo rápido e pragmático e usando os materiais mais à mão – bem como as primeiras instituições públicas projetadas para lidar com a população urbana: hospitais, prisões e asilos para doentes mentais.

No meio dessa transformação fundamental de pensamento, organização política e produção econômica, as potências europeias também começaram um projeto de expansão colonial com uma envergadura jamais antes vista. A Inglaterra foi o país que abriu caminho nesse sentido. A "perda" de suas colônias americanas significou, acima de tudo, que os mercadores ingleses já não desfrutavam de direitos de monopólio e tinham de pagar o preço de mercado pelos produtos americanos. Mesmo que isso ainda fosse uma proposta viável, o governo inglês se voltou para uma política de expansão agressiva no Velho Mundo, para compensar suas perdas na América. Ao contrário do primeiro período da colonização, quando as potências europeias ocidentais buscavam alternativas ao controle que os otomanos e italianos do norte exercem no comércio de especiarias, nesta época (o final do século XVIII), as potências europeias prosperavam com a riqueza do comércio dos produtos agrícolas oriundos das colônias americanas e o ímpeto da Revolução Industrial. Os navios de guerra britânicos, em particular, velejavam pelo alto-mar praticamente à vontade.

A grande história colonial da época era a facilidade inesperada pela qual os ingleses conseguiram subjugar a maior parte do subcontinente indiano em poucas décadas, após dois séculos tentando construir portos oceânicos, mas tendo apenas relativo sucesso. À medida que o Império Mogol entrou em declínio, os oficiais da Companhia Britânica das Índias Orientais se tornaram cada vez mais audazes e começaram a ter sucesso espetacular em seus enfrentamentos com os governantes locais. Tudo isso ocorria exatamente enquanto os primeiros batalhões das forças britânicas eram repetidamente derrotados pelas forças revolucionárias de George Washington parcialmente assistidas pelos franceses. O desempenho contrastante entre os dois exércitos tomou conta do imaginário público britânico, e o governo da Grã-Bretanha decidiu transformar a Índia em uma espécie de "contracolônia" aos Estados Unidos. Em 1773, a Coroa Britânica nomeou o primeiro governador-geral oficial da Índia para que ele supervisionasse as operações da Companhia Britânica das Índias Orientais, uma firma particular, e, assim surgiu o chamado *raj*, o esforço britânico para levar o melhor do Iluminismo à Índia e, ao mesmo tempo, estabelecer uma política mercantil agressiva que alimentasse as fábricas britânicas e ajudasse em seus objetivos comerciais. Calcutá (Kolkata), que no passado fora apenas um pântano, foi transformada pela riqueza emergente da Companhia Britânica das Índias Orientais em uma gigantesca cidade portuária que – ao menos em suas pretensões – tentava competir

# Introdução

com Londres ao edificar prédios para o governo colonial e mansões.

Enquanto isso, o leste da Ásia, particularmente a China, continuava progredindo em termos econômicos. A China sob a Dinastia Qing ampliou suas fronteiras à moda antiga, subjugando o Tibete, o Turquestão e a Mongólia. Nenhum outro país se comparava a ela em termos de área geográfica, população, produção e disponibilidade de matérias-primas. Seu soberano audaz, o imperador Qianlong, visava à criação de um império panasiático e unificado sob o ideal originário do *chakravartin*. Assim, oficializou várias religiões e idiomas. (Napoleão fez o mesmo após a Revolução Francesa.) O imperador Qianlong usou de modo proposital a imitação para construir sua nova capital, Chengde, baseando-se na motivação ideológica de estabelecer uma visão da China como o centro de um mundo panasiático. Ele também executou uma enorme reforma agrícola, que envolveu o reassentamento de mais de cinco milhões de camponeses à Província de Sichuan. Os camponeses chineses eram tecnicamente bem capacitados para sua época, além de serem muito móveis, ao contrário de seus equivalentes ocidentais estereotípicos. Mais perto do fim do século XIX, os agricultores chineses passariam a ser vistos de acordo com o estereótipo ocidental (como tradicionais e apáticos), mas, em 1800, a China rural ainda era objeto de admiração do mundo inteiro.

Além da China, da Europa e das colônias controladas pelos europeus, havia duas outras regiões que continuavam a se desenvolver em termos de arquitetura, mas cada uma à sua maneira muito específica – o Japão e a Tailândia. No Japão, os xóguns tokugawa, testemunhando o desastre causado pela entrada da prata na China, buscaram regular rigidamente o acesso ao mundo colonial: somente algumas embarcações chinesas (e uma ou outra europeia) tinha acesso ao porto de Nagasaki. Ao mesmo tempo, o Japão dos xóguns tentou transformar-se internamente, desenvolvendo uma arquitetura "moderna" para a classe média que frequentava o teatro kabuki. A Tailândia, que jamais foi colonizada, estava, por outro lado, extremamente disposta a se abrir para a influência ocidental, associando elementos emprestados a formas arquitetônicas de prática regional. Nesse sentido, a história do urbanismo do século XIX precisa incluir não somente cidades novas como Washington, D.C., e o replanejamento de cidades mais antigas, como Berlim, Londres, Paris, Dublin e Atenas; mas também Bangkok, a então recém-fundada capital da Tailândia, que nos oferece uma ideia da arquitetura da Idade Moderna no sudeste da Ásia em uma cidade que não foi nem colonizada pelos europeus, nem ficou presa à tradição.

Napoleão foi o primeiro a abrir a Europa para os judeus. Com isso e a criação de vários movimentos de reforma judaica, houve um movimento global para a construção de sinagogas, uma atividade que por muito tempo fora reprimida.

# 1800 D.C.

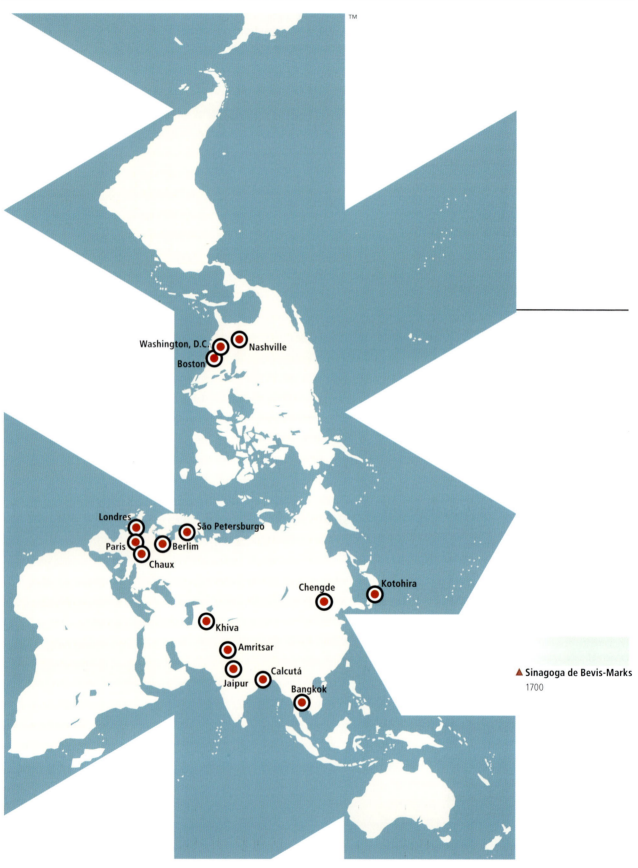

▲ Sinagoga de Bevis-Marks
1700

## Introdução

▲ Tash-Khovli
década de 1830

Sul da Ásia: Dinastia Mogol
1526–1858

▲ Jantar Mantar
completado em 1734
▲ Darbar Sahib
1764
▲ Hawa Mahall
1799

Japão: Período Edo
1615–1868

▲ Kanamaru-za
1835

China: Dinastia Qing
1644–1911

▲ Palácio Imperial de Chengde
1703–1780
▲ Templo Putuo Zongcheng
1771
Guerra do Ópio
1839–1842

▲ Wat Pra Kaew
completado em 1784

**1750 d.C.**  **1800 d.C.**  **1850 d.C.**

Neoclassicismo
Meados do século XVIII a meados do século XIX

▲ Strawberry Hilll
reconstruída entre 1749 e 1777
▲ Casa Shelburne
início em 1763
▲ Edifício dos Escritores
1780
Casa do Governo ▶
início em 1803

▲ Santa Genoveva
1757
▲ Bibliothèque Nationale
1788
▲ Valhalla
1830–1842

▲ Salina de Chaux
1775–1779
▲ Père Lachaise
1804

Schauspielhaus ▲  ▲ Museu Altes
1818–1821         1823–1830
▲ Igreja de Santa Madalena
1845–1851

Academia Real Escocesa ▲
1835
▲ Capitólio do Estado do Tennessee
1845–1859

▲ Sinagoga de Beth Elohim
1840

▲ Biblioteca Santa Genoveva
1845–1851

Revolução Industrial
séculos XVII a XVIII

Inglaterra: Domínio Hanoveriano
1714–1901
Revolução Francesa
1789–1799
Guerras Napoleônicas
1795–1815
Era Vitoriana
1830–1901

Guerra de Independência dos Estados Unidos
1775–1783
Revolta dos Escravos do Haiti
1791–1804

Joseph Bramah inventa a bacia sanitária ⊙
1778
▲ Casa de Correção de Suffolk
1803
▲ Prisão de Pentonville
1844

# 1800 D.C.

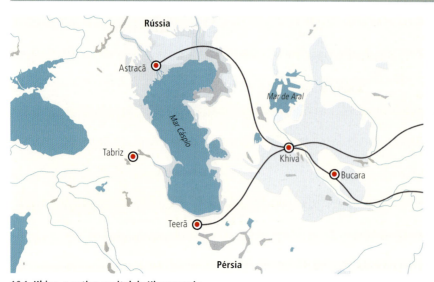

16.1 Khiva, a antiga capital da Khwarezmia

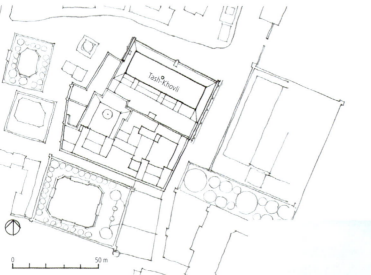

16.2 Implantação de Tash-Khovli, Khiva, Uzbequistão

16.3 Um dos pátios internos de Tash-Khovli

## TASH-KHOVLI

Por volta de 1800, a antiga via terrestre conhecida como Rota da Seda estava em tamanha decadência que uma das maneiras pelas quais ainda se obtinha lucro com ela era assaltando e escravizando (e vendendo) os poucos mercadores que ainda usavam o percurso. Khiva se tornou o local de um notório mercado de escravos. A cidade (no atual Uzbequistão) é dividida em duas partes. A cidade exterior, chamada de Dichan Kala, era anteriormente protegida por uma muralha com 11 portões. A cidade interior é rodeada de muralhas de tijolos cujas fundações teriam sido lançadas no século X. Na década de 1830, Alla-Kulli-Khan construiu um palácio chamado Tash-Khovli ("propriedade rural de pedra") na parte leste da cidade interior, a oeste de um grande mercado. Esse complexo possui três pátios dispostos em U e espaços secundários que preenchem os vazios. No pátio mais ao sul, os visitantes mais importantes eram recebidos. Seguia-se um pátio para entretenimento. O último e mais privado era ocupado pelo harém. As muralhas exteriores do palácio não tinham adornos; já as dos pátios internos eram decoradas com azulejos de majólica azuis e brancos. Os pilares de madeira possuem bases bulbosas peculiares, com entalhes geométricos e de formas vegetais; os tetos são pintados de vermelho-dourado. Em 1873, os russos, ansiosos por controlar as rotas comerciais a sul e a leste, tomaram a cidade e criaram um estado semi-independente sob o seu controle.

# SUL DA ÁSIA

## JAIPUR E O FIM DO IMPÉRIO MUGAL

O Império Mugal atingiu sua máxima extensão sob Aurangzeb (reinado entre 1658 e 1707), que anexou todos os sultanatos do Decã. Após sua morte, em 1707, porém, o império começou a ruir rapidamente. Aproveitando a situação, vários governadores mugais, em particular os rajputanos, declararam independência de imediato ou tomaram medidas nesse sentido. Na época, na verdade, a prosperidade do sul da Ásia aumentou em razão do crescimento do comércio, graças aos recém-estabelecidos portos comerciais europeus. Se a modernidade for entendida como um impulso progressista de transformação e como a produção e exploração das possibilidades do novo diante dos valores do *status quo*, então esse foi um período de modernidade.

Sawai Jai Singh II (que reinou entre 1699 e 1743) aproveitou a oportunidade para assegurar maior autonomia para o seu Reino de Amber (Jaipur). Desde o século X, Amber fora uma cidade fortificada que protegia um importante passo em uma rota comercial que se estendia do oeste da Índia a Délhi. O Palácio de Amber, situado a meia altura de uma colina, consistia em uma série de pátios interligados protegidos por uma fortaleza. Três outros fortes, colocados de maneira estratégica no alto de colinas adjacentes, guardavam a cidade. Porém, em 1727, Sawai Jai Singh sentiu-se seguro o bastante para construir uma nova capital na planície desprotegida, no lugar de um de seus palácios-jardim. Projetada com a ajuda do arquiteto Vidyadhar, Jaipur toca, em um de seus lados, a colina de Amber. A cidade tinha traçado urbano em tabuleiro de xadrez, de forma a criar uma série de bairros quadrados divididos por grandes artérias. Os mercados e os equipamentos de uso público foram colocados nas interseções, chamadas de *chokris*. A rua principal, no sentido leste-oeste, foi visualmente alinhada com templos localizados no alto de colinas próximas. Para atrair moradores, Sawai Jai Singh ordenou que fossem construídas lojas ao longo de todo o comprimento das ruas principais, de modo a dar clara definição às artérias principais da cidade. A largura das ruas era sempre a mesma, e, para um visitante, a cidade parecia ser bem povoada e completa. A estratégia funcionou e, em 25 anos, Jaipur estava completamente habitada.

16.4  Forte de Amber, Amber, Índia

16.5  Jantar Mantar, Jaipur, Índia

# 1800 D.C.

16.6 Hawa Mahall, Jaipur, Índia

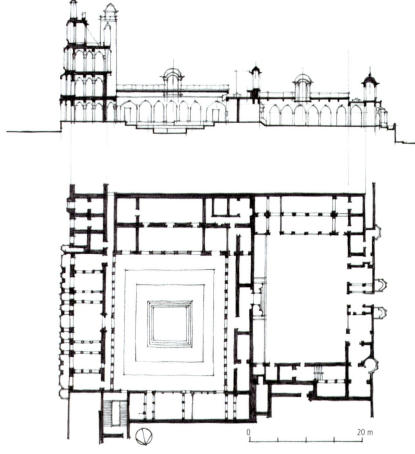

16.7 Planta e corte de Hawa Mahall, Jaipur

Segundo uma teoria, o traçado de Jaipur teria se baseado em um mandala de nove quadrados. Embora não possa ser comprovada, essa história merece crédito, pois Sawai Jai Singh era um seguidor entusiasmado da astrologia hindu. De fato, para realizar observações mais precisas dos corpos planetários, ele construiu observatórios dotados da melhor tecnologia em Jaipur, Délhi (construída para o imperador mugal), Varanasi, Ujjain e Mathura. Os observatórios de Sawai Jai Singh baseavam-se em edifícios similares construídos em Samarcanda por Ulugh Beg no século XV. Contudo, eram maiores, e, como ficavam dispersos, as observações podiam ser cruzadas para obter maior precisão. Os edifícios, chamados de *Jantar Mantar*, compõem um parque escultórico impressionante, surpreendentemente moderno. (*Jantar Mantar* é uma corruptela de *yantra*, que significa "instrumento".)

Em 1799, Sawai Pratap Singh, neto de Sawai Jai Singh, construiu o Hawa Mahall (literalmente, "Palácio do Vento"), hoje considerado um dos monumentos mais icônicos de Jaipur. Ele recebeu esse nome por parecer etéreo, feito de vento, e mais parece um muro vazado com cinco pavimentos de altura. O prédio foi construído na extremidade do complexo do palácio, de frente para a rua, para que as mulheres da corte pudessem observar, sem serem vistas, as procissões dos festivais realizados na via pública. Projetado por Lal Chand Ustad, o edifício originou-se de elementos dos palácios e mesquitas mugais, que com frequência tinham seções protegidas por biombos reservadas às mulheres. No Hawa Mahal, entretanto, Ustad transformou o conceito em uma imponente estrutura urbana. Sawai Patrap Singh também construiu um palácio em um dos lagos artificiais de Jaipur.

# SUL DA ÁSIA

16.8 Darbar Sahib, Amritsar, Punjab, Índia

## DARBAR SAHIB

No século XVIII, os sikhs, sob o reino do marajá Ranjit Singh (que reinou entre 1801 e 1839), expandiram-se para formar um império que abrangia a região dos cinco tributários do Rio Indo, ou Punjab (literalmente, "cinco rios"). Fundado pelo guru Nanak no século XV, o siquismo é uma mistura dos conceitos sufis islâmicos com as ideias bakhti hindus. Criticando algumas práticas hindus, ele eliminou a veneração dos ídolos e a distinção entre castas, enfatizando a unidade de Deus e a necessidade da experiência íntima do divino. Os sikhs ofereciam-se como uma alternativa ao islamismo e ao hinduísmo e aceitavam conversões de fiéis de ambas as religiões. Seu envolvimento nos assuntos políticos dos mugais era complexo, assim foram favorecidos ou desfavorecidos em diversos momentos pela corte mugal. Em 1699, Gobind Singh (1675-1708), o último de seus gurus, formalizou a religião sikh e ordenou que os fiéis a defendessem até mesmo pegando em armas, se necessário.

O Darbar Sahib, ou Templo Dourado, construído em Amritsar em 1764, durante o reinado do marajá Ranjit Singh, já havia sido, durante muito tempo, um importante lugar de peregrinação e aprendizado para os sikhs. Foi ali que o guru Arjan Das guardou, em 1604, após ser compilado, o Granth Sahib, o livro sagrado sikh. O templo fica em uma ilha no centro geométrico de uma piscina sagrada quadrada, de 150 metros de lado, rodeada por um passeio de mármore (para a circum-ambulação ritual), o qual, por sua vez, é separado do mundo exterior por edifícios que abrigam as diversas funções da instituição, como escritórios administrativos, galerias e salas de jantar. Um caminho conduz ao templo, um prédio de três pavimentos com uma grande cúpula, a Akal Takht, onde os sumos sacerdotes têm seus escritórios. Todas as manhãs, o Granth Sahib é conduzido cerimoniosamente do Akal Takh ao Darbar Sahib, onde é depositado e levado de volta no final do dia. Entre as várias edificações relacionadas e que se encontram na parte externa do complexo está Guru-ka-langar, um edifício de três níveis onde 35 mil pessoas são alimentadas gratuitamente todos os dias.

O Darbar Sahib possui entradas sem portas em todos os quatro lados, o que evidencia sua acessibilidade a todos. Embora nenhum ritual formal seja realizado ali, cantam-se hinos dia e noite. O pavimento inferior do prédio principal é feito de mármore, enquanto o superior e as cúpulas são recobertos com placas de cobre dourado. A cúpula, que possui caneluras e é descentralizada, esconde-se parcialmente atrás de uma platibanda alta com *chattris* em cada um dos quatro cantos. A ornamentação e a silhueta formal do edifício baseiam-se em precedentes mugais, embora a informalidade de seu arranjo atribua ao edifício uma fluidez de expressão mais associada aos templos hindus e jainistas do que às imponentes tumbas e mesquitas dos mugais. Trata-se de uma edificação única, produto de uma das tentativas mais veementes de superar as diferenças entre o pensamento islâmico e o hindu e criar uma nova síntese.

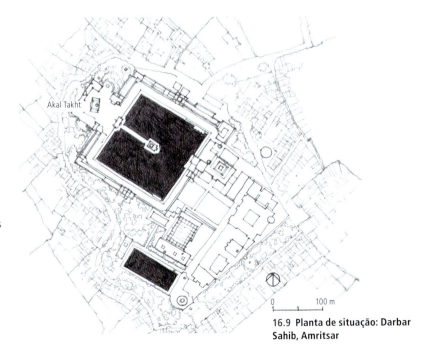

16.9 Planta de situação: Darbar Sahib, Amritsar

613

# 1800 D.C.

16.10 Wat Pra Kaew, Bangkok, Tailândia

16.11 Wat Pra Kaew

## WAT PRA KAEW

No final do século XVIII, a história da arquitetura passa a ser, em grande parte, a história da arquitetura europeia, da arquitetura colonial europeia e da arquitetura chinesa. A arquitetura islâmica estava em declínio, assim como a arquitetura não colonial da Índia e de outros lugares, com uma exceção importante e extraordinária: a Tailândia. A Tailândia, ou Sião, como era então conhecida, surgiu como potência regional importante no século XIV, sob o rei Sukhothai, que controlava um território que corresponde aproximadamente ao do país atual. Sua capital era a cidade-ilha de Ayutthaya, cerca de 100 quilômetros ao norte de Bangkok. Apesar de a cultura tailandesa ter origem em grande parte índica (*Ayutthava* é a tradução tailandesa de *Ayodhya*, a capital sagrada do Lorde Rama), os tailandeses aprenderam o sânscrito e a escrita dos khmers do Camboja e construíram em Ayutthaya vários templos e estupas inspirados em Angkor. Em visita a Ayutthaya, o almirante chinês Zheng He deixou ali uma princesa chinesa e seu criado, cujos descendentes ainda vivem na Tailândia, em uma comunidade distinta, que cultua o almirante e a princesa em um templo na cidade. Na metade do século XV, os tailandeses saquearam Angkor e, em 1782, sob o comando de Rama I (que reinou entre 1782 e 1809 e era da Dinastia Chakri), fundaram sua capital, Bangkok (ou Ratanakosin), às margens do Rio Chao Phraya.

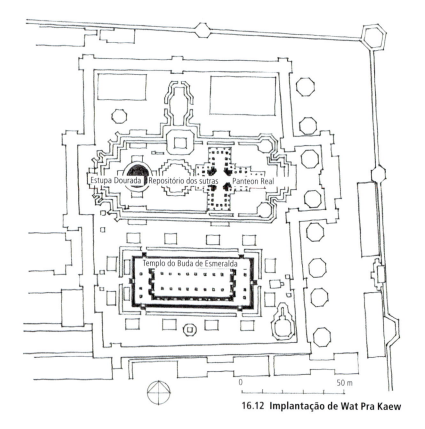

16.12 Implantação de Wat Pra Kaew

614

# SUDESTE DA ÁSIA

16.13  Estupa Dourada, Wat Pra Kaew

Como seu novo núcleo simbólico, criaram o novo Palácio Real, um complexo a algumas centenas de metros da margem do rio. Além da fronteira estendia-se o Camboja, tendo Phnom Penh como capital, e o Vietnã, onde a cidade de Hué, sob a Dinastia Nguyen, tornou-se a capital em 1802.

Na seção leste do complexo, construiu-se uma edificação especial para abrigar o Buda de Esmeralda, uma estátua do Buda em jade que data de 1434. Bastante venerada, a estátua foi levada do norte da Tailândia a Bangkok em 1778. O complexo é definido por uma colunata perimetral retangular, com projeções a leste e a oeste que exibem um afresco contínuo, pintado sobre o reboco seco da parede, que narra a história do Ramayana, o texto sagrado hindu. No centro do complexo, sobre uma plataforma elevada que corre de leste a oeste, encontram-se três enormes edifícios, próximos uns dos outros: uma estupa dourada, um depósito quadrado para os sutras e um templo conhecido como Panteão Real. A plataforma também possui uma grande maquete de pedra de Angkor Wat. Rama I queria que todo o complexo abandonado do Camboja fosse transferido a Bangkok, mas, quando seus emissários retornaram com as descrições de seu tamanho descomunal, ele decidiu contentar-se com um modelo. Angkor Wat é, como qualquer templo hindu, um modelo do cosmos, e, como tal, equivale praticamente ao original em termos de seu significado filosófico.

A proximidade desses edifícios entre si não se deve à falta de espaço. Segundo o simbolismo tradicional do budismo Mahayana, cada edifício é uma representação do outro, e sua proximidade destina-se a impedir que qualquer um deles fosse visto como construção autônoma. Os edifícios deviam ser vistos como substitutos, ou mesmo metáforas, uns dos outros.

Enquanto a estupa é completamente dourada, os outros dois prédios são profusamente decorados na parte externa com mosaicos cerâmicos nas cores vermelho, azul e verde e fragmentos de vidro e espelho. O Wat Pra Kaew ("Templo do Buda de Esmeralda") fica ao sul da plataforma. Ele possui um único espaço interior, sem paredes internas, e o Buda localiza-se na extremidade mais longínqua, em um cenário resplandecente, entronizado em um pequeno templo dourado, bem elevado em relação aos observadores. As paredes são cobertas de afrescos, e as treliças do telhado são de madeira.

Refletindo o gosto cosmopolita do seu patrono, o edifício e, na verdade, todo o conjunto arquitetônico estão entre os mais importantes do sudeste da Ásia dessa época. Os azulejos do exterior foram executados em estilo persa, enquanto os mosaicos foram feitos por artífices bizantinos. O salão do Buda é uma espécie de Capela Sistina, e suas paredes foram pintadas com murais religiosos. A localização do Buda no topo de uma estrutura dourada parece ser quase barroca.

Não devemos interpretar essas características como sinais de ecletismo "oriental", em comparação com o historicismo rigoroso do Iluminismo europeu, e sim como uma fusão moderna de elementos distintos que forma um conjunto ímpar. A Tailândia nunca foi colonizada – uma raridade naquela parte do mundo –, e, portanto, seus governantes tiveram liberdade para explorar e desenvolver ideias arquitetônicas contemporâneas que foram negadas aos países marcados pela colonização. Enquanto na Índia, por exemplo, as tradições arquitetônicas começaram a esgotar-se ou tornaram-se fossilizadas com a introdução de edifícios em estilo europeu, elas desenvolveram-se sem restrições na Tailândia, livres de olhares ofendidos dos senhores coloniais.

# 1800 D.C.

16.14 Gravura da série Cárceres, de Giambattista Piranesi

16.15 Desenho de uma gravura das ruínas romanas, de Piranesi

## O NEOCLASSICISMO *VERSUS* O ROMANTISMO

O termo *Neoclassicismo*, amplamente empregado nos dias de hoje, na verdade foi cunhado em meados do século XIX. Até então, os críticos, os teóricos e os artistas chamavam-no simplesmente de "estilo verdadeiro", por desafiar as flutuações de gosto e, em particular, as extravagâncias do espaço barroco. A era da impetuosa expansão mercantil do século anterior cedeu lugar ao desejo de algo que se mostrasse autêntico e estável. O Neoclassicismo, em sua melhor expressão, partilhava o espírito de reforma do Iluminismo, quer sob o aspecto do progresso científico da Era da Razão, quer sob o da nova filosofia política, que enfatizava os princípios de uma ação humana socialmente regulada. O Neoclassicismo também se relacionava com o Eurocentrismo, a ideia de que o patrimônio cultural europeu possuía uma importância especial na história da civilização. Ainda que o Neoclassicismo fosse originariamente um movimento abrangente, que incluía todas as artes e ciências humanas, em meados do século XIX, ele já havia praticamente desaparecido, exceto na arquitetura, onde perduraria até o século XX.

Quando Robert Adam (1728–1792) fez sua primeira viagem à Europa, os irmãos Adams já eram arquitetos bem-sucedidos. Em Roma, ele tornou-se amigo de Giambattista Piranesi (1720–1778), cujas águas-fortes de paisagens romanas dilapidadas eram extremamente populares. As gravuras feitas com placa de cobre eram a última moda na época, mas Piranesi elevou a técnica artística a outro patamar. Percorrendo a campanha romana, frequentemente infestada com a malária, Piranesi produziu águas-fortes de grande intensidade, revelando vistas de ângulos inesperados e inspiradores, com pedras partidas, tijolos se despedaçando, abóbadas ruídas e fachadas tomadas pela vegetação. Essa era uma Roma muito diferente daquela que se imaginava na Inglaterra, onde imperava a retórica da ordem e virilidade romanas. Piranesi imaginava um fim dos tempos cataclísmico, sem nada para mostrar o antigo esplendor romano. O Coliseu era visto como uma cratera vazia; e o muro de arrimo do Túmulo de Adriano não passava de um enorme penhasco inclinado.

Adam e Piranesi representavam os dois lados do movimento romântico. Ambos admiravam o heroísmo, mas de perspectiva políticas distintas. Adam via o passado romano como legitimação da supremacia civilizatória da Europa – particularmente, da Inglaterra – em um mundo global diverso, enquanto Piranesi representava-o como uma reflexão meditativa sobre a miopia dos poderes então constituídos. Enquanto Adam privilegiava um investimento contínuo nos "princípios eternos" do "estilo verdadeiro" – ou seja, o Classicismo –, Piranesi apontava para uma leitura mais conflituosa da história, menos segura acerca de suas certezas e mais consciente de suas perdas.

No ambiente colonial europeu, onde as realidades globais haviam se tornado cada vez mais presentes na vida da classe alta, o Neoclassicismo forneceu (como demonstra o trabalho de Adam) uma linguagem de estabilidade e ordem que também reforçou a busca pela autocompreensão europeia no contexto da experiência colonial. Entretanto, como linguagem de autodomínio, o Neoclassicismo também era o idioma daquele que controla a produção de outros. Assim, ele garantiu a conveniente legitimação do império como uma estrutura imposta ao

# EUROPA

16.16 Fachada principal da Casa Shelburne, Londres

16.17 Interior da Casa Syon, Londres

colonialismo, acolhendo uma contradição subjacente e reprimida entre um ideal de civilização e as conveniências políticas necessárias à consecução desse ideal.

A crença de Adam no "estilo verdadeiro" significou um rigoroso investimento em precedentes antigos acurados, e não nas transmissões renascentistas. Ele buscou cria um ambiente arquitetônico e espacial totalmente integrado. A fachada da Casa Shelburne, em Londres (cujo início é de 1763), compreendia um pavilhão central com três pavimentos, sete intercolúnios e frontão de templo com quatro colunas. Ela é um híbrido entre a Vila Foscari e o Palazzo Thiene, de Palladio. O centro de sua fachada, baseado no modelo de um templo, colocava-se entre dois pavilhões de dois andares com três intercolúnios. Um piso térreo rusticado, com falsas arcadas, dava unidade à composição. A ornamentação do friso era baseada naquela do Templo da Concórdia, em Roma. Algumas das mais importantes pessoas da sociedade londrina se reuniam na Casa Shelburne, como Benjamin Franklin e David Hume. Contudo, grande parte da casa foi demolida na década de 1930. O salão de jantar foi reconstruído no Metropolitan Museum of Art, em Nova York.

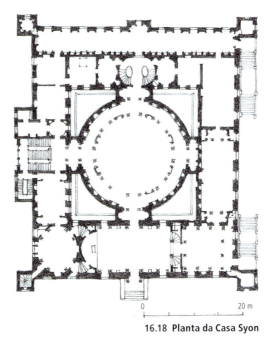

16.18 Planta da Casa Syon

# 1800 D.C.

16.19 Strawberry Hill, Twickenham, Inglaterra

16.20 Interior de Strawberry Hill

Os românticos, ao contrário dos neoclássicos, recorriam à Idade Média, em vez de Roma, como uma fonte mais autêntica e mais emotiva do que a antiga. Horace Walpole (1717–1797), o construtor de Strawberry Hill (1748–1777), usou a expressão "Pitoresco Gótico" para definir esse estilo. Walpole foi, sob vários aspectos, um representante da contracultura. Sua principal paixão era escrever romances góticos, como *The castle of Otranto* (*O castelo de Otranto*). Ele também escreveu uma obra de quatro volumes sobre a história da arte, denominada *Anecdotes of Painting* (*Histórias sobre a pintura*, 1761–1771), assim como um ensaio intitulado "History of the Modern Taste in Gardening" (História do gosto moderno na jardinagem, 1771). Após a morte de seu famoso pai, em 1745, mudou-se para Strawberry Hill, uma propriedade de aproximadamente 16 hectares em Twickenham, a sudoeste de Londres, localizada entre vilas elegantes, com vista para o Rio Tâmisa e próxima à residência do seu amigo, o poeta e amante do paisagismo Alexander Pope. Em vez de se voltar ao Classicismo, Walpole foi um dos primeiros intelectuais ingleses a reunir uma vasta coleção de objetos do mundo inteiro, formando, na verdade, um dos primeiros museus de que se tem conhecimento.

A fim de guardar e exibir sua coleção, ele ampliou a casa existente e construiu uma biblioteca, uma armaria, uma galeria, uma "sala das estrelas", uma "tribuna", uma espécie de santuário, um armário para porcelana, dormitórios de várias cores e um oratório. A construção em si foi feita em uma espécie de linguagem gótica experimental, não buscando ser uma expressão singular, mas jogando com a colagem de formas. Torres, ameias e vitrais foram reaproveitados de edifícios demolidos.

Enquanto Robert Adam era um ideólogo e renomado influenciador da burguesia metropolitana, Walpole criou um ambiente estético muito idiossincrático, que refletia suas escolhas pessoais. Strawberry Hill tornou-se famosa ainda durante a vida de seu criador, e, em 1763 Walpole passou inclusive a cobrar ingressos para sua visitação. A casa tornou-se uma vitrine, enquanto a obra de Adam representava a profissão de um ideal. Adam e Walpole representam os paradoxos associados ao modernismo emergente. No primeiro identifica-se o profissionalismo, ou pelo menos o início do que pode ser chamado de prática profissional; no outro, a busca deliberada e consciente por uma expressão pessoal em um mundo distinto.

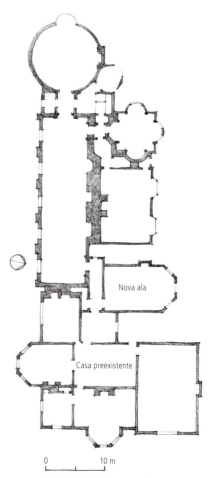

16.21 Planta de Strawberry Hill

618

# EUROPA

16.22 Reprodução da gravura do frontispício de *Essai sur l'architecture*, de Marc-Antoine Laugier, em *Allegory of Architecture Returning to its Natural Model*, de Charles Eisen

## Laugier, Rousseau e o nobre selvagem

Enquanto na Inglaterra o Neoclassicismo era visto, de modo geral, como próprio para a elite, o tom na França era mais estridente, incorporando um matiz antimonarquista motivada em parte pelos novos interesses racionalistas e legalistas e pelo desejo de repensar o papel das instituições cívicas. Nos círculos arquitetônicos, toda essa discussão tornou-se explícita em 1753, com a publicação de *Essai sur l'architecture* (*Ensaio sobre a arquitetura*), de Marc-Antoine Laugier. Traduzido para o inglês em 1775, o livro representou o auge do debate sobre a natureza da produção arquitetônica. Diferentemente da obra *Os dez livros sobre arquitetura*, de Leon Battista Alberti, dos *Quatro livros de arquitetura*, de Andrea Palladio, e da tradução para o francês de Vitrúvio, feita por Claude Perrault, o trabalho de Laugier não se referia a um passado clássico, mas a um passado "rústico" ainda mais distante.

Esses foram os primórdios do primitivismo na arte e arquitetura modernas. Laugier não escreveu nem como arquiteto, nem como amador. Na verdade, Laugier era um sacerdote jesuíta e um orador apaixonado, mas, ao contrário dos escritores que o antecederam, Laugier via com maus olhares o uso de pilastras, considerando-as "falsidades" que não contribuíam para a verdadeira solidez do objeto. Ainda que sua imagem da edificação ideal não se baseasse nos modelos romanos, Laugier admirava a Maison Carrée, em Nîmes, França, considerando-a a mais perfeita edificação da Antiguidade: "30 colunas sustentam um entablamento e um telhado que é fechado em ambas as extremidades como um frontão – e isso é tudo; a combinação é de tal simplicidade e nobreza que impressiona a qualquer um". Porém, uma questão fundamental para Laugier, ao contrário de para Adam e os outros neoclassicistas, é que o que devia ser imitado não era o templo clássico em si, mas o que estava por trás dele: a "cabana rústica" originária, ou a *cabane rustique*, como ele chamava (muitas vezes mal traduzida como "cabana primitiva"). Essa cabana, segundo Laugier, consistia somente em colunas, entablamentos e frontões. Ele argumentava que abóbadas, arcos, pedestais e pilastras não faziam parte daquele sistema e não deviam, portanto, ser empregados. Mesmo as arcadas, outro elemento importante da arquitetura clássica, eram consideradas por Laugier como "abusos".

O livro de Laugier provocou grande controvérsia. O autor argumentava que a arquitetura não deveria ser vista como se realizasse a transição mágica do mundano ao celestial, como tentara o estilo barroco, mas ser um meio de recontar nada menos do que a história das "origens" da humanidade – de toda a humanidade. É por isso que Laugier é frequentemente citado como um dos precursores-chave dos discursos da arquitetura moderna, ainda que mais de 100 anos antes. Essas origens deveriam permanecer incrustadas na arquitetura. Elas assemelhavam-se à noção da graça – um sinal da aprovação divina que para os católicos está entranhada na alma humana.

Nesse sentido, seu argumento ecoava o debate do século XV entre Bartolomeu de las Casas e Juan Ginés de Sepúlveda, em Madri, sobre a condição dos ameríndios. Os jesuítas haviam estudado e escrito sobre a vida e o trabalho dos ameríndios, além de terem vivido com eles nos locais mais distantes da América, mais do que o fizeram quaisquer outros colonialistas. Enquanto Walpole colecionava objetos do mundo inteiro a fim de compreender as diferentes civilizações, a cabana de Laugier buscava trazer para a Europa o que os jesuítas haviam aprendido sobre povos, que, em sua opinião, não eram "primitivos" no sentido de bárbaros, e sim primitivos "nobres". Era isso, argumentavam os jesuítas, que os preparava para receber Cristo.

O recém-publicado *Discourse sur les arts et les sciences* (*Discurso sobre as artes e as ciências*, 1750), de Jean-Jacques Rousseau (1712–1778), influenciara os escritos de Laugier. Nesse livro surpreendente, Rousseau criticava o que via como a ingenuidade do ateísmo descuidado do Iluminismo. Nas mãos dos mais poderosos, a razão não apenas havia acabado com a liberdade individual, mas também substituíra as virtudes simples por um labirinto de falsas verdades. As artes e ciências não conduziam ao conhecimento, mas à hipocrisia, e a civilização trazia consigo a divisão de classes, a escravidão, a servidão, o roubo, a guerra e a injustiça. O único progresso verdadeiro, afirmava ele, seria o moral. Era uma crítica poderosa e controversa a tudo o que os intelectuais franceses haviam construído no século anterior. Nascido na cidade calvinista de Genebra, Rousseau admirava as virtudes civilizatórias e devocionais dos fazendeiros suíços e dos ameríndios. Foi ele quem cunhou a famosa expressão "o nobre selvagem" para descrever a nobreza inata de povos como os iroqueses.

# 1800 D.C.

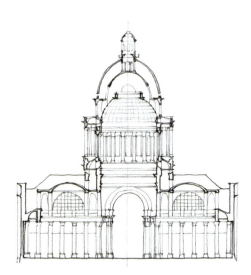

16.23 Corte de Santa Genoveva, Paris

16.24 Santa Genoveva

### Santa Genoveva

Jacques-Germain Soufflot (1709–1780) viu no argumento de Laugier uma oportunidade de experimentação. A cúpula de sua Igreja de Santa Genoveva em Paris (1757) – hoje chamada de Panthéon – foi derivada daquela de San Pietro em Montorio, de Bramante; e seu tamanho, exagerado em relação ao do edifício sobre o qual repousa, é barroco. A igreja, com planta centralizada em cruz grega, atendia a uma aspiração renascentista. A novidade, porém, influenciada por Laugier, era o frontão neoclássico bem marcado, ainda que gigantesco, com capitéis coríntios inspirados nos do Panteon romano, mas com seis colunas, em vez de oito. No interior, Soufflot também aderiu ao chamado de Laugier por uma arquitetura na qual cada elemento apresentasse uma justificativa estrutural. Há pilastras, mas estão claramente ligadas à trama estrutural criada pelas colunas. Já as abóbadas têm uma leveza ondulante, iluminadas pela lateral por meio de grandes janelas que, entretanto, ficam escondidas na parte externa, atrás de uma platibanda. O contraste entre o exterior severo do edifício, semelhante a um despenhadeiro, e o interior etéreo e luminoso pretendia evocar, literalmente, o poder transformador do Iluminismo. O edifício era originalmente conectado a um mosteiro pelo fundo, mas tornou-se independente no século XIX.

16.25 Interior de Santa Genoveva

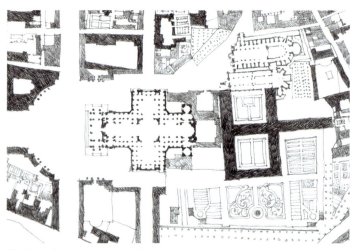

16.26 Implantação de Santa Genoveva

# EUROPA

16.27 Barrière de la Villette, Paris

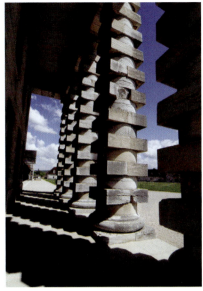

16.28 Coluna da Casa do Diretor, Salina de Chaux, Arc-et-Senans, França

## Ledoux e Boullée

Claude Nicholas Ledoux e Étienne-Louis Boullée muitas vezes são considerados como arquitetos revolucionários, mas esse atributo se baseia mais em sua arquitetura do que em sua convicção política. Ambos os arquitetos "ficaram em cima do muro" na Revolução Francesa, embora tenham posto em movimento boa parte da estética que durante certo tempo definiu o gosto da época. Boullée provavelmente teve mais sucesso em fazer a transição para o mundo pós-revolucionário do que Ledoux. Ele construiu pouca coisa após a revolução, mas seu lugar estava mais assegurado, e era a visão dele que os arquitetos mais jovens da Academia de Arquitetura, onde Boullée ensinava, aspiravam imitar. Após a Revolução Francesa, a história do Neoclassicismo deu muitas voltas, fundindo-se ao estilo neo-helênico na Alemanha e na Escócia e misturando-se às preferências estilísticas ecléticas dos vitorianos. Apesar de tudo isso, encontram-se por toda a Europa, a partir de 1800, traços de um Neoclassicismo vigoroso e austero, como aquele buscado por Ledoux e Boullée.

Claude Nicholas Ledoux (1736–1806) projetou uma série de portais e pedágios para a Coroa francesa antes da revolução (45 prédios, no total), a fim de marcar os limites de Paris e impressionar os visitantes que chegavam à cidade. As estações também serviam de local de pagamento de um execrado imposto (que se havia se tornado bastante elevado) sobre a importação de sal para a cidade. Assim como as igrejas de Christopher Wren, cada uma das edificações de Ledoux era diferente das outras e, no entanto, era peculiar e expressiva à sua maneira. Poucos desses portais e pedágios ainda existem, entre os quais o da Barriére de la Villette (1785–1789), um bom exemplo do vocabulário arquitetônico austeramente simplificado de Ledoux. O tambor central é sustentado por colunas duplas, que servem como um biombo e apoiam a parte inferior, arqueada, de um cilindro. É basicamente um edifício circular em torno de um poço de luz cilíndrico. As janelas não possuem molduras, e sua ornamentação é mínima. O frontão baixo e largo – comparado ao de Santa Genoveva, historicamente mais preciso – e o surpreendente tambor sem cúpula fogem bastante às normas do Classicismo, mas Ledoux, talvez mais do que qualquer outro arquiteto da sua geração, buscava redefinir a tipologia arquitetônica de cima para baixo.

Ledoux também projetou diversos edifícios para a Salina de Chaux (1775–1779), localizada no leste da França, na região de Franche-Comté, entre duas aldeias perto da floresta de Chaux, não muito longe de Besançon. A floresta dos arredores fornecia a madeira necessária para aquecer os fornos nos quais se extraía o sal da salmoura. A fábrica substituiu uma instalação anterior situada a alguns quilômetros, que consistia em pouco mais que um grupo de barracões caindo aos pedaços. A salmoura era levada ao local desde a sua origem, a quilômetros de distância, por meio de uma tubulação de madeira. O projeto de Ledoux previa um arranjo semicircular de edifícios, com a casa do diretor no centro e os edifícios de extração do sal nas duas laterais. A circunferência é ocupada por depósitos, e a principal entrada para as instalações fica no círculo, diretamente em frente à casa do diretor. O comércio do sal estava entre os aspectos mais difíceis da vida na França do século XVIII. A imposição de um imposto resultou em seu contrabando e roubo, pois o sal era muito mais barato fora do país. A segurança da salina era, portanto, essencial. A entrada contém espaços para a guarda e uma pequena prisão e era marcada por um peristilo denso de seis colunas toscanas, sem pedestais, com um sótão atarracado acima. Ao longo das paredes há aberturas com representações escultóricas simbolizando a salmoura espessa que flui. As colunas, com suas pedras alternadamente redondas e quadradas, representavam uma grande novidade. As interpretações variam, mas supõe-se que Ledoux quis representar colunas como se estivessem inacabadas. Talvez essa seja a primeira fábrica projetada por um arquiteto em toda a história. O que Ledoux tentava demonstrar eram as vantagens de uma solução racional e abrangente para um problema industrial elevado ao nível do simbólico. A fábrica produziu sal até 1895.

# 1800 D.C.

16.29 Salina de Chaux, Arc-et-Senans, França

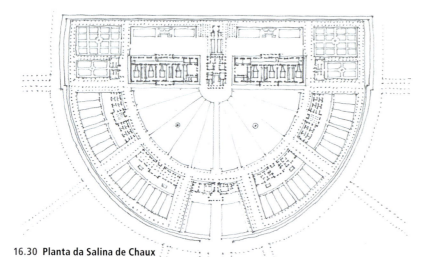

16.30 Planta da Salina de Chaux

Étienne-Louis Boullée (1728–1799) conseguiu, mais do que qualquer outro arquiteto, tirar partido desse momento político complexo. Foi bastante aclamado durante sua vida por suas séries de desenhos inspirados, que pareciam prever um mundo pós-revolucionário. Seus edifícios exibem formatos geométricos simples e escala monumental e servem, com frequência, como pano de fundo para uma despojada religiosidade neopagã. Seu projeto para a Bibliothèque Nationale (1788), apesar de ser frequentemente classificado como exemplo da sensibilidade neoclássica, na verdade não possui características clássicas típicas em suas superfícies, com exceção do entablamento e do friso de grinaldas. A entrada principal, guardada por duas grandes figuras de Atlas, dá acesso a um amplo espaço com abóbada de berço, ousadamente aberto no topo. Os livros organizam-se em prateleiras contra as paredes de terraços contínuos, no sentido longitudinal da parte interna do prédio. Ainda mais espetacular é o cenotáfio (monumento fúnebre sem o corpo) de Boullée para Sir Isaac Newton (1784). Uma esfera que representa a parte externa da Terra é, no interior, um planetário no qual pequenos orifícios representam as constelações. A entrada conduz a um corredor que se abre para um santuário situado na base do vazio interno. As edificações de Boullée são sempre monumentais, tanto por dentro quanto por fora. Para um teatro, ele projetou um edifício dentro de outro: um prédio semelhante ao Panteon inserido dentro de uma vasta edificação que, por sua vez, encerra uma cúpula.

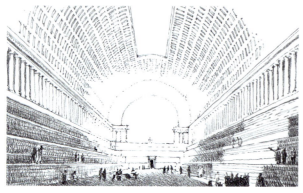

16.31 A ideia de Boullée para a Bibliothèque Nationale

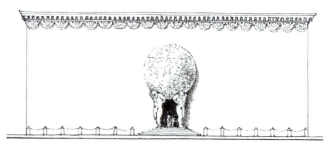

16.32 Fachada da Bibliothèque Nationale

# EUROPA

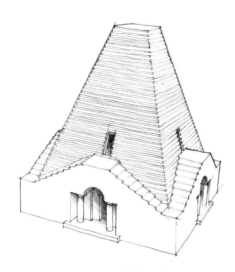

16.33 Um prédio piramidal de Ledoux: projeto de uma forja para canhões

16.34 Ledoux, desenho da casa dos supervisores da nascente do Loue, um projeto para a cidade ideal de Chaux

16.35 Projeto de Ledoux para uma cabana de agricultores

16.36 A Casa dos Círculos, projeto de Ledoux para um ateliê de artistas

# 1800 D.C.

16.37  Vista do Cemitério de Père Lachaise, perto de Paris

16.38  Cemitério de Mount Auburn, Cambridge, Massachusetts, Estados Unidos

## Os cemitérios napoleônicos

Depois da Revolução Francesa, Napoleão Bonaparte quis reconstruir não apenas a França, mas toda a Europa, de acordo com os princípios do Iluminismo. Contudo, acabou sucumbindo à sua ambição exagerada, tornando-se inimigo dos austríacos, dos russos e dos ingleses, todos ávidos para afastar o máximo possível de seus domínios as ideias napoleônicas. Ainda assim, a era napoleônica teve um impacto profundo, pois popularizou conceitos como os de liberdade e justiça, abstrações que se presumiam universais e fortes o suficiente para substituir os regimes aristocráticos obsoletos e parciais, que atendiam a seus próprios interesses. Napoleão provou que os países poderiam funcionar sem o paternalismo de reis e príncipes. Em termos sociais, introduziu muitas noções influenciadas pelo Iluminismo: o Código Napoleônico de 1804, por exemplo, promoveu a emancipação dos judeus em muitos territórios sob seu controle e modernizou o sistema escolar.

Uma das suas importantes contribuições para a arquitetura foi nos cemitérios. Antes de Napoleão, os ricos eram enterrados dentro das igrejas paroquiais ou perto delas. Os pobres eram enterrados em valas comuns. Os soldados, figuras irrelevantes, muitas vezes recrutas ou mercenários, eram enterrados em covas anônimas em pleno campo de batalha. No exército de Napoleão, porém, a morte em batalha assumiu nova dignidade, noção que ganharia importância no futuro período romântico. Em consequência, a morte dos militares adquiriu uma conotação de honra que não possuía desde a Antiguidade. Como resultado dessas mudanças, o cemitério conhecido como Pére Lachaise, inaugurado em 1804 perto de Paris, foi aberto a todos os cidadãos. As sepulturas, porém, só durariam cinco anos, a menos que o lote fosse comprado pelos parentes do morto, de quem se exigia também que doassem certos elementos arquitetônicos do cemitério. Esse cemitério também foi um dos primeiros exemplos de "cemitério-jardim", com árvores, arbustos e passeios sinuosos. Ele também tinha uma esplanada central que terminava em um monumento funerário. Pére Lachaise se tornou um modelo para cemitérios ao redor do mundo, de que são exemplos a Necrópole de Glasgow (Escócia, 1820), o Cemitério Metropolitano Sul, em Norwood (Londres, década de 1830), e o Cemitério de Mount Auburn, em Cambridge, Massachusetts (Estados Unidos, 1831).

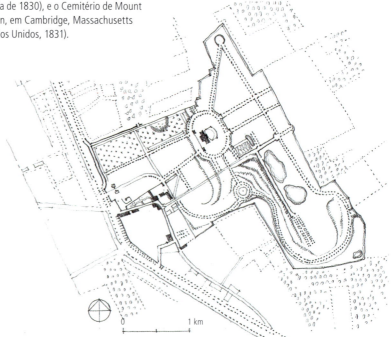

16.39  Planta do Cemitério de Père Lachaise

# EUROPA

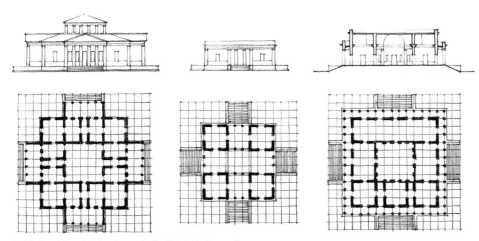

16.40 Combinações horizontais do *Précis* de Durand

### Jean-Nicolas-Louis Durand

Na França, o Movimento Romântico tinha muitos representantes entre os pintores. Théodore Géricault (1791–1824), por exemplo, usava técnicas poderosas de composição para ressaltar temas ligados ao heroísmo, ao sofrimento e à resistência. Na arquitetura, o Romantismo desenvolveu-se mais lentamente. Isso se explica, em grande parte, porque a arquitetura na França, de modo diferente daquela da Inglaterra e da Alemanha, permanecia fortemente ligada ao patrocínio estatal. Por este motivo, a arquitetura francesa após o período de Napoleão manteve-se no curso do racionalismo iluminista. O proponente mais importante dessa tendência foi Jean-Nicolas-Louis Durand (1760–1834), aluno de Étienne-Louis Boullée e professor da École Polytechnique (fundada em 1794), cuja obra estabeleceu o tom da arquitetura francesa por mais de uma geração. A École Polytechnique tinha como propósito formar engenheiros capazes de atender às necessidades dos exércitos revolucionários e fornecer projetos para trabalhos públicos civis nos mais remotos locais da nova República. Não havia uma escola do gênero na Inglaterra, onde a evolução do gosto, que permanecera nas mãos da elite, era descentralizada e, com frequência, eclética.

*Précis*, o livro de Durand, publicado pela primeira vez em 1802, tornou-se um texto de referência utilizado em toda a Europa por meio século. Nele, Durand rejeitava a ênfase neoclássica na relação histórica entre a arquitetura contemporânea e a Antiguidade, argumentando que, ao contrário, a Antiguidade clássica precisava orientar-se de acordo com os eternos princípios da geometria. Durand opunha-se a um Classicismo histórico que só copiava os elementos superficiais, mas que, em planta, não possuía nada de racional, como o edifício do Capitólio, em Washington, capital dos Estados Unidos. Ele queria que a planta fosse lançada dentro de uma retícula e que as funções estivessem claramente expressas. "Agradar", escreveu, "nunca foi o objetivo da arquitetura." O arquiteto deveria, em vez disso, oferecer "a utilidade pública e privada" e o seu objetivo deveria ser servir "ao bem-estar e à proteção dos indivíduos e da sociedade". Os projetos de Durand para as paredes, seguindo Laugier, foram libertados de pilastras, molduras, pedras angulares e rusticações. Isso não constituía um Classicismo "desadornado", mas sim uma conexão da arquitetura com os supostos ideais da natureza e da razão. O quadrado, que não possui eixo dominante, constituía seu bloco de construção ideológico e figurativo, servindo para conectar as colunas em uma grade e estabilizar a formação arquitetônica. Como uma unidade militar ideal, a edificação deveria refletir a ordem, a clareza e a hierarquia. O racionalismo e a ausência de paixão cívica deveriam estar em evidência para demonstrar a independência da arquitetura em relação ao capricho aristocrático.

Nesse sentido, Durand representa uma ruptura com a insistência na tradição e o historicismo literal. Diferentemente das ideias pitorescas e românticas da história como a base sobre a qual o futuro projeta-se, a arquitetura de Durand é surpreendentemente "moderna", na medida em que insiste na predominância do programa a serviço do estado.

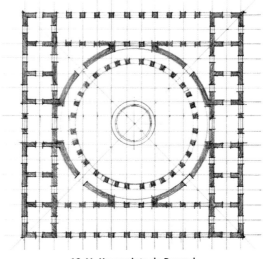

16.41 Um projeto de Durand

# 1800 D.C.

16.42 Capitólio do estado da Virgínia, Richmond

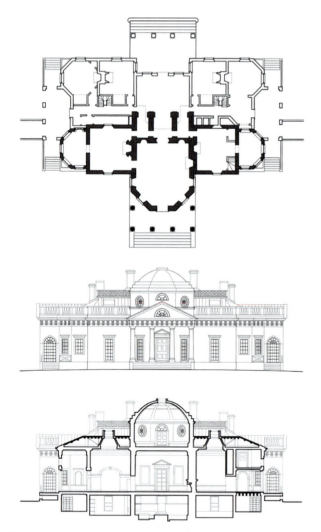

16.43 Planta baixa, fachada principal e corte da plantação Monticello, perto de Charlottesville, Virgínia

## O Neoclassicismo jeffersoniano

Quando os filhos, filhas e netos dos colonizadores europeus se revoltaram contra o domínio inglês, o que havia começado como a busca de liberdade econômica tornou-se um dos grandes momentos do Iluminismo. Historicamente, em busca de antecedentes, os formadores de opinião estética norte-americanos viam-se identificados com a República romana, e não com o Império Romano. Essa era uma diferença sutil, mas importante, baseada mais na fantasia do que na precisão histórica. O estilo do Neoclassicismo pós-revolucionário francês foi aquele adotado por Thomas Jefferson (1743–826), autor do esboço da Declaração de Independência e terceiro presidente dos Estados Unidos, que deixou uma marca duradoura na arquitetura norte-americana da época. Como embaixador na França, viveu em Paris durante cinco anos (1784–1789) e tornou-se admirador dos progressos filosóficos ocorridos na Europa, absorvendo a ideia de que a arquitetura estava diretamente relacionada à reforma social. Ele era também um perfeito arquiteto amador e possuía uma biblioteca de 130 livros sobre as Belas-Artes, certamente a maior dos Estados Unidos na época. Como arquiteto diletante, Jefferson, juntamente a Charles-Louis Clérisseau, fundiu os estilos de Laugier e Adam no projeto do Capitólio do estado da Virgínia (1785–1792), baseado na Maison Carrée de Nîmes, um dos raros edifícios romanos aceitos por Laugier como fiel aos padrões da "cabana rústica".

## Monticello

Thomas Jefferson desenhou pessoalmente a maior parte de Monticello, sua principal residência e sede de sua fazenda agrícola. Ele projetou-a de acordo com os princípios neopalladianos, com um pórtico proeminente com frontão e uma cúpula octogonal no centro. No interior, Jefferson dedicou a maior parte de sua atenção à biblioteca e sala de estar, reservando o espaço central para uma espécie de museu para os visitantes em espera, que eram entretidos com apresentações dos experimentos científicos de Jefferson e réplicas de objetos das expedições de Lewis e Clark nos territórios do oeste norte-americano que haviam sido comprados por Napoleão em 1805, durante a presidência de Jefferson.

O principal produto da plantação de Monticello era o tabaco. Jefferson possuía escravos e, ao contrário de George Washington, não lhes conferiu a alforria com sua morte – com a exceção dos filhos de Sally Hemings, sua escrava doméstica, com a qual é praticamente certo que ele teve seis filhos. A família de Hemings vivia sob a cozinha de Monticello, mas os demais escravos moravam em cabanas ao longo de um lago proeminente chamado Mulberry Row. Jefferson faleceu deixando dívidas de 130 mil dólares, e, para pagá-las, sua filha vendeu Monticello e os escravos.

# AMÉRICA DO NORTE

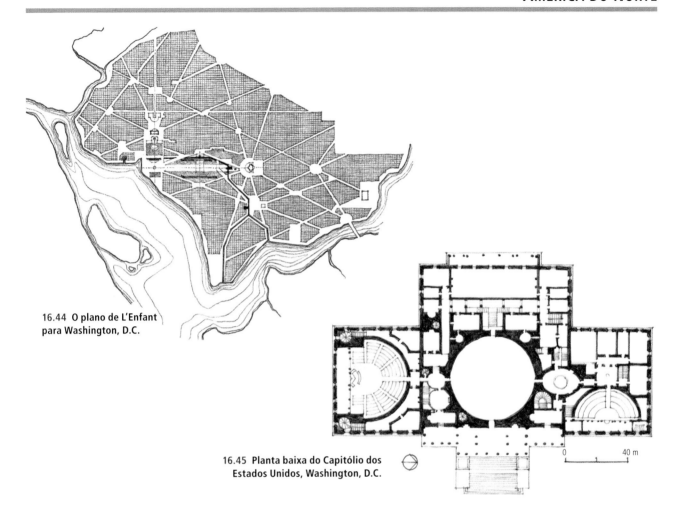

16.44 O plano de L'Enfant para Washington, D.C.

16.45 Planta baixa do Capitólio dos Estados Unidos, Washington, D.C.

## WASHINGTON, D.C.

O projeto de Washington, D.C., foi a primeira tentativa de criar espacialmente uma nova capital como materialização do Estado nacional. Charles Pierre L'Enfant, um engenheiro francês que servira na Guerra da Independência dos Estados Unidos, trabalhou sob a direção de George Washington na preparação do plano da cidade. Enquanto Jefferson tinha uma visão mais modesta para a capital, L'Enfant, provavelmente refletindo a concepção de Washington, projetou algo mais grandioso – uma cidade para ficar na história.

Baseando-se no padrão da grelha urbana, L'Enfant lançou uma rede de avenidas barrocas que é surpreendentemente peculiar e se ajusta à paisagem e às curvas do Rio Potomac. Juntas, elas compõem 15 praças, que seriam divididas entre os estados. Sobre isso dispôs uma terceira ordem, com o edifício do Capitólio e a Casa Branca, não situados frente a frente, ao longo de uma alameda aberta, mas nas pontas de um L, estando o Capitólio na extremidade do braço mais longo do L, orientado no sentido leste-oeste. A interseção dos dois braços margeia o Potomac, de forma que os dois edifícios, que recuam para entrar na trama urbana a partir da margem do rio, ganham uma percepção de destaque paralelo quando acessados do rio, que era uma das principais formas de chegada à cidade de então.

O projeto de L'Enfant lembra os jardins de Versalhes, pois suas imponentes avenidas se assemelham às alamedas de Versalhes. No entanto, o Capitólio e a Casa Branca também se conectam através de uma das diagonais – a Pennsylvania Avenue –, um artifício barroco criado inicialmente para a Roma de Sixto V que buscava conectar os principais locais de peregrinação da cidade. Nesse sentido, a cidade mescla aspectos de Versalhes e de Roma, alinhando o ideal da Contrarreforma, do edifício monumental independente, à noção da cidade como uma paisagem atravessada por monumentais vias processionais.

A implantação do Capitólio e da Casa Branca, distantes da margem do rio e com gramados na frente, deriva do protótipo das casas de campo inglesas. Talvez aponte também para o Hôtel des Invalides (iniciado em 1670), em Paris, que, diferentemente do Louvre, formava um ângulo de 90 graus em relação ao Rio Sena, na extremidade de um parque, conectando o edifício e o rio. (Em São Petersburgo, o Palácio de Inverno, que foi modelado no Louvre, fica à margem do Rio Neva.)

L'enfant foi demitido em 1792, e deixou o país, indo para Paris com todos os seus desenhos. O plano executado baseou-se nos desenhos de Benjamin Banneker, um escravo liberto e astrônomo autodidata.

O Capitólio dos Estados Unidos, iniciado em 1793, passou por várias etapas, em que estiveram envolvidos os arquitetos William Thornton, Henry Latrobe e Charles Bulfinch, nessa ordem. Foi difícil de projetar, pois não havia um protótipo claro para um prédio com programa de necessidades tão complexo. No projeto de Thornton, a Câmara dos Deputados e o Senado ficavam à direita e à esquerda de uma grande rotunda concebida como um museu, onde nichos abrigavam estátuas dos heróis da Guerra da Independência dos Estados Unidos.

# 1800 D.C.

16.46 O Capitólio dos Estados Unidos hoje

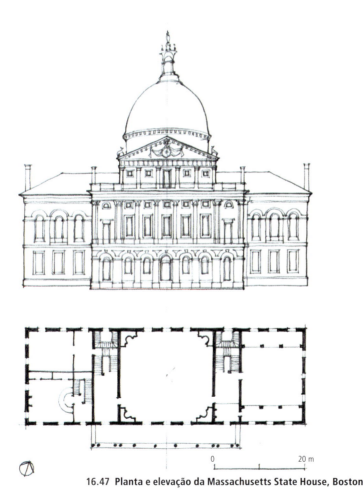

16.47 Planta e elevação da Massachusetts State House, Boston

O edifício exibia, de modo harmônico, alusões a uma República romana mítica, a geometrias universais e a grandes eventos históricos. Sua entrada era definida por um frontão de templo com oito colunas, baseado naquele do Panteon e ladeada por pórticos colunados um tanto incomuns. Embora o edifício fosse simétrico no exterior, não o era no interior, onde não se procurou equilibrar as duas casas. Isso ia contra as tendências neoclássicas da época. O prédio, erguido sobre um plinto alto, era coroado por uma cúpula semelhante à do Panteon, elevada por um tambor octogonal para poder ser vista à distância. A partir de 1855, a fachada oeste do Capitólio foi reconstruída com uma cúpula nova, sustentada por uma estrutura de aço e projetada para se apoiar em um tambor elevado. Em comparação com as convenções estabelecidas por Michelangelo para a cúpula de São Pedro, no Vaticano, a cúpula é muito desproporcional ao edifício abaixo, mas talvez seja justamente essa estranheza que impeça que o edifício pareça uma catedral, conferindo-lhe seu caráter singular e inconfundível.

Bulfinch, quando podia fazer o que queria, como no caso da Massachusetts State House (1795–1798), aproximava-se mais da tradição de Palladio e Inigo Jones. A sede do governo e o capitólio (ou assembleia legislativa) de Massachusetts, situada em uma colina proeminente, é uma edificação de tijolo com detalhes em madeira branca, à maneira georgiana, mas também vagamente inspirada no Palazzo Thiene de Palladio e na Casa Shelburne de Robert Adam. O piso superior é acessado por escadas paralelas que ladeiam o espaço central. Uma larga *loggia* com colunas duplas está voltada para a cidade e o porto. A cúpula de madeira, originalmente pintada de cinza para parecer de pedra, foi dourada na década de 1890. O estilo do edifício é chamado de Federal, em referência aos edifícios projetados nos Estados Unidos entre 1780 e 1830.

# EUROPA

16.48 A Europa no século XIX

16.49 Igreja do Salvador sobre o Sangue Derramado, São Petersburgo, Rússia

## O NACIONALISMO

Nacionalismo é um termo tão onipresente hoje que esquecemos que, na verdade, trata-se de um conceito moderno, surgido no fim das Guerras Napoleônicas. Apesar da importância de Napoleão Bonaparte na disseminação das ideias de liberdade e justiça pela Europa, as consequências das longas décadas de guerra deixaram os europeus desesperados por estabilidade. Em 1813, os diplomatas europeus se reuniram em Viena para discutir o futuro político da Europa, na esperança de estabilizar as fronteiras dos países. O Congresso de Viena determinou que os países deveriam criar Constituições, se ainda não as tivessem, promessa que alguns dos governantes quebraram para forjar laços mais fortes entre a aristocracia e a burguesia. Antes do Congresso de Viena, conseguia-se tal união por meio do antiquíssimo costume dos casamentos reais, que apenas contribuíam para dividir e fragmentar a paisagem política. Esperava-se que, com fronteiras nacionais fixas e uma infraestrutura jurídica efetiva, os países repudiassem a guerra ou tivessem os meios e recursos para evitá-la. Apesar de esses ideais terem se mostrado ilusórios, não há dúvida de que o Congresso de Viena ajudou a forjar a noção moderna de Estado-nação e certamente obteve sucesso, na medida em que definiu as futuras fronteiras nacionais da Europa, as quais ainda hoje determinam a política continental.

O novo espírito de nacionalismo estabeleceu uma aliança fácil com o Romantismo. Para os nacionalistas, a história representava mais do que apenas um passatempo para cavalheiros. As fronteiras dos estados deveriam fazer sentido em termos históricos, linguísticos, geográficos e, agora, étnicos, o que despertava o interesse pela história local e pelo desenvolvimento do antiquarianismo regional. A Rússia experimentou um renascimento da língua (até a derrota de Napoleão, a aristocracia russa falava principalmente o francês). Na Alemanha, havia a fascinação pelo medieval e pelo imaginário da floresta, bem como pela antiga civilização grega, com a qual muitos românticos tinham afinidade. O nacionalismo romântico também surgiu na Escandinávia, como protesto contra a ocupação russa, e assumiu a forma de um revivalismo da mitologia nórdica. Além do desenvolvimento das línguas nacionais, os nacionalistas românticos se interessavam pelo folclore e pelos costumes locais, mesmo que estes tivessem de ser aprimorados. Um bom exemplo é a "descoberta" de Beowulf em apenas um manuscrito, que foi transcrito primeiramente em 1818, após ter sido deixado de lado nas coleções dos estudiosos durante dois séculos e ser considerado apenas uma curiosidade irrelevante. Beowulf logo passou a ser visto como a epopeia nacional britânica. Na arquitetura, o nacionalismo romântico demorou mais para se firmar devido ao domínio incontesto do Neoclassicismo. Ainda assim, com o passar do século, mais e mais exemplos podiam ser encontrados. Um deles, a Igreja do Salvador sobre o Sangue Derramado, em São Petersburgo (1883–1907), tinha a intenção clara de dar ímpeto a um renascimento das formas bizantinas.

Nas últimas décadas do século XX, com a multiplicação de novos países formados após o fim da Guerra Fria, o nacionalismo romântico ressurgiu e tornou-se fenômeno global. Apesar de exaltar os fazendeiros e os trabalhadores, é com frequência uma estética que atrai o gosto da classe alta. Como consequência, o Romantismo em geral apresenta-se como resposta conservadora entre as classes mais baixas, enquanto tem efeito aparentemente liberal nos estratos sociais mais altos. Seus traços são claramente identificáveis: a paixão pelo próprio país combinada a um sentimento, que pode ou não corresponder à realidade, de um passado de injustiças nas mãos de outros. O passado ao qual os românticos referem-se é muitas vezes bucólico e pré-moderno — uma ficção limpa, mais do que uma realidade.

# 1800 D.C.

16.50 Neue Wache, Berlim

16.51 Schauspielhaus, Berlim

## O Museu Altes

Ao longo do século XVII, os eleitores de Brandenburgo expandiram seu território, de modo que, no final do século, de um principado regional a Prússia transformara-se em um grande Estado. Com a derrota de Napoleão em Leipzig, em 1813, o país tornou-se uma importante potência europeia. Apesar dos problemas com a França, o fascínio pelas ideias napoleônicas produziu uma geração de pensadores alemães que esperavam adequar o Iluminismo ao contexto alemão.

Reformadores enérgicos, como o cientista Wilhelm von Humboldt, chefe do Ministério de Educação e Artes, ajudaram a transformar a Prússia em um estado progressista. Eles aboliram a servidão e restringiram os privilégios da nobreza, introduziram a reforma agrária e outras reformas sociais e econômicas e criaram um sistema exemplar de educação universal. Entre as principais figuras literárias alemãs da época incluem-se Johann Wolfgarlg von Goethe (1749–1832) e Friedrich von Schiller (1759–1805), que buscavam relacionar o nacionalismo alemão com os ideais da Grécia Antiga. Isso conferiu ao movimento alemão um teor diferente do nacionalismo na França, que enfatizava a idealização das instituições políticas e organizações sociais.

Karl Friedrich Schinkel (1781–1841) foi a pessoa que transpôs à arquitetura alemã os ideais neogregos românticos. Em 1803, ele formou-se como arquiteto em Roma, onde conheceu Wilhelm von Humboldt, de quem se tornou amigo. Humboldt ajudou a assegurar a posição de Schinkel na burocracia da Prússia. Um de seus primeiros projetos públicos foi a Neue Wache, ou a Nova Casa da Guarda (1816–1818), um monumento ao novo exército de cidadãos da Prússia. Até então, o Portão de Brandenburgo, inspirado nos propileus atenienses, era o único edifício neoclássico significativo em Berlim. O Neue Wache é um edifício austero, com pórtico dórico ladeado por bases de torres que fazem com que pareça uma combinação de templo e portal. O tímpano mostra a deusa da Vitória comandando e decidindo uma batalha. O interior é um simples recinto quadrado, sem cúpula, mas com uma claraboia redonda no centro.

Alguns dos outros trabalhos mais proeminentes de Schinkel incluem um teatro, o Schauspielhaus (1818–1821), o Museu Altes em Berlim (1823–1830), o Schloss Glienicke (completado em 1827) e a Bauakademie (1831–1836). Nenhum outro arquiteto na Europa, com a possível exceção de John Nash, foi tão influente. A obra mais notável de Schinkel foi o projeto de um museu de arte público (1822–1830) localizado em lugar de destaque, em frente ao Schloss (Palácio Real), bem no centro de Berlim. Hoje chamado de Museu Altes, ele materializou o compromisso de Schinkel com a arquitetura cívica monumental como veículo do imperativo cultural iluminista. Embora os museus já estivessem surgindo, em sua maioria eram palácios reformados. Essa tipologia de edificação, como elemento institucional na paisagem urbana, ainda não existia, visto que até então o hábito de colecionar arte era praticamente um privilégio da aristocracia. Schinkel projetou o edifício como um grande bloco com dois pátios internos e um espaço central. Todavia, a cúpula inspirada no Panteon de certa maneira foi forçada à estrutura do prédio e não é visível de fora. A fachada compreende uma colunata, como uma grande *stoa* grega, sobre uma plataforma elevada em relação ao entorno. No alto da escadaria frontal, antes de chegar à rotunda, há uma *loggia* com grandes escadarias ao ar livre à direita e à esquerda do eixo central. As obras de arte foram expostas em longas salas ortogonais, com pares de colunas formando uma passagem no meio. Não se tratava de um templo nem de um santuário, mas de uma espécie de armazém cívico semelhante à ágora, com um espaço central adornado com estátuas. Os espaços de exposição foram projetados não apenas para se apreciar a arte, mas também para se perambular e conversar sobre ela. A planta era, de certa maneira, claramente influenciada pelo chamado de Durand por uma sistematização entre estrutura e programa de arquitetura.

# EUROPA

16.52 Museu Altes, Berlim

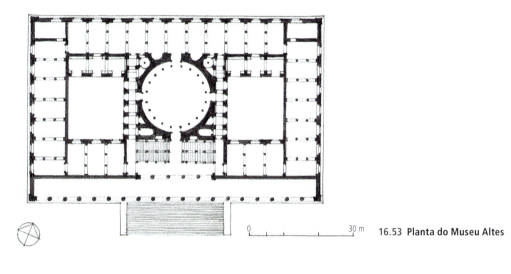

16.53 Planta do Museu Altes

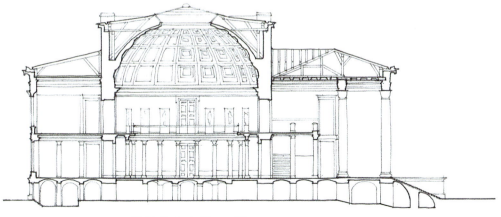

16.54 Corte do Museu Altes

# 1800 D.C.

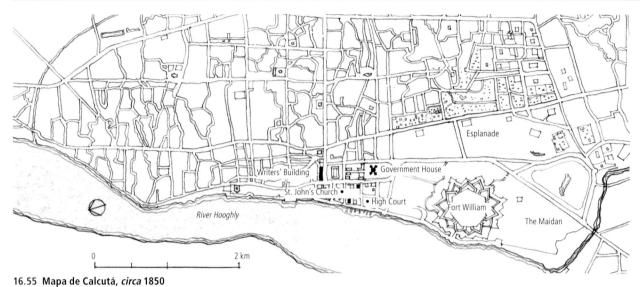

**16.55** Mapa de Calcutá, *circa* 1850
Redesenhado com base em uma planta de 1842 da David Rumsey Historical Map Collection

## A CALCUTÁ COLONIAL: A ESPLANADA

Enquanto os norte-americanos construíam Washington, D.C., como sua nova capital federal e os exércitos de Napoleão levavam a Revolução Francesa ao resto da Europa, os ingleses iniciavam sua contraproposta a esses movimentos, iniciando a construção em larga escala daquela que seria sua capital na Índia colonizada.

Os primórdios do colonialismo inglês na Índia não foram nada idílicos. Calcutá foi cedida aos ingleses pelos mugais porque se situava em um terreno dos menos desejáveis: um pântano. A cólera, a febre tifoide, a malária e a tuberculose eram endêmicas. As monções eram particularmente temidas, pois os alagamentos aumentavam o risco de doenças de modo exponencial. Entretanto, as águas profundas do Rio Hooghly permitiam que navios de viagens oceânicas penetrassem até 154 quilômetros dentro do continente, de modo que Calcutá transformou-se em um porto movimentado. Na década de 1780, o exército da Companhia Britânica das Índias Orientais tornara-se tão grande que vários edifícios tiveram de ser construídos fora do forte, terminado em 1773, e somente os militares podiam morar dentro do forte. Criou-se um imenso espaço aberto, chamado de Maidan, ao redor de todo o forte a fim de permitir a vigilância defensiva. Com isso, as avenidas ao redor do Maidan tornaram-se locais privilegiados para novos estabelecimentos comerciais e cívicos. À medida que Calcutá foi crescendo em prestígio e em riqueza, estabelecimentos mercantis de até quatro pavimentos ocuparam com rapidez as laterais da avenida, criando uma fachada contínua ao redor do Maidan. Galerias e pilastras monumentais e um ou outro pórtico com frontão – todos projetados para serem bem visíveis – ladeavam edifícios neoclássicos ou de estilo italianizado, brancos, com linhas bem definidas e alinhados para anunciar a presença inglesa nesse lugar que foi chamado de Esplanada. Contudo, quase nada da Esplanada era de pedra. A maior parte das construções era de tijolos generosamente rebocados com uma argamassa chamada *chunar*. O *chunar* era bonito e brilhava ao sol, mas precisava ser constantemente reparado, sobretudo depois das monções, quando descascava e deixava à mostra a "falsidade" das edificações – e, por extensão, a dos novos-ricos que os ocupavam –, despertando o desprezo de observadores da metrópole britânica, que os ridicularizavam. (Esse discurso do orgulho e da vergonha em função da aparência permeou a arquitetura colonial até seu fim.)

### O Edifício dos Escritores

Diante dos enormes prejuízos financeiros e da iminente independência da América, o parlamento inglês voltou sua atenção para suas colônias no Oriente, em especial na Índia, e concluiu que, apesar do sucesso político e da ostentação de riqueza, a Companhia Britânica das Índias Orientais estava pesadamente endividada, segundo os relatórios bancários de Londres. Seus funcionários foram acusados de corrupção e enriquecimento ilícito e, em 1773, a companhia foi reorganizada, com a esperança de que passasse a prestar contas dos seus atos.

**16.56** Vista da Calcutá de chunar a partir da Esplanada, *circa* 1850

# SUL DA ÁSIA

16.57 O Edifício dos Escritores em sua versão original e depois de seu novo revestimento e ampliação, Calcutá

16.58 Saint John's Church, Calcutá

Além disso, foi nomeado um governador-geral para garantir que a companhia, além de se tornar lucrativa, administrasse seus territórios de modo justo e compatível com os ideais britânicos. Um governo justo na Índia era necessário não apenas para legitimar a colonização, como também para abafar os protestos na Inglaterra. Assim nasceu o projeto ideológico da colonização.

Warren Hastings, primeiro governador-geral da Índia (1772–1785), era um administrador responsável e capacitado. Ele aumentou exponencialmente a receita da companhia (sobretudo por meio da produção de ópio, exportado para a China), expandiu os territórios britânicos e, o mais importante, impôs de modo implacável uma administração rigorosa, com detalhada prestação de contas. A abordagem de Hastings ao problema da "governança justa" era extremamente pragmática. Ele propôs que era imperativo aos ingleses aprender as línguas, os costumes e os sistemas de governo locais, pois isso lhes permitiria conhecer melhor o povo e governá-lo com tais sistemas. Em 1784, ele criou a Sociedade Asiática de Bengala, tendo William Jones como presidente, para estudar e traduzir a cultura indiana. Para Hastings, a cultura e a civilização indianas eram presenças reais vivas, não algo que ele estivesse interessado em transformar ou reformar. Ele desejava apenas governar, o que estava habituado a fazer com discrição pessoal e mão de ferro.

O edifício pelo qual ele ficou mais conhecido é o gigantesco secretariado e escola de formação que construiu para os escriturários da Companhia Britânica das Índias Orientais, chamado de Edifício dos Escritores (1780). Os "escritores" (*writers*), na verdade, eram os funcionários administrativos, e essa edificação de três pavimentos, extremamente longa, ocupa todo um lado do reservatório de água de Calcutá. Como foram os "escritores" que permitiram a racionalização da presença da companhia na Índia, nada mais apropriado do que seu domínio ser um notável ensaio de racionalização e funcionalismo, com uma única cornija a percorrer todo o perímetro, interrompida apenas pela fachada central. O prédio foi projetado por Fortnam, um arquiteto civil, e por Thomas Lyon, um arquiteto amador e carpinteiro.

## A Saint John's Church

Na virada do século XIX, a política colonial inglesa mudou novamente, dessa vez influenciada pela crítica iluminista à arbitrariedade do poder. Warren Hastings foi destituído por Edmund Burke (1729–1797), que afirmava que a supervisão do Parlamento não era o bastante: era preciso um contrato social associado ao princípio da sanção divina; o propósito da administração colonial devia ser compatível com as "leis eternas" da boa governança. Para os tories (conservadores), o bom governo era garantido pelo permanente prestígio do rei e de sua aristocracia. O novo governador-geral, lorde Charles Cornwallis (1786–1793), em uma tentativa de reproduzir a aristocracia europeia na Índia, criou uma nova classe de proprietários de terras, chamados de zamindares.

O resultado foi desastroso. Sob a administração mogol, as terras haviam sido de propriedade coletiva, pertencendo às aldeias, e os zamindares eram apenas coletores de impostos. Contudo, agora que eles as possuíam, podiam vendê-las de acordo com as oportunidades do mercado. Consequentemente, os camponeses perderam todo o seu poder, e os oficiais da companhia que tinham tino comercial aproveitaram a oportunidade, enriquecendo rapidamente. A arquitetura colonial foi exortada a dar visibilidade às novas "leis eternas". O Edifício dos Escritores teve sua fachada reformada e ganhou pórticos dóricos. A Saint John Church (1787) foi construída com base na igreja georgiana tardia com campanário alto de Saint Martin-in-the-Fields, de Londres. Ela era uma caixa ortogonal simples (nave central com três intercolúnios e galerias), com pórtico toscano e campanário de pedra com flecha, e sua importância simbólica equiparava-se à da King's Chapel de Boston, sendo um lembrete visível da autoridade da Igreja e do rei. E dessa vez o prédio era de pedra verdadeira, não de *chunar*.

# 1800 D.C.

**16.59** Casa do Governo, Calcutá, Índia
Perspectiva baseada em um mapa da David Rumsey Historical Map Collection

### A Casa do Governo

Em 1800, uma nova geração de funcionários da companhia, influenciada pelo Romantismo, contestou o sistema dos zamindares, que era apoiado pelos whigs. Eles admiravam os povoados indianos (apesar da antiga cultura urbana do país), intensificando no continente europeu a impressão de que a distinção entre a Europa e as colônias constituía uma diferença entre cidades e aldeias. Acreditavam na figura paternalista do oficial britânico, homem que concentrava grande autoridade e que, apesar do seu alto salário, não podia obter nenhum lucro pessoal com as atividades da companhia – e de quem se esperava que fosse culto, esclarecido, bem informado e compassivo. A mais elevada dessas autoridades britânicas era o governador-geral.

Em 1798, quando o lorde Richard Wellesley substituiu o lorde Charles Conwallis como governador-geral, ele deu início à construção de uma nova Casa do Governo (1803), para dar forma concreta à sua autoridade. O projeto de Charles Wyatt tinha como princípio a ideia de espetáculo. Com uma alta cúpula central, à maneira da do Panteon, cada lado da fachada é simétrico e completo, erguendo-se como um objeto idealizado no espaço. O rigoroso pórtico neoclássico sobre uma escadaria larga e imponente selava a identificação com os princípios eternos de Vitrúvio, embora a edificação inteira fosse construída de tijolos e *chunar*, não de mármore italiano. Entretanto, o interior da Casa do Governo, ao contrário do de Kendleston Hall – segmentado em diversos cômodos para garantir a privacidade –, era dividido por colunatas perfuradas, projetadas para garantir que o séquito de criados tivesse acesso constante, embora visualmente protegido, a todos os espaços.

A esposa de Cornwallis queixou-se de que, na Casa do Governo, não havia nenhum lugar que pudesse chamar de seu.

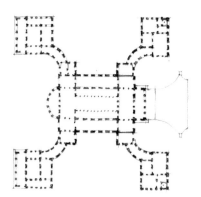

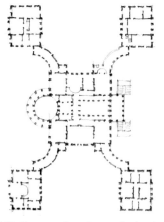

**16.60** Comparação entre as plantas do Kedleston Hall, Derbyshire, Inglaterra, e da Casa do Governo, Calcutá

## O HISTORICISMO GREGO

Embora o Partenon seja hoje um dos edifícios antigos mais venerados da Europa, demorou para que sua proeminência artística entrasse em foco no século XIX. Em 1805, quando Thomas Bruce, sétimo conde de Elgin, que havia comprado o friso do Partenon dos otomanos, sondou o Museu Britânico para vender as peças, deparou-se com a hesitação das autoridades. Alguns anos depois, quando Charles Robert Cockerell tirou as esculturas do templo de Egina, os ingleses não se interessaram em comprá-las, e ele vendeu-as a Ludwig I da Baviera, passando a constituir o núcleo da Gliptoteca de Munique.

O fascínio com a Grécia explodiu quando cessaram as hostilidades entre a Inglaterra e a França, em 1814, o que permitiu que um número sem precedentes de europeus pudesse visitar a Grécia. O país tornou-se ainda mais atraente na década de 1830, depois de ser libertado da ocupação turca. Em 1830, a Inglaterra, a Alemanha e a Rússia assinaram o Protocolo de Londres, que reconhecia a independência da Grécia. Os alemães e bávaros comandaram a operação militar que, em 1833, libertaria o país do Império Otomano, e colocaram no trono Otto de Wittelsbach, cujo reino tinha a garantia das potências europeias. O impacto da libertação da Grécia sobre a consciência europeia foi profundo. Ele deu nova vida ao movimento neoclássico e às noções iluministas de liberdade e progresso. Como resultado, o Neoclassicismo, outrora associado ao mundo opressivo das instituições imperiais, passou a ser ligado ao universo otimista e progressista da indústria burguesa.

A arquitetura neogrega (ou do historicismo grego) assumiu sua forma mais gritante perto de Regensburg, na Alemanha, no edifício chamado Valhalla (1830–1842), projetado por Leon von Klenze (1784–1864) para ser um salão da fama para os ícones do país. Klenze, que estudara em Paris com Jean-Nicolas-Louis Durand, também projetou a Gliptoteca de Munique (1816–1830) com uma fachada grega correta em termos arqueológicos e com interior em estilo romano, seguindo a metodologia de Durand.

# AMÉRICA DO NORTE

16.61 Igreja de Santa Madalena, Paris

16.62 Vista de Valhalla, perto de Regensburg, Alemanha

O Valhalla, implantado em uma elevação à margem do Rio Reno, era um templo em estilo grego relativamente correto, elevado por uma série de terraços. Ludwig I também enviou Klenze para ajudar a projetar a nova capital da Grécia, Atenas, localizada nos lados oeste e sul, em grande parte desabitados, da antiga acrópole. Atenas tornou-se a primeira capital construída para refletir a fusão dos ideais iluministas e românticos. O movimento neogrego teve duração relativamente efêmera no continente, onde tinha de competir com outros estilos. No entanto, a Escócia, cuja economia se desenvolvera com rapidez, em meados do século XIX, devido ao crescente domínio do país sobre o comércio de algodão e a construção naval – os navios fabricados em Glasgow totalizavam 85% da tonelagem total da Grã-Bretanha –, estava ansiosa para expressar-se como nação autônoma, apesar de fazer parte do Reino Unido. O estilo grego foi, assim, uma importante manifestação de seu fervor romântico nacional, como se pode ver na Academia Real Escocesa (William Henry Playfair, 1835), em Edimburgo, e na Igreja Presbiteriana Unida de Saint Vincent Street (Alexander Thomson, 1857–1859), em Glasgow.

## O Capitólio do estado do Tennessee

Os exemplos mais impressionantes do historicismo grego podem ser encontrados nos Estados Unidos, onde ocorreu uma conexão bastante forte entre a Grécia e sua própria consciência nacional recém-descoberta. Não se tratava de um caso de história simplesmente importada para a paisagem aberta das Américas. Os americanos viam sua nação como a terra da oportunidade, onde poderiam retornar aos valores clássicos sem o peso da tradição. O *Modern Builder's Guide* (*Guia do construtor moderno*), que surgiu em 1833 e teve cinco edições até 1855, apresentava gravuras detalhadas das ordens clássicas e suas origens nos templos antigos. O historicismo grego também reforçou a inclinação helenística da arquitetura da chamada Era Federal (1780–1830). Porém, ao contrário do estilo Federal, que se expressava de maneira mais satisfatória nas grandes casas dos abastados, o historicismo grego foi aplicado a edifícios institucionais e governamentais: o Patent Office, em Washington, D.C. (1836), que inclui uma réplica da frente do Partenon como parte de sua fachada; o Old Shawneetown Bank (1836), em Old Shawneetown, Illinois, o Banco James Dakin, de Louisville (1834–1836), Kentucky; o Mercado de Charleston (1840), Carolina do Sul; e o Capitólio do estado do Tennessee (1845–1859), de William Strickland, em Nashville. Este último combinava um templo a uma versão gigantesca do Monumento Corágico Grego de Lisícrates, em Atenas.

16.63 Academia Real Escocesa, Edimburgo

# 1800 D.C.

16.64  Old Shawneetown Bank, Shawneetown, Illinois

16.65  Mercado de Charleston, Carolina do Sul

Esses não eram exemplos isolados, mas parte de uma onda de neo-helenismo que durou décadas e alastrou-se até o Canadá, podendo ser vista até mesmo em edifícios humildes situados em lugares tão distantes quanto o estado de Oregon. Quando a porção oeste do estado de Nova York foi conquistada dos ameríndios, os topônimos foram retirados literalmente da Ilíada. Ainda hoje se pode ir de Ithaca (Ítaca) a Troy (Troia), Syracuse (Siracusa), Athens (Atenas), Rome (Roma), Carthage (Cartago) e inclusive Homer (Homero) sem sair do estado de Nova York. Em Nashville, Tennessee, construiu-se em 1897 uma réplica em escala real do Partenon. Não foi pintada com as cores vibrantes dos gregos antigos, mas de branco, como preferiam os neo-gregos. O sistema de construção grego, com colunas, também foi adotado com facilidade, em especial nas casas de fazenda do Mississippi e da Louisiana, onde pórticos em circunferência eram comuns desde o século XVIII. Oak Alley (1836), perto de Vacherie, na Louisiana, e a casa do fazendeiro Alexander Roman são exemplos bem conhecidos desse estilo. As colunas colossais que formam o círculo sustentam uma varanda contínua no nível do segundo andar. Essas 28 colunas correspondem ao mesmo número de carvalhos que ladeiam a entrada formal à casa a partir do Rio Mississipi, encerrando literalmente a relação entre natureza e forma e reiterando a ideologia do elitismo.

## Metcalfe Hall

A partir de 1800 foram feitos grandes levantamentos para mapear cada área de terreno da Índia colonial, de modo que propriedades pudessem ser transferidas a camponeses individuais. Contudo, esse sistema não tinha como ser rigidamente mantido, pois as terras eram de propriedade coletiva, pertencendo às vilas. À medida que a corrupção aumentou novamente, também surgiram críticos aos românticos: os novos liberais que, entre 1828 e 1856 – o período dos governos do lorde William Bentinck ao Conde de Dalhousie –, inspiraram-se no utilitarismo de Bentham. Eles acreditavam que a natureza humana era intrinsecamente a mesma em qualquer lugar e podia ser aprimorada por meio de educação, legislação e comércio livre. Para eles, passar a civilização inglesa aos indianos, cuja civilização viam como problemática, tinha um único objetivo. Eles se consideravam como mantenedores da civilização indiana até que os indianos fossem civilizados e autodisciplinados o suficiente para se manterem. Essa tarefa geralmente era caracterizada como "o fardo do homem branco".

Na arquitetura, o estilo preferido agora era o historicismo grego. Desde a liberação da Grécia do domínio turco, em 1830, arqueólogos ingleses e de outros países europeus dirigiam-se em grandes números para medir, copiar e estudar em detalhes as ruínas gregas. Edificar com base nesses dados precisos se tornou a última moda da década de 1840. Sir Robert Smirke protegeu o British Museum, em Londres (1823–1847), tendo como base um Classicismo erudito. Em Calcutá, C. K. Robinson projetou o Metcalfe Hall (1840–44), um belo prédio do Historicismo Grego, como 30 colunas coríntias colossais sustentando um entablamento enorme.

16.66  Capitólio do estado do Tennessee, Nashville

16.67  Metcalfe Hall, Calcutá, Índia

# EUROPA

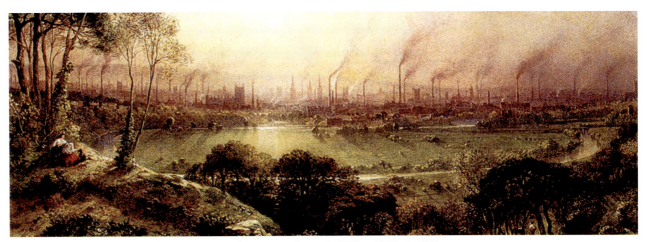

16.68 Vista das fábricas de Manchester representadas em uma pintura de William Wylde de 1857

## A REVOLUÇÃO INDUSTRIAL

Na segunda década do século XIX, a industrialização na Inglaterra começou a ter consequências no resto do mundo. Toda uma nova sociedade surgia, assumindo forma concreta em um novo tipo de cidade e em novas espécies de relações políticas e de poder. Ao contrário das grandes metrópoles de outrora, cidades fabris como Manchester, Leeds e Liverpool não tinham um passado de urbanidade. Não havia um centro elegante, com grandes avenidas, parques, igrejas, palácios e instituições culturais. Não obstante, essas cidades rivalizavam em tamanho e em população com Londres e Paris. Manchester, apelidada de Cottonopolis (Cidade do Algodão), em razão das suas fiações de algodão, tornou-se a maior cidade da Inglaterra depois de Londres. A cidade industrial era uma paisagem nova, composta de pessoas, trânsito e comércio – com um grau de imundície nunca antes testemunhado. Não havia planejamento urbano. Inexistia um sistema de esgoto e o fornecimento de água era inconstante. Epidemias de febre tifoide e tuberculose eram frequentes. A poluição do ar, em virtude do mau cheiro das fábricas, dos dejetos e dos matadouros, era a situação normal. (Em Londres, o Tâmisa cheirava tão mal que muitas vezes era impossível trabalhar no edifício do Parlamento, junto ao rio.) As condições de vida dos trabalhadores eram espantosas. A expectativa de vida era de 28 anos. Durante as Guerras Napoleônicas, o governo mal prestava atenção a esses problemas. Mesmo depois da guerra, apesar da crescente agitação, o Partido Tory conservador resistia a mudanças.

Quando o Partido Whig obteve a maioria do parlamento, nas eleições de 1830, a situação começou a mudar aos poucos. A Lei da Grande Reforma de 1832 redistribuiu os distritos eleitorais das cidades, de forma a refletir mudanças na população. Ela também relaxou as exigências para poder votar e definiu a ideia de democracia tal como a entendemos hoje, embora o direito de sufrágio ainda tenha sido por muito tempo reservado aos homens. As Leis das Fábricas da década de 1830 restringiram os horários de trabalho infantil; a Lei das Minas de 1842 proibiu o trabalho subterrâneo a todas as mulheres e aos meninos com menos de 10 anos; e a Lei das Dez Horas, de 1847, limitou a 10 horas a jornada de trabalho das mulheres e dos jovens. Apesar dessas melhorias, o trabalho nas fábricas continuava insuportável e gerava muitas discussões e disputas políticas. Assim, foram feitos esforços para o saneamento das cidades. Na década de 1860, Joseph Bazalgette, engenheiro-chefe do Conselho Metropolitano de Obras, projetou uma extensa rede de tubos subterrâneos para conduzir os dejetos a um ponto do rio a jusante do centro populacional. Foi nesse momento que nasceu a moderna noção de infraestrutura, e o sistema logo se expandiu para incluir as redes de água e eletricidade.

A principal mudança na paisagem foi o surgimento das fábricas, em particular as de algodão e roupas localizadas perto dos córregos, os quais acionavam rodas d'água. Fundada em 1771, a Fábrica de Arkwright, em Cromford (logo ao sul de Matlock Bath), foi a primeira grande tecelagem de algodão em grande escala baseada na energia hídrica. Arkwright, que se tornou conhecido como o pai do sistema fabril, construiu a vila de Cromford para abrigar a mão de obra de sua fábrica. Em 1790, os edifícios principais já estavam terminados. Os edifícios tinham aparência uniforme: a maioria era formada de pavilhões ortogonais de alvenaria de tijolo ou pedra sem ornamentos, com piso de madeira e, em geral, com quatro a seis pavimentos. A energia motriz da roda-d'água era distribuída pelo edifício por um sistema de eixos, engrenagens e correias. Do eixo principal de cada pavimento, a força era distribuída para eixos menores. A partir deles, correias moviam cada uma das máquinas. Quanto mais longo o eixo, mais sujeito estava a quebrar. Em geral, ele não podia ter mais de 30 metros, o que limitava o comprimento total das fábricas. O problema da transmissão mecânica de força ao longo de grandes distâncias foi resolvido com a introdução do cabo de aço por volta de 1850. O desenvolvimento das máquinas movidas com energia elétrica no final do século XIX deu maior flexibilidade ao projeto de fábricas, e já não era mais necessário que elas fossem instaladas junto aos rios.

No início, as fábricas abasteciam apenas os mercados locais, mas, na década de 1830, elas já estavam voltadas para atender ao mercado nacional e internacional. As primeiras fábricas eram pequenas, empregavam famílias inteiras e com frequência dependiam do trabalho infantil; as maiores, em geral empregavam mulheres jovens, de 13 a 25 anos. A vida dessas mulheres era muito regrada, e a maioria delas morava em pensões que impunham rígidas normas de comportamento. A melhor maneira de demonstrar a escala da produção é citar números: em 1860, a Inglaterra instalou 27.300 quilômetros de trilhos ferroviários, em comparação com os 16 mil quilômetros distribuídos na França. Em 1870, a Inglaterra controlava um terço da produção total do mundo. As fábricas inglesas tinham 39,5 milhões de fusos para fiar algodão, comparados com os meros 5 milhões da França.

# 1800 D.C.

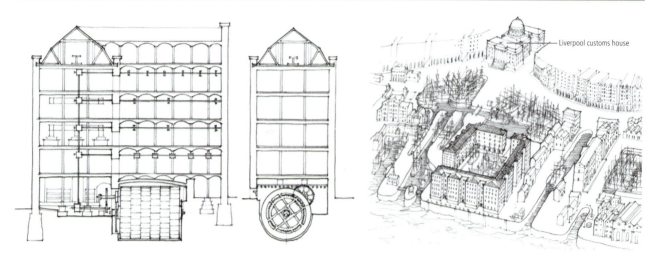

16.69  A Fábrica Norte de Jedediah Strutt, Belper, Derbyshire, Inglaterra

16.70  Vista aérea da Albert Dock, Liverpool, Inglaterra

## Albert Dock

Os portos ingleses de Londres e Liverpool eram praticamente cidades autônomas. Em meados do século XIX, as docas de Londres, continuamente aperfeiçoadas e ampliadas, empregavam 30 mil pessoas. Liverpool testemunhou uma série de expansões, consolidando seu *status* de potência comercial global. Na década de 1890, tornara-se o segundo maior porto da Inglaterra, atrás apenas de Londres, e também era o principal porto do tráfico de escravos do país. Algodão, chá, arroz, tabaco, açúcar e cereais passavam por esse porto — assim como imigrantes. Docas especializadas foram construídas para armazenar diferentes tipos de mercadorias, desde azeite de palmeira, cacau e algodão até marfim e madeira para construção.

A Albert Dock (1846) em Liverpool, construída em ferro fundido, tijolo e pedra, sem o uso de madeira na estrutura, foi o primeiro armazém com proteção contrafogo da história. Ela também possuía o primeiro sistema de içamento hidráulico em armazéns do mundo. Disposta ao redor de um trecho de água retangular, o piso térreo do seu lado interno tinha uma colunata de ferro fundido oca e preenchida de alvenaria, com armazéns nos pavimentos superiores. Janelas altas permitiam que os guindastes carregassem e descarregassem as mercadorias nos diversos pavimentos. Para que o edifício fosse totalmente à prova de fogo, as colunas e vigas de ferro fundido sustentavam os pisos com abobadilhas de tijolo. Tendo custado £ 700 mil, a Albert Dock provavelmente foi a edificação mais cara do mundo em sua época. Depois de 20 anos, contudo, a entrada tornou-se pequena demais para os navios, cujo calado aumentava sem parar, e a doca converteu-se em armazém. Ao lado dela havia uma nova alfândega (que já não existe) projetada por John Foster, com um frontão jônico imponente e severo (baseado no do Panteon, mas com capitéis jônicos) e uma cúpula em estilo renascentista no centro.

16.71  Albert Dock

638

# EUROPA

16.72 Penitenciária de Eastern State, Filadélfia

16.73 Casa de Correção de Suffolk, Bury Saint Edmunds, Inglaterra

## As prisões panópticas

À medida que o Iluminismo foi adotado nas novas cidades industriais do século XIX, a definição de criminalidade mudou consideravelmente. No século XVIII, criminosos, doentes mentais, pobres e indigentes – ou seja, todos os "indesejados" – eram trancafiados juntos em grandes salões e corredores. A Torre dos Lunáticos, em Viena (1784), nada mais era do que uma fortaleza cilíndrica. A superlotação, a imundície e as condições brutais faziam dessas prisões lugares pavorosos. Na Inglaterra por volta de 1819, havia 220 crimes capitais, que iam do assassinato ao roubo de pão. O Iluminismo trouxe consigo a tentativa de refinar a força da lei. Entretanto, o que apavorava as mentes dos moralistas do início do século XIX não era tanto a imundície das prisões, mas o fato de que seres humanos pudessem ser colocados fora do alcance da vida moral. Era preciso estabelecer uma conexão entre a reforma do corpo e da mente do prisioneiro e a legitimidade do Estado. Isso motivou o surgimento das primeiras prisões modernas, como a penitenciária da Virgínia (1798), projeto de Benjamin Latrobe, e a Casa de Correção de Suffolk, em Bury Saint Edmunds, Inglaterra (1803), na qual a casa do diretor ficava no centro, para demonstrar a nova autoridade da lei, que agora protegia de modo ostensivo o prisioneiro contra abusos ao mesmo tempo que impunha seu próprio código de comportamento.

Essas novas prisões possuíam celas isoladas para os reclusos, agrupadas, como os raios de uma roda, ao longo dos corredores abertos do edifício, o que deu origem ao nome "prisão panóptica". Um ótimo exemplo do sistema panóptico é a Penitenciária de Eastern State, na Filadélfia (cuja construção iniciou em 1821), organizada de acordo com a filosofia dos quakers da Pensilvânia, segundo a qual o isolamento conduziria à autorreflexão monástica. Os prisioneiros viviam em celas e tinham permissão para sair para um pequeno pátio privado. Eles podiam sair apenas para tomar banho, com pouca frequência, ou em caso de emergência médica. Somente eram permitidas visitas de funcionários. O uso de máscaras e números, em vez dos nomes, garantia o anonimato quando os prisioneiros tinham de ser removidos de suas celas. Até mesmo a tubulação do esgoto foi projetada para evitar a comunicação entre as celas. Cada movimento do prisioneiro era observado o tempo todo, seja do corredor, seja nas torres durante os exercícios. Aqueles que tinham capacidade recebiam permissão para se aperfeiçoarem em algumas poucas habilidades pré-selecionadas, como a fabricação de sapatos, cestos e vassouras. Supunha-se que essas atividades humildes poderiam reconectá-los ao princípio de que a nossa principal razão de ser é servir à sociedade. Esse sistema era bastante admirado, apesar de logo ter ficado evidente que muitos prisioneiros enlouqueciam. Sua equivalente inglesa foi a Prisão de Pentonville (Londres, 1844), planejada com base em um projeto de Jeremy Bentham, na qual quatro braços radiais estendem-se a partir de um salão central de onde os prisioneiros podem ser observados. Pentonville tornou-se a prisão mais copiada em todo o mundo.

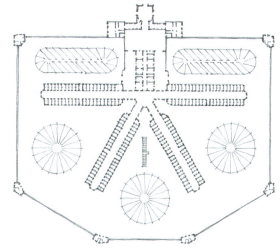

16.74 Planta da Prisão de Pentoville, Londres

639

# 1800 D.C.

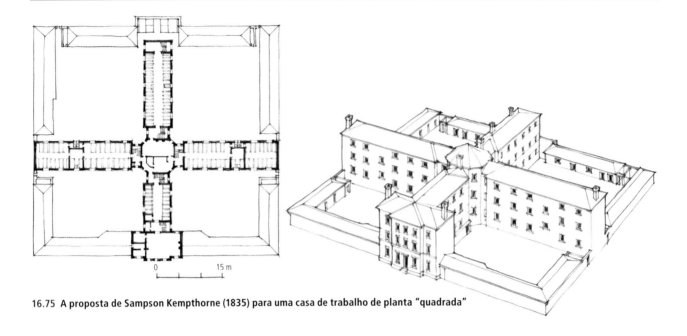

16.75 A proposta de Sampson Kempthorne (1835) para uma casa de trabalho de planta "quadrada"

### As casas de trabalho (*workhouses*)

Muitas cidades inglesas tinham instituições chamadas casas de trabalho (*workhouses*), que davam trabalho aos pobres e também atuavam como internatos religiosos. Eram administradas pelas paróquias e consideradas uma obra de caridade. Do ponto de vista de seus patrocinadores, eram projetadas como "edifícios grandes, espaçosos e, podemos dizer, bastante elegantes", mas a realidade era muito distinta. Em *A situação da classe trabalhadora na Inglaterra*, de 1844, Frederick Engels escreveu:

> Abaixo da ponte, vemos os montes de lixo, as imundícies, a sujeira e a degradação dos pátios situados na escarpada margem esquerda; as casas apertadas entre si e apenas parcialmente visíveis, mas todas mais ou menos iguais: enegrecidas pela fumaça, degradadas, velhas, as janelas com caixilhos e vidraças partidas. O pano de fundo são velhos prédios industriais, que parecem casernas. Aqui o pano de fundo é composto pelo cemitério dos indigentes, as estações das linhas ferroviárias de Liverpool e Leeds e, mais atrás, a [Workhouse], a "Bastilha da Lei dos Pobres" de Manchester, que, do topo de uma colina, como uma fortaleza, por trás de suas altas muralhas e ameias, observa ameaçadoramente o bairro operário que se estende à sua frente.

As casas de trabalho possuíam diferentes formatos. A maioria compunha exercícios de geometria social: quadradas ou retangulares, com pátios que segregavam homens, mulheres e crianças, uma capela, uma enfermaria e escritórios administrativos no centro. Porém, já na década de 1830 havia muita oposição a essas instituições, em razão da brutalidade e das difíceis condições de vida que ofereciam. Embora o governo tenha feito tentativas periódicas de reformar suas práticas, sua existência só terminou oficialmente em 1929.

16.76 Planta da Bridge Street Workhouse, Manchester, Inglaterra

# AMÉRICA DO NORTE

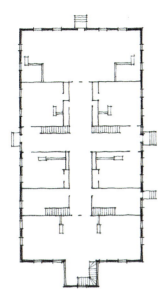

16.77 Planta do pavimento térreo de uma casa comunitária shaker

16.78 Interior de uma casa shaker

## OS SHAKERS

A crescente insatisfação com os resultados das grandes aspirações iluministas sobre a união da razão e da natureza deu origem a uma geração de pensadores utópicos, filósofos sociais e críticos culturais. O principal deles, na França, foi Claude Henri de Rouvroy, conde de Saint-Simon, um aristocrata, oficial da Guerra da Independência dos Estados Unidos, especulador no mercado imobiliário e jornalista. Seus escritos, que incluem *Memoire sur la science de l'homme* (*Memória sobre a ciência do homem*, 1813), *De la réorganisation de la société européene* (*Sobre a reorganização da sociedade europeia*, 1817), com Augustin Thierry, e *Le nouveau christienisme* (*O novo cristianismo*, 1825), foram muito influentes. Saint-Simon defendia um socialismo "cristão-científico" semimístico e concebido em torno de uma elite de filósofos, engenheiros e cientistas que domariam as forças da industrialização por meio de um humanismo cristão racional. Embora Saint-Simon tenha possuído adeptos na Europa e tenha influenciado até mesmo o pensamento de Karl Marx e outros, seu movimento pela criação de novas comunidades não deu muitos frutos no Velho Mundo. Nos Estados Unidos, por outro lado, os ideais utópicos encontraram um público favorável, e a fundação de comunidades utópicas atingiu seu apogeu por volta de 1840. Por quê? Muitos dos pensadores utópicos eram cidadãos norte-americanos, mas uma minoria significativa incluía imigrantes da Inglaterra, França, Alemanha e Escandinávia. Para a maioria deles, o ideal era um pequeno vilarejo bem organizado e com uma variedade de indústrias artesanais.

Os shakers almejavam nada menos do que transformar a Terra em paraíso. Eram celibatários, e o seu trabalho diário e os rituais religiosos sustentavam a crença tanto na esfera terrestre, concebida como um povoado rural, quanto no orbe celestial, visto como a Nova Jerusalém. Entre 1780 e 1826, os shakers fundaram 25 povoados entre o Maine e a fronteira de Ohio. As comunidades se organizavam em casas comunais, chamadas de famílias, que consistiam em 30 a 100 pessoas. As cidades adotavam nomes celestiais, como Cidade da Paz, Cidade do Amor, Terra Sagrada ou Bosque Agradável. A disciplina não era uma imposição, mas uma condição de respeito divino. Esperava-se, por exemplo, que qualquer um que andasse encurvado ou acenasse com a cabeça se desculpasse publicamente. A lei também exigia que se dormisse em posição retilínea. Os móveis reforçavam a necessidade de se manter a boa postura, e as cadeiras, embora leves e resistentes, possuíam encostos altos.

A vida dos shakers era extremamente regrada. As mulheres eram responsáveis por varrer a casa, enquanto os homens deviam limpar as oficinas. As gavetas com frequência eram embutidas nas paredes para não acumular poeira ou causar desordem. Nas casas, uma divisa invisível separava os ambientes masculinos, situados a oeste, dos femininos, a leste. Conjuntos duplos de escadas e portas serviam para separar homens de mulheres. Os membros da comunidade faziam seus próprios móveis, roupas e até mesmo prédios. Assim, permaneciam fisicamente cercados pelo trabalho manual de outros fiéis. Apesar de todas as restrições, os rituais dos shakers envolviam dança e pantomima. Vestiam-se roupas imaginárias, e "visitantes" apareciam trazendo mensagens específicas. Membros que nunca haviam elevado a voz de repente começavam a cantar, gritar e girar em espirais vertiginosas – daí o nome da seita (*shaker*, "agitador" em inglês).

As aldeias prósperas e bem construídas dos shakers aumentaram de maneira considerável a credibilidade da estratégia comunitária em prol da mudança social. Todavia, a relutância da comunidade shaker em envolver-se na indústria pesada acabou por corroer sua prosperidade após a Guerra Civil, e a quantidade de membros caiu com rapidez, em grande parte devido ao celibato dos membros e à consequente falta de descendentes.

641

# 1800 D.C.

## AUGUST WELBY PUGIN E O EDIFÍCIO DO PARLAMENTO INGLÊS

Talvez não seja mera coincidência que os dois trabalhos de teoria arquitetônica mais importantes da época não sejam de secularistas, mas de críticos do secularismo e do industrialismo: Marc-Antoine Laugier e August Welby Pugin (1812–1852). O pai de Pugin, Auguste Charles, conde de Pugin, fugiu da França durante a Revolução e, como autoridade no estilo gótico, começou a trabalhar no escritório de John Nash, que precisava adaptar-se à crescente demanda pela arquitetura nesse estilo, apesar de, pessoalmente, considerá-la problemática. O jovem Pugin já estava saturado da arquitetura gótica e havia até mesmo se convertido ao catolicismo, acreditando ser a única religião verdadeira. Como não tinha grande esperança de conseguir contratos, começou a escrever *Contrasts*, obra que publicou à sua própria custa em 1836, por não encontrar um editor que se dispusesse a publicar uma obra tão explosiva. O livro tornou-o famoso, e ele logo começou a ser contratado para projetar capelas, igrejas e até mesmo casas particulares. "A história da arquitetura é a história do mundo", escreveu. Com relação às obras de sua época, indagava: "A arquitetura de nosso tempo, mesmo supondo-se que seja sólida o suficiente para durar, transmite à posteridade qualquer indicação mais precisa sobre o sistema segundo o qual foi erguida? Certamente não [...] É uma mistura confusa de estilos e símbolos tomados emprestados de todas as nações e todos os períodos." O que estava em jogo, ele acreditava, não era só um estilo, mas a história da civilização. A industrialização, a ganância e o secularismo haviam isolado os homens uns dos outros.

O livro *Contrasts* lançou as bases de uma crítica à industrialização que não visava apenas a reparar, por meio do direito e da política, as desigualdades por ela engendradas, mas a propor uma alternativa quase utópica, que remontaria à Idade Média, época marcada, para Pugin, por uma vibrante consciência social, mas que fora perdida. O arquiteto, dizia ele, não devia adotar qualquer estilo que o cliente quisesse, pois isso equivaleria a endossar as arbitrariedades do mundo moderno. Uma das ilustrações de *Contrasts* mostra uma cidade como Pugin imaginava em 1440, e outra mostra-a em 1840. A primeira retrata uma cidade coerente, com muralhas intactas e uma igreja em primeiro plano. A segunda mostra um rio cheio de edifícios às margens, um amontoado de coruchéus de igrejas e chaminés e, em primeiro plano, uma prisão. A igreja original ainda existia, mas cercada por outras construções e abandonada. Tratava-se de uma crítica ao racionalismo que ainda hoje permanece incrustada na imagem da modernidade, sendo facilmente lembrada por quem vê a vida moderna como uma espiral descendente de decadência ética e moral. A arquitetura deveria basear-se em princípios (e, nesse sentido, era filha do Iluminismo), incluindo o uso de materiais locais e o respeito às tradições locais. Era isso que diferenciava o gótico "verdadeiro" do que se via como o gótico superficial de Horace Walpole ou, pior, o racionalismo frio dos neoclassicistas. Somente o gótico, defendia ele, permitiria transmitir a orientação moral esperada de uma sociedade cristã.

Apesar do conservadorismo de Pugin, não se deve vê-lo como um antimodernista ingênuo. Suas convicções sobre a necessidade de levar em consideração as tradições regionais e o clima local, bem como a sua crença na construção "honesta", foram todas reafirmadas pelos modernistas após o esgotamento do imperativo gótico. Um de seus argumentos contra a arquitetura italianizada era o fato de ela não se adequar à Inglaterra. Uma edificação, acreditava Pugin, devia explicitar seus vários propósitos, o que levou a uma valorização da assimetria e a uma ênfase na articulação de suas diferentes partes, argumento que os modernistas também usariam mais tarde.

Foi devido à crescente confiança na legitimidade do neogótico como estilo genuinamente inglês que, após o incêndio do velho Palácio de Westminster, em 1834, um comitê parlamentar decidiu reconstruí-lo em estilo gótico. Duzentos anos antes, uma instituição similar havia decidido reconstruir a antiga Catedral de Saint Paul no estilo Neoclássico.

16.79 Gravura redesenhada do livro *Contrasts*, de Pugin, mostrando uma cidade em 1440

16.80 Gravura redesenhada do livro *Contrasts*, de Pugin, mostrando a mesma cidade ilustrada acima em 1840

# EUROPA

Organizou-se um concurso de arquitetura para o projeto do novo edifício do Parlamento, que foi vendido por Charles Barry, que trabalhou intimamente com Pugin. Poucos podem negar a genialidade do projeto, com suas hierarquias lúcidas que diferenciam as áreas públicas e privadas e a grandiosidade das entradas ao grande salão octogonal que separa a Casa dos Lordes, ao norte, e, ao sul, a Casa dos Comuns.

Um eixo interno, que possibilitou a construção de uma entrada especial para o soberano pelo canto sudeste do prédio, possuía vários espaços de transição, pátios a céu aberto que permitiam a entrada de luz nos diversos cômodos. Escritórios, bibliotecas e salas de reunião são alinhadas ao longo da fachada principal voltada para o rio. O exterior – construído quase uniformemente em um calcário de cor amarelo suave – foi projetado em estilo gótico perpendicular, replicando o gosto do século XV. Apesar do tratamento monótono do volume externo do edifício, Barry conseguiu introduzir elementos pitorescos em sua silhueta por meio do posicionamento assimétrico dos elementos verticais: a Torre Vitória, a lanterna sobre a sala octogonal e o Big Ben, a hoje famosa torre do relógio do Parlamento.

Os debates feitos em torno desse edifício, questionando o papel e propósito da arquitetura, foram notáveis. A história da arquitetura moderna está diretamente vinculada às polêmicas, a começar pela ofensiva de Charles Perrault contra a beleza, seguida do ataque de Marc-Antoine Laugier às ordens clássicas, continuado no século XIX por Pugin, que considerava a edificação como uma vitrine e um exemplo moral e estético do estilo gótico. O Neoclassicismo, com as suas alusões cosmopolitas, que haviam satisfeito as expectativas da antiga elite, dera lugar, no caso inglês, a um estilo associado não só aos novos moralistas, mas também ao reinado da rainha Elisabete I (1533–1603), cada vez mais visto como uma era de ouro, na qual a Inglaterra assistira à primeira fase de seu poder global. Em outras palavras, o Neoclassicismo, que outrora era a linguagem preferida da autoridade colonial, cada vez mais passou a ser visto como por muito genérico e indiferenciado – demasiado "continental" – para distinguir a Inglaterra, a essa altura o império colonial mais poderoso do mundo, de seus concorrentes.

16.81 Casas do Parlamento, Westminster, Londres

1. Torre do Relógio
2. Westminster Hall
3. Câmara da Casa dos Comuns
4. Salão central
5. Câmara da Casa dos Lordes
6. Galeria real
7. Entrada do soberano

16.82 Planta das Casas do Parlamento

# 1800 D.C.

16.83 Oriel Chambers, Liverpool, Inglaterra

## EUGÈNE-EMMANUEL VIOLLET-LE-DUC

Por volta de meados do século XIX, houve a rápida expansão da classe média, o fim temporário da influência da pequena nobreza fundiária e o surgimento de uma classe profissional. A Sociedade Geológica atualizou seus quadros, antes compostos por "interessados" da pequena nobreza, e passou a fundar-se no mérito e nas realizações acadêmicas para a qualificação dos futuros membros. A ideia de que os fósseis haviam sido colocados no solo por Deus – ainda plausível na década de 1830 – já não era aceita em 1850.

A arquitetura passava por uma revolução semelhante, liderada por uma geração de teóricos que incluía Eugène Emmanuel Viollet-le-Duc (1814–1879) na França, Gottfried Semper (1803–1879) na Alemanha, e John Ruskin (1819–1900) na Inglaterra. Apesar de diferentes sob muitos aspectos, cada um deles tentou repensar os princípios do racionalismo e da tecnologia e, ao mesmo tempo, escreveu. *Stones of Venice* (*As pedras de Veneza*), de Ruskin, apareceu pela primeira vez em 1851, no mesmo ano de *Die vier Elemente der Baukunst* (*Os quatro elementos da arquitetura*), de Semper. O *Dictionnaire raisonné de l'architecture française du XI au XVe siècle* (*Dicionário fundamentado da arquitetura francesa dos séculos XX ao XV*), de Viollet-le-Duc, que teve várias edições, surgiu em 1854. O período representou, sem dúvida, um ponto de crucial no discurso sobre a arquitetura. Viollet-le-Duc era um veemente defensor do ferro, um material moderno. Ao contrário de outros arquitetos da época, que usavam o ferro fundido, conferindo-lhe um sabor gótico, atendendo às exigências dos seguidores de August Welby Pugin, Viollet-le-Duc não fazia tal exigência.

Ele também não defendia o racionalismo tecnológico de sir Joseph Paxton, materializado no Palácio de Cristal, em Londres. O ferro fundido e, depois, o ferro forjado haviam surgido com relativa rapidez no cenário arquitetônico, mas a apreciação adequada de sua estética ainda não era clara para os arquitetos da metade do século. Nos séculos XVII e XVIII, os arquitetos barrocos, com as suas grandes cúpulas e complexos efeitos de iluminação, transitavam entre a arquitetura e a tecnologia. O Neoclassicismo, com a sua ênfase na imagem, exigia muito menos dos arquitetos em termos de técnica. Porém, com a introdução do ferro fundido, isso mudou rapidamente. Os catálogos de componentes arquitetônicos publicados pelos projetistas das forjas inglesas tornaram-se cada vez maiores, e rapidamente passou-se da mera adição de sacadas de ferro fundido (de que é excelente exemplo o Quarteirão Francês, em Nova Orleans, na Louisiana) para o projeto de casas e estrutura feitas inteiramente de ferro fundido.

Por volta de 1850, já se defendia uma congruência entre o material e a forma, como se pode observar no notável prédio Oriel Chambers em Liverpool, Inglaterra, de 1864, do arquiteto Peter Ellis. A fina estrutura de ferro fundido sustenta janelas de sacada envidraçadas e não faz concessões à ornamentação. Na época, o edifício não foi apreciado. Os arquitetos ainda preferiam usar o ferro fundido, sobretudo em suportes de piso. Nesse sentido, prevalecia ainda a abordagem de Quatremêre de Quincy, que lecionava na École des Beaux-Arts e criticava o uso do ferro exposto em qualquer construção que não fosse um edifício industrial, opinião que teve consequências duradouras. Por outro lado, o ferro tinha forte apoio dos românticos, que viram no material uma oportunidade de fugir às restrições das ordens clássicas e introduzir um tom mais local ou regional na arquitetura. Viollet-le-Duc tentou manter um meio-termo, argumentando contra a academia, com a sua fidelidade neoclássica, e contra a autonomia da engenharia racional. Para ele, o racionalismo não era uma questão de números e eficiência, mas a base de um estilo que poderia emergir da familiaridade com a história da arquitetura e as necessidades visuais e funcionais do programa.

A abordagem de Viollet-le-Duc é muito bem ilustrada por seu projeto de estrutura de ferro para uma sala de concerto (1886), surpreendente até para os dias de hoje. Usando o princípio dos arcobotantes, mas invertendo-os e colocando-os não no exterior, mas no interior, ele ergueu uma armação de aço que, por sua vez, apoiava uma fina cobertura de alvenaria.

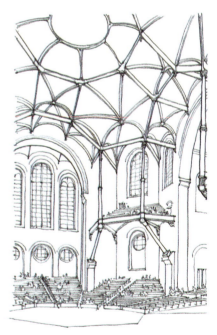

16.84 O projeto de Viollet-le-Duc para uma sala de concerto

# EUROPA

16.85 Abadia de Vézelay, França

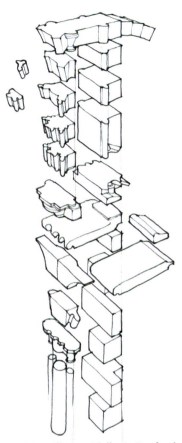

16.86 Análise que Viollet-le-Duc fez de uma coluna gótica

## A PRESERVAÇÃO ARQUITETÔNICA

Hoje, a preservação é importante elemento da profissão de arquiteto, mas nem sempre foi assim. Os medievalistas preocupavam-se em especial com o mau estado de conservação de muitas catedrais, e os primeiros esforços de preservação tiveram por objeto edifícios medievais. Viollet-le-Duc desempenhou papel de destaque nesse movimento. Em 1835, pediram-lhe que restaurasse a abadia românica de Vézelay, na França. Seguiram-se restaurações na Nôtre-Dame de Paris, no Monte Saint Michel, na Normandia, e na cidade de Carcassonne, na Provença. Enquanto John Ruskin defendia uma restauração que preservasse o edifício no estado em que se encontrava, Viollet-le-Duc propunha uma forma mais agressiva de preservação, que incluía a possibilidade de reconstruir e até de ampliar um edifício, seguindo o mesmo estilo. Em Carcassonne, os telhados altos e inclinados e grande parte da catedral da abadia de Vézelay são essencialmente criações suas.

Na França, muitas catedrais precisavam de reparos ou haviam sido danificadas na Revolução Francesa. Alguns edifícios haviam recebido acréscimos barrocos e neoclássicos. Para lidar com essas situações complexas (e como as igrejas medievais às vezes levavam séculos para ficar prontas e, assim, exibem numerosos estilos), sua abordagem não consistia em selecionar determinado período e devolver o edifício ao estado em que nele se encontrava, mas em sintetizar o edifício e tornar a restauração um ato de conclusão. Com isso, o arquiteto concentrava em suas mãos um grande poder, e o resultado final às vezes era um edifício que não existira até então. A fim de promover sua causa, Viollet-le-Duc estudou profundamente as práticas construtivas medievais, não só para que as suas restaurações fossem precisas, mas também para garantir a autenticidade conceitual e perceptiva das novas partes do edifício.

16.87 Restauração em Carcassonne, França, por Viollet-le-Duc, iniciada em 1853

645

# 1800 D.C.

16.88 Biblioteca Santa Genoveva, Paris

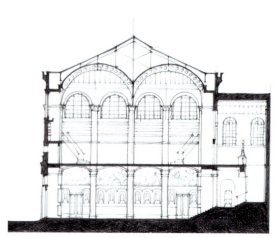

16.89 Corte transversal da Biblioteca Santa Genoveva

## A BIBLIOTECA SANTA GENOVEVA

Henri Labrouste (1801–1875) estava entre os arquitetos franceses que defendiam o uso do ferro. Sua Biblioteca Santa Genoveva (projetada em 1843 e construída entre 1845 e 1851), com colunas delgadas e abóbadas onduladas, coexiste com paredes de pedra que não exibem nenhum traço de colunas e pilastras clássicas. A distinção entre os dois pisos é marcada, no exterior, por um entablamento fino, com uma linha contínua de grinaldas suspensa sob ele. Abaixo, a parede é pontuada por janelas relativamente pequenas, em estilo românico, com topos arredondados. Na parte superior, uma arcada estende-se de uma extremidade à outra, com pilastras que formam um ritmo regular ao longo da fachada. O conjunto tem um aspecto tipicamente romano. Os dois terços inferiores da arcada são preenchidos por paredes, com uma janela em cada vão. O todo é coroado por uma cornija sem ornamentos, decorada de modo discreto em estilo neogrego. O edifício faz, assim, diversas referências históricas, mas não é, de modo algum, historicista. Labrouste tentou criar uma linguagem que pudesse demonstrar, por meio de sua estética redutivista, uma conexão fluida entre o antigo e o moderno. A fim de indicar o uso do ferro em seu interior (para aqueles olhares mais atentos), Labrouste articulou os parafusos de ancoragem extremos com painéis redondos aninhados entre as arquivoltas. O prédio tem ainda um componente pitoresco: os nomes de autores dos livros que se encontram nas estantes estão inscritos nos painéis das arcadas.

Nas mãos de Labrouste, o ferro representava um enriquecimento significativo das ferramentas do arquiteto. No vestíbulo, por exemplo, os pilares altos e sólidos contrastam com os delgados arcos de ferro fundido. Esses arcos foram projetados para evocar os galhos de um bosque sagrado, uma imagem reforçada por afrescos nas paredes, os quais mostram copas de árvores sobre bustos de figuras notáveis da literatura. O vestíbulo torna-se, assim, uma referência aos lendários Campos Elíseos. Todavia, uma vez que a posição de Labrouste não estava alinhada com o gosto mais conservador da academia, sua carreira não progrediu tão rapidamente quanto a de seus contemporâneos. O uso do ferro para criar abóbadas difundiu-se mais nas décadas seguintes. O sistema foi empregado, por exemplo, em Notre-Dame de la Croix (1870), Paris. Os fundos do edifício dão para o tecido urbano e sua longa fachada se abre para a praça que ladeia o Pantheón.

Sempre apresentava um argumento igualmente audaz. Para ele, as origens da arquitetura não seriam a coluna e o lintel grego, ou mesmo a necessidade de acrescentar um telhado à coluna ou lintel, como defendera Laugier. A arquitetura começou, segundo ele, com a tecelagem de cestas e a criação de roupas. Ao tecerem uma cesta, os homens primitivos teriam aprendido a entrelaçar galhos para construir paredes e, em seguida, tapar as frestas com barro. Com a olaria, teriam aprendido como fabricar azulejos, ladrilhos e tijolos. Os primórdios da arquitetura, portanto, tinham mais relação com a antropologia do que com os mitos e a arqueologia.

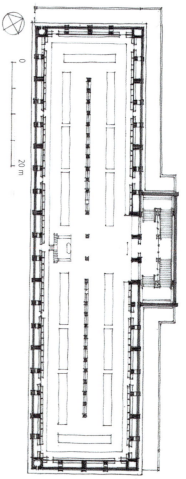

16.90 Planta da Biblioteca Santa Genoveva

# EUROPA

16.91 Escola Politécnica Suíça, Zurique

Essa foi uma reavaliação radical das origens da arquitetura, muito discutida na época. Para Semper, a natureza não era uma abstração que produzia geometrias regulares a serem imitadas; tampouco uma força biológica no sentido em que os arquitetos góticos compreendiam-na quando, por exemplo, tomavam ramos de árvores como modelos para suas abóbadas. Em vez disso, a natureza estava intimamente ligada ao nosso instinto para fazer coisas, o que Semper entendia como tendo um componente tanto econômico como moral. Na Grande Exposição de 1851, ele derramou elogios não somente sobre o projeto incrível, em termos técnicos, do Palácio de Cristal de sir Joseph Paxton, mas também sobre a mostra de casas de Trinidad, cuja produção proporcionava vislumbres de um estágio inicial do desenvolvimento cultural, antes de a industrialização deturpar os processos pelos quais os ofícios desenvolvem as formas.

Deixando de lado suas opiniões teóricas, no que se refere à arquitetura Semper inspirava-se muito nos motivos do Barroco romano, usando a rusticação na fachada do piso térreo e pilastras nas dos pavimentos superiores. Isso pode ser visto em seu projeto para a Escola Politécnica Suíça (1858–1864), em Zurique, onde a rotunda coberta por uma cúpula, usada como sala de leitura, não se situa no centro da composição, como seria de esperar, mas ao longo da fachada, acentuando de modo impressionante a entrada. Ela conduz a um salão central definido por um vocabulário clássico comedido.

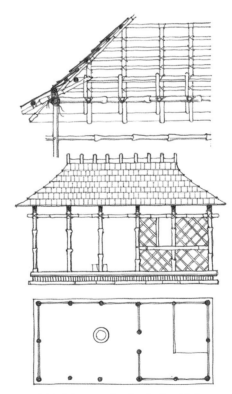

16.92 Cabana caribenha, de Gottfried Semper

# 1800 D.C.

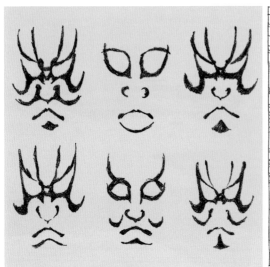

16.93 Exemplos de maquiagem do teatro kabuki

16.94 Fac-símile de interior de um teatro kabuki, de Nishimura Shigenaga

## KANAMARU-ZA

As culturas da Coreia e do Japão, sem dúvida influenciadas pela China dos qing, também eram extremamente controladas. Uma das inevitáveis manifestações de uma ordem social ritualizada e regulada, como escreveu Michel Foucault baseado em seus estudos de condições similares na Europa, é a criação sintomática de espaços de exclusão sancionados, ou herotopias – ou seja, locais em que se permite temporariamente o que se costuma proibir. No Ocidente, esses locais incluem prisões, hospitais, asilos para doentes mentais, festas e carnavais. Em Kyoto, o bairro de prostituição Shimabara era uma dessas áreas. Uma consequência paralela dos regulamentos rígidos foi o surgimento de uma forma de teatro chamada kabuki. Kabuki significa "fora do comum" e "chocante". Esse tipo de teatro era um misto de shows de acrobacia, comédia, momentos sensuais e efeitos especiais – uma fusão que havia sido desenvolvida no bairro Shimabara e fora proibida pelos xóguns em 1652. No entanto, o êscandalo associado ao famoso teatro kabuki apenas o tornou mais popular. Em Shimabara, altos oficiais interagiam com artistas teatrais que, embora fossem bonitos, talentosos e usassem roupas luxuosas, eram vistos como párias.

Os primeiros teatros eram construções temporárias similares àquelas utilizadas para apresentações públicas especiais de teatro nô, exceto pelo fato de que eram mais para os plebeus do que os palcos elitizados do nô. Os palcos kabuki eram áreas externas cercadas que focavam um palco temporário com telhado em duas águas. Sua implantação era casual e improvisada, tirando partido de situações preexistentes, como os biombos da Sumiya, que permitiam que a rua de repente se tornasse um palco para o público sentado em seus recintos frontais. Os palcos se tornaram mais permanentes quando uma parede de madeira foi acrescentada atrás. Quando o kabuki se popularizou com as elites, foram agregados em suas laterais espaços para elas na forma de camarotes (*sajiki*), separando-as dos plebeus. Esses teatros antigos eram equipados com camarins, casas de chá anexas e outros espaços adicionais para entretenimento.

A forma madura do teatro kabuki surgiu no fim do século XVII. Com uma parede sólida que rodeava o perímetro, o teatro tinha apenas uma entrada, pequena e baixa, que controlava o acesso. Apenas uma pessoa podia entrar ou sair de cada vez, e em posição curvada, como nas casas de chá. A fachada possuía painéis shoji e ripas de madeira que impediam a visão. Uma pequena torre com tambor, bandeiras verticais e plataformas que se estendiam às ruas forneciam a infraestrutura de propaganda. Não havia um saguão de entrada. O público entrava direto no espaço principal, conhecido como *doma*, que consistia basicamente em um gramado aberto. O palco principal, na frente, tinha cerca de 12 metros quadrados. Os cubículos ficavam nas laterais, suspensos sobre estacas de madeira, com passagens para o acesso dos espectadores da classe alta na parte posterior. O palco e os cubículos possuíam telhados individuais. O telhado do palco era sustentado por pilares nas quinas e tinha a empena virada para o público, como nos palcos do teatro nô. O palco, no entanto, era apoiado por uma ampla área nos bastidores, incluindo alas laterais de tamanhos diferentes e uma grande área de preparação, com quase duas vezes o tamanho do próprio palco. Os bastidores tinham também seus próprios telhados. Os assentos eram divididos em espaços individuais, chamados *masu*, por meio de separadores baixos de madeira organizados em grelha.

Por volta da década de 1740, construíam-se palcos kabuki cada vez maiores em todo o Japão. Com o passar do tempo, as fachadas principais tornaram-se mais elaboradas, com até três entradas: duas grandes para a elite e uma menor para os plebeus. Um corredor elevado, em ângulo, conduzia à frente do palco. Os palcos passaram a ser equipados com um segmento giratório que podia ser usado para efetuar mudanças rápidas de cenário. Restam poucos teatros kabuki dos séculos XVII e XVIII, sendo o de Kanamaru-za (1835) o mais bem preservado.

# LESTE DA ÁSIA

16.96 Interior do Kanamaru-za, Kotohira, Japão

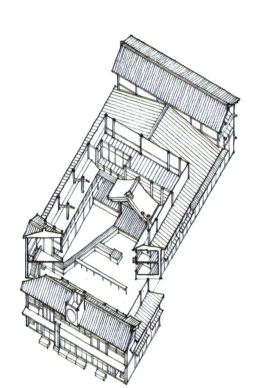

16.95 Perspectiva axonométrica de um teatro kabuki similar ao Karamaru-za

16.97 Kanamaru-za, Kotohira

16.98 Planta de um teatro kabuki

649

# 1800 D.C.

16.99 A China do século XIX

## A VISÃO UNIVERSAL DE QIANLONG

Apesar de a exportação chinesa de chá ter aumentado mais de 50% no primeiro terço do século XIX e de a exportação de seda haver quadruplicado, os comerciantes chineses mostravam pouco interesse pelas mercadorias europeias. Contudo, eles exigiam que seus pagamentos fossem feitos com prata. Essa assimetria no comércio da China com a Europa teve como resultado o fato de que, por volta de 1800, quase metade da prata espanhola extraída da América acabava nos cofres chineses. Enquanto isso, os ingleses, que passavam por sérios problemas financeiros, começaram a forçar os comerciantes chineses a aceitar o ópio em troca do chá, uma política que aplicaram de modo tão implacável que, no final do século XIX, a economia chinesa entrou uma longa e profunda decadência. Essa talvez tenha sido uma das maiores tragédias civilizacionais decorrentes do colonialismo europeu.

Contudo, no século XVIII, essa guinada negativa no destino da China não podia ser prevista. Na época, sob o imperador Qianlong (que reinou entre 1736 e 1796), a China era o maior e mais rico império do mundo. Sob seu ponto de vista, o contato com o mundo mercantil europeu tinha de ser fortemente regulado para minimizar os problemas. Qianlong via a si próprio como um imperador pan-asiático não diferente de seu contemporâneo Napoleão Bonaparte, que perseguia um ideal pan-europeu. Além disso, assim como Napoleão, era um ótimo comandante militar. Em 10 campanhas militares, entre 1755 e 1790, expandiu o império chinês à máxima extensão de sua história, tomando o controle da Mongólia, do Turquestão chinês e do Tibete. Governando uma população tão diversificada e sendo ele próprio de origem estrangeira, o imperador Qianlong quis estabelecer um modelo de governo pluralista e moral. Seu avô, o imperador Kangxi, de origem manchu, praticara o budismo tibetano na vida privada, embora sua política de governo fosse baseada na ética confuciana. Insatisfeito com esse arranjo, Qianlong decidiu se projetar como um *chakravartin* – um "governante universal" –, tendo como mentor Rolpay Dorje, um monge tibetano que se tornou o grande lama de Pequim em 1736.

Qianlong tentou cumprir esse papel apresentando-se como o mediador entre os diferentes povos de seu vasto reino. Perante os tibetanos, Qianlong se mostrava como uma reencarnação de Manjusri, um importante bodhisattva. Para os mongóis, ele sempre era um dos deles, conhecendo profundamente suas tradições. E, acima de tudo, para os chineses han, ele se certificava de ser visto como culto, muito estudioso e patrono das artes. Qianlong falava vários idiomas, e sua corte era oficialmente poliglota, com as leis promulgadas em pelo menos três línguas. Ele também encomendou compilações de todas as grandes obras de literatura de sua época, e o número de pinturas e artigos chineses antigos coletados durante seu reinado não tinha precedentes. As coleções dos museus do palácio nacional, tanto em Pequim como em Taipei, foram, em grande parte, formadas durante o período do Imperador Qianlong e ainda hoje são os maiores repositórios de importantes artefatos chineses.

Como *chakravartin*, Qianlong estabeleceu uma concepção complexa e multinuclear que contratava com o modelo colonial de império europeu, baseado, ao mesmo tempo, no Iluminismo e na modernidade universal. Embora tenham havido alguns híbridos, como a influência das ordens sociais chinesas em pensadores iluministas como Voltaire, o modelo inglês/europeu em determinado momento sobrepôs-se ao de Qianlong, em grande parte devido à maré montante da prosperidade europeia. Talvez se possa dizer que as políticas da China atual, com sua ambição pela prosperidade e influência global, sejam uma retomada da visão pan-asiática de Qianlong.

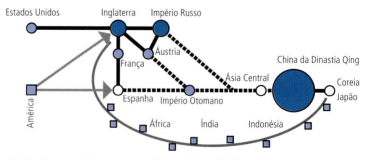

16.100 Diagrama do comércio na Eurásia (*circa* 1800)

650

# LESTE DA ÁSIA

## Chengde

Como parte dessa visão pan-asiática, Qianlong conferiu a Chengde o *status* de capital simbólica desse Novo Mundo (embora o governo continuasse a operar em Pequim). Concebida originariamente como residência real de verão, Chengde, localizada logo ao norte da Grande Muralha – fora dela –, afirmava a universalidade do poder de Qianlong. Além de construir uma estrada de Pequim para Chengde, que seguia até a Mongólia, e uma represa para controlar o Rio Wulie, que atravessava a cidade, ele ampliou os palácios e jardins, bem como fundou templos nas áreas circundantes, incluindo os de Puningsi (1755), Puyousi (1760), Anyuanmiao (1764), Pulesi (1767), Puluo Zongcheng (1771), Shuxiangsi (1776) e Xumifushoumiao (1780).

Os templos de Chengde, dedicados a várias divindades confucionistas e budistas, foram baseados em diversas regiões do império e as representam. Juntos, formam um arco que pode ser visto como um todo da colina principal ao norte do palácio. Chengde, um conjunto visual autoconsciente, era um verdadeiro microcosmo do Império Qing, um mapa do território. Contudo, os templos de Chengde eram também a organização desse mapa segundo uma mandala budista. Uma característica marcante da paisagem de Chengde é uma formação rochosa de 60 metros de altura, chamada de Pico Qingchui. Mais largo no topo do que na base, Qingchui está sobre uma das colinas ao leste e parece ser um pilar construído de modo inacreditável. Todos os templos budistas tibetanos locais e o complexo do palácio da cidade podem ser interpretados como se estivessem voltados para Qingchui – não literalmente, mas segundo a lógica geomântica da arquitetura paisagística chinesa e tibetana. Conforme essa leitura, Chengde era, como um todo, uma mandala, tendo ao centro o Qingchui como representação da montanha sagrada Sumeru.

O palácio possuía três grupos principais de salões: o Palácio Principal (Zhenggong), o Estúdio do Pinheiro e da Garça (Songhezhai) e o Palácio Oriental (Donggong). O Palácio Principal, que reunia os dormitórios mais importantes, tinha nove pátios, que representavam as nove divisões da esfera celestial. Uma muralha fechava uma área de 4 quilômetros quadrados, com várias zonas paisagísticas distintas. O Distrito dos Lagos tinha uma ilha com edifícios e pátios que acomodavam autoridades e eram utilizados para atividades privadas. Logo ao norte do Distrito dos Jardins havia um local conhecido como Jardim das Dez Mil Árvores, que foi criado em 1703 e continuou sendo aperfeiçoado durante décadas. Ele continua o Distrito das Pradarias, que era uma espécie de réplica das estepes da Mongólia. Embora fosse usado para corridas de cavalos, exercícios militares e espetáculos de fogos de artifício, também tinha importantes funções políticas e cerimoniais. Em ocasiões especiais, os Qing criavam um acampamento mongol simulado, inclusive com iurtas.

16.101 Pico Qingchui em Chengde, província de Hebei, China

Os 12 templos, dos quais apenas nove existem até hoje, foram projetados como representações de outros templos. O Pulesi (Templo da Felicidade Universal, 1767), por exemplo, é um edifício híbrido, que mescla a ordem conceitual tibetana à expressão formal chinesa. Em sua aparência, o Pulesi assemelha-se ao santuário do Templo do Céu, em Pequim: é um templo redondo, com telhado cônico e beiral duplo. Em planta, todavia, reproduz uma mandala budista, com uma série de terraços escalonados. A edificação mais visível de Chengde, o Putuo Zongcheng (1771), constitui uma réplica em escala reduzida do famoso Palácio de Potala de Lhasa. Como o Potala, o Putuo consiste em uma série de edifícios brancos baixos que sobem pela lateral de uma colina e culminam na estrutura vermelha central, o Dahongtai (Grande Terraço Vermelho), com os telhados do templo dourado se projetando sobre o cume. Entretanto, o Putuo não é uma mera cópia. As enormes paredes brancas do Potala original envolviam um pequeno pátio. As do Putuo, por outro lado, envolvem o Grande Terraço Vermelho, que abriga um enorme pavilhão de templo em estilo chinês, mais adequado a recepções reais do que a práticas espirituais ocultas.

16.102 Planta de Chengde

651

# 1800 D.C.

16.103 Pulesi, Chengde, Província de Hebei, China

16.104 Putuo Zhongcheng, Chengde

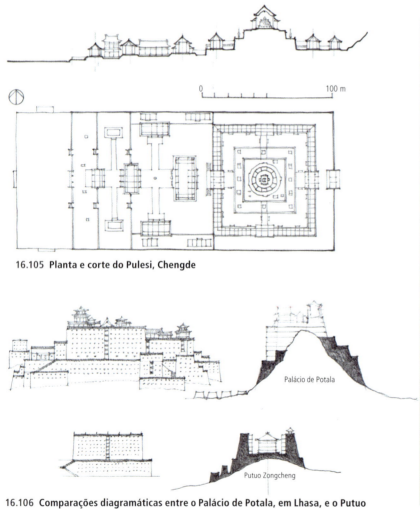

16.105 Planta e corte do Pulesi, Chengde

16.106 Comparações diagramáticas entre o Palácio de Potala, em Lhasa, e o Putuo Zongcheng, em Chengde
Baseadas em desenhos de Anne Chayet

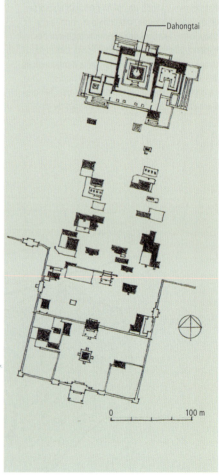

16.107 Implantação de Putuo Zongcheng

# LESTE DA ÁSIA

16.108 Vista do caminho de passeio de Qingyi, Jardim de Qingyi, Pequim

e atrai constantemente o olhar. Além disso, ao caminharmos pela área, o pagode ao longe permanece sempre visível e torna-se, na verdade, a parte mais lembrada do jardim.

As ideias para a composição derivavam de princípios descritos em textos como o *Yuan Zhi* (*Jardinagem*), de Ji Cheng, escrito no início do século XVII. Ji Cheng invocou conceitos de projeto como "adequação", "refinamento", "simplicidade" e "mutabilidade ou imprevisibilidade", que deveriam ser empregados na criação de lugares dotados de qualidades como "verdadeiro e falso", "unido e difuso", "irregular e regular", "conectado e separado", "aberto e fechado", "plano e sólido".

## Jardim de Qingyi

Um dos acréscimos de Qianlong foi um novo jardim, originalmente chamado de Jardim de Qingyi (1750–1764), mas hoje conhecido como Palácio de Verão. Ele foi projetado como uma série de palácios e pavilhões ao redor de um grande lago elíptico, separado de dois lagos menores por ilhas longas e estreitas. Um caminho de passeio circundava o lago e atravessava todas as ilhas pequenas. No centro do lago principal havia uma pequena ilha artificial conectada à margem leste por uma longa e graciosa ponte arqueada. A margem norte do lago era dominada por um enorme palácio e um complexo de santuários budistas, suspensos a grande altura sobre uma pesada plataforma de pedra alinhada com o eixo da ilha central. A oeste, o horizonte era preenchido com uma série de montanhas longas, com picos peculiares. Um pagode e vários pavilhões foram construídos no topo dos picos.

Os jardins chineses eram planejados para evocar o espírito da ordem da natureza, destilado à sua essência. A maestria do projeto estava em garantir que cada elemento funcionasse de maneira harmoniosa com o todo a partir da perspectiva das vistas obtidas ao longo dos caminhos. A qualidade de um jardim era descrita como uma função de seus pontos cênicos, considerados como poemas materializados e pinturas tridimensionais. Abominava-se a simetria.

Ao mesmo tempo, deviam ser atendidas todas as expectativas e providas todas as comodidades de um palácio real e sede do governo. Há três focos visuais identificáveis no Palácio de Verão: a ilha no centro do lago, o santuário budista na margem norte e o pagode alto nas colinas a oeste. Apesar de o santuário budista ser o maior elemento, a ilha encontra-se no centro

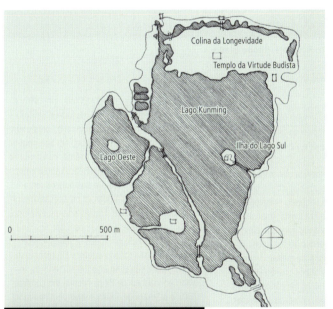

16.109 Planta do Jardim de Qingyi

16.110 Vista do pavilhão do Jardim de Qingyi

# 1800 D.C.

16.111 Sinagoga Touro, Newport, Rhode Island

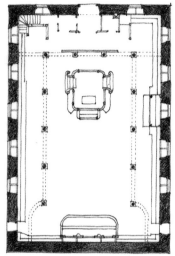

16.112 Planta da Sinagoga de Bevis-Marks, Londres

## AS SINAGOGAS

Até o final do século XV, a maior parte dos judeus vivia dentro do território do antigo Império Romano, fosse em Trastevere, em Roma, na Espanha ou em Tessalônica, na Grécia. Esse foi o resultado da grande diáspora a eles imposta pelo imperador romano Tito após sua vitória sobre os judeus e a destruição do Segundo Templo, em 70 d.C. Desde o início da Era Cristã, impuseram-se restrições aos judeus onde quer que eles vivessem. Não tinham permissão para possuir terras e eram excluídos da vida militar, o que lhes vedava o acesso aos privilégios aristocráticos. No entanto, como os serviços bancários eram uma das poucas atividades comerciais que lhes eram permitidas, os judeus acabaram criando uma rede que transcendia as rivalidades locais. Por isso, eram com frequência protegidos pelos reis e príncipes, que os usavam como banqueiros particulares. Em Veneza, os judeus eram aceitos principalmente por suas associações bancárias. Eles eram forçados a morar em uma área conhecida como *ghetto*, termo usado a partir de então para designar a localização em que os judeus deviam residir. Uma exceção era a Lituânia, onde, a partir de 1316, os judeus passaram a desfrutar uma surpreendente liberdade.

Após sua expulsão pelos espanhóis, em 1492, e pelos portugueses, em 1496, os judeus sefarditas foram forçados a se refugiar na Polônia e em Amsterdã, em Veneza, na Grécia, em Istambul e até mesmo em Roma. Em Amsterdã, construiu-se uma sinagoga sefardita em 1675. Praticamente intacta, ainda hoje ela é um dos poucos remanescentes tangíveis da outrora próspera comunidade judaica da cidade. Trata-se de um edifício de tijolo, grande e retangular, com amplas janelas de topo redondo em todos os lados, que enfatizam seu vasto espaço interno. Ela tornou-se o modelo para várias sinagogas posteriores, incluindo a Sinagoga de Bevis-Marks, em Londres (1700), e a Sinagoga Touro, menor, em Newport, Rhode Island, a mais antiga dos Estados Unidos. A vida dos judeus na Alemanha melhorou ligeiramente no século XVIII, quando as cortes os convidaram a servir como agentes financeiros. Em 1714, o rei Frederick William I da Prússia permitiu a construção de uma sinagoga em Berlim.

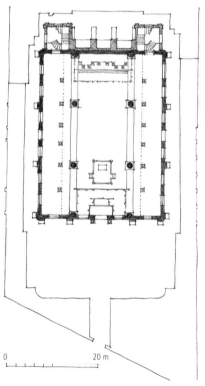

16.113 Planta da Sinagoga Sefardita, Amsterdã

# AMÉRICA DO NORTE

16.114 Interior da Sinagoga de Beth Elohim, Charleston, Carolina do Sul

No entanto, o destino dos judeus melhorou de maneira significativa sob Napoleão, que aprovou várias medidas que garantiam sua posição no Império Francês e na Áustria e, o que era igualmente importante, nos países conquistados. Bonaparte revogou as leis que restringiam os judeus aos guetos ou à prática de determinadas profissões. Em 1797, ao invadir a Itália, abriu os portões dos guetos. Em 1807, como haviam feito os seus contemporâneos, os imperadores chineses da Dinastia Qing, Napoleão deu a diversas confissões religiosas o *status* de credo "oficial" – algo inédito para um governante europeu –, incluindo o judaísmo, o catolicismo romano, o luteranismo e o calvinismo. Como resultado dessas iniciativas, os judeus pleitearam – e eventualmente obtiveram – a emancipação em outros países: na Alemanha, em 1848; na Grã-Bretanha, em 1890; na Rússia, em 1917; e, finalmente, na Espanha, em 1930.

A resposta dos judeus à sua emancipação na Alemanha foi uma expansão sem precedentes da construção de sinagogas. Mais de 200 grandes sinagogas foram construídas no decurso do século XIX. Contudo, seria falta de visão considerar a arquitetura das sinagogas como parte de uma tendência europeia geral ao ecletismo. Esse ecletismo das sinagogas foi uma resposta direta à liberdade de escolha sobre o que poderia ser construído. Além disso, a maioria dos arquitetos dessas edificações não era judia e com frequência expressava suas próprias expectativas romantizadas sobre como deveria ser o aspecto de um espaço judeu. Gottfried Semper projetou, em Dresden (1840), uma sinagoga carolíngio-românica na parte externa – enfatizando, presume-se, a aspiração de assimilação –, mas que tinha em seu interior uma ordem de colunas com grandes blocos de impostas, copiados da Alhambra, em Granada.

O surgimento do Movimento Reformista Judeu, que buscava atrair a atenção dos judeus que viviam nas áreas urbanas, exerceu forte influência sobre os projetos de sinagogas. Os judeus reformistas enfatizavam os ensinamentos universais do judaísmo, mas também buscavam atualizar os rituais que eram difíceis de se manter em um mundo moderno. Eles também afirmavam que os judeus não se encontravam em estado de exílio permanente, mas contribuíam como membros de sua comunidade e nação. Consideravam todos os locais de culto como templos, tão sagrados quanto o templo original em Jerusalém. Permitiam-se os genuflexórios (bancos de igreja) na sinagoga, e as orações eram feitas em alemão. Introduziu-se também o órgão. A primeira sinagoga reformista foi aberta em 1810, em Seesen, na Alemanha Central. Chamavam-na de "templo", conforme os ideais iluministas. Algumas sinagogas adotaram o tema clássico e foram projetadas quase literalmente como templos, como a Sinagoga de Seitenstettengasse, em Viena (1826), e a Sinagoga de Beth Elohim, em Charleston, Carolina do Sul (1840).

16.115 Sinagoga de Beth Elohim, Charleston, Carolina do Sul

655

# 1800 D.C.

16.116  Templo Israelita (Tempio Israelitico), Roma

Outras conformavam-se com a preocupação geral do século XIX com a história e apresentavam linhas egípcias e bizantinas, como a Sinagoga de Princes Road (1874), em Liverpool, que segue um estilo gótico normando com toques orientais, e o Templo Israelita (Tempio Israelitico) (1882), de Florença, cujo salão de orações é praticamente quadrado e possui galerias em três lados sustentadas por colunas dotadas de arcos com cúspides mouriscas. Cada centímetro quadrado de sua superfície é coberto por padrões e desenhos coloridos com configurações abstratas, que criam uma atmosfera suave, de um dourado avermelhado. As sinagogas, assim como as mesquitas, não apresentam figuras humanas.

16.117  Sinagoga da Princes Road, Liverpool, Inglaterra

# 1900 D.C.

## INTRODUÇÃO

À medida que o século XIX avançou, as formas, as instituições e os modos de representação que podem, em retrospecto, ser identificados como modernos ou modernistas começaram a se consolidar. Mas isso levou muito tempo.

Em meados do século XIX, os novos Estados nacionais da Europa e da América concorriam entre si para imaginar e estabelecer as instituições e práticas de modernidade sociais, políticas e econômicas. A fervilhante economia industrial e colonial promovia um crescimento menor, mas ainda constante.

A supremacia britânica nos mares continuou a aumentar, e, no final do século XVIII, a Inglaterra era a principal potência global, controlando territórios ao redor do mundo. À medida que outras nações europeias corriam para competir com os ingleses, o resto do mundo começou a se adaptar aos novos imperativos globais do mundo colonial e a desafiá-los. Ao mesmo tempo, os custos sociais da concentração industrial tornaram-se mais aparentes: a devastação de antigas economias rurais, o desenvolvimento de enormes massas de trabalhadores com condições de vida mínimas e o rápido crescimento das populações urbanas.

Tudo isso resultou em cidades grandes extremamente despreparadas para fornecer os serviços que, de repente, esperavam-se delas. As consequentes revoltas urbanas, acompanhadas de um coro de críticos sociais, como Ruskin, Morris, Marx e Engels, resultaram no estabelecimento de uma série de novas instituições urbanas elaboradas para atender ao novo tipo de cidade. Pela primeira vez, aquilo que consideramos obras e serviços públicos – como hospitais, corpos de bombeiros, foros de justiça, etc. – foi assumido por entidades municipais da Europa. Rapidamente esses órgãos começaram a ser motivo de orgulho para suas cidades e a formar sistemas públicos maiores, que buscavam estabelecer a identidade urbana como um espaço cívico.

Destacaram-se, em particular, as estações ferroviárias que levavam as pessoas e mercadorias necessárias à nova economia; os foros de justiça que significavam a nova jurisprudência da cidade, mais preocupada com as questões públicas; e os museus que atendiam às novas necessidades de cidadãos instruídos. Começaram a ser fundadas novas sociedades públicas, que debatiam o significado do que era ser público, como bibliotecas e ateneus; bem como o espaço cívico democrático máximo: os grandes parques urbanos centrais, que se tornaram parte crucial da experiência urbana. Isso foi especialmente verdade nos Estados Unidos, liderados pelo Central Park de Manhattan na década de 1850, projetado pelo arquiteto paisagista Frederick Law Olmsted em colaboração com Calvert Vaux, um arquiteto que havia se formado na Europa. O Central Park, que antes de sua criação era uma área de cortiços de imigrantes e prédios abandonados e invadidos, logo se tornou o símbolo da ideia de obras públicas colossais como a marca de uma cidade próspera, ainda que tivesse levado mais de meio século até que o parque estivesse plenamente consolidado no coração de Nova York.

Em termos de expressão arquitetônica, o ideal iluminista do século XVIII – que buscava resgatar o ideal clássico greco-romano como a herança cultural específica da Europa que mais bem expressava as novas instituições da modernidade – em grande parte ainda dominava. No entanto, o Classicismo e o historicismo clássico tinham seus críticos. Os proponentes do movimento Artes e Ofícios, em particular, sentiam que a verdadeira expressão de um estilo arquitetônico deve derivar apenas do trabalho artesanal, como era no passado, e preferiam um vocabulário mais inspirado no gótico. As primeiras opiniões modernistas que refutavam todos os estilos também estavam começando a aparecer. Um importante marco nesse debate foi a primeira feira mundial, a Grande Exposição de 1851, no Hyde Park, Londres. Esse evento, que foi concebido a fim de promover a demanda internacional pelos produtos britânicos, posteriormente seria lembrado como a Exposição do Palácio de Cristal, em função do gigantesco pavilhão de aço e vidro que foi projetado para ela pelo engenheiro Joseph Paxton. Os defensores do Artes e Ofícios, por outro lado, usaram-na para fazer demonstrações políticas que ressaltavam a baixa qualidade desses produtos e exaltavam, em seu lugar, os exóticos bens nativos das colônias, de natureza artesanal. Os manifestantes exortavam o Império Britânico a proteger os trabalhos manuais e sua ética na Inglaterra e em seus territórios.

A chamada Revolução do Movimento Artes e Ofícios tornou-se, por conseguinte, um dos movimentos transformadores verdadeiramente globais, buscando revolucionar as vidas das pessoas ao repensar as formas de trabalho e sustentação econômica. Nos Estados Unidos, a ética do Artes e Ofícios, e talvez sempre sua estética, permeava a gama completa de explorações arquitetônicas, alimentada em parte por um senso nascente de excepcionalidade norte-americana que buscava gerar uma expressão arquitetônica para o país.

O ideal baseado nos ofícios tradicionais, embora ainda fosse um derivado significativo dos estilos europeus, atendia a esse desejo. O forte

# 1900 D.C.

senso de rusticação e o valor dado aos detalhes e ornamentos que podem ser vistos na obra de H. H. Richardson e também nos primeiros trabalhos de McKim, Mead & White podem ser vistos nesse contexto. E, sem dúvida, o bangalô, que começou como espaço doméstico do homem branco na Índia colonial, mas depois se difundiu por todas as colônias (em particular nos Estados Unidos) como símbolo da vida boa, foi amplamente difundido como uma expressão da boa estética do trabalho artesanal.

Concomitantemente, os entusiastas do Artes e Ofícios também criaram o primeiro conjunto de escolas de projeto na Índia colonial como parte de seus esforços para preservar e fortalecer o trabalho artesanal, contrapondo-o à padronização que era a norma no Departamento de Obras Públicas colonial. Nesse processo, eles inventaram um novo estilo de arquitetura, chamado de Indo-Sarraceno, que buscava expressamente a modernização das tradições estéticas e edilícias dos mugais. Isso foi particularmente popular com alguns dos chamados Principados, como Jaipur, onde um ex-engenheiro militar, o coronel Swinton Jacobs, organizou o colossal *Jeypore Portfolio of Architectural Details* como uma espécie de catálogo dos estilos indianos, para que fossem reaproveitados. O bloqueio ianque dos portos sulistas durante a Guerra Civil dos Estados Unidos (1861–1865) motivou os britânicos a buscar algodão cru no oeste da Índia, que possuía um solo vulcânico adequado para a produção dessa matéria-prima. Isso resultou no estabelecimento de Bombaim (Mumbai) como um importante porto. O Canal de Suez foi aberto pelos britânicos principalmente para reduzir o trajeto entre Bombaim e as fábricas de algodão de Manchester. O comércio de algodão trouxe nova riqueza para Bombaim, cuja nova arquitetura, para se adequar à tendência ao Artes e Ofícios na Inglaterra, era, é claro, baseada no estilo Gótico Veneziano.

Por outro lado, as críticas ao Classicismo estrito também resultaram no Ecletismo, ou seja, na valorização e reutilizaçao de uma grande diversidade de estilos de arquitetura obtidos na história da Europa e de outros continentes. A afirmativa eclética de que as linguagens arquitetônicas eram mais uma questão de materiais e estética do que de ideologia política foi alimentada, em particular, pela ascensão, no final do século XIX, do arquiteto como um profissional independente, seguindo o exemplo dado por movimentos similares, de médicos e advogados. O centro desses esforços para profissionalização da arquitetura era Paris. Apesar do domínio econômico da Inglaterra no século XIX, Paris era o mais influente local da nova cultura urbana da época. Seu centro fora profundamente reconstruído durante o Segundo Império de Napoleão III e havia se tornado o modelo para renovações urbanas na Europa e no resto do mundo. As exportações argentinas, por exemplo, podem ter se dirigido principalmente à Inglaterra, mas, quando se tratava do desenho de ruas e prédios públicos, a elite argentina se voltava aos modelos parisienses. A Beaux-Arts francesa, servindo como uma voz que combinava a elegância burguesa e os conhecimentos profissionais (também chamada de o estilo Segundo Império), era um movimento internacional independente. Embora a École des Beaux-Arts já existisse há mais de um século, no final do século XIX, ela se tornou um centro de pensamento de arquitetura, levando para a rua o discurso dos ateliês de projeto e das salas de reunião dos arquitetos diletantes do passado. Suas estratégias compositivas – a forte axialidade, o ecletismo e o foco na produção do espetáculo emoldurado – passaram a dar corpo às expressões do novo mundo urbano que emergia na época. A estética da Beaux-Arts foi amplamente adotada não somente na Europa e América do Norte, mas também em muitas outras partes do mundo, incluindo o Japão, a Argentina e a China, como a norma internacional do mundo colonial global.

Uma influente manifestação da Beaux--Arts ideal foi o movimento Cidade Bonita. Ele começou com o arquiteto Daniel Burnham, de Chicago, e sua produção com punho de ferro do espetáculo que foi a muito bem-sucedida Exposição Mundial de Chicago de 1893. Com todos os prédios pintados de branco, a visão de Burnham inseriu de modo permanente na sensibilidade moderna a sugestão de monocromatismo, liberando com sucesso a arquitetura do peso da história e suspendendo-a em um presente eterno no qual a única coisa que interessava seria a composição. Quando a Esplanada Nacional (National Mall) de Washington, D.C., foi reprojetada de acordo com esses princípios, em 1901, a visão de Burnham tornou-se um movimento e foi adotada por cidades de todas as partes dos Estados Unidos. Em 1905 Burnham também apresentou uma proposta para Manila (Filipinas), que recentemente havia se tornado território dos Estados Unidos.

Em 1900, a expansão territorial europeia, com o consequente aumento de sua esfera de influência global, estava no auge. O sucesso inglês no sudeste da Ásia e na China, junto com sua dominação continuada da Índia, iniciou uma nova esfera de migrações econômicas entre essas duas áreas que pagavam alguns pequenos dividendos locais às populações colonizadas – como no exemplo das mansões de Chettinad – e, ao mesmo tempo enviavam o grosso dos lucros para Londres. Os britânicos também construíram uma extensa infraestrutura utilitária com base nas vias férreas, o que lhes permitiu a obtenção de matérias-primas e a distribuição de bens fabricados. O Departamento de Obras Públicas do império comandava um mini-exército próprio.

Ainda assim, o foco da nova expansão colonial europeia foi a trágica tomada de territórios no continente africano. Praticamente indefesa contra os armamentos europeus, a África no passado fora protegida pela simples falta de conhecimentos sobre seus territórios afastados do litoral. Porém, quando os serviços cartográficos começaram a revelar as verdadeiras dimensões do continente, todas as grandes potências europeias correram para se apropriar do território africano de qualquer maneira que fosse possível. A tomada das terras africanas foi um exemplo perfeito das trevas proverbiais no centro do século XIX colonialista. Enquanto as antigas potências coloniais – Inglaterra, França, Espanha, Portugal e Países Baixos – continuavam a dominar as costas mais distantes, as nações europeias restantes, os retardatários na corrida colonial (em particular a Alemanha, a Bélgica e a Itália) correram para se apoderar das terras que ainda estavam "disponíveis", especialmente na África. Dessa maneira, a África foi literalmente dividida entre os países europeus em uma conferência sediada em Berlim em 1884. Ainda assim, houve batalhas. A África do Sul era um troféu particularmente almejado, em virtude de sua riqueza mineral recém-descoberta, que colocou os colonizadores holandeses mais antigos contra os britânicos.

No fim do século XIX, a Alemanha governada por Otto von Bismarck estava particularmente determinada a alcançar e – inclusive – ultrapassar a Inglaterra e a França em riqueza e poder. Bismarck comandou um processo de industrialização agressivo, que fez com que produção econômica alemã rivalizasse com a inglesa em menos de uma geração. No início do século XX, a Alemanha já era uma potência econômica respeitável. Até certo ponto livre das longas discussões sobre estilo e modernidade que haviam dominado os discursos anteriores em lugares como a Inglaterra e a França, a Alemanha do final do século XIX buscava estabelecer sua própria visão de Modernismo incipiente.

Assim, as fábricas projetadas por Peter Behrens, a Deutsche Werkbund e os novos usuários do concreto armado se voltaram para as indústrias norte-americanas em busca de inspiração, deixando de lado as academias das Beaux-Arts.

O sucesso alemão de se virar sem os benefícios de um grande império colonial (e sem as

# Introdução

vastas reservas de recursos de um país como os Estados Unidos) fizeram da Alemanha um modelo para outras partes do mundo que buscavam modelos de crescimento independentes do colonialismo. O Japão, em especial, modelou-se na Alemanha. Prevendo uma invasão colonialista e estando cansada das práticas do código Bakafu, a elite japonesa organizou uma revolta contra os xogunatos governantes. Consequentemente, a chamada Restauração Meiji, de 1868, trabalhou agressivamente para importar conhecimentos, técnicas e instituições para o Japão, tornando-o uma potência industrial e econômica. A Restauração Meiji posicionou o Japão como uma força contrária à expansão colonial europeia, transformando o país em uma potência colonial por si só.

O evento divisor de águas e inevitável para o período foi a Primeira Guerra Mundial. Nela, a Alemanha, colaborando com os impérios do velho mundo (o austro-húngaro e o otomano), entrou em guerra contra um mundo que havia enriquecido graças à exploração de suas colônias. A consequência foi um impasse longo e particularmente sangrento, devido, em ambos os lados, ao uso extensivo das novas tecnologias industriais para o desenvolvimento de armamentos. O término da Primeira Guerra mundial erradicou de modo permanente todos os vestígios do mundo pré-industrial e pré-colonial e, inclusive, resultou na morte do sistema colonial. A partir de então, as tecnologias industriais e o capital passaram a reinar, e o mundo inteiro avançou de modo decisivo para o sistema de Estados nacionais. Em termos de arquitetura, essas transformações deram grande protagonismo à modernidade e à busca continuada por um modernismo na arquitetura que fosse novo e distinto. O concurso de arquitetura para o prédio da Liga das Nações, em 1926, exemplificou as disputas dessa nova ordem mundial.

Após a Primeira Guerra Mundial, a emergência dos Estados Unidos como a superpotência econômica global do século XX parecia garantida. Seu poder industrial, seus vastos recursos naturais e territoriais e seu senso de oportunidade lhe deram a vantagem competitiva. Além de seus sistemas industriais, os novos arranha-céus de cidades como Chicago e Nova York, ainda que vestidos de diversos revestimentos neoclássicos, já haviam demonstrado as possibilidades de novos materiais, estruturas e estilos de vida. Frank Lloyd Wright destacava-se como a principal figura norte-americana, com sua visão abrangente de como articular uma nova ordem arquitetônica, completa com a ornamentação, com base nos novos materiais e sua própria visão de um estilo de vida agrícola baseado no uso do solo. Trabalhando em um ambiente praticamente isolado dos primeiros modernistas da Europa, Wright começou a esboçar sua visão em Wisconsin e depois passou para o sudoeste norte-americano e o Japão em busca daquilo que ele posteriormente descreveria como uma estética "orgânica" abrangente, que integrasse todos os aspectos do projeto – pintura, mobiliário, arquitetura, ornamentação, paisagismo e, inclusive, urbanismo. Suas fontes eram as mais diversas – Richardson e Sullivan, por contato direto; os prados norte-americanos, por estar nesse contexto; o mundo celta, por conexões familiares; e o mundo pré-colombiano e japonês, por afinidade. Divorciado do ambiente modernista europeu, Wright construiu um universo modernista alternativo, cujo potencial talvez ainda hoje não tenha sido totalmente explorado.

As escolas de arquitetura norte-americanas do início do século XX, contudo, ainda eram dominadas pelo modelo de ensino da Beaux-Arts, como ocorria na Europa. Isso foi desafiado de modo decisivo em múltiplos frontes, em especial pela fundação da Bauhaus, na Alemanha, em 1919, liderada por Walter Gropius; o surgimento de uma grande variedade de linguagens modernistas que expressassem os ideais comunistas da nova União Soviética após a revolução comunista na Rússia; e, emanando de Paris a partir de 1917, os escritos e projetos de inspiração cubista de Le Corbusier, um arquiteto e pintor nascido na Suíça.

Decidido a renovar o discurso da arquitetura e do desenho de produto na Alemanha, a Bauhaus de Gropius, no início, foi fortemente influenciada pelas teorias dos movimentos protomodernistas alemão e vienense, em particular o Art Nouveau e o Expressionismo. Contando com figuras da estatura de Johannes Itten no centro de sua equipe de professores, a Bauhaus, em seus primórdios, voltava-se a diferentes fontes de inspiração, inclusive uma espécie de misticismo emocional, para encontrar o caminho até uma nova estética moderna. Porém, logo após sua transferência para Dessau, em 1925, a Bauhaus tornou-se rigorosamente dedicada a uma estética maquinista muito rígida, exemplificada, inclusive, no próprio projeto de arquitetura de Gropius para o novo prédio da escola e seu dormitório.

O mundo soviético era, de longe, o ambiente mais diversificado e experimental, buscando de modo ativo a invenção de novas formas, linguagens e ideologias do que na época parecia ser uma brava nova fronteira para a humanidade. Levando as ideias modernistas a seus limites, os soviéticos reuniam-se em grupos informais sob títulos intencionalmente vanguardistas, como os Construtivistas, os Suprematistas e, por contraste, os Racionalistas. Suas investigações e propostas ampliaram muitas das novas fronteiras do pensamento arquitetônico, cuja diversidade apenas recentemente começou a ser mais bem entendida.

Não obstante, o mais barulhento e dissonante sino anunciando o nascimento de um novo período era tocado em Paris por Le Corbusier, o qual, na década de 1920, havia publicado suas ideias de uma agenda especial para um novo modernismo em uma série de livros e projetos conceituais. De suas obras, a mais influente foi a famosa *Vers une Architecture*, traduzida para o português como *Por Uma Arquitetura*. Esse livro oferecia uma visão sucinta do modernismo que era delineada em princípios claros, declarações aforísticas e princípios tabulados, como os "cinco pontos da nova arquitetura". Le Corbusier era muito eficaz em corroborar suas ideias com projetos teóricos chamativos, como a substituição do tecido urbano de Paris por "torres de cristal", o que rapidamente passou a dominar o imaginário internacional e a gerar fortes reações, lançando Le Corbusier ao *status* de ícone.

# 1900 D.C.

**National Gallery, Londres** ▲
1834–38

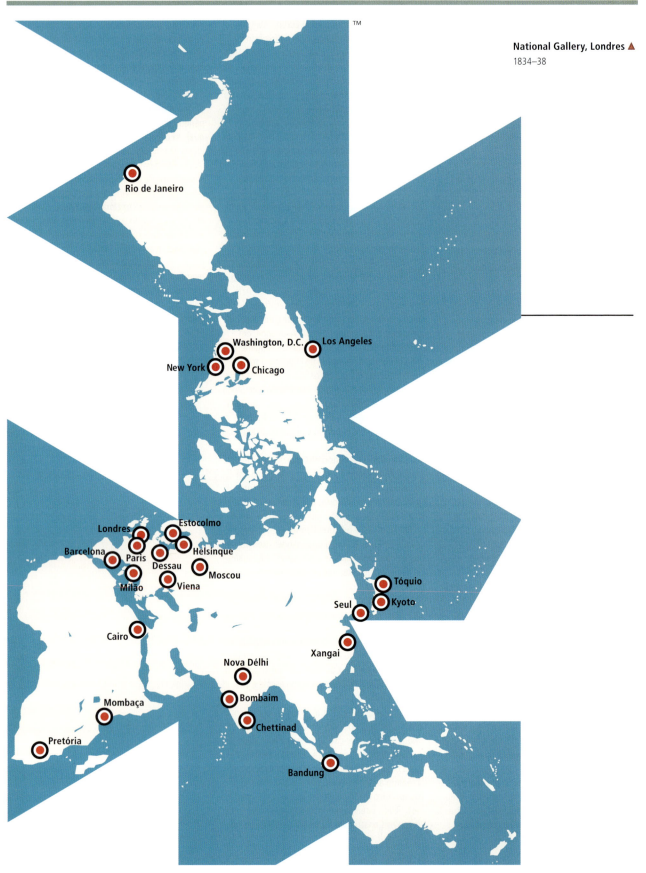

660

# INTRODUÇÃO

▲ Palácio de Cristal
1850–1851

▲ Estação Saint Pancras
1863–1876

▲ Instituto de Tecnologia de Bandung
1920

▲ Galeria Vittorio Emanuele II
1865–1867

▲ Estação Ferroviária Terminal Vitória
1878–1888

▲ Banco de Xangai
1923–1925

▲ Central Park
1853–1883

▲ Edifício Reliance
1890–1895

▲ Edifício Wrigley
1920–1924

▲ Trinity Church
1872–1877

▲ Biblioteca Pública de Boston
1888–1895

▲ Pennsylvania Station
1904–1910

▲ Ópera de Paris
1861–1875

▲ Mesquita de Al-Rifa'i
1869–1990 e 1906–1911

▲ Mubarak Mahal
1899

**1850 d.C.**      **1900 d.C.**      **1950 d.C.**

Guerra Civil dos Estados Unidos
1861–1865

Primeira Guerra Mundial
1914–1918

Grande Depressão
1929 até o final da década de 1930

Segunda Guerra Mundial
1939–1945

▲ Universidade de Cornell
fundada em 1865

▲ Casa Wislow
1893

▲ Casa Robie
1908–1910

▲ Casa Gamble
1908–1909

▲ Taliesin
Início em 1911

▲ Casa Hollyhock
1921

▲ Casa Isaac Bell
1882–1883

▲ Casa Tassel
1892–1893

▲ Casa de Vidro
1914

▲ Casa Moller
1927–1928

▲ Casa Batlló
1904–1906

▲ Edifício da Rua Franklin, 25b
1902–1904

▲ Torre Einstein
1917–1921

▲ Arcada Keith
1927

▲ Biblioteca Pública de Estocolmo
1920–1928

▲ Capela do Cemitério do Bosque
1918–1920

▲ Edifício de Escritórios da Friedrichstrasse
1921

▲ Torre de Tatlin
1919

▲ Bauhaus, Dessau
1924–1926

▲ Vila Savoye
1928–1931

# 1900 D.C.

## A ARQUITETURA DO SETOR PÚBLICO

Em Londres, antes de 1850, eram raros os edifícios públicos monumentais — com exceção de um ou outro mercado do século XVII ou sede de associação profissional que havia escapado ao incêndio de 1666. Apenas na década de 1820 a arquitetura cívica moderna começou a se fazer presente, com o novo Privy Council and Board of Trade Building (Edifício do Conselho Privado e da Câmara de Comércio, 1822–1827) e duas obras de Robert Smirk, o General Post Office (Correio Geral, 1823–1828) e o Brittsh Museum (Museu Britânico, 1823–1846). Mesmo assim, as melhorias metropolitanas eram operações improvisadas, feitas aleatoriamente, e a quantidade de prédios cívicos continuou sendo, na melhor das hipóteses, baixa. Londres ainda era administrada como um grupo de corporações de ofícios medievais, com dezenas de comitês e organizações que defendiam cada qual sua causa e cooperavam. Em 1855, em uma tentativa de corrigir a situação, o governo criou um Conselho Metropolitano de Obras, destinado a aperfeiçoar o processo decisório relativo à contratação e construção de edifícios públicos. O resultado foi imediato. De fato, a maioria dos edifícios públicos da Grã-Bretanha, como os escritórios municipais, correios, corpos de bombeiros, escolas e bibliotecas, é posterior a esse período. Entre os edifícios governamentais mais importantes da Era Vitoriana que conferem ao império uma nova imagem burocrática estão o Admiralty (Ministério da Marinha – proposto em 1852 e construído em 1887), o Museu de South Kensington (1857), o Colonial Office (Ministério das Colônias, 1870–1874), o Home Office (Ministério do Interior, 1870–1875), os New Law Courts (Novo Foro de Justiça, 1871–1882), o War Office (Ministério da Guerra, 1898–1906) e o New Public Office (Novo Escritório do Serviço Público, terminado em 1908). O volume desses edifícios tendia a ser pesado, em geral ao modo renascentista/italianizado, com pedras angulares e aduelas bem articuladas, como no India Office (Ministério da Índia, 1863–1868) e nos New Government Offices (Novos Escritórios do Governo, 1868–1878).

17.1 Foreign and Commonwealth Office (Escritórios do Ministério das Relações Exteriores e da Comunidade Britânica de Nações), Londres

17.2 Pátio interno do Foreign and Commonwealth Office (Escritórios do Ministério das Relações Exteriores e da Comunidade Britânica de Nações), Londres

17.3 Prefeitura de Manchester, Inglaterra

# EUROPA

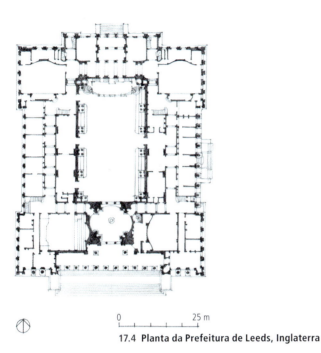

17.4 Planta da Prefeitura de Leeds, Inglaterra

As cidades começaram a competir pelos melhores arquitetos para que projetassem suas prefeituras, estações ferroviárias e bolsas de mercadorias. Manchester, metrópole famosa por suas fábricas ruidosas e seus esgotos a céu aberto, liderou a tentativa de reformar sua imagem urbana. Sua imponente prefeitura, projetada por Alfred Waterhouse (1830–1905) em um estilo românico moderado, tem uma alta torre de relógio que segue de modo deliberado o modelo do Edifício do Parlamento, em Londres. A cidade de Leeds seguiu o exemplo em 1858, com uma prefeitura projetada por Cuthbert Brodrick. Quatro foros foram instalados em suas quinas. Os escritórios dos advogados situavam-se entre as fachadas da frente e dos fundos. O prédio foi inaugurado com grande fanfarra – até mesmo a Rainha Vitória compareceu – e logo se tornou o centro da vida cívica de Leeds. Seu projeto apresentava uma ordem coríntia monumental, com entradas sem frontões em nenhum dos lados. Ele nos faz lembrar o Grande Teatro (1773–1780), de Victor Louis, em Bordeaux, França. Com efeito, sua tentativa de evocar as virtudes do Iluminismo é bastante evidente. Diferente do Grande Teatro, porém, foi a adição a uma imensa torre baseada no Mausoléu de Halicarnasso, do Helenismo, mas curiosamente coberta por uma cúpula com alguns ornamentos rococós. Esse ecletismo, que depois seria muito criticado, pertencia à exuberância dessa nova era industrial que buscava se libertar de um compromisso de submissão para com a história.

17.5 Grande Teatro, Bordeaux, França

17.6 Prefeitura de Leeds

# 1900 D.C.

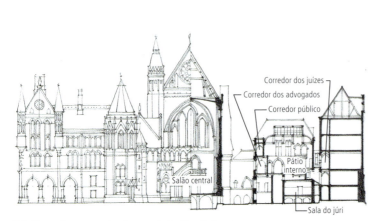

17.7 Elevação e corte das Cortes de Justiça de Londres

17.8 Cortes de Justiça de Londres

## Os London Law Courts (Foros de Justiça de Londres)

A Era Vitoriana ainda se restringia, de modo geral, ao ideal do pitoresco, segundo o qual a arquitetura devia estar vinculada de modo criativo ao passado para enfatizar a dignidade do presente. Entretanto, os vitorianos não se apegavam tanto à pureza dos protótipos de Roma, ou mesmo da Grécia, como a geração de Robert Adam e John Nash. Eles experimentavam estilos históricos que refletiam a crescente erudição arqueológica da época e as diferentes convicções filosóficas de sua clientela. George Edmund Street (1824–1881), que projetou as Cortes de Justiça de Londres (1870–1881), por exemplo, usou um estilo paleomedieval, diferente do gótico tardio de August Welby Pugin. Street escolheu esse estilo em razão de suas associações mais austeras e primitivas. Ele e muitos dos jovens arquitetos da época estavam encantados com os ideais de dureza gaulesa. O que hoje talvez fosse visto como medieval era entendido como saxão naquela época. Os saxões, porém, não eram famosos por suas realizações arquitetônicas, e o problema, neste caso, é que os precedentes são mais franco-normandos do que ingleses.

Com quatro sistemas de circulação distintos, o prédio era bastante complexo e refletia o novo horizonte expandido do direito. Ele possuía 18 salas de audiência. Duas, maiores do que as outras, destinavam-se aos julgamentos mais famosos. Um corredor privativo para os advogados circundava o edifício entre as salas de audiência e o salão central. Os juízes tinham seu próprio circuito de corredores, meio nível acima do corredor dos advogados; ele passava por trás das salas de audiência e dava acesso direto aos tablados elevados em que se sentavam os magistrados durante as sessões. Um corredor em circunferência, logo abaixo do corredor dos juízes, acomodava os promotores e tinha as suas próprias portas de acesso às salas de audiência. O público, considerado incômodo e ruidoso, era segregado em seu próprio corredor conectado às galerias superiores da sala de audiências. O grande portal que se abria para a Strand, uma das ruas mais importantes de Londres, raramente era utilizado, apenas para cerimônias. O acesso ao edifício costumava ser feito por meio de entradas específicas e monitoradas que levavam às escadarias e, dali, aos corredores apropriados. O grande salão não era o elemento central do sistema de circulação, sendo usado apenas pelos que já se encontravam no interior do prédio. Devido ao arranjo compacto das salas e dos corredores, a ventilação era uma grande preocupação e, por isso, deixaram-se espaços livres e aberturas no leiaute para permitir a ventilação a partir do exterior e por poços de ventilação. É discutível se o edifício satisfez à ideologia de transparência que inspirou seu projeto ou se, ao contrário, ofuscou-a em um sistema labiríntico.

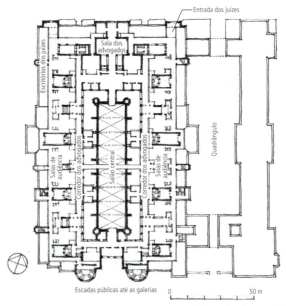

17.9 Planta das Cortes de Justiça de Londres

664

# EUROPA

17.10 Planta de Zurique, Suíça

17.11 Anhalter Bahnhof, Berlim, Alemanha

## AS ESTAÇÕES FERROVIÁRIAS

Para a maior parte das pessoas na Inglaterra e nos demais países da Europa, o ferro, um material novo, era mais visível nas espetaculares estações ferroviárias construídas na época. Esses edifícios, que representavam uma nova cultura de mobilidade e intercâmbio, constituíam não somente maravilhas da engenharia, como também novos e imponentes acréscimos ao contexto urbano. Os engenheiros civis passaram a competir com os arquitetos como árbitros do bom gosto. A Estação Saint Pancras, em Londres (1863–1876), por exemplo, cobria, com seu vão livre de 80 metros, um volume de espaço que desafiava qualquer aspiração arquitetônica anterior. Os grandes componentes de aço foram levados ao canteiro de obras pela própria ferrovia. Um edifício localizado em frente ao pavilhão das plataformas estava voltado para a cidade e continha depósitos de bagagens, salas de espera, bilheterias e escritórios diversos. Na década de 1880, esses terminais, na Inglaterra, Alemanha, França, Estados Unidos e até mesmo nas colônias, como a Estação Ferroviária Terminal Vitória (ou Victoria Terminus), de Bombaim (1888), haviam se tornado o símbolo da época. Um comentarista escreveu que as estações de trem representavam, na Europa do século XIX, o que os mosteiros e as catedrais haviam significado no século XIII. As estações ferroviárias também modificaram de maneira significativa a orientação e a configuração de muitas cidades, uma vez que, em razão da grande quantidade de fumaça das locomotivas, as ferrovias em geral precisavam ficar ao lado dos assentamentos urbanos, em vez de cruzá-los. Muitas estações ferroviárias periféricas acabaram por transformar-se em centros de novos aglomerados urbanos independentes, com bulevares e quarteirões retangulares.

Em Paris, por exemplo, esse foi o caso da Gare de Lyon, da Gare du Nord, da Gare de l'Est, da Gare d'Austerlitz, da Gare Montparnasse e da Gare Saint Lazare, que transformaram o ambiente econômico e social da cidade. (*Gare* é "estação" em francês.)

O desenvolvimento das estações ferroviárias na Inglaterra também se explica pelo fato de que as vias férreas pertenciam a empresas privadas que concorriam entre si e, portanto, precisavam oferecer estruturas viçosas para se distinguirem da concorrência. Embora houvesse diferenças nos estilos do pavilhão voltado para a rua, com o seu pórtico e as suas salas de espera, o protótipo geral continuou o mesmo até uma fase avançada do século XX. A Anhalter Bahnhof (1872–1880), em Berlim, é outro exemplo clássico dessas estações ferroviárias.

Nas colônias, onde os ingleses detinham o monopólio sobre as ferrovias, as estações eram projetadas como símbolos do progresso civilizatório promovido pelo governo colonial. O Departamento de Obras Públicas da Índia colonial, composto por funcionários do capacitado corpo de engenheiros ferroviários inglês, orgulhava-se de projetar os grandes terminais e também as milhares de estações menores necessárias, em toda a Índia, para a extração de matérias-primas e o transporte de mercadorias e passageiros. Enquanto os terminais maiores tinham grandes vãos e eram ricamente decorados, as estações menores eram construídas com base em projetos padronizados e racionalizados para assegurar sua funcionalidade e projetar um senso de ordem militarista.

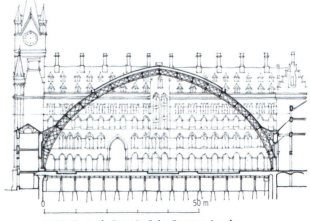

17.12 Corte da Estação Saint Pancras, Londres

665

# 1900 D.C.

17.13 Ateneu Finlandês, Helsinque

## O ATENEU

Na virada do século XIX, a ideia de associação – de união de cidadãos em torno de determinado conjunto de interesses comuns – tornou-se um movimento social independente que alcançou a classe média. As bases teóricas dessa tendência encontram-se nos escritos de Alexis de Tocqueville (1805–1859), filósofo e cientista social francês que considerava as associações como um importante elemento para manter a sociedade civil saudável. Ele acreditava que, considerando-se a propensão do mundo moderno ao isolamento, a união social precisava consolidar-se, não pela autoridade abstrata do Estado, mas por associações voluntárias, instituições educacionais, jornais e até associações de comércio e indústria.

Baseando-se na cultura mercantil das cafeterias, mais antiga, as novas associações do século XIX tendiam a ser pró-urbanas, vendo a cidade (apesar de seus problemas e sua feiura) como o símbolo da civilização e o local onde as virtudes da sociedade organizada, polidez e urbanidade podiam ser exercitadas e preservadas. As associações assumiam muitas formas. Algumas eram sociais, outras, políticas; algumas eram laicas, outras, religiosas. Entre elas, contavam-se a Sociedade de História Natural (Natural History Society), o Instituto dos Mecânicos (Mechanic's Institute), a Associação de Arquitetura (Architectural Association), a Galeria Real Vitória para o Estímulo à Ciência Prática (Royal Victoria Gallery for the Encouragement of Practical Science) e uma grande variedade de grupos musicais, círculos literários e organizações filosóficas e de caridade.

Antes da biblioteca pública surgiu o ateneu. Inspirado pelo Ateneu de Adriano, em Roma, que visava à emulação da cultura do aprendizado associado aos templos dedicados a Atenas, os ateneus do século XIX buscavam promover uma cultura de erudição e aprendizado científico focada nos livros, na poesia, na crítica, etc. Suas raízes estavam no Iluminismo, provavelmente na revista de literatura *Athenaeum* fundada em 1798 pelos irmãos August e Karl Friedrich Schlegel, pioneiros dos estudos indo-europeus e defensores ativos do Movimento Romântico alemão.

Uma grande variedade de ateneus surgiu por toda a Europa e os Estados Unidos. Contudo, em vez de se apegarem a uma herança cultural específica, os ateneus buscaram estar muito atualizados e sintonizados com as culturas intelectuais presentes. Eles eram como templos de Atenas modernos. Muitos foram projetados à maneira italianizada, outros, no historicismo grego. Alguns eram híbridos desses estilos, como é o caso dos de Londres e Boston. O Ateneu Wadsworth, em Hartford, Connecticut, é o mais antigo dos Estados Unidos e exibe uma fascinante mescla de linguagens arquitetônicas. Seu prédio original, projetado por Alexander Jackson Davis e Ithiel Town em 1842, era um prédio no estilo neogótico (ou historicismo gótico), com torreões e ameias na cobertura. Além de acomodar uma grande coleção de belas artes, essa edificação abrigou o que seriam os primórdios da futura Biblioteca Pública de Hartford e da Sociedade Histórica de Connecticut. Em 1910 e 1915, duas novas alas foram adicionadas para receber a crescente coleção de arte, uma no Estilo Historicismo Tudor e a outra em um estilo mais Renascimento Italianizado, ambas projetadas por Benjamin Wistar Morris. Em 1934, o museu adotou uma forte linguagem modernista para sua nova ala – fazendo dele a primeira instituição do tipo nos Estados Unidos a adotar o Modernismo e tornando o prédio uma *assemblage* totalmente eclética.

Os ateneus representavam um movimento internacional, com instituições surgindo não somente na Inglaterra e nos Estados Unidos, mas também na Europa continental. O Ateneu Finlandês, em Helsinque (1887), projetado por Theodor Höjer, demonstra a escala e a importância cada vez maiores dessas instituições. Sua fachada é decorada com estátuas e relevos, além de bustos representando o arquiteto Donato Bramante, o pintor Rafael e o escultor Fídias. No terceiro pavimento, as cariátides que apoiam o frontão simbolizam as quatro formas clássicas da arte: arquitetura, pintura, escultura e música. Entre as janelas do segundo pavimento, relevos representam artistas da Finlândia e de outros países.

# GLOBAL

17.14 National Gallery, Londres

17.15 Museu Franco-Egípcio, Cairo, Egito

## OS MUSEUS NACIONAIS

Até o Iluminismo europeu, a história era quase sempre explicada pelas genealogias míticas, como uma sequência de grandes reis, rainhas e eventos militares. Com o advento do Iluminismo, ela começou a ser percebida como uma dinâmica da civilização e dados verificáveis. A fixação original por Roma e pela Grécia estendeu-se a uma fascinação pela história do mundo inteiro — em particular a do Egito, da Mesopotâmia, da China e da Índia —, enquanto nações como a Inglaterra, a França e a Alemanha se consideravam protetoras e herdeiras dos valores da Antiguidade. Com a descoberta de William Jones em 1786 sobre a continuidade linguística entre o sânscrito e a línguas grega e latina, também começaram a circular histórias comparativas junto às teorias sobre as nações "originárias".

Os museus nacionais que surgiram então exemplificavam o desejo e a capacidade da Era Vitoriana de dominar a lógica da visão histórica em expansão. O Louvre, transformado, em 1793, de coleção real particular em museu de arte público, era acessível gratuitamente a todos os cidadãos e estava entre os primeiros desses novos museus. Mais tarde, Napoleão transformou-o em instrumento do Estado, para fortalecer a conexão entre a identidade nacional e a história da civilização. A ideia do museu nacional foi adotada pelo rei Friedrich Wilhelm II (Frederico Guilherme II), da Prússia, que construiu em 1829 o Museu Altes, em Berlim. No final do século XIX, a concepção europeia de nação e império estava inextricavelmente entrelaçada às exposições e mostras dos museus.

A descoberta de deslumbrantes ruínas esquecidas, como as de Angkor Wat, encontradas pelos franceses na década de 1860, transformou-se em algo semelhante a uma competição esportiva entre as nações. O princípio que regia essas descobertas era a ideia de que "achado não é roubado", e os descobridores se tornavam mais famosos do que os próprios achados. Os Mármores de Elgin, que eram parte do friso do Partenon, não foram assim nomeados em referência ao próprio templo, mas em homenagem a Thomas Bruce, o sétimo conde de Elgin, que os desmantelara e vendera ao British Museum (Museu Britânico).

O intervalo entre a construção da National Gallery, em Londres, (1861), o Museu Nacional de Kyoto (1898), o Museu Nacional Estoniano (1909) e a National Gallery of Art em Washington D.C. (1931) demonstra o papel cada vez maior da história e da coleta de artefatos na concepção de ideologias nacionais. Construíam-se ao mesmo tempo museus nas colônias, como forma de reforçar a percepção da legitimidade da missão presumivelmente civilizatória e permitir que os povos nativos se reconhecessem como súditos diferenciados, sob a proteção abrangente e unificadora do império. O Museu do Governo de Chennai (1851), da Índia, e o Museu do Príncipe de Gales, em Bombaim (1914), assim como o Museu Franco-Egípcio do Cairo (1858), são apenas alguns exemplos desses aspectos complexos da história do colonialismo.

Os museus eram, na maioria dos casos, concebidos como edificações neoclássicas, já que a reivindicação do Classicismo e seus princípios associados era, no século XIX, crucial para o conceito de nacionalismo. Na Inglaterra, a fachada da National Gallery foi projetada com um frontão apoiado em oito colunas. A influência do Neoclassicismo era tão forte que, com poucas exceções, nem o surgimento do Modernismo, no século XX, conseguiu desbancá-la, pelo menos na Europa e nas Américas. Na Europa, até o advento do Pós-Modernismo, houve poucos exemplos de museus que não foram construídos no estilo Neoclássico.

17.16 Museu do Príncipe de Gales, Bombaim, Índia

# 1900 D.C.

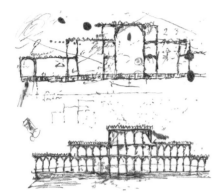

17.17 Esboços de sir Joseph Paxton para o Crystal Palace (Palácio de Cristal), Londres

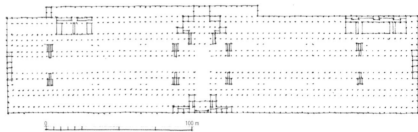

17.18 Planta do Crystal Palace (Palácio de Cristal)

## AS FEIRAS MUNDIAIS

A primeira exposição industrial foi realizada na França em 1801, para buscar compradores de produtos durante a depressão econômica que se seguiu à Revolução Francesa. Os ingleses também faziam esse tipo de feira, porém em escala menor. Contudo, o sucesso dessas feiras levou Henry Cole (1808–1882), um grande defensor do aprimoramento do desenho industrial, conhecido por seu *Journal of Design and Manufactures* (1849–1852), a argumentar que uma exposição nacional era insuficiente, fazendo-se necessária uma grande exposição internacional para exibir a posição privilegiada da Inglaterra na economia global. Em 1851, a feira que ele organizou ocorreu em um edifício que veio a ser chamado de Crystal Palace (Palácio de Cristal).

O Crystal Palace foi projetado e calculado por sir Joseph Paxton, um criativo projetista de estufas de aço e vidro. Ao contrário da Biblioteca Santa Genoveva de Henri Labrouste, com os seus elementos de ferro feitos sob medida, ou da Estação Saint Pancras, com suas vigas gigantescas, o Crystal Palace utilizava componentes finos, de peso relativamente pequeno, produzidos em massa e montados no local. Tensores evitavam o tombamento da estrutura. O efeito dessa combinação foi um edifício que parecia tecido, exibindo as forças de compressão e tração como em nenhum outro edifício já construído. Paxton também acreditava que a estrutura deveria ser inspiradora, assim, projetou seu elemento central na forma de uma longa nave central de igreja, repleta de objetos em exposição, árvores e jardins.

Estavam em exposição os primeiros produtos e máquinas ingleses fabricados em massa, junto com intricados produtos artesanais oriundos das colônias. O contraste entre os dois tipos de mercadorias refletia o pensamento intelectual da época. Os líderes da indústria maravilhavam-se com a engenharia e a produção em massa; os entusiastas do Artes e Ofícios (Arts and Crafts), contudo, apontavam os produtos coloniais como algo que a Inglaterra havia perdido. John Ruskin e Owen Jones execraram o edifício e seu conteúdo industrial, dizendo que representavam a superficialidade da cultura moderna, mas elogiaram os produtos coloniais por sua beleza.

Ninguém jamais havia visto um espetáculo como aquele, e a feira teve enorme sucesso: 6 milhões de pessoas a visitaram no decorrer de apenas seis meses, o período em que esteve aberta. O sucesso sem precedentes da feira preparou o terreno para uma série interminável de eventos semelhantes: a Grande Exposição Industrial de Dublin (1853); o Palácio de Cristal de Nova York (1853); a Exposição Internacional de Londres (1862); a Exposição Internacional de Dublin (1865); e a Exposição Colonial e Indiana de Londres (1886). E houve ainda as exposições internacionais de Paris de 1855, 1867, 1878, 1889 e 1900; a Exposição do Centenário da Filadélfia (1876); a Exposição Colombiana Mundial de Chicago (1893) e a Exposição Mundial de Melbourne, Austrália (1880). Também devemos nos lembrar das inúmeras exposições nas colônias e nos países não europeus: na Índia (em Calcutá e Jaipur, ambas em 1883), na África do Sul (1887, 1893), na Bélgica (1894), na Jamaica (1891) e na Guatemala (1897). Uma história cultural dessas exposições permitiria mapear os principais tópicos da modernidade do século XIX, inclusive a produção em massa de espaços e mercadorias, o espetáculo da exposição, os rituais de consumo e as relações entre capital, nacionalismo, imperialismo e entretenimento.

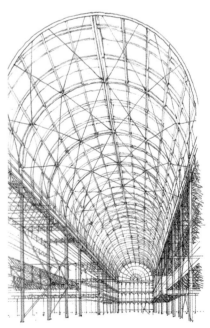

17.19 Interior do Crystal Palace (Palácio de Cristal)

# GLOBAL

17.20 Memorial Hall, Universidade de Harvard, Cambridge, Massachusetts

17.21 Museu de História Natural, Oxford, Inglaterra

## O MOVIMENTO ARTES E OFÍCIOS GLOBAL

Nenhum teórico da Era Vitoriana foi tão lido e discutido quanto John Ruskin. Ruskin preferia o estilo italianizado medieval, mais simples, ao complexo gótico setentrional, pois propunha que a forma devia ser determinada pelo material no qual consiste a edificação e pela maneira como esta é construída. Para ele, a Alta Idade Média (séculos V–X) incorporava esse etos. Ao contrário de Pugin, Ruskin não se opunha ao uso do ferro, mas realmente preferia os materiais convencionais. Perturbado pela rusticidade da industrialização, queria promover uma nova consciência da intensidade estética das superfícies arquitetônicas. Ele dizia que o fato de uma parede consistir em uma série de camadas deveria transparecer na superfície com a maior clareza possível. Ruskin não se opunha ao uso de paredes finas, mas queria que essa pouca espessura se expressasse nos painéis ou por meio do uso de um padrão quadriculado. Ele também urgia seus leitores a repensar a sua postura em relação ao passado, não se atendo à questão das proporções ou ordens, no sentido do Neoclassicismo, ou à problemática dos motivos romanos *versus* não romanos, e sim à fundamentação física e material subjacente à reflexão arquitetônica.

A preocupação de Ruskin com o visual o levou a preferir as colunas monolíticas. Ele rejeitava o uso de pilastras e botaréus, pois interferiam no impacto visual das formas. O volume não deveria ser condicionado pela fria geometria, e sim modelado livremente, com contornos simples e grandiosos. Raramente Ruskin trabalhava com interiores e, portanto, poucas vezes levantava questões sobre o programa e a função. Para ele, o formato de um edifício – o que teria sido significativo para Durand – era menos importante do que a postura do arquiteto perante seu projeto; e a superfície tátil e os detalhes de um edifício eram tão importantes quanto sua planta.

Depois de Ruskin, uma geração de arquitetos começou a projetar, segundo lhes parecia, conforme a visão que ele tinha do mundo construído. Isso envolvia afastar-se do medievalismo obrigatório de Pugin e adotar um estilo mais criativo, que não tem um nome específico, mas que pode ser chamado de gótico ruskiniano. Entre aqueles que trabalharam dessa maneira estava a firma Deane and Woodward, que projetou o interior do Museu de História Natural da Universidade de Oxford (1853) usando ferro aparente no estilo gótico e mostrando suas qualidades expressivas nos mínimos detalhes, chegando ao nível dos rebites que unem os componentes. A impressão de industrialismo é compensada por capitéis projetados individualmente, com inventivos motivos florais, e pelo uso de agregados de colunas que criam uma aparência de leveza e luminosidade. Nos Estados Unidos, um dos melhores exemplos do gótico ruskiniano é o Memorial Hall (1865–1868), da Universidade de Harvard, em Cambridge, Massachusetts, que inclui um teatro e um refeitório e que foi projetado por William Robert Ware e Henry Van Brunt. A maior parte do edifício é de tijolos vermelhos, acentuados de modo vívido por pedra calcária amarelada. O telhado é listrado de cinza, branco e vermelho. Uma torre imensa ergue-se sobre o conjunto.

Nesse contexto, surgiu um movimento que almejava um meio-termo entre o socialismo e o capitalismo. Conhecido como o movimento Artes e Ofícios, ele apelava para a individualidade, a novidade e o bom gosto, mas refinava essas tendências a uma posição social e filosófica que girava em torno da crítica ao que muitos viam como o vazio ético existente no centro da cultura mercantil da Inglaterra. A preocupação do movimento não era o produto final, tampouco a eficiência, mas ter em mente os processos que davam forma ao projeto em si. Deveria haver uma conexão íntima entre o projeto e a produção. Essa posição viria a exercer influência significativa sobre os modernistas posteriores, como Henry van de Velde, Hermann Muthesius, Adolf Loos e Walter Gropius.

# 1900 D.C.

17.22  Padrão têxtil de William Morris

17.23  Secretariado do Governo, Bombaim, Índia

A maioria dos artistas que aderiram ao Artes e Ofícios resistia ao estabelecimento de conexões com a indústria, frustrada pelo que percebia como o desvio rumo à mecanização. A perfeição do acabamento, a simetria e a precisão eram para eles suspeitas, pois representavam a negação do elemento humano. Entretanto, a crítica que propunham ao capitalismo e ao industrialismo não implicava proximidade com os socialistas, os quais, em geral não se interessavam muito pelo Artes e Ofícios. Os socialistas tinham como armas os sindicatos, e não as associações de encadernadores ou fabricantes de móveis. Na verdade, este movimento era mais atraente para a burguesia privada de direitos e privilégios, os utopistas sociais e os estetas da classe alta do que para os membros da classe trabalhadora. Sob esse aspecto, ele era essencialmente uma extensão dos ideais vitorianos que procuravam definir o gosto da classe média. John Ruskin, por exemplo, criou um museu em Sheffield, Inglaterra, que continha objetos reunidos com todo o cuidado para edificar os trabalhadores e os escolares locais. O museu exibia pinturas, esculturas, gravuras e peças de fundição.

## Artes e Ofícios na Índia: o Estilo Indo-Sarraceno

O movimento Artes e Ofícios se difundiu bastante, alcançando a Bélgica, a França, a Alemanha, os Estados Unidos e, inclusive, algumas das colônias inglesas, em particular a Índia. Na verdade, alguns entusiastas do movimento, como John Lockwood Kipling (pai do escritor Rudyard Kipling), se mudaram para a Índia a fim de se dedicarem pessoalmente à causa da preservação e promoção dos ofícios tradicionais indianos. Kipling criou um novo jornal sobre os ofícios indianos e uma escola de treinamento para jovens artesãos.

No final do século XIX, a arquitetura do estilo Neogótico, com sua mensagem clara de nacionalismo inglês, parecia cada vez mais deslocada na Índia. Já estava claro para os ingleses que a Índia tinha uma história de arquitetura tão profunda quanto complexa. Como os acadêmicos agora estudavam a arte e a arquitetura indianas, uma nova geração de arquitetos começou a fazer experiências com um estilo que ficou conhecido como Indo-Sarraceno, que adaptava o vocabulário da arquitetura islâmica ou "sarracena" para a criação de edifícios, como prefeituras, bibliotecas e escolas. O estilo Indo-Sarraceno comparava-se ao esforço do Egito para criar um estilo neomameluco. Parte do ideal indo-sarraceno residia no estereótipo colonial do suposto "declínio" da civilização indiana. Os ingleses afirmavam ter alcançado sucesso na conquista da Índia devido ao declínio da civilização indiana de modo geral. Um dos principais proponentes dessa ideia foi James Fergusson, o primeiro historiador da arquitetura indiana. Sem qualquer compreensão das bases funcionais e conceituais dessa arquitetura, Fergusson classificou e avaliou os edifícios do subcontinente com base em suas propriedades formais, propondo a ideia de que a arquitetura indiana entrava periodicamente em declínio e deveria, portanto, ser reavivada por meio do contato com os estrangeiros.

Para John Ruskin, o indicador crucial desse declínio podia ser mapeado pela distinção entre o trabalho artesanal e a arte indianos. Enquanto os artesãos, que trabalhavam com sua "inocência" inata, eram vistos como um exemplo positivo para os ingleses, as artes indianas, em sua opinião, haviam entrado em decadência, acompanhada de um declínio moral. Temendo que isso pudesse ser devido à influência corruptora dos europeus, sua solução era educar os artesãos indianos com a estética europeia e, ao mesmo tempo, preservar e reavivar suas tradições artesanais. A receita do século XIX para uma arquitetura indiana "moderna" era, portanto, a conjugação da arte europeia com o artesanato indiano a serviço dos edifícios coloniais modernos.

# SUL DA ÁSIA

17.24  Estação Ferroviária Terminal Vitória, Bombaim

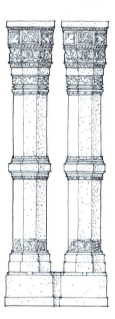

17.25  Galeria de Arte Nacional, Museu Governamental de Chennai, Índia (antigo Edifício do Instituto Técnico Vitória)

Nessa época, Bombaim (Mumbai) tornou-se o principal porto dos ingleses, em especial após a abertura do Canal de Suez, em 1869. O bloqueio que o norte impôs ao algodão do sul durante a Guerra Civil dos Estados Unidos (1861–1865) de repente alçou Bombaim (Mumbai) à posição de principal exportadora de algodão indiano. A riqueza recém-chegada gerou novos edifícios cívicos. A maioria dos arquitetos coloniais continuava a acreditar que o estilo nacional de arquitetura da Inglaterra era o mais apropriado para os edifícios da Índia britânica e, na Inglaterra vitoriana, no rastro das críticas de Pugin, o neogótico ruskiniano era o defensor específico da preservação da Grã-Bretanha e de sua cultura colonial global. Todas as estruturas cívicas de Bombaim (Mumbai) adotaram, portanto, o estilo gótico vitoriano: ao Secretariado de Saint Clair Wilkins (1867–1874) e à sua Secretaria de Obras Públicas (1869–1872) seguiram-se os Correios e Telégrafos de John Begg (1871–1874) e, por fim, os foros do coronel A. J. Fuller (1871–1878). Sir Gilbert Scott projetou o University Hall (1869–1874) com uma ábside semicircular e uma rosácea no estilo decorativo francês do século XV. A biblioteca próxima era coroada por uma torre de relógio de 80 metros de altura (1878), baseada no campanário de Giotto, Florença. Com telhados muito altos, ameias, torres, águas-furtadas e arcos venezianos, esses edifícios, alinhados entre si, definiram a imagem de Bombaim (Mumbai) como o mais distinto entreposto colonial.

O mais espetacular dos prédios do estilo Neogótico (ou Revivescimento Gótico) foi o Terminal Vitória (1878–1887), de F. W. Stevens, cujo projeto se baseava na Estação Saint Pancras, de Gilbert Scott, em Londres. Seu detalhamento gótico extravagante, suas pedras policromadas e os seus azulejos cerâmicos decorativos, mármore e vidros coloridos fazem que transpire uma exuberância e um excesso que não são característicos da Inglaterra, mas talvez sejam sintomáticos do aumento do interesse inglês pelos detalhes ornamentais indianos. A Estação Ferroviária Terminal Vitória (Victoria Terminus), o maior edifício inglês construído na Índia até então, conquistou bastante sucesso junto ao público inglês e imediatamente transformou-se na imagem icônica da cidade como centro de importação e exportação.

O coronel Swinton Jacobs empreendeu uma das tentativas mais celebradas de tradução dos ideais do movimento Artes e Ofícios para a prática da arquitetura na Índia. Formado como engenheiro, Jacobs trabalhou no principado de Jaipur, no Rajastão, durante mais de 40 anos (1867–1912). Esses estados, em tese independentes, eram governados por soberanos locais sujeitos à supervisão do Império Britânico. Jacobs acreditava que a formação de desenhistas para copiar fielmente, em escala real, os detalhes de exemplos da história arquitetônica indiana os capacitaria a apreciar as qualidades intrínsecas à sua própria cultura. Sua obra *Jeypore Portfolio of Architectural Details* (*Portfólio de detalhes arquitetônicos de Jaipur*, 1890) consistia em uma coleção de pranchas individuais que podia servir de material de estudo para os artesãos. Todos os exemplos eram, todavia, retirados da arquitetura islâmica.

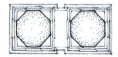

17.26  Amostra de desenho do Jeypore Portfolio of Architectural Details

# 1900 D.C.

17.27 Mubarak Mahal, Jaipur, Índia

17.28 Prefeitura de Jaipur, Índia

Um edifício com frequência atribuído a Jacobs, mas provavelmente projetado por um dos aprendizes que ele mesmo treinou, Lala Chiman Lal, é o Mubarak Mahal (1899), localizado no complexo do Palácio de Jaipur. O Mubarak Mahal, um salão para recepções cerimoniais, era também um museu que compreendia um volume cúbico de dois pavimentos, com uma longa sacada. Era um estudo de caso da ornamentação indo-sarracena. No pavimento superior, uma filigrana extravagante, de ornamentação executada com esmero, destacava a silhueta da sacada que contornava todo o perímetro da edificação. No pavimento inferior, intercolúnios individuais, concebidos como nichos de exibição, evidenciavam detalhes ornamentais diversos. Todo o programa, incluindo o leiaute e as proporções e divisões da edificação, ou seja, a sua estética, tem origem na tradição europeia. Pode-se dizer que o prédio é indiano apenas em seus detalhes.

Robert F. Chisolm pertencia à geração de arquitetos profissionais que prefeririam explorar sua liberdade profissional a restringir seus projetos a limitações ideológicas. Foi essa busca que o levou inevitavelmente ao ecletismo. Seu projeto para o concurso da prefeitura de Bombaim, que não chegou a ser construído, previa um volume de três pavimentos, com uma grande cúpula central baseada no Taj Mahal. Chisolm ampliou a base da cúpula com aberturas arqueadas altas, que exigiam um sistema estrutural interno feito de aço. Cúpulas menores, assentadas sobre bases octogonais, arrematavam os cantos do volume cúbico principal. As quinas ainda foram mais enfatizadas pela sugestão de pequenas torres criada pelo facetamento das superfícies nas extremidades, com uma sequência de molduras próximas ao solo que se alargam levemente na base, como na Torre Vitória Hindu, em Chittorgarh. A concepção geral do volume lembra a Trinity Church de Henry Hobson Richardson, em Boston. O foco da vista em elevação é diferente em cada um dos níveis do edifício. Um pórtico sustentado por pares de colunas no pavimento térreo, ao qual se sobrepõe uma sacada estreita no segundo pavimento, termina em um arco amplo, de altura dupla, sob um telhado abatido em estilo bengali, integrado à linha da cornija. Nenhuma parte do projeto foi negligenciada pela atenção cuidadosa aos detalhes.

Os entusiastas do Artes e Ofícios e os indo-sarracenos não impressionaram muito os marajás indianos locais no que diz respeito a seus contratos pessoais. Sawai Ram Singh (que reinou entre 1835 e 1880) continuou obstinadamente a fazer os seus trabalhadores construírem imitações de edifícios híbridos em estilo europeu, como a prefeitura em Jaipur. Singh era uma pessoa astuta. Ele usava a seu favor a compreensão equivocada, típica da mentalidade colonial, de seu relacionamento com os feudatários, que em geral constituíam um limite à sua autoridade, submetendo-os com base em seu prestígio entre os seus financiadores ingleses. Para os marajás, que, como os babus, não tinham em mente um projeto paternalista, o estilo identificável do poder era europeu.

17.29 Proposta de Robert F. Chisolm vencedora do concurso de arquitetura para a Prefeitura de Bombaim

# AMÉRICA DO NORTE

17.30 Casa Gamble, Pasadena, Califórnia

## O movimento Artes e Ofícios na Califórnia

Na Califórnia, o Artes e Ofícios passou por sua transformação mais vigorosa e por seu mais longo período de vigor. Ali, o movimento mesclou-se a motivos hispano-mexicanos, assim como a elementos do Mediterrâneo italiano e do Extremo Oriente. O Artes e Ofícios local estava ligado de modo direto a um sistema de ensino público fortemente comprometido com a educação nas artes manuais, em especial com a crença de que a união de pensamento e emoção por meio do artesanato tinha valor terapêutico. As bibliotecas locais organizavam clubes de desenho e exposições do artesanato local.

Os elementos da paisagem e da flora locais também tinham presença forte no movimento Artes e Ofícios da Califórnia. Retratando as papoulas douradas, os pinheiros de Torrey, a sequoia ou a majestade sublime do Vale Yosemite, os artistas da Califórnia exaltavam a beleza natural do estado e associavam-se de modo muito mais íntimo à paisagem exterior do que os seus colegas ingleses e do nordeste norte-americano. Muitas de suas casas exploravam as belas paisagens e a vida ao ar livre oferecidas pelos cenários naturais. As moradias construídas nesse estilo realçavam a indefinição deliberada de espaços internos e externos por meio do uso de deques, pérgolas, varandas e terraços. O medievalismo em estilo inglês dessas casas deu lugar a uma estética primitivista semelhante àquela presente nos livros de Jack London, autor de *The Call of the Wild* (*O chamado da selva*), 1903. A própria casa de London, no Vale da Lua de Sonoma, era um ótimo exemplo da arquitetura doméstica do Artes e Ofícios, com madeira de sequoia, tábuas com casca, salões enormes e lareiras gigantescas. A Casa Gamble (1908-1909), projetada por Charles Sumner Greene e Henry Mather Greene, em Pasadena, Califórnia, (1908-1909), é um excelente exemplo do uso dos temas japoneses. O caminho de alpondras cruzando o jardim, o muro de arrimo inclinado e uma varanda alta e arejada são todos elementos inspirados em precedentes japoneses. A casa repousa sobre um amplo terraço que rodeia o edifício e estende o espaço das salas de estar aos jardins e gramados. Ela foi projetada para adaptar-se aos majestosos eucaliptos existentes no local. Todos os detalhes do interior – luminárias, móveis, tapetes – foram cuidadosamente desenhados para a casa. Como era comum no Artes e Ofícios (apesar de raramente ter sido realizado nessa escala), móveis, armários embutidos, painéis, entalhes em madeira, tapetes, iluminação e vitrais com perfis de chumbo foram projetados sob medida pelos arquitetos.

Sua planta era incomum. Um vestíbulo com escada dividia toda a casa em duas partes, com a sala de estar e o gabinete de um lado e a sala de jantar, a cozinha e o quarto de hóspedes do outro. Os quartos principais do pavimento superior possuíam varandas para se dormir olhando para o jardim. Ao contrário do estilo shingle, com as suas coberturas mais íngremes, aqui os telhados são bastante planos e parecem flutuar sobre a construção. Isso enfatiza o aspecto horizontal de sobreposição espacial, assim como as sombras projetadas pelos beirais. No interior, as pesadas vigas de madeira ficaram aparentes, mas foram lixadas e polidas para exibir o tom quente amarelado do material. Os tetos, simplesmente pintados de branco, ao estilo japonês, contrastam com a estrutura de madeira. Alguns toques de Art Nouveau nas luminárias, vitrais e tapetes acrescentam uma camada de sofisticação urbana. A casa foi projetada como residência de aposentadoria para David e Mary Gamble, de Cincinnati, Ohio. David, um membro da segunda geração da Companhia Procter & Gamble, uma grande fabricante de sabão, aposentou-se em 1895.

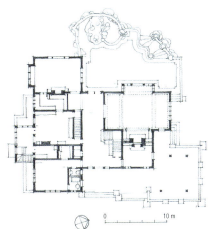

17.31 Planta do pavimento térreo, Casa Gamble

17.32 Interior da Casa Gamble

673

# 1900 D.C.

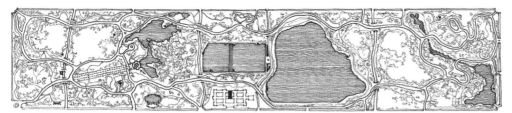

17.33 Planta do Central Park, Cidade de Nova York

## O CENTRAL PARK

Em função das associações românticas com a natureza que a consideravam como fundamental ao desenvolvimento da cidadania, os parques urbanos do início do século XIX já eram amplamente reconhecidos como um importatne indicador da qualidade de vida de uma cidade. Ainda que não tenha sido incluído entre o Commissioners' Plan de 1811, o Central Park da cidade de Nova York (1853–1883) não apenas era o primeiro e maior parque urbano do país como se tornou o modelo de projeto paisagístico norte-americano. O projeto, que venceu um concurso público, foi o primeiro trabalho do famoso arquiteto paisagista Frederick Law Olmsted (1822–1903). Olmsted começou sua carreira como jornalista e foi inicialmente influenciado por seu trabalho como correspondente na Europa, onde ficou impressionado em particular pelos novos parques urbanos, como o Birkenhead Park, na Inglaterra, de Joseph Paxton, o mesmo projetista que se tornou famoso pelo Palácio de Cristal e, posteriormente, por suas viagens para o sul dos Estados Unidos, onde cuidadosamente documentou e comentou os efeitos negativos da economia baseada no escravagismo.

O paladino do Central Park foi Andrew Jackson Downing, um defensor do paisagismo e famoso crítico da industrialização e urbanização, além de mentor de Olmsted. Downing (1815–1852), influenciado por ideias pitorescas assim como pelo crescene moralismo do início do Período Vitoriano, via mais do que apenas beleza nos projetos de paisagismo. Ele considerava os jardins como mais do que um palco conveniente para a instalação de monumentos a heróis, como era o caso dos Jardins Stowe, em Buckinghamshire, Inglaterra. Para Downing, o paisagismo reforçava o caráter humano e sustentava a integridade da família. Até os modestos jardins residenciais, dizia ele, tinham cunho civilizatório, pois constituíam um véu protetor em torno da casa e ajudavam-na a integrar-se à paisagem. Nessa época, a área ao redor da maioria das grandes cidades nos Estados Unidos havia sido radicalmente desflorestada para dar lugar a fazendas. Em 1845, quando Henry David Thoreau foi viver por dois anos, isolado, perto do Lago Walden, em Massachusetts, na tentativa de se aproximar da natureza, o lago ficava em uma das poucas áreas ainda arborizadas com muitos quilômetros de largura. Downing acreditava ser possível trazer a paisagem natural para a cidade na forma de parques, desde que tivessem tamanho suficiente para simular uma paisagem, ainda que modificada e equilibrada de acordo com as necessidades humanas.

Quando Downing faleceu na explosão de um barco a vapor no Rio Hudson em 1852, Olmsted associou-se a Calvert Vaux para apresentar a proposta de projeto para o concurso de arquitetura do parque. Vaux era um arquiteto inglês que havia vindo aos Estados Unidos para trabalhar com Downing. O parque de 3,4 quilômetros quadrados, no coração de Manhattan, foi construído em uma área ocupada por ex-escravos e imigrantes irlandeses, que foram desalojados à força. O parque, na verdade, não tem nada de selvagem: é uma visão da natureza cuidadosamente construída. Isso envolveu uma enorme quantidade de obras de corte e aterro, a plantação de milhões de árvores, a construção de 36 pontes e a criação de campinas, florestas, belvederes no topo de colinas, castelos, fazendas de ovelha, rinques de patinação e locais de alimentação. Seguindo a tradição pitoresca romântica, um rebanho de ovelhas da raça Poll Dorset foi colocado em uma campina especialmente projetada para isso. Dois grandes reservatórios acumulavam água para a cidade, e sob eles foi construído um elaborado sistema de drenagem.

Olmsted e Vaux brigavam constantemente com os administradores do parque para garantir que ele fosse mantido como um espaço democrático e acessível a todas as pessoas. No entanto, embora o Central Park tenha atraído 10 milhões de visitantes em seus primeiros anos, ele entrou em profunda decadência no final do século XIX. Em 1934, Robert Moses limpou e restauro o parque como parte de seu plano de transformação da cidade de Nova York.

Olmsted, Vaux and Company, uma empresa fundada em 1861, também projetou parques em Milwaukee, Wisconsin; Buffalo, Nova York; e outras cidades. A firma foi herdada pelos filhos de Olmsted, John Charles Olmsted (1852–1920) e Frederick Law Olmsted Jr. (1870–1957), que a transformaram em uma das maiores e mais influentes firmas de paisagismo de sua época. Eles realizaram inúmeros projetos famosos, como o Parque Nacional de Acadia, o Parque Nacional de Yosemite e o Parque Piedmont de Atlanta, assim como o sistema de parques completo de cidades como Portland e Seattle.

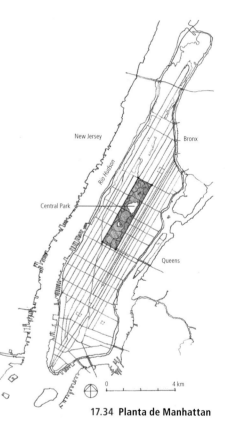

17.34 Planta de Manhattan

674

# EUROPA

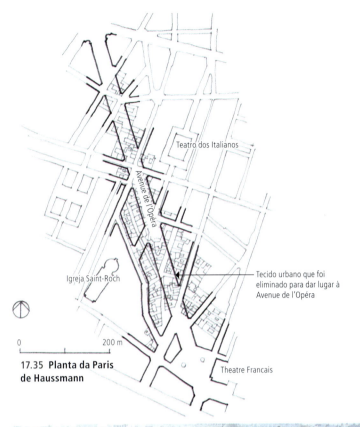

17.35 Planta da Paris de Haussmann

17.36 Vista de uma rua da Paris de Haussmann

## A PARIS DE HAUSSMANN

Após a derrota de Napoleão, em 1815, a monarquia foi restaurada na França e perdurou sob várias formas até 1848, quando outra grande revolta popular nas ruas de Paris – imortalizada por Victor Hugo em sua obra *Les Miserables* (Os miseráveis) – acarretou o estabelecimento da Segunda República. Luís-Napoleão Bonaparte foi eleito presidente da Segunda República, e, em 1852, foi feito um plebiscito que lhe conferiu poderes supremos sob o título de Imperador Napoleão III (1808–1873). Ele imediatamente cancelou a independência do parlamento francês e revogou avanços que haviam sido obtidos no sufrágio universal, na liberdade de imprensa e na educação. A partir de então, as instituições públicas passaram a ser rigidamente policiadas, o ensino da filosofia nas escolas de ensino médio foi eliminado, e o poder do governo, aumentado.

No início, a boa-sorte da França parecia ter sido restaurada. O país saiu vitorioso da Guerra da Crimeia (1854–1856) e construiu o Canal de Suez (1854–1869). Napoleão III procurou avidamente dar expressão arquitetônica a esses sucessos e, ainda mais do que isso, tornar Paris a "capital do século XIX". Seu encarregado pelas mudanças foi Georges-Eugène Haussmann (1809–1891), cuja visão para Paris, assim como a de Napoleão III, ela claramente grandiosa. Ao contrário das estratégias de projeto urbano mais antigas – como a da Roma de Sixto V e a de Washington, D.C. – que usaram bulevares retos implantados conforme as edificações mais importantes (como palácios e igrejas), as novas ruas de Haussmann foram lançadas conforme considerações pragmáticas e econômicas. Entretanto, elas tiveram de ser construídas ao custo da demolição de grande parte do tecido urbano medieval de Paris e do deslocamento de milhares de moradores, principalmente das classes desfavorecidas.

675

# 1900 D.C.

17.37 Ópera de Paris, França

17.38 Grande escadaria da Ópera de Paris

Embora se tenha tentado integrar as novas ruas às antigas, pouca coisa foi poupada, e bairros inteiros foram arrasados pelas obras. As fachadas das novas ruas eram de edifícios de apartamentos e receberam tubulações de esgoto e gás. Para evitar revoltas e se antecipar à provável tendência futura, o uso de pedra nas edificações, que outrora fora privilégio dos ricos, agora se tornava comum nas novas partes da cidade. A Paris haussmanniana se tornaria o modelo das cidades ao redor do mundo, como Rio de Janeiro, Buenos Aires, Cairo, Roma e Saigon. A "haussmannização", que impediu o bloqueio efetivo das ruas, às vezes apontada como culpada pela supressão das revoltas populares da Comuna de Paris em 1871.

Um dos focos da nova Paris foi sua Ópera (1861–1875), implantadada na inteseção de várias ruas radiais. Ela foi projetada pelo jovem arquiteto Charles Garnier (1825–1898), que tinha apenas 36 anos quando venceu o concurso para o projeto de arquitetura. Garnier vencera anteriormente o Prix de Rome, provando que até mesmo o filho de um operário podia ter um futuro brilhante na nova classe profissional.

O projeto de Garnier combina a colunata de colunas duplas do Louvre com elementos inspirados na fachada de Michelangelo para o Campidoglio (Monte Capitólio de Roma). Ele mesclava o simbolismo real, que agradava a Napoleão III, com o simbolismo republicano do trabalho de Michelangelo. A fachada, quando observada como um todo, poderia também ser vista como um arco triunfal extremamente largo.

Assim, o prédio respondia com sucesso à complexa situação política em que se encontrava sem fazer qualquer referência direta a Roma ou à Grécia. Assim como os London Law Courts (Foros de Justiça de Londres), o edifício possuía múltiplas funções e sistemas de circulação. A impressionante entrada frontal servia ao público que chegava a pé. Aqueles que chegavam de carruagem entravam pelo lado direito, e os artistas e funcionários administrativos da ópera ingressavam pelos fundos. Havia também uma entrada lateral especial para o imperador, pela qual ele podia passar diretamente de sua carruagem para o interior. A estrutura de aço do edifício ficou oculta, pois foi revestida de tijolo e pedra. A escadaria que se situa entre o nártex da entrada e o teatro é, em si, como um teatro tridimensional que permite ao público ver e ser visto. Esses encontros transformaram-se num elaborado ritual social.

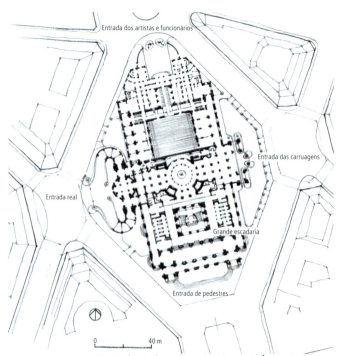

17.39 Planta do pavimento térreo da Ópera de Paris

# EUROPA

17.40 Galeria Vittorio Emanuele II, Milão, Itália

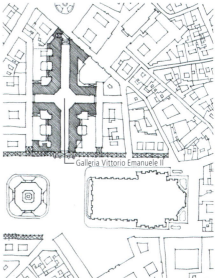

17.41 Piazza del Duomo (Praça da Catedral), Milão

## AS GALERIAS

Além das estações ferroviárias e das feiras industriais, a galeria comercial provavelmente era o tipo de edifício que mais bem sintetizava a Revolução Industrial e a sua nova cultura de consumo em massa. As galerias eram os locais onde se podia ver, em primeira mão, não só a riqueza do mercado global, mas também os novos materiais de construção: o metal e o vidro. No início do século XIX, a maioria das lojas pouco diferia daquelas existentes na época medieval – uma janela ou um balcão voltado para a rua, com um pequeno recinto reservado às transações comerciais. A queda dos preços do vidro possibilitou a construção de lojas com grandes vitrines, que se difundiram com rapidez por Londres, Paris e Nova York no final da década de 1820. Em Paris, as ruas comerciais – chamadas de *galeries* ou *passages* – logo começaram a ser projetadas com séries de lojas sob uma claraboia de vidro.

No final do século XIX, essas passagens ou equivalentes já podiam ser encontradas na maior parte das cidades europeias. No início, possuíam apenas um pavimento, mas logo passaram a ser construídas com dois ou mais níveis. As galerias proporcionavam segurança aos lojistas e conforto aos consumidores, pois a maioria das cidades do século XIX era barulhenta e caótica, e suas ruas não eram pavimentadas. Assim, as galerias ofereciam à clientela burguesa enclaves protegidos.

Marcando o auge desse tipo de edificação, a extravagante Galleria Vitorio Emanuele II, em Milão, tornou-se o símbolo da jovem nação italiana. Sua entrada orientava-se em direção à praça em frente ao Duomo (a catedral), cuja fachada fora concluída apenas em 1806. O planejamento da piazza, que havia sido interrompido por décadas, foi retomado após a unificação da Itália, em 1859. A galeria teve seu projeto quase imediatamente reiniciado e, quando de sua inauguração, em 1867, ela foi considerada uma maravilha urbana e da engenharia.

O edifício, cujas quatro alas de claraboia convergem em uma enorme cúpula de vidro, é completamente regular no interior, mas se adaptou às construções já existentes ao seu redor. Há sete pavimentos além do porão, com uma rede de suportes ocultos entrecruzados que flexibiliza o uso do espaço. As escadas, localizadas no fundo, são acessíveis por pátios, de modo a não perturbarem a unidade visual das fachadas. As escadas principais localizam-se nos ângulos reentrantes dos cruzamentos. O terceiro pavimento é reservado a salas de reuniões de diversos tipos de associações, escritórios e estúdios, enquanto os andares mais altos são residenciais. Mais do que uma simples galeria comercial, esse prédio é uma entidade essencialmente urbana.

17.42 Friedrichstrassenpassage, Berlim

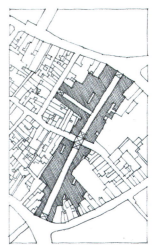

17.43 Galeries Saint Hubert, Bruxelas

677

# 1900 D.C.

## A ÉCOLE DES BEAUX-ARTS (ESCOLA DE BELAS-ARTES) DE PARIS

Durante todo o século XIX, a École des Beaux-Arts (Escola de Belas-Artes), em Paris, era a principal escola de arquitetura europeia. Embora tivesse sido fundada para cidadãos franceses, no final do século estudantes de todo o mundo a frequentavam. Criou-se, assim, um núcleo de seus seguidores que difundia o sistema pedagógico e o estilo arquitetônico da instituição por todos os cantos do mundo. Sua influência ainda podia ser sentida nas escolas de arquitetura norte-americanas até a década de 1940. Fundada em Paris, em 1671, como a Académie Royale d'Architecture (Academia Real de Arquitetura), por Jean-Baptiste Colbert, ministro das Finanças de Luís XIV, a escola foi concebida como local destinado a aperfeiçoar o talento necessário ao complexo programa de construção do rei. A Revolução Francesa pôs fim às academias reais, mas, em 1803, o principal objetivo dos cursos era preparar os estudantes para as concorrências ou concursos de arquitetura promovidos pelo governo. A fundação da Société Centrale des Architects, em 1840, tornou a arquitetura uma profissão acadêmica similar ao direito e à medicina. A Société acabou com o sistema aristocrático do mecenato e prenunciou o fim do arquiteto amador (apesar de essa tradição ter sempre se manifestado com mais força na Inglaterra do que na França). Isso é um aspecto importante da fundação dessa escola, pois, embora o estilo acadêmico dos franceses tivesse sido muito criticado pelos modernistas do século XX, a École des Beaux-Arts elevou a arquitetura à condição de disciplina autônoma e estruturada.

Essa autonomia veio acompanhada de novos e complexos questionamentos teóricos sobre a natureza da produção arquitetônica. Os arquitetos deveriam usar os novos materiais de construção, como o aço e o vidro? E, caso positivo, de que maneira? Qual a relação entre a identidade de uma nação, sua história e arquitetura? Em meados do século XIX, essas questões tornaram-se bastante divisivas. De um lado, encontravam-se os defensores do Classicismo idealizado, como Quatremère de Quincy, e, do outro, os românticos, como Henri Labrouste, que tinham uma compreensão mais flexível da história. O conflito tornou-se público com a nomeação, em 1863, de Eugène Emmanuel Viollet-le-Duc como professor titular de História da Arte e Estética. Ele apoiava o uso do ferro nos edifícios, a que muitos arquitetos franceses resistiam.

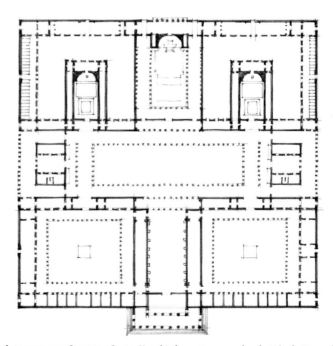

**17.44** Projeto para uma Suprema Corte, Henri Labrouste, vencedor do Prix de Roma de 1824

No entanto, seu cargo durou pouco, e, por volta de 1880, a escola tornara-se conhecida como defensora de um estilo eclético que, embora pitoresco em termos de volume, permanecia comprometido com a tradição das plantas claras e organizadas de forma retilínea. O aprendizado dos estudantes matriculados na Escola ocorria sobretudo fora de suas dependências. Na verdade, a parte principal do aprendizado acontecia nos ateliês dos arquitetos. Os profissionais mais experientes na profissão empregavam os estudantes, aproveitando sua baixa remuneração, mas, em contrapartida, educavam-lhes de acordo com os princípios de projeto. Naturalmente, a qualidade variava tanto quanto o estilo, e os estudantes tendiam, assim, a escolher os instrutores com os quais mais se identificassem. A Escola oferecia aulas, mas a presença dos alunos era facultativa e não havia exames no curso. O progresso letivo dependia dos pontos conquistados na competição mensal, que envolvia os aspectos de composição, construção, perspectiva e matemática.

Para o estudante da época, o auge do sucesso era ganhar o Prix de Rome, anual, que enviava o estudante à cidade italiana para viver durante um ano na Vila Medici. O concurso acontecia em três fases e prolongava-se por vários meses. Os estudantes deviam desenvolver em 12 horas um esboço (*esquisse*) para solucionar um problema de projeto apresentado pelo professor de teoria, o que conduzia, então, a uma apresentação mais substancial, a *charrette* (nome oriundo dos carrinhos usados pela escola para recolher os projetos e as maquetes). Os autores dos oito melhores trabalhos tinham, a partir de então, um prazo de três meses, em geral até o final de julho, para desenvolver um *projet rendu* (um projeto final), e o vencedor era escolhido dentre eles. Os desenhos produzidos para a última fase da competição podiam ser muito grandes: alguns chegavam a ter 5 metros de comprimento.

A planta baixa era especialmente importante para a concepção de projeto da Beaux-Arts. Devia ser funcionalmente clara e formalmente coerente e, em geral, era composta pela intersecção de retângulos, organizados de modo simétrico ao longo de um eixo central. Enfatizava-se muito o equilíbrio entre os edifícios e os pátios internos, entre cheios e vazios. O arranjo dos espaços (a diferenciação entre espaço primário e secundário) era conhecido como *parti*, ou partido de arquitetura.

# EUROPA

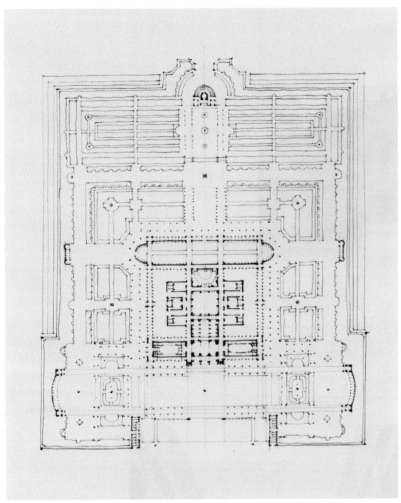

17.45 Ateneu para uma capital, Henri-Paul Nénot. Este projeto recebeu, em 1877, o primeiro prêmio de um concurso de ateneu com salas de reunião, biblioteca e estufa promovido pela École des Beaux-Arts

As plantas da Beaux-Arts apresentam algumas características típicas:

1. Enfatiza-se a simetria, e, onde há assimetria, ela deve ser integrada ao todo.
2. A axialidade é importante. Os espaços principais devem estar no eixo e ser claramente evidenciados por meio do espaço e das proporções.
3. Os eixos transversais são empregados para distribuir e organizar o programa.
4. Deve existir uma hierarquia clara entre os elementos principais e subsidiários do programa. Não deve haver espaços ocultos, mas uma gradação de importância.
5. No centro da composição deve haver um grande salão com dimensões que tenham relação com as proporções gerais do edifício.
6. Os elementos repetidos devem ser unificados para dar apoio ao plano geral.
7. As relações entre espaços fechados e abertos e entre edifícios, pátios internos e jardins circundantes devem ser resolvidas em um todo integrado.
8. Os elementos decorativos devem estar de acordo com o programa. Os edifícios cívicos precisam demonstrar comedimento; as óperas, efervescência.

O projeto de Henri Labrouste para uma suprema corte, de 1824, e o de Nénot para um ateneu, de 1877, exibem características semelhantes. O projeto de Nénot organiza-se em torno de um auditório que se abre para uma grande piazza longitudinal, proporcionando a dimensão exterior do esquema. O auditório situa-se no fim de uma série de salões, o que ressalta a sua importância. As salas de leitura secundárias colocam-se à direita e à esquerda dos salões principais. Os elementos assimétricos equilibram-se, e os jardins, que emolduram o edifício inteiro, são integrados ao esquema. Entre o prédio e o bulevar há uma grande piazza. O edifício, situado na intersecção de ruas, é o elemento axial culminante de uma delas. Ainda assim, a presença de todos esses elementos não caracteriza, necessariamente, um edifício como exemplo de Beaux-Arts. O projeto do Capitólio dos Estados Unidos, de Charles Bulfinch (1793), por exemplo, é neoclássico, mas tem o interior assimétrico, com um espaço oval estranhamente alojado entre a rotunda e a sala de audiências do Senado. Da perspectiva de um arquiteto da Beaux-Arts, isso seria inadmissível.

# 1900 D.C.

17.46 Uma mansão de Chettinad, Índia

## AS MANSÕES DE CHETTINAD

Depois da queda dos cholas, no século XIV, os chettiars, que originalmente negociavam pedras preciosas, equipavam e abasteciam navios e compravam e vendiam sal no Império Chola, estabeleceram-se em cerca de 75 povoados ao redor de um templo próximo à atual Karaikudi, no centro-sul da Índia – em uma área chamada Chettinad. Essas foram as primeiras comunidades locais a fazer amizade com os recém-chegados comerciantes ingleses e, no final do século XIX, espalharam-se pelo sudeste asiático – sobretudo por Mianmar, Malásia, Indonésia e Ceilão – e tornaram-se ricos agiotas e comerciantes de diamantes. Muitas vezes também trabalhavam como agentes oficiais da Companhia Britânica das Índias Orientais.

Depois da Segunda Guerra Mundial, quando os ingleses saíram da Índia, os chettiars foram deportados, em grande número, dos novos países independentes do sudeste asiático. Alguns voltaram para a Índia e muitos estabeleceram-se no Reino Unido. Entre o final do século XIX e o começo do XX, os chettiars enviaram grandes somas em dinheiro aos povoados de onde provinham, o que resultou na construção de milhares de mansões. Projetadas para ter aparência europeia no exterior, por dentro elas eram tipicamente locais, com um toque de estilo indonésio no espírito e no projeto de arquitetura. Essas edificações possuíam, em geral, dois pavimentos e o exterior em estilo italianizado, com colunas e entablamentos em reboco pintado sobre tijolos. No interior geralmente havia um longo pátio interno semelhante a um impluvium, com colunas feitas de teca de Mianmar, polidas ou laqueadas de preto ou azul; mas algumas eram de mármore italiano. O espaço interno era dominado por um telhado em vertente muito alto, que caía de maneira impressionante em direção ao pátio interno.

17.47 Pátio interno, mansão em Chettinad, Tamil, Índia

# ÁFRICA

17.48 Mesquitas do sultão Hassan, Al-Rifa'i e Mahmoud Pasha, Cairo

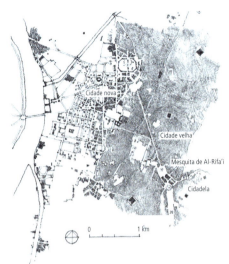

17.49 Planta do Cairo, *circa* 1874

## O MODERNISMO COLONIAL

Embora em geral acredite-se que a história do Modernismo não europeu tenha iniciado nos primórdios do século XX, com a difusão da Art Decô (por exemplo, ao longo da Marine Drive de Bombaim), ela começa, na verdade, na segunda metade do século XIX, com frequência ainda à sombra do colonialismo. Os conceitos interrelacionados de uma "modernidade colonial" e um "modernismo colonial" – assim como a mescla global da gênese do Modernismo – estão apenas começando a ser compreendidos.

Esse é o caso do Egito, um dos primeiros países árabes a tentar reinventar-se em sintonia com as ideias modernas. O estilo Neomameluco começou a surgir quando o Egito declarou sua independência do sultanato otomano em 1833 e passou a necessitar de uma imagem ao mesmo tempo moderna e egípcia. Sa'id Pasha (que reinou entre 1854 e 1863), o filho de Muhammad 'Ali e seu terceiro sucessor e, especialmente, Isma'il Pasha (que reinou entre 1863 e 1879), seu neto, foram os arquitetos da liberação egípcia do domínio otomano. Isma'il era fascinado pela cultura francesa, a ponto de adotar as maneiras francesas em sua vida pessoal, encorajando sua corte a seguir seu exemplo. Ele era também um modernizador impaciente, que desejava transformar o Egito em uma extensão da Europa, apesar das circunstâncias econômicas desfavoráveis. Todavia, a dívida externa do país saiu do controle. Sua falência foi declarada em 1879, o que levou à ocupação britânica em 1882.

A paixão de Isma'il pela europeização pode ser entendida como uma imitação, ou como uma manifestação local do Modernismo, assim como ocorreu em qualquer outra parte do mundo.

Inspirado por sua visita à Exposição Universal de Paris de 1867, ele desejava transformar sua capital em outra Paris, com avenidas largas, retas e arborizadas, palácios, jardins planejados, pavilhões e todos os confortos da vida urbana moderna, como teatros, cafés e até mesmo uma ópera. Assim, encarregou seu ministro de Obras Públicas, Ali Pasha Mubarak, membro da Missão Acadêmica de 1844–1849 à França e uma das figuras mais influentes da história moderna do Egito, de elaborar um novo plano diretor para a cidade.

Com exceção de dois bulevares – Shari Muhammad 'Ali e al-Sikka al-Jadida (Nova Avenida ou Shari' al-Muski) – que cruzavam o denso tecido da cidade antiga e exigiram a demolição de muitas construções medievais, a cidade nova estendia-se para o oeste, em direção ao Nilo, ao longo de um eixo norte-sul, com ruas que irradiavam das praças centrais, constituindo padrões em forma de estrela à moda de Haussmann. Essa cidade do Cairo em estilo parisiense foi construída às pressas, para impressionar os monarcas europeus convidados ao Egito para a inauguração do Canal de Suez, em 1869 – entre os quais encontrava-se a imperatriz Eugênia, esposa de Napoleão III.

Depois que os ingleses instauraram um estado vassalo em 1882, o estilo Neomameluco, também conhecido como Neoislâmico, permaneceu dominante, relacionando a arquitetura egípcia contemporânea a uma gloriosa fase de sua história. Um dos principais exemplos estudados por Nasser Rabbat, famoso estudioso da história islâmica, é a Mesquita de Al-Rifa'i, construída em duas etapas, entre 1869 e 1880, e 1906 e 1911. O primeiro estágio foi projetado e supervisionado pelo arquiteto egípcio Hussein Fahmi e o segundo, pelo austro-húngaro Max Herz, embora outros profissionais tenham sido contratados como consultores e decoradores de interior. A planta é uma composição típica da Beaux-Arts: axialidade, racionalização de espaços e interligação de volumes e vazios.

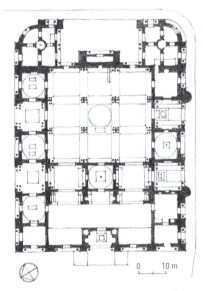

17.50 Planta da Mesquita de Al-Rifa'i

# 1900 D.C.

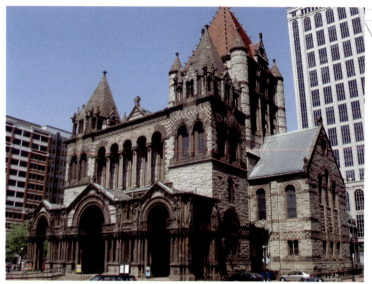

17.51 Trinity Church, Boston

17.52 Planta da Trinity Church

## HENRY HOBSON RICHARDSON

No final da década de 1830, o Neogrego sem dúvida havia se tornado o estilo nacional adotado nos Estados Unidos, e assim permaneceu até a Guerra Civil. A simplicidade, a coerência ideológica e a facilidade com que os carpinteiros locais podiam copiar suas formas em tijolo e madeira contribuíram bastante para seu sucesso. O estilo não sofria muita concorrência do estilo Neogótico, que, ao contrário da Europa, não possuía muitos representantes de destaque no país. O resultado foi um movimento fluido do estilo Neogrego na direção de um estilo francês conhecido como Segundo Império, com sua ênfase compositiva em pavilhões verticais e na ornamentação derivada das formas clássicas.

Esse estilo continuou a ser uma subcorrente importante durante um bom tempo após o advento do Modernismo. Entretanto, nas décadas de 1880 e 1890, um grupo de arquitetos começou a traçar seu próprio caminho, trazendo à tona ideias latentes sobre o pitoresco, enquanto tentava combinar essa estética às necessidades da classe mercantil. Esses arquitetos eram Frank Furness, na Filadélfia; Louis Sullivan, em Chicago; e Ralph Adam Cram e Henry Hobson Richardson, de Boston. Cada um deles desenvolveu uma abordagem distinta. Furness levou para os Estados Unidos muitas das ideias de Viollet-le-Duc sobre a integração do ferro nos projetos. Sullivan destacava em seus edifícios uma simplicidade audaz, combinada a uma rica ornamentação. Porém, foi a obra de Richardson, entre o final da década de 1870 e meados da de 1890, que passou a ser vista por muitos como tendo um estilo próprio.

Quando Richardson (1838–1886) era jovem, queria ser engenheiro civil, mas ele passou para a Arquitetura enquanto estudava em Harvard. Em 1859, foi para Paris estudar na École des Beaux-Arts, onde permaneceu por cinco anos. Devido à sua formação parisiense, Richardson estava bem preparado para satisfazer às necessidades da classe emergente dos novos empresários que buscavam ter seu sucesso endorsado pelo estilo elegante do mundo cosmopolita de Paris. Contudo, no final da década de 1870, Richardson começou a sentir-se cada vez mais interessado pelo estilo Medieval inglês e pelo Pitoresco, e passou a sintetizar seus aspectos discrepantes e até mesmo contraditórios. As plantas de Richardson mantêm, por exemplo, uma clareza de forma típica da Beaux-Arts, enquanto sua atenção à tatilidade e à cor da superfície de pedra do edifício evocava sensibilidades mais relacionadas ao estilo Rainha Ana e ao Neogótico de Ruskin. Richardson trabalhou intimamente com Frederick Law Olmsted em muitos de seus projetos.

Em 1872, Richardson alcançou fama nacional ao ser escolhido para projetar a Trinity Church (Igreja da Santíssima Trindade), em Boston. Ocupando um terreno triangular, ela foi construída em calcário rosa-claro, acentuado por pedras de cor marrom-escuro nas colunas, entablamentos e cornijas. Embora o prédio não seja grande, as janelas da fachada, de escala generosa em comparação com as pequenas aberturas da torre,

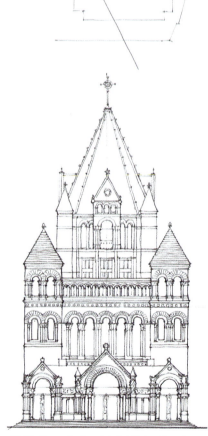

17.53 Elevação frontal da Trinity Church

# AMÉRICA DO NORTE

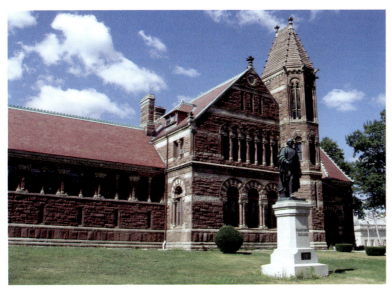

17.54  Winn Memorial Public Library (Biblioteca Pública Memorial de Winn), Woburn, Massachusetts

17.55  Capitéis da Winn Memorial Public Library

dão à composição um aspecto ao mesmo tempo intimista e dinâmico.

O pórtico, a fachada e a torre do transepto da Trinity Church se escalonam numa hierarquia volumétrica clara. O pórtico, acrescentado após o término do edifício, mas construído de acordo com as especificações de Richardson, foi inspirado livremente na Igreja de Sainte Trophime, em Arles, França, enquanto a torre, muito larga, definindo toda a largura da nave, foi baseada em edifícios medievais franceses e espanhóis, incluindo a torre da Catedral de Salamanca, Espanha, do século XII. Embora a volumetria e o detalhamento do edifício sejam neorromânicos, a planta é uma cruz latina com ábside na extremidade leste. O foco da igreja é o transepto. Alto e arejado no interior, é um dos exemplos mais bem preservados do estilo Artes e Ofícios, no qual se inseriu de modo consciente, nesse caso, um elemento neobizantino. O interior, não obstante seja um tanto escuro, é permeado pela luz suave de vitrais vermelhos, azuis e marrom. Essas cores tingem as superfícies douradas das paredes. Originariamente, um candelabro gigantesco pendia no centro do transepto. No conjunto, o edifício é um exemplo excelente de fusão entre o Neorromânico e o movimento Artes e Ofícios.

Richardson teve a sorte de que o período em que sua carreira estava madura coincidiu com o movimento de valorização das bibliotecas públicas nos Estados Unidos. O florescimento da educação pública e a difusão do interesse pelos avanços culturais na Inglaterra e nos Estados Unidos levaram à criação de muitas bibliotecas municipais voltadas para o empréstimo de livros. Essa foi uma experiência muito bem-sucedida no sentido de tornar a palavra impressa acessível ao grande público – uma ideia inédita no mundo de então. As bibliotecas de Richardson apresentam um caráter pitoresco mais descontraído na parte externa, destinado a contrastar com a clareza da planta, como acontece na Winn Memorial Public Library (Biblioteca Pública Memorial de Winn), em Woburn, Massachusetts (1876–1879).

A planta organiza-se ao redor de um espaço longitudinal destinado à biblioteca e dotado de uma abóbada de berço, com nichos que se alinham nas laterais e abrigam as estantes de livros. O espaço é contíguo a uma sala de leitura com aspecto de transepto, e na cabeceira há uma galeria de imagens e um museu octogonal. A entrada fica na lateral, junto a uma torre alta com rendilhado de pedra em estilo gótico nas partes mais altas. Richardson, meticuloso na escolha dos materiais, encomendou para a paredes arenito vermelho extraído de uma pedreira em Massachusetts. As bases das colunas e as faixas horizontais são de arenito de cor creme oriundo do Ohio, tudo sobre uma base de granito. Richardson contratou um escultor galês para entalhar os ornamentos dos capitéis e das mísulas.

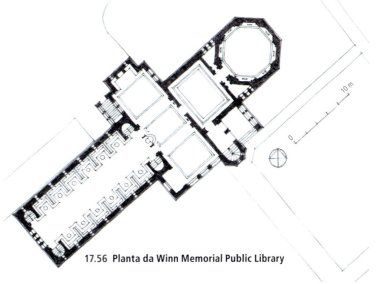

17.56  Planta da Winn Memorial Public Library

683

# 1900 D.C.

17.57 Planta baixa típica de um bangalô

17.58 Um típico quarteirão com bangalôs

## O BANGALÔ GLOBAL

Uma das manifestações mais visíveis da economia global da era colonial foi o desenvolvimento e a disseminação do bangalô. O bangalô (palavra derivada do verbete bengali *bangla*) foi usado de início pelos colonos ingleses na Índia, como uma espécie de casa de fazenda ou cercada por um jardim. A maioria possuía telhado de duas águas, com grandes beirais que criavam uma varanda (originalmente, uma palavra hindi). A varanda era um espaço de transição entre o interior e o exterior da casa, onde o colonizador e o colonizado podiam interagir. Nos climas tropicais, era também o espaço mais confortável da casa. Com o passar do tempo, os bangalôs ganharam um pórtico de entrada, que precisava ser grande o suficiente para acomodar uma carruagem. O espaço interno dispunha-se ao redor de uma sala central da qual saíam diretamente os quartos, nas laterais, e os banheiros e a cozinha, atrás, de modo que pudessem ser acessados pelos criados nativos, sem que eles precisassem entrar na área íntima da casa. Os dormitórios dos criados eram construídos a certa distância, nos fundos do jardim. A tipologia do bangalô colonial foi difundida por todas as colônias tropicais no final do século XVIII e começo do XIX.

O bangalô, como símbolo da vida boa, foi exportado de volta para a Inglaterra. Logo começou a aparecer também nos Estados Unidos, na forma de uma casa unifamiliar isolada no terreno e fácil de construir em lotes pequenos. Os condicionantes do clima e do estilo de vida não permitiam que as propriedades essenciais do bangalô colonial fossem exportadas, mas sua imagem foi sofrendo várias releituras à medida que ele se disseminou. O bangalô não colonial era, em regra, uma casa térrea (embora, às vezes, fosse um sobrado) de escala modesta, com telhado baixo de amplos beirais e varanda ao longo da entrada. Muitas subcategorias surgiram. Os bangalôs da Califórnia, que estão entre os primeiros dos Estados Unidos (a partir da década de 1880, aproximadamente), tinham, em geral, telhas de madeira, paredes de tábuas horizontais em parte sobrepostas ou revestidas de estuque no exterior e chaminés de tijolo. O chamado "bangalô de Chicago", popular entre 1910 e 1940, costumava ser construído em tijolo. Em geral, esse tipo de casa era de construção barata e não exigia a contratação de um arquiteto. Além disso, com o seu leiaute compacto, o projeto era interessante para proprietários de classe média que não podiam ter um criado que residisse na casa. A cozinha era compacta e localizada ao lado da sala de jantar. Os interiores normalmente eram revestidos de papel de parede, ao passo que as esquadrias de portas e janelas eram de carvalho com stain escuro.

Na década de 1880, o bangalô passou a ser associado ao movimento Artes e Ofícios. Com efeito, muitos deles foram construídos de acordo com o chamado Estilo Artesanal Americano, uma reação contra o excesso de ornamentos que caracterizava a estética vitoriana. Embora o Artes e Ofícios preferisse o trabalho artesanal ao industrial, e alguns dos primeiros bangalôs tenham acompanhado essa tendência estética, não demorou para que ele se reduzisse a um mero produto industrializado. De fato, na virada do século XX, era possível encomendar, escolhendo-se em um catálogo, uma casa inteira desmontada; as peças eram enviadas por trem ou barco para ser montadas no local. Portas, janelas, móveis embutidos (como estantes), escrivaninhas e camas retráteis também podiam ser compradas por via postal. O bangalô se disseminou como elemento da suburbanização da cidade americana. Muitos bairros formados apenas por bangalôs surgiram em diversas cidades dos Estados Unidos.

## O ESTILO SHINGLE

Aquilo que hoje chamamos de estilo *shingle* (telha de madeira) foi um desenvolvimento peculiar aos Estados Unidos. O estilo desenvolveu-se em paralelo ao movimento Artes e Ofícios, porém se aproximava mais do estilo Rainha Ana. As plantas das moradias projetadas dessa maneira – em geral, casas de verão para a elite da Nova Inglaterra – revelam criatividade, com elementos que não só se tocam, mas parecem interpenetrar-se ou sobrepor-se uns aos outros. A empresa que desenvolveu esse estilo, mais do que qualquer outra, foi a McKim, Mead & White (fundada em 1879), a qual se tornaria, mais tarde, um dos principais escritórios de arquitetura dos Estados Unidos.

William Rutherford Mead (1846–1928), que possuía afinidade com a Renascença, e Stanford

# AMÉRICA DO NORTE

17.59  Casa Isaac Bell, Newport, Rhode Island

17.60  Planta do pavimento térreo, Casa Isaac Bell

White (1853–1906) tinham pouca instrução formal, mas desenvolveram-se profissionalmente trabalhando como aprendizes. Charles Follen McKim (1847–1909), por outro lado, havia estudado na École des Beaux-Arts.

Juntos, os três arquitetos produziram um estilo de arquitetura que trouxe à luz o talento especial de cada um. Uma das inovações de suas residências em estilo *shingle* foi retirar os quartos dos empregados domésticos do sótão e colocá-los em uma ala ou bloco compacto junto aos espaços de estar, mais abertos, com os quais contrastavam. Isso se vê na Casa Isaac Sell, em Newport, Rhode Island (1882–1883), em que a escada se situava em um grande ambiente que funcionava como centro de circulação e ampliava espacialmente o gabinete e a sala de estar vizinhos. Isso a torna diferente dos espaços mais controlados e fechados das casas no estilo Artes e Ofícios. Embora fosse usual elevar o pavimento térreo em relação do nível do solo, o uso de varandas dava a impressão de que a casa repousava sobre um terraço elevado, protegido do sol e da chuva por telhados e beirais de proporções generosas. As superfícies verticais das casas eram completamente revestidas de placas de madeira (*shingles*). Padrões diversos eram empregados para distinguir certos elementos, como as empenas frontais. As superfícies do interior geralmente eram revestidas de painéis de madeira escura combinados com estuque, o qual costumava ser recoberto de papel de parede, mas ocasionalmente ficava aparente.

Em contraposição, a Casa Watts Sherman (1874), em Newport, Rhode Island, projetada por Henry Hobson Richardson, está mais próxima dos estilos Rainha Ana e Artes e Ofícios. Os cômodos são distribuídos de maneira mais formal e são menos abertos para o vestíbulo; os criados ficavam no sótão. A volumetria geral é muito mais complexa do que a da Casa Isaac Bell.

O estilo *shingle* começou a perder força no final da década de 1890, quando os arquitetos norte-americanos formados na École des Beaux-Arts de Paris retornavam para casa com uma noção de espaço arquitetônico que não correspondia ao aspecto aberto, mais flexível, do estilo *shingle*. A nova preocupação dos Estados Unidos com a monumentalidade satisfazia às expectativas da elite, mais consciente da separação entre as classes sociais, que, após algum tempo, pôs fim ao Artes e Ofícios e a suas manifestações estéticas. McKim, Mead e White desempenharam papel fundamental nessa transição, tornando-se os principais representantes do estilo Neoclássico da Beaux-Arts nos Estados Unidos.

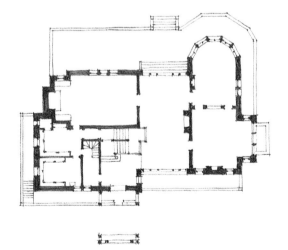

17.61  Planta do pavimento térreo, Casa Watts Sherman House, Newport, Rhode Island

# 1900 D.C.

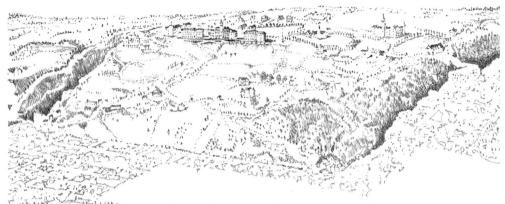

17.62 Vista de Ithaca, Nova York, em 1882, mostrando o início do *campus* da Universidade de Cornell

## A ARQUITETURA DOS *CAMPI* NOS ESTADOS UNIDOS

A Lei da Cessão de Terras (Land Grant Act) de 1861, sancionada pelo presidente Abraham Lincoln, teve enorme impacto sobre a história da educação nos Estados Unidos. Ela determinava que cada estado deveria ter sua própria universidade, a ser financiada pela venda de terras do governo. Tratava-se de uma política educacional jamais adotada antes, e ninguém poderia ter previsto suas consequências na educação superior no país. Apesar das diferenças entre os estados, as primeiras escolas (conhecidas como *land grant schools*, ou "escolas de cessão de terras") compartilhavam alguns objetivos básicos, que incluíam a promoção da educação prática, o direito à educação para todas as classes sociais e a liberdade dos estudantes de escolher os cursos.

Por volta da década de 1870, quase todos os estados possuíam uma universidade com essas características. Entre as primeiras estavam a Universidade de Cornell, em Ithaca, Nova York, e a Universidade da Califórnia, em Berkeley. Na virada do século, dezenas de universidades privadas também haviam sido construídas e, devido à rápida profissionalização das disciplinas científicas na década de 1880, surgiu também uma nova geração de institutos técnicos. Entre os primeiros estava o MIT (Massachusetts Institute of Technology – Instituto de Tecnologia de Massachusetts), fundado em 1863, mas logo surgiram outros, como o Instituto de Tecnologia de Illinois (1890), o Instituto Técnico de Carnegie (1900), mais tarde denominado Universidade Carnegie Mellon, e a Universidade Estadual Politécnica da Califórnia (1901). O resultado total dessa combinação de universidades públicas, privadas e técnicas foi um sistema universitário único no mundo.

Quanto à arquitetura, muitas universidades dos Estados Unidos inpiraram-se nos precedentes ingleses, como Cambridge e Oxford, mas, no final do século XIX, as elites começaram a ver o ensino superior em um contexto mais amplo, como uma experiência de amadurecimento. Isso levou ao projeto de *campi* dotados de instalações esportivas, dormitórios e uma atmosfera semelhante à de um parque, como o ambiente rural que Jefferson especificamente escolheu para a Universidade da Virgínia.

As universidades construídas nesse período pelas mais importantes empresas do país são consideradas ainda hoje algumas das maiores proezas da época. Seus projetos inseriam-se em três estilos básicos: Georgiano, Neogótico e Neoclássico. O estilo Georgiano, inspirado na tradição da Universidade de Harvard, caracterizava-se por edifícios independentes, em geral construídos de tijolo e organizados ao redor de um quadrilátero ou área verde, como na Universidade de Cornell. Já o estilo Neogótico oferecia uma integração entre o estudo, a vida e os esportes. Alguns exemplos são a Universidade de Princeton, em Nova Jersey, e a Universidade de Chicago, onde não havia uma quadra central, mas um arranjo informal de edifícios pela paisagem. O Neoclássico também era usado, como na Universidade Colúmbia, na cidade de Nova York, cujo edifício central, a Low Memorial Library (1903), foi projetado por McKim, Mead & White; na Universidade de Michigan (1904–1936), de Albert Kahn, e no MIT (1913–1916), projetado por William Welles Bosworth. Neste último, os prédios foram dispostos ao redor de um eixo central e de uma biblioteca coberta com cúpula, inspirada no Panteon, que encabeçava de modo simbólico a composição.

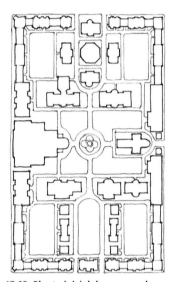

17.63 Planta inicial do *campus* da Universiade de Chicago

# EUROPA

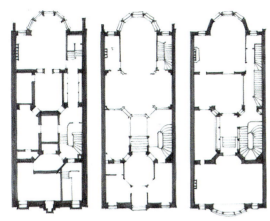

17.64 Plantas da Casa Tassel, Bruxelas

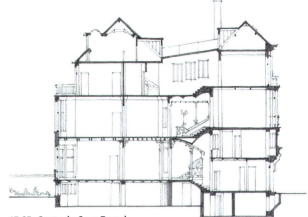

17.65 Corte da Casa Tassel

## CASA TASSEL, ART NOUVEAU

Apesar de os ocidentais terem adquirido jogos de chá, pratos e vasilhas chineses e japoneses por mais de 100 anos e tentado imitar alguns tipos de construções chinesas, como o pavilhão-jardim, os artistas da Art Nouveau foram influenciados pela arte japonesa, com os seus padrões ornamentais sinuosos. Na verdade, o nome do movimento é uma alusão à loja d'Art Nouveau, pertencente a Siegfried Bing, um comerciante parisiense que importava objetos de arte japoneses e um dos maiores colecionadores particulares de arte e objetos japoneses. Em Londres, James Whistler era um brilhante promotor e adaptador do estilo japonês. Ele e outros admiravam em particular a obra de Kitagawa Utamaro, cujas xilogravuras eram conhecidas pelas linhas curvas e pela distribuição assimétrica de massas. Além disso, a ideia de coordenar uma pintura, sua moldura, seu efeito artístico no ambiente e até mesmo a forma e a proporção do recinto como um todo, já apresentada por William Morris, era reforçada pela percepção da arquitetura japonesa como um todo coordenado. Para a Art Nouveau, a pureza do estilo não era importante por si só. Os temas japoneses podiam ser mesclados com os gregos, celtas e, posteriormente, após a escavação de Cnossos em 1900, com os temas minoicos.

Embora a Art Nouveau se expressasse nas superfícies, ela nada tinha de superficial. Ao rejeitar a profundidade e a perspectiva e insistir nas superfícies bidimensionais, prefigurava futuros diálogos sobre a validade da representação ilusionista da profundidade. A natureza não era mais um sistema remoto de regulação de realidades, como no caso do Iluminismo, e sim um jogo sensual de formas vivas. As formas biológicas foram adotadas com entusiasmo. A ornamentação já não era uma ofensa, e sim o meio pelo qual se poderia transcender o mundo estático das aparências. Uma maçaneta desenhada por Victor Horta (1861–1947), por exemplo, girava para dentro e ao redor de si mesma, como se fosse uma bala puxa-puxa, e, então, estendia-se no espaço para formar, quase acidentalmente, uma maçaneta.

A Art Nouveau tinha certo paralelo com o Artes e Ofícios da Inglaterra, apesar de algumas diferenças importantes. Enquanto o movimento Artes e Ofícios buscava acabar com a alienação que havia surgido entre o homem e seus produtos (por consequência da industrialização), a Art Nouveau destacava a criatividade. Além disso, enquanto os produtos promovidos pelo Artes e Ofícios não tinham nada de caro, e o movimento trazia consigo conotações espirituais e terapêuticas e uma naturalidade muito descontraída e acessível a todas as pessoas, a Art Noveau atraía principalmente aos abastados.

Victor Horta, que trabalhava na Bélgica, foi provavelmente o maior arquiteto da Art Nouveau. Na Casa Tassel (1892–1893), Horta trouxe à tona a expressividade do ferro, que usou tanto na parte interna quanto no exterior da casa, na forma de fitas aparentemente sem peso que compõem espirais girando e torcendo no espaço. Como os pavimentos eram sustentados sobretudo por colunas de ferro, os cômodos podiam ser interligados e distribuídos de maneiras inovadoras. Horta rejeitava o estilo de edifício que era padrão em Bruxelas, no qual a escada costumava ficar em um dos lados do edifício. Em vez disso, a escada encontrava-se no centro, combinada com um poço de iluminação. Isso permitiu ao arquiteto variar as alturas dos pavimentos da fachada e da parte traseira, com quatro pavimentos na frente, ao longo da rua, e três nos fundos, sendo os cômodos principais orientados para o centro. A interpenetração espacial e o uso de espelhos para aumentar a percepção do espaço fazem com que o interior pareça um mundo autônomo, um retiro do ambiente exterior.

17.66 Casa Tassel

687

# 1900 d.C.

## A ASCENSÃO DO PROFISSIONALISMO

A medicina e o direito foram as primeiras áreas a profissionalizar-se, a partir de mais ou menos 1860. A arquitetura ficou para trás, pois há muito era considerada uma ocupação para cavalheiros diletantes. Em meados do século XIX, a profissionalização da arquitetura foi gradualmente ganhando defensores, especialmente após o sucesso enorme do sistema da École des Beaux-Arts. Na Inglaterra, o Royal Institute of British Architects – RIBA (Instituto Real de Arquitetos Britânicos) – foi fundado em 1834 e, com ele, foi dada crescente atenção à formação dos arquitetos. O RIBA patrocinava palestras e publicações sobre vários temas. O profissionalismo era contrário a soluções improvisadas e *ad hoc* e promovia a produção de desenhos arquitetônicos precisos. Essa postura é demonstrada com clareza por William Butterfield (1814–1900), com frequência associado à estética de John Ruskin. Para a primeira igreja que construiu, fez somente nove pranchas de desenhos. Já o contrato do coro lateral da Igreja de São Marcos, em Dundela, Belfast (concluído em 1891), foi acompanhado por cerca de 40 pranchas, entre elas detalhes do projeto executivo e de todos os acabamentos, como os equipamentos de metal para os visitantes tirarem o barro dos sapatos. Os novos pré-requisitos de explicitude detalhada nas especificações e nos desenhos afetaram a relação contratual entre o cliente, o arquiteto e os artesãos. Em meados do século XX, um edifício de porte razoável necessitava de até mil desenhos, acompanhados de um manual de especificações detalhado.

Nos Estados Unidos, o AIA – American Institute of Architects (Instituto Americano de Arquitetos) – já havia sido formado em 1836. O instituto, no entanto, teve suas atividades interrompidas pela Guerra Civil e tinha as dificuldades inerentes à imensidão daquele país de dimensões continentais, bem como os consequentes problemas de comunicação. Assim, a profissionalização dos arquitetos nos Estados Unidos só vingou de fato depois da Exposição Colombiana Mundial de 1893 (também conhecida como Feira Mundial de Chicago). Os edifícios da exposição, projetados em escala monumental e integrados a um plano diretor, serviram para demonstrar o potencial dos arquitetos profissionais. Entre os arquitetos que participaram da exposição estavam exponentes do AIA, como Daniel Burnham, Richard M. Hunt, Henry van Brunt e Charles Follen McKim.

**17.67** Vista de um escritório de arquitetura

A Lei Tarsney, aprovada pelo Congresso dos Estados Unidos naquele ano, determinou as exigências para a realização de algumas concorrências federais. Os membros do Instituto prestaram assessoria ao Secretário do Tesouro, o funcionário do governo federal responsável pela alocação de verbas para a construção de edifícios governamentais. Apesar de a Lei Tarsney nunca ter sido completamente implementada, o *status* do profissional (ao contrário de um arquiteto que trabalhava como funcionário do governo) ficou cada vez mais seguro. Por volta de 1895, o AIA já possuía mais de 700 membros. O escritório de arquitetura de Daniel Burnham era o maior do mundo na primeira década do século XX e, como mostrou a historiadora Mary Woods, havia se tornado o modelo para inúmeras empresas, criadas posteriormente, que utilizavam técnicas universais para a realização de negócios. Essa nova classe profissional não tinha muita paciência para encarar a rivalidade de meados do século entre o estilo Clássico e o Renascimento (ou historicismo) medieval. Mas isso não significa que Hunt, por exemplo, que havia estudado na École des Beaux-Arts, em Paris, e era um forte defensor da arquitetura como atividade profissional, fosse indiferente à questão do estilo. Na verdade, ele abandonara os debates sectários em favor de uma apropriação mais fluida e individualista do vocabulário arquitetônico da época.

## AS PLANTAS DO MOVIMENTO INTERNACIONAL DA CIDADE BONITA

O imenso sucesso da exposição do Palácio de Cristal em Londres, em 1851, que atraiu cerca de 6 milhões de visitantes, desencadeou uma série de eventos similares ao redor do mundo, todos almejando o público internacional. As Exposições Universais de 1867 e 1878 em Paris gabaram-se de ter recebido 15 milhões e 16 milhões de pessoas, enquanto a Exposição Centenária, na Filadélfia, em 1876, foi visitada por 10 milhões. E, então, na Exposição Universal de Paris de 1889, a Torre Eiffel registrou a visita de 32 milhões de pessoas. Como resposta, os Estados Unidos lançaram a Exposição Colombiana de 1893 em Chicago, justificando-a como a celebração do 400° aniversário da chegada de Cristóvão Colombo à América.

Projetada por Daniel Burnham, a Exposição Colombiana (ou Feira Mundial de Chicago) iniciou a era de ouro do projeto e planejamento Beaux-Arts nos Estados Unidos e, na mostra, prédios neoclássicos cuidadosamente detalhados e organizados a partir de longas linhas axiais foram desenhados para promover um senso de civismo deslumbrante.

Inspirados pela exposição, vereadores e prefeitos de todo o país começaram a adotar medidas de planejamento que seguiam alguns desses princípios, em um movimento conhecido como City Beautiful ("Cidade Bonita"). Entre essas cidades encontravam-se Cleveland, San Francisco, Chicago, Detroit, Baltimore e Saint Louis.

# AMÉRICA DO NORTE

17.68  Biblioteca Pública de Boston

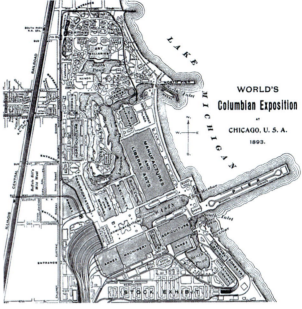
17.69  Planta da Exposição Colombiana (ou Feira Mundial de Chicago)

Ainda que poucos desses projetos tenham sido realmente implementados em sua totalidade, eles foram muito influentes. Em 1900, o Congresso dos Estados Unidos formou um comitê especial para redesenhar Washington, D.C. Entre os membros estavam Daniel Burnham, Frederick Law Olmsted Jr. e Charles F. McKim, da McKim, Mead & White. Esse plano resultou na criação daquilo que hoje conhecemos como a National Mall (Esplanada Nacional), com os Memoriais de Lincoln e Grant, bem como na Union Station, que foi projetada por Daniel Burnham. A intervenção também removeu cortiços.

A Pennsylvania Station da cidade de Nova York (1904–1910) apresentava um painel de colunas dóricas com uma quadra de comprimento, uma via para desembarque da bagagem dos automóveis, uma sala de espera central baseada nas Termas de Diocleciano, em Roma, e um salão e plataforma de circulação de aço e vidro que levava aos vários níveis abaixo. O edifício foi projetado pela McKim, Mead & White, empresa que foi uma das principais promotoras da Beaux-Arts. Outro exemplo de seu trabalho é a Biblioteca Pública de Boston (1888–1895), localizada em frente à Trinity Church, de Richardson, do outro lado de Copley Square. Inspirando-se na Biblioteca Santa Genoveva, em Paris, de Henri Labrouste, suas arcadas erguem-se sobre uma base alta e têm gravados, nos tímpanos, os nomes de escritores famosos. Com os seus mármores e mosaicos requintados, a Biblioteca Pública de Boston era um dos mais belos edifícios públicos dos Estados Unidos na época. Sua entrada monumental conduz a uma sala de leitura coberta por uma abóbada de berço, que vai de uma extremidade à outra do edifício. O pátio central é rodeado por uma galeria com arcadas, lembrando um claustro renascentista. A biblioteca também ostenta as finas abobadilhas de tijolo do mestre construtor catalão Rilfael Guastavino.

Em 1898, as Filipinas foram anexadas pelos Estados Unidos após sua vitória sobre as forças espanholas no Oceano Pacífico. Isso deu a Daniel Burnham a oportunidade para internacionalizar sua visão urbana na forma dos planos de Manila e Baguio, ainda que eles não tenham sido completamente executados. Não obstante, Burnham alcançou uma fama formidável nas Filipinas e no resto do mundo.

17.70  Planta de Washington, D.C.

# 1900 D.C.

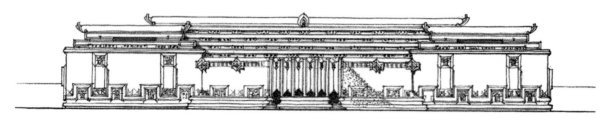

17.71 Biblioteca da Universidade de Lucknow, Índia

### Walter Burley Griffin

Recém-unificada em 1901, a Austrália buscava, sob o governo do primeiro-ministro Edmund Barton, um estilo que expressasse suas aspirações como nação. Algumas tentativas de transformar uma interpretação da flora australiana, derivada do movimento Artes e Ofícios e da Art Nouveau, e certa ideia dos edifícios cívicos, derivada de Richardson (como o Edifício da Equitable Life Assurance Society em Sydney, de Edward Raht, 1895), foram finalmente abandonadas em prol de um modernismo mais progressista, como se vê no projeto de Canberra, a nova capital nacional. O projeto vencedor do concurso de 1912 foi apresentado por Walter Burley Griffin, um jovem arquiteto de Chicago pouco conhecido. Fortemente influenciado pelas casas de Frank Lloyd Wright e pelos planos diretores de Daniel Burnham, Griffin autointitulava-se um arquiteto paisagista, para enfatizar o que chamava de derivação orgânica de seus projetos. Sua proposta também tomava emprestados certos aspectos do movimento Cidade Bonita, pois apresentava uma ordenação pitoresca da paisagem, com interseções de geometrias axiais. Griffin propôs usar a bacia irregular do terreno para a criação de uma série de reservatórios de água interconectados e inclusive um lago, que destacam o centro governamental principal e a capital. O resto da cidade espalhava-se axialmente, com interseções em forma de estrela que formavam os centros cívicos, bastante visíveis, e os nódulos dos subúrbios residenciais.

Embora Canberra não tivesse se desenvolvido até o final da Segunda Guerra Mundial, Griffin teve uma carreira bem-sucedida na Austrália, onde projetou várias casas e edifícios institucionais. Sua arquitetura era em grande parte inspirada na de Wright, em especial nas suas casas mais tardias na Califórnia. A Casa Creswick (1926), em Castlecrag, de Griffin, o edifício de escritórios de 10 andares em Melbourne e a Arcada Keith (1927) também tomaram emprestados motivos decorativos da flora local.

Em 1935, Griffin teve a oportunidade de projetar uma biblioteca na Índia e deixou a Austrália. Assim, o seu último conjunto de prédios foi construído em Lucknow, naquele país, onde ele faleceu inesperadamente em 1937. Assim como na Austrália, Griffin tentou inventar um novo vocabulário arquitetônico, dessa vez adaptado à Índia moderna. Ele não tentava copiar o estilo de Frank Lloyd Wright, mas traduzi-lo em um novo estilo nacional, como uma alternativa à Beaux-Arts e ao Modernismo europeu.

17.72 O plano de Walter Burley Griffin para Canberra, Austrália

# GLOBAL

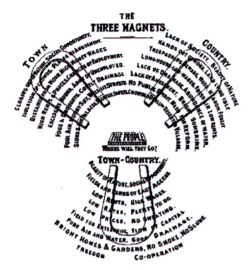

17.73 Diagrama dos "três ímãs", de Ebenezer Howard

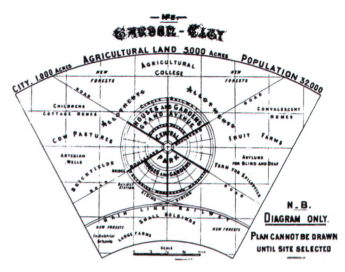

17.74 Diagrama do conceito de cidade-jardim, de Ebenezer Howard

## O MOVIMENTO DA CIDADE-JARDIM

No final do século XIX, as novas grandes cidades industriais vitorianas do mundo inteiro – como Nova York – haviam, apesar de seus signficativos sucessos financeiros e grande influência e poder, tornado-se superpopulosas, sujas e violentas. Assim, muitos dos membros das classes média e alta prefeririam virar as costas para a cidade em busca do conforto e da segurança dos subúrbios, com seus bairros estratificados em termos sociais e econômicos. Os resultados desse processo moldavam os debates sobre a natureza de uma cidade. Havia, de um lado, a incômoda densidade da vida, a ressabiada interação entre as classes e a persistência da pobreza e do crime. Porém, lado a lado com esses aspectos negativos, de outro lado havia os benefícios da urbanidade: os centros de educação, os teatros, as bibliotecas e as salas de concerto. Para cada teoria que execrava a cidade como um gigante incontrolável, surgia outra que deplorava a insipidez e a falsa segurança dos subúrbios.

Foi na tentativa de resolver essa controvérisa que Ebenezer Howard escreveu seu livro *Tomorrow: A Peaceful Path to Real Reform* (*Amanhã: um caminho pacífico de verdadeira reforma*, 1892), reimpresso mais tarde com o título de *Garden Cities of Tomorrow* (*Cidades-jardim do amanhã*, 1902). A cidade ali sugerida combinaria de maneira bastante controlada as virtudes dos centros urbanos e dos subúrbios, regulando ou abolindo os extremos criticados e tornando o ambiente agradável. Contudo, a cidade-jardim proposta por Howard não era um subúrbio, mas uma espécie de minicidade com núcleo e periferia. Ao contrário de um subúrbio, não deveria ser totalmente dependente de nenhuma metrópole próxima, tampouco

seria uma simples aldeia. O tamanho estipulado era de confortáveis 2.428 hectares, que não pertenceriam aos cidadãos individualmente, mas a um condomínio. O núcleo urbano propriamente dito ocuparia os 405 hectares centrais, em um parque com edifícios públicos e circundado de lojas. Ao redor desse parque central correria uma larga galeria comercial de vidro, um "Palácio de Cristal". A população não ultrapassaria os 30 mil moradores. As fábricas, os armazéns e outros prédios não habitacionais, de frente para uma ferrovia circular, ficariam no anel externo da cidade, além do qual havia as fazendas. Uma vez que não existia a propriedade privada da terra, a cidade seria gerida como uma corporação. Os aluguéis proporcionariam renda à companhia, a qual, por sua vez, seria reinvestida na própria comunidade.

A visão de Howard não surgiu em um vácuo. Já houvera diversas tentativas de criar cidades semelhantes, mas a maioria delas era ligada a fábricas construídas pelos seus donos para garantir a conveniência de acesso à mão de obra. O benefício social de uma solução como essa era a criação de uma classe de trabalhadores estável. As "lojas de companhia" frequentemente associadas a tais esquemas seriam admininistradas pelos proprietários das fábricas. Port Sunlight (1888), perto de Liverpool, por exemplo, era uma versão esclarecida desse tipo de centro urbano. Fundada pelos donos de uma fábrica de sabão, a cidade tinha escolas, igrejas e centros de treinamento, além das lojas de propriedade dos operários e empresas.

Letchworth (1903), ao norte de Londres, foi a primeira cidade-jardim a ser efetivamente construída segundo o modelo de Howard. Embora não tenha se desenvolvido totalmente conforme

o planejado, não fracassou, como muitos haviam previsto, e atraiu fábricas como a Spirella Company (1912), que produzia espartilhos. No fim, o movimento das cidades-jardim gerou mais de 30 comunidades na Inglaterra. O livro de Howard também inspirou o desenvolvimento das chamadas "cidades novas" (*new towns*), construídas na Inglaterra depois da Primeira Guerra Mundial. Canberra, capital da Austrália, também foi influenciada pelos conceitos do projeto de Howard.

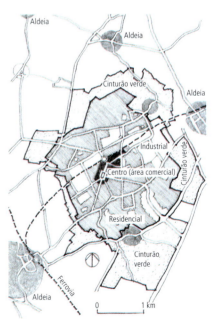

17.75 Planta de Letchworth, Inglaterra

# 1900 D.C.

17.76 Teatro Municipal, Rio de Janeiro

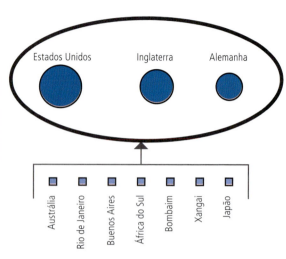

17.77 Diagrama do comércio global, *circa* 1900

## O MOVIMENTO BEAUX-ARTS INTERNACIONAL

Entre as décadas de 1870 e 1910, a situação econômica global mudou consideravelmente. A Inglaterra era tão poderosa que o início de seu declínio ainda não era muito claro, mas, em 1900, ela já tinha de dividir seu domínio econômico com os Estados Unidos e, cada vez mais, também com a pujança da Alemanha. Na verdade, a ascensão germânica não era mero acaso. O sistema educacional alemão era de primeira qualidade. Na virada do século, a taxa de alfabetização na Alemanha era de 99,9%, um nível educacional que provia o país com engenheiros, químicos, oftalmologistas, trabalhadores qualificados para a indústria, gerentes capazes, fazendeiros competentes e militares bem treinados. Enquanto isso, os níveis de alfabetização na Grã-Bretanhan, França, Noruega, Suécia e Austrália ficavam entre 30% e 50%. A França, sem dúvida, era o centro cultural do mundo, mas, em 1880, respondia por apenas 7,8% da produção industrial do planeta, valor que, em 1900 já havia caído para 6,8%. Nesse mesmo ano, a Itália possuía apenas 2,5% do mercado global. Enquanto isso, a participação internacional da Alemanha havia subido para 13,2% em virtude de sua enorme indústria pesada, a qual lhe deu a temerária capacidade militar que logo levaria à Primeira Guerra Mundial.

Entretanto, a mais importante economia em ascensão na época eram os Estados Unidos, que vinha crescendo consideravelmente desde a última década do século XIX. Após sua Guerra Civil, os Estados Unidos já haviam começado a se industrializar em grande escala. Suas matérias-primas eram abundantes, e os Montes Apalaches possuíam carvão mineral de sobra. Grandes minas de carvão haviam sido abertas na região do Lago Superior, ao norte do Meio-Oeste dos Estados Unidos. Consequentemente, nos locais onde essas duas importantes matérias-primas ocorriam ou estavam próximas, as siderúrgicas prosperavam. Também foram abertas grandes minas de cobre e prata e, a seguir, minas de chumbo e fábricas de cimento. As maiores reservas de sal do mundo encontravam-se nos estados de Nova York e Pensilvânia. Naturalmente, os métodos de produção em massa se desenvolviam em ritmo acelerado.

Os edifícios altos que contavam com a engenharia norte-americana e os revestimentos das Beaux-Arts surgiam de Buenos Aires a Xangai. Logo também começaram a aparecer pontes projetadas pelos americanos em locais tão distantes como Nova Zelândia, Taiwan, Manchúria, Japão, México e América do Sul. Em 1910, componentes produzidos nos Estados Unidos eram enviados de navio até o leste da Ásia, a África do Sul e a América Central. Milken Brothers, uma importante firma de aço norte-americana, estabeleceu escritórios locais em Londres, México, Havana, Cidade do Cabo e Sydney, erguendo edifícios de escritórios, usinas e fábricas com estruturas de aço.

Com a economia global centrada na Inglaterra e nos Estados Unidos, países antes periféricos passaram por uma reviravolta econômica, na medida em que materiais e produtos começaram a ser exportados em condições vantajosas. Essa modernização da periferia global andava, no entanto, *pari passu* com a crescente perda de poder das classes desfavorecidas. Na América do Sul, a nova classe dominante pode ter construído fábricas com aço norte-americano, mas, em termos de cultura material, geralmente preferia ostentar as últimas novidades da moda francesa. Como concretização visível de suas políticas, o urbanismo francês também foi importante. Uma das consequências foi que o ecletismo da Beaux-Arts, com suas associações com a classe de profissionais liberais, tornou-se um movimento internacional. Poucas das grandes metrópoles mundiais da época deixaram de ser afetadas por esse fenômeno.

Essas realidades globais deixaram sua marca mais forte na Argentina e no Brasil, onde a maior parte das exportações de carne, lã e trigo dependia de grandes investimentos oriundos da Inglaterra. O Rio de Janeiro, durante a fase republicana do país, entre as décadas de 1880 e 1910, foi significativamente reconstruído, e o prefeito Pereira Passos veio a ser considerado "o Haussmann dos trópicos". Ele contava com o trabalho de arquitetos como Ricardo Severo (1869–1940), fortemente influenciado pelo academicismo da Beaux-Arts. O Teatro Municipal (1905), do arquiteto brasileiro Oliveira Passos, foi projetado para lembrar a Ópera de Paris.

A construção dessas edificações coincidiu com o desenvolvimento da higiene e da saúde pública e com a introdução dos serviços públicos de eletricidade e gás. Como no Egito, onde ainda hoje discute-se de modo acalorado a presença de características realmente egípcias no Estilo Neomameluco, surgiu no Rio de Janeiro, em 1910, um grupo que afirmava que a arquitetura colonial portuguesa do início do século XIX era o verdadeiro estilo nacional do Brasil. O argumento era que esses edifícios haviam sido projetados e construídos por artesãos locais, enquanto os

# GLOBAL

17.78 Palácio Presidencial, Havana

## OS ARRANHA-CÉUS

Se há um tipo de prédio que representa, particularmente nos Estados Unidos, a confluência entre os novos materiais, as novas tecnologias de construção e as novas posturas frente ao capital e à representação no início do século XX, trata-se do arranha-céu. Mas ele não surgiu de repente. Na verdade, levou bastante tempo para sintetizar sua função, sua produção, seu projeto e até mesmo seus objetivos. O fator que mais contribuiu para seu desenvolvimento foi a melhor qualidade do aço, permitindo que elementos pré-fabricados fossem levados ao canteiro de obras e montados com relativa rapidez. A tecnologia da estrutura independente de aço já estava estabelecida em 1890. De fato, durante a construção, muitos edifícios daquela época pareciam tão modernos quanto os prédios de hoje.

Questões sobre como projetar a estrutura de aço representavam o aspecto menos problemático do edifício. Era necessário aperfeiçoar os elevadores e garantir sua operação. O mesmo também valia para os sistemas hidráulicos, elétricos e de climatização e a integração de todos eles entre si. Na Exposição de Paris de 1900, os arquitetos da mostra norte-americana optaram por enfatizar exatamente esse aspecto, usando como exemplo o recém-construído Edifício Broadway Chambers, em Nova York, de 18 pavimentos. A exposição apresentava uma maquete de quatro metros de altura do edifício, com uma pele externa de gesso removível para expor a estrutura de aço interna, mostrando os sistemas mecânicos, as caldeiras, a tubulação e as fornalhas. Era uma lição objetiva e esclarecedora sobre o ideal arquitetônico emergente.

Do ponto de vista financeiro, a ideia era relativamente fácil de compreender. Um investidor – em geral um banco, uma companhia de seguros ou um jornal – financiava a construção e usava o prédio como sede. Ocupava o pavimento térreo e alugava o restante do edifício para uso comercial. Além de ter uma sede imponente, o proprietário fazia um excelente investimento em um mercado imobiliário em franca expansão, com grande demanda por espaços para escritórios. O logotipo da empresa proprietária era afixado no topo do edifício e divulgava sua mensagem.

edifícios do fim do século XIX pertenciam a uma época de maior alienação cultural.

Hoje, há quem atribua as atuais dificuldades urbanas do Rio à modernização agressiva empreendida durante o governo de Passos, enquanto outros elogiam sua visão.

O antigo palácio presidencial de Havana foi projetado por dois arquitetos, o cubano Carlos Maruri e o belga Paul Belau, e inaugurado em 1920. Vagamente inspirado no Palazzo Madama (1718–1721), em Turim, na Itália, de Filippo Juvarra, ele apresenta acréscimos ecléticos.

17.79 Uma construção moderna com estrutura de aço: Edifício Woolworth, Cidade de Nova York

693

# 1900 D.C.

17.80  Edifício Woolworth

17.81  Edifício Reliance, Chicago

O Edifício Woolworth (1911–1913), em Nova York, projetado por Cass Gilbert em Estilo Neogótico, era, na sua época, o mais alto do mundo. Foi construído para Frank W. Woolworth, proprietário de uma famosa rede de lojas de variedades. O prédio foi completamente revestido de elaborados ladrilhos de terracota, com um detalhamento igualmente complexo, de inspiração gótica. O saguão do pavimento térreo possuía abóbadas cobertas de mosaicos.

Esse uso comercial dos estilos resultou na necessidade cada vez maior de superar a concorrência. Muitos dos primeiros projetistas presumiam que uma fachada clássica ou neogótica ainda era a resposta apropriada. Porém, em Chicago, que na década de 1890 tinha mais edifícios altos do que qualquer outra cidade do mundo, um grupo de arquitetos começava a desafiar essa noção. Entre os mais inovadores estava a firma Daniel Burnham and Company, que havia projetado em 1894 o Edifício Reliance, com 15 pavimentos de aço e vidro, cabendo a John Root e Charles B. Atwood o crédito principal pelo trabalho.

Em vez de uma cornija pesada, ainda encontrada em edificações como o Edifício Wainwright, de Dankmar Adler e Louis Sullivan, em Saint Louis, Missouri (1890), o Reliance termina com um arremate quadrado e delgado, e o último nível, que abriga o maquinário para calefação e outras utilidades, converte-se em uma espécie de friso. Janelas salientes avançam na fachada, concedendo ao edifício uma dinâmica interna. A verticalidade exagerada do Edifício Wainwright foi substituída por um visual de camadas. Em vez de parecer pesado, um pavimento parece quase flutuar sobre o outro, auxiliado pela ornamentação alinhada e delicada nos tímpanos, com plaquetas brancas de terracota que lhe conferem uma presença etérea.

## O Edifício Wrigley

O Edifício Reliance era mais a exceção do que a regra. O aspecto moderno não era uma exigência nos edifícios altos e, na verdade, contrariava a ideia de que eles eram feitos para defender a riqueza e a cultura antigas. Por esse motivo, a maioria dos edifícios altos construídos após a Feira Mundial de Chicago foi baseada em estilos históricos. Um exemplo típico é a sede da maior e mais inovadora corporação dos Estados Unidos, a AT&T, situado em Nova York (1912). Este edifício foi projetado por um arquiteto formado na Beaux-Arts, William Welles Bosworth, um norte-americano que havia estudado no MIT, uma das primeiras instituições dos Estados Unidos a seguir o modelo do sistema de ensino da Beaux-Arts. Na virada do século, a representação corporativa das empresas era, em si mesma, uma forma de modernidade. Nesse sentido, os arranha-céus eram similares às estações ferroviárias da década de 1860, que competiam entre si em tamanho e requinte.

Costuma-se dizer que o modernismo da Beaux-Arts perdurou durante tanto tempo nos Estados Unidos devido à persistência do sistema no academismo, mas essa não é essa a única razão. O modernismo da Beaux-Arts era a linguagem por excelência das corporações ávidas em se promover. A consciência histórica e as referências às grandes conquistas arquitetônicas do passado eram parte integral dessa ambição.

Essa é a razão pela qual Bosworth optou por tomar as colunas do Partenon como modelo para suas colunas do saguão do Edifício da AT&T. É também o motivo pelo qual os arquitetos inseriram, no topo do Edifício Wrigley (1920–1924), em Chicago, projetado para o famoso fabricante

# EUROPA

17.82 Edifício Wrigley, Chicago

17.83 Casa Batlló, Barcelona

de goma de mascar, uma reconstrução do Monumento de Lisícrates em Atenas (334 a.C.). Será que Lisícrates revirou-se no túmulo ou simplesmente sorriu, compreensivo? Não estava em jogo apenas o monumento como símbolo da sofisticação ateniense, mas o fato de que o governo francês havia acabado de completar a sua restauração, em 1887. A torre do relógio reforçava a mensagem de que o capitalismo pretendia resgatar a história, usando de modo explícito elementos da Antiguidade como marcas comerciais.

## A CASA BATLLÓ

Apesar de seu óbvio talento, Antoni Gaudí (1852–1926) não foi um aluno particulannente brilhante na escola de arquitetura de Barcelona. Os estilos acadêmicos e a racionalização da construção não despertavam seu interesse: ele preferia história e economia. Após um período como estagiário de vários arquitetos locais, Gaudí começou a trabalhar por conta própria. Uma das características de suas obras era a maneira como usava a cor. Sua arquitetura, mais do que qualquer produção artística do século XX, precisa ser experimentada pessoalmente para ser realmente entendida. Le Corbusier e Frank Lloyd Wright eram coloristas consumados, mas, para Wright, a cor era uma questão de pátina e, para Le Corbusier, ela servia de articulação espacial. Para Gaudí, a cor era uma experiência tátil que derivava de sua proximidade com a arte popular espanhola assim como de sua fascinação pela tradição do mosaico do Mediterrâneo e pelo passado islâmico da Espanha. Gaudí usava de modo experimental pedras e vidros coloridos, vitrais policromáticos, azulejos e pratos quebrados, além de explorar as gradações cromáticas da pedra e do tijolo.

Apesar de seus edifícios parecerem improvisados, Gaudí era perfeccionista ao extremo e trabalhava cada projeto até os mínimos detalhes. A fachada do Palau Güell (Palácio Güell, 1886–1890) foi totalmente redesenhada 28 vezes, e alguns de seus detalhes mudaram completamente. Isso explica por que Gaudí levou quatro anos para aperfeiçoar as colunas da nave central da Sagrada Família (1882–1926). A riqueza das formas de Gaudí poderia fazer seu trabalho parecer eminentemente escultórico, mas, segundo o próprio arquiteto, suas prioridades eram a implantação, as medidas e o material – e só depois vinha a forma. Em seus primeiros trabalhos ele já criava formas hiperbólicas e do tipo trombeta, mas sempre as combinando com o seu refinado senso construtivo. Ainda como jovem arquiteto, era capaz de imaginar possibilidades estruturais que pareciam desafiar o pensamento tradicional. Conta-se que, após a construção de um console que parecia especialmente precário, um operário esperou horas para ver se desabaria. Mas ele ainda hoje se mantém firme.

# 1900 D.C.

No final do século XIX, Barcelona já era um dos principais portos do Mediterrâneo, especializando-se no comércio de algodão e metais. A riqueza da burguesia local resultou em contratos como o da reforma da Casa Batlló (1904–1906), para Josep Batlló, fabricante de produtos têxteis. Gaudí modificou o pátio interno e introduziu uma escada de linhas tensamente sinuosas. A fachada exibe formas onduladas revestidas de cerâmica em vários tons de azul. As sacadas enigmáticas, que parecem máscaras, e as janelas com vitrais evocam temas da flora, fauna e geologia. A cobertura de telhas esmaltadas, que lembram as escamas de um dragão, é perfurada pela torre, a qual tem em seu topo uma cabeça de alho que se transforma em uma cruz tridimensional. Possivelmente, trata-se de uma alusão à luta de São Jorge contra o dragão, história que tem grande significado em Barcelona. No nível do *piano nobile*, as formas maleáveis, que mais parecem feitas de barro do que de pedra, são sustentadas por colunatas finas semelhantes a ossos, "deformadas" no meio e ornamentadas por trepadeiras.

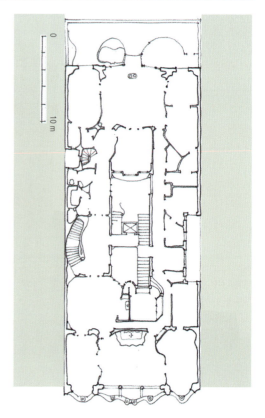

17.84 O coroamento da Casa Batlló

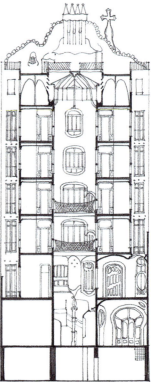

17.85 Planta e corte da Casa Batlló

# AMÉRICA DO NORTE

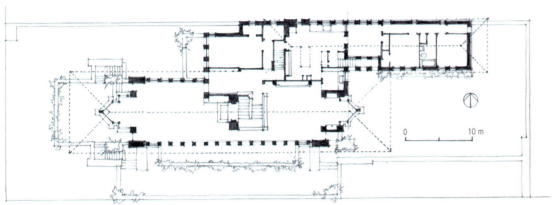

17.86  Planta do pavimento térreo da Casa House, Chicago

## FRANK LLOYD WRIGHT

A longa e complexa carreira de Frank Lloyd Wright (1867–1959) pode ser dividida em diversas fases: da época em que abriu o seu escritório (1893) à construção da Casa Robie (1908–1910); a fase de Taliesin (1911–1914); a fase entre o projeto do Hotel Imperial e a Casa da Cascata (Fallingwater, 1934) e Taliesin Oeste (1938); e o período entre o Edifício Administrativo da Ceras Johnson (1936) e o Centro Cívico do Condado de Marin (1957) no final de sua vida (1959). Sua produção foi vasta, somando cerca de 400 casas e uma dúzia de outros grandes edifícios.

Na época em que projetou a Casa Robie, em Chicago, seu estilo havia se tornado bastante distinto daquele das mansões vitorianas, então em voga. Além disso, diferentemente de outros arquitetos, que mudavam seu estilo de modo gradual ou a pedido do cliente, Wright rompeu com a tradição, impulsionado por um desenvolvimento estilístico pessoal em busca de uma abstração cada vez maior. Na Casa Robie ainda vemos sua ligação ao Estilo *Shingle*, com os cômodos de serviço concentrados em um bloco maciço contra o qual se apoia a construção. Os telhados esconsos têm caimento tão baixo que praticamente desapareçam. A lareira tornara-se o centro espacial e visual do edifício, livre de paredes invasivas e conectada apenas à escada.

A casa é resguardada em relação à rua e não se vê nenhuma escada visível. Ela parece quase defensiva, embora o projeto, por outro lado, enfatize a linearidade da rua. As faixas do parapeito, em pedra branca, formam uma série de platôs que sobem de encontro às linhas escuras da beira do telhado, com as faixas de janelas recuadas à sombra. O pavimento principal abre-se para uma sacada que se estende por todo o lado sul. E, à moda do movimento Artes e Ofícios, cada detalhe da casa foi desenhado por Wright pessoalmente, dos tapetes às luminárias.

Uma comparação entre a Casa Robie e a Casa Steiner, de Adolf Loos, mostra mais semelhanças do que pode parecer à primeira vista. Ambas oferecem ao cliente um ambiente interno intimista e ricamente detalhado, trabalhado até os mínimos detalhes. As duas também são abstratas e isoladas do mundo externo. A principal diferença, que persistiria como uma diferença entre o Modernismo europeu e o norte-americano, é sua relação com o exterior. A tradição norte-americana não se opunha a incorporar ao edifício varandas e plataformas, artifícios relativamente raros na arquitetura residencial da Europa até depois da Segunda Guerra Mundial. Esse caminho havia sido aberto pelos Estilos *Shingle* e Bangalô, bem como pela filosofia de Andrew Jackson Downing.

17.87  Casa Robie, Chicago

# 1900 D.C.

## Taliesin Leste

Após uma viagem à Itália, em 1909, Wright começou a construir em Spring Green, no sul do estado de Wisconsin, um retiro que se tornou sua casa e veio a ser chamado de Taliesin Leste (1911–1914). O nome refere-se ao Livro de Taliesin, uma coleção de poemas e profecias atribuída a um poeta da corte do País de Gales do século VI. A edificação marcou um distanciamento significativo do estilo anterior das casas de Wright, que eram confinadas em seus lotes suburbanos e tendiam a ser projetadas para o usuário transitar de espaços formais a informais. Localizada no topo de uma ampla colina com vista para três orientações e muito espaço para expansão, Taliesin foi projetada sem essa polaridade. Era uma expressão extremamente pessoal, mas também continha o que Wright considerava como uma sensibilidade única à paisagem. Ele dizia que a casa não foi implantada "sobre" a colina, mas era parte dela, não sendo fácil "dizer onde acabavam o piso e as paredes e onde começava o solo", pois era circundada por jardins fechados por muros baixos, acessados por degraus de pedra. A casa reflete as experiências de Wright na Itália, onde viu pela primeira vez as grandes vilas e jardins da Renascença e do Barroco. Ela é, portanto, não apenas uma casa, mas uma propriedade rural, casa, fazenda, estúdio, oficina e sede familiar – tudo ao mesmo tempo.

A casa é baixa e horizontal, com telhados em vertente, parecendo corresponder ritmamente às colinas circundantes. Suas paredes são de pedra irregular, colocadas em fiadas texturizadas, como se fossem em parte naturais e em parte construídas. Devido à amplitude dos telhados e à proteção que oferecem, seus ocupantes têm a sensação de estarem incorporados à paisagem. Era uma "casa natural", explicou Wright, o que não significava que se assemelhasse a urna caverna ou a uma cabana de toras de madeira; e sim que fosse "de espírito nativo". A organização da planta de Taliesin pode ser descrita como uma ordenação geométrica da paisagem, com cada parte juntando-se à outra, em um padrão sinuoso de cheios e vazios que se desdobram colina abaixo. O bloco principal, com espaços de permanência prolongada, pode ser lido como um retângulo que foi vazado ou expandido por meio de terraços e linhas de telhado. Deslocamentos sutis nos alinhamentos criam dentro da casa uma dinâmica acentuada pela localização, nas quinas, dos pontos de acesso aos cômodos.

Na década de 1930, Wright construiu para si outra casa e escritório no Deserto do Arizona, a qual chamou Taliesin Oeste. Foi lá que ele viveu e lecionou entre 1937 e sua morte, em 1959.

17.88 Taliesin Leste, Spring Green, Wisconsin

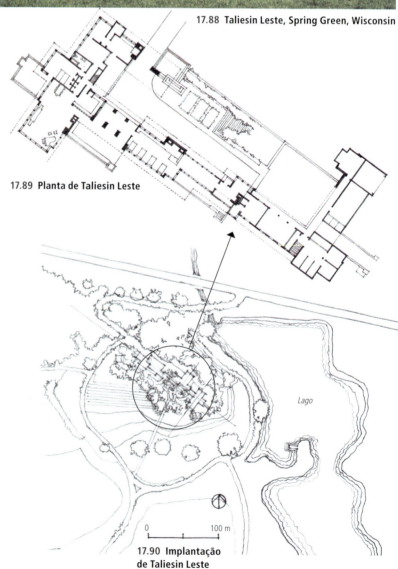

17.89 Planta de Taliesin Leste

17.90 Implantação de Taliesin Leste

# ÁFRICA

17.91 Edifícios da União, Pretória, África do Sul

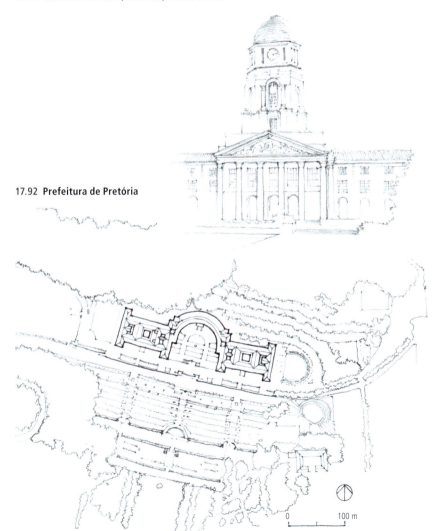

17.92 Prefeitura de Pretória

17.93 Implantação da Prefeitura de Pretória

## A TOMADA DE TERRITÓRIOS AFRICANOS

Entre 1870 e 1900, as potências europeias correram para colonizar a África, e, no início do século XX, grande parte do continente, com as exceções da Etiópia e Libéria, havia sido colonizado. Todavia, como a escravidão já não era legal, o que motivou esse movimento foi a procura de fontes de matérias-primas e a expansão dos mercados industriais. Além da Grã-Bretanha e da França, tradicionais colonizadoras, a Alemanha, a Bélgica e a Itália – países que até então não tinham podido "ficar com uma fatia do bolo colonial" – se apressaram para garantir suas partes. A concorrência foi tão acirrada que o temor do aumento de conflitos entre os imperialistas levou à infame reunião de cúpula das potências europeias conhecida como a Conferência de Berlim Ocidental sobre a África (entre novembro de 1884 e fevereiro de 1885). Elaborado para regular a partilha colonial da África, o Tratado de Berlim elaborado nessa conferência foi feito sem qualquer participação africana.

A descoberta de ouro na África do Sul em 1876, em um período no qual o preço desse metal havia subido, foi uma dádiva para sua população colonial holandesa, mas também atraiu os britânicos, ávidos pelo controle do mercado mundial do ouro. Em um acirrado conflito, a Segunda Guerra dos Bôeres (1899–1902), os britânicos tomaram posse da Colônia do Cabo, Natal e Transvaal. Em 1910, oficialmente criaram a União da África do Sul. O arquiteto inglês sir Herbert Baker (1862–1946) projetou inúmeros edifícios no novo domínio, inclusive catedrais, igrejas, escolas, universidades e os Edifícios da União (Union Buildings) em Pretória (1910–1913). Essas edificações, no estilo monumental inglês, foram planejadas para serem a sede do governo da nação na África do Sul, além de um gesto de reconciliação com os bôeres, após os terrores e desastres da guerra. Ela é convexa, com os principais elementos do programa de necessidades, como a câmara do comitê, colocados no centro. As duas alas laterais representavam as partes bôer e inglesa da população; no entanto, os africanos nativos não foram representados. (Após as primeiras eleições livres do país, em 1994, ela passou a ser a residência do presidente.) Baker levou as lições que aprendeu na África do Sul para Nova Délhi, onde, em parceria com sir Edwin Lutyens, projetou a nova capital da Índia sob domínio britânico.

# 1900 D.C.

17.94  Museu Nacional de Kyoto, Japão

17.95  Edifício da Corporação Bancária de Hong Kong e Xangai (Hong Kong & Shanghai Banking Corporation), Xangai

## O MUSEU NACIONAL DE KYOTO

Embora o colonialismo já houvesse apresentado a Europa e a modernização a muitas partes da Ásia, o Japão foi o primeiro país a embarcar em um processo autônomo de modernização e ocidentalização. Isso ocorreu sob a Restauração Meiji (1868), que restabeleceu a monarquia após o abandono do último xogunato. Apreensivos como uma possível invasão e cientes da fraqueza do xogunato, que havia agressivamente agido para manter os colonialistas à distância, as elites japonesas forçaram o retorno do imperador ao poder e iniciaram um processo agressivo de industrialização e militarização. Foram então enviadas delegações do Japão às feiras mundiais, para que aprendessem sobre os últimos avanços tecnológicos. O Japão cultivava uma relação especial com a Alemanha de Bismarck. Os japoneses também estudaram o programa de modernização egípcio, conduzido pelo governo de Isma'il Pasha. O Japão invadiu a China e Taiwan e, em seguida, certas partes da Rússia, além de anexar a Coreia em 1910.

O Museu Nacional de Kyoto, construído em 1897 em estilo barroco francês, pretendia consolidar a imagem do Japão no cenário mundial. Essa introdução tão rápida dos estilos ocidentais, ainda que destinada a competir com a veloz expansão da economia global, desencadeou forte reação dos tradicionalistas. Os nacionalistas censuravam os costumes ocidentais e, no período próximo da Segunda Guerra Mundial, haviam forçado o governo a retornar a uma modalidade mais tradicional, pelo menos nas aparências, já que, por detrás da demanda pela tradição, havia uma política que dava continuidade à modernização da máquina militar japonesa.

## A CATEDRAL DE MYONGDONG

Assim como ocorreu no Japão, o ecletismo da Beaux-Arts chegou à Coreia em grande parte por meio da abertura dos portos do país, em 1876, e levou à construção da Catedral de Myongdong (1898), em Estilo Neogótico, e do Palácio de Toksugung (1909), em Estilo Neorrenascentista. Durante a anexação da Coreia pelo Japão, em 1910, este país deu continuidade a essa ocidentalização, empregando os estilos ocidentais como marcas de sua própria presença colonialista. A Sede do Banco da Coreia (1912) foi construída em Estilo Neorrenascentista; a Igreja Anglicana de Seul (1916); em Estilo Neorromânico. A instrução formal nos conceitos arquitetônicos e na engenharia ocidentais foi introduzida na Coreia em 1916.

## O EDIFÍCIO DA HONG KONG AND SHANGHAI BANKING CORPORATION (CORPORAÇÃO BANCÁRIA DE HONG KONG E XANGAI – HSBC)

Xangai nasceu no final da Dinastia Song como uma pequena cidade de comerciantes e pescadores. Todavia, seu futuro transformou-se de modo radical com a assinatura do Tratado de Nanjing, em 1842, após a derrota da China pelas forças britânicas na Guerra do Ópio, em Cantão, no ano anterior. Os chineses foram forçados a abrir seus portos – junto com outras cidades – aos ingleses, franceses, norte-americanos e outros ocupantes estrangeiros. Cada expansão das cidades produziu novos edifícios, vias públicas e práticas de administração. Já na década de 1920, Xangai era chamada de "a Paris do Oriente". Os primeiros edifícios construídos por ocidentais na cidade eram uma fusão de temas ocidentais e chineses, dos quais a Igreja de São Francisco Xavier, em Dongjiadu (1853), é um dos poucos exemplos remanescentes. Outros tinham características ocidentais mais típicas, como o Edifício da Associação Bancária de Hong Kong e Xangai (1923–1925), com sua ampla fachada neogrega com colunata. Construído em 1925 para abrigar aquele que então era o segundo maior banco do mundo, o prédio representa o apogeu da prosperidade comercial de Xangai. Ao término de sua construção, anunciava-se que era o "edifício mais bonito entre o Canal de Suez e o Mar de Bering". Dividido na vertical em três partes, nas proporções clássicas de 2:3:1, a base

17.96  Catedral de Myongdong, Seul, Coreia do Sul

# GLOBAL

17.97 United Shoe Machinery Company, Beverly, Massachusetts

do pavimento térreo tem, em seu centro, três arcos, que sustentam três níveis de seis colunatas, sobrepostos por um frontão.

## O CONCRETO

O cimento Portland foi assim denominado em homenagem à pequena Ilha de Portland, em Dorset, Inglaterra, onde se encontrava um calcário bastante apreciado para sua fabricação. Entretanto, por volta de 1900, os fabricantes norte-americanos já produziam mais cimento do que os ingleses e, além disso, desenvolviam novas formas de usá-lo junto com o aço. No final da década de 1920, a demanda pelo cimento havia crescido de maneira impressionante, na medida em que os fabricantes competiam entre si no uso de materiais cada vez mais fortes.

Inicialmente, acreditava-se que o concreto seria vantajoso, em comparação com outros materiais, por se julgar que sua construção não exigiria mão de obra qualificada. Por conseguinte, vários dos primeiros edifícios feitos de concreto armado são encontrados nas colônias inglesas, como o Secretariado e o Quartel-General do Exército em Simla (1886), na Índia. Afinal, construir com apenas um material e uma técnica exigiria menos especificações e supervisão *in loco*. No fim, embora o lançamento do concreto não exigisse grande habilidade, sua produção e seu controle de qualidade pressupunham uma competência técnica altamente desenvolvida. O que estimulou a aceitação generalizada do concreto armado não foi seu custo (pois ele acabou revelando-se mais dispendioso do que se pensava), mas o fato de ser resistente ao fogo. O problema de como unir as barras entre si foi resolvido em 1884 por Ernest Leslie Ransome, diretor da Pacific Stone Company, de San Francisco, que patenteou uma máquina especial para torcer as barras de ferro até que chegassem ao formato desejado para a armadura. A fábrica de United Shoe Machinery Company (1903–1906), projetada por Ransome, deu o tom dessa técnica em um projeto que permitia uma faixa contínua de janelas do piso ao teto.

O Sistema Kahn de concreto armado, desenvolvido por Albert Kahn, já havia sido usado, em 1907, em 1.500 prédios (dos quais 90 eram ingleses) e em dezenas em outras partes do mundo. Kahn desenvolveu essas ideias para novas empresas de fabricação em grande escala, como as fábricas da Packard Motors Company, em Detroit, Michigan, da Dodge Brothers Motor Car Company, em Hamtramck, Michigan, e da Pierce Arrow, em Buffalo, Nova York. Ele acabou construindo mais de mil edificações para a Ford Motor Company e centenas de outras para a General Motors. Em 1923, construiu um edifício de 15 pavimentos em Detroit para a Ford Motor Company, na época a maior corporação industrial do mundo.

Na Espanha, o jovem Antoni Gaudí fazia experiências com o concreto, produzindo formas que ainda hoje parecem incrivelmente novas, como as estranhas claraboias em forma de vaso e garrafa da Casa Milà (1905–1910), em Barcelona. Contrastando com Gaudí, quem mais promovia o uso do concreto armado aparente em projetos mais ortogonais e racionais era Auguste Perret (1874–1954).

17.98 Dodge Brothers Motor Car Company, Hamtramck, Michigan

# 1900 D.C.

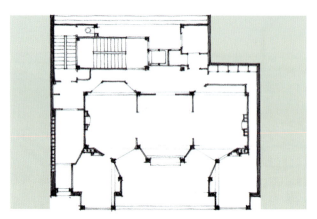

17.99  Planta do edifício da Rua Franklin, 25b, Paris

17.100  Edifício da Rua Franklin, 25b

17.101  Detalhe do Edifício da Rua Franklin, 25b

Apesar de não buscar uma forma tão expressionista quanto Gaudí, Perret argumentava que as propriedades visuais ligadas à capacidade de carregamento do concreto eram tão importantes quanto suas características estruturais. Trabalhando no espírito de Eugène Emmanuel Viollet-le-Duc, Perret buscava integrar a arquitetura e a engenharia civil, em vez de explorar suas possibilidades na maneira como outros, como Max Berg e Gaudí, estavam fazendo. Perret, como era engenheiro civil, desconfiava muito das liberdades arquitetônicas. Quando foi convidado a fazer o projeto estrutural de um teatro de Paris que havia sido projetado por Henry van de Velde, reclamou que o prédio era inconsistente em termos de estrutura e forçou o arquiteto a se demitir. Van de Velde havia começado sua carreira como pintor e, sendo um autodidata no projeto de edificações, via a arquitetura como independente da engenharia, em termos de criatividade. Foi Le Corbusier, um empregado de Perret, quem, mais do que qualquer outro, compreendeu e teorizou a necessidade de integrar as inovações estruturais às mudanças no modo de vida. Entretanto, o antagonismo entre as exigências da engenharia e as do projeto que começou nesse período continua sendo ainda hoje motivo de discussão teórica.

O edifício de apartamentos projetado por Perret e localizado na Rua Franklin, 25b, em Paris (1902–1907), em um elegante bairro da cidade, teve como objetivo provar que o concreto podia se adaptar à arquitetura residencial, em uma época em que a maioria considerava o material adequado somente para fábricas e armazéns. No entanto, devido às preocupações com o comportamento do concreto sob a ação do intemperismo, ele não era aparente na parte externa do edifício. Plaquetas lisas e coloridas foram empregadas para revestir os elementos de concreto, enquanto azulejos representando folhas de castanheiro foram aplicados às paredes finas de tijolos que preenchiam os espaços entre os pilares. Cada pavimento consistia em um apartamento de seis cômodos, com um banheiro, escadas e um elevador ao fundo. Os cinco cômodos principais organizavam-se simetricamente ao redor da sala de estar. Apesar da planta convencional, a novidade do projeto consistia na transferência de todas as cargas internas a pilares delgados.

# EUROPA

**17.102** Corte e planta da Casa Moller, Viena

**17.103** Casa Moller, Viena

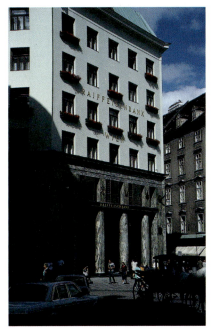

**17.104** Loos Haus ("Casa Loos"), na Michaelerplatz, Viena

## ADOLF LOOS

Adolf Loos (1870–1933), filho de um pedreiro, nasceu na área rural da Morávia (parte da atual República Tcheca), 100 quilômetros a norte de Viena. Quando tinha nove anos, seu pai, a quem ele idolatrava, faleceu. O relacionament de Adolf Loos com sua mãe, Maria Hertl, não era nada bom; assim, aos 23 anos de idade, ela o expulsou da família, dando-lhe dinheiro suficiente para apenas comprar uma passagem para os Estados Unidos. Chegando lá, Loos encantou-se com a Feira Mundial de Chicago, a infraestrutura industrial norte-americana e os escritos de Louis Sullivan. Após retornar à Áustria, fixou residência em Viena, onde inicialmente mostrou grande entusiasmo com a Sezession (Secessão). No entanto, ele começou a atacar a arte secessionista, bem como a de outros decoradores modernos, como os da Deutscher Werkbund, por sua "degenaração moral".

Em 1908, Loos escreveu um artigo, hoje muito famoso, chamado "Arquitetura e ornamento", no qual, com base na crítica à civilização feita por Jean-Jacques Rousseau, rebelava-se contra o uso de ornamentos como sendo uma forma de arte degenerada e inadequada às culturas europeias avançadas. Para Loos, os ornamentos eram apropriados às sociedades tribais, nas quais tinham importante papel na interação social. Contudo, para a civilização avançada, a ornamentação já não era uma forma de comunicação relevante. No entanto, Loos não se opunha ao uso das cores e texturas de materiais naturais selecionados por suas características ornamentais. Suas opiniões atrasaram sua carreira, mas não lhe impediram de conseguir alguns trabalhos, entre os quais o projeto de um edifício comercial em Viena, em um estilo hoje denominado Wiener Moderne. Popularmente, o edifício é chamado de Casa Loos, ou Loos Haus, em alemão (1909–1910).

Na época em que projetou a Casa Steiner (1910), até mesmo os temas clássicos residuais de sua obra anterior haviam desaparecido, e restou apenas um branco neve no exterior. O edifício certamente antecipou – e de fato influenciou – a estética modernista, que se tornaria a norma a partir da década de 1930, apesar de se diferenciar bastante dos prédios funcionalistas posteriores. Nesse caso, o exterior duro tinha a função de contrastar com o interior exuberante e quase sensual. Loos escreveu, em 1914: "o edifício deve permanecer mudo na parte externa e revelar toda a sua riqueza somente no interior".

A Casa Moller (1927–1928) é paradigmática da abordagem de Loos. Sua fachada é simples e um tanto opressiva. A entrada, a sacada e as janelas foram reunidas em uma unidade compositiva compacta. Uma vez que as janelas do piso superior dão para os fundos, o número de aberturas na elevação frontal é limitado. Apesar da simetria externa, o interior é quase um labirinto. A sala de estar e a sala íntima, no segundo pavimento, são separadas por degraus e aberturas emolduradas, que possibilitam a criação de uma diversidade de espaços, alguns mais privados do que outros. Os interiores dos cômodos principais são ricamente revestidos de lâminas de madeira clara nas paredes e de tapetes orientais no piso, criando uma sensação de suntuosa elegância. Nesse aspecto, embora Loos seja considerado precursor do movimento moderno, sua obra manteve uma forte aliança com o ideal do Artes e Ofícios, em termos de tratamento dos espaços internos e seu intimismo.

# 1900 D.C.

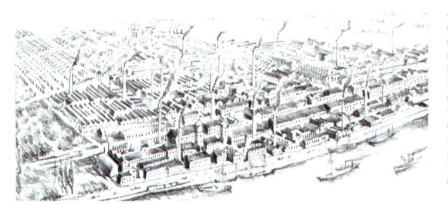

17.105 Vista de Ludwigshafen, Alemanha

até o advento do Modernismo, as fábricas não eram realmente vistas como parte da atividade do arquiteto. A liberdade que os engenheiros obtiveram resultou em um tipo de edificação projetada com base nos conceitos de função e utilidade. A decoração era evitada, mas havia o desejo de expressar estabilidade e força. Havia também o desejo contraditório de iluminação, e a criação de longas paredes de aço e vidro abriu caminho para o que depois se denominou pele de vidro (fachada-cortina, parede-cortina), usada extensamente em arranha-céus a partir da década de 1950.

## A ESTÉTICA INDUSTRIAL

No início do século XX, o projeto de fábricas já experimentara uma evolução considerável ao longo dos últimos 100 anos. A introdução da eletricidade, na década de 1880, liberou o piso de fábrica do volumoso sistema de tubos, engrenagens e correias que impulsionara as máquinas a carvão e vapor durante a maior parte do século XIX. Os avanços na engenharia do aço permitiram que os edifícios se tornassem maiores e os espaços internos, mais amplos. O vidro era usado generosamente para permitir a iluminação. O uso de iluminação natural zenital era comum, às vezes na forma de um telhado envidraçado do tipo shed ou como parte de uma treliça Pratt. Adotaram-se também coberturas planas, pois o antigo sistema de coberturas em vertente, com seus suportes de madeira, facilitava o início de incêndios. O desenvolvimento do concreto proporcionou uma alternativa à prova de fogo – embora cara – para edifícios feitos de tijolo, pedra ou terracota. Tipologias de edificação padronizadas se tornaram largamente disponíveis com estruturas pré-fabricadas de ferro e aço.

Quando ficou claro que as edificações também eram ou poderiam ser usadas para a propaganda, o final do século XIX assistiu ao surgimento da busca por uma estética industrial. As sedes administrativas de algumas firmas industriais adotavam uma espécie de Estilo Neogótico, Neorromânico ou, ocasionalmente, Neoclássico. A Yenidze Tabakfabrik (1907–1909), em Dresden, Alemanha, exibia um estilo oriental, usando até imitações de minaretes e uma cúpula envidraçada para refletir as características de sua marca de cigarros. Em geral, esses edifícios não eram projetados por um arquiteto. Porém, mesmo quando um arquiteto se envolvia no projeto, havia uma diferença clara entre a imagem do edifício desenhada por ele e a fábrica em si, projetada por engenheiros. Pelo menos

17.106 Yenidze Tabakfrabik, Dresden, Alemanha

# EUROPA

17.107 Pavilhão da AEG na Exposição Alemã da Construção Naval de 1908, Berlim

17.108 Chaleira desenhada por Peter Behrens, 1909

## A DEUTSCHE WERKBUND

A transformação da Alemanha de sociedade agrícola em industrial e de um país com objetivos nacionais e militares limitados em uma potência mundial, como a Inglaterra, ocorreu com uma rapidez surpreendente. Entre 1894 e 1904, o valor do comércio exterior da Alemanha dobrou e, por volta de 1913, o país ultrapassou a Grã-Bretanha em termos de percentual da produção mundial – e tudo isso sem ser um império colonial. Grandes empresas, como a Friedrich Krupp Werke (munição, canhões, aço e navios), a Allgemeine Elektrikitäts-Gesellschaft, ou simplesmente AEG (turbinas, ferrovias elétricas e equipamentos para a nova Marinha alemã), e a Siemens-Schuckert Werke (ferrovias e equipamentos elétricos) eram sustentadas pelo governo por meio de contratos militares lucrativos e protegidas da concorrência internacional por meio de taxas alfandegárias. A partir de meados da década de 1890 e até o início da Primeira Guerra Mundial, as autoridades municipais, que trabalhavam sob o comando rígido do governo imperial e assimilavam, com atraso, as lições da Inglaterra e da França, organizavam exposições especiais para promover e glorificar a produção alemã.

Apesar do fato de que a arquitetura e as qualidades arquitetônicas dessas exposições variavam, elas constituíam, para o observador atento, uma vitrine arrojada, em termos de inovação. O sistema Beaux-Arts não atrapalhou os arquitetos alemães, pois nunca fora implementado no país. Para a Nordwestdeutsche Kunstausstellung, realizada em Oldenburg em 1905, Peter Behrens projetou um esquema de exposição extremamente abstrato e formal, com edificações quadradas cujas superfícies eram marcadas por formas geométricas simples; um pavilhão de jardim octogonal, com cúpula; e um salão de exposição rigorosamente simétrico, com um espaço central cúbico ao qual conectavam-se quatro blocos menores, iluminados por claraboias, nos quatro cantos. Para a Exposição Alemã da Construção Naval de 1908, Behrens construiu para a AEG uma estrutura octogonal com aspecto de batistério. O altar elevado era, na verdade, um convés de navio, sobre o qual havia um grande canhão de luz, o mais avançado do mundo em sua categoria e o orgulho da Marinha alemã. Em outra exposição de 1910, os visitantes viram o pavilhão de Behrens feito inteiramente em concreto para a Zementwahrenfrabrikanten Deutschlands (Associação dos Fabricantes de Concreto da Alemanha).

Na Exposição da Werkbund de 1914, em Colônia, os visitantes puderam ver uma impressionante casa de vidro projetada por Bruno Taut, que tinha um fascínio quase místico por esse material. Ela consistia em dois espaços: uma espécie de cripta na parte inferior, encaixada em um plinto cilíndrico de concreto, e um espaço cupulado na parte superior. A cripta tinha no centro uma piscina. A água caía em cascata através de pequenos terraços, decorados com vidro amarelo claro. O acesso à cúpula na parte superior era feito por escadas curvas no topo do plinto, sobre o qual repousava uma estrutura de vigas de concreto com 14 lados. Sobre essa estrutura, Taut assentou uma cúpula prismática, com pele dupla de vidro, que consistia em uma camada externa protetora de vidro refletor e uma camada interna de vidro colorido, que parecem uma explosão tridimensional de luz, cor e geometria. Fora a estrutura, todas as superfícies eram de vidro, em harmonia com a finalidade do edifício, um pavilhão de propaganda para a indústria do vidro. As paredes eram feitas de azulejos de vidro brilhante, blocos transparentes de vidro e chapas de vidro colorido translúcido. Até os degraus eram de vidro.

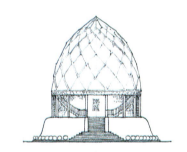

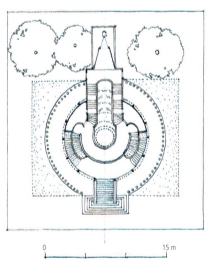

17.109 Planta e elevação da Casa de Vidro, Exposição da Werkbund, Colônia, Alemanha

# 1900 D.C.

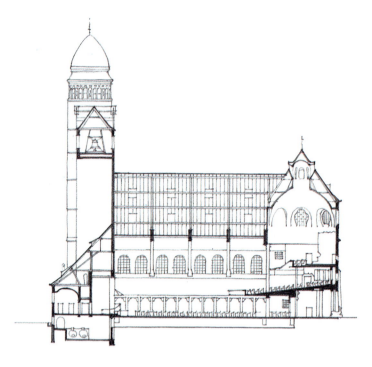

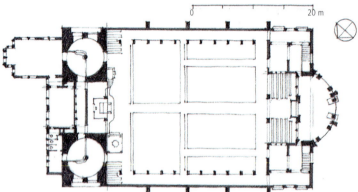

17.110  Planta e corte da Garnisonskirche, Ulm, Alemanha

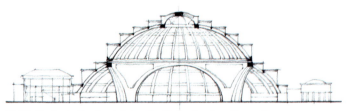

17.111  Corte do Breslau Jahrhunderthalle, Breslau, Alemanha

## O CONCRETO ALEMÃO

Ainda que as fábricas da Ford tivessem trazido à tona a modernidade radical do concreto armado, do ponto de vista da engenharia civil, a questão arquitetônica permanecia em aberto. Enquanto o potencial expressivo do concreto para assumir qualquer forma não estivesse indo avante na Inglaterra – sofrendo, em parte, com as críticas de Ruskin –, ele prosperava na França e Alemanha. Ao passo que a contribuição francesa consistia na tentativa de integrar o concreto às convenções da prática arquitetônica, os alemães contribuíam para a engenharia do material. Na Alemanha, um dos primeiros exemplos do uso do concreto em um grande edifício público foi a Garnisonskirche (Igreja da Caserna), em Ulm (1906–1908), uma igreja protestante que, como sugere o nome, fora construída para uma base militar. Essa igreja foi projetada por Theodor Fischer (1862–1938), arquiteto prolífico, famoso educador e um dos fundadores da Deutsche Werkbund. Fischer propunha uma modernidade contextual e, assim, hoje parece mais neomedieval do que modernista. Não obstante, o prédio é um marco na história da arquitetura moderna. O corpo da igreja consistia em um esqueleto de concreto armado preenchido com tijolo. As torres eram gigantescos silos vazios de 55 metros de altura, com um campanário suspenso entre eles.

Um segundo edifício importante foi o Breslau Jahrhunderthalle (Salão do Centenário, em Breslau, 1913), que exibia o virtuosismo e a elegância do concreto. Fazendo parte de uma campanha da cidade que buscava se impor como a "Metrópole do Leste", o prédio foi projetado por Max Berg, o diretor do departamento de construção de Frankfurt am Main, para ser tanto um salão para exposições como um auditório. O Jahrhunderthalle é um edifício enorme, com um espaço fechado de mais de 5.600 metros quadrados, que pode acomodar 10 mil pessoas. Foi construído para comemorar a derrota de Napoleão pela coalisão antifrancesa na Batalha de Leipzig, próxima a Breslau. Devido aos incêndios ocorridos em um edifício na Feira Mundial de Bruxelas (1910), os construtores optaram pelo uso do concreto – a primeira tentativa de aplicar o material a um edifício daquela escala. A estrutura consiste em quatro grandes arcos curvos que suportavam um anel contínuo sobre o qual apoiava-se a cúpula. Para criar um interior mais protegido do clima, não foram usadas vidraças nos intervalos das nervuras. Em vez disso, Berg projetou um sistema de envidraçamento escalonado na parte externa da cúpula, na forma de janelas verticais e telhados horizontais. Vistos do interior, os pequenos planos dos telhados horizontais desaparecem na luz que passa através das aberturas verticais de vidro.

# EUROPA

## O EXPRESSIONISMO

A arquitetura logo antes e após a Primeira Guerra Mundial foi surpreendentemente criativa e experimental. O Expressionismo, como logo passou a ser chamado o estilo do período, começou a desenvolver-se antes da guerra, com o trabalho de Bruno Taut e alguns outros. Foram particularmente influentes os textos de Paul Scheerbart, que publicou, em 1914, um livro chamado *Glass Architecture* (*Arquitetura de vidro*), que descrevia uma arquitetura utópica em vidro colorido combinado com pedras preciosas brilhantes e esmalte. Os expressionistas, como são às vezes coletivamente chamados, apesar de suas diferenças, buscavam uma arquitetura o mais distante do Classicismo que se podia imaginar na época. A antiga noção de que a arquitetura reincorporava a força do passado deu lugar ao desejo de criar uma arquitetura que se comunicasse com o imediatismo da percepção e com a psicologia do observador. Como explicava o crítico Heinrich de Fries: "Os edifícios são entes vivos no mais alto grau [...]. Mal podemos imaginar o quanto a arte da articulação espacial transcenderá, um dia, a da criação pictórica." O Expressionismo rejeitava a dualidade entre interior e exterior e entre edifício e paisagem. Ele também abriu a arquitetura a influências das outras artes, ao contrário do movimento Artes e Ofícios, que tentara integrar a concepção artística à estrutura da produção artesanal.

O movimento expressionista foi particularmente forte em Praga entre 1910 e 1914. Ali, na década de 1880, os artistas checos, insatisfeitos com o baixo padrão da Academia de Pintura de Praga, partiram em massa para Munique, um grande centro do movimento Artes e Ofícios alemão. Muitos outros foram para Paris, onde encontraram a obra de Auguste Rodin, bastante admirado pelos checos por sua espontaneidade e expressividade. Outra fonte de inspiração foi o Cubismo francês, que começou a ser exposto a partir de 1908. Contudo, apesar das inovações pictóricas de Pablo Picasso e George Braque, a possibilidade de uma arquitetura cubista não foi abordada na França até a chegada de Le Corbusier na década de 1920, e, certamente, tampouco na Alemanha, onde os avanços franceses eram em geral vistos com suspeita. A introdução do Cubismo em Praga foi, portanto, revolucionária.

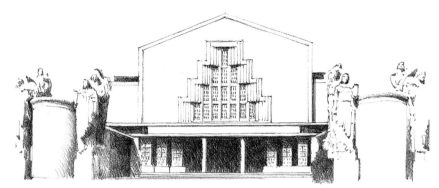

17.112 Pavilhão do Comércio, Exposição do Jubileu de 1908, Praga

Um dos principais arquitetos, dentre os cubistas checos, foi Jan Kotera (1871–1923), professor da Escola de Artes Decorativas de Praga, que colaborou ativamente com escultores como Jan Štursa e Stanislav Sucharda em seus projetos de arquitetura. Ele via os formatos prismáticos como apropriados à vitalidade intelectual da Era Moderna. Para ele, a estrutura deveria dar lugar à lógica da dinâmica visual. Esse também era o caso de Pavel Janák (1882–1956), cuja interpretação idiossincrática do Cubismo levou-o a desviar-se em direção a formas cônicas, oblíquas e triangulares. Janák afirmava que a arquitetura ortogonal refletia sua dependência em relação à matéria e ao peso, enquanto o novo estilo cubista, com seus ângulos, expressava a natureza ativa do espírito humano e sua capacidade de prevalecer sobre a matéria.

Após a Primeira Guerra Mundial, com a queda do regime aristocrático na Alemanha, a arquitetura expressionista encontrou uma de suas vozes mais realistas em Hans Poelzig (1869–1936). Seu primeiro grande trabalho, a Grosse Schauspielhaus (Grande Salão de Apresentações, 1918–1919), em Berlim, tinha um forro de gesso suspenso nas vigas, o qual se assemelhava a estalactites. Milhares de lâmpadas de vários tons de amarelo, verde e vermelho foram inseridas na abóbada, de modo que o conjunto tanto lembrava uma caverna quanto, ao se diminuir a intensidade das luzes, um céu estrelado. O saguão era sustentado por uma única coluna, que, como uma fusão entre uma fonte e uma planta – além de ser iluminado por lâmpadas coloridas embutidas –, espalhava anéis sucessivos de pétalas coloridas até atingir a abóbada no alto.

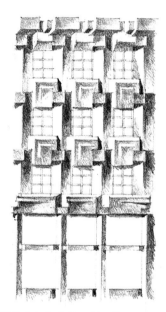

17.113 Estudo de Pavel Janák para uma fachada

# 1900 D.C.

17.114 Interior da Grosse Schauspielhaus, Berlim

17.115 Desenho de uma Città Nuova (Cidade Nova) futurista, de Antonio Sant'Elia

Outra figura importante no campo expressionista foi Hans Bernhard Scharoun (1893–1972), que rejeitou as formas cristalinas de alguns dos outros expressionistas em favor de formas macias, que lembravam a borracha. Em seu projeto para um prédio destinado a uma Bolsa de Valores (1922), curvou e deformou os espaços ao redor do saguão central, dando ao edifício a aparência de ter engolido os vários recintos do programa de necessidades.

Na Itália, o Expressionismo assumiu uma forma ainda mais vigorosa, sob o nome de Futurismo, de início um movimento literário criado em 1909 por Filippo Tommaso Marinetti. O nome do movimento vinha de seu manifesto, *Le Futurisme* (O futurismo), publicado em Paris. Marinetti era um entusiasmado adepto do movimento cubista e chegou a levar um grupo de pintores italianos a Paris para mostrar-lhes os novos trabalhos. Entretanto, os italianos logo desenvolveram seu próprio estilo, de tom significativamente mais agressivo do que o utopismo comedido de Scheerbart. Os futuristas estavam especialmente encantados pela tecnologia, velocidade e maquinaria e expressavam esse gosto em sua pintura e poesia. Eles consideraram a eclosão da Primeira Guerra Mundial como algo positivo para os italianos, pois acreditavam que impulsionaria a jovem nação rumo à modernidade. Segundo Marinetti, "a arte não pode ser nada além de violência, crueldade e injustiça". O Futurismo depois passou a abarcar a arquitetura, como em um manifesto de 1914 de Umberto Boccioni,

que proclamava a antipatia do movimento pelos estilos clássicos. Boccioni defendia, em vez, uma arquitetura da "consciência dinâmica". O principal arquiteto desse grupo era Antonio Sant'Ella (1888–1916), que construiu pouco, mas criou influentes desenhos visionários de edifícios imensos e muito altos.

Na Alemanha, os expressionistas formaram vários grupos, como o Arbeitsrat für Kunst (Conselho de Arte dos Trabalhadores) e o Novembergruppe (Grupo de Novembro, denominado em homenagem à Revolução Russa de 1917). Em seu primeiro manifesto, de 1918, o Novembergruppe convocava os cubistas, futuristas e expressionistas a se unirem em prol da recuperação da Alemanha após sua derrota na Primeira Guerra Mundial.

O arquiteto mais frequentemente associado ao Expressionismo foi Eric Mendelsohn (1887–1953), tão famoso por seus desenhos quanto por seus prédios. Seus esboços, muitos sem relação com qualquer contrato de projeto, enfatizavam a fluidez da silhueta. Não há realces pictóricos ou características de paisagismo, mas apenas o edifício, desprovido de contexto e desenhado em linhas escuras sobre uma folha branca de papel. Apesar de suas ambições aparentemente impossíveis e grandiosas para o campo da arquitetura, Mendelsohn foi um arquiteto extremamente bem-sucedido, mesmo durante a década de 1920, e um dos primeiros arquitetos modernistas a ter sucesso profissional, tendo chegado a empregar até 40 pessoas em seu escritório.

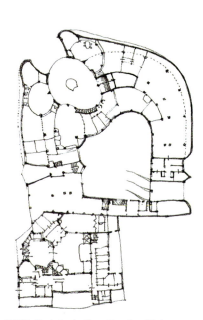

17.116 Projeto de Hans Bernhard Scharoun para uma Bolsa de Valores

# EUROPA

17.117 Torre Einstein, Potsdam, Alemanha

17.118 Interior da Torre Einstein

Mendelsohn sentia-se naturalmente atraído pelo concreto, mas a tecnologia daquela época ainda era bastante limitada. Assim, ainda que tenha concebido a Torre Einstein (Potsdam, Alemanha, 1917–1921) como um edifício de concreto, tratava-se, na verdade, de uma edificação de tijolo com revestimento de concreto no exterior. A torre, seu primeiro grande contrato, foi construída para o Instituto de Astrofísica de Potsdam e permanece em uso ainda hoje. O prédio, inserido em uma floresta, foi implantado em uma clareira, sobre um platô, junto a um penhasco. O terreno, contudo, encontra-se hoje um pouco modificado.

A forma externa do edifício parece ter sido escavada em alguns lugares e moldada em outros. Nas proximidades das janelas parece haver um leve encapsulamento de uma misteriosa estrutura metálica angulosa no interior. Na entrada do edifício, um conjunto de degraus leva a um deck elevado que se abre para o salão de entrada, de onde uma escadaria desce e outra sobe até a torre. O telescópio no topo da torre transmite a luz aos instrumentos no laboratório do porão. As salas de estudo e os alojamentos dos cientistas ficam entre a torre e a base, na parte posterior do edifício.

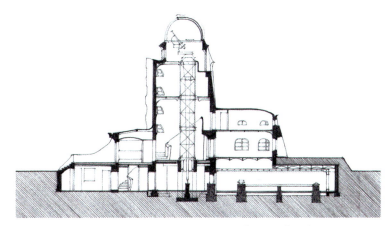

17.119 Corte da Torre Einstein

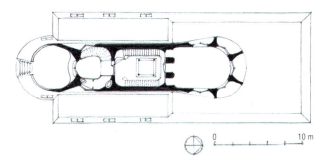

17.120 Planta da Torre Einstein

# 1900 D.C.

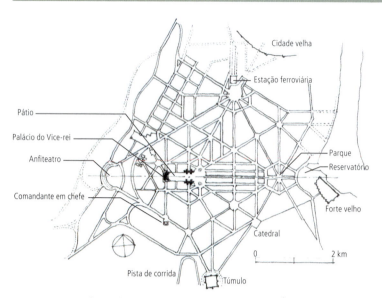

17.121  Planta de sir Edwin Lutyens para Nova Délhi, Índia, 1911

## NOVA DÉLHI

Em 1911, num *darbar* (recepção oficial) celebrado em honra de uma coroação em Délhi, na Índia, o rei Jorge V anunciou sua decisão de construir uma nova capital para a Índia imperial, capaz de representar a inabalável determinação inglesa de perpetuar o governo britânico. Até então, Calcutá sempre fora a sede do governo colonial, mas apenas devido a circunstâncias históricas. Os ingleses escolheram Délhi como o local para a nova capital para assegurar sua identificação com a sede do poder mugal que ela fora no passado. Instaurou-se de imediato um acalorado debate para definir se a arquitetura deveria refletir a linguagem autóctone ou as convenções do Neoclassicismo colonial. Após intensas pressões por parte de defensores de ambos os lados, o vice-rei, lorde Charles Hardinge, decidiu que seria mais adequado um projeto "simples e clássico", com um "toque de orientalismo". Sua solução não era tão diferente da discussão do século anterior, quando se defendera o historicismo clássico (ou Neoclassicismo) com base nos princípios eternos da arquitetura clássica. Com isso, os ideólogos coloniais voltavam ao ponto de partida, embora, dessa vez, com um "toque de orientalismo".

O plano diretor de Nova Délhi e o projeto de seu principal edifício, o Palácio do Vice-rei (1921–1927), ficaram a cargo de sir Edwin Lutyens. Os Edifícios dos Secretariado foram projetados por Herbert Baker, que acabara de terminar com grande êxito a construção dos Union Buildings (Edifícios da União), em Pretória. O plano diretor refletia o academicismo da Beaux-Arts. Foi traçada uma elegante série de linhas radiais em uma área de 85 quilômetros quadrados para criar uma ampla visão da capital. Ao longo de sua extensão foram distribuídos bangalôs de diferentes classes, apropriados para os vários níveis de servidores públicos. No centro ficava a King's Way, a grandiosa artéria leste-oeste, com o Palácio do Vice-rei e o Secretariado sobre uma colina na extremidade oeste. A outra extremidade da King's Way era marcada por um pequeno memorial do soldado desconhecido, projetado por Lutyens.

Embora tenham se desentendido, Lutyens e Baker elaboraram projetos harmônicos entre si. Com acabamento em arenito amarelo e vermelho do Rajastão, os dois conjuntos de projetos enfatizam o aspecto horizontal, usando a *chajja* (saliência) indiana para projetar longas sombras contínuas que contrastam fortemente com o radiante sol indiano. Pequenos *chattris*, campanários e cúpulas fazem o contraponto vertical. Baker, sempre mais imperialista do que Lutyens, não hesitou em incluir alguns elefantes e biombos de arenito para dar a seus projetos um tom mais "oriental". Ainda assim, a expressão geral de todo o complexo do vice-rei exibe o uso comedido e maduro de um vocabulário neoclássico desadornado e talvez seja uma das melhores obras de Lutyens e Baker. De fato, o maior impacto visual é obtido à distância, na extremidade da King's Way (hoje chamada de Raj Path), de onde o amplo movimento majestoso horizontal efetivamente enfatiza as três cúpulas e os dois campanários.

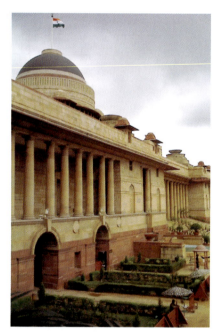

17.122  Palácio do Vice-rei, Nova Délhi

# ÁFRICA

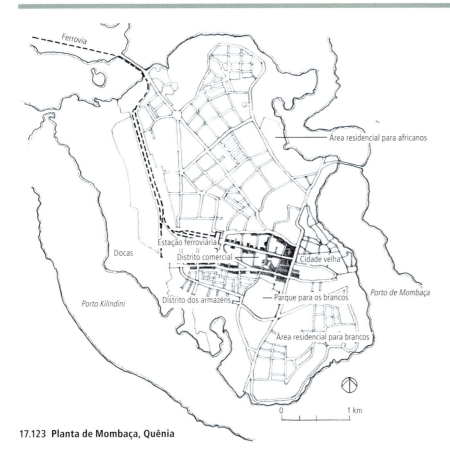

17.123 Planta de Mombaça, Quênia

17.124 Cidade velha, Mombaça

## MOMBAÇA

Com exceção de uns poucos países, como a Etiópia, antes da Primeira Guerra Mundial a maior parte da África ainda estava sob o domínio colonial. As potências de ocupação interessavam-se pela extração de matérias-primas. Consequentemente, os principais projetos de construção, em todo o continente, foram estações ferroviárias, portos e leiautes urbanos que separavam os brancos dos negros. Mombaça, no Quênia, é um excelente exemplo disso. Há muito tempo era um porto movimentado, com complexo caráter multiétnico, cuja entrada pelo lado leste da ilha era estreita e assegurava boa proteção. Os portugueses quiseram controlar a cidade no século XVI, mas jamais conseguiram firmar seu domínio sobre o sultão de Mombaça, que reinou sobre essa cidade relativamente independente até meados do século XIX, quando ela se tornou um protetorado britânico. Em 1887, a administração da cidade foi entregue à British East Africa Association, que a imaginou como terminal marítimo da Ferrovia de Uganda (iniciada em 1896). O objetivo era ligar Mombaça a Buganda (parte da atual Uganda), um rico reino ao norte do Lago Vitória onde se produzia café e chá e que as potências coloniais estavam ansiosas para explorar. Os colonos brancos também esperavam estabelecer fazendas de algodão no local.

A construção da ferrovia começou em Mombaça e chegou ao Lago Vitória em 1901. Mercadores indianos fundaram sociedades comerciais paralelas às dos ingleses, negociando sobretudo arroz e café. Na década de 1920, Mombaça se tornou o principal porto da África para o transporte de querosene e gasolina. Pelo fato de a cidade velha ser compacta e não muito grande, o restante da ilha estava praticamente livre para construção. Os ingleses criaram um novo porto, chamado Kilindini, no lado oeste da ilha, capaz de receber navios de grande calado. Em 1926, um especialista em planejamento urbano chamado Walton Jameson projetou a nova cidade colonial. Como era de esperar, a estação ferroviária era o ponto crucial do projeto. Três ruas partiam dela e formavam uma área comercial que se estendia para o leste, rumo à cidade velha. Ao norte e ao sul desse centro comercial, a cidade era dividida de acordo com as raças e as classes, com bairros separados para os africanos e os suaílis. O setor mais elitizado ficava ao sul, de frente para o mar; era separado do centro comercial por uma zona escolar, um campo de golfe, parques e outras áreas para a prática de esportes.

# 1900 D.C.

17.125 Foro do Condado de Lister, Sölvesburg, Suécia

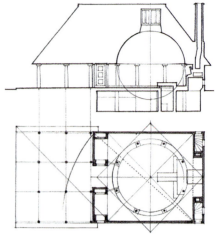

17.126 Planta e corte da Capela do Cemitério do Bosque, Estocolmo

## ASPLUND E LEWERENTZ

A Suécia teve sorte em escapar da destruição da Primeira Guerra Mundial. Com a relativa prosperidade do pós-guerra, o jovem Gunnar Asplund (1885–1940) se encontrava em excelente posição para alcançar fama com seu projeto para o Cemitério do Bosque (1917–1920) em Estocolmo, projetado em parceria com Sigurd Lewerentz, e para o Foro do Condado de Lister (1917–1921), em Sölvesborg, Suécia. Este último edifício consiste em um retângulo simples, com uma sala de audiências circular embutida na parte posterior da planta. De 1913 a 1914, Asplund viajara a Roma, Ravena e Sicília, o que o colocara em contato com as grandes obras de arquitetura do passado. Sentiu-se mais atraído pelas igrejas medievais simples, aninhadas entre outros edifícios ou contrastadas com o céu, do que pelos grandes monumentos mais famosos. Apesar de ser possível considerá-lo um modernista, seu interesse pela monumentalidade estética não mecânica levou muitos a considerá-lo um classicista, mas tais distinções não são tão nítidas. A obra de Asplund é, na verdade, uma continuação do Romantismo do final do século XIX.

Com Asplund, o Romantismo nacional sueco superou sua ostensiva fidelidade à Idade Média e passou a buscar um formalismo abstrato, como o que se pode ver, por exemplo, na Biblioteca Pública de Estocolmo (1920–1928), um edifício de clareza funcional absoluta. A biblioteca é composta por uma sala de leitura cilíndrica encaixada em um prédio em forma de U, uma releitura do Museu Altes, de Schinkel, em Berlim – que posteriormente seria mais uma vez revisitado por Le Corbusier na Assembleia de Chandigarh, Índia, e na Neue Staatsgalerie (Nova Galeria Pública), de James Stirling, em Stuttgart, Alemanha. Da entrada, o visitante é conduzido ao pavimento superior por meio de uma escadaria impressionante, mas de desenho simples, emoldurada por um portal em estilo egípcio. Dentro da sala de leitura, acima das três fileiras abertas de livros, surgem as superfícies ásperas das paredes cilíndricas, que terminam em uma fileira de janelas e em um teto plano. Na parte externa, a fachada é dividida em duas, com a base quase tão alta quanto a parte superior. Suas seções são divididas por um friso em estilo egípcio, repleto de símbolos misteriosos que se referem ao aprendizado e às artes.

Asplund e Lewerentz projetaram a Exposição de Estocolmo em 1930, mas, nessa época, já haviam adotado o Modernismo de maneira expressa. O slogan da exposição, "Accept!" (Aceite!) era um chamado pela aceitação do Modernismo na vida escandinava, inclusive a produção fabril em massa de alimentos.

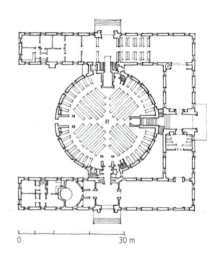

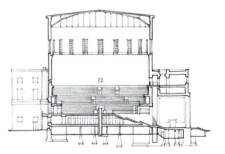

17.127 Planta e corte da Biblioteca Pública de Estocolmo

712

# GLOBAL

17.128 Casa Hollyhock, Los Angeles

17.129 Lareira interna, Casa Hollyhock

## FRANK LLOYD WRIGHT E O HISTORICISMO MAIA

Nas primeiras décadas do século XX, os interesses de Frank Lloyd Wright pela arquitetura haviam se tornado mais ecléticos. Ele começou a projetar uma série de casas na Califórnia e assinou o mais importante contrato de sua carreira até então, o projeto do Imperial Hotel, em Tóquio. O que diferenciou essa obra foi a tentativa de Wright de resgatar fontes que não eram europeias, mas pré-colombianas. Quando criança, Wright fora fascinado pela arquitetura pré-colombiana, e isso repentinamente emergiu nessa obra naquele que às vezes é chamado de Estilo Neomaia (ou Revivescimento Maia), embora as referências empregadas sejam várias, ou seja, não se limitassem às fontes pré-colombianas.

A Casa Hollyhock, situada no bairro de Hollywood, em Los Angeles, foi construída no auge do entusiasmo pelo papel da cidade na indústria cinematográfica, que crescia cada vez mais. Sua proprietária era Aline Barnsdall, rica herdeira do petróleo e simpatizante de causas de esquerda. O diagrama básico da casa é relativamente simples: um U aberto para o leste com jardim que desce acompanhando o terreno. Na cabeceira do U encontra-se a sala de estar, com os quartos ao sul e os cômodos mais públicos ao norte, perto da garagem. O todo cria um conjunto complexo de espaços fechados e abertos que funcionam em diferentes níveis, e algumas das coberturas são acessíveis na forma de terraços. A casa foi construída de madeira e blocos cerâmicos vazados revestidos de estuque.

Para o projeto do Imperial Hotel, em Tóquio, Wright elaborou mais de 700 desenhos. Ele tinha 250 apartamentos e era muito extravagante, sendo ricamente ornamentado com detalhes delicados e articulados com atenção. O hotel foi construído com concreto moldado *in loco*, blocos de concreto e pedra entalhada. Ele era uma obra-prima da ornamentação modernista e do projeto integrado, o contraponto perfeito das propostas puritanas contemporâneas a ele e feitas na Europa modernista por arquitetos como Adolf Loos. A edificação substituiu outra que havia sido construída no Período Meiji, para receber hóspedes do mundo inteiro que visitavam o Japão.

O hotel também era famoso por ter resistido ao forte terremoto que atingiu Tóquio em 1923. Isso se deu graças a suas fundações "flutuantes", embora uma série de outras características estruturais, como a quantidade de armadura empregada nos balanços, talvez também tenha contribuído. O hotel foi danificado durante a Segunda Guerra Mundial, mas Wright recusou-se a se envolver em sua restauração e ampliação posterior. O prédio foi demolido na década de 1960.

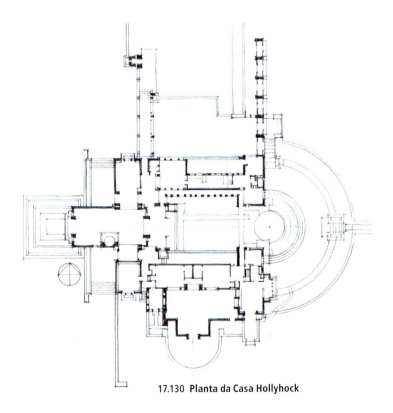

17.130 Planta da Casa Hollyhock

# 1900 D.C.

17.131 Instituto de Tecnologia de Bandung, Bandung, Indonésia

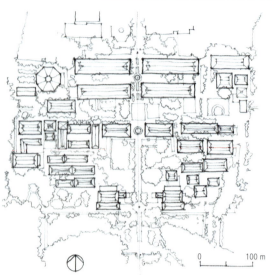

17.132 Implantação do Instituto de Tecnologia de Bandung

## O KAMPUNG HOLANDÊS

Enquanto os ingleses controlavam a Índia e a maior parte do comércio com a China, os holandeses mantinham seu domínio sobre a Indonésia, apesar das várias tentativas inglesas e francesas de expulsá-los do território. Entretanto, as guerras do fim do século XIX contra os franceses, os habitantes da província indonésia de Achém e os javaneses endividaram profundamente o governo colonial holandês. Como resposta a essa situação, os holandeses estabeleceram cotas de produção, tabelaram os preços, restringiram os deslocamentos e aumentaram os impostos. Essa política teve resultados desastrosos, levando à inanição maciça, apesar das grandes safras de alimentos para exportação.

Eduard Douwes Dekker, um jovem oficial do governo colonial holandês que estava descontente com a situação, narrou ao povo holandês as dificuldades dessa época em seu romance *Max Havalaar*, de 1859. O escândalo que se seguiu nos Países Baixos forçou as autoridades coloniais a tomarem providências. Em uma série de mudanças legislativas introduzidas a partir de 1870, a chamada Política Liberal pôs fim ao cultivo forçado de mercadorias para exportação e abriu a economia colonial à iniciativa privada holandesa. Essa política provocou uma grande migração de holandeses para as Índias Orientais, o que levou a uma vigorosa afirmação espacial da identidade europeia, em contraste com aquelas dos indonésios nativos e das etnias asiáticas imigrantes. Usando o modelo da cidade-jardim, os holandeses encrustaram seu espaço colonial naquilo que consideraram como o congestionamento e a imundície dos bairros nativos das cidades coloniais de Java e Sumatra, construindo bangalôs em estilo indiano no meio de espaçosos jardins, com edículas destinadas à cozinha e aos criados.

Em 1901, a rainha Guilhermina da Holanda anunciou que esse país arcaria, a partir de então, com a responsabilidade ética pelo bem-estar de seus súditos indonésios. Esse anúncio contrastava fortemente com a política anterior de busca de lucros. O resultado, em termos de arquitetura, foi a busca por estilos híbridos. De fato, Henry Maclaine Pont, um arquiteto de etnia holandesa nascido na Indonésia, foi um dos progenitores do Estilo Indische de arquitetura, dedicado à fusão de abordagens holandesas e nativas. O famoso arquiteto holandês Hendrik Petrus Berlage caracterizou o desafio como uma arquitetura que deveria combinar as qualidades universais do Modernismo ocidental aos "elementos estéticos espirituais nativos do Oriente". Essa foi uma interpretação inicial daquilo que posteriormente seria caracterizado como um "regionalismo crítico".

Um bom exemplo dessa abordagem foi o projeto de Pont para o Bandoeng Technische Hoogeschool (Instituto de Tecnologia de Bandung, 1920). Seus 20 edifícios foram distribuídos transversalmente em relação ao eixo principal do terreno, à maneira da Beaux-Arts. As treliças de madeira dos prédios ficaram aparentes no interior dos salões, observando as determinações do movimento Artes e Ofícios. Já a forma das coberturas é uma interpretação livre do tradicional telhado *minangkabau*, de Sumatra, encontrado em muitas regiões do sudeste da Ásia.

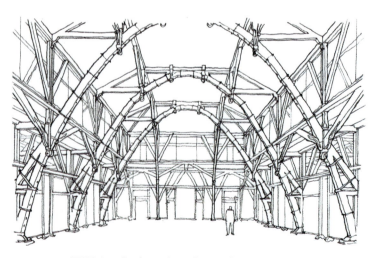

17.133 Interior do Instituto de Tecnologia de Bandung

# EUROPA

17.134 Projeto de cores de Theo van Doesburg para o Saguão da Universidade de Amsterdã, Países Baixos

## O MOVIMENTO DE STIJL

Após a Primeira Guerra Mundial, o Expressionismo nos Países Baixos deu lugar a uma vibrante cultura vanguardista, que focava as questões da abstração e da cor, em cujo centro encontravam-se Piet Mondrian e Theo van Doesburg. Este último ainda mantinha laços com a causa expressionista, uma vez que defendia uma forma de ambiente colorido tridimensional. Como Van Doesburg esclareceu em vários ensaios publicados no periódico *de Stijl* entre 1926 e 1928, a essência do contraponto era sua oposição ao caráter ortogonal da arquitetura e da natureza. Ele afirmava que a arte, ao aspirar a uma expressão espiritual, devia oferecer à arquitetura outra dimensão, baseada no oblíquo, que a arquitetura mesma não era capaz de criar, uma vez que estava amarrada a peso e gravidade. Nesse sentido, para ele, a arte se contrapunha à funcionalidade, assim como à construção.

Van Doesburg foi profundamente influenciado pela obra do pintor Piet Mondrian. Seus projetos para o cinema e salão de dança Café Aubette, em Estrasburgo (1926–1928), envolveram amplas composições de retângulos coloridos em relevo, orientados em ângulos de 45 graus. Foram instalados espelhos entre as janelas para refletir o forro e as três outras paredes, tudo tratado de modo a transformar a superfície arquitetônica em uma espécie de escultura plástica em relevo.

Um dos poucos exemplos da arquitetura do De Stijl é a Casa Schröder (1924), projetada pelo arquiteto holandês Gerrit Thomas Rietveld, que morava e trabalhava em Utrecht. A cliente, Truus Schröder-Schräder, esposa de um advogado famoso, queria uma casa com o mínimo possível de paredes. A casa foi construída no fim de uma sequência de casas em fita típicas do século XIX, tendo vista para três orientações. Rietveld explorou esse fato para criar uma casa cujos volumes parecem compostos de planos, alguns dos quais pendem, soltos, da fachada. As cores principais eram o branco e o cinza, acentuadas por realces em vermelho, amarelo e azul. O pavimento térreo era relativamente convencional, mas o superior possuía várias paredes móveis que permitiam que os espaços fossem abertos ou fechados como desejado.

Walter Gropius rejeitava a posição de Van Doesburg, assim como fazia o arquiteto Jacobus Johannes Pieter Oud (1890–1963). Eles defendiam que a arquitetura precisava focar as realidades sociais e econômicas, em vez de fazer meras especulações espirituais abstratas.

17.135 Casa Schröder, Utrecht, Países Baixos

# 1900 D.C.

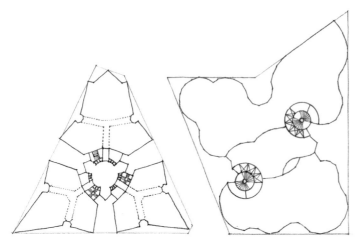

17.136 Plantas do projeto para o Edifício de Escritórios da Friedrichstrasse e para arranha-céus de vidro, Berlim

17.137 Proposta para o Edifício de Escritórios da Friedrichstrasse

## O EDIFÍCIO DE ESCRITÓRIOS DA FRIEDRICHSTRASSE

Em 1921, foi lançado um concurso para o projeto de uma torre comercial na Friedrichstrasse, em Berlim. Apesar de Ludwig Mies van der Rohe (1886–1969) não ter vencido, em grande parte por ter ignorado todas as normas do prospecto, seu projeto entrou para a história dos arranha-céus, devido a seu caráter radicalmente inovador. Mies iniciou seu aprendizado com o pai, como pedreiro de cantaria. No entanto, seu talento levou-o a Berlim, onde trabalhou durante algum tempo para Bruno Paul, um dos mais influentes arquitetos da Art Nouveau na Alemanha, e depois para o arquiteto Peter Behrens, mais voltado para o Modernismo.

As casas construídas por Mies na década de 1920 eram, sem dúvida, funcionais, mas é difícil considerá-las criativas. Elas contrastavam muito com seus trabalhos que não foram construídos, os quais eram bastante imaginativos e representavam uma extensão lógica da emergente estética modernista. Sua proposta para o concurso de arquitetura da torre de escritórios, por exemplo, mostra um composto de três torres prismáticas angulares, conectadas no centro por um núcleo de circulação, com um espaço cilíndrico aberto livre de alto a baixo. O esqueleto de aço, com lajes de piso em balanço, era totalmente fechado com vidro. O projeto reduzia o edifício a seus elementos fundamentais: o núcleo de circulação e as cápsulas (pods) dos escritórios. O núcleo que contém as escadas, os elevadores e os banheiros é uma espécie de tronco, claramente visível nas plantas. Mies não visualizou cada pavimento, como era costume, de modo a ocupar todo o espaço disponível no terreno. Em vez disso, o edifício divide o quarteirão em três torres distintas, com 30 andares de altura, que tocam o perímetro externo do lote apenas nas tangentes do prédio. Mies apresentou os edifícios ascendendo a grande altura, acima dos quarteirões desordenados de casas e edifícios de apartamentos.

Essa proposta, assim com seu projeto contemporâneo para uma casa de campo em tijolo, assegurou a posição de Mies no movimento modernista emergente, que almejava um caminho além do Expressionismo ainda em vigor como estética dominante após a Primeira Guerra Mundial. Mies van der Rohe uniu-se ao Novembergruppe em 1922. A motivação política original do grupo já havia desaparecido naquela época, porém a organização continuava sendo importante devido a suas exposições, e Mies, de fato, logo tornou-se o diretor responsável pelas exposições de arquitetura do movimento. Em uma série de textos diretos e concisos, ele expôs suas ambições: "Recusamo-nos a reconhecer o problema da forma; e sim apenas os problemas de construção." E continuou: "Basicamente, a tarefa consiste em libertar a prática de edificar do controle dos especuladores da estética e restaurá-la àquilo em que deveria consistir exclusivamente: edificação." Essa declaração de objetivos foi publicada em um periódico chamado G, surgido em julho de 1923 e editado por Hans Richter, El Lissitzky e Werner Graeff, o qual anunciava sua hostilidade ao Romantismo e à subjetividade na arte. Apesar de esses arranha-céus e a casa de campo em tijolo investirem muito pouco em suas lógicas estruturais, Mies movia-se, na década de 1920, rumo a uma posição que colocava a estrutura – destituída de alusões, ilusões e das realidades cruas da construção – no centro da produção arquitetônica.

17.138 Projeto para uma casa de campo em tijolo

# EURÁSIA

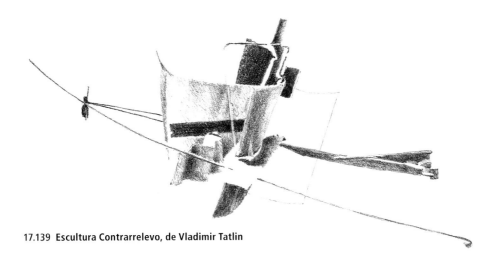

17.139 Escultura Contrarrelevo, de Vladimir Tatlin

## O CONSTRUTIVISMO RUSSO

Quando Karl Marx, na década de 1860, criticou a sociedade capitalista e propôs um mundo alternativo controlado pelo proletariado, ele supôs que a mudança ocorreria na Europa industrializada. Entretanto, quando de fato ocorreu, em 1917, a revolução aconteceu na Rússia subdesenvolvida e com uma pequena classe de trabalhadores industriais. A Revolução Russa aproveitou o sentimento generalizado contra o czar para forjar uma visão comunista que, assim como as tentativas modernistas pós-coloniais, buscava pular a fase capitalista e passar direto para o comunismo. A vanguarda russa queria "começar do zero", estar desimpedida do passado feudal. Via na nova situação uma oportunidade única de expressar as artes como uma realidade política significativa. Dessa maneira, a experiência soviética, enquanto durou, foi provavelmente a melhor oportunidade que o Modernismo teve para constituir um movimento social, político e estético interdisciplinar e se expressar como tal. A União Soviética, portanto, durante um tempo atraiu os modernistas de toda a Europa e outros continentes, tornando-se um dos principais centros do Modernismo internacional.

Os construtivistas russos almejavam levar ao limite as ambições modernistas. O termo *Construtivismo* surgiu no começo da década de 1920, estando estreitamente associado à Sociedade de Arquitetos Contemporâneos (OSA). Entre as diversas tendências, era a que mais se aproximava dos princípios da nova arquitetura europeia e, em particular, da obra de Le Corbusier. Ele era liderado por Moisei Ginzburg (1892–1946), cujas edificações pretendiam incorporar os ideais da nova ordem socialista. Para Ginzburg e os construtivistas, a arte pela arte estava morta: ela devia refletir a verdade mundial recém-estabelecida. Para separar a arte e, por extensão, a arquitetura, de toda subserviência à classe burguesa, os arquitetos deviam inspirar sua estética na produção fabril, uma vez que a industrialização, agora controlada pelos comunistas, segundo se presumia, viria a servir de trampolim para uma cultura humana verdadeiramente universal. Apesar de basear-se em uma imagem do trabalho industrial, o construtivismo não era uma tradução literal da indústria, em termos de estética, e sim a primeira estética que admitia e, na verdade, glorificava o objeto produzido em massa. Os construtivistas usaram o termo "trabalho de laboratório" para descrever suas experiências formais e enfatizar sua solidariedade tanto à ciência como ao trabalho. O trabalho de laboratório não deveria, contudo, ser comparado ao pragmatismo da solução de problemas, pois, apesar de admirarem o utilitarismo, os construtivistas também falavam da necessidade de uma linguagem formal imbuída de uma aura de heroísmo.

O Construtivismo, o movimento mais bem-conhecido fora da Rússia, é errônea, porém frequentemente associado ao conjunto da arte revolucionária russa. A verdade é que nem toda a arte russa da época era construtivista: também haviam os racionalistas e os suprematistas. O tema do heroísmo foi abordado por um grupo liderado por uma figura carismática, Nikolai Ladovsky, cujo grupo ASNOVA (sigla russa de Associação para a Nova Arquitetura), fundado em 1923, atribuía às novas formas arquitetônicas o poder de afetar de modo revolucionário a psique das massas. Também conhecidos como racionalistas, eles distinguiam-se dos construtivistas. Apesar de certas semelhanças com aqueles, eles pretendiam desenvolver um fundamento mais puramente científico para a estética da arquitetura moderna.

O terceiro grupo importante, o dos suprematistas, focava o uso de formas geométricas básicas, como o quadrado e o círculo. Na arte, seu representante mais conhecido foi Kazimir Malevitch, que pintava figuras geométricas simples em suas telas. Na arquitetura, o líder foi El Lissitzky (1890–1941), que projetava estandes para exposições e obras de propaganda e também foi fortemente influenciado pela estética da Bauhaus e do de Stijl. Projetos como o seu Wolkenbügel, porém, cujas torres apoiavam imensos edifícios que se projetavam em balanço no céu, mostravam sua ousada visão formal.

# 1900 D.C.

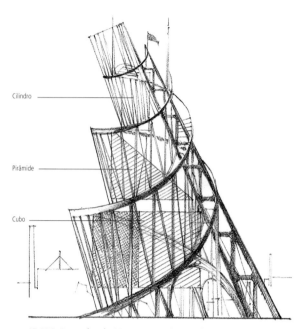

17.140 Desenho do Monumento à Terceira Internacional

## A Torre de Tatlin

Ao lado dos irmãos Vesnin e de Moisei Ginzburg, Vladimir Tatlin (1885–1953) ocupa uma posição crucial no primeiro período do Construtivismo e tornou-se, com Malevich e El Lissitzky, um catalisador importante no movimento modernista da década de 1920. Tatlin estudou arte em Moscou e, depois de uma longa viagem trabalhando em navios como marinheiro, foi a Paris, onde conheceu Picasso e outros cubistas. Nesse período, seu trabalho afastou-se da pintura, centrando-se em explorações tridimensionais de materiais e da gravidade. Algumas de suas obras mais interessantes eram instaladas nos cantos de um recinto, entabulando uma espécie de diálogo com as paredes e com um espaço redirecionado para a diagonal – um experimento com o conceito formalista de "desfamiliarização". Mais para o fim da mesma década, Tatlin definiu seus esforços como a busca de uma síntese entre as várias ramificações da arte com a tecnologia. Suas explorações artísticas e sua teoria utópica convergiram em seu projeto para uma torre gigantesca, com 400 metros de altura (projetada em 1919), que deveria ser construída sobre o Rio Neva, no centro de Petrogrado (São Petersburgo), em comemoração à recém-fundada Terceira Internacional (Comunista).

O monumento, do qual foi feita uma maquete de 5 metros de altura, consistia em três volumes de vidro suspensos por uma ampla estrutura dupla em espiral, enrijecida em toda sua altura por uma treliça inclinada. O espaço inferior, um cubo, deveria completar uma rotação em torno do próprio eixo a cada ano, correspondendo à frequência de encontros da Assembleia Geral Internacional Comunista. O segundo espaço, uma pirâmide, giraria em torno de seu eixo uma vez por mês, correspondendo à frequência das reuniões do Secretariado. O terceiro espaço e o menor deles, um cilindro, teria rotação diária para acompanhar as operações cotidianas da Internacional Comunista. Continha, entre outros espaços, os escritórios de um jornal que publicava panfletos e manifestos. Antenas de rádio erguiam-se no topo do monumento. Não eram muito diferentes daquelas da Torre Eiffel, que o edifício de Tatlin emulava de modo implícito.

A torre tornou-se um símbolo da jovem República Soviética, e maquetes dela eram levadas em procissão pelas ruas de Moscou, como se fossem objetos religiosos, e foram apresentadas em várias exposições no exterior. El Lissitzky chegou a escrever que a torre era o equivalente moderno do zigurate de Sargão, tendo sido criada, porém, com um novo material, para um novo contexto. O ferro – acrescentou – representava a força de vontade do proletariado, enquanto o vidro era sinal de consciência limpa. Outro comentarista via a espiral como o símbolo por excelência dos tempos modernos, enquanto Viktor Shklovsky declarou que o monumento, em termos semiológicos, era "feito de aço, vidro e revolução".

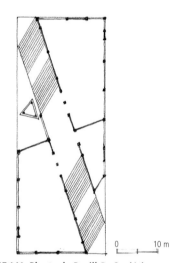

17.141 Planta do Pavilhão Soviético em Paris, França

# EURÁSIA

17.142 Clube Operário de Rusakov, Moscou

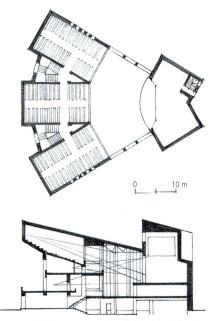

17.143 Planta e corte do Clube Operário de Rusakov, Moscou

## O Pavilhão Soviético

Konstantin Stepanovich Melnikov (1890–1974), um dos mais produtivos arquitetos modernistas russos, foi aclamado um dos 12 maiores arquitetos do mundo contemporâneo. Recusava-se categoricamente, porém, a ser associar a qualquer "ismo". Sua obra, bastante idiossincrática, reúne trabalhos radicalmente opostos entre si. Construiu cerca de 20 edificações, das quais poucas ainda existem. Como Tallin, iniciou sua carreira como pintor, mas ampliou seu escopo para incluir a arquitetura, graduando-se em 1917 na Escola de Pintura e Escultura de Moscou. Foi educado no estilo neoclássico, como era usual antes da revolução.

Uma de suas primeiras obras importantes foi o Pavilhão Soviético em Paris, construído para a Exposição Internacional de Artes Decorativas e Industriais Modernas de 1925 e cujos mostradores foram desenhados por Rodchenko. Melnikov, começando com um prédio formado por pirâmides e espirais à maneira de Tatlin, terminou criando uma composição angular surpreendente, com uma escadaria que subia e depois descia na diagonal, a percorrer todo o edifício. Apesar de ser relativamente pequeno, sua escadaria deu-lhe um aspecto monumental. Sua estrutura não era de aço, mas de madeira, tendo sido preparada em Moscou, por camponeses que trabalhavam com machados russos tradicionais, e depois enviada a Paris para ser montada por carpinteiros franceses. Os painéis do teto foram pintados em vermelho; as paredes, em cinza; e os mainéis das janelas, em branco.

Naquela época, discutia-se na URSS se a nova arquitetura soviética deveria aspirar ao avanço tecnológico ou refletir as tradições artesanais nativas. Melnikov favoreceu a segunda opção, mas era mais do que flexível no tocante aos contratos maiores, como o Clube Operário de Rusakov (1927). Os clubes operários haviam sido criados após a revolução para promover a cultura e a instrução aos trabalhadores, além de funcionarem como lugares de lazer após suas atividades diárias; no entanto, até 1924, a maioria dos trabalhadores não mostrava muito interesse por esse tipo de exaltação. Surgiu, assim, uma nova geração de clubes, que focava mais as atividades sociais do que a ideologia.

Em uma época em que o espaço habitacional em Moscou era, em média, de 5 metros quadrados por pessoa, os clubes eram dos poucos locais fora da fábrica onde os operários podiam reunir-se e confraternizar. Melnikov foi ainda mais longe, interpretando-os como a expressão de uma individualidade grupal que contrastava com a tela de fundo do anonimato urbano. O Clube Operário de Rusakov, projetado por Melnikov, é muito expressivo, apesar da simetria e simplicidade de sua planta. O principal elemento do programa de necessidades, o auditório, foi dividido em três subunidades, que pareciam trespassar a parte externa do edifício, pairando perigosamente sobre a rua. Cada uma das três caixas que o compunham acomodava 190 pessoas sentadas, todas voltadas para um grande palco comum. Num mezanino logo abaixo dos assentos da plateia havia três salas reservadas às atividades do clube.

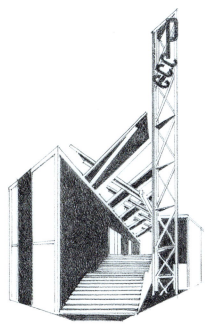

17.144 Pavilhão Soviético, Paris

# 1900 D.C.

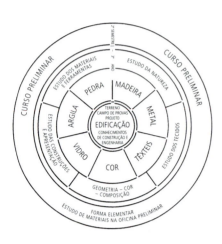

17.145  Diagrama do currículo da Bauhaus

17.146  Edifício da Bauhaus, Dessau, Alemanha

## A BAUHAUS

Em 1919, Walter Gropius (1883–1969) foi contratado como diretor da nova escola de arquitetura formada pela fusão de dois antigos institutos de artes e ofícios. Essa escola, a Bauhaus, significativamente menos pragmática do que a Deutsche Werkbund, buscava fomentar uma nova pedagogia e visão unificadas que unissem as artes e os trabalhos manuais, colaborando com a indústria. Embora nominalmente fosse uma escola nacional, a Bauhaus sempre teve orientação cosmopolita e era aberta a qualquer estudante, seja qual fosse seu gênero, nacionalidade ou qualificação prévia. O objetivo inicial da Bauhaus era produzir uma nova "corporação de ofícios (ou guilda)", o que não significa que fosse reacionária, pois Gropius também buscava uma escola que pudesse unificar as artes e reduzir a distância entre a indústria e os ofícios. Nesse sentido, diferentemente de William Morris, que via os ofícios como um baluarte contra a indústria, ou da Werkbund, que buscava um artesanato industrializado, Gropius procurava descobrir o etos interno da própria produção industrial. A questão não era simplesmente como fazer as coisas, mas também como percebê-las e experimentá-las. Por esse motivo, Gropius trouxe para a instituição pintores, como Lyonel Feininger, Paul Klee e Johannes Itten. A celebração dos pintores como criadores da forma refletia um afastamento não tão sutil do tema social (e, por conseguinte, das controvérsias políticas da época) em direção à linguagem da abstração e do desenho de produto. Itten foi encarregado da disciplina básica e obrigatória para todos os novos estudantes. O propósito era fazer aflorar o poder criativo do aluno e orientar seus estudos posteriores na direção adequada.

Em 1924, o corte de verbas públicas por parte da cidade de Weimar, onde a Bauhaus se localizava, forçou a escola a se transferir para Dessau, onde estava a indústria aeronáutica Junkers. Gropius aproveitou a oportunidade para reinventar a Bauhaus, desligando os professores indesejados e eliminando do currículo seus elementos mais expressionistas ou místicos a fim de concentrar os esforços em uma estética industrial inspirada, em parte, na fábrica Junkers. Johannes Itten partiu e foi substituído pelo russo Wassily Kandinsky.

A cidade de Dessau ajudou a financiar o novo *campus*, que foi projetado pelo próprio Gropius para ser uma obra representativa, típica daquelas que a escola propunha. O programa de necessidades do edifício de Dessau (1924–1926) incluía oficinas, escritórios administrativos e um auditório com palco, assim como ateliês, uma cantina e acomodação para os alunos. Gropius dividiu o programa em dois grandes blocos separados por uma rua e conectados por meio de um corredor

17.147  Pôster de Joost Schmidt para a exposição da Bauhaus em Weimar, em 1923

# EUROPA

17.148 Quina do edifício da Bauhaus, Dessau

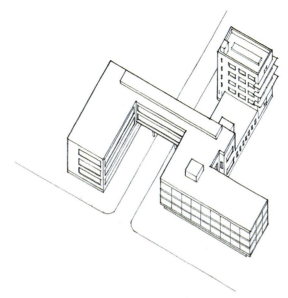

17.149 Perspectiva axonométrica do edifício da Bauhaus, Dessau

fechado. Esse grande corredor ou passarela acomodava, de modo conveniente, o escritório de Gropius, obrigando a passagem por ele para ir das salas de aula aos ateliês. O edifício não era unificado, no sentido clássico, pois cada elemento possuía sua própria lógica dentro do programa.

O dormitório da extremidade leste conectava-se de forma estranha com o longo espaço de um só pavimento que continha o auditório e a cantina. Estes eram, por sua vez, conectados ao edifício principal, cujos dois níveis de ateliês foram transformados em uma caixa envidraçada. A área em L que continha os escritórios e as salas de aula, por outro lado, foi projetada com uma faixa horizontal de reboco branco que contrasta com as janelas. O branco e o preto são as duas únicas cores encontradas em toda a composição.

Em 1928, Gropius deixou o posto de diretor da escola e indicou para o cargo Hannes Meyes (1889–1954), um arquiteto suíço. Contudo, as convicções políticas socialistas de Meyer levaram a um conflito com o governo, o que forçou sua demissão em 1930. O cargo passou então a Mies van der Rohe, fato que permitiu o funcionamento precário da instituição até ela ser oficialmente fechada pelos nazistas em 1933.

Embora tenha durado apenas 14 anos, a Bauhaus tornou-se o centro de debates que permitiram o avanço da arquitetura moderna no breve lapso temporal entre o início dos anos 1920 e o retorno do neoclassicismo e nacionalismo da década de 1930. A escola era criticada não só pelas facções conservadoras como também pelos modernistas. Le Corbusier – ainda que posteriormente mudasse de ideia – afirmava que a arquitetura moderna não podia ser ensinada por meio da estética, uma vez que estava aliada principalmente à indústria. Para ele, a arquitetura não deveria emergir do projeto decorativo. Theo van Doesburg, o artista holandês, argumentava de modo similar que, ao enfatizar a criatividade individual, a Bauhaus havia abandonado a busca extremamente importante da relação entre o artista e a sociedade. Apesar dessas dificuldades, a Bauhaus continuou a ser a principal escola de design modernista na Europa.

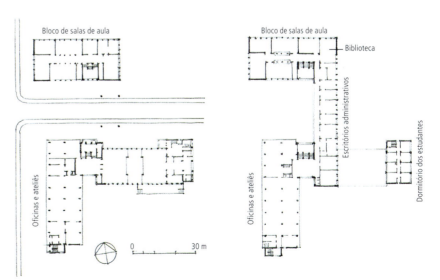

17.150 Plantas dos pavimentos térreo e segundo do edifício da Bauhaus, Dessau

# 1900 D.C.

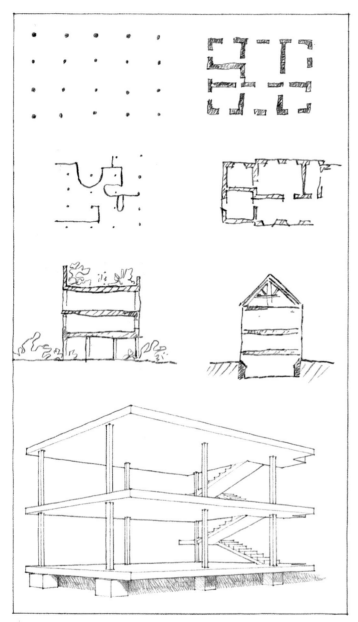

17.151 Fac-símilie de croquis que ilustraram os Cinco Pontos da Nova Arquitetura, de Le Corbusier

## LE CORBUSIER E O LIVRO
## *POR UMA ARQUITETURA*

Devido ao domínio do sistema da Beaux-Arts, as inovações de projeto que ocorriam em outros lugares da Europa e nos Estados Unidos eram praticamente ignoradas na França. Para que o Modernismo se desenvolvesse, era preciso que alguém rompesse seu isolamento cultural e apresentasse uma alternativa viável. Essa pessoa foi Charles Édouard Jeanneret-Gris, que mais tarde abandonaria seu nome em troca de seu pseudônimo, Le Corbusier (1887–1965). Le Corbusier, arquiteto nascido na Suíça, trabalhou por pouco tempo nos escritórios de August Perret e Peter Behrens e mudou-se em definitivo para Paris em 1916, aos 29 anos de idade. Os artigos de Le Corbusier em *L'Esprit Nouveau*, bem como seu icônico livro *Vers une architecture* (1923, publicado no Brasil com o título de *Por uma arquitetura*), tornaram-se os manifestos mais significativos a resumir os ideais do movimento modernista depois da Primeira Guerra Mundial.

Jeanneret começou a carreira projetando casas no estilo Arte e Ofícios em sua cidade natal de La Chaux-de-Fonds, Suíça. Porém, uma vez em Paris, e após uma viagem pela Turquia, Grécia, Itália e outras partes da Europa e do Mediterrâneo, em 1911, o estilo inconfundível de Jeanneret logo desenvolveu-se, fortemente influenciado pelos pintores modernistas e cubistas, em particular. Em 1920, adotou o nome profissional Le Corbusier. *Por uma arquitetura* delineava "cinco pontos" para uma nova arquitetura: os *pilotis* (estacas) que sustentam o edifício, a planta livre como o único suporte estrutural na forma de colunas, a fachada livre, a janela em fita e o terraço-jardim. Ele afirmava que essas características se baseavam nas propriedades estruturais do concreto armado e na crescente disponibilidade de elementos arquitetônicos produzidos em massa. Além disso, permitiam ao arquiteto trabalhar com formas pragmáticas. A ideia dos *pilotis* permaneceria com Le Corbusier ao longo de toda sua carreira. Inspirado no pensamento de Rousseau, que considerava a natureza intocada como o ideal de plenitude, os *pilotis* de Le Corbusier pretendiam libertar o solo da opressão de um edifício que interrompia seu fluxo e ritmo.

### A Villa Savoye

Na década de 1920, Le Corbusier projetou uma série de casas em Paris e em seus subúrbios que explorava e demonstrava as possibilidades de seus "cinco pontos". As Casas La Roche-Jeanneret (1923), que atualmente abrigam a Fundação Le Corbusier, consistiam em um conjunto que combinava casas projetadas para dois clientes diferentes.

# EUROPA

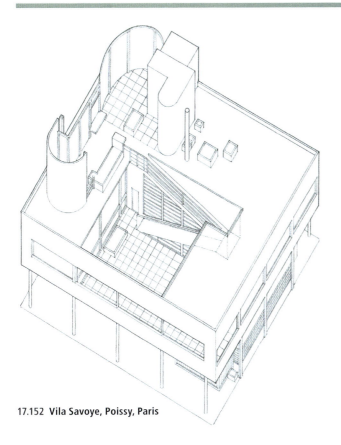

17.152 Vila Savoye, Poissy, Paris

Le Corbusier respondeu às exigências espaciais das diferentes moradias ao projetar camadas entrelaçadas de espaços conectadas por um pátio central. A construção foi pintada de branco, mas no interior as paredes eram coloridas em uma variedade de tons suaves de vermelho, amarelo e azul, além do próprio branco.

Seu trabalho mais influente na época foi a Vila Savoye (1928–1931), no subúrbio parisiense de Poissy, onde o cliente possuía um grande lote que se elevava em uma pequena colina. Le Corbusier colocou no topo da colina um volume cúbico suspenso sobre *pilotis*, uma estrutura de concreto armado feita de colunas e lajes. As paredes eram de tijolo rebocado. As plantas de cada pavimento foram adaptadas de acordo com seus requisitos funcionais, e o centro da elevação frontal era uma janela simples em fita.

A planta do nível térreo foi projetada com base no raio de giro do automóvel do cliente, que, depois de deixar o patrão na entrada no eixo da casa, era estacionado pelo motorista nas vagas localizadas ao redor da curva. (Em *Por uma arquitetura*, Le Corbusier havia elogiado o projeto do moderno automóvel francês como uma façanha estética tão admirável quanto o Partenon.) Passando-se pela porta da frente, logo após os aposentos do motorista, uma rampa cuidadosamente projetada elevava-se na parte central da vila. Os espaços de permanência prolongada foram distribuídos ao redor da rampa, em três lados do primeiro piso, e um terraço ocupa o restante da área de piso. A rampa, a seguir, inverte sua direção e culmina no pavimento de cobertura, onde uma parede solta, com uma única janela, emoldura de forma proposital a paisagem. Ainda que tenha idolatrado o automóvel no projeto da casa, Le Corbusier projetou o edifício como uma rota processional que desvela novas experiências a cada mudança de direção. Mais uma vez a parte externa foi pintada de branco, com exceção da porta de entrada vermelha e de algumas paredes interiores em tons pastéis de bege, rosa e azul.

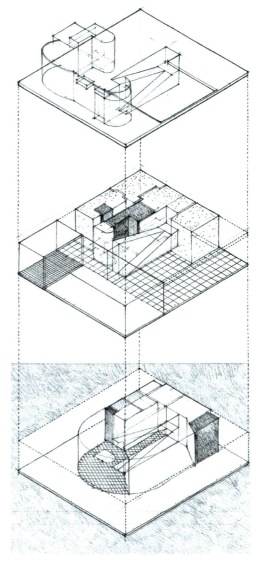

17.153 Perspectiva axonométrica explodida dos espaços da Vila Savoye

17.154 Vila Savoye

# 1900 D.C.

17.155 Casa de Praia Lovell, Newport Beach, Califórnia

17.156 Casa Lovell, Hollywood Hills, Los Angeles

## A CASA LOVELL

A arquitetura modernista não teve grande impacto nos Estados Unidos até a década de 1940, quando lá chegaram Walter Gropius e Mies van der Rohe. A resistência norte-americana ao Modernismo tinha dois motivos principais: a arquitetura da Beaux-Arts ainda era forte e ensinada nas escolas, e Frank Lloyd Wright, o maior arquiteto americano de então, criticava acidamente a estética desadornada e em forma de caixa dos europeus.

Os primeiros exemplos de Modernismo europeu são, portanto, em pequeno número e centram-se na produção de dois arquitetos, Rudolf Michael Schindler (1887–1953) e Richard Neutra (1892–1970). Schindler, cuja obra foi muito subestimada na época, nasceu na Áustria, mas mudou-se para os Estados Unidos em 1914. Ele conseguiu um emprego no escritório de Frank Lloyd Wright até começar a trabalhar por conta própria. Com sua Casa de Praia Lovell (1922–1926), estabeleceu as diretrizes de uma arquitetura jamais antes vista nos Estados Unidos. Esta não era de modo algum uma casa no sentido tradicional, tampouco no sentido corbusiano, com pilares e lajes de concreto. Em vez disso, uma série de cinco paredes portantes de concreto elevava os espaços de permanência prolongada bem acima do nível do solo, a fim de aproveitar a brisa do mar. Vista de baixo, a casa parecia a parte inferior de uma ponte. Os pisos, as paredes e a cobertura foram feitos de madeira.

Os mesmos clientes contrataram Neutra para projetar sua moradia principal (1927–1929), nas colinas de Hollywood, em Los Angeles. Desta vez, seria construída diante de um forte declive, com vista para a cidade, ao sul. A entrada ficava no pavimento superior, onde também ficavam os dormitórios da família e os terraços, onde se podia dormir. Uma escada fechada dos dois lados por vidros e dotada de uma vista espetacular conduzia ao piso principal e à sala de estar, que dá para o sul. O quarto de hóspedes e a cozinha situavam-se ao norte. Essa foi a primeira casa totalmente construída com estrutura de aço nos Estados Unidos, e todos seus componentes pré-fabricados foram parafusados em menos de 40 horas.

Essa habitação não era uma caixa. Era, antes, uma construção complexa, com extensos terraços e varandas onde se podia dormir no pavimento superior, tudo suspenso por poderosas vigas acima, que sustentavam a cobertura. As cores dominantes no interior eram o azul, o cinza, o branco e o preto. Os carpetes e as cortinas eram em tons de cinza. As esquadrias de metal também eram em cinza, mas os elementos de madeira eram pretos. Vasos de plantas suavizavam as linhas muito duras. A superfície da edificação era definida pelo vidro e por painéis brancos de aço.

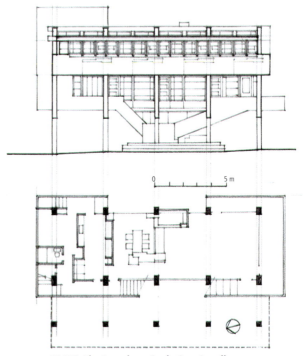

17.157 Planta e elevação da Casa Lovell

# 1950 D.C.

## INTRODUÇÃO

Em meados do século XX, as grandes expectativas do Iluminismo europeu e de suas instituições modernistas vinham sendo buscadas com mais tenacidade do que nunca – e sendo largamente criticadas por suas contradições e seus fracassos. Esse era o período de ouro do Alto Modernismo, mas também seu divisor de águas. A partir de aproximadamente 1950, ele entrou em constante declínio, sendo severamente desafiado e, entre o início da década de 1970 e o da década de 1980, suplantado por seus detratores pós-modernos.

É claro que o evento que marcou tal era foi a Segunda Guerra Mundial. Ainda que esse conflito tivesse sido sanguinário e caríssimo, a paz que se seguiu havia trazido a esperança de que aspirações utópicas do Modernismo agora poderiam ser realizadas. Embora os anos do entreguerras tivessem sido marcados pelo caos político e pela instabilidade financeira – inclusive com os tumultos na República de Weimar, na Alemanha, e a Grande Depressão de 1929, nos Estados Unidos –, eles também foram caracterizados por grandes projetos que tentavam esgotar definitivamente as possibilidades sociais e estéticas da era industrial. Na arquitetura, os eventos significativos da época incluíram a nova escola de arquitetura e desenho de produto de Walter Gropius, a Bauhaus (fundada em 1919); os livros de Le Corbusier *Vers une Architecture* (*Por uma arquitetura*, publicado pela primeira vez em 1923) e *City of Tomorrow and Its Planning* (*A cidade do amanhã e seu planejamento*, 1929); e a Exposição do Weissenhof Siedlung, em 1927, de Ludwig Mies van de Rohe. O Congresso Internacional de Arquitetura Moderna (CIAM), fundado em 1928, também desempenhou um importante papel, à medida que rapidamente se transformou em uma organização com dezenas de membros do mundo inteiro, todos comprometidos com os ideais do funcionalismo e racionalismo na edificação e no planejamento urbano. Até mesmo nos primórdios da República Soviética, as expectativas sociais da arquitetura moderna foram atendidas de modo geral, como mostrou o concurso do Palácio dos Sovientes, em 1931. Uma grande exposição no Museu de Arte Moderna (MoMA), na Cidade de Nova York, em 1932, tentou conferir a esse modernismo o caráter de um estilo internacional.

Em 1935, Adolf Hitler, na Alemanha, e Joseph Stalin, na União Soviética, haviam dado um basta ao Modernismo em suas respectivas esferas de influência política. A Segunda Guerra Mundial interrompeu brucamente as aspirações utópicas do projeto modernista – não somente parando a construção, mas, acima de tudo, abalando seus pressupostos fundamentais. O fato de que o mundo ocidental modernista, em vez de produzir modelos de utopias sociais, também podia com a mesma facilidade criar uma máquina modelo para o Holocausto provocou uma era de profundos questionamentos acerca das consequências colaterais da busca de uma agenda racionalista incansável. O Brutalismo (do termo francês *beton brut*, ou seja, "concreto aparente") surgiu para definir uma nova expressão para os trabalhos modernistas – uma estética que não era pura e branca, mas rústica e cinza, consciente (sugeria-se) da inevitável brutalidade que acompanhava o mundo moderno. O próprio Le Corbusier era um líder nesse projeto que viria a abarcar todo o mundo, em particular as ex-colônias e as academias ocidentais. Muitos dos novos prédios de *campi* universitários dos Estados Unidos eram brutalistas, como o Salão Wurster, da Universidade da Califórnia–Berkeley (1964), e o salão Gould, da Universidade de Washington (1972).

A arquitetura moderna, assim como outras formas de cultura, foi afetada pelos tumultuados anos 1960 e suas consequências. O Team X, formado por um grupo de membros do CIAM descontentes, desejavam rearticular a identidade e as aspirações do movimento moderno em uma expressão mais macia e na escala humana que era mais baseada na comunidade e na região. Em vez de celebrar a máquina, a arquitetura que começou a tomar forma era mais responsiva ao clima. Peter e Alison Smithson reuniram as propostas brutalista e do Team X. Maxwell Fry e Jane Drew codificaram suas obras na África sob a rubrica de Arquitetura Tropical. Um grupo da Inglaterra, *Archigram*, cujo nome veio do lema do jornal que ele fundou, propunha uma arquitetura influenciada pela pop art e por uma contracultura móvel, flexível, transitória e orientada para os jovens. Kenzo Tange construiu o Centro de Imprensa e Radiodifusão Yamanashi (1966), em Kofu, Japão, e Denys Lasdun, o Teatro Nacional Real (1976), em Londres.

Uma consequência indireta da Segunda Guerra Mundial foi o término do desmantelamento do mundo colonial. A partir de 1947 (com a Índia), as colônias europeias na Ásia e África, uma por uma, declararam suas independências nas décadas de 1950 e 1960. Muitos desses estados-nação que a recém haviam deixado de ser colônias adotaram a arquitetura moderna como a linguagem para a construção de suas novas instituições estatais, como

# 1950 D.C.

Chandigarh, na Índia, e Islamabad, no Paquistão. Depois dessas cidades, foi criada uma série de novas capitais africanas, como Ibadan, na Nigéria, e Dodoma, no Tanzânia.

Na América Latina, o Brasil, embora já houvesse deixado de ser colônia há mais tempo, também optou pela linguagem modernista em sua nova capital, Brasília. Até mesmo na Cuba comunista, assim como havia ocorrido nos primórdios da República Soviética, a arquitetura moderna encontrou uma voz e forma únicas. Dessa maneira, enquanto o Modernismo era muito contestado na Europa e nos Estados Unidos, ele foi mais rapidamente abraçado em locais tão distantes quanto Ancara (a capital da Turquia), o norte da África colonizado, a América Latina, a Austrália, o Japão e a Índia. Isso em parte se deu porque, nas ex-colônias, o Modernismo, com sua pretensão de universalidade, representava um caminho para a modernidade, o qual – ao contrário do Classicismo – não estava fortemente identificado com o eurocentrismo.

É claro que a formação das grandes instituições globais, como as Nações Unidas e todos os seus órgãos acessórios, também desempenhou um importante papel na disseminação internacional do Modernismo. Não somente as sedes dos principais órgãos das Nações Unidas – como sua Assembleia Geral, em Nova York, e a UNESCO, em Paris – foram projetadas nos moldes modernistas, como a própria organização financiou consultores em habitação para que viajassem ao redor do mundo promovendo modelos modernistas de planejamento urbano e rural. Na vanguarda desse movimento estavam visionários, como Buckminster Fuller, e teóricos estruturalistas do urbanismo, como Constantinos Doxiadis e seu grupo Ekistics, de Atenas, Grécia. Fazendo parte dessa nova mentalidade global, as novas embaixadas pós-guerra dos Estados Unidos (como a projetada por Edward Durell Stone para Nova Délhi) também foram construídas no estilo modernista.

O modernismo europeu, bastante distinto daquele de cunho mais nacional desenvolvido por arquitetos como Frank Lloyd Wright, foi introduzido nos Estados Unidos por meio das escolas de arquitetura, em particular quando Mies van der Rohe começou a lecionar no Instituto de Tecnologia de Illinois Institute, em Chicago, e Walter Gropius, na Universidade de Harvard. Quando a economia norte-americana teve seu crescimento acelerado nas décadas de 1950s e 1960s, corporações privadas adotaram com entusiasmo o novo estilo, com suas linhas aerodinâmicas, como o novo símbolo dos grandes negócios, abandonando de vez sua afeição ao neoclassicismo pré-guerra. O arranha-céu de aço e vidro rapidamente se firmou como o novo símbolo dos Estados Unidos corporativos, substituindo a torre revestida de pedra caracterizada pelo Empire State Building. O prédio Lever House (1950–1952), projetado por Skidmore Owings and Merrill (SOM), e o Edifício Seagram Building, projetado por Mies van der Rohe, ambos na cidade de Nova York, definiram o novo tom. SOM especializou-se no projeto de sedes para corporações nos Estados Unidos e no exterior e tornou-se uma das maiores firmas especializadas de sua época. À medida que a torre de aço e vidro se tornou mais estabelecida como o símbolo do capitalismo dos Estados Unidos, até mesmo iconoclastas como Le Corbusier e Frank Lloyd Wright passaram a ser considerados anacrônicos.

O período da Segunda Guerra Mundial também coincidiu com a ascensão do professor arquiteto e dos contratos para projetos famosos. Muitos desses projetos passaram a definir a identidade popular do movimento moderno, como a Prefeitura de Säynätsalo, Finlândia (1952), de Alvar Aalto; o Museu Guggenheim (1956–1959), de Frank Lloyd Wright; a Filarmônica de Berlim (1956–1963), de Hans Scharoun; e a Ópera da Sydney (1957–1973), de Jørn Utzon. A arquitetura monumental expressa por meio da estrutura, que pode ser exemplificada pela obra de Eero Saarinen, que trabalhava nos Estados Unidos, tinha diferentes perfis. Contudo, a figura mais destacada do período modernista tardio foi Louis Kahn. Este discípulo de Le Corbusier, que criou um estilo próprio e desenvolveu uma obra peculiar que começava com o discurso da diferença entre os espaços servidos e os de serviço, morava na Filadélfia. Após algum tempo, ele buscou trazer as ideias da monumentalidade clássica para a arquitetura moderna, sendo influenciado, em particular, por sua leitura fenomenológica e idiossincrática das construções da Roma Antiga.

Em meados de 1970, os críticos da arquitetura moderna já estavam consolidados. Aquilo que havia começado como uma crítica ao passado percebido dos esquemas urbanos modernistas evoluiu para um a crítica mordaz das ortodoxias formais da arquitetura moderna. Alguns arquitetos, como Aldo Rossi, na Itália, amejavam a um retorno à história; outros, como Robert Venturi e Denise Scott Brown, buscavam as paródias e ironias; ao passo que Peter Eisenman, nos Estados Unidos, e Oswald Mathias Ungers, na Alemanha, queriam um formalismo mais rigoroso até mesmo do que o dos modernismos. O aspecto mais persistente do Pós-Modernismo foi seu apelo por uma maior consciência acerca do contexto da edificação, embora a definição de contexto tenha sido muito debatida e variasse do extremamente abstrato Museu Judaico, de Daniel Libeskind, em Berlim (2001), aos esforços do Príncipe Charles da Inglaterra para o resgate do interesse nos estilos tradicionais. Na década de 1990, contrapondo-se ao tom conservador de grande parte da produção arquitetônica, um grupo de arquitetos vanguardistas, entre os quais Rem Koolhaas, dos Países Baixos, exigiu o retorno às formas e abstrações modernistas. Os progressos na tecnologia e na informática também permitiram aos arquitetos construir edificações que, em décadas passadas, seriam impensáveis. O Museu Guggenheim, de Frank Gehry (1997), em Bilbao, Espanha, com sua pele curva de chapas de titânio, e a Kunsthaus (2003) com forma de bolha, em Graz, Áustria, projetada por Peter Cook e Colin Fournier, são exemplos famosos.

## O MODERNISMO

Um problema inevitável na discussão sobre a arquitetura do século XX é a definição de termos como *modernidade*, *modernização* e *Modernismo*. Por exemplo, os diferentes campos artísticos – e até os diferentes profissionais – tendem a ter noções contraditórias do sentido da palavra "Modernismo". Nas colagens de Kurt Schwitlers, o Modernismo pode indicar fragmentação; em Finnegan's Wake, de James Joyce, está implícita uma noção enaltecida de subjetividade; e, para compreender a música de Arnold Schoenberg, a objetividade é uma precondição. Na arquitetura, o Modernismo é associado a uma ruptura radical com as formas do passado: o lastro das alusões históricas literais é lançado ao mar. No final da década de 1920, os edifícios de Le Corbusier e Mies van der Rohe tinham paredes brancas e formas simples, enfatizando a função e a estrutura. O livro *The International Style* (*O estilo internacional*), de Philip Johnson e Henry-Russell Hitchcock, publicado imediatamente após uma exposição realizada no Museu de Arte Moderna de Nova York (1932), codificava o Modernismo de maneira explícita. Na República de Weimar, entre 1923 e 1933, surgira o termo *Neue Sachlichkeit* (Nova Objetividade). Ao criticar os aspectos demasiadamente emocionais de algumas formas do Expressionismo, esse movimento propunha linhas claras e um projeto descontraído. A palavra "funcionalismo" também entrou em jogo, embora tivesse, como outras, várias conotações. Para Mies van der Rohe, a ênfase devia estar na clareza da forma e no detalhamento de uma edificação; para Walter Gropius, em seu volume e em sua organização. Para Le Corbusier, devia estar no uso do concreto e da planta livre, como definidos em seus cinco pontos da nova arquitetura.

A década de 1930 e o período do entreguerras em geral foi uma era de otimismo para os modernistas da Europa. Após a Primeira Guerra

# Introdução

18.1 Uma construção contemporânea em aço

18.2 Barragem Norris, Administração do Vale do Tennessee; Rio Cling, Condados de Anderson e Campbell, Tennessee

Mundial ter limpado os detritos da história, uma reordenação racional do mundo parecia possível e desejável.

Até mesmo pequenos projetos eram imbuídos de um espírito vanguardista – arautos bastante otimistas, considerando o que viria a seguir. Entre os trabalhos icônicos com esse etos incluem-se a Casa Schröder, de Gerrit Rietveld (Utrecht, Países Baixos, 1924); a Biblioteca de Viipuri, de Alvar Aalto (1927–1935); a Casa Lovell, de Richard Neutra (Hollywood, Califórnia, 1927–1929); a Karl-Marx-Hof, de Karl Ehn (Viena, 1927–1930); o Grande Salão da Assembleia Nacional, de Clemenz Holzmeister (Ancara, Turquia, 1928); a Vila Savoye, de Le Corbusier (Poissy, França, 1929–1931); o Pavilhão Nacional Alemão, de Mies van der Rohe (Barcelona, 1928–1929); a Escola a Céu Aberto, de Johannes Duiker (Amsterdã, 1930); e o Ministério da Saúde e Educação, de Lúcio Costa e Oscar Niemeyer (Rio de Janeiro, 1936–1946).

A política associada à modernização, ainda que firmemente ancorada no projeto iluminista, tem variado do totalitarismo e elitismo ao republicanismo e à democracia radical. Um exemplo de como o Modernismo impactou a estética pode ser visto na Administração do Vale do Tennessee, a qual, na década de 1930, redesenhou uma enorme área ao longo do Rio Tennessee a fim de criar uma série de barragens para usinas hidrelétricas impressionantemente modernas. A relação mais íntima entre o Modernismo e a modernização seria encontrada na época da recém-formada União Soviética, quando houve, por alguns anos, um senso de empolgação com a nova promessa social do comunismo. El Lissitzky, Vladimir Tatlin e Konstantin Melnikov estavam no centro desse movimento, que também incluiu Mart Stam, um arquiteto holandês, bem como Max Taut e Hannes Meyer, ambos alemães, sendo que o último trabalhou como diretor da Bauhaus durante alguns anos antes de se mudar para Moscou. Para esses homens, assim como para os construtivistas que pensavam de modo similar, a vida industrial tinha de ser expressa por meio de formas cubistas, estruturas abertas de aço e ausência de referências históricas.

A ideia de integrar o Modernismo, a modernização e o nacionalismo atraía principalmente as elites de alguns países não europeus, que buscavam criar uma nova linguagem. Essas tendências surgiram primeiro na Turquia, como um estado pró-modernista formado por Kemal Atatürk; em Tel Aviv, que se tornou uma das mais importantes cidades de Israel após sua oficialização como estado, em 1948; e no Brasil, independente desde 1822, mas que, sob o governo de Getúlio Vargas, lutava para se articular como nação. Também foram vigorosamente exploradas no sul da Ásia pós-Segunda Guerra Mundial, onde se construíram várias cidades e capitais no estilo modernista.

As obras de Frank Lloyd Wright e Alvar Aalto têm uma posição um tanto incomum nas discussões sobre o Modernismo: ambos os

18.3 Cadeiras projetadas por Mies van der Rohe

arquitetos são fundamentais para sua história, mas ainda assim criticaram sua ênfase no funcionalismo e sustentavam que a arquitetura não devia promover uma ruptura radical com o passado. Eles também compartilhavam um respeito maior pela paisagem natural do que o fazia a maioria dos modernistas da época.

727

# 1950 D.C.

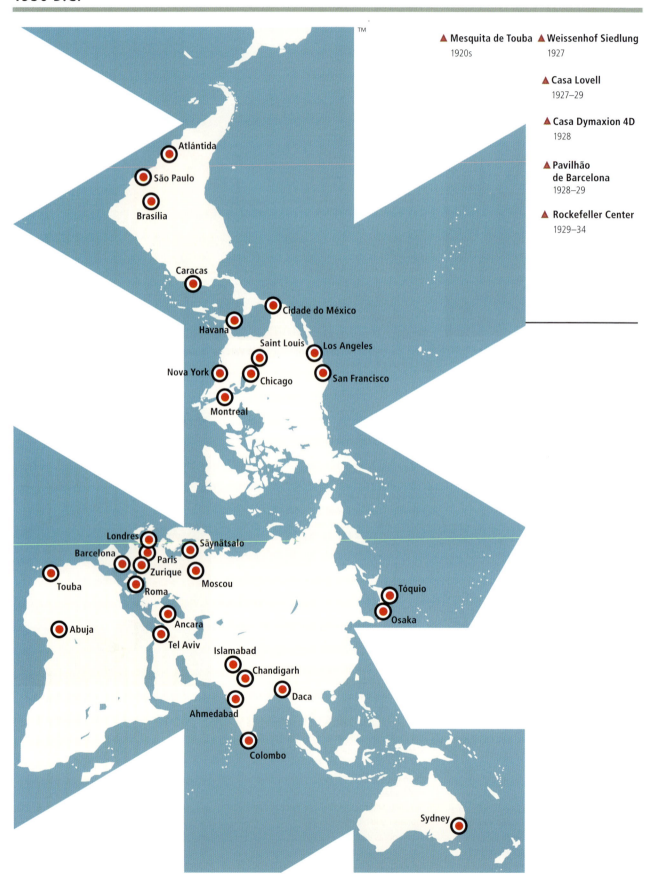

▲ Mesquita de Touba
1920s

▲ Weissenhof Siedlung
1927

▲ Casa Lovell
1927–29

▲ Casa Dymaxion 4D
1928

▲ Pavilhão de Barcelona
1928–29

▲ Rockefeller Center
1929–34

# Introdução

▲ Pavilhão Suíço
1932

▲ Unidade de Habitação, Marselha
1947–1952

▲ Palácio dos Sovietes
1931

▲ Prefeitura de Säynätsalo
1949–1952

▲ Casa da Cascata
1936–1937

▲ Galeria de Arte da Universidade de Yale
1951–1953

▲ Ministério da Educação e Saúde
1936–1946

▲ Casa do Fascismo
1932–1936

▲ Capela de Ronchamp
1955

▲ Exposição Universal de Roma (EUR)
1937–1942

▲ Brasília
1956–1960

## 1950 d.C.

▲ Fábrica da Companhia de Calçados Bata
1937

▲ Terminal da TWA
1956–1962

▲ Vila Mairea
1938–1941

▲ Ópera de Sydney
1957–1972

▲ Igreja do Cristo Operário, em Atlántida
1958–1960

▲ Biblioteca do Instituto de Tecnologia de Illinois
1944–1945

▲ Escola de Arquitetura, Ahmedabad
1965

▲ Pavilhão Japonês, Exposição Internacional de Paris
1937

▲ Museu Guggenheim
1956–1959

▲ Piazza d'Italia
1975–1978

▲ Instituto Salk
1960–1963

▲ Centro Georges Pompidou
1971–1977

▲ Casa Eames
1945–1949

▲ Casa Heidi Weber
1965

▲ Edifício da AT&T
1980–1984

▲ Casa Farnsworth
1946–1951

▲ Casa para o dr. Bartholomew
1961–1963

▲ Centro de Pesquisa em Ciências Sociais de Berlim
1981

▲ Escola Nacional de Arte, Havana
1961–1965

▲ Capela da Luz
1989

▲ Estádio Olímpico, Tóquio
1961–1964

▲ Casa Magney
1982–1984

▲ Sher-e-Banglanagar
1961–1982

▲ Pirâmide do Louvre
1989

# 1950 D.C.

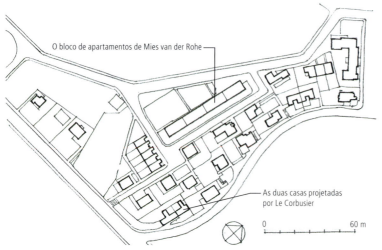

18.4 Implantação do Weissenhof Siedlung, Weissenhof, Alemanha

## O Weissenhof Siedlung

No final da década de 1920, quando a economia alemã se reconstituía com lentidão após a crise inflacionária de 1923, começaram a ser construídos na Alemanha conjuntos habitacionais patrocinados pelos governos municipais e estaduais e por cooperativas de construção. Para apoiar esses esforços, a Deustche Werkbund, na época administrada por uma liderança pró-modernista, patrocinou uma exposição de casas a serem projetadas por arquitetos de toda a Europa. Stuttgart foi escolhida como o local da mostra devido à política progressista de seu governo regional. Ludwig Mies van der Rohe liderava o projeto, aberto ao público em 1927. O que se apresentava então ao mundo não era apenas a visão de Mies van der Rohe, mas todo um conjunto habitacional (ou *Siedlung*) dedicado ao pensamento modernista. A exposição incluía edifícios projetados por Le Corbusier, Walter Gropius, Adolf Loos, J. J. P. Oud, Hans Scharoun e Bruno Taut, entre outros. No início, Mies van der Rohe esperava que Eric Mendelsohn e Henry van der Velde participassem, mas o desejo não se concretizou.

Mies organizou as edificações em uma composição mais ou menos retangular, sobre uma ampla via em forma de S que seguia o declive da gleba, com os edifícios mais altos localizados no topo. Para criar uma imagem unificada, todos os arquitetos deviam utilizar coberturas planas e fachadas brancas. A exposição incluía casas em fita, duplexes, casas unifamiliares e edifícios de apartamentos. O Weissenhof Siedlung foi um ponto de inflexão na história do Modernismo.

Apesar de o movimento não ser absolutamente uniforme – havendo diferenças marcantes entre seus principais membros –, a exposição deu ao público, e aos próprios arquitetos, a aparência de uma missão comum. O prédio que Mies projetou para a exposição, um bloco de apartamentos, foi o primeiro edifício habitacional na Europa a usar o aço estrutural. O material permitiu-lhe usar no interior paredes finas e não portantes. Como se tornaria seu hábito, Mies combinou as paredes que continham as tubulações hidrossanitárias com as paredes da caixa de escada, criando um núcleo que se repetia em todos os pavimentos. Esse núcleo tem a forma de um garfo de dois dentes, com a escada entre eles. As paredes continham as tubulações de água e esgoto que serviam as cozinhas e os banheiros. Tratava-se de uma compressão simples e brilhante – e uma unificação – de estrutura, espaço e função.

18.5 O bloco de apartamentos de Mies van der Rohe, Weissenhof Siedlung

730

# EUROPA

18.6 As duas casas projetadas por Corbusier no Weissenhof Siedlung

A construção de Le Corbusier, por outro lado, foi projetada de acordo com os princípios delineados em seus cinco pontos da nova arquitetura. Ela elevava-se contra o aclive de uma colina e tinha na cobertura um terraço, com uma pérgola e canteiros. Assim como na planta de Mies, o interior de Le Corbusier também é quase completamente aberto, porém, em seu caso, as paredes internas não chegam até a fachada. Não há recintos no sentido convencional, mas uma organização tipicamente francesa dos espaços, em enfilade ao longo da fachada. A cozinha, a banheira e a bacia sanitária se alinham contra a parede do fundo, o que parece razoável, considerando a necessidade de tubulação e ventilação. No entanto, a parede é suspensa no espaço e, assim, a tubulação teve de ser ocultada no piso.

Os dois edifícios dialogam com a imagem do homem novo e moderno. O projeto de Mies organiza os elementos de serviço de acordo com sua funcionalidade, separando as funções corporais, como comer e banhar-se, dos espaços vazios. Le Corbusier organiza o espaço levando em conta as hierarquias culturais, enquanto as áreas de banho e a cozinha são reduzidas e encaixadas em espaços marginais. Embora se afirmasse que as moradias do *Siedlung* (21, ao todo) fossem destinadas à classe trabalhadora – o beneficiário, em tese, da política modernista –, seu custo real colocava-as muito além do alcance da maioria dos trabalhadores. Essa disparidade entre a política declarada da casa modernista e seu uso real (restrito às elites, aos ricos) continua atormentando o movimento ainda hoje.

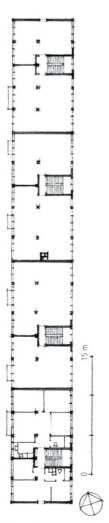

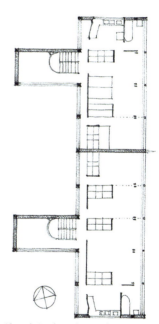

Planta baixa do pavimento térreo

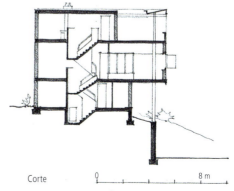

Corte

18.7 Planta baixa do pavimento térreo do bloco de apartaemnto projetado por Mies van der Rohe, Weissenhof Siedlung

18.8 As duas casas projetadas por Le Corbusier, Weissenhof Siedlung

# 1950 D.C.

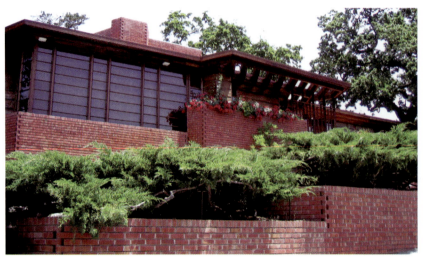

18.9 Casa Hanna, Palo Alto, Califórnia

**As casas usonianas**

Ao longo da década de 1930, Frank Lloyd Wright continuou a criticar tanto a Beaux-Arts como os estilos modernistas. Ao contrário de ambos, tentou acrescentar ao Modernismo um sentimento nacional-romântico – em seu caso, defendendo o ideal de uma democracia baseada na vida simples e intimamente vinculada à terra. Argumentava que a cidade tradicional, originada na Europa, em determinado momento seria substituída por uma rede dispersa de habitações. Antecipando essa condição, projetou uma cidade futurista, a que chamou Broadacre City (1932), a qual ocuparia 10 quilômetros quadrados. Apesar de o projeto ter sido apenas uma utopia, Wright pôde concretizar alguns de seus aspectos em suas casas usonianas. Não se conhece com precisão a origem do nome "usoniano", mas é provável que tenha derivado de "U.S.-onian", o nome de uma sociedade norte-americana reformada que Wright tentou empreender por 25 anos. Havia nos Estados Unidos uma longa tradição de casas com projetos disponíveis em publicações, que podiam ser construídas por construtores locais sem o apoio de um arquiteto, como era típico dos bangalôs no estilo Artes e Ofícios. As casas usonianas de Wright estenderam essa tradição, a não ser pelo fato de que aquilo que era imitado não eram as plantas individuais, mas a ideia geral.

A Grande Depressão havia deixado milhares de desabrigados nos Estados Unidos, e Wright estava ávido para mostrar que suas moradias, contrastando com aquelas de um Weissenhof, podiam se adaptar à mudança das condições econômicas sem a perda de sua integridade. Ele propôs uma casa térrea, que não exigia escavações caras para fazer o porão ou a estrutura do piso superior. Não se utilizaria o aço, que era caro, e sim madeira e tijolo, pedra obtida no próprio local e o bloco pré-fabricado. Os tijolos não eram rebocados, e a madeira era deixada ao natural, o que reduzia os custos de acabamento. As casas eram implantadas não apenas de maneira a otimizar sua posição dentro do lote, mas de modo também a tornar a sala de estar aberta o máximo possível ao quintal. A calefação foi embutida na laje de concreto, na forma de tubos de água formando um ciclo e enterrados sob a laje. Podia-se eliminar, assim, a elaborada e onerosa marcenaria, necessária para ocultar os radiadores, como se fazia nas casas da pradaria.

Wright unificou as salas de jantar e estar e, em alguns casos, transformou-as em um único espaço. Isso representava um distanciamento radical em relação a suas primeiras casas e, de fato, a tradição de séculos, que exigia que a cozinha fosse separada da sala de jantar devido ao barulho, aos odores e à atividade dos empregados. Afinal não se esperava que os donos dessas casas fossem ricos o suficiente para contratar empregados. Wright também queria criar espaços que estimulassem o diálogo familiar. A cozinha foi colocada perto da vaga de estacionamento para reduzir a distância entre ela e o carro, o que facilitava o transporte das compras.

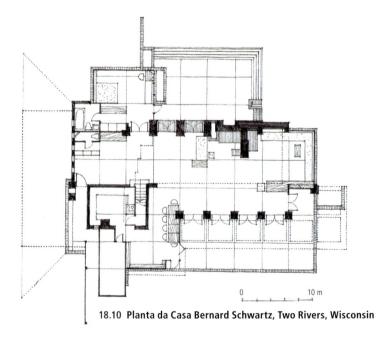

18.10 Planta da Casa Bernard Schwartz, Two Rivers, Wisconsin

732

# EUROPA

18.11 Unidade de Habitação, Marselha, França

## O Congresso Internacional de Arquitetura Moderna

A partir do início do século XX, os arquitetos europeus se reuniram em várias organizações para definir suas posições e promover sua causa em termos políticos e culturais. A Werkbund, que ainda hoje existe, foi fundada em 1907, em Munique, e tinha entre seus membros Peter Behrens, Walter Gropius e Bruno Taut. O Novembergruppe, formado em Berlim em 1918, embora tenha durado pouco, foi mais claramente pró-moderno e percebeu na economia do pós-guerra uma oportunidade para repensar as relações sociais e a expressão arquitetônica.

Todavia, o grupo que provocou o maior impacto no pensamento arquitetônico foi o Congresso Internacional de Arquitetura Moderna (CIAM, 1928–1945), que surgiu como resultado do concurso para o projeto do Palácio da Liga das Nações em Genebra, Suíça, em 1927. Esse concurso se transformou em uma competição entre os modernistas e os tradicionalistas, tendo sido rejeitada a proposta de Le Corbusier em favor de um projeto da Beaux-Arts de autoria de Henri-Paul Nénot. Embora os membros do CIAM mudassem constantemente – o que, aliás, era uma de suas prioridades –, Le Corbusier desempenhou o papel dominante junto com Walter Gropius e o historiador da arquitetura suíço Siegfried Giedion. Desde seu surgimento, havia discussões sobre qual direção deveria ser tomada, mas o grupo conseguiu se manter unido por quase duas décadas. Não obstante, nos cinco congressos feitos antes da Segunda Guerra Mundial, o CIAM mudou sua posição, passando de uma organização que encorajava o pluralismo de opiniões sobre a arquitetura moderna a um grupo cada vez mais dominado pelas ideias de Le Corbusier.

O primeiro congresso, realizado em 1928, resultou em um manifesto conhecido como a Declaração de Sarraz, assim denominada devido ao Castelo de la Sarraz, na França, onde o grupo se reuniu. O documento assinado por 24 arquitetos atacava as academias por seu controle esterilizante sobre a profissão de arquiteto. Promovia, ao contrário, uma arquitetura baseada em considerações práticas, econômicas e sociológicas. O manifesto também defendia que a arquitetura moderna deveria não só satisfazer às necessidades materiais da população, mas também às exigências espirituais e intelectuais da vida contemporânea. O urbanismo moderno, afirmava, não deveria se basear em princípios estéticos arbitrários, mas em uma política territorial coletiva e metodológica. Esse realismo foi posteriormente substituído por um etos mais utópico, que enfatizava a questão de os arquitetos deverem adotar uma abordagem sociológica ou um ponto de vista mais formal. Os urbanistas com experiência prática tendiam a favorecer a primeira posição, enquanto Le Corbusier, sempre um elitista, preferia a última.

No CIAM 3, realizado em Bruxelas, na Bélgica, Le Corbusier começou a assumir o controle da agenda do movimento e da promoção de sua Ville Radieuse (a "Cidade Radiante"). Os participantes do quarto congresso, realizado em 1933, publicaram suas conclusões na Carta de Atenas (assim denominada porque o Congresso realizou-se em um navio que navegava de Marselha a Atenas). A carta comprometia o CIAM com a ideia de cidades rigidamente funcionais, nas quais os cidadãos habitariam blocos de apartamentos altos e bem espaçados, baseados nos princípios de planejamento do movimento, que defendiam a separação das funções habitacionais. Cinturões verdes separariam as várias zonas da cidade. De modo geral, presumia-se que, como dissera Le Corbusier, as posições adotadas pelo CIAM fossem aceitas por "uma população iluminada que iria compreender, desejar e exigir o que os especialistas haviam previsto para cada caso".

# 1950 D.C.

18.12 Visão de Le Corbusier para o setor residencial da Cidade Radiante

18.13 Pavilhão Suíço, Paris

## O Pavilhão Suíço

Le Corbusier reinventou a cidade industrial ideal da Era Moderna. Ele publicou suas ideias na forma de várias propostas utópicas para a reforma de Paris, entre elas *A Cidade Contemporânea* (1922) e *A Cidade Radiante* (1933). Desenhadas do ponto de vista de um pássaro ou de um avião, essas cidades previam a demolição de imensas áreas do tecido urbano de Paris, poupando apenas alguns monumentos e igrejas mais respeitados. A nova cidade consistia em fileiras de arranha-céus cruciformes idênticos agregados em torno de um campo de pouso no centro. Esquemas posteriores previam moradias organizadas em longos blocos de múltiplos pavimentos que se estendiam sinuosamente, formando campos fechados entre suas curvas. Le Corbusier também criou uma série de perspectivas vistas do nível do olhar de um ser humano. Elas mostram, até onde a vista alcança, uma paisagem verde contínua fluindo sob arranha-céus construídos sobre *pilotis*.

A ousadia das propostas de Le Corbusier – e, em particular, a impunidade com que pretendia por abaixo a cidade histórica – provocou reações extremas, tanto de apoio quanto de horror. Para seus defensores, esses projetos de urbanismo o elevaram ao papel de messias de uma nova era industrial. Le Corbusier nunca conseguiu realizar a seu contento nenhum de seus planos grandiosos, embora algumas características de suas propostas tenham chegado a influenciar o planejamento urbano no mundo inteiro, sobretudo depois da Segunda Guerra Mundial.

A Cidade Radiante era um exemplo de funcionalismo social. Cada bloco de apartamentos era equipado com um restaurante e uma lavanderia no subsolo. O espaço entre os blocos seria dedicado aos esportes e ao lazer, e a cobertura seria ocupada por jardins e creches. Sistemas de transporte público seriam disponibilizados por toda a cidade. Tudo isso fazia parte da crítica de Le Corbusier à expansão horizontal da cidade-jardim e à perda de tempo em deslocamento para ir trabalhar que isso acarretava. O Pavilhão Suíço (1932), um dormitório estudantil que ele conseguiu construir na Universidade de Paris, foi planejado para ser uma vitrine de sua visão. Duas fileiras de cômodos longos e estreitos se dispunham de ambos os lados de um corredor central; um armário de madeira compensada separava a cozinha da área de estar; e os banheiros eram coletivos. O mais importante é que o edifício era elevado do solo por pilares que Le Corbusier chamava de *pilotis*.

Em Marselha, Le Corbusier construiu uma das várias Unidades de Habitação (1947–1952), edificações para até 1.600 pessoas, projetadas na forma de aldeias verticais. Tinham uma rua comercial interna no pavimento intermediário, um parque de recreação e uma creche na cobertura e, ao redor do prédio, uma generosa área verde, possibilitada pela densidade de ocupação do próprio prédio gigantesco e em forma de paralepípedo.

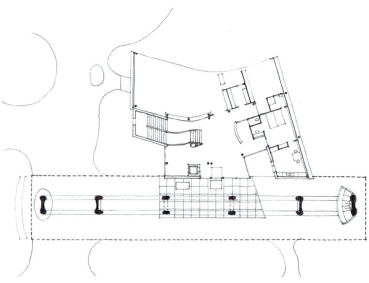

18.14 Planta do Pavilhão Suíço

# EUROPA

18.15 Extremidade do pátio com escultura, Pavilhão de Barcelona, Espanha

## O Pavilhão de Barcelona

O Pavilhão Nacional da Alemanha, construído por Mies van der Rohe para a Exposição Internacional de Barcelona de 1929, tornou-se, quase que imediatamente, um ícone da estética modernista. Ele recebeu visitantes de todo o mundo, mostrando um aspecto do Modernismo que muitos não esperavam de Mies, pois normalmente se imaginava que ele era um defensor da dura arquitetura industrial. Nesse caso, porém, viam uma construção que destacava os aspectos visuais e sensoriais de suas superfícies e seus materiais. O pavilhão, que se apoiava sobre uma plataforma de mármore travertino branco, era acessado pelo oeste por meio de um caminho que descia por uma colina arborizada. A vista imediatamente à esquerda era a de uma estátua feminina nua, de Georg Kolbe, em pé sobre um espelho d'água e emoldurada por paredes revestidas de mármore verde, com veios deslumbrantes, trazido da ilha grega de Tinos, que contrastavam com o verde da floresta na colina por trás. As paredes voltadas para o sul recebiam o brilhante sol da Espanha, em contraste com os matizes frios das superfícies do interior. Não havia portas, apenas um conjunto de paredes que definiam os espaços pelos quais se caminhava.

Não havia apenas a impressão física desse espaço que flui livremente, mas também a sensação visual criada pela riqueza das cores e pelas superfícies opulentas, assim como o jogo deslumbrante dos reflexos emitidos pelos materiais polidos. Até mesmo as colunas eram revestidas de um cromado extremamente refletivo. Elas formam um ritmo estrutural de duas fileiras de quatro unidades que se relacionam de modo sincopado com as paredes, as quais se encontram algumas vezes bem próximas das colunas, outras vezes mais afastadas. É impossível entender as colunas como parte de um sistema estrutural racionalista. Elas são, em essência, divididas de modo a dialogar com as paredes e os visitantes do espaço. O minimalismo do projeto baseia-se nas composições de Kazimir Malevich e outros construtivistas, mas Mies não tinha nada de socialista. Na verdade, o prédio foi feito para agradar uma clientela elitizada. Mies estava executando algo semelhante ao que Adolf Loos fizera na década anterior: unificando a linguagem dura do Modernismo no exterior com o uso de materiais exuberantes e sensuais dentro do pavilhão. No entanto, ao contrário de Loos, cujos interiores eram intimistas, os de Mies mostravam-se abertos e misteriosamente tremeluzentes. O edifício apresenta, entretanto, um foco espacial nitidamente identificável, definido por quatro paredes distintas, a mais importante feita de um mármore raro, denominado ônix, com veios em tons que vão do ouro escuro ao branco. Essa parede era ladeada por uma parede de vidro leitoso, iluminada pela parte interna. Em frente à parede de ônix encontrava-se uma mesa e um par de cadeiras com estrutura metálica colocadas lado a lado, com almofadas de couro branco. Atrás das cadeiras, via-se uma parede de vidro verde, tremeluzente com os reflexos do espelho d'água do pátio. A vista através do vidro verde escurecia o mármore que subia por trás do espelho d'água e acentuava seus veios.

18.16 Vista do espelho d'água, Pavilhão de Barcelona

# 1950 D.C.

18.17 Justaposição entre parede e coluna, Pavilhão de Barcelona

O visitante observava uma série de planos visuais conjugados e sobrepostos, a começar pela vista horizontal das árvores atrás do edifício, emoldurada pela cobertura e pelo topo da parede de mármore de Tinos, que descia então, por várias camadas, até o piso do pavilhão. O piso, revestido de mármore travertino branco que combinava, de certa forma, com a brancura do teto, criava para o visitante uma sensação de flutuação só interrompida no cômodo central, onde o espaço em frente à grande laje de ônix é coberto por um fino tapete negro. Na parede oposta, o vidro era coberto por uma cortina de seda na cor escarlate. O espaço central, portanto, constituía uma espécie de palco, com sua coluna excêntrica afastada da parede de ônix por uma distância respeitosa.

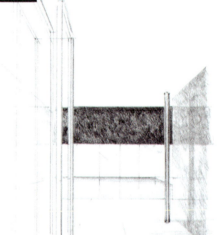

18.18 Detalhe da coluna, Pavilhão de Barcelona

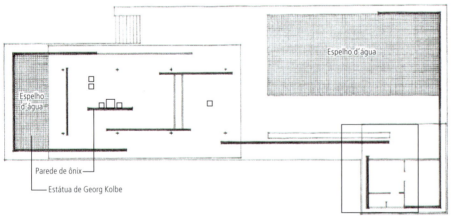

18.19 Planta do Pavilhão de Barcelona

# EUROPA

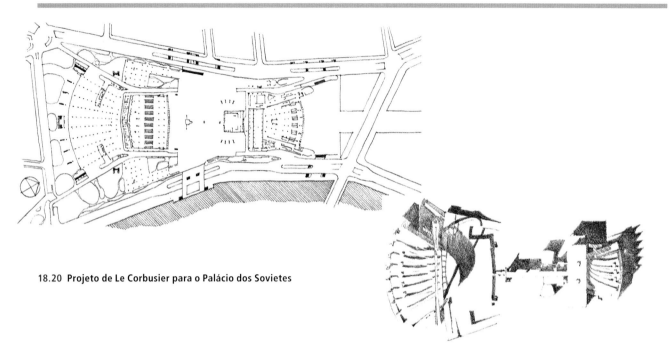

18.20 Projeto de Le Corbusier para o Palácio dos Sovietes

## O Palácio dos Sovietes

Para celebrar o novo Estado soviético, Josef Stalin planejava construir um gigantesco Palácio dos Sovietes em Moscou, na Rússia. Um concurso foi realizado em 1931, com o apoio esperançoso da comunidade arquitetônica. Acreditava-se que, como potência mundial emergente, a Rússia daria continuidade à tendência iniciada pelos construtivistas. Mais de 160 arquitetos e escritórios soviéticos e 24 estrangeiros submeteram seus projetos. Entre os últimos encontravam-se Le Corbusier, Walter Gropius, Hannes Meyer, Erich Mendelsohn e August Perret.

O concurso foi realizado em quatro etapas. A primeira, aberta somente aos arquitetos soviéticos, visava a subsidiar a formulação das funções exatas do palácio e exigia somente que o edifício fosse idealizado como um "fórum das pessoas", destinado a demonstrações de massa e comícios. Os resultados dessa fase, publicados e apresentados numa mostra em Moscou, estabeleceram as diretrizes para a segunda etapa da concorrência, que incluía a construção de um grande auditório para acomodar 15 mil pessoas e uma série de espaços que serviriam como teatro e cinema.

As especificações para a terceira fase da competição enfatizavam "o caráter monumental, a simplicidade, a integridade e a elegância" do prédio e o uso "tanto de novos métodos quanto das melhores técnicas empregadas na arquitetura clássica". O projeto de Le Corbusier foi concebido de forma otimizar os requisitos funcionais do conjunto, mas criando uma imagem visual marcante, em especial quando visto de cima. Ao contrário da maioria das propostas, que tentavam comprimir todas as funções em um único volume, Le Corbusier as distribuiu em dois volumes principais. Os elementos focais desses volumes eram os dois auditórios em forma de cunha, bem encaixados no terreno irregular às margens do Rio Moscou. As plantas dos dois auditórios (projetados com Gustave Lyon) foram otimizadas não só em termos das linhas de visão e da acústica, mas também para facilitar o acesso e a saída do público. O destaque escultórico do projeto era criado pelos telhados dos auditórios, suspensos de longarinas chanfradas. As do auditório maior eram suspensas, por cabos, de um arco parabólico de grande altura. O arco, semelhante ao de Eero Saarinen do pós-Segunda Guerra Mundial, em Saint Louis, então ainda a ser construído, teria se elevado na linha do horizonte de Moscou e, dependendo do ponto de vista, emoldurado em sua curva as cúpulas bulbiformes do Kremlin. O arco tinha como propósito ser um registro da modernidade na linha do horizonte. Esse seria o primeiro edifício moderno com tal ambição, com exceção talvez da Torre Eiffel, que não tinha um programa de necessidades específico e havia sido concebida como parte da preparação para a Feira Mundial de 1889.

Os modernistas, entretanto, ficaram profundamente desapontados quando o prêmio foi concedido a Boris Iofan e Vladimir Shchuko, por um projeto que previa algo parecido a um bolo de noiva, de volume e altura gigantescos coroado por uma enorme apoteose de Vladimir Lênin no topo. Apesar de ser uma expressão do poder soviético, o edifício estava mais próximo de ícones contemporâneos do capitalismo, como o Edifício Wrigley (1920), em Chicago, do que da arquitetura neoclássica russa. Em 1931, a Catedral de Cristo Salvador foi demolida a fim de que se pudesse construir o edifício de Iofan. No entanto, a água do Rio Moscou, adjacente, começou a inundar o local, o que atrasou a obra. Quando irrompeu a Segunda Guerra Mundial, seu esqueleto de aço estava quase completo, mas, durante o conflito, grande parte desse material foi fundida para a construção de tanques destinados à luta contra os nazistas. Nikita Khrushchev abandonou o projeto após a morte de Stalin, em 1953, e transformou a construção existente numa estação do metrô de Moscou e numa piscina pública gigantesca. A Catedral de Cristo Salvador foi reconstruída recentemente no local e consagrada em agosto de 2000.

737

# 1950 D.C.

18.21 Praça rebaixada do Rockefeller Center, Cidade de Nova York

18.22 Rockefeller Center

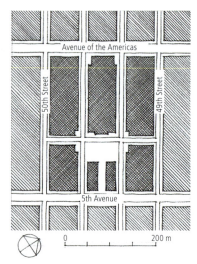

18.23 Planta de situação do Rockefeller Center

**Rockefeller Center**

No final da década de 1920, Nova York havia alcançado a condição de metrópole mundial. Dezenas de edifícios altos haviam sido construídos na cidade, incluindo novos edifícios cívicos e institucionais. Os projetistas de arranha-céus haviam se desviado do historicismo evidente em direção às linhas elegantes da Art Decô, como no Edifício Chrysler (1928–1930). O Edifício Chanin (1927–1929) ia ainda mais longe, exibindo uma fachada neutra com aspecto de grade. O Rockefeller Center, projetado por Raymond Hood e Wallace Harrison, era nada menos do que uma cidade dentro da cidade, composto por 14 edifícios localizados entre a Forty-Eighth Street e a Fifty-First Street, em Nova York. No centro da composição se encontra o Edifício RCA (1931–1932), voltado para uma praça rebaixada, definida em seus flancos por edifícios mais baixos: o Edifício British Empire e o Maison Française. O Edifício RCA foi revestido de pedra calcária de tom amarelado. Possui ornamentos em alumínio e janelas distribuídas na vertical, em faixas levemente rebaixadas, de modo a enfatizar a impressão de grande altura do prédio. Ao evitar por completo as referências a um passado clássico e com a esbeltez de sua torre central, esse edifício abriu caminho, em vários aspectos, para a estética desenvolvida posteriormente pelos modernistas para o arranha-céu. No quarteirão ao lado ficava o Radio City Music Hall, a maior casa de espetáculos fechada do país. Foi inovadora a introdução de uma via transversal, a Rockefeller Plaza, que dividia o lote central.

Apesar de raramente copiado, o edifício foi bastante admirado por suas implicações no planejamento urbano. Os recuos exigidos pelas leis de zoneamento foram incorporados de forma tão fluida ao projeto que pareciam parte orgânica do edifício, ao contrário do Edifício RCA, do Edifício Chanin ou mesmo do Empire State, com seu embasamento mais atarracado. Para enfatizar o aspecto de torre, os edifícios mais baixos foram projetados de modo que parecessem mais maciços, assemelhando-se a volumes de pedra que também ajudam a emoldurar as vistas da torre.

Artistas foram convidados para criar esculturas e murais a serem instalados sobre as portas de entrada e no saguão, excelentes exemplos da Art Decô. Um deles foi Paul Manship, que projetou uma estátua de Prometeu recostado folheada a ouro. O artista socialista mexicano Diego Rivera foi contratado para criar um mural para o saguão, o qual, entretanto, foi removido quando se descobriu que incluía um retrato de Vladimir Lênin e outras imagens anticapitalistas.

Os edifícios altos construídos em Nova York entre 1920 e 1930 incluem:

Edifício da Standard Oil (1920–1928)
Banco Bowery Savings (1921–1923)
Edifício Barclay-Vesey (1923–1927)
Torre Ritz (1925–1927)
Edifício Paramount (1926–1927)
Edifício Chanin (1927–1929)
Edifício Chrysler (1928–1930)
Edifício RCA (1929–1931)
Edifício McGraw-Hill (1930–1931)
Edifício Empire State (1930–1931)

# EUROPA

18.24 Fábrica da Companhia de Calçados Bata, em Zlín, República Tcheca

18.25 Fábrica da Companhia de Calçados Bata

## A Tchecoslováquia

Em muitas partes da Europa, o Romantismo nacional retardou o avanço da arquitetura modernista, pois muitos nacionalistas viam o Modernismo (e suas associações com o industrialismo e a política social progressista) como antitético ao passado idílico, fundamental para a ideologia romântica. Isso explica, até certo ponto, por que o primeiro verdadeiro exemplo do Modernismo como estética patrocinada pelo Estado foi na Turquia e em outros países não europeus, onde o Romantismo não era tão desenvolvido. Não obstante, o nacionalismo, mesmo na Europa, começou a ver no Modernismo uma expressão da busca dos países por autonomia e pujança capitalista. Tendo se constituído como Estado independente a partir de seu desmembramento do Império Austro-Húngaro, em 1918, a Tchecoslováquia foi um dos primeiros países em que essa busca se manifestou. O pequeno país da Europa Central herdou grande parte da diversidade étnica do antigo império, assim como seu poder econômico. Na verdade, a Tchecoslováquia se tornou um dos sistemas politicamente mais estáveis e democráticos da Europa durante os anos tumultuados do entreguerras. Essa estabilidade em geral é atribuída a Tomas Garrigue Masaryk (1850–1937), o primeiro presidente da república e um estadista e acadêmico internacionalmente respeitado. O fato de o governo da Tchecoslováquia jamais ter patrocinado o Modernismo não impediu a geração mais jovem e a classe média erudita e próspera do país de verem o movimento como uma expressão de sua emancipação política do antigo Império Austro-Húngaro. As lições de discípulos de Otto Wagner – como Jan Kotera e Jože Plecnik, que pertenciam à mesma geração de Josef Hoffman e Adolf Loos – foram extremamente influentes.

Por volta de 1937, a Companhia de Calçados Bata tornou-se líder do mercado mundial na produção de sapatos. Ela foi a primeira fabricante da Europa a produzir em massa itens de boa qualidade a preço acessível. O fundador da companhia, Tomas Bata, investiu em um extenso programa de construção, primeiro em Zlín, sua cidade natal, onde ele instalou a sede da companhia, e mais tarde nas pequenas cidades industriais estabelecidas por ele e seu sucessor, Jan Bata, em três continentes. A Bata possuía fábricas e organizações de vendas em 33 países e era, na época, uma das companhias mais internacionalizadas do mundo. A empresa contratava sistematicamente jovens arquitetos e engenheiros tchecos com experiência internacional. Um desses jovens profissionais foi Vladimir Karfik, que havia trabalhado para Le Corbusier e Frank Lloyd Wright.

A sede da Bata (1937), um edifício de 17 andares projetado por Karfik, foi um dos primeiros edifícios altos da Europa. O prédio foi construído com uma estrutura de concreto armado, com uma modulação de 6,15 por 6,15 metros. Esse chamado "padrão Bata" tornou-se a base para todos os edifícios da companhia, que iam de fábricas e lojas de varejo a vários edifícios públicos. Ao contrário da disposição tradicional nos projetos de arranha-céus, três núcleos de serviço localizavam-se no perímetro do edifício. Isso criava um retângulo desobstruído, com 80 por 20 metros, organizado como um escritório de planta livre no qual módulos espaciais reconfiguráveis eram os únicos elementos divisores do espaço. As redes de eletricidade e telefonia, com tomadas instaladas no piso, em uma grade de 3 por 3 metros, conferiam flexibilidade à organização do espaço. A característica mais incrível do edifício era a sala de Jan Bata, em forma de elevador. Essa unidade que se movia na vertical permitia a Bata parar em qualquer andar, onde quer que sua presença fosse necessária. Ele também podia comunicar-se com seus funcionários dentro do edifício através de um interfone. O interior da sala-elevador, projetado com painéis de madeira e janelas duplas, era bem iluminado com luz natural. Uma das tarefas mais difíceis de Karfik foi dotar o escritório de uma pia com água corrente fria e quente e adaptar a cabine às rápidas mudanças de temperatura durante sua movimentação pelo poço.

No final da década de 1930, o Modernismo europeu estava praticamente estagnado. Gropius e Mies praticamente haviam saído de cena e Le Corbusier recebia poucos contratos, o que o levou a buscar trabalho fora da Europa, como em Ancara, Turquia; em Tel Aviv (que então era parte do Protetorado Palestino); e em Casablanca, Marrocos, que ainda era colônia francesa. Embora os arquitetos com os quais ele colaborava nessas cidades não sejam muito conhecidos, eles deram uma importante contribuição à causa da arquitetura modernista. Turquia e Israel foram particularmente importantes nesse sentido, pois os prédios modernos nesses países faziam parte de um esforço muito claro de construir uma nação, e não eram a legitimação de uma administração colonial, como em Casablanca.

# 1950 D.C.

18.26 Mesquita de Touba, Senegal

## Touba

Em 1887, o xeique Amadou Bamba (1853–1927), um místico muçulmano, fundou uma propriedade rural depois chamada de Touba em um local isolado, próximo à cidade de Mbacké, em uma área que hoje corresponde ao Senegal. Bamba ganhou reputação de santo e logo passou a ser procurado por discípulos. Ele desenvolveu uma forma de sufismo chamada muridismo, segundo a qual o mundo material não é completo em si mesmo: a matéria, ele ensina, só teria importância para a vida na medida em que fosse impregnada da divindade. Bamba entendia que sua missão também tinha caráter social e queria que seus seguidores retomassem o "caminho puro" do islamismo. Assim, Touba tornou-se uma cidade sagrada, onde todas as coisas frívolas – rir, dançar, beber álcool – eram proibidas.

No início, as autoridades coloniais francesas viram a crescente popularidade de Bamba como uma ameaça a seu poder e exilaram-no. Contudo, como ele pregava a não violência, libertaram-no e acabaram concedendo-lhe seu apoio nominal. Na década de 1920, Bamba iniciou a construção de uma grande mesquita, no que foi auxiliado por milhares de fiéis voluntários. O prédio de concreto armado, que vem sendo continuamente ampliado desde então, possui três cúpulas e cinco minaretes. O minarete central é bastante alto e é visível a muitos quilômetros de distância na paisagem plana do Senegal. As coberturas das cúpulas são verdes e azuis e suas paredes são revestidas de uma pedra rosada; o interior é ricamente ornamentado. Bamba morreu em 1927, e seus sucessores terminaram o edifício em 1963. Foi só então que se planejou uma cidade com planta em grelha e avenidas radiais emanadas da praça central, onde se localiza a mesquita.

O cemitério fica diante da mesquita, ou seja, no centro da cidade, algo incomum no mundo islâmico, onde, em geral, eles são instalados do lado de fora das cidades. Nesse caso, o cemitério representa o portal do outro mundo e constitui parte importante da experiência mística dos sufis. Ele foi projetado simbolicamente ao redor de um antigo baobá sagrado (a árvore morreu em 2003). Na mesquita, no lado da *quibla*, há outra árvore, uma palmeira, que assinala o lugar onde nasceu a primeira criança em Touba. Essas árvores são chamadas de "árvores-palaver" pelos locais (*palaver* deriva do português "palavra"). Desde a Antiguidade, as árvores-palaver servem como foco para as reuniões comunitárias e encontram-se no centro das funções religiosas e cívicas. Em razão de sua longevidade, são consideradas garantia da vida da comunidade. A tradição da árvore-palaver ocorre por toda a África Central. Nas regiões muçulmanas, é a mesquita que serve como centro político e social da comunidade islâmica, por isso, às vezes, ela concorre com aquela antiga tradição. Neste caso, porém, o antigo e o novo se misturaram: a tradição do baobá fundiu-se com o conceito sufi de árvore do paraíso. Além disso, o próprio minarete alto tem a intenção de parecer uma árvore. Em 1996, Touba foi reconhecida como um modelo de "cidade da paz" pela Divisão de Assentamentos Humanos da ONU.

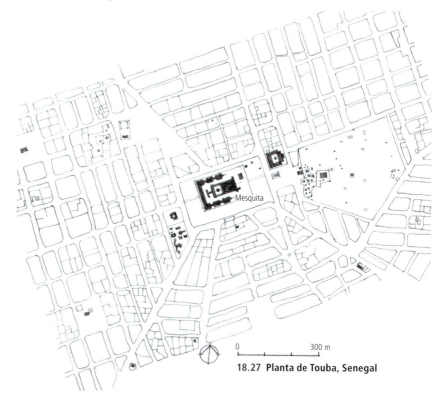

18.27 Planta de Touba, Senegal

# ÁSIA OCIDENTAL

## O Modernismo Nacional, Ancara

A transição do Império Otomano à modernidade foi completada quando a República Turca foi fundada por Mustafa Kemal (também conhecido como Atatürk) em 1923. Atatürk adotou a arquitetura moderna como expressão dessa nova nação secular, começando aquilo que hoje é conhecido como modernismo nacional. Contrastando com outras localidades, como Casablanca, onde o modernismo foi imposto pelos mestres coloniais, em Ancara ele era uma afirmação de triunfo que declarava a independência da Turquia. A ambição de Atatürk era transformar o país em uma nação industrializada com base no progresso técnico e científico, com instituições modeladas naquelas da Europa.

Ancara, na época uma pequena cidade na Anatólia central, foi escolhida como a nova capital, pois ficava mais ou menos no centro do país. Seu projeto (1927), de autoria do alemão Hermann Jansen, pode ser considerado, junto com Canberra (Austrália), o de uma das primeiras capitais modernistas de uma série que viria a incluir Brasília, Chandigarh (Índia) e Islamabad (Paquistão). O arquiteto austríaco Clemenz Holzmeister (1886–1983), por exemplo, projetou o bairro administrativo, incluindo vários ministérios, o palácio presidencial e o Grande Salão da Assembleia Nacional. Apesar das fachadas despojadas e cúbicas, a organização geral seguia frequentemente os princípios e o vocabulário clássicos. Não obstante, o propósito era promover, de modo visível e progressivo, os ideais da nova República da Turquia. Novas escolas, em especial para meninas, moradias, centros de educação popular, e locais destinados à educação física, ao lazer e entretenimento foram algumas das tipologias emblemáticas dos objetivos declarados da República. O Instituto para Meninas Ismet Pasa, em Ancara, uma escola técnica, foi projetado em 1930 pelo suíço Ernst Engli. A arquitetura e o planejamento urbano modernos também foram empregados em vilas-modelo, fábricas e grandes projetos de infraestrutura, como a Barragem de Cubuk, localizada perto de Ancara (1936). O salão de exposições, que também servia como teatro de ópera em Ancara, foi projetado pelo arquiteto turco Sevki Balmumcu, que ganhou o contrato em um concurso. Assim como as estruturas da Feira Internacional de Izmir, esse salão foi construído para exibir as conquistas tecnológicas da República da Turquia.

18.28 Mansão Presidencial de Çankaya, Ancara, Turquia

## O Modernismo nacional, Tel Aviv, Israel

Durante o mandato britânico sobre a Palestina (1920–1948), a arquitetura moderna se tornou o estilo dominante entre os judeus locais, que associavam o Modernismo não somente com o idealismo socialista, mas também o viam como uma página em branco, livre das memórias da diáspora judaica. A reivindicação da arquitetura moderna de se fundar não em premissas culturais, mas em parâmetros naturais, como a temperatura, o vento, a luz, a topografia e os materiais, junto com a praticidade da aerodinâmica, que se adequava aos ritmos mais acelerados da vida moderna, foi bem-vinda pelos israelitas que estavam começando a dar nova forma a suas vidas. E não faltavam arquitetos, pois muitos estavam fugindo do fascismo europeu. Erich Mendelsohn, Alexander Klein e Adolf Radlng foram particularmente importantes na consolidação dos conceitos sionistas e modernistas de projeto. A arquitetura de Mendelsohn – a exemplo de seu Centro Médico da Universidade de Hadassah, no Monte Scopus, em Jerusalém (1936–1939) – consiste em volumes lisos, pátios internos e paredes em branco perfuradas com cuidado. Era revestido com imagens abstratas, quase orientais, em contraste com a arquitetura modernista internacional, de um branco caiado, da Casa Engel, de Zeev Rechter, em Tel Aviv (1933), a cidade que veio a personificar o Modernismo israelense.

Quando Tel Aviv foi fundada, em 1909, era um pequeno subúrbio ao norte da cidade árabe de Jafa. Contudo, ao contrário de Jafa, com sua população mista, Tel Aviv foi projetada por judeus e para eles. Seus fundadores acolheram o etos modernista e, no final da década de 1930, a cidade já se destacava como uma das raras que eram completamente modernas no mundo. Quando Israel transformou-se em Estado, em 1948, Tel Aviv tornou-se o modelo das intervenções futuras, em especial pelo fato de estar ligada ao gigantesco projeto israelense de modernização, cujos parâmetros eram ditados pela divisão de planejamento de estado encabeçada por Arieh Sharon, discípulo de Hannes Meyer na Bauhaus. Os projetos de Sharon eram de um modernismo estritamente racional, livre de todo simbolismo oriental.

Na década de 1960, uma nova geração de arquitetos nascidos em Israel começou a criticar a submissão ao Modernismo. Eles buscavam, em vez, meios para estabelecer uma identidade comum, usando os laços viscerais com o passado. Alinhando-se com a crítica pós-Segunda Guerra Mundial, em particular com os ensinamentos do Team X e de Louis Kahn, sua arquitetura visava à expressão local em espaços comunitários sombreados, leiautes hierarquizados, volumes quebrados e materiais de construção locais, como evidencia o Centro Negev, de Ram Karmi (1960), um dos primeiros exemplos.

# 1950 D.C.

18.29 Planta do pavimento térreo do Pavilhão Japonês, Exposição Internacional de Paris de 1937

18.30 Pavilhão Japonês na Exposição Internacional de Paris de 1937

## O Pavilhão Japonês

O investimento do Japão na industrialização começou durante os anos do Período Meiji (1869–1912), caracterizado não apenas pela rápida industrialização e mecanização, mas também pela adoção de roupas, hábitos e costumes ocidentais. O modelo para isso era a Alemanha de Bismarck. Nos anos que antecederam a Primeira Guerra Mundial, a vanguarda japonesa havia começado a experimentar o Modernismo. Jovens arquitetos japoneses, entre os quais Mamoru Yamada, viajavam pela Europa ou trabalhavam como aprendizes de arquitetos europeus. Yamada viajou para a Europa, passando um tempo considerável na Alemanha após terminar o projeto do Laboratório Elétrico para o Ministério de Obras Públicas (1929), o único trabalho japonês incluído na famosa Exposição do Estilo Internacional de Hitchcock e Johnson, de 1932, no Museu de Arte Moderna de Nova York. Seu trabalho posterior, o Hospital Teishin de Tóquio (1938), com acabamento externo em azulejo branco, grandes janelas padronizadas e ornamentação minimalista, é representativo da arquitetura racionalista japonesa do período que antecedeu a guerra.

Um exemplo bem-sucedido de projeto japonês modernista na Europa é o Pavilhão Japonês, projetado para a Exposição Internacional de Paris de 1937 por Junzo Sakakura, que havia sido aprendiz de Le Corbusier em Paris entre 1931 e 1936. De início contratado para supervisionar a construção de um pavilhão em estilo tradicional, ele modificou clandestinamente o projeto para criar uma estrutura delicada de aço, vidro e concreto bem integrada a seu terreno inclinado e arborizado. O edifício era uma versão bem japonesa do modernismo. Em vez do uso literal de um vocabulário arquitetônico japonês tradicional, Sakakura incluiu uma delicada armadura de aço que reinterpretou as construções de madeira típicas do Japão em uma maneira modernista.

## Villa Mairea

O arquiteto finlandês Alvar Aalto (1898–1976) ingressou no Modernismo com mais cautela do que os arquitetos da Turquia e do Brasil, países em que os interesses nacionais promoveram agressivamente o movimento. Na Finlândia, uma vibrante tradição nacional romântica era popular na época. Ela idealizava a vida de aldeia, que Aalto vinculava, de modo um pouco incongruente, com seu irrestrito entusiasmo pela Itália, em particular por suas aldeias rurais. "A linha curva, viva, imprevisível que corre em dimensões desconhecidas pelos matemáticos", é a encarnação, escreveu Aalto, de "tudo que forma um contraste com o mundo moderno entre a mecanização brutal e a beleza religiosa da vida". Essa visão foi adotada na Vila Mairea (Noormarkku, Finlândia, 1938–1941).

A planta geral pode ser considerada como tendo o estilo de Frank Lloyd Wright, e seus primeiros esboços mostram uma relação com a Casa da Cascata, uma das obras tardias do arquiteto norte-americano. Contudo, em termos de composição, o projeto de Aalto exibe uma compreensão mais cubista do espaço – não de um modo óbvio, como no trabalho de Pavel Janák na Tchecoslováquia, mas nas tensões assimétricas presentes na planta, entre os espaços cheios e os vazios e entre o quadrado implícito do jardim e a casa, que fica encaixada em um canto. Porém, o que se poderia ver como Cubismo também pode ser interpretado como a introdução de um coeficiente temporal no projeto: a casa parece crescer e expandir-se no decorrer do tempo.

# EUROPA

18.31 **Vila Mairea, Noormarkku, Finlândia**

18.32 **Sala de estar da Vila Mairea**

Aalto também adotou uma aparência declaradamente regional, ao usar madeira no exterior e travessas rústicas, também de madeira, nos parapeitos dos terraços. No entanto, o contraponto é obtido por gradis de aço que parecem ter sido tirados de um navio e contrastam com as suaves balaustradas de bambu empregadas na escada interna.

Em virtude de sua fusão quase eclética de distintos temas, a Vila Mairea poderia ser considerada uma ruptura do restrito repertório modernista. Contudo, também pode ser vista como uma ampliação das abordagens de Greene & Greene, Antoni Gaudí, Victor Horta e Adolf Loos, todas do final do século XIX. Embora os modernistas tivessem cada um seu estilo único, Aalto sempre foi visto como menos adepto do racionalismo e do funcionalismo, pelo fato de usar linhas curvas, materiais contrastantes e ter predileção por uma volumetria pitoresca. Ele trabalhava junto com sua esposa Aino (1894–1949), também finlandesa, e boa parte do interior da Vila Mairea foi, na verdade, projetada por ela. Os dois colaboraram no projeto de cadeiras feitas de madeira compensada curva, tecnologia nova na época e muito diferente das pesadas cadeiras com armações de aço da maioria dos modernistas. Aalto era membro do CIAM e compareceu ao segundo congresso, em Frankfurt, 1929, e ao quarto, em Atenas, 1933. Sua reputação cresceu em consequência do Pavilhão Finlandês, construído na Feira Mundial de Nova York em 1939, e do Dormitório Baker House (1947) para o Instituto de Tecnologia de Massachusetts (MIT), em Cambridge.

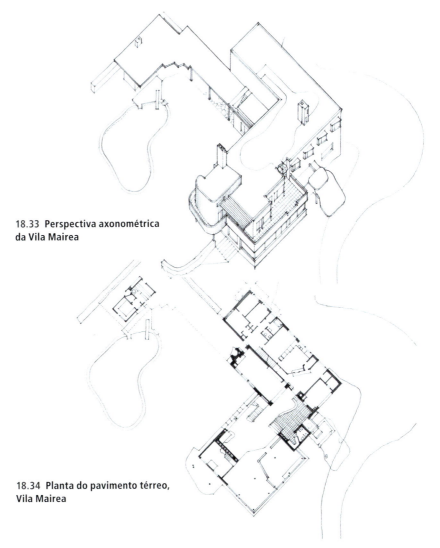

18.33 **Perspectiva axonométrica da Vila Mairea**

18.34 **Planta do pavimento térreo, Vila Mairea**

# 1950 D.C.

18.35  Casa da Cascata (Fallingwater), Bear Run, Pensilvânia

## A Casa da Cascata (Fallingwater)

Edgar J. Kaufmann fez fortuna com suas lojas de departamentos. Aconselhado pelo filho, que estudava na Escola de Arquitetura Taliesin, contratou Wright em 1935 para projetar uma casa para passar os fins de semana e o verão com a família, em sua propriedade em Bear Run, Pensilvânia. (A casa em que a família morava ficava em Pittsburgh.) Diferentemente das triviais casas usonianas, a Casa da Cascata (1936–1937) é uma extraordinária declaração das possibilidades do concreto armado, expressa (de modo muito diferente do estilo de Alvar Aalto) em um conjunto triplo de profundos terraços em balanço que parecem flutuar sobre uma cascata espetacular. Os Kaufmanns queriam uma casa da qual pudessem ver a cascata, mas, em vez disso, Wright construiu para eles uma moradia que ficava literalmente sobre a cascata. Uma escada na sala de estar desce até o alto da cachoeira, chegando a uma pequena plataforma onde as pessoas podem sentar e pôr os pés dentro da água.

As justificativas de Wright para o projeto baseavam-se em suas concepções sobre a "arquitetura orgânica", termo certamente subjetivo, mas que para ele indicava um edifício integrado ao terreno e ao contexto em que está inserido, na forma de um contraponto respeitoso. A planta diagonal e a seção escalonada são, por exemplo, uma resposta às curvas de nível do terreno, aspecto em particular importante para Wright e antecipado, em parte, em projetos anteriores, como a Casa Freeman (1924–1925). Aqui, a ornamentação da superfície do prédio deu lugar a pedras rústicas em tom amarelado, assentadas na horizontal, que contrastam com as superfícies de reboco branco das sacadas e as linhas das coberturas. As janelas escondem-se nos recuos, e as vidraças com mainéis finos capturam alguns dos espaços entre o piso e o telhado, criando recintos ao mesmo tempo internos e externos.

Vista por baixo, a partir da cascata, a casa parece pairar de maneira provocante sobre o terreno. Suas linhas retas contrastam com os enormes matacões arredondados, e o branco dos terraços contrasta com a exuberante folhagem da floresta. As paredes de pedra que ancoram as vigas em balanço imitam o padrão estratificado das saliências das pedras e sobem casa adentro, na forma de torres que ancoram a composição e parecem ruínas antigas. Uma vez que o local é um tanto afastado, Wright construiu dependências separadas para os empregados e uma garagem perto da casa, subindo a colina. Hoje, o terreno está muito mais coberto de vegetação florestal do que originalmente, e talvez a casa se encontre mais oculta do que Wright teria gostado.

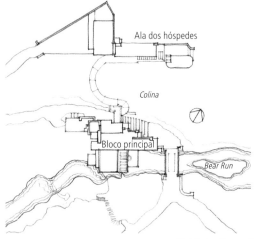

18.36  Implantação da Casa da Cascata (Fallingwater)

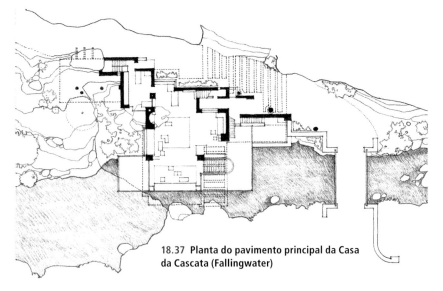

18.37  Planta do pavimento principal da Casa da Cascata (Fallingwater)

# AMÉRICA DO SUL

18.38 Edifício residencial projetado no Rio de Janeiro por Lúcio Costa

## O Modernismo brasileiro

A crise econômica de 1929 desmoronou a economia de exportação brasileira, criando espaço para a ascensão do presidente Getúlio Vargas (1883–1954). Governando praticamente como ditador (1930–1945), ele criou um programa de modernização para o desenvolvimento patrocinado pelo governo, e assim como na Turquia de Kemal Atatürk, a arquitetura moderna serviria de marca visível de seu projeto nacionalista. Em 1930, o jovem arquiteto Lúcio Costa foi nomeado diretor da Escola Nacional de Belas-Artes. Apesar de a princípio ter pouco conhecimento sobre arquitetura moderna, logo se tornou seu principal promotor, levando para trabalhar consigo o imigrante russo Gregori Warchavchik (1896–1972), que apresentou sua "casa modernista" durante uma exposição aberta ao público em 1930. Ela tinha um volume branco cúbico (apesar de uma platibanda ocultar um telhado em vertente) que rendeu ao arquiteto uma vaga no congresso do CIAM de 1930.

No início de sua carreira, Costa tinha pouco trabalho e passava grande parte do tempo nos estudos, lendo livros sobre arquitetura de Walter Gropius, Ludwig Mies van der Rohe e, principalmente, Le Corbusier. O próprio Le Corbusier havia produzido pouca coisa além de suas casas "brancas", mas seus livros *Por uma arquitetura*, *A cidade contemporânea* e *Precisões* influenciaram o mundo todo. Em 1936, Gustavo Capanema, o ministro da Educação e da Saúde, de 33 anos, tomou a decisão ousada de contratar Lúcio Costa para projetar a sede oficial do ministério. O projeto inicial do arquiteto era uma fusão das duas metades da proposta de Le Corbusier para o concurso de projetos da Liga das Nações (1927). Seu projeto final, preparado em coautoria com Oscar Niemeyer (com a consultoria de Le Corbusier), era uma torre de 14 pavimentos localizada no centro de um lote retangular. Os *pilotis* de 10 metros de altura (bem mais altos do que os propostos por Le Corbusier) levantavam com veemência a edificação do solo. No eixo transversal, ao longo de um dos lados do terreno da construção, encontra-se o bloco do auditório, de pé-direito duplo, e os espaços públicos. Sua decisão mais radical foi o uso de uma pele de vidro na fachada sul e um sistema de *brise-soleils* (ou quebra-sóis) na outra. Duas formas curvas muito altas, revestidas de azulejos azuis, funcionavam como respiradouros e núcleos para as instalações prediais. Havia ainda um restaurante no terraço de cobertura do edifício.

Costa e Niemeyer também colaboraram no projeto do Pavilhão Brasileiro para a Feira Mundial de Nova York de 1939, cujo slogan era "O mundo de amanhã". Costa queria um edifício que não se destacasse por sua escala (o terreno não era grande) ou suntuosidade (o Brasil ainda era um país pobre), mas por suas características formais. Sua mensagem consistia na simplicidade e na sugestão do funcionalismo direto. O projeto de dois andares elevou o volume principal do Pavilhão acima do solo, e sua rampa de acesso, uma grande curva ampla que se introduzia com vigor no nível superior, era por si só um manifesto. O pavimento térreo era parcialmente fechado e exibia vitrines independentes com bebidas nacionais, como café, mate e guaraná. O jardim dos fundos exibia a flora brasileira. O pavimento superior, com o auditório principal, possuía um espaço para exposições com colunas de aço colossais, que sustentavam parte de um mezanino com planta livre. Sua fachada principal tinha brises, ao passo que a dos fundos era envidraçada de cima a baixo. O edifício tornou-se um ícone do Modernismo brasileiro.

18.39 Ministério da Educação e Saúde, Rio de Janeiro

# 1950 D.C.

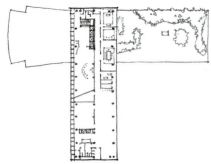

Planta do quarto pavimento

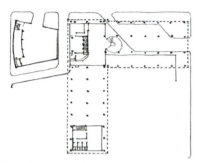

Planta do pavimento térreo

18.40 Plantas do Ministério da Educação e Saúde, Rio de Janeiro

18.41 Museu de Arte de São Paulo, Brasil

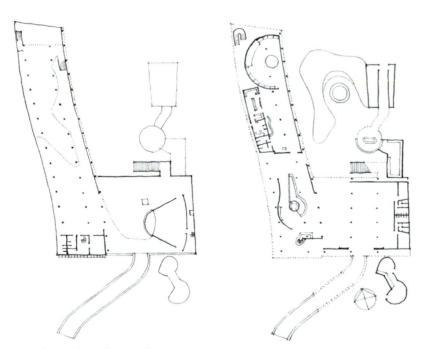

18.42 Plantas do Pavilhão Brasileiro na Feira Mundial de Nova York de 1939

Nem tudo no Brasil era Modernismo europeu e expressão estrutural. Lina Bo Bardi (1914–1992), por exemplo, projetou uma casa feita de adobe e palha, e Bernard Rudofsky, que morou no Brasil por três anos (1938–1941) e posteriormente escreveu *Arquitetura sem arquitetos*, construiu para Joan Arnstein uma casa organizada ao redor de cinco pátios internos ajardinados que prolongavam os espaços da sala de estar, da sala de jantar, do dormitório de casal e dos dormitórios das crianças.

Lina Bo Bardi foi uma das poucas arquitetas que trabalhavam por conta própria entre os primeiros modernistas. Ela nasceu na Itália e, após se formar em Roma, abriu seu próprio escritório. Envolveu-se com o Partido Comunista italiano e, após a Primeira Guerra Mundial, fundou com Bruno Zevi a influente revista *A Cultura della Vita*. Em 1946, mudou-se com o marido para o Brasil e adotou a cidadania brasileira em 1951. Criou, então, o periódico *Habitat*, com seu esposo, o crítico de arte Pietro Maria Bardi. Sua obra mais importante foi o Museu de Arte de São Paulo (1947), uma impressionante obra brutalista. Implantado no alto de uma colina, o prédio inteiro, em forma de caixa, é suspenso por imensas vigas de concreto, deixando livre a vista do horizonte.

# EUROPA

18.43 Palácio da Civilização Italiana, Exposição Universal de Roma (EUR), Roma

os patronos da Renascença, além do Império Romano. Os membros do Movimento Italiano para a Arquitetura Racional (MIAR), fundado em 1928, buscavam inspiração no classicismo greco-romano e nas tradições vernaculares da região do Mediterrâneo.

Alguns dos exemplos mais significativos da renovação urbana em larga escala, que exigiu demolições em Roma, Milão, Turim, Bérgamo e Gênova, foram supervisionados pelo arquiteto de Mussolini, Marcello Piacentini. Ele foi responsável também por dois novos projetos urbanos significativos: a Cidade Universitária (1932–1935) e o edifício da Exposição Universal de Roma (1937–1942), destinado a abrigar a mostra de 1942. Embora o início da Segunda Guerra Mundial tivesse frustrado os planos para a exposição, vários pavilhões foram executados, inclusive o metafísico e icônico Palácio da Civilização Italiana, de Ernesto La Padula (1937–1940). Ele possuía a forma de uma caixa de vidro, protegida na parte exterior por uma fachada que consistia em seis fileiras sobrepostas de aberturas arqueadas idênticas, revestidas de mármore travertino.

## O Modernismo fascista, Itália

Com o término da Primeira Guerra Mundial, a arquitetura italiana entrou em uma nova fase de autoconsciência, especialmente com a ascensão do fascismo após o golpe de Benito Mussolini, em 1922. Devido ao forte impulso nacionalista que estava na essência da ideologia fascista, os arquitetos italianos passaram a refletir sobre o papel da tradição em sua arquitetura pessoal. Esse retorno à tradição, com suas conexões com o Romantismo nacional, tinha na Itália caráter bem diferente daquele da Alemanha. A implementação, na Itália, de um vasto programa de edificação patrocinado pelo governo, que incluía a construção de postos de correios, estações de trem, edifícios públicos e mesmo pequenas cidades, tornava o espírito na Itália mais próximo daquele existente na Turquia do que daquele da Alemanha. Para muitos arquitetos, a crítica fascista da passividade parecia legitimar o Modernismo. A arquitetura fascista italiana, portanto, não via a si própria como antitética às geometrias limpas e superfícies brancas. Havia, contudo, um debate acirrado sobre o estilo que mais bem representaria o etos fascista. Como resultado, o ideal vanguardista de mesclar a vida e a arte fundiu-se na Itália às ambições sinistras do totalitarismo, e artistas e arquitetos traçaram inúmeros paralelos entre Mussolini e

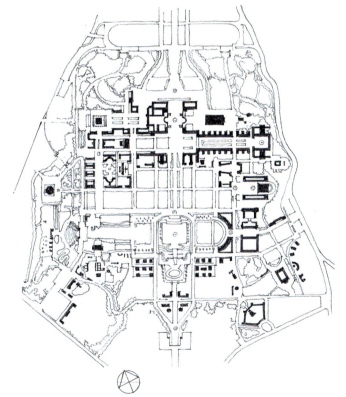

18.44 Planta de localização da Exposição Universal de Roma (EUR)

# 1950 D.C.

18.45 Casa do Facismo, Como, Itália

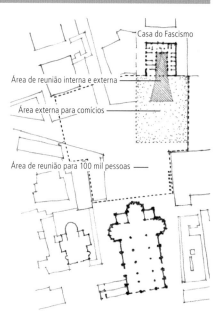

18.46 Planta de situação da Casa do Fascismo

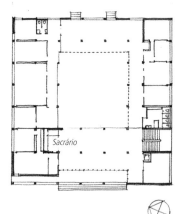

18.47 Plantas do pavimento térreo e segundo pavimento da Casa do Fascismo

Giuseppe Terragni (1904–1943) certamente foi o mais destacado dentre os muitos representantes do movimento modernista na Itália. Ele estudou arquitetura na Universidade Politécnica de Milão e tornou-se membro do Grupo 7, fundado em 1926, que reunia sete arquitetos unidos em defesa do racionalismo e do fascismo. A Casa do Fascismo (1933–1936), de Terragni, em Como, projetada para ser a sede regional do Partido Fascista, não é, apesar de sua forma de caixa branca, tão deslocada do contexto histórico quanto parece, pois funde o modelo do salão de assembleia socialista com o princípio de um palazzo italiano, aderindo à planta tradicional com pátio interno. O edifício foi projetado como uma "casa de vidro", característica que se torna mais evidente quando visto do interior. Cerca de 20% de sua superfície é de vidro, com grandes janelas emoldurando a cidade. A fileira de portas de vidro entre a praça e o átrio podia ser aberta quando fosse necessário. A sala de reuniões do *direttorio federale* (diretório provincial) também está voltada para o átrio central, através de uma parede de vidro. Essa transparência simbolizava o desejo do governo fascista de ser visto como acessível e sincero e como se seu líder e o povo fossem um *continuum*.

Diferentemente da ideia de arquitetura de Le Corbusier, que favorecia grelhas estruturais, paredes finas e janelas horizontais, Terragni criou uma arquitetura geométrica de sobreposições complexas, que permitia que o edifício fosse axial na aproximação e na entrada e possuísse o interior com uma série de assimetrias interpenetrantes, que se encaixam como um quebra-cabeça. A planta exibe escritórios na fachada leste e salas de reunião na fachada oposta. Os dois lados são separados por um átrio. Na fachada principal há longos balcões voltados para a grande praça, mas que permitem aos oradores se dirijirem também às multidões dentro do prédio. O núcleo espiritual do edifício era o *sacrário*, ou capela, localizado à esquerda do vestíbulo, dedicado aos heróis mortos na "Revolução Fascista". Para aumentar a impressão de estarmos entrando em um recinto sagrado, Terragni projetou o nível do piso do *sacrário* um pouco mais baixo do que o do átrio. O teto do vestíbulo é recoberto com mármore negro, e suas paredes são revestidas de granito vermelho. O salão principal é definido por um sistema estrutural aberto, com pilares que sustentam grandes vigas de concreto sobre as quais repousam venezianas horizontais que filtram a luz, enquanto uma fenda no centro deixa entrar um facho controlado de luz direta.

# EUROPA

18.48 Exterior view: Prefeitura de Säynätsalo, Finlândia

18.49 Planta da Prefeitura de Säynätsalo, Finlândia

## A Prefeitura de Säynätsalo

Na época em que Alvar Aalto projetou a Prefeitura de Säynätsalo (1949–1952), na Finlândia, sua reputação já estava assegurada, em grande parte devido ao aclamado Pavilhão Finlandês que criou para a Exposição Internacional de Paris de 1937. No projeto dessa prefeitura, ele começou a distanciar-se da complexidade modernista-cubista de suas obras iniciais, em direção ao imaginário da antiga Creta e da Itália medieval, que o havia fascinado na juventude. Por esse motivo, o espaço, mais do que um pátio interno, é um enclave cívico, elevado acima do declive abaixo. A entrada se dá por um canto, por meio de uma escadaria moldada de acordo com o terreno. A câmara municipal, visível por uma brecha, abriga-se em um edifício de planta quadrada, coroado por um telhado em vertente que, com a exceção de um finíssimo rufo metálico, não é visível do chão, fazendo com que os volumes pareçam ter formatos abstratos. Todas as superfícies externas são de tijolos texturizados assentados em aparelho inglês. O aspecto pitoresco da composição é óbvio. O escalonamento, os ângulos e os deslocamentos acentuam sua tridimensionalidade, assim como o fazem as janelas, de tamanhos e proporções variados. Em alguns lugares, os tijolos, ao tocarem o piso, repousam sobre os azulejos negros que recobrem as fundações; em outros, parecem flutuar sem esforço sobre as janelas.

A Prefeitura de Seinäjoki (1958), no qual Aalto retoma o formato cubista, com seu jogo de volumes e sólidos, tem um toque mais modernista. O terreno consiste em dois lotes que ladeiam uma via movimentada. Aalto criou uma esplanada que cruza o local, cujos elementos espaciais os edifícios definem e expandem.

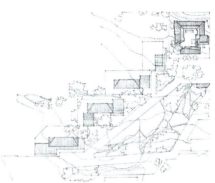

18.50 Implantação da Prefeitura de Säynätsalo, Finlândia

18.51 Prefeitura de Säynätsalo, Finlândia

# 1950 D.C.

18.52  Biblioteca do Instituto de Tecnologia de Illinois, Chicago

### A Biblioteca do Instituto de Tecnologia de Illinois, Chicago

O Modernismo internacional teria se desenvolvido de maneira muito diferente nos Estados Unidos – e inclusive no mundo inteiro – se alguns de seus principais expoentes não tivessem migrado para esse país durante o regime de Hitler. Mies van der Rohe chegou lá em 1937 para chefiar o Instituto de Tecnologia de Armour, em Chicago (depois denominado Instituto de Tecnologia de Illinois). No mesmo ano, chegou Walter Gropius, para dar aulas na Escola de Graduação em Projeto de Harvard. Marcel Breuer também foi para os Estados Unidos e começou a colaborar com Gropius antes de abrir seu próprio escritório, em 1941. A publicação do pioneiro *Espaço, tempo e arquitetura: o desenvolvimento de uma nova tradição*, do historiador e crítico suíço Sigfried Giedion, em 1941, teve imensa influência e conferiu profundidade intelectual e histórica ao movimento Moderno. Giedion defendia que o Modernismo era o único estilo em sintonia com sua época, pois era capaz de traduzir o concreto, o aço e o vidro em uma estética de superfícies despojadas e transparência visual.

Mies não só foi nomeado chefe do departamento de arquitetura do Instituto de Tecnologia de Illinois (IIT) como também recebeu a incumbência de projetar o *campus*. Este se tornou o primeiro *campus* realmente moderno da história. Todos os seus edifícios eram feitos de aço, tijolo e vidro. O terreno foi dividido de acordo com uma grelha de 7,3 metros, a dimensão-padrão de uma sala de aula nos Estados Unidos. O uso de uma retícula também assegurava que, se apenas uma parte do *campus* fosse construída, a futura unidade arquitetônica poderia ser preservada. Todos os edifícios eram retangulares e mais ou menos da mesma altura, mas suas formas variavam segundo o programa de necessidades.

Quando Mies projetou os edifícios, um novo tipo de espaço tornou-se o foco de sua estética. Enquanto nas décadas anteriores seus espaços fluíam com a distribuição de paredes e pilares, aqui ele passou a interessar-se por espaços grandes e vazios, definidos por uma simetria simples de formas e contidos em seu perímetro por pilares dispostos em uma ordem geométrica rigorosa. Mies percebeu o potencial dessas ideias nas plantas para o Edifício da Biblioteca (1942–1943), que não foi construído. Todavia, ele não abandonou sua noção de um núcleo conceitual, neste caso formado pelas estantes de livros, localizadas em um quadrado próximo a uma extremidade do edifício, ladeado por banheiros e escadas. Essa massa conceitual contrastava com um pátio interno aberto diante do qual havia uma sala de espera em seu interior. A planta era flexível, mas não "livre", como definiria Le Corbusier. Ela possuía camadas, ora espessas, ora finas. Como essa seria uma construção de um só pavimento, o código de proteção contra incêndio autorizava o uso do aço desprotegido, permitindo a Mies revelar os elementos estruturais de dentro e de fora com a máxima clareza. Mies van der Rohe elaborou o tema novamente no Crown Hall, do IIT (1950–1956), e depois na Galeria Nacional, em Berlim (1962–1967).

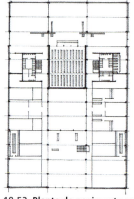

18.53  Planta do pavimento principal da Biblioteca do Instituto de Tecnologia de Illinois

18.54  Crown Hall, Instituto de Tecnologia de Illinois, Chicago

750

# AMÉRICA DO NORTE

## A Casa Farnsworth

A mais conhecida das poucas casas particulares projetadas por Mies van der Rohe foi a Casa Farnsworth (1946–1951), em Illinois. Como o terreno, próximo a um rio, era sujeito a inundações, Mies elevou a casa 2,2 metros acima do nível do solo. Entra-se nela por uma escada ampla, interrompida por uma grande plataforma aberta, sem balaustrada. Dois conjuntos de quatro pilares sustentam uma cobertura em balanço em ambas as extremidades. Não há paredes, mas lâminas de vidro entre os pilares, que cobrem do piso ao teto. A cozinha e os banheiros foram unidos num núcleo único, situado em um lado da composição, configurando duas zonas distintas. Os pisos de mármore travertino branco e a estrutura de aço pintada de branco criavam uma sensação de graça e refinamento. As cortinas eram de seda shantung natural e a marcenaria, de teca, pois Mies fez questão de usar materiais de luxo no escasso mobiliário do interior.

Entretanto, morar na casa era difícil (a sra. Farnsworth reclamava de se sentir como se estivesse em um aquário). Ainda assim, a casa tornou-se o modelo para várias outras experiências, das quais a mais notável foi a residência particular projetada por Philip Johnson em sua propriedade em New Canaan, Connecticut (1949.) A Casa Johnson tinha pilares de aço, mas o telhado era de madeira, o que facilitava muito tanto a construção quanto a manutenção. Johnson separou o núcleo que continha o banheiro da cozinha, a qual reduziu ao nível de mobiliário.

18.55 Casa Farnsworth, Plano, Illinois

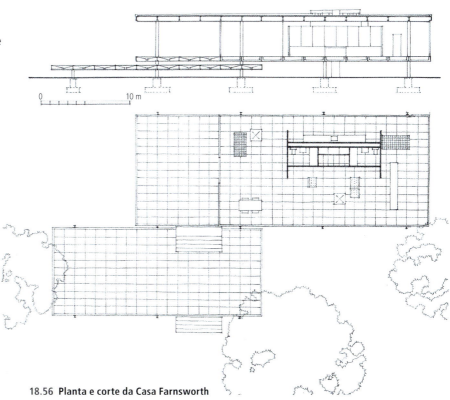

18.56 Planta e corte da Casa Farnsworth

751

# 1950 D.C.

18.57  Casa Eames, Pacific Palisades, Califórnia

18.58  Casa Eames

## A Casa Eames

Nos Estados Unidos, John Entenza (1905–1984), editor da influente revista *Arts and Architecture*, de Los Angeles, foi importante patrocinador da arquitetura moderna no país, tendo chamado a atenção do público para o trabalho de muitos artistas e arquitetos, apesar de ser pouco reconhecido por isso. Para solucionar a carência de moradias após a Segunda Guerra Mundial, Entenza deu início a um movimento destinado a montar casas bem projetadas de forma rápida e barata, utilizando a tecnologia e os materiais do período da guerra. Para acelerar seu projeto, em janeiro de 1945 convidou alguns arquitetos a construírem em Los Angeles casas-protótipos destinadas a testar a viabilidade de sua ideia. Das 24 casas finalizadas até 1966, uma das mais inovadoras foi o projeto de Charles e Ray Eames, um casal de projetistas que projetou a casa como residência para si próprio.

Nascido em Saint Louis e formado em arquitetura na Universidade de Washington, Charles havia lecionado em Michigan, na Academia de Arte de Cranbrook. Lá conheceu Eero Saarinen, com quem inscreveu um projeto em um concurso denominado Design Orgânico em Mobiliário Residencial, patrocinado pelo Museu de Arte Moderna de Nova York. O casal Eames tinha em mente, de início, um cubo puro, no estilo de Mies, assentado sobre duas colunas finas de aço, dispostas em balanço no declive de um terreno na encosta de uma colina. Em 1947, contudo, o casal projetou uma casa que tinha mais espaço (sem empregar mais aço) e a colocou na lateral do terreno, e não no centro. A casa, ancorada por um muro de arrimo, acomoda-se na encosta da colina, paralela a seus contornos. Isso a torna tanto uma declaração sobre o terreno, a localização e os moradores, como sobre o uso dos materiais industriais pré-fabricados. Feita com uma estrutura de aço extremamente fina e com um telhado de metal corrugado aparente, a casa consistia em 18 vãos de 2,3 metros de largura, 6 metros de extensão e 5 de altura, que determinavam o ritmo da estrutura. Painéis de vidro transparentes, opacos ou translúcidos, de acordo com a situação, ocasionalmente interrompidos por painéis pintados em cores primárias alegres, davam à casa um ar vibrante e lúdico.

O casal Eames usou o local como cenário para a coleção de objetos de todo o mundo que havia reunido. Eles produziram um filme, *House after Five Years of Living* (*Casa com cinco anos de ocupação*), que sugeria que a casa não consistia tanto em uma exposição de design, mas era um organismo, com a pátina da existência vivida refletindo o caráter e as preferências dos moradores. Além de projetarem casas, os Eames organizavam exposições, produziam filmes e construíam brinquedos e móveis. Um de seus primeiros sucessos foi o desenvolvimento de uma técnica para curvar madeira compensada, utilizada em hospitais de campo da Segunda Guerra para a fabricação de talas para pernas e, posteriormente, para construir assentos de cadeiras. Desenharam também uma poltrona do tipo *chaise lounge* e um pufe, fabricados pela Herman Miller, para a qual também projetaram a sede. Seus filmes eram experimentais e conceituais. O mais conhecido, *Powers of Ten* (*Potências de dez*), buscava mostrar um universo pós-einsteiniano.

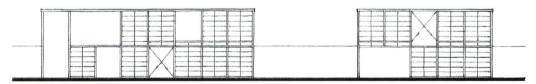

18.59  Elevação da Casa Eames

## AMÉRICA DO NORTE

18.60 Galeria de Arte da Universidade de Yale, New Haven, Connecticut

escada parece indicar uma mudança na elevação urbana. Trata-se de uma homenagem sutil a um tipo de espaço ao mesmo tempo íntimo e urbano. Kahn reiteradamente optou por entradas discretas em sua arquitetura, tirando a ênfase do aspecto cerimonial da chegada. A extrema severidade do edifício prenuncia uma estética que veio a ser chamada de brutalismo e que criaria raízes no final da década de 1960.

Kahn estudou na Academia Americana em Roma em 1950. Depois, em 1951, viajou pela Itália, pelo Egito e pela Grécia. Ao contrário da maioria dos modernistas, que rejeitava a arquitetura da Antiguidade, ele via nela uma luta para que o edifício se firmasse diante do esplendor opressivo da paisagem. Por isso, preferia o arcaico Templo de Pesto às proporções refinadas do Partenon. Seu estudo da arquitetura grega e romana o levou a empregar formas e simetrias simples, porém arrebatadoras, em uma época em que os funcionalistas torciam o nariz diante dessas coisas.

### A Galeria de Arte da Universidade de Yale

Louis Kahn (1901–1974), como fizera Wright antes dele, desenvolveu uma estética que fugia das normas em desenvolvimento do Modernismo internacional. Isso não significa que seu trabalho não fosse influenciado pelo Modernismo e por seu empenho em dominar a abstração. A Galeria de Arte da Universidade Yale, em New Haven, Connecticut (1951–1953), é excepcional por ser pouco retórica. Paredes de tijolo com longas barras horizontais definem uma direção, enquanto as janelas de alumínio definem a outra. Ele inseriu as exigências programáticas do edifício dentro desse esquema simples, organizando-as em cilindros e retângulos. A ideia se assemelha à tentativa de Mies de unificar os elementos secundários do programa de necessidades numa espinha vertical, exceto pelo fato de que, aqui, esses elementos se tornam praticamente escultóricos. Kahn se interessava pela interação entre os seres humanos e os sistemas técnicos que servem a eles – e que, portanto, são parte integrante do mundo arquitetônico. Assim, ele decidiu tirar partido da necessidade de usar fios elétricos, tomadas, luminárias e dutos, permitindo que todos ficassem visíveis. A entrada é quase invisível da rua, pois se encontra num nível mais alto, isolada por um muro e uma escada. Mies provavelmente teria situado a entrada no nível da rua e usado bastante vidro. Gropius talvez tivesse construído uma pequena marquise sobre ela. Mas a entrada de Kahn é algo com que nos deparamos inesperadamente, como, talvez, em uma cidade europeia medieval. Até a

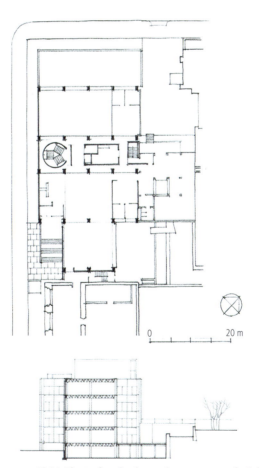

18.61 Planta do primeiro pavimento e corte da Galeria de Arte da Universidade de Yale, New Haven, Connecticut

# 1950 D.C.

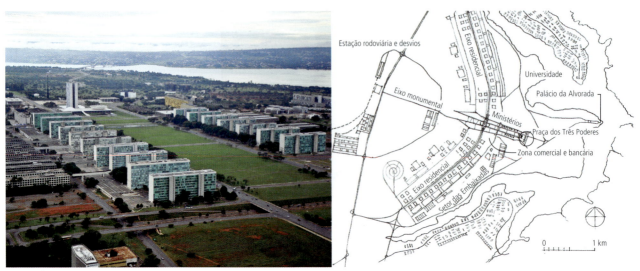

18.62 Brasília, Brasil

18.63 Plano de Brasília

## O Modernismo nacional, Brasília

No Brasil, a arquitetura moderna serviu para expressar a identidade nacional e atingiu seu auge com a criação de Brasília, em 1956 (a cidade foi inaugurada em 1960). Desde o final do século XIX, havia sido proposta a construção de uma capital no interior do país, como forma de deslocar o foco das cidades litorâneas e criar um centro geograficamente acessível a todo o país. O presidente Juscelino Kubitschek, que defendia a industrialização rápida e tomou a decisão de dar continuidade à ideia da nova capital, convidou o arquiteto Oscar Niemeyer (1907–2012), nascido e formado no Brasil, a projetar os edifícios principais. Após um concurso, Lúcio Costa foi incubido de preparar o plano piloto. A cidade deveria ser acessível sobretudo por via aérea, tendo, portanto, a intenção de ser a manifestação suprema dos processos de modernização. O plano de Costa, que parecia um avião, baseava-se nos princípios do CIAM, de separação entre as funções de habitação, recreação, trabalho e circulação. Projetada em torno de dois eixos que se interceptam, formando uma cruz, Brasília seria uma cidade para automóveis. Para facilitar o transporte, projetaram-se longas vias de alta velocidade, com três sistemas de multipistas em cada eixo e passagens por baixo e por cima nos cruzamentos. Uma represa construída no Rio Paranoá criou um lago cujos braços, longos como dedos, abraçam as extremidades sul, leste e norte de um planalto em forma de U, sobre o qual se localiza a cidade. O principal eixo monumental vai de leste a oeste, dividindo o planalto ao meio.

No eixo transversal norte-sul, organizadas em uma leve curva, ficam as principais unidades residenciais, ou "superquadras", que possuem três níveis, com os estacionamentos na extremidade leste. Cada superquadra, de 240 por 240 metros, foi concebida como um agrupamento de blocos de apartamentos de seis pavimentos, elevados sobre *pilotis*, com espaços de lazer para as crianças nos pátios internos. Aninhadas entre os dedos dos lagos, ao norte e ao sul, ficam as moradias particulares. O aeroporto e a estação ferroviária se localizam mais para o interior, a oeste.

O núcleo funcional, cerimonial e visual da cidade é a chamado de Praça dos Três Poderes, na extremidade leste do planalto. Aos olhos de quem se aproxima pelo oeste, as 11 torres dos ministérios desfilam numa grandiosa procissão, que culmina nos blocos retangulares dos ministérios das Relações Exteriores e da Fazenda, além dos quais, no centro do eixo, encontra-se o Congresso Nacional, um edifício único na história da arquitetura moderna. Ele abriga dois salões principais, o maior para a Câmara dos Deputados e o menor para o Senado. O auditório inclinado para visitantes da Câmara dos Deputados, a qual é redonda, expressa-se, na linha de cobertura, na forma de uma tigela virada para cima. A câmara do Senado é coberta por uma cúpula tradicional. Juntas, a concha e a cúpula, elevadas em relação ao nível do solo por uma plataforma gigante, formam uma silhueta memorável contra o horizonte, propositadamente projetada como o símbolo de Brasília. Todos os gabinetes estão abaixo, em dois andares acessados por meio de uma rampa.

Mais a leste, alinhadas à rampa, erguem-se duas torres gêmeas, conectadas pela passarela da secretaria. Elas estão no centro de um espelho

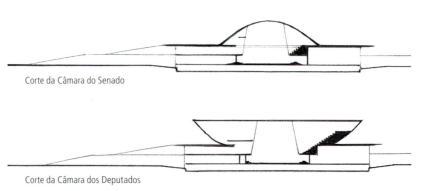

18.64 Congresso Nacional, Brasília

# AMÉRICA DO SUL

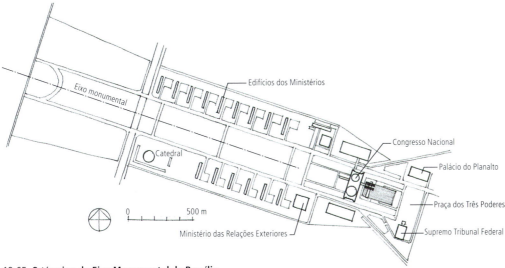

18.65 O término do Eixo Monumental de Brasília

d'água retangular em cuja extremidade leste se encontra o clímax de todo o complexo, uma gigantesca praça que abriga o gabinete executivo do presidente da República (o Palácio do Planalto) e, na outra extremidade, o Supremo Tribunal Federal. Uma das vias rápidas de múltiplas pistas corta a praça ao lado do Palácio do Planalto, conectando-se às vias periféricas e à residência do presidente, o Palácio da Alvorada, localizado à beira da água.

Esses três edifícios juntos, todos projetados por Niemeyer, representam uma monurnentalização do estilo moderno nacional brasileiro. Todos os três são blocos de concreto horizontalizados, envidraçados em todos os lados, com grandes coberturas em balanço e lajes de piso de concreto. No Palácio do Planalto, todo um pavimento se encontra abaixo da laje do pavimento térreo; nos outros dois edifícios, a laje eleva o piso principal acima do nível do solo. Nos interiores, as plantas lembram mais as geometrias precisas de Mies do que as curvas sensuais de Le Corbusier. As colunatas que correm ao longo das laterais expressivas dos edifícios (sempre somente em dois lados opostos, exceto no edifício do Ministério das Relações Exteriores, construído mais tarde, onde estão presentes em todos os quatro lados) foram projetadas como formas curvilíneas delicadamente trabalhadas. Tensionadas quase a ponto de desaparecerem nas quinas, expressam seu caráter mais como vigas-alavanca do que como componentes que sustentam a carga. (Joaquim Cardoso fez os cálculos estruturais). No Palácio do Planalto, as colunatas se encontram de frente para a praça; no Supremo Tribunal, localizam-se na lateral; e, no Palácio da Alvorada, giram lateralmente, formando uma fileira de arcos invertidos ao longo da fachada.

A arquitetura moderna brasileira, após a Segunda Guerra Mundial, teve grande influência no desenvolvimento da arquitetura moderna em todo o mundo (embora inicialmente fosse derivada do Modernismo europeu). O edifício do Ministério das Relações Exteriores, em Brasília, foi o modelo para o projeto do Lincoln Center, em Nova York. Oscar Niemeyer foi o arquiteto principal da sede da Organização das Nações Unidas (1947), também em Nova York, depois do afastamento de Le Corbusier do projeto e da nomeação de Wallace Harrison como chefe do Conselho de Projetos da ONU. O projeto de Wallace Harrison para o Centro Cívico de Albany (1962–1968), um dos maiores centros cívicos em estilo modernista dos Estados Unidos, inspirou-se na Praça dos Três Poderes de Lúcio Costa e Niemeyer.

18.66 Ministério das Relações Exteriores, Brasília

# 1950 D.C.

## O Modernismo nacional, Chandigarh, Índia

Ao conquistar sua independência, em 1947, a Índia foi dividida em dois países, de acordo com as linhas religiosas, o que resultou na criação da nova nação islâmica do Paquistão. Na divisão, o estado indiano do Punjab perdeu para o Paquistão sua capital, Lahore, e Jawaharlal Nehru, primeiro primeiro-ministro da Índia independente, decidiu construir uma nova capital, Chandigarh. Como Getúlio Vargas e Juscelino Kubitschek no Brasil, Nehru modelou seus planos de desenvolvimento no New Deal de Franklin Delano Roosevelt, dando início a uma série de projetos de industrialização patrocinados pelo governo. Seu sentimento era expressamente antinostálgico. Ele queria que Chandigarh fosse "uma cidade desimpedida pelas tradições do passado, um símbolo da fé da nação no futuro".

Quando Le Corbusier uniu-se ao projeto, em 1952, o planejamento urbano já havia sido traçado por Albert Mayer, um urbanista norte-americano, seguindo os princípios do movimento Cidade Bonita, com superquadras acessadas por meio de vias levemente curvas. Le Corbusier uniu as superquadras em unidades de vizinhança, de 800 por 1.200 metros, servidas por uma hierarquia decrescente de ruas e ciclovias, em consonância com os princípios do CIAM. Dentro desses setores, Le Corbusier queria projetar unidades residenciais de vários pavimentos (talvez como aquelas encontradas em Brasília, ou como suas Unidades de Habitação, cujo primeiro protótipo acabara de ser construído em Marselha). Essa ideia foi, todavia, descartada de imediato pelos responsáveis pelo projeto, comprometidos com uma imagem suburbana de edifícios baixos, parcialmente inspirada nos assentamentos dispersos que os ingleses haviam construído para seus funcionários na Índia colonial. As habitações públicas foram, portanto, criadas não por Le Corbusier, mas por seu primo, Pierre Jeanneret (que era o arquiteto do projeto), e pela dupla inglesa Maxwell Fry e Jane Drew (um casal que havia trabalhado na África), auxiliados por uma equipe de nove arquitetos e urbanistas indianos. A maior parte das construções foi feita com paredes portantes de tijolo aparente, realçadas por pórticos de alvenaria com aparelho de pedra irregular e protetores de janela de concreto, rebocados e pintados de branco.

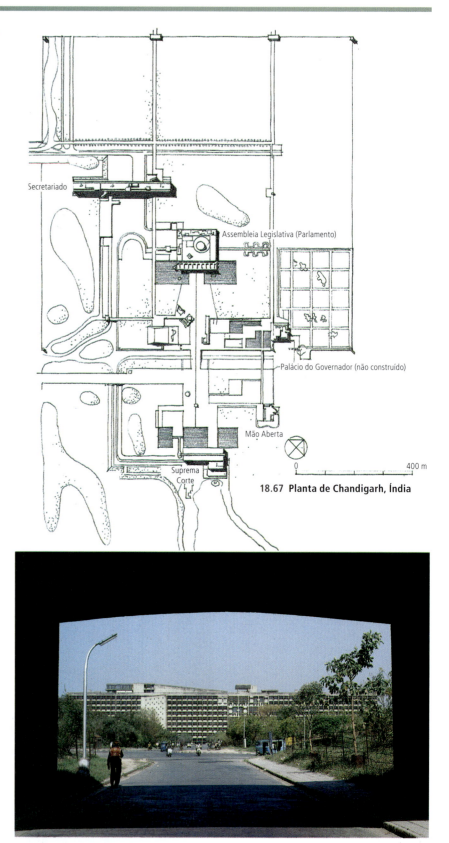

18.67 Planta de Chandigarh, Índia

18.68 Secretariado, Chandigarh

756

# SUL DA ÁSIA

O Complexo do Capitólio de Chandigarh (1951–1962), projetado por Le Corbusier, inclui o Supremo Tribunal, a Assembleia Legislativa e o Secretariado dos estados do Punjab e Haryana. Localiza-se no extremo norte da cidade, em uma planície vasta e aberta, enquadrada visualmente apenas pelos distantes sopés do Himalaia. A área é mais ou menos definida por dois quadriláteros adjacentes, de 800 metros de lado, que contêm dois quadrados de 400 metros cada. As vias de trânsito de veículos ficam em um nível um pouco abaixo. A terra escavada para isso foi empregada para a construção das colinas artificiais que separam o Capitólio do resto da cidade. Uma grande praça para pedestres, de formato irregular, que conecta a Assembleia Legislativa ao Supremo Tribunal, salpicada por uma série de ornamentos simbólicos, forma o centro conceitual do Capitólio. A Suprema Corte, o primeiro edifício a ser construído, foi inserida dentro de uma estrutura compacta, com uma segunda cobertura (com arcos suspensos) construída sobre o primeira, de modo a sombreá-la. Três enormes pilones definem uma entrada monumental em frente da qual há dois espelhos d'água. A elevação do prédio tem ritmo determinado pelas divisões correspondentes aos nove tribunais. De fato, a elevação praticamente reproduz a planta. Apesar de construída em concreto bruto moldado *in loco*, a Suprema Corte, com seus pilones em suaves cores em tom pastel, parece leve e arejada, em especial quando refletida nos espelhos de água.

O Secretariado tem caráter muito distinto. No contexto da composição total, ele funciona como pano de fundo para a Assembleia, assumindo a forma de uma longa laje com uma cobertura impressionante e uma fachada composta de brises. As escadas parecem ser torres anexadas, com pequenas janelas. Com seu longo corredor que dá acesso a recintos em ambos os seus lados, o edifício reafirmava a ideia corbusiana da solução habitacional coletiva, a Unidade da Habitação. Contudo, enquanto a Unidade de Habitação erguia-se sobre robustos *pilotis* de concreto, o Secretariado se apoia diretamente no chão.

18.69  **Suprema Corte, Chandigarh**

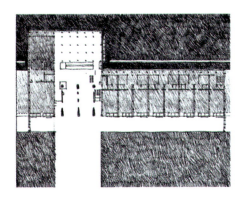

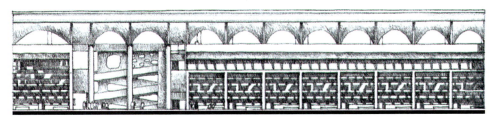

18.70  **Diagrama da planta e elevação: Suprema Corte, Chandigarh**

# 1950 D.C.

18.71 Assembleia Legislativa (Parlamento), Chandigarh

as origens estéticas da escultura, Le Corbusier expressou sua esperança mais ambiciosa para ela em uma carta endereçada a Nehru em 1955, quando propôs o monumento como símbolo do Movimento dos Países Não Alinhados. Esse movimento, concebido por Nehru, foi uma tentativa de propor uma terceira alternativa à hegemonia da divisiva teoria dos dois mundos (comunista *versus* capitalista) da Guerra Fria. Apesar de não ter sido adotado como símbolo para o movimento, o Monumento da Mão Aberta tornou-se o símbolo de Chandigarh, cidade que materializou as esperanças de Nehru para uma Índia moderna.

O Edifício da Assembleia Legislativa, ou Parlamento (1953–1963), de Le Corbusier, é uma obra-prima em termos de organização e monumentalidade. Em uma viagem a Ahmedabad, no oeste da Índia, Le Corbusier viu um arco paraboloide hiperbólico em construção, destinado a uma usina de energia térmica. Fascinado pela forma, decidiu imediatamente usá-la como motivo no Edifício da Assembleia Legislativa. Nessa época, ele também estava trabalhando com o matemático e músico Iannis Xenaxis em vários projetos na França, e em todos eles explorava as possibilidades escultóricas das superfícies geométricas. No projeto do Edifício da Assembleia Legislativa, parece que Le Corbusier literalmente deixou cair o arco paraboloide hiperbólico sobre uma caixa retangular. Ao redor do auditório, uma floresta de altas colunas que chegam a um teto negro cria o saguão de entrada. Os três lados fechados da caixa foram destinados aos escritórios. Os brises funcionaram como uma pele. No quarto lado da caixa (a lateral voltada para a praça), Le Corbusier construiu um portal monumental, de frente para o portal da Suprema Corte, do outro lado da vasta praça. Uma fileira de pilones esbeltos sustenta uma cobertura de forma livre, cujo contorno lembra os chifres de um touro, dando ao Edifício da Assembleia Legislativa a aparência de um touro majestoso, em pose firme ante a vasta planície indiana – um contraste marcante com os palácios de Niemeyer em Brasília, que mal tocam o chão e parecem flutuar, desafiando a gravidade.

Le Corbusier também presenteou Chandigarh com o Monumento da Mão Aberta, que criou para ser o símbolo da cidade. Trata-se de uma escultura de aço polido de 23 metros de altura que fica no Capitólio. Embora sejam diversas

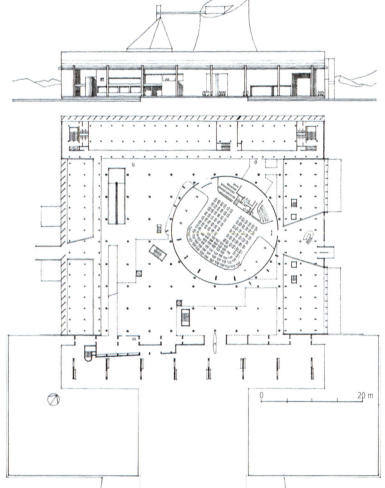

18.72 Corte e planta do Edifício da Assembleia Legislativa (Parlamento), Chandigarh

# EUROPA

18.73 Notre Dame de Haut, Ronchamp, França

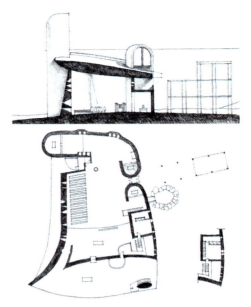

18.74 Planta e corte da Notre Dame de Haut

### A Capela de Ronchamp

Le Corbusier aceitou dois contratos para projetar instituições religiosas. Uma delas foi a capela Notre-Dame du Haut (1955), em Ronchamp, na Cordilheira do Jura, leste da França. A outra foi um mosteiro em La Tourette (1957–1960), perto de Lyon, França. Ambas as edificações foram solicitadas por uma ala reformista da Igreja Católica, que buscava reafirmar a pertinência dessa instituição em uma época em que a frequência às igrejas diminuía. A adoção da arquitetura moderna para atrair a nova geração fazia parte desse esforço. Além de terem sido experimentos ousados, os projetos demonstraram que o Modernismo era realmente capaz de criar uma atmosfera orientada para a introspecção e propícia à contemplação. Le Corbusier, ainda que não fosse católico praticante, recebeu os encargos de braços abertos, pois eles lhe permitiram fazer experiências com formas simbólicas que ele nunca antes tentara em um contexto europeu.

Junto com a Capela do Rosário (1949–1951), de Henri Matisse, a obra surpreendeu muitas pessoas quando foi construída e é considerada hoje uma das mais extraordinárias expressões religiosas modernas do século XX. O edifício é, acima de tudo, uma escultura. O elemento principal de seu desenho é a curva, empregada inúmeras vezes para constituir um conjunto deslumbrante de interseções e espaços em forma de recônditos semelhantes a grutas. Três paredes contínuas, que mudam de direção, espessura e altura, criam um volume que desafia as expectativas convencionais sobre fachadas e interiores. Duas curvas convexas salientes, a norte e a oeste, criam uma parte traseira, enquanto dois recuos côncavos, nos lados sul e leste, representam a parte frontal. Sobre as paredes, apoiando-se em pilares embutidos dentro delas, flutua uma cobertura espessa, de aspecto orgânico, que em um dos lados culmina em uma ponta afiada. Alguns compararam-na a uma almofada; outros, a um chapéu.

Três torres, agrupadas e com os topos cobertos, ultrapassam o nível do telhado, criando contrapontos verticais à horizontalidade geral e à estreita relação do edifício com o solo. A luz desce pelos espaços internos dessas torres e banha o santuário interno. Cada torre tem uma função específica: capela, sacristia e batistério. A parede oeste é perfurada por uma série de janelas distribuídas de modo irregular, vazadas em vários tamanhos e profundidades, levando intensos focos de luz ao interior. No interior do prédio, o telhado é suspenso como um pano sobre a nave e inclina-se levemente para o sul, em direção ao altar. Uma estátua da Virgem Maria encontra-se em uma alcova na parede leste, projetada de modo a poder girar para ser vista tanto de dentro quanto de fora, para missas celebradas ao ar livre, em ocasiões especiais. Usando pedras do próprio terreno, Le Corbusier construiu uma pequena pirâmide escalonada perto da igreja. Os sinos foram colocados numa estrutura de aço, em um dos lados. Situada no topo plano de um morro no meio de uma floresta da Cordilheira do Jura, o edifício é acessado por uma estrada de curvas suaves que sobe a colina e passa ao lado de um edifício baixo, usado para recepções e serviços. Do alto, vistas serenas descortinam-se em todas as direções, conferindo à igreja o aspecto de um local de peregrinação. (E, de fato, no passado ali havia uma capela de peregrinação dedicada à Virgem Maria que foi destruída na Segunda Guerra Mundial.)

18.75 Interior da Notre Dame de Haut

# 1950 D.C.

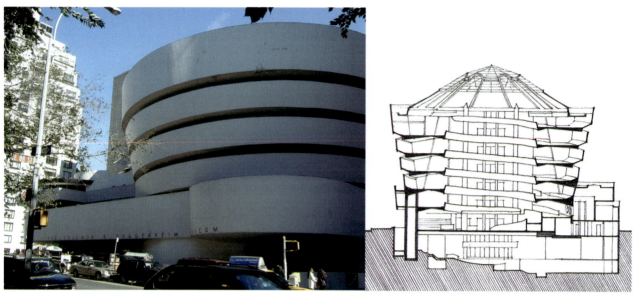

18.76  Museu Guggenheim, cidade de Nova York

18.77  Corte e planta: Museu Guggenheim

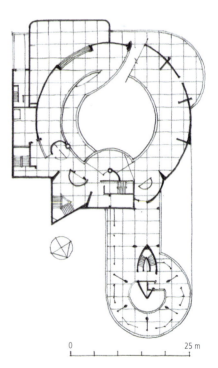

**O Museu Guggenheim**

Após a Segunda Guerra Mundial, a insistência da arquitetura moderna por uma estética funcional e racionalista se deparou com a necessidade de expressar a monumentalidade, em especial em grandes edificações públicas. O projeto de Frank Lloyd Wright para o Museu Guggenheim (1956–1959), em Manhattan, Nova York, com uma forma externa espetacular e um grande espaço interno no centro, formado por uma rampa curvilínea, foi particularmente inovador nesse sentido. As laterais do edifício são, em toda sua extensão, ocupadas por essa rampa suave e em espiral, projetada para permitir que os visitantes apreciem a arte de modo contínuo, sem interrupção. Ela também permite que todos que estejam vendo a exposição sejam vistos, ideia próxima da sensibilidade expressa na Ópera de Paris, de Charles Garnier. A rampa, cujo diâmetro aumenta à medida que se sobe – ou diminui à medida que se desce, dependendo do caso –, gera o perfil externo do Guggenheim, em grande contraste com a geometria retilínea dos quarteirões de Manhattan do entorno. Wright defendeu a espiral argumentando que a arte abstrata não precisava mais ser vista dentro da estrutura tradicional de salas e paredes. Contudo, por mais inovadoras e controversas que fossem as ideias do arquiteto sobre a exposição de arte, não se discute o caráter impressionante do espaço central do edifício. Acessado diretamente da rua, ele foi concebido como uma extensão do espaço urbano. Nesse sentido, constituía um importante avanço na relação entre Modernismo e espaço público. Apesar de o Museu de Arte Moderna (1938–1939), de Philip Goodwin e Edward Durei Stone, ter sido, em termos técnicos, o primeiro edifício moderno construído em Nova York, o Guggenheim foi a primeira edificação pública verdadeiramente modernista da cidade.

O projeto passou por diversas modificações. De início, pretendia-se que o prédio fosse um tipo de galeria privada, destinada a expor os trabalhos de Solomon R. Guggenheim. Mais tarde, entretanto, em 1952, o museu teve seu escopo ampliado e tornou-se algo muito maior, rivalizando com o Museu de Arte Moderna como instituição envolvida na experimentação e formação de opinião, no âmbito geral da arte moderna. O programa expandido forçou Wright a fazer mudanças e concessões, mas o arquiteto não abandonou sua ideia de que as pinturas planas se beneficiam ao serem penduradas em paredes curvas. A recepção positiva do edifício pelo público compensou as objeções dos curadores e pintores. O edifício baseava-se em um sistema estrutural inovador de nervuras de concreto radiais e chanfradas, que sustentam as lajes de piso e se unem no alto para formar a cúpula. Embora o museu logo tenha se tornado um marco de Manhattan, o sucesso de sua funcionalidade – a exposição de pinturas – é questionado até hoje, e seu esquema jamais foi imitado. Uma das reclamações é que o prédio compete, em atenção, com as obras de arte e, portanto, pode distrair os espectadores. Outra é que os visitantes nunca conseguem realmente descansar, pois são forçados a se mover em uma rampa, a qual promove o movimento, e não o repouso.

760

# SUL DA ÁSIA

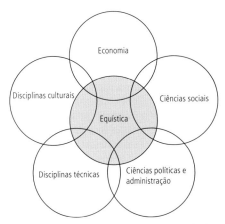

18.78 Diagrama da equística e suas ciências relacionadas

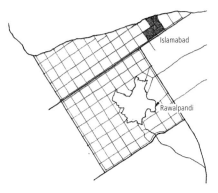

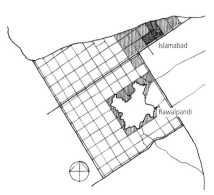

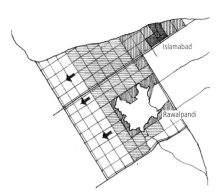

18.79 Islamabad, Paquistão: uma dynametropolis em crescimento

## Equística

Constantinos Doxiadis (1913–1975), ex-secretário de planejamento urbano de Atenas, na Grécia, abriu sua própria empresa em 1951 e, depois disso, construiu em dezenas de países, incluindo Índia, Bangladesh, Etiópia, França, Gana, Irã, Iraque, Itália, Jordânia, Paquistão e Síria. Seu escritório era, na época, um dos maiores do mundo. Doxiadis introduziu na discussão do Modernismo questões como clima e geografia regional, quando tais considerações ainda eram raras. Para designar a ciência dos assentamentos humanos, ele cunhou o termo "equística", originário do grego *oikos*, que significa "casa". Doxiadis aspirava a expandir a base científica da arquitetura, do desenho e do planejamento urbano, rejeitando a autoexpressão arbitrária e as versões monótonas do racionalismo, e desejava abordar questões que iam além da tecnologia e da funcionalidade. Ele logo reuniu a seu redor um grupo internacional e interdisciplinar que incluía visionários globais (como Buckminster Fuller e Margaret Mead); arquitetos, urbanistas e consultores das Nações Unidas (Jaqueline Tyrwhitt e Charles Abrams); economistas e pensadores ambientalistas (Barbara Ward e René Dubos), e todos eles, até certo ponto, compartilhavam sua visão.

Seu modelo de planejamento se denominava dynapolis. O termo remete a uma cidade dinâmica e capaz de se transformar ao longo do tempo, permitindo que o núcleo urbano se expandisse de maneira contínua e unidirecional, evitando o congestionamento e abolindo a permanência e a monumentalidade dos centros urbanos estacionários. O centro comercial e as áreas residenciais também cresceriam ao longo desse eixo, e as áreas industriais seriam empurradas para a periferia. Essa lógica de separação funcional estendia-se à organização social, dividindo-se cada setor residencial em escalas comunitárias menores, organizadas hierarquicamente.

O modelo da dynapolis contribuiu para muitos planos de reestruturação urbana, de Bagdá, no Iraque (1958), a Atenas (1960) e Washington D.C., e tornou-se a base para a criação de Islamabad, a nova capital do Paquistão (1960). Doxiadis traçou o plano diretor de Islamabad e os protótipos de seus principais tipos de habitação, mas o projeto dos edifícios individuais foi encomendado a arquitetos locais e estrangeiros. O plano diretor baseava-se em seu conceito de um núcleo móvel – a ideia de que o centro comercial da cidade continuaria a se delocar e crescer como fosse necessário, criando consigo uma cidade linear.

# 1950 D.C.

18.80 Ópera de Sydney, Austrália

### A Ópera de Sydney

A Ópera de Sydney (1957–1973), de Jørn Utzon, foi outro projeto que trouxe muito prestígio a um jovem arquiteto. Situada bem à beira d'água, tendo por pano de fundo a curvatura elegante da ponte da Baía de Sydney, a proposta de Utzon, que ganhou o concurso, imaginava uma série de conchas de diversas alturas que se encaixam umas nas outras e pairam sobre uma vasta plataforma escalonada, evocando, por meio de um inequívoco virtuosismo tecnológico, a imagem das velas de um navio. Sustentadas por 580 pilares de concreto submersos a até 25 metros abaixo do nível do mar, as conchas são revestidas de telhas brancas de cerâmica e acomodam cinco espaços para espetáculos. Apesar de Utzon não ter completado pessoalmente a obra, o edifício logo tornou-se o projeto-símbolo da Austrália e seu ícone nacional.

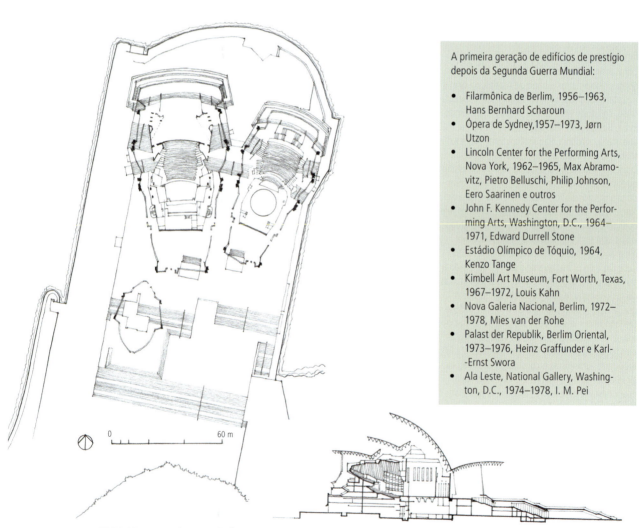

18.81 Planta geral e corte da Ópera de Sydney

A primeira geração de edifícios de prestígio depois da Segunda Guerra Mundial:

- Filarmônica de Berlim, 1956–1963, Hans Bernhard Scharoun
- Ópera de Sydney, 1957–1973, Jørn Utzon
- Lincoln Center for the Performing Arts, Nova York, 1962–1965, Max Abramovitz, Pietro Belluschi, Philip Johnson, Eero Saarinen e outros
- John F. Kennedy Center for the Performing Arts, Washington, D.C., 1964–1971, Edward Durrell Stone
- Estádio Olímpico de Tóquio, 1964, Kenzo Tange
- Kimbell Art Museum, Fort Worth, Texas, 1967–1972, Louis Kahn
- Nova Galeria Nacional, Berlim, 1972–1978, Mies van der Rohe
- Palast der Republik, Berlim Oriental, 1973–1976, Heinz Graffunder e Karl--Ernst Swora
- Ala Leste, National Gallery, Washington, D.C., 1974–1978, I. M. Pei

# AMÉRICA DO NORTE

18.82 Terminal da TWA, Aeroporto Internacional John F. Kennedy, Queens, Nova York

18.83 Terminal da TWA, Aeroporto Internacional John F. Kennedy, Queens, Nova York

### Eero Saarinen

Nascido em 1910, na Finlândia, Eero Saarinen injetou poesia às possibilidades estruturais do concreto armado. Embora Erich Mendelsohn tivesse tentado fazer a mesma coisa na década de 1930, ele construiu relativamente pouco em uma época em que o concreto ainda era um material bastante experimental. A carreira de Eero Saarinen terminou prematuramente com sua morte, em 1961, mas ele já havia então trabalhado, no curto intervalo de 12 anos, em aproximadamente 30 projetos na Europa e nos Estados Unidos. Alguns deles se tornariam ícones arquitetônicos internacionais e símbolos da identidade dos Estados Unidos como superpotência tecnológica do pós--guerra. Entre essas obras estão o Gateway Arch (1948–1964), em Saint Louis, o Centro Técnico da General Motors (1948–1956), em Detroit, Michigan, e o Terminal da TWA (1956–1962), no Aeroporto Internacional John F. Kennedy, em Nova York.

O projeto de 1947, inscrito por Eero Saarinen e que venceu o concurso para o Gateway Arch, em Saint Louis, Missouri (1961–1966), foi concebido como um enorme arco localizado às margens do Rio Mississippi. O monumento pretendia equiparar-se à Torre Eiffel – se não a superar – em matéria de escala, proeza tecnológica e estatura simbólica. Por representar o acesso ao oeste, era visto como uma referência espetacular às origens dos Estados Unidos e como um modo de pôr a cidade de Saint Louis no mapa internacional. O arco é uma curva catenária, cujo vão e altura possuem, ambos, 192 metros. Ele consiste em uma dupla pele de aço – na parte externa, aço inoxidável e, na interna, aço-carbono – reforçada com concreto onde necessário. As duas pernas em corte transversal são triângulos equiláteros com 16,5 metros de lado ao nível do chão, afilando-se até chegar a 5 metros no ápice da curva. O Museu da Expansão para o Oeste fica no térreo, e um mirante que fica em seu terraço pode ser acessado por elevador. Também projetado por Saarinen, o Terminal da TWA (1956–1962) no Aeroporto Internacional John. F Kennedy, em Nova York, foi concebido como um pássaro com asas abertas pronto para alçar voo. Ele projetou o terminal usando quase inteiramente maquetes, em vez de desenhos. O prédio não tem elevação principal nem ângulos retos. Em vez disso, suas formas cativantes e seus interiores ondulados – junto com o piso coberto de carpetes com a cor vermelha da TWA – pretendiam evocar uma visão de graça e leveza.

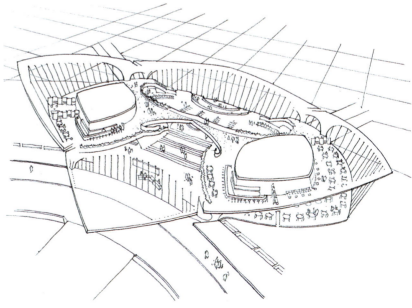

18.84 Perspectiva aérea do Terminal da TWA, Aeroporto Internacional John F. Kennedy

763

# 1950 D.C.

**O arranha-céu de aço e vidro**

Há muito os arranha-céus vêm sendo o principal símbolo das metrópoles norte-americanas. Nos primórdios dessa tipologia, os arquitetos buscavam diferenciar os arranha-céus uns dos outros. No final da década de 1920, porém, o aspecto dos edifícios altos se padronizou, com exceção, talvez, dos elementos agregados no topo, como o do Edifício Chrysler (1928). O projeto de arranha-céus sofreu sua mudança mais radical com o Edifício Seagram, de Mies van der Rohe (1958), no coração de Manhattan (Midtown), projetado em colaboração com Philip Johnson e construído para ser a sede da destilaria canadense Joseph E. Seagram & Sons. Esse edifício de 38 pavimentos é uma caixa vertical com quinas limpas e bem marcadas. Ao contrário dos primeiros arranha-céus, perfurados por janelas, neste caso o vidro sobe de cada laje de piso ao teto, criando a pele do edifício. A borda visível das lajes de piso é revestida de tímpanos de bronze, realçando leves traços horizontais nos pavimentos durante o dia, quando os vidros refletem a luz, mas que ficam ainda mais pronunciados à noite, quando contrastam com a iluminação interna.

Embora o edifício pareça ser todo construído de aço estrutural, isso não corresponde à verdade. O código de incêndio proibia o aço aparente, o que significou que os suportes de aço precisaram ser cobertos com concreto a prova de fogo. Contudo, como isso não é o que Mies van der Rohe queira para o aspecto externo, ele usou vigas universais (perfis I) não estruturais de tom bronze, que correm na vertical de toda a fachada como se fossem mainéis. Esses montantes têm o mesmo espaçamento em toda a pele do prédio e, junto com os tímpanos horizontais, criam um forte padrão em grelha. Essa superfície, porém, não chega a tocar o chão, permitindo que a verdadeira estrutura do edifício — as vigas de aço revestidas de concreto — seja visível no saguão. O vidro não é totalmente transparente, mas corado, na cor bronze, de modo que, sob certas condições de iluminação, o edifício inteiro — sua estrutura e suas vidraças — parece ter uma tonalidade dourada, sugerindo talvez, segundo já se afirmou, a cor do uísque, um dos produtos fabricados pelo proprietário do prédio.

Na década de 1960, a linha do horizonte de Chicago começou a mudar em decorrência do afrouxamento dos limites de altura até então impostos pela legislação da cidade. Muitas torres foram então construídas, entre elas várias de Mies, em seu estilo usual de caixa, como os Lake Shore Drive Apartments (1948–1951) e o Chicago Federal Center (1959–1974). Esses edifícios provocaram uma discussão acalorada (e ainda inconclusa) acerca do tratamento que se deve dar à superfície de um edifício alto. Alguns arquitetos desenvolveram o padrão de grelha, enfatizando diferentes aspectos de sua composição; outros trabalharam com a natureza reflexiva do vidro. Talvez o ápice do questionamento miesiano da superfície tenha sido a Torre John Hancock (1976), em Boston, de I. M. Pei e Henry N. Cobb.

Na década de 1970, a Skidmore, Owings e Merrill (SOM), fundada em 1936, empregava cerca de mil arquitetos, engenheiros e técnicos, que prestavam serviços

18.85 Edifício Seagram, cidade de Nova York

18.86 Saguão do Edifício Seagram

764

# AMÉRICA DO NORTE

18.87 Edifício Alcoa, San Francisco

completos de planejamento, projeto, engenharia e construção. Era uma das primeiras corporações arquitetônicas multifuncionais do mundo. A empresa possuía sete escritórios principais, localizados em Nova York, Chicago, São Francisco, Portland (no Oregon), Washington, D.C., Paris e Los Angeles. Os contratos iam de bibliotecas presidenciais a edifícios industriais de rotina. Apesar da diversidade na produção estética, o aperfeiçoamento do paradigma de Mies de fazer do Modernismo a linguagem por excelência das corporações foi um importante conceito por trás da reputação da empresa. Pode-se ver isso na Sede da Business Men's Assurance Company of America (em Kansas City, Missouri, 1963), situada fora da cidade, junto a um parque. Ao contrário da preferência de Mies por aço e vidro, neste caso a estrutura de aço é revestida de mármore branco da Geórgia. As janelas são recuadas, para criar um efeito duro, minimalista. O Edifício Alcoa, em São Francisco (1964), levou essa ideia de desenho um passo adiante. Seu exoesqueleto, formado por suportes diagonais, ao mesmo tempo tem propósitos estruturais e estabelece uma mensagem simbólica. Embora a abstração implacável e intransigente desses edifícios com contraventamento em X transversal pareça torná-los mudos e sem rosto, a ausência de qualquer mensagem retórica é desmentida pela ideia de que a forma não é de eficiência tecnológica, e sim expressão da elegância tecnológica.

18.88 Business Men's Assurance Company of America, Kansas City, Missouri

18.89 Planta de localização e elevação da Business Men's Assurance Company of America

# 1950 D.C.

18.90 Aula Magna, Cidade Universitária de Caracas, Venezuela

18.91 Casa Diego Rivera, Cidade do México

## O Modernismo latino-americano

Em muitas partes da América Latina, o Modernismo foi mais uma busca de expressão da vanguarda artística do que um sentimento nacionalista patrocinado pelo Estado. Ele foi proposto inicialmente não por arquitetos, mas por poetas e escritores, como Rubén Darío (Panamá), José Asunción Silva (Colômbia), Manuel Gutiérrez Nájera (México), José Enrique Rodá (Uruguai), José Marlí (Cuba), Bienvenido Nouel (República Dominicana) e Luís Lloréns Torres (Porto Rico). Foi apenas nas décadas de 1940 e 1950 que surgiu como linguagem da autonomia e da independência aquilo que às vezes é chamado de Modernismo tropical. Apesar de fortemente influenciado por Le Corbusier, essa releitura latino-americana do Modernismo enfatizava não só as linhas puras, como também a necessidade de superfícies sombreadas, janelas amplas, jardins circundantes e construção leve. Entre seus proponentes incluem-se Guillermo González-Sánchez, na República Dominicana; Antonin Nechodoma e J. P. Henry Klumb, em Porto Rico; e Juan O'Gorman e Felix Candela, entre outros, no México.

A Cidade Universitária de Caracas (1944–1970), do arquiteto venezuelano Carlos Raúl Villanueva, representa uma das mais fortes expressões da arquitetura moderna na América Latina. Construída como um conjunto urbano autônomo localizado próximo à Praça Venezuela, esse conjunto de mais de 40 edifícios foi gerado em um período de radicais mudanças econômicas, sociais e políticas. No centro do campus há uma sucessão de espaços onde interiores e exteriores se fundem de maneira harmônica. Villanueva visualizou um sistema de fluxos e caminhos, ou "movimentos", como um critério fundamental de projeto. Ele foi posto em prática em sua concepção da praça coberta da universidade, com a grande marquise de formato irregular e altura variável que protege o espaço sombreado interno. Villanueva incluiu o trabalho de vários artistas vanguardistas da época, como Fernand Léger, Antoine Pevsner, Victor Vasarely, Jean Arp e Hemi Laurens, assim como o de um grupo de artistas do Abstracionismo geométrico venezuelano, como Mateo Manaure, Pascual Navarro, Oswaldo Vigas e Armando Barrios.

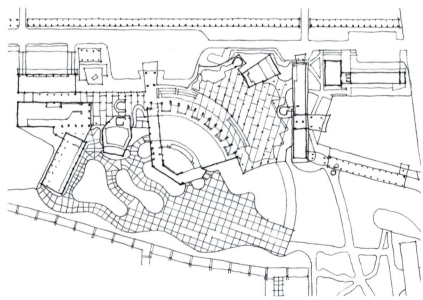

18.92 Planta da Cidade Universitária de Caracas

766

# AMÉRICA DO SUL

18.93 Igreja do Cristo Operário, Atlántida, Uruguai

As realizações tecnológico-estruturais de arquitetos como Eero Saarinen e Jørn Utzon podem ser contrastadas com a obra do arquiteto uruguaio Eladio Dieste, em atividade desde o início da década de 1960. Graduado em engenharia, Eladio Dieste tornou-se conhecido pela construção de uma grande variedade de edificações, desde silos para grãos, galpões de fábricas, mercados, hangares de manutenção, instalações para processamento de frutas, armazéns e terminais rodoviários até algumas igrejas com vãos estruturais e beleza excepcionais. Na maior parte dos prédios, empregou abóbadas gaussianas, conchas autoportantes que permanecem em pé não só por serem leves, mas também por se curvarem ou dobrarem de modo a limitar os empuxos laterais. Dieste também aperfeiçoou técnicas de alvenaria armada, buscando diminuir o uso de material e maximizar o tamanho das aberturas.

Sua Igreja do Cristo Operário, em Atlántida, Uruguai (1958–1960), é um retângulo simples, cujas paredes laterais sobem em curvas ondulantes até a amplitude máxima de seus arcos. A ondulação permite que as paredes finas se sustentem por si mesmas, do mesmo modo que uma folha de papel curvada apresenta resistência maior do que uma folha plana. No topo, a geometria da parede mescla-se à curvatura dupla contínua da cobertura (reforçada com tirantes ocultos em sancas). A beleza das formas é aumentada pela interação sutil com a luz: pequenas aberturas retangulares difundem a luz através do interior, uma tripla fileira de anteparos sobre a entrada abre-se em direções opostas e inunda o espaço com luz indireta. O armazém de Dieste para uma instalação de empacotamento de frutas em Salto (1971–1972) consiste em uma série de grandes abóbadas descontínuas, de curvatura dupla, com um vão de aproximadamente 45 metros. As abóbadas parecem vencer o vão sem fazer qualquer esforço, e as fendas envidraçadas iluminam suas curvas, criando um espaço de rara sensualidade.

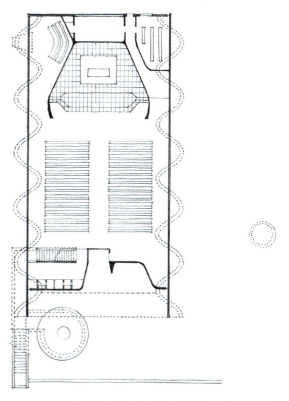

18.94 Corte e planta da Igreja do Cristo Operário, Atlántida, Uruguai

# 1950 D.C.

18.95  Escola de Música da Escola Nacional de Arte, Havana, Cuba

18.96  Escola de Balé da Escola Nacional de Arte, Havana, Cuba

**O Modernismo nacional, Cuba**

Em 1961, dois anos após a Revolução Cubana, Fidel Castro e Ernesto Che Guevara decidiram transformar o campo de golfe do Clube de Campo de Havana em um projeto experimental destinado a tornar a arte disponível a todas as pessoas. O plano diretor das Escolas Nacionais de Arte (1961–1965) foi entregue ao jovem arquiteto cubano Ricardo Porro, que acabara de retornar do exílio. Porro convidou a colaborarem no projeto seus colegas italianos Vittorio Garatti e Roberto Gottardi, que moravam em Caracas, Venezuela. Os três arquitetos iniciaram um processo único: o projeto e a construção das escolas ocorriam simultaneamente ao início das atividades acadêmicas. Porro projetou a Escola de Artes Plásticas e a Escola de Dança Contemporânia; Gottardi, a Escola de Artes Cênicas; Garatti, a Escola de Música e a Escola de Balé. Apesar das particularidades de cada uma, as cinco escolas seguiam três diretrizes comuns: em primeiro lugar, uma resposta à paisagem tropical, que permitia uma íntima relação entre a natureza e a arquitetura; em segundo lugar, o uso de materiais terrosos produzidos na ilha, no lugar do aço e do cimento; em terceiro, o uso da abóbada catalã como o principal sistema estrutural.

Embora essa técnica antiga e versátil exigisse muito pouco em termos de recursos e materiais e tenha sido escolhida em parte como resposta às austeras circunstâncias econômicas de Cuba — sobretudo após o bloqueio imposto pelos Estados Unidos, em outubro de 1960 —, ela conferia à arquitetura a sensualidade e o erotismo que Porro considerava como sendo protótipos cubanos. Em 1965, contudo, as escolas, ainda em construção, começaram a gerar controvérsia. Elas foram acusadas de serem exemplos de um individualismo que contradizia os modelos padronizados, cada vez mais influentes, do estilo soviético-funcionalista. Isso acabou ocasionando o abandono do projeto. Mais tarde, o governo de Castro iniciou, contudo, um projeto de restauração sob a direção de Gottardi, o único dos três arquitetos a permanecer em Cuba.

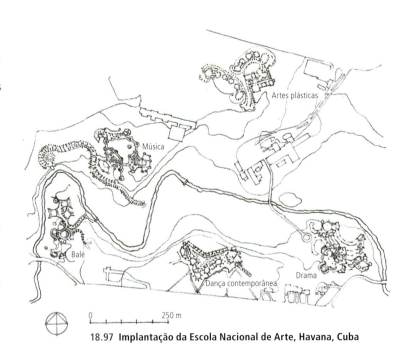

18.97  Implantação da Escola Nacional de Arte, Havana, Cuba

768

# AMÉRICA DO NORTE

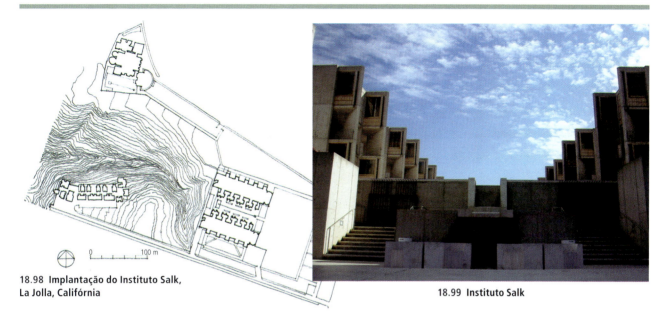

18.98 Implantação do Instituto Salk, La Jolla, Califórnia

18.99 Instituto Salk

## O Instituto Salk

Para o Dr. Jonas Salk, o descobridor da vacina contra a poliomielite, a pesquisa médica não era domínio exclusivo dos cientistas e dos administradores; pertencia ao público. Salk encontrou em Louis Kahn o arquiteto capaz de transformar esse ideal em forma arquitetônica. O edifício do Instituto Salk (1960–1963), em La Jolla, perto de San Diego, Califórnia, fica próximo a um penhasco voltado para o Oceano Pacífico. Três pavimentos de laboratórios, totalmente abertos em todas as direções, são separados por meios-pisos destinados às instalações prediais. Como era típico de Kahn, o edifício passou por várias transformações durante o projeto antes que se chegasse à sua forma final. Em suas configurações finais, ele consistia em dois blocos retangulares de laboratórios separados por um pátio, com torres que abrigam os escritórios dos cientistas que se projetam dos laboratórios, mas estão no espaço do pátio. As torres de circulação ficavam do outro lado dos laboratórios, alinhadas com as torres dos escritórios, separadas dos primeiros por passarelas, a fim de estabelecer uma diferenciação física e psicológica. Visto de fora, o prédio é austero e não tem janelas. O pátio, elevado um pavimento acima do nível do terreno, oferece uma vista espetacular do oceano. As paredes diagonais das torres permitem que cada escritório também usufrua uma vista para o oceano. Kahn concebera originalmente o pátio como um jardim viçoso. Entretanto, em 1966, depois de ver o trabalho de Luis Barragán, convidou-o a conhecer o projeto, e Barragán sugeriu a ideia de uma praça vazia. A entrada da praça é pelo lado leste, através de um jardim tranquilo. Um canal de água estreito corta o pátio ao longo de seu eixo e termina em uma queda d'água silenciosa, que desce de um terraço-mirante – uma área de repouso.

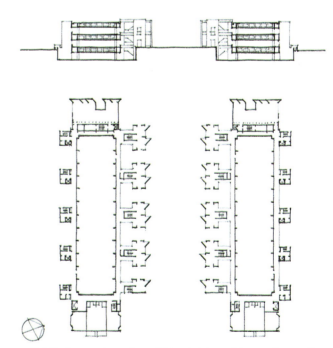

18.100 Corte e planta dos edifícios de laboratórios, Instituto Salk

# 1950 D.C.

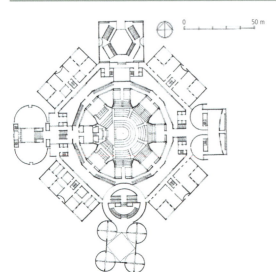

18.102 Sher-e-Banglanagar

18.101 Planta: Sher-e-Banglanagar, Daca, Bangladesh

## O Modernismo nacional, Bangladesh

Louis Kahn passou mais de uma década trabalhando no projeto de Sher-e-Banglanagar (1961–1982), em Daca (como veio a ser chamada após a independência de Bangladesh, em 1971), e quase foi à falência nesse processo. O projeto foi completado vários anos após a morte de Kahn, em 1974, mas, quando terminado, em 1982, atraiu instantaneamente a atenção dos habitantes de Bangladesh e foi celebrado como uma demonstração triunfal de sua independência. O que os cidadãos de Bangladesh veem é um agrupamento compacto de torres de concreto monolíticas, rasgadas por enormes aberturas triangulares, retangulares e semicirculares. Juntas, elas formam as vedações externas – o espaço servente ou de serviço – da câmara principal do Parlamento, com as treliças da gigantesca estrutura do telhado visíveis apenas a distância.

A entrada do prédio é pelo norte, passando-se através de uma grande edificação quadrada, com escadas monumentais. Os quatro blocos de escritórios agrupam-se entre esse edifício e os outros elementos localizados axialmente: os gabinetes do ministro a oeste, refeitórios a leste e uma mesquita ao sul. Precedida por um espaço circular para abluções purificadoras, a mesquita é formada por quatro torres cilíndricas, comprimidas contra um quadrado girado sobre seu eixo, e fica girada alguns graus em relação ao eixo, devido à sua orientação no sentido de Meca. Na parte interna, Sher-e-Banglanagar é um ensaio estudado sobre o uso da luz natural na iluminação de espaços monumentais, assim como o óculo do Panteon – dividido, fatiado e reimaginado por meio de uma série de transformações cubistas. Visto do exterior, contudo, Sher-e-Banglanagar repousa em uma dignidade silenciosa, tendo a seu redor uma grande extensão de terreno vazio, que abriga um espelho d'água e, mais adiante, uma praça gigantesca. Ao contrário das grandes praças de Brasília e Chandigarh, a de Bangladesh fez sucesso imediato. Todos os dias, milhares de pessoas ocupam o grande espaço, onde brincam, fazem piqueniques, protestam ou participam, de outras maneiras, das questões públicas da vida cívica.

Sher-e-Banglanagar de Kahn foi, como a Chandigarh de Le Corbusier, seu maior e último projeto construído e constituiu certamente, com o Museu de Arte de Kimball, em Fort Worth, no Texas, e o Instituto Salk, em La Jolla, na Califórnia, o melhor da última fase de sua obra. Enquanto o Museu de Arte de Kimball trata da invenção do perfil e da medida muito precisa e sutil da luz de suas galerias e o Instituto Salk é uma meditação singular e profunda sobre o enquadramento de uma vista, Sher-e-Banglanagar, apesar do acabamento muito mais cru, é o ensaio mais completo de Kahn sobre a interação entre luz e volume, em uma ordem formal controlada com extremo rigor.

18.103 Interior de Sher-e-Banglanagar

# LESTE DA ÁSIA

18.104 Clube de Campo de Totsuka, Yokohama, Japão

18.105 Centro Cultural de Nichinan, Nichinan, Japão

## O Metabolismo

Em virtude de seu projeto internacionalmente aclamado para o Memorial de Hiroshima, Kenzo Tange (1913–2005) foi convidado a participar do 8º CIAM, congresso ocorrido na Inglaterra em 1951, onde conheceu Le Corbusier, Siegfried Giedion, Walter Gropius e Jose Luis Sert, entre outros. Foi nesse evento que a questão do "núcleo urbano" foi levantada, o que renovou o interesse de Tange pelo planejamento urbano. Ele tornou-se membro do Team X após a dissolução do CIAM, em 1956, e apresentou seu projeto para a prefeitura de Tóquio (1957) na reunião de 1959 do grupo, em Otterlo, nos Países Baixos. Também levou consigo para esse encontro os desenhos de Kiyonori Kikutake para a reorganização de Tóquio, que previam altas torres residenciais circulares construídas em terra e fábricas instaladas em cilindros gigantescos na baía. Era o início de seu interesse pela urbanização como um sistema orgânico, que conduziria ao desenvolvimento do Metabolismo.

Tange apresentou seus conceitos metabolistas na Conferência Mundial de Design realizada em Tóquio, em 1958. Concebida como uma alternativa ao Team X, essa conferência contou com a presença, entre outros, de Kikutake, Kisho Kurokawa, Noboru Kawazoe, Fumihiko Maki, Peter e Alison Smithson, Jacob Bakema, Paul Rudolph, Ralph Erskine, Louis Kahn, Jean Prouve, Minoru Yamasaki, Balkrishna V. Doshi e Raphael Soriano.

Diferente do Team X, que abordava o projeto e o planejamento urbanos com vistas a resolver problemas segundo a escala humana, os metabolistas trabalhavam com a maior escala possível e viam suas edificações, em uma metáfora biológica, como uma expressão da nova força vital da cidade. Apesar dessa grande escala, o Metabolismo era uma proposta filosófica que afirmava a possibilidade de se habitar a Terra em harmonia com as forças da natureza.

Embora os planos urbanísticos de Tange tenham rendido poucos frutos, sua prática arquitetônica florescia, patrocinada pela elite do Japão. Dono de um senso estético excepcional, igualado por poucos daqueles que trabalhavam com o concreto aparente em escalas tão amplas, Tange construiu, nas décadas de 1960 e 1970, uma obra famosa. O Clube de Campo de Totsuka (1960–1961) tomou emprestado à Assembleia de Chandigarh seu perfil voltado para cima; o Centro Cultural de Nichinan (1960–1962), com suas vigorosas barbatanas, assemelhava-se a uma fera; finalmente, o Estádio Olímpico de Tóquio era uma exibição espetacular não só das possibilidades estruturais do concreto e dos cabos tracionados, mas também da habilidade da estrutura em gerar formas poéticas com as quais apenas Santiago Calatrava, em sua produção do passado recente, poderia rivalizar.

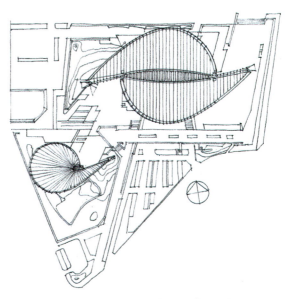

18.106 Implantação do Estádio Olímpico de Tóquio

# 1950 D.C.

18.107 Torre Trellick, Londres

18.108 Foundling Estate, Londres

## O Brutalismo

Em meados da década de 1960, inúmeros arquitetos, liderados por Kenzo Tange, interessaram-se pelas megaestruturas, que consistiam em estruturas simples e repetitivas, em grande escala, com um grande programa arquitetônico. Os contextos culturais desempenhavam papel apenas limitado nesses edifícios. Em vez disso, os edifícios enfatizavam a simplicidade material e o anonimato secular. Eles expressavam o etos da grandiosidade administrativa e sugeriam uma utopia transnacional. O Foundling Estate, em Londres (1973), exibe longas linhas de moradias sobrepostas a pilares massivos. Apesar de essas edificações logo terem se tornado mal-vistas, levaram o Modernismo a um novo nível em sua aceitação destemida das realidades em grande escala.

O Brutalismo era particularmente popular entre os administradores de universidades, e muitos *campi* nos Estados Unidos possuem pelo menos um exemplo desse estilo do final da década de 1960, como o Kane Hall, na Universidade de Washington, em Seattle, projetado pela empresa Walker and MacGough (1969), e o Stratton Student Center, do Instituto de Tecnologia de Massachussets, em Cambridge, de Eduardo F. Catalano. Semelhante, porém muito maior, é a Universidade Rand Afrikaans, em Joanesburgo, África do Sul (1975), projetada por William Meyer, que mesclava as últimas tendências em megaestrutura a ideias consideradas especificamente africanas. A Trellick Tower (1967–1973), de Erna Goldfinger, em Londres, é igualmente vasta e imponente.

I. M. Pei (1917–), nascido na China, refinou a estética brutalista, ao desenvolver um estilo único que agradava a muitos líderes municipais, em uma época em que os museus e os edifícios de natureza cultural começavam a ser valorizados como uma característica da imagem de uma cidade. Seu Museu de Arte Herbert F. Johnson, no *campus* da Universidade de Cornell (1970–1973), em Ithaca, Nova York, consiste em um conjunto de massas de concreto verticais distintas, que sustentam no alto o volume principal da galeria. Vidraças enormes preenchem os volumes abertos, tornando o edifício todo surpreendentemente transparente. Seu East Building, na Galeria Nacional (1974–1978), em Washington, D.C., tem inúmeros motivos brutalistas, como massas rústicas, recuos profundos, quinas afiadas e aberturas amplas, mas era revestido com calcário branco, que antecipava uma nova geração de elegantes edificações públicas modernistas.

18.109 East Building, National Gallery, Washington, D.C.

18.110 Museu de Arte Herbert F. Johnson, Universidade de Cornell, Ithaca, Nova York

# EUROPA

18.111 Parte da Cidade que Caminha, de Ron Herron

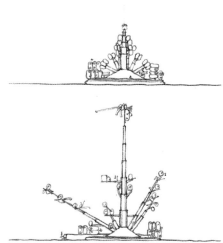

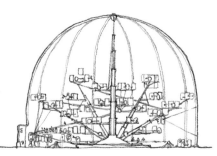

18.112 Aldeia Expansível, de Peter Cook

## A *Archigram*

A revista *Archigram* (abreviação de *Architectural Telegram*, ou "Telegrama Arquitetônico"), que começou a ser publicada em 1961, rapidamente se tornou conhecida por suas ideias alternativas. Ela era editada pelos jovens arquitetos ingleses Peter Cook, David Greene, Michael Webb, Ron Herron, Warren Chalk e Dennis Crompton. O grupo completo mais tarde passou a incluir Colin Fournier, Ken Allison e Tony Rickaby. Embora a colaboração efetiva entre esses arquitetos frequentemente fosse esporádica e difícil, a agenda da revista consistia na busca de uma visão holística da cidade e de suas partes como um organismo vivo, fluido, pulsante e flexível. Desafiando o padrão de grelha estabelecido por Le Corbusier, os textos, as colagens e os projetos ao estilo das histórias em quadrinhos da revista enfatizavam o uso de todo e qualquer elemento, exceto ângulos de 90 graus, e tematizavam a curvatura e a torção das linhas retas de Le Corbusier. Usando cores vibrantes, um formato fora do padrão e um estilo de montagem que remetia de modo explícito à colagem, a *Archigram* apresentava visões de cidades tecnologicamente avançadas que andavam sobre quatro pernas, cidades de encaixar (*plug-in*) que podiam ser empilhadas e trocadas como fios em uma tomada e ainda cidades instantâneas, que podiam chegar voando e brotar como flores de primavera nas mãos do arquiteto, crítico ou admirador ávido. Embora a maioria das estruturas apresentadas na *Archigram* fosse impossível de se construir, a Kunsthaus de Peter Cook, recentemente edificada em Graz, na Áustria, com sua forma azul amorfa que contrasta com a arquitetura tradicional a seu redor, traduz até certo ponto a estética da *Archigram* e a excitação que pode gerar.

O trabalho de Mark Fisher, membro do grupo *Archigram* e aluno de Peter Cook na Associação de Arquitetura (*Architectural Association*), em Londres, abraçou a linguagem e as imagens da cultura jovem que florescia na Inglaterra e em outros lugares. Suas investigações sobre a tecnologia dos infláveis levaram à criação do Automat em 1968. Essa estrutura pneumática reagia ao usuário e era sustentada por cabos de contraventamento internos que, acoplados a macacos de alta pressão, permitiam que se expandisse e contraísse de acordo com o peso do usuário. Fisher aperfeiçoou o Automat com seu projeto do Dynomat, cuja superfície era controlada por uma série de válvulas que também reagiam a comandos do usuário. A edificação podia ser desinflada e dobrada de modo a se acomodar no porta-malas de um carro.

Em 1977, Mark Fisher foi convidado a projetar objetos cênicos infláveis para a turnê *Animals*, do grupo de rock Pink Floyd. Durante o projeto, Fisher criou o tema de dois ícones pneumáticos de grande altura. Para o primeiro concerto, ele projetou também uma imagem inflável da "família nuclear", que incluía "2,5 crianças". O mais memorável dos objetos infláveis da turnê *Animals* foi uma série de porcos que voavam sobre as cabeças do público, grunhindo, para por fim explodirem acima e atrás do palco. Seu sucesso com a turnê rendeu a Mark Fisher a encomenda de muitos dos mais memoráveis cenários para shows de rock, incluindo os cenários para as turnês *Wall* e *Division Bell*, da banda Pink Floyd, e a Exposição de Lisboa '98.

# 1950 D.C.

## Buckminster Fuller

Entre os modernistas, aquele que repensou de modo mais radical a questão da tecnologia foi Buckminster Fuller (1895–1983). Em 1929, aos 32 anos, decidiu estudar o que chamava de princípios ecológicos da vida. Seu objetivo era analisar os recursos da natureza e pensar em meios de disponibilizá-los a toda a humanidade por intermédio de uma postura de projeto esclarecida, eficiente, flexível e responsável. Seu conceito-chave era o da sinergética, que ele entendia como o sistema subjacente de coordenadas tanto da natureza física quanto da metafísica; e efemeralização, que, basicamente, é fazer mais com menos recursos. Diferente de alguns modernistas europeus, que viam a habitação antes de tudo como uma questão de necessidades sociais aliadas mais ou menos com as realidades industriais, Fuller via a moradia como intimamente relacionada com a industrialização e o pensamento utópico social.

O resultado, em 1928, após uma série de experiências com torres em grande escala e sistemas de habitação multifamiliar, foi o projeto de uma casa pré-fabricada a ser produzida em massa, chamada de Casa Dymaxion 4D, na qual as instalações hidrossanitárias e elétricas, assim como os aparelhos sanitários, estavam contidos no mastro central. A casa poderia, portanto, funcionar de maneira independente de quaisquer redes de serviços públicos, o que a tornaria flexível a ponto de poder se localizar em qualquer parte do globo. As vedações externas eram paredes transparentes, feitas de painéis de vidro selados a vácuo, o que eliminava a necessidade de janelas. Um sistema de ventilação especialmente projetado garantia a limpeza do pó da casa, e o ar que passava pelos respiradouros era filtrado e aquecido ou resfriado, conforme o necessário. Uma lavanderia interna foi projetada para lavar, secar, dobrar e organizar a roupa limpa em compartimentos apropriados. Toda a edificação seria produzida em massa e transportada ao local por pequenos dirigíveis, e sua instalação levaria apenas um dia. Fuller estimava que tudo isso custaria pouco mais do que um automóvel Ford ou Chevrolet de 1928. A Casa Dymaxlon em 4D, entretanto, jamais foi construída.

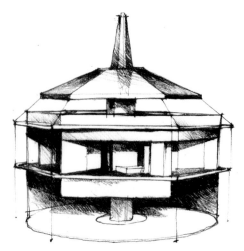

18.113  Desenho de uma Casa Dymaxion 4D

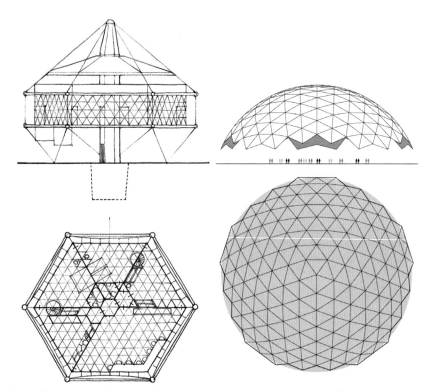

18.114  Elevação e planta de uma Casa Dymaxion 4D

18.115  Elevação e planta de uma cúpula geodésica

# AMÉRICA DO NORTE

18.116 Pavilhão dos Estados Unidos, Exposição de Montreal, Canadá

Fuller também tinha grande interesse pela geografia e criou o mapa Dymaxion (1941), um icosaedro que podia ser desdobrado de diferentes maneiras. (O termo "Dymaxion" era derivado da combinação das palavras "dinamismo", "máximo" e "íons".) Desde o advento do mapa Dymaxion até as geometrias que levaram Richard Smalley e outros a ganharem o Prêmio Nobel pela descoberta das "buckybolas" de carbono (levando o nome de Fuller – afetuosamente apelidado de "Bucky" –, elas são as mais simétricas das grandes moléculas conhecidas), Buckminster Fuller influenciou toda uma geração de arquitetos, cientistas e pensadores visionários. Ele foi um dos primeiros defensores das fontes de energia renováveis – solar, eólica e das ondas do mar – e cunhou o termo *Espaçonave Terra* para enfatizar o fato de que vivemos em um planeta ecologicamente interconectado.

A grande invenção de Fuller (desta vez extremamente prática) foi a cúpula geodésica, projetada para ter a melhor razão possível entre volume e peso. Fuller concluiu que uma rede de suportes triangulares, organizados em grandes círculos (geodésicos), criaria uma rigidez triangular local e distribuiria a pressão, de modo a obter a estrutura mais eficiente já projetada. De fato, as cúpulas geodésicas tornam-se mais fortes à medida que aumentam de tamanho. A indústria e o exército norte-americanos imediatamente perceberam seu potencial, e centenas delas foram construídas ao redor do mundo. O Pavilhão dos Estados Unidos na Expo '67 (a Feira Mundial de Montreal de 1967) era, por exemplo, uma gigantesca cúpula geodésica.

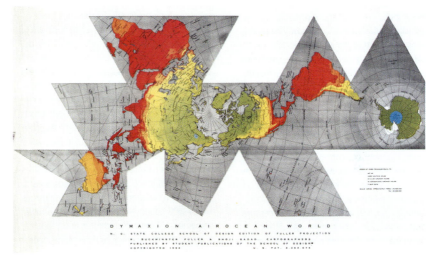

18.117 Mapa Dymaxion, de Buckminster Fuller

18.118 Vista externa e planta da casa Wichita, que Buckminster Fuller criou com a Beech Aircraft Company, de Wichita, Kansas

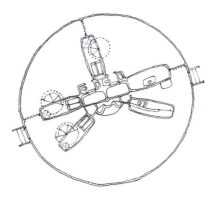

# 1950 D.C.

18.119  Casa de Art Beal, Cambria, Califórnia

18.120  Uma cúpula de construção caseira

**A arquitetura da contracultura**

A partir do início dos anos 1960 (e, em especial, no fim dessa década), inúmeros jovens arquitetos, construtores e artistas – principalmente nos Estados Unidos – começaram a buscar alternativas à arquitetura profissional, edificando com sapé ou materiais de construção descartáveis e estudando as práticas vernaculares do mundo inteiro. Eles eram parte de uma contracultura da época, mais ampla, que criticava as normas sociais vigentes, incluindo o estilo de vida nos subúrbios e a exploração dos recursos naturais. Ainda que muitos dos nomes desses indivíduos permaneçam pouco conhecidos, seus esforços às vezes eram espetaculares, como a casa construída por Bob de Buck e Jerry Thorman no Novo México, um labirinto informal de espaços reunidos ao redor de colunas de concreto centrais, que, na verdade, são chaminés. A edificação foi decorada com calotas de carro e construída com madeira descartada em canteiros de obras. Sua estrutura foi rebocada, o que lhe conferiu um aspecto orgânico. De acordo com de Buck: "Ferramentas que não usaremos: régua niveladora, esquadro, nível, prumo".

Em 1965, uma comunidade de artistas chamada Drop City foi fundada no sul do Colorado. Tentava combinar formas arquitetônicas inovadoras com um utopismo social. Os primeiros fundadores foram Gene Bernofsky, JoAnn Bernofsky, Richard Kallweit e Clark Richert, estudantes de arte e cineastas da Universidade do Kansas e da Universidade do Colorado. A intenção deles era criar uma obra de arte habitável inspirada nos "happenings" do pintor e artista performático Alan Kaprow e nas apresentações improvisadas de John Cage, Robert Rauschenberg e Buckminster Fuller. Os moradores construíram cúpulas e zonoedros usando painéis geométricos feitos com tetos de carrocerias de automóvel e outros materiais baratos. O título de propriedade estipulava que a terra onde a comuna havia sido construída seria "para sempre livre e aberta a todas as pessoas". Com o decorrer dos anos, todavia, surgiram tensões e conflitos de personalidade, o que levou muitos moradores a abandonarem o local. Não obstante, houve diversas tentativas de repetir a experiência, a exemplo da colônia dos Criss-Cross Artists, no Colorado. Mesmo disperso e fragmentado, esse movimento desempenhou importante papel, ao exigir que os arquitetos adquirissem mais consciência ecológica.

Outro exemplo de arquitetura da contracultura é um prédio que, apesar de outrora ser o flagelo de seu bairro, hoje é uma atração turística. Ele foi construído por Art Beal, um lixeiro da cidade de Cambria, na Califórnia. Também conhecido como Captain Nit Witt, ou Dr. Tinkerpaw, ele passou a vida construindo uma casa com materiais encontrados no lixo ou na natureza e usando apenas ferramentas manuais. A edificação foi feita com peças de automóvel, latas, conchas, antenas de televisão, pedaços de madeira recolhidos na beira do mar e rochas do local.

18.121  Construções na Drop City, Colorado

# ÁFRICA

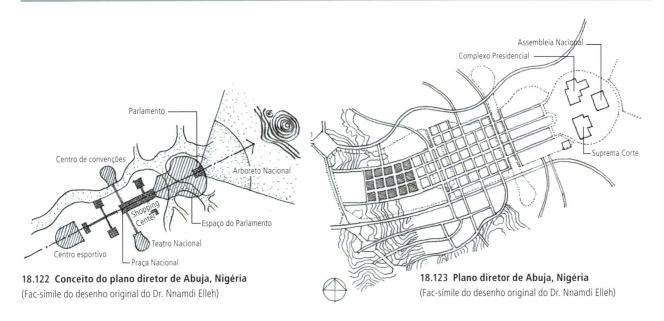

18.122 Conceito do plano diretor de Abuja, Nigéria
(Fac-símile do desenho original do Dr. Nnamdi Elleh)

18.123 Plano diretor de Abuja, Nigéria
(Fac-símile do desenho original do Dr. Nnamdi Elleh)

## O Modernismo nacional, Nigéria

A Segunda Guerra Mundial deixou a Inglaterra e a França consideravelmente enfraquecidas. Em meados da década de 1960, quase todas as colônias inglesas da África haviam conquistado a independência, incluindo Uganda, em 1962, e Zanzibar e Quênia, em 1963. A maioria se engajou de imediato em agressivas campanhas de modernização. Novas capitais, escolas e hospitais precisavam ser construídos. Contudo, como a arquitetura tradicional tinha sido negligenciada, construtores competentes e artesãos qualificados eram raros. Em 1945, havia apenas 26 cidades com população superior a 100 mil habitantes em toda a África, inclusive no Egito. Na década de 1970, existiam 120 dessas cidades, mas o desenvolvimento arquitetônico continuava pontual.

Após a independência da Nigéria, em 1960, vários modernistas chegaram a Lagos, capital do país, inclusive o casal Maxwell Fry e Jane Drew. Após terem trabalhado em Chandigarh, na Índia, eles projetaram a Universidade de Ibadan, no início da década de 1960. O núcleo da universidade é uma série de edifícios conectados, que consistem em um anel de unidades residenciais organizadas em torno de um centro, com outros edifícios destinados ao ensino e à administração. Balcões abertos, anteparos e passagens cobertas foram projetados levando em conta os ventos predominantes. A planta pode ser descrita como levemente hierárquica, com os complexos residenciais e aqueles voltados à prática de esportes em uma extremidade e as salas de aula e os edifícios administrativos na outra.

Em 1991, as novas receitas obtidas graças ao petróleo criaram riqueza e estabilidade suficientes, e a capital da Nigéria foi deslocada para uma nova cidade, Abuja, localizada nas Planícies de Guanga, no centro do país. O plano diretor de Abuja (1976), de Kenzo Tange, mesclou o plano piloto de Brasília, de Lúcio Costa, com o padrão de circulação de Tóquio. Concebido de maneira antropomórfica, ele tem o formato de um corpo, com cabeça, torso, braços e cauda. A cabeça agrupava os três prédios principais do governo; o torso, a parte principal da cidade; e os braços, o centro de convenções e o teatro. Apesar de projetada como sede de um governo democrático, a "cabeça" pode ser facilmente isolada em caso de distúrbios civis. Mas Abuja ainda esta longe de ser concluída.

18.124 Universidade de Ibadan, Nigéria

# 1950 D.C.

18.125  Escola de Arquitetura, Ahmedabad, Índia

18.126  Museu Gandhi Ashram, Ahmedabad, Índia

## O Modernismo do sul da Ásia

O desenvolvimento do Modernismo brasileiro foi interrompido pela deposição do governo brasileiro por um golpe militar em 1964. No entanto, uma arquitetura moderna, de caráter mais regional, continuou a prosperar no sul da Ásia, assim como em outras partes do mundo pós-colonial. A equipe indiana de arquitetos que havia trabalhado com Le Corbusier em Chandigarh continuou a construir em todo o norte da Índia. Aditya Prakash, por exemplo, foi responsável pelo projeto de muitos novos *campi* e universidades, como os de Ludhiana e Hissar na década de 1960. Shivnath Prasad aplicou o vocabulário brutalista de Le Corbusier ao Hotel Akbar (1965–1969) e ao Centro de Artes Cênicas Sri Ram (1966–1972), em Nova Délhi. Mazharul Islam usou tijolo e concreto nos dormitórios da Universidade de Jahangir (1969), em Bangladesh. Em geral, a construção era feita com paredes de tijolos portantes, com vigas e lajes de concreto e beirais profundas, para proteção solar. No Brasil, a inovação estrutural se tornara parte integral do estilo moderno nacional, mas na Índia os arquitetos experimentaram soluções de baixa tecnologia para seus edifícios modernistas, construídos com técnicas simples, usando tijolos aparentes, concreto e acabamentos de baixo custo, de maneira mais parecida com a obra de Eladio Dieste, no Uruguai.

Balkrishna V. Doshi (1927–) e Charles Correa (1930–) estavam entre os arquitetos mais proeminentes da Índia. Um dos primeiros projetos de sucesso de Doshi foi a Escola de Arquitetura de Ahmedabad (1965), uma releitura do projeto de Le Corbusier para o Coléigo de Arte de Chandigarh.

18.127  Planta e corte da Escola de Arquitetura, Ahmedabad

# SUL DA ÁSIA

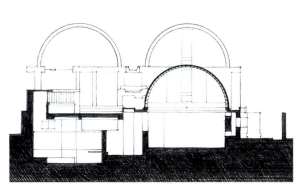

18.128 Corte: Sangath, Ahmedabad, Índia

18.129 Sangath, Ahmedabad

Ao contrário do projeto de Le Corbusier, que era fechado e regrado por um sistema de circulação muito rígido, a escola de Doshi mantinha o princípio da luz vinda do norte, mas ele abriu o edifício de modo que operasse como um espaço multifuncional. Mais tarde, Doshi se aproximou de Louis Kahn, tentando responder a perguntas mais fundamentais sobre materiais e montagem. No projeto de Sangath (1979), seu escritório pessoal, Doshi assumiu a tarefa de repensar uma resposta climática. O resultado foi uma edificação implantada tanto abaixo quanto acima do solo, com uma série de coberturas abobadadas (revestidas de porcelana quebrada) inspiradas no galpão existente originalmente no local.

Correa deu continuidade à fascinação de Le Corbusier pela luz solar, ao projetar uma série de casas feitas de tijolo e concreto, usando a seção, assim como uma cobertura em pérgola, para criar microclimas. Sua Casa Parekh (1967–1968), em Ahmedabad, por exemplo, possuía duas áreas: uma para o verão, outra para o inverno. Pode-se perceber a influência distante das Casas de Banho de Trenton, de Kahn, no projeto de Correa para o Museu do Ashram de Gandhi (1958–1963), destinado a abrigar artefatos e uma exposição sobre a vida de Mahatma Gandhi. Aqui, Correa usou uma grelha de 6 metros de lado, composta de pilares de tijolos em forma de I, para formar uma rede interconectada de espaços a céu aberto, outros cobertos, mas sem paredes, e ainda outros completamente fechados, comprovando sua habilidade precoce na criação de espaços semelhantes a pátios. Ele usou um telhado de cerâmica, sustentado sobre vigas de concreto, que drena a água para calhas nas lajes de concreto. A água é então coletada em um tanque espelho d'água central por enormes gárgulas de concreto, lembrando a Suprema Corte que Le Corbusier projetou em Chandigarh. Brises de madeira reguláveis permitem o controle da circulação nos espaços fechados.

A obra posterior de Correa pôs em prática suas soluções climáticas adaptadas a vários locais e programas de necessidades. Para sua torre residencial em Bombaim, por exemplo, nos apartamentos Kanchenjunga (1970–1983), ele abriu nos cantos espaços de pé-direito duplo para criar a sensação de abertura e melhorar a circulação de ar em cada apartamento. Em seu Refúgio na Praia de Kovalam (1969–1974), Correa utilizou o declive natural da colina situada de frente para o mar para criar uma série rítmica de cômodos e terraços, todos a céu aberto.

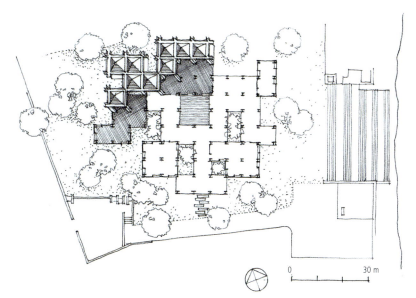

18.130 Planta do Museu Gandhi Ashram

# 1950 D.C.

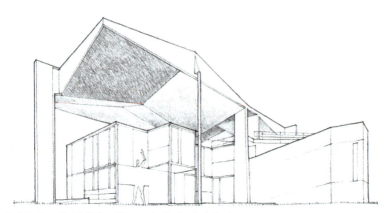

18.131 Casa Heidi Weber (Centro Le Corbusier), Zurique

Mas mesmo nos Estados Unidos, surgiram grandes prédios residenciais que exacerbavam as tensões sociais e raciais existentes após a Segunda Guerra Mundial. Isso levou ao anúncio da "morte do Modernismo", com a destruição, em 1972, do Conjunto Habitacional de Pruitt-Igoe (1952–1955), em Saint Louis, Missouri. Embora, ao ser inaugurado, o conjunto tenha gerado muito otimismo, ele havia se transformado em um símbolo dos problemas urbanos e da injustiça racial devido a problemas de administração e às mudanças de comportamento. A partir do final da década de 1960, os arquitetos começaram a voltar às questões de contexto, história, tradições e forma, buscando revitalizar o propósito e o significado de sua profissão. O protesto contra o Modernismo começou nos Estados Unidos, mas rapidamente se tornou um movimento global que, por fim, interrompeu a difusão do Modernismo internacional.

## O PÓS-MODERNISMO

A palavra "pós-modernismo" não se refere a um estilo específico que se possa definir. Sob esse aspecto, é bem diferente de outras designações, como "Estilo Georgiano", "Shingle" ou mesmo "Estilo Internacional", que, apesar de seus vários sentidos e origens na arquitetura, significavam, na década de 1950, uma série de práticas mais ou menos definidas em torno dos ideais do CIAM. Entretanto, o que parecia tão promissor em 1950 era visto, já em 1970, não só como restritivo, mas também como incapaz de cumprir suas promessas. Os críticos cada vez mais passaram a associar o Modernismo ao capitalismo, à burocracia e a propostas de habitação fracassadas. Para os europeus, o Modernismo pós-Segunda Guerra Mundial significava fileiras infinitas de blocos habitacionais monótonos e construídos às pressas. Na Europa, não havia Brasílias, Chandigarhs ou Dacas, apenas alguns raros exemplos de Modernismo bem-sucedido em intervenções para o poder público. Nos Estados Unidos, todavia, o Modernismo era mais bem-sucedido. Ele havia se inserido de modo significativo na arquitetura nacional norte-americana e transformado por completo o cenário empresarial. Possuía até mesmo alguns projetos públicos de sucesso que podia mostrar em seu favor, como o Lincoln Center (1956), em Nova York, e a Civic Center Plaza (1965–1966), em Chicago.

18.132 Edifício da AT&T, Cidade de Nova York

# GLOBAL

18.133 Piazza d'Italia, New Orleans

O livro que Charles Jencks publicou em 1977, *The Language of Postmodern Architecure* (*A linguagem da arquitetura pós-moderna*), buscou estabelecer um cânone para o pós-modernismo, ao relacionar o vocabulário da arquitetura ao estruturalismo, ou seja, à estrutura da linguagem. Michael Graves (1934–2015) foi destacado por Jencks. Suas edificações usavam cores, tomavam adornos do vocabulário clássico e aplicavam a metodologia da colagem. Outros arquitetos tomaram a direção do realismo social, como Robert Venturi (1925–) e Denise Scott Brown (1931–), os quais foram influenciados pela pop art e analisaram a arquitetura das autoestradas e, mais especificamente, de Las Vegas, Nevada. Charles Moore (1925–93), em contraste, procurou um compromisso mais pessoal com a arquitetura do que aquele que podia ser fornecido por um escritório típico. Em seus textos percebe-se o início de um interesse na fenomenologia, movimento que cresceria consistentemente nos Estados Unidos e no exterior e estava relacionado a uma tendência ao conservadorismo político na arquitetura.

De Philip Johnson a Charles Moore, fica evidente a complexidade inerente ao Pós-Modernismo, o qual, apesar de haver anunciado a liberação frente às restrições do Modernismo, também se inclinava ao conservadorismo, como demonstraram os fenomenologistas, que, nos Estados Unidos e em outros lugares, começaram a substituir, no ambiente acadêmico, os arquitetos mais orientados na direção dos problemas sociais. Aqueles que tinham interesse em uma arquitetura voltada para as questões da comunidade muitas vezes trocaram o campo da arquitetura pelo do planejamento urbano, que estava em rápida expansão. Entre os primeiros fenomenologistas, Christian Norberg-Schultz (1926–2000), fortemente influenciado pelo filósofo alemão Martin Heidegger, propunha uma estética com base regional, enquanto Moore argumentava que a arquitetura precisava integrar a sensibilidade à paisagem a uma estética determinada pela psicologia e pela memória. No extremo oposto da fenomenologia estava a psicanálise, que, ao contrário do que ocorria com os artistas da época, pouco recebeu a atenção dos arquitetos.

Sem dúvida, um dos aspectos mais intrigantes do Pós-Modernismo era seu interesse pela ironia. Nenhuma arquitetura anterior, ou mesmo posterior, permitiu ao arquiteto brincar com imagens culturais e históricas de forma tão livre quanto o Pós-Modernismo. Alguns exemplos são a Piazza d'Italia, de Nova Orleans (1975–1978), de Charles Moore; o edifício da AT&T, em Nova York (984), de Philip Johnson; a National Collegiate Football Hall of Fame (1967, não construída), de Venturi, Scott Brown & Associates; e a Casa de Biscoitos de Animal (1976–1978), de Stanley Tigerman. Tigerman, influenciado pelas formas de pop art infláveis, construiu o anexo de uma casa semelhante a uma série de roletes que podiam ser girados usando os ventiladores laterais como maçanetas. A obra tem caráter em parte industrial e em parte de desenho animado. Ainda mais provocantes eram os projetos da empresa nova-iorquina SITE (Sculpture in the Environment), que fazia trabalhos para uma cadeia vanguardista de supermercados conhecida como Best. Em um de seus projetos, a SITE descascou a fachada de tijolos da caixa. Em outro, projetou a fachada de modo que ela parecesse decadente e em ruínas. A ironia dirigia-se à alienação da arquitetura suburbana. Essa foi a primeira firma de arquitetura a tratar a questão do shopping center de forma crítica e, ao mesmo tempo, bem--humorada.

# 1950 D.C.

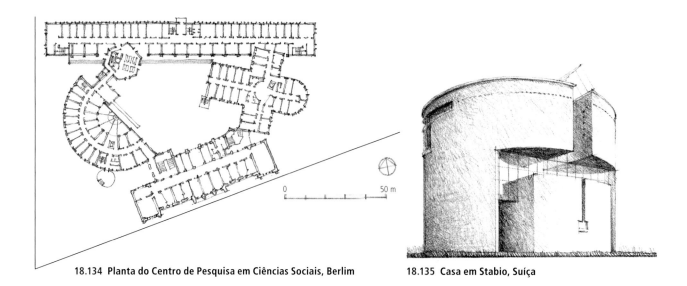

18.134 Planta do Centro de Pesquisa em Ciências Sociais, Berlim

18.135 Casa em Stabio, Suíça

Robert Stern (1939–) também questionou a imagem do subúrbio norte-americano em seu edifício de escritórios Point West Place, em Framingham, Massachusetls (1983–1984), no qual basicamente sobrepôs uma fachada egípcia a um edifício de escritórios bastante comum, sob outros aspectos. O projeto de James Stirling para o Centro de Pesquisa em Ciências Sociais de Berlim (1981) começa com um edifício já existente, anexando-se à sua parte posterior – como uma colagem – prédios em forma de anfiteatro, um castelo, um batistério octogonal e até uma igreja. Por meio desse historicismo, baseado em precedentes do Período Clássico ao Renascimento, Stirling debochava de uma cidade que, ao contrário de outras capitais europeias, não tem história real, sendo basicamente uma cidade do fim do século XVIII. Essa europeização instantânea de Berlim também tinha como objetivo questionar a fascinação da Europa por seu próprio passado.

Edifícios como o Centro de Pesquisa em Ciências Sociais de Berlim levaram muitos a criticarem o Pós-Modernismo como um estilo sem regras. Havia, contudo, muitos pós-modernistas que rejeitavam a ironia, a indeterminação e a falta de limites do processo de criação, buscando, em vez disso, a autenticidade e a seriedade. Esse movimento foi forte sobretudo na Europa. O arquiteto e teórico alemão Leon Krier (1946–), um crítico particularmente estridente do Modernismo, defendia um novo helenismo. Na Inglaterra, o príncipe Charles clamava por um retorno aos estilos anglicanos pré-modernos. Na Itália, Aldo Rossi (1937–1997) defendia uma coerência tipológica para a arquitetura e desafiava os modernistas e pós-modernistas a se manterem na estética brutalista. Em Gallaratese (1969–1973), um grande edifício de apartamentos no subúrbio de Milão, por exemplo, Rossi projetou um dos blocos com uma retórica de estoicismo formalista radical. O resultado foi o surgimento de um etos regionalista que encontrou muitos defensores, visto que permitia uma crítica ao Modernismo, por um lado, e a ironia e arbitrariedade do Pós-Modernismo, por outro. O regionalismo foi forte em especial fora do Ocidente, onde tirou partido de sentimentos nacionalistas e anticolonialistas. Também houve alguns regionalistas europeus, como o arquiteto suíço Mario Botta (1943–), cuja obra baseava-se, de modo mais ou menos vago, nas formas históricas locais. Não obstante, seus projetos continuaram, de certa maneira, sendo modernistas, bem como seus volumes.

Enquanto muitos dos pós-modernistas mais conservadores tentavam orientar a arquitetura de volta a suas raízes temporais, contextuais e históricas, Peter Eisenman (1932–), John Hedjuk (1929–2000) e alguns outros rejeitavam qualquer orientação da arquitetura para que atendesse a pressões culturais. Eles acreditavam que, para se manter como disciplina, a arquitetura deveria permanecer indiferente às tradições culturais e às exigências da burguesia. Assim, Eisenman criou um conjunto de condicionantes formais para seus edifícios que não tinham qualquer relação com a função ou o programa. Seu formalismo radical se baseia no extremo oposto do espectro do contextualismo pop de Roberl Venluri. Mesmo assim, ambos celebravam a disjunção das expectativas no entendimento do que é a arquitetura. A arquitetura de Eisenman, contudo, mantinha o foco no processo de projeto, buscando uma linguagem autorreferencial que excluía a prioridade tradicionalmente dada às necessidades do cliente. Para o projeto de uma casa, ele criou uma espécie de jogo em que um cubo era segmentado, girado, fatiado e manipulado de diversas maneiras; e o que sobrasse seria a "casa". A função, a orientação, o clima e o uso não foram de modo algum levados em conta. Eisenman queria demonstrar que a função é tão flexível quanto a forma e que "casa" é o indicador semântico de um objeto arquitetônico, não uma tipologia. É uma postura diferente da de Rossi, que queria que o funcionalismo se curvasse diante da primazia do tipo.

# GLOBAL

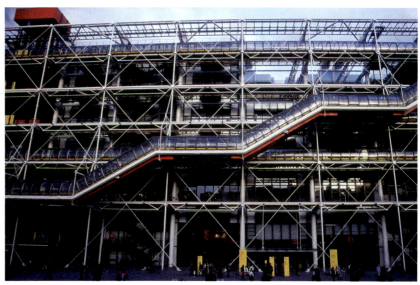

18.136 Centro Georges Pompidou, Paris, França

Por meio da influência da pop art, o Pós-Modernismo também começou a moldar-se à nova linguagem da sinalização gráfica e da propaganda. O Centro Georges Pompidou (1971–1977), em Paris, projetado pelo escritório Piano & Rogers, tinha como tema a "legibilidade". Originalmente, deveria ter grandes cartazes suspensos de sua estrutura metálica. Os dutos de serviço também deveriam ser legíveis. Seus dutos de ar-condicionado são azuis; os conduítes de eletricidade, amarelos; os cabos dos elevadores, vermelhos; as escadas, cinza; e a estrutura em si é branca. Colocando tanta ênfase no impacto visual, os arquitetos pós-modernos não contribuíram muito para o desenvolvimento tecnológico. Helmut Jahn, porém, no Edifício Estado de Illinois, em Chicago (1979), deixou elementos da estrutura propositadamente expostos no interior, a fim de revelar como o edifício funciona e experimentar com as novas formas de arranha-céu que antecipavam o renascimento desses prédios na década de 1990.

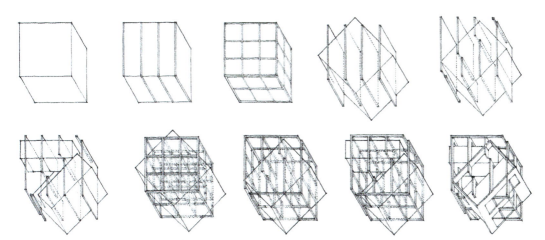

18.137 Desenhos de Peter Eisenman para a Casa III de Robert Miller

# 1950 D.C.

18.138 Capela da Luz, Igreja Ibaraki Kasugaoka Kyokai, Osaka, Japão

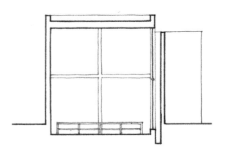

18.139 Corte da Capela da Luz, Osaka, Japão

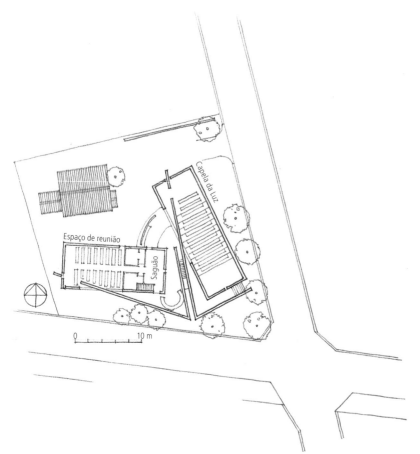

18.140 Implantação da Igreja Ibaraki Kasugaoka Kyokai, Osaka, Japão

O Pós-Modernismo teve um impacto tão profundo no mundo não ocidental que, entre a década de 1980 e o início da de 1990, ele passou a rever suas pretensões de modernidade e nacionalismo. A arquitetura japonesa, por exemplo, afastou-se do Metabolismo e de outras formas de expressão modernista. Arata Isozaki (1931–) tornou--se mais literal em suas referências às formas japonesas, enquanto arquitetos mais jovens e autodidatas, como Tadao Ando (1941–), gravitavam em direção a formas elementais, que enfatizavam a interação entre a luz e os materiais na experiência de criações minimalistas e poéticas. Sua obra tornou-se típica de uma nova estética japonesa de grande sucesso, bastante moderna e abstrata, e que também tinha algo em comum com as formas japonesas tradicionais. O contreto de suas construções, o material predominante de sua expressão, era imaculadamente lançado. O Shingonshu Honpukuji ("Templo da Água", 1991), por exemplo, focava a experiência em um momento indelével, em que uma escada descia através de um tanque redondo com uma superfície de nenúfares. Em sua Capela da Luz, a principal da Igreja Ibaraki Kasugaoka Kyokai (1989), a parede do altar compõe-se de quatro peças de concreto que pairam levemente, criando uma cruz luminosa. Na parte traseira, em outro *tour de force*, a pequena fenda entre as paredes permite que um feixe ofuscante de luz penetre a tranquilidade obscura.

# Global

O Pós-Modernismo japonês não deve ser visto como um novo movimento, mas como uma forma extremamente refinada de Modernismo, pois é despojado de quase todas as referências culturais, exceto as mais básicas. A ascensão do Pós-Modernismo em outros lugares foi bem mais tumultuada, e muitas vezes foi acompanhada da decadência do Estado nacional secular como o ponto de referência comum para diversas comunidades. Uma vez que o Pós-Modernismo admitia reivindicações alternativas às convenções do nacionalismo, a ironia praticamente não chegou a entrar em jogo. Pelo contrário, a busca era, em geral, por algum tipo de autenticidade regional baseada nas tradições. O significado exato do que era a "tradição" tornou-se então muito contestado, sobretudo em locais como o sul da Ásia, em que, em razão do passado complexo da Índia, diferentes reivindicações poderiam ser feitas a partir de sua história e da estética a ela associada. Os nacionalistas hindus de direita, por exemplo, demoliram uma mesquita no norte da Índia, no início da década de 1990, estimulando tumultos interconfessionais, sob a alegação de que a mesquita havia sido construída sobre as fundações de um antigo templo hindu, de um milênio atrás. De modo similar, o mundo islâmico viu ressurgirem reivindicações mais ortodoxas à identidade islâmica na expressão cultural, forçando o recuo do Modernismo nacional em países como a Turquia e o Egito. No entanto, a tendência a ver tudo o que precedia o Modernismo como tradicional – isto é, firmemente estabelecido e permanente – com frequência tem deixado dúvidas sobre como inserir as modalidades estéticas anteriores no mundo moderno.

Poderíamos elaborar uma longa lista de arquitetos do mundo pós-colonial e não ocidental que têm buscado uma solução para esse problema sem recorrer à política nacionalista reacionária ou endossá-la. Esses profissionais, profundamente imersos nas sensibilidades da arquitetura moderna, em sua maioria vêm tentando repensar sua prática fazendo referência a um repertório simbólico de fácil acesso, e com frequência estereotipado, de mandalas e sistemas construtivos figurativos. Outros falam em "morfologias urbanas", "criação do senso de lugar" e até mesmo do "gênio do lugar" (*genius loci*), termo originado na filosofia romântica europeia do início do século XIX. A obra de Hassan Fathy (1899–1989), no Egito, era mais realista. Ele trabalhava para criar uma arquitetura de baixo custo, usando métodos de projeto e materiais tradicionais. Também ensinou os moradores a fabricar seus próprios materiais e construir suas próprias edificações. As condições climáticas, as considerações sobre a saúde pública e as habilidades artesanais tradicionais também afetavam suas decisões de projeto.

18.141 **Estábulos San Cristóbal, Los Clubes, Cidade do México**

Geoffrey Bawa (1919–2003), um arquiteto do Sri Lanka que estudou na Associação Arquitetônica de Londres (Architectural Association), dedicou-se aos problemas de gestão de grandes sistemas terrestres e aquáticos enquanto construía com a ajuda de pedreiros que nada sabiam sobre técnicas modernas de construção. Não obstante, aproveitava as soluções locais e desenvolvia uma estética livremente eclética em sua expressão. Na casa para o dr. Bartolomeu (1961–1963), usou uma mistura de materiais disponíveis na região, inclusive troncos de coqueiro, granito e telhas de barro, bem como concreto nas fundações. Também introduziu reservatórios de água não só para refrigeração, mas também para servir como balizas visuais ao longo do trajeto de circulação.

No México, Luis Barragán (1902–1988), que havia colaborado com Louis Kahn no projeto da praça do edifício do Instituto Salk, desenvolveu um vocabulário de projeto de formas simples, cuja elegância era acentuada pelo uso das cores. De certa forma, como Tadao Ando, ele conservou uma estética minimalista, insistindo na justaposição criteriosa de planos severos. Em razão disso, sua obra tem grande força poética. Em sua própria casa, ele distinguiu as janelas cuja função era emoldurar uma vista daquelas que eram apenas para iluminação. Barragán era pouco conhecido internacionalmente, até que uma retrospectiva realizada no Museu de Arte Moderna de Nova York, em 1975, tornou-o famoso.

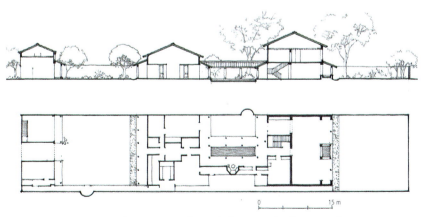

18.142 **Corte e planta da casa para o dr. Bartholomew, Colombo, Sri Lanka**

# 1950 D.C.

18.143  Casa Simpson-Lee, Mount Wilson, Austrália

18.144  Casa Marie Short, Kempsey, Austrália

## A CASA MAGNEY

O australiano Glenn Murcutt realizou uma das mais consistentes explorações de um Modernismo local. Ele começou com a sensibilidade fortemente impressionada pela arquitetura minimalista de Mies van der Rohe e executou, trabalhando sozinho, pequenos projetos no estilo das Casas de Estudo de Caso da Califórnia. Seus projetos, econômicos no uso dos materiais, buscam a eficiência no controle do clima. Seus edifícios são construídos do modo mais eficiente possível e tentam não interferir no terreno. Um conhecimento profundo sobre o sítio e as condições locais é fundamental para a ética de Murcutt. Por opção própria, nunca trabalhou fora da Austrália, apesar de ter lecionado em todo o mundo.

A Casa Magney (1982–1984), projetada por ele, localizada a 500 metros da costa australiana do Pacífico Sul, tem do lado sul uma parede de alvenaria de 2,1 metros de altura para se proteger dos ventos frios do oceano. A fachada norte, por outro lado, é completamente envidraçada, apesar de protegida por brises retráteis que permitem a entrada de luz e a apreciação da vista. Uma faixa contínua de vidro circunda a casa a cerca de 2 metros do solo, permitindo a entrada de iluminação geral e tornando o céu visível do interior. Acima da faixa, duas curvas assimétricas, construídas com folhas de metal corrugado, não só protegem o vidro e coletam a água – armazenada em tanques subterrâneos –, como também conferem à moradia o perfil do telhado característico da construção, como uma "máquina de morar" corbusiana. Duas chaminés de ventilação das cozinhas elevam-se sobre o telhado, como periscópios. Rígidas mãos-francesas de aço, em forma de V, sustentam o beiral do telhado, calculado para barrar o sol no verão e admiti-lo no inverno. A planta é simples: uma faixa fina de espaços de serviço, ao sul, é separada dos espaços de permanência prolongada, no lado norte, por um corredor localizado exatamente onde corre a calha que coleta a água dos dois caimentos do telhado. A Casa Simpson-Lee (1989–1994), outro projeto de Murcutt, foi construída segundo os mesmos princípios, mas com uma expressão bem diferente.

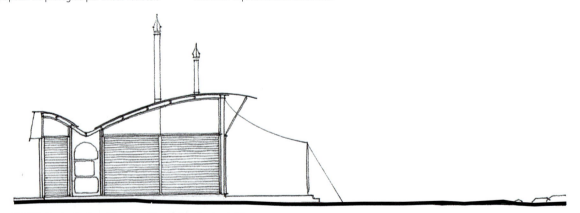
18.145  Corte da Casa Magney, Bingie Bingie, Austrália

# A globalização atual

19.1  Vista aérea da Zona Econômica Especial de Shenzhen, China

## INTRODUÇÃO

A consciência de que vivemos em um mundo de relacionamentos globais é agora, ela própria, global. Dentro de 50 anos, é provável que o fim da Guerra Fria, a ascensão da China e o surgimento da conscientização sobre o aquecimento global sejam lembrados como os eventos definitivos do final do século XX, e não o espetáculo do Onze de Setembro ou o surgimento do Estado Islâmico. Desde a queda do Muro de Berlim, em 1989, os frutos da vitória na Guerra Fria do bloco capitalista capitaneado pelos Estados Unidos vêm sendo colhidos na forma da globalização, ou no ímpeto pela dominação dos mercados internacionais por meio do estabelecimento de regimes comerciais e tarifários favoráveis a esse grupo de países.

A China, após romper os grilhões com as reformas estruturais iniciadas por Deng Xiaoping em 1978, tem aproveitado as oportunidades da globalização para abocanhar grande parte do mercado. Para isso, ela foi pioneira no conceito de zona econômica especial, uma versão atualizada dos tratados dos portos coloniais que outrora eram assinados e permitiam o funcionamento de locais especiais, como Hong Kong. Desde meados dos anos 1990, alguns países do antigo Terceiro Mundo vêm competindo para imitar o modelo econômico chinês e estão criando uma nova classe de nações intermediária na hierarquia global. Hoje, esses países são conhecidos como BRICS – um acrônimo com as iniciais em inglês de Brasil, Rússia, Índia, China e África do Sul –, e outras nações, como a Nigéria e o México, estão clamando para serem incluídas no grupo. A chave para a infraestrutura da globalização foi o uso de contêineres, o que otimizou o transporte internacional de cargas de uma maneira sem precedentes, junto com a construção de navios gigantescos e customizados, portos automatizados e sistemas de transporte rodoviário e ferroviário profundamente racionalizados. Mas nada disso teria sido possível sem a difusão concomitante da nova rede digital, a internet, que não somente tem gerado um senso de autoconsciência global como vem permitindo transações financeiras instantâneas através de fronteiras nacionais e potencializando o motor da globalização. A fim de dar suporte a essa rede financeira global, surgiu um novo império de cidades internacionais – grandes cidades que competem e colaboram no controle das finanças do mundo. Prédios genéricos de infraestrutura (como aeroportos, portos secos, sistemas de transbordo de cargas e centros de convenções – também estão sendo construídos ao redor do mundo para facilitar o movimento dos agentes financeiros globais.

A consciência sobre a globalização também tem sido fomentada por dois problemas

# Globalização

19.2  Navios cargueiros com contêineres atracados, Seattle

19.3  Frades protegendo o Capitólio dos Estados Unidos, em Washington, D.C.

internacionais: as mudanças climáticas e o terrorismo. Dois séculos de industrialização inclemente e alimentada pelo uso de combustíveis fósseis têm gerado mais riqueza do que jamais existiu, mas também vêm ameaçando o delicado equilíbrio da atmosfera da Terra.

Não há dúvida de que as construções também estão entre as responsáveis por esse processo. Nos Estados Unidos, por exemplo, as edificações são os maiores consumidores de energia. Mas a nova crise, o terrorismo, não está diretamente associada à arquitetura. Em face do poder militar esmagador dos Estados nacionais que hoje dominam o mundo, insurgentes de todas as partes do globo encontraram uma nova maneira de usar o poder da mídia (e, mais recentemente, também da internet) para globalizar o impacto das guerrilhas, que originariamente eram uma tática militar muito localizada e apenas complementar. Nessa guerra, a arquitetura é, acima de tudo, uma das vítimas dos danos colaterais. Mais do que a destruição de habitats que as guerras convencionais acarretam, os ataques a ícones da arquitetura como as Torres Gêmeas de Nova York chamam a atenção do mundo inteiro, lembrando-nos de que as edificações, apesar de sua materialidade e seus gigantescos investimentos de capital, está, em última análise, tão sujeita à sua imagem criada pela mídia quanto as supermodelos. Por um lado, essa semelhança entre os prédios e as supermodelos tem resultado na fortificação de edificações públicas importantes, como embaixadas, que estão cada vez mais sendo cercadas com altos muros, frades e outros elementos de segurança. Por outro lado, isso também aumenta a obsessão global com prédios supericônicos, que são reconhecidos pelo mundo inteiro como obras produzidas por "arquitetos-estrela".

Apesar de todo esse espalhafato, a resposta crítica da arquitetura à globalização vem sendo caracterizada pela incerteza e constante reinvenção. A cada ano, uma nova conferência anuncia o surgimento de um novo "ismo": um dia é o Desconstrutivismo; outro, o Novo Pragmatismo; e depois vem o Novo Regionalismo. O Novo Urbanismo foi seguido pelo Novo Urbanismo Paisagístico, logo seguido pela Urbanização Planetária e a Rede de Cidades Globais. De certa maneira, isso é um sinal de um rico discurso e do abandono das ortodoxias. Ainda assim, embora as certezas do Modernismo sejam cotidianamente criticadas, a busca por novas utopias ecológicas ainda é uma obsessão profissional dos arquitetos. E ainda é a busca pós-moderna por identidade, lugar e empoderamento local que continua sendo abraçada pelos projetistas alternativos, apesar de as possibilidades desconhecidas da arquitetura que se beneficiam da tecnologia estarem recebendo o maior apoio da imprensa e dos institutos de pesquisa.

Se a resposta psicológica à incerteza é a preservação, não surpreende que o movimento pela preservação (ou conservação, como também é chamado) tenha surgido como uma grande força na comunidade da arquitetura. Muito mais do que a velha distinção modernista entre o novo e o velho, a preservação hoje é um movimento multivalente que inclui estratégias tão diversas quanto a criação de redes sociais de prédios resilientes e de bancos para as sementes do mundo, a fim de garantir a manutenção futura da biodiversidade. Do *status* de Patrimônio Arquitetônico à criação de grupos como o Docomomo e redes de ativista locais, a preservação está desfrutando de um renascimento inesperado. Nesse meio, a cidade – como o antigo e evanescente ideal grego de comunidades diversas sustentadas por uma matriz igualitária – tem surgido como o foco dos objetivos cívicos dos arquitetos profissionais. Em 2009, metade da população mundial vivia em cidades, indicando a tendência global à urbanização – uma estatística que era celebrada tanto por defensores como por críticos da globalização.

Não há apenas uma equação que possa descrever a arquitetura de hoje, apesar da generalização simplista que o termo *globalização* sugere. Na verdade, o global e o local têm se tornado tão interligados que talvez o neologismo "glocal" possa ser a melhor maneira de descrever o mundo que os arquitetos projetam para os dias de hoje. Em vez de pintar a arquitetura global com apenas uma pincelada, gostaríamos de sugerir uma sobreposição de sete diferentes tendências mundiais, cada uma tentando, de forma distinta, entender melhor a realidade contemporânea. E, ainda que haja sobreposições, cada uma também é determinada por um conjunto de circunstâncias, ideologias e políticas que a distingue das demais.

# Globalização

19.4  Mapa da Rede de Cidades Globais

## 1

Em 2016, as atividades de construção ao redor do globo chegavam ao montante de 7 trilhões de dólares, ou seja, 10% da economia mundial. E esse valor somente tende a crescer. Estima-se que chegue a cerca de 10 trilhões de dólares em 2020, graças ao desenvolvimento econômico que está ocorrendo principalmente na Ásia, mas também na África, na América Latina e no leste Europeu. Ainda que uma vasta proporção desses recursos investidos na construção seja filtrada por grandes empresas de engenharia e do setor imobiliário às vezes pouco conhecidas – sejam elas privadas, sejam públicas –, também há várias firmas de grande porte que oferecem serviços de arquitetura nesse nível internacional. Uma dessas grandes empresas de arquitetura e construção, a Kohn Pedersen Fox Associates (KPF), fundada em 1976 e que no início somente trabalhava nos Estados Unidos e na Europa, nas últimas décadas foi responsável por obras tão importantes quanto o plano diretor de Tigamas (1990), o Kuwait International Hotel (1991), o Centro de Artes de Cingapura (1992), o plano diretor da Península de Tel Aviv (1996) e a De Hoftoren/Sede dos Ministérios da Educação, Cultura e Ciência em Haia (2003), entre muitos outros trabalhos. A Callison Architecture, de Seattle, que emprega 500 pessoas em um único prédio, é a grande especialista em comércio do mundo, tendo projetado nas Filipinas (Cinturão Verde do Centro de Ayala), na China (Banco da China, Centro Shangdi), no Japão (Lojas de Departamento Seibu), Índia (Gardens Galleria), no Catar (Pérola do Golfo), em Dubai (centro da cidade de Diera) e na Rússia (lojas IKEA).

19.5  A fachada de um prédio antigo cercada de andaimes durante as obras de restauração

## GLOBALIZAÇÃO

19.6 Uma megacidade extremamente densa

todo o mundo em virtude da procura por esse material na China. Assim, o custo dos edifícios altos no resto do mundo elevou-se de modo significativo, embora a demanda chinesa tenha recentemente diminuído. Enquanto os efeitos materiais dessa transformação são sentidos em escala global, outro tipo de competição pela supremacia acontece na Ásia, na corrida pela construção do edifício mais alto do planeta. Em menos de 10 anos, esse título mudou de Kuala Lumpur para Xangai, para Taipei, e logo retornou a Xangai. A destruição das torres gêmeas do World Trade Center – projetadas por Minoru Yamasaki – em um ato terrorista executado em 11 de setembro de 2001, comprovou o poder dos edifícios altos como ícones globais. O fato de alguns poucos fanáticos religiosos – planejando vingança a partir de um campo remoto em algum lugar do Afeganistão – poderem colocar o foco tão precisamente naqueles arranha-céus, símbolos dos Estados Unidos, corrobora o papel persistente da arquitetura como ícone na imaginação global do nosso mundo, assim como sua natureza perecível. Nova York recentemente finalizou a construção de outra torre alta no conjunto do World Trade Center, projetada por Daniel Libeskind e David Childs, da SOM, ao custo de quase quatro bilhões de dólares

Outra megafirma de arquitetura norte-americana Hellmuth, Obata & Kassabaum (HOK), sediada em Saint Louis, possui 2.500 funcionários ao redor do mundo. Seu estilo geral é uma versão limpa e profissionalizada do Pós-Modernismo, usando com maestria as cores e o design. Outra megafirma, a japonesa Nikken Sekkei, assim como a Morphogenesis (de Nova Délhi) é mais claramente modernista: muitos de seus prédios são dotados de uma sensibilidade linear despojada, e suas apresentações e projetos tiram partido das novas possibilidades oferecidas pela tecnologia da informação. A Gensler, a NBBJ, a RTKL e a Ellerbe Beckett, que agora faz parte da Aecom, são alguns dos outros grandes escritórios com projetos pelo mundo afora. Algumas dessas firmas são tão grandes que realizam anualmente seus próprios concursos internos de projeto, usando júris externos, como é o caso dos GDEA, os Gensler Design Excellence Awards (Prêmios Gensler de Excelência em Projeto).

A China tem sido um grande atrativo de investimentos estrangeiros desde que passou a aceitá-los em um programa de industrialização e capitalização cuja escala jamais havia sido vista em qualquer lugar do mundo. Até 2020, 15 das 20 maiores cidades do mundo serão chinesas. (A Índia não fica muito atrás.) Na primeira década do século XXI, o preço do aço duplicou em

19.7 A linha do horizonte da Xangai atual

# Globalização

19.8　A nova torre One World Trade Center, Nova York

## 2

Uma segunda maneira de mapear globalmente a arquitetura é acompanhar as carreiras daqueles que infiltram de maneira consciente os princípios do projeto de alto padrão na economia global. Frank Gehry é o líder nesse sentido, projetando óperas, museus e sedes institucionais ao redor do mundo. Esses edifícios procuram ser chamativos e são imediatamente explorados pela propaganda turística. São obras de grande prestígio. Essa tendência começou após a Segunda Guerra Mundial, com contratos como a Ópera de Sydney (1957–1973), de Jørn Utzon; seus exemplos mais recentes incluem a construção do Museu de Arte Samsung de Leeum, em Seul, com edifícios de Rem Koolhaas, Mario Botta e Jean Nouvel. O Catar está se transformando em um centro cultural de nível mundial, com a conclusão de cinco novos museus, entre eles o Museu Islâmico, de I. M. Pei, e ainda outro museu de Santiago Calatrava, o renomado arquiteto e engenheiro espanhol.

A transformação global de edifícios de prestígio em mercadorias não deveria levar-nos a subestimar sua importância potencial na história da arquitetura, pois eles constituem oportunidades para que os arquitetos experimentem não apenas novas tecnologias, mas também novas ideias sobre o programa de necessidades e a função da edificação. Para o público, esses prédios também são os exemplos mais acessíveis e visíveis da produção arquitetônica de vanguarda. Ainda assim, esses projetos têm suas controvérsias. O Museu Guggenheim, em Bilbao, na Espanha, a cada ano vem trazendo à cidade milhões de dólares com o turismo, porém as vantagens e desvantagens precisam ser continuamente lembradas. Mas mesmo esse não é um fenômeno novo. O "efeito Bilbao" representa, na época atual, o que as grandes exposições internacionais representavam no século XIX – motores econômicos que, por um lado, prometem melhorias de conscientização e conhecimento, mas, por outro, estendem os efeitos destrutivos do capital. Os museus do Catar visam especificamente aos turistas, os quais o governo espera poder atrair aos resorts litorâneos e às vastas paisagens desertas – "tudo em um ambiente extremamente seguro". Segundo um funcionário do governo, "espera-se que o turismo mais que duplique nos próximos seis anos, dos 400 mil visitantes que atualmente visitam o Catar para mais de 1 milhão de turistas em 2010".

19.9　O icônico museu Guggenheim Bilbao, Espanha, projetado por Frank Gehry

# GLOBALIZAÇÃO

19.10 Vista interna do Pavilhão Quadracci do Museu de Arte de Milwaukee, Wisconsin, Estados Unidos, um projeto de Santiago Calatrava

19.11 Pavilhão Quadracci do Museu de Arte de Milwaukee

Entre os projetistas de elite que trabalham com a arquitetura de prestígio em escala global, somente Rem Koolhaas, arquiteto holandês, tem uma teoria bem articulada sobre a situação atual e o futuro da arquitetura globalizada. Seu livro *S, M, L, XL* (*Pequeno, médio, grande e extragrande*), com 1.376 páginas e escrito em colaboração com Bruce Mau, Jennifer Sigler e Hans Werlemann (1995), reúne ensaios, manifestos, diários, textos de ficção, relatos de viagens e reflexões sobre a cidade contemporânea. As grandes figuras em cores desse livro transformaram as publicações arquitetônicas. Um de seus temas é a "grandeza" (*bigness*), parte de uma tentativa de tratar das preocupações com a escala no moderno mundo globalizado. Um dos ensaios do livro, "The Generic City" ("A cidade genérica"), declara que as distinções comuns entre a arquitetura, a rua e a cidade são coisas do passado. A arquitetura, pelo contrário, deve abraçar e combinar tudo isso. Além do mais, o anonimato urbano e seus componentes arquitetônicos são consequências inevitáveis da vida moderna – e, talvez, ideais pelos quais devamos lutar. Em 2014 Rem Koolhaas foi o curador da Bienal de Arquitetura de Veneza, na qual deixou de lado a tradição de celebrar a obra de arquitetos famosos e, em vez disso, catalogou os registros triviais da construção – paredes, pisos, painéis, etc. – que compõem o grosso da obra do projeto de arquitetura.

19.12 Biblioteca Pública Central de Seattle, Washington, projeto do The Office for Metropolitan Architecture

# GLOBALIZAÇÃO

19.13 Bienal de Arquitetura de Veneza de 2014

19.14 Um vestido de alta costura de Alexander McQueen (acima) e a maquete de conceito para uma loja da Louis Vuitton projetada por Frank Gehry (abaixo)

A despeito desse posicionamento, Koolhaas tornou-se, como outros, um dos arquitetos favoritos da elite governamental e capitalista, ou ao menos por aqueles que almejam pensar com rapidez e, de preferência, em grande escala, como os holandeses com o projeto de sua embaixada em Berlim; os chineses com sua torre da CCTV em Pequim; a União Europeia com sua sede em Bruxelas; a Samsung com seu Museu de Leeum, em Seul; ou a Prada com sua loja elegante na cidade de Nova York. Portanto, a diferença entre a KPF e a Rem Koolhaas é vaga, pois ambas operam na interseção entre o grande capital e projeto de alto padrão. A firma de Koolhaas, contudo, trabalha de modo que parece articular a autonomia do arquiteto e a celebração simbólica de seu nome com muito mais força do que a KPF. Para isso, Koolhass fundou, em 1975, o Office for Metropolitan Architecture (OMA), uma empresa que atua exclusivamente no ramo do projeto e que, nas palavras da Koolhaas, mescla "arquitetura contemporânea, urbanismo e análise cultural" e busca oferecer soluções verdadeiramente inovadoras e radicais para os problemas associados à globalização contemporânea. Além de edifícios institucionais na Europa, nos Estados Unidos e na Ásia, a OMA tem elaborado projetos urbanísticos para grandes cidades, propôs um novo logotipo para a União Europeia e até mesmo

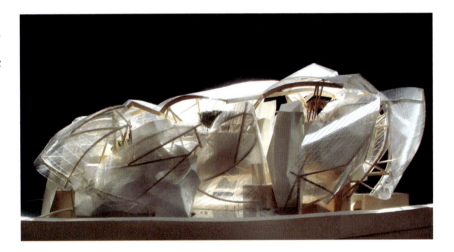

preparou a identidade digital para a Prada, a gigante varejista da alta costura global.

O século XXI, de fato, tem visto uma interseção crescente dos mundos da alta costura com a arquitetura. Não somente vários designers de moda icônicos, como Tom Ford, têm formação em arquitetura, como o projeto de desfiles de moda e lojas-conceito, como as da Louis Vuitton, têm surgido como um gênero distinto. Designers de moda, como Hussein Chalayan e Comme des Garçons, têm se referido de modo consciente a obras de arquitetura em seus trabalhos – e, por outro lado, alguns arquitetos, como Zaha Hadid, recém-falecida, também ultrapassaram as fronteiras da arquitetura, aproximando-se do design de moda.

# Globalização

19.15  Visão para Madri, desenho de Zaha Hadid

Zaha Hadid (1950–2016) ocupa um lugar especial nesse espectro. Por ser uma arquiteta nascida no Iraque, Hadid quebrou muitos telhados de vidro e estereótipos da cultura arquitetônica. Ao abandonar muitos dos princípios tanto do Modernismo como do Pós-modernismo, ela rapidamente desenvolveu um estilo muito individual, que enfatizava formas ousadas e linhas sensuais, o qual no princípio foi descrito como desconstrutivista, mas que assumiu forma própria com o desenvolvimento da modelagem paramétrica na década de 1990. Por não ser europeia ou norte-americana, Zaha Hadid deu expressão às aspirações de arquitetas do mundo inteiro, inclusive de gerações passadas, como Eileen Gray (da França), Minnette de Silva (do Sri Lanka) e U. E. Chowdhury (da Índia).

Um dos problemas dos "arquitetos estrela" é que, uma vez que eles se aposentam ou falecem, suas obras não têm como se sustentar, algo que aconteceu com as empresas das gerações anteriores de mestres modernistas, como Le Corbusier, Frank Lloyd Wright e Ludwig Mies van der Rohe. A obra de Benedetta Tagliabue, da EMBT de Barcelona, é uma exceção notável nesse sentido: Benedetta não somente completou e continuou os trabalhos que havia iniciado com Enric Miralles (1955–2000), como também tem conseguido criar uma identidade nova e única para si própria que leva avante o legado da empresa.

19.16  Centro Heydar Aliyev, de Zaha Hadid, Baku, Azerbaijão

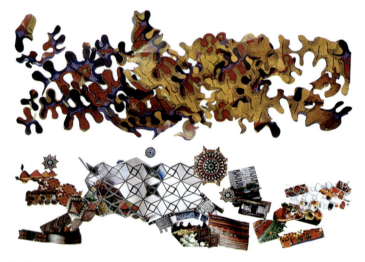

19.17  Desenhos de Benedetta Tagliabue para o concurso da Estação de Metrô de Clichy-Montfermeil

# Globalização

19.18 Um pátio de Sardarnagar

**3**

Entretanto, as práticas arquitetônicas das organizações não governamentais (ONGs), que buscam solucionar problemas sociais e econômicos urgentes, contrastam com a abordagem recém-tratada. No mundo inteiro, há poucos anos, uma em cada sete pessoas morava em cortiços, favelas ou lugares semelhantes. Em 2020, estima-se que esse índice já será de uma em três. As ONGs são uma parte importante da solução para essa crise iminente, por serem mais flexíveis do que a burocracia estatal e, portanto, mais capazes de identificar problemas e sugerir soluções que sejam aceitas pelas comunidades locais.

Embora a ideia de ONG date do começo do século XX, a expressão *organização não governamental* só ganhou uso mais amplo depois da fundação da ONU, em 1945, quando estabeleceram-se critérios para a criação dessas organizações. Hoje, a quantidade de trabalho não reconhecido que as ONGs realizam pelo mundo é impressionante. Um bom exemplo é a atividade de construção executada pela Kutch Nav Nirman Abhyan, associação de 40 ONGs do Kutch, no oeste da Índia, as quais se juntaram depois do terrível terremoto de 26 de janeiro de 2000 para tomar várias iniciativas de desenvolvimento nas áreas de assistência social, educação primária e gestão de desastres. Ela também já ajudou a construir mais de 20 mil moradias pelas próprias comunidades locais. Nas novas edificações são empregadas técnicas de reforço que tornam os edifícios mais resistentes a terremotos. Esse trabalho dos "arquitetos descalços", como eles às vezes se denominam, é o avesso do mundo do capital global. Outra ONG, a Architecture for Humanity, sediada em San Francisco, Estados Unidos, oferece serviços de projeto profissionais voluntários a grupos comunitários, empreendedores sociais e outras organizações sem fins lucrativos no mundo inteiro. Ela ajuda comunidades hipossuficientes a projetar e construir escolas, ambulatórios e quadras de esportes, entre outros.

**4**

Um quarto tipo de arquitetura que opera em âmbito global é produzido por pequenos escritórios locais que, apesar de empregarem diferentes metodologias de projeto, defendem uma relação cuidadosamente trabalhada e bem planejada entre o programa e as restrições relativas ao clima, às condições do terreno e aos materiais. Embora sejam, por orientação, explicitamente locais, esses arquitetos constituem um movimento global, em razão da ética de projeto que compartilham, que pode ser descrita, de modo geral, como derivada da arquitetura moderna. Na Casa Dividida, do Atelier Feichang Jianzhu, perto de Pequim, por exemplo, o arquiteto usa a terra apiloada não só por suas propriedades naturais de isolamento térmico, mas também por ser um material característico da arquitetura chinesa ao longo da história. Emoldurada contra o pano de fundo dos penhascos da região, pode-se, inclusive, ver na casa um etos semelhante ao de Ruskin no que diz respeito à natureza do material e à geologia. Na Casa F-2, de Adirá & Brold & Rojkind, o basalto vulcânico, material local comum na Cidade do México, é empregado como contraste visual e tátil ao concreto moldado *in loco*. A estética se aproxima daquela de Marcel Breuer, o qual ajudou a criar uma forma de Modernismo compatível com a paisagem aberta e a necessidade de aproveitar as brisas. Essas duas casas são, portanto, extremamente modernistas em estilo, mas isso não deve ser motivo para condená-las.

## GLOBALIZAÇÃO

19.19 Igreja Batista de Antioch, um projeto do Rural Studio da Universidade de Auburn, no Condado de Perry, Alabama

19.20 Casa própria de Anupama Kundoo, em Auroville, Índia

**5**

A ironia, em particular, está ausente na estética atual, e assim permanecerá, infelizmente, devido à tendência a se buscar uma aparência de respeito às ideologias da tradição e à herança. Por isso gostaríamos de indicar um quinto fenômeno global: a arquitetura produzida localmente por amadores e arquitetos que têm uma sensibilidade aberta ao potencial do *prêt-à-porter*: uma casa em Massachusetts feita toda de jornal (incluindo os móveis), uma residência em Nevada construída com pneus de automóveis, edifícios inteiros feitos de tubos de papelão, assentamentos invadidos no México em que foram usados materiais de construção descartados, arquitetos que empregam tecnologias convencionais para subverter as expectativas e aqueles que constroem casas com contêineres. Esse tipo de arquitetura entrou em cena no final da década de 1960, com a Drop City, no Colorado, que foi um dos centros do movimento da contracultura. Desde então, ele se expandiu e se tornou um movimento informal, mas consolidado. O Barraco do Futuro, de Sean Godsell, por exemplo, combina um contêiner com uma estrutura de proteção solar para criar uma casa produzida em massa que pode ser reinstalada em qualquer lugar. Um exemplo particularmente bom nesse sentido é o Rural Studio, desenvolvido por Samuel Mockbee (1944–2001) na Universidade de Auburn, no Alabama. Trabalhando com o princípio de que mesmo os mais pobres merecem a dignidade da boa arquitetura, Mockbee projetou e construiu com seus alunos edificações inovadoras e criativas. Revestimentos de paredes feitos inteiramente de para-brisas e placas de automóveis reaproveitados são apenas algumas das maneiras como ele estendeu os limites da prática arquitetônica.

Projetar para o contexto "local" não significa que seja necessário usar técnicas antigas ou imitá-las, nem estetizar os costumes locais, como fazem com frequência aqueles que, por exemplo, reduzem a tradição chinesa dos biombos ao simples trabalho com painéis de metal.

A arquitetura dos pequenos escritórios é importante para o desenvolvimento do pensamento arquitetônico, visto que eles podem adotar uma abordagem mais experimental e aberta. O Atelier Bow Wow, em Tóquio, fundado por Yoshiharu Tsukamoto e Momoyo Kaijima, tornou-se famoso projetando edificações incomuns no denso ambiente urbano das cidades japonesas, como o Edifício Mado, em Tóquio (2006). Anupama Kundoo desenvolveu técnicas de projeto inovadoras em Auroville, Índia. Em Barcelona, o Mercado Santa Catarina, de meados do século XIX, foi reformado (1997–2005) pelos arquitetos Enric Miralles e Benedetta Tagliabue, da EMTB Architects Associates. Eles acrescentaram um telhado de madeira ondulado sobre todo o pavilhão, praticamente preenchendo a praça. As telhas coloridas foram selecionadas para reproduzir as cores vibrantes das frutas e hortaliças nas bancas do mercado. A construção trouxe nova vida à área economicamente decadente do bairro gótico de Barcelona. Outro arquiteto, Teddy Cruz, trabalha com as comunidades migrantes de Los Angeles e com as comunidades mexicanas do outro lado da fronteira a fim de desenvolver soluções inovadoras para a habitação.

# GLOBALIZAÇÃO

## 6

Uma sexta categoria da produção global relaciona-se com o problema ambiental. Faz pouco tempo que os arquitetos convencionais começaram a reconhecer o impacto dos edifícios sobre o meio ambiente. A produção de materiais como borracha, aço e vidro é muito poluente. Há também a questão de quanta energia um edifício necessita para aquecimento e resfriamento, bem como a de sua vida útil. A Agência de Proteção Ambiental dos Estados Unidos estima que os resíduos de construção correspondam a 25% do fluxo total de resíduos desse país. Esses resíduos costumam conter materiais como tinta com chumbo, amianto, lâmpadas fluorescentes, reatores de luminárias, madeira tratada e outros itens que poluem o ambiente.

O impacto da industrialização sobre o ambiente e a sociedade começou a ser criticado no final do século XIX. Frederick Law Olmsted projetou parques que eram oásis em um contexto urbano, enquanto Frank Lloyd Wright e outros procuraram integrar o mecânico e o natural. Foi só com o movimento ecológico da década de 1960 que o ambientalismo tornou-se uma questão política. O lento sucesso desse movimento levou ao surgimento do campo da gestão ambiental, na década de 1980. A maioria dos problemas envolve a legislação, o governo e a indústria. A arquitetura só recentemente começou a encontrar seu papel nesses debates. Alguns arquitetos atuais especializam-se em sistemas de projeto e construção de baixo custo; outros voltam-se para projetos habitacionais sustentáveis, casas autossustentáveis em termos energéticos, casas solares, ecoaldeias e, mais recentemente, as chamadas "casas saudáveis".

O termo central, no vocabulário desse movimento, é a palavra *sustentabilidade*, embora ela seja empregada com diferentes significados em grupos diversos. No âmbito da gestão ambiental, os problemas giram em torno de questões políticas, governamentais, legislativas, de planejamento e bancárias. O projeto arquitetônico, como tal, com frequência é deixado para o fim do processo. Mas isso começou a mudar, uma vez que a maioria das grandes empresas hoje já conta com especialistas em arquitetura sustentável. Muitos arquitetos dos Estados Unidos e de outros países atualmente usam o sistema de certificação LEED (*Leadership in Energy and Environmental Design* – Liderança em Projetos Ambientais e de Energia).

19.21 Commerzbank, Frankfurt, Alemanha

O sistema LEED avalia as edificações segundo um largo espectro de critérios, mas em geral favorece soluções de tecnologia mais avançada. Entre os arquitetos que trabalham com orçamentos baixos, pode-se mencionar Thomas Herzog, da Alemanha, que combina métodos convencionais de projeto ambiental (por exemplo, espaços com pés-direitos altos destinados a reduzir os custos de ar-condicionado) a tecnologias avançadas, como tipos de vidros e sistemas de refrigeração especialmente projetados. William McDonough tem defendido a ideia de que a sustentabilidade deveria ser um imperativo ideológico para as grandes empresas do mundo. Sua sede da Volkswagen e sua fábrica de 65 mil metros quadrados, a ser construída em 130 hectares de terra onde antes havia uma floresta tropical no Brasil, são apenas dois de seus trabalhos mais importantes. Nas obras de luxo com arquitetura sustentável, pode-se mencionar o projeto da Foster and Partners para o Commerzbank, em Frankfurt, na Alemanha, atualmente o edifício mais alto da Europa. Em vários pavimentos da torre há jardins aéreos. Hoje existem empresas especializadas em tornar sustentáveis os projetos arquitetônicos, assim como outras especializadas na criação de planos diretores sustentáveis que contemplem as necessidades futuras.

## Globalização

19.22 Molde da poluição da fábrica Louis Vuitton em Paris, obra de Jorge Otero-Pailos

### 7

Uma última estrutura global, cada vez mais importante, é a Lista do Patrimônio Mundial, destinada à preservação de edifícios e ambientes arquitetônicos, criada em 1972 sob o patrocínio da Unesco (Organização Educacional, Científica e Cultural das Nações Unidas). Com apenas pouco mais de 40 anos de existência, a lista hoje abarca mais de 800 edificações e sítios em 134 países. Ela está sendo continuamente ampliada, e até mesmo lugares como Chandigarh, na Índia, vêm sendo incluídos nela. A área atualmente sob sua curatela ou alguma outra forma de proteção em todo o mundo vem aumentando exponencialmente, se levarmos em conta o fato de que vales, pequenas cidades e paisagens inteiras hoje estão protegidos.

Por mais que isso seja importante, a busca de inscrição como patrimônio da humanidade é movida não apenas pela necessidade de preservação das identidades, mas também pelo atrativo das divisas trazidas com o turismo. As cidades dos dogons em Djenné foram inscritas na lista de patrimônio da Unesco em 1988. Hoje está sendo planejada uma estrada que ofereça acesso a esse lugar remoto. A "proteção", nesse caso, certamente é uma faca de dois gumes, pois aí se trata de uma comunidade viva, e não de um grupo de ruínas fossilizadas. A proteção de sítios arqueológicos é mais convencional. Mais de 400 mil pessoas visitam a longínqua Machu Picchu, no Peru, a cada ano. Recentemente foi construída uma estrada para levar os turistas até quase o topo dessa montanha remota. Em 1994, a Unesco criou a categoria "paisagens culturais". Elas foram introduzidas para ampliar a representação do que a organização chama de *patrimônio da humanidade*, mas as delimitações desse conceito vão se tornando cada vez mais complexas, à medida que essas paisagens culturais se envolvem com questões políticas.

A preservação da arquitetura moderna no mundo vem sendo promovida pelo Docomomo (Documentação e conservação de edificações, sítios e bairros do Movimento Moderno), uma organização que surgiu na Europa em 1988 e se estabeleceu como uma importante força mundial. Uma vez que a maioria das obras da arquitetura moderna hoje já tem pelo menos meio século, está sob risco cada vez maior de destruição. Por meio de publicações, prêmios, conferências e ativismo local, os capítulos regionais do Docomomo têm buscado fazer com que a arquitetura moderna seja tão merecedora de preservação quanto a arquitetura pré-moderna do mundo.

A preservação é uma força global na comunidade arquitetônica de hoje. Ainda que se dedique principalmente ao combate de destruições iminentes, a obra de pessoas como Jorge Otero-Pailos evidencia uma abordagem mais crítica a como se ver a preservação. Jorge, a fim de gerar questionamentos, apresenta "moldes da poluição" em convenções sobre a prática da preservação.

O patrimônio arquitetônico global certamente é uma forma de mescla mundial. Se essa fusão é entendida como uma forma de libertação cultural da hegemonia do local ou como uma contaminação cultural da hegemonia global é uma questão que somente pode ser resolvida em cada situação particular.

Na última década, os professores de arquitetura têm procurado algum livro de referência que vá além das abordagens eurocêntricas do passado. Ironicamente, as últimas décadas também testemunharam o alargamento do espectro do nacionalismo, que se tornou um fenômeno global à medida que os países procuram estabelecer suas credenciais dentro das narrativas históricas globais. Embora esse novo nacionalismo tenha contribuído em parte para despertar a consciência das realidades locais, ele também teve, e continua tendo, o efeito de abafar o conhecimento do que existe além do horizonte. A tensão entre o global e o nacional é o paradoxo fundamental da nossa era.

# Globalização

Vivemos hoje em mundo significativamente mais estático do que o de alguns séculos atrás. As fronteiras são controladas pelo direito internacional e por alianças políticas. A Unesco protege as maravilhas arquitetônicas e urbanísticas do passado, e normas locais e nacionais determinam o que pode ou não ser construído. Controlamos nossas ações em prol da tranquilidade global. No entanto, persistem as desigualdades e injustiças relacionadas à localização das fronteiras, assim como as tensões resultantes de ideologias que só olham para si próprias. Nesse ambiente, a máxima "conheça seu vizinho" se torna ainda mais importante e, ao mesmo tempo, evasiva, visto que todos nós, qualquer que seja nosso país de origem, podemos facilmente nos encantar com nossa singularidade – o caráter aparentemente único e exclusivo de nossa história.

Devemos tomar cuidado com relação a isso. Uma história global não é aquela de todos os países modernos somados, como as contas de um ábaco. Tampouco é uma história que atribua um aspecto universal à humanidade e a suas produções. Para que uma história global não se resuma a meras datas e fatos, deve se basear no princípio de que cada um de nós aprende como é, de fato, diferente, tendo como base o olhar dos outros.

19.23 **Molde da poluição da Coluna de Trajano no Victoria and Albert Museum, Londres, de Jorge Otero-Pailos**

# Glossário

**ábaco** A placa retangular de pedra que forma o topo do capitel de uma coluna. É lisa no estilo dórico, mas moldada ou adornada de alguma outra maneira em outros estilos.

**abadia** 1. Na Ordem Beneditina, um mosteiro sob a supervisão de um abade, ou um convento supervisionado por uma abadessa. 2. A igreja de uma abadia.

**abóbada** Estrutura arqueada feita de pedra, tijolo ou concreto armado, formando o teto ou cobertura de um salão, cômodo ou outro espaço total ou parcialmente coberto. Por funcionar estruturalmente como um arco prolongado na terceira dimensão, suas paredes de sustentação longitudinais devem ser reforçadas por contrafortes para contrabalançar o empuxo produzido pela estrutura arqueada.

**abóbada de ângulo** *Veja* abóbada de claustro.

**abóbada de arestas** Abóbada composta e formada pela intersecção perpendicular de duas abóbadas, gerando arestas diagonais arqueadas denominadas arestas de encontro.

**abóbada de berço** Uma abóbada com seção transversal semicircular.

**abóbada de claustro** Abóbada composta formada por quatro quartos de círculo que se encontram ao longo de planos verticais diagonais. Também chamada de abóbada de claustro.

**ábside** A projeção semicircular ou poligonal de um edifício, em geral abobadada e utilizada especialmente no santuário ou na extremidade leste de uma igreja para definir o espaço reservado ao altar. Também chamada êxedra.

**acanto** Planta do Mediterrâneo cujas folhas grandes e denteadas se tornaram um motivo comum no programa ornamental dos capitéis e frisos coríntios e compósitos. Também chamado melafólio.

**acastelado** Que possui torres e ameias, como um castelo.

**acoplamento** A colocação de duas colunas ou pilares bem próximos um do outro.

**acrópole** 1. A área elevada e fortificada, ou cidadela, de uma cidade grega antiga, tipicamente caracterizada por um templo importante. 2. A cidadela de Atenas, onde se encontra o Partenon.

**ádito** Área restrita dentro da cela de um templo grego ou romano.

**adobe** Tijolo seco ao sol, feito de argila e palha, usado comumente em países com pouca chuva.

**aduela** Qualquer dos elementos em forma de cunha em um arco ou abóbada de alvenaria, cujos cortes laterais convergem para um dos centros do arco.

**ageya** Casa de prostituição japonesa.

**ágora** Mercado ou praça pública em uma antiga cidade grega, geralmente circundado por edifícios públicos e colunatas e empregado como lugar para assembleias populares ou políticas.

**agregado** Do latim *aggregare*, juntar. Qualquer um dentre vários materiais minerais duros e inertes, como areia e cascalho, adicionados a uma pasta de cimento para fazer concreto ou argamassa.

**água-furtada** Estrutura que se projeta a partir de um telhado em vertente, a qual em geral contém uma janela vertical ou venezianas. Também chamada de lucarna ou lucerna.

**alameda** 1. Passeio público ladeado com árvores para sombreamento. 2. Na América Latina, um bulevar, parque ou jardim público com tal passeio.

**Alcazar** Castelo ou fortaleza dos mouros espanhóis. Especificamente, o palácio dos reis mouros em Sevilha, Espanha, em época posterior utilizado pelos reis espanhóis.

**altar** 1. Lugar ou construção elevado sobre o qual são oferecidos sacrifícios ou é queimado incenso como forma de culto, ou diante do qual se realizam rituais religiosos. 2. A mesa de uma igreja cristã sobre a qual se celebra o sacramento da eucaristia.

**alvenaria ciclópica** Alvenaria formada por blocos de pedras enormes e irregulares bem assentadas com o uso de argamassa. Os métodos de construção das muralhas ciclópicas eram tão difíceis de compreender que se pensava terem sido construídas por uma raça de gigantes – os ciclopes.

**amalaka** Na arquitetura indiana, o remate de pedra, bulbiforme e com nervuras, de um *shikhara*.

**ambão** Qualquer das duas plataformas elevadas das quais as Epístolas ou os Evangelhos eram cantados ou lidos numa igreja cristã primitiva. Também chamado de ambom.

**ambom** *Veja* ambão.

**ameado** A alternância regular entre merlões e ameias, originariamente para defesa, mas depois também utilizada como motivo decorativo.

**ameia** Qualquer um dentre os espaços abertos que se alternam com os merlões de uma muralha de fortificação.

**anfiteatro** 1. Edifício elíptico ou circular com arquibancadas em volta de uma arena central, como os usados na Roma antiga para competições e espetáculos de gladiadores.

**ang** Na arte construtiva tradicional chinesa, um braço de alavanca disposto paralelamente aos caibros e inclinado num ângulo para contrabalançar as forças aplicadas pelas terças internas e externas. O *ang* sustenta a terça mais exterior por meio de um suporte ou travessa e é fixado contra uma terça na extremidade interna. O *ang* surgiu no século III d.C., mas, após a Dinastia Song, passou a servir apenas como elemento decorativo.

**anta** Nos templos gregos, um pilar ou pilastra de seção transversal retangular formado pelo espessamento da extremidade de uma parede que se projeta.

**anular** Aquilo que tem a forma de um anel.

*apadana* O grande salão colunado de audiências de um palácio persa.

**áptero** 1. Desprovido de colunata nas laterais. 2. Sem naves laterais, no caso de uma igreja. 3. Que não apresenta naves, no caso da fachada de uma igreja.

**aqueduto** Conduto ou canal artificial empregado para conduzir água a partir de uma fonte distante, geralmente por gravidade. Sobretudo uma estrutura elevada construída pelos romanos para conduzir um canal de água através de um vale ou sobre um rio.

**arabesco** Desenho elaborado e adornado que emprega flores, folhagem e, às vezes, figuras geométricas e de animais para produzir um padrão intricado de linhas entrelaçadas.

**arcada** 1. Fileira de arcos apoiados em pilares ou colunas, composição que data da época helenística, utilizada principalmente na arquitetura islâmica e cristã. 2. Uma passagem ou galeria coberta e abobadada com lojas em ambos os lados.

**arcada cega** Uma série de arcos que simula o motivo decorativo da arcada na superfície de uma parede.

***architecture parlante*** "Arquitetura falante", expressão empregada na França do século XVIII para descrever a arquitetura de edificações que cria, de suas plantas ou elevações, uma imagem que sugere suas funções.

**arco** Estrutura curva destinada a vencer um vão e que tem a finalidade de transferir uma carga vertical, principalmente por meio da compressão axial.

**arcobotante** Elemento inclinado de alvenaria apoiado num arco segmentado, que transmite um empuxo para fora e para baixo a partir de uma cobertura ou abóbada para um contraforte sólido que, em razão de sua massa, o transforma em empuxo vertical. Elemento característico da construção gótica.

**aresta** Saliência ou sulco anguloso formado por duas superfícies que se unem num ângulo exterior, como aquele formado pelas caneluras adjacentes de uma coluna clássica.

**argamassa** Mistura plástica de cal ou cimento, ou uma combinação de ambos, com areia e água, usada como aglutinante nas construções de alvenaria.

**arqueado** Curvado como um arco. Termo empregado para descrever a estrutura abobadada de uma igreja românica ou catedral gótica, em contraste com a arquitetura de vigas horizontais de um salão hipostilo egípcio ou um templo dórico grego.

**arquitrave** 1. A divisão inferior de um entablamento clássico, que se apoia diretamente nos capitéis das colunas e sustenta o friso. 2. Faixa moldada ou decorativa que emoldura uma abertura retangular de porta ou de janela.

*ashram* Na arquitetura indiana, casa de repouso.

# Glossário

**ático** Um pavimento de pequena altura ou parede decorativa acima do entablamento ou da cornija principal de uma fachada clássica.

**átrio** 1. O pátio interno principal ou central de uma antiga casa romana, descoberto no centro e geralmente dotado de um espelho d'água para a coleta de água da chuva. Também chamado de *cavaedium*. 2. O vestíbulo de uma igreja paleocristã, rodeado de colunatas ou ladeado por elas. 3. O pátio descoberto em torno do qual uma casa ou edifício é construído. 4. O saguão central com iluminação natural zenital em um edifício, especialmente um grande pátio interior com uma cobertura de vidro e rodeado por diversos níveis de galerias. Também chamado de *atrium* (latim).

**átrio** Na arquitetura mexicana, um grande pátio descoberto, porém murado.

*atrium* Veja átrio.

**bagh** Jardim, na arquitetura indiana.

**balanço** Uma viga ou outro componente estrutural rígido que avança em relação a um ponto de apoio, sendo compensado por um elemento de equilíbrio ou por uma força descendente por trás do ponto de apoio.

**balaustrada** Uma série de balaústres utilizada para sustentar um corrimão em uma escada ou um parapeito em um balcão.

**balaústre** Veja balaustrada.

**balcão envidraçado** Janela de sacada (*bay window*) sustentada por mísulas ou cachorros na parte inferior.

**baldaquim** 1. Um pálio de tecido carregado nas procissões religiosas, ou colocado sobre um altar ou um trono. 2. Um dossel ornamental de mármore ou outra pedra, instalado permanentemente sobre o altar-mor de uma igreja. Também chamado de baldaquino.

**baldaquino** Veja baldaquim.

**bangalô** 1. Na Índia, uma casa térrea com cobertura de colmo ou telhas, geralmente cercada por uma varanda. A palavra é derivada do verbete bengali *bangla*. O bangalô foi originalmente usado pelos colonos ingleses na Índia como uma espécie de casa de fazenda ou cercada por um jardim. 2. Nos Estados Unidos, um derivado do bangalô indiano, popular sobretudo no primeiro quarto do século XX. Em geral possui um pavimento ou um andar e meio, um telhado de duas águas e grandes beirais geralmente apoiados em mísulas (cachorros), com uma varanda grande. Costuma ser construído com materiais rústicos.

**bangla** Em Bengala, uma cabana com um telhado curvo de colmo, cuja forma era imitada em templos de alvenaria de tijolo.

**baradari** 1. Um pavilhão mogol dotado de arcadas triplas em cada um de seus quatro lados, o que dá origem à tradução "de doze portas". 2. Uma residência de verão.

**baray** Reservatório de água grande e raso no sudeste asiático.

**base** A parte inferior de uma parede, coluna, pilar ou outro componente, geralmente tratada de modo independente e considerada uma unidade arquitetônica.

**basiliana** Uma planta de igreja bizantina típica, com nove vãos. O vão central é um grande quadrado coroado por uma cúpula. Os vãos quadrados das quinas, menores, são cupulados ou abobadados. Os vãos retangulares são cobertos com abóbadas de berço.

**basílica** 1. Edifício alongado usado como foro de justiça e local de reuniões públicas na Roma antiga. Costumava ter um espaço central com grande pé-direito iluminado por um clerestório e cobertura estruturada por tesouras de madeira, bem como um estrado ou tablado elevado na abside semicircular, para o tribunal propriamente dito. A basílica romana serviu de modelo para as basílicas paleocristãs. 2. Uma igreja paleocristã caracterizada pela planta longa e retangular, pela nave central colunada e alta, iluminada por um clerestório e coberta por um telhado de madeira de duas águas, por duas ou quatro naves laterais de pé-direito mais baixo, uma abside semicircular na extremidade, um nártex e, com frequência, outras características, como um átrio, uma plataforma elevada originalmente chamada de bema e pequenas ábsides semicirculares na terminação das naves.

**bastião** Uma seção proeminente de um baluarte ou outra fortificação que forma um pentágono irregular conectado à base da construção principal.

**batistério** Uma parte da igreja, ou uma edificação independente, na qual o ritual do batismo é administrado.

*bazaar* Veja bazar.

**bazar** Mercado ou área comercial onde são expostas mercadorias para venda, em especial no Oriente Médio. Normalmente é formado por fileiras de pequenas lojas ou bancas numa rua estreita, ou consiste em uma parte da cidade dividida em vielas. Também chamado *bazaar* (árabe).

**bekhnet** A palavra egípcia para "pilone", que significa "estar vigilante".

**belvedere** Uma construção, ou espaço de um edifício, projetada e posicionada de modo a permitir a observação e a admiração de um panorama agradável. Também chamado de mirante.

**bema** 1. O espaço do santuário que circunda o altar de uma igreja do cristianismo oriental. 2. Um espaço aberto transversal que separa a nave central e a abside de uma igreja paleocristã, transformando-se no transepto das igrejas cruciformes posteriores.

**bhumi** 1. A Terra na arquitetura indiana. 2. O relevo horizontal de um *shikhara* ou torre do templo.

*biyong* Literalmente, "fosso circular de jade". Uma construção para rituais na arquitetura chinesa que compreende um espaço na forma do bi, um disco cerimonial achatado de jade. Originalmente uma estrutura independente, o *biyong* mais tarde se uniu ao *mingtang* para formar um único complexo ritual.

**botaréu** Suporte externo construído para estabilizar uma edificação ao se contrapor aos empuxos que ela gera para fora, especialmente quando posicionado afastado da parede externa e conectado por arcobotantes. Típico da arquitetura das igrejas góticas.

*bouleuterion* Veja buleutério.

**brâmane** Qualquer membro da alta casta de sacerdotes da sociedade hindu.

**brises** Um anteparo de lâminas horizontais ou verticais, localizado no exterior de um edifício para proteger as janelas da luz direta do sol. Também chamado de *brise-soleil* (francês).

*brise-soleil* Veja brises.

**buleutério** Um local de reunião na Grécia Antiga, em especial aquele destinado a uma entidade pública. Também chamado de *bouleuterion*.

**bulevar** Originalmente, o cume plano de um baluarte. Mais tarde, qualquer grande via pública ladeada por árvores, frequentemente disposta sobre antigas fortificações.

*caaba* Pequeno edifício cúbico, de pedra, situado no pátio da Grande Mesquita de Meca, que contém uma pedra negra sagrada e é considerado pelos muçulmanos como a casa de Deus. Ele é o destino das peregrinações muçulmanas e é o ponto em direção ao qual os fiéis se voltam ao fazer suas orações. Também chamado de *ka'aba*.

**cachorro** Tijolo ou pedra que projeta de uma parede, geralmente para sustentar um peso.

**cachorro** Veja mísula.

*cai* Um dos oito graus de seções modulares de madeiramento na construção chinesa tradicional, baseados no tamanho e nos vãos estruturais do edifício.

*caitya* Santuário budista na Índia, em geral escavado na rocha maciça de colina. Tem a forma de uma basílica com naves laterais, com uma estupa em uma das extremidades.

**caixão** Qualquer um dentre diversos painéis rebaixados, geralmente quadrados ou octogonais, existentes em um teto, sofito ou abóbada. Também chamado de caixotão.

*caixotão* Veja caixão.

*caldarium* O recinto de uma terma da Roma Antiga que continha água quente.

**câmara funerária** Veja galeria funerária.

**cambota** Estrutura ou suporte temporário destinada a sustentar um arco ou abóbada de alvenaria durante a construção, até que a estrutura se torne autoportante. Também chamada de cimbre ou cimbramento.

# Glossário

**caminho elevado** 1. Uma via ou um caminho elevado em relação ao terreno circundante baixo ou úmido. 2. Uma passagem elevada que conecta cerimonialmente o templo, situado no vale, a uma pirâmide egípcia. Também chamado de passagem elevada.

**campanário** Torre do sino (ou dos sinos), geralmente próxima ao corpo de uma igreja, mas destacada dela.

*candi* Um templo na arquitetura do sudeste asiático.

**caneluras** Motivo decorativo que consiste numa série de longas ranhuras paralelas e arredondadas, como no fuste de uma coluna clássica.

*cao* Um espaço na arquitetura chinesa.

**capela** Recinto separado de uma igreja dedicado à oração e à meditação privadas ou a pequenas cerimônias religiosas.

**capitel** A extremidade superior, tratada como elemento independente, de uma coluna, pilastra ou pilar, que coroa o fuste e suporta o peso do entablamento ou arquitrave.

**cardo** A principal via norte-sul numa cidade da Roma Antiga.

**cariátides** Figura feminina esculpida empregada como coluna, particularmente na Grécia Antiga.

*castrum* Um forte ou acampamento militar romano antigo, com ruas dispostas em grade.

**catacumba** 1. Um cemitério subterrâneo que consiste em galerias interligadas e câmaras com nichos destinados a caixões e sepulturas. 2. O complexo subterrâneo de corredores em diversos níveis, contendo criptas, câmaras e nichos mortuários, coberto com lápides gravadas com inscrições e frequentemente decorado com afrescos, construído pelos antigos cristãos dentro de Roma e em seus arredores.

**catedral** A igreja mais importante de uma diocese, que contém o trono do bispo, denominado cátedra.

**cela** Palavra latina traduzida do grego *naos*: a câmara principal ou espaço fechado de um templo clássico onde era mantida a imagem da divindade cultuada. Também chamada de *naos*.

**cenotáfio** Monumento erguido em memória de uma pessoa falecida cujos restos mortais estão enterrados em outro local. Costuma apresentar a forma de um pavilhão abobadado ou ser a réplica de um templo.

*cenoté* Palavra maia que designa os profundos sumidouros cheios de água que os itzá associavam ao além ou submundo.

*chahar bagh* O desenho quadrangular dos jardins islâmicos.

*chan* Em chinês, meditação (derivada do sânscrito *dhyan*); *zen* em japonês.

**chanfradura** Superfície em ângulo oblíquo com outra, como a da abertura de uma janela ou porta que se alarga do batente em direção à face da parede. Também chamada de chanfro.

**chanfradura** Superfície oblíqua, geralmente formada ou cortada em ângulo de 45 graus em relação às principais superfícies adjacentes.

**chanfro** *Veja* chanfradura.

**chattri** Na arquitetura indiana, um quiosque ou pavilhão colocado sobre a cobertura do edifício. O *chattri* é coberto por uma cúpula, geralmente apoiada em quatro colunas.

**chave de arco ou abóbada** Aduela em forma de cunha, colocada no vértice de um arco ou abóbada, que serve para travar no lugar as outras pedras. Até que a chave seja instalada, o arco ou a abóbada não consegue transferir esforços da maneira adequada. Também chamada de fecho.

*cheng* A muralha de uma cidade chinesa.

*chih* Na arquitetura chinesa, o disco de bronze ou de pedra situado entre a base e o pé de uma coluna.

*choros* Grupo de atores secundários que faz comentários durante as peças gregas clássicas.

*chorten* Um monte memorial de terra em um centro religioso budista tibetano.

*chu* Uma coluna, na arquitetura chinesa.

*ci* Santuário chinês.

**ciclópica** *Veja* alvenaria ciclópica.

**cidadela** Fortaleza situada em posição dominante dentro de uma cidade ou próximo a ela, empregada no controle dos habitantes e na defesa durante ataques ou em caso de sítio.

**cimácio** 1. Membro superior de uma cornija clássica, geralmente uma *cyma recta*. 2. *Veja* equino.

**cimbramento** *Veja* cambota.

**cimbre** *Veja* cambota.

**cimento** Mistura calcinada de argila e calcário, finamente pulverizada e usada como ingrediente no concreto e na argamassa.

**clássico** Aquilo que pertence à arte ou arquitetura da Grécia e da Roma Antigas, na qual a Renascença italiana e outros estilos como o Barroco se basearam.

**claustro** Passagem coberta que possui de um lado uma arcada ou colunata que se abre para um pátio.

**clerestório** A seção mais alta de uma nave central gótica, caracterizada por uma série de grandes janelas que se elevam acima de telhados adjacentes para a admissão da luz natural no interior.

**cobertura com quatro águas** *Veja* telhado esconso.

**coluna** 1. Elemento rígido, relativamente delgado, que tem a função principal de transferir forças de compressão aplicadas a suas extremidades. 2. Na arquitetura clássica, suporte cilíndrico que consiste em um capitel, um fuste e, geralmente, uma base. A coluna pode ser monolítica ou construída com tambores que têm o diâmetro do fuste.

**coluna adossada** Coluna construída de modo a ficar de fato ou aparentemente ligada à parede diante da qual é colocada. Também chamada de coluna embutida, coluna encaixada ou meia-coluna.

**coluna embutida** *Veja* coluna adossada.

**coluna encaixada** *Veja* coluna adossada.

**colunata** Fileira de colunas regularmente espaçadas que sustentam um entablamento e, em geral, um dos lados de uma estrutura de cobertura.

**colunelo** Coluna pequena, esbelta, utilizada com mais frequência para efeito visual do que para suporte estrutural. Também chamado de coluneta.

**coluneta** *Veja* colunelo.

**compartimento** Um dentre vários espaços ou divisões principais de uma parede, cobertura ou outra parte de um prédio marcado por suportes verticais ou transversais. Também chamado de recinto.

**compressão** Força que atua pressionando ou comprimindo, o que resulta na redução do tamanho ou do volume de um corpo elástico. Muitos materiais (como a alvenaria) resistem melhor à compressão que à tração.

**concreto** Material artificial de construção, semelhante à pedra, feito por meio da mistura de cimento e vários agregados minerais, com água suficiente para que o cimento aglutine toda a massa e solidifique. O concreto é fraco sob tração, mas a inserção de barras de aço ajuda a reforçá-lo para que possa suportar esses esforços.

**consolo** *Veja* mísula.

**contraflexa** Leve curvatura convexa criada intencionalmente em uma viga, longarina ou treliça a fim de compensar por uma deflexão prevista.

**cornija** 1. O elemento que encima um entablamento clássico, via de regra composto de um cimácio, um coroamento e uma moldura em talão. 2. Projeção contínua moldada que remata uma parede ou outro elemento de um edifício, que a divide horizontalmente para fins de composição, ou ainda que esconde acessórios de iluminação, barras de cortinas etc.

**coro** A parte de uma igreja separada para o clero e os cantores de um coral. Em geral, parte do santuário.

**coro lateral** O espaço ao redor do altar de uma igreja, destinado ao clero e aos cantores de um coral. Frequentemente está elevado em relação à nave central e separado dela por um anteparo ou parapeito.

*corps de logis* Na arquitetura francesa, termo que designa o corpo central de um edifício, distinguindo-o assim de suas alas e pavilhões subsidiários.

**corte** Projeção ortográfica de um objeto ou construção que mostra como seria vista se fosse seccionada transversalmente por um plano de modo a exibir sua configuração interna. O corte costuma ser desenhado em escala.

**coruchéu** *Veja* flecha.

**crepidoma** *Veja* pódio.

803

# Glossário

**cripta** Câmara subterrânea ou recinto abobadado empregado como local de sepultamento, especialmente aquele situado sob o piso principal de uma igreja.

**cromlech** Arranjo circular de megálitos que circundam um dólmen ou monte funerário.

**cruz grega** Planta centralizada de igreja que tem a forma de uma cruz cujos braços são idênticos e simétricos em relação ao espaço central.

**cruz latina** Na arquitetura medieval ocidental, tipo predominante de planta de igreja que possui a forma de uma cruz, com a nave mais comprida do que o transepto que o intercepta.

**cruzeiro** A intersecção da nave central e do transepto em uma igreja em cruz latina sobre a qual frequentemente se construía uma torre ou cúpula.

**cúpula** Estrutura abobadada que tem planta circular ou poligonal e geralmente assume a forma de uma seção de esfera, construída de modo a exercer um empuxo igual em todas as direções. Também chamada de domo ou zimbório.

**cyma recta** Moldura ressaltada com perfil de uma curva dupla em que a parte côncava se projeta além da convexa. Também chamada de ducina ou gola direta.

**dado** 1. A parte de um pedestal situada entre a base e a cornija ou coroamento. 2. A parte inferior de uma parede interna, quando revestida ou tratada diferentemente da parte superior, por exemplo, com o uso de painéis de revestimento ou papel de parede.

**darwaza** Um portão de entrada, na arquitetura indiana.

**deambulatório** 1. O passeio coberto de um átrio ou claustro. 2. Corredor em volta da extremidade do coro ou santuário de uma igreja, originalmente usado para procissões.

**dentelo** *Veja* dentículo.

**dentículo** Qualquer dentre uma série de pequenos blocos pouco espaçados e retangulares que formam uma moldura ou se projetam sob o coroamento das cornijas compósitas, jônicas e coríntias. Também chamado de dentelo.

**deul** Um santuário, na arquitetura de Orissa.

**dintel** *Veja* lintel.

**diwan-i am** Na arquitetura do subcontinente indiano, um salão destinado a reuniões públicas.

**diwan-i khas** Na arquitetura do subcontinente indiano, um salão destinado a reuniões privadas.

**dólmen** Monumento pré-histórico que consiste em duas ou mais grandes pedras eretas que sustentam uma laje horizontal de pedra, encontrado especialmente na Grã-Bretanha e na França e em geral considerado uma sepultura.

**domo** *Veja* cúpula.

**dou-gong** Um sistema de suportes empregado na construção chinesa tradicional para sustentar vigas de telhado, projetar os beirais para fora e apoiar o forro interno. A ausência de uma estrutura triangulada na arquitetura chinesa exigiu que se multiplicasse o número de suportes sob os caibros ou barrotes. A redução do número de pilares exigia normalmente o aumento, por meio do *dou-gong*, da área de apoio proporcionada por cada pilar. As vigas principais sustentam o telhado por meio de penduriais laterais e vigas superiores mais curtas, permitindo que o telhado possua uma curvatura côncava. Acredita-se que essa curvatura característica tenha sido desenvolvida no início do Período Tang, presumivelmente para aliviar o peso visual do telhado e permitir a entrada de mais luz solar no interior.

**dromos** Um corredor na arquitetura micênica.

**du** "Capital" em chinês. Portanto, na arquitetura chinesa, designa um tipo de cidade.

**ducina** Moldura com o perfil de uma curva dupla, em forma de S alongado.

**ducina** *Veja* cyma recta.

**duomo** Designação italiana para uma catedral.

**durbar** 1. Na Índia, a corte de um príncipe nativo. 2. Salão ou recinto de audiências onde um príncipe indiano ou governador britânico oferecia recepções oficiais na Índia.

**durga** Vocábulo indiano para forte.

**ecletismo** Na arquitetura e nas artes decorativas, a tendência a misturar livremente vários estilos históricos visando a combinar as virtudes de diversas fontes ou ampliar o conteúdo alusivo, presente sobretudo na segunda metade do século XIX na Europa e nas Américas.

**edícula** Pequena construção em forma de edifício – como um nicho coberto por um dossel ladeado por colunelos, ou ainda uma abertura de porta ou janela – emoldurada por colunas ou pilares e coroada com um frontão.

**eixo** 1. A linha ao redor da qual gira um corpo em rotação. 2. Uma linha em relação à qual uma figura ou um corpo tridimensional é simétrico. 3. Qualquer linha empregada como uma referência fixa, em conjunto com uma ou mais outras referências, para determinar a posição de um ponto ou de uma série de pontos que formam uma curva ou uma superfície. 4. Uma linha reta à qual os elementos de uma composição fazem referência para fins de medição ou simetria.

**elevação** Representação geométrica de um objeto ou estrutura sobre um plano vertical paralelo a um de seus lados, geralmente desenhada em escala.

**empena** Parte triangular de uma parede que encerra a extremidade de um telhado de duas águas, compreendida entre a cornija ou os beirais e a cumeeira. Também chamada de oitão ou espigão.

**empuxo** Força ou pressão exercida para fora de uma parte de uma estrutura sobre outra.

**enfilade** Ordenamento axial de portas que conectam uma série de cômodos de modo a oferecer uma vista através de todo o conjunto.

**entablamento** A seção horizontal de uma ordem clássica, que se apoia sobre as colunas, geralmente composta de cornija, friso e arquitrave.

**êntase** Ligeira convexidade dada a uma coluna, visando a corrigir uma ilusão de ótica de concavidade que ocorreria se os lados fossem retos.

**equino** 1. Moldura circular, saliente, que sustenta o ábaco de um capitel dórico ou toscano. 2. Moldura circular sob a almofada de um capitel jônico, entre as volutas, geralmente esculpida com um motivo de óvalo e dardo.

**esfinge** Figura de uma criatura imaginária, com corpo de leão e cabeça de homem, carneiro ou falcão, geralmente colocada ao longo das rotas ortogonais que conduziam a antigos templos ou túmulos egípcios.

**espigão** *Veja* empena.

**estela** Pilar ou laje de pedra ereta com superfície esculpida ou coberta de inscrições, empregado como monumento ou marco, ou como placa comemorativa instalada na fachada de um edifício.

**esterobata** *Veja* pódio.

**Estilo Decorado** A segunda das três fases da arquitetura gótica inglesa, do final do século XIII ao final do XIV, caracterizada por complexos rendilhados em pedra, elaboradas abóbadas ornamentais e pelo refinamento das técnicas de cantaria.

**Estilo Flamboyant** A fase final da arquitetura gótica francesa, que vai do fim do século XIV até o século XVI, caracterizada por rendilhados em forma de chamas, detalhes intrincados e frequente complicação do espaço interior.

**Estilo Gótico Decorado** Fase intermediária da arquitetura gótica francesa, do fim do século XIII até fins do XIV, caracterizada por janelas circulares ornamentadas por linhas de rendilhado radiais.

**Estilo Gótico Perpendicular** A fase final da arquitetura gótica inglesa, predominante de fins do século XIV até o início do XVI, caracterizada por rendilhado perpendicular, refinado e intricado trabalho de cantaria e elaboradas abóbadas em leque. Também chamado de Estilo Retilíneo.

**Estilo Retilíneo** *Veja* Estilo Gótico Perpendicular.

**Estilo Retilíneo** *Veja* Estilo Perpendicular.

**estilóbato** Fiada de alvenaria que forma a base de uma colunata, especialmente aquela externa a um templo clássico.

**estupa** Edificação memorial budista erguida para abrigar uma relíquia do Buda e comemorar algum acontecimento ou assinalar um local sagrado. Seguindo o modelo de um *tumulus*, consiste em um monte artificial em forma de cúpula, elevado sobre uma plataforma, cercado por um deambulatório externo, com um *vedika* de pedra e quatro *toranas*, e encimado por um *chatri*. No Sri Lanka, o nome para estupa é *dagoba*, e, no Tibete e no Nepal, *chorten*.

**êxedra** *Veja* ábside.

# GLOSSÁRIO

**êxedra**  *Veja* ábside.

**fachada**  A parte frontal de um edifício, ou qualquer um de seus lados voltado para uma via ou espaço público, sobretudo quando destacado por seu tratamento arquitetônico.

**fachada-cortina**  Parede não portante externa, inteiramente sustentada pela estrutura do edifício da qual faz parte, não suporta outra carga além de seu próprio peso e a força do vento. Geralmente feita de painéis de vidro, essa inovação moderna possibilitou outras invenções, como a planta livre. Também chamada de parede-cortina.

**fácia**  1. Uma das três faixas horizontais que constituem a arquitrave na ordem jônica. 2. Qualquer superfície larga, plana, horizontal, como a borda exterior de uma cornija ou telhado.

**fang**  1. Viga de amarração do telhado, no sistema *dou-gong* da construção chinesa tradicional. 2. Um distrito ou bairro de uma cidade chinesa.

**fecho**  *Veja* chave de arco ou abóbada.

**fen**  Unidade modular na construção chinesa tradicional, igual a 1/15 da altura e 1/10 da largura de um cai.

**flecha**  Estrutura piramidal aguda que arremata um campanário ou uma torre. Também chamada coruchéu.

**florão**  Ornamento relativamente pequeno, em geral em forma de folha ou flor, que termina um pináculo ou corruchéu (a flecha) de torre de igreja. Também chamado de remate.

**folly**  Estrutura caprichosa ou extravagante construída para servir à conversação, tornar uma vista interessante ou celebrar uma pessoa ou evento, encontrada especialmente na Inglaterra do século XVIII.

**foro**  Praça ou mercado público de uma cidade romana antiga que constituía o centro jurídico ou comercial e servia de lugar de assembleia para o povo, geralmente incluindo uma basílica e um templo. Também chamado de *forum*.

**forum**  *Veja* foro.

**frigidarium**  O salão de uma antiga casa de banhos romana que continha água não aquecida.

**friso**  1. Elemento horizontal de um entablamento clássico, situado entre a cornija e a arquitrave, frequentemente decorado com esculturas em baixo-relevo. 2. Faixa decorativa, como aquela encontrada no topo de uma parede interna, imediatamente abaixo da cornija; ou uma faixa esculpida na cornija de uma parede externa.

**frontão**  1. Empena com pouca declividade delimitada pelas cornijas horizontal e inclinadas de um templo grego ou romano. 2. Elemento semelhante ou derivado utilizado para encimar a divisão mais importante da fachada ou para coroar uma abertura.

**frontão aberto**  *Veja* frontão quebrado.

**frontão quebrado**  Um frontão com a inclinação das cornijas interrompidas na altura da coroa ou ápice. Tal abertura frequentemente é preenchida com uma urna, uma cártula ou outro ornamento. Também chamado de frontão aberto.

**fu-chiao lu-tou**  Na construção tradicional chinesa, o sistema destinado a sustentar um apoio de canto com mísulas (cachorros).

**fuste**  A parte intermediária de uma coluna ou um pilar, entre o capitel e a base.

**galeria**  1. Recinto ou salão longo, relativamente estreito, em especial aquele destinado ao uso público e que tenha importância arquitetônica por sua escala ou tratamento decorativo. 2. Passagem em nível superior numa igreja medieval, sobre a nave lateral e abaixo do clerestório. Serve para circulação, para sentar ou mesmo para a exibição de obras de arte.

**galeria funerária**  Sepultura megalítica do período Neolítico e início da Idade do Bronze encontrada nas Ilhas Britânicas e na Europa, que consiste numa câmara mortuária e em uma passagem estreita coberta por um *tumulus* (*galgal*). Acredita-se que era utilizada para sucessivos sepultamentos familiares ou do clã ao longo de várias gerações. Também chamada de câmara funerária.

**garbha-griha**  A "câmara útero", o santuário interior, escuro, de um templo hindu, onde fica a imagem da divindade.

**ghana-dwaras**  Literalmente, "portas cegas"; são falsas portas decorativas na arquitetura hindu.

**ghat**  Na Índia, uma larga escadaria que desce até um rio, especialmente quando este é lugar de banhos sagrados.

**gola direita**  *Veja* cyma recta.

**gompa**  Mosteiro do budismo tibetano.

**gong**  1. Suporte em balanço na construção chinesa tradicional. 2. Um palácio chinês.

**gopuram**  Torre monumental, geralmente ornamentada, construída sobre a entrada para o recinto cercado de um templo hindu, sobretudo no sul da Índia.

**Gótico Decorado** .  *Veja* Estilo Gótico Decorado.

**grade  levadiça**  Forte grade de ferro ou madeira pendente sobre o portal de entrada de um lugar fortificado, de forma a poder ser baixada rapidamente para impedir a passagem.

**guan**  Mosteiro chinês.

**hacienda**  1. Grande propriedade rural destinada à agricultura e à pecuária, em áreas das Américas do Norte e do Sul outrora sob influência espanhola. 2. Casa principal de uma propriedade desse tipo: a casa grande.

**haniwa**  Estátua de terracota feita para uso ritual e enterrada com os mortos como objeto funerário durante o Período Kofun, no Japão.

**hashira**  1. Na arquitetura xintoísta, um poste sagrado moldado por mãos humanas. 2. Coluna, poste ou pilar que serve como membro vertical básico da estrutura de madeira japonesa tradicional.

**henge**  Arranjo circular de postes de madeira ou pedras colocados verticalmente.

**hipocausto**  Sistema de tubos embutidos no piso ou nas paredes de antigos edifícios romanos, especialmente nas termas (banhos públicos), que proporcionavam aquecimento central recebendo e distribuindo o calor gerado por uma fornalha.

**hipódromo**  Na Grécia ou Roma antigas, um estádio ao ar livre dotado de uma pista elíptica destinada a corridas de cavalos e de bigas.

**historicismo**  1. A referência a determinado período ou estilo histórico. 2. Em arquitetura, um edifício cuja forma apresenta referências de princípios estilísticos de uma época anterior. Também chamado de revivalismo.

**hotel**  Edifício residencial francês do século XVIII, com um ou dois pavimentos dispostos horizontalmente, situado numa grande propriedade suburbana.

**hua biao**  *Veja* que.

**ícone**  Representação de um personagem sagrado cristão, como Cristo, um santo ou anjo, em geral pintado sobre uma superfície de madeira. O próprio ícone é venerado como sagrado, especialmente na tradição da Igreja do Oriente.

**imã**  O líder da prece grupal em uma mesquita.

**ínsula**  Um quarteirão de edifícios ou espaço delimitado por quatro ruas numa antiga cidade romana.

**intihuatana**  Nos assentamentos incas, o "poste de amarração do sol".

**iwan**  Um grande salão abobadado que serve de portal de entrada e se abre para um pátio. Predominante na arquitetura parta, sassânida e, posteriormente, na islâmica.

**jami masjid**  "Mesquita da sexta-feira": uma mesquita independente destinada a orações públicas, especialmente às sextas-feiras.

**jian**  1. Unidade-padrão de espaço da arquitetura chinesa, demarcada pelos apoios estruturais adjacentes. A natureza e a escala adequadas de um edifício determinam o número de *jians* a serem utilizados; a largura, a profundidade e a altura resultantes do edifício determinam então o número de *fens* necessários para a seção transversal de cada componente estrutural. 2. A unidade espacial que serve como base para a estrutura modular de uma cidade chinesa. Uma série de *jians* interligados torna-se um edifício; diversos edifícios dispostos junto aos lados de um lote emolduram um pátio; uma série de pátios dispostos lado a lado forma uma viela; diversas vielas alinhadas criam um pequeno distrito; uma série desses distritos forma um bairro retangular; os bairros cercam a cidade-palácio e criam uma malha urbana em grelha.

**jiangren**  Um mestre artesão na arquitetura chinesa.

**jikido**  Na arquitetura japonesa, um salão de jantar.

**jing**  Na arquitetura chinesa, um cômodo destinado à oração em privado.

**ka'aba**  *Veja* caaba.

**kairo**  Na arquitetura japonesa, um corredor coberto e semifechado.

805

# Glossário

***kalan*** Na arquitetura do sudeste asiático, um santuário.

***kalyan mandapa*** Na Índia, salão dotado de colunas no qual se realiza o ritual do casamento da divindade do templo com seu consorte.

***kami*** Espíritos sagrados relacionados com a arquitetura japonesa.

***ke*** Pavilhão chinês com muitos pavimentos.

***ken*** Unidade linear empregada para determinar o espaçamento das colunas na construção japonesa tradicional, correspondente a 6 *shaku* (1,818 metro) segundo o método *inaka-ma*; de acordo com o método *kyo-ma*, correspondente inicialmente a 6,5 *shaku* (1,97 metro). Contudo, tornou-se depois variável conforme a largura do recinto, que é determinada pelas unidades de tatame.

***kgotla*** Local de reuniões públicas e foro de justiça tradicional nas aldeias de Botswana.

***kiva*** Câmara subterrânea quadrada usada por índios norte-americanos para cerimônias espirituais.

***kodo*** Na arquitetura japonesa, um auditório.

***kondo*** Salão dourado: o santuário onde é mantida a principal imagem venerada em um templo budista japonês. As escolas budistas Jodo, Shinshu e Nicheiren usam o termo *hondo* para designar esse santuário. As escolas Shingon e Tendai o chamam *chudo*, e a escola Zen usa o termo *butsuden*.

***kovil*** Um templo tâmil.

***kyozo*** Receptáculo onde se guardam os sutras na arquitetura japonesa.

***lambril*** Revestimento de madeira, geralmente em forma de painéis, que cobre a parte inferior de uma parede.

***lanzón*** Uma coluna de pedra que retrata uma figura mítica *chavín* a qual fornecia as declamações oraculares dos deuses.

***ling*** Terça de telhado, na construção chinesa tradicional.

***lingam*** Um falo, o símbolo do deus Shiva na arquitetura hindu.

***lintel*** Viga que sustenta o peso acima de uma abertura de porta ou janela. Também chamado de dintel ou verga.

***loggia*** Espaço com arcadas ou colunas no corpo de um edifício, aberto de um lado, com vista para uma praça pública ou jardim. A *loggia* pode ser construída tanto no pavimento térreo como em um andar superior do edifício.

***lótus*** Representação de várias plantas da família dos lírios aquáticos, usada como motivo decorativo na arte e arquitetura egípcia e hindu antigas.

***lou*** Pavilhão ou torre chinesa de múltiplos pavimentos.

***lucarna*** *Veja* água-furtada.

***lucerna*** *Veja* água-furtada.

***lu-tou*** Na construção chinesa tradicional, a base ou o componente inferior de uma série de mísulas.

***madrasa*** Escola de teologia muçulmana construída em volta de um pátio e geralmente ligada a uma mesquita, encontrada a partir do século XI no Egito, na Anatólia e na Pérsia.

***mahajanapadas*** Os reinos dos arianos na Índia.

***mahastupa*** "Grande estupa".

***maidan*** Grande praça aberta de uma cidade, utilizada como mercado ou praça de armas, especialmente no subcontinente indiano.

**mainel** 1. Componente vertical entre as luzes de uma janela ou entre as almofadas de um lambril. 2. Uma das travessas radiais de uma rosácea.

***mandala*** Um diagrama hindu ou budista do cosmos, frequentemente empregado para orientar o projeto dos templos indianos.

***mandapa*** Um grande salão coberto e aberto que conduz ao santuário de um templo hindu ou jaina, utilizado para a dança e a música religiosas.

***mandir*** Na arquitetura indiana, templo ou palácio.

***mani*** No budismo tibetano, muro feito com pedras cobertas por inscrições.

***marajá*** Grande rei indiano.

***martyrium*** 1. Local que testemunhou eventos importantes da vida de Cristo ou de um de seus apóstolos. 2. Lugar onde se preservam as relíquias de um mártir. 3. Uma igreja erguida sobre o túmulo de um mártir ou em sua honra.

***masjid*** Mesquita, em árabe.

***masseria*** Um sistema de propriedades rurais na Itália.

***mastaba*** Antigo túmulo egípcio feito de tijolos de barro, de planta retangular, com cobertura plana e lados inclinados, a partir do qual um poço conduz a uma câmara subterrânea utilizada como sepulcro e para oferendas.

***megálitos*** Uma pedra muito grande, usada em sua forma natural ou pouco lavrada, especialmente em antigas obras de construção.

***mégaron*** Um edifício, ou unidade semi-independente de um prédio, dotada tipicamente de uma câmara retangular com uma lareira central e um pórtico, via de regra com colunas *in antis*. Os mégarons eram tradicionais na Grécia desde os tempos micênicos e acredita-se que sejam os ancestrais do templo dórico.

**meia-coluna** *Veja* coluna adossada.

**melafólio** *Veja* acanto.

**men** Na arquitetura chinesa, portão.

**menir** Monumento pré-histórico constituído de um megálito ereto, geralmente isolado, mas algumas vezes alinhado com outros em fileiras paralelas.

**merlão** Uma das partes sólidas entre as ameias de uma muralha de fortificação.

**mesquita** Edifício ou lugar de culto público muçulmano.

**métopa** Qualquer um dos painéis, lisos ou decorados, entre os tríglifos do friso dórico.

**miao** Um templo chinês. Também chamado de *shi*.

***mihrab*** Nicho ou painel decorativo em uma mesquita, que designa a *quibla*.

***minarete*** Torre alta e esbelta conectada a uma mesquita, com escadas que conduzem a um ou mais balcões salientes, dos quais o muezim chama os fiéis muçulmanos para orar.

***minbar*** O púlpito de uma mesquita, que evoca os três degraus sobre os quais o profeta Maomé se dirigia a seus adeptos.

***mingtang*** "Salão brilhante": uma estrutura ritual da arquitetura chinesa que servia de centro simbólico do poder imperial. Estima-se que a primeira construída pela Dinastia Zou tenha sido feita no primeiro milênio antes de Cristo.

***minster*** Na Inglaterra, originalmente uma igreja de mosteiro; mais tarde, qualquer igreja grande ou importante, como a catedral ou a principal igreja de uma cidade.

***mirante*** *Veja* belvedere.

***mísula*** Um suporte que se projeta horizontalmente de uma parede para suportar o peso de um balanço, ou para reforçar um ângulo, como ao longo de um beiral ou sob uma janela de sacada (*bay window*). Também chamada de consolo ou cachorro.

***miyan*** Na arquitetura chinesa, um beiral.

***módulo*** Unidade de medida empregada para padronizar as dimensões dos materiais de construção ou regular as proporções de uma composição arquitetônica.

***mosaico*** Padrão decorativo ou imagem figurativa ou narrativa feitos de pequenos pedaços, geralmente coloridos, de azulejo, esmalte ou vidro assentados com argamassa.

***motivo palladiano*** Janela ou vão de porta na forma de arcada arredondada ladeada em ambos os lados por compartimentos mais estreitos. Os compartimentos laterais são coroados por entablamentos de apoio para o arco do compartimento central.

***mudra*** Gesto de mão estilizado que funciona como símbolo na escultura budista e hindu.

***muqarna*** Na arquitetura islâmica, sistema de decoração constituído por uma intrincada trama de mísulas, trompas de ângulo e pirâmides invertidas. Às vezes é esculpida em pedra, mas, com maior frequência, é feita com gesso.

***musalla*** Na arquitetura islâmica, local temporário onde os devotos se reúnem para fazer suas orações.

***nandaimon*** O portão principal, situado ao sul, que serve de entrada para um templo ou santuário japonês.

***naos*** *Veja* cela.

***naos*** *Veja* cella.

***nártex*** 1. Pórtico situado antes da nave de uma igreja paleocristã ou bizantina, próprio para os penitentes. 2. Saguão de entrada ou vestíbulo que conduz à nave central de uma igreja.

**nave central** Parte principal ou central de uma igreja, que se estende do nártex até o coro ou santuário e geralmente é ladeada por naves laterais.

# GLOSSÁRIO

**necrópole** Cemitério histórico, sobretudo quando grande e elaborado e localizado em uma cidade antiga.

**Neoclassicismo** O Classicismo dominante na arquitetura da Europa, da América e de várias colônias europeias em fins do século XVIII e início do XIX, caracterizado pela introdução e uso generalizado das ordens e dos motivos decorativos gregos e romanos, pela subordinação dos detalhes a composições simples, fortemente geométricas e, com frequência, pela pouca profundidade dos relevos no tratamento ornamental das fachadas.

**nervura** Qualquer dos componentes em forma de arco que apoiam uma abóbada nas arestas, definindo suas várias superfícies ou dividindo essas superfícies em painéis.

**nicho** Recesso ornamental em uma parede, frequentemente de planta semicircular e coroado por uma meia abóbada, destinado a uma estátua ou outro objeto decorativo.

***nurague* (*nurage*)** Qualquer das torres de pedra grandes, redondas ou triangulares, encontradas na Sardenha e datadas do segundo milênio a.C. até a data da conquista romana.

**obelisco** Coluna alta de pedra com quatro lados que se afunila à medida que se eleva até uma ponta piramidal. Os obeliscos surgiram no antigo Egito como símbolo sagrado do deus-sol Ra e em geral eram dispostos, em pares, transversalmente à entrada dos templos.

**óculo** Abertura circular, especialmente situada no topo de uma cúpula.

**ogiva** Nervura que corta na diagonal o compartimento de uma abóbada nervurada.

**oitão** *Veja* empena.

***opet*** Na arquitetura egípcia, uma câmara secreta.

***opus incertum*** Parede de alvenaria da Roma Antiga feita de pequenas pedras brutas assentadas de forma irregular na argamassa, às vezes atravessada por fileiras de tijolos ou plaquetas.

***opus reticulatum*** Parede de alvenaria da Roma Antiga revestida de pequenas pedras piramidais, dispostas diagonalmente, cujas bases quadradas formam um desenho semelhante a uma rede.

**ordem colossal** Uma ordem de colunas com altura superior a um pavimento. Também chamada de ordem gigante.

**ordem compósita** Uma das cinco ordens clássicas, popular sobretudo a partir do início da Renascença, mas inventada pelos antigos romanos. Nela, a ordem coríntia é modificada com a sobreposição de quatro volutas jônicas dispostas diagonalmente sobre uma campana de folhas de acanto.

**ordem coríntia** A mais elaborada e menos comum das cinco ordens clássicas, desenvolvida pelos gregos no século IV a.C., mas empregada mais amplamente na arquitetura romana. É similar, na maioria dos aspectos, à ordem jônica, mas costuma ter proporções mais delgadas e se caracteriza sobretudo por um capitel campaniforme e alto, decorado com folhas de acanto, e um ábaco com os lados côncavos.

**ordem dórica** A mais antiga e a mais simples das cinco ordens clássicas, desenvolvida na Grécia no século VII a.C. e posteriormente imitada pelos romanos. Caracterizada por uma coluna canelada sem base, um capitel sem ornamentos e em forma de almofada que sustenta um ábaco quadrado, um entablamento composto por uma arquitrave lisa, um friso com tríglifos e métopas e uma cornija cujo coroamento possui mútulos em seu sofito. Na ordem dórica romana, as colunas são mais delgadas e geralmente possuem bases, a canelura é às vezes alterada ou omitida e o capitel consiste em um anel filetado, um equino e um ábaco decorado.

**ordem gigante** *Veja* ordem colossal.

**ordem jônica** Ordem clássica que se desenvolveu nas colônias gregas da Ásia Menor no século VI a.C., caracterizada sobretudo pelas volutas espiraladas de seu capitel. As colunas caneladas possuíam, via de regra, bases emolduradas e sustentavam um entablamento composto por uma arquitrave de três fáscias, um friso ricamente ornamentado e uma cornija que se projetava para fora com molduras de dentículos e óvalos e dardos. Os exemplos romanos e renascentistas são frequentemente mais trabalhados e, em geral, têm as volutas do capitel posicionadas em um ângulo de 45 graus em relação à arquitrave.

**pagode** Templo budista em forma de torre quadrada ou poligonal, com telhados que se projetam de cada um de seus múltiplos andares, erguido como memorial ou relicário. A partir da estupa, seu protótipo indiano, o pagode se transformou gradativamente e, com sua difusão e a do budismo até a China e o Japão, passou a assemelhar-se à tradicional torre de vigilância de pavimentos múltiplos. No início, os pagodes eram de madeira, mas, a partir do século VI, passaram a ser construídos mais frequentemente com tijolo ou pedra, possivelmente por influência indiana.

***pai lou*** Na arquitetura chinesa, um portal monumental construído em pedra ou madeira, cujos vãos são vencidos por vigas horizontais e que apresenta uma, três ou cinco aberturas e, frequentemente, telhados muito salientes. Erguido como memorial na entrada de um palácio, túmulo ou lugar sagrado, o *pai lu* assemelha-se às *toranas* indianas e aos *torii* japoneses.

**palladiano** *Veja* motivo palladiano.

**palmeta** Uma forma estilizada de folha de palmeira empregada como elemento decorativo na arte e na arquitetura clássicas.

**pan-óptico** Um edifício, como uma prisão, hospital ou biblioteca, construído de forma que todas as partes do interior sejam visíveis a partir de um ponto único.

**panteon** 1. Templo dedicado a todos os deuses de um povo. 2. Edifício público que serve de lugar de sepultamento dos mortos célebres de uma nação ou contém objetos que os lembram.

**parapeito** Parede protetora baixa na extremidade de um terraço, balcão ou sacada.

**parede-cortina** *Veja* fachada-cortina.

**partido de arquitetura** Conceito introduzido pelos franceses na École des Beaux-Arts no século XIX: a ideia norteadora do projeto ou o esboço que serve de ponto de partida para o desenvolvimento de um projeto arquitetônico.

**passagem elevada** *Veja* caminho elevado.

**pavilhão** 1. Subdivisão saliente, central ou lateral de uma fachada, em geral destacada por decoração mais elaborada ou pela altura maior e pelo diferenciamento em sua silhueta; usado frequentemente na arquitetura da Renascença francesa e do período Barroco. 2. Edifício baixo e amplo.

**pedra angular** Uma das pedras que formam o ângulo externo de uma parede, geralmente diferenciada das superfícies adjacentes por seu material e suas textura, cor, tamanho ou projeção.

**pendente** Triângulo esférico que forma a transição entre a planta circular de uma cúpula e a planta poligonal de sua estrutura de apoio. Também chamado de trompa.

**pérgola** Estrutura de colunatas paralelas que sustenta um sistema aberto de vigas e caibros cruzados ou de treliças, sobre a qual trepadeiras são direcionadas para subir.

**períptero** Que tem uma única fileira de colunas em todos os lados.

**peristilo** 1. Colunata que circunda um edifício ou pátio. 2. O pátio cercado dessa maneira.

**Perpendicular.** *Veja* Estilo Gótico Perpendicular.

***piano nobile*** O pavimento principal de um edifício grande, como um palácio ou vila (casa de campo), dotado de cômodos para recepções e refeições formais, geralmente situado um piso acima do andar térreo.

***piazza*** Uma praça ou lugar público abertos numa metrópole ou cidade, especialmente na Itália.

**pilastra** Componente vertical pouco profundo e retangular que se projeta de uma parede e possui capitel e base e é tratado arquitetonicamente como uma coluna.

**pilone** Portal monumental de um antigo templo egípcio, composto de um par de altas pirâmides truncadas separadas por uma porta, ou feito de alvenaria perfurada por um portal, frequentemente decorado com relevos pintados.

**pilotis** Colunas de aço ou concreto armado que sustentam um prédio de modo a deixar o espaço do pavimento térreo aberto e disponível para outras funções.

**pitoresco** Termo usado em finais do século XVIII para descrever paisagens e projetos paisagísticos irregulares e com aspecto rústico.

807

# Glossário

**piye** Calendário ritual mexicano composto de 20 hieróglifos ou "signos dos dias", que se combinam com 13 números para produzir um ano de 260 dias.

**planta centralizada** Planta de um edifício organizado ao redor de um espaço grande ou dominante, geralmente caracterizada por dois eixos que se cruzam em ângulos retos.

**planta livre** Uma planta baixa sem espaços totalmente fechados ou cômodos distintos.

**platibanda** Parede protetora baixa na borda de uma cobertura, especialmente aquela parte de uma parede externa, parede cortafogo ou parede meia que se eleva em relação ao nível da laje de cobertura.

**plinto** 1. O componente, geralmente quadrado, sob a base de uma coluna, pilar ou pedestal. 2. A série contínua de pedras, em geral salientes, que forma a base ou fundação rasa de uma parede.

**pódio** 1. Parede baixa que serve de base para uma colunata ou cúpula. 2. Plataforma elevada que cerca a arena de um antigo anfiteatro romano, onde ficam os assentos dos espectadores privilegiados. Também chamado de estereobata ou crepidoma.

**pol** Na arquitetura indiana, portal de entrada.

**pólis** Cidade-estado grega.

**porte cochere** 1. Cobertura saliente sobre a entrada para veículos de um edifício, destinada a abrigar pessoas à entrada ou saída dos veículos. 2. Passagem para veículos através de um edifício ou muro divisor até um pátio interno.

**pórtico** Entrada ou passarela com uma cobertura sustentada por colunas, frequentemente conduzindo à entrada de um edifício.

**propileu** Vestíbulo ou portal de entrada de importância arquitetônica em frente a um templo grego ou outro espaço fechado.

**pró-pilone** Portal de entrada autônomo, em forma de pilone, que antecede o principal portal de entrada de um antigo templo egípcio ou recinto fechado sagrado.

**proporção áurea** *Veja* seção áurea.

**proscênio** Parte dianteira do palco de um antigo teatro grego ou romano sobre a qual os atores representavam.

**pteron** Palavra grega que significa "asa", mas também "remo" e "vela": forma antiga de peristilo erguido sobre um pódio elevado.

**pu** Na arte construtiva chinesa tradicional, distância entre os caibros.

**puan** Caibro, na arquitetura chinesa.

**pueblo** Habitação comunitária e estrutura de defesa dos nativos do sudoeste dos Estados Unidos. Construídos em adobe ou pedra, geralmente com pavimentos múltiplos e terraços, os *pueblos* tinham suas moradias acessadas por meio de escadas de mão que conduziam às lajes de cobertura. Os *pueblos* eram construídos no deserto, em vales ou nas paredes rochosas mais protegidas de planaltos escarpados (mesas).

**qin** Na arquitetura chinesa, os dormitórios.

**que** Uma torre de vigia chinesa. Também chamada de *hua biao*.

**quibla** 1. Direção para a qual se voltam os muçulmanos quando fazem suas orações, ou seja, a direção da Caaba (Ka'aba), em Meca, na Arábia Saudita. 2. A parede de uma mesquita, voltada para Meca, na qual se situa o *mihrab*.

**ratha** Templo hindu em forma de carruagem, escavado na rocha maciça.

**reboco** Argamassa não refinada feita de cimento tipo Portland ou cimento de alvenaria, areia e cal hidratada, misturada com água e aplicada em estado plástico para formar um revestimento sólido de paredes.

**recinto** *Veja* compartimento.

**rekha deul** O santuário e a torre cônica de perfil convexo de um templo indiano de Orissa.

**remate** *Veja* florão.

**revivalismo** *Veja* historicismo.

**ribat** Fortificação islâmica, semelhante a um mosteiro, que propicia aos soldados a oportunidade de praticar sua religião.

**rosácea** Grande janela circular, geralmente com um vitral e decorada com rendilhado simétrico em relação ao centro.

**rotunda** Edifício redondo, com cúpula, ou um grande espaço alto e circular de um edifício, especialmente aquele coroado por uma cúpula.

**rusticação** Silharia em que as faces visíveis das pedras aparelhadas são realçadas ou contrastadas de alguma outra maneira, com as juntas horizontais e, na maioria das vezes, as verticais, que podem ser entalhadas ou chanfradas.

**sacristia** Cômodo de uma igreja onde se guardam os utensílios e as vestimentas sagradas.

**salão hipostilo** Um salão dotado de muitas fileiras de colunas que sustentam o teto ou a cobertura.

**sangha** Uma comunidade budista.

**santuário** 1. Lugar sagrado ou consagrado. 2. Parte mais sagrada da igreja, onde fica o altar principal. 3. Parte especialmente sagrada de um templo. 4. Igreja ou outro lugar santificado onde os fugitivos ficavam imunes à prisão.

**scaenae frons** A parede ou tela de fundo decorativa colocada no fundo do palco de um teatro romano.

**seção áurea** Uma razão entre as duas dimensões de uma figura plana ou entre as duas divisões de uma linha, na qual a relação entre a maior e a menor é igual àquela entre a maior e o conjunto: uma razão aproximadamente igual a 0,618 para 1,000. Também chamada de proporção áurea.

**sha** Na arquitetura chinesa, o remate (florão) colocado no topo de um pagode.

**shi** *Veja* miao.

**shi** *Veja* miao.

**shikhara** Torre de templo hindu, normalmente de perfil convexo. Afina-se em direção ao topo e é rematada por um *amalaka*.

**shinbashira** O "pilar-coração" ou pilar central dos castelos japoneses.

**shiva lingam** Outro nome para lingam.

**shoro** Um de um par de pequenos pavilhões idênticos dispostos simetricamente no complexo de um templo budista japonês, onde se pendura o sino do templo.

**silhar** Pedra de cantaria esquadrada, finamente lavrada em todas as faces adjacentes às de outras pedras, de modo a permitir o uso de juntas de argamassa muito finas.

**sinagoga** Edifício ou local de reunião para o culto e a educação judaicos.

**sobo** Os cômodos do sacerdote em um templo budista japonês.

**sótão** Um recinto ou espaço diretamente sob a cobertura de uma edificação, em especial de uma casa.

**stambha** Na arquitetura indiana, um pilar memorial independente que apresenta inscrições esculpidas, emblemas religiosos ou uma estátua.

**stoa** Antiga galeria grega, geralmente isolada e de comprimento considerável, utilizada como passeio ou ponto de encontro perto de lugares públicos.

**suarloka** Friso decorado na arquitetura do sudeste asiático.

**sufi** Místico muçulmano.

**sultão** O soberano de um país muçulmano.

**sunismo** Seita muçulmana que considera Abu Bakr o sucessor de Maomé.

**ta** Pagode chinês onde é sepultado o sumo sacerdote.

**tablero** Na arquitetura mexicana, o painel retangular posicionado sobre um painel inclinado (*talud*).

**taipa de pilão** Mistura rígida de argila, areia ou outro material agregado com água, comprimida e seca dentro de formas para a construção de uma parede. Também chamada de terra apiloada.

**takht** O trono ou plataforma elevada empregada por membros da realeza em uma mesquita.

**talassocracia** Uma economia baseada no comércio marítimo, definida originalmente por Aristóteles.

**talud** Na arquitetura mexicana, o painel inclinado sob o painel retangular ou *tablero*.

**tambor** 1. Qualquer uma de diversas pedras cilíndricas assentadas uma sobre a outra para formar uma coluna. 2. Construção cilíndrica ou facetada, muitas vezes com aberturas constituídas por janelas, que sustenta uma cúpula.

**taypi** Na América do Sul, a zona de convergência entre os princípios chamados *urco* (o oeste, alto, seco, pastoril, celestial, masculino) e *uma* (o leste, baixo, agrícola, submundo ou além, feminino).

**telhado com empena esconsa** *Veja* telhado esconso.

**telhado de duas águas** Cobertura formada por duas faces em declive unidas por uma

# GLOSSÁRIO

cumeeira central, de modo a formar uma empena em cada extremidade.

**telhado esconso** Cobertura em vertente com quatro águas que se encontram duas a duas em ângulos inclinados, chamados espigões. Também chamado de telhado com empena esconsa ou cobertura com quatro águas.

*temenos* Na Grécia Antiga, uma área de terreno especialmente reservada e cercada como local sagrado.

**templo mortuário** Antigo templo egípcio destinado a oferendas e ao culto a um morto, geralmente um rei deificado. No Novo Império, os templos funerários e de culto possuíam muitas características comuns: um caminho de esfinges que conduzia a um alto portal guardado por um pilone elevadíssimo; planta axial com um pátio de entrada colunado; um salão hipostilo situado à frente de um santuário escuro e estreito onde ficava a estátua da divindade; e paredes ricamente decoradas com entalhes pictográficos em relevo gravado.

*tepidarium* Recinto de temperatura moderadamente quente numa antiga terma romana, entre o *frigidarium* e o *caldarium*.

**terça** Componente longitudinal de uma estrutura de cobertura que sustenta os caibros entre a cumeeira e o beiral.

**terma** Sofisticado estabelecimento de banho público dos antigos gregos e romanos, contendo piscinas quentes, mornas e frias, saunas, instalações para a prática de exercícios físicos, etc.

**terra apiloada** *Veja* taipa de pilão.

*tianming* O "mandato do céu" descrito pelos membros da Dinastia Zhou. Os ritos de adoração, a ideologia da "harmonia" e os sacrifícios às divindades ancestrais serviam para ligar a autoridade política à religiosa sob o *tianming*.

**tímpano** 1. Área triangular recuada, delimitada pela cornija horizontal e as cornijas inclinadas de um frontão, às vezes ornamentada com esculturas em relevo. 2. Em um prédio de pavimentos múltiplos, a área em forma de painel entre um peitoril e a travessa superior de uma porta ou janela abaixo.

*ting* Na arquitetura chinesa, um pátio, local de grandes reuniões, muitas vezes cerimoniais.

*tirtha* Lugar ou local considerado sagrado na arquitetura indiana.

**tokonoma** Recesso para imagem. Um vão reentrante raso, ligeiramente elevado, onde se exibe um *kakemono* ou arranjo de flores. Por constituir o centro espiritual da casa japonesa tradicional, o *tokonoma* fica em seu cômodo mais formal.

**torana** Na arquitetura indiana budista e hindu, um portal cerimonial esculpido com sofisticação, com dois ou três lintéis dispostos entre dois pilares.

**torção** O giro de um corpo elástico ao longo de seu eixo longitudinal causada por dois movimentos de rotação iguais e opostos, gerando um esforço de cisalhamento no objeto.

*torii* Derivado da palavra torana, *torii* designa um portal na arquitetura japonesa.

**torneada** Referente a uma coluna cujo fuste cilíndrico é ornamentado com incisões que revelam sua construção, durante a qual o fuste foi colocado num torno e depois esculpido.

**torre de sinalização** Qualquer uma das altas torres construídas ao longo de uma grande muralha em intervalos regulares, a partir das quais se podiam enviar e receber sinais de aviso ou alarmes por meio de fogo e fumaça.

**torreta** Pequena torre pertencente a uma construção maior, que, em geral, nasce sem tocar no solo.

**tração** Força estrutural que atua no sentido de esticar ou separar um material e que resulta no alongamento de um corpo elástico. Os materiais dúcteis, como o aço, são mais resistentes à tração.

**transepto** 1. Parte transversal principal de uma igreja cruciforme, que cruza o eixo principal em ângulo reto, entre a nave central e o coro. 2. Um dos braços salientes dessa parte, em ambos os lados da nave central de uma igreja.

**traveamento** Diz-se de um sistema de construção que emprega vigas ou lintéis.

**trifório** Galeria superior com arcadas em uma igreja, que corresponde ao espaço entre as abóbadas e a cobertura de uma nave lateral. Normalmente se abre para a nave central entre os arcos da nave e o clerestório.

**tríglifo** Um dos blocos verticais que separa as métopas de um friso dórico, tendo geralmente dois sulcos ou glifos verticais na frente e dois meios-sulcos ou hemiglifos nas laterais.

**trompa** Arco ou mísula construído diagonalmente na quina superior interna de uma torre quadrada para sustentar o lado de uma estrutura octogonal superposta.

**trompa** *Veja* pendente.

*tumulus* Monte artificial de terra ou pedra, especialmente sobre uma sepultura antiga.

*tzompantli* Na arquitetura da América Central, estrutura onde eram expostas as cabeças das pessoas sacrificadas.

*ulu Jami* Mesquita da sexta-feira com um grande *sahn* para grupos numerosos de fiéis. Data do século VII até o XI.

*vahana* Literalmente, o "veículo" de um deus hindu. Em geral tem a forma de um animal.

**vão** A divisão espacial principal – geralmente uma dentre várias – marcada ou separada pelos suportes verticais principais de uma estrutura.

*vav* Um poço ou reservatório escalonado indiano.

**vedas** Escrituras sagradas mais antigas do hinduísmo, compostas entre 1500 e 800 a.C. e que incluem quatro coletâneas de hinos, preces e fórmulas litúrgicas: o Rig-Veda, o Yajur-Veda, o Sama-Veda e o Atharva-Veda.

*vedika* 1. Salão destinado à leitura dos vedas. 2. Balaustrada que cerca uma área sagrada, como uma estupa.

**verga** *Veja* lintel.

*vihara* Na arquitetura indiana, um mosteiro budista, frequentemente escavado na pedra bruta, composto por uma câmara central interna com pilares, cercada por uma varanda para a qual se abrem pequenas celas-dormitório. Adjacente a esse claustro havia um pátio com a estupa principal.

**voluta** Ornamento espiralado, semelhante a um pergaminho, como os existentes nos capitéis das ordens jônica, coríntia e compósita.

*wat* Mosteiro ou templo budista na Tailândia ou no Camboja.

*westwerk* A fachada monumental oeste de uma igreja românica, tratada como uma torre ou torres, com um recinto baixo de entrada na parte inferior e uma capela aberta para a nave central em cima.

*wetu* Cabanas de certos índios norte-americanos.

*xanadu* Lugar de beleza e contentamento idílicos. Variante criada por S. T. Coleridge para Sandu, modernamente Shangtu, local da residência de verão de Kublai Khan no sudeste da Mongólia.

*xieshan* Na arquitetura chinesa, um estilo simples de telhado que combina quatro águas e empenas.

*xiismo* Seita muçulmana que acredita ser Ali o sucessor legítimo de Maomé.

*xisto* Rocha cristalina metamórfica que apresenta disposição paralela ou laminada de grânulos minerais.

*yin* e *yang* Na filosofia e religião chinesas, a interação de dois princípios opostos e complementares – um feminino, escuro e negativo (*yin*), e outro masculino, brilhante e positivo (*yang*) – que rege ou influencia os destinos dos seres e das coisas.

*yingbi* Na arquitetura chinesa, uma parede de anteparo que protege o portal principal de um mosteiro ou casa contra espíritos do mal, os quais, segundo a crença, só se movimentavam em linha reta.

*Yingzao Fashi* Compêndio sobre a tradição arquitetônica e os métodos de construção chineses, compilado por Li Jie e impresso em 1103 d.C. Possui 34 capítulos dedicados a termos técnicos, métodos construtivos, medidas e proporções de elementos arquitetônicos, gestão da mão de obra, materiais de construção e decoração.

*zhi* Durante as dinastias Han e Jin, uma moradia taoista numa caverna, destinada à prática do ascetismo e a oferendas sacrificiais aos deuses.

**zigurate** Na arquitetura sumeriana e assíria, um templo em forma de torre, construído em patamares decrescentes feitos de tijolos de barro, com paredes reforçadas por contrafortes e revestidas de tijolos cozidos, que culmina num santuário ou templo situado no alto, ao qual se chegava por uma série de rampas. Considera-se que sua origem seja sumeriana, do final do terceiro milênio a.C.

**zimbório** *Veja* cúpula.

# Bibliografia

**Fontes gerais**

Alfieri, Bianca Maria. *Islamic Architecture of the Indian Subcontinent.* London: Laurence King Publishers, 2000.

Barraclough, Geoffrey. *Hammond Atlas of World History.* Maplewood, NJ: Hammond, 1999.

Chihara, Daigoro. *Hindu-Buddhist Architecture in Southeast Asia.* New York: E. J. Brill, 1996.

*Chinese Academy of Architecture.* Beijing: China Building Industry Press; Hong Kong: Joint Publishing Co., 1982.

Coaldrake, William Howard. *Architecture and Authority in Japan.* London, New York: Routledge, 1996.

Coe, Michael D., and Rex Koontz. *Mexico: From the Olmecs to the Aztecs.* London: Thames & Hudson, 2002.

Crouch, Dora P., and June G. Johnson. *Traditions in Architecture: Africa, America, Asia, and Oceania.* New York: Oxford University Press, 2001.

Evans, Susan Toby, and David L. Webster, eds. *Archaeology of Ancient Mexico and Central America: An Encyclopedia.* New York: Garland, 2001.

Ferguson, William M., and Richard E. W. Adams. *Mesoamerica's Ancient Cities: Aerial Views of Pre-Columbian Ruins in Mexico, Guatemala, Belize, and Honduras.* Albuquerque: University of New Mexico Press, 2001.

Grube, Nikolai. *Maya: Divine Kings of the Rain Forest.* Assisted by Eva Eggebrecht and Matthias Seidel. Cologne, Germany: Könemann, 2001.

Huntington, Susan L. *The Art of Ancient India: Buddhist, Hindu, Jain.* With contributions by John C. Huntington. New York: Weatherhill, 1985.

Jarzombek, Mark. *Architecture of First Societies: A Global Perspective.* New York: John Wiley & Sons, 2013.

*The Kodansha Bilingual Encyclopedia of Japan.* Tokyo: Kodansha International; New York: Kodansha America, 1998.

Kostof, Spiro. *A History of Architecture: Settings and Rituals.* Revisions by Greg Castillo. New York: Oxford University Press, 1995.

Kowalski, Jeff Karl, ed. *Mesoamerican Architecture as a Cultural Symbol.* New York: Oxford University Press, 1999.

Kubler, George. *The Art and Architecture of Ancient America: The Mexican, Maya, and Andean Peoples.* New Haven, CT: Yale University Press, 1990.

Lang, Jon T., Madhavi Desai, and Miki Desai. *Architecture and Independence: The Search for Identity—India 1880 to 1980.* Delhi: Oxford University Press, 1997.

Loewe, Michael, and Edward L. Shaughnessy, eds. *The Cambridge History of Ancient China: From the Origins of Civilization to 221 BC.* Cambridge, UK, and New York: Cambridge University Press, 1999.

Meister, Michael W., ed. *Encyclopedia of Indian Temple Architecture, vols. 1 and 2.* Coordinated by M. A. Dhaky. New Delhi: American Institute of Indian Studies; Philadelphia: University of Pennsylvania Press, 1983.

Michell, George. *Architecture of the Islamic World: Its History and Social Meaning.* New York: Thames & Hudson, 1984.

Nishi, Kazuo, and Kazuo Hozumi. *What Is Japanese Architecture?* Translated, adapted, and with an introduction by H. Mack Horton. Tokyo, New York: Kodansha International, 1985.

Schmidt, Karl J. *Atlas and Survey of South Asian History: India, Pakistan, Bangladesh, Sri Lanka, Nepal, Bhutan.* New Delhi, India: Vision, 1999.

Sickman, Laurence, and Alexander Soper. *The Art and Architecture of China.* Harmondsworth, UK: Penguin, 1971.

Steinhardt, Nancy Shatzman. *Chinese Architecture.* New Haven, CT: Yale University Press; Beijing: New World Press, 2002.

———. *Chinese Imperial City Planning.* Honolulu: University of Hawaii Press, 1990.

Tadgell, Christopher. *Antiquity: Origins, Classicism and the New Rome.* Abingdon, UK: Routledge, 2007.

———. *The East: Buddhists, Hindus and the Sons of Heaven.* Abingdon, UK: Routledge, 2008.

———. *The History of Architecture in India: From the Dawn of Civilization to the End of the Raj.* London: Architecture Design and Technology Press, 1990.

———. *Islam: From Medina to the Magreb and from the Indies to Istanbul.* Abingdon, UK: Routledge, 2008.

Thapar, Romila. *Early India: From the Origins to AD 1300.* Berkeley: University of California Press, 2002.

Tignor, Robert L., Jeremy Adelman, Stephen Aron, Stephen Kotkin, Suzanne Marchand, Gyan Prakash, and Michael Tsin. *Worlds Together, Worlds Apart: A History of the Modern World from the Mongol Empire to the Present.* New York: W. W. Norton, 2002.

Trachtenberg, Marvin, and Isabelle Hyman. *Architecture, from Prehistory to Postmodernity.* New York: Harry N. Abrams, 2002.

**Fontes on-line**

Great Buildings Online: www.greatbuildings.com/

Grove Art Online: www.oxfordartonline.com. Web access to the entire text of *The Dictionary of Art*, edited by Jane Turner (34 vols., 1996), and *The Oxford Companion to Western Art*, Hugh Brigstocke, ed. (2001).

Metropolitan Museum of Art Timeline of Art History: www.metmuseum.org/toah/

Taj Mahal: http://www.tajmahalindia.net/taj--mahal-monument.html

Wikipedia: The Free Encyclopedia: wikipedia.org/

**3500 a.C.**

Arnold, Dieter. *The Encyclopedia of Ancient Egyptian Architecture.* Edited by Nigel and Helen Strudwick. Translated by Sabine H. Gardiner and Helen Strudwick. Princeton, NJ: Princeton University Press, 2003.

Burl, Aubrey. *The Stone Circles of the British Isles.* New Haven, CT: Yale University Press, 1976.

Clark, Grahame. *The Earlier Stone Age Settlement of Scandinavia.* London: Cambridge University Press, 1975.

Hawkins, Gerald S., and John B. White. *Stonehenge Decoded.* New York: Dorsett, 1965.

Hewitt, Roger L. *Structure, Meaning and Ritual in the Narratives of the Southern San.* Hamburg: Buske. 1986.

Jia, Lanpo. *Early Man in China.* Beijing: Foreign Languages Press, 1980.

Marlowe Frank W. *The Hazda: Hunter-Gatherers of Tanzania.* Berkeley: University of California Press. 2010

McBurney, Charles, and Brian Montagu. *The Stone Age of Northern Africa.* Harmondsworth, UK: Penguin Books, 1960.

Mysliwiec, Karol. *The Twilight of Ancient Egypt, First Millennium B.C.E.* Ithaca, NY: Cornell University Press, 2000.

Nicholson, Paul T., and Ian Shaw, eds. *Ancient Egyptian Materials and Technology.* Cambridge, UK: Cambridge University Press, 2000.

Phylactopoulos, George A., ed. *History of the Hellenic World.* University Park, PA: Pennsylvania State University Press, 1974.

Possehl, Gregory L. *Harappan Civilization: A Recent Perspective.* New Delhi: American Institute of Indian Studies; Columbia, MO: Oxford and IBH, 1993.

Price, Theron Douglas. *Europe's First Farmers.* New York: Cambridge University Press, 2000.

Shafer, Byron E., ed. *Religion in Ancient Egypt: Gods, Myths and Personal Practice.* Ithaca, NY: Cornell University Press, 1991.

Walter, Mariko Namba, Eva Jane, and Neumann Friedman, eds. *Shamanism: An Encyclopedia of World Beliefs, Practices and Cultures.* Santa Barbara, CA: ABC-CLIO, 2004.

Wilson, Peter J. *The Domestication of the Human Species.* New Haven: Yale University Press, 1988.

Youkanna, Donny George. *Tell es-Sawwan: The Architecture of the Sixth Millennium BC.* London: Nabu, 1997.

**2500 a.C.**

Crawford, Harriet E. W. *The Architecture of Iraq in the Third Millennium B.C.* Copenhagen: Akademisk Forlag, 1977.

Downey, Susan B. *Mesopotamian Religious Architecture: Alexander through the Parthians.* Princeton, NJ: Princeton University Press, 1988.

# Bibliografia

Fairservis, Walter Ashlin. *The Roots of Ancient India: The Archaeology of Early Indian Civilization*. New York: Macmillan, 1971.

Kemp, Barry J. *Ancient Egypt: Anatomy of a Civilization*. London, New York: Routledge, 1991.

Kenoyer, Jonathan M. *Ancient Cities of the Indus Valley Civilization*. Karachi: Oxford University Press; Islamabad: American Institute of Pakistan Studies, 1998.

Kubba, Shamil A. A. *Mesopotamian Architecture and Town Planning: From the Mesolithic to the End of the Proto-Historic Period, ca. 10,000–3,500 BC*. Oxford, UK: B.A.R., 1987.

Oppenheim, A. Leo. *Ancient Mesopotamia: Portrait of a Dead Civilization*. Chicago: University of Chicago Press, 1977.

Rossi, Corinna. *Architecture and Mathematics in Ancient Egypt*. Cambridge, UK, and New York: Cambridge University Press, 2004.

Sarianidi, Victor. *Necropolis of Gonur*. Translated by Inna Sarianidi. Athens: Kapon, 2007.

Shady, Ruth, and Carlos Leyva, eds. *La Ciudad Sagrada de Caral-Supe: Los Orígenes de la Civilización Andina y la Formación del Estado Prístino en el Antiguo Perú*. Lima: Instituto Nacional de Cultura: Proyecto Especial Arqueológico Caral-Supe, 2003.

## 1500 a.C.

Anthony, David W. *The Hose, The Wheel and Language: How Bronze Age Riders from the Eurasian Steppes Shaped the Modern World*. Princeton, NJ: Princeton University Press, 2007.

Byrd, Kathleen M. *The Poverty Point Culture: Local Manifestations, Subsistence Practices, and Trade Networks*. Baton Rouge, LA: Geoscience Publications, Department of Geography and Anthropology, Louisiana State University, 1991.

Chang, Kwang-chih. *Shang Civilization*. New Haven, CT: Yale University Press, 1980.

Clarke, Somers, and R. Engelbach. *Ancient Egyptian Construction and Architecture*. New York: Dover Publications, 1990.

Gibson, Jon L. *The Ancient Mounds of Poverty Point: Place of Rings*. Gainesville: University Press of Florida, 2000.

Moore, Jerry D. *Architecture and Power in the Ancient Andes: The Archaeology of Public Buildings*. Cambridge, UK, and New York: Cambridge University Press, 1996.

Oates, Joan. *Babylon: Ancient Peoples and Places*. London: Thames & Hudson, 1979.

Rossi, Corinna. *Architecture and Mathematics in Ancient Egypt*. Cambridge, UK, and New York: Cambridge University Press, 2004.

## 800 a.C.

Bell, Edward. *Prehellenic Architecture in the Aegean*. London: G. Bell & Sons, 1926.

Burger, Richard L. *The Prehistoric Occupation of Chavín de Huántar, Peru*. Berkeley and Los Angeles: University of California Press, 1984.

Castleden, Rodney. *The Knossos Labyrinth: A View of the Palace of Minos at Knossos*. London: Routledge, 1990.

Coe, Michael D. *The Olmec World: Ritual and Rulership*. Princeton, NJ: Art Museum, Princeton University, and New York: In association with Harry N. Abrams, 1996.

Damluji, Salma Samar. *The Architecture of Yemen: From Yafi to Hadramut*. London: Laurence King, 2007.

Diehl, Richard A. *The Olmecs: America's First Civilization*. London: Thames & Hudson, 2004.

Eck, Diana L. *Banaras, City of Light*. New York: Columbia University Press, 1999.

El-Hakim, Omar M. *Nubian Architecture: The Egyptian Vernacular Experience*. Cairo: Palm, 1993.

Jastrow, Morris. *The Civilization of Babylonia and Assyria: Its Remains, Language, History, Religion, Commerce, Law, Art, and Literature*. Philadelphia and London: J. B. Lippincott, 1915.

Li, Hsüeh-ch'in. *Eastern Zhou and Qin Civilizations*. Translated by K. C. Chang. New Haven: Yale University Press, 1985.

Moore, Jerry D. *Architecture and Power in Ancient Andes: The Archaeology of Public Buildings*. Cambridge: Cambridge University Press, 1996.

Moseley, Michael Edward. *The Maritime Foundations of Andean Civilization*. Menlo Park, CA: Cummings, 1975.

Pfeiffer, John E. *The Emergence of Society: A Pre-history of the Establishment*. New York: McGraw-Hill, 1977.

Ricke, Herbert, George R. Hughes, and Edward F. Wente. *The Beit el-Wali Temple of Ramesses II*. Chicago: University of Chicago Press, 1967.

Scoufopoulos, Niki C. *Mycenaean Citadels*. Gothenburg, Sweden: P. Åström, 1971.

Willetts, Ronald F. *The Civilization of Ancient Crete*. Berkeley and Los Angeles: University of California Press, 1976.

## 400 a.C.

Ball, Larry F. *The Domus Aurea and the Roman Architectural Revolution*. Cambridge, UK: Cambridge University Press, 2003.

Barletta, Barbara A. *Ionic Influence in Archaic Sicily: The Monumental Art*. Gothenburg, Sweden: Åström, 1983.

———. *The Origins of the Greek Architectural Orders*. Cambridge, UK: Cambridge University Press, 2001.

Berve, Helmut. *Greek Temples, Theatres, and Shrines*. London: Thames & Hudson, 1963.

Camp, John M. *The Archaeology of Athens*. New Haven, CT: Yale University Press, 2001.

Clark, John E., and Mary E. Pye, eds. *Olmec Art and Archaeology in Mesoamerica*. Washington, DC: National Gallery of Art; New Haven, CT: distributed by Yale University Press, 2000.

Coulton, John James. *Ancient Greek Architects at Work: Problems of Structure and Design*. Ithaca, NY: Cornell University Press, 1977.

Detienne, Marcel. *The Cuisine of Sacrifice Among the Greeks*. With essays by Jean-Louis Durand, Stella Georgoudi, Françoise Hartog, and Jesper Svenbro. Chicago: University of Chicago Press, 1989.

Dinsmoor, William Bell. *The Architecture of Ancient Greece: An Account of Its Historic Development*. New York: Norton, 1975.

Frye, Richard Nelson. *The Heritage of Persia*. Cleveland, OH: World Publishing, 1963.

Fyfe, Theodore. *Hellenistic Architecture: An Introductory Study*. Cambridge, UK: Cambridge University Press, 1936; Oakville, CT: Aarhus University Press, 1999.

Grant, Michael. *The Etruscans*. New York: Scribner, 1980.

Hurwit, Jeffrey M. *The Art and Culture of Early Greece, 1100–480 BC*. Ithaca, NY: Cornell University Press, 1985.

Martienssen, Rex Distin. *The Idea of Space in Greek Architecture, with Special Reference to the Doric Temple and Its Setting*. Johannesburg: Witwatersrand University Press, 1956.

Scully, Vincent Joseph. *The Earth, the Temple, and the Gods: Greek Sacred Architecture*. New Haven, CT: Yale University Press, 1962.

Taylour, William Lord. *The Mycenaeans*. London: Thames & Hudson, 1964.

Thapar, Romila. *Asóka and the Decline of the Mauryas*. New Delhi and New York: Oxford University Press, 1997.

Warren, John. *Greek Mathematics and the Architects to Justinian*. London: Coach, 1976.

Winter, Frederick E. *Greek Fortifications*. Toronto: University of Toronto Press, 1971.

## 0

Ball, Larry F. *The Domus Aurea and the Roman Architectural Revolution*. Cambridge, UK, and New York: Cambridge University Press, 2003.

Boatwright, Mary Taliaferro. *Hadrian and the City of Rome*. Princeton, NJ: Princeton University Press, 1987.

Chase, Raymond G. *Ancient Hellenistic and Roman Amphitheatres, Stadiums, and Theatres: The Way They Look Now*. Portsmouth, NH: P. E. Randall, 2002.

Dallapiccola, Anna Libera, with Stephanie Zingel-Avé Lallemant, eds. *The Stúpa: Its Religious, Historical and Architectural Significance*. Wiesbaden, Germany: Steiner, 1979.

Hansen, Richard D. *Excavations in the Tigre Complex, El Mirador, Petén, Guatemala*. Provo, Utah: New World Archaeological Foundation, Brigham Young University, 1990.

Lawton, Thomas. *Chinese Art of the Warring States Period: Change and Continuity, 480–222 BC*. Washington, DC: Published for the Freer Gallery of Art by the Smithsonian Institution Press, 1983.

MacDonald, William Lloyd. *The Architecture of the Roman Empire*. New Haven: Yale University Press, 1982.

# BIBLIOGRAFIA

Rykwert, Joseph. *The Idea of a Town: The Anthropology of Urban Form in Rome, Italy and the Ancient World.* Princeton, NJ: Princeton University Press, 1976.

Sarkar, H. *Studies in Early Buddhist Architecture of India.* Delhi: Munshiram Manoharlal, 1966.

Schopen, Gregory. *Bones, Stones, and Buddhist Monks: Collected Papers on the Archaeology, Epigraphy, and Texts of Monastic Buddhism in India.* Honolulu: University of Hawaii Press, 1997.

Snodgrass, Adrian. *The Symbolism of the Stupa.* Ithaca, NY: Cornell University, 1985.

Stamper, John W. *The Architecture of Roman Temples: The Republic to the Middle Empire.* Cambridge, UK: Cambridge University Press, 2005.

Townsend, Richard F., ed. *Ancient West Mexico: Art and Archaeology of the Unknown Past.* New York: Thames & Hudson; Chicago: Art Institute of Chicago, 1998.

Ward-Perkins, John Bryan. *Roman Architecture.* Milan, Italy and London: Electa Architecture, 2003.

## 200 d.C.

Aveni, Anthony F. *Between the Lines: The Mystery of the Giant Ground Drawings of Ancient Nasca, Peru.* Austin: University of Texas Press, 2000.

Behrendt, Kurt A. *The Buddhist Architecture of Gandhara.* Leiden, Netherlands, and Boston: E. J. Brill, 2004.

Berrin, Kathleen, and Esther Pasztory. *Teotihuacán: Art from the City of the Gods.* New York: Thames & Hudson and the Fine Arts Museums of San Francisco, 1993.

Litvinsky, B. A., ed. *History of Civilizations of Central Asia, vol. 3: The Crossroads of Civilizations, AD 250 to 750.* Paris: UNESCO, 1992.

MacDonald, William Lloyd. *The Pantheon: Design, Meaning, and Progeny.* Cambridge, MA: Harvard University Press, 1976.

MacDonald, William Lloyd, and John A. Pinto. *Hadrian's Villa and Its Legacy.* New Haven, CT: Yale University Press, 1995.

Munro-Hay, Stuart. *Aksum: A Civilization of Late Antiquity.* Edinburgh, UK: University Press. 1991.

Phillipson, David W. *Ancient Ethiopia: Aksum: Its Antecedents and Successors.* London: The British Museum, 1998.

Romain, William F. *Mysteries of the Hopewell: Astronomers, Geometers, and Magicians of the Eastern Woodlands.* Akron, OH: University of Akron Press, 2000.

Sanders, William T., and Joseph W. Michels, eds. *Teotihuacán and Kaminaljuyu: A Study in Prehistoric Culture Contact.* University Park, PA: Penn State University Press, 1977.

Sharma, G. R., ed. *Kusana Studies: Papers Presented to the International Conference on the Archaeology, History and Arts of the People of Central Asia in the Kusana Period, Dushambe (Tadjikistan) U.S.S.R., September 25–October 4, 1968.* Allahabad, India: Department of Ancient History, Culture and Archaeology, University of Allahabad, 1998.

Silverman, Helaine, and Donald Proulx. *The Nasca.* Oxford, UK: Blackwell, 2002.

Taylor, Rabun M. *Roman Builders: A Study in Architectural Process.* Cambridge, UK, and New York: Cambridge University Press, 2003.

Wang, Zhongshu. *Han Civilization.* Translated by K. C. Chang and collaborators. New Haven, CT: Yale University Press, 1982.

Woodward, Susan L., and Jerry N. McDonald. *Indian Mounds of the Middle Ohio Valley: A Guide to Mounds and Earthworks of the Adena, Hopewell, Cole, and Fort Ancient People.* Blacksburg, VA: McDonald & Woodward, 2002.

## 400 d.C.

Aikens, C. Melvin, and Takayasu Higuchi. *Prehistory of Japan.* New York: Academic Press, 1982.

Asher, Frederick M. *The Art of Eastern India, 300–800.* Minneapolis: University of Minnesota Press, 1980.

Bandmann, Günter. *Early Medieval Architecture as Bearer of Meaning.* Translated by Kendall Wallis. New York: Columbia University Press, 2005.

Barnes, Gina Lee. *Protohistoric Yamato: Archaeology of the First Japanese State.* Ann Arbor: University of Michigan Center for Japanese Studies, Museum of Anthropology, University of Michigan, 1988.

Beal, Samuel. *The Life of Hiuen-Tsiang by Hwui Li.* New Delhi: Asian Educational Services, 1998.

Blanton, Richard E., et al. *Ancient Oaxaca: The Monte Albán.* New York: Cambridge University Press, 1999.

Cunningham, Alexander. *Mahâbodhi, or the Great Buddhist Temple under the Bodhi Tree at Buddha-Gaya.* London: W. H. Allen, 1892.

Freely, John. *Byzantine Monuments of Istanbul.* Cambridge, UK: Cambridge University Press, 2004.

Hardy, Adam. *The Temple Architecture of India.* Hoboken, NJ: John Wiley & Sons, 2008.

Harischandra, B. W. *The Sacred City of Anuradhapura.* New Delhi: Asian Educational Services, 1998.

Holloway, R. Ross. *Constantine and Rome.* New Haven: Yale University Press, 2004.

Imamura, Keiji. *Prehistoric Japan: New Perspectives on Insular East Asia.* London: UCL Press, 1996.

Khandalavala, Karl, ed. *The Golden Age of Gupta Art: Empire, Province, and Influence.* Bombay: Marg, 1991.

Krautheimer, Richard. *Early Christian and Byzantine Architecture.* New York: Penguin, 1986.

Mitra, Debala. *Ajanta.* New Delhi: Archaeological Survey of India, 1980.

Mizoguchi, Koji. *An Archaeological History of Japan: 30,000 BC to AD 700.* Philadelphia: University of Pennsylvania Press, 2002.

Ray, Himanshu P. *The Winds of Change: Buddhism and the Maritime Links of Early South Asia.* New Delhi: Oxford University Press, 1994.

Spink, Walter M. *Ajanta to Ellora.* Ann Arbor: Marg Publications for the Center for South and Southeast Asian Studies, University of Michigan, 1967.

Weiner, Sheila L. *Ajanta: Its Place in Buddhist Art.* Berkeley and Los Angeles: University of California Press, 1977.

Williams, Joanna Gottfried. *The Art of Gupta India: Empire and Province.* Princeton, NJ: Princeton University Press, 1982.

## 600 d.C.

Adams, Cassandra. "Japan's Ise Shrine and Its Thirteen-Hundred-Year-Old Reconstruction Tradition." *Journal of Architectural Education* 52, no. 1 (1988).

Berkson, Carmel, Wendy Doniger O'Flaherty, and George Michell. *Elephanta, The Cave of Shiva.* Princeton, NJ: Princeton University Press, 1983.

Bock, Felicia G. "The Rites of Renewal at Ise." *Monumenta Nipponica* 29, no. 1 (1974).

Davies, John Gordon. *Medieval Armenian Art and Architecture: The Church of the Holy Cross, Aght'amar.* London: Pindar, 1991.

Freely, John. *Byzantine Monuments of Istanbul.* Cambridge, UK: Cambridge University Press, 2004.

Goldstein, Paul S. *Andean Diaspora: The Tiwanaku Colonies and the Origins of South American Empire.* Gainesville: University Press of Florida, 2005.

Hardy, Andrew, Mauro Cucarzi, and Patrizia Zolese, eds. *Champa and the Archaeology of My S'on (Vietnam).* Singapore: NUS Press, 2009.

Harrison, Peter D. *The Lords of Tikal: Rulers of an Ancient Maya City.* New York: Thames & Hudson, 1999.

Janusek, John Wayne. *Identity and Power in the Ancient Andes: Tiwanaku: Cities Through Time.* New York: Routledge, 2004.

Kidder, J. Edward. *The Lucky Seventh: Early Horyu-ji and Its Time.* Tokyo: International Christian University and Hachiro Yuasa Memorial Museum, 1999.

Kolata, Alan L. *The Tiwanaku: Portrait of an Andean Civilization.* Cambridge, MA: Blackwell, 1993.

Kramrisch, Stella. *The Presence of S´iva.* Princeton, NJ: Princeton University Press, 1992.

Krautheimer, Richard. *Rome: Profile of a City, 312–1308.* Princeton, NJ: Princeton University Press, 2000.

Malmstrom, Vincent H. *Cycles of the Sun, Mysteries of the Moon: The Calendar in Mesoamerican Civilization.* Austin: University of Texas Press, 1997.

# Bibliografia

Mathews, T. F. *Early Churches of Constantinople, Architecture and Liturgy*. University Park: Pennsylvania State University Press, 1971.

Mizuno, Seiichi. *Asuka Buddhist Art: Horyu-ji*. New York: Weatherhill, 1974.

Ngô Van Doanh. *My Son Relics*. Hanoi: Gioi, 2005.

Robert, Mark, and Ahmet Çakmak, eds. *Hagia Sophia from the Age of Justinian to the Present*. Cambridge, UK: Cambridge University Press, 1992.

Schele, Linda, and Peter Mathews. *The Code of Kings: The Language of Seven Sacred Maya Temples and Tombs*. New York: Scribner, 1998.

Suzuki, Kakichi. *Early Buddhist Architecture in Japan*. Tokyo: Kodansha International, 1980.

Tartakov, Gary M. "The Beginnings of Dravidian Temple Architecture in Stone." *Artibus Asiae* 42 (1980).

Utudjian, Edouard. *Armenian Architecture, 4th to 17th Century*. Translated by Geoffrey Capner. Paris: Éditions A. Morancé, 1968.

Warren, John. *Greek Mathematics and the Architects to Justinian*. London: Coach, 1976.

Watanabe, Yasutada. *Shinto Art: Ise and Izumo Shrines*. New York: Weatherhill/Heibonsha, 1974.

Wharton, Annabel Jane. *Refiguring the Post-Classical City: Dura Europos, Jerash, Jerusalem, and Ravenna*. Cambridge, UK, and New York: Cambridge University Press, 1995.

## 800 d.C.

Atroshenko, V. I., and Judith Collins. *The Origins of the Romanesque: Near Eastern Influences on European Art, 4th–12th Centuries*. London: Lund Humphries, 1985.

Chandler, David P. *A History of Cambodia*. Boulder, CO: Westview, 2000.

Coe, Michael D. *The Maya*. London and New York: Thames & Hudson, 1999.

Ettinghausen, Richard. *Islamic Art and Architecture 650–1250*. New Haven, CT: Yale University Press, 2001.

Flood, Finbarr Barry. *The Great Mosque of Damascus: Studies on the Makings of an Ummayyad Visual Culture*. Leiden, Netherlands, and Boston: E. J. Brill, 2001.

Frederic, Louis. *Borobodur*. New York: Abeville, 1996.

Hattstein, Markus, and Peter Delius, eds. *Islam: Art and Architecture*. Translated by George Ansell German. Cologne, Germany: Könemann, 2000.

Horn, Walter, and Ernest Born. *The Plan of St. Gall*. Berkeley and Los Angeles: University of California Press, 1972.

Jackson, John G. *Introduction to African Civilization*. Secaucus, NJ: Citadel, 1970.

Joe, Wanne J. *Traditional Korea, A Cultural History*. Edited by Hongkyu A. Choe. Elizabeth, NJ: Hollym International, 1997.

Kelly, Joyce. *An Archaeological Guide to Northern Central America: Belize, Guatemala, Honduras, and El Salvador*. Norman: University of Oklahoma Press, 1996.

Lassner, Jacob. *The Shaping of Abbasid Rule*. Princeton, NJ: Princeton University Press, 1980.

Michell, George. *Pattadakal*. New Delhi and Oxford, UK: Oxford University Press, 2002.

Milburn, Robert. *Early Christian Art and Architecture*. Berkeley and Los Angeles: University of California Press, 1988.

Stuart, David, and George Stuart. *Palenque: Eternal City of the Maya*. London: Thames & Hudson, 2008.

Tartakov, Gary Michael. *The Durga Temple at Aihole: A Historiographical Study*. New Delhi and New York: Oxford University Press, 1997.

Xiong, Victor Cunrui. *Sui T'ang Ch'ang-an: A Study in the Urban History of Medieval China*. Ann Arbor: Center for Chinese Studies, University of Michigan, 2000.

## 1000 d.C.

Asopa, Jai Narayan. *Origin of the Rajputs*. Delhi: Bharatiya, 1976.

Conant, Kenneth John. *Carolingian and Romanesque Architecture, 800 to 1200*. Baltimore: Penguin, 1959.

Dehejia, Vidya. *The Sensuous and the Sacred: Chola Bronzes from South India*. New York: American Federation of Arts; Seattle: University of Washington Press, 2002.

———. *Yogini, Cult and Temples: A Tantric Tradition*. New Delhi: National Museum, 1986.

Desai, Devangana. *Khajuraho*. New Delhi and New York: Oxford University Press, 2000.

Dodds, Jerrilynn D. *Architecture and Ideology in Early Medieval Spain*. University Park: Penn State University Press, 1990.

Grossmann, Peter. *Christliche Architektur in Ägypten*. Leiden, Netherlands, and Boston: E. J. Brill, 2002.

Handa, Devendra. *Osian: History, Archaeology, Art and Architecture*. Delhi: Sundeep Prakashan, 1984.

Kowalski, Jeff Karl. *The House of the Governor: A Maya Palace at Uxmal, Yucatán, Mexico*. Norman: University of Oklahoma Press, 1987.

Michell, George. *Early Western Calukyan Temples*. London: AARP, 1975.

Miller, Barbara Stoler. *The Powers of Art: Patronage in Indian Culture*. New Delhi and New York: Oxford University Press, 1992.

Necipoglu, Gülru. *The Topkapı Scroll: Geometry and Ornament in Islamic Architecture*. Santa Monica, CA: Getty Center for the History of Arts and the Humanities, 1995.

Rivoira, Giovanni Teresio. *Lombardic Architecture: Its Origin, Development, and Derivatives*. New York: Hacker Art Books, 1975.

Spink, Walter M. *Ajanta to Ellora Bombay*. Ann Arbor: Marg Publications for the Center for South and Southeast Asian Studies, University of Michigan, 1967.

Steinhardt, Nancy Shatzman. *Liao Architecture*. Honolulu: University of Hawaii Press, 1997.

Tartakov, Gary M. "The Beginning of Dravidian Temple Architecture in Stone." *Artibus Asiae* 42 (1980).

Young, Biloine W., and Melvin L. Fowler. *Cahokia, the Great Native American Metropolis*. Urbana: University of Illinois Press, 2000.

## 1200 d.C.

Bernier, Ronald M. *Temple Arts of Kerala: A South Indian Tradition*. New Delhi: S. Chand, 1982.

Bony, Jean. *French Gothic Architecture of the 12th and 13th Centuries*. Berkeley and Los Angeles: University of California Press, 1983.

Branner, Robert. *Burgundian Gothic Architecture*. London: A. Zwemmer, 1960.

Braunfels, Wolfgang. *Monasteries of Western Europe: The Architecture of the Orders*. Translated by Alastair Laing. London: Thames & Hudson, 1972.

Brumfield, William Craft. *A History of Russian Architecture*. Cambridge, UK: Cambridge University Press, 1993.

Buchwald, Hans Herbert. *Form, Style, and Meaning in Byzantine Church Architecture*. Brookfield, VT: Ashgate, 1999.

Cassidy-Welch, Megan. *Monastic Spaces and Their Meanings: Thirteenth-Century English Cistercian Monasteries*. Turnhout, Belgium: Brepols, 2001.

Chandler, David P. *A History of Cambodia*. Boulder, CO: Westview, 2000.

Coe, Michael D. *Angkor and the Khmer Civilization*. New York: Thames & Hudson, 2003.

Dehejia, Vidya, ed. *Royal Patrons and Great Temple Art*. Bombay: Marg, 1988.

Diehl, Richard A. *Tula: The Toltec Capital of Ancient Mexico*. London: Thames & Hudson, 1983.

Dodds, Jerrilynn D., ed. *Al-Andalus: The Art of Islamic Spain*. New York: Metropolitan Museum of Art and Harry N. Abrams, 1992.

Duby, Georges. *The Age of the Cathedrals: Art and Society, 980–1420*. Translated by Eleanor Levieux and Barbara Thompson. Chicago: University of Chicago Press, 1981.

Enzo, Carli, ed. *Il Duomo di Pisa: Il Battistero, il Campanile*. Florence: Nardini, 1989.

Erdmann, Kurt. *Das Anatolische Kervansaray des 13. Jahrhunderts*. Berlin: Verlag Gebr. Mann, 1976.

Findlay, Louis. *The Monolithic Churches of Lalibela in Ethiopia*. Cairo: Publications de la Société d'Archéologie Copte, 1944.

Fukuyama, Toshio. *Heian Temples: Byodo-in and Chuson-ji*. Translated by Ronald K. Jones. New York: Weatherhill, 1976.

Grabar, Oleg. *The Alhambra*. Cambridge, MA: Harvard University Press, 1978.

Guo, Qinghua. *The Structure of Chinese Timber Architecture: Twelfth Century Design Standards and Construction Principles*. Gothenburg,

# BIBLIOGRAFIA

Sweden: Chalmers University of Technology, School of Architecture, Department of Building Design, 1995.

Kinder, Terryl Nancy. *Cistercian Europe: Architecture of Contemplation*. Grand Rapids, MI: W. B. Eerdmans Publishing and Cistercian Publications, 2002.

Kostof, Spiro. *Caves of God: The Monastic Environment of Byzantine Cappadocia*. Cambridge, MA: MIT Press, 1972.

Kraus, Henry. *Gold Was the Mortar: The Economics of Cathedral Building*. London and Boston: Routledge & Kegan Paul, 1979.

Krautheimer, Richard. *Early Christian and Byzantine Architecture*. Harmondsworth, UK, and New York: Penguin, 1986.

Liu, Dunzhen. *Chinese Classical Gardens of Suzhou*. Translated by Chen Lixian. Edited by Joseph C. Wang. New York: McGraw-Hill, 1993.

MacDonald, William Lloyd. *Early Christian and Byzantine Architecture: Great Ages of World Architecture*. New York: G. Braziller, 1962.

Mannikka, Eleanor. *Angkor Wat: Time, Space, and Kingship*. Honolulu: University of Hawaii Press, 1996.

Moynihan, Elizabeth B. *Paradise as a Garden: In Persia and Mughal India*. New York: G. Braziller, 1979.

Nath, R. *History of Sultanate Architecture*. New Delhi: Abhinav Publications, 1978.

Noma, Seiroku. *The Arts of Japan*. Translated and adapted by John Rosenfield. Tokyo and New York: Kodansha International; New York: Harper & Row, 1978.

Ousterhout, Robert G. *Master Builders of Byzantium*. Princeton, NJ: Princeton University Press, 1999.

Panofsky, Erwin, ed. *Abbot Suger on the Abbey Church of St.-Denis and Its Art Treasures*. Princeton, NJ: Princeton University Press, 1979.

Peroni, Adriano, ed. *Il Duomo di Pisa*. Modena, Italy: F. C. Panini, 1995.

Petruccioli, Attilio, ed. *Bukhara: The Myth and the Architecture*. Cambridge, MA: Aga Khan Program for Islamic Architecture, 1999.

Rabbat, Nasser. "Al-Azhar Mosque: An Architectural Chronicle of Cairo's History." *Muqarnas* 13 (1996): 45–67.

Rowley, Trevor. *The Norman Heritage, 1055–1200*. London and Boston, MA: Routledge & Kegan Paul, 1983.

Settar, S. *The Hoysala Temples*. Bangalore, India: Kala Yatra, 1991–1992.

Starza, O. M. *The Jagannatha Temple at Puri: Its Architecture, Art, and Culture*. Leiden, Netherlands, and New York: E. J. Brill, 1993.

Strachan, Paul. *Imperial Pagan: Art and Architecture of Burma*. Honolulu: University of Hawaii Press, 1990.

Tobin, Stephen. *The Cistercians: Monks and Monasteries of Europe*. Woodstock, NY: Overlook, 1996.

Tozzer, Alfred M. *Chichen Itza and Its Cenote of Sacrifice: A Comparative Study of Contemporaneous Maya and Toltec*. Cambridge, MA: Peabody Museum, 1957.

Von Simson, Otto Georg. *The Gothic Cathedral: Origins of Gothic Architecture and the Medieval Concept of Order*. Princeton, NJ: Princeton University Press, 1988.

Wang, Eugene Yuejin. *Shaping the Lotus Sutra: Buddhist Visual Culture in Medieval China*. Seattle: University of Washington Press, 2005.

## 1400 d.C.

Ackerman, James S. *Palladio*. Harmondsworth, UK: Penguin, 1966.

Ballon, Hilary. *The Paris of Henri IV: Architecture and Urbanism*. Cambridge, MA: MIT Press, 1991.

Battisti, Eugenio. *Brunelleschi*. Translated by Robert Erich Wolf. Milan: Electa Architecture; London: Phaidon, 2002.

Blair, Sheila S., and Jonathan M. Bloom. *The Art and Architecture of Islam, 1250–1800*. New Haven, CT: Yale University Press, 1994.

Borsi, Franco. *Leon Battista Alberti: The Complete Works*. London: Faber, 1989.

Bruschi, Arnaldo. *Bramante*. London: Thames & Hudson, 1977.

Burger, Richard L., and Lucy C. Salazar, eds. *Machu Picchu: Unveiling the Mystery of the Incas*. New Haven, CT: Yale University Press, 2004.

Chappell, Sally Anderson. *Cahokia: Mirror of the Cosmos*. Chicago: University of Chicago Press, 2002.

Clarke, Georgia Roman House. *Renaissance Palaces: Inventing Antiquity in Fifteenth-Century Italy*. Cambridge, UK, and New York: Cambridge University Press, 2003.

Evans, Joan. *Monastic Architecture in France, from the Renaissance to the Revolution*. Cambridge, UK: Cambridge University Press, 1964.

Fedorov, Boris Nikolaevich. *Architecture of the Russian North, 12th–19th Centuries*. Translated by N. Johnstone. Leningrad: Aurora Art Publishers, 1976.

Goodwin, Godfrey. *A History of Ottoman Architecture*. London: Thames & Hudson, 1971.

Günay, Reha. *Sinan: The Architect and His Works*. Translated by Ali Ottoman. Istanbul: Yapı-Endüstri Merkezi Yayınları, 1998.

Hall, John W., ed. *Japan in the Muromachi Age*. Ithaca, New York: East Asia Program, Cornell University, 2001.

Hitchcock, Henry Russell. *German Renaissance Architecture*. Princeton, NJ: Princeton University Press, 1981.

Howard, Deborah. *Jacopo Sansovino: Architecture and Patronage in Renaissance Venice*. New Haven, CT: Yale University Press, 1975.

Huppert, A. (2015). *Becoming an Architect in Renaissance Italy: Art, Science and the Career of Baldassarre Peruzzi*. New Haven, CT: Yale University Press.

Jarzombek, Mark. *On Leon Baptista Alberti: His Literary and Aesthetic Theories*. Cambridge, MA: MIT Press, 1989.

Kuran, Aptullah. *The Mosque in Early Ottoman Architecture*. Chicago: University of Chicago Press, 1968.

Lieberman, Ralph. *The Church of Santa Maria dei Miracoli in Venice*. New York: Garland, 1986.

López Luján, Leonardo. *The Offerings of the Templo Mayor of Tenochtitlán*. Translated by Bernard R. Ortiz de Montellano and Thelma Ortiz de Montellano. Albuquerque: University of New Mexico Press, 2005.

Millard, James, ed. *New Qing Imperial History: The Making of Inner Asian Empire at Qing Chengde*. London and New York: Routledge, 2004.

Murray, Peter. *Renaissance Architecture*. Milan: Electa; New York: Rizzoli, 1985, 1978.

Pandya, Yatin. *Architectural Legacies of Ahmedabad*. Ahmedabad, India: Vastu-Shilpa Foundation for Studies and Research in Environmental Design, 2002.

Prinz, Wolfram Schloss. *Chambord und die Villa Rotonda in Vicenza*. Berlin: Mann, 1980.

Rabbat, Nasser O. *The Citadel of Cairo: A New Interpretation of Royal Mamluk Architecture*. Leiden, Netherlands, and New York: E. J. Brill, 1995.

Ryu, Je-Hun. *Reading the Korean Landscape*. Elizabeth, NJ: Hollym International, 2000.

Singh, Upinder (2008). *A History of Ancient and Early Medieval India: From the Stone Age to the 12th Century*. New Delhi; Upper Saddle River, NJ: Pearson Education.

Smith, Christine Hunnikin. *Architecture in the Culture of Early Humanism: Ethics, Aesthetics, and Eloquence, 1400–1470*. New York: Oxford University Press, 1992.

Sumner-Boyd, Hilary, and John Freely. *Strolling through Istanbul: A Guide to the City*. New York: Kegan Paul, 2001; New York: Columbia University Press, 2003.

Tafuri, Manfredo. *Venice and the Renaissance*. Translated by Jessica Levine. Cambridge, MA: MIT Press, 1989.

Talayesva, Don C. *Sun Chief: The Autobiography of a Hopi Indian*. New Haven, CT: Yale University Press, 1942.

Treib, Marc, and Ron Herman. *A Guide to the Gardens of Kyoto*. Tokyo: Shufunotomo, 1980.

Van der Ree, Paul, Gerrit Smienk, and Clemens Steenbergen. *Italian Villas and Gardens: A Corso di Disegno*. Munich: Prestel, 1992.

Vogt-Göknil, Ulya. *Living Architecture: Ottoman*. New York: Grosset & Dunlap, 1966.

Von Hagen, Victor Wolfgang. *The Desert Kingdoms of Peru*. New York: New American Library, 1968.

Waldman, Carl. *Atlas of the North American Indian*. New York: Checkmark, 2000.

Wright, Kenneth R. *Machu Picchu: A Civil Engineering Marvel*. Reston, VA: American Society of Civil Engineers, 2000.

# Bibliografia

Zhu, Jianfei. *Chinese Spatial Strategies: Imperial Beijing, 1420–1911*. London and New York: Routledge Curzon, 2004.

## 1600 d.C.

Argan, Giulio Carlo. *Michelangelo Architect*. Translated by Marion L. Grayson. London: Thames & Hudson, 1993.

Balas, Edith. *Michelangelo's Medici Chapel: A New Interpretation*. Philadelphia: American Philosophical Society, 1995.

Begley, W. E., and Z. A. Desai. *Taj Mahal: The Illumined Tomb: An Anthology of Seventeenth-Century Mughal and European Documentary Sources*. Cambridge, MA: Aga Khan Program for Islamic Architecture; Seattle: University of Washington Press, 1989.

Blake, Stephen P. *Half the World: The Social Architecture of Safavid Isfahan, 1590–1722*. Costa Mesa, CA: Mazda, 1999.

Blunt, Anthony. *Guide to Baroque Rome*. New York: Harper & Row, 1982.

Borsi, Francio. *Bernini*. Translated by Robert Erich Wolf. New York: Rizzoli, 1984.

Coaldrake, William Howard. *Gateways of Power: Edo Architecture and Tokugawa Authority, 1603–1951*. Ph.D. diss., Harvard University, 1983.

Coffin, David R. *The Villa in the Life of Renaissance Rome*. Princeton, NJ: Princeton University Press, 1979.

D'Amico, John F. *Renaissance Humanism in Papal Rome: Humanists and Churchmen on the Eve of the Reformation*. Baltimore: Johns Hopkins University Press, 1983.

De Tolnay, Charles. *Michelangelo: Sculptor, Painter, Architect*. Princeton, NJ: Princeton University Press, 1974.

Dussel, Enrique D. *The Invention of the Americas: Eclipse of "the Other" and the Myth of Modernity*. Translated by Michael D. Barber. New York: Continuum, 1995.

Evans, Susan, and Joanne Pillsbury, eds. *Palaces of the Ancient New World: A Symposium at Dumbarton Oaks, 10th and 11th October 1998*. Washington, DC: Dumbarton Oaks Research Library and Collection, 2004.

Gotch, John. *Alfred Inigo Jones*. New York: B. Blom, 1968.

Guise, Anthony, ed. *The Potala of Tibet*. London and Atlantic Highlands, NJ: Stacey International, 1988.

Günay, Reha. *Sinan: The Architect and His Works*. Translated by Ali Ottoman. Istanbul: Yapı-Endüstri Merkezi Yayınları, 1998.

Hersey, George L. *High Renaissance Art in St. Peter's and the Vatican: An Interpretive Guide*. Chicago: University of Chicago Press, 1993.

Hughes, Quentin. *Malta: A Guide to the Fortifications*. Valletta, Malta: Said International, 1993.

Inaji, Toshiro. *The Garden as Architecture: Form and Spirit in the Gardens of Japan, China, and Korea*. Translated and adapted by Pamela Virgilio. Tokyo and New York: Kodansha International, 1998.

Ishimoto, Yasuhiro. *Katsura: Tradition and Creation in Japanese Architecture*. Text by Kenzo Tange. Photos by Yasuhiro Ishimoto. New Haven, CT: Yale University Press, 1972.

Krautheimer, Richard. *Roma Alessandrina: The Remapping of Rome under Alexander VII, 1655–1667*. Poughkeepsie, NY: Vassar College, 1982.

Lazzaro, Claudia. *The Italian Renaissance Garden: From the Conventions of Planting, Design, and Ornament to the Grand Gardens of 16th-Century Central Italy*. New Haven, CT: Yale University Press, 1990.

Lees-Milne, James. *Saint Peter's: The Story of Saint Peter's Basilica in Rome*. Boston: Little, Brown, 1967; Chicago: University of Chicago Press, 1986.

Lev, Evonne. *Propaganda and the Jesuit Baroque*. Berkeley and Los Angeles: University of California Press, 2004.

Mann, Charles C. *1491: New Revelations of the Americas Before Columbus*. New York: Knopf, 2005.

Meek, Harold Alan. *Guarino Guarini and His Architecture*. New Haven, CT: Yale University Press, 1988.

Michell, George. *The Vijayanagara Courtly Style: Incorporation and Synthesis in the Royal Architecture of Southern India, 15th–17th Centuries*. New Delhi and Manohar, India: American Institute of Indian Studies, 1992.

Millon, Henry A., ed. *Triumph of the Baroque: Architecture in Europe, 1600–1750*. New York: Rizzoli, 1999.

Nath, R. *Architecture of Fatehpur Sikri: Forms, Techniques & Concepts*. Jaipur, India: Historical Research Documentation Programme, 1988.

———. *History of Mughal Architecture*. New Delhi: Abhinav, 1982.

Necipoglu, Gülru. *The Age of Sinan: Architectural Culture in the Ottoman Empire*. London: Reaktion, 2005.

Paludan, Ann. *The Imperial Ming Tombs*. New Haven, CT: Yale University Press, 1981.

Partner, Peter. *Renaissance Rome, 1500–1559: A Portrait of a Society*. Berkeley and Los Angeles: University of California Press, 1976.

Rizvi, Kishwar. *Transformations in Early Safavid Architecture: The Shrine of Shaykh Safi al-din Ishaq Ardabili in Iran (1501–1629)*. Ph.D. diss., Massachusetts Institute of Technology, 2000.

Sinding-Larsen, Amund. *The Lhasa Atlas: Traditional Tibetan Architecture and Townscape*. Boston: Shambhala; New York: Random House, 2001.

Studio, Fianico. *The Medici Villas*. Florence: Libreria Editrice Fiorentina, 1980.

Summerson, John Newenham. *Architecture in Britain, 1530 to 1830*. Harmondsworth, UK, and New York: Penguin, 1991.

———. *Inigo Jones*. New Haven: Published for the Paul Mellon Centre for Studies in British Art by Yale University Press, 2000.

Thompson, Jon, and Sheila R. Canby, eds. *Hunt for Paradise: Court Arts of Safavid Iran, 1501–1576*. Milan: Skira; London: Thames & Hudson, 2003.

Walton, Guy. *Louis XIV's Versailles*. London: Viking, 1986.

Wescoat, J., Joachim Wolschke-Bulmahn, Dumbarton Oaks, and Arthur M. Sackler Gallery. *Mughal Gardens: Sources, Places, Representations, and Prospects*. Washington, D.C.: Dumbarton Oaks Research Library and Collection, 1996.

Zhao, Lingyang. *Zheng He, Navigator, Discoverer and Diplomat*. Singapore: Unipress, 2001.

## 1700 d.C.

Arciszewska, Barbara, and Elizabeth McKellar, eds. *Articulating British Classicism: New Approaches to Eighteenth-Century Architecture*. Hants, UK: Aldershot, 2004.

Arshi, Pardeep Singh. *The Golden Temple: History, Art, and Architecture*. New Delhi: Harman, 1989.

Banerjea, Dhrubajyoti. *European Calcutta: Images and Recollections of a Bygone Era*. New Delhi: UBS, 2004.

Berger, Patricia Ann. *Empire of Emptiness: Buddhist Art and Political Authority in Qing China*. Honolulu: University of Hawaii Press, 2003.

Blunt, Anthony, ed. *Baroque and Rococo: Architecture and Decoration*. London: Elek, 1978.

Bourke, John. *Baroque Churches of Central Europe*. London: Faber & Faber, 1962.

Erlanger, Philippe. *The Age of Courts and Kings: Manners and Morals, 1558–1715*. New York: Harper & Row, 1967.

Gollings, John. *City of Victory: Vijayanagara, the Medieval Hindu Capital of Southern India*. New York: Aperture, 1991.

Gutschow, Niels, and Erich Theophile, eds. *Patan: Architecture of a Historic Nepalese City: Excerpts from a Proposed Research and Publication Project (1998–2000) of the Kathmandu Valley Preservation Trust*. Kathmandu, Nepal: Kathmandu Valley Preservation Trust, 1998.

Harman, William. *The Sacred Marriage of a Hindu Goddess*. Bloomington: Indiana University Press, 1989.

Herrmann, Wolfgang. *Laugier and Eighteenth-Century French Theory*. London: A. Zwemmer, 1962.

———. *The Theory of Claude Perrault*. London: A. Zwemmer, 1973.

Metcalf, Thomas R. *Ideologies of the Raj*. Cambridge, UK, and New York: Cambridge University Press, 1994.

Otto, Christian F. *Space into Light: The Church Architecture of Balthasar Neumann*. New York: Architectural History Foundation, 1979.

Pierson, William H., Jr. *The Colonial and Neoclassical Styles*. Oxford, UK: Oxford University Press, 1970.

# Bibliografia

Roy, Ashim K. *History of the Jaipur City*. New Delhi: Manohar, 1978.

Sachdev, Vibhuti, and Giles Tillotson. *Building Jaipur: The Making of an Indian City*. London: Reaktion Books, 2002.

Sarkar, Jadunath. *A History of Jaipur, c. 1503–1938*. Hyderabad, India: Orient Longman, 1984.

Singh, Khushwant. *A History of the Sikhs*. New Delhi and Oxford, UK: Oxford University Press, 2004.

Sitwell, Sacheverell. *Baroque and Rococo*. London: Weidenfeld & Nicolson, 1967.

Smith, Bardwell, and Holly Baker Reynolds, eds. *The City as a Sacred Center: Essays on Six Asian Contexts*. Leiden, Netherlands, and New York: E. J. Brill, 1987.

Smith, Charles Saumarez. *The Building of Castle Howard*. London: Faber & Faber, 1990.

Smith, Woodruff D. *Consumption and the Making of Respectability, 1600–1800*. New York: Routledge, 2002.

Wittkower, Rudolf. *Palladio and Palladianism*. New York: G. Braziller, 1974.

## 1800 d.C.

Aasen, Clarence T. *Architecture of Siam: A Cultural History Interpretation*. Kuala Lumpur, Malaysia, and New York: Oxford University Press, 1998.

Atterbury, Paul, ed. *A. W. N. Pugin: Master of Gothic Revival*. New Haven, CT: Published for the Bard Graduate Center for Studies in the Decorative Arts, New York, by Yale University Press, 1995.

Ayres, James. *Building the Georgian City*. New Haven, CT: Yale University Press, 1998.

Bastéa, Eleni. *The Creation of Modern Athens: Planning the Myth*. Cambridge, UK, and New York: Cambridge University Press, 2000.

Bergdoll, Barry. *Karl Friedrich Schinkel: An Architecture for Prussia*. New York: Rizzoli, 1994.

Brandon, James R., William P. Malm, and Donald H. Shively. *Studies in Kabuki: Its Acting, Music, and Historical Context*. Honolulu: University Press of Hawaii, 1978.

Brooks, Michael W. *John Ruskin and Victorian Architecture*. New Brunswick, NJ: Rutgers University Press, 1987.

Charlesworth, Michael, ed. *The Gothic Revival, 1720–1870: Literary Sources and Documents*. The Banks, Mountfield, UK: Helm Information, 2002.

Chattopadhyay, Swati. *Representing Calcutta: Modernity, Nationalism, and the Colonial Uncanny*. London and New York: Routledge, 2005.

Conner, Patrick. *Oriental Architecture in the West*. London: Thames & Hudson, 1979.

Crook, Joseph Mordaunt. *The Dilemma of Style: Architectural Ideas from the Picturesque to the Post-Modern*. London: Murray, 1987.

Drexler, Arthur, ed. *The Architecture of the École des Beaux-Arts*. New York: Museum of Modern Art; Cambridge, MA: MIT Press, 1977.

Du Prey, Pierre de la Ruffinière. *John Soane, The Making of an Architect*. Chicago: University of Chicago Press, 1982.

Forêt, Philippe. *Mapping Chengde: The Qing Landscape Enterprise*. Honolulu: University of Hawaii Press, 2000.

Gosner, Pamela W. *Caribbean Georgian: The Great and Small Houses of the West Indies*. Washington, DC: Three Continents, 1982.

Herrmann, Wolfgang. *Gottfried Semper: In Search of Architecture*. Cambridge, MA: MIT Press, 1984.

Hitchcock, Henry Russell. *Early Victorian Architecture in Britain*. New Haven: Yale University Press, 1954.

Kaufmann, Emil. *Architecture in the Age of Reason: Baroque and Post-Baroque in England, Italy, and France*. New York: Dover Publications, 1968.

Leiter, Samuel L. *Kabuki Encyclopedia: An English-Language Adaptation of Kabuki Jiten*. Westport, CT: Greenwood, 1979.

———, ed. *A Kabuki Reader: History and Performance*. Armonk, NY: M. E. Sharpe, 2002.

McCormick, Thomas. *Charles-Louis Clérisseau and the Genesis of Neo-Classicism*. New York: Architectural History Foundation; Cambridge, MA: MIT Press, 1990.

Metcalf, Thomas R. *An Imperial Vision: Indian Architecture and Britain's Raj*. Berkeley and Los Angeles: University of California Press, 1989.

Mitter, Partha. *Much Maligned Monsters: History of European Reactions to Indian Art*. Oxford, UK: Clarendon, 1977.

Moore, Elizabeth H., Philip Stott, and Suriyavudh Sukhasvasti. *Ancient Capitals of Thailand*. London: Thames & Hudson, 1996.

Port, Michael Harry. *Imperial London: Civil Government Building in London 1850–1915*. New Haven, CT: Published for the Paul Mellon Centre for Studies in British Art by Yale University Press, 1995.

Pundt, Hermann G. *Schinkel's Berlin: A Study in Environmental Planning*. Cambridge, MA: Harvard University Press, 1972.

Schumann-Bacia, Eva. *John Soane and the Bank of England*. London and New York: Longman, 1991.

Stewart, David B. *The Making of a Modern Japanese Architecture: 1868 to the Present*. Tokyo and New York: Kodansha International, 1987.

Summerson, John Newenham. *Georgian London*. New York: Scribner, 1946.

Unrau, John. *Ruskin and St. Mark's*. London: Thames & Hudson, 1984.

Upton, Dell. *Architecture in the United States*. Oxford, UK, and New York: Oxford University Press, 1998.

Vernoit, Stephen. *Occidentalism: Islamic Art in the 19th Century*. New York: Nour Foundation, in association with Azimuth Editions and Oxford University Press, 1997.

Vidler, Anthony. *The Writing of the Walls: Architectural Theory in the Late Enlightenment*. New York: Princeton Architectural Press, 1987.

Watkin, David. *German Architecture and the Classical Ideal*. Cambridge, MA: MIT Press, 1987.

Whittaker, Cynthia Hyla, ed. *Russia Engages the World, 1453–1825*. Cambridge, MA: Harvard University Press, 2003.

## 1900 d.C.

Baker, Geoffrey H. *Le Corbusier: An Analysis of Form*. New York: Van Nostrand Reinhold; London: E & FN Spon, 1996.

Blau, Eve. *The Architecture of Red Vienna, 1919–1934*. Cambridge, MA: MIT Press, 1999.

Borsi, Franco. *The Monumental Era: European Architecture and Design, 1929–1939*. Translated by Pamela Marwood. New York: Rizzoli, 1987.

Bozdogan, Sibel. *Modernism and Nation Building: Turkish Architectural Culture in the Early Republic*. Seattle: University of Washington Press, 2001.

Cody, Jeffrey W. *Exporting American Architecture, 1870–2000*. London and New York: Routledge, 2003.

Collins, Peter. *Changing Ideals in Modern Architecture, 1750–1950*. Montreal and Ithaca, NY: McGill-Queens University Press, 1998.

Colomina, Beatriz, ed. *Privacy and Publicity: Modern Architecture as Mass Media*. Cambridge, MA: MIT Press, 1996.

Condit, Carl W. *The Chicago School of Architecture: A History of Commercial and Public Building in the Chicago Area, 1875–1925*. Chicago: University of Chicago Press, 1964.

Cunningham, Colin. *Victorian and Edwardian Town Halls*. London: Routledge & Kegan Paul, 1981.

Curtis, William J. R. *Modern Architecture Since 1900*. Oxford, UK: Phaidon, 1982.

Dernie, David. *Victor Horta*. London: Academy Editions, 1995.

Dutta, Arindam. *The Bureaucracy of Beauty: Design in the Age of Its Global Reproducibility*. New York: Routledge, 2007.

Dwivedi, Sharada and Rahul Mehrotra. *Bombay: The Cities Within*. Bombay: Eminence Designs, 2001.

Egbert, Donald Drew, and David Van Zanten, eds. *The Beaux-Arts Tradition in French Architecture*. Princeton, NJ: Princeton University Press, 1980.

Elleh, Nnambi. *African Architecture, Evolution and Transformation*. New York: McGraw-Hill, 1977.

———. *Architecture and Power in Africa*. Westport, CT: Praeger, 2002.

Evenson, Norma. *The Indian Metropolis: A View Toward the West*. New Haven, CT: Yale University Press, 1989.

Friedman, Mildred, ed. *De Stijl, 1917–1931: Visions of Utopia*. Minneapolis: Walker Art Center; New York: Abbeville Press, 1982.

# Bibliografia

Golan, Romy. *Modernity and Nostalgia: Art and Politics in France between the Wars.* New Haven, CT: Yale University Press, 1995.

Guha-Thakorte, Tapati. *The Making of a New "Indian" Art: Artists, Aesthetics and Nationalism in Bengal, c. 1850–1920.* Cambridge, UK: Cambridge University Press, 1992.

Hildebrand, Grant. *The Wright Space: Pattern and Meaning in Frank Lloyd Wright's Houses.* Seattle: University of Washington Press, 1991.

Hosagrahar, Jyoti. *Indigenous Modernities: Negotiating Architecture and Urbanism.* London and New York: Routledge, 2006

Irving, Robert Grant. *Indian Summer: Lutyens, Baker, and Imperial Delhi.* New Haven, CT: Yale University Press, 1981.

Jarzombek, Mark. *Designing MIT: Bosworth's New Tech.* Boston: Northeastern University Press, 2004.

Kopp, Anatole. *Constructivist Architecture in the USSR.* Translated by Sheila de Vallée. London: Academy Editions; New York: St. Martins Press, 1985.

Kruty, Paul, and Paul Sprague. *Two American Architects in India: Walter B. Griffin and Marion M. Griffin, 1935–1937.* Champaign-Urbana: School of Architecture, University of Illinois, 1997.

Kultermann, Udo., ed. *Kenzo Tange, 1946–1969: Architecture and Urban Design.* Zürich: Verlag für Architektur Artemis, 1970.

———. *New Directions in African Architecture.* Translated by John Maass. London: Studio Vista, 1969.

Lahuerta, Juan José. *Antoni Gaudí, 1852–1926: Architecture, Ideology, and Politics.* Edited by Giovanna Crespi. Translated by Graham Thompson. Milan: Electa Architecture; London: Phaidon, 2003.

Levine, Neil. *The Architecture of Frank Lloyd Wright.* Princeton, NJ: Princeton University Press, 1996.

Lizon, Peter. *The Palace of the Soviets: The Paradigm of Architecture in the USSR.* Colorado Springs, CO: Three Continents, 1995.

Loyer, François. *Victor Horta: Hotel Tassel 1893–1895.* Translated by Susan Day. Brussels: Archives d'Architecture Moderne, 1986.

Maciuika, John V. *Before the Bauhaus: Architecture, Politics, and the German State, 1890–1920.* New York: Cambridge University Press, 2005.

Markus, Thomas A., ed. *Order in Space and Society: Architectural Form and Its Context in the Scottish Enlightenment.* Edinburgh, UK: Mainstream, 1982.

Martinell, César. *Gaudí: His Life, His Theories, His Work.* Translated by Judith Rohrer. Cambridge, MA: MIT Press, 1975.

Middleton, Robin, ed. *The Beaux-Arts and Nineteenth-Century French Architecture.* Cambridge, MA: MIT Press, 1982.

Moravánszky, Ákos. *Competing Visions: Aesthetic Invention and Social Imagination in Central European Architecture, 1867–1918.* Cambridge, MA: MIT Press, 1998.

Nitzan-Shiftan, Alona. *Isrealizing Jerusalem: The Encounter between Architectural and National Ideologies 1967–1977.* Ph.D. diss., Massachusetts Institute of Technology, 2002.

Oechslin, Werner. *Otto Wagner, Adolf Loos, and the Road to Modern Architecture.* Translated by Lynette Widder. Cambridge, UK, and New York: Cambridge University Press, 2002.

Okoye, Ikemefuna. *"Hideous" Architecture: Feint and Resistance in Turn of the Century South-Eastern Nigerian Building.* Ph.D. diss., Massachusetts Institute of Technology, 1995.

Oldenburg, Veena Talwar. *The Making of Colonial Lucknow, 1856–1877.* Princeton, NJ: Princeton University Press, 1984.

Pawley, Martin. *Buckminster Fuller.* London: Trefoil, 1990.

Pyla, Panayiota. *Ekistics, Architecture and Environmental Politics 1945–76: A Prehistory of Sustainable Development.* Ph.D. diss., Massachusetts Institute of Technology, 2002.

Rabbat, Nasser. "The Formation of the Neo-Mamluk Style in Modern Egypt" in *The Education of the Architect: Historiography, Urbanism and the Growth of Architectural Knowledge.* Edited by Martha Pollak. Cambridge, MA: MIT Press, 1997.

Rowland, Anna. *Bauhaus Source Book.* Oxford, UK: Phaidon, 1990.

Sarnitz, August. *Adolf Loos, 1870–1933: Architect, Cultural Critic, Dandy.* Cologne, Germany, and Los Angeles: Taschen, 2003.

Scriver, Peter. *Rationalization, Standardization, and Control in Design: A Cognitive Historical Study of Architectural Design and Planning in the Public Works Department of British India, 1855–1901.* Delft, Netherlands: Publikatieburo Bouwkunde, Technische Universiteit Delft, 1994.

Scully, Vincent Joseph. *The Shingle Style Today, or, the Historian's Revenge.* New York: G. Braziller, 1974.

Sheaffer, M. P. A. *Otto Wagner and the New Face of Vienna.* Vienna: Compress, 1997.

Siry, Joseph. *Carson Pirie Scott: Louis Sullivan and the Chicago Department Store Chicago Architecture and Urbanism.* Chicago: University of Chicago Press, 1988.

———. *Unity Temple: Frank Lloyd Wright and Architecture for Liberal Religion.* Cambridge, UK: Cambridge University Press, 1996.

Starr, S. Frederick *Melnikov: Solo Architect in a Mass Society.* Princeton, NJ: Princeton University Press, 1978.

Steele, James. *Charles Rennie Mackintosh: Synthesis in Form.* London: Academy Editions, 1995.

Steiner, Hadas. *Bathrooms, Bubbles, and Systems: Archigram and the Landscapes of Transience.* Ph.D. diss., Massachusetts Institute of Technology, 2001.

Stern, Robert A. M. *New York 1930: Architecture and Urbanism between Two World Wars.* New York: Rizzoli, 1987.

Stern, Robert A. M., Gregory Gilmartin, and John Montague Massengale. *New York 1900: Metropolitan Architecture and Urbanism, 1890–1915.* New York: Rizzoli, 1983.

Stewart, Janet. *Fashioning Vienna: Adolf Loos's Cultural Criticism.* London and New York: Routledge, 2000.

Summerson, John Newenham. *The Turn of the Century: Architecture in Britain around 1900.* Glasgow, Scotland: University of Glasgow Press, 1976.

Toman, Rolf. *Vienna: Art and Architecture.* Cologne, Germany: Könemann, 1999.

Turnbull, Jeff, and Peter Y. Navaretti, eds. *The Griffins in Australia and India: The Complete Works and Projects of Walter Burley Griffin and Marion Mahony Griffin.* Melbourne, Australia: Miegunyah, 1998.

Turner, Paul Venable. *Campus: An American Planning Tradition.* New York: Architectural History Foundation; Cambridge, MA: MIT Press, 1984.

———. *The Education of Le Corbusier.* New York: Garland, 1977.

Van Zanten, David. *Designing Paris: The Architecture of Duban, Labrouste, Duc, and Vaudoyer.* Cambridge, MA: MIT Press, 1987.

Woods, Mary N. *From Craft to Profession: The Practice of Architecture in Nineteenth-Century America.* Berkeley and Los Angeles: University of California Press, 1999.

Yaha, Maha. *Unnamed Modernisms: National Ideologies and Historical Imaginaries in Beirut's Urban Architecture.* Ph.D. diss., Massachusetts Institute of Technology, 2004.

Zabel, Craig and Munshower, Susan Scott, eds. *American Public Architecture: European Roots and Native Expressions.* University Park, PA: Penn State University Press, 1989.

## 1950 d.C.

Baljeu, Joost. *Theo van Doesburg.* London: Studio Vista, 1974.

Bettinotti, Massimo, ed. *Kenzo Tange, 1946–1996: Architecture and Urban Design.* Milan: Electa, 1996.

Cannell, Michael T. *I. M. Pei: Mandarin of Modernism.* New York: Carol Southern Books, 1995.

Cavalcanti, Lauro. *When Brazil Was Modern: Guide to Architecture, 1928–1960.* Translated by Jon Tolman. New York: Princeton Architectural Press, 2003.

Cohen, Jean-Louis. *Le Corbusier and the Mystique of the USSR: Theories and Projects for Moscow, 1928–1936.* Translated by Kenneth Hylton. Princeton, NJ: Princeton University Press, 1992.

Cohen, Jean-Louis, and Monique Eleb. *Casablanca: Colonial Myths and Architectural Ventures.* New York: Monacelli, 2002.

# Bibliografia

Colquhoun, Alan. *Modernity and the Classical Tradition: Architectural Essays, 1980–1987.* Cambridge, MA: MIT Press, 1989.

Curtis, William J. R. *Balkrishna Doshi: An Architecture for India.* New York: Rizzoli, 1988.

———. *Le Corbusier: Ideas and Forms.* New York: Rizzoli, 1986.

Doxiades, Konstantinos Apostolouv. *Ecology and Ekistics.* Edited by Gerald Dix. Boulder, CO: Westview, 1977.

Ellin, Nan. *Postmodern Urbanism.* New York: Princeton Architectural Press, 1999.

Fromonot, Francoise. *Glenn Murcutt: Buildings & Projects 1969–2003.* London: Thames & Hudson, 2003.

Ghirardo, Diane Yvonne. *Architecture after Modernism.* New York: Thames & Hudson, 1996.

———. *Building New Communities: New Deal America and Fascist Italy.* Princeton, NJ: Princeton University Press, 1989.

Grigor, Talinn. *Cultivat(ing) Modernities: The Society for National Heritage, Political Propaganda, and Public Architecture in Twentieth-Century Iran.* Ph.D. diss., Massachusetts Institute of Technology, 2005.

Ibelings, Hans. *Supermodernism: Architecture in the Age of Globalization.* Translated by Robyn de Jong-Dalziel. Rotterdam, Netherlands: NAi, 2002.

Jencks, Charles. *The Architecture of the Jumping Universe: A Polemic: How Complexity Science is Changing Architecture and Culture.* London: Academy Editions, 1997.

———. *Kings of Infinite Space: Frank Lloyd Wright & Michael Graves.* New York: St. Martin's Press, 1985.

———. *The Language of Post-Modern Architecture.* New York: Rizzoli, 1991.

Kamp-Bandau, Irmel. *Tel Aviv, Neues Bauen, 1930–1939.* Tübingen, Germany: Wasmuth, 1994.

Khan, Hasan-Uddin. *Charles Correa.* Singapore: Concept Media; New York: Aperture, 1987.

Kirkham, Pat. *Charles and Ray Eames: Designers of the Twentieth Century.* Cambridge, MA: MIT Press, 1995.

Klotz, Heinrich. *The History of Postmodern Architecture.* Translated by Radka Donnell. Cambridge, MA: MIT Press, 1988.

Lodder, Christina. *Russian Constructivism.* New Haven: Yale University Press, 1983.

Loomis, John A. *Revolution of Forms: Cuba's Forgotten Art Schools.* New York: Princeton Architectural Press, 1999.

Makiya, Kanan. *The Monument: Art, Vulgarity, and Responsibility in Iraq.* London: Andre Deutsch, 1991.

McCoy, Esther. *Case Study Houses, 1945–1962.* Los Angeles: Hennessey & Ingalls, 1977.

Merkel, Jayne. *Eero Saarinen.* London and New York: Phaidon, 2005.

Mumford, Eric, ed. *Modern Architecture in St. Louis: Washington University and Postwar American Architecture, 1948–1973.* St. Louis, MO: School of Architecture, Washington University; Chicago: University of Chicago Press, 2004.

Murray, Peter. *The Saga of the Sydney Opera House: The Dramatic Story of the Design and Construction of the Icon of Modern Australia.* New York: Spon Press, 2003.

Neuhart, John. *Eames Design: The Work of the Office of Charles and Ray Eames.* New York: Harry N. Abrams, 1989.

Nilsson, Sten. *The New Capitals of India, Pakistan and Bangladesh.* Lund, Sweden: Studentlitteratur, 1973.

Pommer, Richard, and Christian F. Otto. *Weissenhof 1927 and the Modern Movement in Architecture.* Chicago: University of Chicago Press, 1991.

Portoghesi, Paolo. *Postmodern, the Architecture of the Postindustrial Society.* New York: Rizzoli, 1983.

Prakash, Aditya. *Chandigarh: A Presentation in Free Verse.* Chandigarh, India: Marg, 1980.

———. *Reflections on Chandigarh.* New Delhi: B. N. Prakash, 1983.

Prakash, Vikramaditya. *Chandigarh's Le Corbusier: The Struggle for Modernity in Postcolonial India.* Seattle: University of Washington Press, 2002.

Robson, David. *Geoffrey Bawa: The Complete Works.* London: Thames & Hudson, 2002.

Scriver, Peter, and Amit Srivastava. *India: Modern Architectures in History.* London: Reaktion Books, 2015.

Skidmore, Owings & Merrill. *The Architecture of Skidmore, Owings & Merrill, 1950–1962.* New York: Praeger, 1962.

Smith, Elizabeth A. T., and Michael Darling. *The Architecture of R. M. Schindler.* New York: Harry N. Abrams, 2001.

Stanford Anderson, ed. *Eladio Dieste: Innovation in Structural Art.* New York: Princeton Architectural Press, 2004.

Stäubli, Willy. *Brasília.* London: Leonard Hill Books, 1966.

Steele, James. *Architecture for Islamic Societies Today.* London: Academy Editions; Berlin: Ernst & Sohn; New York: St. Martin's Press, 1994.

———. *An Architecture for People: The Complete Works of Hassan Fathy.* New York: Whitney Library of Design, 1997.

Stewart, David B. *The Making of a Modern Japanese Architecture: 1868 to the Present.* Tokyo and New York: Kodansha International, 1987.

Svácha, Rostislav. *The Architecture of New Prague, 1895–1945.* Translated by Alexandra Büchler. Cambridge, MA: MIT Press, 1995.

Taylor, Jennifer. *Australian Architecture since 1960.* Sydney, Australia: Law Book Co., 1986.

Underwood, David Kendrick. *Oscar Niemeyer and the Architecture of Brazil.* New York: Rizzoli, 1994.

Von Vegesack, Alexander, ed. *Czech Cubism: Architecture, Furniture, and Decorative Arts, 1910–1925.* New York: Princeton Architectural Press, 1992.

Weston, Richard. *Alvar Aalto.* London: Phaidon, 1995.

Zukowsky John, ed. *The Many Faces of Modern Architecture: Building in Germany between the World Wars.* Munich and New York: Prestel, 1994.

# Créditos das Ilustrações

Exceto quando creditado abaixo, mapas e desenhos são de Francis D. K. Ching e fotografias são de Mark Jarzombek ou Vikramditya Prakash.

1.1 © RURO Photography
1.2 flickr/deedavee easyflow (https://creativecommons.org/licenses/by-sa/2.0/legalcode)
1.3 John Atherton/flickr (https://creativecommons.org/licenses/by-sa/2.0/legalcode)
1.4 flickr/Anthony Tong Lee (https://creativecommons.org/licenses/by-nd/2.0/legalcode)
1.5 © Adriana Muntean
1.7 Cortesia de Deniz Tortum
1.8 CC BY-SA 3.0, https://commons.wikimedia.org/w/index.php?curid=144796
1.20 Milonk/Shutterstock.com
1.26 By User: Roweromaniak—Archiwum "Roweromaniaka wielkopolskiego" No_B19-36, CC BY-SA 2.5, https://commons.wikimedia.org/w/index.php?curid=1724285
1.29 Hassan Janali/U.S. Army Corps of Engineers Digital Visual Library
1.35 Photographer manna Gabana Studios Germany
1.47 Pecold/Shutterstock.com
1.48 By Photo: Myrabella—Wikimedia Commons, CC BY-SA 3.0, https://commons.wikimedia.org/w/index.php?curid=10560289

2.2 meunierd/Shutterstock.com
2.3 flickr/steve deeves (https://creativecommons.org/licenses/by/2.0/legalcode)
2.16 Cortesia de Oriental Institute of the University of Chicago
2.22, 2.25   David Friedman
2.27 © Greg Martin/December 7, 2006
2.35 © Richard T. Mortel, Al-Imam Muhammad Ibn Saud Islamic University, Riyadh, Saudi Arabia
2.43 By Jvdc—Own work, CC BY-SA 3.0, https://commons.wikimedia.org/w/index.php?curid=13862173
2.46 Jeremy Tilston
2.49 © Edgar Asencios Travel Photography (https://www.flickr.com/photos/edgarasencios/)
2.52 Vladislav T. Jirousek/Shutterstock.com

3.5 Allocricetulus/Shutterstock.com
3.7 Andrew Holt/Getty Images
3.8 By Gisling—Own work, CC BY-SA 3.0, https://commons.wikimedia.org/w/index.php?curid=24704593
3.9 flickr/Zigg-E (https://creativecommons.org/licenses/by-nd/2.0/legalcode)
3.11 By Michel Wal—Own work, CC BY-SA 3.0, https://commons.wikimedia.org/w/index.php?curid=18277157
3.18 Stuart Eric Watson
3.22 David Friedman
3.24 Insights/Getty Images, http://www.gettyimages.com/license/558030613
3.25 © Paul Hessell
3.35 Rob Corder
3.37 © Simon Wang 2009
3.38 Alan Seideman
3.40 Photographer manna Gabana Studios Germany
3.41, 3.42    flickr/Michael Gaylard (https://creativecommons.org/licenses/by/2.0/legalcode)
3.43 © Michael E. Krupar 2008
3.48 By Klaus-Peter Simon—Own work, CC BY 3.0, https://commons.wikimedia.org/w/index.php?curid=4084876
3.56 flickr/Klearchos Kapoutsis (https://creativecommons.org/licenses/by/2.0/legalcode)

4.6 CC BY-SA 3.0, https://commons.wikimedia.org/w/index.php?curid=525791
4.10 By Ruben Charles (http://www.rubencharles.com/) —Flickr, (http://www.flickr.com/photos/rubencharles/385883483), CC BY 2.0, https://commons.wikimedia.org/w/index.php?curid=1795580
4.14 flickr/Taco Witte (https://creativecommons.org/licenses/by/2.0/)
4.26 Visual Resources Collection, CBE © University of Washington, Grant Hildebrand
4.30 Arch-Image Library (www.arch-imagelibrary.com)
4.31 By Marsyas—Own work, CC BY-SA 2.5, https://commons.wikimedia.org/w/index.php?curid=479123
4.41 urosr/Shutterstock.com
4.42 © Eric Lafforgue
4.44 Naeblys/Shutterstock.com
4.46 CC BY-SA 3.0, https://commons.wikimedia.org/w/index.php?curid=658402
4.47 Imagem copyright © The Metropolitan Museum of Art. Image source: Art Resource, NY
4.48 By Mountain—Own work, CC BY-SA 3.0, https://commons.wikimedia.org/w/index.php?curid=602198
4.49 Ben Heys/Shutterstock.com
4.56 © 2006 by Borayin (Maitreya) Larios
4.57 flickr/Arian Zwegers (https://creativecommons.org/licenses/by/2.0/legalcode)
4.58 flickr/Manuel Menal (https://creativecommons.org/licenses/by-sa/2.0/)
4.59 Kurkul/Shutterstock.com

5.1 Lambros Kazan/Shutterstock.com
5.9 Public Domain, https://commons.wikimedia.org/w/index.php?curid=1359777
5.10 Cortesia de Oriental Institute of the University of Chicago
5.13 Federico Pasimi
5.16 © Marc Hesselink
5.23 PhotoDisc, Inc./Getty Images
5.29 Por Thermos. [CC BY-SA 2.5 (http://creativecommons.org/licenses/by-sa/2.5)], via Wikimedia Commons
5.31 Foto de Phyllis Harris
5.39 Visual Resources Collection, CBE © University of Washington, Grant Hildebrand.
5.45 flickr/Sarah Murray (https://creativecommons.org/licenses/by-sa/2.0/legalcode)
5.46 Wally Gobetz (wallyg@flickr)
5.56 Thomas F. Smith
5.60 David Friedlander © 2008
5.66 VasenkaPhotography/flickr (https://creativecommons.org/licenses/by/2.0/legalcode)
5.68 Foto de Evan Lovely (EvanLovely.com). All rights shared. Attribution: Creative Commons
5.78 By User: Vmenkov—Own work, CC BY-SA 3.0, https://commons.wikimedia.org/w/index.php?curid=9997302

6.1 By Radosław Botev—Own work, Attribution, https://commons.wikimedia.org/w/index.php?curid=1411909
6.2 By Diliff—Own work, CC BY-SA 2.5, https://commons.wikimedia.org/w/index.php?curid=2067974
6.9 s74/Shutterstock.com
6.12 By MM—Own work (self-made photo), Public Domain, https://commons.wikimedia.org/w/index.php?curid=1049141
6.19 Kevin A. Wong
6.24 CC BY-SA 3.0, https://commons.wikimedia.org/w/index.php?curid=474277
6.29 Gianni Dagli Orti/The Art Archive at Art Resource, NY
6.30 Foto de Bachir Blidi
6.38 flickr/Benjami Villoslada (https://creativecommons.org/licenses/by-sa/2.0/legalcode)
6.41 Foto de Philippe J. Moore
6.45 Corbis Digital Stock
6.54 Anita Haugen
6.55 tuulijumala/Shutterstock.com
6.59 By Michael Gunther—Own work, CC BY-SA 3.0, https://commons.wikimedia.org/w/index.php?curid=33850514
6.60 Foto de Jim Marx
6.64 By Godot13—Own work, CC BY-SA 3.0, https://commons.wikimedia.org/w/index.php?curid=25671212
6.69 © por Wesley Shu
6.75 Rafal Cichawa/Shutterstock.com
6.80 Steps to Sanchi stupa de Jyoti Prakash Bhattacharje, Mumbai, India
6.83 E. Stewart (2003)
6.85 Certain rights reserved with Vinay Anil Bavdekar
6.89 Attila JANDI/Shutterstock.com
6.90 Himanshu Sarpotdar
6.94 By Madman2001—Own work, CC BY 3.0, https://commons.wikimedia.org/w/index.php?curid=3999988
6.104 Julie Hillebrant

7.1 Benh Lieu Song (http://creativecommons.org/licenses/by-sa/3.0/)
7.5 Bryn Mawr College, Lantern Slides of Classical Antiquity
7.7 Foto de Nuno Ventura
7.10 Foto de Adrienne Bassett
7.13 Jens Börner, Dresden
7.17 Visual Resources Collection, CAUP (Grant Hildebrand orig.) © University of Washington
7.18 Stewart Butterfield/Flickr (https://creativecommons.org/licenses/by/2.0/legalcode)
7.27 By Alexander Z. CC BY-SA 3.0, https://commons.wikimedia.org/w/index.php?curid=45301
7.29 Doug Drew, Ottawa, Canada. flickr.com/photos/buster-and-bubby/1252348091/
7.30 photoiconix/Shutterstock.com
7.52 Fotografia de John C. Huntington, Cortesia de Huntington Photographic Archive at The Ohio State University.
7.56 © Madhawa Karunaratne, Sri Lanka (flickr.com/mahawak)
7.57 Pam Gillespie
7.63 Brian Kinney/Shutterstock.com
7.65 Flat Earth
7.68 Ricardo Barata, Creative Commons
7.73 Por Martin St-Amant (S23678) (Français: Travail personnel English: Own work) [CC BY 3.0 (http://creativecommons.org/licenses/by/3.0)], via Wikimedia Commons
7.75, 7.77 © Jeffrey Li 2010
7.81 By Rdikeman at the English language Wikipedia, CC BY-SA 3.0, https://commons.wikimedia.org/w/index.php?curid=6845597

8.1 By Tango7174—Own work, GFDL, https://commons.wikimedia.org/w/index.php?curid=12008404
8.2 flickr/Kai Hendry (https://creativecommons.org/licenses/by/2.0/legalcode)
8.3 By Ariel Steiner—Own work, CC BY-SA 2.5, https://commons.wikimedia.org/w/index.php?curid=1662053
8.4 Jorge Láscar (http://www.fickr.com/photos/jlascar)
8.6, 8.9, 8.10, 8.11 Kumara Sastry
8.18 © by Wesley Shu
8.20 By Buddha_Bamiyan_1963.jpg: UNESCO/A Lezine; Original uploader was Tsui at de.wikipedia.Later version(s) were uploaded by Liberal Freemason at de.wikipedia. Buddhas_of_Bamiyan4.jpg: Carl Montgomery derivative work: Zaccarias (talk) —Buddha_Bamiyan_1963.jpgBuddhas_of_Bamiyan4.jpg, CC BY-SA 3.0, https://commons.wikimedia.org/w/index.php?curid=8249891
8.24 creativecommons.org/licenses/by/2.0/deed.en
8.26 © Brian Searwar
8.27 Melanie Michailidis
8.28 By Farzad j—Own work, Public Domain, https://commons.wikimedia.org/w/index.php?curid=12875974
8.30 Foto de Madhu Nair (www.10yearitch.com; www.smileokplease.com)
8.33 By Theasg sap—Own work, CC BY-SA 3.0, https://commons.wikimedia.org/w/index.php?curid=24505818

# Créditos das Ilustrações

8.35  Fotografia de John C. Huntington, Cortesia de Huntington Photographic Archive at The Ohio State University
8.38  CC BY-SA 3.0, https://en.wikipedia.org/w/index.php?curid=13080026
8.39  Jo Pinate
8.45  Loren E. Clark
8.50  Nicolas Croll
8.58  By Daderot (Own work) [GFDL (http://www.gnu.org/copyleft/fdl.html) or CC-BY-SA-3.0 (http://creativecommons.org/licenses/by-sa/3.0/)], via Wikimedia Commons
8.63  © National Museum Scotland
8.64  By Ro. Own work assumed (based on copyright claims) CC BY 2.5, https://commons.wikimedia.org/w/index.php?curid=640733
8.70  Jolene Howard Kennedy
8.71  © Sean Cannon
8.73  All Rights Reserved 2005 Ken Wolf

9.2  © RGB Ventures/SuperStock/Alamy Stock Photo
9.3  Ailisa/Shutterstock.com
9.9  By Norbert Nagel—Own work, CC BY-SA 3.0, https://commons.wikimedia.org/w/index.php?curid=17863849
9.16  Victor Castelo (victor.castelo@gmail.com)
9.19  By Em and Ernie—originally posted to Flickr as Surp Hripsime Church 618AD, CC BY 2.0, https://commons.wikimedia.org/w/index.php?curid=6770160
9.21  Rita Willaert: flickr.com/rietje/2892537752
9.22  By Rita Willaert from 9890 Gavere, Belgium—Armenië-Kaukasus, CC BY 2.0, https://commons.wikimedia.org/w/index.php?curid=24276256
9.23  Alicia Fernandez © 2009, Buenos Aires, Argentina (www.aliciafernandez.com.ar)
9.24  Fotografia de John C. Huntington, Cortesia de Huntington Photographic Archive at The Ohio State University
9.27, 9.28    Terry Feuerborn
9.30, 9.32    R.D. MacDougall Collection © Cornell University
9.38  Adrian Lazar Adler
9.41  jejim/Shutterstock.com
9.45  beibaoke/Shutterstock.com
9.50  © 2008 Alia Luria. Other photography can be viewed at http://www.flickr.com/photos/aliaaaa/
9.52  By Miyuki Meinaka—Own work, CC BY-SA 3.0, https://commons.wikimedia.org/w/index.php?curid=26455841
9.59  P.R. Poole (2009)

10.1  Marvin E. Newman/Getty Images
10.2  Mark Jarzombek June 28, 2011
10.3  Salah Malkawi/Stringer/Getty Images
10.4  Ángel M. Felicísimo/flickr (https://creativecommons.org/licenses/by-sa/2.0/legalcode)
10.5  Leandro Neumann Ciuffo/flickr (https://creativecommons.org/licenses/by/2.0/legalcode)
10.7  © Jamie Barras
10.11  Arch-Image Library (www.arch-imagelibrary.com)
10.14  Fotografia de Walter B. Denny
10.15  By Michal Osmenda from Brussels, Belgium (Cathedral—Mosque of Córdoba) (http://creativecommons.org/licenses/by/2.0)
10.16  R.D. MacDougall Collection © Cornell University
10.17  Waqqas Akhtar
10.21  B. Afshar, http://creativecommons.org/licenses/by-nc-sa/2.0/
10.26  Foto de Vicky Robinson
10.29  Dineshkannambadi at English Wikipedia CC BY-SA 3.0 (http://creativecommons.org/licenses/by-sa/3.0)
10.35  Giles Clark/flickr (http://creativecommons.org/licenses/by-nc-sa/2.0/)
10.36  Joanne Wan © September 7, 2009
10.37  © 2009 Cenwei. L
10.39  © 2007 Matthew T. Bouchard, matt.bouchard@yahoo.com
10.42  Nathan Hughes Hamilton/flickr, https://creativecommons.org/licenses/by/2.0/
10.44  Fotografia de Elizabeth Kate Switaj
10.53  Foto de Erna Marcus
10.55  By Angus Cepka, CC BY-SA 2.5-2.0-1.0 (http://creativecommons.org/licenses/by-sa/2.5-2.0-1.0)
10.63  Copyright 2009 Martin Bluhm. All Rights Reserved.
10.71  By: Took while I was traveling in Central America, CC BY-SA 3.0, https://commons.wikimedia.org/w/index.php?curid=42677
10.73  Foto de Nathan Gibbs
10.76  E. Leduc and A. Pevehouse
10.79  twiga269/Pascale Soubrane

11.1  By Berthold Werner—Own work, Public Domain, https://commons.wikimedia.org/w/index.php?curid=5536896
11.2  By Bernard Gagnon CC BY-SA 3.0 (http://creativecommons/licenses/by-sa/3.0)], via Wikimedia Commons
11.3  By Zeus1234 (Own work) or GFDL (http://www.gnu.org/copyleft/fdl.html)], via Wikimedia Commons
11.4  By Lokilech—Own work, CC BY-SA 3.0, https://commons.wikimedia.org/w/index.php?curid=1782652
11.5  By National Park Service (United States) [Public domain], via Wikimedia Commons
11.9  Arlan Zwegers/Flickr (https://creativecommons.org/licenses/by/2.0/)
11.11  Visual Resources Collection, CBE © University of Washington, Norm Johnston.
11.14  Heironymous Rowe at English Wikipedia [CC BY-SA 3.0 (http://creativecommons.org/licenses/by-sa/3.0) or GFDL (http://www.gnu.org/copyleft/fdl.html)], via Wikimedia Commons
11.16  Cortesia de Paul Drougas
11.23  Zolakoma/flickr, https://creativecommons.org/licenses/by/2.0/legalcode
11.26  Fotografia de Walter B. Denny
11.27  By Alex O. Holcombe—Own work, transferred from en.wikipedia to Commons, CC BY-SA 2.5, https://commons.wikimedia.org/w/index.php?curid=4533670
11.28  Reibai/Flickr (https://creativecommons.org/licenses/by/2.0/)
11.30  Fotografia de Walter B. Denny
11.31  Yasser Tabbaa, 1984, Cortesia de Aga Khan Visual Archive, MIT
11.34  By Jean-Pierre Dalbéra from Paris, France—Mausolée de Koutloug Aka (Shah-i-Zinda, Samarcande), CC BY 2.0, https://commons.wikimedia.org/w/index.php?curid=24668699
11.35  By jvwpc—Flickr, CC BY 2.0, https://commons.wikimedia.org/w/index.php?curid=1615140
11.36  By Anonymous—http://www.ee.bilkent.edu.tr/~history/geometry.html, Public Domain, https://commons.wikimedia.org/w/index.php?curid=43873186
11.41  © Nasser Rabbat
11.42  By Lexie—originally posted to Flickr as Prayer Area, CC BY 2.0, https://commons.wikimedia.org/w/index.php?curid=6938585
11.46  By Dattup at English Wikipedia—Transferred from en.wikipedia to Commons by Redtigerxyz using CommonsHelper., Public Domain, https://commons.wikimedia.org/w/index.php?curid=7224894
11.47, 11.49, 11.50 Fotografia de Gautam Pravinbhai Patel, email: gauknh@gmail.com
11.51, 11.52 Arch-Image Library (www.arch-imagelibrary.com)
11.54  Olena Tur/Shutterstock.com
11.57  By Arnold Betten (eigenes Foto (Dia)) [Public domain], via Wikimedia Commons
11.64  © Deepak Kumar Dash. All Rights Reserved.
11.70  R.D. MacDougall Collection © Cornell University
11.71  Naomi Huth
11.74  AJP/Shutterstock.com
11.80  Vathsala Jeevapani Karunanayake
11.83  Martin Callum, Kelowna, Canada
11.88  Wyvern Pictures (Wyvernpix.com)
11.92  Jeffrey Tanenhaus
11.99  Andrey Barkhatov
11.101  © 2006 Anne Hamilton
11.103  Jeffrey C. Rozwadowski
11.105  Borisb17/Shutterstock.com
11.109  Stan Parry
11.112  Sandra Mullender
11.115  By Oliver-Bonjoch—Own work, CC BY-SA 3.0, https://commons.wikimedia.org/w/index.php?curid=11346138
11.118  Cristian Bortes/flickr (https://creativecommons.org/licenses/by/2.0/)
11.120  By Bjs—Own work, CC BY-SA 2.5, https://commons.wikimedia.org/w/index.php?curid=528622
11.126  Mark Goebel/flickr (https://creativecommons.org/licenses/by/2.0/)
11.127, 11.128 © Scott Foy (www.flickr.photos/scofo76)
11.130  By Lucarelli—Own work, CC BY-SA 3.0, https://commons.wikimedia.org/w/index.php?curid=4834476
11.131  By Manfred Heyde, CC BY-SA 3.0, https://commons.wikimedia.org/w/index.php?curid=2414477
11.132  By Philip Schäfer—Own work (Original text: selbst fotografiert (www.schaefer-bonk.de)), Public Domain, https://commons.wikimedia.org/w/index.php?curid=461839

12.1  By Charles J Sharp—Taken from helicopter flying over Angkor Wat, CC BY 2.5, https://commons.wikimedia.org/w/index.php?curid=1317127
12.2  Joepyrek/flickr (https://creativecommons.org/licenses/by-sa/2.0/legalcode)
12.3  By Sailko—Own work, CC BY 3.0, https://commons.wikimedia.org/w/index.php?curid=47149810
12.4  Graeme Churchard/flickr (https://creativecommons.org/licenses/by/2.0/legalcode)
12.5  By Tamamura Kozaburo— [1], Public Domain, https://commons.wikimedia.org/w/index.php?curid=4488960
12.16  Jorg Hackermann/Shutterstock.com
12.18  Foto de John Teo Copyright 2007
12.21  Poo Kuan Hoong
12.23  © Hemis/Alamy Stock Photo
12.24  Luciano Mortula/Shutterstock.com
12.27  Puay How Tion
12.34  © Ben Mitchell, July 10, 2010
12.36  Hecke61/Shutterstock.com
12.42, 12.43 Jorge Láscar/Flickr (https://creativecommons.org/licenses/by/2.0/)
12.45  By Sailko (Own work) [CC BY 3.0 (http://creativecommons.org/licenses/by/3.0)], via Wikimedia Commons
12.46  CC BY 2.0, https://commons.wikimedia.org/w/index.php?curid=414906
12.49  By Brocken Inaglory—Own work, CC BY-SA 3.0, https://commons.wikimedia.org/w/index.php?curid=6659417
12.51  Erik Torner © 2006, Malmo, Sweden
12.53  By Original uploader was Vinz at fr.wikipedia—Transferred from fr.wikipedia; transferred to Commons by User: Korrigan using CommonsHelper, FAL, https://commons.wikimedia.org/w/index.php?curid=4777732
12.54  Sergey Zamkovoy, www.zamkovoy.com
12.55  Blase E. Ur
12.58, 12.59 Stan Parry
12.62  Foto de Paolo Besana, de April 2007
12.63  Tutti Frutti/Shutterstock.com
12.64  Nicram Sabod/Shutterstock.com
12.72, 12.74, 12.75 Stan Parry
12.77  Lacey R. Potter © 2008

# Créditos das Ilustrações

12.78 By Wanner-Laufer—Own work, Public Domain, https://commons.wikimedia.org/w/index.php?curid=1214137
12.81 By Deblu68—Own work, Public Domain, https://commons.wikimedia.org/w/index.php?curid=3863492
12.83 Foto de Flavia Silva, copyright maintained by photographer
12.85 David Friedman
12.89 Maureen/Flickr (https://creativecommons.org/licenses/by/2.0/)
12.90 Fotografia de Walter B. Denny
12.93 creativecommons.org/licenses/by/3.0/
12.98 John Lopez
12.101 Copyright Kyle Simourd; July 5, 2007
12.102 John Starbuck
12.103 Foto de James Gateley
12.104 Bernard Dupont/Flickr (https://creativecommons.org/licenses/by-sa/2.0/)
12.105 Corbis Digital Stock

13.5 By Timothy H. O'Sullivan—The AMICA Library, Public Domain, https://commons.wikimedia.org/w/index.php?curid=16068300
13.7 Henry Zbyszynski © 2009
13.11 By Gsd97jks at English Wikipedia—Transferred from en.wikipedia to Commons. Transfer was stated to be made by User:Jalo., Public Domain, https://commons.wikimedia.org/w/index.php?curid=3167441
13.15 Visual Resource Collection, CAUP © Univesity of Washington
13.17 By Colegota—Slide taken, scanned and post-processed by author and post-processed with The GIMP., CC BY-SA 2.5 es, https://commons.wikimedia.org/w/index.php?curid=805771
13.18, 13.19, 13.20 Foto de J.V. Finrow
13.23 Sara Goldsmith/flickr (https://creativecommons.org/licenses/by/2.0/)
13.27, 13.28 Fotografia de Walter B. Denny
13.30 Cortesia de Arch-image Library (www.arch-imagelibrary.com)
13.33 © 2005 Raheli S. Millman
13.34 Cortesia de Mike Fairbanks
13.36 Cortesia de Jessica L. Stewart
13.37 © Sigfus Sigmundsson
13.39 © Stephen Janko
13.42 Foto de J.C. Douma
13.45 Sailko [GFDL (http://www.gnu.org/copyleft/fdl.html), CC-BY-SA-3.0 (http://creativecommons.org/licenses/by-sa/3.0/) or CC BY 2.5 (http://creativecommons.org/licenses/by/2.5)], via Wikimedia Commons
13.47 Cortesia de Juan Carlos Cuesta © 2007, www.flickr.com/photos/juancarloscuesta
13.52 By Niccolo Rigacci—Photo shot by the Author, CC BY 2.5, https://commons.wikimedia.org/w/index.php?curid=2606796
13.55 Foto de Michal Osmenoa
13.56 Foto de Glen Buto
13.57 Fotografia de Scott D. Haddow
13.59 WH CHOW/Shutterstock.com
13.60 By Casual Builder (Own work) [CC BY-SA 3.0 (http://creativecommons.org/licenses/by-sa/3.0/)], via Wikimedia Commons
13.63 Fulvio Spada/Flickr (https://creativecommons.org/licenses/by-sa/2.0/)
13.64 Fotografia de Melanie Michailidis
13.65 Annalisa Henderson © Attribution, Share Alike
13.67 Waj/Shutterstock.com
13.68 By Meena Kadri from Edge of Paradise, New Zealand (Corridor of Prayer) [CC BY 2.0 (http://creativecommons.org/licenses/by/2.0/)], via Wikimedia Commons

13.71 By S N Barid (Own work) [CC BY-SA 4.0 (http://creativecommons.org/licenses/by-sa/4.0/)], via Wikimedia Commons
13.79 Katoosha/Shutterstock.com
13.84 By Jaycangel (Own work) [CC BY-SA 3.0 (http://creativecommons.org/licenses/by-sa/3.0/)], via Wikimedia Commons

14.3 By ja:User: Reggaeman—ja:Himeji-jo.jpg, Public Domain, https://commons.wikimedia.org/w/index.php?curid=381551
14.4 By Michael Reeve, 5 April 2004, CC BY-SA 3.0, https://commons.wikimedia.org/w/index.php?curid=10787634
14.10 José Alfonso Solera López (www.flickr.com/photos/jasolo). All rights reserved.
14.24 Melissa Huertas www.flickr.com/clairforlani
14.33 PIXTAL
14.37 By Kelberul at the German language Wikipedia, CC BY-SA 3.0, https://commons.wikimedia.org/w/index.php?curid=2309080
14.42 Alfred De Costa, 1988, Cortesia de Aga Khan Visual Archive, MIT
14.47 By Marcin Białek—Own work, CC BY-SA 3.0, https://commons.wikimedia.org/w/index.php?curid=1474117014.50  By David Castor (dcastor)—Own work, Public Domain, https://commons.wikimedia.org/w/index.php?curid=4906092
14.53 © T. Keta Hodgson
14.54 DhiradCC BY-SA 2.0 (http://creativecommons.org/licenses/by-sa/2.0)], via Wikimedia Commons
14.58 By Alex Furr—http://www.sxc.hu/photo/265240, Attribution, https://commons.wikimedia.org/w/index.php?curid=125368
14.59 Fotografia de John C. Huntington, Cortesia de Huntington Photographic Archive at The Ohio State University
14.66 © Sonali Mangal
14.67 © Steve Rigden, Phespirit.info
14.69 David Evison/Shutterstock.com
14.71 By Ashwatham at English Wikipedia—Transferred from en.wikipedia to Commons, Public Domain, https://commons.wikimedia.org/w/index.php?curid=1805591
14.73 Vladimir Melnik/Shutterstock.com
14.75 Foto de Talinn Grigor
14.76 Imagem de Tilo Driessen
14.81, 14.82 Fotografia de Walter B. Denny
14.84 By User:Smack—Own work, Public Domain, https://commons.wikimedia.org/w/index.php?curid=41830
14.86 Public Domain, https://commons.wikimedia.org/w/index.php?curid=41834
14.87 Foto de Andrey Korchagin
14.89 Jeremy E. Meyer © 2005
14.93 By Hans A. Rosbach—Own work, CC BY-SA 3.0, https://commons.wikimedia.org/w/index.php?curid=6645539
14.95 By Ivan Vighetto—Own work, CC BY-SA 3.0, https://commons.wikimedia.org/w/index.php?curid=899544
14.100 By Jastrow—Own work (own picture), Public Domain, https://commons.wikimedia.org/w/index.php?curid=1206585
14.106 DEA/Archivo J. Lange/Getty Images
14.111 Paul O'Rourke, Dublin, Ireland
14.116 By David Iliff - Own work, CC BY-SA 3.0, https://commons.wikimedia.org/w/index.php?curid=2065989
14.120 © Wilfried Maehlmann, Munick
14.125 By English-speaking Wikipedia user Chirho, CC BY-SA 3.0, https://commons.wikimedia.org/w/index.php?curid=302816
14.130 Kyla Tienhaara
14.137 By Amsterdam Municipal Department for the Preservation and Restoration of Historic Buildings and Sites (bMA), Attribution, https://commons.wikimedia.org/w/index.php?curid=3936723
14.140 Copyright Dries Bessels

14.141 Michael Hutchinson
14.149 © Photo: Frank Joas
14.150 © Wesley Shu

15.5 Foto de Domenico Riberio © 2006
15.8 By Nitot—Own work, CC BY-SA 3.0, https://commons.wikimedia.org/w/index.php?curid=193768
15.11 CC BY-SA 3.0, https://commons.wikimedia.org/w/index.php?curid=124787
15.14 By http2007—FlickR, CC BY 2.0, https://commons.wikimedia.org/w/index.php?curid=4093585
15.15 Guillaume Speurt/Flickr (https://creativecommons.org/licenses/by-sa/2.0/)
15.18 © Foto de Frederic Narsal
15.19 © Nathalie Ruaux, Galerie des glaces, Versailles, 2010
15.20 Foto de Demetrio Carrasco
15.22 By Dezidor—Own work (own photo), CC BY 3.0, https://commons.wikimedia.org/w/index.php?curid=4085546
15.23 By El Pantera—Own work, GFDL, https://commons.wikimedia.org/w/index.php?curid=9376736
15.28 By Mattana—Own work, Public Domain, https://commons.wikimedia.org/w/index.php?curid=6550775
15.30 Graham Fellows/flickr (https://creativecommons.org/licenses/by/2.0/legalcode)
15.33 ©G. Ackermann NU Germany
15.34 By Peter Dean, who was also the original uploader at en.wikipedia—Transferred from en.wikipedia to Commons, Public Domain, https://commons.wikimedia.org/w/index.php?curid=1904263
15.36 Foto de Arindam Dutta
15.40 Foto de Andreas Tille
15.41 © 2006 by Ragnar Schierholz, published originally on www.flickr.com/raschi/photos
15.45 By Jennifer Kang—http://photo.sharehub.kr/detail.php?pid=58&, CC BY 2.0 kr, https://commons.wikimedia.org/w/index.php?curid=29094457
15.48 By Clemensmarabu—Own work, CC BY-SA 3.0, https://commons.wikimedia.org/w/index.php?curid=6014825
15.53 japanvisitor.com
15.54 Gianni Dagli Orti/The Art Archive at Art Resource, NY
15.65 Foto de Cercamon on Flickr © 2005, Michel Roland-Guill
15.66 By Bernard Gagnon—Own work, CC BY-SA 3.0, https://commons.wikimedia.org/w/index.php?curid=3664985
15.68 By: No machine-readable author provided. Vivelefrat assumed (based on copyright claims). No machine-readable source provided. Own work assumed (based on copyright claims), Public Domain, https://commons.wikimedia.org/w/index.php?curid=1755203
15.70 Cortesia de Paul Drougas
15.72 By Library of congress, Public Domain, https://commons.wikimedia.org/w/index.php?curid=402634
15.75 Cortesia de Paul Drougas
15.76 Matt Turner/flickr (https://creativecommons.org/licenses/by/2.0/legalcode)

16.3 Raphael Louvrier
16.5 By Arian Zwegers from Brussels, Belgium (Jaipur, Jantar Mantar, Brihat Samrat Yantra) [CC BY 2.0 (http://creativecommons.org/licenses/by/2.0/)], via Wikimedia Commons
16.6 Weldon Kennedy/Flickr (https://creativecommons.org/licenses/by/2.0/)
16.8 Jasleen Kaur (creative commons.org/licenses/by-sa/2.0/deed.en)
16.11 Foto de Tevaprapas Makklay. Creativecommons.org/licenses/by/3.0/deed.en
16.17 © Tommy Johansson www.flickr.com/photos/tommyajohansson
16.19 Foto de Caroline Schmitz
16.20 Foto de Carole King
16.24 creative commons.org/licenses/by-sa/2.5/deed.en

# Créditos das Ilustrações

16.25 Foto de John Schrantz
16.28 Foto de Serge Papin
16.29 ©Stan Parry www.stanparryphotography.com
16.38 Foto de Jeffrey Lori
16.42 Anderskev (creativecommons.org/licenses/by/3.0/deed.en)
16.49 Dionysus (creativecommons.org/licenses/by-sa/2.0/deed.en)
16.50 Foto cortesia de Cory Wendorf
16.51 Foto de Jonas Kolpin, Berlin, Germany
16.52 Pöllö (creativecommons.org/licenses/by/3.0/deed-en)
16.61 Copyright Francesco Dazzi, www.flickr.com/photos/checco
16.63 Juan Jackson
16.64 Foto de Don Kasak
16.65 Foto de John McWilliams. Library of Congress, Prints and Photographs Division, Historic American Buildings Survey or Historic American Engineering Record, HABS SC, 10-CHAR, 6-24.
16.71 Borja Isa
16.72 Cortesia de Eastern State Penitentiary Historic Site. Photo: Andrew J. Simcox, 1997.
16.73 Cortesia, Bury St. Edmonds Past and Present Society
16.78 Copyright Jeff L. Milsteen
16.81 Foto de David Hunt
16.83 J. Bythell sJs Files, 2006
16.85 Jean-Pol GRANDMONT, https://commons.wikimedia.org/w/index.php?title=Special:Search&profile=default&fulltext=1&search=Jean-Pol+GRANDMONT+vezelay&uselang=en&searchToken=br1maebshl9jyx8qk488f79l1#/media/File:00_Basilique_Ste-Marie-Madeleine_de_V%C3%A9zelay_-_Tour_et_c%C3%B4t%C3%A9_sud.JPG
16.87 By Saruman—own work, https://commons.wikimedia.org/w/index.php?title=Special:Search&limit=20&offset=160&profile=default&search=Carcassonne+viollet-le-duc&searchToken=b10bcfk1o664wtagr3iqvz1tk#/media/File:Tour_Pinte.JPG
16.91 Claudia Stucki
16.96 Copyright Sari Turunen
16.97 Copyright Michael Chao, 2009. All rights reserved.
16.101 Foto de Pekka Nihtinen
16.103 Taken by Christopher M. Esing while teaching English at Chengde Medical College, China
16.104 By Gisling—Own work, GFDL, https://commons.wikimedia.org/w/index.php?curid=3111599
16.111 Library of Congress, Prints and Photographs Division, Historic American Buildings Survey or Historic American Engineering Record, HABS RI, 3-NEWP, 29-4
16.114 Charles N. Bayless, Photographer. Library of Congress, Prints and Photographs Division, Historic American Buildings Survey or Historic American Engineering Record, HABS SC, 10-CHAR, 41-5
16.117 Tom Patterson

17.1 Cortesia de Paul Drougas
17.2 Foto copyright Neil A. Harris
17.3 Steve J. O'Brien
17.5 Foto de Luis A. Viriato
17.6 Tom Bulley
17.8 bortecristian (creativecommons.org/licenses/by/2.0/deed.en)
17.11 Collection Mauruszat, Berlin, Germany
17.13 By BishkekRocks—Own work, cropped, contrast and colour balance enhanced, CC BY-SA 3.0, https://commons.wikimedia.org/w/index.php?curid=2132356
17.14 Fotografia de Mike Peel (www.mikepeel.net) creativecommons.org/licenses/by-sa/2.5/deed.en
17.15 Foto de Ting-Ting Cheng, from Taiwan
17.16 Fotografia de Brian K. Webb
17.21 Foto de Simon Ho
17.22 William Morris, https://commons.wikimedia.org/w/index.php?title=Special:Search&limit=20&offset=20&profile=default&search=william+morris+textile+design&searchToken=bsd34ngpdgliz9smfiq1x9tpo#/media/File:Morris_Snakeshead_printed_textile_1876_v_2.jpg
17.27 Poco a poco (creativecommons.org/licenses/by-sa/3.0/deed.en)
17.25 Foto de Eric Harley Parker, 2006
17.28 Sumita Roy
17.32 Cortesia de The Gamble House, USC. Photograph © Tim Street-Porter.
17.36 Thierry Bezecourt (creativecommons.org/licenses/by-sa/3.0/deed.en)
17.37 Foto de Amanda S. Brown, 2003
17.40 Foto de Dario Sportelli
17.46, 17.47 Foto de Vicky Robinson
17.48 Copyright 2005 Nela Paknadel
17.51 Daderot (creativecommons.org/licenses/by-sa/3.0/deed.en)
17.54 Photograph taken by Daderot September 2005 (creativecommons.org/licenses/by-sa/3.0/deed.en)
17.55 Copyright Linda Clower
17.58 Sarah M. Hilbert, 2007
17.59 Jack Boucher, Photographer. Library of Congress, Prints and Photographs Division, Historic American Buildings Survey or Historic American Engineering Record, HABS RI, 3-NEWP, 44-1.
17.66 Karl Stas (creativecommons.org/licenses/by-sa/3.0/deed.en)
17.67 Visual Resources Collection, CBE © University of Washington, Grant Hildebrand.
17.76 Foto de Roberto Tietzmann (http://creativecommons.org/licenses/by-sa/2.5/deed.en)
17.78 Paul Mannix (http://creativecommons.org/licenses/by-sa/2.0/deed.en)
17.80 Aude Vivere (http://creativecommons.org/licenses/by-sa/2.5/deed.en)
17.82 S. Faisal Hassan, MIT
17.83 Visual Resources Collection, CAUP © University of Washington
17.84 Lorena Torres Angelini/Flickr (https://creativecommons.org/licenses/by-sa/2.0/)
17.87, 17.88 Visual Resources Collection, CAUP © University of Washington
17.91 Erwin de Bliek
17.94 Foto de Manar Hussain
17.96 Stanley J. Underdal, Jr.
17.97 Patricia B. Cirone, Director
17.98 Library of Congress, Prints and Photographs Division, Historic American Buildings Survey or Historic American Engineering Record, HAER MICH, 82-HAMT, 1-8.
17.100, 17.101 Sandra Cohen - Rose e Colin Rose
17.103 Foto de Klaas Vermaas
17.106 Stephan Babatz
17.108 Christos Vittoratos (creativecommons.org/licenses/by-sa/3.0/deed.en)
17.125 By Arnaud Contet (Own work) [CC BY-SA 3.0 (http://creativecommons.org/licenses/by-sa/3.0)], via Wikimedia Commons
17.131 Robert Cowherd
17.135 Foto de Carme Padró
17.142 Martin Chad Kellogg © 2006
17.146 © Mark L. Brack
17.148 © Joachim Schwentker, 2009

18.2 Brian Stansberry (creativecommons.org/licenses/by-sa/2.5/deed.en)
18.3 Mark B. Schlemmer
18.5 © 2010, Thomas F. Little, AIA
18.9 Lesley Kao
18.11 © Sébastien Pérez-Duarte
18.13 Jean-Pierre Dalbéra/Flickr (https://creativecommons.org/licenses/by/2.0/)
18.24, 18.25 Eric J. Jenkins
18.26 Pam Gillespie
18.28 By American Colony (Jerusalem). Photo Dept., photographer Date Created/Published: [1935] —Public Domain, https://commons.wikimedia.org/w/index.php?curid=25323227
18.31 Villa Mairea I/Alvar Aalto © 2007. Rafael Rybczynski. All rights reserved.
18.33 Foto de Alvar Aalto © 2007. Rafael Rybczynski. All rights reserved.
18.39 Julian Weyer
18.41 Foto de Philip Antoniades
18.43 Arindam Dutta
18.45 © Hagen Stier, Architekturfotografie
18.51 Imagem cortesia de Ryan Theodore
18.52 Samuel Barnett, 2004
18.54 © Mark L. Brack
18.55 Michael Osman
18.57 Eric Wittman
18.58 Kai Sun Luk
18.60 Copyright Enzo Figueres, 2010
18.62, 18.66 Saulo Cruz © 2010
18.73 ©Stan Parry www.stanparryphotography.com
18.75 Foto de Eduardo Ponce
18.76 Copyright Ed McCauley, 2003
18.80 Foto de James Cridland from London, UK (creativecommons.org/licenses/by-sa/2.0/deed.en)
18.82, 18.83 Foto de John Pile
18.85 Emilio Guerra
18.86 Copyright Justin L Trexler
18.87 AJ Alfieri-Crispin/Flickr (https://creativecommons.org/licenses/by-sa/2.0/legalcode)
18.88 Copyright Bradley C. Finch/f-stop.com, 2002
18.90 Alfredo Brillembourg/U-TT.com/2006
18.91 Copyright Stephen Silverman
18.93 Stanford Anderson
18.95, 18.96 Fabiola Lopez-Puran
18.99 By Jim Harper—Taken from en-wikipedia, CC SA 1.0, https://commons.wikimedia.org/w/index.php?curid=209894
18.102 © J. Keta Hodgson
18.105 Kenta Mabuchi
18.107 Ben Braithwaite
18.108 Jerzy Kociatkiewicz, 2005
18.110 Angelo O. Mercado
18.116 By Andrevruas—Own work, CC BY-SA 3.0, https://commons.wikimedia.org/w/index.php?curid=27990939
18.117 Buckminster Fuller Dymaxion World Map, 1952. R. Buckminster Fuller & Shoki Sadao. Cortesia de The Estate of R. Buckminster Fuller
18.119 Copyright Kris Dysert, Studio Nova
18.120 Copyright 1970 Deborah Anderson
18.121 By Richertc at English Wikipedia (Transferred from en.wikipedia to Commons.) [Public domain], via Wikimedia Commons
18.126 Hassan Uddin Khan
18.136 Copyright by Wesley Shu
18.138 Matthew Tsui
18.141 Aaron Forrest, 2007

19.7 Leonard G. (creativecommons.org/licenses/sa/1.0/)
19.9 Alberto Otero García/Flickr (https://creativecommons.org/licenses/by/2.0/)
19.10, 19.11 Santiago Calatrava and Paolo Roselli
19.12 Foto de Michael Zaretsky, 2009
19.13 Fabio Omero/Flickr (https://creativecommons.org/licenses/by-sa/2.0/)
19.14 FashionStock.com/Shutterstock.com
19.15 ©Zaha Hadid Architects
19.16 Hufton and Crow/Getty Images
19.18 Sandeep Virmani © Hunnarshala
19.21 © Eneko Ametzaga

# Índice

Aachen, Alemanha, 336
Aalto, Aino, 743
Aalto, Alvar, 726, 727, 742–743, 749
Abadia Beneditina de São Bento, Polirone, Itália, 404
Abadia de Cluny, igreja, França, 398
Abadia de Fécamp, França, 399
Abadia de Saint Foy, igreja, Conques, França, 398
Abadia de Saint Riquier, igreja, França, 238, 336, 397
Abadia de Sant'Antimo, Sienna, 351
Abadia de Santo Ulrico e Santa Afra, Neresheim, Alemanha, 583
Abadia de Vézelay, França, 645
abadias, 351
Abadias de Fontenay, Montbard, França, 411, 438–439
abássidas, 307
Abd al-Malik (califa de Jerusalém), 318
Abd al-Rahman I (califa), 316, 317
Ábidos, Egito, 19
Abiff, Chiram, 107
abóbadas, 337, 367, 401, 445, 534, 767
abóbadas gaussianas, 767
Abrams, Charles, 761
Absalão, túmulo, 163
Abu Simbel, Egito, 6, 56, 72
Abuja, Nigéria, 777
Academia de Arquitetura (França), 580
Academia de Pintura de Praga, Praga, Tchecoeslováquia, 707
Academia Imperial de Artes, São Petersburgo, Rússia, 579
Academia Pyoungsan, Vila Hahoe, Coreia, 591
Academia Real de Ciências (França), 580
Academia Real Escocesa, Edimburgo, Escócia, 635
aço, 606, 693, 726, 727, 790
acolhua de Texcoco, 455
Acoma, pueblo, Navajo, Novo México, 461
acrópole, Grécia, 129–135
Acrópole Norte, Tikal, 338
açúcar, 572
Acueducto de Los Milagros, Mérida, Espanha, 202
Adam, Robert, 616–618, 628, 664
Adi Shankara, 112
Adina, mesquita, Pândua, Índia, 488
Adirá & Broid & Rojkind, 795
Administração do Vale do Tennessee, 727
adobe, construção, cultura das civilizações, 16
Adriano (imperador de Roma), 107, 175, 202, 207–210
Adronovo, cultura, 26
aduelas, 316

AECOM, 790
Aeroporto Internacional John F. Kennedy, Terminal da TWA, Nova York, Nova York, 763
Afeganistão, 238, 456
afegãos, 565
África
 3500–2500 a.C., 2, 3
 2500–1500 a.C., 26
 800–1000 d.C., 303
 1000–1200 d.C., 347, 348
 1200–1400 d.C., 407–409
 1400–1600 d.C., 455
 1700–1800 d.C., 563
 1900–1950 d.C., 658, 699
 1950–século XXI, 725
 centros de metalurgia, 96
 colonialismo, 658, 699, 711, 725
 comércio, 431, 432
 comércio de escravos, 563, 568, 569
 desenvolvimento econômico, 789
 pós-colonial, 777
 reinos, 537
 Sultanato Mameluco, 432–433
África do Sul, 658, 699, 787
Agade, 34
Agha, Mehmet, 534
Agkor, 328
Agora, Atenas, Grécia, 129
Agra, Índia, 524
agricultura, 6–8, 10–12, 16, 50, 51, 90, 94, 96
 3500–2500 a.C., 1–3
 2500–1500 a.C., 25–27
 1500–800 a.C., 57
 800–400 a.C., 87
 200–400 d.C., 198
 600–800 d.C., 271, 275
 800–1000 d.C., 305, 308, 309
 1000–1200 d.C., 347–349
 1200–1400 d.C., 407–409
 1400–1600 d.C., 457
 1700–1800 d.C., 563
 1800–1900 d.C., 607
 haciendas, 568, 571
 plantações, 568, 569, 606
agropastoreio, 3, 6, 11, 12, 26, 219, 409
Ahmed III (sultão otomano), 598
Ahmed Shah (sultão), 488
Ahmedabad, Índia, 488, 778–779
Ajanta, cavernas, 244–246
Ajatsatru (rei indiano), 185
Ajunta, Índia, 185
Akapana (templo de Tiahuanaco), 309, 344, 345
Akbar, Jalal-ud-Din (soberano mogol), 520, 521, 523
Al Azhar, universidade, 350
Alai Darwaza, portão, Quwwat-ul-Islam, Índia, 430
Alarico I (líder godo), 168, 237

Ala-ud-Din Aibak (general Ghaznávida), 428
Al-Azhar, mesquita, Cairo, Egito, 350, 367, 368–369
Al-Barubiyyin, Marraquexe, Marrocos, 367
Albert Dock, Liverpool, Inglaterra, 638
Alberti, Leon Battista, 474, 479, 480, 541, 619
Aldeia Expansível (Cook), 773
aldeias, 1–3, 6, 7
Alemanha
 1200–1400 d.C., 411
 1800–1900 d.C., 605, 606
 1900–1950 d.C., 658–659, 699
 1950–século XXI, 725
 concreto, 706
 industrialização, 705
 otoniana, 396–398
Alemanha Otoniana, 396–398
Alexandre (czar, Rússia), 564
Alexandre, o Grande (rei da Grécia), 117, 141, 148, 181, 214
Alexandre VII (papa de Roma), 548
Alexandria, Egito, 117, 141, 144, 147, 210, 251, 261, 316
al-Hakim, mesquita 369
Alhambra, palácio, Granada, Espanha, 367, 410, 449–451, 655
alimentos
 colonialismo, 572
 deificação, 3
 funerários, 45
 Poverty Point, 80
 religião, 45
 Roma, 162
alinhamento de pedras Kerlescan, 24
Allgemeine Elektrizitäts-Gesellschaft (AEG), 705
Allison, Ken, 773
Almerico, Paolo, 540
almôadas, 351, 431
Almorávida, dinastia, 350, 351, 431
almorávidas bérberes, 431
Al-Rifa'i, mesquita, Cairo, Egito, 681
Altan Khan (soberano mongol), 516
Altar de Zeus em Pérgamo, 102
Altar do Monte Circular, Complexo do Templo do Céu, Cidade Proibida, Pequim, China, 494
Altar do Paraíso, Templo do Complexo do Paraíso, Pequim, 227
altar védico, 287
alvenaria de pedra, 265, 272
 800–1000 d.C., 304
 Armênia, 284, 394–395
 Egito, 25
 Grécia, 124–126
 Rússia de Kiev, 393
Amanat Khan, 524
Amaravati, estupa, Índia, 185, 222
Amber, forte, Amer, Índia, 611
Amenhotep III (faraó), 65, 107
Amer, Índia, 597

América Central
 3500–2500 a.C., 2
 400 a.C.–0, 117
 200–400 d.C., 199
 1000–1200 d.C., 353
 1400–1600 d.C., 455
 1700–1800 d.C., 568
 1800–1900 d.C., 606
 comércio, 199, 268
 conquista espanhola, 552–561
 cultura maia, 191, 194–195
 cultura Teotihuacán, 197
 culturas mais antigas, 50
 povo olmeca, 90–93
 túmulos de poço de Teuchitlán, México, 191–193
América colonial, 602
América do Norte
 3500–2500 a.C., 2
 200–400 d.C., 199
 800–1000 d.C., 308, 309
 1000–1200 d.C., 353
 1400–1600 d.C., 455
 1900–1950 d.C., 658
 assentamento, 358
 colonialismo, 568, 573
 comércio, 80, 268
 conquista espanhola, 552–561
 construtores de montes, 50
 Cultura Hopewell, 199
 Cultura Teotihuacán, 197
 culturas mais antigas, 50
 Poverty Point, 80
América do Sul
 3500–2500 a.C., 2
 400 a.C.–0, 117
 1400–1600 d.C., 455
 1700–1800 d.C., 568
 1800–1900 d.C., 606
 1900–1950 d.C., 692
 comércio, 268
 conquista espanhola, 552–561
 plantações, 569
 prata, 588
 primeiras civilizações, 50–51
América Latina,
 desenvolvimento econômico, 789
 movimentos pela independência, 606
American Institute of Architects (AIA), 688
Américas
 2500–1500 a.C., 26
 200–400 d.C., 199
 1000–1200 d.C., 356
 1400–1600 d.C., 455
 1600–1700 d.C., 501
 1700–1800 d.C., 563, 568
 1900–1950 d.C., 657
 colonialismo, 568
 comércio, 90
 escravidão, 569
 urbanização, 90, 338, 356
Ameríndios, 51–52, 568

# ÍNDICE

ameríndios, culturas, 462
Amidismo (Budismo Terra Pura), 349, 391, 413, 422
Amiens, catedral, França, 411, 443–444
Ammianus Marcellinus, 219
Amon-Rá, templo, 71
Amósis I de Tebas, 64
Amsterdã, Países Baixos, 501, 556–557
Amu Darya, 198
Ana da Áustria (rainha da França), 558
Ananda, templo, Pagan, Burma, 420, 421
Anarudhapura, Sri Lanka, 185, 188
Anatólia, 54, 55, 75, 348
Ancara, Turquia, 741
Âncio, Batalha de, 168
Ando, Tadao, 784, 785
Andronovo, cultura, 55
Angkor, Camboja, 305, 328–330, 349, 408, 614
Angkor Thom (capital khmer), 416, 418–419
Angkor Wat (Vrah Vishnulok), Camboja, 407, 408, 413, 416–418, 615
Anhalter Bahnhof, Berlim, Alemanha, 665
Ani, Armênia, 253, 394
Antêmio de Trales, 280
Antígono, 141
Antioch, igreja batista, Condado de Perry, Alabama, 796
Antíoco IV, 141
Antium, Batalha de, 158
Antropoceno, 455
Anup Talao, Fatehpur Sikri, Índia, 521
Anuradhapura, Sri Lanka, 224
Anyang, China, 82, 108
Anyuanmiao, templo, Chengde, China, 651
Ao, 81
Apadana ou Salão do Trono (Salão das Cem Colunas), Persépole, 122
Apadana, Persépole, 122, 123
Apartamentos da Lake Shore Drive, Chicago, Illinois, 764
Apartamentos Gallaratese, Milão, Itália, 782
Apartamentos Kanchenjunga, Bombaim (Mumbai), Índia, 779
Apolodoro de Damasco, 175
Apúlia, Itália, 158
Aqmar, mesquita, Cairo, Egito, 368
aquedutos, 95, 202, 528
aqueus, 124
Arab Muhammad Khan (soberano uzbeque), 610
árabes, 272, 273, 409
árabes beduínos, 312
Arausio, Orange, França, 204
Arbeitsrat für Kunst (Alemanha), 708

Arcada, Museu Capitolino, Roma, Itália, 544
Archigram (revista), 725, 773
Architectural Association, 659
Architecture for Humanity (ONG), 795
Arco de Augusto, Roma, Itália, 166
Arco de Sétimo Severo, Roma, Itália, 212
Arco de Trajano, Timgad, Algéria 212
arco(s)
    em catenária, 600
    em ferradura, 316
    etrusco, 98
    Portão de Lambaesis, 203
    sistema de fórnice, 212
arcobotante, 401, 442
Artaxexes I (imperador sassânida), 198, 251–252
Aretas III (rei dos nabateus), 179
Argel, 168
Argentina, 658, 692
Argos, 78
arianismo, 265
arianos, 54
árias (arianos), 54
Aristóteles, 117
Arkaim, 55
Arkwright, Richard, 637
armazenamento de cereais, 11, 16
Armênia, 175, 251, 284, 394–395
armênios, 272, 273
Arnstein, Joan, 746
"arquitetos estrela", 794
arquitetos locais, 795–796
arquitetura
    3500–2500 a.C., 2
    2500–1500 a.C., 25–27
    1500–800 a.C., 55, 57
    800–400 a.C., 87
    400 a.C.–0, 117
    0–200 d.C., 153, 154–155
    200–400 d.C., 197–199
    400–600 d.C., 237–241
    600–800 d.C., 271–275
    800–1000 d.C., 303–309
    1000–1200 d.C., 348–353
    1200–1400 d.C., 407–413
    1400–1600 d.C., 455–457
    1600–1700 d.C., 501
    1700–1800 d.C., 563–565
    1800–1900 d.C., 605–607
    1900–1950 d.C., 657–659
    1950–século XXI, 725
    budista, 239–240, 306
    chinesa, 7, 8, 197
    cristã, 259–263
    cuchana, 199
    egípcia, 45, 73–74
    etrusca, 97
    grega, 126–128, 141
    guerrilhas, 788
    helenística, 179
    hindu, 320, 327

imagem na mídia, 788
impacto ambiental, 797
japonesa, 241, 505
materiais de pronto uso, 796
mesoamericana, 92
mesopotâmica, 45
micênica, 77
mudanças climáticas, 787, 788
ONGs (organizações não governamentais), 795
preservação, 798–799
princípios do projeto de alto padrão, 791–794
romana, 154, 155, 158–176, 178, 179, 197, 237–238
sassânida, 198
zoroastriana, 240–241
arquitetura alternativa, 776
arquitetura da contracultura, 776, 796
arquitetura de prestígio, 726
    2500–1500 a.C., 25
    400 a.C.–0, 117
    globalização, 791
    princípios do projeto de alto padrão, 791–794
arquitetura doméstica, 162
Arquitetura Georgiana, 602–603
arquitetura islâmica, 475, 565
arquitetura moderna, 798
arquitetura monumental, 25, 241, 275, 726
arquitetura pré-colombiana, 713
arquitetura pública, 662–664
arquitetura sustentável, 797
arquitetura talhada na rocha
    400–600 d.C., 240
    800–1000 d.C., 304
    1200–1400 d.C., 409
    cavernas, 149
    história, 434, 435
    santuários, 323
    templos, 273, 286–287, 322, 323
    túmulos, oeste da Ásia, 177, 212
arquitetura tropical, 725
arranha-céus, 659, 692, 693–695, 716, 726, 738, 764, 765, 790
arroz, 275, 305, 328, 349, 407, 408
Art Decô, 681
Art Nouveau, 659, 673, 687, 703
arte rupestre, 2
arte(s)
    3500–2500 a.C., 2
    1500–800 a.C., 57
    400–600 d.C., 238, 239
    1400–1600 d.C., 456
    fatímidas, 350
    povo olmeca, 91
Artes e Ofícios, movimento, 657–658, 669–673, 683, 687, 697, 703, 707, 708, 713
Arts and Crafts. *Veja* Artes e Ofícios, movimento

Aryabhatta, 319
Arzhan kurgan, 57
Ashur, Assíria, 113
Ásia Central
    2500–1500 a.C., 25
    1500–800 a.C., 54, 57
    400 a.C.–0, 117
    200–400 d.C., 198
    400–600 d.C., 237, 238
    1700–1800 d.C., 565
    budismo, 247
    colonialismo, 570
    comércio, 96, 251–252
    hunos, 237, 238
    Império Cuchana, 198
    Império Heftalita (ou dos Hunos Brancos), 238
    invasão mongólica, 413
Ásia Central
    1500–800 a.C., 57
    400–600 d.C., 237, 241
    800–1000 d.C., 304, 308
    1000–1200 d.C., 347
    1200–1400 d.C., 409
    difusão do camelo e do cavalo, 54
    pithouses, 8
    realidades ecológicas, 219
Ásia. *Veja também as regiões específicas, por exemplo:* Ásia Central
    1500–800 a.C., 53
    200–400 d.C., 198
    400–600 d.C., 239
    1950–século XXI, 725
    desenvolvimento econômico, 789
    globalização, 790
    rotas comerciais, 198
Asoka, 117, 148–149, 185, 186, 256
Asplund, Gunnar, 712
Assento do Imperador (Diwan-i-Khas, Índia), 523
Assíria, 54, 96, 113–114, 120, 124, 220
assírios, 87
Associação para a Nova Arquitetura (ASNOVA), 717
Assos, 141
Assurbanipal II (rei da Assíria), 113
Astrakhan (canato), 536
astrologia, 612
astronomia, 319, 340, 563
Astrophysical Institute, Torre Einstein, Potsdam, Alemanha, 709
Atatürk, Kemal (Mustafa Kemal), 727, 745
Atelier Bow Wow, Tóquio, Japão, 796
Atelier Feichang Jianzhu, 795
Atena Polias em Priene, 137
Atenas, Grécia, 129–130, 141
Ateneu Finlandês, Helsinque, 666
Ateneu Wadsworth, Hartford, Connecticut, 658
ateneus, 666
Átila, 237

# ÍNDICE

atividade vulcânica, 63, 91
átrio (em igrejas hispânicas da América Latina), 553
Atsuta-ku, Nagoya, Japão, 275
Atwood, Charles B., 694
August, Karl, 630
Augusto (imperador de Roma), 166–168, 197, 204
Augustodunum, 202
Aula Magna, Cidade Universitária de Caracas, Venezuela, 766
Aurangzeb (soberano), 565, 611
Austrália, 2, 569, 690, 762, 767, 786
Áustria, 542
automóveis, fabricação, 701, 723
Avaris, Egito, 64
ávaros, 278
Avellino, Andrea, 550
Axum, Etiópia, 199
Ayala Center Greenbelt, Filipinas, 789
Ayutthaya, Tailândia, 500, 614

Baalbek, 210–211, 213, 218–219, 259
Babilônia, 54, 64, 87, 115–116, 141
babilônios, 87
Babur (soberano mogol), 520
Bacia do Tarim, China, 199
bacia ritual, Bibracte, França, 165
Bagdá, Iraque, 303, 307, 314
Baguio, Filipinas, 689
Baía de Bohai, China, 8
Baía de Hangzhou, China, 7
Baima-si (Mosteiro do Cavalo Branco), 247
Bairro Gótico de Barcelona, 796
bakafu, código, 564, 659
Baker, Herbert, 699, 710
Bakong, montanha-templo, Siem Reap, Camboja, 305, 328–330
Balam Ajaw ("Tigre Enfeitado", soberano de Tikal), 338
balcãs, territórios, 12–14, 456
Balmumcu, Sevki, 741
Baluchistão, 3, 11, 16
Bamba, Sheikh Amadou, 740
Bambuti, povo, 2
Bamiyan, budas, 240, 247, 250
Banco da China, 789
Banco James Dakin, Louisville, Kentucky, 635
Banditaccia em Cerveteri, necrópole (monte funerário etrusco), 98
Bandung, Indonésia, 741
Bandung, Instituto de Tecnologia, Indonésia, 714
bangalôs, 658, 684
Bangkok, Tailândia, 108, 607, 614–615
Bangladesh, 770, 778
banho turco, 51
Banneker, Benjamin, 627
Banpo, 9

Banqueting House, Londres, Inglaterra, 501, 560, 561
Banteay Srei templo, 349
Bantu, 409
Baphuon, templo, Camboja, 416
Barcelona, bairro gótico, 796
Barcelona, Espanha, 695–696
Barnsdall, Aline, 713
Barraco do Futuro, 796
Barragán, Luis, 785
Barragem de Cubuk, Ancara, Turquia, 741
Barragem Norris, Administração do Vale do Tennessee, Clinch River, Tennessee, 727
Barrière de la Villette, Paris, França, 621
Barry, Charles, 643
Bar-sur-Aube, França, 410
Barton, Edmund, 690
Basil II (imperador de Bizâncio), 392
Basílica de Santa Maria Maior, Roma, Itália, 237
Basílica de São Pedro, Roma, Itália, 238, 240, 261–262, 403, 545–549, 628
Basílica de Trier, Alemanha, 260
Basílica do Palácio de Domiciano, Monte Palatino, Roma, Itália, 173
Basílica Emília, Roma, Itália, 159, 166
Basílica Eufrasiana, Parenzo, Croácia, 283
Basílica Júlia, Roma, Itália, 166
Basílica Ulpia, Foro de Trajano, Roma, Itália, 175, 176
basílicas, 238
Bata, Fábrica da Companhia de Calçados, Zlín, República Tcheca, 739
Batalha de Âncio, 158, 168
Batalha de Himera, 124
Batalha de Kadesh, 75
Batalha de Philippi, 167
Batalha de Sagrajas, 350
Batistério de Florença, Itália, 406
Batistério de Nocera, Itália, 263
Batistério de Parma, Itália, 406
Batistério de Pavia, Itália, 406
Batistério de Pisa, Itália, 406
Batistério de Ravena, Itália, 263
batistérios, 263
Batlle, Jorge, 767
Batlló, Josep, 696
Bauakademie, Berlim, Alemanha, 630
Bauhaus, Dessau, Alemanha, 659, 720–721, 725, 727, 741
Bawa, Geoffrey, 785
Bayon, templo, 418
Bazalgette, Joseph, 637
Beal, Art, 776
Beaux-Arts (estilo), 658, 659, 679, 684, 692–693, 733
Beech Aircraft Company, 775
Begg, John, 671

Behrens, Peter, 705, 716, 720, 722, 733
Beihai, Pequim, China, 589, 590
Belau, Paul, 693
Bélgica, 658, 699
Bengal, Índia, 488
Bentham, Jeremy, 634
Bentinck, William, 636
Beowulf (poema épico), 629
Berg, Max, 702
Berlage, Hendrik Petrus, 714
Berna, Suíça, 164
Bernini, Gian Lorenzo, 542, 548–549, 573
Bernofsky, Gene, 776
Bernofsky, JoAnn, 776
Bernoulli, Jacobus, 600
Béthune, Maximilien (Duc de Sully), 574
betume, 91
Beyazit II (soberano otomano), 471
Bhaja, Índia, 189, 190
Bi Sheng, 386
Bibi Khanum, Mesquita da Sexta-Feira, Samarcanda, Uzbesquistão, 486–487
Biblioteca da Universidade de Lucknow, Índia, 690
Biblioteca de Celso em Éfeso, Turquia, 204, 213
Biblioteca de Redwood, Newport, Rhode Island, 603
Biblioteca de Viipuri, 726
Biblioteca do Instituto de Tecnologia de Illinois (ITT), Chicago, Illinois, 750
Biblioteca em Vrah Vishnulok, 419
Biblioteca Pública de Boston, Boston, Massachusetts, 689
Biblioteca Pública de Estocolmo, Suécia, 712
Biblioteca Pública Memorial de Winn (Winn Memorial Public Library), Woburn, Massachusetts, 683
Bibliothèque Nationale, 622, 623
Bibliothèque Santa Genoveva, Paris, França, 646–647, 668
Biblos (cidade fenícia), 120
Bibracte, 164–165, 202
Bienal de Arquitetura de Veneza, 792, 793
Bieta Giorgis (Saint George), Lalibela, Etiópia, 434, 435
bigas, 55–57
Bijapur, Índia, 529–530
Bing, Siegfried, 687
Birkenhead Park, 674
Bismarck, Otto Von, 658
Bo Bardi, Lina, 746
Boardman, John, 130
Bob de Buck, 776
Boccioni, Umberto, 708
Bodde, Derk, 584

Bolívia, 309
Bombaim (Mumbai), Índia, 671
Bonaparte, Luís-Napoleão, 675
Bondone, Giotto di, 474
Borgund, igreja de tabuado de madeira, Noruega, 440
Borobudur, Indonésia, 304–308, 325–327
Borromeo, Charles, 542
Borromini, Francesco Castelli, 542
Bosque Sagrado, Santuário de Futarasan, Japão, 274
Bosworth, William Welles, 686, 694
Botta, Mario, 782, 791
Boullée, Étienne-Louis, 605, 606, 621, 622, 625
Bourges, Catedral, França, 443
Boyle, Richard, 602
Brache, Tycho, 580
Brahmagupta, 319
Bramante, Donato, 482, 545, 547, 600, 620, 666
Braque, Georges, 707
Brasil, 2, 692, 727, 745–746, 787
Brasília, Brasil, 725, 741, 754–755
Breslau Jahrhunderthalle (Salão do Centenário), Breslau, Alemanha, 706
Bretanha, 24
Breuer, Marcel, 750, 795
BRICS (Brasil, Rússia, Índia, China, África do Sul), 787
Bridge Street, casa de trabalho (workhouse), Manchester, Lancashire, Inglaterra, 640
British East Africa Company, 711
British East India Company, 606, 632–633
British Museum, Londres, Inglaterra, 634, 636, 662
Brodrick, Cuthbert, 663
Broletto, Como, Itália, 412
bronze, 55, 108
Brown, Denise Scott, 726, 781
Bruce, Thomas, 130, 634
Brunelleschi, Filippo, 474–478, 550
Brutalismo, 725, 753, 772
Bruto, 167
Buda, 117, 148–149, 185, 199, 239, 240, 256, 275, 293, 385
Buda de Esmeralda, 615
Buda de Unjusa, Coreia, 240
Buda do Templo da Fonte, Condado de Lushan, Henan, China, 240
Buda Gigante, Leshan, China, 240
buda Shakyamuni, 111
budificação, 303
budismo, 117, 148–149, 198, 199. *Veja também os tipos individuais, por exemplo:* zen budismo
0–200 d.C., 155
200–400 d.C., 199
400–600 d.C., 239–240

827

# ÍNDICE

600–800 d.C., 273, 275
800–1000 d.C., 303–306
1000–1200 d.C., 349
1200–1400 d.C., 411–413
1400–1600 d.C., 455, 457
cavernas de Ajanta, 244–246
China, 247, 293, 349, 495, 589
Coreia, 275, 331, 349
culto às relíquias, 261
estabelecimento, 247
hinduísmo, 254–255, 380
Índia, 239
Japão, 266, 275, 349, 412, 413, 504, 508, 593
Nepal, 592
pagode, 296
sudeste da Ásia, 258, 416
sul da Ásia, 117, 185–190, 222, 223
tantrismo, 376
templos talhados na rocha, 177, 189, 190
Tibete, 324, 516
universidades, 319
budismo da Terra Pura (Amidismo), 349, 391, 413, 422
budismo Hinayana, 185, 256
budismo Mahayana, 117, 185–190, 240, 246, 247, 296, 331, 380, 390, 516, 615
budismo theravada, 187, 273, 319
budismo tibetano, 306, 589
Buland Darwaza, Índia, 522
Bulfinch, Charles, 627, 663
búlgaros, 349
Bulgars, 278, 303
Buonarroti, Michelangelo, 482
Burke, Edmund, 633
Burma (Mianmar), 155, 273
Burnham, Daniel, 658, 688, 689
Buseoksa Templo, Gyeongsangdo, Coreia, 331
Business Men's Assurance Company of America, Kansas City, Missouri, 765
Butkara III, vale do Rio Swat, 199
Butterfield, William, 688
Byodo-in, Kyoto, Japão, 391

Ca' d'Oro, Veneza, Itália, 469
cabana caribenha, Gottfried Semper, 647
cabanas, 1, 2
caçadores-coletores, 1, 2, 6
Café Aubette, Estrasburgo, França, 715
Cafeteria Ipshir Pasha, Alepo, Síria, 572
cafeterias, 563, 572, 666
Cage, John, 776
Cahokia, 358–359
Cahuachi, Peru, 199, 234
Cairo, Egito, 316, 350, 368, 410, 432

*caitya* (salão de meditação) de Karli, 222, 223
*caityas* (salões de meditação)
Bhaja, Maharashtra, Índia, 190
cavernas de Ajanta, 245
Guntupalli, Índia, 189
Lenyadri, Índia, 189
Tulija Lena, 190
Calatrava, Santiago, 791, 792
Calcutá (Kolkata), Índia, 606, 632–634, 710
calendário maia, 340
Califado Abássida, 314, 316
califado árabe, Armênia, 394
Califado Fatímida, 366, 368–369, 470
Califado Islâmico Rashidun, 273
Califado Omíada, 273, 314, 316
califados islâmicos, 306, 350
Califórnia, movimento Artes e Ofícios, 673
Califórnia, universidade, em Berkeley, 686
caligrafia, 362
Calímaco, 169
Callison Architecture, 789
Calvinismo, 556, 619
câmara funerária, 21
câmara subterrânea (túmulo do Imperador Wanli, túmulos Ming), 515
Cambio, Arnolfo di, 475
Camboja, 275, 327–330, 614–615
600–800 d.C., 275
800–1000 d.C., 305
1200–1400 d.C., 407, 408
camelos, 53, 54, 348, 408, 409
Caminho dos Espíritos, túmulos Ming, 513
Caminho Sagrado (Atenas a Delfos), 138
Campbell, Colen, 602
Campidoglio, Piazza del, Roma, Itália, 542–544
Campo Elísio, 585
Campo Santo, Pisa, Itália, 351, 352
Camposanto Monumentale, Pisa, Itália, 351, 352
*campus*, arquitetura, 686
Campus Martius ou Campo de Marte, (Panteon, Roma, Itália), 207–208
Canaã, 107
Canadá, 573
3500–2500 a.C., 2
2500–1500 a.C., 26
800–1000 d.C., 308
cultura de caça às focas, 308
culturas mais antigas, 50
canais, 198, 275, 294, 305, 353, 491
Canal de Suez, 657, 658, 675
Canal Zang, Surxondaryo, Uzbesquistão, 198
Canato Xiongu, 154
Canberra, Austrália, 690, 691, 741

Candela, Felix, 766
Candi Prambanam (Loro Jonggrang) Indonésia, 327
Cânion Chaco, 353
Cânion Seminole, Texas, 2
canopus (Vila de Adriano, Tivoli, Itália), 210
Canterbury Tales (Chaucer), 403
Capadócia, Turquia, 435
Capela da Luz, 784
Capela do Cemitério do Bosque, Estocolmo, Suécia, 712
Capela Galileu, Catedral de Cantuária, Inglaterra, 400
Capela Palatina, Aachen, 336–337
Capela Pazzi, Florença, Itália, 474
capitel
bizantino, 283
coríntio, 167, 169
dórico, 128, 169
egípcio, 74
etrusco, 99
jônico, 136–137, 169
máuria, 148
ptoleimaico, 147
Capitólio do estado da Virgínia, Raleigh, Virgínia, 626
Capitólio do Estado do Tennessee, Nashville, Tennessee, 635–636
Capitólio dos Estados Unidos, Washington, D.C., 625, 627–628, 679, 788
Caprarola, Cola di, 482
Caracala (imperador da Síria), 218
Caracol (observatório), Chichén Itzá, 454
Caral, Peru, 27, 51–52
caravanas, rotas, 55, 106, 220
caravanas/caravanaçarás, 154, 178, 199, 347, 348, 366
Carcassonne, Provença, França, 645
cardo, 98
Caribe, escravidão, 568, 569
Carlos I (rei da Inglaterra), 599
Carlos Magno (rei dos francos, Sacro Imperador Romano), 260, 307, 334–337, 396, 404
Carlos, o Simples (rei normando), 399
Carlos V (Sacro Imperador Romano), 481, 450, 501, 542, 543, 552, 561
Carnac, França, círculo de pedras, 24, 26
carruagens do Deus Sol, 408
Carta de Atenas (CIAM), 733
Casa 4D (Fuller), 774
Casa Batlló, Barcelona, Espanha, 695–696
Casa Bernard Schwartz, Two Rivers, Wisconsin, 732
Casa Branca, Washington, D.C., 627
Casa da Cascata (Fallingwater), Bear Run, Pensilvânia, 742, 744

Casa de Biscoitos de Animal, Chicago, Illinois, 781
Casa de Campo em Tijolo (Mies van der Rohe), 716
Casa de Chá Chinesa, Palácio de Sans Souci, Potsdam, Alemanha, 586–587
Casa de Chá Taian, Vila Imperial de Katsura, Kyoto, Japão, 508
Casa de Correção de Suffolk, Bury Saint Edmunds, Inglaterra, 639
Casa de Praia Lovell, Newport Beach, Califórnia, 724
Casa de trabalho (workhouse) da Bridge Street, Manchester, Lancashire, Inglaterra, 640
Casa de Vidro, Exposição da Werkbund, Colônia, Alemanha, 705
Casa Dividida, Pequim, 795
Casa do Diretor, Salina de Chaux, Arc-et-Senans, França, 621
Casa do Fascismo, Como, Itália, 748
Casa do Governo, Calcutá, Índia, 634
Casa dos Círculos, 623
Casa Dymaxion (Fuller), 774
Casa Eames, Pacific Palisades, Califórnia, 752
Casa em Stabio, Suíça, 782
Casa Engel, Tel Aviv, Israel, 741
Casa F-2, México, 795
Casa Farnsworth, Plano, Illinois, 751
Casa Gamble, Pasadena, Califórnia, 673
Casa Hanna, Palo Alto, Califórnia, 732
Casa Heidi Weber (Centre Le Corbusier), Zurique, Suíça, 780
Casa Hollyhock, Los Angeles, Califórnia, 713
Casa III (Eisenman), 783
Casa Isaac Bell, Newport, Rhode Island, 685
Casa Lever, Nova York, Nova York, 726
Casa Lovell, Hollywood Hills, Los Angeles, Califórnia, 724, 726
Casa Magney, Bingie Bingie, Austrália, 786
Casa Marie Short, Kempsey, Austrália, 786
Casa Mila, Barcelona, Espanha, 701
Casa Moller, Viena, Áustria, 703
Casa para o dr. Bartholomeu, Colombo, Sri Lanka, 785
Casa Parekh, Ahmedabad, Índia, 779
Casa Robie, Chicago, Illinois, 697
Casa Schröder, Utrecht, Países Baixos, 715, 726
Casa Shelburne, Londres, Inglaterra, 617, 628
Casa Simpson-Lee, Mount Wilson, Austrália, 786
Casa Steiner, Viena, Áustria, 697, 703
Casa Tassel, Bruxelas, Bélgica, 687

828

# ÍNDICE

Casa Watts Sherman, Newport, Rhode Island, 685
Casa Wichita (Fuller), 775
casas comunitárias de clãs, 2
Casas de Banho de Trenton, New Jersey, 779
Casas de Estudo de Caso (Califórnia), 786
"casas de trabalho" (workhouses), 640
Casas Diego Rivera, Cidade do México, México, 766
Casas do Parlamento, Londres, Inglaterra, 637, 643, 663
casas elevadas, 10
casas semienterradas, 7, 8
casas usonianas, 732
Casma, civilizações do vale, 84,94
Casma, vale do rio, 84
Cássio, 167
cassitas, 54
Castelo de Elmina, Gana, 554
Castelo de Himeji, Japão, 504
Castelo de Versalhes, França, 576–577
Castelo Falak-ol-Aflak, Khorramabad, Irã, 198
Castelo Nijo, Kyoto, Japão, 506–507, 593, 594
castelos, projeto, 411
Castillo, Chichén Itzá, 453
Castro, Fidel, 768
Catal Hüyük, Anatólia, 12–14
Catalano, Eduardo F., 772
Catar, UAE, 791
Catarina de Aragão, 599
Catarina II (czarina, Rússia), 579
catedrais
  1400–1600 d.C., 456
  projeto, 411, 442
Catedral da Assunção, Moscou, Rússia, 535–536
Catedral de Amiens, França, 411, 443–444
Catedral de Ani, Armênia, 394, 395
Catedral de Auxerre, França, 444
Catedral de Bourges, França, 443
Catedral de Burham, Inglaterra, 401
Catedral de Caen, França, 399
Catedral de Cantuária, Inglaterra, 353, 400, 401
Catedral de Cefalu, 352, 353
Catedral de Cefalù, Sicília, Itália, 402
Catedral de Chartres, França, 411, 441–443
Catedral de Christ the Savior, Moscou, União Soviética, 737
Catedral de Colônia, França, 411
Catedral de Cremona, Itália, 405
Catedral de Durham, Inglaterra, 353, 399–400
Catedral de Exeter, Inglaterra, 445
Catedral de Florença, Itália, 456, 475

Catedral de Gloucester, Inglaterra, 399, 445
Catedral de Lincoln, Inglaterra, 411
Catedral de Milão, Itália, 445
Catedral de Módena, Itália, 404–405
Catedral de Monreale, 352, 353
Catedral de Mren, 272
Catedral de Myongdong, Seul, Coreia, 700
Catedral de Notre-Dame de Reims, França, 444
Catedral de Oxford, Inglaterra, 411
Catedral de Piacenza, Itália, 405
Catedral de Pisa, Itália, 351, 352, 405
Catedral de Saint-Germain-des-Prés, 442
Catedral de Salamanca, Espanha, 683
Catedral de Salisbúria, Inglaterra, 411
Catedral de Santa Sofia, a Igreja da Santa Sabedoria de Deus, Novgorod, Rússia, 350
Catedral de Santiago de Compostela, Espanha, 411
Catedral de Speyer, Alemanha, 351, 352, 398, 399, 444
Catedral de Wells, Inglaterra, 411
Catedral de Zvartnots, Echmiadzin, 272, 286
Catedral do Arcanjo São Miguel, Moscou, Rússia, 535, 536
catenária, arco, 600
cavalos, 53–55, 57, 219
Caverna de Dicte, 60
Caverna de Eileitia, 60
Caverna de Lomas Rsi, Colinas Barabar, 149, 189
Caverna de Shiva, Elefanta, Índia, 286–288
Caverna de Zeus (ou Ida), 60
cavernas
  Colinas Barabar, Índia, 149
  cultura minoica, 60
  Dunhuang, 240
  Grutas de Junnar (Índia), 185, 189–190
  Malta, 26, 27
  talhadas na rocha, 149
Cavernas de Ajanta, 244–246
Cavernas de Elefanta, Índia, 304
Cavernas de Lonovala, 247
Cavernas de Mogao, 240, 247–249
cavernas de Qizil, 247
Cavernas de Udaygiri, 240
Cavernas de Yungang, 247, 249
cella (Templo de Baco, Baalbek), 219
Celsus (pró-cônsul e senador romano), 213
celtas, 154, 164, 197, 219
celtíberos, 124
Cemitério de Père Lachaise, Paris, França, 624
Cemitério Metropolitano Sul em Norwood, Londres, Inglaterra, 624

cemitérios, 624, 712
cemitérios napoleônicos, 624
Central Park, Nova York, Nova York, 657, 674
Centro Cívico de Albany, Albany, Nova York, 755
Centro Cívico do Condado de Marin, Califórnia, 697
Centro Cultural de Nichinan, Nichinan, Japão, 771
Centro de Artes Cênicas Sri Ram, Índia, 778
Centro de Artes de Cingapura, 789
Centro de Imprensa e Radiodifusão Yamanashi, Kofu, Japão, 725
Centro de Pesquisa em Ciências Sociais, Berlim, Alemanha, 782
Centro Georges Pompidou, 783
Centro Heydar Aliyev, Baku, Azerbaijão, 794
Centro Médico da Universidade de Hadassah, Monte Scopus, Jerusalém, 741
Centro Negev, Israel, 741
Centro Ritual de Niuheliang, China, 6, 8–10
Centro Shangdi, China, 789
Centro Técnico da General Motors, Detroit, Michigan, 763
centros palatinos, 26, 33
centros para rituais, 80
  1500–800 a.C., 53, 57
  800–400 a.C., 87
  andinos, 84
  Dinastia Zou, 109–110
  Idade da Pedra, 6–10, 25
  Idade do Bronze, 26
  Peru, 87
Ceras Johnson, edifício administrativo, Racine, Wisconsin, 697
Cerceau, Jean du, 574
cereais, 491
cerimônia do chá, Japão, 508, 511
Cerro Arena (Salinar city), 231
César, Júlio (imperador de Roma), 166, 167
chá, 572
chacmool, 454
Chalayan, Hussein, 793
Chalk, Warren, 773
Chalukyas, reino, 289, 320, 370
Champa, reino, 273, 291–292
Chamundaray (ministro jain), 380
Chan Chan, Trujillo, Peru, 353, 465
Chan-Chaak-K'ak'nal-Ajaw (soberano de Uxmal), 356
Chandella, reino, 374–376
Chandigarh, Índia, 725, 741, 756–758, 778, 798
Chandragupta Maurya (imperador), 148
Chang'an (Xi'an), China, 155, 197, 225, 226, 274, 294–295, 305, 347

Changdeokgung, Seul, Coreia, 496
Changle, palácio, Chang'an, China, 225
Charles, Príncipe de Gales, Inglaterra, 726, 782
Charleston, mercado, Carolina do Sul, 635, 636
Chartres, catedral, França, 411, 441–443
château, 482–483
Château de Chambord, Blois, França, 483
Château de la Sarraz, França, 733
Château de Vaux-le-Vicomte, Maincy, França, 542
Château de Versalhes, França, 576–577
Chaucer, Geoffrey, 403
Chausat Yogini, templo, 376
Chavín de Huántar, 87, 94–95, 234
Chayet, Anne, 652
Chengde, China, 607, 650–652
Chengdu, China, 182
Chengiz (Ghengis) Khan, 184, 426, 457
Chengzhou, China, 108, 109
Cheni, reino, 291–292
Chenla, 273
Chennai (Madras), Índia, 671
Chettinad, mansões, Tamil, Índia, 658, 680
Chibuene, Moçambique, 435
Chicago Federal Center, Chicago, Illinois, 764
Chicago, Illinois, 764
Chicago, universidade, 686
Chichén Itzá, 452–454
Childs, David, 790
Chimú, povo, 353
Chimú, reino, 455
China
  3500–2500 a.C., 2, 3
  2500–1500 a.C., 25, 26
  1500–800 a.C., 54, 56
  800–400 a.C., 87
  400 a.C.–0, 117
  0–200 d.C., 153–155
  200–400 d.C., 197–199
  400–600 d.C., 238, 240
  600–800 d.C., 271, 273–275
  800–1000 d.C., 303–306
  1000–1200 d.C., 349
  1400–1600 d.C., 457
  1600–1700 d.C., 501
  1700–1800 d.C., 564
  1800–1900 d.C., 605, 607
  1900–1950 d.C., 658
  arquitetura, 197
  budificação, 303
  budismo, 199, 247, 293, 349, 495, 589
  canais, 275, 294, 427
  capitais, 273, 274

829

# ÍNDICE

cidades, 291, 304, 349, 413, 790
comércio, 153, 154, 225, 293, 304, 305, 407, 424, 519
cultura das civilizações, 8–10
Dinastia Han, 155, 184, 197, 225, 589
Dinastia Jin, 238
Dinastia Liao, 349, 388–390
Dinastia Ming, 184, 457, 491, 512–516, 519, 564, 570, 588, 589
Dinastia Qin (Ch'in), 155, 182–184
Dinastia Qing, 564, 570, 588–590, 607, 650–652
Dinastia Shang, 81–83
Dinastia Song, 349, 407, 413, 416, 424–425, 700
Dinastia Sui, 238, 275, 293–295
Dinastia T'ang, 274, 293–295, 305, 306, 347
Dinastia Xia, 26, 81
Dinastia Yuan, 413, 426–427, 455, 457
Dinastia Zou, 87, 108–110, 120, 150
globalização, 787, 790
Grande Muralha, 155
Idade da Pedra, 6
Idade do Ferro, 96
Iluminismo europeu, 584–587
Império Mongol, 426–427
Império Parta, 220
megacidades, 202, 273–274
moeda, 588
palace cidades, 274
Período dos Estados Combatentes, 108, 150
poder imperial, 226, 273–274
primeiras cidades, 7
sistema de irrigação, 427
túmulos Ming, Pequim, 512–515
Chipre, 77, 177
Chiram Abiff, 107
Chisolm, Robert F., 672
Chiswick House, Londres, Inglaterra, 602, 603
chocolate, 572
Choin-in, Kyoto, Japão, 504
Chola, reino, 349, 382, 416, 680
Cholamandalam, 382
Chowdhury, U. E., 794
Chuson-ji, Japão, 412
Cidade Bonita, movimento, 658, 688–690, 756
Cidade do México, México, 463–464
Cidade do Quebec, Canadá, 573
Cidade Imperial, China, 294
Cidade Proibida, China, 457, 491–494, 501, 589
Cidade Radiante, 734
Cidade Universitária de Caracas, Venezuela, 766

cidadela (Gonur), 33
cidadelas, 198
cidades, 197. *Veja também* urbanismo/urbanização
    2500–1500 a.C., 25, 26
    1500–800 a.C., 53–55
    0–200 d.C., 153–155
    200–400 d.C., 197–199
    400–600 d.C., 239
    600–800 d.C., 273–274
    800–1000 d.C., 303–309
    1000–1200 d.C., 353
    1200–1400 d.C., 407, 408, 411–413
    1400–1600 d.C., 455–457
    1700–1800 d.C., 563–565
    1800–1900 d.C., 605–607
    1900–1950 d.C., 657–659
    chinesas, 202, 274, 291, 304, 349, 413, 790
    circulares, 198, 252
    globais, 787
    globalização, 792
    Índia, 304
    maias, 338
    megacidades, 197, 202, 273–274, 790
    preservação, 788
    romanas, 202
cidades muradas/fortificadas, 55, 82, 83, 110
cidades-estados, 456
cidades-palácio, 274
cidades-templo, 291
ciência, 563
Cilícia, 394
Cinco Rathas, Mamallapuram, Índia, 289
cinturões verdes, 733
círculo de pedras, 24
Círculo de Sarsen, 47
Circus Maximus, Roma, Itália, 97, 172
Ciro, o Grande (rei da Pérsia), 120, 121
Citas, 57
Città Nuova (Sant'Elia), 708
Civic Center Plaza, Chicago, Illinois, 780
civilização de Ghaggar-Hakra, 26, 30–31, 111
civilização Dogon, Mali, África 537–538
civilização micênica, 45, 55, 57, 60, 62, 77–79, 101, 131–132
civilização nazca, 117, 199, 231–234
Civilizações do Vale do Rio Supe, 94
clã Yamato, Japão, 241, 266
claraboias, 704
classe média, 572, 644–645
Classicismo, 141, 536, 605–606, 657
Cláudio (imperador de Roma), 165
Clérisseau, Charles-Louis, 626

Clichy-Montfermeil, concurso da estação do metrô, 794
Cloaca Maxima (Roma, Itália), 97
Clóvis, cultura, 2
Clube de Campo de Totsuka, Yokohama, Japão, 771
Clube Operário de Rusakov, Moscou, União Soviética, 719
Cnossos, 60–63
Cobb, Henry N., 764
cobre, 9, 14, 148
Cockerell, Charles Robert, 634
código bakafu, 564, 659
Código Napoleônico, 624
Colbert, Jean-Baptiste, 563, 580, 678
Cole, Henry, 668
cólera, epidemias, 581
Colinas Barabar cavernas, Índia, 149
Colinas Barabar, Índia, 96
Coliseu, Roma, Itália, 154, 155, 170, 172, 174, 175, 212
Colômbia, 766
Colombo, Cristóvão, 455, 552
Colônia de Plymouth, 462
Colonialismo
    3500–2500 a.C., 2
    1400–1600 d.C., 455, 457
    1700–1800 d.C., 563–565, 568–572
    1800–1900 d.C., 606
    1900–1950 d.C., 657–659, 699
    1950–século XXI, 725
    África, 699, 711
    alimentos, 572
    grego, 124
    Índia, 632–633, 670–672, 710
    Neoclassicismo e, 616–617
    sistemas econômicos, 571
Columbia University, New York, New York, 686
Coluna de Trajano, Roma, Itália, 175, 176
Coluna de Trajano, Vitória and Albert Museum, Londres, 799
Coluna djed, 73
coluna papiroforme, 73
colunas/pilares, 62, 68, 100, 127–128, 132, 669
colunas/pilares, 73
comércio
    2500–1500 a.C., 25, 26
    1500–800 a.C., 53–54, 57
    800–400 a.C., 87
    400 a.C.–0, 117
    0–200 d.C., 153–155
    200–400 d.C., 197–199
    400–600 d.C., 239
    600–800 d.C., 272, 273, 275
    800–1000 d.C., 303–308
    1000–1200 d.C., 347–349
    1200–1400 d.C., 407–409, 411–413
    1400–1600 d.C., 455–457, 469

1600–1700 d.C., 501
1700–1800 d.C., 563–565, 568
1800–1900 d.C., 606
1900–1950 d.C., 657, 658, 692
África 416, 431, 432
Alemanha, 705
América, 268
América Central, 199
América do Norte, 80
Amsterdã, Países Baixos, 556
Ásia Central, 198, 251, 356, 370
Axum, 220–221
Bizâncio, 284
caravanas, 178, 199, 348
celta, 164
China, 154, 225, 293, 304, 305, 407, 424, 519
Civilização Margiana, 33
colonialismo, 568–569
eurasiano, 96, 650
globalização, 787
Império Hitita, 75
Império Parta, 220
Império Romano, 154, 197, 199
Índia, 148, 155, 304, 305, 407
Inglaterra, 559–561
Japão, 700, 742
megacidades, 197
Mesopotâmia, 7, 14
nabateu, 178
oeste da Ásia, 120, 220–221
Reino de Sabá, 106
Reino Khmer, 328
Revolução Industrial, 638
Rota da Seda, 153, 197–198
rotas marítimas meridionais, 199
Rússia, 535, 610
Rússia de Kiev, 393
sudeste da Ásia, 258, 325, 416
sul da Ásia, 222, 246
Vale do Rio Indo, 26, 30–31
comércio de escravos, 563, 569
comércio de sal, 14, 91, 408, 621
Commerzbank, Frankfurt, Alemanha, 797
Companhia Britânica das Índias Orientais, 606, 632–633
Companhia Holandesa das Índias Orientais, 572
Complex de Guachimonton, Teuchitlán, 192
Complex do Templo Maior, Tenochtitlán (capital asteca), 463–464
Complexo Arqueológico da Báctria-Margiana (CABM), 33
Complexo de Estupas de Sanchi, 185–187
Complexo de Sanahin, Lori, Armênia, 394, 395
complexo de templos de Ayutthaya, Índia, 500
Complexo de Templos de Lokesvara, (Preah Khan), Camboja, 416–419

830

# ÍNDICE

Complexo de Templos de Mahabodhi, Gaya, Índia, 239, 240, 256, 296
complexo de templos hindus, Isanapura, Camboja, 291
Complexo de Terraplenagem de Newark, 235
Complexo do Capitólio de Chandigarh, Índia, 757
Complexo do Mausoléu Sultão Qaitbay, Cairo, Egito, 485
Complexo do Palácio de Nero, Roma, Itália, 170–172, 210
Complexo do Sultão Hassan, Cairo, Egito, 484
Complexo dos Templos de Mnajdra, Malta, 27, 49
Complexo e mesquita de Solimão, o Magnífico, Istambul, Turquia, 533–534
Complexo Médico de Beyazit, Edirne, Turquia, 471
Complexo Mortuário de Djoser (Egito), 38–41
Complexo Ritual de Fengchu (província de Shaanxi, China), 109
Complexo Rritual de Mingtang--Biyong, 226–227
comunismo, 717, 718, 727
Concílio de Florença, 535
concreto, 161, 337, 701, 702, 706, 709, 726
concurso da estação do metrô de Clichy-Montfermeil, 794
Conde de Saint-Simon (Claude Henri de Rouvroy), 641
condições econômicas
    2500–1500 a.C., 25–27
    1500–800 a.C., 53, 54
    800–400 a.C., 87
    400 a.C.–0, 117
    0–200 d.C., 153–155
    200–400 d.C., 197
    400–600 d.C., 239
    600–800 d.C., 271
    800–1000 d.C., 303–308
    1000–1200 d.C., 347–349
    1200–1400 d.C., 407–413
    1400–1600 d.C., 455–457
    1600–1700 d.C., 501
    1700–1800 d.C., 563–565
    1800–1900 d.C., 605, 606
    1900–1950 d.C., 657, 659, 692
    1950–século XXI, 726
    globalização, 787, 789
Confederação Vrajji (reino indo--ariano), 111
Conferência de Berlim Ocidental sobre a África, 699
Confúcio, 117, 505
Confucionismo, 10, 117, 197, 247, 386, 455, 457, 491, 496, 516, 650
Congo, 2
Congresso de Viena (1813), 629

Congresso Internacional de Arquitetura Moderna (CIAM), 725, 733, 743, 745, 754, 771, 780
Congresso Nacional, Brasília, Brasil, 754–755
Conjunto Habitacional de Pruitt-Igoe, Saint Louis, Missouri, 780
conservação, 788
Constantine (imperador de Roma), 219, 237, 259–261, 280, 403, 544, 546
Constantinopla, 237, 259–260, 278, 282, 349, 396, 456, 472
Constituição dos Estados Unidos, 606
construção, 789
construção com ferro, 644, 646, 647, 665
construção com pedra, 38, 87, 273, 289, 309, 345, 348
construção com vidro, 704, 707, 726
construção de sinagogas, 259, 607, 654–656
Construtivismo, 659, 717, 718, 735, 780
Construtivismo Russo, 717–719, 780
Contarini, Marin, 469
contêineres, 787, 788
contracultura e arquitetura, 776, 796
Contrarreforma, 501, 627
Contrarrelevo (Tatlin), 717
Convent de Titchfield, Hampshire, Inglaterra, 560
Cook, Peter, 726, 773
Copán (cidade-estado maia), 309, 342–343
Copérnico, 319
Corásmia, Dinastia, 408
Cordilheira do Turkmen-Khorasan, 33
Córdoba, Espanha, 316–317, 409
Coreia, 225, 247, 496, 588, 591, 700
    600–800 d.C., 271, 275
    800–1000 d.C., 303, 306
    1600–1700 d.C., 501
    1700–1800 d.C., 564
    budificação, 303, 306
    budismo, 275, 331, 349
    Dinastia Joseon, 457
coríntios, 124
Corinto (cidade grega), 78, 158
Cornwallis, Charles, 633
Coroíbos, 138
Correa, Charles, 778–779
Correios e Telégrafos, Bombaim (Mumbai), Índia, 671
Cortes de Justiça de Londres, Inglaterra, 664
Cortés, Hernán, 452, 463, 552, 571
Costa do Marfim, 408
Costa, Lúcio, 745, 754, 755, 777
County Courts Act of 1846 (Reino Unido), 664
Court of the Myrtle, Alhambra, Granada, Espanha, 450

Cremona, Itália, 404, 405
Crescente Fértil, 12, 14
Creta, 60–63, 77
Criss-Cross, Colorado (comunidade de artistas), 776
cristianismo, 60, 155, 198, 219
    400–600 d.C., 237–239
    800–1000 d.C., 303, 307, 308
    1000–1200 d.C., 349, 352
    1200–1400 d.C., 409, 411
    1400–1600 d.C., 455
    1600–1700 d.C., 501
    1700–1800 d.C., 564
    ameríndios, 619
    batistérios, 263–264
    construção urbana, 441–447
    cristianismo nestoriano, 426–427
    Escandinávia, 440
    Europa, 239
    igrejas, 308
    igrejas de peregrinação, 403
    Império Bizantino, 265
    Império Romano, 278
    ordens mendicantes, 448
    Sacro Império Romano, 260, 334–336
    surgimento, 259–263
    túmulos, 261
cristianismo, 619
cristianismo nestoriano, 293, 426–427
Crompton, Dennis, 773
Cromwell, Oliver, 599
Croton (colônia grega), 124
Crown Hall, Instituto de Tecnologia de Illinois, Chicago, Illinois, 750
Crucuno, dólmen, 24
cruz grega, 542
cruz latina, 542
Cruz, Teddy, 796
Cruzadas, 399, 403, 456, 581
Crystal Palace (Palácio de Cristal), Grande Exposição de 1851, Londres, Inglaterra, 644, 647, 657, 668, 688
Ctesifonte, Iraque, 178, 220, 240, 251, 252
Cuba, 725, 766, 768
Cubismo, 707–708, 718, 727, 742
Cubismo francês, 707
Cubismo checo, 707
Cubuk, barragem, Ancara, Turquia, 741
culto à Virgem Maria, 411
culto às relíquias, budismo, 261
culto Léwé, 538
cultos ao sol, 208, 218–219
cultos dos mistérios, 155, 198
Cultura Adronovo, 26
Cultura Andronovo, 55
cultura célita de Halsatt, 124
cultura chinesa, difusão, 238, 304
Cultura Clóvis, 2

cultura das civilizações
    Egito, 19–20
    Europa, 21–24
    Mesopotâmia, 15–18
    sul da Ásia, 16
    China, 8–10
cultura de caça às focas, 308
cultura de caçadores Dorset, 308
cultura dos nabateus, 154, 177, 178
cultura funan, 258
cultura Gravetiana, 2
Cultura Hassuna, 16
Cultura Hongshan, 8–10
Cultura Hopewell, Ohio, 199, 235–236, 358, 359
Cultura Iroquesa, 619
Cultura Kofun (Japão), 241, 266–267
Cultura Liangzhu, 10
Cultura Longshan, 8
cultura maia, 191, 194–195, 228–230, 309, 338, 341–343, 353, 356–357, 452
cultura megalítica, Europa, 21
cultura minoica, 60–63, 77, 101
cultura moche, 117, 199, 231–232
cultura mons, 258
cultura pyu, 258, 304
Cultura Samarra, 14
cultura suaíli, 409
Cultura Teotihuacán, México, 230
Cultura Thule, 308
Cultura Vedica, 56, 87, 239
Cultura Vinca, 14, 15
Cultura Yangshao, 8–10
culturas das florestas tropicais, 2, 50
culturas do Mississippi, 27, 80, 90, 358–359
culturas nômades, 154, 347
culturas pastoris, 3
Culturas Puebla, 353, 460–461
Cumae (colônia grega), 124
Cúpula da Rocha (Haram al-Sharif, Jerusalém), 107, 306–307, 316, 318
cúpula(s)
    Basílica de São Pedro, Roma, Itália, 546
    construção de cúpulas duplas, 475
    Estilo Barroco, 600
    geodésica, 774, 775
    Saint Paul's Cathedral, Londres, Inglaterra, 600
Cúria Júlia, Roma, Itália, 166
Cuzco (Qosqo, capital inca) Peru, 455, 466
Cyaxares (rei da Assíria), 120

da Vinci, Leonardo, 483, 550
Dabao-en, templo (Torre de Porcelana de Nanjing), 495
Daca, Bangladesh, 770
dácios, 175
Dadu, China, 413, 457
*dakhma* de Yazd, Irã, 241

831

# ÍNDICE

dakhmas, 241
Dakshinameru (Templo de Rajarajeshwara), Thanjavur, Índia, 382–383
dalai-lama, 185, 501, 516, 588, 590
Dalhousie, Earl of, 634
Dali, reino, 416
Damasco, Síria, 312
Daming, palácio, China, 294–295
Daniel Burnham & Company, 694
Darbar Sahib (Templo Dourado), Amritsar, Punjab, Índia, 565, 613
Dário I (rei da Pérsia), 120, 122, 177
Dario, Rubén, 766
Davi (rei de Israel), 163
David, Alexander Jackson, 658
Daxing (Chang'an), China, 273, 274, 293–294
de Buck, Bob, 776
de Fries, Heinrich, 707
De Hoftoren/ Sede dos Ministérios da Educação, Cultura e Ciência dos Países Baixos, Haia, 789
de Silva, Minnette, 794
de Stijl, movimento, 715
Deane and Woodward, 669
Declaração de Independência dos Estados Unidos, 606
Declaração de Sarraz (CIAM), 733
decumanus, 98
Deir-el-Abiad (o Mosteiro Branco), Suhag, Egito, 264
Dekker, Eduard Douwes, 714
Delfos, Grécia, 138–140
Délhi, Índia, 251, 428
Delos, Grécia, 117, 141, 142
Delos, mercado público, Grécia, 142
Delta do Rio Nilo, 54
democracia, 117, 131–132, 605, 726
democracia ateniense, 117
Deng Xiaoping, 787
Dertad III (rei da Armênia), 284
Dervishes, 471
Descartes, René, 580
desertificação
    cultura das civilizações, 18
    desflorestamento, 164, 220
    Egito, 19
    reino dos sabeus, 106
Deserto de Kalahari, Botsuana, 1
Deserto do Saara, 7, 19, 408, 409
Deserto Núbio, 6
Deserto Taklamakan, 199, 304
Desfiladeiro de Bolan, 11
desflorestamento, 164, 220
Deshin Shekpa, 495
desmatamento (desflorestamento), 164, 220
Dessau, Alemanha, 720
deusa mãe, cultura das civilizações, 14, 17, 19, 48
Dez Mandamentos, 107
Dezhou, China, jardim em, 424
Dharmaraja Ratha, 273, 290

Dharmarajika, mosteiro, Taxila, Região de Gandhara, 181
Dholavira, 30, 31
Dicte, caverna, 60
Diego Rivera (casas), Cidade do México, México, 766
Diera (centro da cidade), Dubai, 789
Dilwara, templos no Monte Abu, 380–381
dinamarqueses, 351
Dinastia Almorávida, 350, 351, 431
Dinastia Aquemênida, 120
Dinastia Carolíngia, 334–337, 396–398
Dinastia Chakri, 614
Dinastia Corásmia, 408
Dinastia de Ilyas Shah, 488
Dinastia Ghaznávida, 347, 348, 408
Dinastia Han, 155, 184, 197, 225, 589
Dinastia Jin, 238
Dinastia Joseon (Dinastia Chosun, Coreia), 457, 496, 591
Dinastia Khiljis, 488
Dinastia Liao, 349, 388–390
Dinastia Malla (Nepal), 565, 592
Dinastia Ming, 184, 457, 491, 512–516, 519, 564, 570, 588, 589
Dinastia Nguyen, Vietnã, 615
Dinastia Ptoleimaica, 117, 141, 147
Dinastia Qin (Ch'in), 150, 151, 155, 182–185, 293
Dinastia Qing, 564, 570, 588–590, 607, 650–652
Dinastia Rashtrakuta, 304, 322
Dinastia Rurikovichi, 393
Dinastia Safávida, 530
Dinastia Sailendra, 303
Dinastia Satavahana, 155, 185, 222
Dinastia Shang, 56, 81–83
Dinastia Silla, 331
Dinastia Song, 349, 386–387, 407, 413, 416, 424–425, 497, 700
Dinastia Sui, 238, 275, 293–295
Dinastia T'ang, 274, 293–295, 305, 306, 347
Dinastia Timúrida, 470, 486–487
Dinastia Tughlaq, 488
Dinastia Xia (China), 26, 81
Dinastia Yuan, 413, 426–427, 455, 457, 516
Dinastia Zou, 54, 56, 87, 108–110, 120, 150
ding, vaso, 108
Din-i-Ilahi (prática religiosa), 523
Dinka, 3
Dinnaga, 244
Dio, Cássio, 165
Diocleciano (imperador de Roma), 216, 264
Dionísia, 130
distrito de Shimabara, Kyoto, Japão, 593, 594, 648

Diwan-i-Khas, Índia, 523
Djed (rei do Egito), 20
djed, coluna, 73
Djemila, Algéria 202–203
Djenné, Mali, 437, 798
Djenné, mesquita, 409
Djoser, complexo mortuário, Egito, 26, 27, 38–41
Docomomo, 798
dodecapoli (cidades etruscas), 97
Dodge Brothers Motor Car Company, Hamtramck, Michigan, 701
Dodoma, Tanzânia, 725
doença, 455
Dogon, civilização do Mali, África 537–538
Dólmen Crucuno, 24
dolmen túmulos, 24
Domiciano (imperador de Roma), 172
domo. Veja cúpula(s)
Domus Augustana (Palácio Flávio), Roma, Itália, 172
Domus Aurea, Complexo do Palácio de Nero, Roma, Itália, 171
Domus Flavia, Palácio de Domiciano, Monte Palatino, Roma, Itália, 172–173
Dongjing (Kaifeng), China, 386
dórios, 57, 87, 130
Dorje, Rolpay, 650
Dormitório Baker House, Instituto de Tecnologia de Massachusetts, Cambridge, Massachusetts, 743
Dorset, cultura de caçadores, 308
Doshi, Balkrishna V., 778–779
dou-gong sistema de mísulas (suportes), 425
Downing, Andrew Jackson, 674
Doxiadis, Constantinos, 726, 761
Dr. Bartholomew, casa, Colombo, Sri Lanka, 785
Drew, Jane, 725, 756, 777
Drop City, Colorado (comunidade de artistas), 776, 796
Dubos, René, 761
Dulesi, mosteiro, Jixian, província de Hebei, China, 389–390
Dunhuang (Cavernas de Mogao), 240, 248
Duomo, Florença, Itália, 456
Dura-Europos, 141, 154
Durand, J. L., 606
Durand, Jean-Nicolas-Louis, 625, 630, 634
Dur-Sharrukin (Khorsabad), Assíria, 87, 113–114
Dvaravanti, 273, 291
Dynapolis, 761
Dzungharia, 588

Eames, Charles, 752
Eames, Ray, 752

East Building, Galeria de Arte Nacional, Washington, D.C., 772
ecletismo, 658, 692
École des Beaux-Arts, Paris, França, 658, 678–679, 682
École Polytechnique, Paris, França, 625
ecologia, 797
Edifício Administrativo da Ceras Johnson, Racine, Wisconsin, 697
Edifício Alcoa, São Francisco, Califórnia, 765
Edifício AT&T (Johnson), Nova York, Nova York, 780, 781
Edifício AT&T (Welles Bosworth), Nova York, Nova York, 694
Edifício British Empire, Nova York, Nova York, 738
Edifício Chanin, Nova York, Nova York, 738
Edifício Chrysler, Nova York, Nova York, 738, 764
Edifício da Assembleia Legislativa (Parlamento), Chandigarh, Índia, 758
Edifício da Associação Bancária de Hong Kong e Xangai (Hong Kong & Shanghai Banking Corporation), China, 700
Edifício de Escritórios da Friedrichstrasse, Berlim, Alemanha, 716
Edifício do Conselho Privado e da Câmara de Comércio (Privy Council and Board and Trade Building), Londres, Inglaterra, 662
Edifício dos Escritores, Calcutá, Índia, 632–633
Edifício Empire State, Nova York, Nova York, 738
Edifício Estado de Illinois, Chicago, Illinois, 783
Edifício Mado, Tóquio, Japão, 796
Edifício RCA, Nova York, Nova York, 738
Edifício Reliance, Chicago, Illinois, 694
Edifício Seagram, Nova York, Nova York, 726, 764
Edifício Wainright, Saint Louis, Missouri, 694
Edifício Woolworth, Nova York, Nova York, 693, 694
Edifício Wrigley, Chicago, Illinois, 694–695, 737
edifícios altos, 790
Edifícios da União (Union Buildings), Pretória, África do Sul, 699, 710
Edo (Tóquio), Japão, 594
Eduardo I (rei da Inglaterra), 445
efeito Bilbao, 791
Éfeso, Turquia, 204, 213
Egito
    2500–1500 a.C., 25, 27
    1500–800 a.C., 54–56
    800–400 a.C., 87

# ÍNDICE

400 a.C.–0, 117
800–1000 d.C., 307
Antigo Império, 38–44
ascensão das cidades, 7
colunas/pilares, 73
comércio, 432
conquista fatímida, 350
cultura das civilizações, 19–20
Grécia, 125
Idade da Pedra, 6
Império Cuchita, 105
Império Romano, 208
Novo Império, 55, 64–74
projeto de arquitetura, 74, 681
Sultanato Mameluco, 409–410
Tulúnidas, 307
urbanização, 38–44
Egli, Ernst, 741
Ehn, Karl, 726
El-Hakim, mesquita, Cairo, Egito, 312
Eisen, Charles, 619
Eisenman, Peter, 726, 783
El Arenal, México, 192, 193
El Mirador, Guatemala, 195–196
El Salvador, 194
El Tigre (El Mirador, Guatemala), 195, 196
Elam, 7
elamitas, 34, 120
El-Deir, Petra, Jordânia, 179
Elefanta, Caverna de Shiva, Índia, 286–288
Elefanta, cavernas, Índia, 304
Elisabete I (rainha da Inglaterra), 559, 643
Ellerbe Beckett, 790
Ellora, 185
Elmina, castelo, Gana, 554
EMBT Associates, 794, 796
Emirado de Córdoba, 303
Emirado de Granada, 449
Empire State, edifício, Nova York, Nova York, 738
Enéias, 158
Engels, Frederico, 640
engenharia, 338, 384
600–800 d.C., 271
800–1000 d.C., 308
1400–1600 d.C., 457
Enin, 293
Enshu, Kobori, 511
Entenza, John, 752
epidemias, 455, 469
epidemias de cólera, 581
equística, 726, 761
Era do Gelo, 2
Erecteu, Atenas, Grécia, 134–135, 210
Eridu, 15–18, 25, 34, 53
Erlitou, China, 26
Escandinávia, 409, 440
Escócia, 605

Escola de Arquitetura, Ahmedabad, Índia, 778
Escola de Balé, Escola Nacional de Arte, Havana, Cuba, 768
Escola de música, Escola Nacional de Arte, Havana, Cuba, 768
Escola de Pintura e Escultura de Moscou, 719
Escola Nacional de Arte, Havana, Cuba, 768
Escola Politécnica Suíça, Zurique, Suíça, 647
escravidão
  1800–1900 d.C., 606
  colonialismo, 568, 569, 573
  *haciendas* (latifúndios coloniais), sistema, 571
  Khiva (Khanate), 610
  Mesopotâmia, 7
  Virgínia, 604
escrita, 7, 11, 16
escrita cuneiforme, sua introdução, 54
Esfinge, 44
eslavos, 272, 351, 393
Espanha, 216, 519
  400–600 d.C., 237
  800–1000 d.C., 308
  1200–1400 d.C., 410
  1400–1600 d.C., 455, 456
  1700–1800 d.C., 569
  1800–1900 d.C., 606
  1900–1950 d.C., 658
  Almorávidas, 350–351
  colonialismo, 568, 569
  Conquista da América, 552–553
  Contrarreforma, 542
  igrejas, 308
  Islamismo, 449–451
espartanos, 124
Espinoza, Antonio de, 95
Esplanada, Calcutá, Índia, 632
Esplanada Nacional (National Mall), Washington, D.C., 658, 689
esquimós (inuit), 308
Estábulos San Cristobal, Cidade do México, México, 785
Estação Saint Pancras, Londres, Inglaterra, 665
estações ferroviárias, 665
Estádio Olímpico, Tóquio, Japão, 771
Estados islâmicos, 456
Estados nacionais, 627, 657, 659
Estados Unidos, 626–628
  800–1000 d.C., 308
  1800–1900 d.C., 605, 606
  1900–1950 d.C., 657–659
  1950–século XXI, 725, 726
  *campus*, arquitetura, 686
  Estilo Neogrego (Historicismo Grego), 635
  globalização, 787
  Guerra Civil, 688
  utopia, 641

estátua do ka, 25, 39, 40
estátuas, 167, 240, 306
estela egípcia, 45
estética industrial, 704, 727
Estilo Artesanal Americano, 684
Estilo Barroco, 501, 542, 563–564, 579, 601, 627, 644, 662
estilo barroco europeu, 542
estilo barroco francês, 700
Estilo Barroco Romano, 542, 647
Estilo Beaux-Arts Internacional, 692–695
Estilo Bengali, 488
Estilo chinês, 586
estilo decorativo francês, 671
Estilo Federal, 628, 635
Estilo Gótico, 353, 411, 442–445, 605–606, 642–643, 657, 669, 683, 694
Estilo Gótico Veneziano, 658
Estilo Historicismo Tudor, 666
Estilo Indo-Sarraceno, 658, 670–672
Estilo Italianizado, 501, 599, 658
Estilo medieval italiano, 669
Estilo Nacional Inglês, 671
estilo Neobizantino, 683
estilo Neoclássico, 536, 605, 616–617, 622, 626–628, 630, 634, 643, 644, 688
Estilo Neogótico, 642–643, 658, 671
Estilo Neo-Islâmico, 681
Estilo Neomameluco, 681
Estilo Neopalladiano, 564, 603, 604
Estilo Neorrenascentista, 662
Estilo Neorromânico, 683
Estilo Pitoresco Gótico, 618
Estilo Pitoresco Romântico, 674
Estilo Rainha Ana, 684
Estilo Românico, 351, 352, 398, 399, 445, 663
estilo saxão, 664
Estilo Segundo Império, 658, 682
Estilo Shingle, 673, 684–685, 697
Estilo Veneziano, 535
estradas/ruas, 120, 153, 154, 455, 798
estrutura de classes
  cafeterias, 572
  classe média, 644–645
  Revolução Industrial, 637–640
estruturas de governo/poder
  3500–2500 a.C., 3
  2500–1500 a.C., 25, 26
  1500–800 a.C., 54, 56
  800–400 a.C., 87
  400 a.C.–0, 117
  0–200 d.C., 154, 155
  200–400 d.C., 197, 198
  400–600 d.C., 237, 238, 241
  600–800 d.C., 271, 273–275
  800–1000 d.C., 304, 305, 307, 309
  1000–1200 d.C., 347–349, 353
  1200–1400 d.C., 411–413

1400–1600 d.C., 455–457
1600–1700 d.C., 501
1700–1800 d.C., 563–565
1800–1900 d.C., 605, 606
1900–1950 d.C., 657, 659
1950–século XXI, 725
Estupa Branca, 590
Estupa de Amaravati, Índia, 185, 222
Estupa de Jetavanarama, Anuradhapura, Sri Lanka, 224
Estupa de Thuparamaya, Anuradhapura, Sri Lanka, 224
Estupa em Polonnaruwa, 385
Estupa em Sanchi, 239
estuque de gesso, 14
Etiópia, 409
etruscos, 87
eubeus, 124
Eumenes II (rei de Pérgamo), 144–145
Eurásia
  1500–800 a.C., 54
  800–400 a.C., 87
  0–200 d.C., 153, 154
  200–400 d.C., 198
  400–600 d.C., 237
  800–1000 d.C., 303
  1000–1200 d.C., 347, 348
  1200–1400 d.C., 407
  1400–1600 d.C., 455, 457
  1600–1700 d.C., 501
  colonialismo, 570
  comércio, 650
  dependência do cavalo, 219
  escravidão, 569
  inovações religiosas, 198
Eurocentrismo, 605, 616, 726
Europa
  3500–2500 a.C., 2, 3
  2500–1500 a.C., 25, 26
  200–400 d.C., 197
  400–600 d.C., 237, 239
  600–800 d.C., 271
  800–1000 d.C., 307–308
  1000–1200 d.C., 348, 349, 351
  1200–1400 d.C., 410
  1400–1600 d.C., 455–457, 469
  1600–1700 d.C., 501
  1700–1800 d.C., 563–564
  1800–1900 d.C., 605, 606
  1900–1950 d.C., 657, 658
  1950–século XXI, 726
  celtas, 164
  civilização micênica, 77–79
  colonialismo, 568–570, 572
  cultura das civilizações, 21–24
  cultura minoica, 60–63
  dinastia carolíngia, 334–337
  escravidão, 569
  Idade Média Clássica, 441
  projeto de catedrais, 442
  reinos, 441
  urbanização, 46–49, 572

833

# ÍNDICE

Europa Oriental, 789
Exílio Babilônio, 107
Expo '67 (Feira Mundial de Montreal de 1967), Canadá, 775
Exposição Alemã da Construção Naval de 1908, Berlim, Alemanha, 705
Exposição Colombiana Mundial de Chicago de 1893, Chicago, Illinois, 684, 688, 689
Exposição da Werkbund, Colônia, Alemanha, 705
Exposição de Estocolmo, 712
Exposição de Paris de 1900, França, 693
Exposição do Centenário da Filadélfia, Pensilvânia, 688
Exposição do Estilo Internacional de 1932, Laboratório Elétrico para o Ministério de Obras Públicas (1929), Museu de Arte Moderna de Nova York, Nova York, 742
Exposição do Weissenhof Siedlung, Weissenhof, Alemanha, 1927, 725, 730–731
Exposição Internacional de Artes Decorativas e Industriais Modernas (Paris, França, 1925), 719
Exposição Internacional de Paris de 1937
    Pavilhão Finlandês, 749
    Pavilhão Japonês, 742
Exposição Mundial de Chicago de 1893, Chicago, Illinois, 684, 688, 689
Exposição Universal de Paris, 688
Exposição Universal de Paris de 1889, 737
Exposição Universal de Roma (EUR), 747
exposições internacionais, 668
Expressionismo, 659, 707–709, 715, 726

Faber, Ernst, 495
Fábrica da Companhia de Calçados Bata, Zlín, República Tcheca, 739
Fábrica da Louis Vuitton, Paris, França, 798
Fábrica Norte, Belper, Derbyshire, Inglaterra, 638
Fahmi, Hussein, 681
Falak-ol-Aflak, castelo, Khorramabad, Irã, 198
Família Hill Carter, 604
família Rucellai, 479
fascismo italiano, 747–748
fase ctônica, deusas mães, 19
Fatehpur Sikri, Índia, 521–522
Fathy, Hassan, 785
Fatima bind Muhammed, 350
fatímidas, 350, 368–369
Faxian, 247, 293

fazendas coloniais brasileiras, sistema, 571
febre tifoide, 637
Federação Kaya (Coreia), 331
Feininger, Lyonel, 720
Feira Internacional de Izmir, Ancara, Turquia, 741
Feira Mundial de Chicago, 658
feiras mundiais, 668
Felipe II (rei da Espanha), 141, 619
Felipe II da Macedônia, 141
Felipe III da Macedônia, 65
feng shui, 496
Fengchu, complexo ritual, província de Shaanxi, China, 109
Fenícia, 120, 124
Fergusson, James, 670
Fernando V (rei da Espanha), 552
ferro, 96, 148, 407, 669
ferro, construção, 644, 646, 647, 665
ferro, fundição, 87, 107
Ferrovia de Uganda, 711
Fes, 449
feudalismo, 412
Filarmônica de Berlim, Alemanha, 726
Filipinas, 689
filosofia, 580. *Veja também* Iluminismo
    400 a.C.–0, 117
    200–400 d.C., 198
    400–600 d.C., 239
    1700–1800 d.C., 563
    China, 226–227
    governança, 225
    religião, 185
Finlândia, 749
Fioravanti, Aristotile, 535
firmas de arquitetura, globalização, 410, 411, 789, 790
Firuz (príncipe sassânida), 293
Firuzabad, Irã, 198, 252
Fischer, Johann Michael, 582
Fischer, Theodor, 706
Fisher, Mark, 773
Florença, Itália, 452, 475–479
florestas tropicais, culturas, 2, 50
Foguang, mosteiro, 332
Foguang, templo, Wutaishan, China, 305, 332–333, 349
Fontenay, abadias, Montbard, França, 411, 438–439
Ford Motor Company, Detroit, Michigan, 701
Ford, Tom, 793
Foreign and Commonwealth Office (Escritórios do Ministério das Relações Exteriores e da Comunidade Britânica de Nações), Londres, Inglaterra, 662
formalismo, 726
fórnice, sistema, 212
forno, construção com tijolo, 18

Foro de Augusto, Roma, Itália, 166–167, 175, 176
Foro de Bombaim (Mumbai), Índia, 671
Foro de César, Roma, Itália, 166, 167, 176
Foro de Trajano, Roma, Itália, 175–176
Foro de Vespasiano, Roma, Itália, 176
Foro do Condado de Lister, Sölvesburg, Suécia, 712
Foro Romano, 153–154, 158, 159
Foro Romano, Roma, Itália, 158, 166–167
Foros de Justiça de Londres (London Law Courts), 664
foros imperiais, 155, 175–176
Forte Commenda, Gana, 554, 555
Forte de Amber, Amer, Índia, 611
Forte William, Calcutá, Índia, 555
Foster & Partners, 797
Foster, John, 638
Foundling Estate, Londres, Inglaterra, 772
Fournier, Colin, 726, 773
França, 396, 482–483, 542, 558, 619–625
    1200–1400 d.C., 410, 411
    1400–1600 d.C., 456
    1600–1700 d.C., 501
    1700–1800 d.C., 563–565
    1800–1900 d.C., 605, 606
    1900–1950 d.C., 658, 699
    catedrais, 411
    colonialismo, 568, 569
    concreto, 706
    economia nacional, 580
    Egito, 681
    Império Francês, 573–581, 675
Francisco I (rei da França), 456, 482–483, 563
francos, 216, 237, 264, 278, 307, 336
Franklin, Benjamin, 605, 617
Frederico II (Sacro Imperador Romano), 478
Frederico, o Grande (imperador da Prússia), 587
Friedrich, Caspar David, 606, 630
Friedrich Krupp Werke, Alemanha, 705
Friedrich Wilhelm II (Frederico Guilherme II), rei da Prússia, 667
Friedrichstrassenpassage, Berlim, Alemanha, 677
friso representando uma cavalgada, Partenon, 130
frontão, Partenon, 133
Fry, Maxwell, 725, 756, 777
Fu Hao, túmulo, 83
Fujiwara do Norte, 412
Fuller, Buckminster, 726, 761, 774–776

Fuller, J. A., 671
Funcionalismo, 726, 753
fundição do ferro, 87, 107
Furness, Frank, 682
Futarasan, santuário, Japão, 274
futuristas, 708

gado, 3
Galeria de Arte da Universidade de Yale, New Haven, Connecticut, 753
Galeria de Arte Nacional, Berlim, Alemanha, 750
Galeria de Arte Nacional, Museu do Governo de Chennai, Índia, 671
Galeria de Arte Nacional, Washington, D.C., 667, 772
galeria funerária, 21
Galeria Real Vitória para o Estímulo à Ciência Prática (Royal Victoria Gallery for the Encouragement of Practical Science), 659
Galeria Vittorio Emanuele II, Milão, Itália, 677
galerias comerciais, 677
Galeries Saint Hubert, Bruxelas, Bélgica, 677
Galgada, pirâmide escalonada, 50
Galileo Galilei, 580
Gallaratese, apartamentos, Milão, Itália, 782
Gama, Vasco da, 519
Gangaikonda Cholapuram, Índia, 349
Ganweriwala, 31
Gao Zong (imperador da China), 293
Garaçons, Comme des, 793
Garamâncios, 124
Gardens Galleria, Índia, 789
Gare d'Austerlitz, Paris, França, 665
Gare de l'Est, Paris, França, 665
Gare de Lyon, Paris, França, 665
Gare Montparnasse, Paris, França, 665
Gare Saint Lazare, Paris, França, 665
Garnier, Charles, 676, 760
Garnisonskirche (Igreja da Caserna), Ulm, Alemanha, 706
Gateway Arch, Saint Louis, Missouri, 763
Gaudi, Antoni, 695–696, 701, 702, 743
Gaul, 144–145, 154, 164–165, 216, 237
Gaza, 177
Gedi, Kenya, 409 Gehry, Frank, 726, 791, 793
Gen'i, Maeda (governador xógum), 593
General Motors, Centro Técnico, Detroit, Michigan, 763
General Motors Company, Detroit, Michigan, 701
General Post Office (Correio Geral), Londres, Inglaterra, 662

# ÍNDICE

Gensler, 790
Gensler Design Excellence Awards (Prêmios Gensler de Excelência em Projeto), 790
Genyue, jardim em, 424
Gepparo, Vila Imperial de Katsura, Kyoto, Japão, 511
Gerasa, 213
Géricault, Théodore, 625
gestão ambiental, 797
Ggantija, templo, Malta, 49
Ghaggar-Hakra, civilização, 26, 30–31, 111
*ghat* de Manikarnika, Varanasi, 112
ghats de Varanasi, 112
*ghats* ocidentais, 189
Ghengis (Chengiz) Khan, 184, 426, 457
Ghiyas, Mirak Mizra, 520
Giedion, Siegfried, 733, 750, 771
Gilbert, Cass, 694
Gilgamesh (poema épico), 18
Ginkakuji, o Pavilhão de Prata, Kyoto, Japão, 457, 499
Ginzburg, Moisei, 717, 718
Giorgis, templo talhado na rocha, Lalibela, Etiópia, 434, 436
Gisé, Egito, 38, 41–43
Gliptoteca de Munique, Alemanha, 634
Global Cities Network, 789
globalização, 692, 787–799
    arquitetos locais, 795–796
    arquitetura e, 788
    impacto ambiental, 797
    materiais de pronto uso, 796
    ONGs (organizações não governamentais), 795
    preservação, 798–799
    princípios do projeto de alto padrão, 791–794
    valor das atividades de construção, 789
Göbekli Tepe, Turquia, 6, 7
Gobind Singh, Guru, 613
Godaigo (imperador do Japão), 497
godos, 168, 172, 216, 265
Godsell, Sean, 796
Goethe, Johann Wolfgang von, 606, 630
Gök, madrasa, Sivas, Turquia, 366
Gol Gumbaz, Bijapur, Índia, 530
Goldfinger, Ernö, 772
Golfo Pérsico, 26
Gomteshware Bahubali, 380
Gondola, Andrea di Pietro della, 539
Gongyuan, Cidade Proibida, China, 584
Gonur, 33
González-Sánchez, Guillermo, 766
Goodwin, Philip, 760
gopuram, 596
Goshikizuka Kofun, 267

gótico ruskhiniano, 669, 671
Gould, salão, Universidade de Washington, 725
Grã-Bretanha, colonialismo, 568
Graciano (imperador de Roma), 259
Graeff, Werner, 716
Grande Canal, China, 153, 294, 491
Grande Depressão, 725, 732
Grande Escadaria da Ópera de Paris, Paris, França, 676
Grande Estupa de Sanchi, 185–187
Grande Exposição de 1851, Londres, Inglaterra, 647, 657, 668
Grande Incêndio de Londres, Inglaterra (1666), 599
Grande Mesquita de Abd al-Rahman I, 317
Grande Mesquita de al-Mutawakkil, 314
Grande Mesquita de Córdoba, Espanha, 316–317, 402
Grande Mesquita de Isfahan (Masjid-i Jome, Mesquita da Sexta-Feira), Irã, 348, 362–365
Grande Mesquita de Samarra, Iraque, 314–315
Grande Muralha da China, 155, 182, 184, 222, 455, 491, 519
Grande Pirâmide de Khufu (Quéops), 41–43
Grande Praça de Monte Albán, México, 270
Grande Praça de Tikal, 339
Grande Salão da Assembleia Nacional, Ancara, Turquia, 726, 741
Grande Teatro, Bordeaux, França, 663
Grande Tenshu (Castelo de Himeji, Japão), 504
Grande Zimbábue, 436
Grandes Banhos Públicos de Mohenjo-Daro, 31–32
Graves, Michael, 781
Gravetiana, cultura, 2
gravuras feitas com placa de cobre, 616
Gray, Eileen, 794
Grécia, 278
    1500–800 a.C., 57
    800–400 a.C., 87
    400 a.C.–0, 117
    1400–1600 d.C., 456
    1800–1900 d.C., 605
    arquitetura e terminologia, 126–128, 212
    civilização micênica, 77–79
    colônias, 124
    Delfos, 139–140
    Erecteu, 134–135
    festivais, 138
    forma dos templos, 103–104
    Império Romano, 206, 208
    libertação, 634
    Mar Mediterrâneo, 124

ordem jônica, 136–137
Partenon, 131–133
período geométrico, 101–102
Período Helenístico, 141–146
projeto de templos, 124–127
religião, 208
sociedade etrusca, 98
teatro, 206
Telesterion de Elêusis, 138
termas, 214
Greene & Greene, 743
Greene, Charles Sumner, 673
Greene, David, 773
Greene, Henry Mather, 673
Gregório XIII (papa de Roma), 586
Griffin, Walter Burley, 690
Gropius, Walter, 659, 669, 715, 720, 724–726, 730, 733, 737, 745, 750, 771
Gross Schauspielhaus, Berlim, Alemanha, 707, 708
Grosseteste, Robert, 444
Grutas de Junnar (Índia), 189–190
Guachimonton, complexo, Teuchitlán, 192
Guadalajara, México, 193
Guangzhou, China, 293, 325
Guanyin-ge, Mosteiro de Dulesi, 390
Guastavino, Rafael, 689
Guatemala, 3, 87, 194
Guayabo (cidade-estado maia), 346
Gubbio, Itália, 446
Gudea de Lagash (rei), 17–18
Guerra Civil (Estados Unidos), 658, 688
Guerra da Crimeia (1854–1856), 675
Guerra de Independência dos Estados Unidos, 626
Guerra dos Trinta Anos (1618–1648), 581
Guerra Fria, 787
guerras
    1500–800 a.C., 54, 57
    400 a.C.–0, 117
    0–200 d.C., 154, 155
    400–600 d.C., 237, 238
    600–800 d.C., 272
    800–1000 d.C., 304, 307
    1000–1200 d.C., 349, 350
    1800–1900 d.C., 605, 606
    1900–1950, 659
    1950–século XXI, 725
    Arábia, interior, 449
    Dinastia Zou, 108
    guerrilha, 788
    Império Hitita, 75
    indo-arianas, 111
Guerras do Ópio (1839–1842), 700
Guerras dos Bôeres (1880–1881, 1899–1902), 699
Guerras Napoleônicas, 629, 637
guerrilhas, 788
Guevara, Ernesto Che, 768

Guggenheim, Solomon R., 760
gui, vaso, 108
Guilherme I (rei da Prússia), 654
Guilherme II (rei da Inglaterra), 353
Guilherme, o Conquistador (rei da Inglaterra), 401
Guilherme Volpiano, 399
Guntupalli, Índia, 189
Gurjara-Pratiharas, 370
Gushri Khan (soberano mongol), 516
Gyeongbokgung, Seul, Coreia, 496

*hacienda* Tabi, México, 570
*haciendas* (latifúndios coloniais), sistema, 563, 568, 571
Hadid, Zaha, 793, 794
Hagia Sophia, Constantinopla (Istambul, Turquia), 271, 280–283, 393, 394, 402, 534, 535
Hagmatana, cidade meda, 120
Haida, 2
Hal Saflieni, templo subterrâneo, Malta, 48
Hamburgo, Alemanha, 411
*han tu*, plataformas, 82
Hangzhou, baía, China, 7
Hangzhou, China, 108, 349, 386
*haniwa* (estátua funerária), 267
Hanyuan Hall, Chang'an (Xi'an), China, 294–295
Hao (Xi'an), China, 87, 108, 150
Harappa, 11, 31
Hardouin-Mansart, Jules, 575–577
Hardy, Adam, 255
Hariharalaya, Camboja, 303, 305, 328–330, 349
Harrison, Peter, 603
Harrison, Wallace, 738, 755
Hashihaka, túmulo, Nara, Japão, 266
Hastings, Warren, 633
Hatshepsut (Rainha do Egito), 65, 70–71, 106
Hatshepsut, templo mortuário, 70–71, 73
Hattusas, 54, 76, 78
Haussmann, Georges-Eugène, 675–676
Havaí, 347
Hawa Mahall, Jaipur, Índia, 611, 612
Hawkins, Gerald S., 46
Hawksmoor, Nicholas, 601
Hebei, 389
Hecatompilo, Irã, 197–198, 252
Hedjuk, John, 782
Heftalitas, 247
Heidegger, Martin, 781
Heijo-kyo, Japão, 303, 306
Heinrich de Fries, 707
Hekatompedos, 131
Helenismo, 117, 179, 198, 213, 218, 220, 394, 635, 663
Hélio, o Deus Sol, 57

835

# ÍNDICE

Hellmuth, Obata & Kassalbaum (HOK), 790
Helvetii, 164
Hemming, Sally, 626
Hemudu, 10
Hengistbury Head, Inglaterra, 164
Henrique IV (rei da França), 558, 573
Henrique VIII (rei da Inglaterra), 599
Hermitage, São Petersburgo, Rússia, 579
Hermógenes, 137
Herodes, palácio, Masada, Israel, 180
Herodion, Israel, 180
Herron, Ron, 773
Hersey, George, 101
Herz, Max, 681
Herzog, Thomas, 797
Heydar Aliyev, centro, Baku, Azerbaijão, 794
Hideyoshi (xógum of Japão), 504
Hideyoshi, Toyotomi, 593
Hill Carter, Ann, 604
Himera, batalha, 124
hinduísmo, 45, 199, 273, 305, 471, 592
    400–600 d.C., 239, 240
    800–1000 d.C., 304, 305
    1400–1600 d.C., 457
    Camboja, 328–330
    cosmologia, 255
    Índia, 349, 611–613
    Indonésia, 325–327
    islamismo, 428–430
    jains, 380
    origem e desenvolvimento, 254–255
    Sanchi, Índia, 187
    sudeste da Ásia, 258, 292, 416, 615
    sul da Ásia, 222, 286–290
    templos talhados na rocha, 177
hinduísmo tântrico, 349
Hiraizumi, Japão, 412
Hirão de Tiro, 107
Historicismo Clássico, 657
Historicismo Maia, 713
Historicismo Tudor, 666
Hitchcock, Henry-Russell, 726
Hitler, Adolf, 750
Hobbes, Thomas, 580
Höjer, Theodor, 666
Hollyhock, casa, Los Angeles, Califórnia, 713
Holzmeister, Clemenz, 726, 741
Homer, 78, 101
Honen, 312
Hong Kong & Shanghai Banking Corporation (Edifício da Associação Bancária de Hong Kong e Xangai), China, 700
Honório (imperador de Roma), 259, 260
Hood, Raymond, 738
hopi, povo, 460–461
Horta, Victor, 687, 743
hospitais, 581
Hospital de Chelsea, Londres, Inglaterra, 581
Hospital dos Inocentes (Ospedale degli Innocenti), Florença, Itália, 456, 476
Hospital São Luís, Paris, França, 581
Hospital Teishin, Tóquio, Japão, 742
Hotel Akbar, Índia, 778
Hôtel Crozat, Paris, França, 575
Hôtel de Sully, Paris, França, 574
Hotel dos Inválidos (Hôtel des Invalides), Paris, França, 581, 627
*hôtels* europeus, 573–575
Hotte, Pierre, 580
Hougang, Província de Henan, China, 56
Housmann, Georges-Eugène, 675–676
Howard, Ebenezer, 691
Hsuan Tsang (Xuanzang), 244, 247, 256, 275, 294, 304, 319
Huaca A, Vale de Casma-Sechin, 86
Huaca de la Luna (pirâmide moche), 231–232
Huaca del Sol (pirâmide moche), 231–232
Hué, Vietnã, 615
Huitzilapa, México, 193
Huizong (imperador da China), 407, 425
Humayun, túmulo, 520
Humboldt, Wilhelm von, 630
Hume, David, 617
Hungria, 393
hunos, 219, 237, 238, 286, 455
Hunt, Richard M., 688
Husni Kubwa, Moçambique, África 431

Ibadan, Nigéria, 725
Ibadan, Universidade, Nigéria, 777
Ibaraki Kasugaoka Kyokai, igreja, Osaka, Japão, 784
Ibn Tumart, 351
Ibrahim II, túmulo, Bijapur, Índia, 529
Idade da Razão, 580–581
Idade do Bronze, 9, 77, 79
Idade do Cobre, 14
Idade do Ferro, 96
Idade Média Clássica, 441
Iêmen, 87, 106
Iemitsu (xógum of Japão), 505
Ieyasu (xógum of Japão), 505, 593
Ifè, reino, 409
iglus, 308
Igreja Anglicana, 599–600
Igreja Anglicana de Seul, Coreia, 700
Igreja Batista de Antioch, Condado de Perry, Alabama, 796
Igreja Colegiada de São Ciríaco, Gernrode, Alemanha, 396, 397
Igreja da Abadia de Cluny, França, 398
Igreja da Abadia de Saint Foy, Conques, França, 398
Igreja da Abadia de Saint Riquier, França, 238, 336, 397
Igreja da Ascensão, Kolomenskoe, Rússia, 536
Igreja da Dormição da Virgem, Kiev, Rússia, 350
Igreja da Inglaterra, 564, 599
Igreja da Purificação, Aleksandrova Sloboda, Rússia, 536
Igreja da Santa Cruz, Aght'amar, Lago Van, Gevash, Armênia, 395
Igreja da Vera Cruz, Segóvia, Espanha, 403
Igreja de Cristo Pantocrator, Istambul, Turquia, 350, 392
Igreja de Hagia Irene, Bizâncio, 271
Igreja de Le Puy, 411
Igreja de Neresheim, Alemanha, 582–583
Igreja de Santo Apolinário Novo (Palácio de Teodorico, o Grande, Ravena, Itália), 265
Igreja de Santo Egídio (Saint-Gilles), 411
Igreja de Santo Estêvão Redondo (Santo Stefano Rotondo), Bolonha, Itália, 403
Igreja de São Domingo, San Cristóbal de Las Casas, México, 561
Igreja de São Francisco Xavier, Dongjiadu, China, 700
Igreja de São Gayane, 272
Igreja de São João de Latrão, Roma, Itália, 260–261
Igreja de São Miguel, Hildesheim, Alemanha, 351
Igreja de São Pedro e São Paulo, Constantinopla (Istambul, Turquia), 278
Igreja de São Salvador de Valdediós, Espanha, 308
Igreja de São Sérgio e São Baco, Constantinopla (Istambul, Turquia), 278, 279, 283, 286
igreja de tabuado de madeira de Borgund, Noruega, 440
Igreja de tabuado de madeira Kaupanger, Noruega, 440
Igreja do Acheiropoietos, Tessalônica, 264
Igreja do Cristo Operário, Atlántida, Uruguai, 767
Igreja do Salvador (Il Redentore), Veneza, Itália, 539
Igreja do Salvador sobre o Sangue Derramado, São Petersburgo, Rússia, 629
Igreja do Santo Sepulcro, Jerusalém, 403, 406
igreja dominicana, Toulouse, França, 448
Igreja dos Dízimos (Desyatinaya), Kiev, Rússia, 350, 393
Igreja dos Profetas, Apóstolos e Mártires, Gerasa, Jordânia, 264
Igreja dos Santos Apóstolos, Bizâncio, 271
Igreja em Arles, 411
Igreja Ibaraki Kasugaoka Kyokai, Osaka, Japão, 784
Igreja Ortodoxa Russa, 535
Igreja Presbiteriana Unida de Saint Vincent Street, Glasgow, Escócia, 634
igrejas
    400–600 d.C., 238
    600–800 d.C., 271, 272
    800–1000 d.C., 307, 308
    1000–1200 d.C., 351
    1200–1400 d.C., 411
    1600–1700 d.C., 501
    1700–1800 d.C., 564
    armênias, 286
    de abadias, 336
    de peregrinação, 403, 411
    Escandinávia, 440
    igrejas de tabuado de madeira, 409
igrejas bizantinas, 535–536
igrejas de abadia, 336
igrejas de peregrinação, 403, 411
igrejas talhadas na rocha em Lalibela, Etiópia, 434–436
Ikea, lojas, Rússia, 789
Il Gesù, Roma, Itália, 542, 550–551
Il Redentore (Igreja do Salvador), Veneza, Itália, 539
Île Longue, Sul da Bretanha, França, 21
Ilha de Chipre, 77, 177
ilírios, 124
Iluminismo, 474, 563, 564, 570, 584–587, 605, 620, 624, 626, 630, 633, 639, 641, 650, 725
Ilyas Shah, dinastia, 488
Imperador Yongle (China), 227, 491, 495, 512–513
Imperial Hotel, Tóquio, Japão, 713
Império Asteca, 228, 230, 452, 463–464
Império Austro-Húngaro, 659
Império Axum, 96, 220–221, 434
Império Babilônio, 87
Império Bizantino, 265, 278–283, 362, 392–395, 402, 629
Império Britânico, 657, 658, 699
Império Cartaginense, 124, 158
Império Cuchana, 87, 105, 155, 185, 198–199, 219, 220, 222, 240, 250, 251
Império Cuchita, 105

# ÍNDICE

Império de Antígono, 141
Império de Gana, 408–409, 431
Império Francês, 573–581
Império Gandhara, 222
Império Gupta, 238–239, 244–246, 254–255, 286–287, 319
Império Heftalita (ou dos Hunos Brancos), 238–240
Império Hitita, 54, 55, 60, 75, 87, 96, 113
Império Huari, 344
Império Inca, 455, 465–466, 552
Império Mali, 431, 437
Império Máuria, 96, 148, 185, 222
Império Mogol, 501, 520, 595–596, 611–613
Império Mongol, 184, 394, 413, 416, 419, 426, 449, 456, 491, 516, 519
Império Neo-Assírio, 113–114
Império Osmanli, 456
Império Otomano, 455–457, 469–487, 533–534, 565, 570, 598, 605, 634, 659, 681
Império Parta, 177, 181, 185, 218–220
Império Persa, 87, 115–117, 120, 124, 531–532
Império Prússio, 605
Império Romano, 97, 124, 202–204, 271, 627
   augustino, 166–167
   celtas e, 164
   cidades, 202
   Coliseu, 174
   comércio, 154, 197, 199
   Cristianismo, 237, 259, 278
   divisão, 216, 259–260
   Domiciano, 172–173
   estradas, 153
   expansão, 197, 202–205, 220
   foros imperiais, 175–176
   guerras e conquistas, 154
   incursões dos bárbaros, 237
   Palácio de Diocleciano, 216–217
   Panteon, 207–209
   Período Pós-Constantiniano, 264
   Período Pós-Augustino, 170–171
   religião, 208, 219
   saques, 168, 260, 264
   superfícies verticais, 212–213
   teatros, 204, 206, 213
   termas, 214–215
   urbanização, 202–205
   Vespasiano, 172
   Vila de Adriano, 210–211
   Vitruvius (Vitrúvio), 169
Império Sakas, 185
Império Sassânida, 251–253, 273
Império Selêucida, 141, 220
Império Srivijayano, 273, 304, 305, 325
Império Sunga, 185, 244, 251
Império Tolteca, 452–454

Império Xiongnu, 225
impluvium, túmulo talhado na rocha, 177
Ince Minare, madrasa, Konya, Turquia, 366
incêndio, 166, 170, 401
Índia, 96, 117, 520–530, 778
   3500–2500 a.C., 3
   1500–800 a.C., 54
   800–400 a.C., 87
   400 a.C.–0, 117
   0–200 d.C., 155
   200–400 d.C., 198
   400–600 d.C., 238–239
   600–800 d.C., 271, 273
   800–1000 d.C., 303–305
   1000–1200 d.C., 348–349
   1200–1400 d.C., 408, 413
   1400–1600 d.C., 457
   1600–1700 d.C., 501
   1700–1800 d.C., 565
   1800–1900 d.C., 605, 606
   1900–1950 d.C., 658
   1950–século XXI, 725
   Ahmedabad, Índia, 488, 778–779
   arquitetura, 141
   Artes e Ofícios, 670–672
   bangalô, 684
   budismo, 148–149, 155
   Chandigarh, 756–758
   cidades, 304
   cidades-templo, 291
   colonial, 632–633, 670–672, 710
   comércio, 148, 155, 304, 305, 407
   Dinastia Máuria, 148
   globalização, 787
   Império Gupta, 238–239
   Império Máuria, 148, 185, 222
   Império Mogol, 595–596, 611–613
   Kutch Nav Nirman Abhiyan, 795
   Modernismo, 727, 756–758
   Mogóis, 570
   Nova Déli, 699, 710
   Pós-Modernismo, 784–785
   primeiras cidades, 7
   Sultanato de Délhi, 428–430
   Sultanato Ghaznávida, 408
   sultanatos do Planalto do Decã, 488–489, 611
   templos, 320
indianização, 155, 273, 291, 303–305
indo-arianos, 87, 111–112
Indonésia, 303, 325–327, 714
Indratataka (Mar de Indra), 329
industrialismo, 657, 797
industrialização, 91, 606
Inglaterra
   3500–2500 a.C., 2
   2500–1500 a.C., 26
   1000–1200 d.C., 352, 353
   1200–1400 d.C., 411

   1600–1700 d.C., 501
   1700–1800 d.C., 563, 564
   1800–1900 d.C., 605–606
   1900–1950 d.C., 657, 658
   colonialismo, 569, 711
   edifícios públicos, 662–664
   elisabetana, 559–561
   Estilo Georgiano, 602
   Movimento Artes e Ofícios, 669–670
   normanda, 399–404
   Revolução Industrial, 637, 638, 640
Inglaterra Vitoriana, 647, 691
Instituto de Tecnologia de Bandung, Indonésia, 714
Instituto de Tecnologia de Illinois (ITT), biblioteca, Chicago, Illinois, 750
Instituto de Tecnologia de Massachusetts, Cambridge, Massachusetts, 686, 743
Instituto dos Mecânicos (Mechanic's Institute), 659
Instituto para Meninas Ismet Pasa, Ancara, Turquia, 741
internet, 787
inuit (esquimós), 308
Iofan, Boris, 737
iorubás, 431, 537
Ipshir Pasha, cafeteria, Alepo, Síria, 572
Irã, 273, 362–365
Iraque, 12, 14, 15
Irlanda, 22, 568
irrigação, 198, 305, 308, 349
   2500–1500 a.C., 26
   1400–1600 d.C., 457
   China, 294, 427
   Civilização de Ghaggar-Hakra, 26
   cultura das civilizações, 15, 34
   Reino Khmer, 416
Isabela de Castela (rainha da Espanha), 552
Isanapura (cidade chenia), 291
Ise Jingu, Japão, 297–300
Isfahan, Pérsia, 348, 530–532
Ishvara Temple, Arasikere, Índia, 408
Isidoro de Mileto, 280
Ísis (culto), 155
Islamabad, Paquistão, 725, 741, 761
Islamismo, 273
   800–1000 d.C., 303, 304, 307
   1000–1200 d.C., 347, 348, 350
   1200–1400 d.C., 408, 409
   1400–1600 d.C., 455
   1600–1700 d.C., 501
   África 431
   ascensão, 312
   califado fatímida, 366–367
   Espanha, 449–451
   Hinduísmo, 428–430
   Sacro Império Romano, 396
   turcos seljúcidas, 362–365, 394

Islamismo, Mazharul, 778
islamismo shi'a, 369, 456
Islamismo sunita, 369, 456
islamização, 303
Îsle de la Cité, Paris, França, 558
Isma'il Pasha (soberano of Egito), 681, 700
Ismail Khan, 524
Ismet Pasa, instituto para meninas, Ancara, Turquia, 741
Isozaki, Arata, 784
Ísquia (Pithekoussai), ilha (colônia grega), 124
Israel, 14, 727, 741
israelitas, 87
Istambul, Turquia, 456, 472, 501, 533–534, 598
Itália, 126, 264, 278, 404–406, 446–447, 469, 476–482
   800–400 a.C., 87
   400–600 d.C., 237
   600–800 d.C., 272
   1000–1200 d.C., 351, 352
   1200–1400 d.C., 411–412
   1400–1600 d.C., 456, 469
   1900–1950 d.C., 658, 699
   modernismo fascista, 747–748
Ithaca, Nova York, 686
Itsukushima, santuário, Japão, 422, 423
Itten, Johannes, 659, 720
Ivã III (czar, Rússia), 535
Ivã IV (czar, Rússia), 536

Jacobs, Swinton, 658, 671
Jaffa, Israel, 741
jaguar, 91
Jahn, Helmut, 783
Jahrhunderthalle (Salão do Centenário), Breslau, Alemanha, 706
Jai Singh II, Sawai (soberano de Amer), 611–612
Jai Singh, Sawai (soberano de Amer), 565, 597
jainismo, 239, 349
jains, 380
Jaipur, Índia, 565, 597, 611–612, 658, 671
Jalal al-Din Muhammad Shah (sultão de Pândua), 488
James Dakin, banco, Louisville, Kentucky, 635
Jami Masjid, Fatehpur Sikri, Índia, 521–522
Jami Masjid odef Ahmedabad, Índia, 488
Janák, Pavel, 707, 742
Jandial, templo, 181
Jansen, Hermann, 741
Jantar Mantar, Jaipur, Índia, 612
Japão, 247, 504–511
   3500–2500 a.C., 2
   0–200 d.C., 155

837

# ÍNDICE

400–600 d.C., 241
600–800 d.C., 271, 275
800–1000 d.C., 306, 308
1200–1400 d.C., 412–413
1400–1600 d.C., 457
1600–1700 d.C., 501
1700–1800 d.C., 564
1800–1900 d.C., 607
1900–1950 d.C., 658, 659
budificação, 303, 306
budismo, 266, 275, 297, 306, 349, 504, 508, 593
Budismo Terra Pura (Amidismo), 391, 422
colonialismo, 700
Coreia, 591
insularidade, 648
Kinkakuji, Japão, 498
Kofun, 241
militarismo, 700
Período Edo, 648–649
Período Kamakura, 412
Período Kofun, 266
Período Muromachi, 498
Período Nara, 297, 303
Pós-Modernismo, 784–785
Restauração Meiji, 700, 742
Todai-ji, 303
Xintoísmo, 275, 297–300, 306, 423
xóguns Tokugawa, 593–594
Jardim de Kagithane, Istambul, Turquia, 598
Jardim do Mestre das Redes, Sozhou, China, 424
jardim nacionalista, 585
jardim pitoresco, 564, 585
Jardim Qingyi, Pequim, China, 653
jardins
China, 424, 653
Inglaterra, 585–586
Japão, 506, 509, 510, 562
jardins secos, 562
Jardins Stowe, Buckinghamshire, Inglaterra, 585–586
Jardins Suspensos da Babilônia, 115–116
Jasaw Chan K'awiil (soberano de Tikal), 338
Java, 303, 304, 519, 714
Jayavarman II (rei khmer), 328–330
Jayavarman VII (rei khmer), 418
Jefferson, Thomas, 603, 605, 606, 626
Jengi, 2
Jenneret, Pierre, 756
Jericó (cidade no alto de uma colina), 14
Jerusalém, 107, 154, 172, 207, 306, 318
Jetavanarama, estupa, Anuradhapura, Sri Lanka, 224
Jian Ping, 248

Jinci, templo, Taiyuan, China, 387
*jinshi*, sistema, 584
Jiroft, 26
João II Comneno (imperador de Bizâncio), 392
Jogos Olímpicos, surgimento, 104
Johnson, Philip, 751, 764, 781
Johnson Wax (Ceras Johnson), edifício administrativo, Racine, Wisconsin, 697
Jones, Inigo, 561, 602, 628
Jones, William, 633
Jordânia, 107
Jorge V (rei da Inglaterra), 710
Joyce, James, 726
judaísmo, 155, 172, 259, 654–656, 741
Judicature Act of 1873 (Reino Unido), 664
Júlio II (papa de Roma), 546
Junnar, Índia, 185
Justiniano (imperador de Bizâncio), 271, 272, 278–280
Justino I (imperador de Bizâncio), 278
Juvarra, Filippo, 480, 693

K'awiil (soberanos de Tikal), 338
Kachi, planície, 11
Kadesh, Batalha de, 75
Kaffeehaus Jüngling, Viena, Áustria, 572
Kagithane, jardim, Istambul, Turquia, 598
Kahn, Albert, 686, 701
Kahn, Louis, 726, 741, 753, 770, 779, 785
Kahn, sistema, 701
Kaifeng, China, 386, 424
Kaijima, Momoyo, 796
Kailasnath em Ellora, Aurangabad, Índia, 322–323
Kalasasaya, templo (Akapana), 344, 345
Kalinganagar, Índia, 408
Kallweit, Richard, 776
Kamei, Tobei, 593
kampungs, 714
Kanamaru-za, teatro kabuki, Kotohira, Japão, 648–649
Kanauj, Índia, 370
Kanchenjunga, apartamentos, Bombaim (Mumbai), Índia, 779
Kanchipuram, 320
Kandariya Mahadeva, templo, Índia, 349
Kandinsky, Wassily, 720
Kangxi (imperador da China), 564, 589
Kanishka (imperador de Cuchana), 250
Kanishka Stupa, Peshawar, Paquistão, 199

Karakorum (capital mongol), 413, 426
Kardar, Chrysoula, 130
Karfik, Vladimir, 739
Karl-Marx-Hof, Viena, Áustria, 726
Karmi, Ram, 741
Karnak, Egito, 65–71, 66
templo, 66, 68
Templo de Amon, 69
Kasi (reino indo-ariano), 111
Katsura Rikyu (Vila Imperial de Katsura), Kyoto, Japão, 508–511, 593, 594
Kaufmann, Edgar J., 744
Kaupanger, igreja de tabuado de madeira, Noruega, 440
Kazakhstan, 55
Kbour-er-Roumia ("túmulo da mulher cristã"), Argel, 168
Kelheim, Alemanha, 164
Kemal, Mustafa (Atatürk), 741
Kempthorne, Sampson, 640
Kendleston Hall, 634
Kent, William, 585
Kerlescan, alinhamento de pedras, 24
Khajuraho, Índia, 375
Khandariya Mahadeva, templo, Khajuraho, Índia, 375, 376
Khans, 457, 588
Khasneh al Faroun, Petra, Jordânia, 178–179
Kheri Kala, templo (Akapana), 344
Khiljis, Dinastia, 488
Khiva (canato), 610
Khonsu, templo, Karnak, 67, 74
Khorezm (canato), 610
Khotan, oásis, 199
Khrushchev, Nikita, 737
Khufu (Quéops), faraó, 41
Khurram Shah Jahan (soberano mogol), 520
Khusrau I (imperador sassânida), 252
Khwarezmia, 610
Kikutake, Kiyonoro, 771
Kilwa, Tanzânia, África 431
King's Chapel, Boston, Massachusetts, 633
Kinkakuji, o Pavilhão de Ouro, Kyoto, Japão, 457, 498, 499
Kipling, John Lockwood, 670
Kipling, Rudyard, 670
Kiyomizudera, Kyoto, Japão, 504
Kiyomori, Taira no, 422, 423
Klee, Paul, 720
Klein, Alexander, 741
Klenze, Leon von, 634–635
Klumb, Henry, 766
Kohn Pedersen Fox Associates (KPF), 789, 793
Kolbe, Georg, 735
Konark, Templo do Sol, Índia, 408
Konya, Anatólia, 348

Konya, Turquia, 14
Koolhaas, Rem, 726, 791–793
Kosala (reino indo-ariano), 111
Kostka, Stanislaus, 550
Kotera, Jan, 707
Koumbi Saleh, Gana, 431
Kovalam, Refúgio na Praia, Índia, 779
Kremlin, Moscou, Rússia, 535–536
Krier, Leon, 782
Krishna I, 322
Kubitschek, Juscelino, 754, 756
Kublai Khan (imperador mogol), 413, 426–427, 497
Kumara Gupta I (rei gupta), 319
Kundoo, Anupama, 796
!Kung, 1
Kunming, China, 416
Kunsthaus, Graz, Áustria, 726, 773
Kuratsukuri no Tori, 301
Kurgan, 4, 57
kurgan de Maikop, 57
Kutch Nav Nirman Abhiyan (ONG), 795
Kuwait International Hotel, 789
Kyanzittha (rei pagan), 421
Kyoto, Japão, 391, 422, 457, 504, 593–594

L'Enfant, Charles Pierre, 606, 627
La Galgada, 50–51
La Padula, Ernesto, 747
La Tourette (França), mosteiro, 759
La Venta (cidade olmeca), 92–93
Laboratório Elétrico para o Ministério de Obras Públicas (1929), Exposição do Estilo Internacional de 1932, Museu de Arte Moderna de Nova York, Nova York, 742
Labrouste, Henri, 646, 668, 678, 679, 689
labrys, 61
Ladvosky, Nikolai, 717
Lagash, 34
Lagny, França, 410
Lago Titicaca, 344
Lakshmana, templo, Índia, 349, 374
Lakshmana, templo, Sirpur, 255
Lal, Lala Chiman, 672
Lalibela, Etiópia, 409, 434–436
Lambaesis, portão, 203
Land Grant Act (Lei da Cessão de Terras) de 1861 (Estados Unidos), 686
Lanfranco, 404
Lang Darma, 306
Lankesvara, templo, 323
Lanzón, Chavín de Huántar, 94, 95
Las Casas, Bartolomé de, 553, 619
Lasdun, Denys, 725
Latrobe, Benjamin, 639
Latrobe, Henry, 627
Laugier, Marc-Antoine, 606, 619, 620, 625, 642, 643, 647

838

# ÍNDICE

Le Corbusier, 659, 695, 702, 707, 717, 721–723, 725, 726, 730, 731, 733, 734, 737, 739, 745, 748, 755–757, 759, 766, 770, 771, 778, 779, 781, 794
Le Nôtre, André, 542, 576
Le Puy, igreja, 411
Le Vau, Louis, 573
Leadership in Energy and Environmental Design (LEED), sistema de certificação de edificações sustentáveis, 797
Ledoux, Claude Nicholas, 605, 621, 623
Lee, Henry, 604
Lee, Robert E., 604
Lee, Thomas, 602
Leeds, prefeitura, Inglaterra, 663
Lei da Cessão de Terras (Land Grant Act) de 1861 (Estados Unidos), 686
Lei da Grande Reforma de 1832 (Reino Unido), 637, 664
Lei das Dez Horas 1847 (Reino Unido), 637
Lei das Minas (Mines Act of 1842), Reino Unido), 637
Lei Tarsney de 1893 (Estados Unidos), 688
Leibniz, Gottfried, 584
Leis das Fábricas (Reino Unido), 637
Lenin, Vladimir I., 737, 738
Lenyadri, Índia, 189
Leo III (papa de Roma), 334
Leo X (papa de Roma), 481
Leokoreion, 129, 130
Leonardo da Vinci, 483, 501, 550
Leoni, Giacomo, 602
Leotini (Colônia grega), 124
Lepcis Magna, 174
Lepenski Vir, Danube River, 2
Leptis Magna, 202
Lescot, Pierre, 563
Leshan, buda, China, 240
leste da África, 431
leste da Ásia
    1700–1800 d.C., 564
    1800–1900 d.C., 607
Letchworth, Inglaterra, 691
Levante, 3, 12, 57, 106, 120, 154
Léwé, culto, 538
Lewerentz, Sigurd, 712
Li Zicheng, 588
Líbano, 120
Libeskind, Daniel, 726, 790
Líbia, Império Cuchita, 105
lícios, 189
Lídia, 124
Liga das Nações, 659
Liga Hanseática, 411
Liga Lombarda, 411–412
Lin'an, China, 349, 386, 424
Lincoln, Abraham, 686

Lincoln Center, Nova York, Nova York, 755, 780
Linhas de Nazca, 199, 233–234
Lissitzky, El, 716, 718, 727
Lister, foro do condado, Sölvesburg, Suécia, 712
Liu Bingzhong, 413
Liverpool, Inglaterra, 638
Livy, 159
Loeschner, Hans, 199
*Loggia* dei Priori (Loggia dei Lanzi), Florença, Itália, 476
Lojas de Departamentos Seibu, Japão, 789
Lojas Ikea, Rússia, 789
Lokesvara, complexo de templos, (Preah Khan), Camboja, 416–419
Lomas Rsi, caverna, Colinas Barabar, 149, 189
lombardos, 272, 278, 334
London, Jack, 673
London Law Courts (Foros de Justiça de Londres), 664
Londres, Inglaterra, 599, 637, 662, 664
Lonovala, cavernas, 247
Loos, Adolf, 669, 697, 703, 730, 735, 743
Looshaus, Viena, Áustria, 703
Louis, Victor, 663
Louis Vuitton, fábrica, Paris, França, 798
Louis Vuitton, lojas-conceito, 793
Louvre, Paris, França, 550, 573, 627, 676
Loyola, Inácio, 542, 550
Irene (imperatriz de Bizâncio), 392
Lübeck, 411
Lucknow, Índia, 690
Ludwig I (rei da Baviera), 635
Ludwigshafen, Alemanha, 704
Luís VI (rei da França), 441
Luís XIII (rei da França), 558
Luís XIV (rei da França), 550, 577, 586, 678
Luoyang (Wangcheng) China, 87, 109–110, 182, 225, 347
Luther, Martin, 441
Lutyens, Edwin, 699, 710
Luxor, Templo, 65–66, 71
Lyon, Gustave, 737

Ma'rib, 106
Macedônia, 124
Machu Picchu, Peru, 467–468, 798
Maderno, Carlo, 547
Mado, edifício, Tóquio, Japão, 796
Madrasa al-Firdus, Alepo, Síria, 366
Madrasa de Gök, Sivas, Turquia, 366
Madrasa de Ince Minare, Konya, Turquia, 366
Madrasa do Sultão Qalawun, Cairo, Egito, 432

Madrasa Ulugh Beg, Samarcanda, Uzbesquistão, 487, 612
madrasas, 366, 432
Madurai, Índia, 595–596
Madurai, Nayakas, 595–596
Magadha (reino indo-ariano), 111
magiares, 351
Magna Grécia, 87
Magney, casa, Bingie Bingie, Austrália, 786
Mahabalipuram, Índia, 289
Mahabodhi, complexo de templos, Gaya, Índia, 239, 240, 256, 296
Mahastupa (Grande Estupa de Sanchi), 185–187
Mahaviharas de Nalanda e Somapura, 319
Mahavira, 117
Mahayana, budismo, 117, 185–190, 240, 246, 247, 296, 331, 380, 390, 516, 615
Mahdia, Tunísia, 350
Mahendraparvata (Monte Meru), 329
Mahmoud Pasha, mesquita, Cairo, Egito, 681
Mahmud I (sultão otomano), 598
Mahram Bilqis, 106
Maikop, kurgan, 57
Maison Carrée, Nîmes, França, 619, 626
Maison Français, Nova York, Nova York, 738
Majapahit, reino, 457
Malevich, Kazimir, 735
Mali, África 537–538
Malta, 26, 27, 48–49
Mamallapuram, Índia, 273
Mamelucos, 369, 409–410, 469, 565
Manchester, Inglaterra, 637
Manching Oppidum, Baviera, 164
Manchúria, 501
mandala, Hindu, 287, 288
Mandalay, Mianmar (Burma), 199
Manhattan, Nova York, 674
Manikarnika, ghat, Varanasi, 112
Manila, Filipinas, 658, 689
maniqueísmo, 293
Mansão Presidencial de Çankaya, Ancara, Turquia, 741
Manship, Paul, 738
Mansões de Chettinad, Tamil, Índia, 658, 680
Maomé (profeta), 312, 350
Maomé I (rei de Granada), 449
Mapa Dymaxion (Fuller), 775
Mar Cáspio, 348
Mar Egeu, 77
Mar Mediterrâneo, civilizações
    civilização micênica, 77–79
    cultura minoica, 60–63
    grega, 124
    Império Otomano, 598

Marco Aurélio Antonino (imperador de Roma), 225
Marco Polo, 407, 427
Marco Virgílio Eurísaces, túmulo, Roma, 163
Margiana, 25, 33
Mari, Síria, 53, 54
Marin, Califórnia, centro cívico do condado, 697
Marinetti, Filippo Tommaso, 708
mármore, construção, 38, 166, 337
Marraquexe, 350–351
Marroquín, Francisco de, 561
Marselha, França, 124, 734
Martí, José, 766
martyria, 261, 264
Maruri, Carlos, 693
Marx, Karl, 641, 717
Marzabotto, Itália, 99
Masamoto, Hosokawa, 562
Masaryk, Tomás Garrigue, 739
Masjid-i-Shah Mosque, Isfahan, Pérsia, 532
Massachusetts State House, Boston, Massachusetts, 628
Massalia (Marselha, França), 124
matemática, 74
materiais de pronto uso, 796
Mathura, Índia, 185
Matilda di Canossa (rainha da Toscana), 404–405
Matisse, Henri, 759
Mau, Bruce, 792
Mausoléu de Augusto, Roma, 168
Mausoléu de Halicarnasso, 601, 663
Mausoléu de Oljaytu, Soltaniyeh, Irã, 475
Mausoléu do Sultão Jalal al-Din Muhammad Shah, 488
Maximiano I (Sacro Imperador Romano), 216
Mayer, Albert, 756
McDonough, William, 797
McKim, Charles Follen, 684, 688, 689
McKim, Mead & White, 658, 684, 686, 689
McQueen, Alexander, 793
Mead, Margaret, 761
Mead, William Rutherford, 684
Meca, 312, 318
Mechanic's Institute (Instituto dos Mecânicos), 659
Medamud, protótipo, 40
Média, região, 120
Medici, família, 456, 478, 481
Medici, palácio, Florença, Itália, 478
Medinet Habu, templo, 64, 66
Mediterrâneo
    2500–1500 a.C., 26
    1500–800 a.C., 57
    400 a.C.–0, 117
    0–200 d.C., 153
    600–800 d.C., 272

# ÍNDICE

800–1000 d.C., 307
1200–1400 d.C., 409–410
comércio, 469
peste bubônica, 272
Meenakshi Sunderesvara, templo, Madurai, Índia, 595–596
megacidades, 197, 202, 273–274, 790
megaron (great hall), 77, 78
Mehmed II (sultão otomano), 456, 472
Mehrgarh II, Paquistão, 11
Mehrgarh, Paquistão, 11
Meidum, Egito, 38, 40
Melnikov, Konstantin Stepanovich, 719, 727
Memorial de Grant, Washington, D.C., 689
Memorial de Hiroshima, Japão, 771
Memorial de Lincoln, Washington, D.C., 689
Memorial Hall, Universidade de Harvard, Cambridge, Massachusetts, 669
Mendelsohn, Erich, 708, 730, 737, 741, 763
Mendoza, Juan Gonzalez de, 586
Ménec, Bretanha, círculo de pedras, 24
Mênfis, Egito, 19, 20, 38
Mercado de Charleston, Carolina do Sul, 635, 636
Mercado Público de Delos, Grécia, 142
Mercado Santa Catarina, Barcelona, Espanha, 796
mercantilismo, 568, 602
Merneith (rainha), túmulo em Umm el-Qaab, Ábidos, Egito, 19, 20
Meroë, estrutura mortuária, 105
Merv, 251
Mesoamérica, 452
Mesopotâmia
3500–2500 a.C., 3
2500–1500 a.C., 25, 26
1500–800 a.C., 54
800–400 a.C., 87
alimentos, 45
Babilônia, 115–116
cidades, 6–7
comércio, 7, 14, 26
cultura das civilizações, 12, 15–18
Império Hitita, 76
Império Neo-Assírio, 113–114
Império Parta, 220
Império Romano, 175
religião, 98–99
urbanização, 34–37
Mesquita da Sexta-Feira de Bibi Khanum, Samarcanda, Uzbesquistão, 486–487
Mesquita da Sexta-Feira de Gulbarga, Índia, 490

mesquita de Abu Dulaf, 314
Mesquita de Adina, Pândua, Índia, 488
Mesquita de Al-Aqsa, Jerusalém, 312
Mesquita de Al-Azhar, Cairo, Egito, 350, 367, 368–369
Mesquita de al-Hakim, 369
Mesquita de Al-Rifa'i, Cairo, Egito, 681
Mesquita de Aqmar, Cairo, Egito, 368
Mesquita de Córdoba, Espanha, 303
Mesquita de Djenné, 409
Mesquita de Djenne, Mali, 437
Mesquita de El-Hakim, Cairo, Egito, 312
Mesquita de Ibn Tulun, Cairo, Egito, 307, 308
Mesquita de Mahmoud Pasha, Cairo, Egito, 681
Mesquita de Nurosmaniye, Istambul, Turquia, 598
Mesquita de Samarcanda, 456–457
Mesquita de Sankoré, Timbuktu, Mali, 437
Mesquita de Touba, Senegal, 740
Mesquita de Yesil Cami, Bursa, Turquia, 470
Mesquita de Zeyrek, Turquia, 350
Mesquita do Sultão Hassan, Cairo, Egito, 681
Mesquita Omíada, Damasco, Síria, 303, 306, 313
mesquitas, 252, 306, 409, 410, 437, 456–457
mesquitas, construção, 312–317, 470
Metabolismo, 771
Metais
celtas, 164, 165
civilização micênica, 77–78
cultura das civilizações, 12, 14
desflorestamento, 164
Idade do Ferro, 96
Império Cuchita, 105
Império Hitita, 75
Império Máuria, 148
Povo do Vaso Campaniforme, 26, 46
povo peruano, 232
sociedade etrusca, 97
metalurgia, 55, 57
Metcalfe Hall, Calcutá, Índia, 636
Mexica, povo, 455, 463–464
México, 766
800–400 a.C., 87
800–1000 d.C., 309
1000–1200 d.C., 353
1400–1600 d.C., 455
agricultura, 90
globalização, 787
Império Tolteca, 452–454
olmecas, 91
plantações, 569
Pós-Modernismo, 785

Teotihuacán, 199
zapotecas, 191, 268–270
Meyer, Hannes, 721, 727, 737, 741
Meyer, William, 772
Mianmar (Burma), 273
Michelangelo Buonarroti, 533, 546, 550, 628, 676
Michelozzi, Michelozzo di Bartolomeo, 478
Mies van der Rohe, Ludwig, 716, 724–727, 730, 735–736, 750, 751, 755, 764, 794
migrações
3500–2500 a.C., 2
2500–1500 a.C., 26, 27
400–600 d.C., 237, 238
800–1000 d.C., 303
1400–1600 d.C., 455
1700–1800 d.C., 568
Milão, Itália, 259
Mileto, Anatólia, Turquia, 141, 205
milho, 87, 90, 308, 309
Miller, Robert, 783
Minamoto no Yoritomo, 412
minaretes, 316
mineração, 14, 148, 175, 564
Mines Act of 1842 (Lei das Minas), Reino Unido), 637
Mingtang-Biyong, complexo ritual, 226–227
Mingzhou, China, 293
Ministério da Saúde e Educação, Rio de Janeiro, Brasil, 745–746
Ministério das Relações Exteriores, Brasília, Brasil, 755
Miralles, Enric, 794, 796
missionários, 564, 586
Mississippi, culturas, 27, 80, 90, 358–359
Mistérios de Elêusis, 138, 208
mistérios iranianos, cultos, 198
Mitla (capital zapoteca), México, 353
mitraísmo, 155, 198
Mizuno, Go (imperador do Japão), 509
Mnajdra, templos, Malta, 27, 49
Moçambique, África 431
Mockbee, Samuel, 796
Módena, Catedral, Itália, 404
Modernismo, 618, 657, 659, 666, 725–727, 739, 741, 742, 745, 766, 790
Modernismo caribenho, 766–767
Modernismo nacional, 741, 754–758, 768, 770, 777
modernismo progressista, 690
Modernismo uruguaio, 766, 767
Moderno, Carlo, 546, 547
Mogóis, 565, 570
Mohenjo-Daro, 30–32
Moisés (profeta), 107
Mombasa, Kenya, 711
Mondrian, Piet, 715

mongóis, 413, 491
mongóis uigher, 516
Mongólia, 55, 306, 519, 607
Mongólia Exterior, 588
Mongólia Interior, 588
mongolização, 349
Monks Mound (Monte dos Monges), Cahokia, 358
monocromatismo, 658
monoteísmo, 259, 523
Mont Saint Michel, Normandia, França, 645
Montagnana, Alvise Lamberti da, 535
Montanha do Porco (Zhushan), 8
Montanhas de Shara, 178
Montanhas do Baluchistão, 3, 11, 16
Montanha-Templo de Bakong, Siem Reap, Camboja, 305, 328–330
Monte A (Monte do Grande Pássaro), Poverty Point, 80
Monte Albán (capital zapoteca), México, 268–270, 342–343, 353
Monte Capitólio, Roma, Itália, 158
Monte dos Monges (Monks Mound), Cahokia, 358
monte funerário etrusco de Banditaccia em Cerveteri, 97
Monte Ida, Creta, 60
Monte Liceu, altar, Grécia, 102
Monte Wudang, Hubei, China, 494
montes artificiais, construtores, 26, 27, 50, 51, 57, 80, 92, 117, 235, 236
Montes Zagros, 14, 34
Monticello, Virgínia, 626
Montreal (Canadá), Feira Mundial de Montreal de 1967 (Expo '67), 775
Monumento à Terceira Internacional, Petrogrado, Rússia, 718
Monumento aos Júlios, Saint-Rémy, França, 163
Monumento Corágico Grego de Lisícrates, Atenas, Grécia, 635, 695
Moore, Charles, 781
Moore, David, 161
Moors, 216, 552
Morphogenesis, 790
Morris, Benjamin Wistar, 666
Morris, William, 670, 687, 720
morte, cultura das civilizações, 20, 21
Moscou, Rússia, 535–536
Moses, Robert, 674
Mosteiro Branco (Deir-el-Abiad), Suhag, Egito, 264
Mosteiro Branco (Deir-el-Abiad) Suhag, Egito, 264
Mosteiro de Dulesi, Jixian, província de Hebei, China, 389–390
Mosteiro de Foguang, 332
Mosteiro de La Tourette, França, 759
Mosteiro de Samye, Dranang, Tibete, 324

840

# ÍNDICE

Mosteiro Dharmarajika, Taxila, Região de Gandhara, 181
Mosteiro do Cavalo Branco (Baima-si), 247
mosteiros, 305, 307, 332, 411
motivos japoneses, 673, 687
Mound City, Ohio, 236
Mount Auburn, cemitério, Cambridge, Massachusetts, 624
Movimento Cidade Bonita, 658, 688–690, 756
Movimento da Cidade-Jardim, 691, 714, 734
Movimento dos Países Não Alinhados, 758
movimento ecológico, 797
Movimento Italiano para a Arquitetura Racional (MIAR), 747
Movimento Neogrego, 630, 634–636, 658, 682
Movimento Pitoresco, 618, 646
movimento preservacionista, 645
Movimento Romântico, 605–606, 616, 618, 625, 636, 708, 712, 739
Movimento Romântico Alemão, 630, 658
Movimento Sikh, 565, 613
movimentos de reforma judaica, 607
Moxeke (complexo cerimonial andino), 84–85
Mozu-Furuichi Kofungun, 267
Mubarak Mahal, Jaipur, Índia, 672
muçulmanos sufi, 471, 611
mudanças climáticas, 2, 7, 55, 304, 347, 787, 788
Muhammad Adil Shah, 530
Muhammad I (sultão de Bahmanid), 490
Mukden, China, 589
Mumtaz Mahal, 507–509
mundo ocidental
    1800–1900 d.C., 605
    1950–século XXI, 725
muqarnas, 365, 367
Muralha Romana, Limez, 455
muralhas, 455
Murcutt, Glenn, 786
muros de fortificação, Bibracte, França, 165
museu Altes, Berlim, Alemanha, 630–631, 667
Museu Capitolino, Roma, Itália, 544
Museu de Arte de São Paulo, Brasil, 746
Museu de Arte Herbert F. Johnson, Universidade de Cornell, Ithaca, Nova York, 772
Museu de Arte Kimbell, Fort Worth, Texas, 770
Museu de Arte Moderna, Nova York, Nova York, 726, 742, 752, 760, 785
Museu de Arte Samsung de Leeum, Seul, 791

Museu de História Natural, Oxford, Inglaterra, 669
Museu de Pérgamo (Berlim, Alemanha), 102
Museu do Governo de Chennai, Índia, 667
Museu do Príncipe de Gales, Bombaim (Mumbai), Índia, 667
Museu Franco-Egípcio, Cairo, Egito, 667
Museu Gandhi Ashram, Ahmedabad, Índia, 778, 779
Museu Guggenheim, Bilbao, Espanha, 726, 791
Museu Guggenheim, Nova York, Nova York, 760
Museu Islâmico, Catar, 791
Museu Judaico, Berlim, Alemanha, 726
Museu Nacional de Kyoto, Kyoto, Japão, 700
museus nacionais, 667, 700
Mussolini, Benito, 549, 747
Mu-Ta (pagode de madeira), Yingxian, Shanxi, China, 349, 388–389, 488–489
Muthesius, Hermann, 669
My Son, templo, Vietnã, 292
Myongdong, catedral, Seul, Coreia, 700

Nabadwip, Índia, 408
Nabta Playa, Egito (Pré-História), 6
Nabucodonosor (rei da Babilônia), 115, 141
nacionalismo, 629, 798
Nacionalismo Romântico, 629
Nações Unidas, 726, 795
Nagarjuna, Japão, 185, 650
Nagasaki, Japão, 648
Nagawang Losang Gyatso (quinto dalai-lama), 516
Nahargarh, Índia, 597
Nájera, Manuel Gutiérrez, 766
Nakagawa, família, 594
Nakbe, Guatemala, 194–195
Nalanda, Mahavihara de, 319
Nanak, Guru, 613
Nanchan, templo, Wutaishan, China, 305, 332
Naneghat, 185
Nanjing, China, 457, 491, 589
Napata, túmulos, 105
Napoleão Bonaparte (imperador da França), 605–607, 624, 629, 630, 650, 654, 667
Napoleão III (imperador da França), 675
Naqsh-i-Rustam, rocha, Persépole, Irã, 177
Nara, Japão, 303, 391
Naram-Sin, Palácio de, 34

Narasimhavarman II (soberano pallava), 289
Narmer, túmulo, Umm el-Qaab, Ábidos, Egito, 19
Narses (general bizantino), 172
nártex (Hagia Sophia, Istambul, Turquia), 280
Nash, John, 630, 662, 664
násrida, sultanato, 449–451
National Gallery, Londres, 667
National Mall (Esplanada Nacional), Washington, D.C., 658, 689
Natural History Society (Sociedade de História Natural), 659
Naucratis, Egito, 124
nave central
    Catedral de Amiens, 443
    Catedral de Bourges, 443
    Catedral de Durham, Inglaterra, 400
    Vierzehnheiligen, Alemanha, 582
Naxos, ilha (Colônia grega), 124
nayakas de Madurai, 595–596
NBBJ, 790
Neandris, templo em, 136
Nechodoma, Antonin, 766
necrópole Banditaccia em Cerveteri (monte artificial etrusco), 98
Necrópole de Glasgow, Escócia, 624
Negev, centro, Israel, 741
Nehru, Jawaharlal, 756, 758
Nénot, Paul-Henri, 679, 733
Neoclassicismo, 621
Neopalladianismo, 602–603
Nepal, 565, 592
Neri, Filippo, 542
Nero (imperador de Roma), 170, 172, 208
Neue Sachlichkeit, 726
Neue Wache, Berlim, Alemanha, 630
Neumann, Johann Balthasar, 582
Neutra, Richard, 724, 726
Neuvry-do-Santo-Sepulcro, França, 403
New Orleans, Louisiana, 573
New York World's Fair of 1939, 743, 745–746
Newark, complexo de terraplenagem, 235
Newgrange, Ireland, 3, 22–23, 26
Newton, Isaac, 622
Nguyen, dinastia, Vietnã, 615
Nichinan, centro cultural, Nichinan, Japão, 771
Niemeyer, Oscar, 745, 754–755
Nieuhof, Jan, 586
Níger, 408
Nigéria, 777, 787
Nijo, castelo, Kyoto, Japão, 506–507, 593, 594
Nikken, Sekkei, 790
Nikko Toshogu, Japão, 505
Nîmes, França, 212, 213

Nimrud, Assíria, 113
Níneve, 34, 64, 115, 120
Ning Gongyu, 332
Ningshougong ("Palácio da Longevidade Tranquila"), Cidade Proibida, Pequim, China, 589
Ninomaru, palácio, Santuário de Toshogu, Nikko, Japão, 506–507, 594
Nintoku (imperador do Japão), 266
Nishihonganji, Kyoto, Japão, 504
Niuheliang, centro ritual, China, 6, 8–10
Nizam al-Mulk (soberano seljúcida), 362
Nô, teatro, 648
nobre selvagem, 619
Nobunaga, Oda (xógum of Japão), 504, 593
Norberg-Schulz, Christian, 781
Nordwestdeutsche Kunstausstellung, Oldenburg, Alemanha, 705
normandos, 348, 352, 353
Norris, barragem, Administração do Vale do Tennessee, Clinch River, Tennessee, 727
Norte da África, 202, 303, 366–367, 431
norte da Ásia, 308
Noruega, 440
Notre Dame de Haut, Ronchamp, França, 759
Notre Dame de la Croix, Paris, França, 646
Notre Dame de Paris, catedral, França, 442, 645
Nouel, Bienvenido, 766
Nouvel, Jean, 791
Nova Alfândega, Albert Dock, Liverpool, Inglaterra, 638
Nova Déli, Índia, 699, 710
Nova Inglaterra, colonialismo, 564, 568, 569
Nova York, Nova York, 738, 764
Novembergruppe (Alemanha), 708
Novo Império (Egito), 19, 64–74
Novovelichkovskaya kurgan, 57
Novyi, Aleviz, 535
núbios, 87, 96, 105
núcleo urbano, 771
numerologia, 406
Nurosmaniye, mesquita, Istambul, Turquia, 598
Nymphaeum, Nîmes, França, 213

O'Gorman, Juan, 766
Oak Alley, plantação, Vacherie, Louisiana, 636
Oaxaca, México, 90, 268–270, 353
Obelisk Tomb, Petra, Jordânia, 179
obras públicas, 657, 692, 787
Observatório de Paris, Paris, França, 580–581

841

# ÍNDICE

obsidiana, 12, 14
óculo (Panteon, Roma), 208
Odo de Metz, 336
Odoacro (chefe de clã alemão), 260
odoi, 593
oeste da África 409
oeste da Ásia
   1500–800 a.C., 54
   400 a.C.–0, 117
   0–200 d.C., 154
   400–600 d.C., 240
   1400–1600 d.C., 456
   1700–1800 d.C., 565
   arquitetura talhada na rocha, 189
   Axum, 220–221
   centros de metalurgia, 96
   colonialismo, 570
   comércio, 120
   Império Parta, 220
   islamismo, 455
   túmulos talhados na rocha, 177–179
   urbanização, 30, 34–37
Office for Metropolitan Architecture (OMA), 793
Office for Metropolitan Architecture, Biblioteca Pública Central de Seattle, Washington, 792
Ögedei (imperador mogol), 426
Ohio, Cultura Hopewell, 235–236, 358, 359
Old Oraibi, vila hopi, Arizona, 460
Old Shawneetown Bank, Shawneetown, Illinois, 635, 636
olíbano, 87, 106
Olmsted, Frederico Law, 657, 674, 797
Olmsted, Frederico Law, Jr., 674, 689
Olmsted, John Charles, 674
Omíadas, 307
One World Trade Center, torre, 790, 791
ONGs (organizações não governamentais), 795
Ópera de Paris, Paris, França, 676, 760
Ópera de Sydney, Austrália, 762, 767
ordem beneditina, 399
Ordem Cisterciense, 411, 438
ordem coríntia, 167, 169, 174, 179, 213
ordem dórica, 125–126, 128, 131, 163, 169, 174
Ordem dos Cartuchos, 438
Ordem Franciscana, 553
Ordem Jesuíta (Sociedade de Jesus), 501, 564, 584, 589, 619
ordem jônica, 136–137, 163, 169, 174
ordens mendicantes, 448, 471
Orestes (general romano), 260
Organizações não Governamentais (ONGs), 795

Oriel Chambers, Liverpool, Inglaterra, 644
Orissa, reino, 378
Osman Gazi ben Ertugrul, 456
Ospedale degli Innocenti (Hospital dos Inocentes), Florença, Itália, 456, 476
Ostia, Roma, Itália, 175, 202–203
Ostrogodos, 259, 260, 264, 265
Otero-Pailos, Jorge, 798, 799
Otoniana, Alemanha, 396–398
Otonianos, 351
Otterlo, Países Baixos, 771
Oud, Jacobus Johannes Pieter, 715, 730
ouro, 87, 175, 408, 409, 610
Oxford, catedral, Inglaterra, 411
Oyo, reino, 409

Pacan (rei maia), 341
Pachakuti (rei inca), 465, 466
Pacific Stone Company, San Francisco, Califórnia, 701
Packard Motor Car Company, Detroit, Michigan, 701
Padua, Itália, 411, 412
Paestum, Itália, 126
Pafos, Chipre, 177
pagode, 296, 302, 504
Pagode de Ferro, Dongjing (Kaifeng), China, 388
Pagode de Shwezigon, Pagan, Burma, 420, 421
Pagode do Ganso Selvagem, Chang'an, China, 296
Pagode do Ganso Selvagem, Daxing, China, 274–275
Pagode do Ganso Selvagem de Hsuan Tsang (Xuanzang), 293, 294
paisagens culturais, 798
paisagens sagradas
   2500–1500 a.C., 26
   200–400 d.C., 199
   400–600 d.C., 239
   600–800 d.C., 273
   800–1000 d.C., 305, 308–309
   1200–1400 d.C., 409
   budistas, 273
   Cultura Hopewell, 199
   hindus, 273, 305
   Mesoamérica, 93
   povo clóvis, 2
   sudoeste dos Estados Unidos, 308, 309
Países Baixos, 519, 556–557, 563, 564, 568, 569, 658, 714
Paithan, Índia, 185
Pakal, K'inich Janaab (rei maia), 342
Palácio Changle, Chang'an, China, 225
Palácio da Civilização Italiana, Exposição Universal de Roma (EUR), 747

Palácio da Liga das Nações, Geneva, Suíça, 733, 745
Palácio Daming, China, 294–295
Palácio de Aachen, 307
Palácio de Alhambra (Castelo Vermelho), Granada, Espanha, 367, 410, 449–451, 655
Palácio de Artaxexes I (imperador sassânida), 251–252
Palácio de Cristal (Crystal Palace), Grande Exposição de 1851, Londres, Inglaterra, 644, 647, 657, 668, 688
Palácio de Diocleciano, Split, Croácia, 216–217
Palácio de Domiciano, Monte Palatino, Roma, Itália, 154, 172–173, 210
Palácio de Herodes, Masada, Israel, 180
Palácio de Husuni Kubwa em Kilwa, Tanzânia, 431
Palácio de Inverno, São Petersburgo, Rússia, 578, 579, 627
Palácio de Ninomaru, Santuário de Toshogu, Nikko, Japão, 506–507, 594
Palácio de Parakramabahu, Polonnaruwa, Sri Lanka, 384–385
Palácio de Potala, Lhasa, Tibete, 516–518, 652
Palácio de Pylos, 77–78
Palácio de Rani-ni-Vav, Anhilwara, Gujarat, Índia, 349
Palácio de Sans Souci, Potsdam, Alemanha, 586–587
Palácio de Santos, Lisboa, Portugal, 519
Palácio de Schönbrunn, Viena, Áustria, 542
Palácio de Teodorico, o Grande, Ravena, Itália, 265
Palácio de Toksugung, Seul, Coreia, 700
Palácio de Ukhaidir, Iraque, 314
Palácio de Verão (Babilônia), 116
Palácio de Verão, Pequim, China, 653
Palácio de Xianyang, China, 151
Palácio do Governador, Kyoto, Japão, 593
Palácio do Planalto, Brasília, Brasil, 755
Palácio do Vice-Rei, Nova Délhi, Índia, 710
Palácio dos Sovietes, concurso, 725, 737
Palácio em Cnossos, 62–63
Palácio em Mari, Síria, 53
Palácio em Masada, Israel, 180
Palácio em Versalhes, França, 576–577
Palácio Flávio (Domus Augustana), Roma, Itália, 154, 172
Palácio Medici, Florença, Itália, 478

Palácio Ningshougong ("Palácio da Longevidade Tranquila"), Cidade Proibida, Pequim, China, 589
Palácio Presidencial, Havana, Cuba, 693
Palácio Real, Londres, Inglaterra, 561
Palácio Rucellai, Florença, Itália, 479
Palácio Sa'dabad, Istambul, Turquia, 598
Palácio Taiji (Palácio do Ultimato Supremo), 294
Palácio Topkapi, Istambul, Turquia, 472–473
Palácio Vermelho, Palácio de Potala, 518
Palácio Weiyang, Chang'an, China, 225
Palácios
   2500–1500 a.C., 26
   1600–1700 d.C., 501
   Camboja, 305
   fatímidas, 368
   privados, 412
Palatina, Capela, Aachen, Alemanha, 336–337
Palau Güell, Barcelona, Espanha, 695
Palazzo dei Consoli, Gubbio, Itália, 412
Palazzo del Popolo, Todi, Itália, 412
Palazzo della Ragione (Palácio da Justiça), Padua, Itália, 412
Palazzo della Ragione, Bergamo, Itália, 412
Palazzo Nuovo, Piazza del Campidoglio, Roma, Itália, 542
Palazzo Porto-Bregnanze, Veneza, Itália, 573
Palazzo Pubblico, Siena, Itália, 412, 446–447
Palazzo Thiene, Vicenza, Itália, 628
Palazzo Vecchio, Florença, Itália, 412
Palenque (cidade-estado maia), 309, 341–342
Palestina, 87
Palestrina (Praeneste), Itália, 160
Palladio, Andrea (Andrea di Pietro della Gondola), 501, 533, 561, 573, 602, 628
Pallava, reino, 273, 320
Palmira, 202–203, 220
Panamá, 766
Pândua, Índia, 488
Panteon, Roma, Itália, 130, 207–209, 550, 628, 638, 646
Pantha Rathas, 273
Panthéon (Santa Genoveva), Paris, França, 620
papel, fabricação, 362
Paquistão, 16, 162, 181
Parakramabahu, palácio, Polonnaruwa, Sri Lanka, 384–385
Paris, França, 164, 558, 658, 675–676, 702

# ÍNDICE

Parlamento, Londres, Inglaterra, 637, 643, 663
Parma, batistério, Itália, 406
Parque Shanglin, Chang'an, China, 225
parques urbanos, 657, 674
partas, 154, 155, 178, 197–198, 252
Partenon, Atenas, Grécia, 117, 126, 131–133, 634
Partido Whig (Inglaterra), 564, 602, 637
passagens, 677
Passárgada (cidade persa), 117, 121
Passos, Pereira, 692, 693
Pataliputra, Índia, 148, 185, 239
Patan, Índia, 370, 592
Patent Office, Washington, D.C., 635
Pátio dos Leões, Alhambra, Granada, Espanha, 449, 451
patrimônio arquitetônico global, 798
Pattadakal, 320
Paul, Bruno, 716
Paulo V (papa de Roma, Camillo Borghese), 259
Pavilhão Brasileiro, Feira Mundial de Nova York de 1939, 743, 745–746
Pavilhão da AEG na Exposição Alemã da Construção Naval de 1908, Berlim, Alemanha, 705
Pavilhão da Harmonia Suprema, Cidade Proibida, Pequim, China, 492–494
Pavilhão de Barcelona, Exposição Internacional de Barcelona de 1929, 735–736
Pavilhão do Chá, Vila Imperial de Katsura, Kyoto, Japão, 511
Pavilhão do Comércio, Exposição do Jubileu de 1908, Praga, Tchecoeslováquia, 707
Pavilhão dos Estados Unidos, Feira Mundial de Montreal de 1967, Canadá, 775
Pavilhão Finlandês, Exposição Internacional de Paris de 1937, 749
Pavilhão Japonês, Exposição Internacional de Paris de 1937, Paris, França, 742
Pavilhão Nacional Alemão, Barcelona, 726
Pavilhão Quadracci, Museu de Arte de Milwaukee, Wisconsin, 792
Pavilhão Soviético, Paris, França, 718, 719
Pavilhão Suíço, Paris, França, 734
Paxton, Joseph, 644, 647, 657, 668, 674
Paz de Constança, 411–412
pedra, construção, 38, 87, 273, 289, 309, 345, 348
pedra do calendário de Tenochtitlán, 464
pedra. Veja alvenaria de pedra

pedras preciosas, 304
Pedro, o Grande (czar, Rússia), 578, 579
Pei, I. M., 764, 772, 791
Península de Iucatã, 191, 194, 341–343, 353, 452–454
penitenciária, 639
Penitenciária da Virgínia, Richmond, Virgínia, 639
Penitenciária de Eastern State, Filadélfia, Pensilvânia, 639
Pennsylvania Station, New York City, 689
Pentonville Prison, Londres, Inglaterra, 639
Pepino, o Breve (rei dos francos), 334
Pequim, China, 413, 427, 457, 491, 588–590
peregrinações, 240
Pergaminho de Topkapi, 367
Pérgamo, Anatólia, 117, 141, 144–145
Péricles, 131
Período Antropoceno, 455
Período dos Estados Combatentes (Dinastia Zou), 108, 150, 184
Período dos Três Reinos, 273, 274
Período Edo (Japão), 594, 648–649
Período Geométrico, Grécia, 101–102
Período Helenístico, 141
Período Kamakura (Japão), 412
Período Muromachi, Japão, 497
Período Nara, Japão, 297
Período Neolítico, 11
Período Védico, 54, 117, 254
Pérola do Golfo, Catar, 789
Perrault, Claude, 573, 580–581
Perret, Auguste, 701, 702, 722, 737
Perry, Matthews, 700
Persépole (cidade persa), 117, 121–123, 177, 251
Pérsia, 570
    400 a.C.–0, 117
    400–600 d.C., 240
    1400–1600 d.C., 456
    1600–1700 d.C., 501
    Império Seljúcida, 348
Peru
    2500–1500 a.C., 27
    800–400 a.C., 87
    200–400 d.C., 199
    1000–1200 d.C., 353
    Chan Chan, Trujillo, Peru, 465
    civilizações litorâneas, 94
    culturas mais antigas, 50–52
    estados regionais, 199
    metalurgia, 232
    urbanização, 231–232
Perugia, Itália, 97
peste bubônica, 260. Veja peste negra
Peste de Justiniano, 272
peste negra, 260, 412, 455, 469, 482

pestes, 260, 412, 482, 581, 637
Petit-Ménec, círculo de pedras, 24
Petra, Jordânia, 154, 178, 179
Petra, túmulos talhados na rocha (Jordânia), 178–179, 189, 212
Philippi, Batalha de, 167
Phimeanakas, templo, 349
Phnom Bakheng, templo, 349
Phnom Penh, Camboja, 419, 615
Piacentini, Marcello, 747
Piacenza, catedral, Itália, 405
Piano & Rogers, 783
Piazza Amerina, Sicília, 216, 217
Piazza d'Italia, New Orleans, Louisiana, 780, 781
Piazza d'Oro, Vila de Adriano, Tivoli, Itália, 211
Piazza del Campidoglio, Roma, Itália, 542
Piazza del Campo, Siena, Itália, 447
Piazza del Duomo, Milão, Itália, 677
Piazza San Marco, Veneza, Itália, 539
piazzas, 412
Picasso, Pablo, 707, 718
Pico Qingchui, Chengde, China, 651
Pierce Arrow Car Company, Buffalo, Nova York, 701
pilar de Asoka, Vaishai, Índia, 148, 186
pilares/colunas, 62, 68, 100, 127–128, 132, 669
pilones, 55, 67, 74
Pink Floyd (banda de rock), 773
pinturas rupestres, 2
Pirâmide Curvada, 40
Pirâmide da Lua, Teotihuacán, México, 228–230
Pirâmide de Khafre (Chephren), 43
Pirâmide de La Venta (cidade olmeca), 92, 93
Pirâmide do Sol, Teotihuacán, México, 228–230
Pirâmide Escalonada de Djoser, 40
Pirâmide Escalonada de Galgada, 50
Pirâmide Maior, Caral, 51–52
Pirâmide Vermelha, 40
pirâmide(s)
    de Gisé, 41–43
    povo moche, 231–232
Piranesi, Giambattista, 616
Pisa, batistério, Itália, 406
Pisa, Itália, 351, 352, 404, 405
Piscina Ramakunda (Templo do Sol de Modhera), 373
Pitalkhora, Índia, 189
Pítius, 137
Piye (rei de Cuche), 105
Place Dauphine, Paris, França, 558
Place des Victoires, Paris, França, 575
Place des Vosges (Place Royale), Paris, França, 558
Place Royale (Place des Vosges), Paris, França, 558

Place Vendôme, Paris, França, 542, 575
Planalto do Decã, 322
planície de Kachi, 11
Planície Indo-Gangética, 87
Plano Diretor da Península de Tel Aviv, 789
plano diretor de Tigamas, 789
planta de um templo do Reino de Orissa, 377
Plantação Shirley, Virgínia, 604
Plantação Stratford Hall, Montross, Virgínia, 602
plantações, 563, 568, 569, 606
plataformas *han tu*, 82
Platão, 117, 129
Playfair, William Henry, 635
Plínio, 481, 601
Plutarco, 158
Plymouth, colônia, 462
Poelzig, Hans, 707
Point West Place, Framingham, Massachusetts, 782
política. *Veja também* estruturas de governo/poder
    China, 108, 182
    cultura das civilizações, China, 8, 10
    Egito, 38
    filosofia, 117
    Mesopotâmia, 34–35
Polonnaruwa, Sri Lanka, 349, 384–385
poluição do ar, 637
poluição, geração, 798, 799
Pompeia, Itália, 162, 174
Pont, Henri Maclaine, 714
Pont Saint-Bénézet, Avignon, França, 410
Ponte do Rio Gard, França, 197, 202
pontes, 410, 455, 692
Pop Art, 781–783
Pope, Alexander, 618
Port Sunlight, Inglaterra, 691
Porta, Giacomo della, 546
Portal do Leão (Sigirya, Sri Lanka), 257
Portão da Justiça, Alhambra, Granada, Espanha, 450
Portão de Brandenburgo, Berlim, Alemanha, 630
Portão de Ishtar (Babilônia), 18, 115–116
Portão de Lambaesis, 203
Portão Dourado, Vladimir, Rússia, 393
Portão Meridiano, Cidade Proibida, Pequim, China, 493
Pórtico das Cariátides no Erecteu, Atenas, Grécia, 134–135
Porto Rico, 766
Portugal, 21, 431, 539
    400–600 d.C., 237
    1400–1600 d.C., 457

843

# ÍNDICE

1700–1800 d.C., 564
1800–1900 d.C., 606
1900–1950 d.C., 658
colonialismo, 568, 569
Pós-Modernismo, 667, 725, 726, 780–785, 788, 790
Potala, palácio, Lhasa, Tibete, 516–518, 652
Poverty Point, 26, 27, 80, 87
Povo Chimú, 353
Povo do Mar, 54, 56
Povo do Vaso Campaniforme, 26, 46–47
Povo Hicso, 64
povo hopi, 460–461
povo manchu, 564, 588, 589
Povo Mehrgarh (Paquistão), 16, 26
povo Mexica, 455, 463–464
povo mitani, 54, 113
povo olmeca, 87, 90–93, 117, 191
povo zapoteca, 191, 268–270, 353
povoados. *Veja* aldeias
povos andinos, 27
  agricultura, 50, 57
  Altos Andes, 84–86
  edificações cerimoniais, 50–51
  metalurgia, 232
pozzolana, cimento, 161
Praça de São Pedro, Roma, Itália, 548–549
Praça dos Três Poderes, Brasília, Brasil, 755
Praça Durbar, Patan, Nepal, 592
praças, 93, 155
praças italianas, 412
Prada, 793
Praeneste (Palestrina), Itália, 160
Praga, Tchecoeslováquia, 707
Prakash, Aditya, 778
Prambanan, 305
Prasat Sambor, complexo de templos hindus, Isanapura (cidade chenia), 291
prata, 457, 519, 552, 564, 565, 588
Pratap Singh II, Sawai (soberano amer), 612
Prayaga, Índia, 251
Pre Rup, templo, 349
Preah Khan, Camboja, 416, 418–419
Prefeitura da Cidade de Manchester, Inglaterra, 662, 663
Prefeitura de Amsterdã (Burgerzaal), Países Baixos, 557
Prefeitura de Gubbio, Itália, 446
Prefeitura de Jaipur, Jaipur, Índia, 672
Prefeitura de Leeds, Inglaterra, 663
Prefeitura de Mumbai, Bombaim (Mumbai), Índia, 672
Prefeitura de Pádua, Itália, 412
Prefeitura de Pretória, Pretória, África do Sul, 699
Prefeitura de Säynätsalo, Finlândia, 726, 749

Prefeitura de Tóquio, Japão, 771
prefeituras, 412
preservação arquitetônica, 645, 788–799
Pretória, África do Sul, 699, 710
Priene, Turquia, 137, 141–143
Primeira Dinastia (Egito), 19
Primeira Guerra Mundial, 659
primeira sociedade humana, 2, 26, 80, 219, 308, 347
Princes Road, sinagoga, Liverpool, Inglaterra, 656
Princeton, universidade, Princeton, New Jersey, 686prisões, 639
princípios do projeto de alto padrão, 791–794
prisões panópticas, 639
Privy Council and Board and Trade Building (Edifício do Conselho Privado e da Câmara de Comércio), Londres, Inglaterra, 662
procissões, 66, 130
produção de seda, 558
profissionalismo, 658, 688
propileus atenienses, 630
prostituição, 593–594, 648
protestantismo, 501, 542, 556, 602
Protocolo de Londres (1830), 634
Protótipo de Medamud, 40
Província de Xinjiang, China, 10
Provins, França, 410
Pruitt-Igoe, conjunto habitacional, Saint Louis, Missouri, 780
Prússia, reino, 630
Psamtik (príncipe do Egito), 124
Puebla, 90
pueblo Acoma, Navajo, Novo México, 461
Pueblo Bonito, Cânion Chaco, Novo México, 352, 360–361
Pugin, August Charles, 642, 644, 669
Pugin, August Welby, 642–643, 664
Pulesi, Chengde, China, 651, 652
Puma Punku (templo de Tiahuanaco), 345
Puningsi, Chengde, China, 651
Puri, Índia, 408
puritanos, 564, 599, 603
Putuni, templo (Akapana), 344
Putuo Zongcheng, templo, Chengde, China, 651, 652
Puyousi, Chengde, China, 651
Pylos, Palácio de, 77–78

Qazim Khan, 524
Qian, Sima, 182
Qianlong (imperador da China), 185, 247, 564, 588–590, 607, 650–651
Qin Shi Huangdi (imperador da China), 151
Qingchui, pico, Chengde, China, 651
Qingyi, jardim, Pequim, China, 653
Qizil, cavernas, 247

Qosqo (Cuzco, capital inca), 455, 466
Quadrângulo do Convento, Uxmal (cidade-estado maia), 356, 357
Quanzhou, China, 407
Quatremère de Quincy, 678
Quéops (Khufu), faraó, 41
Quesnay, Francis, 584
Quetzalcoatl (Templo da Serpente Emplumada, Teotihuacán, México), 230
Quirigua (cidade-estado maia), 346
Qutb Minar, Délhi, Índia, 408
Qutb-ud-Din Aibak (sultão), 428–430, 488
Quwwat-ul-Islam (Glória do Islã), Índia, 408, 429–430

Rabbat, Nasser, 681
Rabirius, 154, 172
racionalistas, 659
racionalização, 580–581
Rading, Adolf, 741
Radio City Music Hall, Nova York, Nova York, 738
Rafi bin Shams bin Mansur, 490
"Raj", 606
Raja Bharmal, 597
Rajarajeshwara, templo, (Dakshina-meru), Thanjavur, Índia, 382–383
Rajarani, templo, Bhubaneshwar, Orissa, Índia, 378
Rajasimhesvara, templo, Kanchipu-ram, Índia, 320–321
rajputanos, 597
Rakhigarhi, 30
Ram Singh, Sawai, 672
Rama I (rei de Angkor), 614–615
Ramakunda, piscina (Templo do Sol de Modhera), 373
Ramsés II (faraó), 56, 65, 71, 72
Rani-ni-Vav, palácio, Anhilwara, Gujarat, Índia, 349
Rani-ni-Vav, Patan, Índia, 370–371
Ranjit Singh (soberano sikh), 613
Rashidun, Califado Islâmico 273
rashtrakutas, 323, 370
Rastrelli, Bartolomeo, 579
Ratnapura, Sabaragamuwa, Índia, 304
Rauschenberg, Robert, 776
Rauza-I Munavvara (Taj Mahal), Agra, Índia, 520, 524–526
Ravena, Itália, 259, 260, 263–265
Rechter, Zeev, 741
redes de aldeias, 12–18
Reforma, 441, 542
reforma judaica, 655
Reforma Taika, Japão, 301
Refúgio na Praia de Kovalam, Índia, 779
Regensburg, Alemanha, 634
registros, cultura das civilizações, 16
Reims, França, 164

Reino
  budismo, 185
  China, 292
  Mesopotâmia, 34–35
  Normandos, 399
  Sacro Império Romano, 404
Reino Champa, 273, 291–292
Reino Cheni, 291–292
Reino Chimú, 455
reino Chola, 349, 382, 416, 680
Reino Dali, 416
Reino de Granada, 449–451
Reino de Majapahit, 457
Reino de Orissa, 378
Reino de Sabá, 87, 106
Reino dos Chalukyas, 289, 320, 370
Reino dos Chandellas, 374–376
Reino Himyar, 221
Reino Ifè, 409
Reino Israelita, 107
Reino Khmer, 117, 141, 275, 328–330, 416
Reino Oyo, 409
Reino Pagan (Burma, Mianmar), 420–421
Reino Pallava, 273, 320
reino rajputanos, 349, 370
Reino Shailendra, 327
Reino Shaka, 181, 185
Reino Sri Ksetra, 273
Reino thai, 457, 500
Reino Unido, 632–633, 700, 710
Reino Vijayanagara, Índia, 527–529
Reino Wari, 353
reinos iorubás, 431, 537
religião, 411
  3500–2500 a.C., 2, 3
  2500–1500 a.C., 25, 26
  1500–800 a.C., 54, 56, 57
  800–400 a.C., 87
  400 a.C.–0, 117
  0–200 d.C., 153, 155
  200–400 d.C., 198, 199
  400–600 d.C., 237–241
  600–800 d.C., 273–275
  800–1000 d.C., 303–308
  1000–1200 d.C., 347–351
  1200–1400 d.C., 408, 409, 411, 412
  1400–1600 d.C., 455–457
  1700–1800 d.C., 564
  1800–1900 d.C., 607
  alimentos e, 45
  América, 50, 51
  China, 81
  cultos ao sol, 208, 218–219
  cultura das civilizações, 6–8, 10, 13–19, 34
  cultura minoica, 60–63
  Egito, 41, 45, 65–66
  Eurásia, 198
  Grécia, 101–104, 138–140
  Império Bizantino, 265

# ÍNDICE

Império Parta, 220
Império Romano, 208, 219
  Mesopotâmia, 34–37
  oeste da Ásia, 221
  Povo do Vaso Campaniforme, 46
  povo olmeca, 91
  povo zapoteca, 268–270
  povos andinos, 234
  Reforma, 441
  sítios conjugais simbólicos, 37
  sociedade etrusca, 98–99
  xamanismo, 10
Remo, 158, 167
Renascença (Renascimento), 141, 456, 474–482, 542
República de Veneza, 411, 469
República de Weimar, 726
República Dominicana, 766
República Romana, 163, 202, 628
reservatório escalonado, Índia, 348, 371
Restauração Meiji (Japão), 659, 700, 742
Revolta de Bar-Kokhba, 207
Revolta dos Escravos do Haiti, 606
Revolução Francesa, 605
Revolução Industrial, 605, 606, 637–640, 677
Revolução Russa, 708, 717
RIBA (Real Instituto de Arquitetos Britânicos – Royal Institute of British Architects), 688
Ricardo II (duque da Normandia), 399
Ricci, Matteo, 584
Richardson, Henry Hobson, 658, 672, 682–683, 685
Richert, Clark, 776
Richter, Hans, 716
Rietveld, Gerrit, 726, 780
Rikyu, Sen no, 508
Rio Amarelo, 8, 9
Rio Coatzacoalcos, 92
Rio Daling, 8
Rio de Janeiro, Brasil, 692, 693
Rio Eufrates, 6, 12, 15–18, 34, 220
Rio Ganges, 96, 112
Rio Ghaggar-Hakra, 26
Rio Huan, 83
Rio Huang, 81
Rio Jordão, 409, 434
Rio Karun, 14, 34
Rio Laoha, 8
Rio Lhasa, Tibete, 516
Rio Mississippi, 26, 50
Rio Mosna, 94
Rio Murghab, 33
Rio Nilo, 6, 7, 15, 434
Rio Oxus, civilização, 26, 33, 141
Rio Surkhan, 198
Rio Tigre, 6, 12, 14–18, 220
Rio Volga, 278, 536
Rio Wachesqua, 94
Rio Yangtze, 3, 7, 10
Rio Yi, 26
Rio Yingjin, 8
ritual (*li*), 108
River Boyne, 22
Rivera, Diego, 738
Robinson, C. K., 636
Rocha de Naqsh-i-Rustam, Persépole, Irã, 177
Rockaby, Tony, 773
Rockefeller Center, Nova York, Nova York, 738
roda, 7
Rodes, 77, 141
Rodin, Auguste, 707
Rodó, José Enrique, 766
Rogério, o Grande (rei normando), 399
Roma, Itália, 153–154, 197, 501
  arquitetura, 154, 155, 158–176, 179, 197, 237–238
  arquitetura doméstica, 162
  augustina, 166
  estilo barroco, 542
  fundação, 158–159, 167
  invasão dos visigodos, 237
  invasão sarracena, 307
  pós-Augustina, 170–171
  saques, 168, 260, 264
  sítio de peregrinação, 238
  sociedade etrusca, 97, 98
  túmulos, 163
  vilas urbanas, 162
Roman, Alexander, 636
romanização, 204
Romantismo. *Veja* Movimento Romântico
Romênia, 14, 175
Rômulo, 158, 167
Rômulo Augústulo (imperador de Roma), 260
Roosevelt, Franklin Delano, 756
Root, John, 694
Rosaire Chapel, Ronchamp, França, 759
Rossi, Aldo, 726, 782
Rossi, Corinna, 74
rostros, Roma, Itália, 166
Rota da Seda, 153, 154, 177, 197–199, 225, 258, 304, 347, 424, 455, 456
Rotunda de San Lorenzo, Mantua, Itália, 404
Rotunda dos Anastasis, Jerusalém, 406
Rousseau, Jean-Jacques, 606, 619, 703
Rouvroy, Claude Henri de (Conde de Saint-Simon), 641
Royal Institute of British Architects – RIBA (Real Instituto de Arquitetos Britânicos), 688
Royal Victoria Gallery for the Encouragement of Practical Science (Galeria Real Vitória para o Estímulo à Ciência Prática), 659
RTKL, 790
ruas/estradas, 120, 153, 154, 455, 798
Rucellai, família, 479
Rudofsky, Bernard, 746
Rue Franklin 25b, Paris, França, 702
Rural Studio, Universidade de Auburn, Alabama, 796
Rurikovichi, dinastia, 393
Rus', 349, 350
Ruskin, John, 644, 668–670, 688, 706
Rússia, 278, 393, 535–536, 578, 610, 629
  1000–1200 d.C., 350
  1700–1800 d.C., 563–564
  globalização, 787
Rússia de Kiev, 393
Ryoanji (Templo do Dragão Pacífico), Kyoto, Japão, 562

Sa'dabad, palácio, Istambul, Turquia, 598
Saara, deserto, 7, 19, 408, 409
Saarinen, Eero, 726, 737, 752, 763
Saarinen, Eliel, 763
Sacara, Egito, 38
sacrifício de animais, 3, 45, 81, 101–102, 107, 159
sacrifícios humanos, 83
Sacro Império Romano, 307, 396–398
Safávidas, 456, 491, 565
Safi al-Din, 456
Sagrada Família, Barcelona, Catalunha, Espanha, 695
Sagrajs, Batalha de, 350
Saguão da Universidade de Amsterdã, Países Baixos, 715
Sahel, África 3
Saint Louis (Missouri) Gateway Arch, 763
Saint Martin-in-the-Fields, Londres, Inglaterra, 633
Saint Paul's Cathedral, Londres, Inglaterra, 599–600, 643
Saint-Germain-des-Prés, catedral, 442
Sakas, império, 185
Sakurai, Nara, Japão, 256
sal, comércio, 14, 91, 408, 621
Salão da Fênix, Byodo-in, Kyoto, Japão, 349, 391
Salão das Cem Colunas (Apadana, Salão do Trono), Persépole, 122
Salão de Exposições da Feira Internacional de Izmir, Ancara, Turquia, 741
Salão do Centenário (Breslau Jahrhunderthalle), Breslau, Alemanha, 706
Salão do Céu Púrpura, Monte Wudang, China, 494
Salão do Trono (Apadana, Salão das Cem Colunas), Persépole, 122
Salão dos Abencerrajes, Alhambra, Espanha, 367
Salão dos Embaixadores, Alhambra, Granada, Espanha, 451
Salão dos Espelhos, Castelo de Versalhes, França, 576–577
Salão Gould, Universidade de Washington, 725
Salão Wurster, California Berkeley, 725
Salina de Chaux, Arc-et-Senans, França, 621, 622
salinares, 231
Salisbúria, catedral, Inglaterra, 411
Salk Institute, La Jolla, Califórnia, 769, 785
Salk, Jonas, 769
salões hipostilos, 68, 71, 147
Salomão, Templo de, 107
Samarcanda, 456–457, 491
Samarra, cultura, 14
Samarra, Iraque, 314–315
Sambor Prei Kuk, complexo de templos hindus, Isanapura (cidade chenia), 291
Samos, Grécia, santuário, 102
Samye, mosteiro, Dranang, Tibete, 324
Samye, Tibete, 303, 306, 324
San Cristobal, Cidade do México, estábulos México, 785
San Cristóbal de Las Casas, México, 561
San Giorgio Maggiore, Veneza, Itália, 539
San Lorenzo (cidade olmeca), 91, 92
San Lorenzo, Florença, Itália, 476–477
Sanchi, Índia, 155, 185–187, 244, 251, 254
Sangallo, Giuliano da, 481, 545
Sangath, Ahmedabad, Índia, 779
Sanjar (sultão seljúcida), 364
Sanju-sangen-do, Kyoto, Japão, 413, 422
Sankoré, mesquita, Timbuktu, Mali, 437
Sans Souci, palácio, Potsdam, Alemanha, 586–587
sânscrito, 292
Sant'Elia, Antonio, 708
Santa Catarina, Brasil, 571
Santa Catarina, mercado, Barcelona, Espanha, 796
Santa Constança, Roma, Itália (batistério), 263
Santa Cruz, Florença, Itália, 448
Santa Étienne, Caen, França, 441
Santa Étienne, Nevers, França, 398, 401

845

# ÍNDICE

Santa Genoveva (Panthéon), Paris, França, 620
Santa Hripsime, Echmiadzin, Armênia, 272, 285
Santa Madalena, Paris, França, 635
Santa Maria da Assunção, Ariccia, Itália, 550
Santa Maria de Woolnoth, Londres, Inglaterra, 601
Santa Maria dela Consolazione, Todi, Itália, 482
Santa Maria em Éfeso, Turquia (batistério), 263
Santa Maria Maior, Roma, Itália, 237, 238, 264
Santa Maria Nova, Monreale, Sicília, Itália, 402
Santa Sabina, Roma, Itália, 261, 264
Santa Sofia, a Igreja da Santa Sabedoria de Deus, Novgorod, Rússia, 393
Santiago de Compostela, Espanha, 403
Santo Agostinho, 263, 307
Santo André de Mântua, Itália, 480
Santo André no Monte Quirino, Roma, Itália, 542, 550
Santo Egídio (Saint-Gilles), igreja, 411
Santo Estêvão Redondo, Roma, Itália, 264
Santo Ulrico e Santa Afra, Neresheim, Alemanha, 583
Santos, palácio, Lisboa, Portugal, 519
Santos Sérgio e Baco, Bizâncio, 271
Santuário de Atena na Acrópole de Lindos, 145
Santuário de Futarasan, Japão, 274
Santuário de Hera em Samos, Grécia, 102
Santuário de Imam Dur, Samarra, Iraque, 367
Santuário de Ise, Japão, 275
Santuário de Itsukushima, Japão, 422, 423
Santuário de Júpiter Heliopolitano em Baalbek, 218
Santuário de Serápis (Serapeum), Vila de Adriano, Tivoli, Itália, 210
Santuário de Toshogu, Nikko, Japão, 505
Santuário do Kami, Tsujikuru, Ise, Japão, 299
Santuário xintoísta, 411
São Babylas, Antióquia, Síria (batistério), 263
São Benedito, 334, 438
São Benigno, Dijon, França, 403
São Bento, abadias, Polirone, Itália, 404
São Bernardo de Claraval, 411, 438
São Ciríaco, Gernrode, Alemanha, 396, 397
São Dênis (São Dionísio), França, 441

São Francisco Xavier, igreja, Dongjiadu, China, 700
São Galo, Suíça, 307, 334–335
São Gregório, o Iluminador, 284, 285
São João, Calcutá, Índia, 633
São João de Latrão, Roma, Itália, 260
São João no Éfeso, Turquia (batistério), 263
São Juliano e os Prados, Espanha, 308
São Marcos, Dundela, Belfast, Irlanda do Norte, 688
São Marcos, Veneza, Itália, 352
São Miguel em Hildesheim, 397
São Petersburgo, Rússia, 564, 578–579
São Pietro, Montorio, Itália, 620
São Salvador de Valdediós, Espanha, 307, 308
São Tiago, Santiago de Compostela, Espanha, 403
São Tomás de Villanova, Castel Gandolfo, Itália, 550
São Vital, Ravena, Itália, 283, 337
Sardarnagar, Ahmedabad, Índia, 795
Sargão da Acádia, 34–35, 718
Sargão II (rei da Assíria), 113
sarracenos, 307, 351
sassânidas, 198, 240, 273, 348
Satara, Maharashtra, 111
Satavahana, Dinastia, 155, 185, 222
saxões, 237
Scala Regia, Basílica de São Pedro, 549
Scamozzi, Vincenzo, 573, 602
Scharoun, Hans Bernhard, 708, 726, 730
Schauspielhaus, Berlim, Alemanha, 630
Scheerbart, Paul, 708
Schiller, Friedrich von, 606, 630
Schindler, Rudolf Michael, 724
Schinkel, Karl Friedrich, 606, 630
Schlegel, August, 658
Schlegel, Karl Friedrich, 658
Schloss Glienicke, Berlim, Alemanha, 630
Schmidt, Joost, 720
Schoenberg, Arnold, 726
Schönbrunn, palácio, Viena, Áustria, 542
Schwitters, Kurt, 726
Scott, Gilbert, 671
Seattle, Washington, 788
Sechin Alto, 84–86
Secretaria de Obras Públicas, Bombaim (Mumbai), Índia, 671
Secretariado, Chandigarh, Índia, 756–757
Secretariado do Governo, Bombaim (Mumbai), Índia, 670, 671
Secretariado e Sede do Exército, Shimla, Índia, 701

seda, produção, 558
Sede da Volkswagen, 797
Sede das Nações Unidas, Nova York, Nova York, 755
Sede do Banco da Coreia, Seul, Coreia, 700
Segunda Guerra Mundial, 725, 727, 747
Segundo Império, estilo francês, 682
Segundo Templo, Jerusalém, 154
Seibu, lojas de departamentos, Japão, 789
Seitenstettengasse, sinagoga, Viena, Áustria, 655
Semedo, Alvarez, 586
Semper, Gottfried, 644, 647, 655
Senegal, 740
Senmut (arquiteto egípcio), 70
Sepúlveda, Juan Ginés de, 619
Serlio, Sebastiano, 474, 541
Serpent Mound, Condado de Adams, Ohio, 359
Sert, Jose Luis, 771
servos, 349
Seti I (faraó), 65
Sétimo Severo (imperador de Roma), 218
Seul, Coreia, 496, 700
Severo, Ricardo, 692
Sforza, Francesco, 535
Shakers, 641
shaktismo, 239
Shakyamuni, buda, 111
Shamsuddin Ilyas Shah, 488
Shang Yang, 150
Shangdi, centro, China, 789
Shangdu, China, 413
Shanglin, parque, Chang'an, China, 225
Shapur I (imperador sassânida), 251
Shara, montanhas, 178
Sharon, Arieh, 741
Shchuko, Vladimir, 737
Shen Kuo, 386
Sher Shah Sur (soberano mogol), 520
Sher-e-Banglanagar, Dacca, Bangladesh, 770
Shi Huangdi (imperador da China), 150, 155, 182, 184, 225, 512
Shigenaga, Nishimura, 648
Shijiahe (cidade murada), 10
Shimabara, distrito, Kyoto, Japão, 593, 594, 648
Shingonshu Honpukuji, Japão, 784
Shirley, plantação, Virgínia, 604
Shiva, templo, Elefanta, Índia, 286–288
Shivta (cidade nabateia), 177
Shklovsky, Viktor, 718
Shokintei, Vila Imperial de Katsura, Kyoto, Japão, 511
Shomu (imperador do Japão), 306

Shunzhi (Shun Chih, imperador da China), 589, 590
Shuxiangsi, templo, Chengde, China, 651
Shwezigon, pagode, Pagan, Burma, 420, 421
Sicília, 87, 126
Sídon (cidade fenícia), 120
Siem Reap (Rio Ganges), 329
Siemens-Schuckert Werke, Alemanha, 705
Siena, Itália, 404, 446–447
Sigiriya (Sri Lanka), 250, 257
Sigler, Jennifer, 792
sikh, movimento, 565, 613
Silva, José Asunción, 766
Sima Qian, 225
Sinagoga da Princes Road, Liverpool, Inglaterra, 656
Sinagoga de Beth Elohim, Charleston, Carolina do Sul, 655
Sinagoga de Bevis-Marks, Londres, Inglaterra, 603, 654
Sinagoga de Seitenstettengasse, Viena, Áustria, 655
Sinagoga de Touro, Newport, Rhode Island, 603, 654
Sinagoga Sefardita, Amsterdã, Países Baixos, 654
sinagogas, construção, 259, 607, 654–656
Sinan, Mimar, 501, 533, 534
Sínodo de Arras, 441
sinos Bianzhong, 152
Siracusa (Colônia grega), 124, 158
Síria, 14, 64, 75
    1500–800 a.C., 55
    cultos ao sol, 208
    Império Cuchita, 105
    Império Neo-Assírio, 113–114
Sirkap, Paquistão (Taxila, Região de Gandhara), 162, 181, 251
Sistema de cultivo, 714
sistema de mísulas (suportes) dou-gong, 425
sistema fabril, 637–638, 704
sistema fórnice, 212
sistema *jinshi*, 584
Sistema Kahn, 701
sistemas de esgoto, 637
SITE (Sculpture in the Environment), 781
sítios arqueológicos, 798
Sixto V (papa de Roma), 627
Skidmore Owings & Merrill (SOM), 726, 765
Smirke, Robert, 636
Smith, Adam, 584
Smithson, Alison, 725
Smithson, Peter, 725
Snefru (faraó), 40, 41
Sociedade de Arquitetos Contemporâneos, 717

# ÍNDICE

Sociedade de História Natural (Natural History Society), 659
sociedade dórica, 45, 87, 96, 101, 125
sociedade etrusca, 96–100, 102, 124, 158, 177
Sociedade Jônica, 87, 96, 120
sociedade urartu, 96
sociedades do Amazonas, 50, 51, 234
Sócrates, 117
Solimão, o magnífico (sultão do Império Otomano), 533
Somapura, Mahavihara em, 319
Songyue, templo-pagode, Dengfeng, China, 296
Soufflot, Jacques-Germain, 620
Speyer, catedral, Alemanha, 351, 352, 398, 399, 444
Sri Lanka, 188, 224, 273, 304, 349, 384, 784–785
Stalin, Joseph, 737
Stam, Mart, 727
Steinhardt, Nancy Shatzman, 109
Stern, Robert, 782
Stevens, F. W, 671
Stirling, James, 782
Stone, Edward Durell, 726, 760
Stonehenge, Inglaterra, 6, 26, 46–47
Stowe, jardins, Buckinghamshire, Inglaterra, 585–586
Stratford Hall, plantação, Montross, Virgínia, 602
Strawberry Hill, Twickenham, Inglaterra, 618
Street, George Edmund, 664
Strickland, William, 635
Strutt, Jedediah, 638
stupas, 155, 199, 304, 306
subconstrução urbana, 732
sudeste da Ásia
    3500–2500 a.C., 2
    0–200 d.C., 155
    200–400 d.C., 198
    600–800 d.C., 271, 273, 275
    800–1000 d.C., 303–305
    1200–1400 d.C., 407
    1400–1600 d.C., 457
    1900–1950 d.C., 658
    comércio, 258, 416
    desenvolvimento, 291
    indianização, 273, 304
    reinos, 500
sudoeste dos Estados Unidos, 308
Suécia, 712
Suetônio, 170
Suger, Abbot, 441
Suíça, 456
Sukhothai (rei do Siam), 614
sul da Ásia
    400 a.C.–0, 117
    1400–1600 d.C., 457
    1700–1800 d.C., 564
    arquitetura talhada na rocha, 189

budismo, 185–190
comércio, 222, 246
cultura das civilizações, 15–16
Hinduísmo, 254–255
Império Cuchana, 185, 220, 222
Império Satavahana, 185
Modernismo, 778–779
Taxila, 181
urbanização, 26, 30–32
sul dos Estados Unidos, 606
Sullivan, Louis, 682, 694
sultanato aiúbida, 369, 431, 432
Sultanato de Délhi, 428–430, 520
Sultanato Mameluco, 432–433, 484–485
sultanato násrida, 449–451
sultanatos do Planalto do Decã, 457, 488–489, 611
Sultão Han, Kayseri, Turquia, 348, 363
Sumatra, 714
Suméria, 34, 75, 76
Sumiya, Kyoto, Japão, 593, 594
Suprema Corte, Chandigarh, Índia, 757
suprematistas, 659, 717
Surakhani, Baku, Azerbaijão, 252
Suryavarman I (rei do Camboja), 416
Suryavarman II (rei do Camboja), 416–417
Susa, Irã, 14–18, 34, 120
sustentabilidade, 797
Sybaris (colônia grega), 124
Sydney, ópera, Austrália, 726, 762, 767, 791
Syon House, Londres, Inglaterra, 617

tabaco, 572, 602, 604, 626
tabularium, Roma, Itália, 158, 159, 212
Tadgell, Christopher, 245
Tagliabue, Benedetta, 794, 796
Taika, reforma, Japão, 301
Tailândia, 607, 614
taipa de pilão (terra socada), construção, 14, 50
Taiwan, 588
Taizu (imperador da China), 519
Taj Mahal (Rauza-I Munavvara), Agra, Índia, 520, 524–526
Takauji (xógum), 457
Takauji, Ashikaga, 498
Takht-i-Suleiman, Azerbaijão, 251, 252
Taklamakan, deserto, 199, 304
Talibã, 250
Taliesein East, Spring Green, Wisconsin, 698
Taliesein West, Scottsdale, Arizona, 698
Tall al Muqayyar, Iraque, 36
Tange, Kenzo, 725, 771, 772
tantrismo, 376
taoismo, 117, 150, 247, 494, 516

Taos Pueblo, arquitetura, Novo México, 460
tapetes, 252
tapetes que representam jardins, 252
Taq-i Kisra, Ctesifonte, Iraque, 251
Tarentum (Colônia grega), 124, 158
Tarik Khana, Damghan, Irã, 312
Tarim, bacia, China, 199
Tarquínia, Itália, 99
Tarxien, templo, Malta, 49
Tash-Khovli, Khiva, 610
Tatlin, Vladimir, 717–719, 727
Taureg, 409
Taut, Bruno, 707, 730, 733
Taut, Max, 727
Taxila, Região de Gandhara (Sirkap, Paquistão), 162, 181, 185, 251
Tchecoeslováquia, 739
Team X, 725
Teatro
    Grécia, 206
    Império Romano, 204, 206, 213
    Japão, 648
Teatro de Aspendos, Turquia, 206
Teatro de Dionísio, Atenas, Grécia, 141
Teatro de Éfeso, Turquia, 204
teatro kabuki, 648–649
Teatro Municipal, Rio de Janeiro, Brasil, 692
Teatro Nacional Real, Londres, Inglaterra, 725
Teatro Nô, 648
Tebas (Waset), Egito, 19, 38, 64–69
Tel Aviv, Israel, 727, 741
Telesterion de Elêusis, Grécia, 138
Tell Asmar, 35
Tell Aswad, Síria, 14
Tell Brak, 34
Tell es-Sawwan, 14–15
Temenos de Delfos, Grécia, 139
Tempietto de San Pietro, Montorio, Itália, 482
Temple, William, 585
templo(s)
    2500–1500 a.C., 25–27
    400–600 d.C., 239, 241
    600–800 d.C., 273
    800–1000 d.C., 305, 306
    budistas, 327, 412–413
    Camboja, 305, 349
    China, 349
    Complexo Arqueológico da Báctria-Margiana (CABM), 33
    egípcios, 17
    em pedra, 289
    Gisé, 41
    Grécia, 103–104, 124–127
    hindus, 239, 256, 286–287, 321, 327, 349
    Índia, 273, 320, 408
    Japão, 306
    Malta, 48–49

paleogregos, 126
Roma, 163
sociedade etrusca, 100
talhados na rocha, 177, 189, 190, 273, 286–287, 322, 323
Tebas, 65
Tikal, 338–340
zoroastrianos, 241
Templo 17, Sanchi, Índia, 239
Templo a Apolo, Atenas, 129
Templo a Hefesto, Atenas, 129
Templo a Zeus, Atenas, 129
Templo Branco (Uruk), 17, 18
Templo Chausat Yogini, 376
Templo da Costa em Mamallapuram, 273, 290, 308
templo da deusa, 8
Templo da Mãe Sábia, Templo de Jinci, Taiyuan, China, 349, 350, 386, 387
Templo da Serpente Emplumada, Teotihuacán, México, 230
Templo da Virtude Antiga, Jardins Stowe, Buckinghamshire, Inglaterra, 586
Templo da Virtude Moderna, Jardins Stowe, Buckinghamshire, Inglaterra, 586
Templo Dabao-em (Torre de Porcelana de Nanjing), 495
Templo das Inscrições, Palenque, 341–342
Templo de Abu Simbel, Egito, 72
Templo de Abu, Tell Asmar, 35
Templo de Amon em Karnak, 69
Templo de Amon-Rá, 71
Templo de Anahita, Kangavar, Irã, 220
Templo de Ananda, Pagan, Burma, 420, 421
Templo de Antônio e Faustina, Roma, Itália, 166
Templo de Anuradhapura, 304
Templo de Anyuanmiao, Chengde, China, 651
Templo de Apolo, Dídima, Turquia, 146, 169
Templo de Apolo em Bassas, 169
Templo de Apolo em Delfos, 140
Templo de Apolo em Termos, Grécia, 103
Templo de Ártemis em Corfu (Kerkira), Grécia, 124
Templo de Atena Niké, Acrópolis, Atenas, Grécia, 131, 132, 137
Templo de Atena Polias em Priene, Grécia, 137
Templo de Atena, Tegea, 169
Templo de Baco, Baalbek, 219
Templo de Baphuon, Camboja, 416
Templo de Bayon, 418
Templo de Bhitargaon, 256
Templo de Castor, Roma, Itália, 166, 169

847

# ÍNDICE

Templo de César, Roma, Itália, 166
Templo de Chavín de Huántar, 94–95
Templo de Concórdia, Roma, Itália, 158, 166
Templo de Deméter, Paestum, Itália, 126
Templo de Eridu, 16
Templo de Foguang, Wutaishan, China, 305, 332–333, 349
Templo de Fortuna Primigênia em Praeneste, Itália, 160–161, 174
Templo de Ggantija, Malta, 49
Templo de Hera, Paestum, Itália, 126
Templo de Hórus, Edfu, Egito, 147
Templo de Jinci, Taiyuan, China, 387
Templo de Júpiter Heliopolitano, Baalbek, 218–219
Templo de Jupiter Ótimo Máximo, Roma, Itália, 158–159
Templo de Kailasnath em Ellora, Aurangabad, Índia, 322–323
Templo de Kalasasaya (Akapana), 344, 345
Templo de Karnak, 65–67
Templo de Khandariya Mahadeva, Khajuraho, Índia, 349, 375, 376
Templo de Khonsu, Karnak, 67, 74
Templo de Lakshmana, Índia, 349, 374
Templo de Lakshmana, Sirpur, 255
Templo de Lankesvara, 323
Templo de Luxor, 64, 66, 71
Templo de Mars Ultor, Roma, Itália, 166, 167
Templo de Medinet Habu, 66
Templo de Meenakshi Sunderesvara, Madurai, Índia, 595–596
Templo de Minerva, Roma, Itália, 166, 259
Templo de My Son, Vietnã, 292
Templo de Nanchan, Wutaishan, China, 305, 332
Templo de Phimeanakas, 349
Templo de Phnom Bakheng, 349
Templo de Portonaccio, Veii, Itália, 100
Templo de Poseidon em Isthmia, Grécia, 104, 125–126
Templo de Poseidon, Paestum, Itália, 125, 126
Templo de Pre Rup, 349
Templo de Putuo Zongcheng, Chengde, China, 651, 652
Templo de Rajarajeshwara, (Dakshinameru), Thanjavur, Índia, 382–383
Templo de Rajarani, Bhubaneshwar, Orissa, Índia, 378
Templo de Rajasimhesvara, Kanchipuram, Índia, 320–321
Templo de Salomão, Jerusalém, 107, 172, 313, 601
Templo de Sanchi, Índia, 254

Templo de Saturno, Roma, Itália, 158, 166
Templo de Segesta, Sicília, Itália, 125
Templo de Shiva, Elefanta, Índia, 286–288
Templo de Shuxiangsi, Chengde, China, 651
Templo de Tarxien, Malta, 49
Templo de Tlahuizcalpantecuhtli (Senhor da Estrela Matutina), Tula, México, 309
Templo de Trajano, Roma, Itália, 175, 176
Templo de Vênus, Baalbek, 218–219
Templo de Vênus Genetrix, Roma, Itália, 166
Templo de Vespasiano, Roma, Itália, 166
Templo de Vesta, Roma, Itália, 158, 166
Templo de Virupaksha, Pattadakal, Índia, 320–321
Templo de Virupaksha, Vijayanagara, Índia, 528
Templo de Vishnu em Deogarth, 286–287
Templo de Xumifushoumiao, Chengde, China, 651
Templo de Zeus em Baalbek, Líbano, 213
Templo de Zeus em Olímpia, Atenas, Grécia, 141, 169
Templo do Complexo do Paraíso, Pequim, 227, 457, 494
Templo do Cone de Pedras (Uruk), 18
Templo do Divino Júlio, Roma, Itália, 166
Templo do Lingaraj, Bhubaneshwar, Orissa, Índia, 378–379
Templo do Lingaraj, Bhubaneswar, Índia, 349
Templo do Mágico, Uxmal, 356, 357
Templo do Sol de Konark, Índia, 408
Templo do Sol de Modhera, Índia, 372–373
Templo do Vale de Quéfren (Khafre) em Gisé, 43, 44
Templo dos Guerreiros, Chichén Itzá, 454
Templo dos Valorosos Britânicos, Jardins Stowe, Buckinghamshire, Inglaterra, 585–586
Templo Dourado (Darbar Sahib), Amritsar, Punjab, Índia, 613
Templo Horyu-ji, Nara, Japão, 301–302
Templo I (Templo do Grande Jaguar), Tikal, 340
Templo Israelita (Tempio Israelitico), Florença, Itália, 656
Templo Israelita (Tempio Israelitico), Roma, Itália, 656
Templo Jandial , 181

Templo Kailasa, Ellora, Índia, 304, 409
Templo Kheri Kala (Akapana), 344
Templo Maior, complexo, Tenochtitlán (capital asteca), 463–464
Templo Mallikarjuna em Aihole, 255
Templo Mortuário da Rainha Hatshepsut, 70–71, 73
Templo of Khonsu em Karnak, 74
templo Putuni (Akapana), 344
Templo subterrâneo de Hal Saflieni, Malta, 48
templo tolteca de Tlahuizcalpantecuhtli (Senhor da Estrela Matutina), Tula, México, 309
Templo Vitthala, 56
Templo-pagode de Songyue, Dengfeng, China, 296
Templos da Agricultura, Pequim, 457
Templos Dilwara, Monte Abu, 380–381
templos do fogo (zoroastrianismo), 181, 220, 241, 252–253
templos jainistas em Monte Abu, 380–381
templos megalíticos de Malta, 48–49
Tenochca, México, 455
Tenochtitlán (capital asteca), 230, 455, 463–464
Teodorico, o Grande (Rei ostrogodo), 259, 260, 264, 265
Teodósio (imperador de Roma), 264
Teotihuacán, México, 197, 199, 228–230
tepanecas de Tlacopan, 455
Tepe Sialk, 120
Tepe Yaha, 30
Teresa de Ávila, 542
Termas de Caracala, Roma, Itália, 206–207, 209, 214, 215
Termas de Diocleciano, Roma, Itália, 215
termas, Império Romano, 214–215
Terminal da TWA, Aeroporto Internacional John F. Kennedy, Nova York, Nova York, 763
Terminal Ferroviário Vitória (Victoria Terminus), Bombaim (Mumbai), Índia, 665, 671
terra apiloada, construção, cultura das civilizações, China, 10, 795
terraços, 71, 94, 326
terracota, 100
Terragni, Giuseppe, 748
terremotos
    Cultura zapoteca, 268
    Hagia Sophia, Constantinopla (Istambul, Turquia), 394
    Roma, Itália, 174
terrorismo, 788, 790
Tesouro de Atenas, Delfos, 139, 140
Tesouro de Atreu, 79
Tesouro de Sifnos, Delfos, 136

Tessalônica, Grécia, 264, 283
Teuchitlán, México, 191–193
Thanjavur, Índia, 383
Thayekhittaya (cidade pyu), 258
Thesmoforia (festival), 138
Thiene, Gaetano da, 542
Thierry, Augustin, 641
*tholoi*, túmulos, 168
Thoreau, Henry David, 674
Thorman, Jerry, 776
Thornton, William, 627
Thuparamaya, estupa, Anuradhapura, Sri Lanka, 224
Tiahuanaco, 309, 344–345, 353
Tibério (imperador de Roma), 170
Tibete, 306, 308, 324, 348, 501, 516–518, 588, 607, 650
tiercerões (nervuras intermediárias), 445
Tigamas, plano diretor, 789
Tigerman, Stanley, 781
tijolo, construção, 26, 271
    forno, 18
    Índia, 488
    Roma, 161, 166
    Tell es-Sawwan, 14
    Ur, 36
tijolos de adobe, construção, cultura das civilizações, 16
Tikal (cidade-estado maia), 191, 338–340, 342
Timgad, Algéria 202, 203
Timur (sultão de Samarcanda), 456, 457, 486, 490
Tin Mal, 351
Tirinto, 78
Titchfield, convento, Hampshire, Inglaterra, 560
Titicaca, lago, 344
Tito (imperador), 154
Tito Flávio Domiciano, 154
Tito Lívio (Lívio), 158
Tlacaélel (general mexica), 463
Tocana, 351, 404
Tocqueville, Alexis de, 666
Todai-ji, 303, 306
Toksugung, palácio, Seul, Coreia, 700
toltecas, 90, 309, 353
Topkapi, palácio, Istambul, Turquia, 472–473
Topkapi, pergaminho, 367
Tóquio, Japão, 594
torana, Grande Estupa de Sanchi, 186
Torre de Porcelana de Nanjing, 495
Torre de Tatlin, Petrogrado, União Soviética, 718
Torre dos Lunáticos, Viena, Áustria, 639
Torre dos Tambores do Caminho dos Espíritos, Túmulos Ming, 513
Torre Eiffel, Paris, França, 688, 737, 763

848

# ÍNDICE

Torre Einstein, Potsdam, Alemanha, 709
Torre John Hancock, Boston, Massachusetts, 764
Torre Terllick, Londres, Inglaterra, 772
Torre Trellick, Londres, Inglaterra, 772
Torre Vitória Hindu, Chittorgarh, Índia, 672
Torres do Silêncio, Yazd, Irã, 238, 241
Torres, Luis Lloréns, 766
Tory Party (Inglaterra), 633, 637
Toshogu, santuário, Nikko, Japão, 505
totalitarismo, 726
Touba, mesquita, Senegal, 740
Touro, sinagoga, Newport, Rhode Island, 603, 654
Town, Ithiel, 658
Townsend, Richard, 191
trabalho infantil, 637
tradição, 197
Trajano (imperador de Roma), 175–176, 178, 218
Treliça Pratt, 704
Trenton, casas de banho, New Jersey, 779
Três Reinos, período, 273, 274
Trezzini, Domenico, 579
tribos bérberes, 124
tribos germânicas, 216
Tribos ilírias, 124
tribos turcas, 348
*triclinium*, Palácio de Domiciano, 173
Trier, Alemanha, 259, 260
Trinity Church (Igreja da Trindade), Boston, Massachusetts, 672, 682–683
Trissino, Giangiorgio, 539
Troyes, França, 410
Trygvason, Olav (rei viking), 440
tuareg, 409
Tughlaqabad, Índia, 428, 429
Tula (cidade tolteca), 452–454
Tula de Allende, México, 309
Tulija Lena, 190
Tulúnidas, 307
tumbas. *Veja* túmulos
"túmulo da mulher cristã" (Kbour-er-Roumia), Argel, 168
Túmulo da Rainha Merneith, Umm el-Qaab, Ábidos, Egito, 19, 20
Túmulo de Absalom, Jerusalém, 163
Túmulo de Aha em Umm el-Qaab, Ábidos, Egito, 19
Túmulo de Ciro, o Grande, Passárgada, Irã, 121
Túmulo de Hashihaka, Nara, Japão, 266
Túmulo de Hor Aba em Saqqara, Egito, 20
Túmulo de Humayun, 520
Túmulo de Ibrahim II, Bijapur, Índia, 529

Túmulo de Marco Virgílio Eurísaces, Roma, 163
túmulo de Muntaz Mahal, Taj Mahal, 525, 526
Túmulo de Narmer, Umm el-Qaab, Ábidos, Egito, 19
Túmulo de São Tiago, Santiago de Compostela, Espanha, 403
Túmulo de Sexto Florentino, Petra, Jordânia, 212
túmulo de Shah Jahan, Taj Mahal, 526
Túmulo de Shi Huangdi, 155
Túmulo de Zeng Hou Yi, Sui Zhou, China, 152
Túmulo do Imperador Wanli (Dingling), Túmulos Ming, 514, 515
Túmulo do Imperador Yongle (Changling), Túmulos Ming, 514
Túmulo do Primeiro Imperador (Lishan, China), 183
Túmulo do rei Teodorico, Ravena, Itália, 265
Túmulo do Sultão Qalawun, Cairo, Egito, 410, 433
Túmulo dos Julli, Saint Rémy, França, 601
túmulo(s)
　0–200 d.C., 154
　400–600 d.C., 241
　cairns (montes funerários), 21
　China, 83
　Complexo de Templos de Djoser (Egito), 38–41
　cristianismo, 261
　cúpulas duplas, 475
　Europa, 21
　Japão, 266
　Kofun, 241, 266–267
　Mehrgarh, 11
　nabateus, 178
　Petra, 179
　Roma, 163
　sociedade etrusca, 97, 98
　talhados na rocha, 177–179
　*tholoi/tholos*, 168
　*tholos/tholoi*, 79
túmulos de poço de Teuchitlán, México, 191–193
túmulos de Umm el-Qaab, Ábidos, Egito, 19–20
túmulos em forma de colmeia, Tesouro de Atreu, 79
túmulos lícios, Dalyan, Turquia, 177
túmulos Ming, Pequim, China, 9, 512–515
túmulos reais de Umm el-Qaab, Ábidos, Egito, 19–20
Turcomenistão, 238
turcos seljúcidas, 348, 362, 394, 470
Turkmen-Khorasan, cordilheira, 33
Turquestão, 607
Turquestão Oriental, 588

Turquia, 14, 362–365, 394, 727, 741
Tutmósis I (faraó), 65, 70
Tutmósis III (faraó), 65, 67, 70
Tyrwhitt, Jacqueline, 761

ubaidas, 34
Udaygiri, cavernas, 240
Ugarit, 57
Ulugh Beg, madrasa, Samarcanda, Uzbesquistão, 487, 612
Umm el-Qaab, túmulos reais, Ábidos, Egito, 19–20
Unesco (Organização Educacional, Científica e Cultural das Nações Unidas), 798, 799
Ungers, Oswald Mathias, 726
União Europeia, 793
União Soviética, 659, 717–719, 725, 727, 737
Unidades de Habitação, Marselha, França, 733, 734, 757
Union Buildings (Edifícios da União), Pretória, África do Sul, 699, 710
Union Station, Washington, D.C., 689
United Shoe Machinery Company, Beverly, Massachusetts, 701
Universidade da Califórnia, em Berkeley, 686
Universidade da Virgínia, 686
Universidade de Al Azhar, 350
Universidade de Amsterdã, saguão, Países Baixos, 715
Universidade de Chicago, 686
Universidade de Cornell, Ithaca, Nova York, 686, 772
Universidade de Hadassah, centro médico, Monte Scopus, Jerusalém, 741
Universidade de Ibadan, Nigéria, 777
Universidade de Princeton, Princeton, New Jersey, 686
University Hall, Bombaim (Mumbai), Índia, 671
Unjusa, buda, Coreia, 240
Ur, 25, 34–37
urbanismo/urbanização. *Veja também* cidades
　2500–1500 a.C., 25, 26
　800–1000 d.C., 307
　1700–1800 d.C., 563, 572
　1800–1900 d.C., 607
　1900–1950 d.C., 657
　América, 356
　América Central, 356
　América do Norte, 358–359
　América do Sul, 231–232
　China, 81
　Egito, 38–45
　Europa, 46–49, 572
　Império Romano, 202–205
　Mesopotâmia, 6–7, 16
　Movimento da Cidade-Jardim, 691
　Normandos, 399

　oeste da Ásia, 30, 34–37
　Período Helenístico, 141–146
　sul da Ásia, 26, 30–32
　teocêntrico, 307
Urbano VIII (papa de Roma), 548
Urfa, Turquia, 6
Uruk, 15–18, 34, 36, 87
Ustad, Lal Chand, 612
Utamaro, Kitagawa, 687
utopia, 605, 641, 732, 733
Utzon, Jørn, 726, 729, 762, 767, 791
Uxmal (cidade-estado maia), 356–357
uzbeques, 610
Uzbesquistão, 456

Vaisali, Índia, 199
Vajrasana ("Diamond Throne"), Bodh Gaya, 148
Vale de Caral, 57
vale do rio Casma, 84
Vale do Rio Indo, 7, 11, 16, 25–27, 30–32, 111–112, 181
Vale do Rio Ohio, 199
Vale do Rio Supe (Peru), 51, 57
Vale do Rio Supe, civilizações, 94
Vale dos Reis, Egito, 70
Valhalla, Regensburg, Alemanha, 634–635
Vallin de la Mothe, Jean-Baptiste, 579
Van Brunt, Henry, 669, 688
Van de Velde, Henry, 702, 730
Van Doesburg, Theo, 715, 721
vândalos, 264
Vara Vishnuloka, 407
Varanasi, Índia, 87, 111–112
Vargas, Getúlio, 727, 745, 756
vaso ding, 108
vaso gui, 108
Vastu-Shastras, 377
Vatadage, 384
Vaticano, Itália, 456
Vaux, Calvert, 657, 674
Vedismo, 239
Veii (cidade etrusca), 97
Velhatri (cidade etrusca), 97
Veneza, Itália, 404, 456, 469, 501
Venturi, Robert, 726, 781, 782
Veracruz (assentamento olmeca), 87
Verona, Itália, 404, 411
Versalhes, castelo, França, 576–577, 627
Vespasiano (imperador de Roma), 172
Vézelay, igreja, 411
Via Ápia, 153
Vicenza, Itália, 411
Victoria Terminus (Terminal Ferroviário Vitória), Bombaim (Mumbai), Índia, 665, 671
Vidyadhar, 597, 611
Viena, Áustria, 565, 703
Vierzehnheiligen, Alemanha, 582

849

# ÍNDICE

Vietnã, 615
Vigevano, Itália, 558
vihara de Abhayagiri, 188
Vijayabahu I (rei do Sri Lanka), 349
Vijayanagara, reino, Índia, 527–529
vikings, 307, 348, 396, 409
Vikramaditya (rei gupta), 244
Vila Barbaro, Vêneto, Itália, 539, 573
Vila Chiericati, Vêneto, Itália, 541
Vila da Ilha, Vila de Adriano, Tivoli, Itália, 211
Vila de Adriano, Tivoli, Itália, 210–211, 216
Vila Emo, Vêneto, Itália, 539
Vila Foscari, Mira, Itália, 539, 602
Vila Jovis, Ilha de Capri, Itália, 170
Vila Mairea, Noormarkku, Finlândia, 742–743
Vila Medici, Poggio a Caiano, Itália, 481, 678
Vila Rotonda, Vêneto, Itália, 540–541, 602
Vila Savoye, Poissy, Paris, França, 722–723
Vila Trissino, Vêneto, Itália, 541
vila urbana, Roma, 162
Vilas palladianas, 539–541
vilas. *Veja* aldeias
Villanueva, Carlos Raúl, 766
Vimala Vasahi Templo, Monte Abu, 349, 381
Viollet-le-Duc, Eugène Emmanuel, 606, 644–645, 678, 682, 702
Virgem Maria, culto, 411
Virgílio, 158
Virupaksha, templo, Pattadakal, Índia, 320–321
Virupaksha, templo, Vijayanagara, Índia, 528
Visão para Madri (Zaha Hadid), 794
visigodos, 237, 260, 264, 283, 316
Vitória (rainha da Inglaterra), 663
Vitrúvio (Marcus Vitruvius Pollio), 100, 161, 169, 474, 481, 580, 601
Vitthala, templo, 56
vixnuísmo, 239
Voltaire, 584
Volterra (cidade etrusca), 97
Volwahsen, Andreas, 377
Vulci (cidade etrusca), 97

Walker & McGough, 772
Walking City (Herron), 773
Walpole, Horace, 618, 642
Walpole, Robert, 602
Wang Yueh (general ming), 519
Wangcheng (Luoyang), China, 87, 109–110
Wanli (imperador da China), 512, 514, 515, 588
Warchavchik, Gregori, 745
Ward, Barbara, 761
Ware, William Robert, 669
Washington, D.C., 606, 627–628, 689
Washington, George, 627
Wat Pra Kaew, Tailândia (Siam), 614–615
Wat Rat Burana, Tailândia, 500
Wat Si Sanpet, Tailândia, 500
Waterhouse, Alfred, 663
Webb, Michael, 773
Weiyang, palácio, Chang'an, China, 225
Wellesley, Richard, 634
Werkbund, exposição, Colônia, Alemanha, 705
Werlemann, Hans, 792
Westerkerk, Amsterdã, Países Baixos, 557
Whistler, James, 687
White, John B., 46
White, Stanford, 684
Wiener Moderne, 703
Wiggermann, A. M., 35
Wilhelmina (rainha dos Países Baixos), 714
Wiligelmo, 404
Wilkins, Saint Clair, 671
Williams, Roger, 564, 603
Winn Memorial Public Library (Biblioteca Pública Memorial de Winn), Woburn, Massachusetts, 683
Wittelsbach, Otto von, 634
Wollaton Hall, Nottingham, Inglaterra, 559
Woolworth, Frank W., 694
workhouses ("casas de trabalho"), 640
World Trade Center, 790
Wren, Christopher, 564, 581, 582, 599–600, 621
Wright, Frank Lloyd, 659, 690, 694, 697–698, 713, 724, 726, 727, 732, 739, 742, 744, 760, 794
Wudi (imperador da China), 225
Wurster, salão, California Berkeley, 725
Wyatt, Charles, 634
Wylde, William, 637

xaivismo, 239, 292
xamanismo, 2, 10, 51, 91, 93, 233, 241, 306, 331, 455
Xangai, China, 700, 790
Xavier, Francisco, 542, 550
Xerxes (rei da Pérsia), 120
Xi'an (Hao), China, 87, 108, 150, 182, 274
Xianbei, 225
Xianyang, China, 150–151, 182, 274
Xintoísmo, 275, 297–300, 331, 423, 505
Xisuipo, Província de Henan, China, túmulo, 10
Xogunato Tokugawa (Japão), 504–505, 564, 593–594, 648
Xuanzang, 199
Xumifushoumiao, templo, Chengde, China, 651

Yakushi-ji (Templo do Buda da Medicina), Fujiwarakyo, Japão, 275
Yamada, Mamoru, 742
Yamanashi, centro de imprensa e radiodifusão, Kofu, Japão, 725
Yamasaki, Minoru, 790
Yamato, clã, Japão, 241, 266
yangban (administradores coreanos), 591
Yaoshan, altar para rituais, 10
Yaqut, 408
Yaroslavovich, Vladimir, 393
Yasodharaapura (capital khmer), 416, 418
Yazd, dakhma, Irã, 241
Yazilikaya, Turquia, 75
Yenidze Tabakfabrik, Dresden, Alemanha, 704
Yesil Cami, mesquita, Bursa, Turquia, 470
Yi Jing, 247
Yi, rio, 26
Yi Songgye, 496
Yik'in Chan K'awiil (soberano de Tikal), 338
Yin, China, 83
Ying Zheng (Shi Huangdi, imperador da China), 182
Yingzhao Fashi (Huizong), 425, 494
Yomeimon, Santuário de Toshogu, Nikko, Japão, 505
Yorimichi, Fujiwara no, 391
Yoshiharu Tsukamoto, 796
Yoshimitsu, Ashikaga, 498
Yuan Dadu, 427, 491
Yuancheng, 332
Yuanmingyuan, Pequim, China, 590
Yungang, cavernas, 247, 249
Yuwen Kai, 294

zacatecas, México, 552
Zaratustra (Zoroastro), 252–253
Zementwahrenfabrikanten Deutschlands, Alemanha, 705
zen budismo, 457, 497, 499, 504, 508, 562
Zeng Hou Yi, túmulo, Sui Zhou, China, 152
Zeno (imperador de Bizâncio), 260, 265
Zeus, 60–63, 102
Zevi, Bruno, 746
Zeyrek, mesquita, Turquia, 350
Zhangjiapo, Condado de Chang'an, 56
Zhao Gong, complexo, China, 182
Zheng He (almirante chinês), 519, 614
Zhengtong (imperador da China), 519
Zhengzhou, China, 81, 82, 87
Zhu Di (imperador da China), 457, 491, 494, 495, 512–513
Zhu Yijun (Imperador Wanli), 588
Zhu Yuanzhang, 491
Zhushan (Montanha do Porco), 8
Zigurate de Eridu, 25
Zigurate de Ur, 25, 36–37, 718
Zimbábue, 409, 435
Zimri-Lim (rei de Ugarit), 53
zona de interconexão, 26
Zona Econômica Especial de Shenzen, 787
Zona Intermediária, China, 81
Zonas Econômicas Especiais (SEZs), 787
zoroastrianismo, 33, 117, 181, 198, 240, 252–253
Zoroastro (Zaratustra), 252–253
Zuiderkerk, Amsterdã, Países Baixos, 556–557
zun, vaso, 108
Zurique, Suíça, 665